Das Papsttum Und Byzanz: Die Trennung Der Beiden Mächte Und Das Problem Ihrer Wiedervereinigung Bis Zum Untergange Des Byzantinischen Reichs (1453) – Primary Source Edition

Walter Norden

Das Papsttum und Byzanz

Das Papsttum und Byzanz

Die Trennung der beiden Mächte und
das Problem ihrer Wiedervereinigung

bis zum Untergange des
byzantinischen Reichs (1453)

Von **Dr. Walter Norden**

Privatdozent der mittelalterlichen Geschichte an der Universität zu Berlin

BERLIN W 35
B. Behr's Verlag
1903

Gottes ist der Occident!
Gottes ist der Orient!

Eduardo fratri Waltharius frater

dilecto dilectus

antiquitatis investigatori

rerum medioaevalium scriptor.

Inhaltsverzeichnis.

Nach genauer Prüfung glaubte der Verfasser von einem Register absehen und an dessen Stelle eine bis ins einzelne gehende Inhaltsübersicht geben zu sollen.

—

Vorwort.

Ich betitle diese Untersuchungen „Das Papsttum und
Byzanz" und nicht etwa „Die Beziehungen der römischen und
griechischen Kirche". Durch die Wahl dieses Titels möchte
ich betonen, dass ich das Verhältnis jener beiden Mächte heraus-
zulösen gedenke aus der ausschliesslich religiösen Betrachtungsweise, die allein es bis auf die Gegenwart erfahren hat.

Dieser rein religiöse Standpunkt lässt sowohl den Ursprung
des Schismas, als auch vornehmlich die Versuche des Mittelalters, es wieder beizulegen, in ihrer wahren Bedeutung verkennen.

Das Wesen insbesondere der Unionsgeschichte des Mittelalters möchte ich vielmehr nicht in den unfruchtbaren, auf
eine Idealunion hinzielenden theologischen Disputationen,
sondern in den Versuchen der Lateiner, Konstantinopel zu erobern, und den Unionsbestrebungen der griechischen Kaiser
sehen. Auf diesem Wege allein ist es zu realen Zusammen-
fassungen der byzantinischen Welt mit der abendländischen
gekommen.

In den Vordergrund des Interesses treten danach an
Stelle der abendländischen und morgenländischen Kirche das
Papsttum und Byzanz: jenes als Spitze der abendländischen
Staatenwelt, dieses als Sitz der Rhomäerkaiser. Das heisst:
neben und vor dem kirchlichen Moment wird das weltlich-
politische, als das Moment der lebendigen Entwicklung in der
Unionsgeschichte, den Gegenstand der Untersuchung bilden
müssen.

Hierdurch wird, wie ich glaube, neues Licht auf die imperialen Bestrebungen des mittelalterlichen Papsttums fallen, ihr Widerstreit mit dem deutschen nicht nur, sondern auch dem griechischen und französischen „Imperialismus", insbesondere demjenigen Karls von Anjou, ersichtlich werden.

Wir werden das Papsttum als Vormacht des Latinismus auftreten sehen, aber es wird sich uns auch in der Rolle einer über die spezifisch lateinischen Interessen erhabenen Universalmacht zeigen; dabei wird uns dann der Occident als die Schaubühne eines tragischen Konflikts zwischen der Eigensucht der abendländischen Nationen, die die Griechen bekämpften oder ihrem Schicksal überliessen, und dem völkerverbindenden Universalismus der Kurie erscheinen. Im byzantinischen Reich aber werden wir auf kleinerem Schauplatz einen Konflikt zwischen Staat und Volkstum sich abspielen sehen.

Die Kreuzzüge finden naturgemäss in diesen Untersuchungen vielfache Würdigung, doch berühre ich sie nur, soweit sie für das mich hier beschäftigende Problem in Frage kommen, in der Hoffnung, über diesen Gegenstand noch einmal für sich zu handeln.

Ebenso wird die Handelspolitik insbesondere der Republik Venedig weitgehende Berücksichtigung erfahren. Ihr Schwanken zwischen einer Okkupation byzantinischen Landes und der blossen Eröffnung des byzantinischen Reichs für ihren Handel bietet eine Parallele zu der päpstlichen Doppelpolitik, aber auch ein mittelalterliches Prototyp des modernen Kolonialproblems.

Endlich werden aus den vielfachen Wechselfällen der Beziehungen des Abendlandes zu Byzanz, die es im Laufe dieser Untersuchungen zu behandeln gilt, die Ursachen für den Untergang des byzantinischen Reichs im Jahre 1453 erst recht klar werden.

Was die rein kirchlichen Fragen betrifft, so wird die verschiedene Stellung Roms zu dogmatischen, rituellen und hierarchischen Fragen an dem griechischen Problem beleuchtet werden, und der Charakter der römischen Kirche als eines geistlichen, durch eine priesterliche Beamtenschaft regierten Gesamtstaats dabei hervortreten. Wenn ich mich übrigens zu ihrer Bezeichnung und zur Charakterisierung ihrer Bestrebungen vielfach des Ausdruckes „katholisch", „Katholisierung" bediene, so geschieht das nach dem Muster der von den Päpsten selbst gebrauchten termini technici (s. u. passim, bes. p. 166⁶ u. im vierten Buch) und gemäss dem heutigen offiziellen Brauch; über die irrtümliche Bezeichnung der griechischen Kirche, deren offizieller Titel „die orthodoxe" war und ist, als „griechisch-katholisch" s. Köhler, die kath. Kirchen des Morgenlandes, Darmstadt, 1896, p. 1.

Des genaueren wird die Anschauung vom päpstlichen Primat durch die Jahrhunderte verfolgt werden. Auch das Wesen der griechischen Kirche wird vielfach zu ergründen sein.

Übrigens wird von letzterer meinem Thema gemäss im besonderen nur ihr jeweiliger innerhalb des byzantinischen Reichs gelegener Teil den Gegenstand der Betrachtung bilden. Dagegen wird die Gesamtheit der orthodoxen Kirche, sei es die Verhältnisse der östlichen Patriarchate oder diejenigen der zu ihr gehörigen slawischen Nationen, nur nebenbei behandelt als in diesem Zusammenhang von bloss peripherischem Interesse.

Ganz allgemein wäre endlich auch noch dieses zu sagen, dass hier der Versuch gemacht wird, das byzantinische Reich nicht nur periodisch und für spezielle Fragen, sondern dauernd und für viele der wichtigsten das Mittelalter bewegenden Fragen in den organischen Zusammenhang des europäischen Lebens hineinzustellen. —

Hinsichtlich der Anordnung des Stoffs bemerke ich folgendes. In den Mittelpunkt dieser Untersuchungen stelle ich das XIII. Jahrhundert. Denn in ihm, und nicht, wie es bisher geschah, im XV. Jahrhundert sehe ich den Schwerpunkt der mittelalterlichen Unionsgeschichte: so wie ich sie auffassen zu müssen glaube. Im XIII. Jahrhundert nämlich kam zweimal eine Wiedervereinigung Byzanz' mit Rom zu

stande: einmal durch das lateinische Kaiserreich, das zweite
Mal durch die Union von Lyon (1274).

Man hat freilich bisher niemals eine Parallele zwischen
dem lateinischen Kaiserreich und der Union von Lyon ziehen
und dann diese beiden Ereignisse des XIII. Jahrhunderts zu
einem Gesamteffekt addieren können, weil man ja in dem
lateinischen Kaiserreich ausschliesslich ein Hindernis der
Einigung zwischen der griechischen und lateinischen Kirche
sah, und weil auch die Union von Lyon, als durch den
griechischen Kaiser aus politischen Gründen eingegangen,
nicht für voll angesehen wurde.

Dagegen hat man der Union von Florenz (1439), obwohl
diese doch ebenfalls aus Politik von den Griechen abgeschlossen wurde, einen ganz unverhältnismässigen Raum in
der Betrachtung der Unionsentwicklung eingeräumt. So volle
Berechtigung auch wegen der reichlich fliessenden Quellen
und aus gewissen anderen Gründen eine eingehende Sonder-
behandlung der Union von Florenz haben mag, so glaube ich,
eine Gesamtdarstellung der Unionsgeschichte im Mittelalter
nicht nach ihr, sondern nach dem XIII. Jahrhundert gravitieren
lassen zu müssen. Selbst abgesehen von der in dieses Jahrhundert erfolgten Zusammenfassung Byzanz' mit Rom durch
die Begründung des lateinischen Kaiserreichs, fällt auch schon
ein Vergleich bloss zwischen den Unionen von Lyon und Florenz,
wie ich zu zeigen versuchen werde, zu Gunsten der ersteren aus.

Um das XIII. Jahrhundert als den Höhepunkt der Beziehungen des Papsttums zu Byzanz, das ich in Buch II und
III behandle, gruppiere ich somit in Buch I und IV die
frühere und spätere Geschichte dieser Beziehungen: in Buch I
die Aussichten auf eine Wiedervereinigung Byzanz' mit Rom
in der zweiten Hälfte des XI. und im XII. Jahrhundert, in
Buch IV den Ausgang des XIII., das XIV. und XV. Jahrhundert bis zum Fall Konstantinopels. Die Einleitung ist
dem Ursprung des Schismas gewidmet, der Erforschung der
eigentlich entscheidenden Momente, die zur Kirchenspaltung
geführt haben. —

Endlich ist es mir Bedürfnis hervorzuheben, dass ich mir — ganz besonders in unserer Zeit festbegrenzter Einzelforschung — der Unvollkommenheit und unbeschränkten Ergänzungsfähigkeit meiner, dem Thema entsprechend, notwendigerweise weitverzweigten Studien aufs tiefste bewusst bin.

Wenn ich mich trotzdem zu ihrer Veröffentlichung entschliesse, so geschieht es aus Furcht, bei dem sich mir unaufhörlich und ohne Aussicht auf Erschöpfung mehrenden Stoff auf die Dauer sowohl die lebendigen, die Entwicklung bestimmenden Kräfte aus dem Auge zu verlieren, als auch den Gesetzen der Form, der Anordnung, nicht mehr gerecht werden zu können. Als einen der äusseren und inneren Vervollkommnung bedürftigen ersten Versuch der Bearbeitung und Zusammenfassung des wichtigsten in Frage kommenden Materials möge daher der Leser dieses Werk entgegennehmen.

Was das Quellenmaterial selbst betrifft, so wurden, ausser den schon gedruckten, handschriftliche Quellen in Rom, Venedig, Paris, Oxford herangezogen, die z. T. im Anhang abgedruckt sind. Von der neueren Literatur habe ich die russische, mangels Kenntnis der russischen Sprache, nur soweit heranziehen können, als sie in Übersetzungen vorlag oder griechische Urkunden enthielt.

Berlin, im Februar 1903.

Der Verfasser.

Einleitung.

Der Ursprung des Schismas.

Das Papsttum hat im IV. und V. Jahrhundert, bei dem politischen Verfall und dem endlichen Untergang des west-römischen Reichs, seine kirchliche Vorherrschaft im Occident begründen können.[1]) Dagegen ist es ihm nicht in gleicher Weise gelungen, in der den wandernden Völkern Trotz bieten-den östlichen Reichshälfte (ausgenommen in den illyrischen Provinzen) seine Primatialrechte zur Geltung zu bringen.[2])

Denn im oströmischen Reiche waren es die Kaiser, die die Kirche fortdauernd beherrschten: sie waren es, die, in Gemeinschaft mit der Reichssynode, ihr Gesetze vorschrieben, und die über den Klerus ihres Reichs zu Gericht sassen. Dem Papsttum aber gestanden sie für die östliche Kirche nichts als einen blossen Ehrenprimat zu.[3])

---

[1]) S. Karl Müller, Kirchengeschichte (in „Grundriss der theologischen Wissenschaften") Bd. I p. 264 ff.

[2]) Die Präfektur Illyricum orientale, d. h. die Balkanprovinzen, mit Ausnahme von Thracien, blieb, obwohl sie 379 vom Westreich los-gelöst und zum Ostreich geschlagen wurde, doch kirchlich von Rom abhängig: der Erzbischof der Präfekturhauptstadt Thessalonich ward päpstlicher Vikar. Das Verhältnis dauerte auch in der byzantinischen Zeit trotz der Versuche des Patriarchen von Konstantinopel, die Provinzen an sich zu reissen, fort. Die Abtrennung der nördlichen Provinzen (Mösien und Macedonien) von dem Bezirk des Erzbischofs von Thessalonich und ihre Unterstellung unter den Bischof von Achrida, die Justinian vollzog, änderte daran nichts, es unterstanden seitdem die beiden Bezirke Rom. S. Hinschius, Kirchenrecht Bd. I p. 579 ff.; K. Müller l. c. p. 267, 277, 299/300.

[3]) S. Hinschius, IV 783 ff., III 687 ff. (335/6, 344—6).

Justinian begründete dann sogar, indem er von Konstantinopel her mehrere der von den Barbaren okkupierten westlichen Reichsteile, vor allem Italien, wiedergewann, auch in diesem, nunmehr direkt von Ostrom-Byzanz abhängigen Lande das absolute kaiserliche Kirchenregiment: die Päpste selbst mussten die Bestätigung ihrer Wahl von den byzantinischen Kaisern einholen. [1])

Trotzdem und trotz der gleichzeitigen Errichtung nationaler, von Rom unabhängiger Sonderkirchen in den germanisierten Ländern des Occidents gelang es dem Papsttum, hier im Westen seinen Anspruch auf die kirchliche Suprematie aufrecht zu erhalten und ihm alsbald erneute Geltung zu verschaffen. [2])

Im Orient hingegen herrschte über die Kirche nach wie vor der Kaiser. Und neben diesem erwuchs den Päpsten noch ein zweiter gefährlicher Nebenbuhler in Gestalt des Patriarchen von Konstantinopel. Schon das Konzil von Chalcedon (451) stellte ihn dem Papste gleich: denn es sei billig, dass die Kaiserresidenz Neurom, welche dieselben politischen Ehren wie die Kaiserstadt Altrom geniesse, auch in kirchlichen Angelegenheiten ebenso mächtig sei wie jene und nur einen Schritt hinter ihr an Rang zurückstehe. [3]) Indem man hier die kirch-

---

[1]) Bis ins VIII. Jahrh. übten die Kaiser die Bestätigung der Wahlen und die Entscheidung bei zwiespältigen Wahlen aus. S. Hinschius l. c. Bd. I p. 220 ff. (224).

[2]) Vgl. Müller l. c. p. (287) 297 ff.

[3]) In dem berühmten 28. Kanon des Konzils von Chalcedon erneuern die Väter scheinbar nur den 3. Kanon des Konzils von Konstantinopel 381. In Wirklichkeit setzen sie, indem sie letzterem Kanon einen ganz anderen Sinn unterlegten, als er eigentlich hatte, etwas neues fest.

Der 3. Kanon des Konzils von 381 lautet (Mansi, Conc. III 559) „. . . τὸν μέντοι Κωνσταντινουπόλεως ἐπίσκοπον ἔχειν τὰ πρεσβεῖα τῆς τιμῆς μετὰ τὸν τῆς Ῥώμης ἐπίσκοπον διὰ τὸ εἶναι αὐτὴν νέαν Ῥώμην'.

Im 28. Kanon des Konzils von Chalcedon (451) (Mansi, VII 369) heisst es von den Vätern des Konzils von Konstantinopel 381: „καὶ γὰρ τῷ θρόνῳ τῆς πρεσβυτέρας Ῥώμης διὰ τὸ βασιλίζειν τὴν πόλιν ἐκείνην οἱ πατέρες εἰκότως ἀποδεδώκασι τὰ πρεσβεῖα, καὶ τῷ αὐτῷ σκόπῳ κινούμενοι

lichen Ehren der beiden Städte auf ihre politische Stellung
begründete, war klar, dass mit dem Erlöschen des west-
römischen Kaisertums die Prätensionen des Patriarchen von
Konstantinopel, das nunmehr alleinige Kaiserresidenz war,
sich erst recht geltend machen, wenn nicht gar wachsen
mussten. Sie erlangten in der Tat dieselbe Stellung im Orient
wie die Päpste im Occident, nur dass sie völlig in der Gewalt
des Kaisers waren. Sie wurden „ökumenische Patriarchen",
d. h. Vertreter der Christenheit, geheissen,[1] ein Titel, in
dem die Päpste eine Beeinträchtigung ihres Primats sehen
mussten; sie protestierten lange gegen ihn, um ihn schliesslich ihrerseits anzunehmen und ihn bei den Patriarchen zu
dulden.[2]

Ungeachtet dieser doppelten Schranke der kaiserlichen und
Patriarchalgewalt nun, durch die sich der Orient seinem Einfluss zu verschliessen suchte, hat das Papsttum wiederholt

οἱ ϱν (150) ἐπίσκοποι τὰ ἴσα πρεσβεῖα ἀπένειμαν τῷ τῆς νέας Ῥώμης
ἁγιωτάτῳ θρόνῳ, εὐλόγως κρίναντες, ¡τὴν βασιλείᾳ καὶ συγκλήτῳ (Senat)
τιμηθεῖσαν πόλιν καὶ τῶν ἴσων ἀπολαύουσαν πρεσβείων τῇ πρεσβυτέρᾳ
βασιλίδι Ῥώμῃ¡ καὶ [auch] ἐν τοῖς ἐκκλησιαστικοῖς ὡς ἐκείνην μεγα-
λύνεσθαι πράγμασι δευτέραν μετ' ἐκείνην ὑπάρχουσαν.' Es gilt hier ganz
genau zu interpretieren, wie es oben geschehen. Die Päpste haben lange
gegen diese Erhöhung der Patriarchen von Konstantinopel — vergeblich —
protestiert, indem sie den Vorrang der Patriarchate von Alexandrien und
Antiochien behaupteten. Erst auf der VIII. ökum. Synode zu Konstantinopel
hat Rom dem Patriarchen von Konstantinopel den zweiten Rang unter
den Patriarchaten stillschweigend bewilligt. S. Pichler, Geschichte der
kirchlichen Trennung zwischen Orient und Occident, München 1864, Bd. II
p. 631 ff. Vgl. u. p. 7.

[1] Diese Bedeutung weist mit Recht Gelzer in Z. für prot. Theol.
Bd. XIII p. 572—74 dem Titel des ökumenischen Patriarchen zu, gegen
die Ansichten von Hinschius, I 548 und Pichler l. c. Bd. II p. 649, 665,
die sich auf den ganz unklaren Bericht des Bibliothekars Anastasius gründen.

[2] Gelzer l. c. Der erste Papst, der energisch Einspruch erhob, war
bekanntlich Gregor I. Diese Proteste gegen den Titel des „ökumenischen
Patriarchen" sind wohl zu scheiden von dem in der vorletzten Anmerkung
erwähnten Einspruch der Päpste gegen die Rangerhöhung des Patriarchen
von Konstantinopel.

auch dort seine kirchliche Suprematie über den blossen Ehrenprimat hinaus zur Anerkennung zu bringen gewusst.

Wenn auch nicht direkt und in juristischem Sinne, so
sind die Päpste doch indirekt und faktisch die wahren Gesetz-
geber des Orients in Glaubenssachen gewesen, indem sie
von Jahrhundert zu Jahrhundert ihrer dogmatischen Ansicht,
nachdem sie sie gegen heterodoxe Kaiser standhaft verfochten
hatten, unter rechtgläubigen Kaisern zum Siege verhalfen.

Und eben in diesen Kämpfen um das Wesen und den
Willen Christi und um die Verehrung der Bilder sind auch
die Päpste von der orthodoxen Partei in der orientalischen
Kirche wiederholt als oberste Richter angerufen worden,
und haben auf solche Appellationen hin Absetzungsurteile über
Patriarchen und Bischöfe ausgesprochen: ohne dass dieselben
freilich je zur Exekution gekommen wären. [1]

Was wunder nun aber, dass es den Päpsten in einem
Reiche nicht mehr behagte, dessen Kaiser immer aufs neue den
rechten Glauben bedrohten und der Kirche ihren Willen aufzuzwingen sich unterfingen? Zumal da diese Herrscher unfähig waren, Rom gegen die andrängenden Barbaren zu
schützen.

So löste sich das Papsttum im Jahrhundert der Bilder-
stürme und der Langobardennot aus dem Reichsverbande
heraus, erkor sich statt des Griechen einen katholischen
Germanenkönig des Westens zum Helfer und identifizierte
sich vollkommen mit den Interessen dieser Frankenkönige, die
alsbald ihr Regiment und zugleich das der katholischen Kirche
über den ganzen Occident ausbreiteten. Papst Leo III. besiegelte im Jahre 800 diese Neugestaltung der Verhältnisse,
indem er seinen neuen abendländischen Schutzherrn an Stelle
des Byzantiners als römischen Kaiser proklamierte und
adorierte.

[1] Vgl. Hinschius, K.-R. III 692/3, IV 782 ff.

Indem aber das Papsttum so in das „westliche Imperium" [1]) Karls des Grossen hineintrat und sich damit in das Abendland einspann, sich gleichsam occidentalisierte, setzte es seine kirchliche Machtstellung im byzantinischen Reiche aufs Spiel, lief es Gefahr, dort als eine auswärtige Macht angesehen zu werden.

Schon im Beginne dieses Prozesses der Abtrennung von Byzanz und der Einschmelzung in den Occident hatte Rom eine empfindliche Einbusse an seiner im byzantinischen Reiche geübten Macht erlitten. Kaiser Leo hatte im Jahre 733, als Papst Gregor III. ihm in der Bilderfrage widerstrebte und sogar mit Karl Martell in hochverräterische Verbindung trat,[2]) diejenigen Reichsländer, die kirchlich direkt dem Papsttum unterstanden: Unteritalien und die illyrischen Provinzen (Macedonien und Griechenland), von Rom losgerissen und sie dem Patriarchen von Konstantinopel unterstellt.[3])

Fast schien es, als ob der letzte Schritt auf dieser Bahn, welchen die Kaiserkrönung Karls des Grossen durch Leo III. bedeutete, den Päpsten ihre Primatialstellung in der byzantinischen Gesamtkirche kosten sollte. Kaiser Nikephoros untersagte ihr jeglichen Verkehr mit Rom, denn dieses habe sich ganz und gar von der orientalischen Kirche losgerissen.[4])

---

[1]) Brief Karls an Kaiser Michael I. v. J. 813, Jaffé, Bibl. rer. germ. Bd. IV p. 415: Friede *inter orientale atque occidentale imperium*. Vgl. Ranke, Weltgeschichte, Textausgabe Bd. III p. 246. (Vollständige Ausgabe Bd. V₂ p. 214.)

[2]) S. Ranke, l. c. p. 139/40. (Vollständige Ausgabe Bd. V₁ p. 311.)

[3]) S. Hergenröther, Photios Bd. I p. 237, Hinschius, K.-R. I p. 586.

[4]) Theophanes, Chronogr. ed Bonn p. 771 und Mansi, Conc., Bd. XIV p. 53: in dem Brief, den der Patriarch Nikephoros nach des Kaisers Nikephoros Tode an Leo III. schreibt, sagt er von dem Kaiser Nikephoros: καὶ ὡς ὑμεῖς τῆς ἐκκλησίας ἑαυτοὺς ἀπερρήξατε, διεθρύλλει καὶ ἐχαλέπαινε'. Vgl. Hergenröther, Photios Bd. I p. 268—70. Auch späterhin blieb die Anschauung vorherrschend, dass die Errichtung des abendländischen Kaisertums durch das Papsttum die eigentliche Ursache des Schismas gewesen sei. In dem 1145 verfassten Bericht des Bischofs Anselm von Havelberg über seine Mission nach Konstantinopel (im Auftrage Lothars) findet sich

Aber dafür wandte sich bei einem Kirchenstreit, der damals in Byzanz ausbrach, die mönchische Partei, wie in früheren Zeiten, nach Rom, und Kaiser Michael I. (811—813) söhnte sich, wie mit dem neuen Westreich, so auch mit dem Papsttum aus. [1]

Unter seinen Nachfolgern Leo V., Michael II. und Theophilos (813—842), die den Bildersturm erneuerten, fand Roms Primat abermals wenigstens jene, ich möchte sagen inoffizielle Anerkennung der unterdrückten Partei der byzantinischen Kirche, um unter Theodora (832—856), welche die Orthodoxie herstellte, auch regierungsseitig anerkannt zu werden. Ja sogar das Amt eines obersten Richters erkannte man nunmehr dem Papste allseitig zu. In einem Streite, der zwischen dem Patriarchen Ignatios und einer diesem feindlichen kirchlichen Fraktion ausbrach, riefen beide Parteien die päpstliche Entscheidung an (c. 854). [2]

Jedoch viel wichtiger nun als diese Sache war eine andere, die bald darauf vor den römischen Stuhl kam: der Streit zwischen Photios und Ignatios. Letzterer war von dem Staatsmann Bardas, der nach der Abdankung der Kaiserin Theodora (856) für seinen Neffen Michael III. die Geschicke Byzanz' leitete, entsetzt und an seiner Stelle 857 der grosse Gelehrte Photios aus dem Laienstande zum Patriarchen erhoben worden. [3]

Obwohl nun auch Photios von der Anerkennung des päpstlichen Primats ausging, da er von Rom die Sanktion seiner usurpierten Patriarchenwürde zu erlangen trachtete (859), so sollte doch gerade dieser Schritt des weiteren zu

die Rede, mit der bei einer Disputation der Erzbischof von Nikomedien dem Anselm erwiderte. Derselbe erklärt da (D'Achéry, Spicileg., Bd. I p. 196): ‚Romana Ecclesia . . . ipsa se a nobis sequestravit, quando Monarchiam, quod sui officii non erat, invasit et episcopos et ecclesias occidentis et orientis diviso imperio divisit'.

[1] Vgl. Hergenröther l. c. p. 261 ff.

[2] Das Nähere bei Hergenröther p. 274—361.

[3] l. c. 361 ff. Die wichtigsten Akten der Photianischen Angelegenheit sind aufs trefflichste ediert worden von Will. Acta et scripta, quae de controversiis ecclesiae graecae et latinae saec. XI. extant, 1861, p. 30 ff.

einer verhängnisvollen Erweiterung der Spaltung zwischen der orientalischen und abendländischen Kirche führen.

Nach der Auffassung der Byzantiner hätte es sich der Papst zur Ehre anrechnen müssen, dass man ihm aufs neue ein Urteil über die griechischen Kirchenverhältnisse verstattete,[1]) und er hätte einfach den Photios bestätigen sollen.

Nun sass aber damals der mit der höchsten Vorstellung von der päpstlichen Würde erfüllte Nikolaus I. auf dem Stuhle Petri. Weit entfernt, seine Hand zur Legitimierung der unkanonischen Erhebung des Photios zu bieten, verweigerte er diesem zunächst die Anerkennung und setzte ihn, als er nunmehr den päpstlichen Geboten trotzte, auf einer römischen Synode im Jahre 863 ab.

Als dann derselbe Papst drei Jahre später Bulgarien an Rom zu ketten suchte, wobei seine Boten die griechischen Missionäre von dort verjagten und ihre Anordnungen kassierten,[2]) da erhob sich der gelehrteste aller Byzantiner zu einem geharnischten literarischen Angriff auf diesen römischen Priester, in dem er jetzt zugleich seinen persönlichen Gegner und einen gefährlichen Rivalen des Patriarchenstuhls von Konstantinopel bekämpfte.

Mit rauher Hand riss er den Schleier hinweg von den Gegensätzen, die sich im Laufe des Jahrhunderts zwischen der westlichen und östlichen Kirche herausgebildet hatten,[3])

---

[1]) Will l. c. p. 34. ,Dixistis enim', so schreibt Nikolaus 865 an Kaiser Michael, ,quod nullus antecessorum nostrorum a sexta synodo (680) meruerit a vobis, quod nos meruisse dignoscimur'.

[2]) Hergenröther, Photios Bd. I p. 405 ff., ferner in kürzerer Zusammenfassung: Hergenröther, Kirchengeschichte Bd. I p. 663 ff.

[3]) Zum erstenmale hervorgetreten waren sie auf der sog. II. trullanischen Synode zu Konstantinopel im Jahre 692, wo die Orientalen, unwillig über den erneuten Sieg in Glaubensfragen, den Rom im Jahre 680 davon getragen hatte, eine Reihe von Disziplinarkanones erliessen, in denen die römischen Bräuche getadelt wurden (z. B. das Cölibat, das Sonntagsfasten etc.) und denen Rom die Anerkennung versagt hatte. S. Hergenröther, Photios Bd. I p. 217 ff. Aber eine unmittelbar trennende Wirkung hatte dieser Vorgang nicht gehabt.

und enthüllte der Welt, dass der Occident einen anderen
Priesterstand, andere kirchliche Gebräuche, ja auch einen
anderen Glauben habe als der Orient.[1]) Denn im Westen
glaubte man, dass der heilige Geist nicht nur vom Vater,
wie der Osten bekannte, sondern auch vom Sohne seinen
Ausgang nehme, und man sang dort bereits das Symbolum
mit dem Zusatz des filioque. Obgleich ein adäquater Ausdruck der alt-abendländischen Auffassung von der untrenn-
baren Einheit der Trinität,[2]) erregte dieses Bekenntnis im
Orient den grössten Anstoss, denn es schien die trotz der
Wesenseinheit scharf ausgeprägten charakteristischen Eigen-
tümlichkeiten der drei Personen in der Trinität zu ver-
wischen, indem es dem Vater sein Charakteristikum, nämlich
die Eigenschaft, alleiniges Prinzip von Sohn und Geist zu
sein, raubte, um statt dessen auch den Sohn zum Prinzip (des
Geistes) zu machen. Der wagemässige Aufbau der Trinität

$$\overset{\text{Vater}}{\underset{\text{Sohn Geist}}{\frown}} .$$ ihre monarchische Gliederung schien so zerstört.[3])

Mehr noch aber als den unterschiedlichen Glauben
der Occidentalen musste man im Orient die durch diesen
veranlasste Veränderung des altgeheiligten Symbolum, des
Glaubensbekenntnisses, durch die Hinzufügung neuer Worte
(des ‚filioque‘) als verdammenswerten Frevel ansehen: hatte
doch selbst das Papsttum, wenn es auch den abendländischen
Glauben teilte, bis dahin Bedenken getragen, die Hinzufügung des ‚filioque‘ zum Symbolum zu sanktionieren![4])

[1]) In zwei Schreiben an die orientalischen Patriarchen und an die
Bulgaren. S. Hergenröther, Photios Bd. I p. 646 ff., 685/6.

[2]) Harnack, Dogmengesch. Bd. II p. 290.

[3]) Ich hoffe, hiermit in kurzen Worten ein einigermassen klares
Bild der photianischen Kritik des abendländischen Dogmas, auf die alle
späteren griechischen Polemiker zurückgreifen, entworfen zu haben. Photios
hat sie eingehend begründet in seiner Schrift ‚Liber de spiritus sancti
mystagogia‘ (885). Ich habe mich an die ausführliche Analyse, die Hergenröther, Photios Bd. III p. 386—424 gibt, gehalten.

[4]) Papst Leo III. hatte im Jahre 810, als Karl der Grosse von ihm
die Bestätigung des Beschlusses einer Aachener Synode von 809 über die

Dass Photios jetzt auch den päpstlichen Primat leugnete, versteht sich fast von selbst: er hat sogar behauptet, dass mit der Verlegung des Kaisersitzes von Rom nach Byzanz durch Konstantin auch der geistliche Primat des römischen Stuhls auf die Kirche von Konstantinopel übergegangen sei.[1] Es war eine „konstantinische Schenkung" in byzantinischer Deutung, ein genaues Gegenstück zu derjenigen, auf die sich die Päpste beriefen. Dem Titel des ökumenischen d. h. allchristlichen Patriarchen, den die Bischöfe von Konstantinopel führten, mass Photios damit eine exklusive Bedeutung bei, die man ihm bis dahin nicht zugeschrieben hatte.

Jedenfalls handelte der Byzantiner nach diesem Grundsatze, wenn er im Jahre 867 mit einem Pseudokonzil Nikolaus I. verurteilte und absetzte. Man hoffte in Konstantinopel, den abendländischen Kaiser Ludwig II., der gleichfalls mit Papst Nikolaus zerfallen war, zum Exekutor des Urteils zu gewinnen.[2]

Aber es geschah nun das Merkwürdige, dass zwei Jahre später dieses in den Staub getretene Papsttum nicht nur über Photios, sondern über die byzantinische Kirche als solche

---

Einfügung des filioque in das Symbolum verlangte, diese Einschaltung entschieden abgelehnt und widerraten; er liess sogar zwei silberne Platten in der Peterskirche aufstellen, auf denen das Symbolum ohne das filioque verzeichnet stand. Auch seine Nachfolger machten den Zusatz nicht. S. Hergenröther, Photios Bd. I p. 698ff.; Hefele, Konziliengeschichte Bd. V p. 753.

Photios hat diese Tatsache geradezu als Argument gegen den sonst im Abendland weitverbreiteten Gebrauch des filioque benutzt (Hergenröther l. c. Bd. III p. 112).

[1] Nikolaus I. in seinem Briefe an Hincmar, Mansi, Conc., Bd. XV p. 358 D: *,Gloriantur atque perhibent, quando de romana urbe imperatores Constantinopolim sunt translati, tunc et primatum romanae sedis ad Constantinopolitanam ecclesiam transmigrasse et cum dignitatibus regiis etiam ecclesiae romanae privilegia translata fuisse'.* Vgl. Hergenröther, Photios Bd. I p. 656, der mit Recht gegen Pichler, l. c. p. 186, für die Realität der hier vom Papste aufgeführten griechischen Prätension eintritt.

[2] Hergenröther, Photios I p. 650, 53.

triumphierte. Heller denn je erglänzte der Stern Roms über
der Stadt Konstantins. Als ob das Schicksal dem Papsttum seine
orientalische Machtstellung noch ein letztes Mal in voller Glorie
zeigen wollte, verschaffte es ihm durch den Thronwechsel in
Byzanz und die romfreundliche Gesinnung des Kaisers Basilius I.
einen so glänzenden Triumph über das feindliche Patriarchat,
wie es ihn nie zuvor gefeiert hatte.

Auf der VIII. ökumenischen Synode zu Konstantinopel
(869/70), auf der auch Vertreter der unter arabischer Herrschaft stehenden Patriarchate von Antiochien, Jerusalem und
Alexandrien zugegen waren, unterschrieben die Prälaten des
Ostens eine von den Legaten Papst Hadrians II. dargereichte
Formel, in der sie sich bedingungslos dem römischen Gesetz
und Richterspruch unterwarfen: danach wurde Photios seiner
Würde verlustig erklärt und der von diesem gestürzte Patriarch
Ignatios rehabilitiert.[1] Zur Belohnung gleichsam erkannte
das Papsttum damals zuerst dem Patriarchat von Kon-
stantinopel den Rang zu, den es seit dem Konzil von
Chalcedon (451) gegen den Willen Roms behauptet hatte:
die zweite Stelle unter den Patriarchaten.[2]

Doch der Erfolg Roms wurde reichlich wettgemacht
durch die empfindliche Schlappe, die das Papsttum wenige
Tage nach Schluss des Konzils gegenüber der orientalischen
Kirche in der Bulgarenfrage erlitt.

Der Herrscher dieses Volkes, Boris, wünschte von
dem in Konstantinopel tagenden Konzil eine Entscheidung
darüber, ob sein Land kirchlich Rom oder Konstantinopel
zu unterstehen habe. Gegen die Stimme der römischen
Legaten sprachen sich die Vertreter der orientalischen
Patriarchate für die Unterordnung Bulgariens unter Byzanz
aus, da dies Land einst politisch zum byzantinischen Reich
gehört hatte. Kirchlich freilich hatte es, wie das ganze
Ostillyrien, zu Rom gehört, aber den Anspruch, den die

---

[1] S. Will l. c. [6²] p. 39 f.; Pichler, p. 189/90.
[2] S. o. p. 2 Anm. 3 gegen Ende.

päpstlichen Legaten hieraus ableiteten, wies man mit dem Bemerken zurück: seit der Papst vom griechischen Imperium abge-
fallen sei und sich an die Franken angeschlossen habe, sei es
ungebührlich, dass er, wie es zwar einst geschehen, jetzt noch
in einem Teile des byzantinischen Reichs Geistliche ordiniere. [1]

Das war im tieferen Grunde nicht nur die Antwort
der Griechen auf die bulgarischen Prätensionen Roms, sondern
diese Kennzeichnung Roms als einer dem byzantinischen
Interesse fremdgewordenen Macht bedeutete auch einen nach-
träglichen Protest der Orientalen gegen die Demütigung, die
ihnen das Papsttum soeben bei der Lösung des Patriarchen-
streits bereitet hatte; und der Sieg in der Angelegenheit der
bulgarischen Kirche — letztere wurde alsbald der byzantinischen einverleibt — entschädigte sie für jene Erniedrigung.

Auch hatte, eben infolge der Überspannung der
römischen Ansprüche, nicht einmal der Triumph des Papsttums in der photianischen Angelegenheit Bestand. Photios
gewann bald seinen Einfluss wieder und wurde beim Tode
des Ignatios gleichsam von selbst dessen Nachfolger. Zehn
Jahre nach der Synode von 869 tagte wiederum ein Konzil
in Konstantinopel, das unter scheinbarer Zustimmung des
Papstes Johann VIII., dessen Schreiben verfälscht wurden,
die Akte des vorigen kassierte, und das nun die Griechen an
Stelle jenes als das VIII. ökumenische bezeichneten. [2]

Vergebens waren die Proteste der Päpste gegen die
Losreissung Bulgariens von Rom, und ohne Folge blieb
der Widerspruch, den sie gegen das erneute Patriarchat des
Photios richteten, und der sich sogar, nach dessen abermaliger
Absetzung durch Kaiser Leo VI. (886), noch eine Weile in

---

[1] Vignoli, liber Pontificalis Bd. III p. 250: *Satis indecens est, ut
vos, qui Graecorum imperium detrectantes Francorum foederibus in-
haeretis, in regno nostri principis ordinandi iura conservetis'.* Vgl.
hierüber, wie über die ganze Bulgarenangelegenheit Pichler l. c. p. 192 ff.;
Hergenröther, Photios Bd. II p. 119 ff.; Will, p. 41—3.

[2] a. 879: s. Will, p. 44/5; Hergenröther, Photios Bd. II p. 379 ff.

der Form einer Weigerung, die von Photios ordinierten Geistlichen anzuerkennen, fortsetzte.[1])

Immerhin war die Zeit noch keineswegs vorbei, wo man Rom eine Einmischung in die byzantinischen Verhältnisse gestattete. Es hängt das aufs engste mit den damaligen Verhältnissen des Abendlandes zusammen: die Kaisergewalt verfiel gegen Ende des IX. Jahrhunderts, bis sie im folgenden schliesslich ganz erlosch,[2]) und das Papsttum wurde zum Spielball der römischen Aristokratie.

In Byzanz nun betrachtete man diese Entwicklung als eine „Befreiung" des Papsttums,[3]) und was man bei einem von Kaisern des Occidents beherrschten römischen Priestertum vermieden hätte: seine Entscheidung anzurufen, das scheute man sich nicht zu tun bei einem Papsttum, das sich in den Händen des römischen Lokaladels befand.

Freilich geschah es nach wie vor in Angelegenheiten bedenklicher Natur. So wandte sich am Anfang des X. Jahrhunderts Kaiser Leo VI. nach Rom, als der Patriarch Nikolaus die vierte Ehe, die der Kaiser eingegangen war, nicht gutheissen wollte. Unter Autorisation der päpstlichen Gesandten, die im Namen des Papstes Sergius III. der milderen abendländischen Auffassung über die öftere Vermählung das Wort redeten, wurde der widerspenstige Patriarch abgesetzt.

Aber wiederum blieb der päpstlich-kaiserliche Richterspruch nicht in Kraft: schon 911 gelangte der Patriarch Nikolaus wieder ans Ruder; Papst Johann X. erkannte ihn am Anfang der zwanziger Jahre an, nicht ohne zugleich die relative Berechtigung des strengeren Standpunktes der griechischen Kirche in der Tetragamiefrage zuzugeben.[4])

---

[1]) Vgl. Hergenröther. Photios Bd. II p. 650 ff.

[2]) Mit Berengar im Jahre 924; Gregorovius, Gesch. der Stadt Rom Bd. III p. 273.

[3]) S. Liutprand, Legatio c. 15 (MG. SS. Bd. III p. 350).

[4]) Vgl. über den Tetragamiestreit Hergenröther, Photios Bd. III p. 655—94; Pichler, p. 204—6.

Am Anfang der dreissiger Jahre des X. Jahrhunderts wurde Rom unter dem Scepter des Senators Alberich förmlich zu einem weltlichen Fürstentum, und Alberich beherrschte das Papsttum; gegen seine italienischen Widersacher suchte er Anlehnung an Byzanz.[1]) Kaiser Romanos I. trug nicht das geringste Bedenken, einem Papste, der einem Byzanz befreundeten römischen Lokalherrn gehorchte, eine Einmischung in byzantinische Kirchenverhältnisse zu gestatten. So inthronisierten römische Legaten im Jahre 933 des Kaisers Sohn Theophylaktos als Patriarchen von Konstantinopel; der Name Roms diente freilich nur dazu, ein System von Intriguen und Verletzung der Kanones zu verdecken, das der Erhebung des eben mündig gewordenen kaiserlichen Prinzen vorangegangen war.[2])

Nach dem Berichte Liutprands von Cremona hätte damals Kaiser Leo noch eine andere Konzession bei Alberich durchgesetzt. Gegen reichliche Geschenke hätte dieser resp. sein Papst für alle Zukunft auf das Recht des Papsttums, den Patriarchen von Konstantinopel das Pallium zu verleihen, verzichtet.[3])

So sicher es ist, dass hier ein Irrtum des Schriftstellers vorliegt, da Rom überhaupt nie das Recht der Palliumsverleihung an die griechischen Patriarchen des Orients oder auch nur ihrer Bestätigung geübt hat,[4]) so wenig ist doch die Möglichkeit von der Hand zu weisen, dass dem Bericht ein wahrer Kern zu Grunde liegt, nämlich die Kunde von einer finanziellen Transaktion zwischen Kaiser Romanos I. (920—944) und Alberich, eine Übertragung von päpstlichen Rechten auf die Patriarchen von Konstantinopel betreffend. Liutprand irrt nur darin, dass er sie auf die Verleihung, resp. auf das Tragen des Palliums bezieht, an dessen ungehindertem

---

[1]) Gregorovius l. c. p. 290 ff.
[2]) S. Hergenröther l. c. p. 705/6; Pichler p. 209—11.
[3]) Liutprand, Legatio c. 62 (MG, SS. Bd. III p. 361).
[4]) Sehr gut nachgewiesen von Pertsch, de origine usu et auctoritate Pallii archiepiscopalis, Helmstadt 1754, p. 117—23.

Gebrauch seitens der griechischen Patriarchen und der griechischen Bischöfe er bei seinem Aufenthalt in Konstantinopel Anstoss genommen hatte[1]) und den er als usurpiert nachweisen zu müssen glaubte. Aber es gab andere, Rom wirklich zukommende Primatialrechte, deren Übertragung auf Byzanz den Kaisern und Patriarchen von Konstantinopel am Herzen lag. Wie ein Jahrhundert später Basilios II.,[2]) so wird zu Alberichs Zeit Kaiser Romanos I. den Versuch gemacht haben, sie Rom abzukaufen, und es wäre ihm das auch in der einen oder anderen Weise gelungen: freilich hätte dieser Pakt bei der fundamentalen Umwälzung, die sich bald darauf im Abendlande und in der Lage des Papsttums vollzog, keinen Bestand gehabt.

Denn mit dem Jahre 963 ward das Papsttum aufs neue zum Bistum eines occidentalen Imperiums: desjenigen, welches der deutsche König Otto I. aufrichtete, und es wurde in den Gegensatz hineingezogen, in den auch das erneuerte westliche Kaiserreich, gleich dem karolingischen, zu Byzanz geriet, und in dem die beiden Imperien trotz vorübergehender Verständigung verharrten.[3])

Freilich suchte derselbe Papst Johann XII., der Otto herbeigerufen, die deutsche Herrschaft sogleich wieder abzuschütteln, und zwar wandte er sich dazu auch nach Byzanz um Hilfe:[4]) aber er büsste seinen Abfall mit dem Verlust seiner Würde, und nicht mehr Glück hatten später Bonifaz VII. (erst 974, dann 984/85) und Johann XVI. (997/98), die, im Einverständnis mit den byzantinischen Kaisern und dem römischen Adel, es unternahmen, das Papsttum dem deutschen Einfluss zu entziehen.[5]) Es fehlte ihnen der Rückhalt einer bewaffneten

---

[1]) Liutprand l. c.

[2]) S. u. p. 18 f.

[3]) Durch den Interessenkonflikt in Unteritalien.

[4]) Liutprand. liber de rebus gestis Ottonis, c. 6. (MG. SS. III. p. 341) Gregorovius l. c. III p. 338.

[5]) Gregorovius Bd. III p. 379, 390, 414—21.

Macht, den die byzantinischen Kaiser nicht zu geben vermochten, der dagegen die deutsch-kaiserlichen Päpste stark machte.

Der Kaiser, der den neuen. grossen Umschwung in den Geschicken des Papsttums erlebte, Nikephoros II. Phokas (963—969), handelte nicht anders wie jener erste Nikephoros nach der Errichtung des karolingischen Kaisertums, und wie vorher, bei der ersten Abkehr Roms von Byzanz, Leo der Isaurier:[1] er führte einen Schlag gegen das Papsttum und das abendländische Wesen. Indem er durch seinen Patriarchen Polyeukt im Jahre 968 in den griechischen Provinzen Apulien und Calabrien den lateinischen Ritus verbieten und statt dessen den griechischen vorschreiben liess, suchte er sie völlig gegen die römische Einwirkung, die sich gleichzeitig mit den Fortschritten des deutschen Kaisers in dem langobardischen Unteritalien vorzuschieben drohte, abzuschliessen.[2]

In der Tat entfremdete sich das Papsttum unter deutschem Einfluss rasch den byzantinischen Interessen. So wagte im Jahre 968 Papst Johann XIII., den Kaiser von Byzanz als Kaiser der Griechen zu titulieren, indem er den römischen Kaisertitel Otto dem Grossen bewahrte.[3]

---

[1] S. o. p. 5.

[2] Liutprand legatio, c. 62, l. c. p. 361. Nikephoros hat seinem Patriarchen befohlen, die Kirche von Otranto zum Erzbistum zu erheben ‚nec permittat in omni Apulia et Calabria latine amplius sed graece mysteria celebrari‘. Allgemeiner durchgeführt wurde die Massregel jedoch wohl nur in den vorwiegend griechischen Gebietsteilen: in Calabrien und der Südspitze Apuliens, der terra d'Otranto, weniger vollständig in dem nur an der Küste graezisierten, im Binnenlande überwiegend langobardischen und lateinischen Apulien, wo der Erzbischof von Bari gegen das Edikt Protest erhoben haben soll: s. Rodotà, del Rito greco in Italia, Bd. II p. 197/8. 360/1, und Lenormant, La Grande Grèce (Paris 1884) Bd. I p. 362, II 402. — Auch in Calabrien bewahrte übrigens z. B. Cassano stets den lateinischen Ritus: Rodotà l. c. p. 423.

[3] Liutpr. l. c. cap. 50 (p. 358). Die Griechen teilen Liutprand mit: der Papst hat einen Brief an den Kaiser Nikephoros geschrieben ‚Graecorum illum et non Romanorum imperatorem vocans, quod tui domini (Otto I.) consilio actum esse non est ἀμφισβητον.‘

Am Anfang des folgenden Jahrhunderts scheute sich
Papst Benedikt VIII. (1012—1024) nicht, dem deutschen Kaiser
Heinrich II. auf seine Bitte das zu bewilligen, was zwei
Jahrhunderte zuvor Leo III. Karl dem Grossen aus Rücksicht
auf Byzanz verweigern zu müssen geglaubt hatte: die Auf-
nahme des verhängnisvollen filioque in das Glaubensbekenntnis.

Die Byzantiner blieben die Antwort auf diese Herausforderung nicht schuldig: der Patriarch Sergius I. von Konstantinopel (999—1019) tilgte den Namen des Papstes aus den
Diptychen seiner Kirche.[1]) Es sollte lange dauern, ehe er
wieder darin aufgenommen wurde.

Denn um die Mitte des XI. Jahrhunderts fand, wie man
weiss, die endgültige Kirchentrennung statt. Man hat sie bis
heute auf persönliche Motive des byzantinischen Patriarchen
Michael Kerularios, seinen Hochmut und seine besondere
Abneigung gegen die römischen Sitten zurückgeführt.

Aber die Wurzeln eines Ereignisses von solcher Tragweite, wie das Schisma von 1054, liegen tief unter dem lockeren
Boden persönlicher Antriebe.

Zwei Momente sind es gewesen, die den definitiven
Bruch der griechischen Kirche mit Rom herbeigeführt haben:
die Wiedergeburt der abendländischen Kirche unter dem Impuls
der Cluny'schen Reformideen und das endgültig siegreiche Vordringen occidentaler Gewalten im byzantinischen Unteritalien.

Unter diesen Gewalten aber befand sich auch das Papsttum, und zwar zugleich als politische und kirchliche Macht.

Was ihre Prätensionen auf die politische Beherrschung
des südlichen Italiens betrifft, so stützten sich die Päpste dabei
auf die alten Privilegien der Karolinger und Ottos I., die dem
Papsttum zwar in der Hauptsache nur Privatgüter in diesen
Gegenden zusprachen, die aber in ihrem vieldeutigen Wortlaut auch auf die Unterordnung staatlicher Komplexe gedeutet

---

[1]) Vgl. Hergenröther, Photios Bd. I p. 710/11, Bd. III p. 728/29.

werden konnten.[1]) Hinzu kam dann die fabelhafte Schenkung Konstantins, die über das Recht der Kurie auf das ganze Gebiet keinen Zweifel liess. Das Papsttum, von den deutschen Kaisern wieder in den Sattel gehoben, tat hier den ersten Schritt zur politischen Herrschaft über die Welt.

Unabhängig aber von diesen ihren Zielen einer politischen Unterwerfung Unteritaliens griffen die Päpste auch in die kirchlichen Verhältnisse des unter occidentale Herrschaft geratenden Unteritaliens ein, und in dieser Hinsicht liessen sie es sich angelegen sein, die Cluny'schen Ideen hierher zu tragen: eine strenge Kirchenzucht aufzurichten und die Kirchen des Landes aufs engste an Rom, die oberste richterliche und gesetzgebende Gewalt in der Kirche, zu binden.

So verknüpfte sich mit der politischen Expansion des Occidents auf Kosten Byzanz' das Vordringen der in Disziplin und Verfassung dem griechischen Kirchenwesen aufs schärfste entgegengesetzten Cluny'schen Reformideen: beide Momente in ihrer Vereinigung gaben den Anlass zur Trennung der griechischen Kirche von Rom. — —

Die Absichten der Ottonen auf das südliche Italien waren mit der Niederlage Ottos II. bei Kotrone (982) gescheitert, seitdem stellte sich das byzantinische Übergewicht dort wieder her.[2])

Erst im zweiten Jahrzehnt des XI. Jahrhunderts wurde es aufs neue bedroht durch einen Aufstand in Apulien, und hier griff nun Papst Benedikt VIII. (1012—24) ein, indem er diese Revolution nach Kräften unterstützte und, als dieselbe scheiterte, Heinrich II. aus Deutschland gegen die Griechen zu Hülfe rief. Heinrich eilte denn auch, nachdem er dem Papste jene alten auf Unteritalien bezüglichen Kaiserprivilegien bestätigt hatte, im Jahre 1022 nach dem Süden. Doch errang er nicht nur gegen die eigentlich byzantinischen Gebiete keine

---

[1]) Ficker, Forschungen zur Reichs- und Rechtsgeschichte Italiens Bd. II p. 330 ff.

[2]) Heinemann, Geschichte der Normannen in Unteritalien und Sizilien p. 18 ff.

dauernden Erfolge, sondern der griechische Einfluss behauptete sich nach Heinrichs Abzug auch im ganzen langobardischen Unteritalien.[1] — —

Heinrich II. und Benedikt VIII. starben im gleichen Jahre 1024. Den geistlichen Heissspornen und Griechenfeinden folgten auf den Hochsitzen der abendländischen Christenheit in Konrad II. und Johann XIX. (1024—1033) zwei weltlich gesinnte und Byzanz wohlgeneigte Männer. Damals (1025) hat nun der griechische Kaiser Basilius II. den denkwürdigen Versuch gemacht, auf friedlichem Wege die Spannung zwischen den Kirchen von Byzanz und Rom zu beseitigen. So unklar auch die Fassung ist, in der uns sein Antrag überliefert ist,[2] so scheint doch der Kaiser in ihm dem Papsttum einen Verzicht auf seinen orientalischen Primat zu Gunsten des Patriarchen von Konstantinopel zugemutet zu haben, so dass fortan beide sich in den Titel des ökumenischen Patriarchen geteilt, der eine ihn mit Bezug auf den Orient, der andere für den Occident getragen hätten.[3]

Durch das byzantinische Gold gewonnen, dachte Johann XIX. schon an Nachgiebigkeit. Aber die Zeiten waren vorbei, da das Papsttum ein lokales Sonderleben führte und ein Alberich dessen altbewährten Rechtstitel an Byzanz verschachern konnte. Schon gehörte das Papsttum der Welt, und keiner seiner Schritte blieb ihr verborgen. Insbesondere wachte über ihm mit Argusaugen die Cluny'sche Reformpartei.

Kaum wurden nun die Verhandlungen Johanns XIX. mit Byzanz ruchbar, als sich in Italien und Frankreich, besonders unter den Männern der Reform, ein Sturm der Ent-

---

[1] Vgl. Heinemann l. c. p. 31 ff.

[2] Rad. Glaber, Historiae, Buch IV. c. 1 (Bouquet, Recueil, Bd. X p. 44): Der Patriarch von Konstantinopel und Kaiser Basilius hätten dahin gestrebt, *quatinus cum consensu Romani Pontificis liceret Ecclesiam Constantinopolitanam in suo orbe, sicuti Roma in universo, universalem dici et haberi'.

[3] Vgl. hierzu Hergenröther, Photios p. 729/30.

rüstung über diesen wahrhaft grotesken Handel mit geistlichen Gütern, sozusagen den Cumulus von Simonie, erhob.[1] Manche begnügten sich mit brieflichen Mahnungen, andere eilten selbst nach Rom, um dem Papste vorzuhalten, welchen Schimpf und Schmach er auf die römische Kirche zu häufen im Begriff sei. Der Abt Wilhelm von S. Benignus in Dijon rief dem Papst die bedeutungsvolle Sentenz zu, die einige Jahrzehnte später, nur mit kausaler statt konzessiver Verknüpfung von Vor- und Nachsatz und mit exklusiver Betonung des letzteren, zum Leitmotiv der Weltherrschaftspolitik Gregors VII. wurde: „Obgleich das einst unter eines Kaisers Scepter geeinte römische Reich heute von vielen weltlichen Herren regiert wird, so bleibt doch die Gewalt des Stuhles Petri eine unteilbare, universale, diejenige nämlich, auf Erden und im Himmel zu binden und zu lösen."[2]

So musste Johann wohl oder übel den byzantinischen Vorschlag ablehnen.

Nicht im Frieden und um Geld sollte sich die byzantinische Kirche von einem seiner Vorrechte nicht achtenden Papsttum loslösen. Bald ergriff die Macht, die, jetzt noch im Hintergrunde wirkend, den Ehrenschild der Nachfolger Petri blank erhalten hatte, offen vom römischen Bistum Besitz, und im Protest gegen dieses Reformpapsttum, das die neuen Ideen mit den Fahnen der abendländischen Eroberer in die byzantinischen Gebiete vorwärts trug, sollte der Patriarch von Neurom dem Bischof von Altrom die Botmässigkeit kündigen. — —

Mit besserem Glück als Papst Benedikt VIII. und Kaiser Heinrich II. unternahmen in den vierziger Jahren des XIII. Jahrhunderts die Normannen, ebenfalls in Verbindung mit

---

[1] Rad. Glaber l. c. „qualis tunc tumultus, quam vehemens commotio per cunctos extitit qui audierunt, dici non valet".

[2] l. c. „quoniam, licet potestas Romani imperii, quae olim in orbe terrarum Monarchis viguit, nunc per diversa terrarum innumeris regatur sceptris, ligandi solvendique in terra et in coelis potestas dono inviolabili incumbit magisterio Petri".

aufständischen Elementen, den Kampf gegen das griechische Apulien.[1])   Die beiden Grossmächte des Abendlandes: das deutsche Kaisertum und das Papsttum eilten alsbald, diesen ersten Vorstoss des Occidents gegen den Orient zu legitimieren und das normannische Apulien ihren Zwecken dienstbar zu machen. Kaiser Heinrich III. gliederte die neue Provinz dem occidentalen Imperium ein, indem er im Jahre 1047 den Normannen Drogo von Reichs wegen mit der Grafschaft Apulien belehnte: zugleich brachte er auch den grössten Teil des langobardischen Unteritaliens sowie die dort gelegene normannische Grafschaft Aversa in Abhängigkeit vom Reiche.[2])

Eben hier, in Capua und Salerno, griff auch schon der Heinrich begleitende Papst Klemens II. (1046—1047) ein, indem er dort Geistliche ordinierte.[3]) Aber erst Leo IX. (1048—1054) machte es sich recht eigentlich zur Aufgabe, das politisch soeben dem Occident gewonnene Unteritalien auch kirchlich demselben einzuverleiben, die langobardischen wie normannischen Gebiete durch wiederholte Rundreisen an Rom zu ketten und ihr kirchliches Leben nach den Cluny'schen Ideen umzugestalten.[4])

Schon schweiften Leos Gedanken weiter: in der Hoffnung, dass, wie das byzantinische, so auch das muhamedanische Unteritalien den Occidentalen anheimfallen werde, ernannte er einen Erzbischof für Sizilien.[5])

Jedoch es zeigte sich nun, dass die Normannen, die Land und Volk von Unteritalien aufs grausamste bedrückten, ein ganz ungeeignetes Element zur Hegung abendländischer Kirchenzucht seien. Als dann auch die päpstlichen Patrimonien,

---

[1]) Heinemann, p. 82 ff.

[2]) Vgl. Heinemann, p. 107 f.

[3]) Vgl. l. c. p. 108/9.

[4]) Watterich, Vitae pontif. Rom., Bd. I. p. 158 (Vita Leos IX. von Wibert): Leo begab sich 1050 nach Apulien, *ut christianam religionem repararet, quae ibidem videbatur paene deperisse*. Vgl. sonst Heinemann, p. 122 ff.

[5]) cf. Heinemann, p. 126.

ja sogar die Stadt Benevent, die sich eben damals, im Jahre 1051, dem Papsttum unterstellt hatte, durch sie gefährdet erschienen, da liess Leo alle anderen Gedanken hinter dem einen Ziele zurücktreten, die Normannen wieder aus Unteritalien zu vertreiben. Beide Kaiserreiche, das des Ostens so gut wie das des Westens, sollten ihm dabei zur Seite stehen. Während aber Heinrich III. sich mit einer Schenkungsurkunde begnügte, in der er dem Papste Benevent und fast alles Reichsgut in Unteritalien übertrug, hoffte Leo eine bewaffnete Hilfe von dem Statthalter Byzanz' in Unteritalien, Argyros, der bereits seinerseits die Normannen erfolgreich bekämpfte.[1])

Aber so sehr ein solches Bündnis dem politischen Interesse Byzanz' in Unteritalien entsprach, lief es dem kirchlichen zuwider. Mit steigendem Unmut hatte der Patriarch von Konstantinopel, Michael Kerularios, das Eindringen der römischen Sitten in das langobardische und normannische Unteritalien und das Einwurzeln der Papstgewalt daselbst verfolgt, wie es sich besonders unter Leos IX. Einfluss vollzog. Er hatte es an einer Antwort nicht fehlen lassen. Indem er seinerseits die lateinischen Sitten, insbesondere den Gebrauch des ungesäuerten Brotes beim Opfer, verdammte, hatte er sämtliche Kirchen und Klöster der Lateiner in Konstantinopel schliessen resp. beschlagnahmen lassen: „bis diese sich dem griechischen Ritus konformierten."[2]) Man hatte, da man besonders an jenem abendländischen Opferbrauch Anstoss nahm, die Lateiner mit dem Schimpfnamen „Azymiten" belegt.[3]) Auch gegen

---

[1]) l. c. p. 136 ff.

[2]) Will l. c. [5¹] p. 80. Leo IX. wirft in seinem ersten Schreiben an Kerularios diesem vor: ,ut enim fertur, omnes Latinorum basilicas penes vos clausistis, monachis monasteria et abbatibus tulistis, donec vestris viverent institutis'.

[3]) l. c. p. 76 mahnt Leo den Patriarchen, davon abzustehen, ,Latinos vere catholicos . . . subsannando azymitas vocare aut ecclesias illis denegare seu tormenta sicut coepistis inferre . . .' Vgl. in der Bannbulle der Legaten l. c. p. 154.

kaiserliche Beamte, die sich, wie jener Argyros, zum römischen Glauben bekannten, ging Kerularios wiederholt mit kirchlichen Zensuren vor.[1]

Hatten sich aber bis dahin die Gegenmassnahmen des Patriarchen auf Konstantinopel beschränkt, so sah er sich jetzt im Jahre 1052 auch zu einem Eingriff in die unteritalischen Verhältnisse veranlasst. Denn kam das Bündnis zwischen Papst Leo IX., dem Eiferer für das abendländische Kirchenwesen, und dem byzantinischen Statthalter Argyros, einem überzeugten Anhänger der römischen Lehren, zustande,[2] dann war zu fürchten, dass die abendländischen Kirchenformen auch im byzantinischen Unteritalien, wie bisher im langobardischen und normannischen, Eingang finden würden.

In solcher Besorgnis war es, dass er einen lauten Mahnruf an das griechische Apulien ergehen liess, der dieses von der Gemeinschaft mit Rom fernhalten sollte. Es geschah in Gestalt eines Sendschreibens, das, im Auftrage des Kerularios, der Erzbischof Leo von Achrida in Macedonien an den Bischof Johann von Trani, resp. an alle Geistlichen Apuliens[3] erliess und in dem verschiedene römische Bräuche, in erster Linie wieder das römische Opfer, aufs schärfste getadelt wurden.[4]

---

[1] Brief des Kerularios an den Patriarchen von Antiochien. Will l. c. p. 177: Argyros habe während seines Aufenthalts in Konstantinopel wiederholt den römischen Opferbrauch verteidigt, *propter quae non semel tantum, sed et bis iam et ter quaterque per nos pulsus erat atque eiectus a divina communione ac sumptione eucharistiae*. cf. Heinemann, p. 145.

[2] Auf die zwischen Kerularios und Argyros bestehende Spannung hat zuerst Heinemann l. c. hingewiesen; doch ist dieser Gegensatz weit davon entfernt, allein für sich das Vorgehen des Kerularios zu erklären.

[3] Will, p. 84. Leo spricht von dem Schreiben als *confratribus et coepiscopis nostris Apulis* geschrieben; vgl. p. 91 *ad Apulos*. In dem Dialog zwischen einem Lateiner und einem Griechen, den Humbert als päpstlicher Gesandter in Konstantinopel verfasste, lässt er den Griechen sogar sagen: *Wir haben geschrieben an Dich (Humbert)* *et per te ad universos principes sacerdotum et sacerdotes Francorum et monachos et populos et ad ipsum papam*.

[4] Will, p. 56—60.

Der Vorgang verliert an Singularität, wenn wir uns jener Massregel erinnern, die der Patriarch Polyeukt im X. Jahrhundert unter ähnlichen Verhältnissen getroffen hatte. Wie dieser im Protest gegen das Vordringen Ottos des Grossen den lateinischen Ritus im griechischen Unteritalien verboten hatte,[1] so liess jetzt Kerularios dort aus Furcht vor der päpstlichen Propaganda denselben Ritus anschwärzen und vor seiner Annahme warnen.

In der Tat wirkte nun diese Warnung hinderlich auf das Zusammenwirken der Griechen und Päpstlichen gegen die Normannen, wenn auch die Niederlage Leos IX. bei Civitate im Juni 1053 vornehmlich durch die militärischen Vorkehrungen der Normannen, die die Griechen fern zu halten wussten, herbeigeführt wurde.

Leo IX. sah durch die Kirchenpolitik des Patriarchen von Konstantinopel seinen politischen Plan eines byzantinisch-päpstlichen Vorgehens gegen die Normannen, an dem er auch nach seiner Niederlage bei Civitate (Juni 1053) festhielt, aufs unangenehmste durchkreuzt, und um ihn nicht zunichte werden zu lassen, bemühte er sich eifrig um Beilegung des kirchlichen Zwistes. Dasselbe Ziel verfolgte auch Argyros.

Letzterer entsandte im Einverständnis mit dem Papste den Bischof von Trani an den Kaiser Konstantin IX. (1042—54) Monomachos von Byzanz, damit dieser den religiösen Frieden vermittle.[2] Der Brief freilich, den Leo zu derselben Zeit an den Patriarchen richtete, war wenig geeignet, den Riss zu heilen: er enthält einen Hymnus auf den Primat Petri, der hier unter anderem auf die konstantinische Schenkungsurkunde gegründet wird und auf die unverrückbare Rechtgläubigkeit der römischen Kirche. Demgegenüber wird die Kirche von Konstantinopel als alte Brutstätte der Häresie geschildert, ihre Patriarchenwürde, die der von Alexandrien, Antiochien und Jerusalem nachstehe, aus der Gnade Roms hergeleitet und die Recht-

---

[1] S. o. p. 15.
[2] Vgl. Heinemann, p. 145.

mässigkeit von Kerularios' Patriarchat angefochten, weil er als Laie dazu gelangt sei.[1]

Trotz der Hochspannung der römischen Machtansprüche in diesem Dokument und der tiefen Herabwürdigung der Kirche von Konstantinopel hat Kaiser Konstantin nicht nur selbst aus politischen Gründen in versöhnlichem Sinne an Leo geschrieben, sondern er hat auch den Patriarchen bestimmt, dem Papste seinen Wunsch nach Herstellung der Eintracht zwischen den beiden Kirchen zu erkennen zu geben.[2] Kerularios tat es jedoch nicht, ohne nunmehr seinerseits die Würde der Kirche von Konstantinopel zu den Sternen zu erheben und die der römischen in den Staub zu ziehen. Er selbst, so erklärte er mit Photios,[3] sei der wahre ökumenische Patriarch, der über die Kirchen der ganzen Welt gebiete, der Papst dagegen nur der Bischof von Rom. Der Papst habe daher ein unendlich viel höheres Interesse daran, in der Gemeinschaft mit der weltumspannenden byzantinischen Kirche zu bleiben, als dem Patriarchen von Konstantinopel an dem Verband mit der kleinen römischen Kirche liege.[4]

Leo IX. hielt nun dafür, dass eine endgültige Beilegung der Streitigkeiten sich nur auf dem Wege mündlicher Verhandlungen werde bewerkstelligen lassen, und so schickte er denn eine feierliche Gesandtschaft nach Konstantinopel, au deren Spitze die zwei vornehmsten Männer der Kurie: der Kardinal Humbert und der Kanzler Friedrich von Lothringen standen. Zugleich beantwortete der Papst die Briefe des Kaisers und des Patriarchen durch je ein Schreiben. In dem-

---

[1] Will, p. 65 ff.

[2] Die Antworten Leos IX. auf beide Briefe, l. c. p. 85 ff.; vgl. Heinemann, p. 147.

[3] S. o. p. 7.

[4] Aus Leos Antwort an Kerularios ersichtlich (p. 91): Du hast auch geschrieben *,quoniam si una ecclesia Romana per nos haberet nomen tuum, omnes ecclesiae in toto orbe terrarum haberent per te nomen nostrum'*. Die Deutung, wie sie im Texte gegeben ist, erscheint klar.

jenigen an Konstantin spricht er die Hoffnung aus, dass der
griechische und deutsche Kaiser, beide gleich treu der
römischen Kirche ergeben, als ihre zwei Arme gleichsam, die
Normannen zu Boden strecken würden,[1] aber — und die
weitere Ausführung dieses Gedankens enthält das Schreiben
an Kerularios selbst — ein solches politisches Zusammenwirken mit den Griechen wird nur möglich sein, wenn der
Patriarch von seinen kirchlichen Übergriffen und der Verfolgung der abendländischen Religionsübung ablässt. Mit
ersteren meint Leo besonders den Anspruch des Bischofs von
Konstantinopel auf die Beherrschung der Patriarchate von
Alexandrien und Antiochien und die Usurpation des Titels
eines ökumenischen Patriarchen. Auch wirft er dem Kerularios
hier aufs neue seine unkanonische Erhebung vor.[2]

Leo erwartet, wie er dem Kaiser schreibt, dass der
Patriarch von der päpstlichen Gesandtschaft entweder unschuldig befunden wird oder dass er sich mittlerweile gebessert
hat oder endlich, dass er sich auf ihre Mahnung hin bessern
wird.[3]

Die Legaten kamen nach Konstantinopel, um, gestützt
auf die kaiserliche Autorität, über einen Patriarchen Gericht
zu halten, der sich erkühnt hatte, den römischen Glauben
und die päpstlichen Vorrechte in der allgemeinen Kirche an-
zutasten, der ausserdem in unkanonischer Weise zu seinem

---

[1] Will, p. 87: ,vobis duobus velut tolidem brachiis'.

[2] Auf diese wiederholte Anzweiflung der Rechtmässigkeit von
Kerularios' Patriarchat seitens des Papstes möchte ich ein grosses Gewicht
legen. Sie erklärt nicht zum wenigsten die Vorgänge in Konstantinopel:
das Verhalten sowohl der Legaten gegenüber dem Patriarchen, als dasjenige des letzteren den Legaten gegenüber. War es doch gerade über
diesen Punkt auch zum Bruche zwischen Nikolaus I. und Photios gekommen!! Die Stelle in Leos Schreiben lautet: ,Denique diceris Neophytus,
et non gradatim prosiluisse ad episcopale fastigium, quod nullatenus esse faciendum et Apostolus edocet et venerabiles
canones interdicunt'.

[3] Will, p. 88: ,confidimus quod . . . invenietur innocens ab his
aut correctus aut cito resipiscet admonitus'.

Amte gelangt war. Es ist durchaus kein Grund vorhanden,
an der Behauptung des Kerularios zu zweifeln: die Legaten
hätten ihn mit äusserster Geringschätzung behandelt und ihn
keines Grusses gewürdigt.[1]) Zugleich mit der persönlichen
Demütigung aber des Patriarchen und durch dieselbe sollten
sie dem römischen Glauben in Konstantinopel zum Siege verhelfen und den päpstlichen Primat dort aufs neue zur Anerkennung bringen. In dieser Hinsicht trugen sie kein Bedenken,
in Konstantinopel zu erklären: sie seien nicht erschienen, um
sich belehren zu lassen oder zu verhandeln, sondern vielmehr,
um die Griechen zu belehren und sie zum abendländischen
Dogma zu bekehren. Das sei, so erklärte der Patriarch später
einmal, von allem das schlimmste und unerträglichste bei
ihrem Auftreten gewesen.[2]) Gewiss: denn eben um eine
solche Bekehrung griechischen Landes zu verhüten, hatte er
das den römischen Ritus proskribierende Sendschreiben an
den Bischof von Trani erlassen. Eben dieses aber hatte wieder
das schroffe Auftreten der Gesandten mit zur Folge.

So hatten sich die Gegensätze zwischen beiden Parteien
bereits derartig zugespitzt, dass eine friedliche Einigung
zwischen ihnen schlechterdings nicht mehr möglich war.

Zunächst schien es nun aber, als ob es den Legaten
durch die Mitwirkung des Kaisers gelingen würde, ihr Programm, die griechische Kirche zu beugen, zur Durchführung

---

[1]) Auch Hergenröther, Photios Bd. III p. 757, weist die Behauptung
des Kerularios nicht durchaus zurück. S. Will. p. 177 (in dem Briefe des
Kerularios an Petrus von Antiochien).

[2]) In demselben Briefe (p. 184): Nachdem Kerularios am Anfang
seines Briefes aufs schärfste gegen die Legaten losgezogen ist, sagt er
zum Schluss: ‚Quod porro omnium est gravissimum ac minus tolera-
bile . . ., illud est: dicunt enim, se ad haec loca non accessisse, ut
docerentur aut disceptarent (διαλεχθησόμενοι), sed potius ut docerent ac
nobis persuaderent, ut teneremus ipsorum dogmata; idque aiunt cum
imperio et impudentia exsuperanti'. Ähnlich in dem II. Schreiben des
Kerularios an Petrus (p. 186): ‚jactanter etiam dixerunt se profectos ad
nostrorum correctionem non ad perversionem suorum'.

zu bringen. Ein Mönch des Klosters Studion, Niketas, hatte
nach dem Vorgange Leos von Achrida gegen römische
Bräuche eine Streitschrift verfasst.[1] Einer der Legaten,
Humbert, widerlegte dieselbe in einer Gegenschrift voll
bitterer Leidenschaft: hatte doch Niketas auch einen der
Hauptpunkte der Cluny'schen Reform, das Cölibat, ange-
griffen.[2] Die Gesandten wussten nun beim Kaiser durchzu-
setzen, dass der Mönch in Gegenwart des Hofes seine eigene
Schrift verdammte und alle verfluchte, die den päpstlichen
Primat leugneten und den römischen Glauben antasteten.[3]

Jedoch gerade dieser Erfolg der Gesandten, der als vor-
bildlich für den Triumph gelten konnte, den sie über den
Patriarchen selbst zu feiern gedachten, verhinderte vollends
eine Einigung mit diesem.

So legten denn die Legaten auf dem Altar der Sophienkirche jene Bannbulle nieder, die den Patriarchen und seine
Anhänger wegen einer Fülle von Irrtümern, unter denen
neben der Abtrennung des ‚filioque' vom Symbolum die beiden
von Cluny verfolgten Missbräuche der Simonie und Priesterehe mit die vornehmsten sind, der Verdammung preisgab.
Dann verliessen sie die Stadt.[4]

Vergebens rief der Kaiser sie zurück, da der Patriarch
noch einer Einigung geneigt sei. Kerularios hatte es nur
auf eine Demütigung der Gesandten abgesehen, und mit Recht
verweigerten sie die Teilnahme an der Synode, zu der er sie
einlud. Diese verdammte dann ihrerseits die Exkommuni-
kationsschrift der Legaten und ihre Urheber.[5]

Umsonst mahnte der Patriarch Peter von Antiochien
den Kerularios zur Herstellung der Gemeinschaft mit dem
Occident, von dessen Barbarenvölkern (!) lediglich der Verzicht

[1] Will, p. 127—36.
[2] l. c. p. 136 ff.
[3] l. c. p. 150 ff.
[4] Will, p. 153/4.
[5] l. c. p. 155 ff.

auf den Zusatz zum Symbolum, nicht aber eine Konformität in den Bräuchen zu verlangen sei.[1]   Ohne Folgen blieben auf der anderen Seite die Verhandlungen, die erst Kaiser Heinrich III. (1055), dann Papst Stephan IX. (1057/58), vornehmlich in politischem Interesse, zur Vertreibung der Normannen aus Unteritalien, mit dem Kaiserhofe von Byzanz anknüpften resp. fortsetzten.[2]

Mit dem Jahre 1054 war die Kirchenspaltung zwischen Orient und Occident besiegelt.

Schauen wir einen Augenblick zurück auf den Weg, den wir bis hierher durchmessen haben. So reich an Windungen er war, so scheiden sich doch deutlich vier Etappen: ebensoviele Phasen der Entwickelungsgeschichte des Schismas. Es sind:

1. die Einkapselung des Papsttums in das Reich Karls des Grossen;

2. der mit dem Kampf um Bulgarien sich verflechtende Konflikt Papst Nikolaus' I. und seiner nächsten Nachfolger mit dem Patriarchen Photios (Mitte des IX. Jahrhunderts);

3. die Einverleibung des Papsttums in das Reich Ottos des Grossen (Mitte des X. Jahrhunderts); endlich

4. die beginnende Emanzipation des Papsttums unter dem Einfluss der Cluny'schen Reform und sein Vordringen in Unteritalien: der Kampf der byzantinischen Kirche gegen diese Entwickelung, der zum endgültigen Bruche führt (XI. Jahrhundert).

Das Ergebnis ist dieses: Ursache des kirchlichen Schismas zwischen Orient und Occident sind in der Hauptsache nicht religiöse Differenzen gewesen, sondern politische resp. kirchenpolitische Machtfragen, die im Gefolge der selbständigen

---

[1] l. c. p. 189 ff. Auf p. 198 heisst es da *„neque postulare debemus in barbaris gentibus adeo acuratam disciplinam, atque a nobis in doctrina eductis exigitur‘*.

[2] Heinemann, p. 151. 162.

Entwickelung, welche das kirchlich-politische Leben des Abendlandes seit dem VIII. Jahrhundert nahm, auftauchten.

Man könnte die Konflikte, in die auf diese Weise das
Papsttum mit Byzanz geriet, danach unterscheiden, ob sie in
rein politischen Evolutionen des Occidents, die dem byzantinischen Staate Gewalt antaten, oder mehr in kirchenpolitischen Streitfragen, die die Päpste direkt mit den Patriarchen von Konstantinopel entzweiten, ihren Ursprung hatten.

Ersteres war der Fall in den Epochen, in denen sich
auf Kosten des byzantinischen Einflusses neue abendländische
Imperien bildeten, deren Glied das Papsttum wurde. Dagegen bildeten den unmittelbaren Anlass zu den Kämpfen in
der Mitte des IX. und dann des XI. Jahrhunderts nicht sowohl politische Differenzen des Occidents mit dem byzantinischen Reich, als Fragen des Kirchenregiments, die die
Bischöfe von Neurom gegen die von Altrom in die Schranke
trieben. Das Papsttum machte nämlich in diesen beiden
Fällen den Versuch, diejenigen Kirchenprovinzen wiederzu-
gewinnen, die im Anfang seines Abtrennungsprozesses von
Byzanz Kaiser Leo der Isaurier von Rom losgerissen und dem
Patriarchen von Konstantinopel unterstellt hatte. In Nikolaus' I.
Zeit war Bulgarien, ein Teil des alten Illyriens, unter Leo IX.
Unteritalien der Kampfpreis. [1])

---

[1]) Übrigens spielte auch bei diesen Konflikten, obwohl die unmittelbaren Anlässe zu ihnen kirchenpolitischer Natur waren, das rein
politische Moment eine grosse Rolle. Denn die Unterstellung Bulgariens
unter das Papsttum hätte nicht nur das kirchliche Interesse der byzantinischen Patriarchen, sondern auch das staatliche der byzantinischen Kaiser
gefährdet.

Und ferner: Kerularios führte zwar den Bruch mit dem Papsttum
herbei zu einer Zeit, wo dieses mit dem Kaisertum von Byzanz aufs engste
(gegen die Normannen) verbündet war; es trieb ihn dazu die Furcht, gerade
dieses Bündnis möge Leo IX. Gelegenheit geben, das byzantinische Unteritalien seinem Einfluss zu unterwerfen.

Aber ihren tieferen Grund, ihre eigentliche Wurzel hatten, wie wir
sahen, diese Besorgnis des Patriarchen und die Provozierung des Papstes
in früheren Ereignissen, bei denen das Papsttum kirchliche Fortschritte in

Beidemale gesellte sich zu dieser Machtfrage die andere ob der päpstliche Primat im Orient unbeschränkte Geltung habe oder ob der Patriarch von Konstantinopel seine Selbständigkeit gegenüber dem Papsttum zu wahren vermöge.

Sowohl im IX. nun wie im XI. Jahrhundert haben die byzantinischen Patriarchen dadurch die streitigen Provinzen vor der päpstlichen Okkupation zu bewahren, die Primatsansprüche der Päpste zunichte zu machen gesucht, dass sie die religiöse Frage aufrollten und die römische Kirche der Abweichung vom rechten Glauben beschuldigten. Hatte Photios der abendländischen Kirche in erster Linie den „Frevel am Symbolum" vorgeworfen, so richtete Kerularios seine Polemik hauptsächlich gegen das römische Opfer, zu dem man statt des gesäuerten ungesäuertes Brot nach Art der Juden gebrauche. Dazu wurde dann im Laufe des Kampfes die ganze Fülle der übrigen Gegensätze aufgedeckt.

Indem so die byzantinischen Kirchenfürsten zu den realen Interessenkonflikten, die sie mit den Päpsten entzweiten, den Streit um die idealen Güter des Glaubens, des Kultus und der kirchlichen Disciplin fügten, gaben sie dem Schisma erst die eigentliche Grundlage. Denn diese Fragen, ursprüng-

---

Unteritalien gemacht hatte im Zusammenhange der politischen Eroberungen der Normannen, wo also Staat und Kirche von Byzanz in gleicher Weise geschädigt worden waren. Ja, das Papsttum selbst war hierbei zum erstenmale als politische Macht aufgetreten, indem es die Herrschaft über Unteritalien für sich beanspruchte (schon Benedikt VIII.). Eben deshalb vornehmlich geriet Leo IX. mit den Normannen in Konflikt, und schloss er sich mit Byzanz gegen diese zusammen.

Man sieht, die Basis dieses Bündnisses war eine rein negative: die Bekämpfung der Normannen. Die politischen Interessen des Papsttums und Byzanz' in Unteritalien waren auf die Dauer ganz unvereinbar: ein Triumph über die Normannen hätte zu einem Kampf der Sieger um die Beute führen müssen.

Es zeigt sich somit, dass der Kampf mit dem Papsttum, den Kerularios heraufbeschwor, in politischen Momenten seine letzte Ursache hatte und zwar in solchen von schwererem Gewicht, als die augenblickliche politische Konstellation besass, im Widerspruch mit welcher er stattfand.

lich aufgerollt, um die zwischen Byzanz und Rom streitigen
Länder vom Papsttum abzuziehen und an Byzanz zu fesseln,
gewannen sofort über den aktuellen Streitfall hinaus ein selbständiges Interesse: sie schufen dem Schisma ein dauerndes,
abstraktes Fundament.

Nach dem Tode des Photios war der religiöse Hader
noch wieder zum Stillstand gekommen: als Kerularios ihn
im Zusammenhange der apulischen Streitfrage erneuerte, führte
er zur Kirchenspaltung.

Erstes Buch.

Die Aussichten auf eine Wiedervereinigung Byzanz' mit dem Papsttum in der zweiten Hälfte des XI. und im XII. Jahrhundert.

Union oder abendländische Okkupation?

Eingang.

Das Verständnis der weiteren Entwickelung der Beziehungen des Papsttums zu Byzanz scheint mir durch einen Mangel in der bisherigen Betrachtungsweise erschwert worden zu sein.

Man hat sie vom Standpunkt einer Idealunion aus betrachtet, in der sich die getrennten Kirchen von Rom und Konstantinopel wieder hätten zusammenfinden sollen, und so die realen Lösungen, die das Mittelalter für das Unionsproblem suchte und fand, verdammt, ohne zu begreifen, dass diese damals die allein möglichen waren.

Die politischen Unionsbestrebungen der griechischen Kaiser, wie die auf eine Okkupation Byzanz' gerichteten Bestrebungen des Occidents sind diesem Verdikt in gleicher Weise zum Opfer gefallen. Man hat sie lediglich als Hemmnisse der wahren Union angesehen.[1]

Gewiss hat zumal die Errichtung des lateinischen Kaiserreichs die Gegensätze zwischen den beiden Kirchen sehr verschärft, und ich bin weit entfernt, in dieser Okkupation oder in den Unionen von Lyon und Florenz ideale Lösungen der Einigungsfrage zu sehen: wie ja auch keine von ihnen Bestand hatte.

Aber die Idealunion war nun einmal ein Phantom, wie die ewig fruchtlosen Verhandlungen der Theologen

---

[1] Die kaiserlichen Unionsbestrebungen z. B. ganz besonders Zishman, „Die Unionsverhandlungen zwischen der orientalischen und römischen Kirche" (vom Anfang des XV. Jahrhunderts), Wien 1858, p. 1/2. Aber der Standpunkt ist, wie gesagt, der allgemeine: für die griechisch-kaiserliche wie besonders für die abendländische Politik.

von hüben und drüben beweisen. Da Byzanz so gut
wie Rom sich im Besitze des echten Ringes glaubte, die
Kirche von Konstantinopel die päpstliche und diese wieder
die griechische der Abweichung vom rechten Glauben zieh,
eine Kirche die andere zu bekehren trachtete, so waren alle
Versuche, sich auf rein religiösem Wege zu verständigen, mit
dem Fluche der Unfruchtbarkeit geschlagen.

Erst die Politik ist es unter diesen Umständen gewesen,
die die Kirchenunion aus einer Chimäre zu einem realisier-
baren Projekt gemacht hat. Und zwar ist es einerseits die
Politik der griechischen Kaiser gewesen, welche dem Unionsgedanken diesen Vorschub geleistet hat. Staatliche Interessen
mannigfacher Art haben diesen Herrschern im Laufe der vier
Jahrhunderte, die ihr Reich fortbestand, eine Einigung mit
dem Papsttum als wünschenswert erscheinen lassen; und um
die Päpste zu gewinnen, haben sie ihnen versprochen, die
griechische Kirche Rom wieder zu unterwerfen.

Daneben hat sich dem Papsttum noch ein zweiter Weg
zur Wiedervereinigung der griechischen Kirche mit der
römischen dargeboten. Ich meine die Ausnutzung der griechenfeindlichen Tendenzen abendländischer Mächte, die Hoffnung
auf eine Katholisierung der Griechen im Gefolge einer Eroberung Konstantinopels durch das Schwert des Occidents.

Nur durch eine Heraushebung dieser realen Tendenzen
aus dem Wust theologischer Diskussion, durch ihre Verselbständigung, ihre Befreiung von dem sie entstellenden
Massstab der Idealunion glaube ich die lebendige historische
Entwickelung der Beziehungen des Papsttums zu Byzanz
kennzeichnen zu können. —

Was dann im einzelnen das Verhalten der Kurie zu den
griechischen Unions- und den lateinischen Okkupationsbestrebungen betrifft, so gilt dafür folgende Erwägung.

Wäre das Papsttum eine ausschliesslich kirchliche Macht
gewesen, für die nur geistliche Gesichtspunkte in Betracht
kamen, dann hätte es allen derartigen Tendenzen im Prinzip

freundlich gegenüberstehen müssen: zielten doch die einen wie die anderen auf eine Unterwerfung Byzanz' unter die römische Kirche, also auf eine Beilegung des Schismas im päpstlichen Sinne ab.

Weil aber das mittelalterliche Papsttum zugleich und vornehmlich eine politische Macht war, so hat es die Unionsanerbietungen der griechischen Kaiser sowohl wie die lateinischen Eroberungsprojekte zugleich mit politischem Massstab gemessen: wie ja auch diese Bestrebungen selbst einen vorwiegend politischen Charakter trugen; und das Papsttum hat sich ihnen gegenüber demgemäss je nach den politischen Vor- oder Nachteilen, die sie ihm, sei es für seine Position im Orient oder auch für seine Situation im Occident oder endlich für beides zusammen boten, wohlwollend oder ablehnend verhalten.

Wir behandeln zunächst (im vorliegenden Buche) die Aussichten, die sich nach der einen und anderen Richtung dem Papsttum gegen Ende des XI. und im XII. Jahrhundert dargeboten haben, und schaffen uns damit das Verständnis für die folgende Epoche, in der es zweimal, auf jedem der beiden Wege: dem der Okkupation und dem der Union, ans Ziel gelangte.

Erster Abschnitt.

Das Papsttum und Byzanz bis zum Ersten Kreuzzug.

Erstes Kapitel.
Die byzantinische Politik Gregors VII.

I. Gregors VII. Unionspolitik.

Von den beiden Mitteln einer Rekuperation Konstantinopels, die sich dem Papsttum im Laufe der Zeit dargeboten haben, ist es zunächst die Politik der griechischen Kaiser gewesen, an die sich die Aussicht auf jene angeschlossen hat.

Den ersten Anlass zur Anknüpfung mit Rom gab den griechischen Kaisern die Türkengefahr, die in der zweiten Hälfte des XI. Jahrhunderts ihr Reich bedrohte. So wandte sich im Jahre 1073 Kaiser Michael VII. Dukas (1071—1078) an Gregor VII. mit der Bitte um Waffenhilfe zur Abwehr der Glaubensfeinde: dafür verhiess er, die griechische Kirche wieder zur alten Eintracht mit der römischen zurückzuführen.[1]

---

[1] Ersichtlich aus Gregors VII. Antwort, Reg. I 18 (9. Juli 1073), bei Jaffé, Bibl. rer. Germ. II p. 31/2. *„Nos autem non solum inter Romanam . . . ecclesiam et filiam eius Constantinopolitanam antiquam concordiam cupimus innovare . . .'* — Die Bitte des Kaisers um Hilfe geht aus Gregors Schreiben an Heinrich IV. hervor. Reg. II 31 (7. Dezember 1074). Jaffé l. c. p. 145.

Ein grosser Antrag, einem grossen Geiste gestellt.[1]) Gregor VII. beschloss (1074), in eigener Person an der Spitze der Gläubigen des Occidents zur Befreiung der christlichen Brüder im griechischen Reiche auszuziehen, zuvor aber in dieses Reiches Hauptstadt sich des Lohnes zu versichern, den der Kaiser ihm für die Hilfe in Aussicht gestellt hatte: der Unterwerfung der byzantinischen Kirche unter das Papsttum.[2]) Und zwar meinte er sich nicht mit einer blossen Anerkennung des päpstlichen Primats zufrieden zu geben, sondern sein Sinn war, den Griechen (wie auch den übrigen orientalischen Christen) den römischen Glauben aufzuerlegen, der abendländischen Auffassung vom Ausgang des heiligen Geistes kraft der Autorität des Apostels Petrus in Konstantinopel zum Siege zu verhelfen.[3]) Als ein doppelter erschien Gregor der Kampf, den der Teufel gegen die orientalischen Christen führte: er selbst in Person suche sie vom rechten Glauben abzuziehen, und durch seine Diener, die Ungläubigen, lasse er sie täglich wie das Vieh hinmorden. Zwiefach dachte sich der Papst auch die Abwehr des bösen Feindes.[4])

[1]) In dem ersten der in voriger Anmerkung zitierten Briefe: ,de tantis rebus' habe er dem griechischen Kaiser zu antworten.

[2]) In dem schon zitierten Briefe an Heinrich IV. vom 7. Dezember 1074 (Jaffé, II 145): Er gedenke an der Spitze von 50000 Gläubigen zur Unterstützung der christlichen Brüder auszuziehen. ,Illud etiam me ad hoc opus permaxime instigat, quod Constantinopolitana ecclesia, de sancto Spiritu a nobis dissidens, concordiam apostolicae sedis expectat. Armenii etiam fere omnes a catholica fide aberrant. Et pene universi orientales praestolantur, quid fides apostoli Petri inter diversas opiniones eorum decernat.' Vgl. Pichler l. c. p. 279/80; Ranke. Weltgeschichte, Textausgabe, Bd. IV p. 49 f.

[3]) Siehe die in voriger Anmerkung zitierte Briefstelle.

[4]) Brief Gregors an die Gläubigen vom 16. Dezember 1074 (Reg. II 37, Jaffé l. c. p. 150): ,Ad vos iam pervenisse credimus, quae sit nostra voluntas et quid ex parte sancti Petri duxerimus de adiutorio faciendo fratribus nostris, qui ultra mare in Constantinopolitano imperio habitant, quos diabolus per se ipsum a fide catholica conatur

Jedoch Gregor geriet mit eben dem Manne, dem er die Hut des Abendlandes während seiner Abwesenheit anvertrauen wollte, mit König Heinrich IV., in erbitterten Streit. Der Kampf um die Herrschaft im Occident ist es gewesen, der Gregor verhindert hat, seinen Plan der Unterwerfung des Orients unter das päpstliche Regiment zur Ausführung zu bringen.[1]

II. Gregor VII. und die Orientpolitik Robert Guiskards.

Gregor VII. hat nun nicht nur diese Richtlinie der byzantinischen Politik des Papsttums inauguriert, sondern er hat auch als der erste jenen anderen Weg eingeschlagen, der das Papsttum durch einen Bund mit byzanzfeindlichen Mächten des Abendlandes zum Ziele führen sollte.

Den Anlass zu diesem Systemwechsel gab der Sturz des Kaisers Michael VII. Dukas durch den General Nikephoros Botoniates im Frühjahr 1078. Als Freund des entthronten Michael bannte Gregor alsbald (November 1078) den Usurpator, der sich nicht scheute, die Gattin seines Vorgängers zu ehelichen, obwohl dieser noch lebte.[2]

Zugleich aber erstand dem Thronräuber ein anderer furchtbarer Gegner in dem Normannenherzog Robert Guiskard. Wie mit Gregor VII., so hatte Kaiser Michael VII. in der Türkengefahr auch mit den Normannen Freundschaft gesucht: er war mit Robert in verwandtschaftliche Verbindung getreten. Letzterer sah daher in dem Sturze des Kaisers Michael einen willkommenen Anlass, in die byzantinischen Verhältnisse einzugreifen. Ein griechischer Abenteurer, der sich für den abgesetzten Kaiser ausgab, kam Robert sehr gelegen: für ihn erklärte er gegen Byzanz die Waffen zu ergreifen.[3]

---

avertere et per membra sua non cessat cotidie quasi pecudes crudeliter enecare'. Vgl. Reg. II 49.

[1] Vgl. Ranke l. c.

[2] 19. November 1078. Jaffé l. c. p. 330. Vgl. Heinemann, Geschichte der Norm., p. 304.

[3] Vgl. Heinemann l. c. p. 300—304.

Das Entscheidende war nun, dass Gregor VII. sich im Jahre 1080 entschloss, dieses Unternehmen der Normannen zu autorisieren.

Nur zum kleineren Teile erklärt sich ein solcher Akt Gregors aus der feindseligen Haltung, die er gleich Guiskard gegenüber dem neuen Kaiser von Konstantinopel, Nikephoros Botoniates, einnahm. Denn dieser wurde bereits im Jahre 1081 seinerseits durch Alexios Komnenos gestürzt, und da Alexios sich mit dem Hause der Dukas versöhnte,[1]) so fiel für Gregor und Guiskard der dynastische Grund der Feindschaft gegen Byzanz weg. Trotzdem hat sich Robert Guiskard eben gegen den neuen Kaiser im Frühling 1081 zum Angriff erhoben und Gregor ihn dabei gefördert.

Eine befriedigende Erklärung dieser antibyzantinischen Politik Gregors ergibt sich erst durch eine genauere Betrachtung seines Verhältnisses zu den Normannen Unteritaliens.

Die Beziehungen der Päpste zu diesem Volke waren seit Leos IX. Zeit, wo wir sie zuletzt berührten,[2]) wechselnde gewesen. Den wichtigsten Abschnitt bildet der Akt des Jahres 1059, durch den Papst Nikolaus II., im Gegensatz zu seinen Vorgängern, die die Normannen mit Hilfe des deutschen Königs und Byzanz' hatten bekämpfen wollen, sich aufs engste mit ihnen verband: er belehnte die beiden Hauptführer, Richard mit Capua, Robert Guiskard mit Apulien, Calabrien und Sizilien.[3]) Gestützt auf diese Bundesgenossenschaft vollzog dann das Papsttum seine Emanzipation von der Vormundschaft des römischen Adels und des deutschen Königtums durch das Papstwahldekret von 1059.

Aber weiterhin kam es aufs neue zu Zerwürfnissen: Alexander II. musste Richard von Capua bekämpfen, und Gregor VII. trat vom Beginn seines Pontifikats in schroffsten

---

[1]) l. c. p. 306.
[2]) S. o. p. 20—23, 28.
[3]) S. Heinemann, p. 180 ff.

Gegensatz zu Robert Guiskard: nur durch dessen Niederhaltung glaubte Gregor dem Papsttum die Vorherrschaft in
Unteritalien, die er für dasselbe in Anspruch nahm, sichern zu
können.[1]) Sein grosses griechisches Unions- und Befreiungs-
werk hatte er mit einer Niederwerfung der Normannen zu
beginnen gedacht.[2])

Jedoch der Kampf, in den der Papst mit dem deutschen
Königtum geriet, führte eine Wandlung herbei. Im Jahre
1080 söhnte sich Gregor mit Robert aus, um an ihm eine
feste Stütze gegen Heinrich IV. zu gewinnen.[3])

In diesem Zusammenhange ist es nun auch geschehen,
dass Gregor das Orientunternehmen, welches Robert eben
damals plante und das im Mittelpunkte von dessen Interessen
stand, sanktioniert hat: er ermahnte die unteritalische Geistlichkeit, die Ritterschaft ihrer Sprengel zur Teilnahme an
Roberts Zuge aufzurufen und ihnen Sündenvergebung zu verheissen (25. Juli 1080).[4])

Und als dann Robert Guiskard siegreich ins Herz der
Balkanhalbinsel vordrang, als er seine Triumphe über die
schismatischen Griechen nach Rom meldete, da rief ihm der
Papst seinen Glückwunsch zu und führte alle Ruhmestaten
der Normannen auf den Schutz und die Gunst des heiligen
Petrus zurück.[5])

Was sich hier vollzog, war politisch wie kirchlich nichts
als eine Fortsetzung dessen, was die Normannen auf italischem

---

[1]) l. c. p. 246 ff., 257 ff.

[2]) l. c. p. 269 ff.

[3]) l. c. p. 296—8.

[4]) Reg. Greg., VIII 6, Jaffé, p. 435; vgl. Heinemann, p. 304/5.

[5]) c. 1082. Jaffé, p. 491/2 (Reg. VIII 40): Robert habe seinen Sieg
dem Papst und den Römern mit Recht mitgeteilt, *„ut res, quam ex voto
amicorum gloriose obtinueras, ipsorum congratulationibus gloriosior
tibi redderetur atque iocundior. Oportet interea te illum alta memoria
figere, cuius favore et auxilio non ambigis res tuas iamdudum favere ...
Quapropter b. Petrum, cuius tibi adesse patrocinium grandia facta
testantur, prae oculis habere semper memineris ...‘*

Boden durchgeführt hatten. Zunächst hatten sie die Byzantiner aus diesen vorgeschobenen Posten, den verwitterten Denksteinen der Monarchie Justinians verdrängt,[1] indem sie zugleich, der Verpflichtung gemäss, die sie im Jahre 1059 dem Papsttum gegenüber eingegangen waren, der römischen Kirche hier zum Siege verhalfen.[2] So oft das Papsttum auch in den beiden Jahrzehnten nach 1059 mit den Normannenherzögen wegen politischer und privatrechtlicher Ansprüche in Konflikt geriet, so erkannte es sie doch in kirchlicher Hinsicht stets als seine Vorkämpfer an. Ihnen hatten es die Päpste zu danken, wenn sie in dem Ringen um die kirchliche Vorherrschaft in Unteritalien, in welchem, wie wir sahen, das Schisma seinen Ursprung hatte, endgültig über die byzantinische Kirche triumphieren durften. Rom erlangte damit sein altes Recht wieder, das ihm dreieinhalb Jahrhunderte zuvor ein byzantinischer Kaiser geraubt hatte.[3]

---

[1] 1071 Fall Baris, der letzten griechischen Besitzung.

[2] S. Heinemann, p. 183/4, und Senlis, die Monarchia Sicula, Freiburg 1869, p. 20.

[3] In Calabrien und der Terra d'Otranto, wo sich das Griechentum seit der Losreissung dieser Provinz von Rom (im VIII. Jahrhundert) fester eingenistet hatte, ging der Katholisierungsprozess langsamer vor sich als in Apulien. Der Grossgraf Roger förderte ihn nach Kräften, ohne doch die griechische Bevölkerung zu brüskieren. Indem er einerseits gegen das Versprechen der Duldung des griechischen Ritus viele griechische Prälaten zur Unterwerfung unter das Papsttum zu bewegen wusste, indem er andererseits bei Vakanzen von Bischofsstühlen mit Vorliebe lateinische Bischöfe einsetzte, erreichte er, dass gegen Ende des Jahrhunderts auch die Kirche Calabriens in der Hauptsache aus dem Verbande mit Konstantinopel gelöst und dem römischen eingefügt war (bis auf das Bistum Rossano, das noch bis Mitte des XII. Jahrhunderts an dem Patriarchen von Konstantinopel festhielt). Der griechischen Bevölkerung von Diözesen, deren Bischöfe Lateiner wurden, stellte man einen vom Bischof abhängigen griechischen Protopapas vor. S. die wertvollen Ausführungen, die Lenormant an mehreren Stellen seiner wissenschaftlichen Reisebeschreibung Unteritaliens (La Grande Grèce) zerstreut hat, besonders Bd. III p. 285 ff., ferner Bd. I p. 362, II 155. 277. In gleicher Weise wie die Griechen Calabriens wusste Roger diejenigen Siziliens, die jetzt aus der arabischen

Und nunmehr erhoben sich diese selben Streiter zu einem Vorstoss gegen die Kernländer des byzantinischen Staates, um auch hier ihre Herrschaft und die der römischen Kirche aufzurichten. Schon hatte Robert Guiskard einen grossen Teil der illyrischen Kirchenprovinz erobert, die, gleich Unteritalien, einst mit dem Konsens der byzantinischen Kaiser unmittelbar dem römischen Bischof unterstanden hatte:[1] auch sie schien ihm jetzt aufs neue zuzufallen! Und damit nicht genug: wenn der Normanne, wie er plante, bis Konstantinopel vordrang, dann musste auch das Haupt der griechischen Kirche, der Patriarch von Neurom, zum Schemel der Füsse des römischen Pontifex werden.

Trotz alledem hat Gregor VII. nur sehr ungern seine Zustimmung zu der byzantinischen Unternehmung Guiskards erteilt und später ihre Unterbrechung gewünscht. Im Prinzip mit ihr einverstanden, fand er sie doch dem augenblicklichen Interesse des Papsttums diametral zuwiderlaufend. Dieses lag nämlich in der Abwehr Heinrichs IV.: nicht gegen die fernen Schismatiker in Byzanz also, sondern gegen die Kirchenfeinde im Occident hätte er den Normannen zum Vorkämpfer haben wollen. Kein Zweifel: hätte dieser die römische Kaiserkrone gefordert,[2] Gregor hätte sie ihm leichteren Herzens gewährt, als dass er in den Anspruch des Herzogs auf die Krone von Byzanz willigte. Aber auf diese allein stand nun einmal der Sinn Robert Guiskards und, wollte der Papst ihn überhaupt zum Bundesgenossen, so musste er seinen Zug gegen Byzanz einsegnen.[3]

Als sich dann gegen die bedrohliche Koalition des Papsttums und der Normannen die beiden Kaiser des Ostens

---

Herrschaft unter normannische kamen, an Rom zu ketten. Rodotà, del rito greco in Italia Bd. II p. 452—4.

[1] S. o. p. 1².

[2] Nach Anna Comnena (ed. Bonn I p. 65) und Wilh. Apul., lib. IV., c. 31/2. (vgl. Heinemann, p. 298) soll Gregor VII. sie ihm wirklich in Aussicht gestellt haben.

[3] S. o. p. 42.

und des Westens verbanden,[1]) hatte den Nachteil davon nicht
etwa Robert Guiskard, sondern Gregor. Denn Heinrich IV.
benutzte das byzantinische Gold nicht zu einem Zuge nach
Apulien, wie der von den Normannen bedrängte Alexios
wollte: dadurch hätte er Robert Guiskard sich selbst auf den
Hals gelockt, sondern er verwandte alles auf den Kampf
um Rom.[2])

Um so dringender begehrte daher Gregor Robert
Guiskards Hilfe; jenes oben erwähnte Schreiben, in dem er
ihm zu seinen Siegen in Griechenland gratulierte,[3]) endet mit
einem dringenden Appell, der Mutterkirche eilends zu Hilfe zu
kommen. Diese hat dann ja auch, als die Not am höchsten
war, Robert Guiskard gebracht: jedoch er hatte nur die Person
des Papstes, nicht dessen Sache gerettet, da er Gregor aus
dem verwüsteten Rom nach Salerno entführte.[4])

Ausserdem aber scheiterte Robert Guiskards griechisches
Unternehmen an der überlegenen Staatskunst des Kaisers
Alexios, so dass hier dem Papsttum kein Trost erwuchs. — —

Als Resultat ergibt sich, dass die Politik einer gewaltsamen Unterwerfung der Griechen unter das abendländische
Regiment, die hier das Papsttum zum erstenmale einschlug,
so sehr sie auch an sich in seinem Interesse lag, ihm doch
wider seinen Willen durch die Normannen aufoktroyiert
wurde. Im Grunde genommen hat ein und dasselbe Ereignis,
das überragende der Epoche, sowohl den Verzicht Gregors
auf jene friedliche Unionspolitik, die er im Jahre 1074 plante,
als seinen Übergang zur Begünstigung der normannischen
Eroberungspolitik bedingt: der Ausbruch des Investiturstreits.

Wenn wir die Begebenheiten ganz allgemein fassen, so
liegt, wie die gesamte mittelalterliche Papstpolitik, auch die

---

[1]) S. Heinemann, p. 314 f.

[2]) Gregorovius, Geschichte der Stadt Rom Bd. IV[4] p. 216: „Beide
Verbündete (Alexios und Heinrich IV.) suchten einer den anderen als Blitz-
ableiter zu benutzen".

[3]) S. o. p. 42 Anm. 5.

[4]) Gregorovius l. c. p. 241/2.

byzantinische Politik der späteren Päpste in dem Pontifikat
Gregors VII. wie in einem Keime beschlossen. Denn die
Ausnutzung der politischen Bedürfnisse des griechischen
Reichs zur friedlichen und die Begünstigung abendländischer
Eroberungszüge zur kriegerischen Unterwerfung Byzanz'
unter die römische Kirche bleiben auch weiterhin die beiden
Pole dieser Politik.

Nur haben sich in der Folgezeit neben der Türkennot
auch andere Beweggründe geltend gemacht, die den griechischen
Kaisern den Anschluss an Rom ratsam erscheinen liessen;
und die abendländische Aggressive gegen Byzanz ist, während
ihre Vertreter zwar anfangs noch dieselben blieben, schon
bald nach Gregors Tode ganz wesentlich modifiziert worden
durch das Phänomen der Kreuzzüge.

Zweites Kapitel.

Die Orientpolitik Urbans II. als Ausgangspunkt der Kreuzzüge und damit der weiteren Beziehungen des Papsttums zu Byzanz.

Die Aggressive der Normannen gegen Byzanz war gescheitert, und Papst Urban II., der nach dem kurzen Pontifikate Viktors III. (1086/87) den päpstlichen Stuhl bestieg
(1088—99), neigte wieder, wie Gregor VII. in dem ersten
Stadium seiner byzantinischen Politik, zu einer gütlichen Auseinandersetzung mit den Griechen.

Gleich im Jahre 1088 wandte er sich an Kaiser Alexios
mit der Mahnung, den Lateinern in Konstantinopel nicht weiterhin den Gebrauch des gesäuerten Brotes beim Abendmahle
aufzuzwingen. Der Kaiser antwortete mit einer Einladung
Urbans: der Papst möge in Begleitung lateinischer Kirchenlehrer nach Konstantinopel kommen, damit dort in gemeinsamer

Beratung festgestellt werde, welcher Abendmahlsritus der richtige sei.

Bezeichnend für die Bedachtsamkeit und Folgerichtigkeit der päpstlichen Politik, aber auch ein Beweis für die Machtstellung der unteritalischen Normannen ist es nun, dass Urban sich mit diesen Griechenfeinden von gestern ins Einvernehmen zu setzen für notwendig hielt, ehe er mit den Griechen sich näher einliess. Er besprach sich mit dem Grossgrafen Roger von Sizilien, dem ältesten der normannischen Herren. Dieser nun hatte im Gegensatz zu seinem verstorbenen Bruder Robert Guiskard und dessen Sohn Boëmund von Tarent, den nach Osten strebenden Vorkämpfern der Normannen gegen Byzanz, sich die Weitertragung des normannischen Namens nach Süden zu, in sarazenische Lande, nach Sizilien und Afrika hin zur Lebensaufgabe gemacht, und so hatte er nichts gegen die von Urban II. geplante Verständigung mit Byzanz einzuwenden.[1] Sie war ihm sogar willkommen, da sie ihm das Regiment über das vornehmlich von Griechen bewohnte Calabrien erleichtern musste, und er hat dem Papst die Beilegung des Schismas geradezu ans Herz gelegt.[2]

Es ist nun damals nicht zu einer Reise Urbans II. nach Konstantinopel gekommen. Aber im Jahre 1095 hat sich Alexios I. seinerseits an den Papst gewandt.

Er liess diesem auf dem Konzil zu Piacenza ein wichtiges Anliegen vortragen: dasselbe, das zwei Jahrzehnte zuvor Kaiser Michael VII. an Gregor gerichtet hatte: die Bitte um Hilfe gegen die Türken.

---

[1] Deutlich treten diese verschiedenen Tendenzen der normannischen Fürsten hervor gelegentlich des ersten Kreuzzugs. Boëmund schliesst sich der Bewegung, in der er ein Mittel erkennt, seine östlichen Pläne weiter zu verfolgen, sofort mit Eifer an; Roger steht ihr kühl gegenüber, er ist nur betrübt, dass er die Belagerung des rebellischen Amalfi, mit der er und seine Neffen beschäftigt waren, aufgeben muss, weil die meisten Mannschaften mit Boëmund das Kreuz nehmen. Gaufr. Malaterra, lib. IV., c. 24, Murat. V p. 598.

[2] S. Gaufr. Malat. l. c. lib. IV., c. 13. Vgl. auch Ranke l. c. p. 53/4.

Im Gegensatz jedoch zu Kaiser Michael VII. bot Alexios dem Papsttum nicht die Kirchenunion als Gegenleistung für die nachgesuchte abendländische Waffenhilfe an.

Freilich hatte sich ja Alexios in der 1088 ventilierten Azymenfrage Urban II. gegenüber sehr entgegenkommend erwiesen. Aber in der damals vom Kaiser bezeigten Bereitwilligkeit, eine bestimmte Streitfrage auf der Basis der Gleichberechtigung beider Religionen verhandeln zu lassen und sich dem unparteiischen Urteil eines in Konstantinopel tagenden Konzils zu beugen,[1] lag doch noch keineswegs eine Garantie dafür, dass er sich nunmehr zu einer vollständigen Union mit Rom, womöglich gar unter Acceptierung der römischen Anschauungen bequemen werde.

Und in der Botschaft des Byzantiners, die den Papst auf dem Konzil zu Piacenza erreichte, war von der künftigen Herstellung einer engeren Union zwischen den beiden Kirchen überhaupt keine Rede: vielmehr spielte Alexios lediglich auf diejenige ideelle Gemeinschaft an, die bereits zwischen ihnen bestehe, oder doch billigerweise den Ungläubigen gegenüber bestehen müsse: die Gemeinschaft in Christo. In diesem Sinne geschah es, dass er schlechthin von der Verteidigung der heiligen Kirche redete.[2]

---

[1] Dass Alexios die Verhandlung durchaus auf die Azymenfrage beschränkt wissen wollte und dass er ferner eine Verhandlung auf gleichem Fusse wollte, lehrt beides die Inhaltsangabe von Alexios' Brief bei Gaufr. Malaterra l. c.: *ut communi definitione in Ecclesia Dei illud scinderetur, quod Graeci fermentato, Latini vero azymo immolabant, unaque Ecclesia Dei unum morem teneret, dicens se libenter catholicae discussioni assentire et quod authenticis sententiis, praesentibus Graecis et Latinis, assentiri definiretur, sive azymo sive fermentato immolandum esset, se deinceps observare velle'.*

[2] Bernold a. 1095 in MG. SS. V p. 462: *Item legatio Constantinopolitani imperatoris ad hanc synodum pervenit, qui domnum papam omnesque Christi fideles suppliciter imploravit, ut aliquod auxilium sibi contra paganos pro defensione sanctae ecclesiae conferrent, quam pagani iam pene in illis partibus deleverant, qui partes illas usque ad muros Constantinopolitanae civitatis obtinuerant'.* Ranke l. c.

Hätte nun Urban II. nach dem Vorbilde Gregors VII. eine reale Orientpolitik betrieben, so hätte er unter Ablehnung dieses kaiserlichen Standpunkts darauf bestehen müssen, dass die Griechen, ehe ein römischer Katholik für sie das Schwert zöge, sich dem Papsttum unterwürfen.

Man weiss aus der Geschichte des Ersten Kreuzzugs, dass Urban II. das nicht getan hat. Wenn wir aber nach dem Grunde fragen, weshalb Urban so von der Realpolitik Gregors VII. abgewichen ist, so würde uns die bisherige Forschung über den Ersten Kreuzzug zur Antwort geben: wegen seines brennenden Eifers für die Befreiung Jerusalems.

Diese Begeisterung Urbans für das heilige Grab müsste es nach der bisher herrschenden Anschauung gewesen sein, die für ihn die Griechenfrage ganz in den Hintergrund hätte treten lassen.[1]

Ich behaupte: die Antwort muss anders lauten. Urban hat darauf verzichtet, gleich Gregor VII. den Griechen als Preis für die abendländische Waffenhilfe die Union abzuverlangen: nicht deshalb, weil die Sorge um die Befreiung Jerusalems diejenige um das Heil der Griechen überschattet hätte, sondern deshalb, weil er die Unterstützung der Griechen, die durchaus im Mittelpunkte seiner Orientpolitik gestanden hat, nicht mit der Durchsetzung päpstlicher Sonderinteressen verquicken, sie vielmehr uneigennützig vom allgemein-christlichen Standpunkte aus leisten wollte.

---

deutet die Anspielung des Kaisers auf die eine „gemeinsame Kirche" etwas positiver als ich, wenn er mit Bezug auf diesen Ausdruck sagt (p. 55): Die ernstliche Anbahnung einer geistlichen Union zwischen Griechen und Lateinern schien mit dem Schritte des Alexios, seinem Gesuch an den römischen Papst, von selbst gegeben". Die Hindeutung war jedenfalls vage genug. Dass kein eigentliches Unionsversprechen stattgefunden hat, geht auch aus Eccehard, Hierosolymita, ed. Hagenmeyer, p. 80 (c. V$_3$) hervor, wo als das einzige Versprechen des Alexios bei seinem Hilfsgesuch die Lieferung von Lebensmitteln für die Helfer erwähnt wird.

[1] So noch in der jüngsten Darstellung des Ersten Kreuzzugs von Röhricht (Innsbruck 1901) p. 19/20.

Da es sich hier, wie man sieht, um die wichtige Frage nach dem Ursprung der Kreuzzüge handelt, so will ich meine abweichende Ansicht hierüber näher begründen.

Ich möchte also nachweisen, dass Urban II. bei seinen Aufrufen zum Ersten Kreuzzug nicht das Hauptgewicht auf die Befreiung des heiligen Grabes gelegt hat. Sybels Bemerkung: „Urban rückte die Aufgabe ganz und gar in den Gesichtskreis jener mystischen Andacht, die, unbekümmert um irdische Rücksicht, zum himmlischen Paradies aufstrebte,"[1]) ist eine unzutreffende Kennzeichnung des päpstlichen Willensaktes.

Vielmehr hat der Papst, wie er schon im Frühling 1095 zu Piacenza, wo ihn die Gesandtschaft des Alexios erreichte, den Gläubigen die Hilfe der Griechen zur Pflicht gemacht hatte,[2]) so auch in der weltberühmten Rede, die er im Jahre 1095 zu Clermont hielt, den Ton auf die Befreiung der orientalischen Kirche überhaupt, und nicht auf die Jerusalems gelegt. Nicht die spezielle Sache des heiligen Grabes, sondern die allgemeine der gesamten orientalischen Christenheit hat Urban den Gläubigen des Occidents ans Herz gelegt: jene erscheint dieser durchaus ein-, wenn nicht untergeordnet.

Das ergibt sich aus einem Sendschreiben, welches der Papst gegen Ende des Jahres 1095 an die Flandrer erliess und das ein knappes Resumé seines Aufrufs in Clermont enthält. Es lautet in seinem Hauptteil:

„Ich glaube, dass Ihr schon lange aus vielen Berichten erfahren habt, wie die Wut der Heiden die Kirchen Gottes in den Ländern des Orients durch bejammernswerte Heimsuchung verwüstet hat, dass sie obendrein auch die heilige Stadt, die durch Christi Leiden und Wiederauferstehung be-

---

[1]) Kleine Hist. Schriften Bd. III p. 22.

[2]) Bernold a. 1095. MG. SS. V p. 462. Alexios bittet um Hilfe *pro defensione sanctae ecclesiae* (s. o. p. 48 Anm. 2) gegen die Heiden. *Ad hoc ergo auxilium domnus papa multos invitavit, ut etiam iureiurando promitterent, se illuc Deo annuente ituros et eidem imperatori contra paganos pro posse suo fidelissimum adiutorium collaturos*.

rühmt geworden, samt ihren Kirchen, was auszusprechen
schon Frevel ist, in unerträgliche Knechtschaft geschlagen
haben.

„Indem ich ein tiefes Mitgefühl mit jenem Ungemach
empfand, bin ich nach Frankreich gereist und habe Fürsten
und Volk dort ermahnt, die orientalischen Kirchen der
Hauptsache nach zu befreien, und habe ihnen solche Heerfahrt zur Erlangung der Sündenvergebung auf dem Konzil in
der Auvergne feierlich ans Herz gelegt.“[1]

Wenn der Papst hier nur die Befreiung der Gotteshäuser
als der Wahrzeichen des christlichen Glaubens Erwähnung
tut, meint er natürlich die Befreiung des Bodens, auf dem
sie stehen, also des christlichen Orients.

Dieses Dokument orientiert uns sicherer über den Inhalt
der Rede Urbans als die Berichte der Schriftsteller, die fast
alle unter dem Eindrucke des Verlaufes stehen, den dann der
Kreuzzug genommen hat.

Werfen wir aber noch einen Blick auf die „beste,
früheste und einfachste“ Version,[2] die wir unter den Berichten von Chronisten finden, auf die Fulchers von Chartres,
so gibt sie unserer Auffassung eine willkommene, fast über-
triebene Bekräftigung. In dieser Version der Ansprache

---

[1] Riant in den Archives de l'Orient latin Bd. I p. 113, № XLIX
*Fraternitatem vestram iampridem multorum relatione didicisse cre-
dimus, barbaricam rabiem ecclesias Dei in Orientis partibus
miserabili infestatione devastasse. Insuper etiam sanctam civitatem, Christi passione et resurrectione illustratam, sue intolerabili
servituti cum suis ecclesiis, quod dici nefas est, mancipasse.'*
*,Cui calamitati pio contuitu condolentes Gallicanas partes visi-
tavimus eiusque terre principes et subditos ad liberationem
Orientalium ecclesiarum ex magna parte sollicitavimus et huiusmodi procinctum pro remissione omnium peccatorum suorum in
Avernensi Concilio celebriter eis iniunximus.'*
Der Brief ist neuerdings ediert worden von Hagenmeyer in
‚Epistolae et Chartae ad Historiam primi belli sacri spectantiae‘, Inns-
bruck 1901, p. 136.

[2] Hagenmeyer in seiner Ausgabe von Eccehards ‚Hierosolymita‘ p. 90.

Urbans ist nämlich von Jerusalem überhaupt nicht die Rede.
Nach Fulcher hat Urban den Occident ausschliesslich ganz
allgemein zur Unterstützung der christlichen Brüder im Orient
gegen die unaufhaltsam vordringenden Türken aufgerufen.[1]

Wir können nun Fulcher aus dem ersten Teile von
Urbans Brief an die Flandrer ergänzen: er hat neben den
übrigen orientalischen Städten Jerusalem besonders aufgeführt.
Aber dem Schluss des Briefes entsprechend hat dieser glaubwürdige Zeuge den Gesamteindruck der Rede in ihrer allgemeinen Tendenz richtig wiedergegeben.   Man möchte fast
glauben, Fulcher habe durch die völlige Elimination Jerusalems
aus der Rede gegen diejenigen Schriftsteller protestieren
wollen, die unter dem Eindrucke des Verlaufes, den der Erste
Kreuzzug nahm, den Aufruf des Papstes ins asketisch-mystische
verkehrten. — —

Die Frage, von der wir ausgingen, war: weshalb hat
Urban nicht die Notlage der Griechen benutzt, um sie unter
das römische Joch zu beugen?   Die Antwort muss lauten:
nicht weil er zu wenig Interesse für die griechische Sache
hatte wegen der Schwärmerei für das ihr fremde Ziel der
Befreiung des heiligen Grabes, sondern vielmehr, weil er ihr
ein zu grosses, zu selbstloses Interesse entgegenbrachte, als
dass er sie zu einem Profit für das Papsttum hätte ausnutzen
sollen.

Er acceptierte jene Auffassung, die der byzantinische
Kaiser dem Papste bei der Übermittelung seines Hilfegesuchs
vortragen liess: beseelt von hohem Idealismus und erfüllt
von dem Gedanken an die Einheit der Christenheit gewann
er es über sich, das Schisma zu ignorieren.   Er sah die christlichen Brüder in Not und er beschloss, ihnen zu helfen: was
lag daran, dass die Kirchen hüben und drüben nicht in allen
Punkten übereinstimmten, war es nicht der eine allmächtige

---

[1] Buch I c. 3. (ed. Historiens occidentaux des croisades Bd. III
p. 323/4.)

Gott, den sie verehrten, und trugen nicht auch die Völker des Orients den strahlenden Namen Christi?[1]

***

Wir gelangen nunmehr zu der Frage: wieweit ist es Urban gelungen, diese seine Idee zu verwirklichen?

Es ist bekannt, wie in den Herzen der Massen, an die er sich wandte, vor allem der Name „Jerusalem" wiedertönte, auf dessen bedrängte Lage unter dem Regiment der Ungläubigen der Papst, wie wir sahen, im besonderen hingewiesen hatte. Schon jenen Scharen, die sich Gregor VII. zur Heeresfolge in den Orient verpflichteten, hatte das heilige Grab als Ziel vorgeschwebt:[2] jetzt wurde es das wahre Zauberwort, das die Völker vorwärts trieb.

Das hat sie nun aber keineswegs gehindert, das Gesamtprogramm Urbans II. zu erfüllen. Vielmehr haben die Kreuzfahrer, mochten sie diese Tätigkeit auch nicht sowohl als Selbstzweck betrachten, denn als Mittel zu dem Zwecke, sich den Weg nach Jerusalem zu bahnen,[3] einen grossen Teil der Kirchen Kleinasiens und Syriens vom Türkenjoche befreit. Und zwar haben sie in Kleinasien ihr Werk hauptsächlich in Gemeinschaft mit den Griechen und Armeniern verrichtet, denen sie dann auch die befreiten Gegenden und die Fortführung des Kampfes dort überliessen: in Syrien und Palästina dagegen, wo sie auf ihre eigene Kraft angewiesen waren,

***

[1] Aus Urbans Rede zu Clermont nach Fulcher Buch I c. 3 (Hist. occ. des croisades Bd. III p. 324): *,O quantum dedecus, si gens tam spreta, degener et daemonum ancilla, gentem omnipotentis Dei fide praeditam et Christi nomine fulgidam sic superaverit, ... si eos non iuveritis, qui professione Christiana censentur sicut et vos.'*

[2] Gregors VII. Brief an Heinrich IV. l. c. [39²] *,iam ultra quinquaginta milia ad hoc se preparant et si me possunt in expeditione pro duce ac pontifice habere, armata manu contra inimicos Dei volunt insurgere et usque ad sepulchrum Domini ipso ducente pervenire'.* Vgl. die feine Bemerkung Rankes hierüber, l. c. [39²] p. 50.

[3] ,Iter nostrum' war ihr Schlagwort. (S. die versch. Schriftsteller des Ersten Kreuzzugs.)

haben sie, trotz des Einspruchs von Byzanz, die eroberten Lande in Eigenbesitz genommen.

Dass hier unter abendländischem Regiment die römische Kirche zur Herrschaft gelangte, war gleichsam der Lohn, der dem Papsttum für seine uneigennützige Befreiung des byzantinischen Reichs zu teil ward.

Die Freude, die die Kreuzfahrer erfüllte, als sie im Oktober 1097 in dem eroberten Albara den ersten römischen Bischof in der orientalischen Kirche einsetzen konnten, musste mächtig in der Brust des Hauptes der römischen Kirche wiederklingen.[1]

Aber alle anderen Eroberungen wurden überstrahlt durch die beiden Patriarchenstühle von Antiochia und Jerusalem.

Antiochien, wo Petrus zuerst gelehrt, wurde jetzt eine päpstliche Stadt. Wie oft hatten nicht die Griechen den Primat Roms, den die Päpste auf die Nachfolge Petri begründeten, mit dem älteren Rechte der Petrusstadt Antiochien bekämpft! Jetzt waren es römische Katholiken, die, stolz auf die Eroberung der Ruhmesstätte des Urchristentums, dem Papste den Vorrang Antiochiens rühmten, indem sie ihn aufforderten, als der Vikar des heiligen Petrus auf demjenigen Bischofsstuhl seinen Sitz zu nehmen, den dieser zuerst innegehabt habe.[2] Was bei den Griechen ein Rüstzeug zur Bekämpfung des päpstlichen Primats gewesen war, diente im Munde der katholischen Kreuzfahrer zu seiner Verherrlichung: denn beide Städte des grossen Apostels gehörten jetzt dem

---

[1] Raimund von Agiles c. XIV in Historiens occidentaux des Croisades Bd. III p. 267: Man dankte Gott, *,quod episcopum Romanum in orientali ecclesia habere voluit per sui administrationem'*.

[2] Brief der Kreuzfahrerfürsten an Urban II. von Antiochien aus bei Fulcher von Chartres, Hist. Occ. Bd. III p. 351. (Vgl. Riant. l. c. [51¹] № CXIV: 11. Sept. 1098: Neuedition bei Hagenmeyer l. c. p. 161 ff., № XVI).

Urban soll *,ad urbem principalem et capitalem Christiani nominis'* kommen: . . . . *,ut tu pater et caput ad tuae paternitatis locum venias et qui b. Petri es vicarius, in cathedra eius sedeas'*.

Papsttum und stützten eine die andere seinen Vorrang in der allgemeinen Kirche.

Noch grösser war dann der Ruhm, welcher von der Einnahme Jerusalems, der Stätte, wo der Herr selbst gewirkt und gelitten, auf den Papst zurückstrahlte.

Vergessen wir jedoch über dem, was die Kreuzfahrer in eigenem Interesse vollführten, nicht das, was sie zuvor für die Griechen und Armenier geleistet hatten. Erst in der Verbindung beider Aktionen besteht ihr Gesamtwerk: dieses aber stellt eine vollkommene Durchführung von Urbans II. Orientprogramm dar.

„Die orientalischen Kirchen der Hauptsache nach (magna ex parte) vom Türkenjoch zu befreien" war, wie wir im Gegensatz zu der früheren Anschauung festgestellt haben, die Aufgabe gewesen, die Urban den Gläubigen gestellt.[1] Sein Nachfolger Paschal II. (1099—1118) feiert ihre Erfüllung, indem er am 4. Mai 1100 an die Kreuzfahrer in Palästina schreibt: „Wir sehen die Feinde des christlichen Glaubens, die Bedränger des christlichen Volkes, durch Eure Hand zum Teil vernichtet, zum Teil aus lang okkupierten Gebieten vertrieben; wir sehen die orientalische Kirche nach langen Zeiten der Knechtschaft in der Hauptsache (magna ex parte) zum alten Ruhm der Freiheit zurückgekehrt."[2]

---

[1] S. o. p. 51.

[2] Mansi, Conc. Bd. XX p. 979. *Videmus enim Christianae fidei hostes, Christiani populi oppressores . . . . manu vestra partim contritos, partim e diu possessis regionibus effugatos: videmus orientalem ecclesiam post longa captivitatis tempora magna ex parte ad antiquam libertatis gloriam rediisse.* Wie dieser Brief Paschals dem Schlusspassus von Urbans Brief an die Flandrer (d. h. seines Referates über seine Tätigkeit in Clermont) entspricht, so erinnert ein anderer Brief Paschals vom Jahre 1100, an die französische Geistlichkeit gerichtet, lebhaft an den ersten Teil jenes Briefes Urbans an die Flandrer, sofern beide Päpste die allgemeine Sache der orientalischen Christen und die besondere Jerusalems zusammenstellen; wie Urban die Not beklagt, preist Paschal die Befreiung. Bouquet Bd. XV p. 28. Dank dem Herrn *quoniam temporibus nostris Asianam ecclesiam*

Gewiss, das Papsttum durfte stolz auf sein Werk sein, und wer wollte nicht Urbans II. Idealismus, seine Selbstlosigkeit bewundern, mit der er, ohne ängstlich danach zu fragen, ob die zu unterstützenden Orientalen römische Katholiken seien, diesen in ihrer Eigenschaft als Christen überhaupt Schutz angedeihen liess.

Sobald man aber den Massstab des Realpolitikers an Urbans Werk legt, so wird man nicht umhin können, es von Grund aus verfehlt zu nennen.

Denn die Aufrichtung des griechischen Kaisertums in seiner alten kirchlich-politischen Unabhängigkeit, zu der Urban so die Hand geliehen hat, ist ein kapitaler politischer Fehler gewesen.

Sie war es zunächst vom päpstlichen Standpunkt aus. Denn das Papsttum war nicht eine religiöse Macht schlechthin, sondern die Gewalt von Cäsaren im Priestergewande: „Herrschaft" war ihre natürliche Losung, Herrschaft zunächst und vor allen Dingen innerhalb der Christenheit.

Als daher Alexios im Jahre 1095 mit seinem Hilfsgesuch kam, da gab es nur eine Richtlinie päpstlicher Realpolitik: wie Gregor gewollt hatte, musste auch Urban die Notlage der Griechen benutzen, um sie wieder unter Rom zu beugen.

Er würde zunächst den Kaiser über diese seine Auffassung informiert haben; Alexios hätte daraufhin, wie es nach dem Vorgang Kaiser Michaels VII. und auch nach Alexios' eigenem Verhalten ein Jahrzehnt zuvor[1]) wohl zu erwarten war, seinen guten Willen zur Union zu erkennen gegeben: und so hätte dann entweder der Papst selbst oder sein Stellvertreter, der Legat, in Konstantinopel, ehe sie dem Alexios die Krieger des Occidents zur Verfügung stellten, und zugleich unter dem

Turcorum manibus eripere et ipsam Dominicae passionis ac sepulturae urbem christianae militiae dignatus est aperire'.

[1]) S. o. p. 46/47.

Druck dieses Heeres, auf einem feierlichen Konzil die Kircheneinigung zustande gebracht.[1]

Indem Urban stattdessen die Hilfe unentgeltlich leistete,
versäumte er eine Gelegenheit, die griechische Kirche wieder
der römischen zu vereinen, wie sie nicht so leicht wiederkam.

Aber nicht nur dem päpstlichen, sondern viel mehr
noch dem allgemein-christlichen Interesse, dem er doch gerade
nützen sollte, hat der Idealismus Urbans geschadet. Indem
der Papst davon absah, der Befreiung des byzantinischen
Reichs durch die Occidentalen eine Auseinandersetzung mit
den Griechen über die Kernfragen, die sie vom Occident
trennten, vorangehen zu lassen, legte er den Grund zu den
Zerwürfnissen zwischen den Byzantinern und Kreuzfahrern,
die, wie nichts anderes, der allchristlichen Sache im Orient
Abbruch getan haben. Statt zur festen Basis der abendländischen Expansion im Orient wurde so das byzantinische
Reich ihr hauptsächlichstes Hindernis.

[1] Rankes Hypothese (l. c. p. 55), als ob Urban deshalb auf den
hierarchischen Plan Gregors VII. hätte verzichten müssen, weil er mit
Rücksicht auf Heinrich IV. nicht das Abendland hätte verlassen können,
vermag nicht obige Darstellung zu entkräften. Auch ohne persönlich in
Griechenland einzugreifen, hätte Urban in obigem Sinne Gregors Idee
durchführen können. Dazu war er gar nicht so sehr an Italien gefesselt,
wie Ranke meint. Mathilde von Tuscien war um jene Zeit im vollen Zuge,
Heinrich aus Italien herauszuschlagen: Urban hätte ihr getrost die Vertretung der päpstlichen Sache für einige Zeit überlassen können, sowie schon
Gregor VII. im Zusammenhang seines Orientplanes sich vertrauensvoll an
diese treue Freundin des Papsttums gewandt hatte (ep. Jaffé, II p. 532).
Hätte Urban also den Gedanken, für die den Griechen darzubietende Unterstützung die Union einzuheimsen, überhaupt gehabt, so hätte er ihn
auch in der einen oder anderen Weise durchführen können. Nicht in
äusseren Umständen liegt Urbans II. Politik begründet, sondern in seine
Charakter allein.

Zweiter Abschnitt.

Die Beziehungen des Papsttums zu Byzanz im Rahmen der Kreuzzüge, von 1098—1180.

Eben in der Unzuträglichkeit der durch den ersten Kreuzzug geschaffenen Verhältnisse lag doch auch das Moment des Fortschritts beschlossen.

Weil die Auseinandersetzung zwischen dem Occident und Byzanz nicht das Resultat des ersten Kreuzzugs war, wurde sie das grosse Problem der Kreuzzüge, wie der folgenden Epoche überhaupt.

Von beiden Seiten ist eine solche Auseinandersetzung angestrebt worden: von der griechischen wie der abendländischen. Der Unterschied war, dass die griechischen Kaiser einen friedlichen Ausgleich wünschten, während die Occidentalen dem Problem eine gewaltsame Lösung suchten.

Betrachten wir nacheinander diese Bestrebungen und das Verhalten der Päpste zu ihnen, und zwar zunächst für eine Epoche, die etwa bis zum Jahre 1180 reicht, d. h. bis zu einem Zeitpunkte, der den Abschluss einer alten und den Beginn einer neuen Entwicklung in der Orientfrage des Mittelalters bedeutet.

.Erste Abteilung.

Das Papsttum und die abendländischen Angriffspläne dieser Epoche gegen Byzanz.

ı

Erstes Kapitel.

Der Ursprung der antibyzantinischen Kreuzfahrerpolitik: die Projekte Boëmunds von Antiochien und die Stellung der Kurie zu ihnen.

I. Boëmunds byzantinische Politik während des ersten Kreuzzuges und Papst Urban II.

Wir beginnen mit der Schilderung der abendländischen Bemühungen, Byzanz zu erobern, wie sie sich aus dem ersten Kreuzzug herausentwickeln.

Sie treten ins Leben als eine Verschmelzung der normannischen Politik, d. h. derjenigen Form, in welcher sich die byzanzfeindlichen Tendenzen des Occidents im Zeitalter Gregors VII. offenbart hatten, mit der Kreuzzugsidee. Diese Bestrebungen haben sich bereits während des ersten Kreuzzugs geltend gemacht, und zwar in der Weise, dass sie diese Unternehmung nachträglich in ihrem Sinne haben umgestalten, sozusagen korrigieren wollen.

Ein Vertreter jener älteren Politik ist es gewesen, der auch die neue inauguriert hat.

Boëmund hatte als Unterfeldherr an seines Vaters, Robert Guiskards, Unternehmung gegen das griechische Reich teilgenommen.[1] Elf Jahre nach dem Scheitern dieses Angriffs (1096) betrat er den griechischen Boden aufs neue, nunmehr als Fürst von Tarent — sein Bruder Roger hatte Robert Guiskards Gesamterbe angetreten — und als Kreuz-

---

[1] Hertzberg, Gesch. der Byzantiner u. des osman. Reichs (Onckensche Sammlung) p. 267 ff. Vgl. sonst oben p. 42 ff.

fahrer. Das heisst: mochte er auch nach wie vor in dem Byzantiner seinen und seines Volkes Erbfeind sehen, so konnte er ihn bei diesem seinem zweiten Zuge nach Osten doch nicht von vornherein als solchen zu bekämpfen denken.[1] Denn einmal vertrat er nicht mehr den normannischen Gesamtstaat, andrerseits hatte er sich einem Unternehmen eingeordnet, das der Papst zur Unterstützung des griechischen Reichs, nicht zu seiner Vernichtung ins Leben gerufen hatte, dessen Teilnehmer ausserdem ihr Ziel im fernen Orient suchten.

Dorthin hat denn auch Boëmund zunächst seinen Blick gerichtet, nicht freilich das verzückte Auge eines Schwärmers, sondern das scharfblickende eines Politikers. Er fasste den Plan, sich dort mit oder wider den Willen des griechischen Kaisers eine Machtstellung zu verschaffen.

Beim Durchmarsch durch Konstantinopel ist er mit Alexios wegen der Übertragung einer solchen Herrschaft in Verhandlung getreten:[2] doch als dieser sie dem Feinde von gestern verweigerte, verzichtete Boëmund scheinbar auf seinen Plan und leistete dem Kaiser ohne Bedenken den Eid, den dieser von ihm wie von den anderen Kreuzesfürsten verlangte:

---

[1] Der vereinzelten Nachricht Alberts von Aachen, Buch II c. 14 (in Hist. Occ. des Crois. Bd. IV), Boëmund habe, als er, auf dem Hinweg nach Konstantinopel begriffen, von dem Konflikt Gottfrieds von Bouillon mit Alexios hörte, Gottfried ein Bündnis zur Eroberung Konstantinopels angeboten, dürfte trotz Kugler (Gesch. der Kreuzzüge in der Sammlung Oncken p. 36) kein Glauben beizumessen sein. Vgl. Röhricht, Gesch. des ersten Kreuzzugs, Innsbruck 1901, p. 72 Anm. 7.

[2] Er forderte das „δομεστικάτον τῆς ἀνατολῆς‘. Anna Komnena, ed. Bonn Bd. II p. 65. Ich erinnere daran, dass eine ganz ähnliche Forderung zwei Jahrhunderte später, im Jahre 1305, der Katalanenführer Roger de Flor an Kaiser Andronikos II. Palaeologos stellte und auch durchsetzte. Pachymeres, ed. Bonn, Bd. II p. 505/6. Andronikos „παραδιδοὺς δὲ καὶ πᾶσαν χώραν ἀνατολῆς . . . καὶ αὐτοκράτορα στρατηγὸν (αὐτὸν) καθιστᾶν ὑπισχνούμενος‘. Vgl. die Chronik Muntaners c. 212 ed. F. Moisè, in cronache catalane del secolo XIII e XIV, Florenz 1844, Bd. I, wonach Roger das „reame d' Anatolia‘ bekommen sollte. Auch damals handelte es sich um Bekämpfung der Türken. Vgl. u. Buch IV, erster Abschn., Kap. 4.

alle Städte und Kastelle, die er auf dem Zuge erobern würde, der Herrschaft des Kaisers zu unterwerfen[1]) oder sie jedenfalls nicht ohne dessen Einwilligung zu behalten.[2])

Trotzdem hielt er an seinem Vorhaben fest, nur dass dessen Ausführung ihn jetzt unfehlbar in Konflikt mit Byzanz bringen musste. Durch die Okkupation Antiochiens beging er einen Eidbruch, der durch die Geschichte und den Wert dieser Stadt noch besonders erschwert wurde. Denn Antiochien war diejenige Griechenstadt gewesen, die am längsten dem Anprall der Seldschuken widerstanden hatte: noch ein Jahrzehnt zuvor war es griechisch gewesen.[3]) Und ferner: die Orontesstadt war, wenn nicht in militärischer, so doch in wirtschaftlicher und kultureller Hinsicht weitaus die bedeutendste Eroberung der Kreuzfahrer.

Sie dem Kaiser vorenthalten hiess einem Kampf mit ihm auf Tod und Leben ins Auge schauen.[4]) Boëmund wusste es von dem Augenblicke an, wo er entschlossen war, die Hand

---

[1]) So die Eidesform bei Anna l. c. p. 54 und Wilhelm von Tyrus, Buch XIV c. 24 (Hist. Occ. des Crois. Bd. II p. 641).

[2]) Dies die Fassung des Eides bei Raimund von Agiles c. XIV (Hist. Occ. Bd. III p. 267).

[3]) Bis 1085. Vgl. Hertzberg, Gesch. der Byzantiner und des osman. Reichs in der Sammlung Oncken, p. 275.

[4]) Kuglers Auffassung, als hätte Alexios Syrien den Lateinern überlassen und sich selbst mit Kleinasien begnügen müssen (Gesch. der Kreuzz. p. 33/4, 65), ist nichts als eine leere geographische Abstraktion.

Das Streben des Alexios nach Antiochien war kein falscher Imperialismus, durch den der Kaiser alle „einst" zum byzantischen Reiche gehörigen Bestandteile reklamierte, es war nicht der Anspruch auf „irgend einen Teil ehemals byzantinischen Landes" (p. 65): ganz im Gegenteil war es gerade derjenige Teil byzantinischen Landes, der bis zuletzt den Türken stand gehalten hatte, während Kleinasien lange vorher von ihnen überrannt worden war.

Die oben betonte Bedeutung der Stadt kam hinzu, und ferner vor allem der Umstand, dass der Kaiser eine Festsetzung der Abendländer hier als eine gefährliche Umklammerung des griechischen Reiches ansehen musste. S. die zweite Abteilung dieses Abschnitts, erstes Kapitel.

auf Antiochien zu legen,[1]) er erkannte, dass er um den Besitz Syriens einen Kampf gegen zwei Fronten, gegen die
Türken im Osten und gegen die Byzantiner im Westen, werde
führen müssen.

Aber indem er das Problem erfasste, hat er ihm auch
sogleich eine Lösung ersonnen. Sein Mittel war einfach und
grossartig zugleich, vor allem war es radikal. Byzanz musste
fallen durch das Schwert des Occidents: dann würde es den
abendländischen Kolonieen in Syrien unschädlich sein.

Dieser Gedanke ist dem Normannen nicht etwa erst
später gekommen, als sein syrischer Staat wiederholt von
griechischer Seite angegriffen worden war. Vielmehr hat er
ihn bereits im Jahre 1098, noch ehe er unbestritten Alleinherrscher von Antiochien war, ausgesprochen, wenn auch zwar
noch nicht in der präzisen Formulierung, die er später für
ihn fand.

Es geschah in dem Schreiben, das er und mit ihm
andere Kreuzesfürsten im September 1098 an Papst Urban II.
richteten,[2]) einem der interessantesten, und in diesem seinem
wichtigsten Punkte noch so gut wie gar nicht gewürdigten
Dokumente aus der Geschichte des ersten Kreuzzugs.[2])

— · — — —

[1]) Schon am 14. Juli 1098 verpflichtete er die Genuesen, denen er ein
Quartier in der Stadt schenkte, „quod invabunt civitatem tenendum et
defendendum contra omnes homines qui invadent . . . prater comitem
S. Aegidii". Röhricht, Regesta regni Hierosolymitani, Innsbruck 1893.
№ 12 (vgl. № 16). Da damals eine starke Partei im Kreuzheer für
Übergabe der Stadt an den Kaiser war (Raimund l. c., c. XIII), so ist
klar, dass die Verpflichtung der Genuesen vor allem gegen diesen gerichtet war.

[2]) Fulcher von Chartres hat es seinem Bericht über den ersten
Kreuzzug eingereiht (Hist. Occ. des Crois. Bd. III p. 380/1; vgl. Riant,
Invent. № CXIV, in Arch. de l'Or. latin Bd. I). Hagenmeyer l. c. [51¹]
p. 161 ff. (№ XVI) hat den Brief neu herausgegeben. Er bespricht ihn,
wie alle hier zitierten Briefe zwiefach, einmal vorn in der Einleitung,
dann hinten in den Noten, und zwar in behaglicher Ausführlichkeit und
Breite: aber für die eigentlich historische Würdigung des Dokuments ergibt dieser Kommentar sehr wenig. Der oben hervorgehobene Zusammen-

Nachdem der Legat des Kreuzheeres, Adhemar von Puys, am 1. August 1098 gestorben ist, fordern die Fürsten den Papst auf, selbst mit möglichst zahlreichen neuen Kreuzfahrern nach Antiochien zu kommen, um den Krieg, der ja der seinige sei, auch seinerseits zu beendigen.[1] Das merkwürdige ist nun aber die Art, wie das nach der Ansicht der Briefschreiber geschehen soll.

„Denn wir“, so heisst es weiter, „haben die Türken und Heiden überwunden, die Häretiker aber, die Griechen und Armenier, die Syrer und Jakobiten haben wir nicht überwinden können... Komme Du nun nach Antiochien, damit Du, der Vikar Petri, auf dessen cathedra sitzest, damit Du uns, Deine Söhne, in allem orthodoxen Tun zu Diensten hast und damit Du alle Häresien, welcher Art auch immer sie sein mögen, durch Deine Autorität und unsere Tapferkeit ausrotten mögest.“[2]

In einem mit diesem Dokument in Zusammenhang stehenden Aktenstück, in dem aber nur e i n e Person, ohne Zweifel Boëmund, den Papst anredet,[3] heisst es noch:

„Du aber, heiligster Vater, musst uns, Deine Dir in allen Dingen gehorsamen Söhne, von dem bösen Kaiser trennen (d. h. Du musst ihn von uns fernhalten, uns vor ihm schützen),

hang entgeht H. so gut wie völlig. Es findet sich nur auf p. 93 die nichtssagende Wendung: „Man habe offenbar vom Papste die Auflösung des zwischen dem griechischen Kaiser und den Kreuzfahrern geschlossenen Vertragsverhältnisses erwartet“. Schon oben p. 54[2] wurde aus diesem Briefe zitiert.

[1] Soweit erwähnen Sybel, Erster Kreuzzug p. 378, und Röhricht, Gesch. des ersten Kreuzzugs p. 155 den Brief.

[2] *Nos enim Turcos et paganos expugnavimus, haereticos autem Graecos et Armenos, Syros, Jacobitasque expugnare nequivimus ... Mandamus igitur ... tibi ... ut tu pater et caput ad tuae paternitatis locum venias et qui b. Petri es vicarius, in cathedra eius sedeas et nos filios tuos in omnibus recte agendis obedientes habeas et omnes haereses, cuiuscumque generis sint, tua auctoritate et nostra virtute eradices et destruas*.

[3] Vgl. Hagenmeyer l. c. p. 356 (Note 83).

der uns viel gutes versprach, aber nichts hielt. Statt dessen
hat er uns vielmehr nur übles getan und uns, wo er nur
irgend konnte, Hindernisse in den Weg gelegt."[1]

Es würde schwierig sein, sich vorzustellen, wie die
Kreuzfahrer ihre Ideen damals in die Praxis umzusetzen
dachten, falls der Papst ihren Bitten willfahrte.

Auch kommt es darauf nicht an: wahrscheinlich waren
sie sich selbst noch nicht hierüber klar.

Von Bedeutung, und zwar der weittragendsten, ist nur
dieses: die Kreuzfahrer, man vergesse nicht: des Ersten Kreuzzuges, rufen hier den Papst herbei, nicht etwa in erster
Linie gegen die Türken und zur Fortsetzung der Kreuzfahrt
nach Jerusalem, sondern vielmehr, um unter seiner Führung
und gestützt auf seine Autorität die christlichen Häretiker,
vor allem die Byzantiner, zu bekämpfen, sie abzuwehren, in
letzter Hinsicht sie aber sich selbst und dem Papsttum zu
unterwerfen.

Die momentane Situation, aus der heraus diese Schreiben
hervorgingen, war der Gegensatz, in den die Kreuzfahrer,
vor allem Boëmund, durch ihre Festsetzung in Antiochien zu
Byzanz gerieten.

Allgemein angesehen aber ist es der Notschrei des inmitten der orientalischen Christenheit sich isoliert fühlenden
katholischen Lateinertums, der uns hier entgegenhallt.

Es ist die Unzufriedenheit der Kreuzfahrer mit ihrem
Werke, das sie für andere verrichtet, durch das sie eine
ihnen fremde Welt vom Türkenjoche befreit haben, eine Welt,
die sie sich jetzt assimilieren möchten, ehe sie weiter hinein-
schreiten in den Orient. Es ist endlich die schärfste Kritik
von Urbans II. Orientpolitik. Der Befreiung des stammfremden und häretischen christlichen Orients, die Urban ge-

---

[1] Migne, Patr. lat. 151 p. 555 (und Hagenm. l. c.). *Tu vero
nos filios per omnia tibi obedientes, Pater piissime, debes separare ab
iniusto imperatore, qui multa bona promisit nobis, sed minime fecit.
Omnia enim mala et impedimenta, quaecumque facere potuit, nobis fecit.*

predigt hatte, halten die Kreuzfahrer hier das Idealbild eines latinisierten päpstlichen Orients entgegen. — —

Der Brief der Kreuzfahrer machte auf Urban grossen Eindruck. Er beschloss, ihrem Wunsche Folge zu leisten und selbst mit neuen Scharen nach Syrien aufzubrechen. Auf einem Konzil, das er im Oktober 1098 im Lande von Boëmunds Volksgenossen, zu Bari, abhielt, gab er diesen seinen Entschluss kund.[1])

Besonders aber musste dem Papste der tiefe Gegensatz zwischen den Lateinern und den orientalischen Christen, der sich in dem Kreuzfahrerbrief offenbarte, auf die Seele fallen; augenblicklich zeigte er sich auf eine Beilegung desselben bedacht.

Freilich war er nicht gewillt, den Konflikt im Sinne der Kreuzfahrer zu lösen. Wie hätte der edelmütige Befreier der orientalischen Christenheit daran denken können, sie aufs neue in Fesseln zu schlagen?

Vielmehr hat er damals in Bari durch kirchliche Verhandlungen mit Vertretern der griechischen Geistlichkeit den Gegensatz zwischen den beiden Kirchen und Völkern auszugleichen versucht.

Standen auch wohl im Vordergrunde des Konzils von Bari die Verhältnisse der griechischen Bevölkerung in dem normannischen Unteritalien, so hat doch der Papst ohne Zweifel zugleich das byzantinische Reich bei den Verhandlungen im Auge gehabt, hat er gehofft, durch sie die Basis für eine gedeihliche Entwickelung der lateinisch-griechischen Beziehungen im Orient zu schaffen. Auch waren, nach dem Gewicht zu urteilen, das Urban den dortigen Unionsverhandlungen beimass, in

---

[1]) Ersichtlich aus einem Brief des Klerus von Lucca an alle Gläubigen vom 2.—11. Okt. 1098, abgedr. bei Riant l. c. [62²] p. 224. Es heisst da zum Schluss: „*Notum quoque vobis facimus, quod dom. papa Urbanus apud Barum tenet Concilium tractans et disponens cum multis terre senatoribus ad Jerusalem profecte tendere*'. Vgl. Röhricht l. c. [49¹] p. 223.

Bari nicht nur griechische Geistliche aus Unteritalien, sondern ebenfalls aus Byzanz zugegen.

Denn der Papst in eigener Person — gewiss ein seltener Fall — und der grosse Anselm von Canterbury disputierten mit den Griechen über den Ausgang des heiligen Geistes.[1]

Die Unionsfrage stand auch im Mittelpunkte des General-konzils, das Urban im Jahre darauf, im April 1099, in Rom selbst abhielt.[2]

Aber wie wäre ein Resultat von diesen, soweit die orientalische Kirche in Betracht kommt, aus jedem politischen Zusammenhange losgelösten Unionsverhandlungen zu erwarten gewesen! Der günstige Zeitpunkt für die Herbeiführung der Union war unwiederbringlich dahin. Vor der Leistung abend-ländischer Waffenhilfe und als ihr Preis wäre sie vom griechi-schen Kaiser wohl bewilligt worden: jetzt hatte er seinen Lohn dahin, die Kreuzfahrer hatten sein Reich unentgeltlich von der Türkennot befreit. Auf die Dankbarkeit aber befreiter Völker zu rechnen, hat sich noch immer als eine verfehlte Spekulation erwiesen, auch wenn der Befreier von ihnen nicht einen so schwer zu erfüllenden Dankesakt forderte, wie die Unterstellung der griechischen Kirche unter die römische seitens des griechischen Kaisers gewesen wäre.

---

[1] Mansi, Conc., Bd. XX p. 950; Hefele, Konziliengesch. Bd. V 2 p. 253/4 und derselbe „Die temporäre Wiedervereinigung der griechischen mit der lateinischen Kirche" in Tübinger theol. Quartalsschrift 1847 p. 53, wo auch aus der persönlichen Anwesenheit des Papstes auf eine Vertretung der orientalischen Kirche geschlossen wird. Leider sind wir nur gar zu unvollkommen über die Vorgänge in Bari unterrichtet.

[2] Lambert von Arras, ‚de primatu sedis Atrebatensis' (Migne Bd. 162 p. 644): a. 1099 „dom. Urbanus papa . . . . Romae in ecclesia b. Petri pro errore et haeresibus Graecorum diversarum regionum et provinciarum primates, archiepiscopos et episcopos ad celebrandum concilium studuit convocare. . . . . Qualia autem decreta praed. papa de Latina et Graeca Ecclesia et de ministris altaris etc. . . . . dederit, studiosus lector legendo invenire poterit'. Leider sind sie verloren. Vgl. Riant l. c. p. 192/3.

II. Boëmunds Kreuzzug gegen Byzanz (1104—08) und Papst Paschal II.

Urban II. starb noch im Jahre 1099, und sein Nachfolger Paschal II. hat die griechische Frage zunächst auf sich beruhen lassen, indem er seine ganze Fürsorge den Lateinern in Syrien zuwandte, ohne freilich sich selbst dorthin zu begeben, wie Urban geplant.

Unter seinem Pontifikat aber hat nun Fürst Boëmund von Antiochien es unternommen, der griechischen Frage diejenige Lösung zu geben, die er, in Gemeinschaft mit seinen Genossen, bereits im Jahre 1098 Urban II. proponiert hatte.

Seit dem Jahre 1099 hatte, wie Boëmund vorausgeahnt, der junge antiochische Staat ununterbrochen gegen die Heere und Flotten des Kaisers Alexios zu kämpfen, der die schönste und zuletzt an die Türken verlorene orientalische Provinz seines Reichs nicht in den Händen des vertragsbrüchigen Normannen belassen wollte, zumal er durch die Festsetzung der Abendländer in Syrien seinen Staat ringsum von abendländischen Mächten umklammert sah.[1]

Indem Boëmund es als unmöglich erkannte, auf die Dauer den Doppelkampf gegen die Türken im Osten, die Griechen im Westen auszuhalten,[2] fasste er den Entschluss, vom Occident her das griechische Reich zu zertrümmern und damit den Feind im Rücken seines syrischen Fürstentums für alle Zeit unschädlich zu machen.[3]

Zu Unrecht hat man behauptet, er habe, als er im Jahre 1104 Syrien verliess, noch nicht den Kampf gegen Byzanz

---

[1] Vgl. oben p. 61.

[2] Radulf c. CLII in Hist. Occ. des Crois. Bd. III p. 712. Boëmund erklärt: ‚*Invaluit contra nos gentilitas, vias nobis circumcirca obstruxerunt Graeci et Turci: genuinas totius orbis opulentissimas exasperavimus potestates, Constantinopolim et Persida*‘.

[3] Vgl. meine Arbeit über den Vierten Kreuzzug (Berlin 1898) p. 15—17, wo ich Boëmunds Unternehmung, die von der früheren Geschichtschreibung völlig verkannt worden war (Kugler, Gesch. der Kreuzzüge p. 86, Hertzberg l. c. [] p. 280), in das richtige Licht zu setzen suchte.

geplant, sondern habe damals noch lediglich vorgehabt, aus dem Abendlande Succurs direkt nach Syrien zu führen.[1]

Man lese bei Radulf die Rede, durch die Boëmund der Versammlung seiner Grossen in der Peterskirche zu Antiochien seinen Entschluss kund tat. Es sind die Worte eines Mannes, der sich bewusst ist, dass er mit seinen Taten die Welt erschüttern wird.

Als man ihm rät, einen anderen an seiner Stelle zur Herbeiführung abendländischer Hilfe abzusenden, entgegnet er: „Eine grosse Sache ist es, um die es sich handelt, ein grosses Gewicht ist in die Wagschale zu werfen, nur die bedeutendste Persönlichkeit vermag sie zu erfüllen. Es ist meines Vorhabens, grosse Gewalten (des Occidents) aufzurufen, nicht jedermann vermag das; schwerwiegende Massen in Fluss zu bringen ist nur der Mann von Gewicht imstande: ein grosses Wehen ist nötig, damit die hohe Eiche bis auf die Wurzel ausgerottet werden könne."[2]

Den Kaiserthron von Byzanz umzustürzen, zog er aus.

Alles kam darauf an, wie der Papst sich zu dem Plan verhalten werde. An seinem Segen oder Fluch hing das ganze Unternehmen. Nach Rom wandte daher auch Boëmund zuerst seine Schritte.

Hier nun wie überall im Abendlande fand er den Boden aufs trefflichste für seine Idee vorbereitet. Denn auch im Occident hatte mit dem Ersten Kreuzzug ein tiefer Griechenhass Wurzel geschlagen. Und zwar war seine Ursache eine wesentlich verschiedene. Boëmund war den Byzantinern feind, weil sie seinen syrischen Staat unablässig bekämpften; die Missstimmung der Völker des Occidents beruhte auf der An-

---

[1] Kugler l. c.

[2] p. 713 l. c. „*Magna est res, de qua agitur, magno volumine tractanda, severae vix cuiquam personae impetrabilis. Propositi est nostri graves excire potestates: hoc non cuivis hominum contigit; non potest gravia movere nisi gravis; magno opus est flatu, ut possit quercus alta radicibus evelli*".

schauung, dass die Griechen die neuen abendländischen Kreuzfahrten zu hindern und zunichte zu machen trachteten.[1]

Diese Anschauung — gewissermassen die öffentliche
Meinung oder auch die massenpsychische Empfindung des
Abendlandes — war nun freilich in ihrer positiven For-
mulierung durchaus irrig.

Der byzantinische Kaiser wollte die Kreuzfahrten nicht
hemmen, sondern sie bloss überwachen, sie nicht sowohl
scheitern, als für seinen Staat unschädlich machen. Aber
während er so nur ein durch die Staatsraison gebotenes Misstrauen gegenüber den sein Reich durchbrausenden westlichen
Völkerwellen an den Tag legte, schrieen die Kreuzfahrer und
mit ihnen das Abendland über griechische Heimtücke und
Verrat.[2] Auf diese schob man besonders das Scheitern des
grossangelegten Kreuzzugs vom Jahre 1101, das in Wirklichkeit durch den unpolitischen Eifer der Kreuzfahrer selbst,
den Alexios vergeblich zu zügeln suchte, verschuldet wurde.[3]

Der Kaiser erkannte recht wohl die Gefahr einer also
irregeleiteten öffentlichen Meinung des Abendlandes, er bemühte sich daher, sie richtig zu stellen, indem er einen abend-

---

[1] Norden, Vierter Kreuzzug, p. 14 Anm. 3, 4.

[2] Nicht nur gegenüber den Landheeren, die ihren Weg über Konstantinopel nahmen, sondern auch gegenüber den abendländischen Flotten,
die die griechischen Gewässer durchquerten, beobachtete der Kaiser mit
Recht ein vorsichtiges Verhalten. Denn letztere neigten dazu, auf ihrem
Wege die griechischen Inseln und Küsten auszuplündern. S. Anna Komnena, Bd. II p. 115, 121—3 (1101 die Pisaner, 1104 die Genuesen). Im
Abendlande erzählten dann freilich nachher die Kreuzfahrer, sie hätten
die Griechen nur deshalb angegriffen, weil diese ihren Weg gehindert
hätten. Norden, Vierter Kreuzzug p. 14 Anm. 3.

[3] S. Norden, l. c. p. 14 Anm. 4, wozu noch Albert von Aachen
als Quelle kommt. (Hist. Occ. Bd. IV p. 584.) Doch nimmt Albert den
Kaiser zugleich in Schutz: *„Verum, ut a veridicis et nobilibus viris
relatum est, nequaquam hoc nefando scelere culpandus erat. Nam saepius
exercitum praemonuit et edocuit solitudines et defectiones et Turcorum
insidias in inviis Flaganiae'* (Paphlagoniens) und er riet deshalb von
diesem Wege ab. Ähnlich Anna Komnena, Bd. I p. 108.

ländischen Bischof, der aus dem heiligen Lande heimkehrte, damit beauftragte, ihn beim Papste zu rechtfertigen. Doch der Bischof von Barcelona, durch die Argumente des Kaisers nicht überzeugt, wurde vielmehr zu seinem erbitterten Ankläger beim Papst. Es wird behauptet, dass Paschal II. daraufhin dem Bischof ein Sendschreiben an die französischen Grofsen mitgegeben habe, in dem er sie über die vermeintliche Perfidie des Kaisers in Kenntnis setzte. (1102 oder 1103.)[1]

So notwendig es nun auf der einen Seite ist, sich die Nichtigkeit dieser Beschuldigungen klar zu machen, so darf man doch andrerseits auch nicht ausser acht lassen, dass dem Griechenhass, den die Kreuzfahrer bei der wiederholten Durchquerung des byzantinischen Reiches einsogen und ins Abendland verpflanzten, ein berechtigter Kern innewohnte.

Einen aktiven Widerstand der Griechen gegen die Kreuzzugsbewegung gab es nicht, ihn erdichteten die Kreuzfahrer; aber der passive Widerstand, den dieses grosse, sich zwischen dem Abendlande und seinen Kolonieen am Ostrand des Mittelmeeres ausdehnende Reich den Kreuzzügen entgegensetzte, notgedrungen entgegensetzen musste,[2] war eine Realität: durch ihn wurde der byzantinische Staat in der Tat ein schweres Hindernis der Kreuzfahrten, wurde der Wunsch der Lateiner, ihn zu beseitigen, gerechtfertigt.

---

[1] Albert l. c. p. 584/5. Über den letzten Punkt heisst es: nachdem der Bischof den Kaiser beim Papst angeklagt: ‚et ideo assumptis litteris ipsius Apostolici, querimonia gravis apud omnes principes Galliae super ipso Imperatore facta est‘.

[2] Man schied die Kreuzfahrer in die ‚ἁπλούστεροι‘, denen es mit ihrem Gelübde für das heilige Grab ernst war, und die ‚πονηρότεροι‘, denen jenes nur ein Vorwand war und denen es in Wirklichkeit darauf ankam, ‚εἶπον ἐν τῷ διέρχεσθαι δυνηθεῖεν καὶ αὐτὴν τὴν βασιλεύουσαν (Konstantinopel) κατασχεῖν‘. Mehrfach noch kehrt eine ähnliche Gegenüberstellung bei Anna Komnena wieder (ed. Bonn Bd. II p. 32, 36, 47). — Beim zweiten Kreuzzug lässt Kinnamos (ed. Bonn p. 67) nur mehr die zweite Kategorie von Kreuzfahrern gelten, während dagegen Niketas (ed. Bonn p. 80) an die reinen Absichten der Kreuzfahrer glaubt.

Es brauchte nur noch eines Helden, der dem Ge-
samt-Empfinden des Abendlandes eine bestimmte Gestalt
gab. Dieser Held erschien ihm in Boëmund. Er wurde der
Rufer zum Streite gegen Byzanz und verstand es, geschickt die
allgemeinen Interessen mit seinen persönlichen verquickend,
den dumpfen Groll der Lateiner gegen diese Macht in ein
Unternehmen antiochisch-normannischer Politik ausmünden
zu lassen.

Boëmund eröffnet in glanzvoller Weise die lange Reihe
von Fürsten des lateinischen Orients, die, nach ihm meist in
der Rolle kläglicher Bittsteller, das Abendland aufgesucht
haben.[1]) Der Ruf seiner ruhmreichen Waffentaten ging ihm
vorauf. Im Triumphe durchzog er Italien und Frankreich,
dessen König Philipp ihm seine Tochter zur Frau gab.
„Boëmund" wurde der Modename, auf den die Kinder getauft
wurden.[2])

Dass er aber bei dem Werben für seine Unternehmung
den gewünschten Erfolg zeitigte, dankte er nicht zum
wenigsten Papst Paschal II., der, bereits Alexios feindlich
gesinnt,[3]) alsbald von Boëmund gewonnen worden war, und
der den Normannen mit seiner ganzen Autorität unterstützte.[4])

---

[1]) Am meisten Ähnlichkeit hat mit seinem Auftreten dasjenige des
Königs Peter von Cypern, der, nach Vollführung kühner Taten, wie
der Einnahme Satalias in Kleinasien (1361), das Abendland von 1362—65
persönlich zu einem Kreuzzug (gegen den Sultan von Ägypten) zu be-
geistern suchte. S. darüber Delaville le Roulx, La France en Orient au
XIV. siècle. Paris 1886, p. 118 ff.

[2]) Ordericus Vitalis ed. Le Prévost, Bd. IV p. 212/213.

[3]) S. o. vor. Seite.

[4]) Anna Komnena ed. Bonn Bd. II. p. 167: Boëmund geht nach Rom,
,καὶ καταλαβὼν τὸν ἀποστολικὸν θρόνον καὶ τῷ πάπᾳ διαλεχθεὶς καὶ
πρὸς ὀργὴν ὅλον κινήσας κατὰ τῶν Ῥωμαίων'; er zeigte dem Papst auch,
um dessen Zorn noch mehr zu erregen, gefangene heidnische Petschenegen,
die zum Kampf gegen die lateinischen Christen zu verwenden Alexios
sich nicht gescheut habe. p. 168: ,πανούργως δὲ, ὡς ἔοικε, τὸ πρᾶγμα
μετεχειρίζετο τοῦ κατὰ Χριστιανῶν πολέμου, ἵνα δὴ καὶ ἀρχιερατικὴν
γνώμην συμπείσειεν, ὡς εὐλόγως ἄρα κατὰ τῆς τῶν Ῥωμαίων ἔχθρας;

Ein päpstlicher Legat begleitete den Fürsten von Antiochien nach Frankreich, zum Zeichen, dass die Kurie seinen Plan vollkommen billige. [1]

Durch welches besondere Argument der Normanne den Papst von der Zweckmässigkeit seiner Unternehmung überzeugt hat: wir wissen es, auch ohne dass es uns für diese Zeit eine Quelle bezeugt. Dasselbe, was Boëmund im Jahre 1098 durch sein Sendschreiben Urban II. vorgestellt hat, [2] das wird er jetzt, im Jahre 1104, mündlich und eindringlicher Paschal II. vor die Seele geführt haben.

„Der Erste Kreuzzug ist nur ein halber Erfolg für das Papsttum gewesen. Die Kreuzfahrer haben zwar Antiochien, Edessa und Jerusalem den Türken abgenommen und dem Papsttum unterstellt, aber sie haben die Schismatiker erhöht, statt sie sich und Rom zu unterwerfen.

Ein neuer Erster Kreuzzug muss ins Leben treten, er muss beginnen mit der Ausrottung des Schismas, mit der Latinisierung von Byzanz."

Grösser als der Idealist Urban II., der Vollstrecker vielmehr von des Siebenten Gregor Willen, hätte Paschal II. dagestanden, wenn unter seinem Pontifikat auch Konstantinopel päpstlich geworden wäre.

Aber diese Korrektur des Ersten Kreuzzugs, die der normannische Fürst von Antiochien in seinem und zugleich im päpstlichen Interesse plante, missglückte. Boëmund gelangte nicht einmal soweit wie einst, als er im Dienste seines Vaters Robert Guiskard denselben Kaiser Alexios bekämpft hatte: [3]

κεκίνητο, ἐν τ᾽ αὐτῷ μνηστευόμενος καὶ πολλῶν ἀνδρῶν αὐτόματον συλλογὴν ἀγροικοτέρων καὶ ἀνοήτων. τίς γὰρ ἂν οὐχὶ τῶν ἀγχοῦ καὶ πόρρω βαρβάρων αὐτόμολος ἧκεν εἰς τὸν καθ᾽ ἡμῶν πόλεμον ἀρχιερατικῆς γνώμης ἐπιτρεπούσης καὶ τοῦ φαινομένου εὐλόγου πᾶσαν ἵππον καὶ ἄνδρα καὶ χεῖρα στρατιωτικὴν ἐξοπλίζοντος᾽.

[1]) Suger, vita Ludovici bei Bouquet, Recueil, Bd. XII p. 18.

[2]) S. o. p. 63/4.

[3]) D. h. bis nach Macedonien und Thessalien, s. Hertzberg l. c. [61²] p. 269. Vgl. oben p. 42.

diesmal scheiterte er bereits vor Dyrrhachium und musste sich zu einem demütigenden Frieden verstehen. (1107/8.)

Ausgezogen, um den griechischen Kaiser vom Throne zu stürzen, musste er sich jetzt als dessen Vasall bekennen, und zwar für ein wesentlich geschmälertes Herzogtum Antiochien. Als Entschädigung für den an das Reich abzutretenden Teil (Laodicea, Gibelet etc.) erhielt Boëmund eine Anweisung auf türkisches Gebiet, besonders auf Haleb. Auch dieses sein Lehen aber sollte bei seinem Tode an Byzanz fallen.

Und wenn der Normanne die römische Kirche in Konstantinopel hatte aufrichten wollen, so musste er jetzt vielmehr eine Erweiterung der griechischen Kirche gutheissen: der Patriarch von Antiochien, seit 1102 ein Lateiner, sollte wieder vom Kaiser ernannt werden aus den Adepten der grossen Kirche von Konstantinopel.[1]

Doch vermochte er dem Papste und dem Occident wenigstens eine Errungenschaft seiner Unternehmung aufzuweisen: Kaiser Alexios verpflichtete sich in dem Friedensvertrage, den Kreuzfahrern, die in Zukunft sein Reich, sei es zu Wasser oder zu Lande, durchziehen würden, keine Schwierigkeiten in den Weg zu legen.[2]

Trotzdem hätte der Vertrag zwischen Alexios und Boëmund, wäre er zur Ausführung gelangt, den ganzen Erfolg des Ersten Kreuzzuges, soweit er ein spezifisch lateinisch-abendländischer gewesen war, in Frage gestellt. Denn ihm zufolge sollte ja nach Boëmunds Tode die beste der lateinischen Kolonieen in Syrien in staatlicher und kirchlicher Hinsicht griechisch werden.

Aber da Boëmund selbst nicht wieder nach Antiochien zurückkehrte, sondern bis zu seinem Tode (1111) in seiner Heimat verweilte, mit Rachegedanken beschäftigt, da andrerseits sein Neffe Tankred, der Verweser Antiochiens, nichts von dem

[1] Alles nach Anna Komnena ed. Bonn Bd. II p. 228 ff. (bes. 240).
[2] S. Norden, Vierter Kreuzzug, p. 17 Anm. 2.

Paktum wissen wollte, und Alexios ihn nicht zu bezwingen vermochte,[1] so blieb die Niederlage Boëmunds zunächst ohne schädliche Nachwirkung.

———— —

Zweites Kapitel.

Papst Eugen III. und die Projekte einer Eroberung Byzanz' während des Zweiten Kreuzzugs.

I. Vorgeschichte: Die griechischen Kaiser und die Kreuzfahrerstaaten 1137—1144.

Kaiser Johannes Komnenos (1118—43) hat in den dreissiger Jahren des XII. Jahrhunderts die Pläne seines Vaters Alexios wieder aufgenommen. Im Jahre 1137 erschien er mit einem mächtigen Heere, mit dem er soeben die Armenier niedergeworfen, vor Antiochien und erzwang von dem Fürsten Raimund, nachdem er sich zunächst von diesem wie von dem Grafen von Tripolis den Lehnseid hatte leisten lassen,[2] die Erneuerung des im Jahre 1108 von Boëmund I. mit Alexios eingegangenen Vertrages in etwas veränderter Form.[3]

Die Hauptsache ist, dass auch hiernach das Fürstentum Antiochien an das griechische Reich fallen sollte. Nur wurde der Verzicht, den Raimund leistete, ausdrücklich an die Bedingung geknüpft, dass Johannes ihm zuvor eine Kompensation auf sarazenischem Gebiet verschaffe; auch sollte der Fürst die dazu ausersehenen Städte Haleb, Hamah, Hims, Schaisar

-- --

[1] Vergeblich setzte er sich zu diesem Zwecke mit den übrigen Kreuzfahrerfürsten, dem König Balduin I. von Jerusalem und dem Grafen von Tripolis in Verbindung (1111/12). S. Anna l. c. p. 253—64.

[2] Niketas ed. Bonn p. 36.

[3] Den Zusammenhang dieses Vertrages mit dem Boëmundschen, d. h. die Kontinuität der byzantinischen Politik, hat man bisher übersehen. Röhricht, Gesch. des Königreichs Jerusalem p. 211. R. behandelt sonst, exakt wie gewöhnlich, die Züge des Kaisers Johannes p. 210 ff.

und deren Territorium als erbliches Lehen besitzen, während Boëmund das ihm von Alexios konzedierte Fürstentum nur so lange er selbst lebte, hatte behalten sollen.[1]

Als aber ein zur Eroberung dieses Entschädigungs-objekts von Johannes und Raimund gemeinsam unternommener Zug scheiterte, verlangte der Kaiser auch so die Verfügung über das Fürstentum Antiochien, da er nur von dieser Operations-basis aus jene Eroberungen ausführen könne.[2]

Doch sowohl damals, als auch im Jahre 1142, wo der Kaiser eine zweite Expedition nach Armenien und Syrien unter-nahm, wussten die Lateiner einen solchen direkten Verlust Antiochiens abzuwenden. Das zweite Mal geschah es, indem die Antiochener unter Berufung auf den Papst und den abend-ländischen Kaiser das Ansuchen des Johannes, ihm die Tore der Stadt zu öffnen, zurückwiesen und ihn vor gewaltsamem Vorgehen warnten.[3]

In der Tat hatte bereits im Jahre 1138 Papst Innocenz II. das Vorgehen des Kaisers Johannes gegen Antiochien aufs schärfste verdammt. Er erliess damals eine Bulle, durch die er den im griechischen Reiche wohnhaften oder im Heer des Kaisers dienenden Lateinern die Teilnahme an dessen Unter-nehmungen gegen die Kreuzfahrerstaaten verbot. Er wies darauf hin, wie schimpflich es sein werde, wenn der „König von Konstantinopel", der sich von der Einheitskirche getrennt und dem heiligen Petrus den Gehorsam versagt habe, das Fürstentum Antiochien okkupiere, das einst durch das lateinische

---

[1] Über den Vertrag berichtet Wilhelm von Tyrus, Buch XIV. c. 30 (Hist. Occ. des Crois. Bd. II p. 652/3).

[2] Wilhelm von Tyrus, s. Buch XV. c. 3, l. c. p. 659/60.

[3] Otto von Freising, Chronicon in MG. SS. Bd. XX. p. 263 (nach Ordericus Vitalis) ,cui venerabilis Gabulensis episcopus (von Dschubail) viriliter in faciem resistit eumque ex parte Romani pontificis et im-peratoris, eo quod praefata civitas a Latinis possideatur, ut ab eius oppugnatione desistat, intrepide commonuit'. Vgl. Röhricht l. c. p. 227, Anmerkung 1.

Schwert den Ungläubigen entrissen worden sei und sich so in den Händen gläubiger Christen befinde.[1]

So durfte man sich denn in Antiochien, wo inzwischen auch ein päpstlicher Legat erschienen war (1139/40),[2] bei dem Protest gegen den Kaiser recht wohl auf den Papst beziehen.

Als dann Kaiser Johannes im Jahre 1143, ohne seine orientalischen Pläne verwirklicht zu haben, starb, und sein Sohn Manuel nach Konstantinopel abzog, machte Fürst Raimund einen Einfall in byzantinisches Gebiet, doch wurde er alsbald durch ein griechisches Landheer und eine Flotte, die Manuel gegen ihn aussandte, so sehr in die Enge getrieben, dass er nach Konstantinopel eilte (1144), ein pater peccavi sagte, den Lehnseid erneuerte und sich auch verpflichtete, einen griechischen Patriarchen in Antiochien einzusetzen.[3]

Nicht ohne Zusammenhang mit diesen Kämpfen Raimunds von Antiochien gegen die Griechen und seiner Abwesenheit geschah es, dass Edessa 1144 in die Hände der Ungläubigen fiel, ein Ereignis, das, wie man weiss, den Zweiten Kreuzzug zur Folge hatte.

---

[1] Bulle Innocenz' II. vom 28. März 1138. Jaffé № 7883. Rozière. Cartulaire de l'église du S. Sépulcre de Jerusalem, Paris 1849, p. 86/7. (87): *„Nunc autem, sicut accepimus, rex Ctanus, qui se ab unitate ecclesie dividit et b. Petro . . . . inobediens est, Antiochiam ceterasque proximas civitates nititur occupare et sue dominationi subiicere'.* Er befiehlt daher, *„si praefatus rex iam dictam Antiochiam vel alia loca, que fideles Christiani possident, occupare vel impugnare praesumpserit, vos ab ipsius societate et servitio omnino subtrahatis'* etc.

[2] Seine eigentliche Mission (s. Röhricht l. c. p. 223—5) bezog sich freilich nicht auf das Verhältnis zu den Griechen, doch hat er zweifellos auch darüber Instruktionen gehabt.

[3] Kinnamos ed. Bonn p. 30—35. Dazu Odo de Diogilo bei Migne. Patr. lat., Bd. 185. p. 1223 *„et iam principibus extorsit hominium et erigens altare contra altare, Patriarcha Petri despecto, in urbe statuit suum'.* Vgl. Röhricht l. c. p. 231.

II. Die antibyzantinische Politik König Rogers II. von Sizilien und ihre Einwirkung auf den Kreuzzug.

Fasst man die Möglichkeit einer Wendung dieses Kreuzzugs gegen Konstantinopel ins Auge, so wird man sagen müssen: gewichtige Gründe liessen sich damals für eine solche Wendung anführen, so gut wie zur Zeit Boëmunds I. von Antiochien. Hatte zwar seitdem keine grössere Kreuzfahrt die Missstimmung des Occidents gegen die Griechen wachgerufen, so konnte aus den Kämpfen zwischen den Byzantinern und den Kreuzfahrerstaaten leicht die Notwendigkeit einer Beseitigung des byzantinischen Reichs gefolgert werden.

Und es ist nun in der Tat wiederum ein Rufer zum Kampfe gegen die Griechen aufgetreten. Es war Roger II., ein Vetter Boëmunds, der Begründer des normannischen Königreichs in Unteritalien, ein Feind des byzantinischen Kaisertums.

Doch ist es ihm nicht gelungen, den Kreuzzug von vornherein in seinem Sinne zu beeinflussen. Mochten zwar die orientalischen Verhältnisse eine antigriechische Wendung desselben wünschenswert erscheinen lassen, so schloss die politische Konstellation in Europa sie aus. Vor allem hatten die Griechenfeinde den Papst nicht auf ihrer Seite.

Erst als der Kreuzzug gescheitert war und gleich darauf eine Wiederholung geplant wurde, hat man diese neue Kreuzfahrt mit einer Bekämpfung der Griechen zu beginnen gedacht. —

Rogers Politik[1]) in der ersten Phase des Zweiten Kreuzzugs war, kurz gesagt, diese. Als er von der Kreuznahme König Ludwigs VII. von Frankreich (Weihnachten 1145) hörte, bemühte er sich aufs eifrigste, ihn zur Seefahrt über Sizilien zu bestimmen, in der Absicht, den Franzosen hier zu einer gemeinsamen Unternehmung gegen Byzanz zu überreden.[2])

Dieses Projekt wurde zunichte mit dem Augenblick, wo der deutsche König Konrad III., der Verwandte und

L

---

[1]) Vgl. auch Norden, Vierter Kreuzzug, p. 18/19.

[2]) Odo de Diogilo l. c. p. 1208; Sybel, kleine hist. Schriften Bd. I p. 439—41, vgl. Bernhardi, Konrad III., p. 538/9.

Bundesgenosse des byzantinischen Kaisers Manuel, am Kreuzzuge teilzunehmen erklärte.   Daraufhin beschloss nämlich
König Ludwig mit einer Versammlung seiner Grafen zu
Etampes (Febr. 1147), wie Konrad, den Landweg durch das
griechische Reich einzuschlagen.   Die Warnung Rogers vor
griechischer Tücke fiel platt zu Boden, da die Franzosen
durch die Kreuzfahrergemeinschaft mit dem deutschen König
vor ihr sicher zu sein glaubten, da ausserdem eine ausdrückliche Versicherung freien Durchzuges seitens Manuels selbst
vorlag.[1]

Roger unternahm nun, da es ihm nicht geglückt war,
seine Politik mit der Kreuzzugsbewegung zu kombinieren,
im selben Jahre 1147 auf eigene Hand einen Kriegszug gegen
das byzantinische Reich,[2] jetzt unter egoistischer Ausnutzung
und zum Schaden des Kreuzzuges.   Er nutzte ihn aus, denn
die Überwachung der Kreuzfahrer hinderte Manuel an nachdrücklicher Verteidigung der westlichen Reichsteile,[3] so dass
Roger in Mittelgriechenland siegreich vorzudringen vermochte;
der normannische Angriff schadete dem Kreuzzug, denn er
erfüllte den Kaiser mit dem tiefsten Misstrauen, wenn nicht
gegen die deutschen, so doch gegen die französischen Kreuz-

---

[1] Odo l. c. Roger lässt warnen: ‚*Interfuere autem congregatis,
qui Graecos dicerent, sicut lectione et experientia noverant, fraudulentos*‘.
Aber der König wählt den Landweg. ‚*Tunc viri nobiles, regis Rogerii
nuntii, confusi abeunt dolentium habitu, domini sui satis expresse
monstrantes affectum, de dolis Graecorum praedicentes nobis . . .*‘
Das Schreiben Manuels an König Ludwig VII. von Frankreich, in welchem
der Kaiser freien Durchzug zusichert, bei Bouquet, Bd. XVI p. 9/10. Vgl.
Sybel l. c., Bernhardi p. 539.

[2] Hertzberg l. c. p. 295.

[3] Manuel sagt in einer Urkunde, die er im März 1148 Venedig
ausstellt (Fontes rerum Austriacarum Bd. XII p. 110). *Rogerius . . dum
sublimitas nostra vacaret susceptioni et ducatui . . . expeditionum
Alamannorum et Francorum, regionem celsitudinis nostrae . . . de-
populatus est*‘. Ferner Kinnamos p. 92. Vgl. Bernhardi l. c. p. 618,
Anmerkung 65.

fahrer, von denen er besorgte, sie möchten mit Roger gemeinsame Sache machen.[1])

Wirklich hat es denn auch eine grosse Partei im französischen Kreuzheere gegeben, die, als man vor Konstantinopel lagerte, eine solche nachträgliche Verbindung mit dem siegreichen Roger zu gemeinschaftlicher Eroberung der griechischen Hauptstadt aufs eifrigste herbeiwünschte. Ihr Wortführer war der Bischof von Langres. Mit Boëmunds Argumenten predigte er das Kreuz gegen Byzanz: als Schismatiker, die nur den Namen, nicht der Sache nach Christen seien, und als die hartnäckigsten Feinde der Kreuzzugsbewegung und der Kreuzfahrerstaaten müsse man die Griechen in Gemeinschaft mit den Normannen bekämpfen und ihr Reich erobern. Besonderes Gewicht legte er auf die Kriege der Kaiser Johannes und Manuel gegen Antiochien. „Urteilt selbst, rief er aus, ob ihr den schonen dürft, unter dessen Regierung die Sache des Kreuzes und das heilige Grab in Gefahr, nach dessen Vernichtung allein sie in Sicherheit sein werden".[2])

Boëmund war es seinerzeit geglückt, durch solche Mahnung ein Kreuzheer gegen Byzanz zu führen, aber er

---

[1]) S. Sybel p. 441—2, 445/6.

[2]) Odo de Diogilo l. c. p. 1223: „*Sit vestri iudicii, utrum illi parcere debeatis, quo regnante cruci Christi et sepulcro nihil tutum, quo destructo nihil contrarium*'. Vorher: „*Addebat, quod ipsa (Cpolis) rem Christianitatis non habet, sed nomen*'.

Der Bischof von Langres konnte sich dabei auf die Tatsache berufen, dass die Griechen die Altäre, auf denen lateinische Priester beim Durchzug des Kreuzheeres zelebrierten, abzuwaschen pflegten, gleich als ob sie profaniert worden wären. Das hatte den Zorn der Kreuzfahrer erregt „*ob hoc iudicabantur non esse Christiani caedesque illorum ducebant pro nihilo*'. (Odo p. 1220.)

Dass es auf eine Verbindung mit Roger abgesehen war, sagt Odo ebenfalls p. 1221: „*Tunc fuere, qui regi (Franciae) consulerent ...., regi Rogerio, qui tunc imperatorem maxime impugnabat, scriberet et eius adiutus navigio ipsam Cpolim expugnaret*'. Vgl. den kurzen Hinweis auf diese Episode bei Sybel p. 441/2.

hatte auch Papst Paschal II. hinter sich gehabt; da der
Bischof von Langres ohne päpstliche Vollmacht sprach, hatte
er keinen durchschlagenden Erfolg. „Der Papst, so erwiderte
man ihm, hat dem König hierüber keine Vorschrift, keinen
Rat erteilt. Wir und er sind gekommen, das heilige Grab
zu besuchen und um, auf Befehl des Papstes, durch das Blut
und die Bekehrung der Heiden unsere Verbrechen zu sühnen.“[1])

Aber es war dem Bischof dennoch gelungen, den Zweifel
in die Herzen der Kreuzfahrer zu werfen. Vielleicht durfte
man auch ohne päpstliche Autorisation handeln. Denn
würden nicht die Schätze, die man durch die Eroberung
Konstantinopels, der reichsten Stadt der Christenheit, erwerbe,
der Erfüllung des päpstlichen Gebots und ihres eigenen
Votums, nämlich dem Kampf gegen die Ungläubigen, zu gute
kommen?[2]) Wenn so der Zweck die Mittel heiligte, dann
mochte man den Kampf um Konstantinopel wagen.

Odo von Deuil glaubt, dass die Meinung des Bischofs
schliesslich die Oberhand behalten haben würde, wenn nicht
Kaiser Manuel die französischen Kreuzfahrer durch Ausstreuung
falscher Gerüchte über Siege, die die vorangegangenen

---

[1]) Man entgegnet dem Bischof (Odo p. 1224): ‚*Certum vero est,
regem nuper cum papa locutum fuisse et super hoc nec praeceptum
eius, nec consilium accepisse. Visitare sepulcrum Domini convenimus
nos et ipse, et nostra crimina, praecepto summi pontificis, paganorum
sanguine vel conversione delere*‘.

[2]) Es heisst bei Odo weiter (in der Antwort der Kreuzfahrer): ‚*Nunc
autem urbem Christianorum ditissimam expugnare possumus et ditari,
sed caedendum est et cadendum.* (1. das *caedere*, das töten:) *Si ergo
caedes Christianorum peccata diluit, dimicemus.* (2. das *cadere*, das getötet werden:) *Item si nostris mortuis non nocet ambitio, si tantum
valet in itinere pro acquirenda pecunia interire, quantum
summi pontificis obedientiae et voto nostro intendere pla-
cent divitiae, sine timore mortis discrimina subeamus*‘. (D. h. also:
wenn bei denjenigen, die bei der Eroberung Kp.s fallen, ihr Tod danach
gewertet und belohnt wird, dass die durch diesen Opfertod gewonnenen
Gelder zur Erfüllung des päpstlichen Gebotes und des Votums dienen,
dann lasst uns kämpfen.)

deutschen Kreuzfahrer in Kleinasien erfochten hätten, zur Überschreitung des Bosporus veranlasst haben würde.[1]

„Wehe uns, ruft Odo aus, ja, wehe allen Untertanen des Apostels Petrus, dass es damals nicht zu einer Eroberung Konstantinopels gekommen ist!"[2]

III. Die Stellung Eugens III. zu den Angriffsplänen Rogers und der Kreuzfahrer.

Unwillkürlich lenken sich unsere Blicke auf denjenigen, der sich damals den Nachfolger Petri nannte, auf Papst Eugen III. (1145—1153), auf die Haltung, die er zu diesen Plänen einer Eroberung Konstantinopels eingenommen hat.

Dass er Rogers selbständigen Raubzug verdammen musste, ist ohne weiteres klar: aber auch der Plan einer Verschmelzung der normannischen Unternehmung mit dem Kreuzzuge ist nicht in Eugens Sinne gewesen.

Zwar hätte wohl das Übergreifen der griechischen Kaiser in den lateinischen Orient der Kurie eine Bekämpfung der Griechen durch ein abendländisches Kreuzheer genehm erscheinen lassen können; wir sahen, wie sie im Jahre 1138 die Gefahr einer griechischen Okkupation Antiochiens erkannt hatte. Dass Manuel im Jahre 1144 dem Fürsten Raimund einen griechischen Patriarchen für diese Stadt aufdrängte, hatte den äussersten Unwillen der Kurie erregen müssen.

Aber das Verhältnis des Papsttums zu König Roger von Sizilien erklärt zur Genüge, dass es nicht auf den normannischen Plan eingehen konnte.

König Roger war nämlich in den Augen der Kurie ein Usurpator, seine Macht eine illegitime. Zwar hatte er im Jahre 1139 von Innocenz II. sich die Anerkennung erzwungen, Cölestin II. aber hatte sie (1143) revoziert;[3] seitdem waren

---

[1] ‚Credo tamen quod vicisset episcopus etc.'.

[2] l. c. p. 1221. ‚Sed vae nobis, imo Petri apostoli subditis omnibus, quod non praevaluerunt voces eorum', die für die Eroberung Kp.s eintraten.

[3] Giesebrecht, Geschichte der deutschen Kaiserzeit Bd. IV 2, p. 210.

die Kurie und Roger mehrere Jahre hindurch erklärte Gegner.
Bei der Zusammenkunft Rogers mit Papst Lucius II. in
Ceperano 1144 kam es zu keiner Einigung, vielmehr folgten
ihr Einfälle der Söhne Rogers in das päpstliche Gebiet: bis
nach Ferentino und Rieti hin; der König selbst belagerte von
der See her Terracina.

Dann schlossen zwar Rogers Söhne mit Lucius einen
Waffenstillstand, aber Roger selbst hielt sich davon fern.
Erst nach dem Tode beider Söhne, d. h. nach dem 2. Mai
1148, ist er ihm beigetreten.[1]

Unter diesen Umständen ist es ganz klar, dass Roger
bei seinen antigriechischen Plänen nicht, wie einst sein Oheim
Robert Guiskard, dann sein Vetter Boëmund, auf päpstliche
Unterstützung rechnen konnte.

Statt seinem normannischen Feinde eine Machterweiterung im Orient zu gönnen, wünschte Eugen III., ihn
vielmehr mit Hilfe des deutschen Königs Konrad III. auch
seines Stammreiches zu berauben.[2] Eben gegen Roger war
aber Konrad mit dem griechischen Kaiser Manuel verbündet.
Der Papst war somit indirekt ein Bundesgenosse des Griechen,
den der Normanne bekämpfte.

Eugen III. hat recht wohl daran gedacht, durch den
Kreuzzug das Schisma zu beseitigen und Byzanz dem Papst-
tum zu gewinnen: aber nicht das Schwert des Griechenfeindes
Roger, sondern die friedliche Vermittelung des Griechenfreundes
Konrad III. sollte nach des Papstes Absicht die Union her-
beiführen.

— —

[1] Während man bisher immer geglaubt hatte (z. B. Giesebrecht l. c.
p. 222/3), dass Roger selbst sich im Jahre 1144 zu einem Waffenstillstand mit Lucius II. verstanden habe, belehrt uns Karl Andreas Kehr in
seinem Aufsatz über Falco von Benevent (Neues Arch. f. ä. deutsche Ge-
schichtskunde Bd. XXVII p. 457, 466/7), dass damals nur Rogers Söhne
Frieden schlossen, Roger erst später. Seine Quelle ist die Chronik eines
Cisterziensermönchs von S. Maria de Ferraria, deren Nachricht er aber als
aus dem wohlunterrichteten Falco von Benevent geschöpft nachweist.

[2] S. Bernhardi. p. 550, cf. p 460/1, p. 744.

Freilich zeigte Eugen kein grosses Vertrauen zu diesem
Plan. Statt mit Konrad selbst darüber in Gedankenaustausch
zu treten, legte er die ganze Angelegenheit auf die Schultern
des Bischofs von Olmütz, der dem König die Herüberziehung
seines Freundes, des griechischen Kaisers, zur römischen
Kirche ans Herz legen sollte. Und so eng erschien dem
Papste das Projekt mit der Persönlichkeit dieses Bischofs verknüpft, dass er, als letzterer statt mit Konrad nach Jerusalem,
mit den Herzögen von Mähren gegen die heidnischen Slawen
zu ziehen sich entschloss, an seiner Ausführung verzweifelte.[1]

Es sei mir erlaubt, noch eine Vermutung darüber auszusprechen, weshalb vielleicht der Papst die Unionsfrage
damals in so tastender Weise, so zaghaft behandelt hat. Er
mochte fürchten, dass, wenn er sie an die Öffentlichkeit
bringe, er sie zur offiziellen Sache auch nur des deutschen
Kreuzheeres mache, die Griechenfeinde Kapital daraus schlagen
und unter dem Vorgeben, des Papstes Willen zu tun, den
Kampf mit den Griechen als Schismatikern vom Zaune brechen

---

[1] Die beiden Briefe Eugens an den Bischof Heinrich von Olmütz
bei Boczek, cod. dipl. Moraviae, I. p. 257, danach Migne, Patr. lat. Bd. 180,
p. 1251/2.

Der erste vom 15. Juli 1147. Eugen befiehlt dem Bischof, *‚quatenus
regem adhortari, monere modis omnibus studeas, ut ad honorem et
exaltationem matris suae sanctae Romanae ecclesiae intendat et
Ctanensem Ecclesiam ei unire, sicut olim fuisse dignoscitur, ...
elaboret'*.

In dem zweiten Briefe vom 31. Juli erklärt er zunächst seine Freude
über des Bischofs Entschluss, gegen die Slawen zu ziehen und fährt dann
fort: *‚Sane quidem acriori pungerer stimulo laetitiae, quando ex nuntio
tuo audivissem, tuae personae prudentiam . . . . in corde Romanorum
regis seminaturum semen, ex quo Ctanae Ecclesiae unio tamquam
fructus excreverit mihi et matri omnium Romanae ecclesiae longe
secundissimus. Ex quo vero te a regis latere remotum cognovi,
de prosperando in tali negotio omnis diffido. Sed res erat certe
ardua . . . .'* Vgl. Pichler l. c. [2³] p. 289/90. Der Brief Eugens an
Suger, den P. in diesem Zusammenhange anführt, hat nichts mit der
Union zu tun.

würden.   Er hätte dann, wenn wir an die Hetzreden des
Bischofs von Langres denken, als vorsichtiger Politiker gehandelt.

IV. Eugen III. und das normannisch-französische Projekt eines Kreuzzugs gegen Byzanz vom Jahre 1150.

Der Zweite Kreuzzug, der bekanntlich in Syrien resultat-
los verlief, hatte in den Jahren 1149/50 ein Nachspiel.   Die
misstrauische, ja offen feindselige Haltung, die Manuel, veranlasst, wie wir sahen, durch den gleichzeitigen normannischen
Angriff, gegenüber dem französischen Kreuzheer bei dem
Durchmarsch durch Kleinasien und auch bei dessen Heimkehr
von Syrien eingenommen hatte,[1] zeitigte in Frankreich
Revanchegelüste.

Rogers Weizen blühte.   Die Hand des Normannen, die
sie im Jahre 1147 von sich gewiesen hatten, ergriffen die
Franzosen jetzt mit Begier.   Die Heimtücke der Griechen,
vor der Roger sie damals gewarnt, kannten sie jetzt aus Erfahrung. Wiederum war man, wie am Anfang des Jahrhunderts,
davon durchdrungen, dass ein Erfolg der Kreuzzüge, ein Gedeihen der Kreuzfahrerstaaten von einer Eroberung des
byzantinischen Reiches durch die Lateiner abhänge.[2]

Und jetzt stand auch der Papst dem Projekte nicht mehr
ablehnend gegenüber.

Einerseits hatte eine Annäherung zwischen Roger und
der Kurie stattgefunden.   Jener war dem Waffenstillstand
beigetreten, den seine Söhne einst mit Lucius II. (1144) geschlossen hatten; er hatte dem Papste sogar ein Kontingent
zur Hilfe gegen die aufständischen Römer gesandt.[3]

---

[1] S. Sybel l. c. p. 446 ff.
[2] Vgl. Norden, Vierter Kreuzzug p. 19, Sybel l. c. p. 452, Bernhardi, p. 810 ff.
[3] Da wir aus der oben p. 82 Anm. 1 angeführten Quelle wissen,
dass Roger nicht bereits 1144 mit dem Papsttum einen Waffenstillstand
einging, sondern vielmehr erst nach dem Tode seiner Söhne Roger und
Eufusus („*treuguam, quam contradixerat fieri filiis suis adhuc viventibus*

Wie sehr die Kurie sich jetzt mit Roger liiert fühlte, beweist der damals (1149) am päpstlichen Hofe auftauchende Verdacht, Konrad III. habe sich mit Manuel wie gegen die Normannen, so auch gegen die römische Kirche verbündet, und er werde sie jetzt bei seiner Heimkehr vom Kreuzzuge angreifen. Man war froh, als Konrad von Aquileja, wo er landete, nach Norden abzog.[1]) Um so bedenklicher erschienen dagegen die Fortschritte, die der griechische Kaiser mit Hilfe der Venetianer gegen die Normannen machte. Eben im Jahre 1149 eroberte er Korfù wieder und ging nun alsbald zum Angriff auf Italien über. 1150 fasste er in Ancona festen Fuss.

Es kam hinzu, dass die antigriechische Stimmung, die die Franzosen vom Kreuzzuge mitbrachten, auf den Papst einwirkte, so gut wie sich sein Lehrer, der heilige Bernard, und Abt Peter von Cluny mit ihr erfüllten.[3])

Einen Vorbehalt machte jedoch der Papst bei seinem Eingehen auf das normannisch-französische Projekt. Nur dann gedachte er für dasselbe einzutreten, wenn der deutsche König von seinem Bündnis mit Manuel abstände.[4]) Das heisst:

. . . .' bei Kehr p. 457), also nach dem 2. Mai 1148 (das Todesdatum des jungen Roger, bei Kehr p. 467) Waffenstillstand schloss, so wird man annehmen können, dass die Hilfssendung Rogers im Jahre 1149 (Giesebrecht l. c. p. 324) mit dem Abschluss des Waffenstillstandes zwischen Roger und dem Papsttum zusammenhängt.

[1]) Wibald ep. № 198, Jaffé, Bibl. rer. Germ., Bd. I. p. 316 (c. Oktober 1149); cf. p. 377 in ep. № 252 (nach April 1150). Vgl. Bernhardi, l. c. p. 777/8; Kap-Herr, die abendländische Politik Kaiser Manuels, Strassburg. 1881. p. 38.

[2]) Kap-Herr l. c. p. 43 ff., p. 134/5.

[3]) Die höchst bezeichnenden Auslassungen Peters von Cluny in seinem Briefe an König Roger s. bei Norden, Vierter Kreuzzug, p. 19 Anm. 2. Für Bernhard von Clairvaux s. folg. Anm.

[4]) In diesem Sinne schrieb der Kardinal Dietwein von S. Rufina an Konrad; ebendarum bemühte sich auch Bernhard von Clairvaux bei Konrad. S. ep. Wibaldi № 252 (1150). Zunächst ist von Bernhards Schreiben die Rede: ,in quibus collaudabat dom. illum Siciliae, eo quod

Eugen III. liess sich nicht bis zu dem Grade mit den Griechenfeinden ein, dass er ihnen zuliebe auch einen Krieg mit
Konrad III. auf sich genommen hätte.

Er mochte fürchten, gleich Gregor VII. die ganze Wucht
eines deutschen Angriffes aushalten zu müssen, während
Roger, wie einst Robert Guiskard, der byzantinischen Kaiserkrone nachjagen würde. Und Eugen III. hätte sich nicht
einmal hinter die Mauern Roms flüchten können, denn die
Römer waren seine Feinde, sie ersehnten nichts mehr, als
an Konrads Seite den Papst zu bekämpfen.[1]

So suchte denn Eugen III. vor allen Dingen sich der
Neutralität Konrads III. im Falle eines normannisch-französischen Angriffs auf Byzanz zu versichern.

Als aber der deutsche König an dem Bündnis mit dem
griechischen Kaiser festhielt, sich entschlossen zeigte, dessen
abendländischen Feinden in den Rücken zu fallen,[2] da nahm
der Papst eine sehr reservierte Haltung gegenüber dem Kreuz-
zugsplane ein, und dieser ist denn auch eben hauptsächlich infolge von Konrads III. Bündnistreue nicht zur Ausführung
gelangt.[3]

Schluss.

Das Ergebnis ist, dass Papst Eugen III. die auf eine Eroberung Byzanz' abzielenden Bestrebungen, die sich während

---

*in multis utilis et necessarius fuisset catholicae ecclesiae, futurus
utilior, si non prohiberetur virtute et potentia nostri principis,* (Konrads)
*de quorum pace et concordia se libenter acturum promittebat, si sciret,
domino nostro non fore ingratum. Visus est hoc ipsum innuere dom.
Theodewinus . . . . in litteris suis, quas post reditum suum a Iheros.,
cum per Siciliam transitum habuisset, dom. nostro scripsit'.* Vgl.
Bernhardi, p. 813/14; Sybel, p. 452.

[1] Gregorovius l. c. Bd. IV⁴ p. 481 ff.

[2] Brief Konrads an die Kaiserin Irene vom April 1150 bei Wibald
ep. № 243, vgl. Bernhardi, p. 815.

[3] Bernhardi, p. 815 ff.

des Zweiten Kreuzzugs geltend machten, anfangs gar nicht, dann nur mit Vorbehalt gebilligt hat.

Beides erklärt sich vornehmlich aus dem Verhältnis des Papstes zu König Roger. So lange er mit dem Normannen auf gespanntem Fusse stand, konnte es ihm nicht in den Sinn kommen, dessen Projekt, dem Zweiten Kreuzzug eine Wendung gegen Byzanz zu geben (1146/7), zuzustimmen. Der Widersacher des Papsttums in Italien konnte nicht zugleich dessen Vertrauensmann im Orient sein.

Anders lagen die Dinge in den Jahren 1149/50. Mit Roger wenigstens vorübergehend versöhnt und von ihm tatkräftig gegen die Römer unterstützt, zeigte sich Eugen III. nicht abgeneigt, dem Wunsche des Normannen zu entsprechen und dessen Krieg gegen die Griechen durch eine Vereinigung der racheglühenden französischen Kreuzfahrer mit Rogers Mannschaften zum Kreuzzug werden zu lassen, zu einem Kreuzzug, der mit der Eroberung Byzanz' durch die Lateiner seinen Anfang nehme.

Doch gab er seine wohlwollende Haltung auf, als er sich versichert hatte, dass im Falle einer solchen Kombination der deutsche König zu Gunsten der Griechen auftreten, dass also ein Weltkrieg ausbrechen würde, bei dem das Papsttum nur Schaden leiden konnte.

Zweite Abteilung.

Das Papsttum und die imperialistische Unions-politik der Komnenen.

Erstes Kapitel.

Die abendländische Politik der Komnenen seit den Kreuzzügen und ihre Versuche einer Verständigung mit der Kurie.

Ehe wir nun diese Linie weiter verfolgen, das heisst, ehe wir die weitere Entwicklung der lateinischen Aggressivpolitik und die Stellung der Päpste zu ihr betrachten, gilt es, einen Blick zu werfen auf die Versuche der byzantinischen Kaiser dieser Epoche, sich auf friedlichem Wege mit dem Papsttum zu verständigen.

Diese byzantinische Politik, die also den Päpsten die Aussicht auf eine friedliche Eroberung Byzanz' darbot, an Stelle der kriegerischen, die die Lateiner planten, hat, wie die Politik der lezteren, ihren Ursprung im Ersten Kreuzzug, sie reicht bis in die achtziger Jahre des XII. Jahrhunderts; eben in diesem Lustrum setzt dann wieder die lateinische Aggressive ein. —

Nach zwei Richtungen hin hatte der Erste Kreuzzug das griechische Reich beeinflusst.

Indem die lateinischen Helfer die Türken von den Ufern des Bosporus bis in den Osten Kleinasiens zurückwarfen, hoben sie das byzantinische Reich aus einem Zustand äusserster Schwäche wieder zu einer imposanten Machtstellung empor: Konstantinopel, das zu einer Grenzfestung gegen die Türken herabgesunken war, wurde wieder sein Mittelpunkt.

Zugleich aber zogen die Occidentalen um dieses Imperium dadurch, dass sie, seine westlichen Nachbarn, sich jetzt auch

an seiner Ostgrenze in Syrien festsetzten, einen beengenden
Zirkel und erfüllten dasselbe, als die natürliche Verbindungs-
strasse zwischen dem Occident und seinen Kolonieen, auf
immer erneuten Durchzügen zu Land und Wasser mit Unruhe
und Feindseligkeit.

Diese auflösende Wirkung des Ersten Kreuzzugs, die
Überflutung des Reichs durch die Völker des Occidents, machte
einen Ausgleich mit der Welt des Abendlandes zur Lebensfrage des byzantinischen Staates.[1]

Die gleich zu kennzeichnende imposante Lösung dieser
Frage aber, die die Kaiser aus dem Hause der Komnenen
suchten, wurde durch die konstruktive Wirkung, die derselbe Erste Kreuzzug auf das griechische Reich hatte, bedingt:
durch den Machtaufschwung, den das Reich infolge des Wieder-
gewinns seiner kleinasiatischen Provinzen nahm.

Die Kaiser fassten nämlich den grossen Gedanken, dem
Rhomäerreich den Glanz der Tage Justinians wieder zu verleihen, indem sie sich aufs neue zu Herren des Occidents
machten. Einer unter ihnen, Manuel, hat, um dies Ziel zu
erreichen, auch kriegerische Mittel nicht verschmäht, aber
seine und seiner Vorgänger Politik kulminierte in der Idee
einer friedlichen Vereinbarung mit der höchsten Gewalt des
Abendlandes. Der Papst sollte ihnen die römische Kaiserkrone verleihen, dafür wollten sie die griechische Kirche
wiederum dem römischen Pontifex unterstellen.

Indem sie aber so das Abendland sich und sich dem
Abendlande, d. h. seiner Kirche und seinem geistlichen Oberhaupt zu unterwerfen gedachten, konnten sie zugleich hoffen,
auf die päpstliche Autorität gestützt, die abendländische
Völkerwanderung, die sich beständig über ihren Staat ergoss,

---

[1] Am besten gekennzeichnet wird die Situation, in die die griechischen
Kaiser durch die Kreuzzüge gerieten, durch das Wort der Anna Komnena
über ihren Vater Alexios (Buch XIV, c. 4; ed. Bonn Bd. II. p. 273): infolge der Kreuzzüge „ὅλος γίνεται τῶν κελτῶν (der Franken) τ' ἄλλα
πάντα ἐν δευτέρῳ τέμενος'.

zu bändigen und die Kreuzfahrerstaaten fester, als ihnen auf dem Wege der Gewalt möglich war,[1] ihrem Reiche einzufügen.

Die Basis nun für die Unionsverhandlungen der Komnenen mit den Päpsten, d. h. für diejenige Aktion, in der die abendländische Politik aller dieser Kaiser gipfelte, hat die Rivalität zwischen dem Papsttum und dem abendländischen Kaisertum gebildet.

Als Preis der römischen Kaiserkrone boten die Komnenen dem Papsttum neben der Union Hilfe gegen seine deutschen Bedrücker.. Sie hofften, dass die Nachfolger Petri dieses Diadem, das sie ihnen einst entzogen hatten. um es an einen abendländischen Herrscher zu übertragen, jetzt, wo dessen Nachfahren sich seiner unwürdig zu zeigen schienen, ohne Bedenken an seine alten Inhaber zurückübertragen würden.

In der Tat haben nun die Päpste nicht gezögert, sich auf Verhandlungen einzulassen, bei denen sie geistliche und politische Interessen auf einmal durchzusetzen hoffen konnten. Die Erwartung, an dem byzantinischen Reich eine mächtige Stütze bei ihren Kämpfen gegen die deutschen Kaiser zu gewinnen, lockte sie nicht weniger, als die Aussicht auf die Kirchenunion.

Als Heinrich V. im Jahre 1111 das Papsttum in den Staub getreten hatte, bot im Jahre darauf Kaiser Alexios I. Paschal II. Schutz gegen den Deutschen und Union, indem er dafür die römische Kaiserkrone verlangte.[2] Wirklich trat Paschal mit ihm in Verhandlung.[3] und auch Kalixt den Zweiten hat im Beginn seines Pontifikats (1119 20) der Gegensatz gegen denselben Heinrich V. eine Stütze an Alexios' Nachfolger. Kaiser Johannes (1118—43). suchen lassen.

---

[1] Wir haben oben p. 74—76 die dahin gehenden Bestrebungen der Kaiser besprochen. Vgl. auch eine längere Anm. im dritten Kap. dieser Abteil.

[2] Petr. v. Monte Cassino lib. IV. c. 46. MG. SS. Bd. VII. p. 785 (a. 1112), vgl. Pichler l. c. p. 284.

[3] Jaffé. Reg. Pont. N: 6334. Brief Paschals an Alexios vom 15. November 1112. vgl. Pichler l. c.

Dieser, durch Türkenkriege abgehalten, antwortete erst einige Jahre später, 1124, also zu einer Zeit, wo das Papsttum sich bereits mit dem deutschen Kaisertum vertragen hatte.[1] Aber es blieb immer das geistliche Interesse an der Verbindung mit den Griechen, und so wandte sich auch Honorius II. an Johannes, der in seiner Antwort (1126) aufs neue seine Geneigtheit zur Union zu erkennen gab, aber auch energisch den Preis forderte: von den zwei Schwertern, unter deren Bilde man die geistliche und irdische Gewalt begriff, beanspruchte er das weltliche Schwert als das Wahrzeichen des Cäsarentums.[2]

Besonders hat dann Kaiser Manuel (1143—80) im Zusammenhange und als Höhepunkt seiner grossangelegten abendländischen Politik eine Verbindung mit der Kurie angestrebt: mit Hadrian IV. zunächst, und später mit Alexander III., den sein Kampf mit Friedrich I. einer Vereinbarung mit den Griechen besonders geneigt machte.[3]

– –

Zweites Kapitel.

Das Scheitern der Unionsverhandlungen der Komnenen mit dem Papsttum.

Wenn die Päpste des XII. Jahrhunderts sich einem Einvernehmen mit den griechischen Kaisern geneigt zeigten, so war das in gewissem Sinne eine Fortsetzung der Politik

---

[1] Das Antwortschreiben des Johannes vom Juni 1124 ist gedruckt in den ‚Monumenta spectantia ad unionem ecclesiarum Graecae et Romanae‘. von Theiner und Miklosich p. 1/2. Der Kaiser geht mit Freuden auf den Gedanken der Union, derentwegen Kalixt ihm geschrieben hat, ein. ‚Modum vero acceptionis‘ wird der Bote mitteilen. Infolge der Türkenkriege (besonders 1121/2, s. Hertzberg l. c. [61³] p. 287) habe er bisher noch nicht geantwortet.

[2] l. c. p. 4—6, vgl. Kap-Herr l. c. [85¹] p. 9.

[3] S. Näheres darüber im folg. Kap. Vgl. sonst im einzelnen Pichler. p. 290 f.; Kap-Herr l. c. p. 85 f.; Hergenröther, Photios Bd. III p. 808 ff.

jener Päpste aus der Ottonenzeit, die, wie wir gesehen haben, gegen das neue Regime des deutschen Kaisertums Front machten und sich Byzanz in die Arme warfen. [1]) Nur war mittlerweile das Papsttum aus einem römischen Lokalbistum zu einer Weltmacht herangewachsen. Nicht sowohl seine Freiheit von der Obmacht abendländischer Kaiser, als seine Herrschaft über diese wollte es mit Byzanz' Hilfe erkämpfen.

Sofort wird nun freilich auch klar, dass dieses nach der Erhebung über die weltliche Gewalt strebende Papsttum nicht gewillt sein konnte, an die Stelle der deutschen Kaiser seine alten Zwingherren, die Kaiser von Byzanz, treten zu lassen.

Zwar hat es einen Augenblick gegeben, wo die Kurie Manuel, wenn nicht bestimmte Konzessionen in dieser Richtung, so doch starke Hoffnungen auf ein Entgegenkommen ihrerseits gemacht hat: es war in der ersten Phase von Alexanders III. Streit mit Barbarossa (1161). [2])

---

[1]) s. o. p. 14/15.

[2]) Das zeigt zur Evidenz ein Brief, den im Jahre 1161 (das Datum nach Kap-Herr l. c. p. 154) der Kardinalpresbyter Wilhelm von Pavia an Manuel schreibt (Bouquet Bd. XVI p. 55). „Indem wir wissen, mit wie grossen Ehren die Reverenz Deiner Vorgänger die römische Kirche bedacht hat; indem wir zugleich bedenken, wie schweres Unheil die Tyrannei der Barbaren über diese Kirche gebracht hat, seit der kaiserliche Name von ihnen usurpiert worden ist *(et quanta eidem ecclesiae a barbarorum tyrannide fuerint inflicta gravamina, ex quo imperatorium nomen noscitur ab illis usurpatum)*: indem wir das bedenken, sind wir Deiner kaiserlichen Majestät ausserordentlich wohlgesinnt und wünschen Deinem Reich beständige Erhaltung und Mehrung." — Redet hier ein byzantinischer Hofbeamter und Legitimist wie Kinnamos, oder ein päpstlicher Kardinal? Wilhelm schliesst mit der Hoffnung auf die Erhöhung der Kirche und des (einen) Kaiserthrones.

Hierauf beziehen sich offenbar auch folgende Worte in dem Gesandtschaftsbericht des kaiserlichen Notars Burchard vom Dezember 1161 (Sudendorf, Registrum Bd. II, Berlin 1851, p. 138): . . . . ,*Rolandus* (Alexander III) *scripsit Ctano, promittens ei vanitates vanitatum, quas ipse non attendit*.

Als aber der Byzantiner einige Jahre später, darauf
fussend, reale Forderungen stellte,[1]) lehnte sie Alexander ab.
So willkommen es den Päpsten war, an dem mächtigen
Kaisertum von Konstantinopel einen Rückhalt bei ihren abendländischen Kämpfen zu finden, so wenig konnten sie im Ernst
daran denken, deren letztem Ziele, dem romantischen Plane
einer Erneuerung des Weltbildes der Epoche Justinians, endgültig zuzustimmen.   Denn dessen Verwirklichung hätte eine
völlige Umwälzung aller bestehenden Verhältnisse bedeutet,[2])
und hätte Rom wieder, wie einst, zu einem vom byzantinischen
Kaiser abhängigen Bistum, wenn auch wieder zum ersten des
Reichs, gemacht.[3])

---

[1]) Die Forderungen, die Manuel 1166/67 stellte, bei Watterich, l. c.
[20⁴] Bd. II p. 404, 410/11 vgl. Kap-Herr l. c. p. 87.

Dass Manuel dabei auf früheren Avancen fusste, die ihm von päpstlicher Seite gemacht worden, ergibt sich aus einem griechischen Bericht
über die Verhandlungen zwischen Manuel und den vom Papst nach Kp
gesandten Kardinälen, den Hergenröther, Photios, Bd. III p. 810/11, in den
Anmerkungen bruchstückweise abdruckt.   H. verwirft den Bericht.   In der
Tat ist das, was hier über die päpstlichen Anerbietungen gesagt wird,
stark übertrieben.   Aber einen wahren Kern glaube ich nach dem in
voriger Anmerkung Gesagten doch annehmen zu müssen.

Der Papst soll hiernach unter Ausbedingung des Schutzes gegen
seine Bedrücker Zugeständnisse gemacht haben, in Betreff ‚περὶ τῆς ἐς
τὴν παλαιὰν Ῥώμην καὶ πᾶσαν τὴν Ἰταλίαν τῷ ἡμετέρῳ κράτει (dem
Kaiser) διαφερούσης ἀνέκαθεν αὐθεντίας καὶ βασιλικῆς ἐξουσίας'.   (Anmerkung 160 bei Hergenröther.)   Die päpstlichen Gesandten bestätigen
dem Kaiser das und erklären, dass der Papst und das römische Volk ‚τὴν
ἑαυτῶν . . . ὑποταγὴν καὶ δουλείαν ὁλόκληρον σὺν αὐταῖς ψυχαῖς καὶ
σώμασι δίδοντες τῇ βασιλείᾳ σου, λαμβάνειν μᾶλλον ἢ διδόναι, κερδαίνειν
οὐ ζημιοῦσθαι λογίζονται.' (!)

[2]) Alexander lehnt ab (Watterich II 411): ‚Ea vero, quae postulat,
nimis alta sunt et valde perplexa, quibus pro sua difficultate, obvian-
tibus sanctorum patrum statutis, assensum praebere sub huiusmodi
conventionibus non possumus nec debemus, qui ex officio nobis a Deo
commisso pacis auctores nos esse convenit ac custodes'.   Vgl. Kap-
Herr, p. 87.

[3]) S. o. Anmerkung 1; cf. Kinnamos, Buch V. c. 9 ‚οὐδενὶ γὰρ
ἄλλῳ ὅτι μὴ βασιλεῖ Ῥωμαίων ἀρχιερέα προβεβλῆσθαι τῇ Ῥώμῃ ἐρεῖται.'

Damit schwand aber auch die Aussicht auf die Kirchen-union, die nur dann zu verwirklichen gewesen wäre, wenn die politischen Ziele der Päpste und Komnenen sich völlig gedeckt, jene den Imperialismus der Kaiser unumwunden und dauernd begünstigt hätten.

Denn auch damals schon war die Wiedervereinigung der griechischen Kirche mit der römischen nur als ein Akt kaiserlicher Politik denkbar: Klerus und Volk der Griechen widerstrebten ihr leidenschaftlich, zumal die Kurie sie als eine schlichte Unterwerfung der griechischen Kirche unter Rom verstanden wissen wollte.

Es ist die Zeit, in der die Päpste aufs eifrigste bemüht waren, sich in der Kirche des Occidents zu alleinigen Gesetz-gebern und obersten Gerichtsherren aufzuschwingen, ja die Verfügung über deren gesamtes Eigentum zu erlangen.

Und sie waren nicht gesonnen, zu Gunsten der griechischen Kirche diesem Programm zu entsagen und derselben innerhalb der päpstlichen Monarchie eine Sonderstellung einzuräumen.

Vielmehr wollten diese Päpste zum selben Rechte in der orientalischen Kirche Herren werden wie in der abend-ländischen, und zwar traten sie den Griechen von vorn-herein als Herrscher entgegen, die eine unbedingte Unter-werfung unter ihr Machtgebot verlangten.

So erklärte Paschal II., als er auf das Unionsangebot Kaiser Alexios' I. einging (1112): „Die Vorbedingung dieser Union scheint mir zu sein, dass der Patriarch von Konstantinopel den Primat des apostolischen Stuhles in Ehrfurcht aner-kenne und von seiner bisherigen Verstocktheit abstehe. Denn was Lateiner und Griechen in Glauben und Gewohnheiten trennt, scheint nicht anders beseitigt werden zu können, als wenn zuvor die Glieder dem Haupte anhängen. Wie wäre auch unter Hadernden eine Einigung möglich, wenn nicht der eine dem anderen zu gehorchen und beizustimmen würdigt."[1]

---

[1] Jaffé reg. Pontif. № 6334. *Prima igitur unitatis huius via haec videtur, ut confrater noster Clanus patriarcha, primatum et*

Paschal verlangt also von Alexios I. die Befugnis, auf Grund des päpstlichen Primats der griechischen Kirche in Glauben und Ritus einfach das römische Gesetz auferlegen zu können.

Ähnlich war auch der Standpunkt der späteren Päpste des XII. Jahrhunderts: Hadrians IV. (1154—1159), der in einem Briefe an Erzbischof Basilios von Thessalonich die griechische Kirche als die verlorene Drachme bezeichnete, als das verirrte Schaf, das zum Hirten zurückkehren solle, zur römischen Kirche, die den Primat über alle Kirchen besitze und deren Entscheidung in allen Fragen ausschlaggebend sei.[1]) Auch von den Kardinälen, die Alexander III. nach

---

reverentiam sedis apostolicae recognoscens, ... obstinatiam prae-teritam corrigat, sicut ex legatorum nostrorum suggestione cognosces .... Ea enim, quae inter latinos et graecos fidei vel consuetudinum (diversitatem) faciunt, non videntur aliter posse sedari, nisi prius capiti membra cohaereant. Quomodo enim inter dissidentium et sibi invicem adversantium pugnos quaestionum poterit diversitas pertractari, dum alteri alteris nec obedire nec consentire dignantur?"

[1]) Mansi, Bd. XXI p. 795 ff. p. 797: Die Konzilien haben der römischen Kirche den Primat bestimmt und *,ad eius sententiam omnium iudicium referri'*.

Die Antwort des Erzbischofs von Thessalonich (l. c. p. 799—802), die bei Hergenröther, p. 806/7, ganz unschuldig erscheint, ist in Wirklichkeit durchtränkt mit bitterster Ironie. Ich meine damit nicht nur die Art, wie er den Ton „von oben herab", in dem der Papst redete, zurückweist (vgl. Pichler, p. 291), sondern vor allem den versteckten Tadel des römischen Glaubens und der römischen Bräuche.

Er schreibt nämlich dem Papst etwa folgendes: „Du hast Recht gehabt, uns verirrte Schafe zu nennen, wenn wir etwas zum Symbolum zugesetzt hätten oder mit ungesäuertem Brote opferten. In Wirklichkeit haben wir das nicht getan, weil wir wissen, dass das Sünde ist und wir befinden uns „also" völlig mit Euch im Einklang" (p. 799—802). So beschuldigt der Erzbischof, indem er scheinbar seine Kirche rechtfertigt, in Wahrheit die römische, die bekanntlich einen Zusatz zum Symbolum gemacht hatte und mit ungesäuertem Brot opferte. Zum Schluss sagt er dann auch direkt, dass trotz der allgemeinen Übereinstimmung einige kleine *,offendicula'* zwischen den Kirchen vorhanden seien, die zu be-

Konstantinopel sandte (gegen Ende der sechziger Jahre), wird berichtet, dass sie darauf bestanden hätten, alle durchaus zu ihrer Ansicht und ihren Gewohnheiten herüberzuziehen.

Ist zwar letzteres Faktum nur durch einen späten griechischen Schriftsteller verbürgt, so kann doch von Alexanders III. Stellung mit Sicherheit dieses behauptet werden: dass er nicht, wie Leo Allatius behauptet, die päpstlichen Ansprüche auf ein Minimum herabgeschraubt hat. Dieser Notiz des Allatius liegt vielmehr eine Verwechslung mit Vorschlägen, die genau ein Jahrhundert später von griechischer Seite der Kurie gemacht wurden, zu Grunde.[1]

---

seitigen des Papstes Aufgabe sei. Im übrigen verwirft er, wie auch Pichler l. c. betont, den päpstlichen Primat, indem er einander gegenüberstellt *„occidentalis antistes, qui sub tuum principale culmen agunt et nos, qui ad orientem solem sublimi Ctana sede sacerdotii accepimus splendorem'*.

[1] Leo Allatius, De consensu Ecclesiae occidentalis et orientalis perpetua consensione lib. II c. XII. p. 664/5 (cf. Hefele, Konziliengeschichte Bd. V² p. 681; Hergenröther, Photios Bd. III p. 816) behauptet: römische Gesandte, die zur Zeit des Patriarchen Michael Anchialos, d. h. 1168 oder später, nach Kp. kamen, hätten gefordert: *nihil aliud a Graecis poscentes quam cessionem primatus ipsi Papae et appellationem et illius commemorationem fieri* (πρωτεῖον, ἔκκλητον καὶ μνημόσυνον)'. Allatius zitiert das aus einem Schriftsteller, der den Dialog des Patriarchen mit den Gesandten gekannt haben soll.

In authentischer Quelle treten uns nun aber eben diese drei Punkte erst genau ein Jahrhundert später, Anfang der siebziger Jahre des XIII. Jahrhunderts entgegen (s. unten Buch III, zweiter Abschnitt, Kap. 2, № 4), und zwar erscheinen sie da als etwas ganz neues und werden ferner von den Griechen proponiert. Wäre also Allatius' Angabe richtig, so müssten jene drei Punkte zunächst vom Papsttum aufgebracht, ein ganzes Jahrhundert wieder aus der Diskussion verschwunden sein, um dann plötzlich auf griechischer Seite wieder aufzutauchen. Das ist aber ganz undenkbar.

Wie sollte sich auch das Papsttum selbst solche Schranken gezogen haben! Ein späterer griechischer Schriftsteller, Makarios von Ankyra (XIV oder XV. Jahrh.), sagt vielmehr über die in Frage stehenden Verhandlungen: Die Kardinäle, *,cum multa dixissent et audissent, ita casu*

Die Griechen nun empfanden diesem Auftreten des Papsttums und seiner Abgeordneten gegenüber noch genau ebenso, wie einst Kerularios: sie empörten sich gegen die Prätension des Bischofs von Rom, ihnen, als den von der Wahrheit Abgewichenen, von oben herab seinen und des Abendlandes Glauben als den allein wahren aufzuerlegen, während sie doch vielmehr ihre Tradition für die orthodoxe und die abendländische für verbesserungsbedürftig hielten.[1] Überhaupt lehnten sie es ab, sich vom Papsttum Gesetze vorschreiben zu lassen. Sie wollten den päpstlichen Primat, wenn sie ihn nicht überhaupt verdammten, statt in absolutem, vielmehr in streng konstitutionellem Sinne verstanden wissen; sie waren wohl bereit, päpstlichen Gesetzen zu gehorchen, aber unter der Voraussetzung, dass sie selbst sie auf Konzilien mitberaten und ihnen zugestimmt hätten.

Sie glaubten das um so mehr verlangen zu können, als der abendländischen Kirche ja ein solches Mitberatungsrecht zuzustehen schien: in Wirklichkeit besassen freilich die grossen abendländischen Konzilien, die die Päpste damals von Zeit zu Zeit um sich versammelten, eine bloss dekorative Wirkung. Das Papsttum war auch hier die massgebende Gewalt.[2]

Der Protest der griechischen Geistlichkeit gegen den päpstlichen Absolutismus hat seinen klassischen Ausdruck gefunden in den Worten, mit denen der Erzbischof Niketas von Nikomedien dem Bischof Anselm von Havelberg erwiderte, als der abendländische Priester bei einer Disputation mit den Griechen (im Jahre 1136) diesen die über alles gehende Autorität des römischen Pontifex entgegengehalten hatte.[3]

---

ferente, non condescenderunt, sed insistebant omnes omnino ad suum arbitrium et consuetudines trahere'. Darauf brechen der Kaiser und der griechische Klerus die Verbindung mit Rom ab.

[1] S. die oben p. 95 Anm. 1 analysierte Antwort des Erzbischofs Basilios von Thessalonich (1154) an Hadrian IV.

[2] Vgl. Hinschius l. c. Bd. III. p. 356 ff.

[3] Anselm weilte in Kp. als Gesandter des Kaisers Lothar, um mit den Byzantinern wegen eines Bündnisses gegen die Normannen

Die Occidentalen, meinte er, können wohl die päpstlichen
Dekrete verehren, da sie sie auf Konzilien mitberaten.   Da
wir hingegen in dieser Zeit keine Konzilien mit der römischen
Kirche abhalten: „Wie sollen wir die päpstlichen Dekrete annehmen, die uns vorgeschrieben werden, ohne dass wir um
Rat gefragt werden, ja ohne dass wir auch nur vorher von
ihnen Kenntnis erhalten? Wenn nämlich der römische Pontifex
vom hohen Throne seiner Erhabenheit her auf uns losdonnern
und uns gleichsam von oben herab seine Mandate zuwerfen und
nicht mit unserem Rat, sondern aus freier Willkür nach seinem
Gutdünken über uns und unsere Kirchen richten, ja ihnen
herrisch befehlen will, wo bleibt da die Brüderlichkeit, ja auch
nur der väterliche Sinn?   Wer wird das je gleichmütig er-
tragen können? Dann würde man uns mit Recht wahre
Sklaven und nicht Söhne der Kirche nennen können.

„Wenn wir aber dennoch ein so hartes Joch auf unseren
Nacken nehmen müssten, dann würde es ja dahin kommen,
dass die römische Kirche allein eine unbeschränkte Freiheit
genösse, indem sie, allen anderen Gesetze erteilend, selbst
keinem Gesetze unterworfen wäre, und sie würde dann nicht
mehr als verehrungswürdige Mutter von Söhnen, sondern als
harte und gebieterische Herrin von Knechten erscheinen.

„Was hülfe uns dann unsere Schriftkenntnis, was unsere
literarischen Studien, was die Gelehrsamkeit, was die herrlichen
Geistestaten der griechischen Weisen?

zu verhandeln. Ein Nebenzweck seiner Mission war wohl auch die Anbahnung eines geistlichen Verständnisses mit den Griechen, das der
politischen Eintracht der beiden Kaiser hätte zu gute kommen müssen.
Das Religionsgespräch verlief, dank der weisen Mässigung Anselms, ver-
söhnlicher als je sonst eine derartige Disputation. Man kam sich besonders in den Glaubensfragen sehr nahe und einigte sich auf ihre Entscheidung durch ein Generalkonzil. Vgl. Dombrowsky, Anselm von
Havelberg, Königsberg 1880, p. 14—18; Dräseke, Bischof Anselm von
Havelberg etc. in Z. f. K.-G. Bd. XXI. Jedoch blieb diese Verhandlung, in
der das Interesse des griechischen Kaisers nicht unmittelbar engagiert war,
der auch der Papst zu fern stand, ohne jegliche Folge.

„Die Autorität des römischen Pontifex, die, wie Du sagst, über alle erhaben ist, wiegt für sich allein das alles auf. Er sei alleiniger Bischof, Lehrer und Meister, er allein bürge für die ihm allein anvertraute Gesamtheit Gott allein als einziger guter Hirte."[1]

Es kam hinzu, dass der griechischen Geistlichkeit das politisch-kirchliche Doppelwesen der päpstlichen Gewalt aus tiefster Seele zuwider war. „Der Papst sei ja eigentlich ein Kaiser und kein Bischof", erklärte ein Grieche bei einer Disputation mit Peter von Monte Cassino (1137). Er befand sich in der byzantinischen Gesandtschaft, die Lothar zu seinem Siege über den Normannen Roger gratulierte. Dass

[1] D'Achéry Spicilegium Bd. I p. 161 ff. (p. 196)., *Et ob hoc, si (papa) aliquando cum occidentalibus Episcopis Concilium sine nobis celebrat, illi decreta eius suscipiant, et debita observatione observant, quorum consilio dictat ea quae dictanda iudicaverit et quorum conniventia statuuntur, quae statuenda decreverit.*

Nos quoque, quamvis in eadem catha fide a Romana Ecclesia non discordemus: tamen quia Concilia his temporibus cum illa non celebramus, quomodo decreta illius susciperemus, quae utique sine consilio nostro, immo nobis ignorantibus, scribentur? Si enim Romanus pontifex in excelso throno gloriae suae residens nobis tonare et quasi proiicere mandata sua de sublimi voluerit et non nostro consilio sed proprio arbitrio pro beneplacito suo de nobis et de Ecclesiis nostris iudicare, immo imperare voluerit, quae fraternitas seu etiam quae paternitas haec esse poterit? Quis hoc umquam aequo animo sustinere queat? tunc nempe veri servi et non filii Ecclesiae recte dici possemus et esse.

Quod si sic necesse esset, et ita grave iugum cervicibus nostris portandum immineret, nihil aliud restaret, nisi quod sola Romana Ecclesia libertate, qua vellet, frueretur, et aliis quidem omnibus ipsa leges conderet, ipsa vero sine lege esset et iam non pia mater filiorum sed dura et imperiosa domina servorum videretur et esset.

Quid igitur nobis Scripturarum scientia? Quid nobis litterarum studia? Quid magistrorum doctrinalis disciplina? Quid sapientum Graecorum nobilissima ingenia? Sola Romani pontificis auctoritas, quae, sicut tu dicis, super omnes est, universa haec evacuat. Solus ipse sit episcopus, solus magister, solus praeceptor, solus de omnibus sibi soli commissis soli Deo sicut solus bonus Pastor respondeat". Vgl. auch Pichler l. c. p. 264/5 und Dräseke l. c. p. 179/80.

7*

auch Papst Innocenz II. bei dieser Gelegenheit zu Felde gezogen war, erschien jenem Griechen als fluchwürdiges Vergehen; man begriff im christlichen Orient nicht, wie ein Bischof,
und nun gar derjenige, welcher der oberste zu sein beanspruchte, zugleich ein Kriegsmann sein könne.[1]

Diese Hervorhebung der weltlich-politischen Seite der
Papstmacht seitens des griechischen Beobachters führt uns
wieder auf den Ausgangspunkt unserer Betrachtung, auf das
Verhältnis des byzantinischen Kaisertums jener Epoche zur
Kurie, zurück.

Gewiss war der Widerwille der griechischen Geistlichkeit
gegen die Unterwerfung unter Rom ein ernstes Hindernis der
Union: aber das entscheidende war es nicht. So gut wie ihre
schwächeren Nachfolger aus dem Hause der Palaeologen im
XIII. und XV. Jahrhundert wären auch die Komnenen im
stande gewesen, den byzantinischen Klerus ihrem Willen und
dem Roms zu beugen.[2]   Sie taten es nicht, weil Rom sich
weigerte, ihre politischen Forderungen zu erfüllen.   Jener
griechische Gesandte, der dem Papsttum Cäsarengelüste vor-
warf, hatte nur zu recht: wie die Komnenen zur Universalherrschaft zurückstrebten, strebten die Päpste dieser Epoche zu
ihr empor.   Die letzten Ziele beider Gewalten waren unvereinbar, weil sie sich deckten.

---

[1] Petrus von Monte Cassino, Chron., Buch IV. c. 115.   MG. SS.
Bd. VII p. 833. „. . . . *dicens, Romanum pontificem imperatorem non
pontificem esse*. (!)   Er verdammt die ganze occidentalische Kirche ,*cum
pontifices ad bella ruunt, sicut papa vester Innocentius facit, pecunias
distribuunt, milites congregant, purpurea vestimenta amiciunt*.

[2] Wenn sie auch nicht die extremen Forderungen des Papsttums
erfüllt haben würden.   Sie hatten vielmehr hauptsächlich die Wiederherstellung der vorschismatischen Verhältnisse im Auge, die man jedoch wohl
durch geeignete Formeln, so wie es später geschah, Rom mundgerecht gemacht haben würde.   Über Manuels Unionsplan erfahren wir: (Watterich
l. c. Bd. II p. 404) „. . . . *imperator ecclesiam suam Graecam unire
volebat, sicut melius antiquitus fuit, cum matre . . . Romana ecclesia*,
und p. 410 . . . . *,in eo statu, in quo antiquitus fuisse dignoscitur*.
Ebenso hatten es Alexios und Johannes gemeint.

Die Komnenen gedachten sich mit Hilfe des Papsttums zu Herren des Abendlandes und damit zugleich des Papsttums selbst aufzuschwingen; die Päpste meinten sich mit Unterstützung der Komnenen zu Herren der Kirche von Byzanz und damit auch des byzantinischen Reiches zu machen. Für beide Systeme nebeneinander gab es keinen Platz auf der Welt, welche die eine wie die andere Gewalt beherrschen wollte.

Lediglich der Gegensatz gegen die dritte Macht, die in derselben Zeit das gleiche Ziel der Weltherrschaft verfolgte, gegen das römische Kaisertum deutscher Nation, führte den griechischen Kaiser und den Papst zusammen und liess in ihnen den Gedanken reifen, sich der eine mit Hilfe des anderen auf Kosten der dritten Gewalt zum Alleinherrscher aufzuschwingen.

Auch diese äussere Basis nun der im letzten Grunde doch undurchführbaren Projekte eines Ausgleichs zwischen dem Papsttum und Kaisertum der Komnenen kam in Wegfall, als ersteres sich im Frieden von Venedig (1177) mit dem deutschen Kaisertum versöhnte.

Freilich war, wie man weiss, dieser Friede nicht von Dauer, und es wäre denkbar gewesen, dass bei dem aufs neue ausbrechenden Streite zwischen den abendländischen Grossmächten das byzantinische Kaisertum abermals auf derselben Grundlage wie unter Manuel mit dem Papsttum verhandelt hätte. Wir werden später sehen, dass in der Tat noch einmal ein griechischer Kaiser den posthumen Versuch gemacht hat, mit Hilfe der Kurie das komnenische Cäsarenprojekt zu verwirklichen.[1] Im wesentlichen aber hat die imperialistische Politik der byzantinischen Kaiser — und damit die an sie sich anknüpfende Möglichkeit einer friedlichen Gewinnung Byzanz' für das Papsttum — mit dem Tode Kaiser Manuels (1180) ein Ende gefunden.

Wie das kam, gilt es nun noch festzustellen. Denn die Art, wie der Imperialismus und die Unionspolitik der Komnenen

---

[1] S. im III. Abschnitt dieses Buchs, zweite Abteil., Kap. 1.

ihr Ende fanden, bedingte die Wiederaufnahme der lateinischen Eroberungsprojekte, zu deren fortsetzender Betrachtung wir dann übergehen werden.

Drittes Kapitel.

Die Krisis der abendländischen Politik der Komnenen.

— — —

Um es kurz zu sagen: der griechische Chauvinismus hat nach Manuels Tode die byzantinische Cäsarenpolitik zunichte gemacht. Die Griechen verdammten den Imperialismus der Komnenen, weil sie das Mittel verabscheuten, durch das allein diese byzantinischen Kaiser des XII. Jahrhunderts, die nicht über Belisars und Narses' Armeen verfügten, ihren romantischen Plan einer Herstellung von Justinians Imperium zu verwirklichen hoffen konnten. Dieses Mittel hiess: die Anpassung Byzanz' an den Occident.

Wir sahen schon, wie das kirchliche Unionsprojekt, das alle drei Kaiser, Alexios, Johannes und Manuel, gleichmässig vertraten, noch zu ihren Lebzeiten auf den hartnäckigsten Widerstand des griechischen Klerus stiess.

Manuel suchte dann noch durch verschiedene andere Mittel, die er, neben den Unionsverhandlungen mit der Kurie, in Anwendung brachte, den Ausgleich zwischen den Griechen und dem Abendlande herbeizuführen: er verschwägerte sich mit den abendländischen Fürstenhäusern, räumte den Occidentalen in Heer, Verwaltung und Wirtschaft seines Reiches eine hervorragende Stellung ein und erwies sich den Kreuzfahrerstaaten in Syrien als Helfer und Freund.[1]) Kurz, er suchte dem Occident zu beweisen, dass er nicht, in den alteingewurzelten Vorurteilen seiner Nation befangen, als Grieche über Barbaren zu regieren komme, sondern dass er das neue byzan-

---

[1]) S. Kap-Herr l. c. p. 109—112.

tinisch-römische Reich auf der Grundlage der Parität, der Gleichberechtigung der Lateiner und Griechen, aufzubauen willens sei.

Doch es gelang ihm nicht, dadurch im Occident moralische Eroberungen zu machen: am Regiment der Byzantiner haftete nun einmal für das abendländische Empfinden das Odium der Fremdherrschaft.

Selbst Venedig, die alte Bundesgenossin Byzanz', die am meisten von der lateinerfreundlichen Politik Manuels profitierte,[1] wurde zur erbitterten Feindin des griechischen Reichs, als dieser Kaiser in den fünfziger und sechziger Jahren den Versuch machte, sich auf italienischem Boden festzusetzen, den alten Exarchat von Ravenna wieder aufzurichten.[2] Auch das Papsttum wies ihn, obwohl es anfangs nicht abgeneigt schien, auf seine Pläne einzugehen, doch schliesslich ab.[3] Die Normannen blieben naturgemäss seine Feinde, und so brauchte der deutsche Kaiser, dem eigentlich Manuels Angriff galt, kaum das Schwert gegen den Griechen zu ziehen, da die allgemeine Antipathie des Occidents gegen dessen Herrschaft für ihn das Geschäft der Abwehr besorgte.[4]

Auch bei den Lateinern Syriens gewann er sich trotz des allmächtigen Schutzes, den er ihnen angedeihen liess, und trotz der Verschwägerung mit ihren Fürsten keine eigentliche Sympathie. Sie fürchteten mehr den Imperator, als sie den Protektor verehrten.[5]

---

[1] S. Norden, Vierter Kreuzzug, p. 21 ff.

[2] S. Kap-Herr p. 47 ff., p. 93 ff. Dreimal hat Manuel Ancona besetzt: 1150/51, 1156/57 und 1167. Dass es auf Wiederaufrichtung des Exarchats abgesehen war, ist doch wohl sicher anzunehmen.

[3] S. o. p. 93.

[4] S. Kap-Herr, p. 114.

[5] Manuel hat viel für die Kreuzfahrerstaaten getan. 1150 hat er sich die Reste der Grafschaft Edessa, die die Lateiner nicht zu halten vermochten, vom König Balduin III. übertragen lassen: sie fielen dann

Und bei Manuels Tode zeigte sich nun, dass den Griechen die kaiserliche Politik nicht minder zuwider gewesen war wie den Lateinern.

---

freilich doch nach einem Jahre an die Türken. (Wilh. von Tyrus, l. c. [75¹] p. 784/5, 789; cf. Röhricht l. c. p. 266/7.

1159 hat er von Antiochien aus einen Feldzug gegen Nureddin unternommen, der ihn bis an die Grenzen von Haleb führte und die mohammedanische Welt in Schrecken setzte (Wilh. von Tyrus p. 864, Priester Gregorius in Recueil des Hist. des Crois., Doc. Arméniens p. 187—90, Kinnamos p. 188/9; vgl. Röhricht, p. 302/3); eine Verschwörung in Kp. nötigte ihn zu vorzeitiger Heimkehr.

1164 in der Schlacht bei Harim kämpfte zusammen mit Boëmund III. von Antiochien, Raimund von Tripolis und Thoros von Armenien der kaiserliche Dux Konstantinos Kalaman gegen Nureddin von Mosul. Die Schlacht ging freilich verloren, und die lateinischen Fürsten wurden gefangen genommen: aber die Furcht vor Manuel bewirkte, dass Nureddin sie freigab. In der Tat plante der Kaiser einen Feldzug gegen den Atabeken, doch die ungarischen Verhältnisse hielten ihn zurück, so dass er nur ein Heer zum Schutze der christlichen Städte sandte. (Hauptquelle: Kinnamos, p. 216, vgl. auch Röhricht, p. 318/19.) Ein arabischer Schriftsteller berichtet, dass Nureddin nur deshalb nach der Schlacht bei Harim nicht vor Antiochien gerückt sei, weil er fürchtete, die Lateiner möchten sonst Manuel die Stadt übergeben, und weil er lieber den schwachen Boëmund III. als den Kaiser zum Nachbarn hatte (Ibn al Athir bei Reinaud. Extraits des Historiens arabes, Paris 1829, p. 121).

Im Jahre 1169 hat dann Manuel eine starke griechische Flotte ausgesandt, die an der Seite König Amalrichs II. von Jerusalem den Sultan Saladin in Ägypten angriff, und 1177 hat er abermals eine Flotte zu demselben Zwecke nach Syrien geschickt. (S. Kugler, Gesch. der Kreuzz. p. 171/2, 182/3). —

Freilich hat er zugleich die Kreuzfahrerstaaten, besonders Antiochien, unter seine Oberherrschaft gebeugt. Im Jahre 1159 hat er den Fürsten Raynald von Antiochien, der sich erkühnt hatte, das griechische Cypern anzugreifen, so vollkommen wie möglich gedemütigt (Wilh. von Tyrus l. c. p. 860—2. Kinnamos, p. 181—6; vgl. Röhricht, p. 299). Dieser leistete den Lehnseid und übernahm die Verpflichtung, in Antiochien einen griechischen Patriarchen einzusetzen, dieselbe, zu der, wie wir oben sahen (p. 73, 76), bereits Boëmund i. J. 1108 und Raimund i. J. 1144 sich verstanden hatten. Aber jetzt kam dies Versprechen auch wirklich zur Durchführung: 1164 brachte Boëmund III. sich von Kp., wo er sich wegen seiner durch Manuel bewirkten Befreiung aus der türkischen Gefangenschaft bedankte, einen

Die Revolution, die alsbald des Kaisers Witwe und
deren unmündigen Sohn vom Throne hinwegfegte und
Andronikos ans Ruder brachte, nebst der grauenhaften Hin-
mordung der in Konstantinopel ansässigen Lateiner, die diese
Umwälzung begleiteten,[1]) war das flammende Verdammungs-
urteil Byzanz' über die Cäsarenpolitik der Komnenen.

griechischen Patriarchen mit Namen Athanasios mit nach Antiochien, vor
dem sich der lateinische Patriarch nach Kosseïr zurückzog, den Schismatiker bannend. (Chronik Michaels des Syrers in Doc. Arm. [l. c.] p. 371;
vgl. Röhricht p. 320). Von 1164—70 hat so Antiochien wieder
einen griechischen Patriarchen gehabt. 1170 wandte sich dann
freilich die Bevölkerung, während eines Erdbebens, aufs neue dem
lateinischen Patriarchen zu und vertrieb den Griechen (dies alles berichtet
Mich. Syr.); aber durch ein Schreiben Papst Alexanders III. an die
Antiochener v. J. 1178 erfahren wir, dass damals der Fürst wieder mit
dem Gedanken umging, einen griechischen Patriarchen von Kp. entgegen
zu nehmen. (Löwenfeld, ep. Pontif. ined., Leipzig 1885, p. 164/5): Alexander
fordert die antiochische Geistlichkeit zum entschiedensten Widerstande
gegen dieses Projekt des Fürsten, ‚quod ... quantum dignitati Antiochene
et auctoritati Romane ecclesie et tocius orientis statui derogaret, ...
plenius videretis‘.

Man sieht: das Fürstentum Antiochien stand in den beiden Jahrzehnten von 1159—1180 stark unter byzantinischem Einfluss. Die Beziehungen des Kaisers zu den Königen von Jerusalem waren mehr
freundschaftlicher Natur, doch hat Amalrich II. vielleicht, als er
1171 in Kp. war, den Lehnseid geleistet (Röhricht, p. 353 Anm. 1 nach
Kinnamos).

Und dass nun in den Kreuzfahrerstaaten der Wunsch nach griechischer
Unterstützung durch die Furcht vor dem griechischen Regiment über-
wogen wurde, zeigen die Schreiben, die König Amalrich und die Templer
i. J. 1164 an Ludwig VII. von Frankreich richteten, in denen die Griechen-
herrschaft völlig auf eine Stufe mit der Türkenherrschaft gestellt wird:
Antiochien schwebt in Gefahr, entweder griechisch oder türkisch zu werden,
und zwar droht augenblicklich die grössere Gefahr von der griechischen
Seite. Ludwig soll ihr daher vorbeugen. (Bouquet, Recueil, Bd. XVI
p. 39/40, 63 u. 80.) Ganz wie Alexander III. es ausdrückt, sah man in
der Herrschaft der Griechen eine ‚derogatio status Orientis‘ (s. o.).

[1]) S. besonders Wilh. von Tyrus, Buch XXII c. 10 (l. c. p. 1079/80);
ferner Niketas, p. 316—25; vgl. Pichler l. c. p. 295. Auch der Kardinallegat Johannes, ein Abgeordneter Papst Alexanders III., befand sich
unter den Ermordeten.

Da aber, wie schon gesagt, eine Wiederaufrichtung des byzantinischen Weltreichs damals nur auf Grund eines Ausgleichs zwischen dem Griechentum und dem Occident denkbar gewesen wäre, beraubten die Griechen durch die Kluft, die sie in diesen Tagen zwischen sich und dem Occident aufbrachen, ihre Kaiser der Möglichkeit, fürderhin das Vermächtnis Justinians zu erfüllen; sie begruben in den Strömen abendländischen Blutes, die sie vergossen, für alle Zeiten das byzantinische Kaiserideal.

Aber dieser Akt des griechischen Nationalismus hatte noch eine andere, dem byzantinischen Reiche weit verhängnisvollere Folge.

Wie ich schon weiter oben andeutete, verfolgten die Kaiser mit ihrer lateinerfreundlichen Politik nicht nur das Ziel, ihr Regiment über den Occident auszubreiten, sondern zugleich das andere, der abendländischen Expansion in den Orient Herr zu werden. Indem sie die Sache des Abendlandes zu der ihrigen machten, indem sie ihr Reich freiwillig occidentalisierten, dachten die Kaiser es vor einer gewaltsamen Latinisierung, die von den Völkern des Abendlandes auf ihrer west-östlichen Vorwärtsbewegung zu fürchten war, zu schützen.[1])

---

[1]) Vgl. o. p. 88/89. Diese Seite der abendländischen Politik der Komnenen, speziell Manuels, hebt Niketas besonders scharf, ja, wie mir scheint, zu scharf hervor. Besonders auf p. 259/60 und p. 265 erklärt er die Politik des Kaisers dem Abendlande gegenüber, sein Eingreifen in Italien, wie die Begünstigung der Lateiner in Byzanz ausschliesslich aus dem Streben, auf diese Weise einem Gesamtangriff vom Occident her vorzubeugen, vor dessen eiserner Wucht das griechische Reich wie ein irdener Topf zerschellen werde, der wie ein gewaltiger Giessbach das byzantinische Reich verwüsten werde. Niketas übersieht dabei ganz, dass die abendländische Politik Manuels doch eigentlich eine aggressive war, zur Verwirklichung des byzantinischen Imperialismus, so wie sie Kinnamos schildert.

Nur soweit hat Niketas recht, dass die Kaiser durch ihren Übergriff in den Occident zugleich einem Angriff desselben auf Byzanz zuvorzukommen dachten.

Auch diesen weisen Plan ihrer Herrscher machten die Griechen durch den Lateinermord des Jahres 1182 zunichte. Statt den mit Macht gen Osten drängenden Occident zu versöhnen, forderten sie ihn durch einen unerhörten, an seinen Volksgenossen verübten Frevel gegen Byzanz in die Schranken: mutwillig beschworen sie die Gefahr herauf, die die vorausschauende Politik der Komnenen hatte abwenden wollen. Die Schwäche, in die das Reich bald darauf unter dem Epigonengeschlecht der Angeli verfiel, verdoppelte noch diese Gefahr.

Wie so oft, zeigt sich hier Niketas in seinem Urteil beeinflusst durch die grosse Katastrophe des griechischen Reichs im Jahre 1204, nach der er sein Werk verfasste.

Wie wenig es ausschliesslich die Furcht vor dem Occident war, die Manuels Politik diesem gegenüber bestimmte, zeigt deutlich der Aufruf zu einem Kreuzzug, den er selbst im Jahre 1175 an das Abendland ergehen liess. Er war damals mit der Bekämpfung der Seldschuken von Ikonium beschäftigt (Hertzberg, l. c. p. 316), und er bat nun den Papst Alexander III., ihm dazu die Unterstützung eines abendländischen Kreuzheeres zu verschaffen (Bouquet, Recueil, Bd. XV p. 952, Brief Alex. III. vom 19. Jan. 1076). Es war das einerseits eine erneute starke Annäherung an den Ideenkreis des Abendlandes und ein Mittel, Byzanz mit diesem zusammenzuschmieden: aber dass Manuel dazu gerade dieses Mittel, die Provokation eines Kreuzzuges, zu wählen wagte, zeigt, dass nicht bloss Furcht allein für seine lateinische Politik massgebend war. Der Kreuzzug, den Alexander auf Manuels Anregung hin predigen liess (l. c.), kam nicht zu stande.

Dritter Abschnitt.

Das Papsttum und die Katastrophe des byzantinischen Reichs.

Das Papsttum und das deutsche Kaisertum im Wettstreit um Byzanz.

c. 1080—1204.

Eingang.

Das Reich Justinians war zum Untergange reif. Der Occident schickte sich an, von ihm Besitz zu ergreifen. Zwei Jahrzehnte hat die Krisis gedauert.

Bevor wir auf sie eingehen, eine allgemeine Vorbemerkung über die Stellung des Papsttums zu ihr.

Man könnte meinen, dem Papsttum hätte die Art, wie das byzantinische Reich zu Falle kommen würde, ziemlich gleichgültig sein können, vorausgesetzt, dass nur vom Abendlande her die Eroberung erfolgte. Denn immer musste die Folge einer solchen Okkupation das Ende des Schismas und die Einführung des römischen Kirchenwesens in griechischen Landen sein.

Ich habe schon oben darauf hingewiesen, dass, wer so urteilen wollte, das Wesen der päpstlichen Macht verkennen würde. Gewiss, das Papsttum war eine kirchliche Gewalt. und es musste als solche die Katholisierung Byzanz' herbeiwünschen. Zugleich aber war es eine politische Macht; durch seinen italienischen Territorialbesitz nicht nur, sondern auch

durch die Prätension, alle Länder der Erde nach seinem Sinne
zu leiten, über deren weltliche Herrscher zu gebieten.

Von diesem politischen Gesichtspunkt aus war nun
aber für das Papsttum aller Epochen die Frage, nicht o b
Byzanz überhaupt abendländisch und damit katholisch würde,
sondern w i e , durch welche abendländische Gewalt die Eroberung vollbracht würde.

Ebenso hatte die Kurie die Kirchenunion, die die Komnenen aus freien Stücken angeboten hatten, nicht einfach
acceptiert, sondern sie hatte die Anträge der griechischen
Kaiser vielmehr daraufhin geprüft, wieweit sie der Kurie
auch politischen Einfluss einräumten: da ein solcher bei der
komnenischen Kombination in keiner Weise statt gehabt hätte,
hatte sie sie abgelehnt.

Soweit nun eine abendländische Okkupation des byzantinischen Reichs in Betracht kam, musste es dem Papsttum
als die ideale Lösung dieser Frage erscheinen, dass ein Klein-
fürst des Occidents als Führer eines internationalen Kreuzheeres sich zum Herrn von Byzanz machte. Ein Erfolg von
Boëmunds Kreuzzug (1107) würde diese Lösung dargestellt
haben. [1]

Bedenklicher musste es bereits erscheinen, wenn der
Herrscher eines grösseren abendländischen Landes, besonders
eines italienischen, sich das byzantinische Reich unterwarf.
Immerhin konnte eine solche Entscheidung noch im Interesse
des Papsttums liegen, wenn dieser abendländische Kaiser von
Byzanz einen römischen Kaiser deutscher Nation in Schranken
hielt, oder von einem solchen in Schranken gehalten wurde.

Ersteres wäre eingetroffen, wenn Robert Guiskard Kon-
stantinopel erobert hätte: sein normannisch-byzantinisches
Reich hätte dem Papsttum eine Stütze gegen die fränkischen
Kaiser werden können; [2] andererseits bietet die Politik

---

[1] S. o. p. 67 ff.

[2] Wir sahen freilich oben p. 44/5, wie es Gregor VII. für den
Augenblick vielmehr auf eine unmittelbare, direkte Unterstützung Roberts
gegen Heinrich IV. angekommen war.

Eugens III. Roger gegenüber ein Beispiel, wie das Papsttum umgekehrt einen normannischen Eroberer von Byzanz durch einen deutschen Kaiser zu bändigen gedachte. Eugen III. wollte, wie wir sahen, den normannisch-französischen Kreuzzug gegen Byzanz im Jahre 1150 nur dann gutheissen, wenn Konrad III. neutral blieb: an ihm hätte er, im Falle der Kreuzzug erfolgreich war, ein Gegengewicht gegen die Macht Rogers gehabt.[1])

Es ist freilich klar, dass die Kurie, eingekeilt zwischen zwei so starke weltliche Grossmächte, wie sie ein normannisch-byzantinisches und das damalige deutsch-römische Kaiserreich nebeneinander dargestellt hätten, grosse Mühe gehabt haben würde, seinen Anspruch auf Beherrschung beider durchzusetzen, ja auch nur seine Unabhängigkeit zu wahren; es hätte versuchen können, die eine Gewalt gegen die andere auszuspielen: leicht aber konnte dann das Gleichgewicht der Kräfte verloren gehen, und einem übermächtigen Sieger gegenüber wäre das Papsttum zur Ohnmacht verdammt gewesen.

Auch bestand bei einer Unterwerfung des byzantinischen Reichs durch den Normannenkönig die Gefahr, dass derselbe, ganz abgesehen von dem politischen Übergewicht, welches er so erlangen musste, auch auf kirchlichem Gebiete den päpstlichen Einfluss in seinem Reiche auf ein Minimum beschränken würde: die Traditionen, die in seinem unteritalischen Königreich und in Byzanz selbst herrschten, würden ihm gleicherweise die Aufrichtung eines Staatskirchentums, die Ausschliessung des Papsttums vom Kirchenregiment nahegelegt haben.

Gefährlicher nun aber als die normannische Kombination, die verderblichste von allen, war die, dass die Konkurrenzmacht des Papsttums im Abendlande, das deutsche Kaisertum, Herrin von Byzanz wurde: es war eben diejenige Lösung welche die griechische Frage in den letzten beiden Jahrzehnten des XII. Jahrhunderts erfahren zu sollen schien. — —

[1]) S. o. p. 85—87.

Aber hatten sich nicht die beiden Grossmächte des Occidents im Frieden von Venedig 1177 ausgesöhnt? Konnten sie nicht mit vereinten Kräften Byzanz unter ihr gemeinsames Joch beugen?[1])

Friedrich Barbarossa hat das in der Tat eine Zeitlang für möglich gehalten. Er hat nicht lange nach dem Frieden von Venedig in diesem Sinne an Kaiser Manuel geschrieben.

Stolz auf den römischen Ursprung seiner und der päpstlichen Gewalt und ihrer Solidarität für die Zukunft sicher, fordert Friedrich den Griechen auf, ihm und dem Papste zu huldigen. Denn das „Königreich Griechenland" sei ein integrierender Bestandteil der Monarchie, die sich an den Namen Rom knüpfe: in ihr aber regiere er, Friedrich, als Imperator, der Papst als Pontifex, führe nach göttlichem Rechte er selbst das weltliche, letzterer das geistliche Schwert. Da in diesem politisch-kirchlichen Universalsystem kein Platz für selbständige Gewalten sei, solle der Herrscher von Byzanz sich ihm ein- und unterordnen.[2])

----

[1]) Über das zukünftige Verhältnis des deutschen und griechischen Kaisers wurde im Frieden von Venedig nur allgemein gesagt (Watterich, p. 598, № 8): ‚*Imperatori Ctano et adiutoribus ecclesiae Romanae pacem reddent* (Subj. die Partei Friedrichs) *nec mali quiquam referent per se vel per suos pro opera ecclesiae Romanae impensa*'. Also Alexander bestand nicht mehr darauf, wie er es noch bei den Vorverhandlungen zu Anagni 1176 getan hatte (l. c. p. 433), dass Barbarossa mit den Griechen einen festen Frieden, analog dem mit den Normannen und Lombarden (‚*veram pacem*' in № 7 des Friedens von Venedig, l. c. p. 598) schliesst. Vgl. Löwenfeld in F. z. DG. Bd. XXV. p. 456.

[2]) Der interessante Brief ist ediert worden von Kap-Herr l. c. p. 156/7.

Friedrich nennt in der Abschrift sich selbst ‚*Grecorum moderator*'. Er sagt dann: ‚*Predecessorum nostrorum dive memorie imperatorum urbis Rome monarchiam divino munere et felix obtinuit victoria eamque nobis usque ad hec tempora successive potenterque transmisit, ut non solum Romanum imperium nostro disponatur moderamine, verum etiam regnum Grecie ad nutum nostrum regi et sub nostro gubernari debeat imperio*'.

Sicut autem ille rex regum, a quo omnis potestas, Romanum imperium caput totius orbis constituit, ita etiam sedem Romanae ecclesiae

Es ist die Idee der Komnenen in deutscher Übertragung. In der Weltmonarchie, die die byzantinischen Kaiser mit Hilfe des Papsttums hatten aufrichten wollen, hätte der abendländische Kaiser keinen Platz gehabt, der Herrscher von Konstantinopel wäre der Träger des weltlichen Schwertes in ihr geworden.[1] Friedrichs Weltbild schloss dagegen den Byzantiner aus.

Aber Barbarossa sprach nur im eigenen Namen, nicht in dem der Kurie. Dieser lag es durchaus fern, in Gemeinschaft mit dem deutschen Kaiser, der soeben noch ihr Feind gewesen, den griechischen Kaiser, ihren alten Bundesgenossen, zu demütigen. Sie scheint vielmehr die alten Beziehungen zu Manuel bis zu einem gewissen Grade aufrecht erhalten zu haben.[2]

omnium ecclesiarum matrem unicam dominamque et magistram ordinavit, quod utique duorum gladiorum numero, quos quidem sufficere perhibuit, ipse auctor fidei Christiane patenter prefiguravit. Daher die Mahnung an Manuel „quatinus nobis et imperio Romano debitum honorem recognoscas et summo pontifici . . . reverenter obedientiam exhibeas‘.

Friedrich brüskierte durch dieses Schreiben den Kaiser Manuel derart, dass derselbe einen Gesandten, den Metropolitan Georg von Korfù, den er gegen Ende 1177 auf die Kunde von dem Frieden von Venedig an Barbarossa gesandt hatte, der aber wegen Krankheit und Wetter den Winter über in Otranto geblieben war, plötzlich zurückberief. Siehe die wertvollen Briefe bei Mystoxidi, Delle Cose Corcirese, Korfù 1848: p. XL/XLI Brief des Bischofs Georg an Friedrich Barbarossa, im Oktober 1177 in Brindisi geschrieben, in dem er dem Kaiser seine Mission mitteilt; p. XLII Brief Georgs an den Notar Friedrichs, Johann von Otranto, vom Frühjahr 1178, in dem er berichtet, dass Manuel ihm plötzlich befohlen habe, „ut recto tramite revertar‘ etc. Mystoxidi im Text p. 418—20.

Ich denke, es ist recht wohl möglich, dass diese Willensänderung Manuels mit dem inzwischen empfangenen Briefe Barbarossas zusammenhängt. Jener ging sogar im Frühjahr 1178 in Gemeinschaft mit den Normannen kriegerisch gegen Friedrich vor. S. folg. Anm. Kap-Herr erwähnt dieser Dinge nicht.

[1] S. o. p. 91.

[2] Anfang 1178 tadelt Friedrich den Papst, weil er Verdacht hat, dass derselbe mit den Griechen unter einer Decke stecke, die in Gemeinschaft mit normannischen Söldnern das Reichsgebiet angegriffen hatten.

Wie hätte auch das Papsttum sich den Ideen, die Friedrich in seinem Schreiben an den griechischen Kaiser vorbrachte, anbequemen sollen! Die Voraussetzung des dort aufgestellten Systems wäre gewesen, dass die römischen Bischöfe sich mit dem geistlichen Regiment zufrieden gegeben[1]) und die politische Herrschaft über die Erde dem abendländischen Kaiser überlassen hätten. Daran dachten aber die Nachfolger Gregors VII. nicht.

Dem Akt, durch den Friedrich in Venedig dem Papsttum die kirchliche Suprematie, die er ihm streitig gemacht,

-- -- -- --

Alexander weist nun zwar in dem von Löwenfeld (l. c. p. 152/3) veröffentlichten Briefe einen solchen Verdacht mit Entrüstung zurück: habe doch der griechische Angriff nicht nur Reichsgebiet, sondern auch das Patrimonium Petri betroffen.

Löwenfeld in einer Besprechung dieses Briefes (F. z. DG. Bd. XXV p. 453 ff.) hält ihn zusammen mit einem anderen etwa gleichzeitigen (Anfang 1178), in dem der Papst die Geistlichkeit von Antiochien davor warnt, einen griechischen Patriarchen aufzunehmen (s. o. p. 103 Anm. 5 gegen Ende). Das scheint ja für die Griechenfeindlichkeit Alexanders zu beweisen. Nun nennt aber Alexander in letzterem Briefe den Kaiser Manuel ‚carissimum in Christo filium nostrum‘. Wenn er das schon in einem Briefe tut, der sich doch gerade gegen die Griechen (in einer besonderen Angelegenheit) richtet, so beweist das doch, dass die Freundschaft zwischen der Kurie und dem byzantinischen Kaisertum auch nach dem Frieden von Venedig fortbestand.

So hat sich jener Gesandte, den Manuel 1177/78 an Friedrich Barbarossa bestimmt hatte, Georg von Korfù, ebenfalls an die Kurie begeben (Mystoxidi p. XL) s. Anm. auf vor. Seite. Mystoxidi weist aber zugleich überzeugend gegen Leo Allatius nach, dass die Gesandtschaftsreise Georgs, die sich vom Herbst 1177 bis Frühling 1178 abspielte, mit den Unionsverhandlungen auf dem Laterankonzil 1179, wo der unteritalische Abt Nektarius die griechische Sache vertrat, absolut nichts zu tun hat.

[1]) Friedrich geht in dem Briefe an Manuel so weit, auch über geistliche Dinge im griechischen Reich mitreden zu wollen. Bei einem zwischen Manuel und dem Patriarchen von Kp. ausgebrochenen Streit bietet er seine Vermittelung an. l. c. ‚Audivit autem nostra maiestas, quod occasio quedam inter patriarcham sancte Sophie tuamque nobilitatem prebuit seminarium discordie. Cui si reconciliari intendis, pro bono pacis nos cooperatores habere poteris‘.

zuerkannte, entsprach kein anderer, durch den Alexander III. dem Kaiser die weltliche Herrschaft über die Christenheit zugesprochen hätte. Vielmehr musste das Kaisertum auch bei der Durchführung dieses zweiten Punktes seines Programms auf den Widerstand des in den gregorianischen Traditionen lebenden Papsttums gefasst sein. Nicht Kaiser und Papst, sondern Kaiser oder Papst hiess die Lösung des Konflikts der beiden Gewalten.

Lagen die Dinge aber so, dann war klar, dass auch in der griechischen Frage von einer einheitlichen deutsch-kaiserlich-päpstlichen Gesamtpolitik keine Rede sein konnte. Vielmehr handelte es sich nach Manuels Tode darum, ob der abendländische Kaiser oder der Papst Herr über Byzanz werde. ob das entkräftete Rhomäerreich sich einem deutsch-kaiserlichen oder päpstlichen Weltreich eingliedern werde.

Erste Abteilung.

Bis zum Tode Kaiser Heinrichs VI. (1197).

Erstes Kapitel.

Der Normannenzug des Jahres 1185 gegen Byzanz.

Schon bei dem Zug nun, den im Jahre 1185 der Normannenkönig Wilhelm II. als Rächer des Lateinermordes in Konstantinopel[1]) gegen Byzanz unternahm, war die Gefahr

---

[1]) Radulf de Diceto, Imagines historiarum, ed. Stubbs Bd. II p. 37: Wilhelm sendet seine Heere aus, *„ut Bulgariam totam virtute magna contunderent, obsidione vallarent Cpolim, portas irrumperent, in ore gladii vindicarent Andronici fraudes fraudulentissimas,* und vorher: *„ut Andronicum, qui tam nefariis, tam atrocibus, tam execrandis abhominationibus perpetratis, imperium usurpavit Ctanum, contereret'.*
S. sonst über den Zug selbst: Hopf. Geschichte Griechenlands im Mittelalter, in der Encyklopädie von Ersch und Gruber, Bd. 85 p. 160/1.

gross, dass er politisch nicht dem Papsttum, sondern dem deutschen Kaisertum zu gute kam.

Denn schon war es entschieden, dass Barbarossas Sohn Heinrich das Erbe des kinderlosen normannischen Königs antreten sollte. Bereits im Oktober 1184 war der Ehevertrag zwischen Heinrich und Konstanze abgeschlossen worden;[1] eben im August 1185, da seine Normannen Thessalonich eroberten, sandte König Wilhelm die Erbin seines Reichs nach Oberitalien zur Vermählung mit dem Stauferspross, die dann im Januar 1186 stattfand.[2]

Wäre es daher den normannischen Feldherren, die bereits, glücklicher als Robert Guiskard und Boëmund, die zweite Stadt des Reichs erobert hatten, gelungen, sich auch der Hauptstadt zu bemächtigen und ihrem Könige den Weg zum Kaiserthrone von Byzanz zu bahnen, so hätten sie bei ordnungsmässigem Verlauf der Dinge ihr Werk im wesentlichen für den Staufen Heinrich (VI.), den designierten Nachfolger König Wilhelms, getan.

Hatte doch auch Friedrich Barbarossa die Familienverbindung mit dem normannischen Königshause bereits in der Absicht eingeleitet, das sizilische Reich als Angriffsbasis gegen Byzanz zu gewinnen und, gestützt auf die normannische Macht, das „Königreich" der Griechen zu erobern.[3] Vielleicht hat er schon Wilhelm zu seiner Unternehmung ermutigt.

Das Papsttum nun hätte unter diesen Umständen eine normannische Eroberung Konstantinopels trotz der von ihr zu erwartenden Ausbreitung des Katholizismus mit äusserster Sorge erfüllen müssen. Denn hatte schon die in Aussicht

---

[1] Giesebrecht, Bd. VI. p. 87.

[2] Am 28. August 1185 liess Heinrich (VI.) seine Braut Konstanze in Rieti in Empfang nehmen (Giesebrecht l. c. p. 113); am 24. August hatten die Normannen Thessalonich genommen (Hopf l. c. p. 161).

[3] Chron. reg. Colon. in MG., SS. Bd. XVII. p. 791: *Imperator, regno Grecorum infestus, filiam Ruotgeri regis Siciliae filio suo copulare procurat*. Vgl. Giesebrecht l. c. p. 618, Töche, Heinrich VI. p. 368.

stehende Verbindung Deutschlands mit Sizilien allein die Kurie
mit ernster Sorge um ihre Unabhängigkeit erfüllt, so würde
sie in der künftigen Vereinigung eines normannisch-byzantinischen Reichs mit dem deutsch-römischen Kaiserreich den
sicheren Untergang ihrer politischen Selbständigkeit vor Augen
gesehen haben.

Doch kann man sich auch vorstellen, dass ein solches
normannisch-byzantinisches Reich sich der Erbfolge Heinrichs VI.
mit mehr Glück widersetzt haben würde, als es später das
auf sich selbst gestellte normannische Reich tat:[1]) es wäre
dann ein ähnlicher Zustand eingetreten, wie im Falle des Gelingens der antigriechischen Bestrebungen während des Zweiten
Kreuzzugs, wo sich ebenfalls die Eroberer Byzanz' mit einem
deutschen Herrscher, mit Konrad III., im Widerspruch befunden haben würden.[2])

Nun glückte es aber zum viertenmal innerhalb eines
Jahrhunderts — 1085 war Robert Guiskards Unternehmen
gescheitert — dem byzantinischen Kaisertum, den Ansturm
der Normannen zurückzuweisen. Sie wurden noch im Jahre
1185 von dem Feldherrn Alexios Branas besiegt und zur
Räumung Thessalonichs gezwungen und verloren bis zum Frühjahr 1186 alle Eroberungen bis auf Durazzo und die ionischen
Inseln.[3])

Hier freilich behaupteten sich zunächst die Normannen:
König Wilhelm übertrug diese Gebiete seinem Admiral
Margaritone, der selbst zu ihrer Eroberung beigetragen hatte.[4])

Die Bedeutung dieses Ereignisses kann meines Erachtens
nicht leicht überschätzt werden. Sie ist eine doppelte, zunächst: die Herrschaft des Margaritone, als ganzes genommen,
ist das Vorbild gewesen für diejenige, die später Manfred

---

[1]) Tankred, der spätere Gegenkönig gegen Heinrich VI., war der
Anführer der normannischen Flotte, die Thessalonich eroberte! Ann.
Ceccan. MG., SS. Bd. XIX p. 287.

[2]) S. o. p. 85/6.

[3]) S. Hertzberg l. c. [61³] p. 329/30.

[4]) Hopf l. c. p. 161, 181/2.

und nach ihm die Angiovinen in diesen Gegenden aufgerichtet haben.[1] Ausser den Inseln Korfù, Kephalenia und Zakynthos muss er auch ein stattliches Gebiet auf dem illyrischen Festlande besessen haben: konnte er doch, ganz wie später Karl von Anjou, den Titel „König von Epirus" annehmen.[2]

Sodann aber: ein Teil dieser Okkupation blieb dauernd in abendländischen Händen. Während Margaritone oder seine Rechtsnachfolger das festländische Gebiet und Korfù wieder an die Griechen verloren, hielt sich der letzte, Graf Matteo Orsini, im Besitz der Inseln Kephalenia und Zakynthos.[3] Indem er sie endgültig vom byzantinischen Reich lostrennte, bezeichnet der normannische Eroberungszug des Jahres 1185 den Beginn der Okkupation des byzantinischen Reichs durch die Lateiner.[4]

Der römischen Kirche freilich sind die Inseln erst nach dem Vierten Kreuzzug gewonnen worden.[5]

—— ——

Zweites Kapitel.

Byzanz während des Dritten Kreuzzugs.

I. Friedrich Barbarossas Eroberungsplan.

Vier Jahre nach dem Abzuge der Normannen von Thessalonich erschien Friedrich Barbarossa vor den Toren Konstantinopels. Kam er, um siegreich durchzuführen, was den Normannen missglückt war? Kam er, um seinen, des römischen Kaisers, Anspruch auf die Beherrschung von Neurom oder des „griechischen Königreichs",[6] wie er ihn oft ver-

---

[1] S. u. Buch II, Zweiter Teil, 2. Abschnitt, Kap. 2, № III etc.

[2] Ann. Plac. Ghib., MG. SS. Bd. XVIII. p. 468: ‚Margarito rege Epirotharum'; nach dem Zitat von Hopf (p. 181), der aber nicht weiter darauf eingeht.

[3] Hopf l. c. p. 181/2.

[4] Vgl. Hopf l. c.

[5] Erst 1206 erhielt Kephalenia einen lateinischen Bischof: Hopf, p. 232.

[6] S. o. p. 111, 115.

kündet hatte, durch die Entscheidung der Waffen zur Wirklichkeit zu machen?

Keineswegs.   Nicht Konstantinopel, sondern Jerusalem war das Ziel Barbarossas, nicht der Imperialismus, sondern die Askese führte ihn in den Orient.   Er war auf einem Kreuzzug begriffen.

Kaiser Isaak Angelos und sein Patriarch waren deshalb nicht weniger um das Schicksal des Reichs besorgt.[1])   Denn die Idee, einen Kreuzzug mit der Eroberung des byzantinischen Reichs anzufangen, war so alt wie die Kreuzzüge überhaupt. Wie Boëmund und Roger die normannischen, so mochte jetzt Friedrich die deutschen Interessen mit den asketisch-kirchlichen verquicken und zur Förderung der Kreuzzüge, zur Beseitigung des Schismas, aber auch, um sich die Krone Konstantins aufs Haupt zu setzen, eine Eroberung Byzanz' planen.

Besonders gefährlich erschien es, dass die Serben und Bulgaren, die sich kurz zuvor vom byzantinischen Reiche unabhängig gemacht hatten,[2]) aufs eifrigste bemüht waren, den deutschen Kaiser zu einer Unternehmung gegen Byzanz fortzureissen.[3])

Jedoch dazu überwog bei Barbarossa viel zu sehr der ideale Antrieb.   In ihm lebte wieder die reine Begeisterung der ersten Kreuzfahrer.   War doch das heilige Grab aufs neue in die Hände der Ungläubigen gefallen.   Dringender noch als einst war jetzt seine Befreiung, wo es dadurch zugleich den ungeheuren Schimpf, den sein Verlust für den abendländischen Namen bedeutete, zu rächen galt.[4])

---

[1]) S. Referat über einen Brief Isaaks an Friedrich bei Tageno, ed. Freher, SS. rer. Germ. (1717) Bd. I p. 408.   Niketas ed. Bonn p. 528. Vgl. Rieslers Abhandlung über Friedrichs I. Kreuzzug in F. z. DG. Bd. X p. 37—9; Ranke, Weltgeschichte, Textausgabe Bd. IV p. 147.

[2]) S. Hertzberg, p. 331.

[3]) Ansberts Bericht über Friedrichs Kreuzzug in Fontes rer. austr. Abteilung I, Scriptores Bd. V p. 22, 24, 44.

[4]) Ansbert p. 22.   Friedrich antwortet den Serben: *alieni belli occasione propositum iter contra invasores S. Sepulcri nolens vel im-*

Nicht die Kaiseridee, nicht das Drängen der Serben und Bulgaren, sondern erst das Verhalten des griechischen Kaisers, der, nicht an die reine Absicht der Deutschen glaubend, ausserdem mit Sultan Saladin aufs engste verbündet, dem Kreuzheer alle erdenklichen Hindernisse in den Weg legte, brachten Friedrich wider seinen Willen dazu, eine Okkupation Konstantinopels ins Auge zu fassen.[1]

Nie zuvor war der Plan einer Eroberung des griechischen Reichs so ausschliesslich, nie auch mit solcher Berechtigung auf die Kreuzzugsidee begründet gewesen, wie derjenige dieses abendländischen Kaisers. Nur weil beim Fortbestand des byzantinischen Reichs eine Fortsetzung der Kreuzfahrt schlechterdings nicht möglich erschien, indem Kaiser Isaak den Deutschen die Überfahrt nach Kleinasien verweigerte,[2] nahm Friedrich für das Frühjahr 1190 einen Sturm auf Konstantinopel in Aussicht. Dazu liess er durch seinen in der Heimat zurückgebliebenen Sohn Heinrich die Marinen der italienischen Seestädte nach den Dardanellen beordern[3] und zugleich Papst

---

mutare vel protelare'; ,se pro amore Christi peregrinationem laboriosam contra oppressores terre Ierosolymitane suscepisse, nullumque se malum fastu alicuius ambitionis adversus quemlibet christianum regem machinari, similiter nec adversus regem Grecie', aber unter einer Bedingung: *,ita tamen, si ipse fidem conductum, ut sepe promiserat, et bonum forum exercitui prepararet, alioquin contra falsos Christianos, insidiatores peregrinorum Christi, eque ut contra paganos se armari et ferro viam cum suis facturum'.*

[1] S. den Schluss voriger Anmerkung: eben der Fall, den Friedrich da ins Auge fasste, trat ein. Über das Bündnis Isaaks mit Saladin s. Riezler l. c. p. 35/6, Röhricht l. c. p. 494/5. Es war direkt gegen die Kreuzfahrer gerichtet. Auch wusste man darüber im Kreuzheer Bescheid: Ansbert, p. 29. Unter allen Feindseligkeiten Isaaks war die schlimmste die Gefangennahme von Friedrichs Gesandtschaft.

[2] Brief Friedrichs an seinen Sohn Heinrich (VI.) vom 16. November 1189 (vgl. Riezler p. 48) bei Ansbert, p. 30—33; p. 31/2: *,Quoniam igitur impossibilis est transitus noster per brachium sancti Georgii, nisi ab imperatore Ctano .... obtineamus obsides et totam Romaniam nostro subiiciamus imperio ...'*

[3] Im Anschluss an den vor. Anm. zitierten Vordersatz heisst es weiter: *,regiae nobilitatis tuae rogamus clementiam, quatenus ....*

Klemens III. (1187—1191) zur Kreuzpredigt gegen die Griechen auffördern, da nämlich die byzantinische Geistlichkeit ihrerseits, der Patriarch von Konstantinopel an der Spitze, sich vermesse, die Griechen unter Verheissung von Indulgenzen zum Kampf gegen die abendländischen Kreuzfahrer aufzurufen.[1]

Sobald jedoch der griechische Kaiser nachgab und sich unter Stellung von Geiseln zur Übersetzung des Kreuzheeres bereit erklärte,[2] liess Friedrich alle Angriffsgedanken fahren und eilte, froh, dass die unliebsame Verzögerung der Kreuzfahrt ihr Ende hatte,[3] dem heiligen Grabe zu, das zu erreichen ihm doch nicht beschieden war.

II. Die Eroberung Cyperns durch Richard Löwenherz.

Skrupelloser als Barbarossa ging während desselben Dritten Kreuzzugs ein anderer Kreuzfahrerfürst gegen einen griechischen Herrscher zu Werke, der sich ebenfalls Kaiser titulierte und auch Isaak hiess.

legatos Januam Venetias, Anchonam atque Pisam et ad alia loca pro galearum atque fiscellarum transmittas praesidio, ut Cpoli circa martium nobis occurrentes ipsi per mare, nos vero per terram civitatem oppugnemus'.

Aber auch an das normannische Unteritalien hat Friedrich sich gewandt. Ansbert p. 53 *,ad cuius (urbis) obsidionem . . . . naves etiam galeas ab Italia et Apulia et maritimis idem providus imperator . . . . praeparaverat'.*

[1] l. c. p. 32. In Friedrichs Brief an Heinrich heisst es weiter: *,Ad haec domino papae scribere non omittas, quod aliquos religiosos per diversas provincias destinet, qui populum Dei contra inimicos crucis exhortentur, praecipue autem contra Grecos, quia praesentibus legatis nostris . . . . in ecclesia sanctae Sophiae patriarcha Ctanus publice praedicavit, quod quicumque Graecus centum peregrinos occideret, si decem Graecorum reatum incurrisset, indulgentiam consequetur a domino'.* Vgl. Tageno l. c. [118[1]] p. 409. *,Graeci haereticos nos appellant. Clerici et monachi dictis et factis maxime nos persequuntur'.*

[2] Ansbert p. 46 ff.

[3] p. 43 *,super exilii nostri in Grecia infructuosa prolongatione tedio magno affectus, quippe qui christiani sanguinis effusionem medullitus abhorrebat'.* Sein Heer dachte anders, p. 53: *,Ad cuius videl. urbis expugnationem omnis Christi exercitus adspirabat . . . .'*

Ich meine Richard Löwenherz, der im Mai 1191 die Insel Cypern eroberte. Wie sein Namensvetter in Konstantinopel, stand auch der seit 1184 von Byzanz unabhängige Herrscher von Cypern mit Saladin im Bunde und, wie jener gegen Friedrich, trat der Cyprier gegen Richard feindselig auf.[1]

Und der Engländer machte kürzeren Prozess als der Deutsche: er nahm dem Griechen sein Reich und liess ihn in silberne Ketten schmieden, die derselbe sich statt eiserner ausbedang.[2]

Als der eifersüchtige König Philipp II. August von Frankreich Richard wegen dieses Vorgehens gegen unschuldige Christen tadelte, da brauste Richard auf: „Denn einen ganz ausserordentlichen Nutzen für das Allgemeinwohl bedeute die Unterwerfung der Insel Cypern, die dem heiligen Lande so notwendig sei."[3]

Nicht nur das Kreuzheer vor Akkon, das den Eroberer Cyperns mit Jubel empfing,[4] die Jahrhunderte haben Richard recht gegeben. Dem heiligen Lande, so lange es christlich blieb, von unendlichem Segen, hat die Insel späterhin noch bis zum Jahre 1573 dem Ansturm der Ungläubigen standgehalten, ein bis in die Neuzeit hinüberleuchtendes Wahrzeichen der Kreuzzüge.

Auch das Papsttum zog alsbald von dieser neuen lateinischen Erwerbung, die Richard zunächst dem Templerorden, dann (1192) dem Hause Lusignan überliess,[5] seinen Vorteil, doch fand die Aufrichtung der katholischen Kirche erst statt,

---

[1] Itinerarium Regis Ricardi, ed. Stubbs, London 1864, p. 183. Vgl. Mas Latrie, l'Histoire de l'île de Chypre, Bd. I p. 4/5.

[2] l. c. p. 5 ff.

[3] It. Ric. l. c. p. 199/200 . . . . ‚plurimum enim videbatur ad rem publicam pertinere, insulam Cyprum, terrae Ierosolymitanae tam necessariam, subiugasse'.

[4] l. c. p. 212.

[5] Mas Latrie, l. c. p. 32 ff., p. 37.

nachdem sich die Lateinerherrschaft einigermassen konsolidiert hatte.[1])

So stellt sich denn gleich dem Normannenzug des Jahres 1185 auch der Dritte Kreuzzug als ein Vorläufer der grossen Katastrophe, die dem griechischen Reiche seit dem Untergang des Kaiserhauses der Komnenen drohte, dar. Indem sie es seiner peripherischen Inseln beraubten, entblätterten sie gleichsam, um mit des grossen Boëmund Worten zu reden, die hohe Eiche, ehe ein letzter Axthieb den Stamm fällte.[2])

Heinrich VI. nun schien bestimmt, diesen Hieb führen zu sollen.

Drittes Kapitel.

Die Kurie und die Orientpolitik Heinrichs VI.

Was Friedrich Barbarossa zwar oft als sein Ziel hingestellt, aber im entscheidenden Augenblicke wegen seines Kreuzzugsgelübdes zu realisieren verschmäht hatte: die Einverleibung Byzanz' in das occidentale Imperium, das schien sein Sohn Heinrich VI., der ihm 1190 nachfolgte, vollenden zu sollen. Denn die Verbindung Siziliens mit dem Reich unter Heinrich VI., als dem Erben des 1189 verstorbenen Königs Wilhelm, versprach dem deutschen Weltherrschaftsplane erst die feste Basis zu geben.

Zunächst galt es freilich für Heinrich, diese Basis zu erobern. Denn man fürchtete im sizilschen Reich die deutsche Fremdherrschaft und hatte sich in Tankred, einem unehelichen Sohn von Wilhelms Bruder Roger, einen nationalen König gesetzt.

Und das Papsttum sowohl wie das byzantinische Kaisertum eilten, diesen Herrscher zu unterstützen, denn die eine

[1]) S. u. p. 130 f.
[2]) Vgl. o. p. 68.

wie die andere Macht erkannten, dass von der Selbständigkeit
des unteritalischen Königreichs ihre eigene abhänge. Wie
schon Klemens III. (1190), so erkannte auch Cölestin III.
(1192) Tankred als König von Sizilien und Lehnsmann der
Kurie an.[1]) Und Kaiser Isaak Angelos scheute sich nicht,
dem Sohn des normannischen Usurpators seine eigene Tochter
Irene zu verloben.[2])

Aber die Unterstützung, die die Kurie und Byzanz dem
Normannen angedeihen liessen, war nicht stark genug, um
den Tod Tankreds und dessen Sohnes Roger, die beide kurz
nach einander im Jahre 1194 starben,[3]) aufzuwiegen, und
Heinrich wurde des Normannenreichs Herr: Weihnachten 1194
liess er sich in Palermo zum König von Sizilien krönen.

Es war nur natürlich, dass Heinrich VI., wie die beiden
anderen grossen Eroberer Unteritaliens im Mittelalter, zwischen
denen er, beide überragend, steht, wie Robert Guiskard und
Karl von Anjou, alsbald eine Unternehmung gegen Byzanz
ins Auge fasste.

Der dreigestaltigen Hekate gleich, die mit dreifach ge-
schwungener Fackel die Giganten zu Boden schmettert, konnte
Heinrich im Zeichen dreier historischer Gewalten, ihr Streben
in Einem Willen zusammenfassend, Byzanz Verderben drohen.

Das Vermächtnis jener normannischen Herrscher, welche
die Griechen aus Italien verjagt und sie dann immer aufs
neue im eigenen Lande, in Epirus, Macedonien, Thessalien,
in Böotien und im Peloponnes, zuletzt bis über Thessalonich
hinaus angegriffen hatten; die hohe Mission des deutschen
Imperialismus, mit dem noch zu seines Vaters Zeiten ein
byzantinischer Kaiser in Italien zu konkurrieren gewagt hatte;
ein Gebot des Kreuzes endlich, das er sich auf die Brust
heftete, dieses Kreuzes, dem die Griechen nie offen wohlgewollt

---

[1]) S. Töche, Heinrich VI, p. 144, 314—7.

[2]) Ebenda, l. c. p. 319.

[3]) Ebenda, p. 322/3. Es blieb nur ein unmündiger jüngerer Bruder
Rogers, für den die Mutter die Vormundschaft führte.

und das sie noch jüngst, als Friedrich Barbarossa in seinem Zeichen zu Felde zog, beschimpft und im Bunde mit den Ungläubigen befehdet hatten: das alles war für Heinrich VI. der Kampf gegen Byzanz.

Ja, sogar die byzanzfreundliche Politik seines Gegners, des letzten Normannenkönigs Tankred, wusste Heinrich zu seinem Vorteil auszunutzen. Indem er des Kaisers Isaak Tochter Irene, welche Tankred seinem Sohne Roger zur Braut bestimmt gehabt hatte, und die Heinrich in Palermo vorfand, jetzt seinem Bruder Philipp verlobte,[1] schuf er sich auch einen dynastischen Anspruch auf den Thron Konstantins, der ihm die Sympathieen der Griechen gewinnen mochte.

In dieser kritischen Situation — es war am Anfang des Jahres 1195 — ist nun der Papst zum Retter des byzantinischen Reichs geworden.[2]

Aller Wahrscheinlichkeit nach hatte sich zuvor Kaiser Isaak auf die Schreckenskunde von der Eroberung Palermos durch Heinrich VI. und aus Furcht vor dessen Feindschaft an Cölestin III. gewandt und diesem den Schutz seines Reiches aus Herz gelegt.[3] Ob er ihm als Preis solcher Unterstützung die Kirchenunion in Aussicht gestellt hat, wissen wir nicht:

---

[1] S. Töche, p. 363/4.

[2] Niketas ed. Bonn p. 627. Heinrich: „οὐκ ἀνέδην δὲ (geradezu) καὶ αὐτίκα Ῥωμαίοις ἦν ἐφεδρεύων‘, (aus Furcht vor der rhomäischen Tapferkeit und) „καὶ παρὰ τοῦ πάπα δὲ τῆς πρεσβυτέρας Ῥώμης οὐκ ἔλαττον ἀνασειραζόμενος (gezügelt) τῆς προθέσεως‘. Im unmittelbaren Anschluss an diese Stelle berichtet Niketas über die oben noch zu besprechende Drohbotschaft, die Heinrich nun nach Byzanz absandte. „Πέμψας οὖν πρέσβεις‘. Nach Niketas, der allein uns hierüber berichtet, hat der Papst also nicht gegen die Drohbotschaft protestiert, wie Töche p. 380 meint, sondern Cölestin hat protestiert gegen Heinrichs Plan eines unmittelbaren Angriffs auf das byzantinische Reich. und es war vielmehr erst eine Folge dieses päpstlichen Protestes, dass Heinrich sich mit der Botschaft begnügte. Siehe oben das weitere.

[3] Wir wissen, dass Cölestin mit Isaaks Bruder und Nachfolger (seit April 1195) in Verhandlungen gestanden hat. S. u. p. 129.

zu verwundern wäre es nicht; vielleicht hat aber auch der
Byzantiner darauf gerechnet, dass der Papst aus rein politischen Motiven für ihn einspringen werde.

Jedenfalls sind sie vor allem es gewesen, die Cölestin III.
bestimmt haben, der Bitte des Griechen Gehör zu schenken.
Nachdem der Versuch der Kurie, das sizilische Reich gegen
Heinrich VI. aufrecht zu erhalten, missglückt war, wurde es
für sie zur Lebensfrage, wenigstens das byzantinische Reich
vor dem deutschen Imperialismus zu retten. Denn triumphierte
Heinrich auch hier, so wurde die kaiserliche Universalmonarchie zur Wirklichkeit, und das Papsttum war zu ewiger
Ohnmacht verdammt.

So hat denn Cölestin III. das ganze Schwergewicht
seiner hohenpriesterlichen Autorität in die emporschnellende
Schale des griechischen Imperiums geworfen und dem Staufer
auf dem Wege nach Byzanz ein entschiedenes Halt geboten.
Er liess Heinrich keinen Zweifel darüber, dass er einen Krieg
gegen das christliche Brudervolk nicht zu dulden gewillt sei,
er bestand darauf, dass das Ziel des von Heinrich geplanten
Kreuzzugs Jerusalem und nicht Konstantinopel sei.

Und der Staufer, der es mit der Kurie nicht völlig verderben, sie ausserdem gerade durch den Kreuzzug versöhnen
wollte, gab nach. Er beschloss, dem päpstlichen Wunsche
gemäss, den Kreuzzug nach Syrien zu lenken[1]) und statt alle
jene Rechtstitel, die ihn gegen Byzanz in die Schranken
trieben, sofort durch das Schwert zu unwiderruflicher Geltung
zu bringen, liess er sich dazu herbei, sie dem griechischen
Kaiser lediglich in einem drohenden Manifest entgegenzu-
halten.[2])

Er erhob Anspruch auf das griechische Gebiet, das
die Heere König Wilhelms ein Jahrzehnt zuvor erobert,

---

[1]) Schreiben Heinrichs an die deutsche Geistlichkeit von Bari aus
im April 1195 (Ann. Col. Max. in MG., SS. Bd. XVII. p. 503): er werde
pro redemptione terrae sanctae, 1500 Ritter und ebensoviel Knappen
übers Meer senden. Vgl. Töche p. 374/5.

[2]) Vgl. Anm. 2 vor. Seite.

aber wieder verloren hatten, nämlich die Lande zwischen Dyrrhachium und Thessalonich; er forderte Genugtuung für die Unbilden, die Kaiser Isaak seinem Vater auf dessen Kreuzfahrt getan, und zugleich für Manuels, des Komnenen, jahrzehntelange antistaufische Politik: doch gab er dem Kaiser zugleich zu verstehen, dass derselbe sich durch hohe Geldsummen die Integrität des byzantinischen Territoriums und den Frieden erkaufen könne. [1]

Er verlangte endlich noch von Isaak, „als ob er zum Herrscher der Herrscher bestellt und zum Kaiser der Kaiser erkoren sei", dass er sich durch Absendung einer Kriegsflotte an dem Kreuzzug nach Palästina beteiligen solle. [2]

Alles in allem genommen: Heinrich bot Byzanz statt des Krieges den Frieden, wenn auch einen demütigenden. Soviel vermochte auch über einen Imperator vom Schlage Heinrichs VI. noch der Nachfolger Petri. [3]

---

[1] Niketas ed. Bonn p. 627. Besonders letzterer Moment ist von grosser Wichtigkeit für die Auffassung der Botschaft (s. p. 124, Anm. 2): καὶ ταῦτα . . . ἀνακινῶν ἤθελε ʿΡωμαίους χρήμασι μεγίστοις πρίασθαι τὴν εἰρήνην ἢ πολεμήσειοντα τοῦτον ἐκ τοῦ αὐτίκα μάλα καθυπεκδέχεσθαι'.

[2] Vgl. Norden, Vierter Kreuzzug p. 32.

[3] Wenn wir dem Chronisten Otto von S. Blasien Vertrauen schenken dürften, so wäre der Verzicht Heinrichs auf ein gewaltsames Vorgehen gegen Byzanz in erster Linie durch einen ganz anderen Umstand herbeigeführt worden. Nach Otto hätte nämlich Kaiser Isaak selbst sich Anfang des Jahres 1195 an Heinrich VI. gewandt und ihn um Schutz gegen seinen Bruder Alexios gebeten, der ihm seine Krone streitig machte. Heinrich hätte daraufhin alle, die dazu bereit und nach griechischem Golde begierig gewesen wären (also eine ‚Freischar‘, würde ich sagen), nach Griechenland übergesetzt. Diese Söldner wären aber erst nach Kp. gelangt, als Alexios den Isaak bereits gestürzt hatte (8. April 1195) und wären unter diesen Umständen einfach in die Dienste des Usurpators getreten, den sie eigentlich hatten bekämpfen sollen. (MG. SS. Bd. XX. p. 327/8.) Töche, p. 364. nimmt diesen Bericht als glaubwürdig an und kombiniert ihn mit Niketas, indem er meint, Heinrich habe zugleich die Söldner und die Drohbotschaft an Isaak abgesandt. Denn aus der Hilfe habe Heinrich nur um so mehr ein Recht zu Forderungen an den Kaiser

Sofort beeilte sich Kaiser Isaak, den furchtbaren Deutschen zu beschwichtigen, indem er umgehend eine hervorragende

---

abgeleitet. Der päpstlichen Warnung würde man dann bloss die Bedeutung beimessen müssen, dass sie Heinrich davon zurückhielt, selbst als übermächtiger Pazifikator in die Geschicke des griechischen Reichs einzugreifen und ihn sich mit der Absendung eines Freiwilligenkorps begnügen liess.

Aber ich halte den Bericht Ottos für unglaubwürdig. Der Chronist geht aus von einem Bruderkrieg zwischen Isaak und Alexios, der das griechische Reich zerfleischt und den Heinrich zur Unterwerfung dieses Reichs habe auszunutzen wollen. (p. 327 *Nam bello intestino fraternaque discordia pro regno exhaustam Greciam considerans eamque Romano imperio subiicere desiderans, quo id modo fieret .... tractabat'.)* Da habe sich nun Kaiser Isaak aus Furcht, von seinem Bruder der Krone beraubt zu werden, an Heinrich gewandt.

Über diesen Bruderkrieg, der also ganz erhebliche Dimensionen angenommen haben müsste, da Heinrich mit ihm rechnete, und Isaak sich sogar an den furchtbaren deutschen Kaiser um Hilfe wandte, erzählt Niketas, der die damalige Geschichte des griechischen Reichs in ausführlichster Weise behandelt, kein Sterbenswörtchen. Im Gegenteil, er berichtet ausdrücklich (ed. Bonn p. 590), dass Isaak bis zum letzten Moment nicht an die feindlichen Absichten seines Bruders hat glauben wollen, dass er ,δριμυς' gegen die Delatoren war, d. h. zornig gegen sie losfuhr, dass er noch den Alexios zur Teilnahme an der Jagd aufforderte, auf der er von der Partei des Alexios gefangen genommen und geblendet wurde (l. c. p. 593). Ich halte es angesichts der ganzen Geschichtsschreibung des Niketas für vollkommen ausgeschlossen, dass er ein für ihn so wichtiges Ereignis, wie einen Bürgerkrieg, der der Thronbesteigung des Alexios voraufgegangen wäre, übergangen haben sollte. Und damit fällt auch das Motiv für Isaaks Hilfsgesuch an Heinrich fort: ohne Bürgerkrieg kein Hilfsgesuch Isaaks; aufs engste ist beides bei Otto von S. Blasien verknüpft. Nur durch eine solch drohende Haltung des Alexios allein würde es ja auch einigermassen verständlich gemacht, wie Isaak den Sohn des von ihm so arg gekränkten Barbarossa, diesen Heinrich, gegen den er den letzten Normannenkönig unterstützt hatte, in sein Reich hätte rufen können.

Otto schrieb am Anfang des XIII. Jahrhunderts, zu einer Zeit, wo der Gegensatz zwischen dem Hause Isaaks und dem Alexios' des Dritten eine welthistorische Bedeutung gewann, indem er dem Vierten Kreuzzug die Wendung gegen Kp. gab, und so wird er dazu gelangt sein, diesen Gegensatz vorauszusetzen in einer Zeit, wo er noch gar nicht zum Ausbruch gelangt war, und sich das Eingreifen Heinrichs VI. aus demselben Motiv zu erklären, aus dem später Philipp von Schwaben eingriff, nämlich aus

(Gesandtschaft an ihn abschickte.[1]) Noch viel mehr aber lag die Willfähigkeit gegenüber Heinrich VI. im Interesse Alexios' III., der am 8. April 1195 seinen Bruder Isaak vom Throne stiess, um ihn selbst zu besteigen.

Die Verwandtschaft Heinrichs nämlich mit dem Hause Kaiser Isaaks, die durch die Verlobung von des letzteren Tochter Irene mit Heinrichs Bruder Philipp von Schwaben begründet war, hatte zwar den Staufer nicht verhindert, gegen Isaak in die Schranken zu treten, so lange derselbe am Ruder war: immerhin hätte dieser selbst im schlimmsten Falle auf eine gewisse Rücksicht und persönliche Schonung rechnen dürfen und hätte sich über einen eventuellen Verlust seines Reichs oder von Teilen desselben mit dem Hinblick auf die Erhöhung seiner Tochter hinwegtrösten können.

Hatte also der dynastische Anspruch der Staufer auf die byzantinische Krone den Konflikt Heinrichs VI. mit Isaaks Kaisertum eher gemildert, so verschärfte er bis aufs äusserste den Gegensatz zwischen dem deutschen Kaiser und dem Usurpator Alexios III. Dieser musste in Heinrich VI. nicht nur den Kaiser des Occidents, den Nachfolger der Normannenkönige und den Kreuzfahrer fürchten, sondern vor allem auch den Rächer Isaaks und von dessen Familie.[2]

---

der Interessengemeinschaft mit Isaaks Familie und aus Feindschaft gegen Alexios III. Für diese meine Annahme spricht, dass Otto auch andere Momente, die erst später und dann auch in anderer Gestalt eintraten, in Heinrichs VI. Epoche zurückverlegt, so das Auftreten von Isaaks Sohn Alexios (IV.) gegen Alexios III. (während doch Alexios (IV.) damals noch unmündig war) p. 328: ‚*filio excecati* (Isaaks) *eum* (Alexios III.) *pro posse impugnante*'.

[1]) Niketas p. 628: ‚ἀντεπιστελλαντος δὲ πρὸς ταῦτα τοῦ βασιλέως (Isaak) καὶ ἄνδρα τῶν οὐκ ἀσήμων πρεσβεύτην στελλαντος . . .' Er muss das sehr bald getan haben, da er bereits am 8. April 1195 gestürzt wurde und Heinrichs Botschaft etwa im März nach Byzanz gelangte.

[2]) Direkt bezeugt ist uns Alexios' III. Furcht speziell vor einem staufischen Eingreifen zu Gunsten der Familie Isaaks erst aus der Zeit nach Heinrichs VI. Tode: (s. u. II. Abteilg. Kap. 1) um so mehr wird sie zweifellos zu Heinrichs Lebzeiten vorgeherrscht haben. Dass der entthronte Isaak von

In dem Masse nun, wie die Gefahr für seinen Thron
grösser war als für den seines Bruders, accentuierte Alexios
die abendländische Politik Isaaks: er befleissigte sich, dem
Staufer vollkommen zu Willen zu sein, und setzte sich mit
dem Papsttum ins engste Einvernehmen.

Letzteres erschien ihm zweifellos als das wichtigste von
beidem. In der Tat kam alles darauf an, dass der Papst
Heinrich zu zügeln fortfuhr, dass er seine schützende Hand,
wie über den legitimen Kaiser Isaak, auch über den Thronräuber Alexios III. hielt.

Gregor VII. hatte einst gelegentlich einer solchen Thron-
revolution in Byzanz schroff die Politik gewechselt: ein Freund
Michaels VII. Dukas, wurde er ein erbitterter Gegner des
Nikephoros Botoniates, der Michael seiner Herrschaft beraubte,
und er weihte Robert Guiskards Waffen, der zu Gunsten der
Dukas gegen Botoniates zu Felde zog.[1]) Cölestin III. bewahrte
dem Usurpator die Gunst, die er dem rechtmässigen Kaiser
geschenkt hatte,[2]) und stand einem Eroberungszuge Heinrichs VI. gegen Alexios nicht wohlwollender gegenüber, als
vorher dem gegen Isaak geplanten Unternehmen.

Es kam hinzu, dass Heinrich nun schon einmal einen
Kreuzzug nach Palästina ins Auge gefasst hatte. So wiederholte er denn im Jahre 1196 einfach die Drohbotschaft, die er
vorher an Isaak gerichtet hatte, Alexios gegenüber, und dieser
entschloss sich, eine Steuer in allen Provinzen seines Reichs

---

Anfang an auf staufische Hilfe gerechnet habe, sagt Otto v. S. Blasien,
l. c. p. 328.

[1]) S. o. p. 40/41.

[2]) Die Beziehungen Cölestins zu Alexios III. ersichtlich aus einem
Briefe Heinrichs VI. an Cölestin III. vom 15. Juli 1196, publ. von Huillard-
Bréholles, Rouleaux de Cluny XV. Heinrich berührt die Gefangennahme
eines byzantinischen Boten und sagt: „*Res etiam, si que illi ablate, in
potestatem nostram nullatenus devenerunt nec illas curamus, sed si
ex illis adhuc aliqua reperiri poterunt, et constiterit a Ctano vobis per
ipsum fuisse transmissas, diligentiam nostram libenter adhibebimus,
ut vestre benevolentie restituantur*‘. Vgl. Töche p. 428.

auszuschreiben, die man das „Ἀλαμανικὸν‘ nannte: mit ihr und mit dem Schmuck, den er den Kaisergräbern in Konstantinopel entnehmen liess, zinste er Heinrich VI.[1]

Mit Recht hat man nun freilich bemerkt, dass mit alledem Byzanz gleichsam nur eine Galgenfrist gegeben war, dass Heinrich durch die Begründung seiner Herrschaft in Syrien, der dieser Kreuzzug dienen sollte, sowie durch die Eingliederung der Königreiche Armenien und Cypern[2] in den deutschen Lehnsverband, die sich während desselben vollzog, das byzantinische Reich umklammert und darauf um so sicherer erdrückt haben würde.[3]

Da nun aber ein jäher Tod den Allgewaltigen hinwegraffte (September 1197), ehe er solche Pläne zu verwirklichen vermochte, so hat der Schutz vor der deutschen Kaiserherrschaft, den die Kurie Byzanz angedeihen liess, statt vorübergehender dauernde Wirkung gehabt: das Papsttum hat, indem es Heinrich auch nur an einem direkten Zuge gegen Byzanz verhinderte, sein Ziel erreicht: das griechische Reich vor einem Aufgehen in dem Weltreich eines abendländischen Kaisers zu bewahren.

Betrachtet man das Verhältnis des Papsttums zu Byzanz während Heinrichs VI. Regierung, so kann man sagen: niemals sonst vielleicht hat die griechische Frage für das Papsttum so fast ganz den religiösen Charakter verloren, ist sie ihm so ausschliesslich eine politische Frage gewesen. Indem die Kurie einen Zug Heinrichs gegen Byzanz verbot, verhinderte sie die Katholisierung des griechischen Reichs, die seine Folge gewesen wäre. Was konnte ihr der geistliche Gewinn gelten, wenn er durch eine politische Liquidation des Papsttums erkauft wurde!

Verursachte ihr doch schon der eben damals (1195/96) sich endgültig vollziehende Eintritt des auf dem Dritten Kreuz-

---

[1] Niketas p. 628—32, vgl. Töche p. 157/8.
[2] S. folg. Seite, Anm. 1, 2.
[3] Vgl. Töche p. 380, 428.

zuge eroberten Cyperns in die abendländisch-katholische Gemeinschaft Bedenken, weil sie politisch Kaiser Heinrich VI.
zu gute kam, der den Herrscher der Insel zum König erhob
und in den Lehnsverband des Reichs aufnahm.[1]   Nicht anders
ging es mit Armenien.[2]

Genau so gut wie sich das Papsttum gegen die Universal-
herrschaftspläne der griechischen Kaiser aus dem Hause der
Komnenen ablehnend verhalten hatte, obwohl diese ihm die kirchliche Unterwerfung Byzanz' in Aussicht stellten, hat es gegen
den westöstlichen Imperialismus Heinrichs VI. Front gemacht,
mochte dessen Förderung auch im Interesse der katholischen
Kirche an und für sich liegen.   Beidemale stellte es die Wahrung
seiner politischen Unabhängigkeit über die Durchsetzung seiner
geistlichen Interessen.

Es ist übrigens wahrscheinlich, dass wenigstens Kaiser
Alexios III. dem Papsttum als Preis für den Schutz seines

---

[1] Amalrich von Cypern schickte 1195 Gesandte an den Papst wegen
Aufrichtung einer katholischen Kirchenordnung auf Cypern, an den Kaiser
mit der Bitte Erzbischöfe zu senden, *qui regem Cypri ungerent in regnum,
quia ipse semper vellet homo imperii esse Romani'* (Ann. Marbac., MG.,
SS. Bd. XVII p. 167).

Der Papst dekretierte die Einrichtung einer Kirchenordnung und
rief eine lateinische Kirche auf Cypern ins Leben (1196); Heinrich sandte
Amalrich zunächst ein Scepter, dann krönte ihn in seinem Namen der
Kanzler Konrad von Hildesheim im September 1196 auf dem Hinweg der
Kreuzfahrt. S. Mas Latrie. Hist. de l'île de Chypre, Bd. I p. 122 ff.,
(Töche 391/2, 462). Die Unzufriedenheit Cölestins mit der Abhängigkeit
Cyperns von Heinrich VI. zeigt der Brief des Papstes an die Cyprier vom
20. Februar 1196 bei Mas Latrie Bd. III p. 599/600. Er sagt da: *,do-
minium Cypri divina potius potentia credimus quam hu-
mana ei potestate collatum'*. Vgl. Töche, p. 428.

[2] Leo von Armenien hatte schon 1194 eine ähnliche Gesandtschaft an Heinrich geschickt, wie der Cyprier 1195. Ihn krönte am
6. Januar 1198 Erzbischof Konrad von Mainz im Namen von Kaiser und
Reich. S. Mas Latrie Bd. I. p. 141/2, Töche, p. 366, 477. Freilich war
Heinrich VI. damals, als der Mainzer den Armenier krönte, bereits gestorben, und Arnold von Lübeck hat nicht so unrecht, wenn er dies Faktum
bereits als Triumph der römischen Kirche feiert. MG., SS. Bd. XX p. 210.

Reichs vor Heinrich VI. Aussicht auf eine freiwillige Rückkehr zur römischen Kirche gemacht hat:[1] aber selbst wenn
dies der Fall war, ist doch der leitende Gesichtspunkt der
byzantinischen Politik Cölestins III. gewesen, in dem griechischen Reich ein Bollwerk gegen die Expansionsbestrebungen
des abendländischen Kaisertums aufrecht zu erhalten.   Ob
Byzanz ein solches Bollwerk als schismatischer oder katholischer
Staat bildete, war Nebensache, ebenso wie das Papsttum
gleichmässig einem legitimen griechischen Kaiser und einem
Usurpator seinen Schutz hat angedeihen lassen: die Hauptsache war, dass das griechische Reich als selbständiges
Staatswesen bestehen blieb.[2]

Indem aber der Grieche dieses Eigeninteresse der Kurie
an der Beschränkung des Staufers erkannte, dachte er natürlich
nicht daran, die Union wirklich herbeiführen zu wollen: das
Papsttum war ihm ja auch ohne das sicher.

Der Fall Cölestins III. steht in der Geschichte des
Papsttums nicht vereinzelt da.   Dieser Pontifex, der Arm in
Arm mit dem Schismatiker von Byzanz gegen Heinrich VI.
Front machte, hat an Alexander VI. Borgia, der im Jahre
1494 dem Türkensultan die Hand reichte zum Bunde gegen
König Karl VIII. von Frankreich, den Eroberer Italiens,[3]

---

[1] Innocenz III. sagt in seinem Briefe vom 16. November 1202 an
Alexios III. (ep. V 122, ed. Migne, Patr. lat., Bd. 214): *„Licet a tempore
inclytae memoriae Manuelis praedecessoris tui,* (d. h. seit 1180) *Ctanum
imperium non meruerit, ut talia efficere deberemus* (Schutz), *cum semper
nobis et praedecessoribus nostris per verba responsum fuerit et
nihil operibus demonstratum . .'*

[2] Dass Cölestin auf die Union nicht das nötige Gewicht gelegt hat,
darf man aus folgendem Passus eines Briefes Innocenz' III. an Alexios III.
(ep. I 353, vom August 1198) schliessen: wegen der Kirchenspaltung *„non
solum adversus te, immo adversus Romanam ecclesiam, quae id hactenus quasi sub dissimulatione transivit, murmurat populus
Christianus.*

[3] S. darüber Gregorovius, Geschichte der Stadt Rom Bd. VII[4]
p. 347.   Der Aragonese Alphonso von Neapel, der ebenfalls mit Bajasid
unterhandelte, war im Falle des Normannen Tankred.

einen späten Nachfolger seiner Politik gefunden. Ja, auch
die Klemens VII. und Urban VIII., die aus Furcht vor den
Kaisern aus dem Hause Habsburg den Protestantismus fördern
halfen, sind hierher zu reihen.

Zweite Abteilung.

Die byzantinische Politik Innocenz' III. bis zur Eroberung Konstantinopels durch die Kreuzfahrer.

Erstes Kapitel.

Die Unionsverhandlungen zwischen Innocenz' III. und Kaiser Alexios III. und ihre politische Basis.

Wie ein Unwetter, das alles selbständige Leben mit
Vernichtung bedroht, war Heinrich VI. über die Welt dahin-
gebraust. Das Papsttum und Byzanz waren vor ihm zur
Ohnmacht erstorben: mühsam hatten beide Gewalten, sich
gegenseitig stützend, ein gedrücktes Dasein gefristet.

Nach dem Tode des Übermächtigen erwachten sie zu
neuem Leben. Den rapiden Umschwung der gesamten Welt-
verhältnisse, wie ihn Heinrichs VI. Ende zur Folge hatte,
zeigt vielleicht nichts deutlicher als die Tatsache, dass der
byzantinische Kaiser es wagen konnte, nach der römischen
Kaiserkrone, der er doch noch einen Augenblick zuvor tribut-
pflichtig gewesen war, seine entkräftete Epigonenhand aus-
zustrecken. Das abendländische Imperium brach zusammen,
ganz Italien erhob sich gegen die deutsche Herrschaft: jetzt
schien die beste Gelegenheit, die Pläne der Komnenen zur
Wirklichkeit zu machen, an Stelle des deutschen Universal-
reichs ein byzantinisches aufzurichten.

In diesem Sinne hat Alexios III. im Jahre 1198 an Papst Innocenz III. geschrieben. „Wir sind die beiden einzigen Weltmächte: die eine römische Kirche und das eine Kaisertum der Nachfolger Justinians; deshalb wollen wir uns zusammenschliessen und das Wiederemporkommen der abendländischen Kaisergewalt, unser beider Rivalin, zu verhindern uns bemühen." Hierzu stellt Alexios dem Papste die Kräfte seines Reichs zur Verfügung.[1]

Man wird nun freilich erstaunt fragen, woher denn Kaiser Alexios III. die Mittel zu einem Eingreifen im Occident nehmen wollte, da er sein Reich nur mit äusserster Mühe gegen türkische und bulgarische Angriffe über Wasser hielt, und ausserdem dessen innere Auflösung infolge des mit Macht um sich greifenden Feudalismus und provinzieller Sonderbestrebungen immer grössere Fortschritte machte.[2]

In Wirklichkeit war es denn auch dem Griechen nicht so sehr um die Gewinnung der Herrschaft über den Occident, als um die Bewahrung seiner Herrschaft über Byzanz zu tun. Unter der imperialistischen Maske, mit der er dem Papste entgegentrat, verbarg er nur schlecht die blasse Furcht vor einer Wiederaufnahme der staufischen Angriffspläne auf Byzanz, die vornehmlich ihn zum Anschluss an die Kurie trieb.

---

[1] Das muss aus folgendem Passus von Innocenz' Antwort vom August 1198 (ep. I. 353: Potth. *№* 349) geschlossen werden: Innocenz schickt Legaten, ,*qui tecum super praedictis et aliis, quae tibi ex parte nostra proponentur et nobis ex parte tua fuere proposita, tractent et statuant, quae ad honorem Ecclesiae ac profectum imperii pertinuerint . . . .*' Die Boten haben den Auftrag ,*ut, dum minus quae sua sunt, quaesierint, communi profectui, Ecclesiae scilicet et imperii, sollicite et diligenter insistant*'. Dass Alexios III. dem Papst auch Hilfe gegen den Staufer Philipp von Schwaben angeboten hat, geht aus einem späteren Briefe Innocenz' vom 16. November 1202 (ep. V. 122) hervor, wo der Papst den Kaiser daran erinnert, dass er ihm zur Niederhaltung des Staufers mächtige Unterstützung versprochen habe, ,*ad quod exequendum quantum nobis subveneris, licet multa fuerint nobis promissa, imperialis excellentia non ignorat*'.

[2] S. Hertzberg l. c. [61³] p. 339 ff.

Am 8. März 1198 war nämlich in Deutschland Philipp von Schwaben zum römischen König erwählt worden; voll Sorge, dieser Schwiegersohn seines entthronten Bruders Isaak möge zu Macht gedeihen und dann seinen Thronraub strafen, eilte Alexios sich zu versichern, dass der Nachfolger Cölestins III. auf dem Stuhle Petri dem' Wiederaufkommen des Staufers nicht minder widerstrebe als er selbst.[1]

War der Weltherrschaftsgedanke bei einem byzantinischen Kaiser vom Ende des XII. Jahrhunderts wie der sehnsuchtsvolle Rückblick eines am Rande des Grabes stehenden Greises auf das Streben seiner besten Mannesjahre, so bezeichnete er, als die Politik des Papsttums dieser Epoche, eben jenes Mannesstreben selbst. Innocenz III. durfte alles Ernstes daran denken, an Stelle des noch unfertigen Baues einer kaiserlichen Universalherrschaft, den Heinrich VI. errichtet hatte und der bei seinem Tode in Trümmer fiel, die päpstliche Universalmonarchie aufzubauen, und so das Papsttum dem Ziele zuzuführen, das Gregors VII. Fernblick ihm gesteckt hatte.

Die Gefahr, die wie für Byzanz, so auch für das Papsttum in einem unbestrittenen Königtum Philipps von Schwaben gelegen hätte, sah Innocenz III. durch die Wahl des Gegenkönigs Otto von Braunschweig am 9. Juni 1198 schwinden: die Kurie durfte jetzt hoffen, dass ihr das Schiedsrichteramt in dem Thronstreit zufallen werde. Vor allem aber gewährte derselbe ihr die Möglichkeit, die deutsche Vorherrschaft in Italien zu vernichten und sie durch die päpstliche zu ersetzen.

Durch diese freiere Stellung im Occident nun wurde Innocenz III. in die Lage gesetzt, auch eine päpstliche Orientpolitik grossen Stiles zu treiben und die kümmerlichen Schleichwege, die Cölestin III. hier hatte wandeln müssen, zu

---

[1] Dieses Motiv von Alexios' III. Gesandtschaft an Innocenz geht ebenfalls aus der Antwort des Papstes (ep. I. 353) hervor: s. u. p. 137[3].

verlassen. Wir sahen, wie dieser Papst mit Alexios III. gegen Heinrich VI. intrigiert hatte, wie für ihn Byzanz lediglich als politischer Faktor, als Hemmschuh gegen den Staufer in Betracht gekommen war. Ein solches Bündnis der Kurie mit dem schismatischen Staate hatte etwas Unwürdiges an sich gehabt und im Abendlande böses Blut gemacht.[1]

Innocenz III. nun, den ein weniger zwingendes politisches Interesse auf ein Bündnis mit Byzanz hinwies, stellte sich von vornherein auf den Standpunkt, nur einem katholischen Kaiser von Konstantinopel seine Freundschaft gewähren zu wollen.

Mit einer Forderung geschah es daher, dass er Alexios' Botschaft vom Frühling 1198 im August erwiderte, mit dem Verlangen nämlich, der Kaiser solle sein Reich der römischen Kirche unterwerfen. Und zugleich fügte er das andere hinzu, Alexios solle ein stattliches Heer zur Befreiung des heiligen Landes von der Sarazenenherrschaft aussenden: die geographische Lage seines Staats sowohl wie seine Reichtümer und seine Machtstellung überhaupt erheischten dies von ihm gebieterischer als von anderen Fürsten.[2]

Es war dasselbe Begehren, das drei Jahre zuvor Heinrich VI. an den byzantinischen Kaiser gestellt hatte, und die dessen Auftreten als das eines ‚κύριος κυρίων', eines ‚βασιλεὺς βασιλέων' hatte erscheinen lassen:[3] so trat der Papst in die Fussstapfen des abendländischen Imperators.

Nur wenn der Grieche die beiden Forderungen erfüllte, war Innocenz III. zu einer politischen Verständigung mit ihm bereit. Und zwar bot er für diesen Fall dem Kaiser die

---

[1] S. o. p. 132[3].

[2] Brief Innocenz' vom August 1198 (ep. I 353), ‚cum tam ex vicinitate locorum quam abundantia divitiarum tuarum et potentia id potueris commodius et expeditius aliis principibus adimplere'. Er soll ‚exercitum copiosum' ausschicken zur Befreiung des heiligen Landes.

[3] S. o. p. 126.

Hand zu einem ˉSchutz- und Trutzbündnis zwischen der
römischen Kirche und dem Imperium von Byzanz, dessen
Spitze sich gegen neue Übergriffe des abendländischen Kaisertums nach Italien und Konstantinopel gekehrt hätte. [1] Insbesondere wies der Papst Alexios auf den allmächtigen Schutz
hin, den ihm das Papsttum werde gewähren können: es werde
seinem Throne das feste Fundament sein, es werde feindliche Wurfgeschosse von ihm abwehren und ihn vor Erschütterungen zu bewahren wissen. [2]

Für den Fall dagegen, dass Alexios den päpstlichen
Geboten trotzte, erklärte der Papst, er werde, so sehr es
ihm auch widerstrebe, den Kaiser zu bedrängen, nicht umhin
können, seine Pflicht zu erfüllen, da Gott ihn zum Richter
in der Welt bestellt habe, und er Gerechtigkeit walten lassen

----

[1] S. o. p. 134[1]. Es scheint doch danach fast, als ob Innocenz III.
damals (August 1198) daran gedacht hat, auf den Antrag des Byzantiners
einzugehen und dessen Imperium als das einzig berechtigte anzuerkennen, freilich unter der Bedingung, dass derselbe die Kirchenunion
herbeiführte. Der Papst hat diese Anträge, deren Inhalt wir nur durch die
oben zitierte Stelle erraten können, im übrigen als tiefes Geheimnis behandelt. Das ersehen wir aus der Antwort Alexios' III. auf den Brief
Innocenz' III. vom August 1198: sie steht unter den ep. Innoc. II. 210
(Februar 1199). Da heisst es zum Schluss: *De secretioribus autem
a praedictis legatis meo imperio dictis secretius responderi tuae
sanctitati praeceptum est praesenti homini imperii mei . . .* Auch in
seiner Rückantwort vom 13. November 1199 (ep. II 211) deutet Innocenz
auf andere als die in dem Briefe behandelten Dinge hin: *super caeteris*
sende er seinen Legaten.

[2] Innoc. ep. I. 353 (August 1198). Die hier zu zitierenden
Stellen beweisen zugleich, dass Alexios III. Besorgnis vor Bedrohung seines
Reichs geäussert hatte. Innocenz schreibt: Ehre die römische Kirche,
*quoniam aedificium, quod super hoc fundamentum consistit, nec casum
timet, nec ad machinas formidat hostiles*. Ferner: *ut, dum in dilectione
Sponsi et sponsae persisteris unitate, ex nulla parte celsitudinis tuae
sublimitas quatiatur*. Endlich: Innocenz verspricht dem Kaiser, falls
er den Kreuzzug unternimmt, diejenige *protectio*, die das Papsttum kreuz-
fahrenden Fürsten zu gewähren pflegt.

müsse.[1])   Auch an den Patriarchen von Konstantinopel schrieb Innocenz in ähnlichem Sinne.[2])

Die Frage ist: was verstand der Papst unter dem Gericht, das er über den Kaiser, wenn er nicht nachgab, abzuhalten drohte?

Wir erfahren es durch einen späteren Brief des Papstes an Alexios III. ganz genau.   Innocenz bedrohte den Kaiser schlecht und recht mit der Unterstützung der Familie seines entthronten Bruders Isaak.   Ja, er liess den Usurpator geradezu fürchten, dass er Philipp von Schwaben, dem Schwiegersohn Isaaks, zum Imperium verhelfen werde, so dass dieser von Sizilien aus, wie vorher Heinrich VI. geplant hatte, das Reich des Alexios' III. angreifen könne.[3])   Kurz,

---

[1]) In demselben Briefe: „*Alioquin, quantumcumque nobis molestum existeret serenitatem tuam in aliquo molestare, non possemus ulterius sub dissimulatione transire, quin nostrum exsequeremur officium, cum per Dei misericordiam tempus acceperimus iustitiam iudicandi*'.

[2]) ep. I. 354.

[3]) a) ep. V. 122 (16. November 1202) schreibt Innocenz Alexios dem Dritten: er habe Otto von Braunschweig erhöht und Philipp von Schwaben am Emporkommen verhindert.   „*Quod utique tanto gratius deberes habere, quanto id te non promerente noscitur procuratum. Si enim idem Philippus obtinuisset imperium, multa tibi ex imperio suo gravamina provenissent, cum per terram carissimi in Christo filii nostri Friderici, illustris regis Siciliae, nepotis sui, in imperium tuum insurgere de facili potuisset, sicut Henricus olim imperator frater suus per Siciliam tuum proposuerat imperium occupare.*

Licet autem a tempore ... Manuelis ... Ctanum imperium non meruerit, ut talia efficere deberemus, cum semper nobis et praedecessoribus nostris per verba responsum fuerit et nihil operibus demonstratum, in spiritu tamen lenitatis et mansuetudinis duximus procedendum, credentes ut inspecta gratia quam tibi fecimus, emendare celeriter debeas quod a te ... minus provide hactenus est omissum, cum et secundum humanam industriam id debere(s) studiosissime procurare, ut ignem in remotis partibus extingueres, non nutrires, ne usque ad partes tuas posset aliquatenus pervenire'.

Innocenz stellt es also hier als besondere Gunst und Gnade hin, dass er den Angriff Philipps von Alexios abgewehrt hat, und der Schluss

die Strafe bestand im geraden Gegenteil von dem, was die
Kurie ihm als Lohn seiner Nachgiebigkeit versprach:
jenen „feindlichen Wurfgeschossen“ und „Erschütterungen“,
vor denen sie den Thron des bekehrten Kaisers zu bewahren
verhiess, drohte sie den des verstockten unerbittlich preiszugeben.

Eine genaue Analogie zu dieser päpstlichen Politik bietet
diejenige, die die Republik Venedig im selben Jahre 1198
gegenüber Alexios III. befolgte.

Wie der päpstlichen suchte sich der Kaiser auch der
venetianischen Hilfe gegen Philipp von Schwaben, den
Schwiegersohn seines entthronten Bruders Isaak, dessen feindliche Gesinnung er fürchtete, zu versichern. Wie der Papst,
stellte auch Venedig eine Gegenforderung an den Kaiser: es
verlangte die Erneuerung seiner alten Handelsprivilegien im
byzantinischen Reiche. Und auch der Doge hielt Alexios III.
eine Drohung entgegen, als derselbe zögerte, das Verlangte
zu bewilligen: er drohte dem Usurpator, für die Rechte der
Familie Isaaks einzutreten. Daraufhin gab denn auch der
Kaiser schleunigst nach.[1]

---

ist erlaubt, dass er vorher dem Kaiser mit der Heraufbeschwörung eines
solchen Angriffs gedroht hat.

b) In demselben Briefe teilt Innocenz dem Usurpator mit, dass der
junge Alexios, Isaaks Sohn, zu ihm nach Rom gekommen sei. Dieser
habe ihn, Innocenz, um Unterstützung gegen Alexios III. angegangen,
„quia nos, iuxta Apostolum, eramus tam sapientibus quam insipientibus
debitores et iustitiam facere tenebamur“. Eben mit dem „iustitiam
iudicare“ hatte aber, wie wir sahen, (p. 138[1]) Innocenz schon im
Jahre 1198 den Usurpator bedroht. Wenn Innocenz nun hier (1202) mit
diesem Ausdruck die Unterstützung der Familie Isaaks bezeichnet, so ist
anzunehmen, dass er auch 1198 durch das „iustitiam iudicare“ den Usurpator mit einer solchen Unterstützung der Familie Isaaks bedroht hat:
und da damals der junge Alexios noch nicht ins Abendland entkommen
war, konnte es sich nur um Isaaks Tochter Irene, die Gemahlin Philipps
von Schwaben, resp. um Philipp selbst handeln. Vgl. auch noch unten
p. 141[4].

[1] S. Norden, Vierter Kreuzzug p. 34/5.

Würde Alexios III. in gleicher Weise auf die päpstliche Drohung hin die kurialen Forderungen bewilligen?

Es war deshalb nicht zu erwarten, weil der Kaiser Innocenz' Drohung nicht allzu ernst nehmen zu müssen glaubte. Durch ein Eintreten für die Familie Isaaks würde nämlich der Papst die staufischen Interessen gefördert haben, und Alexios wusste nur zu wohl, dass Innocenz an nichts weniger dachte, als Philipp von Schwaben zur Machtfülle Heinrichs VI. zu erheben.[1]

Nur ein zum Losschlagen entschlossenes Papsttum aber hätte hoffen dürfen, dem griechischen Kaiser religiöse Konzessionen abzuzwingen. Denn nur die äusserste politische Notwendigkeit würde diesen zu dem Versuche haben bestimmen können, die Abneigung der Griechen gegen das abendländische Wesen zu überwinden.

Wir sahen, wie dieser Hass im Jahre 1182 als Reaktion gegen die lateinerfreundliche Politik Kaiser Manuels zum Ausbruch gekommen war. Die nachfolgenden Ereignisse hatten ihn dann noch beträchtlich vermehrt. Der Zug der Normannen im Jahre 1185, die bei der Okkupation Thessalonichs mit gefühlloser Grausamkeit gehaust und besonders die religiösen Einrichtungen der Griechen dem Spott und der Verachtung preisgegeben hatten,[2] hatte dazu nicht weniger beigetragen, als der Kreuzzug Friedrich Barbarossas 1189/90, der, wie Alexios III. sich in seiner Antwort bei Innocenz beklagt, dem griechischen Reiche alles erdenkliche Üble tat

---

[1] In der berühmten *Deliberatio* aus dem Jahre 1201, in der Innocenz sich gegen Philipp entscheidet, sagt er (Registr. de negotio Imperii № XXIX, Migne, Bd. 216. p. 1025): *Nunc etiam per Marcualdum, Diupuldum et fautores eorum nos et Ecclesiam Romanam persequitur et regnum Siciliae nobis auferre conatur.*' Wenn schon jetzt *,quid faceret, si, quod absit, imperium obtineret'.* — So sehr war es in Innocenz' eigenem Interesse, den Staufer von Sizilien und vom Imperium fern zu halten.

[2] Niketas, p. 388 ff., vgl. auch Pichler l. c. [2] p. 296.

und Christen bekämpfte, als ob sie Ungläubige seien,[1]) und die Tributforderungen Heinrichs VI. in der Mitte der neunziger Jahre.

So erhoffte denn Innocenz III. von den Verhandlungen mit Alexios III. vergebens die Unterwerfung der griechischen Kirche unter Rom.

Zwar setzte der Kaiser die Verhandlungen fort, da es immerhin in seinem Interesse lag, gute Beziehungen zur Kurie aufrecht zu erhalten. Er erklärte sich sogar in der Antwort auf Innocenz' Schreiben vom August 1198, die er im Februar 1199 absandte, zur Beschickung eines Unionskonzils, das der Papst berufen solle, bereit.[2]) Als aber Innocenz darauf einging und (am 13. November 1199) den Patriarchen von Konstantinopel zu einem Generalkonzil einlud, wo derselbe zunächst dem Papste sich zum Gehorsam und zur Ehrerbietung verpflichten sollte, und wo dann die Differenzen in den Dogmen und Riten in gemeinsamer Beratung und durch die Autorität des Papstes beigelegt werden sollten:[3]) da machte der Kaiser, obwohl Innocenz ihn, wenn er nicht nachgebe, aufs neue mit einem Prozess und mit der Entfesselung eines schweren Sturmes bedrohte,[4]) Ausflüchte. Er verlangte nämlich, dass das Konzil

---

[1]) Alexios' III. Brief unter ep. Innoc. II 210 (Februar 1199) ‚omne in eo pessimum operans et Christianos ut impios expugnavit': Wir wissen freilich (s. o. p. 119/20), dass hieran die Griechen selbst schuld waren.

[2]) In dem vor. Anmerkung zitierten Briefe. Vgl. Pichler, p. 300.

[3]) ep. II 211. Eigentlich müsse der Patriarch ihm ohne weiteres Gehorsam leisten, da der apostolische Stuhl ‚non tam constitutione synodica quam divina caput et mater omnium Ecclesiarum existat', aber er habe sich nun doch zur Berufung eines Konzils entschlossen: wenn der Patriarch dazu erscheint, ‚Ecclesiae Romanae reverentiam et obedientiam debitam impensurus', dann werde er denselben freundlich als Bruder und vornehmes Glied der Kirche aufnehmen, ‚de caeteris auctoritate sedis apostolicae ac sacri approbatione concilii cum suo et aliorum nostrorum consilio, quae statuenda fuerint, statuentes'. Vgl. Pichler, p. 299.

[4]) l. c. ‚Alioquin, cum scandalum Ecclesiae non debeamus ulterius sustinere, . . . dissimulare non poterimus, quin in ipso concilio, si desuper datum fuerit, in hoc negotio de fratrum nostrorum consilio

auf griechischem Boden abgehalten werden sollte.[1]) Sodann
stellte er, von der Unionsfrage ablenkend, die Behauptung
auf, dass die kaiserliche Gewalt höher sei als die priesterliche,
worauf Innocenz ihn (c. 1200) belehrt, dass, wie die Sonne
den Mond, so die geistliche die weltliche Gewalt überstrahle,
und dass der Papst durch sein Amt am Worte Gottes über
Kaiser und Könige erhaben sei.[2])

Dabei hatte Alexios die Kreuzzugsforderung des Papstes
geradezu abgelehnt unter Hinweis auf die Unbilden, die das
griechische Reich bei der letzten Kreuzfahrt, derjenigen
Friedrich Barbarossas, erlitten habe.[3]) Dann erklärte er sich
zwar, ebenfalls im Jahre 1199, zur Unterstützung des heiligen
Landes durch Geldmittel bereit, aber verlangte dafür vom
König von Jerusalem die Herausgabe der Insel Cypern, die
einst Richard Löwenherz vom griechischen Reiche losgerissen
habe: der Papst solle den König dazu zwingen. Sonst drohte
Alexios, sich der Insel mit Gewalt zu bemächtigen. Innocenz
bat ihn daraufhin, doch von einer Bekämpfung der Insel abzustehen, und versprach ihm, seinen Ansprüchen auf Oberherrschaft womöglich Recht zu verschaffen.[4])

Man sieht aus alledem, wie wenig Kaiser Alexios III.
daran dachte, sich und sein Reich in Demut dem Nachfolger
Petri zu unterwerfen. Dieser Herrscher, dessen tägliches
Dasein in jämmerlichen Grenzfehden mit türkischen und
slawischen Gross- und Kleinfürsten, die dem Reiche Abbruch
taten, aufging,[5]) gefiel sich darin, vor dem Occident, wo man

---

procedamus'. Und am Schluss: ‚sciturus pro certo, quod, si nostris
volueris consiliis acquiescere, gravi tempestate sedata, grata tibi potuerit
tranquillitas provenire'.

[1]) Gesta Innocentii III. (ed. Migne, Bd. 214) c. 62; Pichler, p. 300.

[2]) Migne, Bd. 216. p. 1082 (zwischen November 1199 und Februar 1201).

[3]) In seinem Briefe vom Februar 1199 (unter ep. Innoc. II 210).

[4]) Alexios' eigener Brief ist nicht erhalten, aber eine Antwort Innocenz' vom März/April 1201. (Gesta Innocenz (l. c.) c. 64.) Vgl. auch
Innocenz' Brief über diese Frage an König Philipp August von Frankreich
vom Dezember 1199 (ep. II 251).

[5]) S. Hertzberg l. c. p. 339 ff.

seine gedrückte Lage nicht so genau kannte, insbesondere vor
dem Papst, als ein Rhomäerkaiser vom alten Schlage zu
brillieren. Er behauptete den Vorrang des Kaisertums, das
er natürlich Byzanz allein vindizierte, vor dem Papsttum; er
gab sich den Anschein, als ob er den lateinischen Orient
seinem Gebot unterwerfen wolle; er stellte endlich dem Papsttum wiederholt zur Niederhaltung Philipps von Schwaben die
Unterstützung seines Reichs zur Verfügung. Kurz: er schau-
spielerte vor dem Abendlande als Publikum komnenische
Grossmachtspolitik.

Zweites Kapitel.

Innocenz' III. Stellung zu dem Prätendenten Alexios (IV.).

Da trat nun aber ein Ereignis ein, welches Alexios III.
zwang, aus der Rolle zu fallen und dem Papst als Bitt-
flehender zu nahen. Seinem Neffen Alexios, dem Sohne seines
Bruders Isaak, den er, gleich dem Vater, gefangen gehalten
hatte, gelang es im Frühjahr 1201, ins Abendland zu ent-
fliehen,[1] und der erste Weg des jungen Alexios war zum
Papste, bei dem er seinen Oheim verklagte, und den er bat,
ihm zu seinem Rechte zu verhelfen. Zugleich erklärte er,
dass es sein lebhaftester Wunsch sei, die griechische Kirche
der römischen zu vereinen.[2]

---

[1] Ich habe in meiner Abhandlung über den Vierten Kreuzzug
p. 36, Anm. 4 die Frage, ob der junge Alexios im Frühjahr 1201 oder
1202 ins Abendland kam, nicht endgültig entscheiden zu sollen geglaubt.
Doch scheint mir jetzt, dass man ersteren Termin annehmen darf, u. zw.
auf die positive Nachricht der Gesta Innoc. c. 83 hin, dass Bonifaz von
Montferrat schon Anfang 1202 über die Rückführung des jungen Alexios
mit Innocenz verhandelt hat. S. u. p. 144³.

[2] Norden, Vierter Kreuzzug p. 37 Anm. 2 und p. 77 Anm. 1.

Wäre es nun Innocenz mit den Drohungen Alexios III. gegenüber nur einigermassen ernst gewesen, dann hätte er jetzt die beste Gelegenheit gehabt, sie wahr zu machen. Wir sahen, wie er Alexios III. direkt mit der Unterstützung Philipps von Schwaben, als des Gemahls von Isaaks Tochter Irene, gedroht hatte. Leichteren Herzens als diesen Prätendenten hätte er jetzt den jungen Alexios zur Entthronung des Usurpators, der ihn nun schon drei Jahre lang mit unfruchtbaren Verhandlungen hingehalten hatte, ausschicken können. An Machtmitteln hätte es dem Papste nicht gefehlt: bereitete sich doch damals eine neue Kreuzfahrt vor; im April eben des Jahres 1201 hatten die bekreuzten französischen Barone mit der Republik Venedig einen Überfahrtsvertrag geschlossen, und der Papst hatte ihn am 8. Mai bestätigt.[1]

Trotzdem hat Innocenz sich nicht mit dem jungen Alexios eingelassen und diesen seines Weges zu Philipp von Schwaben, seinem Schwager, ziehen lassen.[2] Und als dann Philipp mit dem Führer des Kreuzheeres, Bonifaz von Montferrat, um die Wende der Jahre 1201/02 die Verabredung traf, die Kreuzfahrer zur Rückführung des jungen Alexios nach Konstantinopel zu verwenden, da hat der Papst von diesem Projekte, das Bonifaz selbst im Frühling 1202 in geheimer Verhandlung Innocenz vorlegte, nichts wissen wollen.[3]

---

[1] l. c. p. 36/7. Das Bestätigungsschreiben des Papstes, Potth. № 1350.

[2] Brief Innocenz' an Kaiser Alexios III. vom 16. November 1202 (ep. V. 122). *,Cumque nos eidem* (dem Prätendenten) *dedissemus responsum iuxta quod vidimus expedire, recessit a nobis et ad Philippum . . . . properavit'* etc.

[3] Gesta Innoc. c. 83. Bonifaz *,dicebatur cum Philippo . . . . habuisse tractatum, ut Alexium, sororium suum, filium videlicet Isaachii . . . . reduci faceret ad Cpolim ab exercitu christiano ad obtinendum imperium Romaniae.*

De quo, cum idem marchio ad summum pontificem accessisset, coepit agere a remotis; sed cum intellexisset, ipsius animum ad hoc non esse directum, expeditis negotiis ad crucis officium pertinentibus, ad propria remeavit'. Vgl. Norden, Vierter Kreuzzug p. 73; Winkelmann, Philipp von Schwaben p. 524.

Dennoch hat Philipp im September Boten nach Venedig zum Kreuzheer gesandt, und seinen Unterhändlern, wie auch Bonifaz, ist es gelungen, die Führer des Heeres für den Plan der Rückführung des jungen Alexios zu gewinnen, für den auch Venedig sich aufs eifrigste verwandte. Denn von dessen Einsetzung erwarteten alle ihren persönlichen Vorteil, und auch den eigentlichen Zielen des Kreuzzuges schien sie förderlich zu sein, da Alexios denselben von Konstantinopel aus nach Kräften durch Geld, Lebensmittel und Mannschaften zu unterstützen verhiess.[1]

Und nun wandten sich die Kreuzfahrer offiziell an den Papst, um dessen Segen für das Unternehmen zu erlangen. Sie wiesen, wie vorher schon ·der junge Alexios selbst, dann Bonifaz Innocenz gegenüber betont hatten, darauf hin, dass der Prätendent bereit sei, in allen Dingen den Befehlen Roms zu gehorchen, und dass er die römische Kirche nach Möglichkeit ehren werde.

Als der Kardinal Peter diese Botschaft der Kreuzfahrer nach Rom überbrachte,[2] weilte dort eine Gesandtschaft Kaiser

---

Was den **Weihnachtsvertrag** (1201) zwischen Philipp und Bonifaz betrifft, so habe ich in meiner Abhandlung über den Vierten Kreuzzug nach dem Vorgang von Tessier u. a. geschwankt, ihn als wirklich abgeschlossen anzunehmen (p. 37, 75, 77). Ich liess die Frage offen, da sie sich bei unserem Quellenmaterial nicht sicher entscheiden lässt und weil sie für die mich beschäftigenden Probleme auch durchaus von sekundärer Bedeutung war. Es ist mir aber doch wahrscheinlich, dass die Abmachung getroffen worden ist, da ja die ‚gesta‘ in dem zweiten der vorhin angeführten Sätze die Verhandlungen Bonifaz' mit Innocenz als historisches Faktum melden und da letztere doch vermutlich nach vorheriger Übereinkunft zwischen Bonifaz und Philipp geführt worden sind.

[1] S. Norden, Vierter Kreuzzug, p. 37 ff.

[2] Innoc. ep. V 122 (16. November 1202) an Alexios III. ‚*Caeterum dicti principes . . . responderunt, quod . . . nos volebant consulere super his ac exinde praestolari nostrae beneplacitum voluntatis, inducentes . . . Petrum . . . cardinalem, qui cum eis transfretare debebat, ut ad praesentiam nostram rediret et super praedictis omnibus* (über die Anerbietungen des jungen Alexios nämlich) *nostram inquiriret voluntatem*‘.

Alexios' III., die Innocenz von der Begünstigung des jungen Alexios und von der Förderung des Planes der Kreuzfahrer zurückzuhalten sich bemühte. Der junge Alexios habe kein Recht auf das Kaisertum von Byzanz, da dasselbe durch die freie Wahl der Grossen verliehen werde; was aber die Kreuzfahrer betreffe, so sei es des Papstes Pflicht, zu verhindern, dass sie ihre Hände mit Christenblut befleckten, und dass sie sich dadurch für den Kampf gegen die Feinde Christi schwächten. Endlich warnte der Kaiser den Papst, dem Schwager des jungen Alexios, Philipp von Schwaben, dessen Vater und Bruder die Kirche verfolgt hätten, zum Imperium zu verhelfen.[1])

Und wirklich entschied sich der Papst für den Usurpator und gegen den Prätendenten.

Er schrieb am 16. November 1202 an Alexios III.: „Obwohl viele (besonders eben die Führer des Kreuzheeres) eine Unterstützung des jungen Alexios befürworteten, weil die griechische Kirche dem apostolischen Stuhle zu wenig gehorsam und ergeben sei, sei er, der Papst, dennoch entschlossen, eine Entscheidung zu treffen, die ihm, Alexios III., mit Recht werde gefallen können."[2]) Er bittet dann den Kaiser, nun auch endlich mit Taten statt mit Worten zu antworten, da er selbst seine Liebe zum Kaiser jetzt durch die Tat beweise.[3])

---

[1]) Rekapituliert in Innocenz' Antwort l. c.

[2]) In Fortsetzung der p. 145[2] zitierten Stelle heisst es in Innocenz' Brief an Alexios III. weiter: *Verum idem cardinalis, ad praesentiam nostram accedens, omnia nobis curavit proponere diligenter* (nämlich die Anträge, die der Prätendent den Kreuzfahrern gemacht hatte) *et cum nuntii tui* (Alexios' III.) *ad nostram accesserint praesentiam* (da nun gleichzeitig Deine Gesandten gekommen sind): *super his cum fratribus nostris habebimus tractatum et illud statuemus, quod tibi poterit merito complacere; quamquam plures assererent, quod huiusmodi postulationi benignum deberemus praestare favorem, pro eo quod Graecorum Ecclesia sit apostolicae sedi minus obediens et devota*.

[3]) l. c. *Rogamus igitur imperialem excellentiam, ... quatenus, quicquid super his duxeris statuendum, operibus nobis et non verbis*

Jene Entscheidung zu Gunsten Alexios' III. nun, auf die Innocenz hier hindeutet, war das strikte Verbot, das er im Frühling des folgenden Jahres an die Kreuzfahrer ergehen liess, das griechische Reich anzugreifen.

Er nahm ihnen insbesondere die Möglichkeit weg, den Angriff auf Alexios III. mit der „zu geringen Ergebenheit der griechischen Kirche gegenüber dem apostolischen Stuhle" oder mit Alexios' III. Usurpation zu legitimieren.[1]) Denn „soviel der Kaiser und seine Untertanen hierin und in anderem fehlen, so ist es doch nicht Eure Sache, über ihre Vergehen zu urteilen, und Ihr habt das Kreuz genommen, nicht um dieses Unrecht, sondern um seine, des Kreuzes Schmach, zu sühnen".[2])

Wir haben bisher die Haltung Innocenz' III. zu dem jungen Alexios und zu den Plänen, die sich alsbald an dessen Person anknüpften, rein deskriptiv behandelt: wir sahen, wie der Papst zunächst den Prätendenten bei dessen Ankunft im

---

dumtaxat studeas respondere, quia nos dilectionem quam ad te habemus in opere demonstrare curavimus et affectu'.

Mit diesem ‚opus', das der Papst für Alexios III. getan zu haben erklärt, meint er übrigens nicht nur die Ablehnung der Anträge des Prätendenten, sondern auch die Niederhaltung Philipps von Schwaben, der sonst Alexios III. hätte gefährlich werden können. Auch hiervon macht Innocenz in diesem Briefe Mitteilung, da der Usurpator sich auch danach erkundigt hat. Vgl. oben p. 138[3].

[1]) ep. VI 101 (Mai 1203, vgl. Norden l. c. p. 97) *‚Nullus itaque vestrum sibi temere blandiatur, quod terram Graecorum occupare sibi liceat vel praedari, tamquam minus sit apostolice sedi subiecta, et quod . . . . imperator Ctanus, deposito fratre suo et etiam excaecato, imperium usurpavit'.* Vgl. zu den gesperrten Worten die entsprechenden in ep. V 122 s. vor. Seite, Anm. 2.

[2]) l. c. heisst es weiter: *‚Sane, quantumcumque in hoc vel aliis idem imperator et homines eius iurisdictioni commissi delinquant, non est tamen vestrum de ipsorum iudicare delictis, nec ad hoc crucis signaculum assumpsistis, ut hanc vindicaretis iniuriam, sed opprobrium potius crucifixi, cuius vos obsequio specialiter deputastis'.* Vgl. wegen des ‚iniuriam iudicare' oben p. 138[3].

Abendlande kühl aufnahm, wie er im Frühling 1202 die Idee
Philipps und Bonifaz', den Kreuzzug zur Rückführung des
jungen Alexios zu verwenden, ablehnte, und wie er endlich
im Frühjahr 1203 den Kreuzfahrern den Angriff auf das Reich
Alexios' III. positiv verbot.

Forschen wir nunmehr nach den Gründen dieser dem
Prätendenten ungünstigen päpstlichen Politik.

Da ist zunächst in negativer Hinsicht zu sagen, dass
ihr Motiv jedenfalls nicht die Sympathie Innocenz' für den
Usurpator, die Hoffnung auf dessen Unterwerfung unter Rom
gewesen sein dürfte. Denn niemals hat ein byzantinischer
Kaiser, der sich überhaupt auf Verhandlungen mit Rom einliess, weniger Eifer für die Union gezeigt als dieser Angelos
in den drei Jahren, die er mit Innocenz III. in Verbindung
stand. Hielt er es doch nicht einmal für nötig, bei seinem
Gesuch um Schutz gegen den Prätendenten und die Kreuzfahrer dem Papst, sei es auch nur zum Scheine, Aussicht auf
die Kirchenunion zu machen.[1]

Wenn Innocenz III. sich nicht mit dem Prätendenten
einliess und vielmehr den Thron Alexios' III. stützte, so geschah das aus drei Gründen.

Zunächst: der Papst misstraute den Versprechungen, die
der junge Alexios mit Prätendentenfreigebigkeit machte, nicht
weniger als denen, die Kaiser Alexios III. geleistet, aber
bisher nicht erfüllt hatte. Er scheute sich, auf diese ungewisse Aussicht hin einen Bürgerkrieg der Christenheit zu
entfesseln.

Ganz besonders aber sträubte er sich dann dagegen,
dass die Kreuzfahrer sich zu Soldknechten des Griechenprinzen herabwürdigten, dass sie, wenn auch nur vorübergehend, ihrem eigentlichen hohen Ziele, dem Kampf gegen
die Ungläubigen, zu Gunsten einer so zweifelhaften Sache,
bei der ausserdem Christenblut vergossen werden musste, un-

[1] Sein Brief rekapituliert in ep. Innoc. V 122.

treu würden.[1]   Denn auf die Versicherung des Prätendenten,
die Kreuzfahrer aktiv zu unterstützen, wenn er einmal Kaiser
sein werde, legte der Papst nicht mehr Gewicht, als auf
dessen Unionsversprechen.   Und wie nun gar, wenn der
Usurpator den Angriff siegreich abwehrte?   Dann kam der
Kreuzzug vielleicht überhaupt nicht zum Ziele.   Übrigens
erhob Innocenz im Frühjahr 1203 um so energischer gegen
das griechische Projekt Einspruch, als das Kreuzheer seine
Fahrt auf Venedigs Betreiben hin mit einer Unternehmung
gegen Zara, eine Besitzung des Ungarnkönigs, begonnen hatte.[2]

Und endlich: der junge Alexios war der Schwager des
Staufers Philipp, dessen erklärter Feind Innocenz seit 1201,
eben dem Jahre, wo der junge Alexios ins Abendland kam,
war: damals hatte der Papst Philipp die deutsche Königskrone abgesprochen und sich offen für Otto von Braunschweig
erklärt.[3]

Nun tat aber Philipp mit der Unterstützung seines
Schwagers nichts anderes, als, soweit es ihm möglich war,
die Orientpolitik seines grossen Bruders fortzuführen; war es
doch Heinrich VI. gewesen, der Philipp die Tochter Isaaks
anverlobt, und der damit die Orientpolitik dieses seines Nachfolgers gleichsam vorausbestimmt hatte.[4]

Wie hätte jedoch ein Innocenz III. ein Unternehmen
fördern sollen, das mit den Entwürfen eines Heinrichs VI. im
Zusammenhang stand! Vielmehr musste der Papst einer Erweiterung des staufischen Einflusses in der Welt, wie ihn
ein Kaisertum des jungen Alexios zu bedeuten drohte, auf
alle Weise vorzubeugen suchen.

--- ---

[1] Vgl. p. 146.

[2] Den Einfluss dieser vorangegangenen Unternehmung der Kreuzfahrer gegen Zara auf die Entscheidung Innocenz' gegen das griechische
Projekt habe ich im „Vierten Kreuzzug" nachdrücklich hervorgehoben
p. 95—97. Der ausschlaggebende Grund freilich war es nicht.

[3] In der bekannten „Deliberatio'.

[4] Vgl. Norden l. c. p. 44, 76.

Aber verhiess nicht der Prätendent die kirchliche Unterwerfung unter Rom? Philipp von Schwaben hatte gehofft, durch diese Unionsaussicht den Papst für seine griechische Politik, für die Unterstützung des jungen Alexios zu gewinnen, ja, er hat sich sogar geschmeichelt, durch den guten Dienst, den er so dem Papsttum im Orient zu leisten verhiess, sich dessen Gunst auch im deutschen Thronstreit zu erwerben. Unter den *promissa*, die er im Mai 1203 Innocenz III. machte, für den Fall, dass der Papst ihn als rechtmässigen deutschen König anerkennen wolle, findet sich auch dieses: „er gedenke, wenn Gott ihm selbst oder seinem Schwager das byzantinische Reich in die Hand gebe, dafür zu sorgen, dass die griechische Kirche sich unter Rom beuge."[1]

Doch der Staufer täuschte sich gewaltig, wenn er hiermit Innocenz III. einen Gefallen zu erweisen glaubte.

Die Union, die Philipp von Schwaben anbot, musste der Kurie in demselben Lichte erscheinen wie diejenige, die die Folge eines Eroberungszuges Heinrichs VI. gegen Byzanz gewesen wäre. Innocenz III. verschmähte diese Union, er verbot das Unternehmen von Philipps Schwager gegen Alexios III., welches sie herbeiführen sollte, im wesentlichen aus demselben Grunde, aus dem Cölestin III. Heinrichs VI. Unternehmung gegen Byzanz, gegen denselben Alexios III. verboten und auf die Beseitigung des Schismas, die dieser Zug zur Folge gehabt haben würde, verzichtet hatte. Die Sorge, Konstantinopel möge unter den weltlichen Einfluss der Staufer kommen, überwog die Hoffnung, es kirchlich Rom zu gewinnen.[2]

Freilich war die Gefahr unter Innocenz insofern geringer, als jetzt, zunächst wenigstens, nur eine indirekte staufische

---

[1] Raynald, Ann. Eccl. a. 1203 § 29 *Si omnipotens Deus mihi vel leviro meo regnum Graecorum subdiderit*. Vgl. über Philipps Politik Norden l. c. p. 76—79.

[2] Dieses Moment habe ich in meiner Abhdl. über den „Vierten Kreuzzug" noch nicht hervorgehoben.

Herrschaft über Byzanz in Aussicht stand,[1]) während zu Cölestins III. Zeit Heinrich VI. Konstantinopel seinem unmittelbaren Regiment zu unterwerfen gedroht hatte. Dafür fiel aber wieder bei Innocenz' Entscheidung gegen die byzantinische Unternehmung von Philipps Schwager erschwerend ins Gewicht, dass es sich hierbei nicht um eine Latinisierung des griechischen Reichs, sondern bloss um die Ersetzung eines byzantinischen Kaisers durch einen anderen handelte, von dem es noch sehr zweifelhaft war, ob er sein Unionsversprechen besser erfüllen werde als der regierende Kaiser.

Bevor wir den weiteren Verlauf der Dinge verfolgen, wie er teils gegen den Willen des Papstes, teils unabhängig von demselben sich vollzog, gilt es, einen Rückblick zu werfen auf die byzantinische Politik, die Innocenz III. in den ersten fünf Jahren seines Pontifikats verfolgt hat.

Das Urteil muss dahin lauten, dass sie unfruchtbar gewesen ist, und dass sie es auch voraussichtlich geblieben sein würde ohne die Wendung des Vierten Kreuzzugs gegen Konstantinopel, die wider des Papstes Willen stattfand.

Das Motiv, welches Alexios III. zu Verhandlungen mit Innocenz trieb, war die Furcht vor einem staufischen Angriff auf Byzanz. So hatte er auch mit Cölestin gegen Heinrich VI. zusammengehalten. Während sich aber Cölestin mit dieser politischen Entente begnügt hatte, bestand Innocenz III. auf der Kirchenunion, und zwar drohte er dem Kaiser mit der Förderung des staufischen Angriffs, wenn er nicht nachgebe.

Aber der Papst drohte nur zum Schein. Er dachte nicht daran, Philipp von Schwaben als seinen Paladin gegen Byzanz auszusenden, um den widerspenstigen Kaiser zu

---

[1]) Freilich deutete ja, wie aus der p. 150[1] zitierten Stelle ersichtlich, Philipp im Frühjahr 1203 auch die Möglichkeit einer direkten Besitzergreifung an.

strafen. Und da dieser das nur zu gut wusste, machte er mit seinen Versprechungen so wenig ernst, wie der Papst mit seinen Drohungen.

Auch als dann der junge Alexios im Occident auf-tauchte und eine Vereinigung abendländischer Gewalten ihm zum Thron von Byzanz verhelfen wollte, sah der Papst davon ab, diese Gelegenheit zur kirchlichen Unterwerfung Byzanz' unter Rom wahrzunehmen, weil selbst ein griechischer Ver-wandter Philipps von Schwaben ihm als weltlicher Herrscher von Konstantinopel nicht genehm war. Er ge-währte dem Usurpator seinen Schutz, ohne dass derselbe ihm neuerdings irgendwelche Hoffnung auf die Union gemacht hätte. Auf den Dank Alexios' III. aber hätte Innocenz ohne Zweifel vergebens gewartet.

Drittes Kapitel.

Die Wendung des Vierten Kreuzzugs gegen Konstantinopel und der Untergang des byzantinischen Reichs.

I. Die ursprüngliche Idee der Wendung des Vierten Kreuzzugs gegen Konstantinopel und ihre historische Bedeutung.

Es ist bekannt, dass der Vierte Kreuzzug trotz Innocenz' Verbot die Wendung gegen Konstantinopel genommen hat.

Bereits nach vierzehntägiger Belagerung der Stadt durch die Kreuzfahrer entwich Alexios III., seine Sache verloren gebend, aus Byzanz; am 18. Juli 1203 wurde sein Bruder Isaak von den Griechen aus seinem Gefängnis befreit[1]) und aufs neue zum Kaiser ausgerufen, und nachdem er den Kreuzfahrern gegenüber dieselben Verpflichtungen wie sein

---

[1]) Über seinen Sturz im Jahre 1195 vgl. oben p. 128, vgl. 126².

Sohn Alexios eingegangen war, hielten diese mit dem jungen Prinzen ihren Einzug in Konstantinopel: am 1. August wurde derselbe als Alexios IV. zum Mitregenten gekrönt.

Es gilt für uns, dies Ereignis mit ein paar Worten allgemein zu würdigen, bevor wir die Stellung, die der Papst zu diesem Umschwung der Dinge einnahm, betrachten.

Die Wendung des Vierten Kreuzzugs gegen Konstantinopel ist durch das Zusammentreffen zufälliger Umstände und alteingewurzelter historischer Bestrebungen bedingt gewesen, sie war ein Produkt der Gelegenheit und der geschichtlichen Entwicklung.

Ein Zufall war die Flucht des jungen Alexios ins Abendland gerade zu einer Zeit, wo ein Kreuzheer im Begriff war, von Venedig aus seine Fahrt übers Meer anzutreten.

Dass aber nun Philipp von Schwaben, die Venetianer und die Führer des Kreuzheeres sich des jungen Alexios annahmen, geschah seitens aller drei Mächte in Verfolgung einer alten Politik, die sie nunmehr in veränderter Form fortsetzten.[1])

---

[1]) Als ich an meine Abhandlung über den Vierten Kreuzzug ging, existierten zwei Theorieen über dessen Wendung gegen Kp.: die Intrigentheorie und die Zufallstheorie. Ich suchte die Intrigentheorie endgültig zu widerlegen, und die Zufallstheorie, mit der ich mich im übrigen in Übereinstimmung befand, zu vertiefen.

Ich stimmte der Zufallstheorie darin zu, dass die Wendung des Kreuzzugs gegen Kp. erst durch das zufällig damals eintretende Ereignis der Flucht des jungen Alexios herbeigeführt wurde, und dass alle Mächte aus freiem Entschluss für den Prätendenten eintraten: es gab keine Prämeditation und es gab keine Intrige.

Aber ich fand die Zufallstheorie zu oberflächlich, weil die Forscher, die sie verfechten, das Interesse, welches die einzelnen Mächte für den jungen Alexios eintreten liess, als ein augenblickliches, damals gerade sich darbietendes ansehen. Demgegenüber habe ich nachgewiesen, dass jene Mächte, wenn sie den Prätendenten begünstigten, eine frühere Politik in neuer Form fortsetzten, und ich habe den Kreuzzug so, statt ihn isoliert, als einen singulären Fall in der Geschichte anzusehen, im Rahmen der Beziehungen des Abendlandes zu Byzanz betrachtet, habe den inneren

Wir sahen bereits, wie der deutsche König mit der Unterstützung seines Schwagers die Orientpolitik Heinrichs VI., wenn auch in bescheideneren Grenzen, fortführte.

Venedig hatte das byzantinische Reich oft durch seine Unterstützung vor abendländischen Angriffen gerettet: doch hatte es die Handelsprivilegien, die die Kaiser ihm als Entgelt verliehen, zu wiederholtenmalen nur durch Anwendung kriegerischer Mittel zu behaupten vermocht.[1] Noch jüngst (1198) hatte die Republik dem Kaiser Alexios III. die Erneuerung der Konzessionen durch die Drohung, dass sie sonst für das Thronrecht seines Neffen eintreten würde, abtrotzen müssen.[2] Als der Usurpator zwar nachgab, dann aber den Vertrag brach und die Rivalen Venedigs begünstigte, da nahm die Republik die Gelegenheit der Flucht des jungen Alexios wahr, um ihre Drohung zu verwirklichen. Sie beschloss, mit Hilfe des Kreuzheeres den ihnen feindlichen Kaiser vom Throne zu stossen und an seine Stelle den Prätendenten zu setzen, der ihr, als der Macht, der er seine Herrschaft dankte, das Handelsmonopol in seinem Reich sichern werde.

Die Führer des Kreuzheeres endlich, Graf Bonifaz von Montferrat und die französischen Barone, sind nicht etwa durch eine Intrige, sei es Venedigs oder Philipps von Schwaben, in das Unternehmen gegen Byzanz verwickelt worden, sondern sie haben ihre eigene Politik gemacht, als sie, wenn auch auf Zureden Philipps und Venedigs, für den Griechenprinzen eintraten, eine Kreuzfahrerpolitik, die, wie die deutsche und venetianische, an frühere Bestrebungen anknüpfte, nur dass sie dieselben neugestaltete.

Sie liessen sich dazu herbei, das byzantinische Unternehmen in das Programm ihrer Kreuzfahrt gleichsam einzuschieben, weil sie von der Einsetzung des jungen Alexios,

---

Zusammenhang aufzudecken gesucht zwischen dem Vierten Kreuzzug und seiner anderthalbhundertjährigen Vorgeschichte.

[1] Norden l. c. p. 21 ff.
[2] S. o. p. 139.

wie persönliche Vorteile, so auch Nutzen für den Kreuzzug
erwarteten. Denn dieser verpflichtete sich ausdrücklich, einmal Kaiser, die Kreuzfahrer durch Truppen, Geld und Lebensmittel zu unterstützen. Durch sein Versprechen ferner, die
Kirchenunion herbeizuführen, gewann er besonders die kleri-
kalen Kreise des Kreuzheeres für sich. Kurz, die venetianisch-
deutsche Prätendentenpolitik ging ohne Rest in der Kreuzzugsidee auf. Sie bildete sozusagen den Sauerteig des Vierten
Kreuzzugs, nicht anders, als es Boëmunds Aggressivpolitik
gegen Byzanz für den Ersten und die normannisch-französische
Politik für den Zweiten Kreuzzug getan hatten.[1]

Indem nun der Kreuzzug unter diesen Auspizien trotz
des päpstlichen Einspruchs die Wendung gegen Byzanz nahm,
stellte er ein höchst merkwürdiges, historisches Phänomen
dar. Er bedeutete nämlich den Versuch, den Konflikt zwischen
dem Abendlande und Byzanz, wie wir ihn im Gefolge des
Ersten Kreuzzuges ausbrechen sahen, in durchaus origineller
Weise zu lösen.

Bisher hatte man ihm entweder eine gewaltsame oder
eine friedliche Lösung gesucht: die Occidentalen hatten das
griechische Reich erobern wollen, um es dadurch für die
Kreuzzugsbewegung und für die abendländische Kultur überhaupt zu gewinnen; die Komnenenkaiser hatten es auf friedlichem Wege dem Occident anzugliedern gesucht.

Der Vierte Kreuzzug gedachte beide Lösungen in eine
einzige zusammenzufassen: die Abendländer zogen aus, Konstantinopel zu erobern, aber zu erobern für einen griechischen
Kaiser, der sein Reich zu occidentalisieren versprach.[2]

---

[1] Vgl. l. c. p. 37 ff.

[2] In meiner Spezialschrift habe ich den Vierten Kreuzzug lediglich
in den Zusammenhang der früheren abendländischen Eroberungsversuche
gestellt, nicht aber zugleich in denjenigen der Unionsversuche der griechischen Kaiser: seine volle historische Würdigung erlangt er aber erst,
wenn er als ein Produkt beider Entwickelungsreihen erkannt wird.

II. Das Scheitern der Prätendentenpolitik und die Begründung des lateinischen Kaiserreichs.

Wir sahen, dass er sein nächstes Ziel, den Sturz des regierenden Kaisers und die Einsetzung des Prätendenten, erreichte.

Die Hoffnungen aber, die man an diese Umwälzung geknüpft hatte, erwiesen sich als von Grund aus verfehlt. Hatten sich die Griechen schon gegen den Versuch Manuels, das byzantinische Reich zu latinisieren, gesträubt, den dieser stolze Kaiser in freier Selbstherrlichkeit unternommen, und mit dem Streben, Byzanz über den Occident zu erhöhen, verbunden hatte:[1] wie mussten sie erst den Prinzen aus dem Hause Angelos hassen, der sich mit Hilfe der Lateiner zu ihrem Herrn aufgeworfen hatte, und der nun, unter der argwöhnischen Aufsicht lateinischer Fürsten, Barone und Priester, daran ging, sein Volk den Zwecken des Occidents dienstbar zu machen.[2]

Schon in den ersten Wochen machte sich dieses Widerstreben der Griechen gegen eine Verständigung mit den Lateinern so stark bemerkbar, dass die Kreuzfahrer, so sehr ihnen daran lag, ihrer Unternehmung gegen Konstantinopel nachträglich die päpstliche Sanktion zu verschaffen, Innocenz nur einen ganz unbefriedigenden Rechenschaftsbericht über dieselbe abzulegen vermochten.

Sie stellten dem Papste durch ein Schreiben vom 28. August 1203 auf der einen Seite vor, wie sie im nächsten Frühjahr im Verein mit der Streitmacht des Kaisers zum Kampf gegen die Ungläubigen aufbrechen würden; sodann wiesen sie auf das Unionsversprechen hin, zu dem sich Alexios IV. verstanden habe. Auch wandte sich auf ihre

---

[1] S. o. p. 104 ff.

[2] Besonders sein Unionsversprechen machte böses Blut. ‚Τὸ δὲ δὴ μεῖζον καὶ ἀτοπώτατον, παρεκτροπὴν πίστεως, ὁποῖα τοῖς Λατίνοις ἀσπά-ζεται, καὶ τῶν τοῦ πάπα προνομίων καινισμὸν, μεταθεσίν τε καὶ μετα-ποίησιν τῶν παλαιῶν Ῥωμαίοις ἐθῶν συγκατέτεθο', sagt Niketas p. 715.

Veranlassung Alexios selbst in einem Schreiben an den Papst, in dem er diesen seiner persönlichen Ergebenheit versicherte und zugleich verhiess, er werde, „wenn Gott ihm dazu die günstige Gelegenheit gebe", auch die orientalische Kirche unter das Papsttum beugen.[1]

Das also war alles, was die Kreuzfahrer zur Rechtfertigung der Übertretung des päpstlichen Gebots, der Erhöhung des Schwagers Philipps von Schwaben zum Kaiser von Byzanz, anzuführen wussten. Dass sie damit nicht ohne weiteres Innocenz' Verzeihung erlangten, kann nicht weiter wundernehmen.

Was in aller Welt war denn, auch nur in kirchlicher Hinsicht, durch die Einsetzung dieses neuen Kaisers gewonnen? Eine ähnliche Zusage wie Alexios IV. hatte seiner Zeit auch Alexios III. geleistet. Taten wollte der Papst endlich sehen, an Stelle der ewigen schönen Worte. Nur wenn der Vierte Alexios die Union wirklich zustande bringt, wenn er durch eine feierliche Urkunde, die er nach Rom schickt, seine Ergebenheit gegenüber dem päpstlichen Stuhle bezeugt, und

---

[1] ep. Crucesignatorum bei Bouquet, Bd. XVIII. p. 566. Alexios habe versprochen ‚quod eam reverentiam praestare deberet Rom. pontifici, quam antecessores sui, Imperatores catholici, praedecessoribus suis Pontificibus pridem impendisse noscuntur et Ecclesiam orientalem ad hoc idem pro viribus inclinare'. Alexios' eigener Brief unter ep. Innoc. VI 210 (25. August 1203). Er verspricht, ‚quod, opportunitate nobis a Domino praestita salutari, ad idem orientalem ecclesiam tam prudenter inclinabimus quam potenter'. Was in dem Briefe des Grafen Hugo von St. Paul (l. c. p. 519), der nach dem Vorbild der ep. cruc. abgefasst worden ist (Klimke, Quellen zur Geschichte des IV. Kreuzzuges, Breslau 1875 p. 19/20), noch darüber hinaus als von Alexios konzediert hingestellt wird, verdient keinen Glauben. Weder Alexios erwähnt in seinem Briefe an Innocenz etwas von einer bereits geschehenen Unterwerfung der orientalischen Kirche und der Geneigtheit des Patriarchen, von Rom das Pallium zu holen, noch Innocenz in seinen Antworten an Alexios und an die Kreuzfahrer (Innoc. ep. VI 210, 229—31). Letzteres, nämlich, dass der Patriarch das Pallium von Rom erbitte, stellt Innocenz in diesen Antworten vielmehr erst als Forderung auf.

wenn er den Patriarchen von Konstantinopel veranlasst, durch
eine Gesandtschaft den römischen Primat anzuerkennen, dem
Papst Gehorsam zu leisten und von ihm das Pallium zu erbitten: erst dann, und dann allein, will Innocenz das Vorgehen
der Kreuzfahrer — trotz seiner politischen Bedenken wegen der
Verwandtschaft des neuen Kaisers mit dem Staufer — ver-
zeihen.[1]   Da er aber voraussieht, dass die Lateiner, um die
Union in dieser Vollständigkeit durch zudrücken, die Kreuzfahrt
noch länger würden vertagen müssen, so rät er ihnen, lieber
auf die Durchführung der Union zu verzichten und die Kreuzfahrt fortzusetzen: freilich müssen sie sich dann zuvor vom
Banne lösen lassen, dem sie naturgemäss verfallen sind, wenn
sie mit leeren Händen von Konstantinopel abziehen.[2]

Als Innocenz so den Kreuzfahrern schrieb, am 7. Februar
1204, hatten diese schon längst ihren ursprünglichen Plan,
der sie nach Konstantinopel geführt hatte, zu Gunsten eines
anderen, radikaleren, aufgegeben.

Bereits wenige Monate nach seiner Thronbesteigung, im
November 1203, hatte Alexios IV., da er sich völlig ausser
stande sah, die Griechen nach dem Willen der Lateiner zu
lenken, mit den vor der Stadt lagernden Kreuzfahrern alle
Beziehungen abgebrochen.

Doch die Griechen fühlten sich unter den Kaisern aus
dem Hause Angelos, die auch den Kampf gegen die Lateiner
ohne Kraft führten, nicht mehr sicher: Ende Januar 1204
brach in Konstantinopel eine Revolution aus, die mit dem
Untergang Alexios' IV. und seines Vaters Isaak endete, und
einen neuen Herrscher, Alexios V., ans Ruder brachte, der
die Führerrolle in einem letzten Verzweiflungskampf der
Byzantiner gegen die Abendländer, die die Hauptstadt um-
lagert hielten, und gegen all die Demütigungen, die sie dem

---

[1] Antwort Innocenz' an Alexios IV. ep. VI 229 (23. Januar 1204), an
die Kreuzfahrer VI 230, und an die Bischöfe von Soissons und Troyes
VI 231/32 (7. Februar 1204). Vgl. Norden, l. c. p. 98.

[2] Norden, l. c. p. 99.

Griechentum auferlegen wollten, zu übernehmen willens und befähigt war.[1]

'Die Kreuzfahrer aber fassten jetzt, wo sie sahen, dass in Güte von den Griechen nichts von dem zu erreichen war, was sie in Konstantinopel gesucht hatten, den Entschluss, dem byzantinischen Reich ein Ende zu machen und ein lateinisches Kaiserreich an seiner Statt aufzurichten. (März 1204.)

Am 12./13. April 1204 wurde Byzanz von den Kreuzfahrern erobert. Graf Balduin von Flandern bestieg am 9. Mai den Thron Konstantins des Grossen. Er gewann noch im selben Jahre fast ganz Thracien.

Zur selben Zeit schuf sich der vornehmste Lehnsmann des neuen Kaiserreichs, Bonifaz von Montferrat, dem Thessalonich zugefallen war, ein stattliches Königreich durch einen Eroberungszug nach Griechenland. Thessalien, Böotien, Attika, Teile des Peloponnes, fielen in seine Hände. Er verlieh die einzelnen Teile an seine Getreuen. Die wichtigsten Herrschaften wurden hier: das Herzogtum Athen unter den de la Roche aus Burgund, die Herrschaft der „Dreiherren", dreier lombardischer Geschlechter, auf Euböa, und, etwas später, das Fürstentum Achaja unter dem Hause Villehardouin.

Auch nach Asien griffen die Lateiner noch im Jahre 1204 über: sie machten sich zu Herren der Nordwestecke Kleinasiens, etwa bis auf die Linie Adramyttion—Nikomedien.

Einen beträchtlichen Teil des Reichs endlich hatte sich Venedig vertragsmässig gesichert, doch begnügte es sich im allgemeinen mit der Oberhoheit über diese Gebiete, während es nur die wirtschaftlich wichtigsten Positionen in Eigenbesitz nahm.[2]

---

[1] ‚Obedientiam autem Romanae Ecclesiae et subventionem Terrae sanctae, quam iuramento et scripto Imperiali firmaverat Alexios, adeo refutavit, ut vitam amittere praeeligeret Graeciamque subverti, quam quod Latinis pontificibus orientalis Ecclesia subderetur'. Brief Balduins an Innocenz vom Jahre 1204, unter ep. Innocenz VII 152. Vgl. Norden, l. c. p. 54 (auch für das oben vorhergehende).

[2] S. Hopf, l. c. [114[1]] p. 208 ff., Norden, p. 58—60.

Zweites Buch.

Die Wiedervereinigung Byzanz' mit Rom durch eine abendländische Okkupation.
Das Papsttum und das lateinische Kaiserreich.
1204—1261.

Erster Teil

Das lateinische Kaiserreich unter Innocenz' III. Blütezeit. 1204—1216.[1]

Der Konflikt zwischen dem Occident und Byzanz, wie er seit dem Beginn der Kreuzzüge akut geworden war, hatte durch den Vierten Kreuzzug seine Lösung gefunden.

Indem diese Heerfahrt der Abendländer nach Konstantinopel mit dem Versuch begann, das griechische Reich auf dem friedlichen Wege der Griechenunion in die abendländische Staatenwelt einzufügen, um dann mit einer lateinischen

[1] Über die hier in Betracht kommende neuere Literatur bemerke ich folgendes: Pichler, l. c. [2] begnügt sich, wie gewöhnlich, mit der Aneinanderreihung übersetzter Papstbriefe, und da ist die Lektüre seines Buches hier, wie überall, peinvoll, ohne instruktiv zu sein; soweit er aber ein Urteil über Innocenz' Beziehungen zum lateinischen Kaiserreich abgibt, ist es schief. Die Darsteller der byzantinischen Geschichte dieser Epoche, d. h. in der Hauptsache Hopf, behandeln von den besagten Beziehungen im wesentlichen nur das, was ich im dritten Kapitel des ersten Abschnitts dieses Teils bespreche. Pears, The fall of Cple. etc. London 1885, p 380 ff. sagt einiges über Innocenz und das Scheitern des Vierten Kreuzzugs. Hurter in seiner Geschichte Innocenz' III. bespricht zu jedem Jahre neben allem anderen auch die Ereignisse des lateinischen Kaiserreichs und die Stellung des Papstes zu ihnen. Dass dabei überall der Zusammenhang verloren gehen muss, ist klar: die betreffenden Jahresabschnitte bei Hurter bezeichnen lediglich eine bequeme, wenn auch nicht vollständige Übersicht über die Briefe, die Innocenz in dem betr. Jahr mit Rücksicht auf die verschiedenen Weltangelegenheiten schrieb.

11*

Eroberung Byzanz' zu enden, stellte sie zugleich die Synthese und den Abschluss der ganzen früheren Entwicklung dar.

Die Frage für uns ist nunmehr: was hat die Begründung des lateinischen Kaiserreichs für das Papsttum bedeutet, inwieweit sind bei der Lösung des Konflikts zwischen dem Abendlande und Byzanz, den der Vierte Kreuzzug herbeigeführt hatte, die spezifisch päpstlichen Interessen befriedigt worden? Und welche Haltung hat demgemäss als erster Innocenz III. gegenüber der Schöpfung der Kreuzfahrer eingenommen?

Wir werden sie mit dem Papste zunächst in der phantastischen Pracht schauen, in der sie der Pinsel der siegesberauschten Eroberer Byzanz' ausmalte; wir werden sie dann schildern, so wie sie Innocenz erschien, als feindliche Ungewitter diesen bunten Schimmer hinweggewischt hatten: auf tiefe Schatten, aber auch auf helles Licht wird dabei unser Auge treffen.

Vorbetrachtung.

Das lateinische Kaiserreich in Ideal und Wirklichkeit.

I. Der Traum von einem idealen lateinischen Kaiserreich. (Herbst 1204 bis Mai 1205.)

In einem pomphaften Manifest kündete der Kaiser des neugegründeten Kaiserreichs, der sich den „neuen Konstantin" nannte,[1] dem Papste die herrlichen Taten der Kreuzfahrer, ihre hohen Entwürfe. „Zur Ehre der römischen Kirche und

---

[1] ep. IX 199 (10. Dezember 1206), wo Innocenz von dem verstorbenen Balduin spricht, ihn aber nennt *illustrae memoriae Constantinus*. Weiterhin spricht er von Kaiser Heinrich als *germanus ipsius Constantini*. Vgl. Ducange, Hist. des empereurs français de Constantinople (ed. Buchon in Chron. nationales françaises) Bd. I p. 93.

zur Befreiung des heiligen Landes" sei er mit der Krone Konstantins gekrönt worden.[1] Den Kreuzzügen und Rom bisher eine geschworene Feindin, werde die kaiserliche Stadt nunmehr eine treue Dienerin der römischen Kirche werden und sich dem Vernichtungskampfe gegen die Feinde des Kreuzes und des heiligen Landes weihen.[2]

Dem Papste legt Balduin die Siegespalme zu Füssen, ihm schreibt er den ganzen Ruhm der Unternehmung zu. Er fordert Innocenz auf, gleich den Päpsten vergangener Zeiten, nach Konstantinopel zu kommen, um dort auf einem Generalkonzil das neue Rom dem alten zu vereinen und die Kreuzfahrer dann durch das nunmehr geöffnete Tor des Orients zu neuen Lorbeeren weiterzuführen.[3]

Ein Jahrhundert zuvor, im Jahre 1098, hatten die Führer des Ersten Kreuzzugs Papst Urban II. nach Antiochien eingeladen, um unter seiner Führung rückwärts nach Westen gegen das schismatische Griechenreich zu ziehen und durch dessen nachträgliche Eroberung eine Lücke in der katholischen Welt zu schliessen, die sie auf ihrem Zuge hatten klaffen lassen.[4]

Aber weder damals, noch bei den späteren vom Abendlande aus unternommenen Versuchen war das gelungen: erst jetzt, auf dem Vierten Kreuzzuge, war jene Kluft ausgefüllt worden. Der Schlüssel des Orients war gewonnen, mit Konstantinopel als Basis konnte man hoffen, die lateinischen Kolonieen in Syrien zu bewahren resp. wiederzugewinnen, ja,

---

[1] Brief Balduins an Innocenz unter ep. Innoc. VII 152. *„pro honore sanctae Romanae ecclesiae et subventione Terrae sanctae‘*.

[2] l. c. *„Cum ad confusionem perpetuam inimicorum crucis sanctae Romanae Ecclesiae terraeque Hierosolymitanae sese regia civitas devoveret, quae tamdiu iam potenter adversaria stetit et contradixit utrique‘*.

[3] l. c. Wir bitten Dich, *„ut gloriae huius atque victoriae et spei praeoptatae, cuius ostium magnum nobis apertum est, principes esse velitis et duces, vestrisque temporibus et operibus ascribatis decus aeternum . . . .‘* etc.

[4] S. o. p. 63/4.

den gesamten Orient zu erobern.[1]) Sie vorwärts gen Osten zu führen luden jetzt die Kreuzfahrer den Papst ein.

Schon sandten sie, ein prunkvolles Unterpfand naher Hilfe, die Hafenketten des goldenen Horns nach Akkon voraus.[2]) Und ebendort leistete Fürst Boëmund IV. von Antiochien der Gemahlin des Kaisers Balduin, die von Flandern direkt nach Syrien gefahren war, den Lehnseid.[3])

— — -

Der Eindruck, den unter diesen Umständen die Eroberung Konstantinopels durch die Lateiner auf Innocenz III. hervorgebracht hat, ist ein geradezu überwältigender gewesen.

Das war kein Ereignis des Zufalls, sondern ein göttliches Wunder,[4]) ein Mysterium, das Gott von Ewigkeit vorgesehen und nunmehr durch seine geheiligten Werkzeuge, die Kreuzfahrer, erfüllt hatte.[5]) Der Herr war es, der das griechische Reich von den stolzen, ungehorsamen, schismatischen Griechen auf die demütigen, folgsamen, katholischen Lateiner übertragen, der damit Kirche und Reich der Griechen dem apostolischen Stuhle unterworfen hatte.[6])

---

[1]) ep. Bald. l. c. „ad evacuandum scandalum crucis et subiiciendum in terris omnem adversariam potestatem, erigentem se adversus Dominum et adversus Christum eius". Nach Niketas p. 787/8, 809 warfen die Kreuzfahrer bereits über die Länder des fernen Orients unter sich das Los.

[2]) Niketas, p. 788, Chron. Alberici, MG. SS. XXIII p. 881.

[3]) Chron. Alb. p. 884.

[4]) Innoc. ep. VII 153, 154, 203 vom November 1204 und Januar 1205 „magnifica miracula; mirabile; pro tanti miraculi novitate". Auch von der Gründung des Fürstentums Athen sagt das Chron. Alberici (MG. SS. XXIII pag. 885), sie sei geschehen „quodam miraculo".

[5]) ep. VII 154 (November 1204) an die Geistlichkeit des Kreuzheeres: „. . . . non casu fortuito, sed alto quidem consilio Deus hoc mysterium per vestrum ministerium operatur, quatenus de caetero sit unum ovile et unus pastor". In seinem Briefe an die französische Geistlichkeit vom 25. Mai 1205 (ep. VIII 69) nennt er die Kreuzfahrer „sanctificati Domino".

[6]) ep. VII 153 (7. November 1204) an Balduin: „regnum Graecorum . . . . a superbis ad humiles, ab inobedientibus ad devotos, a schismaticis

Die Zeit schien gekommen, wo die Griechen sich zum römischen Glauben bekehren, wo sie insbesondere den Ausgang des heiligen Geistes vom Vater und vom Sohn bekennen, sowie ungesäuertes Brot zum Abendmahl gebrauchen würden.[1])

Und grössere Wunder schienen noch bevorzustehen. Innocenz glaubte so fest an den unlöslichen Zusammenhang zwischen der Eroberung Konstantinopels und der Befreiung des heiligen Landes, dass er erklären konnte: Jerusalem würde gar nicht in die Hände Saladins gefallen sein, wenn Gott bereits vor dem Jahre 1187 das byzantinische Reich von den Griechen auf die Lateiner übertragen hätte.[2])

Ja, wie die Blicke der Kreuzfahrer schweiften auch die des Papstes über das heilige Grab weit hinaus. In einem grandiosen Bilde vergleicht Innocenz die Ausbreitung, die die päpstliche Kirche in seinen Tagen erfuhr, und, wie er hoffte, weiter erfahren sollte, mit dem Fischfang Petri im Evangelium. Nirgends mehr, als in diesem Briefe an die Geistlichkeit des Kreuzheeres vom 21. Januar 1205 tritt der namenlose Stolz hervor, mit der die Eroberung Konstantinopels des Papstes Brust erfüllte.[3])

Das Werk seiner Vorgänger erscheint ihm fruchtlos, wie das Fischen der Jünger in der Nacht: „obwohl jene sich, so erklärte er, viel gemüht haben, haben sie doch ganz und gar nichts gefangen. Aber jetzt, wo ich im Namen Gottes das Netz ausgeworfen habe, haben ich und meine Brüder eine reichliche Menge Fische gefangen: in Livland,

---

ad catholicos iusto Dei iudicio est translatum' — ,Graecorum ecclesiam et Ctanum imperium, quod ad invocationem apostolicae sedis gratia sibi divina subiecit, in ipsius obedientia studeas conservare'.

[1]) ep. VII 154, (vgl. p. 166[5]) wo Innocenz die feste Erwartung ausspricht, dass die Griechen das *filioque* in Zukunft bekennen werden; und in ep. VIII 69 (vgl. l. c.) weist er ausser auf die Abweichung der Griechen in dem Trinitätsdogma auf ihre von der lateinischen verschiedene Abendmahlslehre hin.

[2]) Vgl. Norden, l. c. p. 63, Anmerkung 1.

[3]) Es ist ep. VII 203.

Bulgarien, Armenien".[1]) Und wie Petrus die Genossen des anderen Schiffes zur Teilnahme an dem glücklichen Fang heranwinkt, so hat Innocenz die griechische Kirche herbeigerufen: und sie ist zum Gehorsam gegenüber dem apostolischen Stuhl zurückgekehrt, nachdem die Lateiner das griechische Reich sich unterworfen haben.

Jetzt gilt es, beide Schiffe zu füllen, das heisst: in gemeinsamer Arbeit werden nun die Kirchen von Rom und Konstantinopel unter der Ägide des Papsttums diejenigen Länder der Christenheit wiedergewinnen, die ihr einst angehörten, werden sie vor allem die beiden Schwestern der griechischen Kirche, die Patriarchatskirchen von Alexandrien und Jerusalem, aus der Knechtschaft des Sultans von Ägypten, des neuen Pharao, befreien.[2])

II. Das lateinische Kaiserreich der Wirklichkeit.

Die Hoffnungen, die Innocenz III. an den Fall Konstantinopels geknüpft hat, sind nicht in Erfüllung gegangen. Vor allem deshalb nicht, weil die Eroberung Konstantinopels nicht das Ende, sondern den Anfang der Okkupation des griechischen Reichs bedeutete, und weil sich alsbald den Kreuzfahrern auf allen Seiten unüberwindliche Widerstände entgegentürmten, die sie an der Eroberung des Gesamtreichs verhinderten, und die ihren Sinn bald, statt auf Welteroberung, auf Selbsterhaltung stellten.

Die modernen Geschichtsschreiber haben diese Konquistadoren, die an Stelle des altberühmten Imperiums, das sie zertrümmerten, kein neues, gleich lebensfähiges aufzu-

---

[1]) l. c. „. . . . ut, licet praedecessores mei plurimum laborarint, ipsi tamen pene penitus nihil ceperint; sed ubi ego in verbo Dei laxavi rete . . . . etc.

[2]) l. c. „Ecce ergo, socii nostri veniunt, ut adiuvent nos, quia Graecorum ecclesia redit ad obedientiam apostolicae sedis, ut, eorum adiuta subsidio, liberet duas eius sorores, Alexandrinam videlicet et Hierosolymitanam Ecclesias, quae captivae tenentur sub iugo regis Aegypti et invitae serviunt Pharaoni'.

richten wussten, dem Fluche geweiht.[1])   Statt von einem Verbrechen, sollte man von einem Verhängnis reden.

Die Eroberung des byzantinischen Reiches durch die Lateiner war mehr, als ein Wagnis von Glücksrittern und Abenteurern: sie war eine historische Erfüllung, die unvermeidlich gewordene Auseinandersetzung des Occidents mit Byzanz. Hatte auch ein Zufall, die Flucht des Prinzen Alexios ins Abendland, zur Wendung des Vierten Kreuzzugs gegen Konstantinopel den Anstoss gegeben, so hatten die Lateiner doch im Zeichen jenes historischen Gegensatzes Konstantinopel erst für Alexios IV., dann für sich selbst erobert.[2])

Aber durch ein eigenartiges Geschick sind auf diese Weise Mächte zur Lösung des Konfliktes zwischen dem Abendland und Byzanz berufen worden, die zwar an ihm von alters beteiligt waren, die aber doch nur schwächere Kräfte in der west-östlichen Vorwärtsbewegung des Occidents darstellten.

Die Hauptkraft war hier vielmehr der sizilisch-normannische Staat mit seiner Aggressivpolitik gegen das griechische Reich gewesen.[3])   Von Unteritalien, der natürlichen Angriffsbasis, aus hatte gegen Ende des XI. Jahrhunderts Robert Guiskard den ersten Vorstoss des Abendlandes gegen Byzanz unternommen, hatten ihn, als er damals scheiterte, seine Nachfolger immer aufs neue versucht: ein Herrscher des sizilischen Staates schien bestimmt, den Thron des Basileus der Rhomäer zu besteigen.   Vor allen Dingen wäre ein solcher Herrscher,

---

[1]) z. B. Gregorovius, Geschichte der Stadt Athen, Bd. I p. 275 ff., Pears, The fall of Cple' etc., London 1885, p. 399 ff.

[2]) S. Norden, l. c. p. 43 ff., auch oben p. 153 ff.

[3]) Nicht etwa Venedig, das mit der wirtschaftlichen Suprematie in einem griechischen Reiche zufrieden sein konnte.   Diese Stellung nahm es im XII. Jahrhundert ein, und wie es sich bereits damals wiederholt kriegerischer Mittel bedient hatte, um sie zu sichern, (Norden l. c. S. 26/27), so wandte Dandolo das probateste an: die Einsetzung eines neuen Kaisers, der für seine Erhebung Venedig dauernd zu Dank verpflichtet sei.   Erst durch den Zwang der Verhältnisse wurde es zur Teilnahme an der Okkupation des byzantinischen Reiches geführt.

von seinem Stammland her mit dem Regiment über Lateiner
und Griechen vertraut,[1]) imstande gewesen, auch in dem eroberten byzantinischen Reiche die Gegensätze zwischen den
feindlichen Nationalitäten zu vermitteln.

Aber das oberste Gesetz der Geschichte ist der Widerstreit zwischen den allgemeinen Gesetzen geschichtlicher
Entwicklung und der originellen Gestaltung der Völker- und
Menschenschicksale. Es ereignete sich das Unerwartete, dass
der entscheidende Stoss gegen das byzantinische Reich von
anderen Mächten des Abendlandes geführt wurde, gerade
während der kurzen Spanne Zeit, da, nach des Staufers
Heinrich VI. Tod, jene unteritalische Basis unterwühlt war.

Die venetianische Handelspolitik nun, die deutsche und
Kreuzfahrerpolitik, die den Vierten Kreuzzug nach Konstantinopel lenkten, waren schwächere Parallelströmungen, die,
mit dem Hauptstrom verbunden, dessen Gewalt unendlich
hätten steigern können,[2]) von ihm losgelöst aber nur geringe

---

[1]) Für die kirchl. Verh. s. o. p. 43³. Wichtige Aufschlüsse über
das griechische Element im Normannenreiche ergibt die Untersuchung
K. A. Kehrs über die Urkunden der normannisch-sizilischen Könige,
Innsbruck 1902. Danach zeigt sich das Urkundenwesen der normannischen
Könige vielfach durch das byzantinische Vorbild beeinflusst: der Titel der
Könige „verrät den Pomp oströmischer Etikette", auf ihren Bullen er-
scheinen sie in der Tracht der Kaiser von Byzanz (p. IX. 206). Griechische
Kanzlisten waren der Königlichen Kanzlei attachiert (p. 68 ff.). Unter
Roger II. (bis 1154) hielten die griechisch-arabischen Urkunden den latei-
nischen die Wage, während sich dann freilich seit Wilhelm I. dies
Verhältnis zu Ungunsten der griechischen Urkunden verschiebt (p. 239).
Dass aber darum das Interesse der Könige für griechisches Wesen
sich nicht verringerte, beweist der Aufsatz L. Sternbachs über einen
griechischen Hofdichter König Wilhelms II. (1166—1189), Eugenios von
Palermo, in Byz. Z. Bd. XI. (1902) p. 407 ff. Auf p. 449 ff. ein Huldigungs-
gedicht des Eugenios an den König.

[2]) So bei den Bestrebungen im XII. Jahrhundert, wo Kreuzfahrer
und Normannen zusammenwirkten, deren Politik dann Heinrich VI. in
sich vereinigte, s. Norden l. c. p. 13—21, 30—32. Vergl. später das Zusammenwirken Venedigs mit Karl von Anjou: unten Buch IV, erser Abschnitt, Kap. 1.

Kraft besassen. Zwar war auch diese hinreichend, das damals vermorschte byzantinische Staatsgebäude zu Fall zu bringen. Aber das lateinische Romanien wurde nun nicht, wozu es ein Monarch des sizilischen Reichs gemacht hätte, ein festgefügter Beamten- und Militärstaat, sondern seine Eroberer, Ritter und Kaufleute, drückten ihm das Gepräge ihrer Eigenart auf, errichteten dort das lockere Gebilde eines mit selbständigen Handelskolonieen durchsetzten Lehnstaates. Dabei entwickelte sich in Romanien kein lateinisches Nationalgefühl, das etwa die mangelnde Straffheit des Lehnsverbandes hätte ersetzen können. Es existierte so wenig, dass vielmehr in den Heeren aller griechischen Fürsten Lateiner zu finden waren, die sich nicht scheuten, um hohen Sold gegen ihre eigenen Landsleute zu kämpfen.[1] Nicht minder verderblich war es, dass die Lateiner von Konstantinopel jetzt nicht auf den Herrscher von Unteritalien als auf ihren mächtigen Schutzherrn blicken konnten, sondern auf die Unterstützung ihrer Volksgenossen, d. h. kleiner oder ferngelegener Mächte, angewiesen waren.

---

[1] Innoc. ep. XIII 24 (22. März 1210) an die Geistlichkeit des Peloponnes: „Praeterea quidam ex Latinis ibidem morantibus, ut alios Latinos impugnent, Graecis temere adhaerere praesumunt'. — ep. XIII 184 (7. Dezember 1210) an den Patr. von Kp.: sowohl Michael von Epirus wie Laskaris bedrängen das Reich im Vertrauen auf die unter ihnen dienenden Lateiner, s. a. ep. XIV 98 (21. August 1211) an die thebanische Geistlichkeit.

Erster Abschnitt.

Die Enttäuschungen Innocenz' III. im lateinischen Kaiserreich.

Das lateinische Kaiserreich, wie es nun einmal wurde, hat Papst Innocenz III. grosse Enttäuschungen, aber auch grosse Triumphe bereitet.

Was zunächst die ersteren betrifft, so musste der Papst sich entschliessen, auf die Fortsetzung der Kreuzfahrt zu verzichten und sich mit der Unterwerfung nur eines Teils der griechischen Kirche durch die Lateiner begnügen.

Ja auch die Art, wie der von diesen okkupierte Reichsteil katholisch wurde, entsprach keineswegs den Erwartungen des Papstes. Denn einerseits verweigerte ein grosser Teil der griechischen Geistlichkeit des lateinischen Kaiserreichs dem Papsttum den Gehorsam, geschweige denn dass diese sich zum römischen Glauben bekehrt hätte; und andrerseits waren auch die lateinischen Herren des griechischen Reichs anfangs nichts weniger als folgsame und demütige Söhne der Kirche.

Erstes Kapitel.

Der Verzicht der Lateiner auf die Fortsetzung der Kreuzfahrt.[1]

Schon im Frühjahr 1205 drohte dem eben geschaffenen lateinischen Kaiserreich der Untergang.

[1] Einiges über Innocenz' Stellung hierzu sagt Pears, l. c. p. 380 ff. Doch setzt er nicht die anfängliche Begeisterung Innocenz' III. ins rechte Licht, im Gegensatz zu dessen späterem Tadel der Kreuzfahrer.

Der Bulgarenzar Johannicha, den die Griechen als ihren Befreier vom Lateinerjoch herbeiriefen, brachte dem Kaiser Balduin am 15. April bei Adrianopel eine vernichtende Niederlage bei und hielt seitdem jahrelang die Lateiner von Konstantinopel und Thessalonich in Schrecken. In Asien aber erwuchs ihnen in Kaiser Theodor Laskaris von Nikäa ein nicht minder gefährlicher Gegner.[1]

Nie sollte sich ihnen seit dieser Zeit mehr der Horizont weiten, sollten sie der Sorge um die Erhaltung dessen, was sie in keckem Wagemut errungen, ledig werden.

Auch der Papst sah sich schwer enttäuscht. Doch verkannte er lange Zeit den ganzen Ernst der Sachlage.

Ein Kleinod in kostbarer Fassung hatte man ihm dargereicht, da man die griechische Kirche Rom unterwarf zugleich mit der Verheissung, von Konstantinopel aus den mohammedanischen Orient zu katholisieren. Diese schillernde Hülle mochte Innocenz jetzt nicht missen. Vor allem hielt er fest an dem Zusammenhang der Eroberung Konstantinopels mit der Befreiung Jerusalems. Er betrachtete die Unternehmung nach wie vor als einen unvollendeten Kreuzzug und bestand auf seiner Fortsetzung. Zwar gewährte er den Kreuzfahrern im Mai des Jahres 1205 eine einjährige Frist zur Festigung des lateinischen Kaiserreichs, aber nach deren Ablauf sollten sie ins heilige Land ziehen, ja, falls dessen Zustand es erfordere, bereits vorher ihm zu Hilfe eilen.[2]

Da drohte die eigenwillige, aber durch die Zwangslage der Lateiner bedingte Handlungsweise des Legaten, das Band zu zerreissen, das in Innocenz' Geiste Konstantinopel und Jerusalem aufs engste verknüpfte. Kardinal Peter löste — etwa im Juni 1205 — alle Kreuzfahrer, die noch bis zum März 1206 in Konstantinopel weilen würden, von ihrem Gelübde. Es war das genaue Gegenteil von dem, was Innocenz

---

[1] S. Hertzberg, l. c. [61³] p. 386 ff.

[2] Nachdruck dieses erst neuerdings bekannt gewordenen Briefes bei Norden l. c. p. 63.

wollte, und man begreift seine Erregung. Die Fahrt nach
Konstantinopel, so fuhr er den Legaten an, sei ein Abirren
vom rechten Wege gewesen, wobei die weltlichen Interessen
im Vordergrund gestanden hätten: sie könne nimmer als
Ersatz eines wahren Pilgerzuges, als Erfüllung des Kreuzzugsgelübdes gelten.[1]) Konstantinopel erschien ihm als halb-
wegs, als das Endziel Jerusalem.

Wir sehen, wie der Papst infolge dieses willkürlichen
Versuches, die Kreuzfahrt kurz abzubrechen, ihre Wendung
gegen Konstantinopel wieder ungünstiger beurteilt als in der
Zeit vom November 1204 bis Mai 1205. Auch die Kunde
von den bei der Erstürmung der Stadt von den Lateinern
verübten Gräueln und von der Bedrängnis des heiligen Landes,
dessen Bewohner massenweise nach Konstantinopel strömten,
mussten Innocenz in dieser Ansicht bestärken.[2]) Aber er
befahl nun eben dem Kardinal Peter den Widerruf jener Ge-
lübdeverwandlung, und da er an der Überzeugung festhielt,
der Kreuzzug werde, wenn auch erst nach geraumer Zeit,
noch zum Ziele gelangen, neigte er wieder zu einer milderen
Auffassung, wie sie in einem etwa zwei Monate später
(August/September 1205) an den König Bonifaz von Thessalonich gerichteten Briefe hervortritt.

Zwar schienen ja, so meint er da, die Kreuzfahrer ihr
Gelübde verletzt zu haben durch den Kampf gegen Christen
und durch das Streben, statt Jerusalem Konstantinopel zu
erobern.[3]) Aber nach einer subtilen Erwägung des Für und

---

[1]) ep. VIII 126 (12. Juli 1205). Da die Kreuzfahrer „a via postmodum errantes in nimium temporalia commoda usque hodie sint
secuti, utrum tibi licuerit immutare taliter, immo pervertere potius
votum tam solemne . . . tibi relinquimus discernendum'. Vgl. Pears
l. c. p. 385.

[2]) l. c. vgl. Pears p. 382/3.

[3]) ep. V 133 (August/September 1205): „. . . . a puritate voti
vestri temere declinasse videmini . . . . non intendentes ad recuperandam
Jerusalem, sed Cpolim occupandum, terrenas opes coelestibus divitiis
praeferendo'.

Wider, die er in diesem Schreiben anstellt, erkennt er doch in der Bestrafung der hartnäckig schismatischen und kreuzzugsfeindlichen Griechen einen göttlichen Ratschluss; er heisst daher Bonifaz, das eroberte Land behaupten, zugleich aber die Unterstützung des heiligen Landes, dem er sich in erster Linie und geistlich gewidmet habe, fest im Auge behalten, da dieses durch den Besitz Romaniens leicht, wie man hoffe, erobert werden könne.

Nach wie vor ruft er die Gläubigen auf, durch einen Zug nach Konstantinopel für das heilige Land zu arbeiten, denn wer für die Befreiung des heiligen Grabes sich begeistere, müsse auch die Festigung des lateinischen Kaiserreichs erstreben.[1] Versicherte ihm doch Balduins Nachfolger, Kaiser Heinrich: es sei die allgemeine Ansicht der im Orient lebenden Christen, insbesondere der Templer- und Johanniterritter in seiner Umgebung, dass das lateinische Kaiserreich und das heilige Land miteinander stehen und fallen würden.[2] So verliehen die Fürsten des Reiches diesen · Ritterorden Schenkungen in Romanien „zur Unterstützung des heiligen Landes“,[3] so zog man gegen die Reichsfeinde mit dem Rufe ‚Saint Sépulcre‘ zu Felde,[4] und in Palästina ersehnte man ein glückliches Ende des Kreuzzuges dieser Helden, die Gott

---

[1] ep. VIII 130 (16. August 1205), ep. IX 45 (10. April 1206).

[2] Unter Innoc. Briefen ep. VIII 131 (Juni 1205). Die orientalischen Christen versichern: ‚ut non solum ipsius (terrae sanctae) liberationem huius operetur redintegratio, verum etiam omnium paganorum ... confusionem ..., sicut e contra eius disturbatio ... non solum recuperandi partem amissam terrae sanctae spem auferret, immo et illam, quae in praesenti Christiano cultui dedita est, procul dubio spem praeriperet detinendi‘.

[3] König Bonifaz von Thessalonich schenkte den Templern Land in Thessalien ‚ad subsidium terrae sanctae‘ nach ep. Innoc. XIII 137, vgl. XIII 143, 145 (noch 1210).

[4] Henri de Valenciennes (ed. Bouchet als Annex. zu Villehardouin) p. 326 № 539.

in Konstantinopel als Säulen des katholischen Glaubens aufgerichtet habe.[1])

Noch im März 1207 sind für Innocenz die Lateiner in
Romanien die **Kreuzfahrer**, die er ermahnt, Gott zu bitten,
ihre Pilgerfahrt zum erwünschten Ende zu leiten. Ein neues
Kreuzheer werde ihnen die Heiden an ihren Grenzen über-
winden helfen.[2]) Es sind die Truppen gemeint, die der
Bischof Nivelon von Soissons, ein Teilnehmer des Vierten
Kreuzzuges, im Abendlande gesammelt hatte.[3])

Aber zum Unglück zerstreute sich dieses Hilfsheer, von
dem Innocenz Grosses erwartet hatte, durch den plötzlichen
Tod seines Führers in Bari,[4]) und von nun ab gab Innocenz
die Hoffnung verloren, der Vierte Kreuzzug möge noch an
sein ursprüngliches Ziel gelangen. Im Hinblick auf dieses
letztere musste der Kreuzzug als gescheitert angesehen werden.

Er rückte nunmehr aus der Sphäre des Wunderbaren in
die der Kritik. Nicht sowohl Gott schien das Kreuzheer zu
göttlichen Zwecken nach Konstantinopel geführt zu haben, als
eine irdische Macht in ihrem Sonderinteresse. Man wollte

---

[1]) Interessanter Brief eines Erzbischofs von Nazareth, mitgeteilt
von Röhricht in MJÖG p. 489—92. Er sollte die Eroberer Kp.s zur
Fortsetzung ihrer Kreuzfahrt, deren Endziel ja Jerusalem war, anfeuern.
Von Balduin und seinen Gefährten heisst es: ‚*quos tamquam aurum in
fornace probavit Dominus et in columnas fidei catholice sursum erexit
in bono principio captionis Ctanae civitatis, quod meliore medio et
fine optimo concludet Dominus, quia . . . inimici nostri Saraceni
dissipabuntur . . ., cum videlicet Christi milites, virtute et gratia in-
ducti ex alto, terram promissionis acquirent*‘. Treffender konnten die
Absichten der Kreuzfahrer nicht ausgedrückt werden: Die Einnahme von
Kp. das ‚*bonum principium*‘ und die Befreiung des heiligen Landes, das
‚*finis optimus*‘. Aber der Kreuzzug scheiterte eben in Kp.

[2]) ep. X 37. Die Adresse lautet: ‚*Universis Christifidelibus
crucesignatis in Romaniae partibus constitutis*‘.

[3]) Seine Mission ins Abendland setzt er selbst auseinander in einem
Briefe an die Stephanskirche von Châlons vom Oktober 1205. Riant „Exuviae
sacrae Ctanae", Bd. II p. 65.

[4]) Hopf, l. c. [114¹] 227.

nicht glauben, dass der Kreuzzug durch eine unvorherge-
sehene Verkettung der Verhältnisse in Konstantinopel stecken
geblieben sei. Ein Sündenbock wurde gesucht, der ihn dorthin
abgelenkt habe.

Einem grossen Strome der öffentlichen Meinung folgend,
warf Innocenz seinen Verdacht auf die Venetianer und legte
ihnen die Ablenkung des Zuges von Jerusalem und Ägypten
zur Last.[1]) Dies geschah im Jahre 1206.

Bestärkt wurde Innocenz in seinem Verdacht durch eine
Tat der Venetianer aus dem Jahre 1209, die ihm wie eine
Wiederholung der Ablenkung des Vierten Kreuzzuges im
kleinen vorkam. Sie führten Pilger, die sich ihren Schiffen
anvertrauten, statt ins heilige Land nach Kreta, um dieses
der venetianischen Herrschaft zu unterwerfen, und sie
behaupteten, der Papst habe dafür dieselbe Indulgenz verheissen wie für einen Zug ins heilige Land. Innocenz
liess sie daraufhin durch den Patriarchen von Aquileja warnen,
in Zukunft keine Pilger ihrem Gelübde abwendig zu machen
und Gott nicht noch ärger zu beleidigen, als sie es durch
das, was früher geschehen, getan hätten, nämlich durch die
schädliche und schändliche Abziehung des Pilgerheeres vom
heiligen Lande.[2]) Im selben Jahre noch muss er den Patri-

---

[1]) Tafel und Thomas. Urkk. z. ält. Staats- und Handelsgeschichte
Venedigs in Fontes rer. Austriacar. Bd. XIII p. 28 (5. August 1206):
‚Dicite nobis, quando vos tantum damnum restaurare poteritis terrae
sanctae, cum averteritis exercitum Christianum tam grandem . . .,
adductum . . . tam magno studio et labore . . ., per quem procul dubio
sperabatur quod non solum hierosolymitana provincia recuperari deberet,
verum etiam magna pars Babylonici occupari? Si enim sibi potuit
Cpolim et Graeciam subiugare, quanto potius potuisset Alexandriam et
Aegyptum ac per hoc eripere terram sanctam de manibus paganorum?'

[2]) l. c. p. 87, Brief Innoc. an den Patriarchen von Aquileja vom
27. Februar 1209; ‚Quantum enim (Venetiani) dudum offenderint ab-
ducendo peregrinos damnabiliter et damnose a subsidio terrae sanctae'.
In einer viel späteren Epoche: bei dem Aufstand Kretas gegen die venetianische Herrschaft, der im Jahre 1363 ausbrach, hat die Republik in
ähnlicher Weise Kreuzfahrer zur Bezwingung der Insel zu verwenden

archen Thomas von Konstantinopel mahnen, diejenigen zu bannen, die von dort Waffen und Schiffsbauholz nach Alexandrien verhandelten.[1] Auch hier waren vermutlich Venetianer die Übeltäter. Statt einer Basis zum Kampfe gegen den Sultan von Ägypten, schien das lateinische Kaiserreich jetzt gar eine Hilfsquelle für diesen zu werden.

Übrigens musste Innocenz um so mehr daran liegen, den Verdacht der Ablenkung des Vierten Kreuzzuges nach Konstantinopel auf Venedig zu schieben, als eine andere Partei ihn selbst einer solchen Ablenkung beschuldigte.[2] Wie Venedig hatte ja auch der Papst seinen Vorteil von der lateinischen Eroberung Konstantinopels. Nun besteht aber über die ablehnende Haltung des Papstes gegenüber der Wendung des Kreuzzuges nach Konstantinopel kein Zweifel,[3] und man sieht hier deutlich, was von der öffentlichen Meinung dieser Zeit zu halten ist, wie sie auf Grund eines Urteils ex eventu eine oberflächliche Kritik an den Dingen übt. Ein neues Licht fällt von hier aus auch auf jene ganz besonders belastende Anklage des Syrers Ernoul gegen Venedig,[4] eines Schriftstellers, dessen Urteil über den Vierten Kreuzzug schon deshalb vorsichtigster Prüfung bedarf, weil er das Sprachrohr der

geplant *pro recuperatione insulae nostrae, tantum necessariae passagio'*. So die Briefe des Dogen vom 28. Januar 1264 bei Mas Latrie, Hist. de Chypre Bd. III p. 744/5. und die ausführliche Schilderung dieser Dinge bei Jorga, Philippe de Mezières, Paris 1900, p. 229 ff. Damals war auch der Papst (Urban V.) damit einverstanden, dass der König Peter von Cypern den Kreuzzug, den er vom Abendland aus anzutreten sich anschickte, mit der Pazifikation Kretas beginne: Rayn. 1364 § 8.

[1] l. c. p. 115, Brief vom 23. November 1209.

[2] Innoc. ep. XIII 184 (ed. Migne) vom 7. Dezember 1210: *,cum submurmurare non cessent, quod per apostolicae sedis ingenium exercitus Latinorum in Cpolim declinaverit captivandam'*.

[3] S. o. p. 143.

[4] S. Norden, l. c. p. 79. Er beschuldigte Venedig der Ablenkung des Kreuzzugs von Ägypten nach Kp. auf Grund eines Abkommens mit dem Sultan jenes Landes.

durch das Scheitern des Kreuzzuges am schwersten getroffenen Bewohner Syriens ist. So wenig wie der Papst hat Venedig den Vierten Kreuzzug vom heiligen Lande ablenken wollen.[1]

Gleichviel: Innocenz sah jetzt ein, dass er Konstantinopel nicht als Basis für eine noch von dort aus zu erwartende, sondern als Abschlagszahlung für die unterbliebene Befreiung des heiligen Landes zu betrachten habe.[2]

---

[1] Der springende Punkt ist, dass Venedig nicht die Hauptkraft sondern nur ein Rad in dem Triebwerk bildet, das den Kreuzzug nach Kp. lenkte. Erst mit der Flucht des jungen Alexios und seiner Ankunft im Abendland taucht überhaupt der Gedanke auf, dem Kreuzzug die Wendung gegen Kp. zu geben. An die Person dieses Fürsten krystallisieren sich nun gleichsam die Interessen Philipps von Schwaben, der Venetianer und Kreuzritter an. Diese drei Parteien stellen wieder drei Richtungen byzantinischer Politik des Occidents im XII. Jahrhundert vor, die sich hier mit einander verschmelzen. Nur von der Gesamtheit dieser Interessen aus kann die Wendung des Vierten Kreuzzuges gegen Kp. richtig gewürdigt werden.

Demgegenüber ist es eine sekundäre Frage, wie Venedig über das Ende des Kreuzzuges gedacht hat. Kein Zweifel, dieses liess den Dogen Dandolo kalt. Wer wollte in ihm einen Schwärmer für die Befreiung Jerusalems sehen? Als er mit den Kreuzfahrern im Jahre 1201 den Überfahrtsvertrag schloss, hatte er sich die Eroberung der adriatischen Küste und Zaras zum Ziel gesetzt. Dann, als der junge Alexios erschien, ergriff er begierig die Gelegenheit, mit demselben Kapital, welches für ihn das Kreuzheer bedeutete, eine weitere Operation zu Venedigs Vorteil zu machen, nämlich dem flüchtigen Prinzen zum Throne von Byzanz zu verhelfen und ihn so der Republik zu dauerndem Danke zu verpflichten. Aber es ist kein Grund anzunehmen, dass er nach Sicherung des Profits es verschmäht haben sollte, der religiösen Stimmung seines Zeitalters, vor allem dem Papste seinen Tribut zu zahlen und das Kreuzheer nach Syrien überzuführen (s. meine Abhandlung über den Vierten Kreuzzug p. 84/85). Jedenfalls konnte auch der Doge nicht den Verlauf, den die Dinge später in Kp. nahmen, voraussehen und ahnen, dass man von der Einsetzung des Thronerben zur Eroberung Byzanz' auf eigene Rechnung fortschreite und so nicht über Kp. hinausgelangen werde.

[2] In dem p. 177[1] zitierten Briefe ‚certe licet gratum nobis sit, quod Cpolis rediit ad obedientiam Romanae ecclesiae . . . gratius tamen nobis fuisset, si Hierusalem redacta esset in potestatem populi Christiani‘.

12*

Seit jener Zeit verschwindet der Name des heiligen Landes aus den Erlassen Innocenz' für das lateinische Kaiserreich. Mit dem Jahre 1208 beginnen vielmehr die Vorbereitungen für einen neuen, direkten Kreuzzug ins heilige Land. Dabei fordert Innocenz zwar die Venetianer auf, jetzt ihr Gelübde eines Kreuzzuges ins heilige Land, dem sie infolge der griechischen Unternehmung nicht nachgekommen seien, zu erfüllen,[1] aber Romanien selbst wird nicht für denselben in Anspruch genommen.

Bezeichnend ist folgendes: in den Aufrufen zum grossen Laterankonzil des Jahres 1215 findet sich ein Passus, der den Geistlichen aller Länder die Vorbereitung des Kreuzzuges ans Herz legt. Er fehlt in dem an die Geistlichkeit von Konstantinopel gerichteten Aufruf.[2] Auch der zur selben Zeit nach Konstantinopel entsandte Kardinal Pelagius hat dort keinerlei den Kreuzzug angehende Mission zu erfüllen.[3] Für einen Erzbischof von Thessalonich im Jahre 1212 ist es nur mehr eine dem Zweifel unterworfene Behauptung, dass einst Romanien von den Kreuzfahrern mit Rücksicht auf das heilige Grab erobert worden sei.[4]

Die Scheinfassade war gefallen, man sah den Bau des Lateinerreichs, wie er in Wirklichkeit war.

---

[1] Tafel u. Thom. l. c. p. 170 (April 1213) . . . ‚*Licet autem propositum vestrum ad alia postmodum declinaverit, votum tamen nihilominus in sua firmitate permansit*'. Der Doge sagt reichliche Hilfe zu. Innoc. ep. XVI 91 (2. August 1213).

[2] Innoc. ep. XVI 30.

[3] Innoc. ep. XVI 104—106: Empfehlungen des Legaten an die Lateiner vom 30./31. August 1213.

[4] Innoc. ep. XV 76. In einem inserierten Briefe des Erzb.: das heilige Grab ‚*ad cuius subventionem crucesignatorum exercitus terram Romaniae dicitur acquisisse*'.

Zweites Kapitel.

Das lateinische Kaiserreich und die Griechenunion. Innocenz' III. Bemühungen, die Griechen innerhalb und ausserhalb des lateinischen Kaiserreichs und die griechisch-orthodoxen Slawen für Rom zu gewinnen.[1])

Der Bau war unfertig.

Das lateinische Kaiserreich umfasste nur einen Teil des ehemaligen byzantinischen Reichs, in Asien sowohl wie in Europa entstanden ihm zur Seite unabhängige griechische Staaten: dort das Reich Kaiser Theodors Laskaris von Nikäa, des gefährlichsten Rivalen der Lateiner, und die Herrschaften der Komnenenprinzen Alexios und David in Trapezunt und Heraklea am Pontus, hier das Despotat Epirus unter Michael Angelos, einem illegitimen Vetter Alexios' III.

Es waren ebensoviele Gebiete, die nicht unter die Herrschaft des Papsttums zurückkehrten. Sie blieben eine Domäne des Schismas. Sein Hauptherd wurde Nikäa, der Sitz des vornehmsten griechischen Kirchenfürsten, der sich, ohne Rücksicht auf den in der Kaiserstadt residierenden lateinischen Patriarchen, den Patriarchen von Konstantinopel nannte.[2])

Aber auch die Griechen des lateinischen Kaiserreichs selbst verharrten noch im Schisma. Die politische Unterwerfung der Byzantiner unter die Herrschaft der Lateiner schloss keineswegs die kirchliche unter die Herrschaft Roms in sich. Die Okkupation war keine Union.

Innocenz III. sah sich also vor die schwierige Aufgabe gestellt, die Griechen sowohl innerhalb wie ausserhalb des

---

[1]) Im Gegensatz zu der im folgenden Kapitel behandelten Frage über Innocenz' kirchliche Beziehungen zu den Lateinern, die auch schon von Hopf, Pichler etc. erörtert worden ist, hat die oben zu behandelnde Griechenfrage bisher noch keine Bearbeitung gefunden.

[2]) S. u. unter *N.* IV dieses Kap. Sonst viele Belege in griech. Briefen und Urkk.

lateinischen Kaiserreichs der römischen Kirche erst zu gewinnen.

Er hat diese Aufgabe mit feinem Takt und mit scharfem Blick für das Erreichbare, kurz, als der grosse Politiker, der er war, in Angriff genommen.

I. Toleranz in Bezug auf Glauben und Ritus.
Die Mission des Kardinals Benedikt (1205—1207).

Das letzte Ziel aller Unionsverhandlungen zwischen der griechischen und römischen Kirche ist die Herstellung der Glaubenseinheit gewesen.

Durch den Vierten Kreuzzug war ein grosser Teil der Griechen unter die Herrschaft katholischer Lateiner geraten.

Wenn man nun bedenkt, welch radikaler Mittel sich Innocenz III. bedient hat, um die abendländischen Ketzer zur Einheit der Kirche zurückzuführen, so würde es fast natürlich erscheinen, wenn er auch die Griechen durch die Schärfe des Schwertes zum römischen Glauben zu bekehren versucht hätte.

In der Tat ist es, wie schon oben bemerkt,[1] sein Wunsch gewesen, dass, wie das griechische Reich zu einem lateinischen, so auch der griechische Glaube zum römischen werden sollte.[2]

Aber der Kreuzprediger und Inquisitor gegen die französischen Albigenser hat sich den Griechen des lateinischen Kaiserreichs gegenüber vielmehr als ein unblutiger Anwalt des römischen Glaubens gezeigt.

Er schickte im Jahre 1205 den Kardinal Benedikt von S. Susanna als seinen Legaten nach Romanien mit dem Auf-

---

[1] p. 167.

[2] S. auch ep. VIII 55, Brief Innocenz' an Kaiser Balduin vom 15. Mai 1205, in dem er den Legaten Benedikt empfiehlt. ‚*Translato ergo imperio necessarium, ut ritus sacerdotii transferatur, quatenus Ephraim reversus ad Judam, in azymis sinceritatis et veritatis, expurgato fermento veteri, ebuletur*‘. (Anspielung auf den falschen griechischen Abendmahlsritus.)

trag, die griechische Kirche dort zur Glaubensreinheit heran-
zubilden. [1])

Und dieser Prälat nun hat sich seines Auftrags in
wahrhaft humaner und massvoller Weise entledigt.   Er hat,
dort, wo er als Zwingherr hätte auftreten können, mit den
griechischen Kirchenlehrern völlig auf gleichem Fusse verhandelt.

Sowie er mit den unabhängigen Griechen des Kaiserreichs Nikäa, und zwar mit dem Metropoliten von Ephesus
als deren Vertreter, in Konstantinopel Unionsverhandlungen
gepflogen hat,[2]) hat er sich auch in den Jahren 1205—1207

[1]) l. c. ,*Ut autem in devotione ac fidei puritate iuxta institutiones
sacrosanctae Romanae ecclesiae ... praedicta ecclesia (Graecorum) in-
formetur'* habe er den Legaten gesandt.

[2]) Dieses Faktum ergibt sich aus der weiter unten (unter № IV dieses
Kp.) genauer zu besprechenden Schrift des Metropoliten von Ephesus über
seine 1213 mit dem Kardinal Pelagius geführten Verhandlungen, in der er an
einer Stelle auf seine früheren Verhandlungen mit dem Kardinal Benedikt
anspielt: in der unten (l. c.) angegebenen Ausgabe der Schrift des Ephesiers
p. 17. Dieser erzählt hier, wie er 1213 nach Kp. kam und dort den Dolmetscher antraf, der dem ihm von früher her bekannten Kardinal Benedikt
einst Dienste leistete, ,*γνωστῷ ἐμοὶ πρὸ πολλοῦ τῷ καρθεναλίῳ Βενεδίκτῳ
φθάσας ὑποδρηστεύσαί*' etc. Der Dolmetscher war Nikolaus von Otranto.
Vgl. Anm. 1 folg. Seite.

Lediglich diese Verhandlungen mit auswärtigen Griechenstaaten
kommen für die Unionsgeschichte in Frage.   Denn die politische Verbindung, die David Komnenos von Heraklea 1206 mit den Lateinern einging (er wurde Vasall Kaiser Heinrichs) hatte keine kirchlichen Folgen.
Und die Unterwerfung unter Rom, die im Jahre 1209 Michael von Epirus
gelobte, damals als er auch Vasall Kaiser Heinrichs von Kp. wurde, hatte
keinen längeren Bestand als diese Vasallenschaft: 1210 war er schon
wieder der erbittertste Feind der Lateiner und besonders der lateinischen
Priester, die er mit Vorliebe kreuzigen liess: ep. XIII 184, Brief Innocenz'
vom 8. Dezember 1210 an den Patriarchen von Kp. Die Quelle für Michaels
Unterwerfung unter Rom, die danach offenbar mehr politischer als kirchlicher
Natur gewesen ist, bildet ein Brief Papst Honorius' III. an Michaels
Nachfolger, Theodor von Epirus, bei Raynald 1217 p. 13/14 (28. Juli
1217). ,*. . . apostolicae sedis, cuius aliquando patrocinium clarae
memoriae (!?) Michael frater tuus pro te sicut pro se ipso per solemnes*

mit den unterworfenen Griechen des lateinischen Kaiserreichs
in Glaubensdisputationen eingelassen: in den Hauptstädten
dieses Reichs, in Konstantinopel, Thessalonich und Athen hat
er die hervorragendsten griechischen Kirchenlehrer ihre Anschauung verfechten lassen und dieser gegenüber an der Hand
der Bücher, die er aus Rom mitgebracht hatte, der lateinischen
das Wort geredet.[1])

nuntios specialiter invocavit'. Vgl. auch Innocenz' Brief an Michael vom
17. August 1209 (ep. XII 96), in welchem er ihn bittet, die Kirche von
Durazzo im friedlichen Besitze ihrer in seinem Lande gelegenen Güter zu
belassen. Der Papst vertraut darauf, dass Michael kirchliche Gesinnung
an den Tag legen wird.

[1]) Diese Verhandlungen hat Nikolaus von Otranto (vgl. vor. Anm.),
der bei ihnen als Dolmetscher diente, in griechischer Sprache aufge-
zeichnet und sie dann, auf Wunsch des Kardinals Benedikt, ins Lateinische
übersetzt.

Die Traktate des Nikolaus finden sich sowohl in einer Handschrift
der Florentiner Laurenziana, als in einer solchen der Moskauer Synodal-
bibliothek.

Über erstere Handschrift, in der auch die lateinische Übersetzung
erhalten ist, hat Bandini im ‚Catalogus Codicum manuscriptorum Biblio-
thecae Laur.‘ Bd. I p. 60 ff. einige Mitteilungen gemacht.

Das Moskauer, reingriechische, Ms. ist im Jahre 1896 vom Bischof
Arsenij mit russischer Übersetzung in Nowgorod publiziert worden („Des
Nikolaus von Otranto ... drei Aufzeichnungen über Gespräche der Griechen
mit den Lateinern“).

Der erste Traktat des Nikolaus (Arsenij p. 7 ff.) handelt über den
Ausgang des heiligen Geistes. Die für uns hauptsächlich in Betracht
kommende Stelle (abgesehen von dem Eingang auf p. 7 ff.) findet sich auf
p. 18/19, wo er erklärt: er könne die betreffende Frage nicht besser be-
leuchten als durch Mitteilung der Argumente, die von den griechischen
Kirchenlehrern bei ihren Gesprächen mit dem Kardinal Benedikt, dem
Stellvertreter Innocenz' III., vorgebracht worden seien. Auch Bandini führt
aus dem Florentiner Ms. diese Stelle in lateinischer Übersetzung an: ‚ea
... _quae audivimus ab illis, qui erant in Thessalonica et regali urbe
necnon sed in Athenis, sapientissimis viris, qui cum dom. Benedicto
cardinali et legato tunc existentis Romani Pontificis Innocenti III._
disputaverunt ....‘ Dass der Kardinal Bücher mitgebracht hatte, erfahren wir Arsenij p. 60: χαὶ ἐν ταῖς ῥωμαϊχαῖς .. βίβλοις, ἃς ἀπὸ Ῥώμης
ῥηθεὶς χαρδηνάριος ἐν Κπόλει χομίζων ἦν.

Und wenn er zwar in der kapitalen Frage vom Ausgang des heiligen Geistes nichts nachgeben mochte, so hat er doch z. B. in der Abendmahlsfrage nicht die extreme lateinische Auffassung, sondern vielmehr eine vermittelnde vertreten,

Einen der griechischen *viri sapientissimi*, die mit Benedikt disputiert haben, kennen wir: es ist der berühmte Erzbischof von Athen, Michael Akominatos, gewesen. Wenn wir in einem seiner Briefe (ed. Lampros *Μιχαὴλ τοῦ Ἀχομινάτου τὰ σωζόμενα*, Athen 1880, Bd. II p. 312) lesen: *ὅτε δὲ Ἀθηνῶν ἐξῄειμεν* . . . *ἐχαναπλεύσαντες εἰς Θεσσαλονίχην παρὰ τὸν χαρδινάριν*, so ist mit dem *χαρδινάρις* offenbar Benedikt gemeint, und nicht, wie Gregorovius, Geschichte der Stadt Athen im Mittelalter Bd. I. p. 341, annimmt, der Kardinal Soffred. Denn nicht nur dieser weilte im Jahre 1205, wo jene Reise des Erzbischofs von Athen stattfand, in Romanien, sondern auch Benedikt kam damals dorthin (s. o. p. 182[2]). Freilich müssen wir in diesem Falle annehmen, dass Benedikt zweimal in Thessalonich geweilt hat, einmal auf der Hinreise nach Kp., im Jahre 1205, und dann noch einmal gegen Ende 1206, wo seine Anwesenheit durch ep. IX 190 (27. November 1206) bezeugt ist. Innoc. schreibt da an Benedikt: König Bonifaz habe sich *,in receptione tua'* ergeben gezeigt. Vgl. auch ein weiteres die Anwesenheit des Kardinals in Thessalonich bezeugendes Dokument unten p. 192[2].

Dass Benedikt auch die Insel Euböa und Achaja bereist hat, zeigen ep. XI 179 (der Bischof von Negroponte hat *,coram Benedicto legato'* den Eid abgelegt) und ep. XIII 25 (*,legatione functus ibidem'*). Vgl. über ihn auch unter № III dieses Kapitels.

Was den Kardinal Soffred betrifft, so war er, wie auch Kardinal Peter vor Benedikt in Kp. Die beiden waren die Legaten des Vierten Kreuzzugs gewesen, sie hatten sich vom heiligen Lande, wohin sie vorausgeeilt waren, auf die Kunde von der Eroberung Kp.s hierhin begeben. Aber sie waren ohne Mandat, und deshalb sandte Innocenz nun in Benedikt einen Legaten eigens für die Bedürfnisse des lateinischen Kaiserreichs (ep. VIII 155, 15. Mai 1205, Empfehlung an Kaiser Balduin). Dass jener Kardinal Soffred nach seiner Rückkehr von der ersten Legation zum zweitenmal von Innocenz nach Kp. gesandt worden sei und zwar eben in Begleitung Benedikts, wie Hurter, Papst Innocenz III., Bd. I p. 775 behauptet, beruht auf einem Missverständnis einer Stelle in ep. VIII 126 (10. Juli 1205): die „Rückkehr" *,iter redeundi'* Soffreds, von der Innocenz hier redet, bedeutet die Rückkehr nach Rom, von seiner ersten Legation nämlich, nicht die erneute Rückkehr nach Kp. — Dagegen wirkte der Kollege Soffreds, Peter, in Kp. mit Benedikt eine Zeitlang zusammen (ep. IX 100, 22. Juli 1206: an die Kardinallegaten Peter und Benedikt).

nach der die Abendmahlsspeise sowohl in gesäuertem, wie ungesäuertem Brote bestehen konnte.[1])

Zu einem Resultate führten trotzdem diese Unionsverhandlungen nicht. Die Griechen schrieben sich nach allen Disputationen den Sieg zu und blieben streng bei ihrem Glauben.[2]) Der Kardinal aber begnügte sich damit, die von den griechischen Kirchenlehrern bei den Kirchengesprächen vorgebrachten Ansichten durch seinen Dolmetscher, den Abt Nikolaus von Casoli (bei Otranto), vor seiner Abreise von Konstantinopel aufzeichnen zu lassen.[3])

So wenig nun, wie er einen Glaubenszwang ausübte, verlangte er eine Konformierung der Griechen mit Rom in Bezug auf den äusseren Ausdruck des Glaubens, die kirchlichen Gebräuche.

Gerade die Abendmahlsfrage war ja überhaupt mehr eine solche des Ritus als des Glaubens, und insofern konnte Kardinal Benedikt bei der betreffenden Disputation den für jenes Zeitalter wahrhaft liberalen Ausspruch tun: „Ich aber behaupte, dass der in Einem Glauben wurzelnden Kirche die verschiedene

---

[1]) Aus dem Traktat des Nikolaus von Otranto über die Azymenfrage (Arsenij p. 24 ff.) ersichtlich. Nikolaus kommt in dieser Abhandlung auf die Disputation zu sprechen, die in Kp. zwischen den Griechen und Kardinal Benedikt über jene Frage abgehalten worden war. Und zwar ist der Zusammenhang der, dass Nikolaus den extremen Lateinern, die so weit gehen, die Gültigkeit des griechischen Abendmahls mit gesäuertem Brote zu leugnen, das gemässigte Auftreten des Kardinals, des ‚ἱερὸς Βενέδιχτος'. entgegenhält, der bei jener Disputation in Kp. für die Gleichwertigkeit des gesäuerten mit dem ungesäuerten Brote eingetreten sei. Arsenij p. 36/7, vgl. auch p. 54 und 59, wo Benedikt gegenüber den Griechen sowohl wie auch einigen Lateinern, die ihre Auffassung für die alleinberechtigte halten, seinen vermittelnden Standpunkt aufrecht erhält. Nikolaus schrieb auch einen dritten Traktat über das Sabbatsfasten und die Priesterehe (Arsenij p. 60 ff.): ohne Zweifel hatte auch darüber der Kardinal mit den Griechen disputiert.

[2]) Arsenij p. 59.

[3]) l. c. p. 7, 18, 19.

kirchliche Gewohnheit keinen Abbruch tut, und dass letztere
kein Schisma bedeutet". [1])

Genau so urteilte auch Innocenz selbst über die rituelle
Frage. Auf die Anfrage des Patriarchen von Konstantinopel,
ob die Griechen bei ihrem abweichenden Abendmahlsritus zu
belassen oder zur Befolgung des lateinischen zu zwingen
seien, sprach er sich für die vorläufige Tolerierung der
griechischen Gewohnheit aus. [2])

Indem dann Innocenz III. auf dem Laterankonzil von
1215 seinen Entschluss zur Duldung der griechischen Gebräuche
und Riten in einem Kanon niederlegte, [3]) sanktionierte er zum
erstenmal auch für den Orient jene weitherzige, vorher bereits gegenüber den Griechen Unteritaliens geübte [4]) römische
Praxis, an die sich dann das Papsttum bis heute gehalten hat. [5])

II. Der Gehorsamseid.

Je grössere Nachsicht nun aber Innocenz in Sachen des
Glaubens und des Ritus hat walten lassen, um so energischer
hat er von den Griechen die Erfüllung eines Begehrens
anderer Art gefordert.

Er verlangte von den griechischen Geistlichen, deren
Amtscharakter er im übrigen respektierte, [6]) dass sie ihm selbst

---

[1]) Arsenij p. 39 ‚ἐγὼ δὲ λέγω καὶ τοῦτο, ὅτι τὴν ἐν μιᾷ πίστει
ἐρριζομένην οὐ βλάπτει ἡ διάφορος ἐκκλησιαστικὴ συνήδεια, καὶ οὐκ
ἔστιν διαίρεσις οὐδεμία τῆς πίστεως τῶν ἐκκλησιῶν τοῦ Χριστοῦ‘.

[2]) ep. IX 140, Brief Innocenz' an den Patr. von Kp. vom 2. August 1206.
‚Edocere quoque de sacrificiorum et aliorum sacramentorum ritu per
sedem apostolicam postulasti, utrum debeas Graecos permittere, ut ea
exerceant more suo, vel compellare ad ritum potius Latinorum‘. Innocenz
antwortet: ‚ut eos tamdiu in suo ritu sustineas, si per te revocari non
possint, donec super hoc apostolica sedes maturiori consilio aliud duxerit
statuendum‘.

[3]) Mansi, Conc. Bd. XXII p. 990.

[4]) S. Lenormant l. c. Bd. III p. 291, vgl. auch oben p. 43⁸.

[5]) S. Hergenröther, „Die Rechtsverhältnisse der verschiedenen Riten
innerhalb der katholischen Kirche" im Archiv für katholisches Kirchenrecht
Bd. VII (1862) p. 179 ff.

[6]) ep. XI 155, an den Erzbischof von Larissa, vom 4. Oktober 1208.
‚Super episcoporum consecrationibus et abbatum ac monalium Graecorum

resp. ihren lateinischen Oberen den kanonischen Obedienz-
eid leisteten.[1]) Dieser war seinerzeit dem Lehnseide nach-
gebildet worden, den Robert Guiskard Gregor VII. geleistet
hatte, und es waren zuerst die Erzbischöfe von Oberitalien
gewesen, die ihn — in der zweiten Hälfte des XI. Jahrhunderts
— den Päpsten abgelegt hatten. Er war dann für die Erzbischöfe und für diejenigen Bischöfe, die in Rom die Weihe
erhielten, üblich geworden. Die übrigen Bischöfe dagegen
hatten eine ähnliche Verpflichtung gegenüber ihrem Erzbischof
einzugehen, wobei sie nur zuweilen dem Papste direkt Treue
geloben mussten. Die Priester endlich hatten ihrem Bischof
Gehorsam zu schwören.[2])

---

benedictionibus' instruiert ihn Innocenz, *,ut quos consecratos vel bene-
dictos inveneris, in suo statu dimittas'*, nur neu zu weihende seien nach
lateinischem Ritus zu weihen. Ferner XI 23 an den Patr. von Kp. vom
8. März 1208: er soll nicht darauf bestehen, den zum Gehorsam zurückgekehrten griechischen Bischöfen die nach lateinischem Brauch erforder-
liche, nach griechischem dagegen nicht übliche Salbung nachträglich erteilen zu wollen, gegen die diese sich sträuben, sondern ihre Würde als
perfekt anerkennen.

Noch im selben Jahre 1208 vernahm Innocenz, dass der lateinische
Erzbischof von Athen, der Franzose Berard, gegen dieses päpstliche Prinzip
der Toleranz gröblich verstossen habe. Der Erzbischof hatte nämlich den
griechischen Bischof von Negroponte, Theodor, der im Jahre 1206 vor dem
päpstlichen Legaten Benedikt der römischen Kirche den Gehorsamseid geleistet und von diesem die Bestätigung in seinem Amte empfangen hatte,
abgesetzt und einen Lateiner an seine Stelle erwählen lassen, weil Theodor
sich geweigert hatte, sich von dem Erzbischof nachträglich salben zu
lassen, zumal dieser zur Vornahme eines solchen Aktes an Theodor keinen
päpstlichen Auftrag gehabt hatte. Innocenz befahl nun die sofortige
Restitution des Bischofs Theodor, da derselbe bereit sei, seinen dem Papste
geleisteten Gehorsamseid zu bekräftigen und auch dem Erzbischof einen
solchen abzulegen. ep. XI 179, vom 8. Dezember 1208.

[1]) Stets handelt es sich um die *,obedientia'* oder die *,obedientia et
reverentia'* gegenüber dem Papsttum. ep. X 128, XI 21, 23, 152, 179, 189,
XIII 6, 41, 103, 172, XV 134/5.

[2]) Nach Hinschius, Kirchenrecht, Bd. III p. 202 ff. H. zitiert als
Beispiel eines solchen Obedienzeides u. a. den, welchen Innocenz III. dem

Die Einfügung der griechischen Geistlichen in diesen priesterlichen Regierungsapparat der römischen Kirche ist bei der Schwierigkeit, die Griechen zum römischen Glauben zu bekehren, überall im Orient, wo während des Mittelalters die Lateiner zur Herrschaft gelangten, das nächste und vornehmste Ziel der Päpste gewesen.[1]

Das hatten sie in dem durch den Ersten Kreuzzug latinisierten Syrien, wo vorher unter dem politischen Regiment der Türken kirchlich die Griechen vorgeherrscht hatten, durchzusetzen gesucht,[2] dahin strebten sie auf Cypern, der Er-

------

Primas der Bulgaren im Jahre 1204 vorschrieb (ep. Innoc. VII 11). — Ich führe daraus einige charakteristische Paragraphen an:

I. *,Ego, N., ab hac hora in antea fidelis et obediens ero b. Petro sanctaeque Romanae et apostolicae sedi et domino meo N. eiusque catholicis successoribus.*

VI. *Papatum Romanum, honores, dignitates et rationes apostolicae sedis defendam pro posse, salvo ordine meo, contra omnem viventem.*

VII. *Vocatus ad synodum veniam . . . .*

VIII. *In nataliciis apostolorum limina visitabo aut per me aut per nuntium meum.* (Nach Philipps Kirchenrecht Bd. II p. 199 ff. eine sehr wichtige Verpflichtung, die die Geistlichen zu einer Art Präsentation vor dem Papste zwang und sie eng an Rom knüpfte).

IX. *Legatum apostolicae sedis, quem pro certo scivero esse legatum, devote suscipiam et in suis necessitatibus adiuvabo.*

[1] Auch in Unteritalien war seit der Normannenherrschaft das Hauptgewicht auf die Einfügung des griechischen Klerus in die päpstliche Kirchenordnung gelegt worden. Ich erwähnte schon, dass man den griechischen Ritus schonte. Aber auch ihren Glauben haben die Griechen Unteritaliens jedenfalls keineswegs in ihrer Gesamtheit zu Gunsten des römischen aufgegeben. Jener Nikolaus von Otranto, der den Kardinal Benedikt als Dolmetscher nach Romanien begleitete, gibt sich in seinen Traktaten als ein eifriger Anhänger der griechischen Lehren zu erkennen.

[2] Über die Lage der Griechen in den syrischen Kreuzfahrerstaaten gibt es noch keine Abhandlung, nur wenige allgemeine Bemerkungen finden sich bei Dodu, Histoire des Institutions monarchiques dans le royaume latin de Jerusalem, Paris 1894 p. 328, 30. Ich stütze mich bei der obigen Behauptung auf eine Nachricht, die in einer das Königreich Cypern betreffenden Urkunde vom 14. September 1222 enthalten ist. (Mas Latrie, l. c. [121[1]] Bd. III p. 619 ff.) Es heisst da p. 620: die griechi-

werbung des Dritten Kreuzzugs,[1]) und eben hierin sah Innocenz III. auch im lateinischen Kaiserreich, der Gründung des Vierten Kreuzzugs, seine Aufgabe.

In keinem dieser Länder ist es nun zu einem Eintritt der griechischen Vorsteher der Hauptkirchen in das päpstliche System gekommen. Sie wurden vielmehr entweder bei der Eroberung vertrieben, oder verzichteten freiwillig auf ihre Würde, sich so der Unterwerfung unter Rom entziehend, und in die obersten Kirchenämter rückten überall lateinische Prälaten ein. So war es in Syrien mit den Patriarchaten von Antiochien und Jerusalem und den dortigen Erzbistümern gegangen,[2]) so mit dem autokephalen Erzbistum Cypern,[3]) und nicht anders war der Verlauf in Romanien.[4]) Um die

schen Geistlichen *,obedientes erunt omnibus in spiritualibus archiepiscopo et episcopis Latinis ac ecclesiis suis, secundum quod in regno Jerosolymitano Greci sacerdotes et levite bene obediunt et obediverunt Latinis episcopis ab eo tempore, quo Latini tam clerici quam laici ibidem dominium habuerunt'.* Und p. 622: die vier Bischöfe Cyperns *,obedientes erunt Romanae ecclesiae et archiepiscopo et episcopis Latinis secundum consuetudinem regni Jerosolymitani'.*

[1]) S. vorige Anm.

[2]) Den griechischen Patriarchen Johannes von Antiochien liessen die Lateiner nach der Einnahme der Stadt noch zwei Jahre im Amte, bis 1100. Darauf dankte er freiwillig ab und ging nach Kp., *,videns ipse, quod non satis utiliter praeesset Graecus Latinis'.* Wilhelm von Tyrus lib. VI. c. 23, l. c. [75[1]] 273/4.

[3]) Der griechische Erzbischof Neophytos floh im Jahre 1222, als er den Gehorsamseid leisten sollte. S. Mas Latrie, l. c. Bd. I p. 211.

[4]) Der griechische Patriarch von Kp., Johannes Kamateros, war bei der Eroberung der Stadt durch die Lateiner entwichen. S. darüber näheres in der vierten der zu № III. dieses Kap. gehör. Anmerkung. — Der Erzbischof Michael Akominatos von Athen verliess bald nach der lateinischen Eroberung seinen Sitz. Er ging zunächst nach Thessalonich, wo er sich (Anfang 1205) mit dem gerade dort befindlichen päpstlichen Legaten, dem Kardinal Benedikt (s. o. p. 184[1]), zu verständigen suchte. Als dies nicht gelang, begab er sich nach der Insel Keos (südl. von Attika), wo er dauernd seinen Aufenthalt nahm. (Vgl. Gregorovius, p. 341). — Erzbischof Manuel von Theben ging in ähnlicher Weise nach Andros in freiwillige Verbannung (Lampros l. c. [184[1]] p. 145).

vornehmsten griechischen Kirchen an Rom zu ketten, bedurfte es also stets der Vermittlung lateinischer Prälaten, die sich bereitwillig dazu verstanden, dem Papste nach abendländischem Brauch den Gehorsamseid zu leisten.[1]

Dagegen sind dann diese lateinischen Patriarchen und Erzbischöfe des Orients, vom Papsttum dabei eifrig unterstützt, bemüht gewesen, die griechischen Bischöfe, Äbte und Priester ihrer Sprengel sich und Rom zu unterwerfen.

Die Verpflichtung, die man von diesen im einzelnen verlangte, erscheint nach zwei Richtungen hin bemerkenswert.

Zunächst: sie hatten, was im Abendlande nur zuweilen von Bischöfen und Priestern verlangt wurde, einen doppelten Eid zu leisten, sie hatten nämlich einerseits ihrem lateinischen Oberen, andrerseits aber auch dem Papste Gehorsam zu geloben.[2]

— Der Erzbischof von Kreta ging zu Theodor Laskaris nach Nikäa (l. c. p. 278).

Korinth wurde bis 1210 von den Griechen gehalten, aber schon lange vorher bedrohten die Lateiner Achajas es von allen Seiten, so dass Innocenz schon mit seiner Übergabe rechnen konnte. Die Bestimmungen nun, die er für diesen Fall trifft, zeigen deutlich, dass Rom prinzipiell gegen einen griechischen Erzbischof nichts einzuwenden hatte: wenn er sich nur dem Papsttum beugte. Innocenz schreibt am 4. März 1209 dem Erzbischof von Athen und einigen anderen Geistlichen: wenn Korinth sich ergebe und sich ein Erzbischof in der Stadt befinde, so sollten die Adressaten denselben in umsichtiger und wirksamer Weise veranlassen, sich dem apostolischen Stuhl zum Gehorsam zu verpflichten und denselben eidlich zu bekräftigen. Aber Innocenz zieht doch auch gleich die Möglichkeit in Betracht, dass der Grieche den Gehorsam weigern würde, und für diesen Fall providiert er bereits einen Lateiner zum Erzbischof (ep. XIII 6). Als die Stadt 1210 fiel, fand sich dort kein griechischer Erzbischof vor und so kam auch dieses Erzbistum an einen Lateiner.

[1] S. u. im zweiten Abschnitt dieses Teils, I. Kapitel.

[2] Z. B. ep. XI 23 (8. März 1208), Brief Innocenz' an den Patriarchen von Kp.: Dieser hat Innocenz mitgeteilt, *,quod quidam episcopi Graeci ad tuam obedientiam redeuntes, fidelitatis praestiterunt tibi corporaliter iuramentum, nobisque obedientiam promiserunt'.* ep. XI 21 (4. März) an Kaiser Heinrich: es ist Dir nützlich, *,ut Graeci tam clerici quam laici ad sacrosanctae Romanae Ecclesiae ac .. patriarchae Ctani*

Und ferner: man bestand im Orient darauf, dass die griechischen Geistlichen bei der Ablegung des Treu- und Gehorsamseides ihre Hände in die des lateinischen Prälaten legten. Es war, wie man weiss, das im Occident für die **Mannschaftsleistung** der Laien *(hominium)* gebräuchliche **Symbol**, das hier mit dem **Treueid**, den man im Occident scharf von der Mannschaft, dem *‚hominium'*, unterschied,[1]) verquickt und auf ein geistliches Verhältnis angewandt wurde.[2])

---

obedientiam redeant'. Von den Suffraganen des Erzbischofs von Larissa heisst es einmal (ep. XI 152, vom 4. Okt. 1208), dass sie dem **Papst** nicht gehorchen wollen *(‚nobis')*, ein andermal (ep. XIII 103, vom 2. Juli 1210), dass sie dem **Erzbischof** *(‚sibi')* den Gehorsam versagen: es handelt sich an beiden Stellen um ein und denselben Akt des Ungehorsams. — Ebenso hielt man es im Königreich Jerusalem und auf Cypern *‚Romanae Ecclesiae et archiepiscopo et episcopis Latinis'*, s. o. p. 189[2].

[1]) Ducange, Wörterbuch, unter *‚Fidelitas'* p. 487. Erst leistete der Vasall das *‚hominium'*, knieend und seine Hände in die des Herrn legend, dann den Treueid, stehend und unter Berührung des Evangeliums. Nach Philipps KR., Bd. II p. 197 war im Occident das *‚hominium'* als Verpflichtung von Geistlichen durchaus verpönt. Auf die oriental. Vh. geht Ph. nicht ein.

[2]) S. o. p. 63 *‚praestiterunt tibi corporaliter iuramentum'*.

S. ferner ein vom Kardinal Pitra im VI. Bd. der ‚Analecta sacra et classica, spicilegio Solesmensi parata', Rom 1891 (Untertitel: ‚Iuris Ecclesiastici Graecorum Selecta Paralipomena': es ist nämlich eine Sammlung kanonistischer Antworten des Erzbischofs von Achrida, Demetrios Chomatianos: Anfang des XIII. Jahrhunderts) unter № 54 veröffentlichten Aktenstück (p. 245 ff.). Die griechischen Mönche eines Athosklosters beklagen sich beim Erzbischof Demetrios, dass die mit ihnen im selben Kloster zusammenlebenden iberischen Mönche sich Rom unterworfen haben, und zwar hatte das Zeichen der Unterwerfung in der Handreichung bestanden. ‚Αὐτίκα δὲ καὶ τὸ τῆς κοινωνίας σημεῖον ἔφηναν, τὴν τῶν χειρῶν ἑαυτῶν δηλαδὴ πρὸς τὰς ἐκείνων χεῖρας ἑκούσιον ἐμβολήν', so berichtet der Vertreter der griechischen Mönche über die Iberer. Der Erzbischof gibt dann sein Urteil über die Bedeutung dieses Aktes ab, ‚ὁποίαν δὲ τὴν δύναμιν εἰς λόγον ἑνώσεως ἡ τῶν τινῶν χειρῶν εἰς ἑτέρων χεῖρας ἐμβολὴ καὶ ἀντεμβολὴ κέκτηται . . . .' Er verdammt sie dann.

Das Schriftstück scheint sich auf einen Vorgang aus den Jahren 1206/7 zu beziehen, denn es wird die gleichzeitige Anwesenheit eines

Endlich verlangte man, in Verbindung mit dem Gehorsamseid, die Aufnahme des Papstes und des lateinischen
Patriarchen in die Diptychen, ihre Erwähnung im Kirchengebet, als das vornehmste äussere Kennzeichen der Einigung
der Griechen mit Rom.[1]

Kardinals in Thessalonich erwähnt, der kein anderer als Benedikt gewesen
sein dürfte. Es heisst nämlich von den iberischen Mönchen „τῷ τοῦ Πάπα
κηρδιναλίῳ προσελθότες ἐν Θεσσαλονίκῃ διάγοντι, ὅλως ἑαυτοὺς τῷ θελή
ματι τοῦ Πάπα παρέδωκαν . . .‘

Einen Beweis für diese Praxis aus späterer Zeit bildet ein Brief
des griechischen Patriarchen Germanos von Nikäa an die cyprische Geistlichkeit v. J. 1223 (bei Reinhard, Geschichte des Königreichs Cypern, Bd. I,
Beilagen p. 16 ff.; auch bei Cotelerius, Mon. Eccl. Graecae Bd. II). Die
Cyprier haben berichtet, dass die Lateiner verlangten: „primum, manus
manibus immittere sacerdotes nostros sacerdotibus latinis‘ (p. 21).
Dass dies damals auch in Kp. von den griechischen Geistlichen gefordert
wurde, beweist die in dem Brief des Germanos referierte Rede eben von
griechischen Priestern und Mönchen Kp.s, die damals in Nikäa anwesend
waren. „Postulant (Latini), ut manibus manus iniiciantur nostrae
suis . . . .‘ (p. 24).

Auf Cypern galten ausserdem noch folgende zwei Bestimmungen:
Jeder ordnungsgemäss von seinen Volksgenossen gewählte griechische
Bischof, Abt oder Priester hatte, ehe er sein Amt antrat, von dem lateinischen Oberen die Bestätigung einzuholen, und ferner: die griechischen
Bischöfe wurden zwar als ordentliche Richter der griechischen Bevölkerung
anerkannt, aber der letzteren sollte die Appellation an den lateinischen
Erzbischof erlaubt sein. l. c. p. 22. Im lateinischen Kaiserreich war der
Patriarch von Kp. die erste Appellationsinstanz (unter dem Papste); aber
an ihn konnte sowohl von dem Urteil lateinischer wie griechischer Bischöfe
appelliert werden: ep. VIII 23 (29. April 1205) an den Patriarchen von Kp.
Die griechischen Bischöfe waren nicht benachteiligt: 1212 bestätigt Innocenz dem griechischen Bischof von Rodosto „illam iurisdictionem in subditos suos . . . ., quam et ipsi (Latini episcopi Romaniae) in dioecesibus
suis habent‘. ep. XV 134.

[1] S. in dem vor. Anm. zit., von Pitra ed. Dokument: die lateinischen
Prälaten sind bemüht, „ἵνα τὸ καθ᾽ ἡμᾶς ἅπαν ἱερατικόν τε καὶ τὸ
μοναχικὸν ὑποκλίνωσι τῇ ἐξουσίᾳ τοῦ Πάπα τῆς Ῥώμης, ὥστε καὶ ἀνα
φέρειν ἐκεῖνον ἐν τοῖς καιροῖς (lies ἱεροῖς), καθ᾽ οὓς εἰώθασι μνήμην τῶν
ἀρχιερέων οἱ τοῦ βήματος τίθεσθαι καὶ τοῖς ἔθεσι τῆς Ῥωμαίων ἐκκλησίας
ἀκολουθεῖν‘. (Mit letzterem ist in der Hauptsache die Gehorsamsleistung

Übrigens wollte Innocenz von einer Erzwingung des Gehorsams nichts wissen. Vielmehr befahl er seinen Stellvertretern in Griechenland, gegen widerwillige griechische Geistliche die äusserste Schonung und Nachsicht walten zu lassen. Er schrieb dem lateinischen Patriarchen von Konstantinopel für die Beibringung solcher Hartnäckigen ein äusserst langwieriges prozessuales Verfahren vor: sie seien nicht bloss einmal, sondern dreimal zu zitieren; wenn sie dann trotzdem nicht erschienen, sollte sie, falls sie nicht etwa an den Papst appellierten, Suspension und Bann treffen; erst im äussersten Notfall seien sie abzusetzen. Aber auch dann sollten sie nicht ihres Amtscharakters beraubt werden, damit eine Begnadigung immer noch möglich wäre.[1]

Freilich: die Praxis wird der Theorie nicht immer entsprochen haben. Nicht immer werden die wohlgemeinten Verordnungen Roms durch seine Organe im fernen Romanien befolgt worden sein. Vielmehr wird Zwang der griechischen Geistlichen zum Gehorsam nicht nur — wir werden hiervon noch Beispiele kennen lernen —, sondern auch zur Annahme des römischen Ritus nicht zu den Seltenheiten gehört haben.[2]

---

durch Handreichung gemeint, vgl. unten Anm. 2.) S. ferner für die Kommemoration das Fragment einer durch Nikolaus von Otranto aufgezeichneten Unterredung, die am 29. September 1207 zwischen dem Kardinallegaten Benedikt und Mönchen von Kp. stattfand. Es ist veröffentlicht von Arsenij l. c. p. 4/5. Benedikt sagt dort: ‚Πῶς ὑμεῖς ὦ Γραιχοὶ τολμᾶτε μὴ ὑπαχούειν τῷ παρὰ τοῦ πάπα ἀποσταλέντι πατριάρχῃ ὑμῶν, ὥστε ὁμολογεῖν αὐτὸν πατριάρχην χαὶ ἀναφέρειν αὐτὸν ἐν τοῖς ἱεροῖς ὑμῶν διπτύχοις'. Denn der Papst habe das Recht, einen Patriarchen zu setzen, und sie würden ihren Ungehorsam zu bereuen haben.

Für das Ende von Innocenz' Regierung s. hierüber unter № IV. dieses Kap.

[1] ep. IX 140, 2. Aug. 1206, an den Patriarchen von Kp.

[2] Das geschah — soweit das Mittelalter in Betracht kommt — sogar in dem Rom benachbarten Unteritalien häufig genug. (S. Lenormant l. c. [15²] Bd. II p. 422 ff. und die Nachweise Rodotà's l. c. für die einzelnen Kirchen.) Und auch in neuerer Zeit sind, ebenfalls unter wesentlich geordneteren Verhältnissen, als sie im lateinischen Orient jener

Immerhin geschahen derartige Ausschreitungen gegen den Willen Roms, das sie streng zu rügen pflegte,[1]) und wenn man seine Konzessionen an die Griechen betrachtet: den Verzicht auf ihre zwangsweise Bekehrung zur Kon-

Tage bestanden, griechisch-unierte Katholiken! von seiten der mit ihnen zusammenlebenden Lateiner wegen ihrer, von Rom sanktionierten, abweichenden Gebräuche angefeindet worden, nämlich die Ruthenen im ehemaligen Königreich Polen. (S. Köhler, Die kathol. Kirchen des Morgenlandes, Darmstadt 1896, p. 39, 46.)

Auch die heutige griechisch-unierte Kirche des Orients war wenigstens bis zur Bulle Leos XIII. vom J. 1894 (,Orientalium dignitas') nicht vor Machinationen lateinischer Geistlicher, die sie ihrer Privilegien zu berauben suchten, sicher. S. Köhler l. c. p. 39 ff.

Ich wüsste aus der Zeit des lateinischen Kaiserreichs selbst keinen direkten Beweis für den Zwang zur Annahme der römischen Riten. Einen solchen Beweis stellt jedenfalls meines Erachtens das oben p. 192[2] zitierte Dokument der Aktensammlung des Demetrios Chomatianos von Achrida (ed. Pitra) nicht dar. Freilich ist dort wiederholt von dem ,τοῖς λατινικοῖς ἔθεσι ἀκολουθεῖν' die Rede, wozu die lateinischen Prälaten den griechischen Klerus gezwungen hätten. Eine genaue Analyse des Schreibens ergibt aber, dass damit ausschliesslich die Handreichung bei der Gehorsamsleistung gemeint ist (vgl. p. 193[1]): nicht aber, wie man annehmen könnte, die lateinischen Riten im allgemeinen. Besonders scheint mir ein Vergleich dieses Schreibens des Demetrios Chomatianos mit einem ähnlichen, ebenfalls p. 192[2] zitierten, des Patriarchen Germanos II. von Nikäa vom Jahre 1223 die Beziehung jenes Ausdrucks auf die lateinischen Riten überhaupt auszuschliessen und ihre Beziehung auf das spezielle ,ἔθος' der Handreichung zu bedingen.

Es heisst nämlich zum Schluss bei Demetrios, die nachgiebigen Griechen, die sich Rom unterworfen hätten, seien geworden ,τῶν πατρίων ἐθῶν προδόται'. Ganz ebenso brandmarkt Germanos die nachgiebigen griechischen Geistlichen, er verbietet den Umgang mit ihnen, ,ὡς προδόταις . . . τῶν πατριποθήτων ἐθῶν'. Nun lässt aber Germanos' Schreiben darüber keinen Zweifel, betont vielmehr nachdrücklich, dass das ganze Verbrechen der nachgiebigen Geistlichen in der Gehorsamsleistung durch Handreichung bestanden hat. Es lässt sich fast mit Sicherheit daraus folgern, dass auch im Schreiben des Demetrios mit der Befolgung der lateinischen ,ἔθη' nur die Handreichung gemeint ist, besonders wenn man die im allgemeinen utrierte Auffassung dieser Dinge seitens der Griechen mit in Betracht zieht.

[1]) S. z. B. o. p. 187[6].

formität mit Rom in Glauben und Ritus, das Absehen von einer Wiederholung der Weihe griechischer Geistlicher nach lateinischem Brauch: so wird man unmöglich von einer Knechtung der griechischen Kirche durch den Papst reden wollen, die „ein dunkles Kapitel der Geschichte Innocenz' III. gebildet habe."[1]

Viel eher könnte man geneigt sein, die Mässigung des Papstes zu bewundern. Wobei man dann freilich nicht die Motive, die sie bedingten, ausser acht lassen darf.

Denn diese Mässigung übte die Kurie einzig und allein aus Politik. Es zeigt sich hier so recht deutlich, dass das Papsttum auch als rein kirchliche Gewalt, auch da also, wo es nicht geradezu unmittelbar, sei es in Italien oder in der Welt überhaupt, als politische Macht auftrat, in der Hauptsache ein politisches Ziel verfolgte, sofern es ihr nämlich vor allem darauf ankam, zu herrschen und Einfluss auszuüben. Indem Innocenz III. das geistliche Moment der griechischen Kirche gegenüber in die zweite Linie zurücktreten liess und sich mit dem Gehorsam des griechischen Klerus Rom gegenüber zufrieden erklärte,[2] enthüllte er den Grundcharakter der römischen Kirche als den eines geistlichen Staatswesens, zeigte er sie als die, freilich im Bewusstsein einer religiösen Mission wurzelnde, Fortsetzung des Imperium Romanum. Die Verwandlung der bisher ausserhalb des römischen Organismus stehenden griechischen Priester in gefügige Werkzeuge der römischen Herrschaft, in Reichsbeamte gleichsam, war die Hauptsorge der Kurie im latinisierten Byzanz; dagegen betrachtete sie die Bekehrung der Griechen

---

[1] Gregorovius l. c. p. 332.

[2] Georg. Akr., ed. Bonn p. 31 (c. 17): man verlangte von den griechischen Geistlichen ‚ὁμολογῆσαι τὸν πάπαν πρῶτον ἀρχιερέα‘. Ähnlich in der Denkschrift des Metropoliten von Ephesus (genaueres über dieselbe s. unter № IV. dieses Kap.) p. 16: ‚εἰ μὴ παντὸς ἱερατικοῦ δεσπότην τὸν πάπαν ἐπικηρύξουσιν‘. — So auch auf Cypern die Forderung, ‚τὸν πάπαν ἔχειν ἀρχιερέα‘. Reinhard l. c. p. 35. Vgl. auch in der p. 142[3] aus dem Dokument bei Pitra zit. Stelle.

zum römischen Glauben, die sie im übrigen, wie wir sahen, keineswegs aus dem Auge liess, und die sie durch das vorwiegend lateinische Gepräge Romaniens als eine blosse Frage der Zeit ansehen mochte, als eine minder dringende Angelegenheit, als eine solche zweiten Ranges; den griechischen Ritus aber gab sie endgültig frei.

III. Das Verhalten der Griechen gegenüber der Gehorsamsforderung des Papstes.

Die geschickte Kirchenpolitik Innocenz' III. verfehlte nicht, ihre Früchte zu tragen. Eine grosse Anzahl von griechischen Geistlichen hohen und niederen Grades hat sich in der Tat zu dem Gehorsamseide verstanden.

Die ersten Eroberungen dieser Art machte Kardinal Benedikt, der, wie wir schon sahen, von 1205—1207 in Romanien weilte. Dieser Legat ist überhaupt als der eigentliche Begründer der päpstlichen Kirche in Romanien anzusehen. Er wusste einerseits die äusserst verwickelten Rechts- und Besitzverhältnisse der lateinischen Geistlichkeit zu entwirren, er ordnete, wo die Regel fehlte, er schuf neu, wo noch nichts vorhanden war. Überall stossen wir später auf seine Anordnungen.[1]

Was die Griechen betrifft, so gelang es ihm zwar nicht, wie schon erwähnt, diese in den Disputationen, die er mit ihnen abhielt, dem römischen Glauben zu gewinnen,[2] wohl aber wusste er manchem von ihnen durch sein konziliantes Auftreten den Gehorsamseid gegenüber dem Papst annehmbar zu machen. So gewann er vor allem den Bischof Theodor von Negroponte (Euböa), einen besonders hervorragenden Kirchenfürsten.[3]

---

[1] In Innocenz' Briefen. Aus vielen führe ich nur an ep. IX 244/5, X 98/9, XI 113, 115, 123.

[2] S. o. p. 186.

[3] ep. XI 179 (8. Dez. 1208): Bischof Theodor habe seinerzeit ‚coram ... Benedicto, legato sacrosanctae Rom. ecclesiae, canonicam oboedientiam promiserit exhibere praestito iuramento et idem legatus epis-

Die bei weitem schwierigere der dem Kardinal obliegenden
Aufgaben war es jedoch, auch dem lateinischen Patriarchen
von Konstantinopel, als dem unmittelbaren Haupte der
Kirche des lateinischen Kaiserreichs, bei den Griechen Anerkennung zu verschaffen. Mochten diese auch schliesslich wohl
den Papst als ihren Oberherrn verehren: ihrer Unterwerfung
unter den lateinischen Patriarchen stand die Fortexistenz eines
griechischen Patriarchen in Nikäa im Wege, in dem sie ihr
wahres Oberhaupt zu sehen geneigt waren.

In der Tat scheint Benedikt in diesem Punkte, wenigstens den Mönchen Konstantinopels gegenüber, nicht durchgedrungen zu sein.[1]) Doch unterwarf sich dann weiterhin

---

copatum ipsum auctoritate, qua fungebatur, confirmarit eidem . . .'
Vgl. über diesen Fall oben p. 187[6] und über die Persönlichkeit des Bischofs
Theodor p. 200.

Wir erwähnten ferner oben p. 192[2] die Gewinnung der iberischen
Mönche eines Athosklosters durch Benedikt. In dem betreffenden Dokument
(l. c.) wird aber die Nachgiebigkeit der Iberer als Sonderfaktum einer
weit allgemeineren Unterwerfung griechischer Geistlichen unter Rom, die
damals in jener Gegend (in der Diözese Thessalonich) stattgefunden habe,
hingestellt. ,Πλὴν ὀλίγους εὗρον λίαν πάνυ πεισθέντας (Subjekt,
οἱ τῆς Ἰταλικῆς ἱερατείας προϊστάμενοι.) Offenbar haben wir es auch
hier mit einem Erfolg der Legatentätigkeit des Kardinals Benedikt zu
tun. Im schönsten Einklang mit diesem griechischen Zeugnis über die
Unterwerfung der Diözese Thessalonich steht folgendes andere von der
lateinischen Seite. Ep. Innoc. XIII 41 (28. April 1209) an den lat. Patriarchen von Kp.: ,*Clerus Graecorum Thessalonicensis dioecesis,
qui ad oboedientiam s. Romanae Ecclesiae est reversus'.*

[1]) S. die oben p. 193[1] zitierte Unterredung des Legaten mit den
Mönchen. Arsenij l. c. p. 5. Um die Argumente, mit denen die Mönche
eine Kommemoration des lateinischen Patriarchen Thomas verweigern,
zu verstehen, muss man folgendes wissen:

Der griechische Patriarch von Kp., Johannes Kamateros, war bei
der Einnahme dieser Stadt durch die Lateiner zunächst an den Hof
des Bulgarenzaren Johannischa entwichen: diese bisher unbekannte Tatsache erfahren wir aus einem Dokument der Akten des Erzbischofs Demetrios Chomatianos von Achrida, ed. Pitra № 146. Dort heisst es (p. 567)
von Johannes Kamateros: nach der Einnahme Kp.s durch die Lateiner
,εἰς ὁμιλίαν τῷ βασιλεῖ τῶν Βουλγάρων, ἀλλὰ δὴ καὶ αὐτῷ τῷ Βουλ-

mancher griechische Bischof und Priester wie dem Papste,
so auch dem Patriarchen von Konstantinopel.[1]

Bei der Vakanz des Patriarchenstuhls, im Jahre 1212,
trug der Bischof von Rhädestos (Rodosto am Marmarameer)

γαρικῷ πατριαρχῃ ἐλήλυθεν', wie auch der flüchtige Kaiser Alexios V.
sich mit den Bulgaren in Verbindung gesetzt habe.

Dadurch erst erklärt es sich, dass wir ihn später (nach Georg. Akr.
c. 6) in Didymoteichos, einer Stadt Thraciens, wiederfinden, wo er im
Juni 1206 starb. Wahrscheinlich hatte er während des Abfalls dieser
Stadt von den Lateinern zu den Bulgaren, im Sommer 1205, hier seinen
Sitz genommen, war dann aber auch nach ihrer Wiedereroberung durch
die Lateiner (gegen Ende 1205) dort wohnen geblieben, besonders deshalb,
weil sie nunmehr unmittelbar einem Griechen, dem Theodor Branas, unterstand. (Für die polit. Vh. vgl. Hopf, p. 208, 214—17.)

Bereits im Februar 1206 aber hatte er seine Patriarchenwürde abge-
dankt. Damals war er nämlich durch Theodor Laskaris aufgefordert worden,
seinen Sitz nach Nikäa zu verlegen, wozu er sich aber nicht entschliessen
mochte. In Nikäa war dann im März 1206 ein neuer Patriarch, Michael
Auktorianus, erwählt worden. Nach Cupers biograph. Katalog der Patriarchen von Kp. in Acta Sanctorum, Mens. Aug., Bd. I. p. 147 u. 153. —

Die Mönche erklärten nun im September 1207 dem Kardinal Benedikt:
sie hätten bis zum Tode des Kamateros (Juni 1206) diesen als Patriarchen
verehrt, nach dessen Tode aber „kommemorieren wir keinen anderen und
werden es auch nicht tun, weil bis jetzt kein Patriarch nach der Gewohnheit wiedergewählt ist".

Das Auffällige bei dieser Erklärung ist, dass die Mönche hier die
Wahl des Patriarchen Michael in Nikäa ignorieren. Es geschah, wie
auch Arsenij in seinen Geleitsworten annimmt, einfach deshalb, weil sie
nicht wagten, den Lateinern gegenüber ihre Verbindung mit einem auswärtigen Kirchenfürsten einzugestehen. Den Kamateros hatten sie offen anerkennen dürfen, da dieser ja zuletzt auf lateinischem Gebiet gelebt hatte: den
reichsfremden Patriarchen von Nikäa glaubten sie wenigstens offiziell ver-
leugnen zu müssen. In Wirklichkeit haben sie auch diesen im Gegensatz
zu dem lateinischen Patriarchen als ihr wahres Oberhaupt anerkannt, so
gut wie vorher den Kamateros in Didymoteichos. Und sechs Jahre später
haben sie das auch den Lateinern gegenüber offen einzugestehen den Mut
gefunden. S. unter № V dieses Kapitels.

[1] ep. Innoc. XI 23 (8. März 1208), an den Patriarchen von Kp.:
‚cum quidam episcopi Graeci ad tuam obedientiam redeuntes etc.'
Vgl. oben p. 197[3] den Brief Innocenz' an den Patriarchen vom Jahre 1209,
wo er die Unterwerfung des Klerus der Diözese Thessalonich erwähnt.

Innocenz direkt durch einen Boten seinen Gehorsam an und liess sich von ihm die Jurisdiktion in seiner Diözese garantieren.[1]

Auch konnten sich diese Nachgiebigen auf berühmte Autoritäten unter ihren lebenden Volksgenossen berufen.

So hat der Exmetropolit von Athen, Michael Akominatos, einer der vornehmsten Träger des griechischen Kulturlebens und Volksbewusstseins dieser Epoche,[2] gerade mit jenen beiden Bischöfen von Rodosto und Negroponte enge Freundschaftsbeziehungen unterhalten.[3] Ihnen so wenig, wie dem Abt eines Klosters in Attika, der früher ihm selbst gehorsamte, hat er die Unterwerfung unter den Papst, resp. den lateinischen Erzbischof von Athen verübelt.[4]

Er hielt dafür, dass die griechischen Geistlichen durch die Invasion der Lateiner vor die Alternative gestellt seien: entweder sich der Knechtschaft durch die Flucht zu entziehen

---

[1]) ep. XV 134 (14. Juli 1212). In ep. XV 135 (id. Dat.) mahnt er den Bischof, seine Mitbischöfe und die griechischen Priester und Mönche ebenfalls zum Gehorsam gegenüber der römischen Kirche zu bewegen.

[2]) Seine Briefe, ed Lampros, l. c. [184[1]] beweisen das. S. auch Gregorovius, l. c. p. 204 ff., 341 ff.

[3]) Lampros Bd. II. p. 334 Brief Michaels an den Bischof von Rhädestos; p. (198), 295, 308 Briefe an den Bischof von Negroponte.

[4]) Brief an den Abt des Klosters Kaisariani auf dem Hymettos l. c. p. 311/12, kurz erwähnt von Gregorovius p. 347): ,ἔδει καὶ τοῖς παρόντας μὲν δεσπότας θεραπεύειν παντοίως καὶ ἀναπληροῦν τὰ καταθύμια αὐτοῖς'; dass er hier nicht nur die Unterwerfung des Abtes unter das weltliche Regiment der Lateiner, sondern speziell die unter das geistliche Regiment des lateinischen Erzbischofs von Athen im Auge hat, geht aus dem Nachsatz mit ,δὲ' hervor, das dem ,μὲν' des Vordersatzes entspricht: Du musstest Dich zwar dem neuen Herrn unterwerfen, aber nicht mich, Deinen früheren Herrn, vergessen. Dieser General-abt (er hatte mehrere Klöster unter sich) hatte sich ganz latinisiert; sein früherer Metropolit war für ihn eine gefallene Grösse; gemeinsam mit der lateinischen Geistlichkeit beschuldigte er denselben, die Kirchenschätze Athens bei seiner Flucht mit sich geführt zu haben. Er weigerte sich, gewisse Kandidaten für Abteien, die Akominatos ihm empfahl, anzustellen. (Alles in dem Briefe l. c.)

oder, wenn sie am Platze blieben, sich in das Unvermeidliche zu schicken und sich unter Roms Willen zu beugen.[1]) Er selbst hatte ersteren Ausweg gewählt, doch wusste er auch den zweiten zu würdigen. Letzterer gewährte denjenigen Geistlichen, die ihn einschlugen, die Möglichkeit, für ihren Sprengel, ihre Gemeinde auch weiterhin zu sorgen, deren Akominatos selbst sich beraubt hatte. Von diesem Gesichtspunkt aus konnte er den Bischof von Negroponte geradezu loben, „weil er die barbarische Tyrannei so hochherzig ertrage".[2])

Der Standpunkt des Akominatos und der Rom gehorsamenden griechischen Kleriker findet sich am schärfsten präzisiert in der Antwort, mit der die letzteren den Tadel der Zeloten zurückzuweisen pflegten: „Was wollt Ihr? Wir haben zwar den Gehorsamseid abgelegt, aber wir haben dafür die väterlichen Bräuche in keiner Weise verletzt, noch auch irgend etwas verübt, was gegen die Kanones verstiesse."[3]) Man sieht, wie klug Rom gerechnet hatte.

----

[1]) S. folg. Anm., zweite Hälfte.

[2]) Lampros l. c. p. 295 ‚τὴν ἐπικειμένην σοι καὶ τῷ κατά σε λάχει βαρβαρικὴν τυραννίδα μεγαλοψύχως ὑποφέρεις'.

Aufs tiefste entrüstet sich dann allerdings Akominatos, als der Bischof von Negroponte trotz seiner Unterwerfung von dem lateinischen Erzbischof seines Amtes entsetzt wurde. S. darüber oben p. 187[6], Lampros p. 308. Das sei nun der Lohn einer ‚θεραπεία τοσούτων ἐτῶν', umsonst habe der Bischof nun „den Tieren geschmeichelt". „Hier steht einem wirklich der Verstand still", sagt Akominatos. „Unterwirft man sich nicht und vollführt man nicht wie ein Sklave die Aufträge der Tyrannen, so muss man als ein Feind in die Verbannung gehen; erkauft man sich aber den Frieden (so ist hier ‚τὸν καιρὸν' am besten zu übersetzen) und bedient die Tiere mit ihren Lieblingsspeisen, so gewinnt man das tierische und menschenfeindliche Gezücht auch so nicht endgültig, sondern wird auch so mit Schimpf und Schanden davongejagt."

Wir sahen oben l. c., dass der lateinische Erzbischof von Athen gegen des Papstes Willen den Bischof von Negroponte abgesetzt hatte und dass Innocenz dessen Restitution bewirkte.

[3]) In einem zweiten Brief des Patriarchen Germanos an die Cyprier (c. 1223), Reinhard l. c. p. 35: ‚Patrios mores nostros nequaquam prodidimus neque aliquid extra sacrorum Canonum praescripta peregimus'.

Im Kirchenbrauch, in den die Vergottung des Menschen vergewissernden liturgischen Formen und Formeln konzentrierte sich schon damals, wie heute noch, das Wesen der griechischen Kirche.[1] War es da nicht verständlich, dass so víele Griechen, gegen Duldung ihres Kultus, Rom bereitwillig den Tribut der Unterwerfung zollten?

Dennoch hat nur ein Teil des griechischen Klerus, und zwar sicherlich der kleinere, nachgegeben; die Mehrheit des Klerus trotzte, wenn sie gleich in der Heimat blieb, hartnäckig den Geboten Roms.[2] Sie sah, im Gegensatz zu den Nachgiebigen, auch in der bloss äusserlichen Unterwerfung unter das Papsttum einen Verrat der väterlichen Bräuche, weil jene mit Notwendigkeit die Billigung des gesamten päpstlichen Systems in sich schliesse, resp. nach sich ziehen werde.

Und die intransigente Partei hatte nicht minder namhafte Hintermänner, als die mit Rom paktierende. Konnten diese bei ihrer Nachgiebigkeit sich auf Michael Akominatos berufen, so fühlten sich jene durch die Patriarchen von Nikäa selbst und durch den Erzbischof Demetrios Chomatianos

Eben deshalb war auch der Patriarch Germanos anfangs geneigt, den Gehorsamseid freizugeben, um ihn dann aber auf Drängen der Zeloten doch zu verbieten. S. u. II. Teil dieses Buches, 1. Abschnitt, zweites Kap. ½ I, vgl. auch die gleich (auf p. 203[1]) angeführten Quellen für den Standpunkt der Eidverweigerer. Auch aus ihrer Negation ergibt sich die in dieser Anm. behauptete Position.

[1] Vgl. Kattenbuch, Lehrbuch der vergleichenden Konfessionskunde, Bd. I., Freib. 1892, p. 337 ff. u. bes. die scharfe Charakteristik bei Harnack, Das Wesen des Christentums, p. 147.

[2] Weigerung griechischer Geistlicher, dem Papste oder ihrem Oberen den Gehorsamseid zu leisten: seitens griechischer Priester und Mönche im Erzbistum Patras (ep. XIII 172, 1210), griechischer Äbte des Erzbistums Korinth (ep. XV 53, 1212), des griechischen Bischofs von Zakynthos (ep. X 128, 1207); Mönche der Diözese Theben (ep. XIII 114, 1210); Bischöfe, Äbte und Priester des Erzbistums Larissa (ep. XIII 103, 1210; XI 189. 1208); in und um Kp. (ep. XI 21, 1208).

Auf die Weigerung der Mönche Kp.s, den lateinischen Patriarchen in die Diptychen aufzunehmen, wurde schon auf p. 198 hingewiesen.

von Achrida in ihrem Widerstande gegen die Anforderungen Roms gestützt.[1]

Man wird, um diesen Standpunkt zu begreifen, folgendes bedenken müssen: leichter konnte sich der Papst dazu entschliessen, den Griechen gegen Anerkennung seines Regiments die Beibehaltung ihrer Gewohnheiten zu gestatten, als diese sich dazu herbeilassen, in dem Papst, wenn er gleich jene Besonderheiten bei ihnen duldete, einen Herrscher zu acceptieren, der seinerseits ein fremdes System kirchlicher Sitten und Riten repräsentierte.

Es kam hinzu, dass die Griechen als die Wurzel dieser kirchlichen „Neuerungen" des Occidents gerade die Regierungsgewalt des Papstes über die abendländische Kirche,

---

[1] Für Demetrios Chomatianos s. o. p. 192[2], 194[2]. Den Standpunkt der Patriarchen von Nikäa kennzeichnen folg. Dokumente:

I. Der Brief des Patriarchen Theodor von Nikäa (Sept. 1214 bis Jan. 1215) an die Griechen Kp.s, publ. von Papadopulos-Kerameus in Byz. Z. Bd. X. p. 182 ff.

Theodor warnt die Griechen, dem Papst und dem lateinischen Patriarchen den Treueid zu leisten, wie man von ihnen verlangt. Denn das Wort „πιστοί" habe einen bedenklichen Doppelsinn. ‚ἔστι γὰρ περὶ τοῦδέ τινος πιστεύειν, ὅτι τόδε ἐστίν (in betreff der und der Sache glauben, dass sie sich so verhält), καὶ τὸ εἴς τι πιστεύειν' (an etwas glauben). Sie dürften nun zwar wohl vom Papste glauben, dass er den ersten Bischofsstuhl innehabe, nicht aber an dessen fremdartige Lehre glauben.

In Wirklichkeit aber sei beides unlösbar miteinander verquickt, denn „πῶς δὲ καὶ ἡ ὀρθοτόμος σου πίστις . . . φυλαχθήσεται, εἰ γε πιστὸς εἶναι τῷ πάπᾳ θελήσειας;' Wenn Du aber dennoch dem Papste Treue geloben wolltest, ohne dabei Deinen Glauben aufzugeben, so könnte ein Spötter Dich mit Recht „πιστοάπιστον' nennen, in dem Du mit Dir selbst in Widerspruch gerätst.

II. Den Brief des Germanos an die Cyprier vom Jahre 1223 (l. c. p. 24). Der Patriarch teilt den Cypriern dort die Argumente eidverweigernder Geitlicher des lateinischen Kaiserreichs mit. Diese erklären: die Lateiner sagen uns zwar, dass der Gehorsamseid ‚extra culpam et reprehensionem' sei. ‚Cum hoc nihil aliud sit, quam fidei a maioribus traditae proditio et manuductio . . . ad omnia plane deliramenta quae in senili Roma usurpantur'. Vgl. oben p. 194[2].

die es durch den Gehorsamseid auch für die griechische anzuerkennen galt, ansahen. Gegen den päpstlichen Absolutismus richteten sie, wie im XII. Jahrhundert,[1]) so auch jetzt vornehmlich ihre Anklagen: das Prinzip der päpstlichen Dekretalen war ihnen nicht minder zuwider als die päpstliche Binde- und Lösegewalt und die Deifizierung der Nachfolger Petri.[2]) Die Garantie der griechischen Gewohnheiten musste von diesem Gesichtspunkt aus nichtig erscheinen. Denn im selben Augenblick, wo man sie sich vom Papste privilegieren liess, erkannte man ja diesem die diskretionäre Gewalt zu, sie in Zukunft nach Willkür aufzuheben.

Vor allem wird man endlich nicht vergessen dürfen, dass der Gegensatz der Griechen von Rom durch die lateinische Eroberung bis aufs äusserste verschärft worden war.

Hatten schon die früheren Heerfahrten der Abendländer gegen das byzantinische Reich und ihre Durchzüge die Griechen mit tiefster Erbitterung gegen ihre Bedränger erfüllt und sie zu Feinden des Unionsgedankens gemacht, so steigerte die endgültige Eroberung Byzanz' durch die Lateiner und die Art, wie sie sich vollzog, diesen Hass der Griechen ins Grenzenlose. Denn wie zwei Jahrzehnte zuvor (1185) die

---

[1]) S. o. p. 79 f.

[2]) In den ‚criminationes adversus Ecclesiam Latinam‘ bei Cotelerius, Mon. Ecclesiae Graecae, Bd. III. p. 495 ff. spielen die gegen die absolute Gewalt des Papsttums die Hauptrolle. *№ 4: Sacros Canones divinasque Scripturas tantumnon neque agnoscunt, quod pro Canonibus et legis abrogatione habeant id quod iubetur a Papa, qui hodie vivit; eorum vero, qui ab hac vita excesserunt, decreta, sive apostoli, sive patres sint, quasi cum ipsis mortua reputant*‘.

№ 6, 22, 31, 43 gegen die päpstlichen Indulgenzen.

№ 32: ‚Papam non s. Petri successorem, sed Petrum ipsum et dicunt et credunt, ac fere supra Petrum deificant, dominum totius Christianitatis proclamantes. № 33: Dicunt ipsam Ecclesiam Romanam esse catholicam et apostolicam Ecclesiam, unam cunctas complectentem itemque unum cunctos continentem pontificem Papam, ut Petrum unum, et subesse ei omnes Christi oves; necnon omnem Christianum ad horum iuratam confessionem pertrahunt‘.

Normannen bei der Okkupation Thessalonichs, der zweiten
Stadt des Reichs,[1] so traten die Kreuzfahrer bei der Eroberung der Hauptstadt alles, was dem griechischen Volke
heilig war, in den Staub. Die Kirchen gingen in Flammen
auf oder wurden zu Ställen herabgewürdigt. Vornehme Kreuzfahrer ritten auf wiehernden Rossen in die Sophienkirche ein,
andere zechten hier aus heiligen Gefässen, deren geweihten
Inhalt sie vorher wie Unrat ausgegossen hatten, während
eine Courtisane den Thron des Patriarchen bestieg. Sie zierten
sich und ihre Weiber mit den kostbaren Stoffen der Priester-
ornate, mit dem Schmuck von den heiligen Gerätschaften.
Mit barbarischer Hand zerstörten sie die herrlichen Werke
kirchlicher und profaner Kunst, die Wahrzeichen einer fast
tausendjährigen Kultur.

Furchtbar war auch das Schicksal der Einwohner. Un-
barmherzig wurden sie ausgeraubt und hingemetzelt, wurden
Jünglinge in die Sklaverei verkauft, Jungfrauen entehrt.
Und die rauhen Eroberer kannten keine Scheu vor dem
Heiligen: keine Nonne war vor Schändung sicher, keine Kirche
schützte das Leben.[2]

Und solche Freveltaten geschahen im Zeichen des
Kreuzes, im Namen der römischen Kirche. Mochte auch
Papst Innocenz III. sie, als sie ihm zu Ohren kamen, aufs
schärfste missbilligen:[3] in der griechischen Volksseele lebte
das Bild des geharnischten Bischofs fort, der das Kreuz, einer
Fahne gleich, in den Händen, den Lateinern bei ihrem Ein-

---

[1] Niketas, ed. Bonn p. 388 ff., vgl. Pichler, l. c. p. 296.

[2] S. besonders einen Bericht über die „Taten der Lateiner" bei
Cotelerius l. c. p. 510 ff., ferner Niketas ed. Bonn p. 746 ff. Auch Innocenz
ep. VIII 126 (12. Juli 1205). Vgl. auch Pichler l. c. p. 306.

[3] In dem vor. Anm. zitierten Brief, an den Kardinallegaten Peter
von Capua. „Quomodo enim Graecorum ecclesia . . . ad unitatem
ecclesiasticam et devotionem sedis apostolicae revertetur, quae in Latinis
non nisi perditionis exemplum et opera tenebrarum aspexit, ut iam
merito illos abhorreat plus quam canes?"

zug in die Kaiserstadt vorangeritten war, den Gräueln, die sie verübten, gleichsam die kirchliche Weihe gebend.[1]

Auch war ja der Papst weit entfernt, dem lateinischen Kaiserreich wegen der Verbrechen, mit denen es begründet worden, seinen Schutz zu entziehen. Zwar seien, so erklärt er einmal dem Theodor Laskaris von Nikäa, die Kreuzfahrer nicht völlig schuldlos gewesen, dennoch aber halte er dafür, dass die Griechen durch sie nach göttlichem Ratschluss bestraft worden seien, weil sie den ungenähten Rock Christi zu zerreissen sich unterfangen hätten. Oft komme es vor, dass Gott die Bösen durch den Arm Böser bestrafe. Das grössere Unrecht sei jedenfalls entschieden auf seiten der Griechen gewesen, und es sei nur recht und billig, dass sie, die der Union und der Unterstützung des heiligen Landes widerstrebt hätten, ihr Reich an die Lateiner verloren hätten, die beiden Zielen nachstrebten.[2]

Die Griechen wollten natürlich diese päpstliche Geschichtsphilosophie, die auch der erste lateinische Patriarch von Konstantinopel, Thomas Morosini, ihnen vortrug, nicht gelten lassen, sondern bekämpften diesen Standpunkt aufs bitterste.[3]

Ihnen erschien vielmehr die Eroberung Konstantinopels durch die Kreuzfahrer als die Erfüllung des Prophetenwortes: „Herr, es kamen die Heiden in Dein Erbteil und befleckten Deinen heiligen Tempel."[4]

---

[1] Cotelerius l. c. p. 512: ‚*Episcopus armatus, manibus crucem instar vexilli tenens, ante ipsos equitabat tunc temporis, quando urbs oppugnata captaque est, et tot tantaque impia facinora edita fuere.*'

[2] ep. XI 47 (17. März 1208). ‚*Licet autem ipsi (Latini) omnino inculpabiles non existant, per eos tamen Graecos iusto Dei iudicio credimus fuisse punitos*' etc. Vgl. oben p. 174/75.

[3] Streitschrift eines Griechen gegen die Rede des lateinischen Patriarchen, analysiert von Dräseke in Zeitschrift für Kirchengeschichte Bd. VIII p. 549 ff.

[4] Raynald 1233, § 11. Vgl. Dok. *Aj* 146 bei Pitra l. c. [192ᵃ]: dort wird von dem Vierten Kreuzzug gesprochen als der ‚τῶν ἐθνῶν ἐπιδρομή'.

Auch schloss sich die Kluft, die die beiden Völker trennte, nicht im Laufe längeren Zusammenwohnens.

Ihrer Verschmelzung stand vor allem hindernd im Wege der Mangel an Verständnis für die griechische Kultur bei den Lateinern. Die Germanen, die einst das römische Reich zerstört, hatten willig dessen überlegene Kultur in sich aufgenommen: die Lateiner des XIII. Jahrhunderts, die den Rest dieses Reiches, der sich ins Mittelalter hinübergerettet hatte, eroberten, verachteten die Kultur der bezwungenen Rhomäer. Sie selbst dünkten sich die Erben der antiken Bildung, und nicht nur die kriegerische Überlegenheit nahmen sie für sich in Anspruch, sondern sie meinten, auch an wissenschaftlicher Bildung die Griechen zu überragen. Nach der im Occident verbreiteten Ansicht waren die Griechen von damals degeneriert, waren die Tapferkeit und Weisheit von deren Altvorderen in den lateinischen Orbis gewandert.[1] So erklärt sich der Aufruf Innocenz' an die Magister und Scholaren von Paris, nach Griechenland zu gehen, um das Studium der Wissenschaft zu reformieren: dort, von wo es seinen Ausgang genommen.[2] Man wollte nicht lernen, sondern belehren, Kultur aufdrängen, anstatt sie aufzunehmen.

Aber die Byzantiner wussten sich selbst im Besitze des echten Ringes und verschmähten, aus den Händen der Occidentalen mühsam verdaute Brocken ihrer eigenen, der

---

[1] Der Geschichtsschreiber des Kreuzzuges Richards Löwenherz. (Itinerarium regis Ricardi, ed. Stubbs 1864) sagt (p. 46): ‚gens perfida, generatio nequam et omnino degenerans . . .‘ ‚Multa Graii veteres et armis sunt aggressi et studiis assecuti; sed omnis ille virtutum fervor refriguit in posteris et in orbem latinum migravit.‘

Ähnlich Guil. Nangis (Bouquet XX p. 546): das Studium der Wissenschaften und Philosophie ‚quod primo venerat ab Athenis Romam et a Roma cum militiae titulo per Carolum Magnum in Franciam‘. Vgl. auch ‚Mon. Patavini chron. bei Muratori ss. rer. It.‘ Bd. VIII, p. 717. Heute würden die Griechen von aller Welt für ‚vilissimi et abiecti‘ gehalten.

[2] Innoc. ep. VIII 71 (25. Mai 1205) ‚quatenus in Graeciam accedentes ibi studeretis litterarum studium reformare, unde noscitur exordium habuisse‘. Vgl. Gregorovius l. c. p. 339.

griechischen, Gelehrsamkeit entgegenzunehmen. Ihnen war
neben der kirchlichen Wissenschaft das köstliche Erbe der
klassischen Bildung in ununterbrochener Tradition überkommen
worden: auf dieser doppelten Grundlage ruhte, wenn wir von
dem dritten, dem staatlichen, Element hier absehen, die byzantinische Kultur. Homer, Pindar und Aristophanes, Platon und
der echte Aristoteles, Plutarch waren dem Michael Akominatos
und seinem Freundeskreis nicht minder vertraut wie die
Propheten, Apostel und Kirchenväter.[1] Den lateinischen
Barbaren aber hielten sie für unfähig, die griechischen
Geistesheroen auch nur in der Übersetzung zu verstehen.
„Eher werden Esel des Wohlklangs der Leyer, Mistkäfer des
Wohlgeruchs der Myrte gewahr werden, als die Lateiner des
Wohllautes und der Anmut der Rede."[2]

Und noch viel weniger hielten die Griechen die kirchliche Überlieferung der Lateiner der ihrigen ebenbürtig. Je
mehr sie jetzt deren vermeintliche Ketzereien aus der Nähe
sahen, um so eifriger schlossen sie sich gegen das römische
Wesen ab. Wie weit ihr Abscheu in dieser Hinsicht ging,
zeigten Akte, wie die Wiedertaufe katholisch getaufter Kinder
und die Abwaschung von Altären, auf denen lateinische
Priester zelebriert hatten.[3]

Unter diesen Umständen half es dem Papste wenig, dass
er seine Anforderungen an die griechische Geistlichkeit auf ein
Minimum herabschraubte. In der Mehrzahl sträubte sie sich
auch gegen eine nur formelle Unterwerfung unter das Papsttum.

Den Zufluchtsort für diejenigen, welche in die Verbannung gingen, einen Rückhalt für die, welche als Schismatiker
unter lateinischer Herrschaft zu leben fortfuhren, bildeten die

---

[1] Vgl. die Briefe des Akominatos, ed. Lampros l. c. Was Plut-
archische Reminiscenzen betr., so macht auf sie Papageorgiu in Byz. Z.
Bd. X p. 424 aufmerksam.

[2] Brief des Akominatos an den Bischof von Negroponte l. c. p. 295/6.
Vgl. Gregorovius p. 345.

[3] Innocenz verbietet diese Missbräuche auf dem Laterankonzil 1215:
Mansi, Conc., Bd. XXII p. 990.

unabhängigen Griechenstaaten: das Despotat Epirus,[1]) vor
allem aber das Reich des Theodor Laskaris von Nikäa in
Kleinasien, die Hochburg des unabhängigen Griechentums.

„Als eine Arche hast Du, so rief Michael Akominatos,
den nur die Gebrechen des Alters hinderten, von der Insel
Keos nach Nikäa überzusiedeln, dem Kaiser Theodor zu, in
der grossen Sündflut, die über das europäische Griechenland
hereingebrochen ist, gewiss nach göttlichem Befehl, Asien
aufgerichtet und hast seine Küsten gegen die nachströmende
Lateinerflut durch den Wall der Waffen vermauert. Den
hierhin und dorthin vertriebenen Kindern der Kirche hast
Du die Worte Christi zugerufen: „Kommet her zu mir alle,
und ich will Eure Schmerzen lindern“.

Und hieran knüpfte Michael einen leidenschaftlichen
Wunsch für die Zukunft. „Mögest Du, fährt er fort, die
Lateiner nicht nur von Asien fern halten, sondern auch die
Kaiserstadt Konstantinopel von ihrem Frevelmute befreien,
und sie wie tolle Hunde aus den heiligen Kreisen unseres
Jerusalem verjagen, wie der grosse David einst die Jebusiter
aus dem alten, und mögest Du der Neugründer werden der
Stadt Konstantins, der Kaiserin, der glücklichen.“[2])

Sowohl dem Dank der Flüchtlinge, wie der Hoffnung
der Zurückbleibenden gab hier der Athener beredten Ausdruck.

Durch die Erwartung einer baldigen Befreiung, durch
den Rückhalt an dem unabhängigen Griechentum erklärt sich
in der Tat nicht zum wenigsten, dass so viele von denjenigen
Geistlichen, die aus Pflicht- oder Heimatsgefühl in lateinischen
Landen wohnen blieben, den Geboten der päpstlichen Kirche
zu trotzen wagten.[3])

---

[1]) S. ein Dokument in der Sammlung des Demetrios Chomatianos
bei Pitra l. c. [192²] № XXI, p. 87ff., wonach „unzählige“ Peloponnesier
am Hofe der Despoten Zuflucht fanden. Vgl. ferner oben l. c. die Beziehungen der Griechen eines Athosklosters zu Demetrios von Achrida.

[2]) Lampros l. c. p. 150—2.

[3]) l. c. p. 280, Brief Michaels an den in Nikäa lebenden Erzbischof
von Kreta: „πρὸς ὅν (Laskaris) οἱ ἐνταῦθα πάντες ἀποβλέπουσιν ὡς μετὰ

Doch alle Gesinnungstüchtigkeit der griechischen Geistlichen des lateinischen Kaiserreichs hätte schliesslich zu schanden werden müssen, wenn die weltliche Gewalt dem Papsttum und den lateinischen Oberen unbedingt zu willen gewesen wäre.

Das aber war nicht der Fall. Vielmehr fand der griechische Klerus an den lateinischen Fürsten Romaniens eine feste Stütze gegen die Ansprüche des Papstes und der lateinischen Prälaten.

Vor allen Dingen war dies der Fall im Königreich Thessalonich, dessen Herrscherin, Margaretha von Ungarn, vor ihrer Ehe mit König Bonifaz von Montferrat die Gemahlin des griechischen Kaisers Isaak Angelos gewesen war, und als solche sich zum griechischen Glauben bekannt hatte. Mit der Rückkehr zur römischen Religion, zu der ihr Innocenz im Jahre 1205 gratulierte,[1] scheint es ihr nicht sehr ernst gewesen zu sein: jedenfalls gehörten ihre Sympathieen nach wie vor den griechischen Geistlichen, die sie in ihrem Ungehorsam gegen die lateinischen Prälaten und den Papst aufrecht hielt.[2]

Man könnte meinen, es handle sich hier um einen besonderen Fall. Aber die lateinischen Herren verhielten sich nicht anders als die halbe Griechin. Im Fürstentum Achaja, wie im Herzogtum Athen konnten eidverweigernde griechische

---

βραχὺ σωτῆρα μόνον σὺν θεῷ καὶ Ῥωμανίας πάσης ἐλευθερωτὴν ἐσόμενον'.

[1] ep. VIII 134.

[2] ep. Innoc. XI 152 (4. Oktober 1208) „... *Graecis episcopis contra ipsos* (den lateinischen Erzbischof von Larissa und seine Suffragane), *ne nobis obediant, favorem suum impendere non formidat'*. Vgl. XI 189 (8. Dezember 1208): der Bischof von Demetrias verweigert dem Erzbischof von Larissa den Gehorsam, *fultus potentia laicali'*. Ferner ep. XIII 103 (2. Juli 1210): die Regentin von Thessalonich *„quosdam episcopos Graecos suffraganeos eius* (des Erzbischofs von Larissa) *et alios abbates et clericos, nolentes sibi exhibere reverentiam, manutenet, favorem eis super tanta eorum nequitia exhibens contra ipsum'*.

Priester und Mönche ebenfalls auf den Schutz ihrer weltlichen Herren zählen.

Es hängt das zusammen mit dem Konflikt, in den überall in Romanien die lateinischen Staaten mit den Vorstehern der lateinischen Kirche gerieten, ein Gegensatz, auf den wir später näher zu sprechen kommen.[1]) So war es den lateinischen Fürsten bei ihrem Eintreten für die griechischen Geistlichen hauptsächlich darum zu tun, die Abgaben, die diese den lateinischen Bischöfen im Gefolge eines Gehorsamseides hätten zahlen müssen, in ihre eigene Tasche fliessen zu lassen. Deshalb suchten sie eine solche Verpflichtung der griechischen Priester und Mönche gegenüber den lateinischen Oberen so lange wie möglich zu hintertreiben.[2])

Weit höhere Motive waren es, die den lateinischen Kaiser von Konstantinopel, Heinrich, der schon im Jahre 1205 seinem Bruder Balduin nachfolgte und bis 1216 regierte, zu einem warmen Freunde der Griechen machten.

Dieser flandrische Graf besass wahre Herrschergaben, die ihn würdig machten, den Thron Konstantins des Grossen einzunehmen. Er wollte nicht als Lateiner über Griechen. sondern als Kaiser über Lateiner und Griechen gebieten. So

---

[1]) Im dritten Kap. dieses Abschnitts.

[2]) ep. XIII 172 (6. November 1210): der Erzbischof von Patras hat mitgeteilt, *quod domini terrae illius pro eo, quod sacerdotes et monachos Graecos angariare nituntur, eosdem non permittunt sibi et aliis latinis praelatis debitam oboedientiam et reverentiam exhibere*.

ep. XIII 114 (15. Juli 1210): Die Mönche eines griechischen Klosters in der Diöcese Davalia (Böotien) *fulti quorumdam auctoritate potentum debitam eis* (dem Prior und dem Kapitel des heiligen Grabes) *reverentiam contumaciter denegant exhibere*.

ep. XI 265 (21. Februar 1208), an die Fürsten Romaniens: veranlasst *subditos vestros, Graecos videlicet et Latinos, praelatis suis obedientiam et reverentiam exhibere*. Soweit hier die lateinischen Untertanen in Betracht kommen, handelt es sich um das Zehntenzahlen. Denn die weltlichen Machthaber enthielten vielfach den lateinischen Prälaten ihres Gebiets, die Zehnten ihrer Untertanen, mochten sie Griechen oder Lateiner sein. vor. S. ep. XIII 112, XII 141.

machte er zwischen lateinischen und griechischen Untertanen keinen Unterschied, reihte Griechen ins Heer ein und verwandte sie als Beamte, sogar bis in die höchsten Stellen.[1]

Bei solcher Politik versteht es sich von selbst, dass Heinrich den Bestrebungen des lateinischen Klerus, die Griechen zu sich herüberzuziehen, äusserst kühl gegenüberstand. Der Patriarch fand bei seinem Vorgehen gegen die den Gehorsam verweigernden griechischen Geistlichen an dem Kaiser keinen Rückhalt, der Bann, den er gegen die Rebellen schleuderte, blieb wirkungslos, da der weltliche Arm feierte.[2]

IV. Die Mission des Kardinals Pelagius (1213/14), sein Auftreten im lateinischen Kaiserreich und seine Unionsverhandlungen mit den Griechen Nikäas.

Innocenz III. hat nun, wie er allerorts der Begünstigung des griechischen Ungehorsams durch die lateinischen Herren ein Ende zu machen suchte,[3] auch den Kaiser und seine Grossen im Jahre 1208 aufs ernstlichste gemahnt, den Bannstrahl des Patriarchen zu respektieren und diesem zur Beibringung der Griechen Rat und Hilfe zu erteilen.[4]

Schon damals ging er aber auch mit dem Gedanken um, aufs neue einen Legaten nach Romanien zu senden, der, als sein Stellvertreter und mit der ganzen päpstlichen Autorität ausgerüstet, die Griechen endgültig unter Rom beugen sollte.[5]

---

[1] Georg. Akropolita, ed. Bonn, p. 31 (c. 16).

[2] S. Anm. 4.

[3] In den p. 211³ zitierten Briefen.

[4] ep. XI 21 (12. März 1208) an Kaiser Heinrich und die Grossen von Kp.: ,cum vestrae utilitati expediat et honori, ut Graeci tam clerici quam laici ad sacrosanctae Romanae Ecclesiae ac . . . patriarchae Ctani obedientiam redeant eumque patrem haberent et pastorem', so bittet er sie, ,quatenus super hoc praedicto patriarchae consilium et auxilium impendatis, sententiam, quam in Graecos rebelles propter hoc rationabiliter tulerit, firmiter observantes . . . .'

[5] ep. XI 47 (17. März 1208) ,. . . . legatum quem ad partes illas intendimus destinare'. Ferner die Empfehlungsschreiben für Pelagius, ep. XVI 104—6 (29./30. September 1213).

Erst im Jahre 1213 kam dieser Plan zur Ausführung. Des Papstes Wahl fiel auf den Kardinalbischof Pelagius von Albano, einen Spanier von Geburt, der sich alsbald nach Konstantinopel begab, wo der Patriarchenstuhl bereits seit 1211 verwaist war.[1]

Die Aufgabe, die es für Pelagius den Griechen gegenüber zu lösen galt, war dieselbe, die in den Jahren 1205—1207 dem Kardinal Benedikt vorgelegen hatte. Wie dieser sollte er die griechische Geistlichkeit vor allen Dingen zum Gehorsam gegenüber dem Papste und dem künftigen lateinischen Patriarchen, sowie zur Kommemoration dieser beiden Kirchenfürsten verpflichten.[2] Wie Benedikt, nahm auch Pelagius den Nikolaus von Otranto als Dolmetscher mit.[3]

Während nun aber Benedikt sich als ein hervorragend geschickter Vermittler bewährt hatte, ging dem Pelagius jegliche diplomatische Fähigkeit ab.

Wenn er, um jene Forderungen durchzusetzen, gegen Widerspenstige sofort mit Fesselung und Einkerkerung vorging, ja sie sogar mit der Todesstrafe bedrohte, wenn er ihre Kirchen schliessen und an die Pforten Siegel kleben liess,[4] wenn er ungehorsame Mönche kurzerhand aus ihrem Kloster vertrieb,[5] so handelte er damit nicht nur den Grund-

---

[1] S. Cuper, l. c. [198¹] p. 148.

[2] Georg. Akr. p. 32: ‚ὁμολογῆσαι τὸν πάπαν πρῶτον ἀρχιερέα καὶ τούτου μνήμην ἐν ἱεροτελεστίαις ποιεῖν'. Was die Unterwerfung unter den lateinischen Patriarchen betrifft, s. in dem oben (p. 203¹) zitierten Briefe des Patriarchen Theodor von Nikäa an die Griechen Kp.s. Er schreibt ihnen da (p. 189), er habe aus ihrem Briefe ersehen: ἀπαιτεῖσθαι ὑμᾶς παρὰ τοῦ καρδιναλίου καταθέσθαι ὑποταγὴν ἔχειν πρὸς τὸν πάπαν καὶ τούτῳ εἶναι πιστοὺς καὶ τῷ προχειρισθησομένῳ παρ' ἐκείνῳ πατριάρχῃ δῆθεν Κπόλεως καθυπείκειν καὶ ἀναφορὰν τούτου ἐντεῦθεν ἐν ταῖς ἱεραῖς ἁγιστείαις ποιεῖν. Er verbiete ihnen das.

[3] Vgl. o. p. 183².

[4] Georg. Akr. p. 32/33.

[5] Ersichtlich aus einem Brief Papst Honorius' III. an den Abt eines Cistercienserklosters der Diözese Kp. (Pressutti, Reg. Honor. III. papae, № 3914, 29. März 1222): ‚Monasterium de Rufiano, quod, remotis

sätzen zuwider, zu denen sich Innocenz früher bekannt hatte,[1]) sondern er verliess auch den goldenen Mittelweg, den einzuhalten der Papst ihm selbst ans Herz gelegt hatte.[2])

Auch drohte ein Konflikt mit dem Kaiser Heinrich, dessen tolerante Anschauungen wir kennen gelernt haben. Zu ihm flüchteten die Griechen, vornehme Laien so gut wie Priester, und klagten ihm ihre Not. Sie erklärten sich zur Auswanderung entschlossen, wenn er sie nicht vor dem geistlichen Zwang zu schützen vermöge.[3])

Der Kaiser war in einer schwierigen Lage. Er wollte es weder mit dem Papste, noch mit seinen griechischen Untertanen verderben. Er fand nun aus diesem Dilemma den Ausweg, dass er die eingekerkerten griechischen Geistlichen zwar befreite und die Kirchen wieder öffnen liess,[4]) aber unter der Bedingung, dass jene in Zukunft dem Papste eine, wenn auch nur äusserliche, jeglichen geistlichen Charakters entkleidete Ehrenbezeugung beim Gottesdienste erwiesen. Indem er den Griechen die von dem Kardinal geforderte Aufnahme des päpstlichen Namens in das Kirchengebet erliess, verlangte er von ihnen, dass sie nach Beendigung des Gottesdienstes den Papst durch eine Akklamation, wie sie für die Kaiser von alters her üblich war, ehrten, durch den Zuruf nämlich: „Innocenz, dem Papst des alten Rom, viele Jahre!" Hierdurch wusste Heinrich auch den, wie wir noch sehen werden, mit cäsaropapistischen Prätensionen auftretenden Kardinallegaten in geschickter Weise zu beschwichtigen: freilich unter Preisgabe eines

monachis graecis Romanae rebellibus ecclesiae, Pelagius, Albanensis episcopus, tunc apostolicae sedis in partibus Romaniae legatus, ipsis contulit . . .' Vgl. auch unten p. 221.

[1]) S. o. p. 194.

[2]) ep. XVI 105 (29. September 1213): _„pro certo credimus sic eum via regia incessurum, quod non declinabit ad dextram vel sinistram'._

[3]) Georg. Akropolita l. c. vgl. Hopf p. 245.

[4]) Georg. Akropolita p. 33.

eigentlich ihm selbst als Kaiser von Byzanz zukommenden Ehrenrechts.[1])

Pelagius würde sich nun kaum mit dieser Abschlagszahlung begnügt haben, er würde vielmehr versucht haben, dem Kaiser zum Trotz seine Gewaltmassregeln durchzusetzen, wenn nicht ein anderes Moment hinzugekommen wäre, das ihm eine Mässigung ratsam erscheinen liess.

Ich meine: die Rücksicht auf Kaiser Theodor Laskaris von Nikäa, mit dem der Legat mittlerweile in Unionsverhandlungen getreten war.

Denn die Mission des Pelagius hat sich nicht auf die Beibringung der Griechen des lateinischen Kaiserreichs beschränkt, sondern er hatte, wie vor ihm Benedikt,[2]) zugleich von Innocenz den Auftrag erhalten, sich mit den Griechen des Kaiserreichs Nikäa in Verbindung zu setzen. Es war

––––––––––

[1]) Wir gelangen zur Kenntnis dieses Ausgleichs durch Heranziehung einer Stelle aus der Denkschrift, die die Griechen Kp.s auf die Tätigkeit des Pelagius hin an Innocenz absandten. Cotelerius, Mon. Ecclesiae Graecae Bd. III. p. 514 ff. Es heisst dort p. 519: ,Caeterum, quoniam . . . Imperator noster (Henricus) praecepit nobis, ut convenientem honorem celsitudinis tuae benevole tribuamus, reveriti sumus clementiae eius edictum, et constituimus tibi, Domine, congruum honorem deferre, qui est laudatio et acclamatio Imperatoriis laudibus acclamationibusque aequalis, ita ad verbum: ,Innocentii dom. Papae veteris Romae multos annos', quae a nobis proferri debeat post ultimam collectarum orationem'. Erst wenn die wirkliche Union vollzogen sein wird, dann wollen sie seinen Namen auch ,inter ipsam sacram oblationem' proklamieren. das heisst natürlich: ihn in die Diptychen aufnehmen.

Der Kardinal ist jedenfalls mit Kaiser Heinrichs Verhalten im ganzen sehr zufrieden gewesen. Innocenz III. schreibt c. Ende Jan. 1216, nach Rückkehr des Pelagius, an Kaiser Heinrich: derselbe ehre die römische Kirche, ,sicut ex tuis actibus experimus et nuper in . . . Albanensi episcopo tunc apostolici sedis legato, nos gaudemus liquide invenisse, quem, sicut idem nobis retulit, . . . immo nos in eo, multipliciter honorasti'. ed. K. Hampe im MÖG. XXIII. p. 561, s. genauer über diese Ed. unten im zweiten Kap. des II. Abschnitts, geg. Ende.

[2]) S. o. p. 183.

sozusagen die auswärtige griechische Politik Innocenz' III.
im Gegensatz zu seinen, die Griechen des lateinischen
Kaiserreichs betreffenden Massregeln.

Wir sind nun über die Unionsverhandlungen des Pelagius
mit den Nikänern aufs genaueste unterrichtet durch eine
Schrift des damaligen Metropoliten von Ephesus, die in zwei
Handschriften der Bibliothek der heiligen Synode zu Moskau
erhalten und nach einer derselben jüngst von dem Bischof
Arsenij in einer russischen Privatzeitschrift ediert worden ist.[1]

Es hat danach bei diesen Verhandlungen nicht nur die
kirchliche Union, sondern auch der weltliche Friede zwischen
dem lateinischen Kaiserreich und dem Reich von Nikäa in
Frage gestanden, deswegen Theodor Laskaris bereits im Jahre
1208 mit Innocenz in Verbindung getreten war.

Einige Zeit nach seiner Ankunft in Konstantinopel, Ende
1213, trat der Legat durch Boten, die er nach Nikäa entsandte, mit Theodor Laskaris wegen des geistlichen sowohl,
wie des weltlichen Friedens in Verhandlung. Diese Boten
hatten eine geheime Unterredung mit Kaiser Theodor und
kehrten dann nach Konstantinopel zurück.[2]

---

[1] Einen Hinweis auf die Schrift des Ephesiers fand ich bei
Demetrakopulos Ὀρθόδοξος Ἑλλὰς ἤτοι περὶ τῶν Ἑλληνικῶν τῶν γραψάν-
των κατὰ Λατίνων, Leipzig 1872, p. 43/4. Mein Freund Dr. August Nuth
in Moskau, mit dem ich mich wegen der Handschrift in Verbindung setzte,
stellte fest, dass sie in den Jahren 1892/3 nach dem cod. 355 der Bibl.
der hl. Synode veröffentlicht worden sei, u. z. in der russischen Zeitschrift
„Sitzungsberichte der Gesellschaft von Freunden geistlicher Aufklärung",
Beilage p. 1—83 durch den Bischof Arsenij. Da jedoch diese mittlerweile
eingegangene, auch zur Zeit ihres Erscheinens (unter Redaktion und auf
Privatkosten eines Moskauer Geistlichen) wenig verbreitete Zeitschrift nicht
käuflich zu erwerben war, so hat mein Freund die grosse Güte gehabt.
mir die Schrift des Ephesiers aus dem ihm in Moskau zur Verfügung
stehenden Exemplar der Zeitschrift abzuschreiben. Ich zitiere also im
folgenden die Seiten der Zeitschrift. Übrigens bot die Übersetzung der
fehlerhaft edierten Schrift des Ephesers erhebliche Schwierigkeiten.

[2] p. 14/15: . . . προσέδραμον πρέσβεις ἐκ Ῥώμης zum Kaiser
Theodor, εἰρήνην ζητοῦντες, εἰρήνην ποθοῦντες κατάστασιν ἐκκλησιῶν
ἱμειρούμενοι, ἀλλά καὶ κοσμικὴν γαληνότητα.

Man beschloss hierauf in Nikäa, einen vornehmen griechischen Geistlichen zur Verhandlung nach Konstantinopel zu schicken, der an Würde dem Kardinal gleichstände. Man dachte damit zugleich zu zeigen, dass das griechische Reich, trotz des Verlustes seiner Hauptstadt und seiner Beschränkung auf den Westen Kleinasiens, noch vornehme kirchliche Metropolen in sich schliesse. Deshalb fiel die Wahl auf den Metropoliten der altberühmten Apostelstadt Ephesus.

Aber ehe dieser noch Nikäa verlassen hatte, langten dort griechische Mönche an, die in schwärzesten Farben das Schreckensregiment schilderten, das der Legat in Konstantinopel aufgerichtet habe, wie er alle diejenigen bedrohte, verfolgte, vertrieb, die sich weigerten, den Papst als den Herrn der Hierarchie öffentlich anzuerkennen.[2]

Es wäre eigentlich nicht zu verwundern gewesen, wenn Theodor Laskaris auf solche Kunde hin alle Verbindung mit dem Legaten abgebrochen hätte. Denn wie hätte er auf eine friedliche Verständigung mit dem Vertreter Roms hoffen sollen, wo derselbe die Griechen Konstantinopels knebelte?

Aber auf der anderen Seite konnte der Kaiser von Nikäa gerade dadurch, dass er mit dem Legaten in Verhandlung trat, hoffen, den leidenden Volksgenossen im lateinischen Kaiserreich Linderung zu verschaffen.

So blieb es denn bei der nun einmal beschlossenen Mission des Ephesiers, nur dass dieser jetzt zugleich den Auftrag erhielt, der Religionsverfolgung in Konstantinopel nach Kräften Einhalt zu tun.[3]

Denkwürdig ist die Schilderung, die der Erzbischof von seiner Ankunft in Konstantinopel entwirft. Als das Schiff,

---

[1] l. c. p. 15/16.

[2] l. c. p. 16. ‚Οὕτω τῆς βουλῆς συνθεμένης (nämlich, dass der Ephesier wegen der Unionsverhandlung nach Kp. gehen sollte): χαὶ μόναχοι . . . τῷ βασιλεῖ προσεισθήκεισαν‘ u. s. w.

[3] l. c. ‚Ἐμὲ γοῦν εἰς τοῦτο (Mönchsverfolgung) χαὶ διὰ ταῦτα (geistlicher und weltlicher Union) τῇ Κωνσταντίνου παραβαλεῖν ὁ θειότατος ἐπέχρινε βασιλεύς‘.

das ihn über die Propontis hinüberführte, sich der Akropolis der Kaiserstadt, der heutigen Serailspitze, näherte, gewahrte er dort schon aus der Ferne ein Gewimmel von lateinischen Geistlichen. Das Herz schnürte sich dem Griechen bei diesem Anblick zusammen: Konstantinopel, die Metropole des Griechentums, war eine römische Stadt geworden.[1]

Die Aufnahme jedoch, die ihm hier zu teil wurde, war eine äusserst zuvorkommende. Man hielt sogar ein kostbar geschmücktes Ross für ihn bereit, auf dem er seinen Einzug in Konstantinopel halten sollte. Doch zog er, unter Verschmähung des römischen Prunkes, wie er erklärt, es vor, auf einem bescheidenen Maulesel in die Stadt einzureiten. Er bemerkte mit Genugtuung, dass ihn nicht nur die griechische Bevölkerung, sondern auch Lateiner auf der Strasse bewillkommneten.

Bei der Sophienkirche, die er mit schmerzlicher Bewunderung wiedersah, erhielt er ein Quartier, und er weiss die gute Verpflegung, die aufmerksame Bedienung, die ihm dort zu teil wurde, nicht genug zu rühmen.[2]

Gleich am Morgen nach seiner Ankunft wurde der Ephesier in die Sophienkirche geleitet, wo der Kardinal auf hohem Sessel thronte, um ihn herum zu ebener Erde eine feierliche Versammlung der lateinischen Geistlichkeit.

Da ist es nun vor der Eröffnung der Verhandlungen zu einem höchst ergötzlichen Zeremonienstreit zwischen den beiden Prälaten gekommen.

Der Ephesier empörte sich nämlich darüber, dass der Kardinal sich nicht erhob, um ihn zu begrüssen, sondern ruhig sitzen blieb, indem er ihm die Hand entgegenstreckte.

Kaum hatte der Grieche daher auf seinem Sitze, der übrigens die gleiche Höhe wie der des Kardinals hatte, Platz genommen, als er seinem Unmut über den geringschätzigen Empfang Luft machte. Wie habe es nur geschehen können,

---

[1] l. c. p. 17.
[2] p. 18/19.

dass Pelagius, der doch weder Metropolit noch Erzbischof sei, noch auch einer Synode vorsitze, der vielmehr bloss Bischof des obskuren Albano sei, ihm, dem Exarchen von ganz Asien und Inhaber eines Apostelsitzes, nicht zur Bewillkommnung entgegengekommen sei, sondern ruhig auf seinem Sessel Platz behalten habe.

Als einzige Erwiderung darauf streckte der Kardinal seinen rotbeschuhten rechten Fuss vor, indem er erklärte: es sei nicht üblich, dass diejenigen, die die kaiserlichen Abzeichen trügen, sich vom Throne erhöben und den Ankömmlingen, die sich ihnen mit irgendwelchen Anliegen nahten, entgegen gingen. Denn wir, so erläuterte er des näheren, die Vorsteher der römischen Kirche, die Nachfolger Petri, haben auf Grund der Schenkung des Kaisers Konstantin, des Glaubenshelden, nicht nur das Purpurgewand angenommen, das die Cäsaren- würde von weither kennzeichnet, sondern wir tragen auch die roten Kaiserschuhe.[1])

Aber der Grieche wusste diese kühne Interpretation der Kardinalstracht im Sinne der kaiserlichen Gewalt der römi- schen Kirche durch eine noch gewagtere Auslegung seiner eigenen Gewandung zu übertrumpfen und damit zugleich jene ins Lächerliche zu ziehen.

Auch er streckte den rechten Fuss vor, zog dann aber den Schuh aus und zeigte der Versammlung dessen rote Innenseite, indem er dem Kardinal erwiderte: „Wenn Du wegen Deiner Schuhe Dich gross und einem Kaiser gleich dünkst, so sieh', dass auch wir an solcher Gewalt teilhaben. Nur tragen wir ihr Abzeichen, das rote Leder, nicht aussen an den Schuhen zur Schau, weil wir die weltliche Hoffart verachten und uns gleich dem Herrn Christus erniedrigen,

---

[1]) p. 21. „Διὰ γοῦν ταῦτα καὶ τὰ τοιαῦτα ἡμεῖς, οἱ τὴν Ῥωμαίων διέποντες, ἐκ τοῦ βασιλέως Κωνσταντίνου, τῆς ὀρθοδόξου κήρυκος πίστεως, τὸ ἐνδόσιμον εἰληχότες, οἱ τοῦ Πέτρου διάδοχοι οὐ μόνον χλαίνας, τὸν βασιλέα καὶ μακρόθεν χαρακτηριζούσας περιβαλόμεθα, ἀλλὰ καὶ κοκκόεντα ὑποδυόμεθα πέδιλα'. Das rote Gewand und die roten Schuhe des Kardinals erwähnt auch Georg. Akrop. p. 32.

sondern als Machthaber im Geiste verstecken wir das Zeichen unserer irdischen Macht, wie etwas Verächtliches, in den Schuhen".[1]

Der Kardinal schwieg hierauf ganz verdutzt, er wusste nicht recht, was er von der Sache halten sollte. Auf jeden Fall hatte er das Gefühl, von dem Griechen in dem ledernen Wettstreit geschlagen zu sein.

Nach diesem erbaulichen Eingang trat man in die eigentlichen Verhandlungen ein.

Es wurde über den weltlichen Frieden und über die Kirchenunion beraten — leider berichtet uns der Ephesier darüber direkt nichts Genaues.[2] Doch lehrt uns ein späterer Passus seiner Schrift, dass er sich dem Kardinal gegenüber zu einer sehr bemerkenswerten Konzession verstanden hat. Dieser wollte nämlich nicht zugeben, dass der Ephesier von dem in Nikäa residierenden griechischen Patriarchen als „dem Patriarchen von Konstantinopel" redete, sondern er wollte dem Nikäner nur den Titel des „Patriarchen der Griechen" zugestehen, da ja Konstantinopel lateinische Patriarchen hatte.

Und der Ephesier hat auch nach längerem Sträuben nachgegeben. Er machte sich dadurch den Nikäner, der ihn bei seiner Rückkehr desavouierte, zum erbitterten Feinde, und es half ihm nichts, wenn er sich diesem gegenüber damit zu rechtfertigen suchte, dass er erklärte: der Kardinal habe den Nikäner mit dem Titel des „Patriarchen der Griechen" ganz besonders geehrt, da er ihn ja gleichsam als Oberhirten der ganzen Erde anerkannt habe: denn wo auf der Welt gäbe es keine Griechen? Ihrer wohnen in Afrika, Europa und Asien.[3]

---

[1] Schrift des Ephesiers l. c. p. 22. In Wirklichkeit stand bekanntlich der griechischen Geistlichkeit im weltlichen keine irgendwie massgebende Gewalt zu, vielmehr ruhte diese nicht nur, sondern auch sogar die höchste geistliche Gewalt in der Hand des Kaisers.

[2] p. 23. Er sagt nur ‚ὡς δ'οὖν πολλὰ συνείρομεν περί τε κοσμικῆς καταστασέως καὶ τῆς ἑνώσεως τῶν ἁγίων ἐκκλησιῶν τοῦ χριστοῦ' etc.

[3] l. c. p. 69/70.

Doch kehren wir zu dem Kolloquium zwischen dem Kardinal und dem Ephesier zurück.

Nach vorläufiger Erledigung der Unionsfrage wandte sich der letztere zu dem zweiten Punkt seiner Mission: er interpellierte den Legaten wegen der Gewaltmassregeln, mit denen derselbe gegen den griechischen Klerus Konstantinopels vorgegangen war.

„Wie kommt es, das ist seine Argumentation, dass Du die griechische Geistlichkeit wegen ihres Ungehorsams gegen die päpstlichen Satzungen verbannst und dem Elend preisgibst, wo doch die Lateiner sowohl Juden als auch Häretiker, wie die Armenier, Nestorianer, Jakobiten unter sich dulden und mit ihnen Verkehr pflegen? Glaubst Du etwa, erhabener Kardinal, Du, der Du alles, was unter dem Himmel ist, der geistlichen Gewalt Roms unterwerfen willst, dass es Dir grossen Ruhm einbringen wird, die frommen griechischen Mönche, die, der Welt abgestorben, ihr Leben mit Lobpreisungen des Herrn verbringen, die in der Mehrzahl des Lesens und Schreibens unkundig sind, aus den Stätten ihrer Wirksamkeit zu vertreiben? Welcher Lohn wartet Deiner in Rom? Wird es Dir nicht gehen wie dem ungeschickten Handelsmann, der ausgesandt wurde, Gold, Silber und Edelsteine einzuheimsen, und der nichts als Lumpen und Kiesel heimbrachte?

„Wir Griechen aber können Dir eigentlich nur dankbar für Dein Tun sein. Denn, indem Du die im Geiste Reichen dem Theodor Laskaris in die Arme treibst, trägst Du an Deinem Teil dazu bei, die beständig wachsende Macht dieses Herrschers, des Hortes der griechischen Sache, zu mehren.“

Der Legat und die Seinen bemerkten recht wohl die Ironie, die in dem letzten Gedanken des Griechen lag. Auch ging Pelagius in seiner Antwort auf denselben wenigstens indirekt ein, indem er erklärte:

„Ich beabsichtigte eigentlich, noch schärfer gegen die ungehorsamen Mönche vorzugehen, aber die Gesandtschaft

des Kaisers Theodor hält mich davon ab, sie härter anzu-
fassen. Wenn nun der Herr des Friedens diesen Herrscher
zum treuen Sohne Roms machte, dann würden nicht nur die
Mönche dauernd in Ruhe gelassen werden, sondern die gesamte griechische Geistlichkeit im ungestörten Besitz ihrer
Kirchen bleiben."[1]

Also wie der Ephesier erkennt auch der Kardinal den
Theodor Laskaris als den Hort der griechischen Geistlichkeit
an. Nur soll er es nach Pelagius nicht dadurch sein, dass
er die dem Papste ungehorsamen Griechen gegen Rom in
Schutz nimmt, sondern vielmehr dadurch, dass er sich selbst
und jene Rom unterwirft.

Doch war auch für die Gegenwart bereits ein Resultat
erzielt: schon die Bereitwilligkeit, mit der sich Kaiser Theodor
auf Unionsverhandlungen einliess, hatte Pelagius, wie er
selbst gestand, zur vorläufigen Einstellung der Verfolgungen
veranlasst. Wir wissen, dass auf der anderen Seite das Eintreten des lateinischen Kaisers Heinrich für die bedrückten
Griechen dieses heilsame Ergebnis gezeitigt hatte.

Erst nach Verlauf einer Woche, die schriftlicher Glaubens-
polemik gewidmet wurde, trat man aufs neue zu Verhandlungen zusammen, und zwar zur Erörterung der Azymenfrage,
bei der der Ephesier durch eine Rede glänzte, die sogar den Vertreter Roms zum Preise der griechischen Beredsamkeit hinriss.[2]

Drei Tage später trat der Abgesandte des Laskaris in
Begleitung eines spanischen Geistlichen und des Dolmetschers

---

[1] l. c. p. 29: ,καὶ σιγησάντων ἀπάντων, ὁ καδδηνάλιος, ὡς βεβού
λευμαι κατὰ τῶν ἀπειθῶν ναζιραίων ἰταμότερον σφοδρυνθῆναι, ἀλλ' ἡ ἐκ
τοῦ ἐνδοξοτάτου βασιλέως κῦρ Θεοδώρου ἀνακόπτει με δραστικά τινα καὶ
δριμύτερα ἐπ' αὐτοῖς διαπράξασθαι. Εἰ οὖν δοίη ὁ Εἰρηνάρχης καὶ τὸ
πρὸ πολλοῦ διεστηκότα τῆς 'Ρωμαίων ἀρχῆς συνάψω καὶ συνουλώσω καὶ
εἰς γνήσιον τῆς 'Ρώμης υἱὸν τὸν βασιλέα κῦριν Θεόδωρον ἀναδείξω, οὔ
μόνον οἱ ναζιραῖοι ἐς αἰῶνα διατηρηθήσονται ἀνενόχλητοι, ἀλλὰ καὶ τὸ
ἱερατικὸν ἅπαν ἀμετακίνητον ἔσεται τῆς ἧς ἔλαχον ἐκκλησίας ἱερατεύειν
τε καὶ προΐστασθαι'.

[2] l. c. p. 30—43.

die Rückreise an. Sie begaben sich nicht nach Nikäa, sondern nach Heraclea Pontica, wo sich Kaiser Theodor, mit der Bekämpfung des David Komnenos beschäftigt, aufhielt.

Theodor empfing die Boten des Kardinals sogleich in Audienz, er verhandelte mit ihnen über den weltlichen Frieden und hielt ihnen dann seinerseits noch einmal das Unrecht vor, das der Legat sich durch die Verfolgung der Mönche habe zu schulden kommen lassen, wobei er sie zu Tränen rührte. Den Metropoliten von Ephesus aber betraute er mit den kirchlichen Verhandlungen, und zwar hiess er dem leicht ausfallenden Prälaten, alle Kabalen und allen Spott beiseite zu lassen.[1]

Es kam zwischen diesem und den römischen Abgeordneten zu der üblichen Disputation über den Ausgang des heiligen Geistes, indem der Grieche erklärte, die römische Kirche habe durch die Hinzufügung des „filioque‘ zum Symbolum den Anlass zur Kirchenspaltung gegeben.[2]

Kaiser Theodor wohnte der Unterredung, die sich, wie das gewöhnlich bei diesen Disputationen der Fall war, bis spät in den Abend hinein ausdehnte, bis zu Ende bei. Eine Entscheidung wagte jedoch er, der mehr Kriegsmann als Theologe war, nicht zu fällen, vielmehr übertrug er sie den beisitzenden Geistlichen als den Sachverständigen. Die aber sprachen sich in vermittelndem Sinne aus: beide Parteien hätten Tüchtiges vorgebracht und sich einander gewachsen gezeigt.

Hierauf kehrten die Gesandten des Pelagius, vom Kaiser seiner Gunst versichert und reichlich von ihm beschenkt, nach Konstantinopel heim.[3]

Dies der Verlauf der Unionsverhandlungen Innocenz' III. mit den Griechen des Kaiserreichs Nikäa, die uns mangels

---

[1] l. c. p. 43/4.
[2] p. 44—67.
[3] p. 68—70.

päpstlicher Aktenstücke nur die Schrift des Erzbischofs von Ephesus enthüllt.

Zu einem Resultate haben sie deshalb nicht geführt, weil sie auf keiner haltbaren politischen Basis geruht haben. Wir haben aber von vornherein festgestellt, dass ohne eine solche jegliche Unionsverhandlung erfolglos bleiben musste, indem die Überzeugung einer jeden der beiden Kirchen von ihrer exklusiven Rechtgläubigkeit eine Verständigung auf dem Wege rein geistlicher Verhandlungen schlechterdings unmöglich machte.

So hatte sich seit dem Ausbruch des Schismas die Aussicht auf die Union lediglich an die mannigfachen politischen Bedürfnisse der griechischen Kaiser geknüpft, die diese Herrscher wiederholt dem kirchlichen Anschluss an Rom geneigt gemacht hatten.

Im XI. Jahrhundert war es der Schutz gegen die Türken, im XII. die römische Kaiserkrone gewesen, was die byzantinischen Kaiser vom Papsttum als Preis der Union begehrt hatten. Jenen hatte Rom in der Tat gewährt, aber der betreffende Papst hatte es versäumt, sich diesen den Griechen geleisteten Dienst durch die Union bezahlen zu lassen; die römische Kaiserkrone hatten die Päpste den Komnenen nicht endgültig zugestehen wollen.

Hatte nun Kaiser Theodor Laskaris ein ähnliches Anliegen an das Papsttum, und war dieses ihm zu willen?

Das nächste Ziel Theodors war die Wiedergewinnung des von den Lateinern eroberten Teils von Kleinasien. Und er hat nun in der Tat im Jahre 1208 den Versuch gemacht, dieses Ziel durch päpstliche Vermittlung zu erreichen. Wenn er auch dem Papste nicht geradezu die Union als Preis für die Abtretung des lateinischen Kleinasiens anbot, so zeigte er doch durch die Zusicherung, in diesem Falle gemeinsam mit den Lateinern die Ungläubigen bekämpfen zu wollen, seine Bereitwilligkeit zu Konzessionen.[1]) Pflegte doch das

---

[1]) Innoc. ep. XI 47, Brief des Papstes an Laskaris vom 17. März 1208. Laskaris hat gebeten, Innocenz solle einen Legaten senden, *„qui*

Papsttum von den griechischen Kaisern stets neben der Union
die Teilnahme an den Kreuzzügen zu fordern, als Kennzeichen
ihrer Bereitschaft auch ihren Staat in den Dienst der kurialen
Interessen zu stellen.

Aber Innocenz III. stand fest auf dem Boden des eben
gegründeten lateinischen Kaiserreichs. Statt die Macht des
lateinischen Kaisers zu Gunsten des Griechen zu mindern,
gedachte der Papst sie vielmehr auf des letzteren Kosten auszudehnen. Indem er Theodors Verlangen nach den asiatischen
Besitzungen der Lateiner schroff abwies, forderte er ihn vielmehr auf, sich als Vasallen Kaiser Heinrichs von Konstantinopel zu bekennen, so wie es im Jahre 1206 David Komnenos
von Sinope getan hatte, und wie es im Jahre 1209 vorübergehend Michael von Epirus tat.[1]) Er, Innocenz, werde den
lateinischen Kaiser durch einen Legaten zu milder Behandlung
des reumütigen Rebellen zu bewegen wissen: zum Dank dafür
solle sich Theodor mitsamt den Seinen auch dem Papsttum
unterwerfen.[2])

Mag nun auch der Legat Pelagius bei den Friedens-
verhandlungen, die er in den Jahren 1213/14 von Konstantinopel aus mit Nikäa führte, nicht auf der Unterordnung
Theodors Laskaris unter das lateinische Kaisertum von Kon-

- - - - -

inter te ac ipsos (den Lateinern Kp.) *pacem stabiliat et componat, ut
nec tu nec ipsi terminum, quem Deus inter te ac ipsos disposuit, mare
videlicet, transire praesumant, sed huiusmodi termino sint contenti,
promittens te una cum eis contra Ismaelitas viriliter pagnaturum.‘*

[1]) S. o. p. 183[2].

[2]) l. c. *„in conspectu Henrici humilies temet ipsum eique servias,
honorem debitum impendendo . . ., ut sub eius vivens imperio pacem
obtineas exoptatam‘.* Und weiterhin *‚Tu vero, dispositioni divinae con-
sentiens, qua idem est imperator ad imperium sublimatus, ei debitum
impendas obsequium et honorem, . . . et nobis, qui locum b. Petri
tenemus, devotionem et reverentiam cum omnibus qui sunt tecum
satagas exhibere; quia nos per legatum . . . imperatorem eundem
faciemus sollicite commoneri, ut tecum in spiritu ambulet lenitatis‘.* Wenn der Legat in Kp. eintreffe, solle Theodor an ihn Boten
senden, damit derselbe zwischen ihm und Kaiser Heinrich vermittle.

stantinopel bestanden haben:[1]) so hat er doch sicherlich von
irgendwelcher Abtretung lateinischen Gebiets an den Griechen
nichts wissen wollen.

Schon aber stand damals überhaupt der Sinn des
griechischen Kaisers, dessen Macht durch glückliche Kämpfe
gegen den Seldschukensultan und gegen David Komnenos von
Paphlagonien ausserordentlich gewachsen war, auf die Wiedereroberung der griechischen Metropole, der Stadt Konstantins.[2])
Da Innocenz III. diese vor allen Dingen den Lateinern zu
erhalten gewillt war, so war zwischen ihm und den Nikänern
eine politische Verständigung, die einer kirchlichen zur Grundlage hätte dienen können, unmöglich.

Ein lateinisches Konstantinopel schloss in letzter Hinsicht
die Union des Kaiserreichs Nikäa, d. h. des Kerns der unabhängig gebliebenen Griechen mit der römischen Kirche aus.

V. Die Griechen und die Konzilsidee.

Eben dieser Moment hat auch diejenige Lösung der
Unionsfrage verhindert, die, wie wir annehmen dürfen, im

---

[1]) In der p. 222[1] zitierten Stelle der Schrift des Ephesiers lässt
dieser den Kardinal von Theodor Laskaris als „dem erlauchten Herrn
Kaiser Theodor" reden.

[2]) Über die Ankunft der Boten, die Pelagius von Kp. aus an Theodor
Laskaris schickte, sagt der Ephesier p. 14/15: $\varkappa\alpha i\ \pi\varrho o\sigma\acute{\epsilon}\delta\varrho\alpha\mu o\nu\ \pi\varrho\acute{\epsilon}\sigma\beta\epsilon\iota\varsigma$
$\dot{\epsilon}\varkappa\ \dot{P}\acute{\omega}\mu\eta\varsigma\ \pi\varrho\grave{o}\varsigma\ \tau\grave{o}\nu\ \tau\grave{\eta}\nu\ N\acute{\epsilon}\alpha\nu\ \dot{\alpha}\nu\alpha\zeta\eta\tau o\tilde{\upsilon}\tau\alpha\ \dot{\alpha}\lambda\lambda\grave{\alpha}\ \varkappa\alpha i\ \dot{\alpha}\nu\alpha\varkappa\tau\acute{\omega}\mu\epsilon\nu\acute{o}\nu$
$\tau\epsilon\ \varkappa\alpha i\ \dot{\epsilon}\pi\iota\sigma\pi\acute{\omega}\mu\epsilon\nu o\nu,\ \epsilon i\varrho\acute{\eta}\nu\eta\nu\ \zeta\eta\tau o\tilde{\upsilon}\nu\tau\epsilon\varsigma$ etc.' Also er strebte nach dem
Besitz von Neurom. S. ferner den Brief des Michael Akominatos an den
Kaiser ed. Lampros p. 353 ff., der etwa im Jahre 1212 geschrieben sein
wird, nach Theodors Triumph über den Seldschukensultan im Jahre 1211
(s. über letzteren Hertzberg l. c. p. 390). Michael stellt Laskaris, den
Sieger über Italer und Perser (d. h. Lateiner und Türken), Kaisern wie
Heraklios und Basilios II. an die Seite. „Zu so viel glücklichen Taten,
fährt Michael fort, bleibt Dir nun noch das eine zu tun übrig, was
alle erhoffen und erflehen, dass Du nämlich den Thron des grossen
Konstantin an dem Orte wieder aufrichtest, den Gott ursprünglich aus-
wählte, und dass Du die Kaiserstadt wieder gewinnst. Keiner ist dieser
Aufgabe würdiger als Du." Michael fürchtet, selbst das grosse Ereignis
nicht mehr zu erleben, aber er sieht im Geiste voraus, dass „viele Geschichtsschreiber das, was Du noch vollführen wirst, berichten und den kommenden Geschlechtern überliefern werden". Vgl. auch oben p. 209.

Laufe der Verhandlungen der Jahre 1213/14 von griechischer Seite wiederholt als wünschenswert bezeichnet worden ist: die Abhaltung eines Generalkonzils der griechischen und der abendländischen Kirche zur endgültigen Herbeiführung der Kirchen-Einigung.

In der uns vorliegenden Fassung ist dieser Vorschlag dem Papste zwar nicht von den Griechen Nikäas, sondern von denen des lateinischen Kaiserreichs, nämlich von Geistlichen Konstantinopels, unterbreitet worden.[1]) Aber die Verfasser der Adresse haben offenbar im Einverständnis mit den Nikänern gehandelt, die, während ihrer Unionsverhandlungen mit dem päpstlichen Legaten und dessen Vertretern, ihrerseits ebenfalls auf den rettenden Gedanken des Generalkonzils verfallen sein dürften.

Wir kommen hier bei der Analyse dieser, wie gesagt, von unter lateinischer Herrschaft lebenden griechischen Geistlichen abgefassten Denkschrift noch einmal auf die innergriechischen Verhältnisse des lateinischen Kaiserreichs zurück.

Der Standpunkt der Appellanten ist äusserst interessant. Sie halten die Mitte zwischen jenen Griechen, die sich Rom unterworfen hatten, und den Intransigenten, die unter keinen Umständen mit dem Papsttum paktieren wollten.

In der Begründung des lateinischen Kaiserreichs sehen sie trotz der schweren Verbrechen gegen die christliche Religion, deren sich die Kreuzfahrer bei der Eroberung Konstantinopels schuldig gemacht haben, gleich dem Papst einen göttlichen Ratschluss. Denn in diesem Reiche habe der Herr die beiden vorher getrennten Völker der Griechen und Lateiner vereinigt.[2]) Sie beglückwünschen Innocenz, dass er

---

[1]) Cotelerius l. c. p. 514 ff. Auch Hopf p. 245 erwähnt sie kurz.

[2]) l. c. Bei den von den Lateinern verübten Kirchenfreveln hat Christus gleichsam noch einmal gelitten, aber zu dem Zwecke: *ut duos populos connecteret, interficiens inimicitias . . .'* Sie bewundern die hierin sich offenbarende göttliche Weisheit. *,Dehinc nobis dulce est captos*

der Gnade, die viele Patriarchen und Kaiser ersehnt hätten, teilhaftig geworden sei, der Gnade nämlich, den Orient und Occident zu vereinigen.[1]

Aber bis jetzt handle es sich nur um eine Einigung der beiden Völker, um eine äusserliche, politische Verbindung. Die geistliche Union dagegen, die Verschmelzung der beiden Kirchen, der griechischen und römischen, stehe noch aus: sie herbeigeführt zu sehen, erklären die Bittsteller als ihren eifrigsten Wunsch.[2]

Auf dem Wege der Gewalt, die Kirchenunion herbeizuführen, sei jedoch nicht möglich. Durch äusseren Zwang werde keiner von ihnen sich der römischen Kirche unterwerfen und damit deren Glauben als den rechten anerkennen. Das einzige Mittel, die Union herbeizuführen, sei die Berufung eines ökumenischen Konzils durch den Papst, auf dem die Glaubensfragen verhandelt und endgültig entschieden würden.[3]

Auf dem Konzil aber soll die gesamte höhere griechische Geistlichkeit vertreten sein, auch die ausserhalb der Grenzen des lateinischen Kaiserreichs residierende, darunter vor allem der Patriarch von Nikäa. Diesen, d. h. einen Patriarchen

---

fuisse, suave pati ...' ,Quo enim modo cum fratribus nostris unionem fecissemus, cum quibus ne vel colloqui antea sustinebamus?'

[1] l. c. p. 515. ,Tu domine, post multas generationes hac gratia dignus habitus es, ut Orientem et Occidentem unias et decimus tertius apostolus fias ac nomineris.'

[2] p. 517. Sie lebten jetzt politisch als Bürger des lateinischen Kaiserreichs zusammen mit den Lateinern unter dem Regiment Kaiser Heinrichs. ,Et haec quidem elaboramus fratribus nostris Latinis atque conferrimus ex deteriori vitae nostrae portione, mortali nimirum et dissolvenda; cupimus autem etiam iuxta potiorem eadem sentire, tum quamdiu vivimus tum post mortem, ut qui membra simus unius corporis immortalis ...'

[3] p. 516. ,Per violentiam autem nemo nostrum capi potest; sed cuncti quasi pro Christo periclitabimur.' ,... statue synodum oecumenicam congregari ... fiatque colloquium omniumque controversarum solutio.'

ihrer Zunge und ihres Glaubens, verlangen die Bittsteller auch
bis zu der auf dem Konzil herzustellenden Union als ihr
Oberhaupt verehren zu dürfen.[1]

Hierauf nun aber wollte und durfte Innocenz nicht eingehen. Er wollte es nicht, weil er die Diözesangewalt noch
als eine rein territoriale, örtlich fixierte, auffasste und es
ihm daher undenkbar erschien, dass die Griechen der Kirchenprovinz Konstantinopel, wenn auch nur vorübergehend, in
einem anderen als dem lateinischen Patriarchen von Konstantinopel ihr Haupt hätten sehen sollen: ein Verhältnis, das
nach der modernen Anschauung der Diözese als eines blossen
Verwaltungsbezirks für kirchliche Zwecke nichts Auffallendes
gehabt haben würde.[2]

Aber Innocenz durfte auch gar nicht daran denken, eine
derartige Ordnung zu sanktionieren, weil der Patriarch von
Nikäa sie zu lateinerfeindlichen Umtrieben benutzt haben
würde.[3] Das lateinische Kaiserreich ruhte auf der von
lateinischen Prälaten regierten Reichskirche, wie auf einer
festen Basis: diese lockern hiess jenes gefährden. Innocenz
wollte so wenig von einem griechischen Patriarchen, wie von
einem griechischen Kaiser Konstantinopels wissen.

[1] p. 517. *‚Oportet enim cunctos in synodo considere, tum nostrum
patriarcham, tum metropolitas aliosque pontifices nihilque mutilum
imperfectumque inveniri apud nos. — Opus autem nobis est etiam ante
Synodum Patriarcha eiusdem sententiae ac vocis, qui doceat consueta
. . . nostrasque suscipiat confessiones.‘* Man könne doch nicht seinem
Patriarchen durch die Vermittlung eines Dolmetschers beichten.

[2] Die Anschauung Innocenz' III. von der Bedeutung der Diözese
war noch die altrömische, die ‚*diocesis*‘ und ‚*civitas*‘ identifizierte. Innocenz
proklamierte sie alsbald auf dem Laterankonzil von 1215: eine Diözese,
in der verschiedene Bischöfe seien (für die verschiedenen Riten), erklärte
er für ein Monstrum. S. Hefele, Konzilgeschichte, Bd. V p. 885 u. bes.
Köhler l. c. p. 51 ff., wo auch über den Begriff der Personaldiözese.
Wir werden aber weiter unten sehen (im zweiten Teile dieses Buches,
III. Abschnitt, drittes Kap.), dass diese letztere nicht etwa eine Erfindung
erst des XVI. Jahrhunderts ist, sondern schon bald nach Innocenz III.
im Prinzip anerkannt wurde.

[3] Vgl. o. p. 202/3.

So erschien ihm denn auch allein der lateinische Patriarch
von Konstantinopel befugt, auf dem ökumenischen Konzil, das
er für das Jahr 1215 ansagte, die griechische Kirche zu
vertreten,[1]) und den Griechen des lateinischen Kaiserreichs
oder auch nur Nikäas wurde keine Sondervertretung eingeräumt.

Zwar war ja auf des Papstes Geheiss seinerzeit der
Legat Benedikt mit den unter lateinische Herrschaft geratenen Griechen sowohl als den unabhängigen Griechen
Nikäas und dann Pelagius aufs neue mit letzteren in Unionsverhandlungen getreten. Aber das war mehr eine Privat-
aktion des Papsttums gewesen.

Etwas ganz Anderes hätte es bedeutet, die schismatischen
Griechen auf dem Konzil zuzulassen und hier im Angesicht
der gesamten katholischen Christenheit mit ihnen die Glaubensfragen zu diskutieren. Ein solches Vorgehen hätte der Welt
gar zu deutlich die Unvollkommenheit der Katholisierung
des byzantinischen Reichs, wie sie der Vierte Kreuzzug bewirkt hatte, enthüllt; Innocenz III. hütete sich, dem Papsttum
eine derartige Blösse zu geben.

Wenn er aber auch von einer dogmatischen Diskussion
auf dem Konzil nichts wissen wollte, so war er doch weit
entfernt, etwa den Griechen des lateinischen Kaiserreichs hier
neuerdings den römischen Glauben aufdrängen zu wollen.
Vielmehr proklamierte er auf dem Konzil abermals, dass er
die zum Gehorsam gegenüber dem Papsttum zurückgekehrten
Griechen zu begünstigen und zu ehren gedenke, und dass er
ihre Riten und Bräuche, soweit es ihm irgend möglich sei,
aufrecht erhalten wolle.[2])

---

[1]) ep. XVI 30 vom 19. April 1213, an das Kapitel von Kp.: sie
sollen demjenigen, der ihr Patriarch sein wird (damals war Sedisvakanz,
auffordern, ,*ut et ipse iuxta priscam formam nostro se conspectui
repraesentet'*, und sie sollen auch selbst Vertreter zum Konzil senden.

[2]) S. o. p. 187. Nur das Abwaschen der Altäre und die Wiedertaufe
lateinisch Getaufter seitens der Griechen verbietet der Papst strikte (vgl.
oben p. 208).

VI. Das lateinische Kaiserreich und die Union der Bulgaren (Serben) und Russen.

Zum Schluss unserer Betrachtung von Innocenz' III. Verhältnis zu den Griechen inner- und ausserhalb des lateinischen Kaiserreichs gilt es noch einen Blick zu werfen auf seine Beziehungen zu zwei Staaten, die zwar slawischer Nationalität, aber griechischen Glaubens waren: zu Bulgarien und Russland.

In Bezug auf ersteres nun ist der Vierte Kreuzzug für das Papsttum von verhängnisvollster Folge gewesen, auf letzteres hat er nicht die Wirkung ausgeübt, die Innocenz von ihm erhoffte.

Im selben Jahre 1204 nämlich, wo die Kreuzfahrer das griechische Reich erobert hatten, war Innocenz nach längeren Verhandlungen geglückt, woran die römische Kirche des IX. Jahrhunderts gescheitert war:[1] die Bulgaren von der griechischen Kirche loszureissen und unter das Papsttum zu beugen. Am 8. November 1204 hatte ein päpstlicher Legat den Bulgarenzaren Johannischa zum König gekrönt, nachdem er am Tage zuvor den Erzbischof Vasil von Ternowo zum Primas geweiht hatte.[2]

[1] S. o. p. 10/11.

[2] ep. Innoc. VII 230 (Brief des Zaren an den Papst), ep. VII 231 (Brief des Primas an den Papst). Vgl. Pichler l. c. p. 331 ff. In einem merkwürdigen Zusammenhange tut dieses Faktums Erwähnung ein von Pitra l. c. ediertes griechisches Dokument. Es sind die Akten einer unter dem Vorsitz des Demetrios Chomatianos von Achrida Mitte der zwanziger Jahre des XIII. Jahrhunderts stattgehabten Synode, in der über die Rechtmässigkeit der Weihen bulgarischer Erzbischöfe, Bischöfe und Priester in den ehemals bulgarischen, eben damals aber wieder gräzisierten Landschaften entschieden werden soll. Einer der Gründe nun, der gegen die bulgarischen Prälaten ins Feld geführt wird, ist der, dass der Patriarch, der ihnen die Weihe erteilt habe, seinerseits von Papst Innocenz III. zum Patriarchen erhöht worden sei. ‚Τὴν τοῦ Πάπα τῆς πρεσβυτέρας ‘Ρώμης χεῖρα δἰ ἀποστολῆς Καρδιναλίου (durch Vermittlung eines Kardinals) ἐπεῖθεν ἑλκύσαντες, πατριαρχικῇ προσηγορίᾳ, δἰ ἐκείνης τοῦτον ἐτίμησαν‘. Die Weihen aber, die ein solcher ‚καινοτομηθείς‘ erteilt habe, seien ungültig. Pitra l. c. p. 563 ff. — Die

Wir sahen schon, wie das Zusammentreffen dieser Bekehrung der Bulgaren mit der Unterwerfung der griechischen
Kirche durch die Lateiner Innocenz mit ganz besonderem Stolze
erfüllte.[1]) Natürlich erwartete er für die Zukunft ein treues
Zusammenhalten der katholisierten Bulgaren mit den katholi-
sierenden Lateinern. Auch die Serben hoffte er dieser Gemeinschaft einzufügen.[2])

Der Bulgare wandte sich auch, sobald er von der Eroberung Konstantinopels Kunde hatte, an den Kaiser Balduin
und erklärte sich zu Frieden und Freundschaft mit den Lateinern
bereit. Aber wie erstaunte er nicht, als er diesen Kaiser von
gestern die Sprache des rhomäischen Basileus führen hörte
und sich als Rebellen gegen das heilige byzantinische Reich
behandelt sah, dessen Provinz Bulgarien von Rechts wegen sei.[3])

Gegenpartei erklärt (l. c. p. 43 in einem auf dieselbe Angel. bezügl.
Brief des Chomatianos an den Erzb. von Korfù): jener Patriarch
sei doch vor seiner Erhöhung durch Rom in ganz ordnungsgemässer Weise
durch den orthodoxen Bischof von Widin zum Erzbischof geweiht worden:
also seien auch die von ihm erteilten Weihen gültig. Der Herausgeber
der Sammlung Pitra's, Battandier, verdunkelt den ganzen Sachverhalt,
wenn er in dem ‚παρὰ ἐπισκόπου ῥωμαίου τοῦ Βιδύνης‘ einen römischen
Bischof von Buda sieht, statt des griechischen von Widin (p. 787[6]).

Übrigens wurden die bulgarischen Erzbischöfe schliesslich von der
Synode wirklich für illegitim erklärt: doch fand man das unkanonische
ihrer Amtsergreifung weniger in der Weihe durch einen päpstlichen
Patriarchen als in der Einsetzung durch die Staatsgewalt auf Kosten der
damals amtierenden Griechen. l. c. p. 568.

[1]) S. o. p. 167/68.

[2]) ep. VI 24 (22. März 1203): Brief Innocenz' an den Grossžupan
Wulk von Serbien: er sende den Erzbischof von Coloça, *‚quatenus te . . . in
orthodoxa fide confirmet et, a te nomine nostro, spiritualem obedientiam
et reverentiam recipiens corporalem, ad apostolicum ovile reducat'.*
Und ep. VI 25 an den Erzbischof von Coloça.

[3]) Gesta Innoc. c. 108. Die Lateiner verweigerten das Bündnis
dem Zaren, *‚nisi redderet terram ad Ctanum imperium pertinentem,
quam ipse invaserat violenter'.* Der Zar erwiderte, sie, die Lateiner
seien viel mehr Usurpatoren, als er selbst, da er nur wiedergewonnen habe,
was seine Vorfahren einst besessen hatten (er spielt auf die frühere Un-

Die Antwort des Bulgarenfürsten auf diese törichte Herausforderung war der Vernichtungskrieg gegen das noch in Bildung begriffene Lateinerreich: die Niederlage, die er den Kreuzfahrern bei Adrianopel beibrachte (April 1205), stellte die Existenz des Reichs in Frage.[1]

Wie verhielt sich nun Innocenz III. zu diesem Konflikt? Es schien sich um einen Kampf zwischen Katholiken zu handeln, und von diesem Gesichtspunkte aus urteilte Innocenz folgerichtig, dass die Lateiner im Unrecht seien, da sie ja die Bulgaren provoziert hatten.

So bedachte er sich denn nicht, dem Zaren zu dem glorreichen Triumph zu gratulieren, durch den er über diejenigen gesiegt habe, die ihn schwer zu belästigen trachteten: nur dem Verdienste der römischen Kirche habe er denselben zu danken.[2]

Es war ein Urteil, gefällt von höherer Warte als der der lateinischen Nationalität, ein Urteil vom Standpunkt der über nationale Vorurteile erhabenen katholischen Kirche. Aber die Voraussetzung dabei war, dass die Bulgaren dem Papsttum ebenso ergeben seien wie die lateinischen Kreuzfahrer: und das war damals nicht mehr der Fall. Gegen das byzantinische Konstantinopel hatte der Bulgare die Anlehnung an das Papsttum gesucht: ein mit byzantinischen Prätentionen auftretendes lateinisches Konstantinopel trieb ihn naturgemäss an die Seite der Griechen zurück, wie politisch so auch kirchlich. An dem Staat der Lateiner hing nun noch allein die Sache der päpstlichen Kirche im Orient, und da erscheint es denn freilich wie eine Ironie der Geschichte, wenn wir den Papst den furchtbaren Schlag, den

---

abhängigkeit Bulgariens von Byzanz an), während die Lateiner kein Recht auf Kp. gehabt hätten. Vgl. auch Niketas, ed. Bonn, p. 101/2.

[1] S. o. p. 173.

[2] ep. VIII 129 (27. Juli bis 16. August 1205). Verharre in der Ergebenheit gegenüber der römischen Kirche, *per cuius merita gloriosum acquisivisti triumphum adversus eos, qui te nitebantur graviter molestare.*

der Bulgare gegen die Sache der Lateiner in Konstantinopel
geführt hatte, auf die Verdienste der römischen Kirche
zurückführen sehen.

Zwar beantwortete der Zar das für ihn so schmeichel-
hafte päpstliche Gratulationsschreiben aufs höflichste:[1] aber
die unwürdige Behandlung eines Boten, den Innocenz mit
der Friedensvermittlung zwischen Bulgaren und Lateinern
betraut hatte, am Hofe des Zaren und des letzteren Weigerung,
von der Befehdung der Lateiner abzulassen, zeigten Innocenz,
dass das Papsttum seine Rolle in Bulgarien ausgespielt
hatte.[2]

Freilich beteuerte dann im Jahre 1207 Johannischa dem
Papste aufs neue seine Ergebenheit,[3] und sein Nachfolger
Boris schloss später sogar mit Kaiser Heinrich von Konstantinopel ein politisches Bündnis.[4] Aber die geistlich-
weltliche Unterwerfung Bulgariens unter den römischen Stuhl,
die Zar und Primas im November 1204 beschworen hatten,
ist nie zur Wirklichkeit geworden. Das Schwert der Lateiner
hatte das mühsam zwischen Rom und Bulgarien geknüpfte
Band der Union ein für allemal zerschnitten.[5] Auch aus der
Serbenunion wurde jetzt nichts.

[1] Gesta Innoc. c. 108 (Ende 1205).
[2] Brief Innocenz' an den Zaren, ep. X 65 (25. Mai 1207).
[3] Ersichtlich aus ep. X 65.
[4] Hertzberg l. c. p. 393.
[5] Es besteht über die Bulgarenunion eine Kontroverse. Auf der
einen Seite hat man behauptet (ein bulgarischer und ein russischer Schriftsteller), die Union sei seitens der Bulgaren von vornherein nicht ernst
gemeint gewesen, es sei dem Zaren nur um die Krone zu tun gewesen.
Dagegen suchte Valentin Lah im Archiv für kath. Kirchenrecht Jahrg. 1844,
p. 193 ff. nachzuweisen, dass es den Bulgaren nicht nur im Anfang mit
der Union voller Ernst gewesen sei, sondern dass dieselbe auch mehrere
Jahrzehnte hindurch wirklich ins Leben getreten sei.

Die Wahrheit liegt in der Mitte. Dass der Zar ursprünglich, in
der Absicht, sich kirchlich und politisch dauernd von dem griechischen
Byzanz unabhängig zu machen, eine reelle Unierung der bulgarischen mit
der römischen Kirche vorhatte, darüber lässt seine und seines Metropoliten

Jedoch schon hatten sich des weitsichtigen Pontifex Blicke auf ein anderes grosses Slawenreich gelenkt, auf jenes Russland, dessen Missionierung die Haupttat der griechischen Kirche gewesen war.

Innocenz hoffte, dass dieses Volk unter dem Eindruck der Katholisierung des Zentrums der griechischen Kirche auch seinerseits sich der römischen Kirche anschliessen werde.

So sandte er denn im Oktober 1207 den Kardinal Gregor von S. Vitale zur Unierung der Russen aus. „Erscheint es nicht widersinnig, so ruft er ihnen in seinem Briefe zu, dass jetzt, wo das Reich der Griechen und fast die gesamte griechische Kirche zur Ergebenheit gegenüber dem römischen Stuhl zurückgekehrt ist und seinem Befehle gehorcht, ein Teil von ihr mit dem Ganzen nicht übereinstimme und von ihm abweiche?“ [1]

Zugleich aber hält er ihnen das Schicksal, das Byzanz betroffen hat, die Art, wie es römisch geworden ist, als warnendes Beispiel vor Augen. Die Griechen haben nicht eher hören wollen, als bis sie fühlten. Es hat der ‚vexatio‘ durch das Schwert der Lateiner bedurft, um sie zur Einsicht zu bringen; erst im Unglück haben sie den anerkannt, dem sie im Glück die gebührende Ehre versagten. Um die Russen vor einer ähnlichen Lektion zu bewahren, mahnt Innocenz sie zu rechtzeitigem Übertritt zum Katholizismus. [2]

Korrespondenz mit Innocenz III. in den Jahren 1203 und 1204 keinen Zweifel (ep. VI 142/3, ep. VII 1—6). Ebenso sicher ist aber, dass diese von dem Zaren geplante Union seiner Kirche mit der abendländischen nicht ins Leben trat infolge der Eroberung Kp.s durch die Occidentalen und ihres feindseligen Auftretens gegenüber Bulgarien.

[1] ep. X 138, 7. Okt. 1207 an alle Geistlichen und Laien Russlands. ‚Cum graecorum imperium et Ecclesia pene tota ad devotionem apostolicae sedis redierit, et eius humiliter mandata suscipiat et obediat iussioni: nonne absonum esse videtur, ut pars toti suo non congruat et singulariter a suo discrepet universo?‘ Die Verbindung Innocenz' III. mit den Russen berührt auch Pears l. c. p. 387 kurz.

[2] ‚Quia igitur . . . . vos ad ea debemus inducere, per quae dispendium temporalium et aeternorum possitis periculum evitare‘ etc.

Doch die Russen, weit entfernt, in der Knechtung der Griechen durch die katholischen Lateiner ein Gottesgericht zu sehen, waren vielmehr, wie die Byzantiner selbst, aufs tiefste empört über die Frevel, die die Franken bei der Eroberung Konstantinopels an den Heiligtümern der griechischen Religion verübt hatten, deren Kunde sich schnell bis in den äussersten Norden Russlands verbreitet hatte.[1]

Und da sie von den Lateinern Konstantinopels, denen die Bulgaren den Weg nach Norden verschlossen, für sich nichts zu fürchten hatten, da sie auch von Ungarn, auf das der Papst wohl mit seiner Warnung anspielte,[2] keine Gefahr besorgten, so dachten sie weniger als je an den Übertritt zu einer Kirche, die die tempelschänderischen Kreuzfahrer von 1204 ihre Paladine nannte.

Schlussbetrachtung mit einem Blick auf das Patriarchat Antiochien.

So scheiterten Innocenz' Versuche, durch friedliche Gewinnung der Griechen Nikäas und der orthodoxen Slawenvölker das Werk des Vierten Kreuzzugs, die Latinisierung eines Teils des byzantinischen Reichs, gleichsam zu vervollständigen und ein Ganzes an die Stelle von Stückwerk zu setzen.

Er musste die Erfahrung machen, dass eine derartige ideale Ergänzung des lateinischen Kaiserreichs, eine Ausweitung der päpstlichen Kirche über dessen Grenzen hinaus unmöglich war, dass eben die auf Gewalt gegründete Existenz dieses Reichs eine friedliche Union der gesamten griechischen Kirche mit Rom ausschloss.

Das Papsttum sah sich, was die Katholisierung des Orients betrifft, durch den Vierten Kreuzzug festgebannt in die Grenzen des lateinischen Kaiserreichs, und selbst hier war

---

[1] Chron. von Nowgorod bei Hopf, Chroniques gréco-romanes, p. 97,8.

[2] Der Kardinallegat reiste über Ungarn nach Russland: ep. X 137. Mit einer Bekämpfung durch die Ungarn hatte der Papst auch den Bulgarenzaren seinerzeit bedroht. ep. VIII 129 (1205).

es in der Hauptsache auf das lateinische Element angewiesen, da auch die Griechen des lateinischen Kaiserreichs in ihrer Mehrzahl im Schisma verharrten.

Man hätte nun noch meinen können, dass die Begründung des päpstlichen Kirchenregiments in Konstantinopel, wenn sie auch auf die dortigen und die unabhängigen Griechen nicht die gewünschte Anziehungskraft ausübte, wenigstens einen festigenden Einfluss auf die bereits bestehende lateinische Kirche Syriens gehabt hätte.

Aber auch das war nicht einmal der Fall. Um das Jahr 1208 gab es in Antiochien vorübergehend einen griechischen Patriarchen, der von dem griechischen Klerus, einem Teil der Bürgerschaft und von dem Fürsten Boëmund IV. anerkannt wurde.[1] Gelang es auch Innocenz bald, seine Vertreibung aus Antiochien selbst zu bewirken, so behielt er doch in der Nähe dieser Stadt seine Residenz, nämlich am Hofe König Leos von Armenien, der ihn als legitimen Patriarchen verehrte.[2] Unter Papst Honorius III. wagte er aufs neue in Antiochien aufzutreten und fand dort wiederum Anhang.[3]

Soeben ihrer kirchlichen Metropole durch die Lateiner beraubt, unternahmen die Griechen es, ein viel älteres Besitz-

---

[1] ep. IX 9 (4. März 1208) Brief Innocenz' an den Patriarchen von Jerusalem: er habe gehört, *,quod de assensu et voluntate . . . comitis Tripolitani* (d. h. Boëmunds von Antiochien) *et quorumdam civium Antiochenorum populus et quaedam pars cleri Graecorum . . . in Antiochena provincia patriarcham Graecum intrudere praesumpserunt'* etc. Der Patriarch von Jerusalem soll die Vertreibung des *,intrusus'* bewirken. Boëmund hatte, wie wir aus Potth. № 3296 (13. Februar 1208) erfahren, den lateinischen Patriarchen eingekerkert. Für seine Motive s. Röhricht, l. c. [74³] p. 711.

[2] ep. XVI 2 (28. Februar 1213) an Leo von Armenien, vgl. Röhricht l. c. p. 714.

[3] Pressutti l. c. № 5570 (18. Juli 1225). Honorius an den lateinischen Patriarchen von Antiochien, er soll die Griechen seiner Diözese zwingen können, *,quod in nullo deinceps monacho illi Graeco, qui se patriarcham Antiochenum appellare praesumit, obediet, maxime dum sedi apostolicae inobediens invenitur'.* Vgl. № 5567.

tum der lateinischen Kirche, den Patriarchenstuhl von Antiochien, wieder an sich zu bringen. Nichts zeigt vielleicht
deutlicher das Scheitern der Hoffnungen, die Innocenz ursprünglich an die Eroberung Konstantinopels durch die Lateiner
geknüpft hatte. Weit entfernt, die Katholisierung des gesamten Orients nach sich zu ziehen, vermochte sie nicht
einmal den vorübergehenden Abfall bereits katholisierter
Länder von Rom zu verhindern, sie hatte für den Orient
statt einer universalen nur eine lokale Bedeutung.

. . . . . .

Drittes Kapitel.

Die unkirchliche Haltung der lateinischen
Eroberer.[1])

— — — —

Je deutlicher hervortrat, dass die Gründung des
lateinischen Kaiserreichs die einzige Frucht des Vierten
Kreuzzugs war, dass er für die Katholisierung des übrigen
Orients unfruchtbar blieb, ja ihr sogar schädlich war: um so
härter musste sich Innocenz III. durch die eigenwillige Kirchenpolitik der Herren dieses Reichs und durch ihre Unbot-
mässigkeit gegenüber dem Papsttum getroffen fühlen.

Von König Konrad III. hatte einst die Kurie gemeint,
es sei durch seinen Verkehr mit Kaiser Manuel etwas von
dem griechischen Hochmut und Trotz in ihn gefahren: ähnlich schien es jetzt mit der vielköpfigen Schar lateinischer
Herren zu gehen, die das Erbe der byzantinischen Kaiser
angetreten hatten.

Ihre Wurzel hatte die ganze spätere Kirchenpolitik der
lateinischen Machthaber Romaniens in zwei Artikeln des
Teilungsvertrages, den noch vor der Eroberung Konstantinopels,
im März 1204, die Franken und Venetianer eingegangen
waren. Hier war nämlich in kirchlicher Hinsicht erstens be-

---

[1]) Vgl. zu diesem Kapitel Hopf l. c. p. 226 ff. und Pichler p. 317 ff.

stimmt worden, dass der Klerus derjenigen Nation, aus der
der Kaiser des zu gründenden Reiches nicht hervorginge,
den Patriarchen von Konstantinopel wählen dürfe, und zweitens
hatte man das gesamte Kirchengut Romaniens zu säkularisieren
beschlossen. [1]

Venetianische Geistliche installierten sich denn auch,
sobald das Kaisertum den Kreuzfahrern zugefallen war, als
Kanoniker der Sophienkirche und wählten einen Landsmann,
Thomas Morosini, zum Patriarchen. [2]

Obwohl nun Innocenz unter Protest gegen jenen Artikel
des Teilungsvertrages diese Wahl als ungültig kassierte, und
er Morosini, dessen Person ihm im übrigen genehm war,
erst kraft päpstlicher Autorität zum Patriarchen erhob, [3]
haben die Venetianer nicht von dem Rechte lassen wollen,
das ihnen der Vertrag zugesprochen hatte.

Nicht zufrieden mit dem Handelsmonopol in Romanien
und dem politischen Nebenregiment ihres Podestà in Konstantinopel zur Seite des Kaisers, wollte die Markus-Republik
auch über die höchste geistliche Würde des lateinischen
Kaiserreichs verfügen.

Um aber, nachdem einmal der erste Patriarch ein
Venetianer geworden war, auch in Zukunft über die Besetzung des Patriarchenstuhles entscheiden zu können, musste
die Republik im Widerspruch mit den Anschauungen der
römischen Kirche es durchzusetzen suchen, dass die Wähler
des Patriarchen stets Venetianer seien.

In Vorahnung der venetianischen Praktiken verpflichtete
Innocenz den Patriarchen Morosini, die Domherrenstellen der
Sophienkirche Kandidaten aller Nationen offen zu halten. [4]
Trotzdem zwangen die Venetianer diesen, als er im Jahre

---

[1] Unter ep. Innoc. VII 205, vgl. Hertzberg l. c. p. 363.

[2] ep. VII 203 (21. Januar 1205), vgl. Hertzberg p. 368.

[3] ep. cit.

[4] Innoc. ep. XII 109 (1209): Bericht der Geistlichkeit Kp.s über
die Abschwörung des Eides durch den Patriarchen (vgl. ep. IX 30). Hiernach auch das im Texte folgende. S. a. Hopf l. c. p. 226/227.

1205 von Venedig aus nach Konstantinopel überfahren wollte, durch Verweigerung des Passagiums, durch unerbittliche Schuldforderungen, durch die Drohung, sich des Kirchenschatzes der Sophienkirche in Konstantinopel zu bemächtigen, zu dem Eide, nur Landsleute zu Kanonikern zu befördern und auf alle mögliche Weise dafür zu sorgen, dass nur ein Venetianer Patriarch werde. Ja, darüber hinaus musste er noch versprechen, in ganz Romanien nur Venetianer zu Erzbischöfen zu weihen. Aller Wahrscheinlichkeit nach ging er auch die Verpflichtung ein, selbst gegen den Willen des Papstes diese Massnahmen durchzuführen. Jedenfalls blieben die Proteste des Papstes und der französischen Geistlichkeit Konstantinopels lange vergeblich, und erst im Jahre 1209 verstand sich der Patriarch zum Widerruf des Eides und zur Weihung auch fremder Domherren.

Nach dem Tode Morosinis im Jahre 1211 kam es zu einer zwiespältigen Wahl. Trotzig bestand der Doge beim Papst auf der Bestätigung des venetianischen Kandidaten. Den päpstlichen Notar Maximus, der die Sache in Konstantinopel entscheiden sollte, und der seinen Weg über Venedig nahm, wusste man dort an der Überfahrt zu verhindern.[1] Da der Legat Pelagius keine Einigung der Parteien herbeizuführen vermochte, so dauerte die Vakanz bis 1215, wo Innocenz von sich aus einen Toskaner zum Patriarchen ernannte.[2] Venedig aber gedachte wenigstens in seinen eigenen Besitzungen nur Landsleute als Oberhirten zu dulden: umsonst versuchte im Jahre 1209 ein erwählter Erzbischof von Durazzo, der nicht Venetianer war, Anerkennung, ja nur Einlass in die Stadt zu gewinnen.[3]

Bei ungeratenen Söhnen der Kirche, wie den Venetianern, konnten dergleichen Exzesse weiter kein Erstaunen erregen. Aber auch die französischen und lombardischen Fürsten ver-

---

[1] ep. XVI 91 (2. August 1213), Pichler l. c. p. 318.
[2] Hopf, p. 245.
[3] Innoc. ep. XII 94—97 (a. 1209).

gingen sich schwer gegen die Kirchenfreiheit. Sie liessen es sich angelegen sein, jenen zweiten kirchlichen Artikel des Teilungsvertrages über die Säkularisation, so weit wie irgend möglich, in die Tat umzusetzen, obwohl Innocenz auch gegen ihn von vornherein energisch Einspruch erhoben hatte.[1]

Eine Knechtung und Vergewaltigung der Kirche durch die weltlichen Mächte trat ein, wie man sie im Abendlande lange nicht mehr gesehen hatte. Die Fürsten und Herren des lateinischen Kaiserreichs trieben den Kirchenraub so weit, dass im Jahre 1210 fast das ganze Kirchengut Romaniens in weltlichem Besitze war.[2] Dabei zahlten sie nicht einmal den Zehnten, noch liessen sie ihre Untertanen ihn entrichten, und wenn sie es wohl in Augenblicken frommer Erregung, etwa vor dem Auszug zum Kampfe, gelobten, so dachten sie nachher nicht daran, ihr Versprechen zu halten.[3] Auch die Möglichkeit, auf dem Wege der Schenkungen wieder zu Besitz zu gelangen, schnitten die Fürsten, Kaiser Heinrich an der Spitze, den Kirchen durch die Verbote der Schenkungen an die tote Hand ab.[4]

Innocenz suchte die Kirchenräuber zur Rückerstattung des entwendeten Gutes zu bewegen, indem er ihnen vorhielt, wie Christus durch die Gebete der Geistlichkeit sie vor ihren Feinden beschütze.[5] Und einen gewissen Abschluss erreichten wenigstens die kirchlichen Wirren durch das Konkordat von Ravennika im Jahre 1210, wo sich die Herren von Nord- und Mittelgriechenland zur Rückerstattung des kirchlichen Besitzes verstanden, unter Exemption desselben von jeder Dienstleistung; nur hatten griechische und lateinische Kleriker das Akrostichon, die byzantinische Grundsteuer, zu zahlen.[6]

---

[1] ep. VII 206, 208 (29. Januar, 8. Februar 1205).

[2] Hopf, p. 232.

[3] ep. XIII 161 an den Erzbischof von Larissa (31. Oktober 1210).

[4] ep. XIII 98, 110, 174 (a. 1210). S. Ducange, l. c. [164] Bd. I p. 123—6.

[5] ep. XIII 100 (9. Juli 1210) und sonst.

[6] Hopf, p. 232.

Zweiter Abschnitt.

Der Triumph Innocenz' III.
über Byzanz.

Erstes Kapitel.

Der kirchliche Triumph.

So trübte sich im Laufe eines Jahrzehnts dem Papste das lichtvolle Bild, in dem ihm anfangs die Eroberung Konstantinopels durch die Lateiner erschienen war.

Die Fortsetzung der Kreuzfahrt zur Befreiung des heiligen Landes unterblieb.

Von einer eigentlichen Union der griechischen mit der römischen Kirche war innerhalb des lateinischen Kaiserreichs nur in sehr beschränktem Masse die Rede: die unabhängig gebliebenen Griechen aber, die Russen und Bulgaren verharrten im Schisma, resp. fielen in dasselbe zurück. Gerade die Okkupation Byzanz' durch die päpstlichen Lateiner bestärkte sie in ihrer Abneigung gegen die römische Kirche.

Und endlich: diese abendländischen Eroberer suchten die Kirche des lateinischen Kaiserreichs, statt sie dem Papste zu unterwerfen, nach byzantinischem Muster zu verstaatlichen, sie zu einer Dependenz der weltlichen Gewalt herabzuwürdigen. Es galt für Innocenz gleichsam noch im eigenen Hause Herr zu werden. Nur in heissem Ringen mit den lateinischen Machthabern gelang es ihm allmählich, sie aus ihrer usurpierten

Gewalt zu verdrängen und das Heft über die Kirche des lateinischen Kaiserreichs in die Hand zu bekommen.

Und dennoch bei all dem Schatten: wieviel heller Glanz, wieviel leuchtender Glorienschimmer strahlte nicht von dieser Unternehmung auf den römischen Pontifex zurück!

Gewiss, wie ich schon oben betonte: die Okkupation war keine Union. Auch innerhalb des lateinischen Kaiserreichs blieben die meisten Griechen Schismatiker.

Trotzdem hat Innocenz III. das volle Recht gehabt, die griechische Kirche des lateinischen Kaiserreichs als unter päpstliche Herrschaft zurückgeführt zu proklamieren.[1] Wer darin eine Selbsttäuschung des Papstes sieht — und welcher moderne Geschichtsschreiber täte es nicht?[2] — der missversteht die Bedeutung des Wortes „Kirche".

Die Zeiten waren längst dahin, wo der Begriff „Kirche" die freie Gemeinschaft der Gläubigen bezeichnet hatte. Das Wesen der Kirche beruhte seitdem vielmehr im Priestertum, in der Hierarchie, die zwischen Gott und der Menschheit vermittelte, das bischöfliche Amt bildete ihr festes Gerippe, ihre Grundlage.

Und wer wollte bestreiten, dass, unter diesem Gesichtspunkt, dem damals einzig möglichen, gefasst, die griechische Kirche des lateinischen Kaiserreichs in die Gewalt Roms geraten war? Wurden doch der Patriarchenstuhl von Konstantinopel und sämtliche Erzbistümer des Reichs, von ihren griechischen Inhabern verlassen, mit gut katholischen, abendländischen Prälaten besetzt, und auch in die meisten Bischofssitze rückten

---

[1] Am bestimmtesten ausgedrückt in den ep. XVI 105, 106 (30. August 1213), Empfehlungsschreiben für den Legaten Pelagius. Im ersteren Briefe heisst es: ,Graecorum ecclesia . . . . ad Petri magisterium, unitatem et devotionem videlicet Romanae ecclesiae salubriter est reducta'. Ähnlich in dem anderen Briefe: ,Ecclesia Graeca . . . . ad devotionem Romanae Ecclesiae est reducta'. Aber auch sonst spricht Innocenz dies aus, vgl. z. B. unten p. 245[2]. Auch Honorius III. urteilte so: s. unten p. 256[2].

[2] Ich nenne nur Pichler l. c. 316.

im Laufe der Zeit lateinische Geistliche ein; selbst die griechischen Bischöfe unterwarfen sich zum Teil dem Papsttum.[1]

Rom gewann damit alte Rechte zurück und neue hinzu.

Die westlichen (illyrischen) Provinzen des byzantinischen Reiches hatten, wie wir uns erinnern, bis zum Anfang des VIII. Jahrhunderts dem Papsttum unterstanden. Der Erzbischof von Thessalonich hatte sie als päpstlicher Vikar verwaltet.[2] Im Jahre 733 hatte dann aber Kaiser Leo der Isaurier diese Gebiete, mitsamt Unteritalien, dem Papsttum entrissen und sie dem Patriarchen von Konstantinopel unterstellt. Es war die Strafe für die Verbindung Gregors III. mit den Franken, mit Karl Martell, d. h. für den ersten Schritt der Abwendung des Papsttums von Byzanz, gewesen.[3]

Eben diese Franken, d. h. die Occidentalen, mit denen dann das Papsttum sich immer enger verbunden hatte, den Konnex mit Byzanz in gleichem Masse verlierend, hatten Rom nun den grössten Teil jener ihm einst gehorsamenden illyrischen Provinzen wiedererobert, nachdem schon anderthalb Jahrhunderte zuvor die Normannen das byzantinische Unteritalien dem Papsttum wieder unterworfen hatten.[4]

Innocenz verzichtete nun zwar darauf, dem Erzbistum Thessalonich die Vikariatsrechte, deren es der griechische Patriarch von Konstantinopel seinerzeit beraubt hatte, nach seinem Heimfall an das Papsttum wiederzuverleihen,[5] aber er

---

[1] S. o. p. 190 ff.

[2] S. o. p. 1².

[3] S. o. p. 5.

[4] S. o. p. 42/3.

[5] Wenigstens findet sich in ep. XV 18 (8. April 1212), wo Innocenz die Rechte des Erzbischofs definiert, keine Spur von einer ausdrücklichen Erneuerung des Primats, die Hopf p. 232 anzunehmen scheint. Auch tritt der Erzbischof von Thessalonich später nirgends besonders hervor, so wird er z. B. ep. XV 75 (1213) in einer Linie mit anderen Erzbischöfen zusammengenannt und zwar nicht an erster Stelle.

Ein päpstliches Vikariat Thessalonich hatte Sinn gehabt, zu einer Zeit, wo Kp. selbst nicht unter päpstlicher Herrschaft stand. Jetzt, wo

verfehlte nicht, den neuen lateinischen Erzbischof Guarin darauf hinzuweisen, dass er einen Stuhl besteige, der vor mehreren Jahrhunderten aufs engste an das Papsttum geknüpft gewesen und von demselben ausgezeichnet worden war.[1]

Jedoch es war nicht nur die spezifisch päpstliche Vergangenheit Thessalonichs und des dieser Metropolis ehemals kirchlich unterstehenden Bezirks, die Innocenz mit Stolz über seine Gewinnung erfüllte.

Gab es doch hier so manche Stadt, die, wie Thessalonich selbst, schon in apostolischer Zeit eine hervorragende Rolle gespielt hatte.

So kann Innocenz den Erzbischof Wilhelm von Philippi, als er dessen Kirche in seinen Schutz nimmt, mit Worten aus dem Brief des Apostels Paulus an die Philipper ermahnen.[2] Und dem Erzbischof Walter von Korinth erklärt er: je eifriger und nutzbringender Paulus die Kirche von Korinth belehrt habe, um so wichtiger sei es, sie nunmehr bei dessen unverfälschter Lehre und unter der Herrschaft des Papstes, des Nachfolgers Petri, festzuhalten. Um die berühmte Kirche in ihrem Haupte besonders zu ehren, habe er ihn, ihren ersten lateinischen Hirten, persönlich zum Bischof geweiht und mit dem Pallium geschmückt.[3]

Ja, der gelehrte Pontifex wusste auch die vorchristliche, die heidnische Kultur dieser Länder vollauf zu würdigen.

Kp. einen lateinischen Patriarchen hatte, war dieser der natürliche Stellvertreter des Papstes in Romanien.

[1] Im Anfang von ep. XV 18 (8. April 1212). Der Erzbischof Guarin findet sich auch in einem griechischen Dokument jener Zeit erwähnt. Demetrios Chomatianos von Achrida behandelt nämlich in einem seiner von Pitra l. c. [192²] edierten Schreiben ein Urteil, das Guarin in einer privaten Erbschaftsangelegenheit gefällt hatte. p. 453 ff.

[2] ep. XV 56 (22. Mai 1212). ‚Hanc igitur formam doctrinae, quam Apostolus tradidit Philippensibus, tu, eorum factus antistes, diligenter observa, ne ab oboedientiae bono, ad quod nuper Philippensis ecclesia est reversa, de caetero avertetur.‘

[3] ep. XV 58 (22. Mai 1212).

Ein Stolz ohnegleichen erfüllte seine Brust, als er das Erzbistum Athen unter seinen Schutz nehmen konnte. Noch
lebte in ihm die Erinnerung an den alten Ruhm der Stadt,
der Mutter der Künste, des Sitzes der Wissenschaft, die von
dort aus sich über den Erdkreis verbreitet hatten. Freudig
sah er jetzt an Stelle der Weltkunde die göttliche Weisheit
dort einziehen und die Burg der berühmten Pallas in den
Sitz der hehren Gottesmutter sich verwandeln.[1])

Aber nichts glich doch dem Hochgefühl, das den
römischen Priester beseelen musste, als er die alte Rivalin
des Papsttums, die Kirche von Konstantinopel, gedemütigt
zu seinen Füssen sah.

Mit ihr nahm er nicht, wie es beim Vikariat Thessalonich
der Fall war, eine ehemalige Domäne römischen Einflusses
wieder an sich, sondern er gewann dem Papsttum ein zwar
stets beanspruchtes, aber niemals zuvor wirklich beherrschtes
Machtgebiet.

Denn auch vor dem Ausbruch des Schismas hatte ja
Rom, wie wir schon oben gesehen haben,[2]) seinen Anspruch
auf das Regiment über die gesamte Christenheit in der
orientalischen Kirche nur in seltenen Fällen und vorübergehend zur Geltung zu bringen vermocht. Als ihr Haupt hatte
die letztere vielmehr seit dem Konzil von Chalcedon (451) den
Patriarchen von Konstantinopel anerkannt, und dieser war
seinerseits nur ein Werkzeug in der Hand der Kaiser von
Konstantinopel gewesen. Kaiser und Patriarch von Byzanz,
die beiden Herren der östlichen Kirche, hatten fast alle Versuche des Papsttums, in ihr die Rolle des obersten Gesetz-
gebers und Richters zu spielen, vereitelt. Nur den Ehrenvorrang unter den Patriarchaten hatte man bereitwillig dem
Bischof von Altrom zuerkannt, um beim Eintreten der
Kirchenspaltung auch diesen zu leugnen. Die Patriarchen

---

[1]) ep. XI 256 an Erzbischof Berard von Athen (13. Februar 1209),
vgl. hier auch Gregorovius l. c. p. 339.
[2]) S. o. p. 1 ff.

von Konstantinopel hatten seitdem den Ehrenprimat vielmehr für sich selbst auf Kosten Roms in Anspruch genommen.[1]

Einen ersten Triumph über die orientalische Kirche hatte dann dem Papsttum der Erste Kreuzzug gebracht, indem er die Patriarchate von Antiochien und Jerusalem, die seit alters dem Patriarchen von Konstantinopel gehorsamt hatten, Rom unterwarf. Jerusalem war dann freilich 1187 wieder an den Islam verloren gegangen, und es gab seitdem nur mehr einen in Akkon residierenden lateinischen Titular-patriarchen, während in Jerusalem selbst wieder ein griechischer Patriarch seinen Sitz aufschlug, den Saladin dort duldete.[2] Dafür war jedoch auf dem Dritten Kreuzzug die antokephale, bis dahin von Byzanz abhängige, Kirche von Cypern dem Papsttum gewonnen worden.

Jetzt aber war das Haupt der orientalischen Kirche, die Hochburg des Schismas, in Roms Gewalt geraten, und mit ihr zugleich alle ihr unterstehenden Kirchensprengel, d. h., wenn wir von den Kirchen des eigentlichen Griechenlands und Makedoniens absehen, die ja früher schon einmal von Rom abgehangen hatten, und wir nur die Neuerwerbungen Roms ins Auge fassen: die Kirchen Thraciens und Kleinasiens, soweit sie innerhalb des lateinischen Kaiserreichs gelegen waren.[3]

---

[1] S. o. p. 9, 24.

[2] S. Röhricht l. c. p. 463, Anm. 2. Es finden sich übrigens bei R. nur wenige Bemerkungen über die griechische Kirche in den Kreuz-fahrerstaaten.

[3] Ein Verzeichnis der sämtlichen Kirchensprengel des lateinischen Patriarchats von Kp. findet sich in dem ,Provinciale Romanum', d. h. einer Übersicht über die Provinzen der römischen Kirche, verfasst vom Camerarius Cencius, dem späteren Papst Honorius III., zwischen den Jahren 1210 und 1212, ed. M. Tangl, Die päpstlichen Kanzleiordnungen von 1200—1500, Innsbruck 1894 p. 28 ff., vgl. auch Rattinger, Der Patriarchat- und Metro-politansprengel von Kp. und die bulgarische Kirche zur Zeit der Lateinerherrschaft in Byzanz, in Hist. Z. der Görres-Ges. Bd. I p. 24 ff. Danach enthielt das lateinische Patriarchat Kp. 22 Erzbistümer, und zwar:

in Kleinasien . . . . . 2 (darunter Kyzikus),

„ Thracien . . . . . . 7 (darunter Adrianopel),

Hatten die Päpste des XII. Jahrhunderts zum erstenmal Patriarchen von Antiochien und Jerusalem das Pallium verleihen können,[1] so erlebte Innocenz III. die höhere Genugtuung, einen Patriarchen von Konstantinopel mit diesem Zeichen seiner Würde zu schmücken. Zuvor aber liess er sich von dem Erwählten, dem Venetianer Thomas Morosini, den Treu- und Gehorsamseid leisten, den die Primaten und Erzbischöfe des Occidents dem Papste vor Empfang des Palliums abzulegen hatten.[2]

Die Gewalt dieser Tatsache war gross genug, um auch auf die Päpste vergangener Jahrhunderte und ihr Verhältnis zur orientalischen Kirche einen verklärenden Schein zu werfen.

In Wirklichkeit war die Kirche von Konstantinopel gegen den Willen Roms zur Macht gelangt. Das Konzil von Chalcedon (451) war es gewesen, das durch seinen berühmten 28. Kanon dem Bischof der Reichshauptstadt Konstantinopel den Platz vor den Bischöfen von Alexandrien, Antiochien und Jerusalem, und gleich hinter dem Bischof von Altrom angewiesen hatte. Vier Jahrhunderte hindurch hatten dann die Päpste gegen eine solche Erhöhung des Bischofs von Konstantinopel über die alten Apostelsitze protestiert, um sich schliesslich auf der Synode zu Konstantinopel im Jahre 869 mit dieser Rangordnung der Patriarchate einverstanden zu erklären.[3]

---

in Macedonien . . . . 3 (Philippi, Serrhä, Thessalonich),
„ Thessalien . . . . 2 (Larissa, Neopaträ),
„ Epirus . . . . . . 1 (Durazzo),
„ Mittelgriechenland 2 (Theben, Athen),
im Peloponnes . . . . 2 (Korinth, Patras),
auf den Inseln . . . . 3 (Korfù, Kandia, Rhodus).

[1] Pertsch, l. c. [13⁴] 154 ff. (120/1).
[2] Gesta Innoc. c. 98.
[3] S. o. p. 10. Ausser gegen die Rangerhöhung des Patriarchen von Kp. hatten die Päpste, wie ebenfalls schon oben erwähnt, [p. 3] gegen den diesen beigelegten Titel des „ökumenischen Patriarchen" protestiert, um auch diesen Einspruch schliesslich aufzugeben.

Jetzt durfte Innocenz, ohne bei dem Patriarchen von Papstes Gnaden Widerspruch zu finden, die Behauptung aufstellen: die Erhöhung der Kirche von Byzanz habe nicht nur nicht gegen den Willen Roms stattgefunden, sondern gerade das Papsttum, und das Papsttum allein habe dieselbe herbeigeführt. Erst die Nachfolger Petri seien es gewesen, die der Kirche von Konstantinopel, die keinen Platz unter den apostolischen Patriarchaten gehabt habe, einen grossen Namen gemacht hätten: gleichsam aus dem Staube hätten sie sie zu sich emporgehoben und ihr den Rang vor den Kirchen von Alexandrien, Antiochien und Jerusalem eingeräumt.[1]

So war der neuen Praxis die historische Begründung gefunden. Nicht nur Thomas Morosini wurde Patriarch von Innocenz' III. Gnaden, sondern die Kirche von Konstantinopel war überhaupt ein Patriarchat von Roms Gnaden.

So völlig war die alte Rivalität zwischen den Bischöfen von Alt- und Neurom vergessen, dass der Papst sich in der Ehrung der zum Gehorsam zurückgekehrten Kirche von Konstantinopel nicht genug tun konnte. Er verlieh dem Patriarchen das Recht, seinen Suffraganen das Pallium zu verleihen und von diesen den Obödienzeid entgegenzunehmen, so jedoch, dass sie sich zugleich Rom gegenüber zum Gehorsam verpflichteten.[2] Auch das einst Rom direkt unterstehende Vikariat von Thessalonich wies er jetzt dem Patriarchen von Konstantinopel zu und blieb taub gegen die Bitten des Erzbischofs von Patras, der von der Oberhoheit

---

[1] ep. VIII 19 (30. März 1205) an den Patriarchen. Das Papsttum hat die byzantinische Kirche erhöht. *‚Sane cum eadem ecclesia, quae tum Bizansena, nunc Ctana vocatur, nec nomen nec locum inter sedes apostolicas patriarchales haberet, apostolica sedes fecit ei nomen grande ... et ipsam quasi de pulvere suscitatam usque adeo sublimavit, ut eam tam Ecclesiae Alexandrinae quam Antiochenae et Hierosolymitanae dignitatis privilegio anteferret atque post se prae caeteris exaltaret.'* Vgl. Pichler, p. 314/5.

[2] S. den in vor. Anm. zit. Brief. Vgl. auch ep. VIII 23 vom selben Datum.

Konstantinopels eximiert zu werden wünschte, um direkt Rom zu unterstehen.[1]) Auf dem Laterankonzil von 1215 bekräftigte er dann sowohl die Rangordnung der Patriarchate wie die neuen Privilegien des Patriarchen von Konstantinopel, indem er zugleich die letzteren auf die übrigen orientalischen Patriarchate ausdehnte.[2])

Der ganzen Welt wurde hier der Triumph des Papsttums über Byzanz kund, als zum Konzil die beiden zu Patriarchen von Konstantinopel erwählten Kandidaten erschienen, sich dem Urteil des Papstes zu unterwerfen, und als Innocenz dann beide absetzte, um einen dritten zu ernennen.[3])

Turmhoch hatte sich das alte Rom über dem neuen erhoben.

Zweites Kapitel.
Der weltliche Triumph.

Wer mit den vorstehenden Betrachtungen das Verhältnis Innocenz' III. zum lateinischen Kaiserreich für genügend charakterisiert hielte, würde arg fehlgehen. Er würde ver-

---

[1]) ep. VIII 153 (19. November 1205) und ep. XIII p. 143 (23. Dezember 1209), beide an den Patriarchen von Kp. Die Nachfolger des Erzbischofs Anselm erreichten jedoch, dass das Erzbistum Rom direkt unterstellt wurde: Hopf, p. 234. Wie eifrig der Papst auf die Wahrung der Rechte des Patriarchen von Kp. bedacht war, zeigt auch ep. VIII 46 (4. Mai 1205) an den Erzbischof von Coloça. Vgl. auch Rattinger l. c. p. 22 der zu dem Fall des Erzbischofs von Patras noch den des Erzbischofs von Durazzo erwähnt, welcher im Jahre 1211 von Innocenz III. bestätigt wurde mit der ausdrücklichen Bemerkung, dass das nur wegen der Vakanz der Kirche von Kp. geschehe, ‚a qua fuerat confirmationis gratia expetenda'.

[2]) Im Artikel V. s. Mansi, Bd. XXII. p. 990.

[3]) Die Ann. Col. Max. (MG., SS. XVII p. 828) sagen von dem Konzil: ‚nihil dignum memoriae ibi actum est, nisi quod orientalis ecclesia

gessen, dass das mittelalterliche Papsttum neben dem geistlichen das weltliche Schwert zu besitzen beanspruchte, dass
es die Menschheit nicht nur als Kirche, d. h. als einen un-
geteilten geistlichen Universalstaat vermittelst einer priesterlichen Beamtenschaft zu regieren trachtete, sondern dass es
auch die weltlichen Organisationen, in denen die Menschheit nun
einmal ausserdem noch zusammenlebte, die Staaten, nach seinem
Willen zu lenken strebte: in dem beschränkten Wirkungs-
kreis nämlich, den die Kirche den Staaten beliess.

Demgemäss war also die byzantinische Frage für das
Papsttum nicht bloss eine solche des kirchlichen, sondern
zugleich des unmittelbaren weltlichen Regiments.[1]

Auch in dieser Hinsicht nun konnte Papst Innocenz mit
der Lösung, die jene Frage durch den Vierten Kreuzzug
gefunden hatte, alles in allem genommen vollauf zufrieden sein.

Es ist nicht anders: gerade die Schwäche des lateinischen
Pflanzstaates am Bosporus, die Hilflosigkeit der Kaiser von
Neurom, die vom alten alles Heil erwarteten, im Papst ihren
machtvollen Schützer sahen, bedeutete einen Triumph der
Kurie.

Dem Papsttum konnte es nicht so unlieb sein, dass an
Stelle der historischen Vormacht des Abendlandes im Kampfe
gegen Byzanz: des sizilischen Königreichs, andere, unbe-
deutendere Mächte den entscheidenden Vorstoss gegen Konstantinopel geführt hatten.

Gewiss hätte ein Fürst Unteritaliens die Unterwerfung
der Griechen gründlicher besorgt. Aber wem auch immer
unter diesen Herrschern der grosse Wurf gelungen wäre, den
Thron Konstantins zu stürzen: ein jeder hätte durch einen
solchen Erfolg seine Macht ins Ungeheure gemehrt und wäre,

---

*quod antea inauditum fuit, se subditam Romanae ecclesiae exhibuit.
Nam Cpoli duo in patriarchas electi Romam venerunt et iudicio papae
se submiserunt. Qui ambos deposuit et tertium substituit et investivit
et ad sedem propriam remisit'.*

[1] Vgl. oben p. 36/7. 108/9.

als Gebieter über ein italo-byzantinisches Reich, dem Einfluss des Papsttums entwachsen, ja, würde dessen weltliche Gewalt auszulöschen versucht haben.

Auch würde er, wie ich schon oben einmal bemerkte,[1] höchst wahrscheinlich dem Papsttum nicht einmal die oberste Gewalt über die Kirche seines Reichs eingeräumt, sondern diese sich selbst vorbehalten haben, nach dem doppelten Muster seiner eigenen, im Königreich Sizilien geübten, Kirchenhoheit und des byzantinischen Cäsaropapismus. Machten doch sogar anfangs die Herren des lateinischen Kaiserreichs Versuche nach dieser Richtung.

Konsequenterweise hatte das Papsttum deshalb, wie wir oben gezeigt haben, schon die normannischen Feldzüge und Projekte gegen Byzanz keineswegs immer rückhaltlos begünstigt. Freilich waren hier jene Bedenken meist durch die Erwägung zurückgedrängt worden, in einem normannisch-byzantinischen Reich ein Gegengewicht gegen das deutsche Kaisertum zu schaffen.[2]

Mit allen Kräften hatte es dann aber zu verhindern gesucht, dass eben ein deutscher Kaiser selbst, zumal einer, der auch Sizilien beherrschte, sich gegen Byzanz wandte: durch den frühen Tod Heinrichs VI. war es dieser Gefahr überhoben worden.[3]

Selbst das bescheidene Erbe der griechischen Projekte Heinrichs VI., das Philipp von Schwaben in seiner Verwandtschaft mit dem Hause Kaiser Isaaks überkam, erschien Papst Innocenz III. noch so bedenklich, dass er Philipps Bestreben, seinem Schwager Alexios zur Krone von Byzanz zu verhelfen, unbedingt entgegentrat: er verbot die Wendung des Vierten Kreuzzugs gegen Konstantinopel hauptsächlich deshalb, weil sie dem Staufer zu gute kommen zu müssen schien.

---

[1] p. 110.
[2] S. o. p. 109/110.
[3] S. o. p. 122 ff.

Trotzdem war dann ja Alexios IV. eingesetzt worden:
aber bei der Begründung des lateinischen Kaiserreichs spielte
die Rücksicht auf Philipp von Schwaben keine Rolle mehr,
und der Staufer hat auch auf eine Oberhoheit über dieses
nicht ernstlich Anspruch erhoben.

Indem nun aber das lateinische Kaiserreich eines organischen Zusammenhangs mit einer weltlichen Grossmacht
des Abendlandes entbehrte, wurde naturgemäss der Papst sein
Protektor und Oberherr.

So mass schon Balduin dem Papsttum allein den Triumph
der Eroberung Konstantinopels bei.[1]) Und anders, als die
Sprache gewesen wäre, die der Staufer Heinrich VI. vom Throne
Konstantins herab der römischen Kurie gegenüber geführt
hätte, war die des Kreuzfahrerkaisers Heinrichs von Flandern.
„Zu Dir, so schreibt er Innocenz, nehmen wir unsere Zuflucht,
als dem vornehmsten, ja dem einzigen Fundament unserer
Hoffnung, da Du allein vor den Fürsten und Königen uns
helfen kannst. Und wir dürfen diese Hilfe verlangen, denn
für die römische Kirche schlagen wir unser Leben in die
Schanze, und wir sind nichts als Eure Krieger und Söldner der
römischen Kirche."[2]) Das schrieb er im Juni 1205, in der
Zeit ärgster Not, aber auch einige Jahre später in glück-
licheren Tagen bekennt er sich aufs neue als Diener der
römischen Kirche; wenn nicht durch päpstliche Fürsorge das
Reich gelenkt werde, müsse es fallen, „denn wir vermögen
nichts ohne Euch".[3])

Und doch war nun dieser Kaiser Heinrich nicht so
hilflos und schwach wie seine unglücklichen Nachfolger.
Im Innern wusste er mit starker Hand die auseinanderstrebenden Elemente zusammenzuhalten. Auf dem Reichstag

---

[1]) S. o. p. 165.

[2]) Heinrichs Brief unter Innoc. ep. VIII 131 (9. Juni 1205): ‚vos
. . . qui solus prae filiis hominum et principibus et regibus . . . nobis
potestes succurrere‘; ‚tamquam militibus vestris et Ecclesiae
Romanae stipendiariis‘.

[3]) ep. XI 207 (a. 1208).

von Ravennika im Jahre 1209 huldigten ihm alle Lateiner
Romaniens als ihrem Lehnsherrn: ja, sogar der griechische
Fürst von Epirus erkannte ihn damals vorübergehend als
solchen an, wie vorher im Jahre 1206 David Komnenos von
Sinope.[1]) Wir sahen, wie Innocenz III. auch Theodor Laskaris
dem Lehnsverbande von Heinrichs Reich einzufügen hoffte.[2])
Im übrigen trat der Kaiser den feindlichen Nachbarn des
Reichs aufs kräftigste entgegen.[3])

Innocenz selbst zollte ihm noch im Jahre 1216, seinem
eigenen und des Kaisers Todesjahr, für seine männliche
und unverzagte Haltung gegenüber den mannigfachen Gefahren, die sein Reich bedrohten, das höchste Lob und versicherte ihn der nimmer versagenden päpstlichen Hilfe.

Wie fest Innocenz auf den Fortbestand und eine glückliche Zukunft des lateinischen Kaiserreichs baute, zeigt das
stolze Privileg, das er, gleichfalls im Januar 1216, dem von
ihm soeben ernannten Patriarchen Gervasius erteilte: wenn
irgendwelche Könige im Kaiserreich von Konstantinopel der
Salbung benötigten, an diesen den heiligen Akt vollziehen zu
dürfen, falls sie ihn, den Patriarchen, darum bäten und der
Kaiser einwillige.[4])

---

[1]) Hopf, p. 230, vgl. auch o. p. 183[2].

[2]) S. o. p. 225.

[3]) Hopf, p. 246.

[4]) Diese beiden Briefe sind soeben (Oktober 1902) in den MIÖG.
Bd. XXIII p. 560—2 ediert worden von K. Hampe und zwar nach einem
Ms. der Bibl. nat. in Paris, welches eine Reihe von Briefen aus den verlorenen Registerbänden Innocenz' III. enthält, von denen wir bisher nur
die Rubriken kannten.

In dem Briefe an Kaiser Heinrich (p. 561) heisst es: ,*Licet* . . . .
non tibi personarum et rerum ad presens spectat habundantia, . . . *tu
tamen . . . nequaquam in huiusmodi exercitatione aliqua pusallanimitate
turberis, sed . . .* (auf Gott vertrauend) *magnanimiter conforteris, agens
in omnibus viriliter et potenter, ut vexatus in paucis, in multis
bene disponaris et inde proficias dilatatus'* etc.

Das Privileg des Patriarchen geht dahin: ,*ut si qui reges in Ctano
imperio fuerint inungendi, modo tamen a te inunctio postuletur et*

Und war das Protektorat, das die Kurie über das lateinische Kaisertum selbst ausübte, mehr ein Verhältnis faktischer als legaler Oberhoheit: so gab es einen anderen Fürsten des Reichs, der geradezu Vasall des Papsttums wurde. Es war kein anderer, als der Herzog von Athen, Otto de la Roche, der im Jahre 1214 das Kastell Livadia in Böotien samt Zubehör der römischen Kirche, und zwar dem Kardinallegaten Pelagius als ihrem Vertreter, schenkte, um es dann von diesem, dem er die Mannschaft gelobte, als ein der Kurie tributpflichtiges Lehen zurückzunehmen. Der jährliche Zins wurde auf zwei Mark festgesetzt. [1]

Auch der Ritterorden vom Hospital des heiligen Samson in Konstantinopel zinste nach Rom. Denn auch das lateinische Romanien hat, wie überall in der Welt die lateinische *terra di conquista*, den Nährboden solch edler Pflanze abgegeben: wenn auch dieser Orden in dem Jahrhundert seiner Existenz eine bescheidenere Rolle gespielt hat, als seine Brüder in Spanien, Syrien und Preussen. [2]

- - - - - - - -

assensus imperialis accedat, inungas'. Man dachte dabei wohl nicht nur an die schon bestehenden Königreiche Thessalonich und Adrianopel (s. Hopf, p. 217, vgl. u. p. 260) sondern auch an solche, die in Zukunft entstehen würden. Es wurde übrigens später von Honorius III. erneuert: Pressutti, Reg. Hon. III. papae № 3077, am 8. Februar 1221.

[1] Muratori, Antiquitates Italiae, Bd. V. p. 833/4. Urkunde des Pelagius vom 21. Juni 1214. „. . . . *pro quo ligius et homo sacrosanctae Romanae Ecclesiae et Apostolicae sedis est factus dictus nobilis.'* Am 12. Januar 1215 bestätigte Innocenz diese Abmachung in einem Schreiben an den Herzog von Athen *„tibi exinde ligio Vasallo Apostolicae sedis facto'.*

[2] Seine Existenz scheint bisher ganz übersehen worden zu sein. Innocenz III. nimmt Meister und Brüder in seinen Schutz am 10. Juli 1208 (ep. XI 123). Seine Tributpflichtigkeit ersehen wir aus dem *„Liber censuum'* der römischen Kurie, das im Jahre 1192 von dem Camerarius Cencius, dem späteren Papst Honorius III. verfasst und weiterhin ergänzt wurde; (ed. Bibl. des écoles françaises de Rome et d'Athènes, 2. Heft, Juli 1901). p. 240 liest man die Neueintragungen der Einkünfte in Romanien, darunter das Hospital des heiligen Samson in Kp. mit 3 Hyperpern jährlich.

So hatte denn Innocenz III. wie die Kirche so auch den Staat von Byzanz dem Papsttum unterworfen.[1]) Es war der staunenswerteste Erfolg der imperialistischen Politik dieses Papstes.[2])

Er gebot in Italien, deutsche Kaiser erhob und stürzte er, von England bis Armenien und Syrien beugten sich die

---

[Ausserdem sind noch verzeichnet: das Kloster Akapni bei Thessalonich, das Innocenz am 30. März 1210 unter seinen Schutz genommen hatte (ep. XIII 36), mit zehn Hyperpern und die Markuskirche in Kandia mit einem Hyperperon].

Auf das Dunkel, das die weitere Geschichte des Ordens bedeckt, fällt erst wieder ein Licht durch eine Urkunde des Cartulaire géneral de l'ordre des Hospitaliers de Jerusalem, ed. Delaville le Roulx, Bd. IV¹ (1901). Es ist ein Schreiben Papst Klemens' V. vom 8. August 1309 (*Ni* 4875), durch welches dieser Papst den Orden vom Kloster des heiligen Samson zu Kp. auf dessen Bitte dem eben nach Rhodus übergesiedelten Johanniterorden einverleibt (*„propter aptitudinem loci, in quo dictum hospitale consistit'*). Wir ersehen daraus zugleich, dass der Orden nach dem Fall des lateinischen Kaiserreichs seinen Sitz in Korinth aufgeschlagen hatte (*,dil. filii magister et fratres hospitalis S. Samsonis Ctani in civ. Corinthiensi existentes'*).

[1]) ep. VII 153 (7. November 1204) an Balduin: *,Graecorum ecclesiam et Ctanum imperium, quod ad invocationem apostolicae sedis gratia sibi divina subiecit, in ipsius obedientia studeas conservare'*; vgl. p. 235¹. Vgl. auch ep. VII 154 *,regnum Graecorum in obedientia sedis apostolicae studeant stabilire'*. Der Gegensatz zwischen dem *,regnum Graecorum'* und dem *,imperium Ctanum'*, den Pichler, p. 310 Anm. 3 herausfindet, (nach ihm hätte Innocenz das griechisch-byzantinische Reich als *,regnum'* betrachtet, und es jetzt, wo es lateinisch geworden, zum *,imperium'* erhöht) wird hinfällig durch ep. VIII 69 (25. Mai 1205), wo von dem *,imperium Graecorum'* die Rede ist, das der Herr jetzt auf die Lateiner übertragen habe.

[2]) Ebenso wie es sein grösster kirchlicher Erfolg war. S. in dieser Hinsicht das Urteil seines Nachfolgers, Honorius' III. In dem Schreiben, durch das Honorius der christlichen Welt seine Promotion verkündigt, charakterisiert er kurz seinen Vorgänger. Er erwähnt nur ein Ereignis aus dessen Pontifikat, das nach seiner Ansicht für dieses Pontifikat typische: die Unterwerfung der Griechen unter die römische Kirche. Wegen seiner Verdienste und Weisheit erhöhte ihn Gott, *,et testamentum ei contulit gratiae plenioris, quoniam ecclesiam Graecam . . . sub alas Ecclesiae Romanae reduxit et hodie sibi tamquam specialis filia famulatur'*. Horoy, opp. Hon. III.. Bd. II p. 8 (25. Juli 1216).

Könige seinem Willen. Das Reich von Konstantinopel aber war das strahlendste Juwel in dem glänzenden Reif, mit dem dieses Papstes Herrschaft die Länder des christlichen Orbis umfasste.

Nicht zufrieden, dem Papsttum endlich den Besitz der legendenhaften Schenkung Konstantins: der weltlichen Herrschaft im Occident, verschafft zu haben, nahm Innocenz auch den Osten an sich, den nach jener Sage Konstantin sich und seinen Nachfolgern vorbehalten haben sollte. Die Kaisergewalt, die Konstantin dem Papsttum im besonderen nur für das Abendland übertragen haben sollte, suchte jetzt ein päpstlicher Legat in Konstantins eigener Stadt zur Geltung zu bringen, und er konnte sich auch dabei füglich auf jene Schenkung berufen, da die in ihr der Kurie übermachte Kaisergewalt im letzten Grunde eine absolute war, die eine Oberhoheit des Papsttums auch über das Ostreich von vornherein involviert hatte. [1]

---

[1] S. o. p. 219 die Stelle aus der Schrift des Metropoliten von Ephesus. Dass die (fabelhafte) Schenkung der Kaisergewalt an den Papst durch Konstantin zwar speziell für das Westreich galt, letzlich aber eine allgemeine Bedeutung hatte, geht klar aus dem Wortlaut der Urkunde hervor. Hinschius: Decretales Pseudo-Isidorianae, p. 249 (p. 251): „... *eius sacrosanctam Romanam ecclesiam decrevimus veneranter honorare et amplius, quam nostrum imperium et terrenum thronum, sedem sacratissimam b. Petri gloriose exaltari, tribuentes ei potestatem et gloriae dignitatem atque vigorem et honorificientiam imperialem.*

Und dann die hiermit zusammenzuhaltende Stelle p. 253/4: ‚*Unde ut non pontificalis apex vilescat, sed magis amplius quam terreni imperii et gloriae potentia decoretur: ecce tam palatium nostrum .... quamque Romane urbis et omnes Italiae seu occidentalium regionum provincias, loca et civitates ... Silvestro ... relinquentes ... decernimus'* etc. ‚*Unde congruum prospeximus, nostrum imperium et regni potestatem orientalibus transferri ... regionibus'* etc.

Also ein Papstimperium des Westens, das aber auch erhaben ist über das irdische Imperium Konstantins im Osten. Es ist also nicht richtig, wenn Löning, HZ. Bd. 65 p. 316 erklärt, Konstantin habe dem Papst zwar die „*potestas*" über den Westen, nicht aber das eigentliche

Wir haben gesehen, wie in der Tat auf Befehl des lateinischen Kaisers in Byzanz dem römischen Pontifex kaiserliche Ehren gezollt wurden. Der Zuruf, der Konstantin und seinen Nachfolgern durch die Jahrhunderte erklungen war. erscholl jetzt dem dritten Innocenz: „Innocenz, dem Herrn Papst von Altrom, viele Jahre". [1]

Rom, als das königliche Priestertum, das ‚regale sacerdotium' der Nachfolger Petri, beherrschte aufs neue die Welt. Man hat Innocenz III. den Augustus des Papsttums genannt. [2]

Besser noch würde man ihn freilich als dessen Cäsar bezeichnen. Denn noch einmal sollte ein furchtbarer Bürgerkrieg die römische Welt zerfleischen, ehe der Sieg des Papsttums endgültig entschieden war und sein augusteisches Zeitalter anbrach. Nur durch die Erhebung des Sohnes Heinrichs VI. hatte Innocenz die Macht des Papsttums behaupten können. Schon tauchte bei seinem Tode in deutlichen Umrissen das Reich Heinrichs wieder empor, neu zu erstehen unter Friedrich II. An der Gestaltung der Dinge im Abendlande aber hat in letzter Linie auch das Schicksal des lateinischen Kaiserreichs gehangen.

- - - - - -

Imperium verliehen. Löning stützt diese seine Behauptung auf die Stelle der Schenkungsurkunde, in der Konstantin alle seine Nachfolger, alle Optimaten etc., ‚et universum populum in toto orbe terrarum, nunc et in posterum cunctis retro temporibus imperio nostro subiacentem' auffordert, nicht gegen die Urkunde zu handeln. Danach habe Konstantin keineswegs auf seine Hoheit über das ganze Reich verzichtet.

Ganz richtig, aber ebensowenig lässt die Schenkungsurkunde darüber einen Zweifel, dass auch das Papstimperium als ein absolutes gedacht war, das zwar speziell den Westen umfasste, aber auch über das östliche Imperium Konstantins erhaben war. Einen klaren Begriff von dem Verhältnis beider Gewalten hatte, wie auch Löning meint, der Fälscher jedenfalls nicht: aber er hatte etwa jene späterhin im Abendlande ausgebildete Vorstellung, dass sich Papsttum und Kaisertum zu einander verhalten müssten wie Sonne und Mond.

[1] S. o. p. 214.

[2] Gregorovius, Geschichte der Stadt Rom, Bd. V p. 99.

Zweiter Teil.

Das lateinische Kaiserreich unter Innocenz' III. Nachfolgern. Zeit des Niedergangs. 1216—1261.

Überblick.[1])

In denselben Tagen wie Innocenz III. sank Kaiser Heinrich ins Grab (Juni 1216). Mit seinem Tode erblich

---

[1]) **Regenten-Tabellen.**

Päpste. Honorius III. 1216—27. Gregor IX. 1227—41. Innocenz IV. 1243—54. Alexander IV. 1254—61.

Lateinische Kaiser. (Balduin I. 1204/5, Heinrich 1206—16.) Peter von Courtenay 1217—18. Jolantha 1218—19. Robert 1221—28. Balduin II. 1228 (37)—61 (73). [Johann von Brienne als Reichsverweser 1231—37].

Kaiser von Nikäa. Theodor I. Laskaris 1204—22. Johannes Vatatzes 1222—54. Theodor II. Laskaris 1254—58. [Johannes IV. Laskaris 1258—9.] Michael Palaeologos 1259—82.

Könige und Kaiser von Thessalonich. a) Lateinische Könige. (Bonifaz von Montferrat 1204—7), Demetrius 1207—23. b) Griechische Kaiser. Theodor Angelos 1223—30. Manuel 1230—40. Johannes 1240 bis 1242, von 1242—44 als Despot. Demetrios 1244—46.

Despoten von Epirus. (Michael I. Angelos 1204—14). Theodor 1214—23; von 1223—37 erst unter Theodor dann unter Manuel Verschmelzung des Despotats Epirus mit dem Kaiserreich Thessalonich. Michael II., nat. Sohn Michaels I., gründet wieder ein selbständiges Despotat Epirus, reg. 1237 bis 1271.

Fürsten von Achaja. (Wilhelm I. Villehardouin 1205—9.) Gottfried I. 1210—18. Gottfried II. 1218—45. Wilhelm II. 1245—78.

der Stern der Lateinerherrschaft in Byzanz. Die Zügel des
Regiments, die er straff angezogen, entsanken den matten
Händen seiner Nachfolger, und der Lehnsverband des Kaiserreichs löste sich auf. Nur dem Namen nach steht noch der
Kaiser an der Spitze, in Wirklichkeit sind die einzelnen
Staaten Romaniens selbständig.[1]) Während die Lateiner sich
im eigentlichen Griechenland behaupten, werden die weiter
vorgeschobenen Posten nach und nach eine Beute der unaufhaltsam von West und Ost vordringenden Griechen.

Schon 1223 fällt das Königreich Thessalonich dem Epiroten Theodor anheim.[2]) In dem Unglücksjahr 1224 gehen
nicht nur in Asien die meisten Plätze und viele Inseln an
Kaiser Johannes Vatatzes von Nikäa verloren, sondern dieser
ergreift auch, durch die Einwohner selbst gerufen, von dem
lateinischen Königreich Adrianopel Besitz.[3]) Im Jahre

Grossherren und Herzöge von Athen. Otto de la Roche
1205—25. Guido I. 1225—63 (Herzog seit 1259).

Lateinische Patriarchen. Thomas 1205—11, Gervasius 1215
bis c. 1220. Matthäus 1220/21—26. Simon 1227 bis c. 1232. Nikolaus
c. 1234/5—51. Pantaleon Justiniani 1253—61.

Griechische Patriarchen. Johannes Kamateros 1204—6. Michael
Auctorianos 1206—12. Theodor 1214—15. Maximos c. 1216. Manuel I.
1217—22. Germanos II. c. 1222—40. Methodios II. 1240. Manuel II.
1244—55 (?). Arsenios 1255—60.

Die Jahreszahlen der weltlichen Regenten nach Hopf. die vielfach
unsicheren der Patriarchen nach Cuper l. c. p. 147 ff., 152 ff.

[1]) Hopf, p. 246.

[2]) Nicht 1222, wie man bisher annahm. Den Beweis für das spätere
Jahr erbringt, wie ich aus einer Anzeige von E. Kurtz in Byz. Z. Bd. V
p. 211/12 ersah, Drinow in einem Artikel „Über einige Arbeiten des Demetrios Chomatianos" in der russ. byz. Z. ‚Βιζαντῖνα Χρόνικα' vom Jahre
1895, Bd. II p. 1 ff. Danach stützt Dr. seine Behauptung auf zwei von
dem Kardinal Pitra l. c. [192²] edierte Synodalschreiben: № 78 und № 150.
Durch die Datierung dieser Schreiben und die Verwertung der in ihnen
sich findenden Bemerkungen über Thessalonich (p. 336 und 579 bei Pitra)
erbringt Dr. den Nachweis, dass die Stadt bis 1223 lateinisch war.

[3]) Georg. Akropolita ed. Bonn c. 22—24, Hopf, p. 250/251 und
wegen des „Königreichs" l. c. p. 217. Vgl. auch oben p. 254⁴.

1228 war die Lage der Lateiner in Konstantinopel bereits so
verzweifelt, dass sie daran dachten, die Stadt aufzugeben
und in die Heimat zurückzukehren.[1] Nur die Furcht vor
Schande liess sie von dem Plane abstehen. Aber in der
Folgezeit, als den Kaisern immer mehr die Mittel ausgingen,
kehrten viele der Ritter und Knappen einem Lande den Rücken,
das ihnen viele Mühen und Entbehrungen, aber keinen Gewinn
brachte.[2] Trotzdem gelang es, den furchtbaren Vorstoss,
der in den Jahren 1235 und 1236 die verbündeten Nikäner
und Bulgaren über Gallipoli und Philippopel hinweg von
beiden Seiten her bis vor die Hauptstadt führte, von derselben abzuwehren,[3] und noch 25 Jahre ragte das lateinische
Konstantinopel wie eine Insel aus der griechischen Flut
empor, bis sie im Jahre 1261 über ihm zusammenschlug.

Und in dieser Zeit irrte, der die Krone des grossen
Konstantin trug, dort, wo jener geboten, an den Enden der
Welt, von Britannien bis zum Nil umher, sich um die Hingabe kostbarer Reliquien aus Byzanz' Kirchenschätzen die
Mittel zur Weiterführung seines Schattendaseins zu verschaffen.[4] Zuweilen löste ihn dabei seine Gattin ab. Ja,
als die Reliquien ausgegangen waren, musste der Kaiser
seinen eigenen Sohn venetianischen Kaufleuten als Pfand für
geliehene Geldsummen übergeben.[5]

So war das lateinische Kaisertum von Byzanz in seinen
letzten Jahrzehnten: entwürdigt, nackt, wie die Paläste Kon-

---

[1] Interessante Nachricht bei Ernoul ed. Mas Latrie, p. 469.

[2] Brief Gregors IX. vom 7. April 1227, in den „Régistres de
Grégoire IX.", herausgegeben von Auvray in der „Bibliothèque des Ecoles
françaises de Rome ed. d'Athènes", II. Serie, Brief № 47. Chron. de
Reims ed. Bouquet XXII p. 321.

[3] Hopf, p. 253.

[4] Kaiser Balduin II. Matth. Paris ed. Luard Bd. IV. p. 625/626,
zum Jahre 1247. Zwei Jahre später war er in Damiette, im Lager
Ludwigs IX., wo er wieder Reliquien verschenkt. Martène et Durand, Thes.
Anecdot., Bd. I. p. 1142, zitiert von Hopf, p. 256.

[5] Sanudo, Secr. fidel. cruc. ed. Bongars in Gesta Dei p. F., Bd. II.
p. 79. Hopf, p. 256.

stantinopels, deren Bleibelag der Kaiser herabreissen liess,
um damit Geld zu machen.[1]

Mit dem lateinischen Reich schwand naturgemäss auch
die auf seinem Boden gegründete lateinische Kirche dahin.
Ein Erzbischof nach dem andern sieht sich zum Verzicht auf
seine Würde gezwungen, da die Besitzungen seiner Kirche
von den Feinden okkupiert werden.[2]   Früh schon naht auch
der Patriarchalkirche von Konstantinopel die Not.   Schon im
Jahre 1226 muss Honorius III. die Einschränkung der
Präbenden des Kapitels von 38 auf 24 befehlen.[3]   Und bald
gerät der Patriarch selbst, der sich seiner Güter und Einkünfte durch die Griechen beraubt sieht, in die äusserste Bedürftigkeit, so dass die Päpste wiederholt die Geistlichkeit
Griechenlands zu seiner Unterstützung ermahnen müssen.[4]

Mit beredten Worten schildert der Patriarch Nikolaus
auf dem Konzil von Lyon im Jahre 1245 den Schicksals-
wechsel, der seine Kirche betroffen, von dreissig Suffraganen,
über die sie einst geboten, seien ihr kaum mehr drei geblieben.[5]   Offenbar spricht er hier nur von den Kirchen des
lateinischen Kaiserreichs im eigentlichen Sinne, soweit es
unmittelbar Konstantinopel unterstand.   Aber was bedeutete
auch seine Oberhoheit über die Kirchen des übrigen Romaniens,
von denen ihn eine Welt von Feinden trennte, jeden persönlichen Kontakt und die Ausübung seiner Rechte verhindernd.[6]
Er teilte das Schicksal seines Leidensgenossen, des lateinischen
Kaisers.

[1] Sanudo l. c.

[2] Pressutti, Reg. Hon. III papae, № 1354 (a. 1218): der Bischof
von Nikomedien. № 4134 (a. 1223): der Erzbischof von Larissa. № 4508
(a. 1223): der Erzbischof von Eregli.

[3] Pressutti, 5501 (a. 1225).

[4] Gregor IX, Rayn. 1236 § 20; Les régistres d'Innocent IV., ed.
Berger l. c. [261³] № 33 (a. 1243); Alexander IV., Wadding. Ann. Min.
Bd. IV. p. 457 (a. 1257).

[5] Matth. Par. Bd. IV. p. 431/432.

[6] S. u. Erster Abschnitt, zweites Kap. I 1.

Erster Abschnitt.

Bemühungen um Erhaltung des lateinischen Kaiserreichs.

Die Tätigkeit der interessierten weltlichen Mächte.

I. Das fränkische Griechenland.

Verwundert richten sich unsere Blicke auf den Reichskörper, der sein Haupt, auf die Mächte des Abendlandes, die ihre Kolonie so kläglich fallen liessen.

Die Stellung des lateinischen Griechenlands zu Konstantinopel erklärt sich uns leicht, wenn wir zuvor eine Korrektur unserer Begriffe von den damals dort herrschenden Zuständen vornehmen. Unwillkürlich verlegen wir, wenn wir von dem lateinischen Kaiserreich reden, den Schwerpunkt des vom Occident eroberten Romaniens nach Konstantinopel. In Wirklichkeit hatte diese Stadt eine mehr ideale Bedeutung, sofern mit ihrem Namen der Gedanke des lateinischen Imperiums unlöslich verknüpft war.[1] Dagegen fasste die abendländische Kolonisation recht Wurzel nur im eigentlichen Griechenland, nur hier gedieh sie zur Blüte.[2] Die Folge war,

---

[1] S. u. in der Einleitung zu Buch III.

[2] Ohne dass freilich auch hier die Lateiner je mehr als die Oberschicht über einer Majorität griechischer Bevölkerung gebildet haben. S. die Bemerkung Marino Sanudos in seiner ‚Istoria del regno di Romania‘

dass sich die Lateiner dieser Gebiete, vor allem die Fürsten
von Achaja, als das wahre Zentrum, den eigentlichen Mittelpunkt der *terra di conquista* fühlten. Man lese die Dar-
stellungen der bettelhaften Bedürftigkeit des Kaiserhofes von
Konstantinopel, man vergleiche damit die Schilderung des
Hofhalts der Villehardouin von Achaja, der vornehmsten
Pflanzstätte abendländischer Ritterlichkeit, eines Hofes, der
grossartiger erschien als der eines grossen Königs:[1]) und
man wird jenen Standpunkt begreifen.

Jahrhunderte hindurch hatte man von Athen und Morea
aus zu der Kaiserstadt am Bosporus als der allmächtigen
Gebieterin emporgeschaut: jetzt, unter neuen Verhältnissen
zu einem selbständigen, reichen Dasein erwacht, sahen diese
Länder in Konstantinopel nichts als einen Aussenposten, eine
Grenzfestung, geeignet, den Ansturm der Feinde, ehe sie näher
kamen, zu brechen. Als solche verdiente sie Schutz, wenn
sie zu fallen drohte, und den hat ihr denn auch Gottfried II.
von Achaja, besonders im Jahre 1236, angedeihen lassen.[2])

Nicht ohne dass er sich reichlich bezahlen liess. Hier
erinnerte er sich gern, dass, dem er geholfen, Oberlehnsherr
von ganz Romanien war. Gottfried liess sich von dem dank-
baren Kaiser Balduin II. die unmittelbare Lehnsherrschaft

---

vom Anfang des XIV. Jahrhunderts in Hopf, Chron. gréco-rom. p. 143.
Vgl. auch den Brief Sanudos an den Kardinal von Ostia, vom Jahre 1330,
bei Kunstmann in Sitzber. der Münch. Ak., hist.-phil. Kl., 1855, p. 777.
Doch söhnten sich hier viele der Griechen alsbald mit der Lateinerherrschaft aus. Schon gleich am Anfang schied man die „τοῖς Λατίνοις
εὐγνομοῦντες‘ und die, welche eine „εἰς τὴν Ῥωμανίαν εὐγνομοσύνην‘ bewiesen, d. h. an dem Prinzip eines unabhängigen Griechenlands festhielten.
S. das unter № XXII (p. 87—98) von Pitra l. c. [192²] edierte Dokument.
Es ist eine kirchenrechtliche Urkunde über die Ehescheidung, die sich
aber dem überraschten Leser als ein höchst spannender, am Anfang des
XIII. Jahrhunderts (c. 1214 ff.) in Griechenland spielender Familienroman
entpuppt. Er zeigt, wie die grossen nationalen Kämpfe, deren Schauplatz
Griechenland damals war, sich im Privatleben wiederspiegelten.

[1]) Bei Sanudo l. c. p. 101/102.
[2]) Chron. Alberici, MG. SS. XXIII p. 938/939, s. u. Zweites Kap., № II 2.

über alle Inseln des Ägäischen Meeres westlich der Dardanellen, sowohl die schon okkupierten, als die noch zu erobernden, damit auch über Euböa, ferner über Teile des griechischen Festlandes übertragen.[1] Einige Jahre später handelte er in Konstantinopel mit Balduin über weiteren Beistand so lange, bis dieser sich zur Schenkung seines Hausbesitzes, der Grafschaft Courtenay, an Villehardouin verstand, die dann freilich von Ludwig dem Heiligen kassiert wurde.[2] Eine uneigennützige Hilfe war von diesem ehrgeizigen Herrn nicht zu erwarten. Als Gottfried im Jahre 1243 wieder nach Konstantinopel eilte, geschah es nur auf ein falsches Gerücht von Balduins Tode hin, das in ihm die Hoffnung wachrief, die Regentschaft für dessen unmündigen Sohn Philipp an sich reissen zu können.[3]

Auch sein Bruder Wilhelm von Achaja, der im Jahre 1245 zur Herrschaft gelangte, trieb, wie wir später sehen werden, keine Vasallen-, sondern selbstherrliche Politik.[4]

Schlimmer noch als eine Vernachlässigung der Hauptstadt seitens der Franken war die Tatsache, die wir schon zu Innocenz´ III. Zeit vermerkten[5] und die auch nachher sich stets wiederholte, dass dieselben sich nicht scheuten, auf griechischer Seite gegen ihre eigenen Landsleute zu kämpfen.

Wie vorurteilsfrei diese Herren solche Fragen behandelten, davon liefert eine im venetianischen Archiv erhaltene Urkunde einen trefflichen Beweis. Im Jahre 1258 nimmt der Bruder des Herzogs von Athen, Wilhelm de la Roche, ein Lehen auf Euböa von Venedig entgegen, das ihn zur Stellung von Mannschaft verpflichtet. Dabei macht er den Vorbehalt, dass er

---

[1] Sanudo, l. c. p. 99, vgl. Hopf, p. 272.

[2] Hopf, p. 272, Buchon, Recherches et Matériaux pour servir à une histoire de la domination française en Morée, Bd. I. p. 154. (Brief Balduins an Ludwig den Heiligen).

[3] Phil. Mouskès in Coll. des chron. Belges, Bd. II. p. 689.

[4] S. u. Zweiter Abschnitt, zweites Kapitel, gegen Ende.

[5] S. o. p. 171.

die Möglichkeit habe, auf dieses Lehen zu verzichten, wenn
ihm Theodor II. Laskaris von Nikäa oder Manfred von Apulien
oder auch Michael von Epirus ein doppelt so grosses Lehen
geben wollten.   Man sieht, welchem Herrn, welcher Sache
er diente, war dem Manne gleichgültig, der persönliche Vorteil war ausschlaggebend.[1])   Auch die Johanniter, die doch
recht eigentlich Vorkämpfer der lateinischen Christenheit sein
sollten, hatten zwei Jahrzehnte zuvor ohne Zögern von
Kaiser Johannes Vatatzes von Nikäa Lehen entgegengenommen
und ihn gegen das lateinische Kaiserreich von Konstantinopel
unterstützt,[2]) im Jahre 1233 muss Gregor IX. den Erzbischof
von Patras tadeln, weil er mit den ungläubigen Griechen
gegen den Fürsten von Achaja konspiriert hat,[3]) und so haben
im Laufe der Zeit viele Lateiner, indem sie der griechischen
Sache ihren Arm liehen, das Lateinerreich zu Grunde richten
helfen.[4])

II. Venedig.

Wenden wir uns in der Reihe der Schutzmächte Konstantinopels von Romanien zum Abendlande, so verweilen wir

---

[1]) Venedig, Arch. di Stato, Pacta Ferrariae fol. 58. Wilhelm de la
Roche soll von dem Lehen Venedig einen Ritter stellen *,et etiam hoc ad-
dito, quod si nobilis viri Lascaris, filius Vatacii, aut princeps Manfredus
de Apulia aut Michalicius despota vellent dare ei terram in duplo de
terra, quam tenet a dicto .. Duce et communi Venetiarum, quod possit,
si ei bene videbitur, dimisso feudo predicto, quod tenet a domino nostro
duce et communi Venetiarum, ipsum accipere'*.

[2]) Rayn. 1238 § 32 in einem Schreiben Gregors IX. an die Johanniter.
Er wirft ihnen unter anderem vor: *,Vatacio, Dei et ecclesiae inimico,
in equis et armis, terris propter hoc et casalibus ab ipso receptis, praebere auxilium contra Latinos non veremini'*.

[3]) Reg. Greg. IX. ed. Auvray № 1638 (20. Dezember 1233).

[4]) Reg. Innoc. IV ed. Berger № 73. (26. August 1243): der Rektor
der Mark Ancona darf alle diejenigen *,qui eo quod ad terram Sarra-
cenorum vel Graecorum infidelium cum rebus vetitis vel ad prestandum
eis subsidium accesserunt'*, gebannt sind, absolvieren. Die Genugtuung
soll darin bestehen, dass sie das doppelte von dem, was sie gewonnen haben.
dem heiligen Lande bezw. dem lateinischen Kaiserreich zukommen lassen.

naturgemäss zunächst bei Venedig, derjenigen Macht, die, im Occident wurzelnd, seit dem Vierten Kreuzzug mit einem Fuss im lateinischen Orient stand.

Für die Venetianer nun bedeutete Konstantinopel weit mehr als für die Franken Griechenlands. Sie sahen in dieser Stadt nicht sowohl den Sitz einer schattenhaften Oberherrschaft und einen Aussenposten gegen den Feind, als vielmehr eines der ersten Handelszentren der damaligen Welt, unschätzbar für Venedigs kommerzielle Interessen. Dass man auch nur den Gedanken hat fassen können, den Sitz der Republik nach Konstantinopel zu verlegen (im Jahre 1224),[1] beweist deutlicher als alles andere, wie hoch man diese Position wertete.

Umsomehr müsste es wundernehmen, wenn Hopf recht hätte mit seiner Behauptung, die Republik habe den Schutz der Hauptstadt in unverantwortlicher Weise vernachlässigt.[2] Und die Quellen scheinen mir auch das Gegenteil zu beweisen. Danach hat die Republik das ihrige getan, wenn sie zu den verschiedensten Zeiten der bedrängten Kaiserstadt ansehnliche Flotten zu Hilfe sandte, die den Ring des Feindes durchbrachen und den Belagerten Luft schafften.[3] So gut wie später das griechische Konstantinopel gegen die Türken, hat sie damals das lateinische Konstantinopel gegen die Griechen geschützt. „Mächtige Heere" konnte sie freilich nicht auf die Beine bringen, die hatte das feudale Abendland zu liefern. Zu deren Über-

---

[1] Hopf, p. 251 nach Daniele Barbaro. Damals gehörten Venedig noch Gallipoli und Rodosto, und der flandrische Herr von Philippopel trug ihm Unterwerfung an. Venedig, Staatsarchiv, Liber plegiorum fol. 32 vgl. Hopf p. 251.

[2] Hopf, p. 251, 256.

[3] Rüstungen Venedigs für Thessalonich und Kp. a. 1224, Hopf, p. 250; Flotte von 25 Gal. im Jahre 1236, die über die Griechen zunächst bei Rhodus siegt, dann bei Kp., das sie entsetzt *Latinis incolis data fiducia'* (Dandolo ed. Muratori XII p. 349, vgl. Mouskès, p. 620); 12 Gal. a. 1239 (Mouskès, p. 633); Seesieg des Podestà von Kp. mit 16 Gal. a. 1241 (Dandolo p. 352); 1260 eine Flotte (Dandolo p. 367).

führung aber war Venedig gern bereit, damals und auch
zur Türkenzeit.[1]) Dass Venedig seine Hauptfürsorge seinen
eigenen Besitzungen zuwandte, daraus wird man ihm doch
keinen Vorwurf machen dürfen, besonders nicht, wenn man
die Schwierigkeit in Betracht zieht, die z. B. allein die Okkupation Kretas den Venetianern bereitete.[2])   Die grossartige
Idee der venetianischen Regierung, diese ihre Kolonieen mit
den Frankenstaaten Romaniens zu einer gemeinsamen Aktion
für das bedrängte Konstantinopel zusammenzuführen, die
sie ein Jahr vor dessen Fall fasste, scheiterte an der Gleichgültigkeit dieser Staaten.   Es war geplant, eine ständige
Garnison von tausend Mann in Konstantinopel zu halten.[3])

Zuweilen genügte übrigens eine blosse Handelssperre
seitens Venedigs, um einen den Lateinern feindlichen Fürsten
wenigstens zu einem Waffenstillstand mit diesen zu bewegen:
die einjährige Waffenruhe, die Kaiser Theodor von Thessalonich mit den Lateinern Konstantinopels im Jahre 1228 einzugehen sich verstand, wurde eben durch den Hochdruck
einer solchen zeitweiligen merkantilen Boykottierung seines
Landes durch den venetianischen Staat erreicht.[4])

Bedenken wir noch, wie oft die Kapitalien venetianischer
Privatleute — freilich nur leihweise und gegen kostbare
Pfänder hergegeben — die leeren Kassen Kaiser Balduins II.
haben füllen helfen, so bestätigt sich uns das Urteil eines

---

[1]) 1236, so erfahren wir aus einem Briefe Gregors vom 16. Januar
dieses Jahres, (Sbaralea, Bull. Franc. I p. 181) war der Doge von Venedig
bereit ‚*omnibus gratis dare passagium*'.   Im folgenden Jahre 1237 hat
sich die Republik an König Ludwig IX. gewandt, um sich mit ihm wegen
einer gemeinsamen Aktion zu verständigen. Ducange l. c. p. 426 (Urkunde
№ IV.) 1238 war man bereit, Johann von Bethune und sein Heer über-
zusetzen, aber nach des Führers Tod löste es sich auf (Mouskès p. 632/633).

[2]) Hopf, p. 313.

[3]) S. die Urkunde № I des Anhangs aus dem venet. Archiv; vgl.
Hopf, p. 256/257. Die Venetianer suchten damit, wie ich finde, nur einen
Gedanken Innocenz' IV. zu realisieren, s. u. Zweites Kap., № II 3.

[4]) *Liber plegiorum* im Staatsarchiv von Venedig, fol. 94, 97, vgl.
Hopf, p. 252.

Orientkenners, wie Marino Sanudos des Älteren, über den grossen Anteil, den Venedig an der Aufrechterhaltung des lateinischen Kaiserreichs gehabt habe.[1])

Dabei werden wir nicht vergessen — ohne dass das Gesamturteil dadurch berührt würde — dass zum mindesten in zwei Fällen das Sonderinteresse der Republik dem Wohle des Kaisertums von Konstantinopel zuwidergelaufen ist.

Als Peter von Courtenay im Jahre 1217, von Honorius III. in Rom zum Kaiser von Konstantinopel gekrönt, mit einem Heer von 150 Rittern und 5500 Knappen nach Konstantinopel zum Antritt seiner Herrschaft übersetzen wollte, musste er sich den Venetianern, die die Schiffe stellten, verpflichten, auf dem Wege Durazzo für sie zu erobern, das ihnen der Fürst Theodor von Epirus abgenommen hatte.[2]) Bei der Überfahrt des ersten Patriarchen hatte man es einst in Besitz genommen (1205),[3]) die eines neuen Kaisers sollte zur Wiedereroberung benutzt werden. Aber eine Belagerung musste bald aufgehoben werden, der Kaiser wurde bei dem Versuch, zu Lande weiter vorzudringen, gefangen genommen und starb im Kerker. Sein ganzes Gefolge kam um, nur der päpstliche Legat erlangte die Freiheit wieder.[4]) Es war ein harter Schlag für die lateinische Sache, an dem Venedig allein die Schuld trug.

---

[1]) Sanudo, secr. fidel. cruc. l. c. [261b] p. 73. ‚*Praedicti vero Veneti toto dicto tempore . . . praed. civitatem expensis et stipendiis tantum ipsorum propriis usque ad ipsius perditionem civitatis tum proprio interesse cum intuitu huius amicitiae* (für Balduin) *defensarunt.*‘ Vgl. Mon. Patav. Chron. bei Murat., SS. rer. It. Bd. VIII. p. 716: Der griechische Kaiser strebt nach 1259 Kp. zu erobern ‚*quam gens catholica Venetorum sola cum infinitis expensis, periculo et labore maximo defendebat*‘.

[2]) Rob. Autiss. in MG. SS. XXVI p. 282.

[3]) Hopf, p. 221.

[4]) Rob. Autiss. l. c. und Rich. von S. Germano, MG. SS. XIX p. 338/339. Von dem Kaiser konnte Honorius in einem Briefe an die Venetianer sagen: ‚*qui pugnabat pro vobis*‘. ep. II 546 vom 28. Juli 1217 in Reg. Vat.. ms., Bd. IX. fol. 139v. S. auch im zweiten Kap. dieses Abschn. № II 1.

Und weiterhin glaube ich gegen die Venetianer den andern Vorwurf erheben zu müssen, dass sie den Fall der Hauptstadt im Jahre 1261 veranlasst haben. Er wiegt weniger schwer, als er klingen mag: denn über kurz oder lang wäre Konstantinopel doch ohne Zweifel eine Beute der Griechen geworden. Aber dass der General Strategopulos sich im Jahre 1261 der Stadt bemächtigen konnte, war lediglich die Folge einer auf Betreiben des venetianischen Podestà unternommenen Expedition nach Daphnusia, einer Inselstadt, am Ausgang des Bosporus nach dem Pontus zu gelegen. Es kann aber kein Zweifel sein, und eine glaubwürdige Quelle bestätigt es, dass diese Unternehmung, an der fast die ganze waffenfähige Mannschaft Konstantinopels beteiligt war, im Interesse des venetianischen Handels auf dem Schwarzen Meer stattfand. [1]

III. Die Lombardei.

Bleiben wir zunächst bei Italien, so hatten auf dem Vierten Kreuzzug neben den Venetianern Lombarden mitgewirkt. Wie an Euböa, das veronesische Ritter beherrschten, waren sie besonders an dem Königreich Thessalonich interessiert, dessen Herr Bonifaz von Montferrat geworden war. Nach der Eroberung dieses Reiches durch Theodor von Epirus im Jahre 1223 hat sich der Stiefbruder des jungen Exkönigs Demetrius, Markgraf Wilhelm von Montferrat, mit anderen lombardischen Herren zu einem grossen Rekuperationszug aufgemacht. Aber sein Tod bald nach seinem Eintreffen in Romanien liess die Expedition scheitern. [2] Der Anspruch auf das Königreich wanderte in der Folgezeit von einem Prätendenten zum anderen, aber keiner hat mehr den Versuch gemacht, ihn mit Waffengewalt durchzusetzen.

---

[1] Sanudo. Fragmentum chron. bei Buchon l. c. [265²] Bd. II. p. 10: *Potestas vero Venetorum . . . egressus erat terram cum exercitu galearum, ut iret et dampnificaret inimicos Graecos et acciperet quandam terram, que ei fuerat promissa dari . . .'* Dass die Stadt dabei von waffenfähiger Mannschaft entblösst wurde, sagen Georg. Akr. c. 84 und Nikeph. Gregoras lib. IV. c. 2 (ed. Bonn p. 85).

[2] Rich. von S. Germ. l. c. p. 344/345, vgl. u. zweites Kap., № II 1.

IV. Frankreich.

Berühmt ist das Wort des Papstes Honorius III. von der *„Nova Francia"* geworden, wie er das lateinische Kaiserreich nannte.[1]) In der Tat: Franzosen waren die meisten Kreuzritter gewesen, und französisch wurde auch das Gepräge der lateinischen Staaten Romaniens. Und so ist denn auch im wesentlichen Frankreich dasjenige Land gewesen, das, wie es das lateinische Griechenland weiterhin bevölkerte,[2]) so die Verteidiger des lateinischen Konstantinopel gestellt hat.

Eine grosse Rolle spielten dabei die verwandtschaftlichen Bande, die viele Familien mit dem Kaiserhause von Konstantinopel und den übrigen Fürsten Romaniens verknüpften. Das gilt ebenfalls für das französische Königshaus, das sich besonders Kaiser Balduin dem Zweiten als dem Gemahl Marias von Brienne, der Nichte Blanches von Kastilien, nahe verbunden fühlte. Wie schon Philipp August mit Konstantinopel gesandtschaftlichen Verkehr pflog,[3]) Ludwig VIII. im Jahre 1226 auf Kaiser Roberts Bitten eine Unterstützung von dreihundert Rittern wenigstens zusagte,[4]) so genoss vor allem Balduin II. den Schutz und die Fürsorge Ludwigs IX. und der Blanche.

Lange Jahre seiner Regierung weilten Balduin und seine Gemahlin bei diesen erlauchten Gönnern. Besonders ging Ludwig jenem bei der Vorbereitung seines Zuges nach Konstantinopel in den Jahren 1238/39 mit Rat und Tat zur Hand, half ihm, in Besitz seines französischen Erbes zu gelangen, und vermittelte für ihn freien Durchzug durch Deutschland.[5]) Geschickt wusste Balduin seinen Eifer besonders dadurch zu

---

[1]) Brief an Königin Blanche von Frankreich (20. Mai 1224) ed. Horoy, opp. Hon. III papae, Bd. IV. p. 653.

[2]) Sanudo, Istoria l. c. [263²] p. 101/102.

[3]) Wadding, Ann. Min., addit. ad Bd. I. p. 2: es wird die Rückkehr eines Barons von Beaujeu aus Kp. berichtet, wohin er von Phil. Aug. geschickt worden war, a. 1217/1218. Nach Ducange I p. 163.

[4]) Mouskès l. c. [265³] p. 539, vgl. Duc. I l. c. [164] p. 104.

[5]) Ducange, p. 229—231, 266.

entfachen, dass er ihm die Dornenkrone Christi, die damals
von Konstantinopel aus als Pfand für geliehene Gelder nach
Venedig hatte geschickt werden müssen, zum Geschenke
machte. Ludwig löste sie aus, liess sie im Triumph nach
Frankreich tragen und in der Sainte Chapelle aufstellen. Um
so reichlicher flossen nun die Geldmittel. Auch führte ihm
der König viele Söldner zu und veranlasste seine Ritter, sich
dem Zuge anzuschliessen,[1] weiterhin war es dann besonders
Blanche, die ihre Börse ihrer Nichte und deren Gemahl stets
bereitwillig öffnete.[2] Und im Jahre 1259 verpflichtete sich
der König die Kaiserfamilie ganz besonders dnrch Loskaufung
von Balduins Sohn Philipp, der, wie schon erwähnt, venetianischen Bürgern als Pfand für an Balduin geliehene Summen
diente.[3]

Nimmt man hinzu, welche Stellung die Fürsten des
fränkischen Griechenlands Ludwig dem Heiligen einräumten,
wie Wilhelm von Achaja von ihm das Münzrecht,[4] Guido
von Athen den Herzogstitel sich verleihen liessen, beide
ihn als Schiedsrichter in ihren Streitigkeiten anriefen,[5] so
wird man sagen müssen: dem König von Frankreich war etwa
die oberherrliche Stellung in Romanien zu teil geworden, die
einst ein König von Deutschland für sich zu erringen gehofft,
Philipp von Schwaben nämlich, als er dazu beitrug, dem

---

[1] Alles nach Cornutus' Relation über den Empfang der Dornenkrone, die er auf Geheiss Ludwigs IX. selbst verfasste. Bouquet XXII
p. 27 ff.

[2] Einmal schreibt ihr Balduin (Duchesne: Hist. Franc. Script. V.
p. 424, am 9. August 1243), ihr für ein Geldgeschenk dankend: *Vere
enim debemus et volumus confiteri, nos nullum penitus obtinuisse subsidium, nisi sublimitatis vestrae gratia procurante*. S. a. Ducange
p. 289, 431—433.

[3] S. oben p. 262, die Aktenstücke darüber im Staatsarchiv von
Venedig, Pacta Ferrariáe fol. 54, u. a. ein warmes Dankschreiben Philipps
an Ludwig: *tantum donum tam immensum et placabile servicium
firmantes, dum vixerimus, digna memoria retinendum*.

[4] Georg. Akropolita ed. Bonn c. 37, Hopf, p. 274.

[5] l. c. p. 284.

Vierten Kreuzzug die Wendung gegen Konstantinopel zu geben.[1] Philipp hatte eben nicht auf das deutsche, sondern das französische Schwert für die Durchführung seiner Interessen vertraut; diesem erlag Konstantinopel, und dem Herrscher ihres Mutterlandes viel eher als dem stammfremden Deutschen gönnten die Eroberer von Byzanz den Ruhm eines Oberherrn der Franken Romaniens.

— — · — —

Zweites Kapitel.

Die Bemühungen des Papsttums um die Erhaltung des lateinischen Konstantinopel.

— · — — —

I. Gesamtwürdigung der päpstlichen Tätigkeit für das lateinische Kaiserreich.

1. Das Interesse des Papsttums an der Erhaltung Konstantinopels.

Jene Anlehnung des lateinischen Kaiserreichs an einen einzelnen Staat des Abendlandes war von höchster Wichtigkeit, aber was bedeutete sie gegenüber seiner Eingliederung in das päpstliche Weltreich? Der Papst blieb der wahre Hort und Protektor des lateinischen Romaniens. Seine Unterstützung war umfassender, beständiger als die der französischen Könige und Venedigs.

Dass ihren Bemühungen um die Festigung der Lateinerherrschaft in Konstantinopel der Erfolg versagt blieb, war für die Päpste kein Grund, von ihnen abzulassen.[2] Denn Konstantinopel war ein Eckpfeiler ihrer Herrschaft über die Christenheit. Innocenz III. hatte ihn aufgerichtet, und durch seine Erhaltung glaubten die folgenden Päpste es ihrem grossen Vorgänger gleich zu tun, denn nicht minder ver-

---

[1] Norden, Vierter Kreuzzug p. 56—58.
[2] So sagt noch Alexander IV. (Reg. ed. Bourel de la Roncière № 34, 2. Januar 1255).

dienstlich als zu erwerben sei es, das Erworbene zu
wahren.[1])

Um so freudiger erfüllten die Päpste diese Aufgabe, als
jene kirchenfeindliche Strömung, die anfangs in Romanien geherrscht, allmählich versiegte. Ein böses Nachspiel der Unter-
drückung kirchlicher Freiheit durch die weltliche Gewalt erlebte noch Honorius, als Gottfried II. von Achaja, unbekümmert
um Bann und Interdikt, die Kirchengüter seines Landes
plünderte und die protestierende Geistlichkeit vergewaltigte.
Nicht anders machte es der Herzog von Athen. Aber im
Jahre 1223 kam ein Vergleich zustande auf Grund der Bestimmungen des Konkordats von Ravennika.[2]) Bereits vorher,
im Jahre 1219, hatte der gewandte Kardinallegat Johann von
S. Prassede einen Ausgleich zwischen den Baronen und dem
Klerus von Konstantinopel zustande gebracht.[3]) Zwar hören
wir in der Folgezeit noch ab und zu von Reibungen der
geistlichen und weltlichen Gewalt, so auf der Insel Andros,
in der venetianischen Kolonie Korone,[4]) doch im wesentlichen
erreichte mit jenen Vergleichen der Streit zwischen Kirche
und Staat in Romanien ein Ende.

Schlimmer als die weltlichen Herren bedrückten oft die
hohen Prälaten Romaniens ihre Kirchen. Wahrhaft furchtbar
ist das Sündenregister, das Honorius III. dem Erzbischof von
Patras im Jahre 1224 vorhalten muss: Totschlag, Blendung,
Erpressung, Fälschung, Kirchenplünderung gehören zu dessen

---

[1]) Honor. am 12. August 1216 (Horoy l. c. [256²] Bd. II p. 25).
Gregor IX. am 12. März 1238 Theiner, Vet. Mon. Hung. Hist. I. p. 162).

[2]) Vgl. oben p. 241. S. bes. Rayn. 1222 § 11 und Hopf, p. 267/270.
Im Jahre 1217 muss Honorius auch einen Grossen des Königreichs
Thessalonich, einen Fürsten von Philippi bannen, der den dortigen Erz-
bischof in grausamer Weise getötet hatte. Pressutti l. c. [262²] № 722.

[3]) Pressutti № 3157, 3863 ff., vgl. Ducange I p. 166/167.

[4]) Reg. Greg. IX. ed. Auvray № 1053 (21. Januar 1233): der Herr
von Andros hat den dortigen Bischof vergewaltigt, seiner Güter beraubt etc.;
Reg. Innoc. IV., ed. Berger, № 5754—5758 (a. 1252): Streit zwischen
dem Bischof und Kapitel von Korone und dem venetianischen Kastellan,
der herrisch auftritt.

Verschuldungen, und der Papst suspendiert ihn ein Jahr von seinem Amte.[1]

Obwohl in der Sache weniger bedenklich, bereitete doch das Verhalten des Hauptes der lateinischen Geistlichkeit Griechenlands dem Papste einen weit grösseren Kummer.

Kein anderer als der, von Innocenz III. 1215 ernannte, Patriarch Gervasius unternahm es, nach dem Muster seiner byzantinischen Vorgänger die Kirche des lateinischen Kaiserreichs unabhängig vom Papsttum unter der Hoheit der Patriarchen von Konstantinopel zu konstituieren. Gervasius gebärdete sich vollständig als Papst der östlichen Kirche. Er sandte Legaten aus, belegte die Staaten Griechenlands mit dem Interdikt, bestrafte die Appellation nach Rom, auch erlaubte er sich Eingriffe in die Rechte der lateinischen Geistlichkeit Griechenlands.[2] Wie Honorius einige Jahre später die Fürsten auf die Widersinnigkeit ihres Tuns hinweisen musste, wenn sie sich ungehorsam erwiesen, sie, denen doch Gott gerade an Stelle der ungehorsamen Griechen ihr Land verliehen habe,[3] so fuhr er jetzt den Kirchenfürsten hart an, der sich vermass, die Rolle seiner schismatischen Vorgänger spielen zu wollen. „So hoch auch Deine Würde ist, rief er ihm zu, wisse doch, dass Du uns untertan bist!"[4]

---

[1] ep. VIII 483 in Reg. Vat., ms., Bd. XII. fol. 202 (10. Juni 1224). Ein kaum minder wüster Gesell war unter Gregor IX. der Erzbischof von Kreta, der die Geistlichen misshandelte, die Kirchen in Tavernen und Bordelle verwandelte, für Geld die wegen der schwersten Verbrechen Gebannten absolvierte, mit den Griechen konspirierte, und der jede Appellation deswegen nach Rom zu verhindern wusste. Reg. Greg. IX. ed. Auvray, № 1013 (25. Dezember 1232). Auch der Erzbischof von Kephalenia liess sich grobe Excesse zu schulden kommen. Reg. Vat., ms., Bd. XIX. fol. 99 (23. März 1239).

[2] Pressutti № 1206 (31. März 1218), 1585 (18. August 1218 = Rayn. 1218 § 26 ff.). Die Anmassung geistlicher Souveränität im Erzbistum Theben seitens des Patriarchen Gervasius zeigen Honor. ep. I 267, 268, 269 in den Reg. Vat., ms., Bd. IX. fol. 70 (Februar 1217).

[3] An Gottfr. von Achaja, Rayn. 1222 § 11.

[4] Rayn. 1218 § 26.

Der Nachfolger des Gervasius, Matthäus,[1]) schien, obwohl von Honorius selbst ernannt, zunächst dieselbe Bahn
einschlagen zu wollen. Er liess sich, gleich dem ersten
lateinischen Patriarchen, Morosini, mit den Venetianern ein,
missachtete die Edikte der Päpste und duldete keine Appellation
an sie.[2])

Wer weiss, wie lange die Patriarchen noch den Geboten
Roms getrotzt hätten, wenn nicht, der beste Exekutor der
päpstlichen Drohungen, die schwere Hand der Griechen sich
auf die Schulter der rebellischen Patriarchen gelegt und für
immer ihrem Trotz ein Ziel gesetzt hätte. Ihrer Besitzungen
durch den Feind beraubt, von ihren Suffraganen im eigentlichen Griechenland abgeschnitten,[3]) gehorsamten sie jetzt
willig den Päpsten, die es sich angelegen sein liessen, für
ihren Unterhalt Sorge zu tragen.[4]) Statt, wie Honorius
Patriarchen mit Bestrafung durch einen Legaten drohen zu
müssen, konnte Innocenz IV. jene selbst zu seinen Legaten
in Romanien machen.[5])

So verfügte denn der römische Bischof wieder unum-
schränkt über den Patriarchenstuhl von Konstantinopel. Da

---

[1]) Ducange, I p. 169/170 spricht versehentlich nur von der Un-
kirchlichkeit eines Patriarchen.

[2]) Rayn. 1222 § 22/23.

[3]) Im Jahre 1241 vermag der Patriarch nur durch Appellation an
den Papst seine Hoheitsrechte über das Erzbistum Korinth geltend zu
machen. Auch der Erzbischof hatte sich nach Rom gewandt und als Grund,
weshalb er nicht zur Huldigung nach Kp. gegangen sei, auch die Gefahren einer Reise nach Kp. angeführt, s. hinten Anhang № XI. Vgl.
den Brief, den letzterer bereits im Jahre 1231 an Gregor IX. deswegen
schrieb, Reg. Greg. IX. ed. Auvray № 29: schon damals erklärte er, er
habe seit drei Jahren und mehr den Patriarchen von Kp. nicht erreichen
können, um von ihm die Konsekration zu erhalten, wegen *guerrarum
discrimina et viarum pericula*'.

[4]) S. o. p. 262. Der Patriarch Matthäus hatte sich schon bis zum
Jahre 1225 gebessert, wo Hon. ihm ein Privileg erteilt. Press. № 5279.

[5]) Reg. Innoc. IV ed. Berger № 8 (10. Juli 1243); № 6668
(29. Juni 1253).

sich die Parteien niemals wegen der Wahl einigen konnten, so blieb es den Päpsten vorbehalten, die Patriarchen zu ernennen.[1]) Sie pflegten nicht zu verfehlen, ihre Kandidaten auf die grosse Ehre hinzuweisen, die diesen durch die Berufung auf einen so berühmten nnd hervorragenden Sitz widerfahre.[2]) „Zu einer einzigartigen Säule der Kirche und Feste des orthodoxen Glaubens richten wir Dich auf", so schreibt Innocenz IV. dem von ihm ernannten Pantaleon Justiniani.[3]) Während einer Vakanz im Patriarchat erhielt wohl einmal ein päpstlicher Legat dessen Stellvertretung: ja, Honorius III. durfte im Jahre 1220, als Konstantinopel, wie ohne Patriarchen, so auch ohne Kaiser war, dem Legaten Johann von S. Prassede die Mission erteilen, an Stelle von Patriarch und Kaiser über Romanien zu walten.[4]) Nie fand die Knechtung Byzanz' unter das römische Joch einen schärferen Ausdruck.

Aber diese päpstliche Kirche Romaniens war und blieb in der Hauptsache eine lateinische Kirche, eine Anstalt der abendländischen Herren Romaniens. Die Mehrzahl der Griechen des lateinischen Kaiserreichs verharrte nach wie vor im Schisma.

---

[1]) Daten über die lateinischen Patriarchen Kp.s gibt Cuper, l. c. [198¹] p. 149 ff, vgl. auch die Tabelle oben p. 260.

[2]) Honorius (Horoy V p. 163) bei der Berufung des Erzbischofs von Bésançon, der aber ablehnte (23. Dezember 1225). Statt seiner wurde Simon. Erzbischof von Tyrus, Patriarch (Cuper, p. 150).

[3]) Reg. ed. Berger № 6804 (15. Februar 1253). Übrigens ernannten die Päpste auch gewisse andere vornehme Kirchenfürsten Romaniens, so die Erzbischöfe von Patras, z. B. Innocenz IV. im Jahre 1243 (Reg. № 199). Vgl. oben p. 250¹.

[4]) ep. IV 836 in Reg. Vat., ms., Bd. X fol. 206 vom 15. Juli 1220) „. . . *omnem sollicitudinem et diligentiam, quam videris expedire circa statum Imperii et provectum ecclesiarum adhibeas sicut vir magnanimus et discretus, Imperatoris et Patriarche, quorum terra illa nunc est providentia destituta, pro viribus sic supplendo defectum, quod ad apostolice sedis cedat honorem et ad perpetuum titulum tue laudis'.*

Vom Bannstrahl Roms betroffen, aus ihren Kirchen ausgeschlossen,[1]) ihrer Privilegien beraubt,[2]) von lateinischen
Prälaten und Herren gleicherweise mit Füssen getreten und
vergewaltigt,[3]) hielten die griechischen Geistlichen und Mönche
dennoch das Panier der kirchlichen Unabhängigkeit aufrecht
und weigerten sich standhaft, Rom und den lateinischen
Oberen den Gehorsamseid zu leisten[4]) oder den Namen des

---

[1]) Brief Honorius' III. an den Legaten Johann von S. Prassede.
vom Juni 1218 im Corpus iur. canon. lib. I. tit. XXXVI c. 11 (ed. Fried-
berg, Bd. II p. 210). Vgl. den Brief des Patriarchen Germanos an Gregor IX.
vom Jahre 1232 (Mansi XXIII, p. 54).

[2]) Pressutti l. c. *№* 3823 (2. März 1222) an den Bischof von
Selymbria und einen Propst in Kp.: „*ut monachos rebelles et inobedientes
Ecclesiae Romanae super non solvendis decimis aliisque privilegiis
. . . privent*'.

[3]) Pressutti *№* 3866 (17. März 1222) an die Geistlichkeit des
lateinischen Kaiserreichs: sie sollen diejenigen Lateiner, „*qui manus in
clericos Graecos iniiciunt, quia eos non agnoscunt vel quia ipsi rebelles
sunt Romanae Ecclesiae*', absolvieren „*sed si aliquorum fuerit gravis
nimis et enormis excessus*', sollen sie den Betreffenden nach Rom oder
an den Patriarchen von Kp. verweisen, natürlich, damit auch ihm die Abso-
lution zu teil werden könne. — Besonders hart war es für die griechische
Geistlichkeit, zu den Rüstungen beisteuern zu müssen, die die Lateiner
zur Bekämpfung griechischer Herrscher machten: Pressutti *№* 5186, 5270
(1224/5). — Über die „*iniustas oppressiones et opum protervas exactiones
et servitutes indebitas*', die die römische Kirche auferlege, klagt Germanos
in dem vorletzte Anm. zit. Briefe an Gregor IX.; in seinem gleichzeitigen
Briefe an das Kardinalskolleg tadelt er besonders die unersättliche Habsucht Roms. — In einem sehr lehrreichen Schreiben ferner an den lateinischen Patriarchen von Kp. beklagt sich derselbe Germanos über die Einkerkerung vieler griechischer Priester in Kp. wegen ihrer Unbotmässig-
keit gegenüber den Geboten Roms (Kommemoration und Gehorsamseid):
ed. Demotrakopulos l. c. [216[1]] p. 40 ff.

[4]) S. mehrere der in den vor. Anm. zitierten Briefe. Ferner Pressutti
№ 4494 an den Erzbischof von Nikomedien: Befehl, „*ut monachos Graecos,
qui post obedientiam Apostolice sedi promissam abierunt retrorsum et
Graeco, qui es vocat patriarcham nisiensem*, (von Nikäa) *obedientiam promiserunt, ad servandam apostolicae sedi obed. compellat*' (13. Sept. 1223).

Manche Mönche verweigerten zwar den kanonischen Obödienzeid
(vgl. o. p. 202), waren aber zu einer „*manualis promissio*' des Gehorsams

Papstes im Kirchengebet zu erwähnen.[1]) Mit ihren Brüdern auf Cypern, von denen einige ihren Ungehorsam sogar mit dem Feuertode büssten,[2]) machten sie sich zu Märtyrern des Schismas.

Ein mächtiger Antrieb zum Ausharren lag, wenigstens für die Griechen des lateinischen Kaiserreichs im engeren Sinne und des Königreichs Thessalonich, in dem ständig fortschreitenden Niedergang dieser Reiche und in der Hoffnung auf baldige Befreiung durch einen griechischen Herrscher, sei es den Nikäner von Osten oder den Epiroten von Westen her.

Besonders waren es, wie wir schon oben sahen,[3]) die Kirchenhäupter der unabhängigen Griechenländer, die den unter dem Lateinerjoch seufzenden griechischen Klerus zum Widerstande gegen die geistlichen Anforderungen Roms ermutigten: der Patriarch Germanos II. von Nikäa (c. 1222—1240) im Osten und der Erzbischof von Achrida, Demetrios Chomatianos, im Westen.

Ersterer war freilich anfangs geneigt, den griechischen Priestern des Lateinerreichs und der Insel Cypern, auf der dieselben Verhältnisse herrschten, den mit Handreichung verbundenen Gehorsamseid dem Papste und ihren lateinischen Oberen gegenüber zu gestatten, da der Glaube und Ritus davon ja nicht

---

bereit, und Honorius ist bereit, dieselbe ausnahmsweise (,consideratis locorum et temporum qualitatibus') als genügend anzusehen. Horoy, Hon. III. op. Bd. III p. 494 (Pressutti № 2607) vom 3. August 1220 an den Legaten.

[1]) Dass auch die Kommemoration nach wie vor gefordert wurde (vgl. oben unter Innocenz p. 193, 213/14), geht aus dem in vorletzter Anm. zitierten Briefe des Patriarchen Germanos an den lat. Patr. von Kp. hervor. Es heisst in der Überschrift: an den lateinischen Patriarchen von Kp., κρατήσαντα τοὺς ἱερεῖς τῶν Γραικῶν καὶ ἀναγκάζοντα τούτους μνημονεύειν τοῦ Πάπα καὶ αὑτοῦ.

[2]) Pichler l. c. p. 321. Auch Germanos in seinem Briefe an Gregor IX. spielt darauf an.

[3]) p. 202/3.

berührt werde.[1])   Aber die Emigranten aus Konstantinopel
wussten den Patriarchen davon zu überzeugen, dass derjenige
orthodoxe Priester, der seine Hände zum Zeichen des Gehorsams in die eines lateinischen Prälaten lege, zum Verräter
des väterlichen Glaubens werde und sich zu allen Verfehlungen
des alten Roms verführen lasse.[2])

So warnte Germanos denn zunächst vor den Fallstricken
der Lateiner,[3]) um dann den Geistlichen sowohl auf Cypern
wie in Konstantinopel die Unterwerfung unter Rom aufs
strengste zu verbieten und den Laien den Besuch des Gottesdienstes vereidigter Priester oder die Entgegennahme der
Benediktion aus deren Händen zu untersagen.[4])   Dieselbe

---

[1]) Brief des Germanos an die Cyprier (1223) bei Reinhard, l. c.
[192³] p. 16 ff. (p. 22:) Als die Gesandtschaft der Cyprier Germanos auseinandergesetzt hat, was die Lateiner von den griechischen Geistlichen verlangen, nämlich vor allem den Gehorsamseid, erklärt der Patriarch letzteren
für zulässig: die Hauptsache sei nämlich die Wahrung der Kanones, der
Traditionen und Riten. „Wenn aber die cyprischen Priester, ohne etwas
hiervon preiszugeben, durch eine rein äusserliche Erniedrigung ihre
Kirchen aufrecht zu erhalten imstande sind, so glaube ich, eine solche
Ökonomie, besser gesagt eine solche Vorspiegelung dulden zu sollen.“
Die, wie mir scheint, hochwichtige Stelle lautet: ,verumtamen, ubi
nulla iniicitur abdicatio canonum, traditionum, rituum ipsius fidei:
si quid Episcopi Cyprii ex industria et citra Ecclesiae offensionem
potuerint exsequi, atque ex eo, quod videbuntur delabi, per id Ecclesias
suas revera decidentes suffulserint, liberaverintque ab animae perniciosa
contritione quae intendatur: in hac ego oeconomia seu dispensatione
veniam dandam arbitror aut, ut verius dicatur, in hac simulatione et
culpae immunes reputabuntur'.

[2]) Ihre Behauptung (l. c. p. 247), ist schon oben p. 203[1] aufgeführt
worden. Sie begründeten dieselbe damit, dass die Lateiner das ,tradere
manus' bei ihrer im allgemeinen militärischen Anschauungsweise ebenso
auffassten, wie die Unterwerfung des im Kampfe Besiegten: ,quemad-
modum in proeliis ii facere solent, qui superati fuerint': als ,signum
devictionis et omnimodae servitutis'. Vgl. unten p. 281[1] die wesentlich verschiedene Begründung der Schimpflichkeit des Aktes der Handreichung.

[3]) l. c. p. 26.

[4]) In einem zweiten Briefe an die Cyprier l. c. p. 34. Er setzt
ihnen auseinander, dass die Lateiner einen falschen Glauben haben ,ut

rigorosere Auffassung vertrat von Anfang an der Erzbischof
Demetrios von Achrida, der, auf Grund einer Stelle des Galaterbriefes, die Handreichung als Zeichen vollkommener Gemeinschaft in Lehre, Glauben und Ritus verdammte.[1])

Dem Fluche des Nikäners aber, den sie, im Gegensatz zu
dem Lateiner in Konstantinopel, als ihren wahren Patriarchen
verehrten, und des Kirchenfürsten von Achrida zogen die
griechischen Priester und Mönche den des Papstes vor, obwohl dieser über physische, jene nur über moralische Zwangs-
mittel verfügten.

Aus alledem geht hervor, wie ausschliesslich die Herrschaft des Papsttums in Konstantinopel auf der Herrenstellung

---

*intelligeretis, quantum malum sit subiici spiritualiter atque parere
senioris Romae specialibus institutis. . . . Quocirca omnibus laicis
iniungo . . . toto pede fugere ab iis sacerdotibus, qui Latinorum obedientiae se submiserunt; neve in Ecclesiam cum eis convenite nec
ullum ex manibus eorum suscipite benedictionem'.* Lieber sollen sie
zu Hause beten als „μετὰ τῶν λατινοφρόνων ὑποταγάτων'. Die Handreichung betrachtet er nunmehr als „*signum obedientiae et servitutis*'.

Genau dasselbe Verbot erliess der Patriarch an die Griechen Kp.s:
so sagt er selbst in seinem Schreiben an den lateinischen Patriarchen (s.
o. p. 278[8]). „Γραικοὺς φθάσας ἀφορισμῷ καθυπέβαλα, μηδενὶ τῶν ἱερῶν
τῶν . . . ὑποχαλασθέντων εἰς ὑποταγὴν καὶ θέλημα τῆς παλαιᾶς Ῥώμης,
μηδὲ προσφορὰν δέχεσθαι ἐκ τῶν χειρῶν αὐτῶν μηδὲ συμψάλλειν αὐτοῖς
ὡς προδόταις τῶν θείων καὶ ἱερῶν κανόνων καὶ τῶν πατροποθήτων ἐθῶν'.
Der Zusatz, den die Lateiner zum Symbolum machten, müsse die
Griechen von ihnen zurückschrecken, „καὶ τῆς ὑποταγῆς τῆς λατινικῆς
ἐκφεύγειν, ὡς φεύγει τις ἀπὸ πυρὸς'. Vgl. i. allg. auch oben p. 202ff.

[1]) Pitra l. c. [192[2]] bei der Entscheidung über die von den Mönchen
eines Athosklosters einzunehmende Haltung, „ὁποίαν δὲ τὴν δύναμιν εἰς
λόγον ἐνώσεως ἡ τῶν τινῶν χειρῶν εἰς ἑτέρων χεῖρας ἐμβολὴ καὶ ἀντεμβολὴ κέκτηται', dazu verweise er auf die Stelle des Galaterbriefes, wo
Jakobus, Petrus und Johannes dem Paulus und Barnabas die Verkündigung
des Evangeliums an die Heiden überlassen hätten, „δεξιὰς ἔδωκάν μοι καὶ
Βαρνάβᾳ κοινωνίας'. Der Handreichung hätte also Paulus die Bedeutung
beigemessen: „κοινωνοὺς ἡμᾶς αυτοῖς οἱ περὶ τὸν Πέτρον ἐποιήσαντο εἰς
τὸ κήρυγμα'. Daher ist jeder „κατὰ τοῦτον τὸν τρόπον ἑαυτὸν τινὶ παρα-
τιθέμενος δῆλός ἐστιν ὡς τὰ καθ'αὑτὸν τοῖς ἐκείνου (desjenigen, dem er
die Hand giebt) καὶ τρόποις καὶ δόγμασι καὶ διδάγμασιν ἀπαράλλακτον
ἐμόρφησεν'. Vgl. auch oben p. 192[2], 194[3].

der Lateiner daselbst beruhte, wie bei einem Heimfall Konstantinopels an die Griechen das Schisma aufs neue im Zentrum des Orients zu erstehen und der katholische Glaube aus jenen Gegenden zu verschwinden drohte.[1])

Was wunder also, dass es eine der vornehmsten Sorgen der Päpste war, dieses lateinische Kaiserreich, das ihnen die kirchlich-weltliche Vorherrschaft in Byzanz und damit zum grossen Teil ihre Weltstellung überhaupt verbürgte,[2]) vor dem Untergang zu bewahren. Sie waren es, die sich in erster Linie für seine Erhaltung verantwortlich fühlten.[3])

2. Die Mittel des Papsttums zur Bewahrung Konstantinopels.

Nach diesen Grundsätzen sind dann die Nachfolger Petri die unermüdlichen Anwälte des lateinischen Kaiserreichs geworden. Sie haben aus eigenen Mitteln zu den verschiedensten Zeiten die Not der lateinischen Kaiser lindern helfen,[4]) sie haben die Mittel der Geistlichkeit, zunächst Romaniens selbst, dann auch der gesamten Christenheit in den Dienst der lateinischen Sache gestellt, sie haben vor allen Dingen die Gläubigen zum Kampfe für das lateinische Konstantinopel aufgerufen.

[1]) Gregor IX. bei Rayn. 1236 § 69, 1238 § 23.

[2]) Reg. Innoc. IV. ed. Berger № 22 (13. Juli 1244): ‚cum status noster ab imperio dependeat memorato'. Vgl. auch Innoc.' IV. Brief bei Rayn. 1244 § 15. ‚Verum quia ecclesiae corpus tam nobilis membri, imperii videl. praefati, carentia notam probrosae deformationis induceret et iacturam periculosae debilitatis inferret . . .'

Vgl. auch den Beschluss des Konzils von Lyon 1245 bei Mansi Bd. XXIII p. 624. ‚Quia tamen ecclesiae corpus ex membri tam cari, videl. imperii praefati carentia notam probrosae deformationis incurreret et sustineret debilitatis dolendae iacturam . . .'

[3]) An der vor. Anm. zitierten Stelle heisst es weiter: ‚possetque digne nostrae ac ipsius ecclesiae desidiae imputari, si fidelium destitueretur suffragio et relinqueretur hostibus libere opprimendum . . . .'

[4]) Honorius unterstützte Kaiser Robert aus seinen Mitteln: Ernoul ed. Mas Latrie p. 393, Gregor den Johann von Brienne (l. c. 470/471) und besonders Balduin. Innoc. IV. verpflichtete in Lyon die römische Kirche zur Zahlung des Zehnten ihrer Einkünfte für Kp. (Mansi. l. c.).

a) Die Besteuerung der Geistlichkeit.

Die Besteuerung des Kirchenguts durch das Papsttum zu Gunsten der Kreuzzüge datiert bekanntlich aus der Zeit Innocenz' III. Doch hatte dieser Papst die geistlichen Einkommen nur zur Subventionierung der Heerfahrten ins heilige Land und gegen die ketzerischen Albigenser herangezogen.[1]

Honorius III. nun machte den Klerus auch für die Sache des lateinischen Kaiserreichs steuerpflichtig,[2] und zwar hielt er dabei sich zunächst an die Geistlichkeit Romaniens selbst. Er belegte sie im Jahre 1224 mit einer überaus schweren Steuer, die dem Zuge Wilhelms von Montferrat nach Romanien vom Jahre 1225 zu gute kommen sollte. Abgesehen von einer Einkommensteuer, die für die Kirchen des lateinischen Kaiserreichs im eigentlichen Sinne minder hoch bemessen war, als für die besser situierten Griechenlands, sollten sämtliche Kirchen Romaniens die Hälfte ihres Mobiliarvermögens hergeben. Der Papst rät ihnen, aus der Not eine Tugend zu machen, denn es sei ja besser für sie, ihre Güter zeitig zum Besten des Reiches zu verwenden, als nachher alles an die Feinde zu verlieren. Auch musste sich Markgraf Wilhelm verpflichten, ihnen ihren Beitrag zurückzuerstatten, wenn er glücklich in den Besitz des Königreichs Thessalonich gelange.[3]

Gregor IX. beschränkte sich zunächst gleichfalls auf die Besteuerung der Kirchen Romaniens, im besonderen derjenigen Achajas, deren Zehnten er im Jahre 1236 dem Fürsten des Landes auf ein Jahr zur Verwendung für das lateinische Kaiserreich anwies.[4] Schon Honorius hatte im Jahre 1223 dem Fürsten Gottfried eine Reihe von Kirchen-

---

[1] S. Gottlob, Die päpstlichen Kreuzzugssteuern im XIII. Jahrhundert (1892) p. 18—25.

[2] Nicht erst Gregor IX. wie Gottlob p. 62, 64 meint.

[3] Horoy IV p. 721 ff. (28. November 1224).

[4] ep. X 292/293 (Reg. Vat., ms., Bd. XVIII. fol. 211/212) vom 23. Dezember 1236.

gefällen dauernd überwiesen, um ihn für die Verteidigung des Reichs zu interessieren.[1]   Im Jahre 1238 hiess dann Gregor den Klerus von Achaja und Athen den dritten Teil seiner Mobilien und Einkünfte für das bedrängte und Hungersnot leidende Konstantinopel hergeben, da ja sein eigenes Wohl und Wehe von dieser Stadt abhinge.   Er sandte eigens seinen Kleriker Philipp als Kollektor zum Eintreiben dieser Auflage nach Romanien.[2]   Als dieser berichtete, dass manche Geistliche Ausflüchte machten, befahl er ihm, auch sie zur Zahlung anzuhalten.   Weiterhin beantragte er dann bei der lateinischen Geistlichkeit Griechenlands in Anbetracht der wachsenden Not Konstantinopels Zahlung der Umlage auch für das Jahr 1239 und sandte abermals einen Kollektor.[3]

Auch Innocenz IV. wandte sich im Jahre 1243 an die Geistlichkeit Gesamtromaniens, nicht ohne sich umständlich wegen dieser erneuten Belastung, zu der er nur ungern sich verstehe, zu entschuldigen.   Aber da die Not dränge, es ja auch in ihrem eigenen Interesse sei, Konstantinopel zu unterstützen, so sollten sie dafür 10000 Hyperpern von den Kircheneinkünften hergeben.[4]   Auch später nimmt er, wie nach ihm Alexander IV., ihre Hilfe wiederholt in Anspruch.[5]

Neben der Unterstützung des Kaisertums von Konstantinopel legten die Päpste, wie wir schon sahen, auch die Sorge für den Unterhalt des Patriarchen auf die Schultern des Klerus Romaniens.[6]

---

[1] Press. № 4478 ff. (a. 1223).

[2] Reg. Vat., ms., Bd. XVIII. fol. 349 v vom 18. Januar 1238 . . . . *„cum causa salutis et exterminii vestri a predicta civitate dependeat‘*, vgl. Bd. XIX. fol. 52: Brief an den Kollektor Philipp vom 27. September 1238. — Vgl. auch Gottlob, die päpstlichen Kreuzzugssteuern im XIII. Jahrhundert (1892), p. 62, 64, der aber irrtümlich in dieser Steuer von 1238 die erste Besteuerung der griechischen Kirchen durch das Papsttum sieht.

[3] Reg. Vat., ms., Bd. XIX. fol. 69 vom 23. Februar 1239.

[4] Reg. Innoc. IV ed. Berger № 22 (13. Juli 1243), vgl. Gottlob l. c.

[5] № 707 (a. 1244), № 5923 (a. 1252). № 6787 (a. 1253); Alexander IV. Reg. ed. Bourel d. l. R. № 34 (a. 1255).

[6] S. oben p. 262, 276.

Eine Besteuerung auch der abendländischen Kirche zu Gunsten des lateinischen Kaiserreichs versuchte zuerst Gregor IX. im Jahre 1238. Er wünschte die Kirchen Frankreichs und Englands drei Jahre lang $^1/_{80}$ ihrer Einkünfte für das heilige Land und das Imperium von Konstantinopel zahlen zu sehen. Da er sie aber nicht direkt zu belästigen wagte, steckte er sich hinter die Herrscher: Ludwig den Heiligen und dessen Mutter, König Heinrich III. und Richard von Cornwallis, die ihren Klerus zu dieser Leistung bewegen sollten.[1] Innocenz dem Vierten gelang es dann auf dem Konzil von Lyon im Jahre 1245, die gesamte katholische Kirche unter die Hilfsmächte Konstantinopels einzureihen. Er betätigte damit jene seine Anschauung, dass die Gesamtkirche für die Erhaltung eines ihrer vornehmsten Glieder Sorge zu tragen habe.[2] So wurde die Hälfte von den Einkünften aller derjenigen Benefizien, deren Inhaber nicht mindestens sechs Monate residierten, dem Reich von Konstantinopel angewiesen, ferner ein Drittel der Benefizialeinkünfte, die mehr als hundert Mark betrugen.[3] Diese Auflage wurde dann auch wirklich eingetrieben: ohne Einschränkung und auf die Dauer freilich nur in Frankreich und Italien, während sie in Deutschland mit Rücksicht auf den Kampf gegen die Staufer sofort suspendiert wurde und in England auf hartnäckigen Widerstand stiess.[4]

---

[1] Rayn. 1238, 23—25, Reg. Vat., ms., Bd. XIX. fol. 59 v. Der Brief an den König von England ist durch ein ‚in eundem modum‘ gekennzeichnet. Vgl. auch Gottlob, p. 66.

[2] S. oben p. 282.

[3] Mansi, Conc. Bd. XXIII. p. 624.

[4] S. Gottlob l. c. p. 66/7, wonach auch Portugal und Polen mit Erfolg herangezogen wurden. Als Zeugnis für die dauernde Beitreibung in Frankreich und Italien vermerke ich: Reg. Innoc. IV. ed. Berger № 5924 (a. 1252): Exemtion des Magister Stephanus von jener Auflage; № 6460: Exemtion der Geistlichkeit von Parma (a. 1253).

Im Rahmen der päpstlichen Kirchenbesteuerung überhaupt betrachtet erscheint die besondere Belastung der allgemeinen Kirche zu Gunsten des lateinischen Kaiserreichs
als ein Bindeglied zwischen der Ausnutzung des Kirchenguts
für das heilige Land und derjenigen für die nächsten weltlich-
politischen Zwecke des Papsttums im Occident.[1] Denn die
Subvention des lateinischen Kaiserreichs stand, wenn sie auch
dem Papsttum in der Hauptsache Selbstzweck war, doch noch,
wie wir weiterhin genauer dartun werden, in einem gewissen
indirekten Zusammenhange mit der Sache des heiligen Landes,
so dass bei ihr die ursprüngliche Bestimmung der Kirchen-
steuern noch einigermassen zur Geltung kam. Dagegen sind
dann beim Kampfe des Papsttums gegen die Staufer die
Kirchenzehnten einem dem heiligen Lande völlig fremden
Zwecke zugewandt worden.[2]

b) Der Aufruf weltlicher Mächte.

Wirksamer als die Spenden der römischen, als die Beiträge der allgemeinen Kirche war die Hilfe, die das Papsttum
dem Lateinerreich durch die Aufbietung der Gläubigen
leistete.

Zwar sahen wir ja schon,[3] dass eine Reihe von Gewalten
von selbst aus den verschiedensten weltlichen Motiven sich
zum Schutze des lateinischen Kaiserreichs veranlasst fühlten.
Aber diese Triebe waren keineswegs so mächtig, dass sie
nicht eine Verstärkung, eine Accentuierung durch einen
geistlichen Druck, wie ihn der Papst auszuüben vermochte,
hätten vertragen können. Ja, die Kurie versäumte niemals,
in ihren Hilfsgesuchen, die sie an eine dieser Mächte richtete,
auch jenes weltliche Interesse noch einmal zu betonen. So
appellierte sie an das Nationalgefühl der Franzosen, die für

---

[1] Vgl. Gottlob l. c. p. 62/63.
[2] S. genauer darüber bei Gottlob p. 69 ff.
[3] S. oben p. 263 ff.

ihre Brüder in Romanien eintreten müssten, sei ja doch das lateinische Kaiserreich nichts anders als eine französische Kolonie.[1]) So wies Gregor IX. die Republik Venedig auf ihre Handelsinteressen hin, die ihr ein Eingreifen besonders nahe legen müssten.[2]) Und so wussten die Päpste vor allen durch ihre feurigen Aufrufe zwischen dem lateinischen Griechenland und Konstantinopel ein engeres Band zu flechten, als es der lockere Lehnsnexus darstellte.

Besonders nachdrücklich gemahnt Innocenz IV. im Jahre 1244 den Fürsten von Achaja an seine Verpflichtung zum Schutze Konstantinopels: mehr als andere Fürsten der Christenheit werde er von den Leiden wie den Tröstungen des lateinischen Kaiserreichs berührt, infolge der Nachbarschaft, ja geradezu wegen seiner Zugehörigkeit zum Reich.[3]) Aber auch Honorius hatte bereits diese Interessengemeinschaft aller Lateiner Romaniens zur Genüge betont, als er sie am Anfang der zwanziger Jahre zum Zusammenwirken mit Wilhelm von Montferrat bei dessen Unternehmung gegen Theodor von Thessalonich aufforderte,[4]) und Gregor IX. suchte, wie er Gottfried von Achaja in dem Unglücksjahre 1236 zur Unterstützung der Hauptstadt gemahnte,[5]) zwei Jahre später den

---

[1]) Vgl. p. 271.

[2]) Theiner, Vet. Mon. Hist. Hungariam sacram ill. Bd. I. p. 168 (26. November 1238): „.... *attendentes, quod, etsi in hoc dei et ecclesiae negotium agitur specialiter, tamen vestrae utilitatis commodum procuratur'*.

[3]) Reg. Innoc. ed. Berger № 706, Rayn. 1244 § 15 „.... *tu tamen amplius et passionum eius et consolationum ex vicinitate quin potius connexitate consors existis'*.

[4]) Press. 4758 (a. 1224); 5189 an die Barone Romaniens (Horoy, Bd. IV. p. 724, a. 1224): Euch selbst werdet Ihr durch Niederwerfung der Feinde in Verbindung mit dem Markgrafen von Montferrat dauernde Ruhe und Frieden verschaffen; cf. 5202; 5270 (a. 1225). Vgl. über die Unternehmung des letzteren oben p. 270 und unten zweites Kap. No. II. 1.

[5]) ep. X 293 in Reg. Vat., ms., Bd. XVIII. fol. 212, vom 23. Dezember 1236.

Grafen von Kephalenia und Zante dazu zu bestimmen durch
den Hinweis auf das Sprichwort: wenn die Nachbarwand
brennt, bist Du selbst in Gefahr, wenn die Griechen Konstantinopel eroberten, würde es auch um seine Herrschaft
geschehen sein.[1]

Aber auch durch andere über nationale Schranken oder
selbstische Interessen hinausführende Argumente wissen die
Päpste die bisher genannten Mächte für Konstantinopel zu
entflammen. Den Franzosen halten sie ihren göttlichen Beruf
zur allseitigen Verteidigung des katholischen Glaubens vor.
Als den öffentlichen Schatz an Männern, die der lateinischen
Welt zu Vorkämpfern bestellt seien gegen Schisma, Un-
glauben und Häresie, bezeichnet Innocenz III. Frankreich mit
Hinblick unter anderem auf die französische Eroberung Konstantinopels.[2] Ein Menschenalter später meint Gregor IX., als
er Ludwig den Heiligen zur Hilfe des lateinischen Kaiserreichs
auffordert, der Herr habe sich das Königreich Frankreich gleichsam als Köcher umgegürtet, aus dem er erlesene Pfeile ent-
nehme, um sich die Völker und Reiche zu unterwerfen.[3]
Auch den Fürsten Romaniens, als den Grenzwächtern der
Christenheit, führte Innocenz IV. ihre besondere Mission zum
Schutze des rechten Glaubens vor die Seele.[4]

c) Die Heiligung der Kreuzfahrt nach Romanien.

Dieses hierarchische Motiv, für die Päpste selbst das
ausschlaggebende,[5] liess in den weitaus meisten Fällen die
Lateiner in Ost und West kalt. Wir sahen schon, wie gering
das Interesse der Franken Romaniens an der Erhaltung

---

[1]) Rayn. 1238 § 4.

[2]) In einem Briefe an Philipp August aus dem Jahre 1209 „ . . . .
de tuo specialiter regno quasi de publico virorum Thesauro‘.

[3]) Rayn. 1237 § 79.

[4]) Rayn. 1244 § 15: sie müssen um so mehr auf die Befreiung des
lateinischen Kaiserreichs bedacht sein, *„quod ad orthodoxae fidei et
christianae religionis augmentum diligentia debent intendere potiori‘.*

[5]) S. o. p. 282.

Konstantinopels war, und nun gar erst im Abendlande. Es
herrschte hier eine eisige Gleichgültigkeit gegenüber dem
lateinisch gewordenen Byzanz.

Durch Jahrhunderte hatte sich an den Namen Konstantinopels der Begriff der Metropole eines Weltreichs geknüpft. Daher der ungeheure Eindruck der lateinischen Eroberung, denn man erwartete die Gründung eines lateinischen
Orientreichs. Als ein solches ausblieb, Konstantinopel statt
das Zentrum eines Imperiums ein Brückenkopf mitten in feindlichem Lande wurde, als nicht Reichtümer, wie noch Innocenz III.
verheissen, sondern nur Mühen und Gefahren der Kolonisten
dort harrten, da machte die anfängliche Begeisterung jener
Interesselosigkeit Platz. Ja, fromme Gemüter empfanden
sogar Abscheu gegen diesen Kampf um Konstantinopel, zu
dem die Päpste aufriefen; waren es doch Christen, die es
dort zu bekämpfen galt. Mochten sie auch Schismatiker sein,
so handelte es sich doch nicht minder um ein Blutvergiessen
von Christen untereinander.[1]

Und hätte noch Konstantinopel irgend welche religiöse
Anziehungskraft besessen! Aber was es dem Abendlande an
geistlichen Reizen bot, das waren nicht historische Er-
innerungen und Monumente, dem Boden angewachsen, wie
man sie im heiligen Lande fand, sondern es waren transportier-
bare Güter, kostbare Reliquien, deren eine Unmenge in die
Kirchen und Klöster des Abendlandes wanderte, um dort
mit wahrer Begeisterung aufgenommen, mit Inbrunst verehrt
zu werden.[2] Um die wertvolleren Schätze der griechischen

---

[1] So stellte man wohl den Kampf gegen die Griechen dem gegen
die Staufer an die Seite. Die englischen Kreuzfahrer des Jahres 1239
verpflichteten sich untereinander, ihrem Gelübde fürs heilige Land nicht
untreu zu werden, *ne per cavillationes Romanae ecclesiae honestum votum
eorum impediretur nec ad effusionem sanguinis Christiani vel in Graeciam
vel in Italiam . . . distorqueretur*. Matth. Par. Bd. III. p. 620.

[2] S. besonders die „Exuviae sacrae Ctanae" von Riant, 2 Bände.
Ferner Cornutus l. c. [272¹]. In Halberstadt wird der Tag der Übertragung der Reliquien, die Bischof Konrad aus Kp. mitgebracht hatte,

Lande, die Produkte der Gelehrsamkeit und Kunst zu würdigen. besass der Occident von damals nicht mehr das Verständnis der alten Römer, noch nicht dasjenige der Renaissance- und modernen Menschen; eben ihre Stelle nahmen im Mittelalter die Reliquien ein. Mit ihnen aber verlor Konstantinopel den einzigen Magnet, der die Gläubigen dorthin hätte ziehen können.

Erst die Päpste waren es, die der entheiligten Kaiser- stadt aufs neue einen Nimbus gaben, indem sie der Welt verkündeten, dass mit dem Schicksal des lateinischen Kaiser- reichs das des heiligen Landes unlösbar verknüpft sei.

Freilich konnte, seit der Vierte Kreuzzug das heilige Land nicht erreicht hatte, sondern in Konstantinopel stecken geblieben war, kein Zweifel mehr darüber bestehen, dass ein Unternehmen zur Unterstützung des lateinischen Kaiserreichs in keinem unmittelbaren Zusammenhange zur Befreiung Jeru- salems stehe.[1]) Aber mittelbar schien doch die Festigung des lateinischen Kaiserreichs dem christlichen Syrien Förderung zu bringen, sofern nämlich die Herrschaft der Lateiner in Romanien die freie Durchfahrt der Pilger und Kreuzfahrer nach Syrien verbürgen, eine Erneuerung dagegen der griechi- schen Herrschaft an diesen Gestaden sie aufs äusserste ge- fährden werde: denn die Griechen würden dann aus Furcht, bei Gelegenheit eines Kreuzzuges ihr Reich wieder zu ver- lieren, jegliche Unterstützung des heiligen Landes verhindern.[2])

---

feierlich begangen, Honorius III. erteilt allen, die an diesem Tage den Dom besuchen, eine Indulgenz von 40 Tagen (ep. s. XIII der MG., Bd. I. p. 140. Brief vom 25. Juni 1222).

[1]) So gewährt z. B. Gregor IX. denjenigen, die dem lateinischen Kaiserreich zu Hilfe kommen, dieselbe Indulgenz *quam habituri forent, si praedictae terrae sanctae personaliter subvenirent*. Rayn. 1235 § 53 4. Vor allem beweisen dann die Verwandlungen von Gelübden für Jerusalem in solche für Kp., von denen oben im Text noch die Rede sein wird. dass den beiden Unternehmungen kein direkter Zusammenhang mehr zu- geschrieben wurde.

[2]) Nicht immer sprechen die Päpste sich so deutlich über diesen indirekten Nutzen des lateinischen Romaniens für das heilige Land aus.

Dieses Urteil der Päpste war durchaus richtig. Insbesondere war die Beherrschung eines Teils der Inselwelt Romaniens und des Peloponnes durch die Lateiner von unschätzbarer Bedeutung als Brücke zwischen dem Occident und seinen Kolonien in Syrien. Verspürte man doch dort sogar zu wiederholten Malen das Verlangen, dem heiligen Lande aktive Hilfe zu bringen.

So gedachten im Jahre 1218 eine Menge Lateiner Achajas sich an dem damals stattfindenden Kreuzzuge nach Ägypten zu beteiligen,[1]) und im Jahre 1239 war auch der Fürst zur Fahrt ins heilige Land entschlossen.[2]) Wurden diese beiden Pläne zwar durch die Päpste verhindert, die das eine

---

sondern sie begnügen sich sehr häufig mit einer ganz allgemeinen Betonung des Zusammenhanges. Den Schlüssel zur päpstlichen Auffassung geben uns erst prägnantere Ausdrücke, an denen auch kein Mangel ist. Ich greife die treffendsten heraus. Brief Gregors IX. an Bela von Ungarn vom 31. Mai 1237 (Theiner, l. c. [286²] I p. 155, *N*; 276): ‚.... *cum Romaniae Imperium, continuis angustiis fatigatum, tanto sit opportunum terrae sanctae negotio, quanto per ipsum peregrinis via tribuitur et securitatis solacium procuratur* ...‘ Brief an dieselbe Adresse vom 12. März 1238 (l. c. p. 162): ... ‚*attendentes quod per conservationem ipsius Imperii ad recuperationem terrae sanctae aperire ianua videbatur*‘. Brief vom 10. Mai 1237 in Reg. Vat., ms., Bd. XVIII fol. 283: ‚*Imperium euntibus et redeuntibus peregrinis multipliciter oportunum*‘, etc. Über die Gefahr eines Verlustes an die Griechen spricht sich besonders klar Innocenz III. im Jahre 1210 (7. Dezember) dem Patriarchen von Kp. gegenüber aus (ep. XIII 184): ‚*Quia vero, si Graeci recuperarent imperium Romanae, terrae sanctae succursum pene penitus impedirent, ne occasione succursus ipsius iterum perderent locum et gentem* ...‘, da sie nämlich auch schon vor der Eroberung Kp.s durch die Lateiner trotz der stetigen päpstlichen Ermahnungen dem heiligen Lande nicht hätten helfen wollen etc. Vgl. einen Brief Gregors IX. bei Rayn. 1239 § 79 .... ‚*excidium imperii Romaniae, in quo terrae sanctae omnimodo subsidium impeditur*‘.

[1]) Press. *N*; 1490/1491 (a. 1218) s. Anhang *N*; IV/V. Im Jahre 1222 finden wir auch den Bischof von Amyklae bekreuzt. Honorius gestattet dem Bischof, da dieser selbst zu alt zur Kreuzfahrt, Krieger ins heilige Land zu senden. Press. *N*; 4103.

[2]) Rayn. 1239 § 78.

Mal die Mannen, das andere den Fürsten zum Schutze des
eigenen Landes zurückzuhalten wussten, so begleitete im Jahre
1249 in der Tat Wilhelm II. von Achaja Ludwig den Heiligen
auf seiner Kreuzfahrt mit 400 Rittern nach Damiette, kehrte
freilich bald wieder heim, da die Verhältnisse in der Heimat
eine längere Abwesenheit doch wohl nicht gestatteten.[1]

Wir sehen also, dass die Päpste nicht so unrecht hatten,
wenn sie den Zusammenhang zwischen dem lateinischen
Romanien und dem lateinischen Syrien betonten. Zwar galt
ihr Schutz mehr Konstantinopel als den für die Durchfahrt
der Jerusalempilger namentlich in Betracht kommenden süd-
licheren Gebieten, deren Besitz besser gesichert war. Aber
mit dem Fall der Hauptstadt mussten auch sie gefährdet
werden.[2]

Jedoch der Hinweis auf diese Abhängigkeit des heiligen
Landes von der Erhaltung des lateinischen Kaiserreichs hätte
allein noch nicht genügt, den Occident zu tatkräftigem Eintreten für letzteres zu bewegen. Zwar hat in der Folgezeit
mancher das Kreuz zu einem Zuge nach Konstantinopel genommen, da die Päpste dafür dieselbe Sündenvergebung verhiessen, wie für einen Kreuzzug ins heilige Land. Aber der
weitaus grösste Teil der Gelübde galt nach wie vor diesem
letzteren. Erst wenn es gestattet wurde, ein solches Gelübde
durch eine Fahrt nach Konstantinopel zu erfüllen, wenn eine
Vertauschung der Gelübde für Jerusalem in solche für Konstantinopel möglich wurde, dann war auf eine regere Teilnahme des Occidents zu hoffen.

Nun war ja klar, dass die indirekte Hilfe, die ein Zug
zur Aufrechterhaltung des lateinischen Kaiserreichs dem
heiligen Lande gewährte, nicht entfernt einer direkten Unterstützung desselben gleichkam. Das Gelübde einer Fahrt

---

[1] Sanudo, Istoria l. c. [263²] p. 102: danach war er wirklich mit
400 Rittern in Damiette, er kehrte also nicht, wie Hopf p. 274 will, schon
von Cypern aus heim.

[2] Rayn. 1238 § 4: Bemerkung Gregors IX.

nach Jerusalem durch ein solches nach Konstantinopel erfüllen zu wollen, hätte in Wirklichkeit dem heiligen Lande eine reelle Unterstützung entziehen und statt dessen das lateinische Kaiserreich unterstützen gehiessen.

So war denn auch zunächst die Auffassung des Papstes Honorius III., der eine solche Vertauschung nicht zugeben wollte. Eine direkte Verwandlung des einen Gelübdes in das andere gestattete er nur in Ausnahmefällen, wo die betreffenden Kreuzfahrer an dem Wohl und Wehe des lateinischen Kaiserreichs besonders interessiert waren, so dem Bruder des Kaisers Peter von Courtenay,[1] so auch den Bewohnern Romaniens.[2] Die dauernde Ablenkung anderer für das heilige Land Bekreuzter nach Konstantinopel hätte er dagegen für eine ‚*offensa Dei*‘ gehalten. So erklärt er wiederholt aufs bestimmteste, und entschieden weist er den Vorwurf des Pelagius, des Legaten in Ägypten, zurück: er habe Jerusalemfahrer nach Romanien abgelenkt.[3] Er will einen

[1] S. o. p. 269.

[2] Press. 5613, Bouquet XIX 638, Brief Honorius’ an den französischen Klerus vom 4. November 1217: während Honorius im allgemeinen keine Jerusalemfahrer für Romanien verwandt wissen will, darf Robert ‚*specialiter cum exsortio suo*‘ dahin ziehen ‚*remisso sibi Hierosolymitanae peregrinationis labore*‘. — Befreiung der Bewohner Romaniens von den Kreuzzugsgelübden für’s heilige Land, wenn sie gegen die Bedränger des Reichs kämpfen: Press. № 5189 (Horoy, l. c. [256²] IV p. 724) in einem Brief Honorius’ III. vom 30. November 1224. Auch die Zurückhaltung der achäischen Kreuzfahrer und später des Fürsten selbst von einem Zug in’s heilige Land, die wir oben erwähnten, gehört hierher.

[3] In dem vor. Anm. zit. Briefe Press. 5613 (a. 1217) erklärt Honorius: gegen Theodor von Epirus ‚*libentissime excitassemus crucesignatorum exercitum, nisi eum, pro cuius obsequio est paratus, timuissemus offendere Jesum Christum*‘. Indem er also einen Weg sucht, auf dem ‚*sine Christi offensa . . .*‘, der von Theodor gefangene Kaiser Peter befreit werden könne, hat er beschlossen, extra das Kreuz gegen jenen predigen zu lassen: ‚*ita tamen quod ii, qui iam crucesignati sunt pro subsidio terrae sanctae, propter hoc a suo proposito non divertant*‘. Die Entschuldigung bei Pelagius Bouquet XIX p. 690/691 (5. September 1219).

Kreuzzug nach Konstantinopel als eine durchaus unabhängige
Unternehmung behandelt wissen, für die nur solche Gläubigen,
die durch kein anderes Gelübde gebunden sind, sich bekreuzen
sollen.[1]

Dabei hat er aber doch nicht unterlassen, dem Theodor
von Epirus, der den Kaiser Peter von Courtenay und den ihn
begleitenden päpstlichen Legaten gefangen genommen hatte,[2]
im Jahre 1217 mit der Ablenkung des gesamten, für das
heilige Land bestimmten Kreuzheeres gegen Epirus wenigstens
zu drohen und dem bekreuzten König von Ungarn die Ausübung eines Druckes auf Theodor durch eine ähnliche Drohung
zu empfehlen.[3]   Aber gerade hier zeigt sich, wie gross seine
Sorge war, dem heiligen Lande keine Streitkräfte zu entziehen.   Wäre er entschlossen gewesen, mit der Drohung
Ernst zu machen, so würde er den Epiroten zu vollständiger
Nachgiebigkeit, zur Freilassung des Kaisers samt seinem
Gefolge und des Legaten haben zwingen können.   Statt
dessen beschränkte sich der Papst bei der direkten Verhandlung mit Theodor darauf, die Freilassung des Legaten zu
fordern, und als diese stattgefunden, liess er schleunigst die
Kreuzrüstungen gegen Epirus einstellen.[4]

[1] S. vor. Anm.

[2] S. oben p. 269.

[3] Rayn. 1216 § 13/14 (28. Juli 1217): Honorius schreibt dem
Theodor, er gebe durch die Gefangenhaltung des Legaten offenkundigen
Anlass ,ut ad ulciscendum hoc facinus in te ac tuos crucesignatorum
exercitus convertatur', wir werden uns dazu gezwungen sehen, falls Du
nicht nachgibst.   Dass Honorius hier nicht lediglich an solche Streiter
denkt, die sich speziell gegen Theodor bekreuzen würden, ohne vorher das
Kreuz für das heilige Land getragen zu haben, beweist der Brief an den
für das heilige Land bekreuzten Andreas von Ungarn (Rayn. 1217 § 15 16
vom selben Datum): er soll sorgen, dass Theodor Kaiser und Legaten
ausliefere, ,praesertim metuens tui exercitus apparatum, quem ipsi
nuntii tui sibi poterunt insinuare, prudenter innuendo, te usurum
viribus, si proficere nequiveris precibus'.

[4] S. die historische Darlegung dieses Falles unten p. 297 ff.

Eine minder rigorose Anschauung sehen wir ihn erst einige Jahre später an den Tag legen. Er erlaubte im Jahre 1223 den fürs heilige Land Bekreuzten die Fahrt nach Romanien unter der Bedingung, dass sie spätestens nach zwei Jahren von dort dem heiligen Lande zuzögen.[1]) Honorius hatte dabei offenbar ihren Anschluss an Friedrichs II. Kreuzzug, der für 1225 festgesetzt war, im Auge. Das war ja auch die Auffassung Innocenz' III. gewesen, der den Kreuzfahrern im Jahre 1205 gern eine Verlängerung ihres Aufenthalts in Konstantinopel gewährt hatte mit dem Vorbehalt, dass sie nach Ablauf der Frist die Fahrt fortsetzen würden.[2]) Honorius verhiess sogar auch die volle Sündenvergebung, wenn diese Kreuzfahrer vor ihrer Ankunft im heiligen Lande im Kampfe sterben sollten. Weiter ging er dann noch, wenn er im Jahre 1224 einen Teil der fürs heilige Land bestimmten Gelder dem Wilhelm von Montferrat für seinen Zug nach Thessalonich zuwandte.[3])

Jedoch erst Gregor IX. hat konsequent die Vertauschung der Gelübde fürs heilige Land in solche für Konstantinopel, die Verwendung ferner von Legaten und Geldern, die für jenes bestimmt waren, zu Gunsten des lateinischen Kaiserreichs durchgeführt.[4]) Der Hauptsukkurs, den er diesem zugeführt hat, ist aus solchen Gelübdeverwandlungen hervorgegangen, wenn auch daneben direkte (‚de novo‘-) Bekreuzungen für Konstantinopel vorkamen.[5])

---

[1]) Horoy, IV. p. 349 (13. Mai 1223).

[2]) S. oben p. 173.

[3]) Press. № 4754 (7. Februar 1224).

[4]) Vertauschungen von Kreuzfahrten, z. B.: Theiner l. c. [286²] p. 97 (a. 1231); Registres ed. Auvray № 2874 (a. 1235), beide Male in Ungarn. — Sbaral, Bull. Franc. I p. 179/180 (a. 1235); Rayn. 1236 § 69; Ripolli, Bull. Praed. I p. 104 (a. 1239): in Frankreich; und sonst. Fürs heilige Land bestimmte Gelder (z. B. solche, mit denen man das Gelübde einer Jerusalemfahrt abgekauft hatte): Potth. 10333 (a. 1237). 10516 (a. 1238), 10956 (a. 1240), Rayn. 1238 § 22, 1239 § 79. — Innocenz IV. Reg. ed. Berger № 122/123 (a. 1243) etc.

[5]) Z. B. P. 10065 (16. Dezember 1235), 10705 (a. 1239).

Wer aber in dieser Weise sein Gelübde vertauschen sollte, musste fester als derjenige, welcher sich von vornherein für Konstantinopel bekreuzte, von dem Nutzen seines Tuns für das heilige Land durchdrungen sein. Und so betonte denn Gregor IX. bei solchen Verwandlungen ganz besonders nachdrücklich den unauflöslichen Zusammenhang der Schicksale beider Länder, er hat sogar wiederholt erklärt, dass, wer dem heiligen Lande durch einen Zug nach Romanien Hilfe brächte, Aussicht auf doppelten Lohn sich erwerbe, da er ja beiden Ländern zu Hilfe käme. Danach wäre ein Zug nach Konstantinopel geradezu verdienstvoller gewesen als ein solcher ins heilige Land. Auch Innocenz IV. weist einmal auf diese Verdoppelung des Verdienstes hin, wie er auch sonst Gregors Auffassung über die Vertauschung vertritt.[1]

Durch diese Praxis gelang es den Päpsten, dem Abendlande die Kreuzfahrt nach Romanien annehmbar zu machen. In die Kreuzzüge gegen die Staufer, die die Päpste damals ebenfalls predigten, trieb die Occidentalen eine Fülle von Interessen und Leidenschaften: zum Kampf für Konstantinopel, zur Übernahme der katholischen Grenzwacht gegenüber dem Ansturm der Schismatiker hätte es dagegen einer uninteressierbaren, idealen Begeisterung bedurft. Eine solche aber vermochte Konstantinopel an sich nicht hervorzuzaubern. Brachten nun die Päpste schon den Stauferkampf mit dem heiligen Lande in Zusammenhang, um wieviel mehr war das bei dem Kampfe um Konstantinopel nötig und auch erlaubt.

Indem sie aber den Gläubigen unablässig vorsprachen, dass die Hilfe Konstantinopels identisch sei mit der des heiligen Landes,[2] zeigten sie dem Abendland ein idealisiertes

---

[1] Rayn. 1235 § 53/54 (an Andreas von Ungarn), ,dum in imperio eodem terrae subvenis memoratae (sanctae), duplicatum remunerationis divinae praemium reportabis'. Ebenso P. 10065, vgl. auch Rayn. 1244 § 15 (Innocenz IV.).

[2] Rayn. 1239 § 79: Gregor an den König von Navarra: ,quia praefatae terrae (sanctae) profectum diligitis, ratio nulla permittet, quod imperii negotium non ametis', denn ,dum circa idem imperium curam

Konstantinopel, ein Konstantinopel im Spiegel des heiligen Landes, und nur so gelang es ihnen, die bewaffnete und finanzielle Hilfe, die die Gläubigen in alter Verehrung viel reichlicher dem heiligen Lande gelobten, gelegentlich jenem Lande zuzuwenden, wie auch die Besteuerung der abendländischen Kirchen zu Gunsten des lateinischen Kaiserreichs zu rechtfertigen.[1] In Wirklichkeit war für sie wie die Bekämpfung der Staufer, so die Behauptung Konstantinopels Selbstzweck:[2] durch jene galt es, ihr Regiment im Occident, durch diese ihre Herrschaft im Orient zu sichern.

II. Die Sonderaktion der einzelnen Päpste.

1. Honorius III.

Werfen wir nunmehr nach der allgemeinen Würdigung der päpstlichen Tätigkeit für das lateinische Kaiserreich einen Blick auf die Sonderaktionen, zu denen sie sich wiederholt verdichteten, so finden wir den Anfang der Pontifikate Honorius' III. und Gregors IX. eingenommen durch die Sorge um die Erhöhung von Kaisern Konstantinopels, während beide im weiteren Verlaufe ihrer Regierung je einen grossen Kreuzzug ins Werk setzten: Honorius für Wilhelm von Montferrat zur Wiedergewinnung Thessalonichs, Gregor für Balduin II. zur Rettung Konstantinopels.

Wir sahen schon oben,[*] dass Honorius kein Glück hatte mit der Promotion des Kaisers Peter, da dieser samt seinem

---

gerimus defensoris, in crucis negotio procuratoris diligentia non caremus, quinimo eidem potissime auxilii porrigimus dexteram, cum ad illud manum extendimus adiutricem'.

[1] Vgl. o. p. 285.

[2] So sagt Gregor IX. einmal ganz kühl bei einer solchen Verwandlung (Régistres ed. Auvray vom 9. Mai 1231 № 657). ,Rem Deo placitam nos efficere arbitramus, quotiens urgente necessitate vota fidelium ita utiliter commutamus, ut commutata fructum pariant potiorem'. Bei der Not des lateinischen Kaiserreichs nun bedenkend, ,quod obsequium quorundam crucesignatorum de Ungaria Deo acceptius, ecclesiae generali utilius ... erit, si pred. Imperio ... succurrant, quam si transfretarent hoc tempore ultra mare', so verwandeln wir die Gelübde.

[*] S. oben p. 269.

stattlichen Heere und dem begleitenden Legaten Johann von
S. Prassede in die Hände Theodors von Epirus geriet. Die
Schuld an diesem Missgeschick trugen, wie wir dort auch
bereits feststellten, die Venetianer, die den Kaiser zum Angriff auf das epirotische Durazzo gezwungen hatten. Dass
aber der Kaiser und seine Ritter nicht wenigstens die Freiheit wieder erlangten, dafür macht Gibbon, wie mir scheint,
mit Recht den Papst verantwortlich, der sich wohl für
seinen Legaten, nicht aber für den Kaiser bei Theodor verwandte.[1])

In seinem Briefe an Theodor vom 28. Juli 1217 verlangt
Honorius lediglich die Freilassung des Legaten, und nur wenn
der Despot hierin nicht nachgiebig sich zeige, droht er mit
Bekriegung.[2]) Ebenfalls ausschliesslich zu Gunsten des
Legaten hiess er die Prälaten des Königreichs Thessalonich
auf Theodor einwirken.[3])

Zwar liess er durch andere, weltliche Mächte den
Theodor zur Freilassung auch des Kaisers mahnen unter Bedrohung mit einem Kreuzzug im Weigerungsfalle[4]) und befahl
ferner am 4. November die Kreuzpredigt in Frankreich gerade
zur Hilfe des Kaisers.[5]) Aber sobald sich nur der Epirote,
durch den Papst selbst und jene Prälaten über das, worauf
es ankam, aufgeklärt, gegenüber den päpstlichen Gesandten
eidlich verpflichtet hatte, den Legaten freizugeben und dazu
sich dem römischen Stuhl zu unterwerfen verhiess, nahm

---

[1]) ed. Bury Bd. VI. p. 430.

[2]) Rayn. 1217 § 13/14.

[3]) Briefe Honorius' III. vom 28. Juli 1217 *episcopo Epiphensi* und
archidiacono Thessalonicensi [Press. № 690, 691]. S. Anhang № I (nach
dem Ms. des Vat. Arch.).

[4]) Rayn. 1217 § 15/16 (durch Andreas von Ungarn); ep. II 546,
Reg. Vat., ms., Bd. IX. fol. 139 v (durch Venedig) [Press. 689]; ep. II 547
l. c. (durch den Fürsten von Achaja) [Press. 685]. Der Brief an Venedig,
in dem die Republik aufgefordert wird, mit allen Kräften an der Freilassung des Kaisers sowohl wie des Legaten zu arbeiten, ist hinten im
Anhang № II nach dem Ms. des Vat. Arch. abgedruckt.

[5]) Bouquet XIX p. 638.

Honorius ihn (Anfang 1218) in Gnaden an[1]) und liess die Rüstungen gegen ihn sofort einstellen.[2]) Alsbald erhielt denn auch der Legat die Freiheit wieder, Theodor entliess ihn mit allen Ehren.[3])

Wir sahen schon oben,[4]) wie sich die Handlungsweise des Papstes erklärt. Es war nicht, wie Gibbon meint, ein beschränkt klerikales Interesse, welches den Papst eifriger für die Befreiung des Legaten als des Kaisers eintreten liess, sondern diese Schwäche, die Honorius Theodor gegenüber an den Tag legte, erklärt sich vielmehr aus des Papstes ängstlicher Sorge, dem grossen Kreuzzug zur Befreiung des heiligen Landes, der eben damals stattfand, keine Streitkräfte für andere Zwecke zu entziehen.

Auch hat er den Kaiser und die Seinen keineswegs, wie man gemeint hat, ganz vergessen. Zunächst findet sich in dem Brief Honorius' III. an Theodor vom 25. Januar 1218 ein auf Kaiser Peter bezüglicher Passus. Nachdem Honorius

---

[1]) Zwei Briefe an Theodor, Press. № 1023; 1024 (vom 25. Januar 1218) und ep. II 883 (Reg. Vat., ms., Bd. IX. fol. 218) [Press. № 1029] vom 26. Januar. Letzterer Brief ist an den Bischof von Kroton gerichtet, der bei Theodor die von diesem verheissene Freilassung auch wirklich durchsetzen und ihn zum Verharren in der Treue anhalten soll. Auch hatte Theodor versprochen, die Lateiner des epirotischen Reichs zu einer dreijährigen Steuer für das heilige Land heranzuziehen: der Bischof soll jetzt für die Ausführung sorgen *,et latinos, qui cum eo sunt, ut usque ad triennium de omnibus amodo acquirendis decimas solvant in terrae sanctae subsidium destinandas iniungas sub debito prefati iuramenti'* (ms. Vat.).

[2]) An Bischof und Klerus von Venedig, und ebenso an Bischof und Klerus von Ancona: ep. II 884, Reg. Vat., ms., Bd. IX. fol. 218 [Press. 1029], er verbiete allen Kreuzfahrern den Angriff auf Theodor *,quem nos annumerandum duximus inter filios ecclesie speciales'*. Daher der Befehl, *,ut, cum ab eodem nobili* (Theodor) *fueritis requisiti, crucesignatis qui per partes vestras duxerint transfretandum, haec publice nuntietis'* (ms. Vat.). An die Kreuzfahrer ep. II 885 (l. c.).

[3]) Ersichtlich aus einem Briefe Honorius' an Theodor vom 26. Sept. 1222 bei Rayn. 1222 § 17/18.

[4]) S. o. p. 294.

dem Despoten gedankt hat, dass er den Legaten bereits
jetzt freundlich behandle, und ihn nochmals zur Freilassung desselben verpflichtet hat, bittet er ihn, sich „den
Gefangenen" milde zu erweisen und besonders die Armen
und solche, die ihm keinen Vorteil einbringen konnten,
freizulassen.[1]   Mit anderen Worten: Honorius hat dem
Despoten erlaubt, die vermögenden, d. h. vor allem den Kaiser,
so lange gefangen zu halten, bis er sich durch ein genügendes
Lösegeld oder auch eine Gebietsabtretung freikaufen würde.
Dahin sind offenbar unter anderem die Bitten Theodors gegangen, deren Honorius in diesem Briefe Erwähnung tut: er
habe sie, erklärt der Papst, soweit er es mit Gott habe tun
können, erfüllt, wie der Erfolg es dartue.

Im Frühjahr 1218 ist dann noch weiter zwischen
Theodor und dem Papste über diesen „schwierigen Fall" hin
und her verhandelt worden.   Eine Gesandtschaft Theodors
erwiderte Honorius durch eine Legation des Erzbischofs von
Brindisi.[2]

Genaueres erfahren wir nicht.   Wenn ich es wagen soll,
eine Vermutung aufzustellen, so wäre es diese: Theodor hat
als Preis der Freigabe des Kaisers die Abtretung des lateinischen Königreichs Thessalonich gefordert, hat aber zugleich,
in diesem Falle sich der römischen Kirche zu unterwerfen
verheissen.[3]   So würden sich die Worte des Papstes er-

---

[1] Rayn. 1218 § 23: ,*Praeterea, cum ex iniuncto nobis aposto-
latus officio te ac alios ecclesie filios debeamus ad pietatis opera in-
vitare*', so mahne er ihn, ,*quatenus divinae pietatis intuitu et nostrarum
precum obtentu captivis aperias viscera pietatis et pauperes prae-
sertim et alios de quibus nullum potest tibi commodum
provenire, restituas libertati*'.

[2] S. den Brief Honorius' III. an Theodor vom 27. April 1218 im
Anhang *№* III.

[3] In dem Briefe an Theodor vom 25. Januar 1218 sagt Honorius
von Theodor (Rayn. 1218 § 21) ,. . . *tuam personam ad Romanae ecclesiae
devotionem exponens ac ipsam primam recognoscens et matrem nobis
obedire proponis*'.

klären: „Das, was Theoder vorschlage, sei eine überaus schwierige Sache und bedürfe näherer Verhandlung."[1]

Wie ihm auch immer sei: mit dem Tode, der den gefangenen lateinischen Kaiser noch im Jahre 1218 ereilte,[2] fand die ganze Angelegenheit ihren Abschluss.[3]

Der Epirote ging nunmehr daran, das Königreich Thessalonich, das er vorher vielleicht durch päpstliche Vermittlung als Lösegeld des gefangenen Lateinerkaisers zu erlangen gehofft hatte, mit Waffengewalt zu erobern. Schon im Jahre 1220 muss Honorius den Despoten bannen, den Verkehr mit ihm verbieten und das Königreich Thessalonich in seinen apostolischen Schutz nehmen.[4] Aber vergeblich; im Jahre 1223 zog der Grieche in die zweite Stadt des alten Rhomäerreiches ein.[5]

---

[1] Brief Anhang № III. Die Prätensionen Theodors zeigt deutlich der Akt, durch den er den gefangenen Kaiser zwang, sein, des Griechen, Gewand anzuziehen, während er selbst die Purpurschuhe des lateinischen Kaisers von Kp. anlegte. Wir erfahren dies interessante Detail aus einem späteren (nach 1225 geschriebenen) Briefe des Erzbischofs Johannes von Naupaktos an den Patriarchen Germanos II. von Nikäa, ed. Wassiliewski zusammen mit der sonstigen Korrespondenz dieses Bischofs in ‚Βυζαντῖνα Χρόνικα' (russ. byz. Z.) Bd. III. (1896) p. 291/2.

[2] Sein Gefolge war schon vorher umgekommen. S. Rob. Autiss. l. c., Rich. v. S. Germ. l. c. Phil. Mouskès, p. 403.

[3] Peters Gemahlin, Jolantha, war zur See nach Kp. gefahren, wo sie bis 1219 als Kaiserin regierte. Ihr folgte 1221 ihr Sohn Robert von Courtenay. Von Theodor von Epirus befehdet, lebten sowohl Jolantha wie Robert mit Kaiser Theodor Laskaris von Nikäa († 1222) in Frieden. S. Hopf, p. 248/9. Über die verwandtschaftlichen Verbindungen zwischen den beiden Kaiserhäusern s. u. im III. Abschnitt, erstes Kap. Theodors Laskaris Nachfolger, Johannes Vatatzes, bekriegte darauf das Lateinerreich auch vom Osten her, so wie der Epirote Theodor vom Westen. Doch gerieten dann, zum Heil dieses Reichs, die beiden Griechen unter einander in Konflikt.

[4] Press. № 2858 (11. Dezember 1220), vgl. 4354 (13. Mai 1223), № 2856 (ebenfalls 11. Dezember 1220).

[5] S. o. p. 260. Am 26. September 1222 hatte Honorius Theodor noch gemahnt, mit Kaiser Robert von Kp. Frieden zu schliessen, da der Krieg beiden Teilen Verderben bringe. Rayn. 1222 § 17/18. Gratulationsschreiben zur Eroberung Thessalonichs an Theodor vom Erzbischof von Naupaktos (№ XX in dessen von Wassiliewski l. c. p. 233 ff.

Und nun beginnt eine rege Tätigkeit des Papstes zu Gunsten einer Rekuperation dieses Königreichs, dessen Herrscher Demetrius sich unter seine Fittiche geflüchtet hatte.[1]) Es handelt sich um den Kreuzzug, den Wilhelm von Montferrat, der Stiefbruder des Königs, vorbereitete.[2])

Honorius tröstete die lateinische Geistlichkeit Romaniens wegen des Verlustes von Thessalonich. Weshalb sollten auch. ruft er aus, die Lateiner, die noch viele Städte und Festungen und das Haupt des Reiches selbst besitzen, verzweifeln wegen des Verlustes einer Stadt und nicht vielmehr auf ihre Wiedergewinnung vertrauen, sie, die doch einst, ohne auch nur eine Handbreit Landes im Reiche ihr eigen zu nennen, sowohl Thessalonich als auch andere Städte mit Gottes Hilfe den Schismatikern abgenommen haben![3]) Honorius erwartete von der Expedition eine erneute völlige Bezwingung der Griechen. ihre Unterwerfung unter des lateinischen Kaisers Majestät, so dass sie künftig sich nicht mehr gegen die römische Kirche und die Lateiner würden zu regen wagen, vor allem zunächst die Wiedergewinnung des verlorenen Königreichs.[4]) Für möglich hielt er auch, dass Theodor aus Furcht vor allgemeiner Bekriegung sich zu einem friedlichen Ausgleich mit dem Markgrafen verstehen werde.[5])

ed. Korresp.), von Demetrios Chomatianos (bei Pitra l. c. [192²] p. 54 und 788/9): nach letzterem muss der Eroberungszug Theodors ganz plötzlich erfolgt sein.

[1]) Press. 3854 (14. März 1222): danach weilte schon damals König Demetrius bei Honorius.

[2]) Vergl. oben p. 270, 283.

[3]) Honorius ep. IX 295 in Reg. Vat., ms., Bd. XIII. fol. 33 v/34. an die Geistlichkeit Romaniens vom 13. Februar 1225.

[4]) Press. 4758 (8. Februar 1224); Press. 5186 (= Horoy IV p. 721 ff.) vom 28. November 1224 und Press. 5189 (= Horoy IV p. 724) vom 30. November 1224.

[5]) ep. IX 69 in Reg. Vat., ms., Bd. XIII. fol. 13 v/14: Empfehlung des Bischofs von Reggio, der als Legat das Kreuzheer begleiten soll, an die Geistlichkeit Romaniens. Honorius erlaubt dem Legaten, Theodor vom Banne zu lösen „si forte ad concordiam cum marchione venerit se-pedicto‘.

Was Honorius' Tätigkeit für den Zug im einzelnen betrifft, so sahen wir schon, wie er die Geldmittel zu beschaffen wusste: er spendete selbst mit vollen Händen, wobei er den Schatz des heiligen Landes nicht schonte, und besteuerte die Geistlichen Romaniens.[1] Sodann liess er in Oberitalien und Burgund das Kreuz predigen, nahm den Markgrafen und die übrigen Kreuzfahrer mit ihren Gütern in den Schutz der Kirche, bestätigte die Abmachungen, die Wilhelm mit oberitalienischen Herren wegen ihrer Teilnahme am Zuge traf.[2] Er rief Venedig zur Unterstützung der Kreuzfahrt des Markgrafen auf. da ja die Festigung der Lateinerherrschaft in Romanien im eigenen Interesse der Republik liege.[3] Die Lateiner selbst aber mahnte er vor allem zur Einigkeit. Er, der Papst, diktierte ihnen auch von Rom aus den Kriegsplan. Sie sollten sich bis zur Ankunft des Markgrafen auf die Defensive beschränken, um dann mit diesem in einer grossen Gesamtaktion zusammenzuwirken, wobei der lateinische Kaiser den Epiroten von Osten, von Konstantinopel her, fassen würde, wenn Wilhelm ihn von Westen angreife.[4]

---

[1] S. oben p. 283, 294. vgl. Press. № 5270.

[2] Press. № 4753 vom 7. Februar 1224; Press. № 4704 vom 22. Januar 1224; Press. № 4757 vom 8. Februar 1224.

[3] Reg. Vat., ms., Bd. XIII. fol. 54: ‚cum igitur vestra plurimum interesse noscatur, ut status latinorum roboretur in ipso imperio et adversariorum insolentia reprimatur', so mahnt er sie ‚quatenus dicto marchioni succurratis ita viriliter ed potenter, quod Regni Thessalonicensis recuperatio et per consequens corroboratio status totius imperii ac preparatio subsidii terrae sanctae vestrae magnificentiae principaliter ascribatur vosque praeter fructum commodi temporalis, quem ex hoc procul dubio assequimini, domino et hominibus et specialiter sedi apostolice placeatis'.

[4] Press. 5189 (= Horoy IV 724) vom 30. November 1224 ‚. . . . . ut ad ipsius marchionis ingressum ipse quoque imperator . . . erumpat in hostes viriliter et potenter sicque ipsis hostibus duplici terrore perculsis uterque . . . victoriam celerius assequatur'. Sodann auch die Briefe Honorius' an den Kaiser von Kp. und an Gottfried von Achaja vom 7. Februar 1224 (Reg. Vat., ms., Bd. XII. fol. 152/3): Er mahnt da den Kaiser ‚interim ad custodiam terrae intendas sapienter et caute

Im Jahre 1224 würde ein solches Zusammenwirken in der Tat haben stattfinden können, da Kaiser Robert von Konstantinopel damals ein Heer gegen Thessalonich ins Feld geschickt hatte; es belagerte zu jener Zeit Serrhae.[1] Aber der Markgraf musste wegen einer Erkrankung die Abfahrt auf das Jahr 1225 verschieben,[2] und damals war jene Kombination nicht mehr möglich. Der Kaiser Robert hatte infolge einer grossen Niederlage, die ihm Vatatzes[3] in Asien beigebracht, sich gezwungen gesehen, seine gen Westen gesandten Truppen abzurufen, und Theodor folgte ihnen in rasendem Siegeslaufe auf dem Fusse.[4]

Jedoch hierin hielt nun eben den Epiroten die Notwendigkeit auf, dem Markgrafen von Montferrat zu begegnen, der bei Halmyros mit einem starken Kreuzheer landete.[5] Freilich blieb das auch der einzige Erfolg der Heerfahrt, denn bald nach seiner Ankunft in Romanien im September 1225 starb der Markgraf eines natürlichen Todes, worauf seine Truppen auseinander gingen.[6]

Die Gefahr, die den Lateinern jetzt aufs neue von seiten der Westgriechen drohte, hörte erst auf, als die Bulgaren im Jahre 1230 Theodor von Thessalonich eine entscheidende

---

nec usque ad eius adventum exponas bellorum discriminibus gentem tuam nisi quatenus civitatum et castrorum defensio postulabit'. Wenn der Markgraf kommt, werden *,coniunctis viribus tuis et suis'* die Feinde gedemütigt werden.

[1] Georg. Akrop. c. 22.

[2] Press. *№* 5186.

[3] Vgl. o. p. 300[3].

[4] Georg. Akrop. l. c., vgl. Hopf, p. 250.

[5] S. den oben p. 300[1] zitierten Brief des Bischofs von Naupaktos an den Patriarchen von Nikäa.

[6] So Ricc. von S. Germ. l. c. [269[4]]. Nach dem vor. Anm. zit. Brief hätte Theodor das Kreuzheer in einer Schlacht besiegt: *,οὓς ἐμπεσὼν ἀνάλωσε καὶ ἠφάνισεν . . .', ,τοὺς αἰχμαλώτους συνήγαγε'*. Jedenfalls geht aus dem Brief hervor, dass man in dem Kreuzzug eine grosse Gefahr für die griechische Sache gesehen hatte. Theodor wird als Retter derselben gefeiert.

Niederlage beibrachten und einen grossen Teil von dessen Reich annektierten.[1])   Dafür trat dann freilich eben der Bulgarenzar an Stelle des Epiroten in die Reihe der Reichsfeinde ein.

2. Gregor IX. (1227—1241).

Wie die Tätigkeit Honorius' für das lateinische Kaiserreich, so begann auch die Gregors IX. mit der Förderung einer Kaiserfahrt.   Es handelt sich um die Johanns von Brienne.[2])

Einst schien es ihm bestimmt, als einfacher Teilnehmer am Vierten Kreuzzug Konstantinopel sich zu nahen: aber er zog mit seinem Bruder Walter für dessen Sache und die des Papstes nach Unteritalien.[3])   Dann König von Jerusalem, und, als ihn sein Schwiegersohn, Kaiser Friedrich II., aus dieser Würde verdrängte, gegen diesen abermals Führer päpstlicher Truppen im Königreich Sizilien, wurde er nun, nach Kaiser Roberts Tode (1228), von den Baronen Konstantinopels zum Reichsverweser für dessen unmündigen Bruder Balduin erwählt.   Erst auf die eifrigen Bitten Gregors IX. hin verstand sich der bereits greise Herr zur Übernahme des neuen schwierigen Amts, an das sich aber auch für ihn die Übertragung des Kaisertitels auf Lebenszeit knüpfen sollte. Der Papst versprach und leistete ihm bei der Vorbereitung seiner Fahrt nach Konstantinopel die tatkräftigste Unterstützung.[4])

Nicht gering mochten die Erwartungen sein, die Gregor von der Promotion dieses kriegsberühmten Fürsten hegte, plante doch Brienne, die Lateinerherrschaft im alten Umfange wieder herzustellen, ihr ringsumher in Europa und Asien die

---

[1]) Hopf, p. 250.

[2]) Vorher hatte Gregor den Kaiser Robert, der vor den Baronen Kp.s, mit denen er in Streit geraten, nach Rom geflüchtet war, zur Rückkehr bewogen, doch starb er in Achaja.   Ernoul, ed. Mas Latrie p. 393.

[3]) Ducange, I [164] p. 235/236.

[4]) Ernoul, p. 469/470. Reg. Greg. ed. Auvray № 656 (8. Mai 1231).

Grenzen wieder zu verschaffen, die sie zur Zeit ihrer höchsten Blüte inne hatte.[1]) Er fasste sogar einen Augenblick den kühnen Gedanken, noch vor seinem Einzug in Konstantinopel auf feindlichem Boden zu landen und den Vatatzes zu bekriegen,[2]) um dann freilich doch zunächst an den Bosporus zu fahren.

Zeigte er sich zwar nicht frei von den Fehlern des Greisenalters, der Bedächtigkeit und des Geizes,[3]) so hat er doch während seiner sechsjährigen Regierung (1231—1237) die lateinische Sache kräftig vertreten; seinem Mut und seiner Umsicht vor allem ist die Rettung Konstantinopels bei dem furchtbaren bulgarisch-byzantinischen Doppelangriff des Jahres 1235 zu verdanken gewesen.[4]) Wohl daraufhin nennt ihn ein Schriftsteller „unsterblichen Angedenkens", vergleicht ihn ein anderer mit Hektor und Judas Makkabaeus.[5])

Hier beginnt auch der Höhepunkt von Gregors IX. Tätigkeit für das lateinische Konstantinopel, ja der Höhepunkt der päpstlichen Bemühungen um das Lateinerreich überhaupt. Nichts Anderes als die Wahl Briennes ist der Anlass zu jener Notlage des lateinischen Kaiserreichs gewesen. Nur durch die Abweisung eines Mächtigeren war sie zustande gekommen.

Nach dem Tode Kaiser Roberts hatte nämlich der Bulgarenzar Asan II. eine Ehe seiner Tochter mit dem jungen Balduin in Vorschlag gebracht: dann wollte er dem lateinischen Kaiserreich die in Europa an die Griechen verlorenen Landstriche wiedergewinnen.[6]) Aber es ging im byzantinischen

---

[1]) Vertrag Briennes mit den Gesandten der Barone Kp.s, April 1229 (Taf. und Thomas, l. c. [177¹] Bd. XIII. p. 266—270.

[2]) l. c. p. 285—287 in Briennes Vertrag mit Venedig, April 1231.

[3]) Ph. Mouskès [265³], p. 613, 620.

[4]) Brief Gregors IX. Rayn. 1235 § 53/54 (P. 10066); P. 10065 und Mouskès p. 614/615, vergl. Ducange, l. c. p. 218 ff.

[5]) Matth. Par. ed. Luard Bd. III. p. 390; Mouskès, p. 612.

[6]) Dandolo (Murat. XII), p. 350 und Sanudo Secr. fid. cruc. l. c. [261⁵] p. 73.

Reiche lateinischer, wie im römischen Reiche deutscher Nation: die Grossen fürchteten eine starke kaiserliche Gewalt[1]) und zogen dem mächtigen Bulgarenzaren einen ihresgleichen vor.

Auch Brienne glaubte, wie wir sahen, die westlichen Lande für Konstantinopel wiedergewinnen zu können, aber was er bloss plante, machte Asan nunmehr im eigenen, bulgarischen, Sonderinteresse zur Wirklichkeit, indem er im Jahre 1230 das Königreich Thessalonich eroberte und es zum grössten Teil seinem Reiche einverleibte. Seit jener Abweisung ein tödlicher Feind der Lateiner, verbündete er sich im Jahre 1233 aufs engste mit Vatatzes von Nikäa.[2])

Als die Kunde von der furchtbaren Umklammerung Konstantinopels durch diese beiden Feinde im Jahre 1235 zu Gregor drang, und Brienne, obwohl er von der Abwehr der Gegner berichten konnte, einen erneuten Angriff als unmittelbar bevorstehend bezeichnete, da wandte sich der Papst an Fürsten, Gläubige und Geistliche Romaniens selbst wie anderer Länder, besonders Ungarns und Frankreichs, um Konstantinopel zu befreien.[3]) Ihm ward die hohe Genugtuung zu teil, dass kein geringerer als Gottfried von Achaja selbst, der päpstlichen Mahnung Gehör schenkend, der bedrängten Hauptstadt zu Hilfe eilte.[4]) Ihm, wie einer venetianischen Flotte, verdankte diese ihre Rettung.[5])

Und als dann bald darauf der junge Kaiser Balduin II. ins Abendland eilte, betrachtete es der Papst als seine Aufgabe,

---

[1]) Besonders, da sie besorgten, Balduin möge, wenn er zu grosser Macht gelange, sich an ihnen rächen wegen der Beleidigung, die sie seinem verstorbenen Bruder Robert zugefügt hatten. (Sie hatten der Tochter eines Barons, die Kaiser Robert zu seiner Maitresse gemacht hatte, Nase und Lippen abgeschnitten und deren kupplerische Mutter ertränkt: Ernoul l. c.

[2]) Hopf, p. 251, 253.·

[3]) Reg. ed. Auvray № 2873—2878, Potth. 10065/10066, 10080, 10272, 10279, 10280.

[4]) S.. oben p. 264.

[5]) Chron. Alberici MG. SS. XXIII p. 938/939, Dandolo, l. c. p. 349, Mouskés, p. 620, vgl. Hopf, p. 253. Ducange, p. 218 ff.

zu dessen Gunsten einen grossen Kreuzzug ins Werk zu setzen.[1]) Wir kennen die Mittel, deren er sich dazu bediente: eigene Geldspenden, Kreuzpredigt,[2]) Gelübdevertauschung, Heranziehung der Geistlichen,[3]) Aufrufe der Fürsten.

Unter den Ländern, die er in dieser Weise der lateinischen Sache zu gewinnen suchte, treten besonders Ungarn und Bulgarien hervor. Vornehmlich mit den Bulgaren musste, nachdem man erkannt hatte, welch furchtbare Umklammerung ihr Bund mit den Griechen für das lateinische Kaiserreich darstellte, eine Verständigung geradezu notwendig erscheinen. Es galt, den Fehler, den die Lateiner durch deren wiederholte Ablehnung begangen hatten, zuerst am Anfang des Jahrhunderts,[4]) dann im Jahre 1228, wieder gut zu machen.

Schon im Jahre 1236 hatte Gregor den Zaren gemahnt, das Bündnis mit dem exkommunizierten Vatatzes aufzugeben und von der Befehdung der Lateiner abzustehen:[5]) jetzt, ein Jahr darauf, trat Asan in der Tat, vielleicht infolge des Todes Briennes, des im Gegensatz zu ihm gewählten Stellvertreters, von Vatatzes zu den Lateinern über.[6]) Aber ein Bündnis vermochte nicht jene organische Verbindung, die eine Reichsverwaltung durch den Zaren bedeutet hätte, zu ersetzen, zumal dieser Herrscher ein richtiger Wetterfahnenpolitiker war. Er hat innerhalb von vier Jahren nicht weniger als viermal die Partei gewechselt. Und er wurde nun, je nachdem er auf seiten der Griechen oder Lateiner stand, von Gregor entweder mit einem Kreuzzuge bedroht oder zu einem solchen gegen die Griechen an der Seite der lateinischen

---

[1]) Mouskès, p. 621, Rayn. 1237 § 68, vgl. Ducange, p. 228 ff.

[2]) Wie in Frankreich vielfach, so auch in England, wo Gregor dem Bischof von Winchester die Kreuzpredigt für Kp. übertrug *per regnum Angliae*. Reg. Vat., ms., Bd. XVIII. fol. 336 (10. Juni 1237).

[3]) S. oben p. 283—85.

[4]) S. o. p. 232 ff.

[5]) S. Anhang *№* VI.

[6]) Der Tod Briennes und der Übertritt Asans fallen in den Frühling 1237.

Kreuzfahrer aufgefordert. Der Papst erreichte damit, dass
Asan im Jahre 1239 in der Tat die Lateiner unterstützte;
als jedoch Balduin mit seinem Kreuzheer anlangte, war er
schon wieder ein Freund des Vatatzes.

Für die Festhaltung aber des Bulgaren beim lateinischen
Bündnis sowohl wie für den Kreuzzug gegen ihn vertraute
Gregor auf den Ungarnkönig Bela, dem zugleich auch die
Bekämpfung des griechischen Kaisers wiederholt zur Pflicht
gemacht wurde. Aber weder gegen Vatatzes noch gegen
Asan, dessen Land ihm, so lange ein Kreuzzug gegen die
Bulgaren in Frage stand, vom Papste als das eines Häretikers
zugesprochen war, ist Bela zu Felde gezogen.[1] Doch hat
er wenigstens der päpstlichen Bitte um freies Geleit für
Balduin Folge gegeben. Statt der Ungarn erhielten die

---

[1] Chronologisch ist der Verlauf folgender: Asan hatte um Zu-
sendung einer Persönlichkeit gebeten, ‚ad tractanda cum ea de statu
imperii et civitatis Ctanae‘. Gregor sendet eine solche in dem Bischof
von Perugia am 21. Mai 1237 und verkündet die baldige Ankunft eines
abendländischen Kreuzheeres, das dem lateinischen Kaiserreich Hilfe bringen
soll. (Theiner, l. c. [286²] p. 155 № 275). Am 1. Juni 1237 (l. c.
p. 157/158, № 280) ermahnt ihn Gregor, mit diesen Kreuzfahrern zusammenzuwirken. Die bulgarische Geistlichkeit soll ihn dazu antreiben
(№ 279). — Als Asan noch im selben Jahre wieder auf griechische Seite
getreten war, rief Gregor am 27. Januar 1238 Bela von Ungarn und
dessen ganzes Land zu einem Kreuzzug gegen die bulgarischen Schismatiker und Häretiker auf, die schlimmere Feinde der Kirche seien, als
Juden und Heiden, und er überwies auf Grund des Artikels III des Laterankonzils von 1215 (Mansi Concilia XXII p. 987/988) das Land Asans als
das eines Häretikers Bela zur Okkupierung (l. c. p. 159/160 № 283, ebenda bis p. 167 die weitere Korrespondenz mit Bela). — Bela war bereit,
dem Rufe Gregors Folge zu leisten, als Asan, erschreckt durch dessen
Vorbereitungen, wieder auf die lateinische Seite übertrat; er kämpfte im
Jahre 1239 mit ihnen gegen Vatatzes. — Aber schon im selben Jahre
wieder verliess er sie. A. soll den plötzlichen Tod seiner Gemahlin als
Strafe für den an Vatatzes begangenen Treubruch aufgefasst haben. Das
Heer Balduins liess er passieren (Sommer 1239), wahrscheinlich weil er
sich nicht stark genug fühlte, es zu hindern. Nach Georg. Akr. freilich
wäre er damit noch einmal wieder auf die lateinische Seite getreten, ed.
Bonn p. 34—36.

Lateiner damals höchst wertvolle Bundesgenossen an den
Kumanen, die von den Mongolen bedrängt nach Makedonien
eingewandert waren.[1])

Die Haupttätigkeit des Papstes fiel natürlich auf Frankreich, das Heimatland Balduins. Er liess es sich hier besonders angelegen sein, neben Balduin selbst[2]) denjenigen
Grossen, die auf päpstliche Mahnung hin eine Heerfahrt nach
Romanien beschlossen hatten, die nötigen Mittel für ihre
Rüstungen zu beschaffen, ihnen Privilegien zu verleihen, Indulgenzen zu verheissen. Es waren die Grafen von der Bretagne, von Bar le Duc, Soissons, Mâcon, Herzog Hugo IV.
von Burgund, der Bischof von Seez in der Normandie u. a.[3])
Besonders auf den Grafen Peter von der Bretagne, der für
seine Abfahrt St. Johann 1238 bestimmt hatte, setzte Gregor
grosse Hoffnungen. Er mahnte ihn sogar zur Reduzierung
seiner Truppen, da in Konstantinopel Mangel an Lebensmitteln
herrsche: er solle statt mit 2000 Rittern und 10000 Fusssoldaten, nur mit 1800 Rittern und 6000 Fusssoldaten hin-
überziehen.[4]) Peter begab sich selbst nach Rom zur Unterredung mit dem Papst,[5]) der ihm reichliche Mittel zur Verfügung stellte.[6]) Ebenso trug er für die Ausrüstung der
übrigen Herren Sorge.[7])

---

[1]) Georg. Akr. c. 35, Albericus l. c. [307b] p. 947, Hopf, p. 255.

[2]) Für die Legatsüberweisungen an Balduin s. besonders Reg. Vat.,
ms., [Bd. XIX. fol. 65 (№ 348) vom 19. December 1237: in Frankreich
und England, und Bd. XX. fol. 29 v vom 3. November 1240.

[3]) Philipp Mouskès l. c. p. 630, Ducange, p. 231, 245.

[4]) 13. Januar 1238 Potth. 10499.

[5]) Mouskès, p. 662. Matth. Par. Bd. III. p. 386.

[6]) Reg. Vat., ms., Bd. XVIII. fol. 348 vom 8. Januar 1238, Bd. XIX.
fol. 49 vom 3. September 1238, fol. 50 vom 10. September 1238. Potth.
10579 (21. April 1238).

[7]) Für den Bischof von Seez: Reg. Vat., ms., Bd. XVIII. fol. 283
vom 10. Mai 1238 und fol. 344 v/345 vom 17. Dezember 1238; für den
Grafen von Bar le Duc: Potth. № 10333 (9. Mai 1237), 10516 (6. Februar
1238); für den Grafen von Mâcon: Reg. Vat., ms., Bd. XIX. fol. 1 v vom
26. März 1238 und fol. 2 v vom 29. März; für den Grafen von Soissons

Aber weiter zog Gregor IX. seine Kreise. Auch das ferne England sollte für das Schicksal der katholischen Grenzlande im Orient interessiert werden, besonders mit seinen Reichtümern diesen unter die Arme greifen. Gregors Aufrufe sollten Balduin die Wege ebnen, der damals selbst über den Kanal eilte.[1] Zunächst ermahnte er im Jahre 1237 die englische Geistlichkeit, Krieger und sonstige Hilfe nach Romanien zu senden.[2] Im folgenden Jahre suchte er sie dann wie die französischen Geistlichen zur Zahlung des Dreissigsten für Romanien und das heilige Land zu vermögen, wofür der König Heinrich seinen Einfluss geltend machen soll.[3] Auch die weltlichen Grossen und überhaupt alle englischen Männer und Frauen liess er mahnen, von ihren Gütern zu dem edlen Zwecke zu spenden.[4] Vor allem versuchte er den Grafen Richard von Cornwallis, des Königs Bruder, dazu zu vermögen, sein Gelübde fürs heilige Land in ein solches für Konstantinopel zu verwandeln, so dass er das Geld, das er auf einem Zuge nach Jerusalem ausgegeben hätte, Romanien zukommen liesse.[5] Aber dieser hielt an seinem ursprünglichen Plan einer Jerusalemfahrt fest, und damit fiel auch die sonstige englische Unterstützung fort.[6]

- - - -

l. c. Bd. XIX. fol. 13 vom 4. Mai 1238; für Imbert vom Beaujeu l. c. fol. 60 v (№ 316, 17, 21) vom 17. und 26. November 1238 und fol. 64 v (№ 343) vom 16. Dezember 1238.

[1] Matth. Par. l. c. p. 480/1, 486.

[2] Reg. Vat., ms., Bd. XVIII. fol. 336 (IV. Non. Nov. 1237) „... *tale in hoc articulo Imperio praefato curetis destinare succursum, quod exinde propitiationem divinam possitis uberius promereri. Nos enim vobis idoneos bellatores vel aliud congruum subsidium in praefati imperii succursum iuxta consilium ... Wintonensis episcopi et Valentinensis episcopi transmittentibus ... concedimus veniam peccatorum'.*

[3] S. oben p. 285.

[4] S. Anhang № VIII.

[5] S. Anhang № IX.

[6] S. Anhang № X und unten II. Abschn. dieses Teils, Kap. 3.

Obgleich nun auch viele jener französischen Herren ins heilige Land eilten,[1]) konnte Kaiser Balduin doch im Sommer 1239 an der Spitze eines Heeres von 700 Rittern und gegen 30000 berittenen Knechten, das Fussvolk nicht zu zählen, seine Heerfahrt antreten.[2]) In Romanien angelangt, schickte er stolze Manifeste ins Abendland, der Welt seine Taten kündend.[3]) Damals war es, wo er einen euböotischen Ritter zum König von Thessalonich kreierte,[4]) sicher in der Erwartung, ihm zum Titel sein Königreich zu verschaffen. Bald darauf (1240) fiel Tzurulon (Tschorli), eine der wichtigsten Festungen Thraciens, in seine Hand,[5]) und damit war die Bahn nach Konstantinopel frei.

In Asien ging damals freilich fast alles verloren: aber dafür sicherte auch ein glänzender Sieg, den im folgenden Jahre die venetianische Flotte über die griechische erfocht, das Reich vor Angriffen von der Seeseite her.[6]) Noch im selben Jahre kam es zu einem zweijährigen Waffenstillstand mit Vatatzes.[7]) Balduin II. stand auf dem Gipfel seines Glückes, noch ahnte er nicht, welch jammervolle ruhmlose Laufbahn das Schicksal für ihn im Schosse trug.

— — — —

[1]) S. unten II. Abschn. dieses Teils, Kap. 3.

[2]) Alberic. (l. c.) p. 946.

[3]) Z. B. an den König von England. Er sei glücklich nach Griechenland gelangt mit einem starken, besonders aus Franzosen bestehenden Heere, ‚et quod nomen ipsius, scil. Baldewini, factum est omnibus inimicis formidabile. Et quod iam maximam civitatem (Tschorli) obsederat, non multum distantem a Cpoli, quam si ditioni suae subdidisset, tota patria circumiacens per tres dietas in circuitu suae dederet potestati et sine offendiculo pericoli ad partes Ctanas pateret accessus'. Matth. Par. Bd. IV. p. 54.

[4]) Einen Dreiherrn, Gemahl einer Nichte des Königs Demetrius. Ducange, p. 275/276. Bestätigung dieser Verleihung durch Innocenz IV. Reg. ed. Berger № 637 (a. 1244).

[5]) Georg. Akr. c. 37, Duc. p. 273.

[6]) Georg. Akr. l. c., Dandolo p. 352.

[7]) Alberic. p. 950.

Zum grössten Teile waren diese Erfolge Gregor IX. zu verdanken, der die Kreuzfahrt zustande gebracht hatte. Der Papst fühlte sich damals als den ersten, den einzig wahren Protektor des lateinischen Kaiserreichs. „Wenn die Kirche, so rief Gregor aus, die Lateiner Konstantinopels nicht schützte, wer würde mit ihren Nöten Mitleid empfinden, wer würde helfen, wenn sie nicht Trost spendete?“[1]

3. Innocenz IV. Alexander IV.
(1243—1254, 1254—1261.)

Innocenz IV. schien nicht hinter Gregor IX. zurückbleiben zu wollen in der Fürsorge für das lateinische Kaiserreich. Keiner seiner Vorgänger auf dem Stuhle Petri hatte so nachdrücklich das vitale Interesse des Papsttums und der Gesamtkirche an der Erhaltung dieses Reiches betont, wie Innocenz in den ersten Jahren seines Pontifikats es wiederholt tat.[2]

Gross angelegt war auch das Programm, das er dort in Romanien durchzuführen gedachte: er erklärte sich fest entschlossen, dem Reiche beharrlich beizustehen und nicht eher zu ruhen, als bis es völlig dem Joch der Feinde entrissen und in seinem alten Umfange wieder der Kirche geeint sein werde.[3]

[1] Rayn. 1239 § 79 (9. März, an den König von Navarra u. s. w.): ‚Si enim mater ecclesia sic amissioni proximum destitueret, negligentiae relinquendo, cuius patrocinium expectaretur, si eius non compateretur angustiis: quis ipsius adversitatibus condoleret? Si desolato consolationis supprimeret ubera, cuius suffragio iuvaretur?‘

[2] Teilweise schon oben p. 282 zitiert. Fast in allen auf das lateinische Kaiserreich bezüglichen Bullen Innocenz’ IV., aus den Jahren 1243—1245, wird die Unersetzbarkeit dieses Reiches für das Papsttum, das hohe Interesse des letzteren an seiner Erhaltung erwähnt. Vergl. Reg. ed. Berger № 22, 33, 706, Mansi Conc. XXIII p. 624.

[3] An Gottfried von Achaja am 16. Mai 1244 (Reg. ed. Berger № 706): ‚firma intentione proponimus eidem imperio efficaci consilio et auxilio perseveranter adesse, cura vigili et sedula procurando, ut . . . de inimicorum iugo totaliter eripi valeat et libere . . . ad ipsius reduci corporis unitatem‘.

Für die Durchführung des Programms vertraute er besonders auf eine aufopfernde Tätigkeit der Kirchen und Fürsten Romaniens: jenen macht er bereits im Juli 1243 in zwei Bullen die Subventionierung des lateinischen Kaisers und des lateinischen Patriarchen zur Pflicht. Für ersteren sollen sie die Summe von 10000 Hyperpern aufbringen, letzterem soll in seiner argen Bedrängnis der Kirchenzehnte des Jahres 1244 aufhelfen.[1]) Im Mai dieses Jahres wendet er sich dann an die Frankenfürsten Griechenlands und macht unter ihnen für den ganz neuen Gedanken der Aufbringung einer gemeinsamen Garnison in Konstantinopel Propaganda: so soll Gottfried von Achaja 100 Panzerreiter dorthin senden.[2]) Auf dem Konzil von Lyon im Jahre 1245 endlich zieht er auch die Kirchen des gesamten Occidents zur Unterstützung Konstantinopels heran, indem er diesem gewisse Einkünfte anweist; auch die römische Kirche soll den Zehnten ihrer Obventionen hergeben, den Gläubigen aber, die zur Befreiung des Imperiums ausziehen, wird volle Sündenvergebung verheissen.[3])

Auch im folgenden Jahre 1246 sehen wir Innocenz noch für das lateinische Kaiserreich bemüht.[4])

Aber hierauf tritt in dieser seiner Tätigkeit ein fast völliger Stillstand ein; nur in den Jahren 1252 und 1253 belebt sie sich noch einmal für kurze Zeit,[5]) und Innocenz' IV.

- - -

[1]) Reg. ed. Berger № 22 (13. Juli) und № 33 (24. Juli) 1243.

[2]) l. c. № 706 (vom 16. Mai 1244). Die Geistlichkeit Griechenlands soll die Kosten für den Unterhalt dieser nach Kp. zu legenden Truppen tragen. № 707 (vom 30. Mai 1244).

[3]) Mansi, Conc., Bd. XXIII. p. 624. Für die Besteuerung der gesamten Geistlichkeit zu Gunsten des lat. Kaiserreichs, vgl. oben p. 285.

[4]) Matth., Paris, Bd. IV. p. 564—566, Briefe Innocenz' an den Minoritenprovinzial in England: es handelt sich besonders um die Verwendung von Wuchergeldern für das lateinische Kaiserreich. Ein anderer Brief verheisst den für die Befreiung des Imperiums sich bekreuzenden oder ihm Gelder zuwendenden volle Sündenvergebung.

[5]) S. im III. Abschn. dieses Teils, Kap. 2.

Nachfolger, Alexander IV., hat dann nach einem anfänglichen Versuche, einzugreifen,[1]) die Dinge im fränkisch-griechischen Orient einfach ihren Lauf gehen lassen: zwei Monate nach seinem Tode (25. Mai 1261) wurde Konstantinopel von dem griechischen Kaiser erobert. Die Ursache dieses Nachlassens der päpstlichen Bemühungen in den letzten anderthalb Jahrzehnten des lateinischen Kaiserreichs wird im folgenden klar werden.

[1]) l. c. Kap. 3.

Zweiter Abschnitt.

Hemmungen und Widerstände.

Erstes Kapitel.

Die abendländische Politik des Papsttums.

Fragen wir uns jetzt: woher kommt es, dass es dem Papsttum nicht gelungen ist, der Schöpfung des Vierten Kreuzzuges das Leben zu wahren?

Knüpfen wir an das Letztvorhergegangene an und beginnen mit demjenigen Moment, das etwa vom Jahre 1245 an die päpstliche Tätigkeit für das lateinische Konstantinopel gelähmt hat.

Es ist der Ausbruch des letzten grossen Kampfes zwischen dem Papsttum und dem deutschen Kaisertum. Das Höchste stand in ihm auf dem Spiele, es handelte sich darum, ob der Occident ein geistliches oder ein weltliches Oberhaupt haben sollte. Wie schon Gregor IX. versucht hatte, so war auch Innocenz IV. entschlossen, die Stellung aufs neue zu erringen, die Innocenz III. eine Zeitlang eingenommen, die er aber seinen Nachfolgern verkümmert hatte. Denn er hatte sie schliesslich nur dadurch zu behaupten vermocht, dass er gegen den ihn bedrängenden Welfenkaiser Otto IV. den jungen Friedrich von Sizilien zum deutschen König erhob und somit das Reich Heinrichs VI., die Übermacht eines weltlichen Kaisers im Occident, wiederschaffen half.[1]) Innocenz IV. nun

---

[1]) S. oben p. 258.

hat diese Übermacht endgültig gebrochen, die folgenden Päpste haben ihr Wiederaufleben verhindert.

Dieser Kampf aber der Päpste gegen das staufische Kaisergeschlecht ist recht eigentlich das Verhängnis des lateinischen Kaiserreichs geworden. Gregor IX. hatte noch beide Aufgaben des Papsttums: die Bekämpfung der Staufer und den Schutz des lateinischen Orients neben einander zu erfüllen gewusst, er hatte während des in den letzten Jahren seines Pontifikats tobenden Kampfes mit Friedrich auch dem lateinischen Kaiserreich mächtig fürgesorgt. Der neue, unter Innocenz 'IV. ausbrechende Streit, in dem die beiden im Prinzip einander feindlichen Weltmächte mit der elementaren Wucht von Naturgewalten aufeinander stiessen, zog die ganze Aufmerksamkeit der Kurie auf sich, verschlang den grössten Teil der ihr zu Gebote stehenden Streitmittel und beraubte dieser den hilfsbedürftigen katholischen Osten, Konstantinopel so gut wie das heilige Land.

— — — —

Zweites Kapitel.

Die byzantinische Politik der staufischen Könige Siziliens.

— —

I. Vorwiegend passives Verhalten Friedrichs II.
(bis 1237).

Besonders verderblich wurde dem Lateinerreich der Kampf des Papsttums mit dem abendländischen Kaisertum dadurch, dass der Repräsentant des letzteren, Friedrich II., zugleich Herrscher des sizilischen Reiches war, und dass dieser nunmehr zum Feinde des päpstlichen Schutzstaates am Bosporus wurde.

Freilich: der Freundschaft und Unterstützung des sizilischen Königs hatte sich das lateinische Kaiserreich auch vorher nicht zu erfreuen gehabt. Vielmehr verhielt sich

Friedrich II., ehe er zum Feind der Lateiner Konstantinopels wurde, im wesentlichen passiv ihnen gegenüber. Andere Mächte des Abendlandes hatten das lateinische Kaiserreich gegründet, sie mochten es schützen. Auch dieser Zustand aber war schon im höchsten Masse bedenklich, denn, wie wir es schon einmal aussprachen:[1]) allein auf dem sizilischen Staate als Grund- und Eckstein hätte ein lateinisches Orientreich des Mittelalters sicher ruhen können. Seine Ausschaltung war der grosse Konstruktionsfehler des lateinischen Kaiserreichs.

Was half nun den Päpsten die Lösung aller Kräfte der Christenheit, wo sich zwischen Alt- und Neurom eine zähe, schwere Masse, das unteritalische Reich, schob, wo derjenige sich gleichgültig verhielt, der allein dem wankenden Thron der lateinischen Kaiser hätte Halt verleihen können, der Herr dieses Reiches, der zugleich Kaiser des Abendlandes war!

Zwar konnten die Lateiner Konstantinopels noch froh sein, dass er sie nicht von vornherein als Gegner behandelte. Waren doch die lateinischen Kaiser im Gegensatz zu den Staufern emporgekommen: bei der Wahl im Jahre 1204 war man über das Recht, das Philipp von Schwaben als Schwager des von den Kreuzfahrern eingesetzten, dann umgekommenen Alexios IV. auf den Thron erheben konnte, stillschweigend hinweggegangen.[2])

Jedoch trug ihnen Friedrich II. das nicht mehr nach, und er dachte nicht, sie deshalb zu bekämpfen, sah auch zunächst davon ab, seine Oberhoheit über sie geltend zu machen, wie sein Oheim Philipp einmal flüchtig geplant hatte.[3])

Aber Friedrichs Gesandter beim Papst, Abt Ulrich von St. Gallen, hat wohl ganz im Sinne seines Herrn ge-

---

[1]) S. oben p. 169—171.
[2]) Norden, Der Vierte Kreuzzug, p. 56—58.
[3]) l. c.

handelt, wenn er Peter von Courtenay, der eben damals, im Jahre 1217, zum Kaiser von Konstantinopel gewählt worden war und nun vom Papste gekrönt werden sollte, mit Verachtung strafte, ihm im Gegensatz zu den Kardinälen und vornehmen Römern die kaiserlichen Ehren verweigerte und es durchsetzte, dass der Papst die Krönung nicht in St. Peter, sondern in einer ausserhalb der Mauern der Stadt gelegenen Kirche vollzog (S. Lorenzo fuori). Denn, so setzte der Abt dem Papste auseinander, es müsse widersinnig erscheinen, dass jetzt, wo er selbst als Vertreter des römischen Imperiums in Rom weile, ein anderer dort zum Kaiser konsekriert werden solle, ohne dass der Fürst der Fürsten dazu seine Einwilligung gegeben habe.[1]

Die Durchsetzung einer solchen Oberhoheit aber seitens Friedrichs hätte zugleich die undankbare und überaus lästige Verpflichtung auf sich nehmen gehiessen, das fränkische Romanien gegen die vordringenden Griechen in Schutz zu nehmen. Dazu kam, dass das Gelübde eines Kreuzzuges ins heilige Land, das der Kaiser abgelegt hatte, seinen Orientplänen von vornherein eine andere Richtung gab.

---

[1] Konrad de Fabaria, Casus S. Galli, MG. SS. II p. 171. Die Stelle verdient wohl mitgeteilt zu werden. Der Abt Ulrich begibt sich nach Rom. ‚Honorium ... pro regni adiens negotiis, imperatorem Ctanum, qui interim, eo in civitate manente, promovendus in imperatorem eo loci cum magno venerat apparatu, ne apud sanctum Petrum consecraretur, allegacionibus impedivit quamplurimis, dicens: eo (= se) pro Romani statu imperii ibi manente, non licere imperatorem consecrari, nisi de voluntate principum principis. Veniente imperatore Ctano, cum assurgeretur sibi a cardinalibus et a cunctis Romanae dignitatis optimatibus, abbas gloriosissimus, loco sedens Romani principis, non movebatur, indignantis animi signans effigiem, ac si non legatorie sed possessionaliter locum solii teneret imperialis. Consecratus est autem imperator non in ecclesia b. Petri, sed in ecclesia b. Laurencii extra muros. Qui cum coronatus in civitatem dum vellet peragrare toto conatu, ne fieret, elaboravit et optavit‘.

Honorius schreibt dem Patriarchen von Kp. über diese Krönung ausserhalb der Tore Roms: sie sei deshalb geschehen, damit nicht in der Hauptkirche auch nur die Spur von der ehemaligen schismatischen Gesinnung der früheren Kaiser von Kp. auftauche. Raynald 1217 § 6/7.

So fanden die Montferrats bei ihren Versuchen, ihr von dem Epiroten Theodor erobertes Königreich Thessalonich wiederzugewinnen, an Friedrich, den sie um Hilfe angingen, keinen Rückhalt.[1])   Auch rechnete Papst Honorius III., als er in ihrem Interesse einen Restaurationskrieg vorbereitete, dabei nicht auf den Kaiser wegen dessen bevorstehender Jerusalemfahrt.   Im Jahre 1230 willigte dann allerdings Friedrich — es war in den Tagen seiner Aussöhnung mit Gregor IX. — in die Übernahme des Königreichs Thessalonich, das Demetrius von Montferrat nicht hatte wiedererobern können und das er nun auf seinem Sterbebette Friedrich übertrug.[2])   Jener hat die Reihe der Prätendenten auf Stücke des lateinischen Orients eröffnet, die seitdem immer zahlreicher im Abendland auftauchen, reich an Königs- und Fürstentiteln und freigebig davon austeilend, jedoch bar der Mittel zu ihrer Realisierung.

Aber Friedrich tat in der Folgezeit nichts, um von seinem neuen Königreich wirklich Besitz zu ergreifen, zumal auch Gregor IX. nicht dazu gedrängt haben wird, da der neue griechische Fürst Manuel, der damals in Thessalonich herrschte, aus Furcht vor Vatatzes, dem Kaiser von Nikäa, sich eng an die Lateiner anschloss, dem Papst in weltlichen Dingen Gehorsam leistete, und es sogar mit der von ihm beanspruchten Kaiserwürde vereinbar fand, Gottfried von Achaja den Lehnseid zu leisten.[3])

Dagegen hat nun die Notlage, in die um die Mitte der dreissiger Jahre sein Schwiegervater Johann von Brienne in Konstantinopel geriet, in Friedrich den Entschluss reifen lassen, diesem seinen kaiserlichen Schutz zu gewähren.   Brienne sollte ins Abendland kommen, um dort von Friedrich mit

---

[1]) Rich. von San Germano MG. SS. XIX p. 344, vgl. Chron. von Monferrat Muratori, Script. rer. It., XXIII p. 381/382.

[2]) Huillard-Bréholles Bd. III. p. 206.   Schirrmacher, Geschichte Kaiser Friedrichs II. Bd. III. p. 93.

[3]) Reg. ed. Auvray Gregor IX. .N; 486 (1. April 1232).   Albericus. l. c. p. 938.

Mitteln zur Behauptung seiner Herrschaft in Konstantinopel ausgerüstet zu werden. Aber noch ehe der Kaiser sein Vorhaben ausführen konnte, starb Brienne (März 1237).

Es dürfte lediglich die persönliche Beziehung zu dem Reichsverweser, nicht etwa das Interesse für die Sache des lateinischen Konstantinopel gewesen sein, das Friedrich jenen Entschluss eingegeben hat. Dafür spricht am meisten, dass er nach dem Tode Briennes sich darauf beschränkte, für dessen beide Söhne, seine Schwäger, Sorge zu tragen,[1] ohne weiter Konstantinopels zu gedenken und etwa dem nunmehr zum Throne gelangten Balduin II. Hilfe zu leisten. Immerhin würde eine Subventionierung Briennes, wie sie Friedrich geplant hat, als eine Art Protektorat des Deutschen Kaisers über Konstantinopel erschienen sein.

II. Feindschaft gegen die Lateiner, Freundschaft mit den Griechen. (1238—1250 [54].)

Der Tod Briennes beraubte die Welt des ungewohnten Schauspiels, Staufer und Papst einträchtiglich dem Schutz des lateinischen Kaiserreichs obliegen zu sehen. In einem ganz entgegengesetzten Sinne war es, dass kurz darauf die Periode der Uninteressiertheit Friedrichs an den Geschicken des lateinischen Kaiserreichs jäh ihr Ende erreichte: nicht als Freund, sondern als Feind der Lateiner trat er aus ihr heraus. Zu einem solchen machte ihn der Kampf mit Gregor IX., der im Jahre 1238 ausbrach. Denn in Konstantinopel regierte

---

[1] Alles nach Friedrichs Brief an den Deutschmeister vom August 1237 (HB. V$_1$, p. 109). Brienne sei gestorben ‚in statu minus prospero. Erat enim nostri propositi, sicut tibi credimus non ignotum, si ulteriorem dierum terminum sibi Dominus indulsisset, ipsius nobiscum habere presentiam, ut suo provideremus statui condecenter‘. Jetzt wolle er seinen Vorsatz auf die Söhne wenden. ‚Quia igitur duos filios suos, quos audivimus esse Venetiis, nobiscum volumus habere presentes‘, so solle der Deutschmeister sie zu Friedrich führen lassen, ‚erga quorum educationem pariter et profectum paternam nos gerere volumus voluntatem‘.

der Papst, und Friedrich bekämpfte es als Glied der päpstlichen Weltherrschaft. Er schloss ein Bündnis mit den Griechen,
den Todfeinden des Papsttums wie des lateinischen Kaiserreichs.

Von griechischer Seite ging die Annäherung aus. Schon
während seines ersten kurzen Kampfes mit Gregor IX. im
Jahre 1229 hatte ein griechischer Fürst Friedrich einen Bünd-
nisantrag gemacht. Es war Kaiser Theodor von Thessalonich
gewesen. Aber während Friedrich damals kaum darauf eingegangen sein dürfte wegen seiner Beziehungen zum Hause
Montferrat sowohl als auf Grund der sich bereits anbahnen-
den Verständigung mit dem Papst,[1]) trat er nunmehr offen
auf die Seite der Griechen. Zugleich trennte er auch dadurch
seine Sache von der der Lateiner Romaniens, dass er den
Ansprüchen auf Thessalonich zu Gunsten Wilhelms III. von
Montferrat entsagte.[2])

Jetzt waren es nicht nur die Westgriechen, die sich
ihm mit Ergebenheitsbeteuerungen nahten: abermals jener
Theodor, der durch Hilfe der Bulgaren wieder in Thessalonich
Herr geworden war an Stelle Manuels, mit ihm der Bulgare
Asan selbst, sowie Michael von Epirus, sondern vor allem
der furchtbarste Feind der Lateiner, Kaiser Vatatzes von
Nikäa.[3])

Es war nicht das erste Mal in der Geschichte, dass der
deutsche und griechische Kaiser zusammen gingen gegen das
Papsttum und dessen Bundesgenossen. Alexius I. und Heinrich IV., Manuel und Konrad III. waren in ähnlicher Weise
verbündet gewesen. Aber in jener Zeit gab es noch in Unteritalien einen selbständigen Normannenstaat, den Päpsten be-

---

[1]) Rich. von San Germ. l. c. p. 356/357. Die Annäherung fand
durch Vermittelung des Pfalzgrafen Matteo von Zante statt, vgl. Schirrmacher, l. c. p. 93.

[2]) Muratori, l. c. p. 384. Der Zusammenhang erscheint zweifellos.

[3]) Für Michael von Epirus siehe Huill.-Bréholles V, p. 586 (15. Dezember), p. 630 (25. Dezember) 1239: Befehle wegen Empfang der Gesandten Michaels Komnenos. Für die übrigen s. u. p. 324.

freundet, aufs heftigste verfeindet mit den beiden Kaiserreichen:
seiner Bekämpfung vor allem sollte damals der Bund dienen.
Dann jedoch waren die Staufer selbst dort Herren geworden,
und der erste von ihnen hatte gleichsam einem natürlichen
Gesetze zufolge, das den Beherrschern von Unteritalien eine
Expansion nach Osten vorschreibt, seine Waffen, wie seine
normannischen Vorgänger, gegen das byzantinische Reich
gewandt.

Wenn Friedrich II. jetzt von diesem Gesetze abwich
und, obwohl Herr von Unteritalien, dennoch Freundschaft mit
dem griechischen Kaiser schloss, so wurde das nur dadurch
möglich, dass sich mittlerweile zwischen dem rhomäischen
und sizilischen Reiche jene vom einen wie vom anderen
unabhängige lateinische Staatenwelt hineingeschoben hatte,
sowie im Zusammenhang damit eine breite Schicht ebenfalls
ganz selbständiger griechischer Territorialherrschaften. Die
Folge davon war, dass die Griechen nicht mehr Unteritalien,
sondern die nach Osten vorgeschobenen Posten der Lateiner
in Konstantinopel bekämpften; dass der Herr des sizilischen
Reichs, damals Friedrich II., zunächst weder ein Feind der
fernen Byzantiner, die mit ihrer glänzenden Hauptstadt das
vornehmste Reizmittel für kühne Eroberer verloren hatten,
noch auch ein Beschützer des auf sich selbst gestellten
lateinischen Kaiserreichs war, dessen Verteidigung er dem
Papste überliess. Als dann mit diesem ein Kampf auf Leben
und Tod ausbrach, tat er einen Schritt weiter, trat als Gegner
des päpstlichen Konstantinopels auf und reichte dem
griechischen Kaiser die Hand zum Bunde.

So eng waren schon im Jahre 1238 die Beziehungen
zwischen ihm und Vatatzes, dass griechische Truppen bei
Brescia in Friedrichs Heer fochten. [1] Und nach des Nikäners
Vorschlag sollte nun Friedrich einfach dem lateinischen Kaisertum ein Ende machen, indem er Balduin zur Räumung Konstantinopels zwänge: an dessen Stelle würde Vatatzes dort

---

[1] B. F. № 2375 a.

einziehen, sich als Lehensmann des abendländischen Kaisers
bekennen und die Union der griechischen Kirche mit der
päpstlichen herbeiführen.   Auch Asan von Bulgarien und
Theodor von Thessalonich versprachen nichts Geringeres. [1]

In der Tat hat daraufhin der Staufer Balduin gedroht,
er würde ihm nach Bezwingung Mailands, das er damals belagerte, Konstantinopel wegnehmen, wenn er sich nicht, wie
es der Grieche freiwillig anbot, als seinen Vasall bekennen
würde. [2]   Auch liess er es nicht beim blossen Drohen bewenden, sondern griff sofort zu Massregeln, die geeignet waren,
Balduin seines Reiches zu berauben: er hinderte nach Kräften
dessen Kreuzzug gegen die Griechen zur Unterstützung Konstantinopels.

Zunächst liess er alle Häfen seines Reiches für die
Transporte nach Konstantinopel sperren. [3]   Sodann verwehrte
er einem Teil des Kreuzheeres, den Balduin voraussandte,
den Durchzug durch die Lombardei.   Zwar liess er die Mannschaften schliesslich nach Venedig passieren, aber den Führer,

---

[1] Philipp Mouskès, l. c. p. 642—644. Balduin erfährt in Paris:

> ,Que Todres, Vatace et Auscens
> Et tout li Griu et leur assens
> Orent mandé l'emperéour
> De Roume, par moult grant amour
> Qu'il li feroient tout ommage,
> Comme visseus et rice et sage,
> Et tenroit l'empire de lui
> Toujours Vatace et non d'autrui:
> Mais que i fesist sans plaidier
> Constantinoble as Frans vuidier;
> Et Bauduins traisist en France
> Et menast là sa mollier france
> Et tout son or et son argent
> Et tot à lor plaisir sagent;
> Et il kerroient et lor oume
> L'apostole et la loi de Rome'.

vgl. auch Hopf, p. 254, Felten, Gregor IX., p. 291.

[2] Mouskès l. c. p. 642.

[3] l. c. 626, 642.

Johann von Bethune, behielt er als Geisel zurück. Als dieser endlich seine Freiheit wiedererlangte, hatten die Verzweiflung und die Leiden des Kerkers seine Kräfte gebrochen, er starb in Venedig, und das Heer löste sich auf. Nur wenige gelangten nach Konstantinopel. [1]

Mit Balduin fühlte sich der Papst getroffen. War doch jener Kreuzzug sein persönlichstes Werk, [2] und dieses schien der Staufer fest entschlossen ganz und gar zunichte zu machen. Gregors Mahnungen vom März 1238, den Kreuzfahrern freien Durchzug zu gestatten, [3] hatte er in den Wind geschlagen, jetzt folgte ein Jahr darauf der Bann, da er die Restauration des lateinischen Kaiserreichs hindere. [4]

Die Wogen des Kampfes zwischen Kaisertum und Papsttum schlugen damals nach dem Orient hinüber und schienen das lateinische Kaiserreich wie das heilige Land unter ihren Fluten begraben zu sollen. Wie der Kaiser die Unterstützung Konstantinopels hinderte, weil es päpstlich, so verbot der Papst einen Zug ins heilige Land, weil es zum Teil staufisch war: die Jerusalemfahrer, die sich freundlich zu Friedrich stellten, gedachte Gregor vielmehr eben gegen diesen zu verwenden. [5]

Aber schliesslich fand sowohl die eine wie die andere Heerfahrt dennoch statt. Die französischen und später die

---

[1] l. c. 626/627, 632/633.

[2] S. o. p. 307 ff.

[3] Potth. 10534, 10542 (12. und 17. März 1238).

[4] Matth. Par. Bd. III. p. 536. Auch einer der griechischen Fürsten, die zu ihm in Beziehung getreten waren, Theodor von Thessalonich, wurde in die Exkommunikation eingeschlossen. Ep. saec. XIII. in der Quartausg. der M. G. Bd. I. p. 320 (20. Aug. 1239).

[5] Verbot der Abfahrt für die in Lyon versammelten Kreuzfahrer: Matth. Paris, ed. Luard. Bd. III. p. 614/615. Bannung derjenigen Kreuzfahrer, die mit Friedrich in Verbindung treten: in einem Brief Gregors vom 7. April 1239 (ep. saec. XIII.) Bd. I. p. 640.

Absicht, Kreuzfahrer gegen Friedrich zu verwenden: Aventinische Excerpte aus den Akten Alberts des Böhmen, ed. Höfler in der Bibl. des lit. Vereins in Stuttgart p. 15, vgl. Röhricht, Geschichte des Königreichs Jerusalem p. 836/8.

englischen Kreuzritter unternahmen dem päpstlichen Verbote
zum Trotz ihre Fahrt ins heilige Land, von Kaiser Friedrich
dabei aufs eifrigste unterstützt,[1]) Balduin aber erhielt von
Friedrich, obwohl er im Vertrauen auf Gregor IX. sich als
Mann des deutschen Kaisers zu bekennen geweigert hatte
— sein Oberherr war eben der Papst! — endlich freie Bahn,
nachdem Ludwig der Heilige sich ins Mittel gelegt.[2])

Ja, als sich dann des Kaisers Beziehungen zu dem neuen
Papst Innocenz IV. zunächst friedlicher gestalteten, worum
auch Balduin sich bemühte,[3]) hat Friedrich den Vatatzes zur
Verlängerung des Waffenstillstandes mit Balduin[4]) um ein
Jahr bewogen (bis 1244).[5]) Dabei ging er aber keineswegs
von seiner Parteinahme für den griechischen Kaiser ab,
knüpfte vielmehr die Verbindung mit ihm noch enger, indem
er ihm seine eigene Tochter zur Gattin gab.[6])

Und bei der Erneuerung des Kampfes zwischen Papst
und Kaiser war das nicht eine der geringsten Verschuldungen,
die den Bannstrahl auf das kaiserliche Haupt herabzogen.[7])
Er selbst in den Armen der Sarazenenmädchen Lucerias, seine
Tochter das Bett des Schismatikers teilend: der Ausschluss
eines solchen Kaisers aus der katholischen Gemeinschaft schien
reichlich verdient.

Jetzt fühlten sich die beiden Kaiser der Christenheit,
von deren geistlichem Oberhaupt gleicherweise verdammt,
völlig solidarisch. Friedrich dünkt sich bei seinem Kampfe
gegen das Papsttum zugleich Vertreter der von diesem als

---

[1]) Matth. Paris, p. 615/616, 620.

[2]) Ep. saec. XIII Bd. I. p. 641: Brief Gregors an Balduin, wo er
diesem jede Verbindung mit Friedrich untersagt, wenn er die Kirche zum
Freunde behalten wolle. Mouskès, p. 664.

[3]) Schirrmacher, Friedrich II. Bd. IV. p. 67.

[4]) S. oben p. 312.

[5]) Matth. Paris, l. c. Bd. IV. p. 299, vgl. Schirrmacher, l. c. Bd. IV.
p. 67, 176.

[6]) Matth. Paris, l. c. unten p. 357.

[7]) Matth. Paris, p. 453.

Ketzer verfluchten Griechen, und Vatatzes erkennt eine
solche Rolle des Staufers dadurch an, dass er ihm bereitwillig Hilfe sendet[1]) und dass er sich der Siege Friedrichs
über die päpstliche Sache freut, die dieser ihm öfter mitteilt.
Andererseits wünscht der Staufer dem Griechen Glück zu
seinen Erfolgen über die Lateiner im Orient, die dort die
päpstliche Sache verfechten.[2]) Aufs schärfste dagegen tadelt
Friedrich die Geneigtheit des griechischen Kaisers, auf eine
päpstliche Gesandtschaft an ihn einzugehen, da das einen

---

[1]) Griechischer Brief Friedrichs vom Februar 1250 an den Despoten
Michael von Epirus. (Miklosich et Muller, Acta et Diplomata Graeca
Bd. III. p. 68,69). Friedrich erklärt dem Despoten ausdrücklich: ‚ἡμεῖς γὰρ
οὐ μόνον διεκδικεῖν τὸ ἡμέτερον δίκαιον ἐφιέμεθα, ἀλλὰ καὶ τὸ γειτνια-
ζόντων φίλων ἡμῶν ..., οὓς ἡ ἐν Χριστῷ ... ἀγάπη συνῆψεν εἰς ἕν,
καὶ κατ᾽ ἐξαίρετον τοὺς Γραικούς, συγγενεῖς καὶ φίλους ἡμῶν‘, die
aber der Papst, weil Friedrich mit ihnen Freund sei, als häretisch und
gottlos verlästere, obwohl sie doch ‚χριστιανικώτατοι‘ und die frömmsten
von der Welt seien. Diese Erklärung soll einerseits den Despoten veranlassen, dem Hilfskontingent, das Vatatzes Friedrich sendet, freien Durchweg zu gewähren; andererseits ist eben diese Unterstützung, die der
Kaiser von Nikäa Friedrich gewährt, ein Beweis, dass die übrigen Griechen
schon in Friedrichs Sache die ihrige erkennen. Das liegt auch in Friedrichs
Worten: ‚πρὸς γοῦν τὴν τοιαύτην ἡμῶν προθυμοτάτην ἐπιχείρησιν‘, habe
Vatatzes ihm Hilfe zugesagt, wo ‚τοιαύτη ἐπιχείρεσις‘ die Verfechtung
von Friedrichs eigener und der griechischen Sache gegen die ‚παπαδικῇ
κακογνωμίᾳ ἀνθιστάμενοι‘ bedeutet.

[2]) Briefe Friedrichs an Vatatzes aus dem Jahre 1250, in denen er
über den Stand seiner Sache in Italien berichtet (l. c. № XVII p. 69—71
und № XIX p. 75/76). Die Mitfreude des Vatatzes lassen folgende Ausdrücke erkennen. Am Ende von № XVII: ‚χαριέστερα τῇ βασιλείᾳ σου
γράψομεν, ἐνηδομένῃ τοῖς ἡμῶν κατορθώμασιν‘, und im Eingang von
№ XIX: ‚συγχαίρειν γὰρ ἴσμεν τὴν βασιλείαν σου ἐν πάσαις ταῖς εὐτυχίαις
ἡμῶν ...‘ — Friedrich spricht über einen Erfolg des Vatatzes in einem
anderen Briefe seine Freude aus (№ XVIII p. 72). Es handelt sich um
die Wiedereroberung von Rhodus, das die Genuesen den Griechen weg-
genommen hatten. Diese Wegnahme hatte als Erfolg der lateinischen Sache
gegolten: Wilhelm von Achaja hatte auf der Durchreise bei seiner Kreuzfahrt dort 100 Ritter zur Unterstützung der Genuesen gelassen. (Georg.
Akrop. ed. Bonn, p. 94.) Die Wiedergewinnung durch Vatatzes war also
ein Verlust der lateinisch-päpstlichen Sache.

Abfall von dem ganzen System bedeutet hätte. Vatatzes dürfe das ebensowenig tun, wie Friedrich auf die Anerbietungen der Lateiner Romaniens eingehe. [1])

Vatatzes hat nun, wie wir später sehen werden,[2]) nach Friedrichs Tode sich dennoch dem Papste genähert. War bereits diese Tatsache geeignet, die staufisch-griechischen Beziehungen erkalten zu lassen, so kam hinzu, dass der Kaiser von Nikäa im Jahre 1253 der von Konrad IV. wegen Landesverrats verbannten Familie Lancia, den Verwandten seiner Gemahlin, an seinem Hofe 'ein Asyl gewährte.[3]) Kaum hatte Konrad dies gehört, als er den Markgrafen Berthold von Hohenburg an Vatatzes sandte, um von diesem zu verlangen, dass er die Lancias sofort aus seinem Reiche verbanne. Er liess durchblicken, dass ein abschlägiger Bescheid des Griechen gleichbedeutend mit einem Bruche zwischen ihnen sein werde.

---

[1]) In demselben Briefe p. 74: Tadel des Vatatzes wegen der Absicht, die päpstliche Gesandtschaft zu erwidern. Statt dessen ‚ἔδει τὴν ἀγάπην σου τὴν ἡμετέραν πρώτως ἑλεῖν βουλήν, ... ὡς καὶ ἡμεῖς ἐκ τῶν φυομένων πολλάκις ὑποθέσεων τῶν αὐτόθεν μερῶν ἄνευ τῆς σῆς βουλῆς πράττειν τι ἢ ἐπιχειρῆσαι οὐ βουλόμεθα, ὡς τὰ γειτνιάζοντά σοι μέρη γνωριμώτερα τῇ βασιλείᾳ σου ἤπερ ἡμῖν'.

[2]) S. unten dritter Abschnitt, Kap. 3.

[3]) Brief des Kronprinzen Theodor Laskaris, Sohnes des Vatatzes, an Georg Muzalo, ed. von Festa in „Public. del R. Istituto di studi superiori" Firenze Bd. XXIX. p. 230/231. Theodor schildert die Audienzen: Bonifazius (de Anglone, vermählt mit einer Lancia) kommt, wer nach ihm? Er hat nämlich zwei Brüder, den κόμην Ῥηγέτον καὶ συρ Μανφρέ (Manfred Lancia, Bruder der Gemahlin des Bonifazius). ὃς καὶ διαμαρτύρεται αὐτοῖς καθ' ἑκάστην, ἵνα μὴ ἀπέλθωσιν εἰς τὸν τόπον τοῦ ῥηγὸς Κορράδου. ἀλλ' ἔχουσι συρ Γαλβάνην (Galvano Lancia) οὗτοι καὶ μαρχέσιν Λάντζα (Bianca Lancia, Manfreds Schwester). ἀκουσάτωσαν αὐτῶν. ὁ δὲ δῆμος λέγει αὐτοῖς εἰ συρ Γαλβάνον καὶ ντᾶμα Μπλάκαν (= et dominam Blancam) οὐκ ἐισακούσουσιν οὐδὲ τινι συρ Τιμπάλδω, εἰ ἐκ νεκρῶν ἀναστῇ, πεισθήσονται'. Der Text ist bereits verbessert nach Festas Bemerkung in den Studi italiani di filologia classica Bd. VI. p. 228.

Hier finden wir also die Familie Lancia am Kaiserhofe von Nikäa anwesend, einige Mitglieder entschlossen, sich mit Konrad zu verständigen. Die Verbannung selbst berichtet Jamsilla in der folg. Anm. zit. Stelle.

Dazu wollte es der Kaiser aber nicht kommen lassen: er scheint wirklich den Lancias seinen Schutz wieder entzogen zu haben.[1])

III. Die byzantinische Politik Manfreds (bis 1261).

Eine ganz neue Wendung trat in den staufisch-byzantinischen Beziehungen ein, als Manfred, der nach Konrads IV. Tode (1254) das unteritalische Königreich allmählich in seine Gewalt zu bringen wusste, einige Jahre später die Bahnen seines Vaters Friedrich völlig verliess und als Gegner des Kaisers von Nikäa auftrat.

Man hätte meinen können, dass mit dem Eintreten des sizilischen Herrschers in die Reihe der Griechenfeinde auch das lateinische Konstantinopel auf bessere Tage hätte hoffen können. Aber vergessen wir nicht, in welcher Zeit wir stehen: noch tobte zwischen Staufern und Papsttum ein erbitterter Kampf, ein päpstliches Konstantinopel hatte von vornherein wenig gutes von einem Manfred zu erwarten.

Er begann damit, nach der illyrischen Küste hinüberzugreifen. Es war im Jahre 1257, demselben, das ihm die unbestrittene Herrschaft im sizilischen Königreich verschaffte. Sofort richteten sich seine Blicke, wie auf das übrige Italien,[2])

---

[1]) Jamsilla ed. Muratori VIII p. 506 c. Konrad verbannte Galvano Lancia und dessen Bruder Friedrich, Bonifacio de Anglone, den Onkel Manfreds, und dessen sämtliche mütterliche Verwandte. ‚Qui omnes cum se ad Imperatricem Romaniae, sororem ipsius principis, contulissent, misit rex postmodum Bertholdum marchionem de Kronebruch in Romaniam, qui praedictos Galvanum et fratres ab imperatore Romaniae fecit de imperio suo licenciari, multum diplicuisse Regi asserens, si imperator eos circa se retineret‘. Vgl. Karst, Geschichte Manfreds, Berlin 1898, p. 8. Die Gesandtschaft des Markgrafen findet sich auch an einem ganz anderen Orte erwähnt: sie dient als Einteilungsprinzip für Briefe des Theodor Laskaris an Blemmydes. Ein Teil derselben ist überschrieben: ‚Πρὸ τῆς τοῦ μαρχίωνος Βελτόρδρου δι Ὀεμβούργ πρεσβείας πρὸς τὸν μέγαν βασιλέα κύρον Ἰωάννην τὸν Δούκαν‘. Heisenberg in seiner Ausgabe des Blemmydes (1896) p. XXXIV.

[2]) Karst p. 153; die griechischen Beziehungen lässt er unberücksichtigt.

so auf Griechenland.   Dort lag gerade der Despot Michael II.
von Epirus mit dem Kaiser von Nikäa, Theodor II. Laskaris
(1254—1258), im Kampf, und Manfred ergriff diese günstige
Gelegenheit, um sich einiger Städte an der epirotischen Küste
zu bemächtigen.[1)] Doch diese Okkupation fand nun nicht
etwa im Einverständnis mit dem Gegner des Herrschers von
Epirus, dem Kaiser von Nikäa statt: war doch unter den von
Manfred eroberten Städten auch Dyrrhachium, das kurz zuvor dem Kaiser von den Epiroten abgetreten und vielleicht
noch, falls nicht während des Krieges bereits von dem Despoten wieder genommen, von einer nikänischen Besatzung
gegen Manfred verteidigt worden war.

Man wird nicht fehlgehen, wenn man in der immer
grösseren Machtentfaltung des nikänischen Kaiserreichs den
Grund findet, der Manfred über Friedrich II. hinweg auf
Heinrichs VI. und der Normannenkönige Politik zurückgreifen
liess.   Jene Pufferstaaten — so würden wir sie mit einem
modernen Begriff bezeichnen — die sich zwischen Unteritalien
und das expatriierte Byzantinerreich geschoben hatten, begannen immer mehr zusammenzuschwinden und eingeschmolzen
zu werden in den neu erstehenden Rhomäerstaat.   Zwar
existierte ja noch das lateinische Kaiserreich, aber es war,
im eigentlichen Sinne gefasst, identisch mit der Stadt Konstantinopel und zählte nicht mehr ernstlich als Zwischenglied:
ein solches war, soweit die Verbindung zu Lande quer über
die Balkanhalbinsel hinweg in Betracht kam, eigentlich nur
noch das Despotat von Epirus: aber auch diese letzte Scheidewand drohte in dem Kampfe, der im Jahre 1257 zwischen
Nikänern und Epiroten ausbrach, jenen anheimzufallen, wenn

[1)] Die Besitzergreifung von Dyrrhachium, Belgrad, Aulona durch
Manfred ist nur aus einer Privaturkunde vom Februar 1258 zu ersehen
(Miklosich et Muller l. c. p. 240), wo Manfred als Herr dieser Städte be-
zeichnet wird, und zwar ist es damals das erste Jahr seiner Herrschaft.
Zit. von Hopf l. c. [114[1]] p. 281. — Über die Kämpfe der Byzantiner
und Epiroten, s. Hertzberg, l. c. [61[3]] p. 415 ff.

sie siegten und sich der ganzen illyrisch-epirotischen Küste
bemächtigten.

Dem gedachte Manfred zuvorzukommen. Zunächst fasste
er einmal selbst festen Fuss jenseits der Adria, indem er die
Insel Korfù sowie die drei stärksten Positionen des Apulien
gegenüberliegenden griechischen Festlandes: Durazzo, Berat
und Aulona, ein unüberwindliches Festungsdreieck mit nach
Osten gekehrter Spitze, okkupierte, ohne viel zu fragen, ob er
dadurch den Epiroten schwächte. Dann aber zeigte er sich
zu einer Verständigung mit diesem bereit, und der Despot war
klug genug, Manfreds Okkupation dadurch zu legitimieren, dass
er ihm seine Tochter Helena als Gemahlin und ihr jene
Plätze als Mitgift zusagte. [1]) Schon im Sommer 1258 erntete
er die Früchte dieser verständigen Politik. Manfred sandte
damals eine starke Flotte unter seinem Admiral Chinardo
nach Romanien, um den Despoten gegen die Nikäner zu unterstützen. [2])

Vergeblich war der Versuch des neuen Kaisers von
Nikäa, Michaels Palaeologus (seit 1259), Manfred zu sich hinüber
zu ziehen: dieser nahm die griechischen Boten in Haft. [3])
Besonders bedrohlich begann sich für jenen die Lage zu
gestalten, als Michael von Epirus, wie er sich den Staufer
verbunden hatte, so auch den Fürsten Wilhelm II. von
Achaja zum Schwiegersohn gewann, der sich soeben in einem
Kriege mit Venedig, den Dreiherren von Euböa und dem Herzog
von Athen zum Oberherrn der Franken Griechenlands aufge-
schwungen hatte, [4]) und sich so eine gewaltige Koalition gegen
Paläologos bildete mit dem Ziele, die Machtstellung des
nikänischen Kaisers zu erschüttern und diesen womöglich nach
Asien zurückzuwerfen.

---

[1]) Die Heirat fand erst im Jahre 1260 statt, s. Ficker in MJÖG
Bd. III. p. 361—3.

[2]) Hopf l. c. Die Hilfsflotte erwähnt Capasso: Hist. Dipl. Regni
Sic. p. 145/146.

[3]) Georg. Akrop. ed. Bonn p. 175.

[4]) Hopf, p. 277 ff., Gregorovius l. c. [169] I p. 392—96.

So sehr jedoch die drei Verbündeten in negativer
Richtung, in dem Wunsch einer Reaktion gegen das Kaisertum von Nikäa übereinstimmten, soweit gingen ihre positiven
Ziele auseinander, zum wenigsten die des Epiroten und des
Fürsten von Achaja. Schon die Auseinandersetzung über die
Balkanländer von der Adria bis Konstantinopel würde im
Fall eines Sieges auf die allergrössten Schwierigkeiten ge-
stossen sein, insbesondere hätte wahrscheinlich die Frage, wer
das seit 1246 nikänische Thessalonich erhalten sollte, einen
gütlichen Ausgleich verhindert: der Despot, ein Neffe des ehemaligen Kaisers Theodor von Thessalonich, würde die alten Ansprüche seines Hauses, der Fürst die noch älteren der Lateiner
auf diese Stadt haben durchsetzen wollen.[1]) Noch weniger war
man sich über das Schicksal des lateinischen Konstantinopels
klar für den Fall, dass die Koalition es über den Paläologen
davontrüge. Dem Epiroten schwebte das Ideal vor, dem sein
Oheim ein Menschenalter zuvor nahe gekommen war: Konstantinopel zu erobern und sich dort die Kaiserkrone der Rhomäer
aufs Haupt zu setzen. Keiner, meinte er, habe auf sie ein
besseres Recht als er, der aus dem Geschlechte der Angeli
stamme. Die Schwäche der in Konstantinopel weilenden
Lateiner schien ihm einen leichten Erfolg zu versprechen.[2])

Von Wilhelm II. von Achaja meinte man wohl später,
er habe dort, ein getreuer Vasall, lediglich die Stellung seines
Lehnsherrn, Kaisers Balduin, festigen wollen. Aber wer
möchte die Grenzen des Ehrgeizes dieses Villehardouin bestimmen?[3]) Würde ihm nicht ein triumphierender Einzug in
Konstantinopel den Gedanken nahe gelegt haben, unter Beseitigung des dort regierenden Schattenkaisers sein eigenes

---

[1]) Nach Pachymères ed. Bonn Bd. I. p. 83 wollte es der Despot für
sich, nach der Cronica de Morea, Ausg. der Societé de l'Orient latin 1885
p. 55/56 versprach er es seinem Schwiegersohn Wilhelm von Achaja. vgl.
auch Nik. Greg. Buch III c 1: καὶ γὰρ τὴν μετὰ τὸν Ἰόνιον κόλπον εὐθὺς
ἄχρι Βυζαντίου πᾶσαν Ῥωμαίων ἀρχὴν ἤλπισαν ἕξειν ἀπονητί.

[2]) Pachym. l. c. p. 83. Vgl. oben p. 301[1 8] 304.

[3]) Marino Sanudo: Istoria del regno di Romania l. c. [263[2]] p. 107.

Regiment dort aufzurichten und durch den Besitz der Hauptstadt, durch Titel und Würde die faktische Stellung eines
Oberherrn der Lateiner Romaniens, die er in blutigen Kämpfen
der letzten Jahre errungen, zu weihen?   Wie wenig Rücksicht
er auf den Kaiser zu nehmen gedachte, beweist die Absicht,
die man ihm zuschreibt, dessen Freunde, die Venetianer,
deren erbitterter Gegner er selbst war, aus Konstantinopel
zu verjagen. [1]

Und Manfred endlich?   Wenn er auch noch nicht Italien
verlassen konnte, um persönlich in die griechischen Kämpfe
einzugreifen, sondern sich zunächst mit Absendung eines
Hilfskontingents von 400 deutschen Eisenreitern begnügen
musste, so trug er sich doch mit grossen Plänen, wie uns ein
griechischer Schriftsteller sagt. [2]   Ein anderer erklärt näher:
ein gemeinsamer Angriff der Koalierten auf das päpstliche
Konstantinopel würde durchaus in des Staufers Sinne gewesen
sein. [3]   Vielleicht wäre Manfred vorerst ein Kaisertum seines
Schwiegervaters, des Despoten von Epirus, in Konstantinopel

---

[1] Sanudo l. c.

[2] Georg. Akrop., p. 175: ‚εἰς φαντασίαν μείζονος κέρδους κρατηθείς‘.
Über sein Kontingent l. c. p. 197.

[3] Pachym., p. 83: „. . . ὅτι καὶ ὁ Μανφρὲ παρὰ πατρὸς Φρεδερίχου
ὡς κλῆρόν τινα εἶχε τὸ τῆς ἐκκλησίας ἀποστατεῖν ὥστε μὴ ξένον εἶναι
τὸ Γερμάνους τοῖς ἐν τῇ πόλει Ἰταλοῖς μάχεσθαι‘.
Die Nachrichten des Matteo Spinello di Giovenazzo über ein Hilfsgesuch Kaiser Balduins bei Manfred im Jahre 1259 sowie über die Bemühungen
des Despoten von Epirus, zwischen Manfred und der Kurie Frieden zu vermitteln, die Giudice in seinem Aufsatz „La Famiglia di Re Manfredi", Neapel
1880, (p. 22—24 und im Anhang) verwertet, wird man verwerfen müssen,
da die Chronik als eine Fälschung aus dem XVI. Jahrhundert erwiesen ist
und die beiden Facta nirgends sonst bezeugt sind. (S. Bernhardi, Matteo
di Giov., Progr. des Luisenstädt. Gymn. 1868 p. 22/3.) Was Balduin betrifft, so handelt es sich offenbar um eine Verwechselung mit dessen Aufenthalt bei Manfred nach seiner Vertreibung aus Kp. (s. u. Buch III,
erster Abschnitt, Kap. 1); der Despot von Epirus aber, der, wie auch
Giudice annimmt, den festen Entschluss hatte, Balduin Kp. wegzunehmen,
d. h. dem Papsttum einen Schlag zu versetzen, wäre doch recht wenig geeignet gewesen, den Vermittler zwischen diesem und Manfred zu spielen.

als Damm gegen den Paläologen nicht so unrecht gewesen,
wenn jener ihm dafür ein grosses Gebiet am Adriatischen
Meere abtrat.   Auch auf seine Stellung in Italien dem Papsttum gegenüber hätte ein Erfolg seiner griechischen Politik
eine bedeutsame Rückwirkung ausüben müssen.   Dem päpstlichen Interesse wäre überhaupt, das darf man wohl annehmen,
ein Eingreifen der Koalierten in die Geschichte des lateinischen
Kaiserreichs wenig günstig gewesen.

Aber es kam nicht dazu.. Noch vor dem entscheidenden
Kampfe gesellte sich zu jenen trennenden Momenten, die erst
mit dem Siege hervortreten konnten, ein anderes schlimmeres,
das sofort seine Wirkung tat: das Misstrauen zwischen den
Griechen und Lateinern, die in demselben Bündnis vereinigt
waren.

Hier setzte der schlaue Paläologe ein.   Es gelang ihm,
im entscheidenden Augenblicke Unfrieden zwischen beiden
Teilen zu säen und so den Verbündeten die vernichtende Niederlage von Pelagonia (1259) beizubringen.[1]   Villehardouin wurde
gefangen genommen, und der Epirote rettete nur durch erneute Hilfe Manfreds seinem Staate das Dasein.[2]   Zugleich
aber war damit das Schicksal Konstantinopels besiegelt: statt
des Heeres der Verbündeten hielt dort zwei Jahre später der
Paläologe seinen Einzug.

Annex: die Haltung Genuas.

Die Päpste haben noch von Glück sagen können, dass
ihnen bei ihren Bemühungen für das lateinische Kaiserreich
nicht neben den Staufern eine andere Macht in den Arm fiel:
die Republik Genua, die Erbfeindin des von Venedig mono-
polisierten Lateinerreichs.

Es scheint, dass sie die lateinischen Kaiser niemals als
rechtmässige Herren von Konstantinopel anerkannt hat.[3]

[1] Cronica di Morea, l. c. p. 57 ff., vgl. Hopf, p. 283.

[2] Hopf. p. 285.

[3] Ann. Jan. MG. SS. XVIII p. 125 (ad a 1206) „ad eum, qui
imperatorem Ctanum se appellari faciebat", ganz wie die griechischen
Schriftsteller.

Jedenfalls entschloss sie sich in den dreissiger Jahren zu
Verhandlungen mit Vatatzes, die ohne Zweifel auf die Vertreibung der Venetianer und Franzosen aus Konstantinopel
abzielten. Zunächst schickte sie im Jahre 1231, dann 1239
eine Gesandtschaft nach Nikäa, welch' letztere von Vatatzes
erwidert wurde.[1] Ein Erfolg der Verhandlungen hätte wohl
schon damals, wo auch Friedrich II. mit Vatatzes im Bunde
war, den Untergang des lateinischen Kaiserreichs besiegelt.
Aber Genua, das erst im Jahre zuvor unter päpstlicher Vermittlung mit Venedig Frieden geschlossen und sich feierlich
verpflichtet hatte, kein Bündnis mit Vatatzes einzugehen,[2]
mochte sich damals schliesslich doch noch nicht dazu verstehen, aus dem Rahmen der katholischen Christenheit heraus-
zutreten auf die Seite des Schismatikers.

Erst zwei Jahrzehnte später, im selben Jahre, wo
Konstantinopel fiel, schloss Genua mit Michael Paläologos
den Vertrag von Nymphäum ab,[3] nach dem an Stelle des
lateinischen Reichs von Konstantinopel mit venetianischer ein
griechisches mit genuesischer Handelsherrschaft in die Er-
scheinung treten sollte. Obwohl der Grieche dann ohne Hilfe
der Genuesen zum Herrn der Hauptstadt wurde, räumte er
ihnen nichtsdestoweniger die verheissene Vormachtstellung ein,
und sie halfen ihm dafür Konstantinopel behaupten.[4]

<hr />

Drittes Kapitel.

Die Askese.

Blieb so während des Bestehens des lateinischen Kaiserreichs die politische Gegenwirkung seitens abendländischer

[1] l. c. p. 177, 190, vgl. Heyd., Le commerce du Levant au moyen
âge I p. 306.

[2] Dandolo, Murat. XII p. 350, vgl. Taf. und Thom., l. c. [177¹]
p. 342—344.

[3] Herausg. von Pagano: Delle imprese del dominio dei Genovesi
nella Grecia (Genova 1851) p. 249—258. Heyd. l. c. p. 428—430.

[4] S. unten Buch III, erster Abschnitt, Kap. 1.

Mächte auf die Aktion der Staufer beschränkt, so übte von
einer ganz anderen Richtung her dieselbe hemmende Wirkung
auf das Streben der Päpste nach Erhaltung des lateinischen
Kaiserreichs das heilige Land aus. Es rächte sich sozusagen.
Der Vierte Kreuzzug hatte ihm durch Eroberung Konstantinopels Rettung bringen wollen. Sie war nicht nur nicht
ausgeblieben, sondern das lateinische Kaiserreich, selbst hilfs-
bedürftig, drohte der älteren Tochter der Kirche im Orient,
die bisher allein deren Schutz erfahren, eine gefährliche
Rivalin zu werden.

Aber Jerusalem war und blieb ein stärkerer Magnet für
das Abendland als Konstantinopel. Vergebens stemmten sich
die Päpste gegen den Strom, mühten sie sich, ihn von Syrien
weg zum Bosporus zu leiten: mit elementarer Gewalt ergoss
er sich in sein altes Bett.

Im XII. Jahrhundert hatte man noch glauben können,
durch eine Heerfahrt gegen das kreuzzugsfeindliche Byzanz
dem heiligen Lande zu helfen.[1] Seit der Vierte Kreuzzug
gescheitert, war dieser Glaube dahin und die indirekte Unterstützung, die, wie die Päpste predigten, die Erhaltung des
lateinischen Kaiserreichs dem heiligen Lande gewährte, war
den Gläubigen zu wenig greifbar. Auch sahen wir ja noch
Honorius voller Skrupel, wenn es sich darum handelte, Streitkräfte, die dem heiligen Lande bestimmt waren, nach Konstantinopel zu senden.[2]

Gewiss gelang es dann den Päpsten durch ihre
Mahnungen und besonders durch die Gelübdevertauschung,
manchen Streiter der Sache Konstantinopels zu gewinnen.
Aber gerade in einem der wichtigsten Momente versagten
alle Überredungskünste des römischen Pontifex gegenüber dem
heissen Drang nach Jerusalem.

Eine Zeitlang konnte Gregor IX. (in den Jahren 1238/39)
hoffen, den König von Navarra, eine Reihe der ersten Barone

---

[1] Norden, Vierter Kreuzzug p. 13 ff.
[2] S. oben p. 293 ff.

Frankreichs, darunter den Grafen Peter von der Bretagne,
dem Kreuzheer Kaiser Balduins II. einzureihen,[1] konnte er
sich schmeicheln, dass der reiche Bruder des englischen Königs
die Hauptkosten der Expedition tragen werde. Noch stand
Vatatzes nicht so festen Fusses in Europa, als dass nicht
ein solches Heer, das in sich die Blüte der occidentalen
Ritterschaft vereinigte, seiner Herrschaft dort hätte ein Ende
bereiten und ihn gar nach Asien hätte verfolgen können.

Aber all diese Fürsten änderten bald ihren Sinn: sie
richteten sogar eine „identische Note" an den Papst, in der
sie sich bitter beklagten, dass er dem heiligen Lande Mittel
entzöge, um sie für Konstantinopel zu verwenden.[2] Umsonst
brach dieser eine Lanze für das lateinische Kaiserreich: sie
alle wandten sich dem heiligen Lande zu. Ähnlich war es
in England: Richard von Cornwallis verstand sich nicht zu
der vom Papst gewünschten Vertauschung seines Gelübdes
für das heilige Land in ein solches für Konstantinopel und
zur Verwendung des Geldes, das ihm ein Kreuzzug dorthin
gekostet hätte, für das lateinische Kaiserreich, sondern er
hielt an seinem alten Vorhaben, der Kreuzfahrt nach
Jerusalem, fest.[3]

Man sagt sogar, dass Richard und die englischen Kreuzfahrer einander eidlich gelobt hätten, sich nicht durch die
Kurie von ihrem Gelübde für das heilige Land abbringen und
zum Kampf gegen Christen verleiten zu lassen:[4] sowie in
Frankreich manche Kreuzfahrer schleunig ins heilige Land
vorauseilten, aus Furcht, bei längerem Verweilen vom Papst
zur Verwandlung ihres Gelübdes gezwungen zu werden.[5]
Aber wie Gregor die französischen Barone schliesslich nicht

---

[1] S. oben p. 310.

[2] Ersichtlich aus Gregors IX. Antwort, Raynald, 1239 § 79 (vom
9. März 1239).

[3] S. Anhang № VIII, IX.

[4] Matth., Paris, Bd. III. p. 620.

[5] Reg. Vat., ms., Bd. XVIII fol. 336 vom 9. November 1237 an
den Dominikaner Wilhelm von Oleron: ... „et alios qui metu commu-

gegen ihren Willen bei der Sache Romaniens festzuhalten
suchte, so erwies er sich auch in England Richard von Cornwallis willfährig. Schweren Herzens widerrief er die Bullen,
in denen er bereits die Verwendung der für das heilige Land
bestimmten Legate, des 20. und 30. der kirchlichen Einkünfte
zu Gunsten des lateinischen Kaiserreichs verfügt hatte, und
gab zu, dass all die reichen Geldmittel Englands Richards
Jerusalemfahrt zu Gute kämen. [1]

So scheiterten die Versuche des Papsttums, nach souve-
ränem Ermessen den Mächten der abendländischen Christenheit
ihre Posten im Orientkampfe anzuweisen, an deren nimmer
erkaltenden Begeisterung für das heilige Grab.

Bedenken wir, dass eben in dieser Zeit sich zum erstenmale auch jener andere Widerstand gegen die Bemühungen
des Papsttums für Konstantinopel geltend machte, die anti-
lateinische Politik der Staufer, so muss noch das Heer, mit
dem Balduin im Frühjahr 1239 nach Konstantinopel zog.
stattlich genug erscheinen: [2] aber es fehlte in ihm jeglicher
grosse Name, es fehlten der Expedition die Subsidien des
reichen Inselstaats. Jene zierten, diese verstärkten das Kreuzheer, das in denselben Frühlingstagen nach Palästina unter
Segel ging. [3]

Und ein Jahrzehnt später: welches hätte nicht das Geschick Romaniens werden müssen, wenn sich Ludwig der
Heilige statt zur Befreiung Jerusalems zu der Konstantinopels

---

*tationis vel redemptionis votorum ante generale passagium iter arripiunt
transmarinum'.*

[1] S. Anhang № X.

[2] S. oben p. 312.

[3] Das zeitliche Zusammentreffen der beiden Kreuzfahrten betonen
Mouskès, p. 666 und Albericus l. c. [p. 306⁵] p. 949. Wir sahen oben p. 325,
dass Gregor IX. die Abfahrt der Kreuzfahrer nach dem heiligen Lande in
Marseille im letzten Augenblick geradezu zu verhindern suchte. Das geschah freilich nicht Kp.s halber, sondern wegen ihrer Beziehungen zu
dem im März 1239 gebannten Kaiser Friedrich II.

entschlossen hätte! Wer möchte zweifeln, dass Balduin bei seinem wiederholten Aufenthalt in Frankreich seinem Verwandten einen solchen Gedanken nahe gelegt hat? Verfolgte er doch den König noch während dessen Kreuzfahrt bis nach Ägypten mit seiner Bitte um Hilfe.[1] Seine Gemahlin, Marie von Brienne, hatte schon vorher in Cypern Ludwig aufgesucht, um dort von ihm Unterstützung Konstantinopels zu erflehen. Sie erreichte, dass eine grosse Anzahl von Rittern sich urkundlich verpflichteten, sie wollten, wenn der König nach Beendigung der Kreuzfahrt ein Kontingent von 300 Rittern nach Konstantinopel zu senden gedenke, an diesem Zuge teilnehmen. Aber als das ägyptische Unternehmen gescheitert war, und Joinville den König bei der Abfahrt vom heiligen Lande im Jahre 1254 an jenes Versprechen gemahnte, erklärte Ludwig, keine Mittel dazu zu haben.[2] Und doch war er im Jahre 1251 aufs neue über die Lage Konstantinopels unterrichtet worden, als der Reichsverweser von Konstantinopel, Narjaud de Toucy, ein Jahr bei ihm in Cäsarea verweilte.[3] Die einzige Gunst, die er dem lateinischen Kaiserreich auf seinem Kreuzzuge erzeigte, war, dass er den Kaiser von Trapezunt, der sich mit ihm zu verschwägern wünschte, statt dessen an die Kaiserfamilie von Konstantinopel verwies, um dieser dadurch einen Bundesgenossen zuzuführen.[4]

Es ist dieselbe Zeit, da dem lateinischen Orient der helfende Arm des Papsttums fehlte, dessen Kräfte völlig durch den Stauferkampf absorbiert wurden. Das heilige Land fand in der geistigen Macht der Askese, die ihm den Schutz eines mächtigen Fürsten verschaffte, ein Äquivalent für die verminderte Unterstützung der Kurie: dem lateinischen Kaiser-

---

[1] S. oben p. 261.

[2] Joinville ed. Bouquet XX p. 212.

[3] l. c. p. 265.

[4] l. c. p. 279.

reich ward kein gleiches zu teil, ja, eben jene Hilfsquelle des heiligen Landes wurde ihm zum Verderben, da sie denjenigen Fürsten von Konstantinopel abzog, den sonst seine enge Interessengemeinschaft mit den dortigen Lateinern wohl an den Bosporus hätte führen müssen.

So ging das lateinische Kaiserreich, von dem ein dichtes Netz entgegengesetzter weltlicher und geistlicher Interessen den Schutz des Occidents fernhielt, seinem unaufhaltsamen Ruin entgegen.

Dritter Abschnitt.

Die Unionsverhandlungen der Nachfolger Innocenz' III. mit dem Kaiserreich von Nikäa.

Erstes Kapitel.

Unionsprojekte Kaiser Theodors I. Laskaris
c. 1218—1222.

Wir haben oben gesehen, dass schon Innocenz III. versucht hat, die nicht unter lateinische Herrschaft geratenen Griechen, vor allem die des Kaiserreichs Nikäa, auf dem Wege der Unionsverhandlungen der römischen Kirche zu gewinnen.

Wir stellten aber zugleich fest, dass dieser kirchlichen Aktion haltbare politische und kirchenpolitische Grundlagen gefehlt hatten. Denn Innocenz III. war nicht gewillt gewesen, dem Kaiser Theodor Laskaris von Nikäa diejenigen politischen Konzessionen zu machen, welche allein diesen zu einer Unterwerfung unter Rom hätten veranlassen können, nämlich ihm die lateinischen Besitzungen in Asien oder gar Konstantinopel selbst abzutreten. Hatte Innocenz dem Nikäner doch sogar anfangs zugemutet, sich zum Vasallen des lateinischen Kaisers herabzuwürdigen.[1]

Ebensowenig war Innocenz in kirchenpolitischer Hinsicht den Griechen entgegengekommen: er resp. sein Legat

---

[1] S. oben p. 225.

Pelagius hatte dem griechischen Patriarchen das Recht abgesprochen, sich „Patriarchen von Konstantinopel" zu nennen, und er hatte jenem keine Oberhoheit über die Griechen des lateinischen Kaiserreichs verstatten wollen. Beides: jenen Titel und dieses Amt hatte er vielmehr dem lateinischen Patriarchen vorbehalten. [1]

Kaiser Theodor Laskaris hat nun gegen Ende seiner Regierung seinerseits den Unionsgedanken wieder aufgenommen.

Man wusste hierüber bisher so wenig wie von jenen früheren Verhandlungen. Wie über die letzteren der Bericht des Metropoliten von Ephesus, so gibt von diesem Plane Kaiser Theodors zu einer erneuten Anknüpfung mit Rom die Korrespondenz des Metropoliten Johannes von Naupaktos mit dem nikänischen Patriarchen Manuel (1217—1222) Kunde. [2]

Sie enthält ein (undatiertes) Schreiben des Patriarchen an den Erzbischof von Naupaktos, in welchem jener Mitteilung gibt von der Absicht des Kaisers Theodor Laskaris, die Prälaten der orientalischen Patriarchate Konstantinopel, Alexandrien, Antiochien und Jerusalem in Nikäa zu versammeln, damit nach gemeinsamem Ratschluss Gesandte an den Papst geschickt würden wegen der Beilegung des Schismas, der Befriedigung der Kirchen und der Einigung aller Christen. Der Patriarch bezieht sich auf ein früheres Schreiben des Kaisers selbst, in welchem dieser die Prälaten bereits über sein Vorhaben unterrichtet und das kommende Ostern als Termin des Konzils angesetzt habe; er, der Patriarch, habe deswegen schon vor kurzem an Theodor Dukas, den Griechenfürsten, zu dessen Reich Naupaktos, das Erzbistum des Adressaten, gehörte, geschrieben. [3]

[1] S. oben p. 220.
[2] ed. l. c. (s. o. p. 301[1]).
[3] l. c. p. 264 (№ XIV). Laskaris habe die orient. Geistlichkeit zu versammeln beschlossen, ‚ἐφ' ᾧ κοινῇ βουλῇ καὶ ψήφῳ πρέσβεις πρὸς τὸν πάπαν τῆς πρεσβυτέρας Ῥώμης σταλῆναι καὶ πρὸς ἀλλήλας εἰρηνεῦσαι τὰς ἐκκλησίας καὶ ὁμοφρονῆσαι τοῦ λοιποῦ πάντας χριστιανούς' etc.

Wichtig ist nun auch die Antwort des Johannes von Naupaktos auf diesen Brief. Aus ihr erfahren wir nämlich, dass der Kaiser Theodor Laskaris jene Unionsverhandlungen mit Rom anknüpfen wollte zu einer Zeit, wo er zugleich mit dem Hause der lateinischen Kaiser von Konstantinopel in Verwandtschafts- und Freundschaftsbeziehungen getreten war.

Der Naupaktenser tadelt aufs bitterste jene Verschwägerung des Laskaris mit den Lateinern Romaniens. Denn diese bedrückten in ihren Ländern nach wie vor die Griechen; auch Verhandlungen mit Rom würden dem nicht abhelfen; nur in einer Vertreibung der Lateiner von griechischem Boden liege das Heil. Er fordert den Patriarchen dringend auf, durch sein und seiner Mitgeistlichen Machtwort die verwandtschaftliche Verbindung des nikänischen Kaiserhauses mit den Lateinern aufzulösen, da sich sonst die Westgriechen von der Gemeinschaft der Nikäner absondern würden. [1])

[1]) Brief № XV p. 265—67. Er sagt: (p. 266) ich wundere mich, dass Ihr noch mit Rom verhandeln wollt, wo doch Eure politische und verwandtschaftliche Verbindung mit den Lateinern den Griechen in lateinischen Landen keinen Nutzen gebracht hat. ‚ἐθαύμασα, οὕτως ὑμῶν διὰ τοῦ μετὰ τῶν λατίνων κήδους προστεθέντων αὐτοῖς καὶ σπονδὰς πρὸς αὐτοὺς ποιησαμένων εἰρηνικὰς καὶ τὸ σύμπνουν ἐχόντων, ὡς ἀποθαρρῆσαι αὐτοὺς τοῦ λοιποῦ καὶ κλεῖσαι μὲν τὰς ἡμετέρας ἐκκλησίας, ἔνθα καὶ ἄρχουσι, μύρια δὲ τὰ δεινὰ κατὰ τῶν ὑπὸ χεῖρα χριστιανῶν διαπράττεσθαι, (dass Ihr) νῦν ἐθέλειν πρεσβείαν στείλασθαι πρὸς τὸν τῆς πρεσβυτέρας Ῥώμης ἐξάρχοντα‘. Man solle nicht meinen, der Papst würde etwa Abhilfe schaffen, derselbe identifiziere sich vielmehr stets mit den Lateinern Romaniens. Durch das Verlangen, dass die Nikäner zur Beratung der Union nach Westgriechenland, in das Reich des Theodor von Epirus, kommen sollen, lehnt der Erzbischof von Naupaktos ein Eingehen auf das Ansinnen des Patriarchen de facto ab.

Er kommt dann noch einmal auf die Verschwägerung, und sagt ironisch: Ihr habt uns da eine grosse Freude bereitet. ‚τοῖς λατίνοις κηδεύσαντες καὶ παρὰ τοῦτο (trotzdem) τὴν κατ᾽ αὐτῶν (gegen die Christen, d. h. Griechen) ὁρμὴν παρεάσαντες, δέον ὃν καὶ τὴν σὴν ἁγιότητα καὶ τοὺς αὐτόθι συναδελφοὺς καὶ ἐπισκοπιαῖς ὑποθήκαις καὶ διδασκαλίαις κανονικαῖς τὴν πρᾶξιν ταύτην ἐπικωλῦσαι, ὡς μήτε τὴν ἀρχὴν γενέσθαι ἢ γενομένην διὰ περίστασιν καιρικὴν πάλιν ὑμετέραις ὑποθήκαις ἀπογενέσθαι‘. Auch auf p. 267 betont er noch einmal die Unvereinbarkeit eines Paktierens mit den Lateinern. Sei das schon früher nicht gelungen, wo

Für die Verschwägerung Theodors I. Laskaris mit den Lateinern kommen nun zwei Fälle in Betracht.

Zu Beginn des Jahres 1219 hat Theodor die Tochter der Kaiserin Jolantha, der Gemahlin des in Epirus verunglückten Kaisers Peter von Courtenay, Marie mit Namen, geheiratet. [1] In den Jahren 1221 und 1222 hat eine Verlobung von Theodors Tochter Eudoxia mit Kaiser Robert von Konstantinopel (1221—28) in Frage gestanden. [2]

Bei dem uns vorliegenden Material erscheint es unmöglich, zu entscheiden, welche dieser beiden Verschwägerungen der Erzbischof von Naupaktos im Auge hat. [3]

Auch kommt es für uns viel mehr darauf an, zu wissen, welches politische Ziel Theodor Laskaris mit jenen Eheverbindungen verfolgt hat, und welches demgemäss die politische Grundlage der von ihm, im Zusammenhang mit jenen, geplanten Unionsverhandlungen gewesen sein mag.

Von der Ehe Theodors mit Marie von Courtenay ist uns nun bekannt, dass der Kaiser sie abgeschlossen hat in der

---

diese sich noch in ihren Grenzen gehalten hätten, so sei es jetzt, wo sie Griechenland überschwemmt hatten, vollends unmöglich. Lobenswert sei deshalb das Verhalten Theodors von Epirus „ὃν (statt ὅτι) οὐ κῆδος παρὰ λατίνων ἐπισπευδόμενον, οὐ δώσεις χωρῶν, οὐ χρημάτων καταβόλαιον τῆς κατὰ κῶν κοινῶν ἐχθρῶν τούτων ἀναγκαίας ὁρμῆς ἀνέκοψε‘.

[1] Georg. Akrop., p. 29, 33. Phil. Mouskès l. c. [265³] p. 403, 5. Vgl. Ducange l. c. [164] p. 171. Hopf, p. 248.

[2] Georg. Akrop., p. 33 (c. 18), Phil. Mouskès, p. 406/7. Hopf. p. 249.

[3] Gegen die letztere Verschwägerung spräche etwa, dass der Erzbischof eine bereits abgeschlossene Ehe im Auge zu haben scheint (vgl. p. 343¹). Die Verbindung aber zwischen Eudoxia und Robert kam gar nicht zustande. Auch berichtet Georg. Akrop., dass der Patriarch Manuel aufs eifrigste gegen sie protestierte. „τοῦ τότε πατριαρχοῦντος Μανουὴλ . . . μηδ' ὅλως τῇ τοιαύτῃ ἀθεσμογαμίᾳ συγκατανεύοντος‘ l. c. Nun tadelt ja aber der Naupaktenser den Patriarchen gerade, weil er nicht gegen das „κῆδος‘ protestiert habe. Man kann daraus entweder schliessen, dass der Erzbischof offenbar nicht diese letztere Verwandtschaftsverbindung im Auge hat, oder aber auch, dass er eben auf sie anspielt und dass der Patriarch erst auf seine Mahnungen hin gegen sie Protest erhob. Ich möchte, wie gesagt, die Frage offen lassen.

Hoffnung, als deren Gemahl und als der Schwiegersohn der Kaiserin Jolantha Kaiser von Konstantinopel zu werden. Wenigstens hat er, als die Kaiserin bereits um die Mitte des Jahres 1219 starb, dies Ziel alsbald mit Waffengewalt durch- zusetzen gesucht, um jedoch an dem Widerstand der Barone des lateinischen Kaiserreichs zu scheitern. Sie riefen vielmehr einen Sohn der verstorbenen Kaiserin, Robert, aus Frankreich herbei und machten ihn 1221 zu ihrem Kaiser.[1])

Wäre also diese Verschwägerung gemeint,[2]) so würden wir bestimmt wissen, dass Theodor Laskaris den Vorteil, den sie ihm zusicherte, nämlich die Nachfolge im lateinischen Kaiserreich, durch gleichzeitige Unionsverhandlungen mit Rom hat sichern wollen.

Aber auch bei dem Plane einer Verlobung seiner Tochter Eudoxia mit dem lateinischen Kaiser Robert hat Theodor ohne Zweifel seiner Dynastie und dem Griechentum ähnliche Vor- teile zu sichern die Absicht gehabt, und auch hier würde er in einer Verbindung mit Rom deren Garantie gesucht haben.

Wir dürfen ferner annehmen, dass dem Kaiser neben dem politischen Ideal eine Wiederherstellung des byzan- tinischen Reichs auch das kirchenpolitische der Wiederver-

---

[1]) Phil. Mouskès, p. 405. Als Robert ankam, (Anfang 1221) lagen die Barone des Reichs mit Theodor Laskaris im Krieg.

> Mais si baron ièrent en l'ost
> Contre Lascre, qui lues tantost
> Qu'il sot la mort sa mère en voir,
> Vot l'empire par force avoir,
> Car il ot sa fille espousée.

Mit der ‚mère‘ ist die Schwiegermutter des Laskaris, Jolantha, gemeint.

[2]) Ich mache auf das ‚χωρῶν δώσεις‘ aufmerksam, wozu sich nach dem Briefe des Erzbischofs die Lateiner dem Laskaris gegenüber ver- pflichtet haben sollen, s. o. p. 343[1]. Bei der Verlobung der Eudoxia mit Kaiser Robert würde vielmehr Laskaris seiner Tochter eine stattliche Mit- gift asiatischen Landes erteilt haben, nach Phil. Mouskès, p. 407, ‚promist ... sa fille et grant tière par accordance‘: freilich sicherlich nicht ohne grosse Zusagen für die Zukunft, denn Laskaris war der Angreifer ge- wesen und in Kp. erstrebte man den Frieden.

einigung des Patriarchats von Konstantinopel in der Hand des griechischen Patriarchen vorgeschwebt hat, dass er, wie in den Jahren 1213/14,[1] so auch jetzt von Rom Konzessionen in dieser Richtung als Preis der Union zu verlangen gedachte.

Vor allem aber sollten die Verhandlungen mit Rom, selbst wenn sich durch sie kein unmittelbares kirchliches oder politisches Resultat erzielen liess, den Leiden des Griechentums im lateinischen Kaiserreich ein Ende machen, sollten sie den kirchlichen Druck lindern, der auf ihm lastete, so wie es seinerzeit die Verhandlungen mit dem Kardinal Pelagius getan hatten.[2]

Doch es scheint nicht, dass es unter Theodor wirklich noch einmal zu Unionsverhandlungen zwischen der griechischen und römischen Kirche gekommen ist. Ein erschwerendes Moment ist jedenfalls die Abneigung der Westgriechen, als deren Vertreter wir den Bischof von Naupaktos kennen lernten, gewesen, gemeinsam mit den Nikänern und unter deren Ägide mit Rom zu verhandeln.

Seit der Thronbesteigung des Theodor Dukas von Epirus (1214) begann sich nämlich ein scharfer Gegensatz zwischen den West- und Ostgriechen herauszubilden. Der Epirote strebte, seit er die Purpurschuhe des gefangenen Lateinerkaisers angetan (1217),[3] in Konkurrenz mit dem Nikäner danach, der Restaurator des byzantinischen Reichs zu werden.

---

[1] S. o. p. 224 ff.

[2] Man sieht das aus der Antwort des Naupaktensers, aus der Stelle nämlich, wo er sagt: „Glaubt doch nur ja nicht, dass durch die Unionsverhandlungen mit Rom das Los der Griechen sich bessern wird", „Καὶ οὐκ ἄν τις εἴποι ... ἄλλα μὲν τοὺς ἐν ταῖς ὑπὸ τὴν Ῥωμανίαν ποτὲ χώραις ἐπικρατοῦντας λατίνους ἐθέλειν ποιεῖν, ἕτερα δὲ τὸν πάπαν ἢ νῦν (schon wegen der Verwandtschaft) ἢ διὰ τῆς ζητουμένης πρεσβείας" (wegen der Unionsgesandtschaft, zu der Ihr uns auffordert). Vgl. für die Verhandlungen der Jahre 1213/14 oben p. 217, 221/2.

[3] S. o. p. 301[1].

Und in derselben Weise, wie sich der Fürst von Epirus als Nebenbuhler des nikänischen Kaisers fühlte, trat die Geistlichkeit des epirotischen Reichs, allen voran der hochstrebende Erzbischof Demetrios Chomatianos von Achrida, in Gegensatz zu dem Patriarchat von Nikäa, von dem sie sich unabhängig zu konstituieren suchte: als Kirche des Reichs der Angeli von Epirus (seit 1223 von Thessalonich), neben derjenigen des Reichs der Kaiser von Nikäa.[1])

Unter diesen Umständen begreift sich der Unwille des Epiroten und der Seinen über die Verschwägerung des Theodor Laskaris mit dem lateinischen Kaiserhause, hinter der man die byzantinischen Bestrebungen des Laskaris argwöhnte, und ebenso die Unlust der epirotischen Geistlichkeit zu Unionsverhandlungen mit Rom, die, unter der Ägide Nikäas geführt, wie politisch dem Kaiser, so kirchenpolitisch dem Patriarchen von Nikäa zu gute kommen sollten.

Übrigens ist, nach der Stellung zu urteilen, die Innocenz III. zu den Prätensionen der Nikäner eingenommen hatte und später Gegor IX. einnahm, kaum anzunehmen, dass Laskaris bei Honorius III. ein grosses Entgegenkommen in Bezug auf seine Projekte gefunden haben würde.

[1]) Reichlich fliessen die Quellen über diese Rivalität, und zwar sind es vor allem Briefe, die uns über sie belehren. Ausser der Korrespondenz des Erzbischofs von Naupaktos, die viele darauf bezügliche Briefe enthält (z. B. besonders № 14—17, № 26), besonders die des Demetrios Chomatianos, aus der Gelzer in seinem Aufsatz über das Patriarchat von Achrida in Abh. der sächs. Ges. der Wiss. XXᵛ (1902) p. 12, 18 die wichtigsten Stellen anführt. S. a. die oben p. 192³ angeführte Edition der Aktensammlung des Demetrios, von Pitra. Ferner ein längeres Schreiben des Erzbischofs Georgios II. von Korfù an den Patriarchen Germanos von Nikäa (zw. 1226 und 1231 geschr.), ediert und analys. von Mystoxidi l. c. [111²] p. 428—36. Ich vermag jedoch hier nicht näher auf diese Dinge einzugehen.

Zweites Kapitel.

Die Unionsverhandlungen zwischen Kaiser Vatatzes und Gregor IX. 1232—1241.

Der Nachfolger Theodors Laskaris, sein Schwiegersohn Johannes Vatatzes (1222—1254), stellte seine Politik zunächst auf den Gegensatz zu den Lateinern Konstantinopels ein.

Doch hat auch dieser Herrscher schon Anfang der dreissiger Jahre eine Annäherung an Rom für ratsam erachtet. Im Jahre 1232 hat er den Patriarchen Germanos II. veranlasst, an den Papst und die Kardinäle wegen der Kircheneinigung zu schreiben.[1]

Was ihn zu einer solchen Annäherung an Rom veranlasste, war die Ankunft des zum Verweser des lateinischen Kaiserreichs erwählten kriegsgewaltigen Johann von Brienne in Konstantinopel (Januar 1231), und die Sorge, dieser möge, mit dem Papsttum als festem Rückhalt, die Fahnen der Lateiner siegreich nach Asien vorwärts tragen.[2] Vatatzes fühlte sich aber einem solchen Ansturm damals um so weniger gewachsen, als er den grössten Teil seiner Streitkräfte zur Bezwingung der Insel Rhodus, wo ihm Leo Gabalas trotzte, ausgesandt hatte.[3]

Es kam hinzu, dass sein griechischer Gegner, der Kaiser von Thessalonich, sich in dieser Zeit aufs engste an die Lateiner und das Papsttum anschloss. Freilich war es nicht mehr der mächtige Theodor, sondern dessen Sohn Manuel, der nach der Niederlage, die seinem Vater im Jahre 1230 durch den Bulgarenzaren Asan beigebracht worden war, nunmehr ein stark verkleinertes „Kaiserreich" sein eigen nannte.

---

[1] Mansi, Conc., Bd. XXIII. p. 47 ff. an den Papst; Matth. Paris. l. c. Bd. III. p. 455 ff. an die Kardinäle.

[2] S. o. p. 306, vgl. auch Pichler l. c. p. 324, Hefele, Konzilgesch. Bd. V. p. 1043.

[3] Georg. Akrop., p. 49 ff.

War dieser Kaiser aus dem Hause Angelos also auch
kein ebenbürtiger Nebenbuhler des Nikäners mehr, und mochte
sein Anliegen an die Kurie nur Erhaltung, nicht Vergrösserung
seiner Herrschaft sein, so mussten Vatatzes doch die selbständigen Beziehungen des Westgriechen zum Papsttum und
zu den Lateinern ein Dorn im Auge und ein Grund mehr
für ihn sein, sich seinerseits mit Rom zu benehmen. [1]

Merkwürdig erscheint es nur, dass Vatatzes sich nicht,
wie die griechischen Kaiser vor und nach ihm, persönlich an
den Papst gewandt hat, um diesem seine Anliegen vorzutragen
und als Preis für deren Gewährung die Kirchenunion anzu-
bieten, dass er vielmehr den Patriarchen von Nikäa voran-
schickte und durch ihn die römische Kirche zu geistlichen
Verhandlungen mit der griechischen einladen liess. [2]

[1] Die Unterwerfung, die im Jahre 1232 der Kaiser Manuel von
Thessalonich dem Papste antrug, war nicht sowohl kirchlich als politisch
gemeint. Brief Gregors IX. an Manuel vom 1. April 1232, Régistres ed.
Auvray № 486. ‚Sacrosanctam Romanam ecclesiam matrem tuam
humiliter recognoscis et ei quicquid es et quicquid habes, iuxta nostrae
beneplacitum voluntatis devotus exponis‘, indem Du uns bittest ‚cum
terram quam obtines, velis per eamdem ecclesiam retinere,
te sub nostra et Apostolice sedis protectione recipere digna-
remur‘, worauf Gregor einzugehen verspricht.

Hopf, p. 258 schliesst aus den Mitteilungen Mystoxidis, in dessen
Buch ‚delle cose Corciresi‘ p. 426/7, dass der Bischof Georg von Korcyra
im Jahre 1236 im Namen Manuels in Rom gewesen sei. Doch ist dieser
Zusammenhang sehr zweifelhaft. — Das Kaiserreich Thessalonich, bald
der Herd innerer Wirren, ging 1247 im Staate des Vatatzes auf. Hertzberg l. c. p. 410/11.

Über den Eintritt Manuels in den Lehnsverband des lateinischen
Kaiserreichs vgl. o. p. 320.

[2] Dass nicht etwa, wie man wohl vermuten könnte, ein Brief des
Kaisers an den Papst verloren gegangen ist, zeigen die Vorgänge bei
der Ankunft der päpstlichen Gesandten in Nikäa, Mansi, Conc. Bd. XXIII.
p. 279. Zwar nennen sie sich ‚nuncii dom. papae missi ad imperatorem
et patriarcham‘. Aber während sie den Patriarchen vom Papste grüssen
und ihm einen päpstlichen Brief übergeben, tun sie weder das eine noch
das andere bei der ersten Audienz, die ihnen der Kaiser gewährt. Auch
würde sich sicher, wie sonst im gleichen Falle, in dem Briefe des Papstes

Der Grund ist ohne Zweifel der gewesen, dass der Kaiser einfach ausser stande war, von sich aus dem Papste Aussichten auf die Kircheneinigung zu machen, weil er dabei die griechische Kirche nicht hinter sich gehabt hätte. Diese wies mit Entrüstung die Zumutung des Vatatzes von sich, das päpstliche Joch, das eben damals auf der griechischen Geistlichkeit des lateinischen Kaiserreichs und Cyperns mit aller Schwere lastete, ohne weiteres freiwillig auf sich zu nehmen.[1])

So musste Vatatzes davon abstehen, dem Papste von vornherein sich mit einem Unionsversprechen zu nahen; er musste froh sein, dass der Patriarch sich auf sein Drängen schliesslich dazu verstand, eine Aufforderung zu Unionsverhandlungen nach Rom ergehen zu lassen.

Es geschah in einem Schreiben, in dem Germanos die römische Kirche wegen ihres Gewaltregiments in Romanien, vor allem wegen ihrer unersättlichen Habsucht aufs bitterste

---

an den Patriarchen eine Anspielung auf einen Brief und Gesandte des Kaisers gefunden haben, falls solche eingetroffen wären. Statt dessen spricht Gregor in seiner Antwort an den Patriarchen (Mansi l. c. p. 55) nur von *fraternitatis tuae litteris per tuum nuntium praesentatis* und erklärt, er wolle *viros religiosos ad tuam praesentiam destinare*.

Übrigens ging, wie wir sahen, auch Theodor Laskaris bei der Vorbereitung der Unionsverhandlungen, in die er sich c. 1220 mit Rom einzulassen beabsichtigte, im engsten Einvernehmen mit dem Patriarchen vor.

[1]) Das darf man aus den Briefen des Germanos an den Papst und die Kardinäle (l. c.) schliessen, in denen der Patriarch die *iniustas oppressiones et opum protervas exactiones et servitutes indebitas, quas a vobis subiectis extorquetis* der römischen Kirche vorhält. *Hinc et crudelia bella in alterutrum, civitatum desolatio, sigilla ianuos ecclesiarum impressa, fratrum schismata et sacerdotalis ministrationis prorsus vacat operatio, ne Graecorum climatibus, ut deceret, Deus collandaretur*. Auch auf den Märtyrertod standhafter griechischer Geistlichen auf Cypern weist der Patriarch hier hin. Alles in seinem Briefe an den Papst, Mansi l. c. p. 54. Vgl. auch den Brief des Germanos an den lateinischen Patriarchen von Kp., aus dem Demetrakopulos l. c. p. 40/1 ein Stück mitteilt, auch hier bittere Klagen über die Bedrückung der griechischen Geistlichkeit.

tadelte,[1] und in dem er zugleich nachdrücklichst betonte, dass die griechische Kirche nur auf völlig gleichem Fuss mit der römischen zu verhandeln geneigt sei, dass sie nicht gewillt sei, dem Papsttum als solchem irgendwelche Autorität in Glaubenssachen zuzuerkennen.[2]

Gregor IX. entschloss sich gleichwohl zur Absendung von zwei Dominikanern und zwei Franziskanern, die im Januar 1234 in Nikäa anlangten.[3] Aber die Verhandlungen, die diese Nuntien zunächst in Nikäa mit dem dortigen Patriarchalklerus, dann in Nymphae mit einer Generalsynode der griechischen Kirche führten,[4] sind so völlig wie möglich gescheitert und haben, wie so häufig, den Gegensatz der beiden Kirchen verschärft, statt ihn auszugleichen.

---

[1] Vgl. vor. Anm. Ferner besonders in dem Brief an die Kardinäle l. c. ‚Divisio nostrae unitatis processit a tyrannide vestrae oppressionis et exactionum Romanae ecclesiae . . .‘ ‚Temperet vos modestia, et licet innata paulisper sedetur Romana avaritia . . .‘ ‚Mentibus autem nostris scrupulum generat offendiculi, quod terrenis tantum inhiantes possessionibus, undecumque potestis abradere, aurum et argentum congregatis . . ., regna vobis tributo subiicitis‘ etc. Vgl. Pichler p. 324 ff., der sich allerdings damit begnügt, die Briefe des Germanos, fast in extenso, ins deutsche zu übersetzen.

[2] Z. B. Mansi p. 55: beide Kirchen sollen in den Spiegel schauen, den die Evangelien und Kirchenväter darstellen. Im Brief an die Kard. l. c. p. 457 ‚descendamus ad veritatis scrutinium et veritatis inquisitione approbata utrimque ad unitatis soliditatem revertemur‘ p. 458: wer von uns beiden widerlegt wird, soll sich bessern.

[3] Sie brachten einen Brief Gregors an den Patriarchen mit vom 26. Juli 1232: Mansi l. c. p. 55, 59, in dem der Papst dem Germanos das traurige Los der griechischen Kirche vorstellt. Auseinandergerissen und geknechtet von den feindlichen Nationen des Orients sei sie in ärgster Lage. In der Union allein liege ihre Rettung. Vgl. Pichler p. 328/9, Hefele p. 1044. — Später (am 18. Mai 1233) schickte Gregor den Nuntien noch ein zweites Schreiben nach (Mansi p. 59—62, 295, vgl. Hefele p. 1045).

[4] Der Bericht der Nuntien über diese Verhandlungen bei Mansi l. c. p. 279—319. Vgl. Hefele p. 1044 ff. Dass unter den Griechen die Hauptrolle der berühmte Kirchenlehrer Blemmydes spielte, lehrt uns Heisenberg: Nic. Blemmydae curriculum vitae, Leipzig 1892, p. XL—XLIII.

Wie einst in den Tagen des Kerularios verliessen die
Abgeordneten Roms das Konzil unter Verfluchung und Verdammung der griechischen Ketzerei. Die Griechen aber riefen
ihnen nach: „Ihr seid selbst Häretiker". [1]

Vergebens hatte sich der Kaiser wiederholt ins Mittel
gelegt. Bezeichnend ist der Vorschlag, den er einmal machte:
wie bei Kriegen der Könige und Fürsten um Kastelle und
Provinzen ein jeder von seinem sogenannten Rechte etwas auf-
gebe, so sollten hier die Päpstlichen in der Frage des heiligen
Geistes, die Griechen in der Abendmahlsfrage nachgeben. [2]
Aber mit einer solchen derb weltlichen Auffassung fand er bei
den geistlichen Eiferern hüben und drüben keinen Anklang.

Deutlich ist auch im Laufe der geistlichen Verhandlungen das politische Ziel hervorgetreten, auf das der Kaiser
hinsteuerte, als er sie veranlasst hatte und sie zu einem guten
Ende zu führen suchte.

Er erstrebte die politische Freundschaft der Kurie und
zwar damals, im Jahre 1234, schon nicht mehr so sehr aus
Furcht vor einer lateinischen Expansionspolitik, als vielmehr
in der Hoffnung, unter päpstlicher Konnivenz seine eigene
Macht auf ihre Kosten auszudehnen.

Zwar hatte Brienne, im Jahre 1233, wie Vatatzes besorgt hatte, nach Asien übergegriffen, doch ohne dass er grössere
Eroberungen gemacht hätte. [3] Und bald darauf hatte sich die
Lage des Reichsverwesers infolge des Mangels an Barmitteln
und des Abzugs vieler Söldner so verschlechtert, dass die
Lateiner ihrerseits Frieden begehrten. Die päpstlichen Nuntien
bemühten sich um die Herbeiführung eines Waffenstillstandes
zwischen Konstantinopel und Nikäa. [4]

---

[1] Mansi l. c. p. 304/5.

[2] p. 304.

[3] Georg. Akrop. p. 50/1, vgl. Hopf p. 253.

[4] In dem Bericht der Nuntien l. c. p. 292, welche die Lage Briennes
Anfang 1234 als eine geradezu verzweifelte schildern. ‚*et ideo proposuimus
tractare de treugis inter imperatorem Ctanum et Vatacium usque ad
annum*‘, was dann auch Brienne und die Seinen eifrig befürworteten.

Unter diesen Umständen hat Vatatzes den kühnen Gedanken fassen können, dem Papsttum als Preis für die Union — falls sie zu stande kam — wenn auch nicht sogleich die politische, so doch zunächst die kirchenpolitische Auslieferung Konstantinopels abzuverlangen.

Wir erkennen diese seine Absicht aus einer der Unterredungen, die er mit den päpstlichen Nuntien pflog. Er fragte sie einmal, ob der Papst dem griechischen Patriarchen, wenn er Rom gehorchen wolle, sein Recht wiedererstatten würde, d. h. seinen Sitz in Konstantinopel und seinen Kirchensprengel. Und wirklich machten ihm die Nuntien darauf Hoffnung, indem sie erklärten: der Patriarch werde nach ihrer Meinung im Falle seiner Unterwerfung vor dem Papst und der römischen Kirche grössere Gnade finden, als er wohl glauben möge.[1]

Wollten wir nun Raynald glauben, so wäre es dem Kaiser schliesslich gelungen, seine Geistlichkeit, nachdem die päpstlichen Boten bereits abgereist waren, zur Nachgiebigkeit dem Papsttum gegenüber zu bewegen, und er hätte Gregor IX. durch zwei vornehme Boten sowohl die Union antragen als die entsprechenden politischen Bitten unterbreiten können.[2] Aber die Stelle aus Pachymeres, auf der Raynald hier fusst, bezieht sich auf Ereignisse, die erst zwei Jahrzehnte später stattfanden.[3]

---

[1] Der Kaiser frägt (Mansi p. 292): ‚si dom. patriarcha velit obedire ecclesiae Romanae, restituet ei dom. papa ius suum.‘ Die Gesandten antworteten: ‚Si patriarcha obedientiam et ea quae matri suae debet, solvat, credimus, quod misericordiam maiorem inveniet quam credat coram dom. papa et tota ecclesia Romana‘. Vgl. Pichler, p. 329. Dass mit dem das ‚ius‘ das ‚ius patriarchalis sedis‘ gemeint ist, geht aus Rayn. 1256 § 49 hervor. Vgl. unten p. 368.

[2] Rayn. 1233 § 9. Danach Pichler, p. 330.

[3] Pachym. ed. Bonn, p. 366 (vgl. auch p. 374/5!): der griechische Patriarch, der hier gemeint ist, ist nicht Germanos (1222—1240), sondern Manuel II. (1244 bis c. 1255); und ferner: als Gesandte, die Vatatzes nach Rom schickte, werden die Erzbischöfe von Kyzikos und Sardes genannt, die, wie aus einem Briefe Alexanders IV. hervorgeht, im Jahre 1254 nach

Im Jahre 1234 haben sich die Verhandlungen zwischen Rom und Nikäa in der Hauptsache auf jene geistlichen Disputationen zwischen den Nuntien und dem griechischen Klerus beschränkt: ihr Scheitern verhinderte Vatatzes damals daran, politische Beziehungen mit dem Papsttum anzuknüpfen.[1]

Obwohl unumschränkte Herren ihrer Kirche und gewohnt, die Patriarchen zu Werkzeugen ihrer Politik zu erniedrigen,[2] stiessen die griechischen Kaiser gerade bei ihren Unionsversuchen auf deren zähen Widerstand. Einzig und allein auf

------

Rom gesandt wurden. Raynald selbst erwähnt dies 1256 § 48. Es handelt sich um die Verhandlungen Vatatzes' mit Innocenz IV.

[1] Denn von dem Gedanken, ohne die Vollziehung der Kirchenunion die politische Freundschaft des Papstes nachzusuchen, so wie es im Jahre 1232 Manuel von Thessalonich mit Erfolg getan hatte (s. o. p. 319, 348/9), brachten ihn die Nuntien ab, indem sie auf die völlige Aussichtslosigkeit eines solchen Versuchs hinwiesen und sich jeglicher Förderung dieses Planes versagten. Mansi, p. 297.

Vatatzes erklärte den Nuntien, er wolle mit ihnen seine Boten an den Papst schicken. *‚Ecce galeae meae paratae sunt, ut reducant vos in Apuliam cum nunciis meis, quos missurus sum vobiscum ad s. papam. Intendo enim, ut decet, Dominum papam quam plurimum venerari nunciis, muneribus et obsequiis: quia volo quod habeat me amicum et familiarem et filium sanctitatis suae‘.*

Die Nuntien erwidern: *‚... non credatis dom. papam vos recipere velle in amicum et filium, nisi prius fuerit pax in fide et unitas‘.* So lange Du ein Feind des römischen Glaubens bleibst, würde der Papst Dich nicht um all' Dein Gold und Silber als Sohn und Freund annehmen. *‚Quomodo ergo possemus nos nuncios vestros ad curiam ducere, cum non auderemus eos dom. papae praesentare.` Immo forte, si venirent, oporteret nos stare contra eos coram dom. nostro‘.*

Vatatzes beruft sich dann auf die Freundschaft, die Manuel, Theodor I. Laskaris und andere Kaiser mit dem Papsttum *‚ipso durante schismate‘* unterhalten hätten. (Von derjenigen Theodors mit Innocenz oder Honorius erfahren wir jedenfalls aus der päpstlichen Korrespondenz nichts. Es kann höchstens der Briefwechsel zwischen Theodor und Innocenz III. vom Jahre 1208 gemeint sein, s. o. p. 224). Aber die Gesandten erklären kategorisch *‚hoc scitote, quod nuncios vestros nisi sub spe pacis non ducemus‘,* worauf Vatatzes davon absieht und sich nochmal bei seinen Prälaten um die Union bemüht.

[2] S. Pichler. p. 404 ff.

das Heil des byzantinischen Reichs bedacht, sei es, wie einst Manuel auf dessen Ausweitung zum altrömischen Imperium, sei es, wie jetzt Vatatzes auf seine Restauration, waren die Kaiser zu kirchlichen Konzessionen Rom gegenüber geneigt, aber der griechische Klerus sträubte sich immer aufs neue gegen eine derartige Kombination religiöser und politischer Interessen, und er hatte dabei das Volk auf seiner Seite.

Übrigens wären nun dem Vatatzes, selbst wenn er seine Geistlichkeit zu Konzessionen zu überreden und Gregor IX. die Union anzutragen vermocht hätte, daraus nicht die erhofften politischen Vorteile erwachsen.

Hierzu hätte vor allen Dingen der gute Wille Roms, sie zu gewähren, gehört. Derselbe war aber damals ebensowenig vorhanden, wie einst im XII. Jahrhundert, damals wo Kaiser Manuel von der Kurie als Preis der Union die römische Kaiserkrone verlangt hatte.[1]

Denn Gregor IX. teilte noch durchweg den Standpunkt Innocenz' III., von dem aus das Papsttum fest entschlossen war, die Errungenschaften des Vierten Kreuzzuges: Reich und Kirche der Lateiner nach Kräften aufrecht zu erhalten und auch nicht den geringsten lateinischen Rechtstitel den Griechen preiszugeben.

Das trat deutlich hervor, als Gregor IX. sich nicht lange danach genötigt sah, sich seinerseits an Vatatzes zu wenden.

Dieser hatte sich nämlich, als sein Plan, durch ein Einverständnis mit dem Papsttum sich seinem Ziele: der Wiedergewinnung Konstantinopels zu nähern, an der Unüberbrückbarkeit des geistlichen Gegensatzes zwischen der griechischen und römischen Kirche gescheitert war, nach einem anderen Bundesgenossen umgesehen und denselben in dem Bulgarenzaren Asan gefunden. Wir haben gesehen, wie furchtbar

---

[1] S. o. p. 92/3.

23*

die beiden in den Jahren 1235/36 das lateinische Konstantinopel bedrängten. [1])

Aus dem Schreiben nun, das der Papst dieserhalb im
Jahre 1237 an den griechischen Kaiser richtete, wird ersichtlich, wie sich Gregor IX. die politische Seite einer Griechenunion dachte. [2])

Er mahnte hier Vatatzes, in den Schoss der katholischen
Kirche zurückzukehren und abzulassen von der Bekämpfung
des lateinischen Kaiserreichs. Statt den Kaiser Johann zu
bedrängen, sollte er ihm lieber als Freund zur Seite stehen
und ihm Hilfe leisten, so dass er sich, wie durch den Glauben,
so auch durch die Werke als ergebener Sohn der römischen
Kirche erweise und deren Dank ernte. Wehe ihm aber, wenn
er nicht nachgebe. Er, der Papst, habe durch die ganze
Welt das Kreuz für das heilige Land predigen lassen: schon
hätte auf den Ruf der Prediger hin eine ungeheure Schar
von Mächtigen und Vornehmen, von tapferen Kriegern das
Kreuz genommen: sie alle würden bald dem Kaiserreich von
Romanien zu Hilfe eilen, dessen Gegner zu Boden schmettern
und dem Reich den ersehnten Frieden verschaffen. Er wisse
also, welche Gefahr ihm drohe, wenn er nicht den päpstlichen
Mahnungen Gehör schenke.

Auch der Ungarnkönig Bela sollte sich bei Vatatzes im
selben Sinne bemühen: das beste Mittel nämlich, so schreibt
Gregor an jenen, das lateinische Kaiserreich zu erhalten,

---

[1]) S. o. p. 261, 306. Der Preis, den Vatatzes dem Bulgaren für dieses
Bündnis zahlte, war ein sehr hoher: das Zugeständnis der kirchlichen
Unabhängigkeit von dem griechischen Patriarchen an die bulgarische
Kirche. Sie hatte seitdem in dem Erzbischof von Ternowo ihren eigenen
Patriarchen.

[2]) S. diesen wichtigen, bisher unveröffentlichten Brief im Anhang
№ VII (aus dem Vat.-Archiv). Der Brief des Vatatzes an Gregor IX.
bei Meliarakes ,Ιστορία τοῦ βασιλείου τῆς Νικαίας', p. 276—9 ist eine
Fälschung des XVII/XVIII. Jahrhunderts. S. Byz. Zeit. Bd. IX. p. 248
und Lit. Centralbl. 1899 Sp. 335.

sei die Rückkehr des Vatatzes zur katholischen Gemeinschaft. [1]

Aber trotz der wahrlich nicht unbedenklichen Drohungen
des Papstes, trotz eindringlicher Vorstellungen des Königs von
Ungarn dachte der Kaiser von Nikäa damals auch nicht einen
Augenblick daran, sich auf Verhandlungen mit dem Papsttum
einzulassen. [2] Er sah jetzt ein, dass mit diesem Papste keine
Verständigung möglich sei.

In der Tat war die Unionspolitik Gregors IX., wie früher
die Innocenz' III., eine durchaus illusorische. Es war ein
völlig aussichtsloses Unternehmen, die Kapitale des byzantinischen Reichs durch eine lateinische Okkupation behaupten
und zugleich den noch griechisch gebliebenen Teil des Reichs
auf friedlichem Wege dem abendländischen System an-
gliedern zu wollen. Die kirchlich-politische Herrschaft Roms
über ein lateinisches Konstantinopel schloss eine solche über
das unabhängige Griechentum aus.

Freilich schickte nun der Papst, wie er gedroht, im
Jahre 1239 dem Griechen ein mächtiges abendländisches
Kreuzheer unter des lateinischen Kaisers persönlicher Führung

---

[1] Brief Gregors an Bela vom 31. Mai 1237. Theiner l. c. [p. 91[1]]
p. 155. Die beste Möglichkeit, das bedrängte lateinische Kaiserreich zu
erhalten, werde sein, dass die Bulgaren ihm freundlich gesinnt seien und
quod Vatacius ad ipsius (ecclesie) gremium revertatur, wofür sich Bela
bemühen soll. — Auch der bulgarischen Geistlichkeit gegenüber spricht
er damals die Unionshoffnung aus (l. c. p. 157). Sie soll sorgen, dass
Asan das Lateinerreich schütze: *ab inferendo sibi discrimine destistente
Vatacio, utinam per vigilantie nostre studium ad sinum ecclesie redituro*.
Bela antwortet im folgenden Jahre 1238 (l. c. p. 170/171) er habe Vatatzes
nachdrücklich zum Gehorsam gegen die römische Kirche ermahnt, und
bittet den Papst, diesen günstig aufzunehmen, wenn er Belas Mahnungen
Gehör schenken werde. Allerdings fürchtet er, Vatatzes möge sich durch
die Bekämpfung Asans von Bulgarien, die Gregor mittlerweile befohlen
habe, beleidigt fühlen. In der Tat hatte Gregor damals schon die Hoffnung
auf Bekehrung des Vatatzes aufgegeben.

[2] In einem Briefe an Friedrich II. vom 17. März 1238 berichtet
Gregor IX. über das Scheitern aller Verhandlungen mit den Griechen.
(P. 10542; Sbaral. Bull. Franc. I p. 233/234).

auf den Hals und Vatatzes erlitt einige empfindliche Verluste.[1]) Und als dann Gregor im Jahre 1240 auch die Ungarn zum Kampfe gegen die Schismatiker aufrief, dort drei Jahre hindurch das Kreuz gegen Vatatzes zu predigen befahl,[2]) da hielt es der Grieche, um den drohenden Sturm zu beschwören, für geraten, wenigstens so zu tun, als ob er eine Einigung mit der Kurie herbeiwünsche. Er gab dem Ungarnkönige seine Bereitwilligkeit kund, sich der römischen Kirche zu unterwerfen. Dieser teilte es eilends Gregor IX. mit, dessen Unionshoffnung durch die frohe Kunde aufs neue belebt wurde.[3])

Jedoch musste es schon verdächtig erscheinen, dass Bela nicht das geringste nähere Detail über die Anerbietungen des Griechen zu berichten wusste. Wenige Monate später (Juli 1241) hatte der Papst auch Nachrichten aus Romanien, die ihn veranlassten, Vatatzes wieder als Feind Gottes und der Kirche zu bezeichnen.[4]) Der Tatareneinfall in Ungarn hatte den Griechen der Sorge einer Bekämpfung von dieser Seite überhoben[5]) und er hatte die doch nicht ernst gemeinten Verhandlungen kurz abgebrochen. Der zweijährige Waffenstillstand mit den Lateinern, den er bald darauf abschloss,[6]) war ein rein weltlicher Akt. Keinerlei kuriale Einflüsse waren hier im Spiele.

---

[1]) S. o. p. 312.

[2]) Gregor an den Dominikanerprior von Ungarn am 23. Mai 1240. (Theiner l. c. p. 175.)

[3]) Brief Gregors an Bela vom 10. Februar 1241 (P. 10987, Rayn. 1240 § 51).

[4]) Brief Gregors an seinen Subdiakon Bernard vom 18. Juli 1241. Raynald 1240 § 51.

[5]) Bemerkung Raynalds l. c.

[6]) S. o. p. 312.

Drittes Kapitel.

Die Neuorientierung der byzantinischen Politik des Papsttums durch Innocenz IV.

Seine Verhandlungen mit Kaiser Vatatzes 1245—54.

Ein neues, hoffnungsvolleres Stadium der Verhandlungen begann unter Gregors Nachfolgern Innocenz IV. und Alexander IV., die beide dem Gedanken eines Verzichtes auf das lateinische Konstantinopel nahe getreten sind.

Zwar sahen wir bereits, dass Innocenz sein Pontifikat antrat mit dem festen Entschluss, die Sache des lateinischen Konstantinopels unter allen Umständen aufrecht zu erhalten, dass er damals die Interessen des Papsttums und der Lateiner Konstantinopels für identisch erklärte.[1)]

Aber zwei Erwägungen, die eine geistlicher, die andere politischer Natur drängten ihn auf eine andere Bahn.

Zunächst: niemand konnte sich mehr der Tatsache verschliessen, dass das Schisma aufs neue eingetreten war. Freilich war es ja durch die lateinische Eroberung, wie wir wissen, nie recht eigentlich beseitigt gewesen, da die Griechen in der Mehrzahl Rom den Gehorsam verweigert hatten: immerhin hatte Innocenz III. in der Blüteperiode des lateinischen Kaiserreichs, als den Hauptkirchen Romaniens katholische Prälaten vorstanden, füglich von einer Unterwerfung der griechischen Kirche unter die römische und in diesem Sinne also auch von einer Kircheneinigung reden können.

Je mehr dann aber das lateinische Kaiserreich und mit ihm das Herrschaftsgebiet des Papsttums im Bereich der griechischen Kirche zusammenschwand und eine Beute der Griechen wurde, um so mehr sah man sich genötigt, wieder vom Schisma zu reden.

Hatte schon Gregor IX. bei seinen Verhandlungen mit den Griechen Nikäas wieder vom Abfall der griechischen Kirche

---

[1)] S. o. p. 282, 313 f.

überhaupt geredet,[1]) so erklärte Innocenz IV. auf dem Konzil von Lyon im Jahre 1245 vor aller Welt: einer seiner fünf grossen Schmerzen sei der wegen des Schismas Romaniens, das heisst der griechischen Kirche, die sich in unseren Tagen und vor wenigen Jahren vom Schosse der Mutter entfernt hat.[2]) Es war genau ein Menschenalter verflossen, seit der dritte Innocenz, ebenfalls auf einer allgemeinen Synode, die Rückkehr der griechischen Kirche unter die päpstliche Herrschaft proklamiert hatte.

Der Chronist Matthäus Paris beginnt seinen kurzen Rückblick auf die Hauptereignisse des Halbjahrhunderts von 1200—1250 mit den Worten: „Es entfernte sich die griechische Kirche aus ihrer Untertänigkeit unter die römische."[3])

Die Unierung nun aber dieser schismatischen griechischen Kirche mit Rom hinderte vor allen Dingen — das lateinische Konstantinopel.

Von einem anderen Gesichtswinkel aus musste Innocenz IV. die Gewinnung der Griechen als noch wichtiger, die Beseitigung der Ruine des lateinischen Kaiserreichs, die dem im Wege stand, als noch wünschenswerter ansehen.

Bei den furchtbaren Dimensionen, die der von Innocenz IV. auf dem Konzil zu Lyon eröffnete Kampf mit Friedrich II. alsbald annahm, schwand für das Papsttum die Aussicht dahin, das lateinische Kaiserreich auf die Dauer aufrecht zu erhalten oder es gar, wie Innocenz noch auf dem Konzil zu hoffen gewagt hatte, in seinem alten Umfange wieder herzu-

---

[1]) Mansi XXIII p. 55.

[2]) Matth. Paris, IV p. 434: „Alium (dolorem) quem pro schismate Romaniae i. e. Graecae ecclesiae, quae nostris temporibus et paucis evolutis annis a gremio matris suae . . . . decisa est et aversa'. Vgl. Brief Innocenz' IV. an Kaloman von Bulgarien, Sbaralea, Bull. Franc. Bd. I. p. 357 ‚nequaquam sine dolore possumus intueri, a tanto capitis corpore membra quaedam esse divisa, videl. Graecorum et Bulgarorum ecclesiam . . . .'.

[3]) Matth. Paris, V p. 191: ‚Recessit Graeca ecclesia a subiectione Romanae ecclesiae . . . .'

stellen. Denn alle Gelder und Gläubigen, die nur immer aufzubringen waren, wurden nunmehr im Kampfe gegen die
Staufer verwandt.[1]

So unvereinbar aber mit der Bekämpfung des abendländischen Kaisertums, die von jetzt an einmal im Mittelpunkte des päpstlichen Interesses stand und von der aus sich
die gesamte päpstliche Politik orientierte, die Aufrechterhaltung der päpstlichen Herrschaft in einem lateinischen
Konstantinopel war, so erstrebenswert erschien von diesem
Standpunkte aus die Gewinnung des griechischen Kaisers,
musste selbst das lateinische Konstantinopel darüber aufgegeben werden. Konnte doch Innocenz IV. auf eine Reihe
von Vorgängern auf dem Stuhle Petri zurückblicken, die für
ihre Stellung gegenüber den Kaisern des Occidents aus der
griechischen Bundesgenossenschaft Nutzen gezogen hatten.
Paschal II. hatte sie gegenüber Heinrich V., Alexander III.
Friedrich Barbarossa gegenüber ausgespielt, und noch
Cölestin III. hatte mit den Byzantinern gegen Heinrich VI.
konspiriert.[2]

Nun war jedoch zu Innocenz' IV. Zeit der Grieche von
Nikäa aufs engste verbündet gerade mit dem Gegner des
Papstes, dem römischen Kaiser. Aber so gross auch der
Nutzen dieses Bündnisses für den Griechen war: den eigent-
lichen Preis desselben, den er gleich am Anfang von
Friedrich II. gefordert hatte, die Auslieferung des lateinischen
Konstantinopels,[3] hatte der Staufer bis dahin nicht zu zahlen
vermocht. Wie wenn jetzt der Papst dem Nikäner diesen
Preis bot und ihn so auf seine Seite zog?

---

[1] Mit Ausnahme derjenigen Frankreichs, die König Ludwig IX.
in den Dienst des heiligen Landes stellte. Innocenz IV. gewährte dem
König für seinen Kreuzzug bereitwillig den Kirchenzehnten Frankreichs
und seiner Nachbarländer, s. Gottlob l. c. [283] p. 47 ff.

[2] S. oben p. 90 ff., 122 ff.

[3] S. oben p. 85.

So eröffnete denn Innocenz IV., nachdem er schon vorher durch den Bulgarenzaren,[1]) dann durch die Königin von Ungarn mit Vatatzes Fühlung gesucht hatte,[2]) im Jahre 1249[3]) direkte Verhandlungen mit ihm durch eine Gesandtschaft, an deren Spitze der Minoritengeneral Johannes von Parma stand.[4])

---

[1]) In dem p. 360[2] zit. Briefe an Kaloman vom 21. März 1245. Innocenz erklärt sich auf Verlangen des Zaren und der Prälaten Bulgariens und Griechenlands zur Versammlung eines Konzils bereit, wohin die beiden Kirchen Abgeordnete schicken könnten. Innocenz hatte dabei natürlich das noch im selben Jahre zusammentretende Konzil von Lyon im Auge.

Die Unionsverhandlungen Innocenz' IV. mit den russischen Fürsten Alexander von Nowgorod (1248) und Daniel von Halicz (1247 ff.), welch letztere sich unter Alexander IV. bis 1257 fortsetzten, haben keinen Bezug zur byzantinischen Unionsgeschichte. Der Preis, den das Papsttum hier in Aussicht stellte, war Schutz gegen die Tataren. S. darüber Schiemann: Russland, Polen und Livland (in der Oncken'schen Sammlung) Bd. I. p. 198, 206/7.

[2]) Sbaralea, Bull. Franc. I p. 446/447 (30. Januar 1247) an die Königin von Ungarn, die ihm durch zwei Minoriten hat mitteilen lassen, dass sie nach Kräften daran arbeite, Vatatzes und sein Volk zur Kirche zurückzuführen. Innocenz fordert sie auf, Boten an Vat. zu schicken.

[3]) Der bei Wadding, Ann. Min. I p. 682 (ad a. 1247) erwähnte „Patriarcha Graecorum' ist der griechische Patriarch von Antiochien. Ducange, p. 306, hält ihn fälschlich für den nikänischen. Innocenz hatte nämlich den Minoriten Laurentius nach Cypern und Syrien gesandt, damit er die Griechen der Patriarchate Antiochien und Jerusalem und des Erzbistums Cypern vor Gewalttaten der Lateiner schütze, (Wadding, Ann. Min. Bd. I. p. 680/1, Brief an Laurentius vom 9. Juni 1246) und dieser war nun in jenen Gegenden eifrig für die Union tätig. Die griechischen Geistlichen wünschten vor allen Dingen, von der Jurisdiktion der lateinischen Patriarchen und Oberen eximiert zu werden, und Innocenz IV. war auch zu Konzessionen in dieser Hinsicht bereit. Er gab zu, dass diejenigen griechischen Prälaten, die nie zuvor den lateinischen Patriarchen von Antiochien und Jerusalem gehorsamt hätten, direkt dem römischen Stuhle unterstehen sollten: das galt vor allem von dem griechischen Patriarchen von Antiochien, mit dem Laurentius damals in Unterhandlung stand und den Innocenz, wenn er nach Rom komme, in Gnaden anzunehmen verhiess. Brief Innocenz' IV. an Laurentius vom 26. Juli 1247 bei Wadding l. c. p. 682.

[4]) Reg. Innoc. IV., ed. Berger № 4749, 4750 (28. Mai 1249). Alles, was Pichler p. 334 weiter über die Verhandlungen berichtet, ist, dass

Sie sollte einerseits versuchen, den griechischen Kaiser dem Bunde mit Friedrich II. abwendig zu machen, andrerseits ihn zur Union bewegen.

Mit dem ersten Teile ihrer Mission scheiterte die Gesandtschaft: was auch immer der Papst dem Vatatzes geboten haben mag, von dem Bündnis mit seinem Schwiegervater wollte derselbe nicht lassen. [1]) So beschränkten sich denn die päpstlichen Gesandten auf die kirchlichen Verhandlungen, und auch für die bloss kirchliche Einigung mit dem Papsttum wird man dem Vatatzes denselben hohen Preis geboten haben: denn auch abgesehen von ihrem Eigenwert hätte sie zugleich wenigstens einen indirekten Triumph über Friedrich bedeutet, sofern die Hoffnung blieb, durch die kirchliche Einigung den Griechen auch politisch dem Papsttum näher zu bringen. Wirklich gedachte nun Vatatzes, ohne Zweifel durch den hohen Preis gelockt, auf die kirchlichen Unionsverhandlungen einzugehen. [2])

Joh. von Parma 1254 zurückgekehrt sei mit einer griechischen Gesandtschaft, deren Mission er referiert. Was Wadding IV p. 210 ff. sagt, ist völlig unbrauchbar. Es gilt, auf Grund der Briefe Friedrichs II. und des Nikolaus' von Curbio den Gang der Verhandlungen festzustellen.

[1]) Diese politische Mission der Gesandtschaft und ihre Ablehnung durch Friedrich II. geht aus dessen Brief an Vatatzes vom Jahre 1250 (№ XVIII der Sammlung von Miklosich et Muller, acta et dipl. graeca Bd. III.) hervor. Friedrich zitiert da in direkter Rede Worte aus einem Briefe des Vatatzes an ihn. Vatatzes hat an Friedrich geschrieben: ‚οὗτοι δὲ οἱ φρέριοι (Minoriten), ὅτε ἐξ ἀρχῆς κατέλυον ἐνταυθί, ἄλλως ἐφαίνοντο διακεῖσθαι πρὸς τὴν βασιλείαν σου (= Friedrich), καὶ ἄλλως διάκεινται νῦν, δι' ἃς ἤκουσαν διαφόρους εὐλόγους συντυχίας ὑπὲρ τῆς βασιλείας σου παρ' ἡμῶν'. Das ‚διάκεινται νῦν', d. h. die zweite Phase ihres Verhaltens umschreibt Friedrich kurz darauf mit ‚οὐκέτι πρόσω χωρεῖν ἐτόλμησαν'. Es ist also ganz klar: zunächst suchten die griechischen Gesandten den Vatatzes von Friedrich abwendig zu machen; aber Vatatzes will nicht von dem Bündnis lassen. Da geben sie ihren Versuch auf.

[2]) In demselben Briefe Friedrichs, p. 74. Obwohl Vatatzes auf das politische Ansinnen der päpstlichen Gesandten einzugehen abgelehnt habe, wolle er nun doch kirchlicher Verhandlungen halber Gesandte an den Papst schicken. So ist der Zusammenhang.

Da aber griff Friedrich ein. Auf dem Konzil von Lyon hatte er noch dem Papste in Aussicht gestellt, er selbst wolle das Imperium seines Schwiegersohnes zur Einheit der Kirche zurückrufen.[1] Aber Innocenz IV. hatte dieses wie die anderen Angebote des Staufers verschmäht und eben damals den unheilbaren Bruch mit dem Kaiser herbeigeführt.

Was er aber einem befreundeten Papste wohl hatte gewähren wollen, das gedachte Friedrich jetzt einem ihm tödlich befeindeten auf alle Weise zu verwehren. Denn die Griechenunion musste dessen Macht ins ungemessene vermehren, das staufisch-byzantinische Bündnis aber ernstlich gefährden, wenn auch Vatatzes den päpstlichen Gesandten erklärt hatte, er werde in politischer Hinsicht stets ein Freund seines Schwiegervaters bleiben. So hat Friedrich im Jahre 1250 jenen schon oben zitierten Brief an Vatatzes geschrieben, in dem er ihn mit herben Worten tadelt wegen der Absicht, auch nur auf kirchliche Verhandlungen eingehen zu wollen, und ihm zum Schluss· rund heraus erklärt, er werde dieselben zu hintertreiben wissen.[2]

---

[1] Matth. Paris, Bd. IV. p. 432. Thaddäus von Suessa auf dem Konzil 1245: ,optulit pro domino suo confidenter ad unitatem Romanae ecclesiae totum Romaniae id est Graeciae Imperium revocare'.

[2] l. c. p. 75: Nachdem Friedrich den Vatatzes wegen der Absicht, Gesandte an den Papst zu schicken, getadelt hat, fährt er fort: er nehme an, dass dieser Entschluss noch keine endgültige Willensäusserung des Vatatzes darstelle, sondern nur eine Anfrage bei Friedrich habe sein sollen. Und so beschliesse denn er, Friedrich, an Stelle des Papstes die griechische Gesandtschaft zu empfangen und auch wieder zu verabschieden. Die von Kp. rückkehrenden päpstlichen Gesandten würden so lange in Dyrrhachium zu verbleiben haben.

Er sucht Vatatzes das Widersinnige der päpstlichen Handlungsweise klar zu machen, wenn der Papst auf der einen Seite mit den Griechen verhandle, auf der anderen sie täglich verdamme: ,ὅπερ οὐ μόνον τῇ ἡμῶν αἰθριότητι, ἀλλὰ καὶ τοῖς ἔτι νηπίοις τὴν γνώμην τεταρῶδες δοκεῖ καὶ παράδοξον' (p. 72 f.); und p. 74: die päpstlichen Gesandten seien ,οὐ διὰ τὴν πίστιν καὶ συμβόλου προσθήκην' nach Kp. gekommen, sondern ,ἵνα κατὰ τὸ εἰωθὸς ζιζάνια σπείρωσιν ἀναμεταξὺ πατρὸς καὶ υἱοῦ'.

In Wirklichkeit war es nicht der einzige Zweck der päpstlichen Gesandtschaft, „Zwietracht zu säen", sondern daneben hatte sie die Auf-

Als Vatatzes dennoch im selben Jahre 1250 Gesandte an den Papst schickte, machte Friedrich seine Drohung wahr: er hielt sie in Unteritalien fest.[1] Dagegen liess er die vermutlich in Begleitung der Griechen heimreisende päpstliche Gesandtschaft passieren: sie gelangte zu Innocenz nach Lyon, wo dieser bis zum April 1251 weilte.[2] Aber Innocenz' IV. Plan eines Bündnisses mit den Griechen war durch dieses energische Eingreifen Friedrichs II. zunächst verhindert worden.

Da starb Friedrich im Dezember 1250, und über seine Leiche hinweg hofften sich nun der Papst und die Griechen die Hand zu reichen.

Aber nicht sofort erlangte die griechische Gesandtschaft ihre Freiheit wieder, denn noch herrschten in Unteritalien die Staufer. Vielleicht geschah es dann im Zusammenhang mit dem Versuche, den Manfred im Sommer des Jahres 1251 machte, durch Verhandlungen mit der Kurie auf Kosten seines noch in Deutschland weilenden Bruders Konrad IV. das Königreich Sizilien für sich und sein Haus zu gewinnen,[3] dass er die griechischen Gesandten freizulassen sich entschloss: letztere trafen nach anderthalbjähriger Verzögerung mit Innocenz IV.

gabe, die kirchliche Einigung zwischen der griechischen und römischen Kirche zu fördern; und ferner standen die Unionsverhandlungen keineswegs im Widerspruch mit der Verdammung der Griechen: die Union hätte der Verdammung ein Ende gemacht.

[1] Wie bisher aus den griechischen Briefen Friedrichs II., so können wir für das Folgende aus dem Papstbiographen Nikolaus' de Curbio schöpfen. Gleich jenen Briefen waren auch des letzteren vorzügliche Nachrichten bisher unbenutzt geblieben. Nikolaus de Curbio, Murat. III I p. 592 k: ‚tunc vero temporis, cum a Bathasio Imperatore Graecorum solemnes nuntii, utpote archiepiscopi, episcopi, quidam nobiles milites ad Romanam curiam mitterentur, prima facie in regnum Apuliae pervenerunt; ubi per adversarium dictae Ecclesiae Fredericum, ne posset concordia provenire inter Graecorum Ecclesiam et Latinam, per annum et dimidium sunt detenti'.

[2] l. c. p. 592 e.

[3] S. Karst, Geschichte Manfreds, p. 164 ff., auch Rodenberg: Innocenz IV. und das Königreich Sizilien.

in Perugia zusammen, wohin dieser im November 1251 gelangt war.[1]

Für den Papst nun, der auch Friedrichs II. Nachkommen ein unversöhnlicher Feind blieb, hatte die Verbindung mit den Griechen neben dem kirchlichen noch dasselbe hohe politische Interesse wie unter Friedrich II. Nach längeren Beratungen entliess er die griechischen Gesandten zur Weiterverhandlung mit Vatatzes.[2]

Es scheint jedoch, dass der Grieche fand, der Papst sei ihm nicht weit genug entgegengekommen: jedenfalls begann er aufs neue die Lateiner Konstantinopels zu befehden,[3] und Innocenz erneuerte seinerseits die seit sechs Jahren unterbrochene Kampftätigkeit gegen die Griechen. Im Jahre 1252 sucht er, unter Wiederaufnahme eines Gedankens, den er schon 1244 verfolgt hatte, eine Garnisonierung Konstantinopels durch die Franken und Venetianer herbeizuführen,[4] und ein Jahr darauf wendet er sich, vielleicht weil die Regierungen sich jener Massregel versagten, an die breiten Massen

---

[1] p. 592[k] heisst es weiter (im Anschluss an Anm. 1 vor. Seite): *„tandem intercedente morte ipsius tyranni ad praesentiam summi pontificis apud Perusium pervenerunt‘.* Dass sie auch noch nach Friedrichs Tode festgehalten wurden, ist klar: sie kamen ja erst im Laufe des Jahres 1250 nach Italien und wurden nach Curbio $1\frac{1}{2}$ Jahre gefangen gehalten.

[2] l. c. *„Qui quidem honorifice ab ipso Domino sunt suscepti. Habitis quoque collationibus super diversis inter ipsos et Summum pontificem, ad deliberandum super praefatis cum dicto Vatacio, domino eorundem, ad propria remearunt‘.*

[3] S. folgende Anmerkung.

[4] Befehl an die Bischöfe von Negroponte und Aulona, von den bereits gesammelten Einkünften der Kirchen von Athen und Korinth den Venetianern, dem Fürsten von Achaja und den übrigen Baronen und Mannen des Reichs 1000 Mk. Silber auszuzahlen, wenn sie Kp. *„per annum integrum guerre ita duxerint muniendam, quod ab impugnantibus Vatacii manuteneri valeat et defendi‘.* Brief vom 20. August 1252 (Reg. ed. Berger № 5923, vgl. № 6787).

des Volks, indem er in Venedig und Romanien gegen Vatatzes
das Kreuz predigen lässt.[1])

Diese Massregeln machten offenbar Vatatzes doch bedenklich; er entschloss sich, die unterbrochenen Verhandlungen
mit dem Papste wieder aufzunehmen, und schickte noch im
Jahre 1253 eine neue Gesandtschaft an ihn, an deren Spitze
die Erzbischöfe von Kyzikos und Sardes standen.[2])

Es erging ihr zunächst wie der vorigen: auch sie wurde
mehrere Monate in Unteritalien festgehalten. Sie hatte sich
gekreuzt mit einer Gesandtschaft, die, wie wir oben sahen,
eben damals König Konrad IV. an Vatatzes richtete, um von
diesem die Verbannung der Konrad feindlichen und zur Kurie
neigenden Familie Lancia zu verlangen. Die Botschaft des
Vatatzes an den Papst verfolgte ein den Aufgaben der Mission
Konrads an Vatatzes genau entgegengesetztes Ziel: letztere
sollte den Griechen aus der Verbindung mit den Konrad feindlichen Kreisen lösen, erstere sollte dieses Band noch fester
knüpfen. Es war daher natürlich, dass Konrad ihr zunächst
die Weiterreise verwehrte. Wenn er sie schliesslich dennoch
weiter ziehen liess, so geschah das im Zusammenhang mit
einem Versuch, den er im Winter 1253/1254 machte, sich
mit dem Papst zu versöhnen.[3])

Etwa Anfang 1254 kam diese griechische Gesandtschaft
nach Rom. Sie begleitete Innocenz von dort nach Assisi
und Anagni, um dann zu Vatatzes zurückzukehren, diesmal

---

[1]) Auftrag an den im Februar 1253 zum Patriarchen von Kp. pro-
vidierten (*№* 6804) Pantaleon Justiniani zur Kreuzpredigt in Venedig
und in Romanien: 2. Juli 1253 (*№* 6845 und 6829).

[2]) Ersichtlich aus Raynald 1256 § 48. Doch geschah diese griechische
Gesandtschaft in Erwiderung einer päpstlichen, wie uns der unten p. 369[1]
zitierte Brief des Patriarchen Manuel an Innocenz IV. lehrt. Dieser päpstlichen
Gesandtschaft war aber aller Voraussicht nach eine griechische voran-
gegangen, sodass also Vatatzes im Jahre 1253 vor der Sendung der beiden
Erzbischöfe schon eine andere Botschaft nach Rom gesandt hätte.

[3]) Über diese Verhandlungen Konrads IV. mit dem Papste s. Schirrmacher. Die letzten Hohenstaufen, p. 55, 61 ff.

mit einem ausführlichen päpstlichen Antwortschreiben versehen. [1)]

Das Schicksal dieser ganzen Verhandlungen nun hat an dem einen Punkt gehangen: ob das Papsttum sich entschliessen konnte, den Griechen das lateinische Konstantinopel zu überlassen.

Vatatzes hat gewiss von vornherein dem Papste angedeutet, dass hier für ihn der Kern der ganzen Unionsfrage liege, wie er ja schon an Gregors IX. Nuntien ein ähnliches Verlangen gestellt hatte; [2)] durch seine letzte Gesandtschaft liess er Innocenz rund heraus als den Preis für die Unterwerfung der griechischen Kirche unter das römische Papsttum bezeichnen: die Auslieferung Konstantinopels an den griechischen Kaiser selbst, die der Patriarchenstühle, in erster Linie desjenigen von Konstantinopel, an die griechischen Kirchenfürsten unter gleichzeitiger Entfernung des lateinischen Kaisers und der lateinischen Geistlichkeit. [3)]

[1)] Zur Zeit, wo Konrad seinen Oheim, den Grafen von Montfort an Innocenz sandte (Winter 1253/1254) *„solemnes Graecorum nuntii . . . ex parte Bathacii super primis eorum tractatibus iterato ad curiam Rom. pervenerunt. Qui quidem per ipsum (Conradum) per plures menses in ipso regno Apuliae detenti fuerant ne venirent‘*. — Nach Pfingsten 1254 geht Innocenz nach Anagni. *„Inde vero Graecorum nuntii, qui de urbe Roma secuti sunt Dom. Papam usque Assisum et de Assisio usque ad dictam civitatem Anagniae, petita licentia et obtenta ipsius Pontificis, ad ipsum Dom. Bathacium cum responsoriis Dom. Papae litteris sunt reversi‘*.

[2)] S. o. p. 353.

[3)] Raynald, 1256 § 49 in dem Resumé über die Verhandlungen zwischen Innocenz IV. und Vatatzes, das Innocenz' Nachfolger, Alexander IV., in seiner Instruktion an die von ihm an Theodor II. Laskaris geschickten Legaten gibt. Pichler behandelt diese gesamte Angelegenheit, eine der interessantesten der ganzen Unionsgeschichte, auf ein paar, den Briefpassus referierenden Zeilen (p. 334). Vatatzes bot Obödienz und liess fordern: *„Ctanae civitatis imperium et patriarchis Graecis ibidem et alibi patriarchalium sedium iura restitui ac imperatorem et patriarchos Latinos ab eisdem civitate ac sedibus amoveri, Antiocheno patriarcha in illa ecclesia dum viveret tolerato‘*. Da in Jerusalem seit 1244 (der Eroberung der

Für die Gewährung dieser *petitio* stellten die beiden von Nikäa gesandten griechischen Erzbischöfe im Namen des Kaisers und der griechischen Kirche[1]) die folgenden Zugeständnisse (*recognitio*) in Aussicht, auf Grund der Forderungen, die die päpstliche Gesandtschaft den Griechen unterbreitet hatte. 1. die Anerkennung des päpstlichen Primats in der christlichen Kirche durch Aufnahme des Papstes in die Diptychen;[2]) 2. die Unterwerfung des griechischen Klerus unter die Herrschaft des Papsttums durch die Ablegung des kanonischen

_____

Stadt durch die Chowaresmier) kein lateinischer Patriarch mehr residierte (wahrscheinlich trat an seine Stelle wieder, wie nach der Eroberung durch Saladin, ein Grieche), so handelte es sich eben ausser um Kp. um die Auslieferung des Patriarchenstuhls von Antiochien, auf den ja die griechische Kirche nie völlig verzichtet hatte. S. o. p. 236—38.

[1]) In einem Ms. der bibl. Bodleiana zu Oxford (Cod. Baroccianus № 131, fol. 360ᵛ—361ʳ) ist der griechische Brief des Patriarchen Manuel an Innocenz IV. erhalten, s. hinten im Anhang № XIII. Für die Entzifferung des Ms. bin ich Herrn Privatdozenten Dr. Hermann Schöne in Berlin zu grossem Danke verpflichtet.

Manuel preist Innocenz wegen seiner Unionsbemühungen als Friedensfürsten, bewunderungswert und gewaltig werde der Papst dastehen, wenn ihm das grosse Werk der Union gelingen werde. Er berichtet Innocenz über die freimütige Aussprache mit seinen, des Papstes Legaten und empfiehlt die Gesandten, die nun von griechischer Seite an die Kurie abgehen, indem er die Kapitel, wegen derer sie verhandeln sollen, allgemein aufzählt (s. die übernächste Anm.) und indem er ihnen absolute Vollmacht zum Abschluss der Verhandlungen erteilt.

Die Beteiligung der griechischen Kirche an diesen Unionsverhandlungen resultiert auch aus der Pachymeresstelle, ed. Bonn p. 374 (vgl. über sie o. p. 353). Danach verwies der spätere Kaiser Michael Palaeologos bei seinen Unionsbemühungen auf das Beispiel des Vatatzes „προύβάλλετο μὲν τὸν Δούκαν Ἰωάννην καὶ βασιλέα καὶ τοὺς ἀμφ' ἐκεῖνον ἀρχιερεῖς καὶ τὸν πατριάρχην σφῶν Μανουὴλ, ὅπως ἐνεδίδον ἀπελθόντας ἀρχιερεῖς λειτουργεῖν τε καὶ μνημονεύειν, εἰ μόνον ὁ πάπας τῆς πρὸς τοὺς ἐν τῇ πόλει βοηθείας ἀπόσχοιτο. Καὶ ἅμα τὸ κωδίκιον τῆς Ἐκκλησίας εἰς πίστιν προεκομίζετο ...‛ Vgl. auch p. 166 „τὸ ἐπὶ τοῦ Δούκα Ἰωάννου συνοδικῶς γεγονός‛ etc. Übrigens heisst es auch bei Rayn. 1256 § 48 über die griechische Gesandtschaft: „ex parte quondam Caloiohannis imperatoris et Ecclesiae Graecorum‛.

[2]) S. vorige Anm.

Obödienzeides; 3. neben dieser generellen Gehorsamsleistung die Verpflichtung, den Einzelentscheidungen Folge zu leisten, die der Papst veröffentlichen wird, vorausgesetzt, dass sie den Entscheidungen der alten Konzilien nicht zuwiderlaufen; 4. die Anerkennung der Kurie als der Appellationsinstanz für Streitigkeiten der griechischen Geistlichen mit ihren Oberen oder untereinander; 5. für die Konzilien die Zuerkennung des Vorsitzes, des Vorstimmrechts in Glaubensfragen und der Urteilsbefugnis in Sachen der Kirchendisziplin an den Papst. Und zwar sollten, was jenes Vorstimmrecht betrifft, die übrigen Konzilsmitglieder verpflichtet sein, die Meinung des Papstes anzunehmen, falls sie nicht den evangelischen und kanonischen Grundsätzen zuwiderlaute: ein Vorbehalt, der auch für alle sonstigen Konzilsentscheidungen des Papstes gemacht wurde. [1]

Nur für den Artikel des Symbolum Nicänum über den Ausgang des heiligen Geistes vom Vater wurde ausdrücklich

---

[1] Rayn. 1256 § 48: Bisher merkwürdigerweise noch gar nicht untersucht. Es sind dort acht einzelne Punkte aufgezählt, die oben zusammengefasst wurden. Punkt I handelt über den Primat, Punkt II über die kanonische Obödienz *(canon. obed. praefato praedecessori eiusque successoribus canonice intrantibus exhibendam')*; Punkt V über den Gehorsam gegenüber den päpstlichen Einzelentscheidungen *(,obedientiam quoque in sententiis quas Romanus Pontifex sacris non adversus canonibus promulgabit')*; Punkt III, IV über die Appellation nach Rom; Punkt VI, VII, VIII über die Konzilien. (VII) *,In Quaestionibus fidei, si quae ibidem fortassis emerserint, prae alliis dare sententiam, suaeque voluntatis proferre iudicium, quod, dummodo evangelico et canonicis non obviet institutis, obedientes caeteri suscipient et sequentur.* (VIII) *In aliis vero Ecclesiasticarum personarum causis et negotiis, quas in Conciliis tractabuntur, sententiis, quae Romani Pontificis dictabit auctoritas, dummodo sacrorum non adversentur Conciliorum decretis, caeteri acquiescent'.*

Der Patriarch Manuel unterscheidet in seinem Briefe an Innocenz IV. (Ms. Oxf.) folgende drei κεφάλαια', wegen deren die griechischen Gesandten verhandeln sollen: 1. dasjenige wegen des Konzils, 2. dasjenige wegen der Ehre des Papstes und 3. dasjenige wegen der gerechten Forderungen des Papstes an die Griechen. Vgl. hinten im Anhang № XIII.

von vornherein die Unverbindlichkeit der päpstlichen Meinungs-
äusserung ausbedungen.[1]

Die Konzessionen, zu denen sich hier der griechische
Kaiser und der Patriarch samt seiner Synode bereit erklären,
sind die weitestgehenden, die überhaupt je von byzantinischer
Seite dem Papsttum angetragen worden sind. Rom wurde
hier eine Gewalt über die orientalische Kirche eingeräumt,
die es zwar seinerseits von alters her beansprucht hatte, die
aber von seiten der Griechen selbst in der Zeit vor dem
Schisma nie offiziell anerkannt worden war.[2]

Freilich darf man nicht die Klauseln übersehen, mit
denen der griechische Antrag gewisse Machtbefugnisse, die
er dem Papste überliess, umgab. Indem man von den päpstlichen Entscheidungen verlangte, dass sie sich im Einklang
mit den Konzilskanones befänden, meinte man ein Gesetz-
gebungsrecht der Päpste nach Art des Dekretalrechts geradezu
zu verneinen. Auch auf die richterlichen Entscheidungen des
Papsttums bei Appellationssachen hat man jene Beschränkung
ohne Zweifel bezogen.[3]

Immerhin lag nach der römischen Auffassung der älteren
Kirchengeschichte in der Bindung an die Kanones keineswegs
eine Einschränkung der hier dem Papste eingeräumten Rechte.
Und vor allen Dingen gab es ein Zugeständnis in dem Programm, das die Griechen bedingungslos machten, und das
dem Papsttum vor dem Schisma nicht zugestanden hatte.
Indem die Gesamtheit des griechischen Klerus die Verpflichtung,
Innocenz IV. und seinen Nachfolgern den kanonischen Obödienzeid zu leisten, auf sich nehmen wollte, erklärte sie
sich bereit, im Papste ihren wahren Vorsteher anzuerkennen.
Das war mehr als der blosse Ehrenprimat aus der vorschismatischen Zeit, es war ein Element des Jurisdiktionsprimats.

---

[1] Rayn. § 50/1 aus Innocenz' Antwort ersichtlich.

[2] Ausser auf der VIII. ök. Synode vom Jahre 869, die aber von
den Griechen bereits einige Jahre später verleugnet wurde (s. o. p. 11).

[3] S. die Stelle bei Raynald; ebenso geschah es auch im Jahre 1274,
s. u. Buch III, zweiter Abschnitt, Kap. 3.

Die Obödienz war vor allem eben dasjenige Zeichen der Unterwerfung, das man im lateinischen Kaiserreiche von der griechischen Geistlichkeit zu |fordern pflegte.   Vatatzes rechnete klug, wenn er gerade sie dem Papste nunmehr seitens der griechischen Geistlichkeit seines Reiches antragen liess.   Es war ein vorzügliches Mittel, Innocenz IV. von den Lateinern ab- und zu sich hinzuziehen.

Das erstaunlichste ist doch, dass es dem Vatatzes gelang, die griechische Geistlichkeit, die, wie wir uns erinnern, zwei Jahrzehnte zuvor jede Nachgiebigkeit Rom gegenüber schroff abgelehnt hatte,[1] nunmehr zu derartigen Zugeständnissen zu überreden.

Vor allem war es dabei von Wichtigkeit, dass der Patriarch Manuel II. völlig auf die Intentionen des Kaisers einging und die kirchlichen Konzessionen an Rom auch seinerseits befürwortete.   Die Aussicht, nach so langer Verbannung wieder in der Kaiserstadt Byzanz seinen Sitz aufzuschlagen, war eben für den Patriarchen nicht minder verlockend als für den Kaiser.   Solch hoher Gewinn lohnte schon einen hohen Einsatz.[2]   Doch ist dieser Patriarch überhaupt, wie sein Brief an Innocenz IV. zeigt, von dem aufrichtigen Wunsche nach Herstellung der Kircheneinheit beseelt gewesen.   Er hätte sogar, wenn die Auseinandersetzung über den Ausgang des heiligen Geistes, die in der Handschrift diesem seinem Briefe folgt, von ihm verfasst und gleichzeitig an den Papst gesandt worden ist, sich in Bezug auf diese beim Schisma so bedeutungsvolle Frage sich der römischen Auffassung genähert. Es wird dort nämlich die zwischen der griechischen Ansicht (‚ἐκ πατρὸς‘) und der lateinischen (‚ἐκ πατρὸς καὶ υἱοῦ‘) vermittelnde Auffassung des ‚ἐκ πατρὸς δι' υἱοῦ‘ vorgetragen.[3]

---

[1] S. o. p. 351/2.

[2] Vgl. p. 368.

[3] l. c. fol. 360 r bis 363 v.   Coxe in ‚Catalogus codd. ms. bibl. Bodleianae I. (Oxf. 1853) p. 227 rechnet diese Partie geradezu mit zu dem Briefe des Patriarchen.   Den resumierenden Schlusspassus s. hinten im Anhang № XIII.

Übrigens dürfen wir auch nach dem, was wir über Innocenz' IV. Auftreten den Griechen in Cypern und Syrien gegenüber wissen,[1]) annehmen, dass er ebenfalls denjenigen des lateinischen Kaiserreichs ein milder Vorsteher gewesen ist, und dass er so sein Regiment den unabhängigen Griechen annehmbar gemacht hat.

_____

Innocenz IV. nun, für den eine Verständigung mit den Griechen ausser den geistlichen Vorteilen, die sie ihm brachte, auch den höchsten politischen Wert, besonders mit Rücksicht auf die abendländischen Verhältnisse, besass,[2]) hat sich entschlossen, auch seinerseits den Griechen in Bezug auf ihre politischen und kirchenpolitischen Forderungen weiter entgegenzukommen als seine sämtlichen Vorgänger.

Er erklärte sich bereit, wenn Vatatzes die verheissene Unterwerfung unter Rom vollziehe, zwischen ihm und dem lateinischen Kaiser einen Vergleich herbeizuführen, falls aber ein solcher nicht zu stande komme, eine schiedsrichterliche Entscheidung zwischen den beiden Parteien zu treffen: und dabei versprach er, sich dem Rechte des Vatatzes so günstig, als er nur könne, zu erweisen, damit das Urteil nach dessen Wunsche ausfalle. Besonders verhiess er, zu dessen Gunsten die Tatsache in Anrechnung bringen zu wollen, dass die römische Kirche von seiner Ergebenheit und Macht eine viel grössere Förderung erwarten könne als der „eines anderen", d. h. des lateinischen Kaisers.[3])

Nicht minder entgegenkommend zeigte sich Innocenz in der Patriarchenfrage. Ein Pfadfinder auf so vielen Gebieten,

_____

[1]) S. o. p. 362[3].

[2]) Es will mir sogar scheinen, als ob der Patriarch Manuel durch einen Passus seines Briefes an Innocenz (Ms. Oxf. l. c.) auf diese Folge der Union hinweist. Er sagt: Innocenz würde durch sie ‚κραταιὸς πρὸς πάντα τὸν καθιστάμενον'. Denn wie der Bruder, der dem Bruder helfe, stark sei, ‚πῶς ὁ ὑπὸ τοσούτων ἀνασπιζόμενος ἀδελφῶν οὐκ ἔσται ἀκαταγώνιστος; αἱρέσεων γὰρ πασῶν τὰ ὀχυρώματα σεισθήσονται ... καὶ πάσης ἀνομίας τὸ στόμα ... ἐμφραγήσεται'.

[3]) Raynald, 1256 § 52 ... ‚paratum se obtulit ad compositionem inter praefatum Caloioannem et imperatorem eundem (latinum) inter-

brach er mit der alten Auffassung der Kirchenprovinzen als lokal fixierter Gebiete und bekannte sich zu der neuen der Personaldiözese. Durch diese Schwenkung ward es ihm möglich, den griechischen Patriarchen zu befriedigen, ohne den lateinischen ganz beseitigen zu müssen. Denn wenn die Diözese nur mehr als kirchlicher Verwaltungsbezirk angesehen wurde, so konnten sehr wohl innerhalb desselben Diözesangebiets zwei katholische Kirchenhäupter nebeneinander regieren, falls politische oder rituelle Verschiedenheiten unter den Bewohnern der Diözese eine solche Auskunft notwendig machten.[1]

So entschied sich denn Innocenz IV. ganz modern im Sinne eines Doppelpatriarchats. Wenn die Union vollzogen, sollte der Kaiser den griechischen Patriarchen sofort als Patriarchen von Konstantinopel bezeichnen dürfen, und, nachdem Konstantinopel ‚casu quolibet‘ unter die Herrschaft des Vatatzes gekommen sein würde, sollte der griechische Patriarch auch seinen alten Sitz wieder einnehmen: nur solle dabei dem lateinischen Patriarchen die Leitung seiner jetzigen Untergebenen verbleiben. Unter jenem ‚casus‘ werden wir in erster Linie an einen dem Vatatzes günstigen Ausgang des Vergleiches mit Balduin oder des päpstlichen Schiedsgerichts zu denken haben. Es würde dann also eine Scheidung des

— — —

ponere studiosius partes suas, confidens eam per suum studium provenire: si autem placita partium in compositione convenire non possent, offerebat super hoc . . . eidem Calojohanni exactum iustitiae complementum, ius eius prosecuturus favore quo posset, ut iustum pro suo voto iudicium reportaret. Considerare namque debebat ac tenere pro certo, quod Ecclesia Romana in iudicialis conditionis examine foveret tanto favorabilius causam suam, quanto maiorem de ipsius quam alterius devotione atque potentia eadem Ecclesia, si eum ut . . . filium Deus daret suo gremio contineri, poterat habere profectum‘.

[1] Köhler l. c. [194²] hat übersehen, dass das Prinzip Innocenz’ III. (s. o. p. 229) nicht erst in neuerer Zeit, sondern durch Innocenz IV. durchbrochen worden ist. Schon die Stellung Honorius’ III. war nicht mehr so schroff wie die Innocenz’ III. S. oben p. 237³.

Patriarchats in ein lateinisches und ein uniert-griechisches stattgefunden haben. [1])

Noch weniger Schwierigkeiten würde die Errichtung eines uniert-griechischen Patriarchats Antiochien gemacht haben: hatte doch Innocenz IV. schon im Jahre 1247 den griechischen Patriarchen dieser Stadt in Gnaden angenommen. [2])

Der Kaiser hatte ja freilich in seiner ‚petitio‘ geradezu die Beseitigung der lateinischen Patriarchen verlangt, doch darf man annehmen, dass er angesichts der politischen Konzessionen, zu denen das Papsttum bereit war, ebensowenig auf der ausschliesslichen Anerkennung griechischer Patriarchen beharrt haben würde, wie die Kurie auf derjenigen lateinischer Kirchenoberhäupter. Wir werden sehen, wie Kaiser Michael Palaeologos von Konstantinopel bei der Vollziehung der Union auf dem Konzil von Lyon im Jahre 1274 sich für die Patriarchate von Antiochien und Jerusalem strikt auf den Standpunkt gestellt hat, den hier Innocenz IV. vertrat. [3]) Bei der Union von Florenz (1439) dagegen haben dann die Griechen den Begriff der Personaldiözese verworfen, indem sie vom Papste die Besetzung der zum Patriarchat Konstantinopel gehörigen Kirchen mit griechisch-unierten Metropoliten unter Ausschliessung der Lateiner aus ihnen verlangten. [4])

Auch auf rein geistlichem Gebiete machte Innocenz den Griechen ein grosses Zugeständnis. Er willfahrte ihrer Bitte, das Symbolum auch fernerhin ohne das ‚filioque‘ singen zu

---

[1]) l. c. § 53. ‚Verum ut circa Ctanum patriarcham Graecum‘, so bietet Innocenz IV. dem Vatatzes an: ‚quod ipsum ex tunc Ctanum patriarcham vere appellationis nomine nunc appellaret, et postquam Ctanam civitatem ad eiusdem imperatoris dominium devolvi casu quolibet contigisset, eum faceret in antiquam patriarchatus sedem reduci, ut ibi residens suis praeesset subditis, quibus in praesentiam noscitur praesidere, patriarcha Latino suis quos nunc habet subditis pacifice praefuturo‘.

[2]) S. oben p. 362⁸.

[3]) S. unten Buch III, im zweiten Abschnitt.

[4]) S. darüber genauer unten Buch IV, zweiter Abschnitt, Kap. 2.

dürfen, und er verpflichtete sich, in Bezug auf diesen Punkt
auf dem bevorstehenden Konzil der griechischen Kirche keine
Abänderung zu oktroyieren, falls sie nur den Glauben der
römischen Kirche über die Dreieinigkeit teile.[1])

Denn auf einem Generalkonzil, das Innocenz IV. alsbald
auf griechischem Boden abzuhalten gedachte, sollte die endgültige geistliche wie weltliche Einigung hergestellt werden.[2])

Diese Manifestation ist eine der denkwürdigsten, die je
aus päpstlichem Munde ergangen sind. Sie bezeichnet den
entscheidenden Wendepunkt der byzantinischen Politik des
Papsttums im XIII. Jahrhundert. Der Gedanke ist, das
Imperium von Konstantinopel statt durch eine lateinische
Okkupation durch die Griechenunion dem Papsttum zu beugen.

Die occidentalen Verhältnisse bildeten den Grund dieser
Neuorientierung der östlichen Politik der Kurie, wie sie
Innocenz IV. vollzog.

Als begeisterter Verfechter der Sache des lateinischen
Konstantinopels, aufs tiefste davon durchdrungen, dass an
seinem Fortbestand die universale Stellung des Papsttums
hänge, hatte er seine pontifikale Laufbahn begonnen:[3]) die
Komplikation seiner Lage im Occident liess ihm die Behauptung des lateinischen Kaiserreichs als unmöglich erscheinen. Weniger leidenschaftlich und einseitig als Gregor IX.

---

[1]) Rayn. 1256 § 51. „. . . . *praedecessor ipse* (Innoc. IV.) *concessit,
in Concilio imminenti tenorem predicti symboli adiectione qualibet nisi
forte de mutua convenientia ... non mutari, sed in ea forma penes
Graecam Ecclesiam remanere, quam dicta synodus promulgavit, dummodo de sanctae trinitatis fide Graeca Ecclesia in omnibus catholice
sentiat cum Ecclesia Romana*‘. Wir sahen vorhin (p. 370/1), dass die
Griechen das Symbolum von der Autorität des Papstes ausgenommen wissen
wollten. Dem röm. Glauben aber bequemten sich (s. o. p. 372) die
Griechen offenbar an.

[2]) Ausser dem in voriger Anm. vorkommenden *‚in Concilio imminenti‘*
s. auch § 56. wo Alexander IV. seinerseits — ohne Zweifel nach dem
Muster Innocenz' IV. — von der Konzilsberufung handelt.

[3]) S. o. p. 282. 313.

scheute sich dieser kühl berechnende Politiker nicht, der Sache des lateinischen Konstantinopel allmählich den Rücken zu kehren, indem er dafür einen neuen Weg zur Konstituierung päpstlicher Herrschaft in Konstantinopel einschlug, der besser mit den abendländischen Aufgaben der Kurie harmonierte.

Wurde also die Wandlung der Haltung des Papsttums gegenüber dem lateinischen Kaiserreich unmittelbar veranlasst durch die ganz aktuelle Verwicklung der occidentalen Verhältnisse jener Jahre, so war sie doch zugleich eine mittelbare Folge aller jener Ursachen, die auch in früherer Zeit dem Papsttum die Aufrechterhaltung des lateinischen Kaiserreichs erschwert, die seinen Verfall herbeigeführt hatten. Und von diesem Gesichtspunkt aus werden wir in der Abkehr Innocenz' IV. von der lateinischen Sache zugleich eine Bankrotterklärung der Eroberungspolitik sehen, wie sie auf dem Vierten Kreuzzuge inauguriert worden war, die Erkenntnis, dass diese nur in sehr beschränktem Masse erreicht habe, was in so unendlich viel vollständigerer Weise eine friedliche Union der griechischen mit der römischen Kirche zu bewirken versprach. Das galt nicht nur für die von den Griechen verheissene Unterwerfung unter die römische Kirche, sondern auch für den Kampf der gesamten Christenheit gegen die Ungläubigen und vor allem von demjenigen gegen die Feinde der Kirche im Abendlande. Auch auf diese Momente bezieht sich jene „grössere Förderung" der römischen Kirche, die Innocenz von der Union erwartete.

Es war im Sommer 1254, als Innocenz IV. die griechischen Gesandten mit jener bedeutsamen Botschaft entliess.[1]) Ein halbes Jahr darauf starb er. Welche Stellung hätte dieser Papst, der das römisch-deutsche Kaisertum vernichtet hatte, einnehmen müssen, wenn es ihm jetzt, selbst um den Preis des Verzichts auf das lateinische Konstantinopel, gelungen wäre, auch das byzantinisch-griechische seinem Zepter zu beugen! Auch die Stauferherrschaft in Unteritalien, den letzten

---

[1]) S. oben p. 367/8.

Rest der Rebellion, durfte er dann hoffen, wie mit englischer Hilfe von Westen, so mit griechischer von Osten her zu zerschmettern.[1])

So ging er aus der Welt, ein grosser Papst, wenn je einer war: Ranke sagt von ihm, er habe innerhalb des hierarchischen Jahrhunderts in jedem Sinne die zentrale Stellung eingenommen.[2]) Wenn er aber hierfür, was den Orient betrifft, lediglich auf die Herrschaft Innocenz' IV. im lateinischen Imperium hinweist,[3]) so trifft das nicht den Kern der Sache. Gerade die Abkehr von der Sache des Lateinerreichs, die Vorbereitung des päpstlichen Regiments in einem griechischen Gesamtreich ist es, die Innocenz IV. auch für die Orientpolitik des Papsttums die zentrale Stellung anweist. Indem er während seines Pontifikats diese Schwenkung vollzieht, steht er in der Mitte zwischen den Päpsten, die allein auf das lateinische Konstantinopel geschworen hatten, und denen, die nach ihm und unter seinem direkten Einfluss die Herrschaft in einem griechischen anstrebten.

— -

Viertes Kapitel.

Die byzantinische Politik Alexanders IV.

Seine Verhandlungen mit Theodor II. Laskaris und sein Verhältnis zu Michael Paläologos, 1254—1261.

Innocenz IV. blieb durch seinen frühen Tod eine Enttäuschung und Demütigung erspart. Im selben Jahre nämlich, das ihn der Welt entrückte, starb Kaiser Vatatzes; dessen Sohn Theodor II. Laskaris (1254—58) aber, vor dem nun Innocenz' Gesandte erschienen, ging nicht auf die päpstlichen

---

[1]) Ich erinnere an jenen Passus in dem Briefe des Patriarchen Manuel, wo die Rückwirkung der Griechenunion auf die Feinde der Kurie betont wird. S. oben p. 373[2].

[2]) Weltgeschichte, Textausg. Bd. IV. p. 212, 245.

[3]) l. c. p. 285. „Man muss sich vergegenwärtigen, dass auch das östliche Reich ihm gehörte."

Anerbietungen ein, so entgegenkommend diese auch lauten mochten. Das Papsttum hatte sich umsonst kompromittiert, und Alexander IV. ergab sich darein, die schon halb aufgegebene Sache der Lateiner Konstantinopels aufs neue aufrecht zu erhalten.

Da er nun die Streitkräfte des Occidents zur Bekämpfung der Staufer Unteritaliens brauchte, so kam alles darauf an, die Lateiner Griechenlands für den Schutz ihrer Hauptstadt zu erwärmen. Diese jedoch lagen damals untereinander in blutiger Fehde, und Alexanders Friedensmahnungen gingen in dem Waffengetöse, von dem in jenen Jahren das ganze lateinische Romanien wiederhallte, unter.[1]

Da entschloss sich der Papst, sich abermals von der verfahrenen Sache der Lateiner abzuwenden und aufs neue sein Heil bei den Griechen zu versuchen. Im Jahre 1256 sandte er den Bischof von Civitavecchia an Theodor II. Laskaris nach Nikäa mit denselben Anerbietungen, wie sie Innocenz gemacht.[2] Dass sie in gewisser Hinsicht wenig ehrenvoll für die römische Kirche seien, erkannte er wohl, und er empfahl dem Legaten, nicht gleich mit der Tür ins Haus zu fallen und nicht alle Konzessionen, die die Kurie zu machen gedachte, gleich zu nennen oder gar zu gewähren, falls er nützlichere und ehrenvollere Bedingungen erhalten könne, sonst bleibe jedoch das Programm Innocenz' IV. massgebend.[3]

---

[1] Chron. Dandolos, Muratori SS. rer. It. XII p. 363. Es ist von dem Kampf Wilhelms gegen die Dreiherren von Euböa und die Venetianer die Rede (s. oben II. Abschnitt, Kap. 2 № III). ‚Quod Alexander Papa recognoscens, ne Graeci in Imperio Romaniae contra Catholicos potentiores efficerentur, praedictos monuit, ut zelo fidei et Romanae Ecclesiae reverentia a novitatibus incoeptis desisterent.‘ Im Jahre 1256 befahl er Wilhelm von Achaja die Lösung seines Bündnisses mit den Griechen von Nikäa, event. sollte ihn dazu der Bischof von Modone zwingen, l. c. p. 364.

[2] Raynald 1256 § 54, Pichler, 337.

[3] Raynald 1256 § 54 ... ‚iuxta ea quae praemissa sunt caute procedens, si plura iis utiliora et honorabiliora Romanae ecclesiae ... a Graecis impetrare potueris, non repente prosilias ad praemissa capitula exponenda illis vel etiam acceptanda‘. Wenn er aber nützlichere nicht erhalten kann, dann soll er nur bei jenen bleiben.

Aber die päpstliche Gesandtschaft kam gar nicht in die Lage, ihre letzten Trümpfe ausspielen zu müssen: sie hatte es nicht mehr mit dem Politiker Vatatzes zu tun, sondern mit einem Kaiser, der aus ganz anderem Holze geschnitzt war. Theodor dem Zweiten lag eine Verquickung geistlicher und politischer Fragen, wie sie sein Vater vorgenommen hatte, fern. Er wollte die Unionsverhandlungen nur vom geistlichen Standpunkte aus betrachtet wissen, und war nicht gewillt, gegen auch noch so grosse politische Zugeständnisse ein so schweres Opfer seiner Überzeugung darzubringen, wie es die von seinem Vater geplante Unterwerfung unter Rom für ihn dargestellt hätte.

Der Kaiser liess die päpstliche Gesandtschaft, die nach Griechenland kam, als er gerade gegen die Bulgaren zu Felde zog, schon in Beröa in Macedonien, auf halbem Wege, durch seine Legaten abfertigen.[1] Er wusste ja von der vorigen her, was sie bringen würde, und er gedachte jetzt so wenig wie zwei Jahre zuvor, auf dieser Basis zu verhandeln.

Wie Kaiser Theodor sich das Zustandekommen der Union dachte, das lehren die Briefe, die er bald darauf seinerseits an den Papst und die Kardinäle richtete: nicht eine schlichte Unterwerfung der griechischen Kirche unter die lateinische politischen Gewinnes halber, sondern nach rein geistlichen Gesichtspunkten eine Einigung beider Kirchen auf einer mittleren Linie unter Elimination der extremen Ansichten. Der Papst und der Patriarch, die beiden Leuchten der Christenheit, Griechen und Lateiner sollten gemeinsam in ernstem, vorurteilslosem Streben die Wahrheit erforschen.[2]

---

[1] Georg. Akropolita ed. Bonn p. 149: ἐκεῖσε γὰρ (in Beröa) ὑπῆρχον καὶ οἱ τοῦ πάπα πρέσβεις, οὓς — so erzählt Georg. Akr. von sich selbst — ἀπεκβαλεῖν βασιλικῷ προτάγματι ἔμελλον'. Vgl. Pichler l. c., der aber meint, dass die Verhandlungen damit zu Ende sind.

[2] Briefe Theodors II. ed. Festa in Publ. del Istit. di studi sup., Firenze, Bd. XXIX. p. 202—204, sine not. chron. vgl. p. 205/206 an Kardinal Richard von S. Angelo, p. 209 an Kardinal Petrus Paputius.

Die Entscheidung aber bei Meinungsverschiedenheiten behielt sich Theodor selbst vor. Mit tiefem Staunen lesen wir in einer Schrift, die er über die Frage vom Ausgang des heiligen Geistes an den Bischof von Kotrone in Unteritalien richtete, wie dieser griechische Teilfürst von der Mitte des XIII. Jahrhunderts für sich das Recht in Anspruch nimmt, gleich den römischen und altbyzantinischen Cäsaren ein ökumenisches Konzil zu berufen, ihm vorzusitzen und als unparteiischer Richter im Streite der Glaubensmeinungen ein Urteil zu fällen. [1]

Vatatzes hatte diese längst verjährten geistlichen Rechte der byzantinischen Kaiser dem Papsttum einräumen wollen, um dadurch seinen Kaisersitz wieder in Konstantinopel aufschlagen zu können: [2] Laskaris hielt an jenem Rechtstitel fest, und machte dadurch dem Papsttum, das sich nicht einmal auf eine Verhandlung mit den Griechen auf gleichem Fusse verstanden haben würde, ein Eingehen auf seine Vorschläge vollends unmöglich.

Ausser dieser seiner kirchlichen Anschauung dürfte für Theodor II. bei der Verwerfung der von Innocenz IV. und

---

[1] Der griechische Text dieser Schrift ediert von Swete: Theodor Laskaris junior, de processione spiritus sancti oratio apologetica, ed. London 1875. Der sehr klar geschriebene Passus über die Konzilien findet sich auf p. 20—22, wo man ihn nachlesen möge. Es wäre schade, einzelnes aus dem Zusammenhang zu reissen. Vgl. auch Dräsecke in seinem Aufsatz über Theodor Laskaris, Byz. Zt. Bd. III. p. 512.

[2] S. o. p. 369/70. Über die Konzilsberufung war zwischen Vatatzes und Innocenz IV. nichts bestimmt worden. Auch bei der Union von Lyon (1274) ist dieser Punkt nicht in Frage gekommen. Bei den Verhandlungen in Florenz 1439 hat Kaiser Johannes VIII. nur folgende bescheidene Forderung gestellt: ‚ne (papa) convocet synodum oec. sine Imperatore et patriarchis, si conveniant; quod si advocentur et non veniant, ne propterea impedimento sint, quonimus synodus fiat‘. Eugen IV. aber bestand darauf ‚auctoritatem sibi esse celebrandi syn. oec., cum opus fuerit‘. Acta Concilii Flor. bei Harduin, Conc., Bd. IX. p. 414. In der allgemeinen Primatserklärung der Griechen auf dem Florentiner Konzil wurde dieser Punkt, wie so viele andere Kontroversen, mit Stillschweigen übergangen. Vgl. unten Buch IV, Zweiter Abschnitt, Kap. 2.

Vatatzes verabredeten Transaktion noch ein anderes Moment bestimmend gewesen sein. Es waren die Jahre, in denen sich der Sieg immer entschiedener an die Fahnen der Nikäner heftete, ein immer grösserer Teil der Balkanhalbinsel ihrer Herrschaft anheimfiel. Da brauchte es, um Konstantinopel zu gewinnen, nicht mehr der päpstlichen Vermittlung, die nur gegen den Verzicht auf die Eigenart und Selbständigkeit der griechischen Kirche zu erreichen war: durch eigene Kraft an der Spitze seines siegreichen Heeres hoffte der Kaiser in die alte Hauptstadt des Rhomäerreiches einzuziehen.

Aber Theodor II. starb bereits nach vierjähriger Regierung, im Jahre 1258, und jetzt bot sich Alexander IV. die glänzendste Gelegenheit, jenes grosse Projekt seines Vorgängers durchzuführen, als im Jahre 1259 Michael Paläologos den Thron von Nikäa usurpierte. Denn dieser sah sich von der furchtbaren Koalition Michaels von Epirus, Manfreds und Wilhelms von Achaja bedroht,[1] und ihrer sich zu erwehren, musste ihm eine Verständigung mit dem Papsttum hocherwünscht sein, zumal ihm im Gegensatz zu Theodor geistliche Skrupel fern lagen. Durch ein neuerdings bekannt gewordenes Dokument wird es sogar wahrscheinlich, dass er sich in dieser Verlegenheit an Papst Alexander IV. gewandt hat.[2]

---

[1] S. o. p. 331 ff.

[2] In dem Konzept eines kaiserlichen Briefes an Klemens IV. (von dem Prälaten Holobolus entworfen) heisst es ausdrücklich von Michael (lateinische Übersetzung): „Postquam autem regiae navis gubernacula in manus nostras tradita sunt, illico, ... ad Papam Alexandrum IV. missis legatis de pace cum eo egimus‘. Der Herausgeber N. Festa (im Bessarione Bd. VI. p. 532) meint, das sei deshalb unmöglich, da ja Alexander schon im Jahre 1261 gestorben sei. Aber es ist hier ja nicht von der Eroberung Kp.s durch Michael (1261), sondern von seiner Thronbesteigung die Rede, die am 1. Januar 1259 in Nikäa stattfand. Dass er sich damals an den Papst gewandt hat, ist nur zu wahrscheinlich. Ausser der Anerkennung des Aktes der Kaiserkrönung galt es, Schutz gegen die von Westen her drohende Koalition zu erlangen. Dass dasjenige, was in jenem Brief-Konzept über die späteren Verhandlungen unter Urban IV. erwähnt ist, nicht genau stimmt, ist wohl wahr, doch wird wenigstens das hervorstechendste

Alles sprach für eine Vereinbarung des Papstes mit dem Paläologen: von den Koalierten, zu denen Manfred gehörte und die nur ihre selbstsüchtigen Zwecke in Romanien verfolgten, durfte Alexander keine Vorteile für die päpstliche Sache erwarten, und Kaiser Michael war in seiner Bedrängnis gewiss zum weitesten Entgegenkommen bereit. Ein grösserer Papst an Alexanders IV. Stelle würde diese unvergleichliche Gelegenheit, die Griechen zu gewinnen, nicht unbenutzt haben vorübergehen lassen: der unfähige Politiker, der Alexander IV. war, versäumte sie. An Theodor Laskaris, den er doch jenen Projekten abgeneigt wusste, hatte er sich herangedrängt: jetzt, wo ein Kaiser war, der den Papst brauchte, verhielt er sich passiv. Die grosse Schlacht bei Pelagonia im Jahre 1259,[1] die über die Zukunft Romaniens entschied, wurde geschlagen, ohne dass der Papst, der Herr der Christenheit, an dem Siege der einen oder anderen Partei interessiert gewesen wäre. Es gewann der Paläologe, dem Papsttum nunmehr nicht verpflichtet: zwei Jahre später war er Herr von Konstantinopel.

Faktum, die Mission des Bischofs von Kroton erwähnt. Die Absicht, eine andere Gesandtschaft zu schicken, bezieht sich nicht auf Urban, sondern Michael. Ich meine nach allem die Nachricht nicht ohne weiteres verwerfen zu sollen.

Alexander IV. ging jedenfalls nicht auf Michaels Vorschläge ein. Erst aus dem Jahre 1261 kennen wir einen Brief von ihm an den Kaiser, wo er diesen aber nur um Freilassung von 2 Lucchese Kaufleuten bittet, die bei Adramyttion von dem griechischen Präfekten arretiert waren. Brief vom 2. April 1261 im Lib. iur. reipubl. Januensis Bd. I. p. 1345. vgl. Heyd l. c. I p. 306. Sie wurden in der Tat freigelassen, s. l. c. p. 1397.

[1] S. o. p. 334.

Drittes Buch.

Die Wiedervereinigung Byzanz' mit Rom durch die Griechenunion.

Das Papsttum und das sizilische Königtum (Manfred und Karl von Anjou) im Wettstreit um Byzanz

1261 (1274) — 1281.

— —

Einleitung.

Die Restauration des byzantinischen Reichs.

Noch einmal erstand so im Jahre 1261 das byzantinische Reich zu neuem Glanze. Man kannte sie in Konstantinopel, diese Restaurationen des Imperiums: seit Justinian eine halbe Welt den Barbaren wieder abgerungen, folgte ohne Unterbrechung ein schier unwiderstehlicher Ansturm frischer Volkkräfte von Ost und West, Nord und Süd, und Reaktion von seiten Byzanz', dem es unter hervorragenden Kaisern stets aufs neue gelang, den heiligen Boden des Reichs — freilich in immer engeren Grenzen — von den Eindringlingen zu säubern.

Nie aber war der Fall tiefer, nie die Auferstehung strahlender gewesen, als im XIII. Jahrhundert.

In früheren Zeiten hatte sich doch die Barbarenflut immer an den Mauern der Hauptstadt gebrochen: den Lateinern war diese erlegen. Die ein Jahrhundert zuvor als Retter aus der Türkennot hier erschienen waren, warfen damals selber die Brandfackeln in die herrlichen Tempel und Paläste und schienen auf immer Kunst, Kirche und Volkstum der Rhomäer zu Grunde richten zu sollen.

Aber der Historiker Niketas sollte recht behalten, wenn er inmitten von Brand und Zerstörung vertraute, diese von Gott gesandte Strafe werde nicht dauern, sondern wie eine böse Krankheit auch wieder vorübergehen.[2]) In Nikäa, von wo einst ein Türkensultan Byzanz Verderben gedroht, da

---

[1]) Niketas ed. Bonn, p. 768/769.

sammelte sich die Kernkraft des Griechentums, das sich
seiner Metropole beraubt sah. Die es bisher stets zu erhalten gegolten hatte, hiess es nunmehr selbst erobern, und
die neue grosse Aufgabe schuf dem alternden Volke frische
Lebenskraft.

Jetzt war, nach zwei Menschenaltern, das Restaurations-
werk der Kaiser von Nikäa in seinem Hauptteile vollendet.
und, ein neuer Konstantin, mit mehr Recht als jener Flandrer
Balduin, hielt Michael Paläologos in Konstantinopel seinen
kaiserlichen Einzug. Wie eine Zeit des Exils erschien ihm
die Residenz dort drüben in Asien. Jetzt erst, so meinte er,
würden die byzantinischen Gesandten in fremden Ländern
wieder ihr Haupt erheben dürfen.

Und er war nicht gemeint, nunmehr zu rasten. Er
hegte die Hoffnung, dass, wie am Anfang des Jahrhunderts.
so auch jetzt abermals mit dem Haupte des Reiches die
Glieder fallen würden.[1])

Das Jauchzen Byzanz' war die Betrübnis Roms.

Denn jetzt, wo die Kombination Innocenz' IV. gescheitert
war, die Griechen nicht aus der Hand der römischen Kirche
Konstantinopel entgegengenommen, sondern es als Schismatiker
mit den Waffen erobert hatten, stand das Papsttum im Augenblicke des Falles der Stadt mit leeren Händen da, und der
Verlust Konstantinopels bezeichnete eine furchtbare Er-
schütterung seiner Machtstellung.

Gewiss war es nur eine altersschwache Ruine, die da
zusammenbrach. Aber selbst auf ihr eigenes Weichbild beschränkt hatte die Stadt Konstantins noch ein Kaiserreich
bedeutet. Nun waren Stadt und Reich auf einmal dahin.

Zwar bestand zunächst noch eine lateinische Staatenwelt in Romanien, und ebenso gab es noch einen lateinischen
Kaiser. Aber dieser bedeutete nichts mehr ohne die Hauptstadt und führte im Abendlande ein Schattendasein, jene aber
hatte in viel zu losem Zusammenhang mit Konstantinopel ge-

---

[1]) Pachym. Bd. I. p. 153 ff. s. unten p. 390.

standen, als dass sie nun, nach dem Falle der Kaiserstadt, zur Trägerin des Reichsgedankens hätte werden können, so wie es für die Griechen nach dem Verlust von Byzanz Nikäa gewesen war. Der Kaiser in Romanien war der glückliche Eroberer Konstantinopels, Michael Paläologos, das Oberhaupt der schismatischen Griechen,[1]) der schon auch jene noch bestehenden Frankenstaaten Romaniens zu okkupieren drohte.

Die Unionspolitik des Kaisers Michael Paläologos.

Ein edles Glied war vom päpstlichen Weltreich abgesplittert: es ihm wieder einzufügen, war jetzt die grosse Aufgabe seiner Beherrscher. Man hätte meinen mögen, dass sie einfach alles daran gesetzt hätten, Konstantinopel den Lateinern wieder zu verschaffen. Aber es erschloss sich ihnen bald ein anderer Weg, um Konstantinopel aufs neue zu katholisieren: die Griechenunion.

Da die Wiedereröffnung und Weiterführung der Unionsverhandlungen nach dem Fall Konstantinopels von griechischer Seite ausgegangen ist, so bedarf es, sie zu verstehen, vor allem eines gründlichen Erfassens der Politik des Kaisers Michael Paläologos. Nichts erscheint leichter, nichts ist schwieriger als das.

---

[1]) So war es eine Tatsache. Und wenn auch Urban IV. anfangs in dem noch lateinisch gebliebenen Romanien eine Art Fortbestand des Reichs sehen mochte, indem er zum *„succursus imperii praetacti'* aufrief oder *,ad succurrendum eidem imperio ac Latinis morantibus in eodem'*, so zeigt die Fortsetzung der letzten Worte: *,quinimo ad imperium ipsum eripiendum de manibus adversariorum'*, dass auch er das Reich im eigentlichen Sinne mit Kp. als verloren ansah. Raynald 1262 § 37; Reg. Urb. IV. ed. Guiraud *№* 131 (P. 18333: vom 21. Mai 1262). Imselben Briefe heisst es auch: die Kirche ist keineswegs so bestürzt *,quin de ipsius civitatis et per consequens dicti imperii recuperatione sollicite cogitaret'*. Ferner Brief Urbans an die französische Geistlichkeit vom 25. Januar 1263 (Reg. *№* 187): Sorge *,ne id imperium ... ab·eisdem schismaticis occupatum detineatur ulterius, sed ipsius liberatio .... vobis laudem pariat'*. Vgl. auch Chron. Normanniae, Bouquet XXIII p. 217, a. 1261: *,sic cessit Ctanum imperium'*.

Die landläufige Ansicht sagt einfach: die Furcht vor einem Angriff des Abendlandes veranlasste Michael zur Verhandlung und dann zur Vollziehung der Kirchenunion. Ganz schön: aber wie reimt sich damit zusammen, dass dieser selbe Kaiser während seiner ganzen Regierungszeit fast unausgesetzt die lateinischen Staaten Griechenlands angreift und wiederholt einer völligen Vertreibung der Abendländer aus Romanien nahe kommt? Welcher Schlüssel erschliesst das Geheimnis der Politik dieses Kaisers von Byzanz, der auf der einen Seite vor einem Angriff von Westen bebt und zittert, auf der anderen kühnen Muts mit dem Schwert in der Hand gegen denselben Westen vordringt?

Die Aufklärung ist die: es lebten zwei Seelen in der Brust des Paläologen. Der glorreiche Restaurator des griechischen Imperiums von Byzanz, wollte er nicht eher ruhen, als bis er den gesamten Reichsboden von der Invasion der westlichen Barbaren gesäubert habe: griechisches Nationalgefühl und rhomäischer Cäsarenstolz drängten ihn auf diese Lösung hin. [1]

---

[1] Dass dies die allgemeine Tendenz des Kaisers war, beweist folgender Passus der Rede, die er nach dem Fall Kp.s hielt (Pachym. I p. 155), ... καὶ γε ἐλπίζειν (ἐστὶν), ὥσπερ καταπεσούσης ταύτης συγκατέπιπτον τὰ λοιπά, οὕτως ἀνακληθείσης αὐτῆς οὐκ ἐστὶν ὅπως οὐκ ἀνακληθήσεσθαι ταῦτα.

Unter demselben Bilde, wie der kaiserliche Prunkredner, prophezeit ein französischer Troubadour den Fall des Reichsrestes: Rutebeuf, (oeuvres par Jubinal p. 161) in der „complainte de Cble" (vgl. Hopf, p. 283).

> N'i a si fol, qui ne le voie
> Quant Constantinoble est perdue
> Et (auch) la Morée se r'avoie (sich gefasst mache)
> A recevoir tele escorfroie (Angriff)
> Dont sainte Yglise est esperdue,
> Que l'cors a petit d'atendue (Aufschub)
> Quant il a la teste fendue'.

Für die Restaurationspolitik im einzelnen s. das Folgende. Die Tatsache, dass die griechische Bevölkerung in den lateinischen Staaten Romaniens die Majorität bildete (s. o. p. 263[2]) musste für Michael einen mächtigen Ansporn zur Restaurationspolitik bilden.

Neben diesem kühnen Expansionsstreben beherrschte den Paläologen aber die zur Defensive hindrängende Sorge, es möchte sich, noch während die Frankenstaaten in Romanien beständen, in ihrem Rücken der waffengewaltige Occident zu einer neuen Unternehmung in der Art des Vierten Kreuzzuges erheben und, über seine Kolonieen in Romanien hinweggreifend, Konstantinopel selbst abermals bedrohen.[1]

Erst durch diese Erwägung erklärt sich die merkwürdige, sonst unverständliche Koinzidenz von Akten der Schwäche und Stärke in seiner Politik,[2] wenn er nämlich mit dem Papsttum Verhandlungen wegen Unterwerfung anknüpft zu einer Zeit, wo er mitten in siegreichem Vordringen gegen die Lateiner Griechenlands begriffen ist, wenn er dann späterhin gerade in dem Augenblick, wo er seine Unterwerfung unter Rom vollzieht, mit überlegener Kraft gegen Westen vordringt. Die Verhandlungen mit der Kurie, wie die Unterwerfung unter sie, sollten eben der Abwehr des gefürchteten Angriffs aus dem Occident selbst dienen, während er mittlerweile, gegen einen solchen durch die Kurie gedeckt, die Occidentalen aus dem alt-byzantinischen Reich zu vertreiben gedachte. Ja, er hat sogar auch bei diesem seinem Streben: die Abendländer aus

[1] In gewisser Hinsicht trug übrigens auch jene Restaurationspolitik, wenn sie auch im wesentlichen durchaus aggressiver Natur war, einen defensiven Charakter; denn an jedem handbreit byzantinischen Gebiets, das im Besitze der Lateiner blieb, haftete gleichsam das Streben zum Ganzen, das einst lateinisch war: ein völliges Aufräumen mit den fränkischen Kolonieen in Griechenland konnte daher dem Paläologen zugleich als das sicherste Mittel erscheinen, die Erinnerung an 1204 in den Lateinern auszulöschen und einer Wiederkehr des Vierten Kreuzzugs vorzubeugen. Vgl. hierzu das oben p. 106[1] über die imperialistische Politik Kaiser Manuels Komnenos gesagte.

[2] Im einzelnen wird das die ganze weitere Darstellung zeigen. Klar geht übrigens auch, was die ersten Regierungsjahre betrifft, die Doppelseitigkeit von Michaels Politik aus Pachymeres hervor, ed. Bonn, p. 163/164 (Buch II c. 33) 186 ff. (Buch III c. 9) und p. 209 (Buch III c. 17/18). An letzterer Stelle werden direkt als gleichzeitige Ereignisse berichtet Rekuperationen des Paläologen in Romanien und seine Angst vor einem Angriffskrieg des Abendlandes.

Romanien selbst auszuschliessen, geradezu auf das Einverständnis der Kurie gehofft; er dachte, sie könne den Griechen um der Union willen in derselben Weise den Reichsrest zusprechen oder preisgeben, wie Innocenz IV. es mit der Hauptstadt hatte tun wollen.

Was dann den Übergang von blossen Verhandlungen wegen der Union zu ihrer wirklichen Vollziehung betrifft, so wurde er bedingt durch die jeweilige Stärke der Angriffskräfte, die dem Occident zum Kampfe gegen Byzanz zur Verfügung standen und durch das Mass von Gewalt, das die Kurie über sie ausübte.

Anfangs, unter Urban IV. (1261—1264) waren sie noch gering: der Kaiser begann bereits damals das Papsttum zu umwerben, nicht sowohl aus Furcht vor den aktuellen Streitmitteln, die diesem gegen ihn zu Gebote standen, als vor den latenten Kräften des päpstlichen Occidents, die plötzlich frei werden und sich gegen Konstantinopel werfen konnten, und die der Papst dann binden sollte.[1]) Unter diesen Umständen genügte es aber für ihn, der Kurie bloss seinen guten Willen zur Union zu zeigen, an einen Abschluss der Verhandlungen dachte er damals nicht.

Als dann jedoch unter Klemens IV. (1264—1268) die Verhältnisse sich konsolidierten, die Macht des katholischen Anjou die Lücke ausfüllte, die bisher im System des päpstlichen Occidents geklafft hatte, da hätte sich wohl der Paläologe zur wirkilchen Unterwerfung unter das Papsttum verstehen mögen, damit es von seinem Reiche den drohenden abendländischen Angriff fernhalte. Aber die Kurie, noch nicht völlig Herrin der Situation im Occident, stand zu sehr unter dem Bann des gen Byzanz drängenden Anjou, als dass der Paläologe auf ihre Schutzversprechen hätte bauen können.

---

[1]) Z. B. Pachym. ed. Bonn, p. 186: Michael befestigte damals die Hauptstadt auf das Ungewisse hin, was die Italer mit ihr vorhätten, denn man fürchtete einen unvermerkten Angriff (ἐπ' ἀδήλῳ τῷ τί Ἰταλοὶ φρονοῖεν περὶ αὐτῆς — δέος γὰρ μὴ ἀφανῶς ἐπιθοῖντο').

Erst als mit Gregor X. (1271—1276) das Papsttum die
freie Verfügung über alle Kräfte des Occidents erlangte und
zu deren Entfesselung nicht nur, sondern auch zu ihrer Hemmung
imstande erschien, da hat sich der Kaiser dazu verstanden,
durch seine Unterwerfung unter Rom das Wohlwollen der
Kurie zu erkaufen. —

Wir werden endlich auch sehen, mit welchen Schwierigkeiten der Paläologe bei der Durchführung seiner Unionspolitik zu kämpfen hatte, wir werden den Konflikt kennen
lernen, in dem die kaiserliche Staatsraison mit dem Tradi-
tionalismus und Nationalismus der Geistlichkeit und des Volkes
von Byzanz geriet.

Die päpstliche Unionspolitik.

Das Papsttum nun ist sowohl unter Urban IV. und
Klemens IV. wie unter Gregor X. auf die Anträge des Griechen
eingegangen und bereit gewesen, einem Aggressivkrieg des
Occidents gegen ihn vorzubeugen, falls er sich uniere.[1]

Ein Moment kam dabei für alle drei Päpste in Betracht:
die Abneigung gegen eine schlichte Erneuerung der Politik
des Vierten Kreuzzugs. Noch war in ihnen allen die Erinnerung an jenes lateinische Kaisertum lebendig, dessen
Erhaltung ungeheure Opfer gekostet hatte, und das doch
seine Bestimmung zur Beseitigung des Schismas nur in ganz
unvollkommener Weise erfüllt, dem heiligen Lande aber weit
mehr geschadet als genützt hatte. Zu traurig waren diese

---

[1] Dass und weshalb die Päpste in der Griechenunion eine Kompensation für das lateinische Kaiserreich suchten und fanden, hat man bisher nicht zur Genüge erkannt und untersucht. Auch Ranke in seiner
Weltgeschichte sieht die Eroberung Kp.s durch die Griechen im Jahre 1261
als einen definitiven Verlust für das Papsttum an: er identifiziert die päpstliche Sache mit der lateinischen und wird so der Unionspolitik der Kurie
nicht gerecht. Textausg. Bd. IV. p. 308, 303/4. Wir lernten diesen
Standpunkt Rankes auch schon bei der Erörterung der byzantinischen
Politik Innocenz' IV. kennen p. 378.

Erfahrungen, als dass nicht das Papsttum jede Möglichkeit freudig hätte begrüssen sollen, auf einem anderen Wege, als durch eine erneute abendländische Okkupation Konstantinopels, die ein ähnlicher Misserfolg werden konnte wie die letztvergangene, die Kaiserstadt sich wieder zu unterwerfen. Dieser Weg war eben die Griechenunion, von der an Stelle einer äusserlichen Unterwerfung der griechischen Kirche unter Rom durch das Mittel lateinischer Prälaten die wahre Beilegung des Schismas und ferner ein gemeinsamer Kreuzzug der Griechen und Lateiner zur Wiedereroberung Jerusalems zu erhoffen war.

Während aber für Gregor X. dieses Moment das entscheidende gewesen ist, haben sich Urban IV. und Klemens IV. weit mehr durch einen anderen Grund dazu bestimmen lassen, auf die Förderung der Okkupationsprojekte zu verzichten und sich für die Griechen zu verwenden.

Urban IV. stand noch unter dem Zeichen des Stauferkampfes, und es war daher für ihn noch die Erfahrung massgebend, die seine Vorgänger gemacht hatten: dass die Aufrechterhaltung der päpstlichen Herrschaft in einem gebrechlichen byzantinischen Reiche lateinischer Nation von der Art des 1261 untergegangenen unverträglich sei mit der Konstituierung des päpstlichen Regiments in dem römischen Reiche deutscher Nation, dass dagegen das griechische Reich den Päpsten eine feste Stütze gegen ihre abendländischen Widersacher bieten konnte. Innocenz IV. und Alexander IV. waren deswegen sogar bereit gewesen, das lateinische Konstantinopel den Griechen auszuliefern. Nur durch eine Reihe unglücklicher Zufälle: den vorzeitigen Tod Innocenz' IV. und des Vatatzes, die Ungeschicklichkeit Alexanders IV., war eine solche Kombination, die die Griechen im Moment ihres Einzuges zu Katholiken und Freunden der Kurie gemacht hätte, gescheitert.

Hatten nun schon jene Päpste, da sie sich durch den Kampf mit den Staufern behindert sahen, daran verzweifelt, das Reich

Kaiser Balduins II. aufrechtzuerhalten: wie hätte Urban IV.,
den dieselbe abendländische Aufgabe vollauf in Anspruch nahm,
auf seine Wiederherstellung hoffen dürfen! Vielmehr war
unter diesen Umständen von vornherein die Aussichtslosigkeit
einer lateinischen Restaurationspolitik abzusehen. Die Einigung
mit dem griechischen Kaiser hingegen musste Urban einen
wertvollen Bundesgenossen gegen Manfred einbringen. Sie
war doppelt erstrebenswert, weil sie dem Staufer, der seinerseits mit mehr Aussicht auf Erfolg als der Papst das byzantinische Reich zu erobern trachtete, den Weg nach Konstantinopel versperren half. Und was der Grieche jetzt als
Preis der Union verlangte, die Garantie Konstantinopels,
konnte das Papsttum ja viel leichteren Herzens zahlen als
die Herausgabe der Stadt, um die es sich vorher gehandelt hatte.

Zu einem Resultat freilich konnten, wie wir schon an-
deuteten, die Verhandlungen Urbans mit dem Griechen nicht
führen, weil dieser sie, über die augenblickliche Schwäche
des in sich gespaltenen Occidents wohl unterrichtet, lediglich
als eine Präventivaktion für die Zukunft ansah, an eine Vollziehung der Union damals noch nicht dachte.

Klemens IV. beendete siegreich den langen Kampf des
Papsttums mit dem Staufertum. In Unteritalien herrschte
jetzt ein katholischer Monarch, der den Paläologen auf den
Schlachtfeldern Romaniens in die Defensive drängte und bereit
war, auf den Wink des Papstes ihm seine Hauptstadt zu
entreissen.

Aber gerade das Plus, das die Ersetzung der Staufer
durch Karl von Anjou den Aussichten auf eine gewaltsame
Rekatholisierung Konstantinopels hinzufügte, bewirkte, dass
auch Klemens IV., aus einem anderen Grunde nun freilich
als sein Vorgänger, der Unionspolitik treu blieb. Er fürchtete
nämlich, dass der neue Herr Unteritaliens, so gut katholisch er
auch sein mochte, nach Eroberung Konstantinopels zu mächtig
werden und das Papsttum in den Schatten stellen möchte.

So ging auch Klemens IV. auf die Unionsverhandlungen ein, die der Grieche, um des päpstlichen Schutzes teilhaftig zu werden, mit ihm anknüpfte. Zu einem Ergebnis führten jedoch die Verhandlungen auch unter Klemens nicht, weil dieser Papst noch zu abhängig von Anjou war, als dass der Grieche sich der Kurie rückhaltlos anzuvertrauen gewagt hätte.

Gregor X. hat dann seinerseits eine Verständigung mit den Griechen nicht sowohl aus den Bedürfnissen der päpstlichen Weltpolitik heraus, als wegen seiner Begeisterung für die Befreiung des heiligen Landes erstrebt: und ihm konnte es trotz dieses seines Idealismus gelingen, die Kirchenunion auf dem Konzil von Lyon im Jahre 1274 wirklich herbeizuführen, weil er dem Einfluss des sizilischen Königs zwar nicht ganz entwachsen war, diesen aber doch in letzter Instanz beherrschte und zu zügeln verstand.

Vollständig glückte letzteres freilich erst dem Realpolitiker Nikolaus III. (1277—1280): er führte damit das Papsttum auf den Gipfel seiner Macht, von dem es dann jedoch nach dem frühen Tode dieses Papstes jäh herabsank.

———

Das Papsttum und das sizilische Königtum im Wettstreit um Byzanz.

Vom allgemein-abendländischen Standpunkt betrachtet, ist es ein Kampf zwischen dem Papsttum und den Königen Siziliens um die Herrschaft über Byzanz, ja um die Weltherrschaft überhaupt, der in diesen beiden Jahrzehnten von 1261—1281 sich abspielt.

Ein ähnlicher Wettbewerb hatte, wie wir oben zeigten, in den beiden letzten Jahrzehnten des XII. Jahrhunderts zwischen der Kurie und dem deutschen Kaisertum stattgefunden: er war mit der Begründung des lateinischen Kaiserreichs zu Gunsten des Papsttums entschieden worden.

Aber das lateinische Kaiserreich hatte wieder einem griechischen Byzanz Platz machen müssen, und aufs neue begann nun der Wettstreit zwischen den Päpsten und den

mächtigsten Herrschern des kaiserlosen Occidents, den Königen
Siziliens, um die Beherrschung des neubyzantinischen Reichs,
das diese zu erobern, jene sich durch die Union zu verbinden
strebten.

Soweit Manfred in Betracht kommt, war es ein Streit
mit offenem Visier, die deutlich erkennbare letzte Phase im
Kampfe des Papsttums mit dem staufischen Kaisertum, dessen
Verfechter auch Manfred noch war.

Heimlich dagegen und uneingestanden war dann das
Ringen der Kurie mit Karl von Anjou. Es war nach dem
Kampf des Papsttums mit dem deutschen Geschlecht der
Staufer ein solcher mit einer französischen Dynastie. Im
Gegensatz zu jenem war hier ferner das unmittelbare Streit-
objekt nicht die Herrschaft über das Abendland, sondern die
über Byzanz: denn nicht sowohl nach der römischen als der
byzantinischen Kaiserkrone stand der Sinn Karls von Anjou:
von Byzanz her meinte er dann die Welt zu beherrschen.
Von dort ihn fernzuhalten, ihm dort den Rang abzulaufen,
wurde daher das Hauptstreben der Päpste.

Es dürfte wenige historische Vorgänge von gleicher
Eigenartigkeit geben als diesen latenten Kampf der Kurie mit
Karl von Anjou um die Weltherrschaft (von 1267—1282),
dieses Nachspiel des Kampfes zwischen dem Papsttum und
dem deutschen Kaisertum.

Auch nachdem die Kurie in dem Wettstreit durch die
Herbeiführung der Griechenunion im Jahre 1274 triumphiert
hatte, hörte er nicht auf, da der Anjou seine Absichten auf
Byzanz nicht aufgab: erst Nikolaus III. war der Mann, ihn
endgültig zu Gunsten des Papsttums zu entscheiden. —

Soweit in diesem Buche. Erst im folgenden, dem Vierten,
werden wir weiter sehen, wie der Triumph der Kurie durch
das rasche Dahinsterben Nikolaus' III. von kurzer Dauer war,
wie Martins IV. Pontifikat (1281—1285) vielmehr Karl von
Anjou den Sieg in die Hände zu geben schien, wie dann aber

die sizilianischen Vesper den angiovinischen Weltherrschafts-
plänen ein jähes Ziel setzte.

Allgemeine Bedeutung und Folgen der Griechenunion von Lyon.

Noch ein letzter Schritt wird dann nötig sein, um uns
auf die volle Höhe universaler Betrachtung zu führen.

Im tiefsten Grunde erscheint die Griechenunion von Lyon
als der grosse kosmopolitische Essay des Mittelalters, als der
Versuch, in dieser Epoche die Völkergegensätze zu Gunsten
einer Völkergemeinschaft aufzulösen.

Auf abendländischer Seite ist es das Papsttum, das, im
Widerspruch mit national-lateinischem und staatlichem Egois-
mus, die .Griechen seinem weitmaschigen Universalsystem
einfügen will; auf griechischer Seite bemüht sich der Kaiser,
des national-kirchlichen Eigenwillens seiner Volksgenossen Herr
zu werden, um seinem Reich in die abendländische Staaten-
gesellschaft Aufnahme zu verschaffen.

Von Dauer freilich ist die auf solche Basis gegründete
Union nicht gewesen und konnte es nicht sein.

Zugleich aber mit dieser mehr symptomatischen idealen
Bedeutung der päpstlichen Unionspolitik werden wir eine
tatsächliche verhängnisvolle Folge derselben zu ermessen
haben, die jene Politik für das weitere Schicksal des christlichen Orients gezeitigt hat. Wir werden sie als eine Ursache
der Eroberung des byzantinischen Reichs durch die Türken
kennen lernen.

Die Vorbereitung der Union unter Urban IV., Klemens IV. und während der Sedisvakanz. 1261—1271.

Erstes Kapitel.
Urban IV. und Kaiser Michael (1261—1264). [1]

I. Antilateinische Politik des Kaisers, antigriechische Politik des Papstes; die Haltung Manfreds.
(Bis zum Sommer 1262).

Kaum in den Besitz Konstantinopels gelangt,[2] sandte Kaiser Michael zwei Gesandte an den Papst, um dessen Zorn wegen der Entthronung des lateinischen Kaisers, noch ehe er zum Ausbruch komme, zu beschwören. Aber von den beiden geriet der eine in die Hände der Lateiner und wurde von ihnen, da er einst aus Balduins II. in griechische Dienste übergetreten war, bei lebendigem Leibe geschunden, der andere kehrte bei dieser grauenvollen Kunde wieder um.[3]

---

[1] Es wird hier zum erstenmal der Versuch gemacht, die byzantinische Politik Urbans IV. aus seiner abendländischen Politik heraus zu erklären, ferner ihren Zusammenhang mit der Politik des Paläologen und der Orientpolitik Manfreds darzulegen. Pichler lagen bei seinen Bemerkungen über die Beziehungen Urbans IV. zu Michael (p. 337—40) diese Gesichtspunkte fern.

[2] Vielleicht hatte er sich schon als Kaiser von Nikäa an das Papsttum gewandt gehabt (an Alexander IV.). S. oben p. 382.

[3] Pachym., p. 168/169, vgl. Michaels Brief in dem Resumé, das Urban (Guiraud № 295) gibt „statim capta Ctana urbe‘.

Zur selben Zeit jedoch war der Paläologe ernstlich auf die Rekuperation des übrigen lateinischen Romaniens bedacht. Es galt die Zeit zu nutzen, wo noch kein übermächtiger occidentaler Angriff ihn daran verhinderte. Den ersten wichtigen Schritt dazu tat er eben damals (etwa Ende 1261), indem er sich von Wilhelm von Achaja, der seit der Schlacht von Pelagonia[1]) sein Gefangener war, einen Teil des Peloponnes: die Landschaft Lakonien mit den starken Festungen Monembasia, Misithra und Maina, abtreten liess und sie in Besitz nahm. Zur Übergabe des ganzen Peloponnes, die der Paläologe ursprünglich verlangte, hatte sich der Fürst nicht verstehen wollen.[2]) Zugleich gedachte der Kaiser mit der genuesischen Flotte, die noch im Jahre 1261 nach Konstantinopel gelangte,[3]) die lateinischen Inseln zu befehden.[4])

Es war ihm nämlich gelungen, die Republik Genua zur Bundesgenossin zu gewinnen. Stets eine geheime Feindin des lateinischen Kaiserreichs war sie, wie wir schon oben erwähnten,[5]) im März 1261 durch den Vertrag von Nymphäum auf die Seite Michaels, der damals noch Kaiser von Nikäa war, getreten. Sie plante dabei, was der Doge Dandolo für Venedig auf dem Vierten Kreuzzug erstrebt hatte: durch die Erhebung eines griechischen Kaisers in Konstantinopel sich die Handelssuprematie in Romanien zu verschaffen. Die Venetianer waren seinerzeit durch den Zwang der Verhältnisse über die Einsetzung eines byzantinischen Kaisers hinaus zur Okkupation des griechischen Reiches geführt worden: eben gegen jene lateinische Eroberung war es nun, dass Genua

---

[1]) S. oben p. 334.

[2]) Hopf, p. 284.

[3]) Ann. Jan. in MG. SS. XVIII p. 243, vgl. Caro: Genua und die Mächte am Mittelmeer (Halle 1895) Bd. I. p. 109.

[4]) Eine venetianische Flotte findet im Jahre 1262 eine genuesisch-griechische im Hafen von Saloniki, von wo aus diese offenbar den Inselkrieg führte. Dandolo, Murat. XII p. 370, Canale l. c. [37¹] p. 481. Vgl. Caro l. c. p. 126.

[5]) p. 96.

einem griechischen Herrn zu seinem Rechte zu verhelfen sich
verpflichtete. Nachdem dieser sich aber wenige Monate darauf auch ohne die Hilfe der Republik in den Sattel geschwungen,
hielt sie ihn nunmehr darin aufrecht und half ihm weitere
Eroberungen machen. Dafür wurde Genua die erste Handels-
macht im neuerstandenen byzantinischen Reich.

Mittlerweile begann nun Urban IV., zu dem, wie wir
sahen, Michaels Gesandtschaft nicht gelangt war, gegen den
Griechen und seine abendländischen Bundesgenossen einzuschreiten.

Bald nach dem Antritt seines Pontifikats (29. August
1261) muss der Papst von dem Fall Konstantinopels, der
während der Sedisvakanz (am 15. August) erfolgt war, gehört
haben. Venetianische Gesandte, die ihn zu seiner Thronbesteigung beglückwünschen sollten, brachten zugleich die
Schreckenskunde nach Viterbo.[1]

Sie löste bei Urban IV. denselben Nervenvorgang aus,
den zwei Menschenalter zuvor die Glücksbotschaft von der
Eroberung Konstantinopels durch die Lateiner bei Innocenz III.
hervorgerufen hatte: eine Betäubung ergriff den einen wie
den anderen.[2] Aber was bei Innocenz III. einen Taumel
der Freude bedeutet hatte, war bei Urban IV. die Folge
tiefster Bestürzung. Es folgten bittere Tränen, und der Papst
erging sich in endlosen Klagen um den Verlust dieses
Schmerzenskindes der römischen Kirche,[3] ihres edelsten
Gliedes, wie er, die Einschätzung früherer Päpste überbietend,
es einmal nennt.[4] Als dann Balduin selbst, hilfloser denn
je, vor ihm erschien, da erneute sich der Schmerz, und der

---

[1] Dandolo l. c. p. 369.

[2] Rayn. 1262 § 40 im Brief an Ludwig den Heiligen vom 5. Juni
1262: ‚*stupidos sensimus sensus nostros*‘. Ähnlich Dandolo l. c.
‚*moerore stupefactus*‘. Vgl. Innocenz III. ep. VII 203 (21. Januar 1205).
‚*Magno quippe stupore circumdor . . . pro tanti miraculi novitate*‘.

[3] Reg. ed. Guiraud № 131, Brief an den Minoritenprovinzial von
Frankreich vom 26. Mai 1262.

[4] l. c. № 721 (19. Oktober 1263).

Papst jammerte laut über die ewige Schmach des lateinischen Namens, da der Kaiser Romaniens von den Griechen so schimpflich seines Thrones beraubt worden sei.[1]

Das schlimmste aber war, dass die Heimsuchung noch nicht beendet war, da der Schismatiker sich anschickte, auch den Rest des Reichs, die ,reliquiae Latinorum', welche man in Anbetracht der oberlehnsherrlichen Stellung, die Wilhelm II. hier einnahm,[2] als identisch mit dem Fürstentum Achaja ansah, zu okkupieren.[3] Zwar war die Besetzung Lakoniens durch die Truppen des Paläologen, die der Papst hier vornehmlich im Auge hat, auf Grund eines Vertrages mit dem Fürsten von Achaja erfolgt, aber es war während der Gefangenschaft in Konstantinopel, dass Wilhelm ihn unterzeichnet hatte, und so sah der Papst in dieser Besitzergreifung der Griechen einen Gewaltakt, dem, wie er besorgte, bald andere folgen würden.

Gern willfahrte er der Bitte um Kassierung des vom Kaiser erzwungenen Vertrages,[4] die Wilhelm bald nach seiner Rückkehr aus Konstantinopel (Anfang 1262)[5] an ihn richtete. Eifrig auf die Wiedergewinnung der verlorenen Provinz bedacht, machte der Fürst am 15. Mai 1262 mit Venedig Frieden wegen Euböas[6] und verabredete mit ihr und den übrigen lateinischen Fürsten Romaniens einen Kriegsplan, nach dem die Fürsten zu Lande, die Venetianer zu Wasser gegen den Paläologen vorgehen sollten.[7]

[1] Brief an Ludwig den Heiligen vom 5. Juni 1262. Rayn. 1262 § 39—43.

[2] S. o. p. 264,5.

[3] In dem p. 401[3] zit. Brief: der Paläologe ,ad occupationem residui eiusdem imperii, videlicet principatus Achaiae et Moreae ferventer anhelat'. Gemeint ist die oben p. 400 erwähnte, freilich vertragsmässig erfolgte Okkupation Lakoniens.

[4] Pachym. ed. Bonn p. 88.

[5] Hopf. p. 285.

[6] Tafel und Thomas l. c. [177[4]] Bd. XIV p. 46 ff.; Hopf l. c.

[7] Dies geht hervor aus dem p. 401[8] zitierten Briefe Urbans. In letzterem heisst es: ,. . . . cum et barones et proceres et magnates

Urban, von dem Vorhaben der Verbündeten in Kenntnis gesetzt, rief alsbald die Christenheit zu ihrer Hilfe auf. Er dekretierte aufs neue die einst von Innocenz IV. auferlegte dreijährige Besteuerung des nicht wenigstens sechs Monate residierenden Klerus aller Länder.[1] Zur Eintreibung dieser Gelder sandte er Kollektoren in die einzelnen Reiche, nach Frankreich, Kastilien, England.[2] Auch forderte er, wie einst Gregor IX. in ähnlichem Falle, Ludwig den Heiligen auf, die Geistlichkeit seines Landes zur Zahlung anzuhalten.[3]

Dabei verfehlte der Papst nicht, auch die Laien selbst zum Kampfe aufzurufen. Er befahl — im Mai 1262 — die Kreuzpredigt in Frankreich, Polen und Aragon,[4] und forderte zugleich den König Ludwig zur Unterstützung des von den Lateinern geplanten Feldzuges auf. Bei dem Gedanken an ihn und sein Reich, so erklärt Urban dem König, ruhe gewissermassen sein Gemüt von den Ängsten und Sorgen wegen der Nöte Romaniens aus, da er Ludwigs Eifer und die Kräfte des Königreichs voll bereit zur Hilfe zu finden hoffe. Er feuert den Kreuzfahrerkönig zugleich durch den Hinweis an, dass durch eine Okkupation auch des Restes von Romanien der Weg zum heiligen Lande dem Occident völlig würde gesperrt werden.[5] Dem Kaiser Balduin, der sich gleichfalls bei Ludwig bemühte,[6] erlaubte Urban auch (am 20. Juni 1262), von den

---

Latinae gentis, qui principatum Achaie et Moreae aliarumque multarum terrarum et insularum eiusdem imperii dominium obtinent, cum strenua multitudine bellatorum per terram, et praedicti dux et commune venetorum cum magnifico stolio galearum per partes maritimas ad resistendum potenter occupatoribus eiusdem imperii et ad reprimendum eorum conatus precipites . . . . sint parati'.

[1] Reg. ed. Guiraud № 133—135, an den Bischof von Agen (9. und 17. Juni 1262). Vgl. oben p. 285.

[2] Rayn. 1263 § 20/21.

[3] In dem p. 401² zitierten Briefe.

[4] Reg. № 131 (21. Mai) und Ripoli, Bull. Pred. Bd. I. p. 422/3 vom selben Datum.

[5] In dem vorletzte Anm. zitierten Briefe.

[6] Canale im Arch. stor. It. Bd. VIII. p. 503.

26*

für das lateinische Kaiserreich bestimmten Abgaben des französischen Klerus den Fürsten und Herren, die mit ihm ziehen
wollten, auszuteilen und anzuweisen.[1] Auch in Kastilien
wirkte Balduin eifrig für die lateinische Sache: er begab sich
mit seiner Gemahlin persönlich dorthin, und die beiden Ehe-
gatten verhandelten mit König Alphons wegen einer Vermählung von dessen Tochter mit ihrem Sohne Philipp.[2]

Zusammen aber mit dem Papst und dem lateinischen
Kaiser war die Republik Venedig durch ihre Gesandten in
Frankreich und Spanien für die Expedition nach Romanien
tätig. Sie bot allen Kreuzfahrern kostenfreie Überfahrt.[3]

Bei all diesen Bestrebungen war es in erster Linie auf eine
Verteidigung des lateinischen Romaniens abgesehen, darüber
hinaus aber blieb das Ziel: dem Paläologen das Imperium
wieder zu entreissen, die Hauptstadt Konstantinopel vom
griechischen Joche zu befreien.[4] —

Den Vorbereitungen zum Kampfe gegen die Schismatiker
aber gingen nun zur Seite die Bemühungen des Papstes, ihn
der Hilfe seiner abendländischen Bundesgenossen, der Genuesen,
zu berauben, ihn so zu isolieren. Schon im Jahre 1261 verbot er ihnen die Unterstützung der Griechen und belegte
dann, als sie zwar Gesandte schickten, aber nicht unbedingt
gehorchten, die Stadt mit dem Interdikt, die Bürger mit dem
Banne.[5]

Er ergoss die volle Schale seines Zornes über diese verlorenen Söhne der Kirche, die sich vermassen, im offenen
Bunde mit dem Schismatiker die Besitzungen der Lateiner in

---

[1] Guiraud № 136/137 (20. Juni 1262), vgl. Sbaralea Bull. Franc.
Bd. II. p. 448.

[2] Canale l. c. und Fragmentum Marini Sanudi in Hopf, chroniques
gréco-romanes, p. 172.

[3] Canale l. c. und Urbans Briefe, Rayn. 1262 § 37, 42.

[4] S. oben p. 389[1].

[5] Ann. Jan. MG. SS. XVIII p. 243: als im ersten Jahre von Urbans
Pontifikat geschehen berichtet (29. August 1261—29. August 1262). Vgl.
Caro l. c. p. 111—113.

Romanien zu bekämpfen. In vergangener Zeit hatten wohl
die Venetianer an der Seite der Byzantiner gefochten: aber
damals hatte es sich ausschliesslich um Abwehr abendländischer
Eroberungszüge von Griechenland gehandelt.[1]   An dem Ver-
nichtungskriege des Paläologen gegen das, was noch den
lateinischen. Namen trug im Orient, teilzunehmen, ihm das
mit ungeheuren Mühen dem Katholizismus Gewonnene dem
alten Irrtum wieder zuführen zu helfen, war ein Verbrechen
gegen die *respublica Christianitatis*, wie es bis dahin unerhört
war. Der Ausschluss aus dieser Gemeinschaft war nur die
natürliche Strafe dafür: zunächst der kirchliche. Wenn sie
aber in ihrer Verstocktheit verharren und den wiederholten
Geboten des Papstes zum Trotze in der Unterstützung der
Griechen fortfahren würden, dann sollte dem kirchlichen Ausschluss der bürgerliche folgen: die Friedloserklärung der genuesischen Bürger in allen katholischen Ländern; und deren
Fürsten sollte sogar anheimgegeben werden, so gegen die
Genuesen zu verfahren, wie sie es im Interesse der katholischen Gemeinschaft für erspriesslich hielten, damit diejenigen,
welche milden Ermahnungen nicht zugänglich seien, die verdiente strenge Strafe träfe.[2] So drohte Urban wiederholt,
und die ausdrückliche Erwähnung ihres Nachbarn Karls von
Anjou, des Grafen von der Provence, unter diesen Fürsten
mochten den Genuesen verraten, wie ernst es der Papst mit
solcher Strafe meinte.

Aber wie bei dem Streben der früheren Päpste nach
Aufrechterhaltung des lateinischen Kaiserreichs, so entdecken
wir ebenfalls bei den Bemühungen Urbans IV., es wieder
herzustellen, eine klaffende Lücke: unter den Staaten, die er
zur Hilfe mahnt, fehlt das sizilische Reich. Und doch war
auch Manfred, wie wir sahen, ein ausgesprochener Gegner

---

[1] S. Norden, Vierter Kreuzzug, p. 21 ff.
[2] Guiraud № 182, 228—230, 716—721 (sämtlich aus dem Jahre
1263, aber sich beziehend auf Akte der Jahre 1261 und 1262). Vgl. Caro
l. c. p. 128 ff.

des Paläologen, seit er selbst ein Stück Romanien, einen
breiten Streifen der epirotischen Küste und die Insel Korfū,
latinisiert hatte.

Er hatte von dort aus im Bunde mit seinem Nachbarn
und Schwiegervater, dem Despoten von Epirus, und dem
Fürsten von Achaja im Jahre 1259 den Versuch gemacht, den
Paläologen aus Europa zu verjagen.[1] Als aber der Kaiser
bei Pelagonia siegte und aggressiv gegen Epirus vorging,
hatte der Staufer ein starkes Truppenaufgebot nach Romanien
gesandt, das unter dem Oberbefehl des Nikephoros, eines
Sohnes des Despoten, dem kaiserlichen Heer entgegentrat und
es völlig besiegte; der nikänische Feldherr Alexios Strategopulos wurde gefangen genommen (etwa im Frühjahr 1260).[2]

Nach einem kurzen Waffenstillstand[3] wagten dann im
Frühling 1261 Manfred und der Despot sogar wieder zum
Angriff gegen den Paläologen vorzugehen: wie dem Despoten
so gelang es damals auch dem Staufer, seine Macht in Illyrien
und Nordepirus beträchtlich nach Osten hin auszudehnen.[4]

Schleunigst sandte der Kaiser seinen Bruder Johannes
gegen den Despoten aus, sowie andere Truppen gegen den
staufischen Statthalter in Epirus. Über den Ausgang dieses
Feldzuges erfahren wir weiter nichts.[5] Aber als dann im
Jahre 1262 der Cäsar Alexios Strategopulos, der im Jahr
zuvor für Kaiser Michael das lateinische Konstantinopel erobert hatte, aufs neue gegen Epirus zog, wurde er abermals
besiegt und gefangen genommen: der Despot sandte ihn als
Siegestrophäe an Manfred nach Apulien.[6]

---

[1] S. o. p. 331 ff.

[2] Pachym. ed. Bonn p. 89.

[3] Pachym. l. c.

[4] Diese wichtige Tatsache berichtet Pachym. p. 137. Nachdem er
von dem Vordringen des Despoten berichtet hat, fährt er fort: ‚ἐπεὶ δὲ
καὶ οἱ ἀπὸ τῆς Σικελικῆς ῥηγικῆς ἐξουσίας πολλὰ τῶν Ἰλλυριῶν καὶ τῆς
νέας Ἠπείρου προσεσφετερίσαντο, πέμπει καὶ ἐκεῖσε τοὺς ἀντιταξομένοις.‘

[5] Pachym. l. c.

[6] Pachym., p. 89.

Und der Staufer gedachte sich nun nicht auf diesen Krieg in Epirus zu beschränken, sondern er plante nichts Geringeres, als dem Paläologen das eben gewonnene Konstantinopel wieder zu entreissen. Und nicht auf eigene Faust wollte er hier vorgehen, sondern er war bereit, im Verein mit dem Papste dem vertriebenen Balduin wieder zu seinem Throne zu verhelfen: wenn nur jener ihn zu Gnaden annehmen und als Herrn von Unteritalien anerkennen wollte. So erklärte er persönlich Balduin, als dieser auf seiner Flucht von Konstantinopel zu ihm kam. Wenn aber, so fügte er hinzu, der Papst von einer Unterstützung der Lateiner durch ihn, Manfred, nichts wissen wolle, werde er auch auf eigene Rechnung Balduin Konstantinopel wiedererobern helfen.[1])

Es war damit klar: einen ganzen Erfolg seiner Restaurationsbemühungen konnte Urban IV. sich nur dann versprechen, wenn er sich entschloss, sie auf das sizilische Reich als Grund- und Eckstein zu fundieren. Wenn sich unter päpstlichen Auspizien der Bund Manfreds und des Despoten von Epirus[2]) mit Achaja erneuerte, und diese Herrscher, nunmehr zu Gunsten des vertriebenen Balduin, unterstützt von der Seemacht der Venetianer, dem Paläologen entgegentraten, dann wären wohl die Tage von dessen Kaiserherrschaft am Bosporus gezählt gewesen.

Auch entging diese Tatsache dem politischen Scharfblick Urbans IV. keineswegs: aber er wollte die Hilfe Manfreds nicht. Genug, dass der Staufer in Italien dem Papsttum Licht und Luft raubte; sollte er, der Feind der Kirche, auch noch im Orient sein Protektorat aufrichten, in den Augen des Papstes gleich verwerflich wie das Regiment des Schismatikers? So nahm Urban denn die Eröffnungen Balduins über Manfreds Pläne unter eisigem Schweigen entgegen,[3]) das den entthronten Kaiser über die Unmöglichkeit

---

[1]) Canale, chron. l. c. [403⁶] p. 501.
[2]) S. oben p. 331 ff.
[3]) Canale l. c.

eines Zusammenwirkens von Papst und Staufer zu seinen
Gunsten belehren musste.[1]

Ein anderer war es, der nach der Absicht Urbans dem
lateinischen Kaiserreich, wie dem heiligen Lande, das wahre
Heil bringen sollte: der Held, den der Papst sich als seinen
Streiter gegen Manfred erkoren hatte. Es ist diejenige
Handlung, die Urbans Pontifikat seine weltgeschichtliche Bedeutung gibt: die Berufung Karls von Anjou auf den sizilischen
Königsthron.[2] Was die Päpste ein Jahrzehnt von dem Sohne
des englischen Königs vergeblich erwartet hatten, die endgültige Befreiung der Kirche durch die Vernichtung der
Stauferherrschaft in Unteritalien, das sollte nun der Bruder
des französischen vollbringen, an den schon der erfinderische
Innocenz IV. in den Jahren 1252—1253, damals umsonst,
appelliert hatte.[3]

Aber noch weilte der Retter in der Ferne. Und wie
nun, wenn Manfred, ehe dieser kam, auf eigene Hand seine
byzantinische Unternehmung, zu der er sich Balduin gegenüber entschlossen erklärt hatte, zu glücklichem Ende führte,
wenn er dann dem Anjou mit den Kräften einer halben Welt
entgegentrat? Dies war die schwerste unter den Gefahren
einer kurialen Politik, die sich mit der Hoffnung auf eine
glänzende, aber noch unsichere Zukunft über die ver-
zweifelten Sorgen einer angstvollen Gegenwart hinwegzu-
trösten suchte.

---

[1] Ranke, Weltgeschichte, Textausg. Bd. IV. p. 290 sagt, die Beziehungen Balduins zu Manfred andeutend: „aber es scheint ja klar zu
sein, dass der Papst auch für seine orientalischen Entwürfe sich auf eine
Macht so unkirchlicher Natur, wie die Manfreds es war, nicht verlassen
konnte“.

[2] Dass erst die Ersetzung des Staufers durch den Anjou dem
lateinischen Kaiserreich Heil bringen werde, verkündete Urban, wie in
späteren Briefen häufig, auch schon im Jahre 1262 durch seinen Notar
Albert der Welt: Rayn. 1262 § 21.

[3] S. Rodenberg, Innocenz IV. und das Königreich Sizilien p. 129 ff.,
auch Sternfeld, Karl von Anjou als Graf der Provence, p. 82 ff.

II. Erste Annäherung zwischen Michael und Urban.

(Sommer 1262.)

So sehr es den lateinischen Kaiser betrübte, dass sich die päpstlichen und staufischen Streitkräfte nicht miteinander verschmolzen, so froh musste darüber der griechische sein.

Aber auch ohne das erschien dem Paläologen die Situation — etwa im Sommer 1262 — noch bedrohlich genug.

Zwar boten ihm, was die Aktion des päpstlichen Occidents betrifft, im Augenblicke nur die Schlachtschiffe der Venetianer die Stirn, die vor allem auf den Schutz ihrer Besitzungen vor den Angriffen der Griechen und Genuesen bedacht waren:[1] aber schon hatte Venedig mit den Lateinerstaaten Romaniens, vor allem mit Wilhelm von Achaja ein Bündnis geschlossen,[2] und hinter ihnen glaubte der Kaiser das Kreuzheer herannahen zu sehen, das der Papst zum Vorkampf für die Lateiner Romaniens und zur Rückeroberung Byzanz' in katholischen Landen zu rekrutieren suchte. Von den Mächten aber, die ausserhalb des päpstlich-hierarchischen Systems standen, bekämpfte ihn die eine, der Staat Manfreds, auf eigene Hand, wurde die andere, die sich mit dem Paläologen verbündet hatte, Genua, vom Papste nach Kräften bearbeitet, von diesem Bündnis abzustehen.

Bei solcher Lage der Dinge entschloss sich der Paläologe zu einer weitgreifenden diplomatischen Aktion im Abendlande. Auf der einen Seite erneuerte er den Versuch des Jahres 1259,[3] den Staufer zu sich herüberzuziehen. So waren einst Vatatzes und Friedrich II. verbündet gewesen.

---

[1] Das gut unterrichtete Chron. Mon. Patavini bei Mur. VIII. p. 717 sagt: nach dem Fall Kp.s *,exinde Gens Venetorum, ut posset resistere tam efficacissimis inimicis* (den Griechen und Genuesen), *magnis laboribus et expensis coepit vehementer affligi: oportebat namque ipsos classem cum multitudine bellatorum ad defensionem Insularum, quas tenebant, singulis annis in Graeciam destinare'.* Noch im Jahre 1261 hatte Venedig 17 Gal. gesandt (Dandolo p. 370) *,pro tutela terrarum Venetorum',* im Jahre 1262: 37 Gal. (l. c. und Canale, p. 481, 483).

[2] S. oben p. 402.

[3] S. oben p. 331.

Der Kaiser ersann nun ein feines Mittel, den Staufer sich geneigt zu machen: er gedachte dessen Schwester Anna, die Witwe des Vatatzes, die seit des letzteren Tode in einer Art Gefangenschaft in Konstantinopel lebte, zu seiner Gemahlin zu machen.[1] Aber dieser Schachzug scheiterte an der Weigerung des Patriarchen von Konstantinopel, die Ehe des Kaisers mit Theodora Laskaris zu solchem Zwecke zu trennen. Da beschloss Michael, dem Könige von Sizilien die Schwester heimzusenden und dafür die Herausgabe des Cäsars Strategopulos, der, wie wir sahen, von dem Despoten von Epirus gefangen genommen und an Manfred gesandt worden war,[2] zu erbitten. Der Austausch hat dann wirklich, vielleicht noch im Jahre 1262, stattgefunden;[3] wenn aber der Kaiser von ihm eine politische Annäherung zwischen sich und Manfred erwartet hatte, so erwies sich eine solche Hoffnung als

---

[1]) Pachymeres ed. Bonn, Bd. I. p. 181 ff. Nach der Ansicht dieses Schriftstellers freilich hat Michael nicht um Manfred zu gewinnen, sondern aus heisser Liebe die Ehe mit Manfreds Schwester, der Kaiserin Anna, begehrt. Der Hinweis auf die von Manfred drohende Gefahr habe für den Paläologen nur den Vorwand abgegeben. Eine solche Feindschaft des Staufers gegen Byzanz hat nach Pachymeres deshalb nicht bestehen können, weil dieser mit der Kirche und Karl von Anjou im Kampfe gelegen habe: ein gemeinsamer Krieg der beiden Parteien gegen Byzanz daher ein Unding gewesen wäre.

Dieses Raisonnement ist ganz hinfällig. Einmal geht Pachymeres von der falschen Voraussetzung aus, dass bereits zu der Zeit, wo Michael dies Eheprojekt verfolgte, also etwa 1262 (nach Giudice l. c. [p. 333³] p. 32), der Kampf zwischen Karl von Anjou und Manfred entbrannt gewesen sei. Aber auch abgesehen davon: Pachymeres selbst berichtet an anderen Stellen seines Werkes von den Kriegen, die Manfred in Epirus gegen die Byzantiner führte! Der Kaiser verfolgte also eine ganz verständige Politik. Der Hofklatsch allerdings machte daraus eine einfache Liebesaffäre, und Pachymeres gibt ihm Recht auf Grund einer willkürlichen Konstruktion occidentaler Politik, bei der er erst später eintretende Verhältnisse als schon damals eingetreten annimmt.

[2]) S. oben p. 406.

[3]) Nach Giudice l. c. p. 32.

nichtig. Dieser hochstrebende Herrscher glaubte sich stark genug, Rom und Byzanz auf einmal zu bezwingen.[1]

Auch hatte der Paläologe seine abendländische Politik nicht allein nach dieser Richtung orientiert. Er war zugleich mit der entgegengesetzten Partei in Verbindung getreten: mit dem Papste, an den er im Sommer 1262 eine neue Gesandtschaft richtete.

Sie hatte ein sehr geschicktes Schreiben zu überbringen.[2] Das Schlagwort darin war die ,caritas‘, die Liebe, von der alle Christen beseelt sein müssten. Nach diesem Prinzip müsse auch zwischen Lateinern und Griechen Friede und Eintracht herrschen. Eigentlich hätte der Papst seinerseits den Griechen dazu die Hand bieten müssen. Was tue er statt dessen? Er suche die christliche Einigung, die zwischen den Byzantinern und einem Teil der Lateiner, den Genuesen, bestehe, zu verhindern, indem er letztere wegen dieses doch durchaus nicht anstössigen Bundes gebannt habe. So habe denn er selbst, der Schandtaten, die während der Okkupation griechischen Landes durch die Lateiner stattgefunden hätten, vergessend, den ersten Schritt tun müssen, und der Papst solle nun wenigstens den dargebotenen Frieden annehmen. Sonst möge er zusehen, wie er sich vor Gottes Richterstuhl und den Engeln verantworten wolle, wenn er, der Vater, jetzt den reuigen Sohn von sich stiesse. Über die Dogmen und Riten sage er in diesem Briefe nichts, darüber werde man sich später leicht einigen, wenn zunächst der weltliche Friede hergestellt sei. Wenn aber so der griechische Kaiser zur Einheit der Kirche zurückgekehrt sein werde, dann werde es kein König und kein Fürst mehr wagen, gegen die Kirche sich zu erheben und dem apostolischen Gebote zu trotzen. Mit den letzten Worten wies der Paläologe besonders auf die Rückwirkung hin, die die Unterwerfung von Byzanz unter

---

[1] S. unter No. V dieses Kap.
[2] Resumiert in der Antwort Urbans an Michael vom 18. Juli 1263, Wadding, Ann. Min. Bd. IV. p. 201 ff.; Reg. ed. Guiraud № 295.

die römische Kirche auf das Verhältnis des Papsttums zu
Manfred ausüben musste.[1]

Das Schreiben, ein Meisterwerk der Diplomatie, verfehlte
seine Wirkung auf den Papst nicht.

Dieser war aufs äusserste überrascht, als er plötzlich
den siegreichen Schismatikerkaiser, von dem er die Vernichtung
des lateinischen Namens in Romanien gefürchtet hatte, von
Frieden mit den Lateinern, von Union und Bündnis mit dem
Papsttum reden hörte. Voll Freude auf der einen, war er
doch voll Misstrauen auf der anderen Seite. Urban war froh
über die Anträge des Paläologen, denn das Papsttum konnte,
wie wir schon oben erwähnten,[2] bei seiner abendländischen
Lage, · seinem Gegensatze gegen Manfred, nichts mehr
wünschen, als eine Verständigung mit dem griechischen Kaiser
von Konstantinopel. Eine solche musste schneller und sicherer
zur Rekatholisierung Konstantinopels führen, als ein lateinischer Restaurationskrieg, für den Urban die Hilfe des
staufisch-sizilischen Reiches verschmähte, für den er derjenigen
der anderen von ihm aufgerufenen Länder noch nicht gewiss war.
Urban zweifelte aber bei dem aggressiven Vorgehen des
Paläologen gegen die Lateiner Romaniens, ob derselbe es
wirklich mit seinen Anerbietungen ernst meine.

Aus diesen Erwägungen heraus ist das Antwortschreiben
hervorgegangen, das der Papst den griechischen Gesandten mit
auf den Heimweg gab (etwa Juli/August 1262.[3] Obwohl er
noch kurz zuvor den Occident zum Sturz des Usurpators
aufgerufen hatte, der sich Kaiser der Griechen nenne,[4]

---

[1] Guiraud, p. 135: „. . . *quoniam, si hoc* (die Union) *Dominus
ex alto permiserit, nullus pro certo presumet contra ipsam ecclesiam
superbire, quia nec rex nec princeps aliquis apostolice audebit resistere
iussioni'*. Vgl. oben p. 373[2].

[2] p. 394/5.

[3] Wadding l. c. p. 181/182 sine nota chron. (P. 18399: 18. Juni
bis 1. September 1262).

[4] In den p. 403 zitierten Briefen *„qui Graecorum imperatorem
vocari se facit'*.

redete er nunmehr den Paläologen als „erlauchten Griechenkaiser" an[1]) und zeigte sich dadurch zu dessen Anerkennung
bereit. Er verhiess ferner, sobald wie möglich eine eigene
Gesandtschaft nach Konstantinopel zu schicken zur Verhandlung dessen, was der römischen Kirche nützlich und den
kaiserlichen Wünschen genehm sei.[2]) Aber er knüpft gewissermassen das Entgegenkommen an eine Bedingung:
Michael soll sich in der Zwischenzeit so verhalten, dass er
sich Gottes Lob verdiene, und dass die Menschen ihn lieber
hätten.[3]) Das heisst mit anderen Worten: er soll von der
Befehdung der Lateiner ablassen.

III. Erneute Verschärfung des Konflikts zwischen Urban und Michael, erneute Aussicht auf seine Beilegung.
(Herbst 1262 — Sommer 1263.)

Der Kaiser konnte mit diesem Bescheid vollauf zufrieden
sein. Er enthüllte ihm statt des unversöhnlichen kreuz-
predigenden Pontifex einen wohlwollenden, dem Frieden geneigten, den man von aggressivem Vorgehen stets durch
Unionsanerbietungen werde zurückhalten können. An die
Erfüllung der vom Papste gestellten Bedingung dachte er
jedoch keineswegs: im Gegenteil suchte er die Zeit, wo
durch Konnivenz oder Schwäche des Papsttums noch keine
starke Streitmacht des Occidents gegen ihn im Felde stand,
zur Fortsetzung seiner Rekuperationen im lateinischen Romanien
zu benutzen.

Im Herbst 1262 erschien eine zweite genuesische Flotte
beim Kaiser.[4]) Mit dieser und den noch von früher her bei
ihm weilenden genuesischen Schiffen hoffte er bald glückliche

---

[1]) Wadding l. c. ‚Palaeologo, imperatori Graecorum illustri‘.

[2]) l. c. ‚quae et ipsi Ecclesiae Romanae accomoda et tuis etiam
votis sint accepta‘.

[3]) l. c. ‚Interim autem (tua sublimitas) se in illis intentam reddat
et vigilem, per quae tu in conspectu Maiestatis Divinae laudabilis et
in oculis hominum carior habearis‘.

[4]) Caro l. c. p. 125/126.

Schläge gegen die Venetianer zu führen. So erklärt er in einem Schreiben, das er damals an die Republik Genua richtet und ihr durch eine Gesandtschaft überbringen lässt.[1]) Deshalb solle die Republik ihre damals in Romanien befindlichen Schiffe ihm bis zum Frühjahr überlassen. Wenn sie jedoch mittlerweile erführe, dass Venedig eine diesen überlegene Flotte nach Romanien sende, dann sollte sie umgehend zu den alten Galeren neue schicken zur Abwehr der Venetianer.[2]) Man sieht hier wieder so recht das Schwanken des Paläologen zwischen kühner Aggressive und ängstlicher Defensive. Zu letzterer gehört es auch, wenn einer der nach Genua gesandten Legaten beauftragt ist, sich in Begleitung genuesischer Boten zum Papst zu begeben, um aufs neue die Aufhebung der über Genua verhängten Exkommunikation zu erbitten.[3])

Es ist fraglich, ob diese genuesisch-griechische Gesandtschaft wirklich nach Viterbo abgegangen ist: sie wäre zu einer Zeit dort erschienen (Frühling 1263), wo der Paläologe an der Seite der Genuesen den Restaurationskrieg in grossem Stile zu führen begonnen hatte. Er schickte damals zwei

---

[1]) Atti della Società Ligure di storia patria Bd. XVII (1885) p. 227—229. Ich finde, im Gegensatz zu Caro (p. 129), in diesem Briefe den Kaiser zu einer kräftigen Offensive entschlossen, wie sie ja auch in der Tat bald stattfand (s. folg. Seite). Er sagt hier (Atti p. 228): ‚De Venetis vero sperat Imperium meum in Deo, quod in brevi bona nova denunciet vobis‘, weiter gegen Ende (229) ‚sufficientes sunt presentes galee, divino adiutorio illos impugnare et vincere‘. Mit den Gesandten, die diesen Brief nach Genua zu überbringen hatten, schickte der Kaiser übrigens einen Grafen von Ventimiglia, der bisher sein Gefangener war und den er jetzt, weil aus einem vornehmen genuesischen Geschlecht stammend, freigelassen und mit der Tochter seines Vorgängers Theodor Laskaris vermählt hatte. S. darüber Caro p. 127 f.

[2]) Atti p. 229 ‚. . . ut non permaneat per momentum . . .‘

[3]) l. c. p. 228. Diese Mission eines der griechischen Gesandten an den Papst geschehe ‚magis pro honore vestro‘ und ‚amplius propter increpationis dissolutionem‘. Vgl. auch Caro p. 128. Der Kaiser hatte sich ja schon in seinem Briefe vom Frühjahr 1262 beim Papste über die Bannung der Genuesen beklagt, s. oben p. 411.

grosse Landheere nach Griechenland, das eine gegen den
Despoten von Epirus, das andere gegen Wilhelm von Achaja. [1])
Zugleich führte er die Aktion aus, die er in seinem vor-
jährigen Briefe an Genua schon angekündigt hatte: er liess
durch seine und die, im Gegensatz zu der venetianischen verstärkte, genuesische Flotte die Inseln des Archipels angreifen.
Wirklich gelang es ihm, eine stattliche Anzahl zu okkupieren
und auch Negroponte (Eubŏa) ernstlich zu gefährden. Ferner
hatte die Flotte die Aufgabe, die Landtruppen zu unterstützen:
so waren die genuesischen Schiffe beauftragt, Kriegsmaterial
nach Monembasia (in Lakonien) zu führen. [2])

Aber hier griffen nun die Venetianer ein, die auf die
bedrohlichen Nachrichten hin schleunigst eine neue Flotte,
besonders zum Schutze von Negroponte, [3]) nach Romanien gesandt hatten. Bei der Insel Spetsiapuloi im Golf von Nauplia

---

[1]) Pachymeres p. 205.

[2]) Pachymeres p. 205/206 und 209. Ferner ist die Flottenaktion
ersichtlich aus dem Briefe Urbans an Genua vom 7. Mai 1263 (Reg. ed.
Guiraud № 228) p. 100. Der Papst weist darauf hin: ‚qualiter pretextu
discordie, quam inter vos et Venetos asseritis suscitatam, impugnabatis
hostiliter dictum principem (Achaye) ac fideles et vassallos ipsius
eorumque terras et insulas vastabatis, cum per naves et galeas et alia
vasa vestra nuper introduxeritis magnam bellatorum eiusdem scismatici
in civitatem Monovasie ac per illam in terram eiusdem principis
quantitatem, et occupaveritis quasdam insulas Latinorum, qui eas in
feudum ab eodem principe obtinebant, alias eundem principem fideles
et vassallos eiusdem dictasque terras et insulas vexando marinis
aggressibus et diris molestiis impetendo‘. Besonders Negroponte war
gefährdet und Urban befiehlt (p. 101) ‚omnes naves . . . de terris et
insulis predictorum principis vassallorum atque fidelium et specialiter
de insula Nigripontensi revocetis‘: eine Mahnung, die dann noch in vielen
Briefen fast gleichlautend wiederkehrt. Reg. № 229, 230, 720. Ferner
noch Ann. Jan. l. c. [404ᵇ] p. 245 ‚cum exercitus galearum nostrarum,
que erant numero 38, navigarent ad Malvaxium ex precepto imperatoris
causa portandi ad ipsum locum, qui per imperatorem tenetur, quedam
guarnimenta‘. S. a. Caro p. 130.

[3]) Ann. Jan. p. 244 ‚cum . . . et galee Venetorum intenderent
navigare ad civitatem Nigripontis in subsidium dicte terre‘.

kam es zwischen den Flotten der beiden Republiken zur
Schlacht (Frühling 1263), in der die Venetianer zwar siegten,
aber nicht den Rückzug der Genuesen nach Monembasia, ihrem
Bestimmungsorte, zu verhindern wussten. Dagegen gelang
jenen, Negroponte zu behaupten.[1])

Nach allem war der Paläologe damals in vollem Zuge, die
Lateiner aus ihren sämtlichen Besitzungen in Romanien zu verjagen und das byzantinische Reich, so wie es einst war, unter
seinem Zepter zu vereinigen.[2]) Trotzdem oder vielmehr
gerade deswegen hat er damals die Aktion bei der Kurie
wieder aufgenommen. Zwar hatte sie bis dahin keine abendländischen Streitkräfte gegen ihn ins Feld gestellt, aber eben
die verzweifelte Not ihrer Volksgenossen in Romanien konnte
die Occidentalen doch endlich gegen ihn in die Schranken
treiben.

Jedoch viel näher lag noch eine andere Möglichkeit.
Der Kaiser hoffte, das Papsttum werde sich, zur wirksamen
Unterstützung der Lateiner nach wie vor zu schwach, unter
dem niederschmetternden Eindruck der griechischen Waffen-
erfolge in Romanien nicht nur endgültig in den Verlust des
lateinischen Kaiserreichs finden, sondern auch den Reichsrest
in irgend einer Weise den Byzantinern überlassen. Hatten
nicht Innocenz IV. und Alexander IV. um der Griechenunion
willen die Hauptstadt selbst hergeben wollen, als sie noch
lateinisch war? So liess er denn dem Papste ein Reskript
zugehen, in dem er sich für alle Streitfragen, die zwischen

---

[1]) Ann. Jan. l. c. Dandolo p. 371, Canale p. 489 ff. Vgl. Caro
p. 130—132.

[2]) Pachymeres, p. 207: der Sebastokrator Konstantinos geht auf die
Eroberung des ganzen Peloponnes aus ‚μηδὲ γὰρ ἀρχεῖσθαι τῷ μέρει τῆς
νήσου, πᾶσαν δὲ κρατῆσαι θέλων . . .‘ Sanudo sagt im cron. Romaniae
(l. c. p. 118): der Fürst wurde so bedrängt, ‚sich' era quasi per soccomber
del tutto a Greci ed' esser cazzato del Stato‘. Auch beim Seekrieg
hatte man die Restauration der byzantinischen Herrschaft in ganz Romanien
im Auge. Die Zeit ist da, lässt Canale einen genuesischen Admiral dem
Kaiser sagen, ‚che voi potete essere signore di Romania e di tutto l'Impero‘.
deshalb solle er seine Schiffe gegen die Venetianer aussenden (p. 489).

seinem Imperium und den Lateinern beständen oder ausbrechen könnten, vertrauensvoll dem Richterspruch der
römischen Kirche zu unterwerfen versprach.[1]

Urban IV. hatte bis dahin naturgemäss nicht daran gedacht, die verheissene Gesandtschaft an den Paläologen abgehen zu lassen.[2] Dessen Fortschritte hatten ihn mit ernster,
teilweise sogar übertriebener Sorge um das Schicksal des
lateinischen Orients erfüllt: so glaubte er im Januar 1263
einen Angriff des Kaisers und der Genuesen auf Cypern befürchten zu müssen und mahnte den Bail und die Barone der
Insel, auf ihrer Hut zu sein.[3]

Mehr Berechtigung hatte die Furcht vor dem Verluste
Achajas, und so forderte der Papst im April desselben Jahres
die Geistlichkeit dieses Landes, des Herzogtums Athen und
Euböas auf, dem Fürsten drei Jahre lang durch Mannschafts-
stellung oder Geldhilfe kräftig unter die Arme zu greifen.[4]
Zugleich bemühte er sich aufs neue (im Januar und Mai 1263),
Genua von dem Bündnis mit den Griechen abzuziehen,[5] doch
die Republik wusste durch ein geschicktes Hin- und Her-

---

[1]) Diese hochwichtige Aktion des Kaisers ersichtlich aus dem Ende
von Urbans Antwortschreiben vom 28. Juli 1263, bei Guiraud № 295
(p. 140[1]). ‚Ceterum quia novissime hiis diebus rescriptum imperiale
recepimus, in quo, inter alia, continebatur expresse quod in causis seu
questionibus, que tuum habet seu habere posset Imperium cum Latinis,
nullum alium iudicem nisi solum Romanum pontificem et Romanam
ecclesiam habere proponis . . . .‘

[2]) l. c. p. 136[1]: ‚Infesti quoque rumores, que ad audientiam
nostram medio tempore pervenerunt de persecutionibus, vexationibus,
molestiis et pressuris, que nobili viro Guilelmo de Villeharduino, principi Achaye . . . eiusque terris et insulis ac Latinis morantibus in
eisdem per tui vires Imperii iugiter inferuntur, celerem expeditionem
legationis huiusmodi retardarunt, cum per huiusmodi tuorum operum
novitatem resiliisse a concepto proposito . . . credereris‘.

[3]) Brief vom 23. Januar 1263: Mas Latrie, l. c. [121] Bd. III.
p. 653—655.

[4]) 27. April 1263 (Guiraud № 231).

[5]) 9. Januar (Guiraud № 182), 7. Mai (№ 228).

lavieren die Ausführung der päpstlichen Drohungen hinaus-
zuzögern und fuhr unterdessen ruhig in der Absendung von
Hilfsflotten nach Konstantinopel fort.[1]) Und wie der Papst
hier keinen Erfolg erzielte, so blieb vor allem sein Mühen,
die Völker des Occidents zum Vorkampf für die Lateiner
Romaniens zu veranlassen, ohne jegliches greifbare Resultat.

Die Hilfe des sizilischen Reiches hatte Urban von vornherein verschmäht; in Frankreich aber, dessen Könige und
Fürsten doch früher nicht mit der Unterstützung des
lateinischen Kaiserreichs gekargt hatten, rührte sich jetzt
keine Hand, um das Schattenkaisertum des Flandrers noch
einmal am Bosporus aufrichten zu helfen, ja auch nur die
Brüder in Griechenland zu verteidigen. Der Papst selbst war
es, der seine Bemühungen für die Lateiner lahmlegte dadurch,
dass er jetzt auch Frankreich hineinzog in den Strudel des
Kampfes zwischen Papsttum und Stauffertum. Urban verkündete
nämlich, dass erst, wenn Karl von Anjou, der Graf von der
Provence, an Stelle Manfreds König Siziliens sein werde.
dem lateinischen Kaiserreich, wie dem heiligen Lande.
Rettung werde zu teil werden. Wie hätte also nicht die
Unternehmung des Anjou zunächst das Hauptinteresse der
französischen Nation, vor allem des Königshauses, bilden
sollen?[2])

Wo aber Frankreich versagte, wie wäre von der Kreuzpredigt in den byzantinischen Interessen bis dahin ganz fern-

---

[1]) Ann. Jan. p 244, vgl. Caro 132 f.

[2]) König Ludwig, der den Zug seines Bruders nach Unteritalien
zu genehmigen zögerte, wegen der Anrechte Konradins und Edmunds von
England auf das Königreich Sizilien, kann doch nicht umhin, sich der
Auffassung des Papstes über den Nutzen den diese Expedition für das
lateinische Kaiserreich (und das heilige Land) haben werde, anzuschliessen.
Er spricht jenes Bedenken dem päpstlichen Notar gegenüber aus mit der
Einschränkung *,licet in huiusmodi assumptione negotii ad Ctani sub-
ventionem imperii ac terrae sanctae subsidium, ad quae ferventer aspirat,
prudenter attendat'.* Aufmerksam darauf gemacht hat ihn natürlich der
Papst resp. der Notar. cfr. oben p. 408[2].

stehenden Ländern wie Aragon und Polen, oder von den persönlichen Bemühungen Balduins und des venetianischen Gesandten bei Alphons von Kastilien ein Erfolg zu erwarten gewesen! Auch hier erntete der Exkaiser nichts wie leere Versprechungen.[1]

Und die Geistlichkeit der katholischen Länder zeigte nicht mehr Eifer als die Laienschaft: der Klerus der einzelnen Reiche beschwerte sich beim Papste über die neue Auflage für Romanien. Aber damit kamen sie bei Urban schlecht an. Entrüstet wies er im Januar 1263 ihre Klagen zurück, indem er ihnen die arge Bedrängnis der Lateiner Achajas und die Gefahr, dass auch dieser letzte Rest des lateinischen Imperiums dem katholischen Glauben verloren gehe, vorstellte.[2]

IV. Das Unionsprogramm Urbans IV.
(vom 28. Juli 1263).

Man begreift es, dass dem Papste unter diesen Umständen die erneute Annäherung des Paläologen hocherwünscht kam.

Es scheint, dass er sogar schon vorher entschlossen war, trotz der fortgesetzt lateinerfeindlichen Haltung des Paläologen auf die von diesem im Vorjahr eröffneten Verhandlungen einzugehen: „weil das Streben nach einem so grossen Gut, wie die Union es sei, durch keinen auch noch so plausibeln Abhaltungsgrund endgültig gehindert werden dürfe".[3] Als nun gar noch das kaiserliche Reskript eintraf, in dem der Paläologe sich zu einem Ausgleich mit den

---

[1] Canale l. c. p. 503. ,Sappiate, o signori, che assai gli fu promesso e poco atteso: egli non raccolse se non parole'.

[2] Reg. № 187 (an die französische Geistlichkeit vom 25. Januar 1263). № 740 an die von Kastilien (erst am 23. Oktober 1263); für die engl. Geistl. s. Rayn. 1263 § 21. Urban eximierte nur den ungarischen Klerus (reg. № 421, am 14. Oktober) wegen der Erschöpfung Ungarns nach dem Tartareneinfall.

[3] In Fortsetzung der p. 417[2] zitierten Stelle: ,verumtamen, quia tanti boni prosecutio non potuit apud nos nec debuit per aliquod quantumcumque finaliter impediri . . . .'

Lateinern nach päpstlichem Schiedsspruch bereit erklärte,[1] da zögerte Urban keinen Augenblick mehr, die Gesandtschaft abzuschicken. Bei der vorläufigen Aussichtslosigkeit einer lateinischen Restaurationspolitik, ja bei der Unfähigkeit des Papstes, auch nur die Reste der Lateinerherrschaft in Romanien zu schützen, war in der Tat die Griechenunion das höchste Gut, das es im Orient für das Papsttum zu erringen gab.[2]

Vor allen Dingen war es diejenige Orientpolitik des Papsttums, die allein seinem Verhältnis zu Manfred entsprach. Eine päpstliche Bekämpfung des Griechen ohne die Streitkräfte des Staufers konnte zu einem endgültigen Ziele, nämlich zur Wiedereroberung Konstantinopels nicht führen, eine blosse Schwächung des Paläologen aber konnte dem Papsttum geradezu verderblich werden, da sie Manfred, der auf seine eigene Hand ein Feind des Paläologen war, die Eroberung Konstantinopels zu erleichtern drohte. Vielmehr musste die Kurie den Griechen in der Behauptung seines Thrones unterstützen, um so dem Staufer den Weg nach Konstantinopel zu verlegen. Ausserdem konnte ihr die griechische Hilfe bei ihrem Kampfe gegen Manfred in Italien gut zu statten kommen: hatte doch der Paläologe selbst in seinem Briefe aus dem Jahre 1262 auf diesen Vorteil der Union hingewiesen.[3]

Den Vorteilen, die Urban von der Union mit den Griechen erwartete, entsprachen die Konzessionen, die er dem Kaiser in seinem Schreiben vom 28. Juli 1263 zu machen verhiess. Urban IV. zog einfach die Konsequenz aus der Politik Innocenz' IV., wenn er dem Paläologen und seinen Nachkommen im Falle vorhergehender Unterwerfung unter die römische Kirche[4] in den unzweideutigsten Ausdrücken die

---

[1] S. oben p. 416/7.

[2] Vgl. 419[3] und die charakteristischen, unten p. 421[2] zitierten Stellen der Briefe.

[3] S. oben p. 412.

[4] Urban IV. beruft sich für seine Forderung des absoluten päpstlichen Primats auch auf griechische Kirchenväter: *„prout nonnullorum*

Kaiserherrschaft in Konstantinopel garantierte, in derselben
Weise, wie einst Innocenz IV. dem Vatatzes für die Union
das damals noch lateinische Konstantinopel hatte ausliefern
wollen.[1])

----

*sanctorum patrum tam Graecorum quam aliorum Scripturae veridicae
asseverant'*. In Wirklichkeit sind die betreffenden Aussprüche der Kirchenväter Maximus und Kyrillos, die Urban hier im Auge hat und auch frei
zitiert, Fälschungen eines Dominikaners aus Romanien, die derselbe in
einen von ihm verfassten *„Libellus'* gegen die Irrtümer der Griechen hinein-
verwebt hatte. Er hatte diese Schrift Urban IV. bei dessen Regierungs-
antritt übergeben, und dieser hatte sie aufmerksam studiert, um sie hierauf
dem Thomas von Aquino zur Prüfung zu überweisen. Letzterer verfasste
dann auf Grund dieses Libellus sein *,opusculum contra errores Graecorum'*,
in das er auch die Fälschungen des Dominikaners, als besonders beweisend,
aufnahm. Auf das *,opusculum'* des Thomas aber gründeten die Päpste
fortan vornehmlich ihre Primatsansprüche. Vgl. Reusch, „Die Fälschungen
in dem Traktat des Thomas von Aquino gegen die Griechen". Abh. d.
Münch. Ak. 1882 (XVIII₂) p. 673 ff., bes. 712.

[1]) Reg. № 295, p. 137²: Wenn Michael die Union vollziehe *,non
solum ostenderemus et aperiremus tibi paterni affectus viscera, verum
etiam intra illa tamquam praecordialem et carissimum filium
locaremus tibique in sustentatione et exaltatione solii monstra-
remus, quantum thronis regalibus apostolice sedis gratiam et com-
munionem habentibus sit necessaria, fructuosa et utilis potestatis apostolice plenitudo'*. Der Papst würde für sein Imperium dieselbe zarte und
wachsame Fürsorge an den Tag legen, wie für die Länder der anderen
orthodoxen und katholischen Fürsten. Wenn Du also zurückkehrst *,tanto
promptiora favoris et presidii iuvamina tuum in illa inveniret imperium
in tua tuorumque heredum defensione ac exaltatione perpetua, quanto ferventioribus desideriis eadem ecclesia festa paschalia
tue iocunde conversionis expectat, quantoque attentioribus studiis te ad
eius unitatem conversum in sue caritatis amore et gratia retineret'*.
Letzterer Passus hat unverkennbaren Anklang an die betreffende Stelle
von Innocenz' IV. Instruktion (s. oben p. 373³) und ebenso derjenige, in dem
Urban dem Kaiser bei Entscheidung der zwischen diesem und den Lateinern
schwebenden Streitfragen einen günstigen Richterspruch verheisst: s. u.
p. 425³.

Geradezu frappierend ist ferner, dass der Papst in diesem Briefe
an den griechischen Kaiser genau in derselben Weise von der Wiedergewinnung des Imperiums von Kp. als eines edlen Gliedes der Kirche
redet, wie er es vorher in seinen Briefen an die Lateiner tat. Der Unter-

In das rechte Licht tritt das Versprechen, das der Papst
hier gibt, erst, wenn wir unsere Blicke auf ein anderes
Schreiben richten, das Urban am selben Tage, dem 28. Juli,
abgehen liess. Es enthält die Kehrseite der Medaille. Die
Anerkennung des Paläologen involvierte die Aufgabe Balduins.
Der andere Brief beweist nun, dass eben damals dieser letztere
es völlig mit der Kurie verdorben hatte durch seine intimen
Beziehungen zu Manfred.

Balduin hatte den Staufer gemahnt, insgeheim Boten an
König Ludwig den Heiligen zu schicken, bei dem er ver-
dächtigt worden sei, als wolle er keine Versöhnung mit dem
Papst. Er solle den König von Frankreich nun eines besseren
belehren, damit dieser zwischen ihm und dem Papste vermittle, ehe es zu spät sei und die schwersten Übel und Gefahren entständen. Mit letzteren deutete Balduin auf den
bevorstehenden Kriegszug Karls von Anjou hin. Er selbst
bietet Manfred seine Dienste in dieser Sache an und beteuert
wiederholt sein lebhaftes Interesse an dem Nutzen, der Ehre
und Erhöhung des Staufers. Dafür hofft er von diesem
Förderung seiner eigenen Pläne.[1]) Dieser Brief Balduins an

---

schied ist, dass er in letzteren eine Wiedereroberung des Imperiums mit
Waffengewalt, in jenem eine ,*conversio*‛ des Imperiums im Auge hatte.

Wiedergewinnung Kp.s durch lateinische Eroberung.	Wiedergewinnung Kp.s durch die Griechenunion.
Z. B. Reg. Urb. ed. Guiraud *N* 131. (Brief an den Minoritenprovincial von Frankreich, Juni 1262.)	Reg. *N* 295, p. 137[2]. (Brief an Kaiser Michael.)
Wir befehlen die Kreuzpredigt zur Restitution des lateinischen Kaiser-reichs, bedenkend ,*quod Ecclesiae corpus ex membri tam cari, scil. imperii praetacti, carentia — notam probrosae deformationis incurreret* etc. Vgl. Reg. *N* 187 u. a.	Wir wünschen die Union des griechischen Imperiums ,*quia et eiusdem corpus ecclesia ex tam nobilis membri reintegratione ap-pararet et existeret in omni parte sui elegantissime venustatum*‛.

[1]) Martène, thes. anecd. Bd. II. p. 23 f. Balduin schreibt an Manfred ,*amico suo quam plurimum diligendo*‛. Im Briefe selbst: ,*nos,
qui honori et exaltationi vestrae intendimus toto mentis desiderio*‛ etc.

Manfred war von einem päpstlichen Parteigänger aufgefangen und an Urban geschickt worden: der Papst, der in Balduins Bemühungen einen Versuch sah, sein grosses französisches Projekt zu durchkreuzen, übersandte den Brief am 28. Juli seinem Notar Albert in Frankreich mit der Zuschrift, dieser solle Karl und auch König Ludwig vor den Umtrieben Balduins warnen, da letzterer in dem Briefe als ein Begünstiger Manfreds erscheine.[1]

Man muss sich vergegenwärtigen, welchen Begriff der Fluchwürdigkeit das Papsttum mit den Worten ‚Fautor Manfredi‘ damals verband, um zu begreifen, dass es Balduin von jenem Augenblicke an mit Urban IV. verscherzt hätte. Ja, indem er die Angriffspläne des Staufers auf Konstantinopel förderte, war er gefährlicher als jeder andere von dessen Begünstigern: denn nichts fürchtete, wie wir sahen, die Kurie mehr als jene Absichten Manfreds.

Es ist daher nicht ein blosser Zufall, sondern das äussere Merkmal eines inneren historischen Zusammenhangs, wenn wir den Papst am selben Tage, an dem er Balduin als Anhänger Manfreds verdammt, dem Paläologen, dem Feinde des Staufers, die Anerkennung im Besitze seines Thrones in Aussicht stellen sehen.

Aber es erhebt sich hier noch ein Bedenken. Nach des Papstes Ansicht waren Manfreds Tage gezählt. An seiner Stelle sollte jener Anjou König von Sizilien werden, um dann von dort aus, wie Urban versicherte, das lateinische Imperium

---

[1] l. c. p. 23. Albert soll Karl von Anjou aufmerksam machen: ‚ut sibi et negotiis suis a praedicto imperatore, cum fautor praedicti Manfredi per ea, quae in praemissis continentur litteris, videatur, penitus studeat praecavere; ac nihilominus hoc ipsum carissimo in Christo filio nostro Ludovico ill. regi Francor. diligenter exponas, si videris expedire'. Als Balduin nach Manfreds Tode zu Karl von Anjou übergeht, tadelt ihn Klemens IV. noch nachträglich wegen seiner ehemaligen Beziehungen zu dem Staufer (Rayn. 1266 § 23: 16. Juni 1265) ‚quamvis olim notatus fueras, quod cum hoste pestifero, nunc prostrato, foedus contraxeras amicitiae nec Deo nec hominibus gratiosum'.

wieder herzustellen.[1])   Hätte sich deshalb nicht der Papst
gedulden müssen, statt mit dem griechischen Imperator in
Verhandlung zu treten?   Denn wenn der Paläologe sich, ehe
der Anjou kam, unter das Papsttum beugte, dann war diesem
der Weg nach Konstantinopel versperrt, der Papst selbst
musste dann den Angriff verbieten.

Es ist nicht anders: auch von diesem Gesichtspunkt aus
musste Urban die Union und Verständigung mit den Griechen
geradezu herbeiwünschen.   Sehen wir ihn doch bei den eben
damals mit Karl von Anjou geführten Verhandlungen aufs
ängstlichste bemüht, diesen auf das Königreich Sizilien zu
beschränken, ihn vor allem kontraktlich vom römischen Imperium auszuschliessen.[2])   War es nicht ein natürliches
Komplement dieser Politik, ihm den Weg zum byzantinischen
Imperium *de facto* zu verschliessen durch die Katholisierung
der Griechen?

Jedoch der Konflikt zwischen dem griechischen Kaiser
und den Lateinern drehte sich längst nicht mehr, wie einst
zu Innocenz' IV. Zeit, allein um den Besitz des Imperiums;
auch war die Lösung der Kaiserfrage für Urban IV. weit
weniger schwierig, als für jenen seinen Vorgänger.   Denn es
war für die Kurie leichter, einem länderlosen Prätendenten
die Unterstützung zu entziehen, als es ihr gewesen wäre, einen
regierenden Fürsten zum Verzicht auf sein Reich zu bewegen.

Aber auch zu Urbans Zeit gab es nun noch regierende
lateinische Fürsten Romaniens, die der griechische Kaiser bekämpfte, deren Länder er begehrte: eben dieser akute Interessenkonflikt war es, der für Urban IV. das griechische
Problem verwickelte.

---

[1]) S. oben p. 418.

[2]) Guiraud № 269: Brief Urbans an den Magister Albert vom
17. Juni 1263 über die Bedingungen der Belehnung Karls mit dem Königreich Sizilien. Besonders p. 120.   Schon Innocenz IV. stellte bei den Verhandlungen mit Karl im Jahre 1253 ähnliche Bedingungen, reg. ed. Berger
№ 6818 (12. Juni).

Die Vorbedingung für seine Beilegung war ein Waffenstillstand, und einen solchen einzugehen mahnte Urban denn
auch sowohl den Kaiser als den Fürsten von Achaja.[1] Auch
die anderen Feinde des Paläologen, den Despoten von Epirus
und den Dogen von Venedig, fordert der Papst auf, das grosse
Werk der Pazifizierung Romaniens dadurch zu fördern, dass
sie den Minoriten, seinen Gesandten an Kaiser Michael, beim
Durchzug durch ihre Länder freies Geleit gewährten.[2]

Was aber den endgültigen Ausgleich zwischen dem
Paläologen und den Lateinern betraf, so erklärte Urban dem
Kaiser, der sich ja, wie wir sahen, dem päpstlichen Schiedsspruch unterworfen hatte: dieser werde für ihn und sein Reich
so günstig ausfallen, dass der Kaiser mit Freuden werde konstatieren können, vor dem Forum des Papstes als seines
Vaters und der römischen Kirche als seiner Mutter das, was
er von ihnen erhofft, erreicht zu haben.[3] Doch scheint Urban
dabei an eine völlige Preisgabe des lateinischen Griechenlands nicht gedacht, vielmehr etwa eine Aufrechterhaltung des
status quo im Sinne gehabt zu haben.[4]

---

[1] Guiraud № 295 (p. 140[1]) und № 325/326 an Gottfried von Achaja
vom 1. August 1263.

[2] Briefe vom 28. Juli 1263 bei Sbaralea Bull. Franc. Bd. II.
p. 495.

[3] In Fortsetzung der oben p. 417[1] zitierten Stelle aus Urbans
Brief bei Guiraud p. 140[1], nach der der Paläologe sich dem päpstlichen Schiedsspruch unterwirft, heisst es: ,adeo favorabilis iustitie pleni-
tudinem tibi tuoque imperio exhibere curabimus, quod tu, qui patris
et matris iudicium subire elegisti, merito gaudere poteris te in nobis
et predicta Romana ecclesia id, quod in patris et matris reperire foro
speraveras, invenisse'. Vgl. Innocenz' IV. Versprechen an Vatatzes oben
p. 373[3].

[4] Dass Urban das Fürstentum Achaja in seinem damaligen Bestande
zu erhalten und hier dem Paläologen nichts nachzugeben gewillt war,
beweisen die Worte in seinem Briefe an den Fürsten von Achaja: bei den
Verhandlungen mit dem Paläologen, die er, der Papst, hier eröffne, handle
es sich nur um Wilhelms Nutzen ,cum in hoc non nisi tuus agatur
specialiter honor pariter et profectus'. Ähnlich heisst es in den Briefen

So sandte denn der Papst Anfang August 1263 vier
Minoriten als Gesandte an den Paläologen ab, mit Empfehlungen
versehen an die Herren, deren Gebiete sie berühren würden:
an den Dogen von Venedig, den Despoten von Epirus, den
Fürsten von Achaja.[1])

V. Abermalige Trübung der Beziehungen, erneute Verhandlungen (Herbst 1263—1264).

Aber ob nun jene Herren sich nicht von dem Vorteil
haben überzeugen können, den eine Einigung des Paläologen
mit dem Papste ihnen bringen werde, oder ob vielleicht Manfred, wie einst im Jahre 1251,[2]) so jetzt aufs neue diesen ihm
gefährlichen Bund zu verhindern gesucht hat: die päpstlichen Gesandten sind damals noch nicht nach Konstantinopel gelangt,
auch im Frühjahr 1264 waren sie noch nicht dort.[3])

---

an den Despoten und Venedig: ‚*cum igitur in huiusmodi negotio vestra
specialiter utilitas procuretur*‘.

Dass er zugleich entschlossen war, den Paläologen im Fall der
Union im Besitz seines Thrones anzuerkennen, verschwieg er wohlweislich
dessen Feinden zunächst noch. Obwohl der Brief, den die Minoriten dem
Kaiser zu überbringen hatten, adressiert war ‚*illustri imperatori Grecorum*‘,
spricht er in den Briefen an den Fürsten von Achaja etc. von dem Paläologen als demjenigen, ‚*qui pro Grecorum imperatore se gerit*‘ l. c. Er
geht sogar soweit, den Despoten von Epirus, der ja ein Recht auf Thessalonich zu haben glaubte (s. oben p. 332), als ‚*princeps Thessalonicensis*‘ an-
zureden, damit er nur den Verhandlungen kein Hindernis in den Weg lege.

[1]) S. vor. Seite, Anm. 1, 2.

[2]) S. oben p. 365.

[3]) Hopf freilich, kurz diese Gesandtschaft erwähnend (p. 288), meint,
sie sei noch Ende 1263 beim Kaiser erschienen. Aber diese Behauptung
ist aus der Luft gegriffen. In seinem Schreiben aus dem Jahre 1264 tut
Michael ihrer keine Erwähnung. (Rayn. 1264 § 58—60.) Vgl. Ducange
l. c. [164] p. 382. Als Urban hierauf letzteres Schreiben des Kaisers beantwortet (22. Juni 1264), sind sie jedenfalls schon längere Zeit abgegangen, aber Urban hat noch nichts von ihrer Ankunft in Kp. erfahren.
Die neuen Gesandten, die er damals schickt, sollen mit den anderen,
neulich abgeschickten, zusammenwirken ‚*si praesentes in tua (Michaelis)
curia fuerint*‘.

Die Folge war, dass sowohl der Kaiser, ohne Nachricht vom Papste, den Krieg gegen die Lateiner, insbesondere gegen Wilhelm von Achaja fortsetzte, als auch Urban, der den Griechen aufs neue wortbrüchig glaubte, in dessen Bekämpfung fortfuhr. Schon im Oktober 1263 ermahnte er wieder die Genuesen, von dem Bündnis mit dem Griechen und der Bekämpfung der Lateiner, insbesondere der Insel Negroponte, abzustehen.[1] Und hier durfte er sich nun schmeicheln, seinen Willen endlich durchgesetzt zu haben: Ende 1263 kehrten die genuesischen Schiffe in der Tat aus den griechischen Gewässern heim. In Wirklichkeit geschah das nicht sowohl auf die päpstlichen Mahnungen hin, als nach dem eigenen Willen des Kaisers, der die genuesischen Schiffe zu verabschieden sich entschloss, da die Kosten, die sie ihm bereiteten, mit dem Nutzen, den sie ihm brachten, in keinem Verhältnisse standen und er sich wohl auch imstande glaubte, mit seiner eigenen Flotte den Venetianern die Spitze zu bieten.[2] Im Mai 1264 liess der Papst dann, von den Lateinern mit

---

[1] Reg. ed. Guiraud № 719—721 (19./20. Oktober 1263).

[2] Ann. Jan. l. c. p. 246. Den oben vermerkten Grund, weshalb der Kaiser die Genuesen entliess, gibt Canale l. c. p. 497 an. Dass letzterer recht berichtet ist, scheint mir aufs schlagendste der oben p. 414[1] zitierte Brief Michaels an Genua vom Herbst 1262 zu beweisen. Auch da schon tritt als die Hauptmaxime des Kaisers für die Regelung der genuesischen Bundeshilfe das „non consumere thesauros nostros in vanum" hervor. Caro, p. 137, meint, der Grund für die Entlassung der Genuesen sei die Weigerung derselben gewesen, gegen den Fürsten von Achaja Krieg zu führen, da sie nur gegen die Venetianer zu kämpfen verpflichtet gewesen wären. Ich glaube das deshalb nicht, weil bei einem solchen Bedenken die Genuesen auch die Inseln des Archipels, insbesondere Euböa, nicht hätten befehden dürfen, die, wie oben p. 402 erwähnt, der Oberherrschaft des Fürsten von Achaja unterstanden und geradezu als integrierender Bestandteil des Fürstentums angesehen wurden (l. c.). Gerade gegen Euböa aber und die übrigen Villehardouin untertänigen Inseln hatte sich die Aktion der Genuesen im Jahre 1263 gerichtet (s. oben p. 415) und diesen Teil der Besitzungen Villehardouins hätten sie ganz sicher gern weiter bekämpft, da hier überall das venetianische Interesse stark engagiert war.

Bitten um Hilfe bestürmt, in den Diözesen Lüttich und Utrecht das Kreuz gegen die Griechen predigen, die das Fürstentum Achaja so sehr bedrängten, dass es ohne Zuzug anderer Gläubigen nicht länger zu halten sein werde. Ferner forderte er den Herzog von Burgund auf, zum Schutze Achajas das Kreuz zu nehmen.[1]) Der Bischof von Korone aber sollte die Gläubigen des bedrohten Landes selbst zur Verteidigung mahnen unter Verheissung von Indulgenzen.[2])

Aber mittlerweile war es auch schon dem Fürsten von Achaja durch eigene Kraft gelungen, sich der Byzantiner zu erwehren. Infolge des Übergangs von 5000 Türken, die den Kern des griechischen Heeres gebildet hatten, war es ihm gelungen, diesem im Frühjahr 1264 im östlichen Teile des alten Messeniens eine entscheidende Niederlage beizubringen. Die beiden griechischen Befehlshaber Alexios Philes und Makrinos waren gefangen genommen worden. Schon durchstreiften die Türken das griechische Morea bis vor die Mauern von Monembasia.[3])

Dies Ereignis ist es ohne Zweifel gewesen, das den Paläologen zu einer erneuten Aktion bei Urban IV. veranlasst hat. Waren die Lateiner allein schon zu solchen Schlägen imstande, was war dann erst zu erwarten, wenn der Papst ihnen einmal Hilfe zu senden vermochte. Und da die päpstliche Gesandtschaft noch nicht nach Konstantinopel gelangt war, musste der Kaiser den Papst für einen viel schwerer zu versöhnenden Gegner halten, als er in Wirklichkeit war.

Michael glaubte jetzt am sichersten zu gehen, wenn er dem Papste geistlich komme. Er bediente sich zu diesem

---

[1]) Reg. ed. Guiraud № 577, 579 vom 13. Mai. Der Herzog ging im Januar 1265 mit Balduin einen Vertrag ein, in dem der Kaiser dem Burgunder das Königreich Thessalonich versprach, wogegen dieser sich verpflichtete, das Kreuz zu nehmen und zur Wiedereroberung Kp.'s Hilfe zu leisten. Urkunde bei Ducange I p. 454/5, vgl. Hopf, p. 261.

[2]) l. c. № 578 (13. Mai).

[3]) Hopf, p. 288.

Zwecke des Bischofs von Kroton in Unteritalien, eines geborenen Griechen, den er bereits längere Zeit vorher als ge-
eigneten Vermittler zwischen der griechischen und römischen
Kirche erkannt und zu sich bestellt hatte, und der dann, zu
Weihnachten 1263, nach Konstantinopel gekommen war.[1]

Die früheren Auseinandersetzungen zwischen päpstlichen
Legaten und den Griechen waren dadurch gewöhnlich sehr
erschwert worden, dass keine Partei die Sprache der anderen
verstand, und man sich der Dolmetscher bedienen musste:
jetzt setzte ein Geistlicher der katholischen Kirche einem
byzantinischen Kaiser die römische Lehre und den Willen
des Papstes auf griechisch auseinander.

Die Frucht dieser Unterweisung war das Schreiben, das
der Paläologe im Frühjahr 1264, damals, wo die politische
Lage eine erneute Anknüpfung mit dem Papsttum ratsam erscheinen liess, aufsetzte. Er zeigt sich hier allein für den
geistlichen Frieden interessiert, der ja nach den päpstlichen
Intentionen die Vorbedingung des weltlichen war. Er erkennt
zunächst dem Papste den Primat in der Kirche zu, und zwar
keineswegs einen blossen Ehrenprimat, sondern geradezu —
im Einklang mit Urbans Forderungen[2] — die oberste
Regierungs- und Lehrgewalt, d. h. den Jurisdiktionsprimat.[3]
Was den Glauben betrifft, so erklärt er die römische Lehre
in ziemlicher Übereinstimmung mit der altgriechischen, der
er selbst anhänge, gefunden zu haben, so dass eine Einigung
leicht sein werde. Er bekennt sich auch als Verehrer der
Sakramente der römischen Kirche,[4] an deren Heilskraft er
zu glauben versichert. Sodann der Kreuzzug. Der Kaiser

---

[1] Dies schreibt Michael dem Papste in seinem Briefe vom Frühjahr 1264. Wadding Ann. Min. Bd. IV. p. 223—226.

[2] S. oben p. 420[4].

[3] l. c. p. 225. Du *,sicut princeps omnium sacerdotum et uni-
versalis doctor catholicae Ecclesiae'*; die Kirche *,cui loco b. Petri Deus
praecipue vos praefecit'*.

[4] l. c. *,. . . . necnon et omnia sacramenta Ecclesiae romanae
veneramus'*.

erklärt sich bereit, alle Völker der katholischen Kirche ihrem Haupte, dem Papste, wieder zu unterwerfen, insbesondere die beiden Patriarchenstühle von Jerusalem und Alexandrien den Ungläubigen zu entreissen.[1])

Der Bischof von Kroton hatte seine Sache ausgezeichnet gemacht, und der Kaiser hatte sich als gelehriger Schüler gezeigt.

So hatte noch niemals ein griechischer Kaiser zum Papste geredet. Hier war keine Rede von den weltlichen Vorteilen, die der Grieche von der Union erwartete, das geistliche Interesse herrschte vor, und aufs schärfste waren die Punkte hervorgehoben, auf die es der Kurie ankam.

Urban IV. war denn auch von dem Briefe sowohl wie von den mündlichen Erklärungen seines Überbringers, die jenen ins rechte Licht setzen halfen, entzückt. Vergessen war die noch einen Monat zuvor anbefohlene Kreuzpredigt gegen den Paläologen im Lothringischen, die Aufrufung des Herzogs von Burgund gegen ihn. Das alles führte ja doch zu nichts. Hier dagegen eröffnete sich die Aussicht auf baldige Erfüllung des alten Ideals der Kurie. Nie, so meinte Urban in seinem Antwortschreiben an den Kaiser (vom 22. Juni 1264), nie hat die Kirche so sicher auf die Union hoffen, so fest auf sie vertrauen dürfen.[2]) „Heil dem Herrn", ruft er aus, „die Zeit der Erfüllung ist gekommen, der gnadenreiche Tag des Heils ist da".

Ganz besonders begeisterte ihn die Kreuzzugsbereitschaft des Kaisers. Denn wie nur je ein Papst, trug Urban IV. die Sehnsucht nach der Befreiung Jerusalems, als dessen Patriarch er selbst im heiligen Lande geweilt hatte, in seiner

---

[1]) l. c. ,(nostra tranquillitas) ipsi matri nostrae Ecclesiae omnes gentes et patriarchales sedes . . . ac omnes nationes ad devotionem, obedientiam et amorem eiusdem Ecclesiae . . . subiugabit.

[2]) Antwort Urbans vom 22. Juni 1264, Wadding, Bd. IV. p. 228: ,cum numquam ita certa de hoc spes, firmaque sibi (Ecclesiae) fiducia exhibita fuerit,' und p. 229 ,de complemento negocii spei certitudine confortati'.

Brust.[1]) Da aber seine Kreuzzugsbemühungen im Abendlande durch den Kampf gegen die Staufer gelähmt wurden,
so begrüsste er um so freudiger den Entschluss des mächtigen
Orientkaisers, zum Kampfe gegen die Ungläubigen auszuziehen.[2])

Und mehr noch als alles andere musste die allgemeine
politische Lage dem Papste eine schnelle Verständigung mit
dem griechischen Kaiser nahe legen. Eben damals trat das
lang Gefürchtete ein: Manfred machte den Versuch, zu den
Kolonieen, die er bereits in Romanien besass,[3]) sich Byzanz'
selbst zu bemächtigen. Er trat mit dem genuesischen Podestà
von Konstantinopel in Verbindung, und dieser erklärte sich
bereit, die Hauptstadt dem Staufer auszuliefern. Doch das
Komplott wurde entdeckt und der Anschlag so vereitelt.[4])

Dieser Versuch des Staufers enthüllte dem Papste mit
greller Deutlichkeit, wie unsicher und gefährdet seine Lage
war. Wahrhaft furchtbar erschien die Gewalt dieses Manfred,
der zur selben Zeit, wo er seine Hand nach Byzanz ausstreckte (Frühjahr 1264), auch Rom bedrohte.[5]) Wie einst
gegen Heinrich VI., so erschien jetzt gegen Manfred, der des

---

[1]) In vielen seiner Aufrufe zur Befreiung des heiligen Landes weist
Urban auf die persönliche Anschauung hin, die er von dessen traurigem
Zustand gewonnen habe, z. B. Guiraud № 374 (9. Januar 1263).

[2]) Wadding l. c. „quod imperator tantae potentiae et qui tam
magni imperii moderatur habenas promptum se exponit et offert ad
catholicam fidem propagandam in gentibus, ad exaltationem ipsius
ecclesiae apud nationes etiam barbaras procurandam . . . .‘

[3]) Mit einiger Übertreibung bezeichnet er sie in seinem Manifest
an die Römer vom 24. Mai 1265 als „den grössten Teil Romaniens“,
Capasso, Hist. Dipl. Reg. Sic. № 274.

[4]) Ann. Jan. l. c. p. 249. Es heisst da von dem Podestà: ‚accusatus
fuit ipsi imperatori, quod civitatem Cpolim traditurus erat in manibus
Latinorum et quod habuerat de hoc tractatum cum nunciis domini
Manfredi regis Sicilie; propter quod dictus Guilelmus vocatus coram
imperatoria maiestate, in presencia multorum Januensium et aliorum
assistencium fuit propria lingua confessus‘. Vgl. Heyd. l. c. [335¹] p. 431.

[5]) Manfreds Unternehmen gegen Rom bei Gregorovius V⁴ p. 339 f.

Grossvaters kühne Entwürfe erneuerte, ein Zusammenschluss der beiden bedrohten Weltmächte von selbst gegeben.

So gewährte Urban denn gern des Kaisers Wunsch,
den Bischof mit anderen Legaten nach Konstantinopel zurück-
zusenden, damit er ihm alles auseinandersetze und so die
Union vorbereitet werde. Und zwar sollen diese neuen Legaten
eventuell mit den vier Minoriten, die Urban vorhergesandt hat,
zusammenwirken: falls dieselben nämlich mittlerweile nach
Konstantinopel gekommen sind.[1]

Diese erste Gesandtschaft Urbans langte nun in der Tat,
etwa gerade zu der Zeit, wo Urban die zweite abschickte,
also im Sommer 1264, endlich beim Kaiser an: sie hatte
bereits wieder den Rückweg angetreten, als die neuen Legaten
des Papstes nach Konstantinopel kamen. Man hatte des
längeren verhandelt und schliesslich sich über eine Reihe von
Artikeln geeinigt, die in einem Schriftstück zusammengefasst
worden waren, und deren Annahme die Minoriten beim Papste
zu befürworten versprochen hatten. In der Hauptsache war
in der Schrift von der Berufung eines Konzils die Rede, auf
dem die weltlichen und geistlichen Streitfragen Erledigung
finden sollten.[2] Wahrscheinlich haben die neuen Legaten
noch dem Papste Bericht über ihre Mission abstatten können,
aber gleich darauf starb er (2. Oktober 1264).

---

[1] S. oben p. 426.

[2] Dies geht hervor aus einem Briefe Klemens' IV. an Michael vom
4. März 1267 (Wadding, Ann. Min. Bd. IV. p. 270—272): ‚*Caeterum
Fratres ipsi* (die vier Minoriten) *aliquandiu in tua Curia commorati,
cum non possent ad plenum assequi quod volebant, volentes tandem
obtinere quod poterant, in quamdam tecum, ut dicitur, convenere scripturam, certos articulos continentem*', Dir gelobend ‚*se apud dictam Sedem
instituros, ut scripturam huius modi Sedes eadem acceptaret*'. Dass
das etwa im Frühjahr geschah, beweisen die Worte Klemens', die er in
diesem Briefe vom März 1267 an den Kaiser richtet: „*. . . scriptura de
cuius corroboratione iam elapso fere triennio non curasti;* dass in ihr
von der Konzilsberufung die Rede, sagt Klemens l. c. p. 274.

Schluss.

Urban IV. mochte bei seinem Tode die Griechenunion als nahe bevorstehend betrachten. In Wirklichkeit war sie bei der damaligen Weltlage noch nicht zu erwarten. Urbans östliche Politik konnte zu keinem Resultate führen, weil unter ihm die Verhältnisse des Occidents, auf die für eine päpstliche Orientpolitik alles ankam, zu wenig konsolidiert waren. Eben Urban rief in ihnen neue schwere Verwicklungen hervor, deren Ausgang er doch nicht mehr erlebte. Die Erhöhung Karls von Anjou zum König von Sizilien, in der dieser Papst seine Hauptaufgabe sah, musste, einmal durchgeführt, eine erfolgreiche byzantinische Politik des Papsttums ermöglichen: aber Urban leitete sie nur ein; er hatte bei seiner Orientpolitik mit den abendländischen Machtverhältnissen zu rechnen, wie sie zunächst noch einmal waren, d. h. mit dem Regiment Manfreds in Italien.

Da er aber diesen nicht anerkennen, geschweige denn ihm den Kampf gegen Byzanz anvertrauen wollte, er vielmehr eine staufische Eroberung Konstanstinopels, so wie es einst Cölestin III. und Innocenz III. getan hatten,[1] als das äusserste Verderben ansah, so waren seine Versuche, das lateinische Kaisertum wieder herzustellen, aussichtslos.

Nicht weniger waren es jedoch die Verhandlungen mit dem Paläologen. Der Grieche knüpfte sie an nur aus Furcht vor einem künftig erstarkenden Papsttum: bei der Schwäche, in der es sich damals befand, lag ihm eine wirkliche Unterwerfung unter Rom noch fern, zumal Urban IV. ihm zwar die Haupstadt, nicht aber das noch lateinische Romanien zugestehen wollte.

[1] S. oben p. 122 ff., 133 ff.

Zweites Kapitel.

Die Unionspolitik Klemens' IV. (1265—1268).

Eingang.

Der Zeit der Gärung und des Werdens, wie sie Urbans IV. Pontifikat darstellte, folgte unter Klemens IV. allmählich die Klärung, die Konsolidierung zunächst der abendländischen Verhältnisse. In dem Masse aber, wie diese eintrat, eröffnete sich dem Papsttum die Möglichkeit einer erfolgreichen byzantinischen Politik.

Eine mühelose Ernte dessen, was Urban IV. gesät, war Klemens IV. keineswegs beschieden. Reich an Sorgen und Nöten war vielmehr auch seine Regierung. Zwar ging nun alsbald ein Teil des Urbanschen Programms in Erfüllung. Karl von Anjou landete im Mai des Jahres 1265 in Rom. Ehe jedoch sein Hauptheer zu ihm stiess, das auf dem Landwege durch Oberitalien nachfolgte, ehe er dann seinem furchtbaren Gegner in entscheidender Schlacht (26. Februar 1266) Leben und Reich zugleich nahm, verging noch eine Zeit voll banger Aufregung.[1].

Und kaum glaubte der Papst, jetzt wo sein Schützling und Landsmann — Klemens war wie Urban IV. Franzose — im Königreich Sizilien gebot, aufatmen zu können: als auch schon ein neues Ungewitter von Norden heraufzog. Der letzte Spross des Staufergeschlechts eilte über die Alpen, um sein Erbe zu erobern. Noch einmal erstrahlte ihm hell der Stern, der seinen grossen Ahnen geleuchtet, und das Papsttum sah alles wieder in Frage gestellt. Bis dann in erneutem Entscheidungsringen der Sieg sich abermals an die Fahnen des Anjou knüpfte, und das Beil des Henkers, unter dem das Haupt Konradins fiel, das unerbittliche Vertilgungswerk gegen dieses Kaisergeschlecht, dem die Päpste jahrzehntelang ihre besten Kräfte gewidmet, beendete und sie von dem Schreck-

---

[1] Schirrmacher: Die letzten Hohenstaufen, p. 54—74.

gespenst deutscher Zwingherrschaft in Italien befreite. Einen
Monat nach diesem Triumph starb Klemens IV. (20. Nov. 1268).

I. Ruhen der Unionsverhandlungen im Jahre 1265.
Anknüpfung des Paläologen mit Venedig.

In dem ersten Regierungsjahr Klemens' haben die Unionsverhandlungen völlig geruht. Der Paläologe hielt es nicht
für nötig, sie fortzusetzen, da er den Papst damals ganz in
abendländischen Sorgen aufgehen sah.

Doch liess er auch jetzt die Möglichkeit nicht aus dem
Auge, dass für ihn in Zukunft ein Bündnis mit dem Papsttum
notwendig werden könne. Deshalb behandelte er die zweite
Gesandtschaft Urbans IV. auf das Zuvorkommendste: den
Bischof von Kroton behielt er überhaupt bei sich zurück. Er
vermochte ihn zur Annahme der griechischen Riten und dachte
sogar eine Zeitlang daran, ihm ein Bistum in seinem Reiche
zu verleihen. Der Bischof machte sich dann freilich irgendwie missliebig und wurde in die Nähe von Heraclea Pontica
verbannt. Aber der Kaiser behielt sich trotz dieses Zeichens
seiner Ungnade ausdrücklich vor, die Dienste des wertvollen
Mittelsmannes gegebenenfalls wieder in Anspruch zu nehmen.
Wenn ferner lateinische Mönche nach Konstantinopel kamen,
setzte es der Paläologe bei der griechischen Geistlichkeit
durch, dass sie jene an allen heiligen Handlungen teilnehmen
liess.[1] Kurz, er sorgte dafür, dass die Bahn nach Rom
frei blieb.

------

[1] Diese recht interessanten Details bei Pachymeres p. 360. Der
Bischof von Kroton spielte übrigens bei den weiteren Unionsverhandlungen
keine Rolle mehr. Merkwürdigerweise geschieht sogar bei der Wiederaufnahme der Verhandlungen zwischen Michael und Klemens IV., in dem
Briefe des Papstes wenigstens, der Mission des Bischofs an den Kaiser
durch Urban IV. keine Erwähnung: Klemens rekurriert vielmehr lediglich
auf die erste Urbansche Gesandtschaft (die vier Minoriten). Den Brief
des Kaisers an Klemens besitzen wir nicht mehr im Original, doch ist
uns ein Konzept zu diesem Briefe erhalten, das der Professor der Logik
Holobolos für den Kaiser aufgesetzt hat: und hier wird allerdings der

Im übrigen hatte er zunächst, so wenig wie vom Papsttum, von Manfred etwas zu befürchten, da dieser seinerseits. mit der Abwehr der Invasion Karls von Anjou vollauf beschäftigt war.[1]) Der Kaiser benutzte diese Gelegenheit, um im Jahre 1265 den Despoten von Epirus, der damals auf keine staufische Unterstützung rechnen konnte,[2]) zu einem demütigenden Frieden zu zwingen.

Gesandtschaft des Bischofs von Kroton durch Urban IV. Erwähnung getan. Bessarione, Bd. VI. (a. IV.) p. 48. Vgl. unten p. 449 f.

[1]) Nach Ducange l. c. [164] p. 399, 400/401 wäre damals sogar ein Bündnis zwischen Michael und Manfred zustande gekommen. Der französische Autor beruft sich für diese Nachricht auf einen angeblichen Brief Klemens' IV. an Michael, aus dem hervorgehen soll, dass der Kaiser sich nach dem Tode Manfreds mit einer Glückwunschadresse an den Papst gewandt habe, und in welcher Klemens dann den Kaiser wegen seiner früheren Beziehungen zu Manfred getadelt habe.

Der Brief findet sich, wie ich in Rom konstatiert habe, in den Registern Klemens' IV. nicht, obwohl er nach der Signatur, die ihm Ducange gibt, (ep. II 204) dort stehen müsste. Dagegen findet sich nun aber bei Rayn. 1266 § 63 ein Brief des Papstes an den lateinischen Kaiser Balduin von Kp., der unter anderem ganz dasselbe enthält, was Ducange als in dem Briefe Klemens' an den griechischen Kaiser enthalten angibt: den Dank des Papstes für den Glückwunsch des Kaisers und den Tadel wegen seiner bisherigen Beziehungen zu Manfred (s. u. p. 442[2]). Da Ducange diesen letzteren Brief an den lateinischen Kaiser augenscheinlich nicht kennt, jedenfalls nirgends erwähnt, so darf wohl mit ziemlicher Sicherheit behauptet werden, dass er nach irgend einer ungenauen Notiz diesen Brief an den lateinischen Kaiser von Kp. für einen solchen an den griechischen genommen hat.

Ich habe lange geschwankt, den Ducangeschen Brief zu verwerfen. Denn, wie wir nachher sehen werden, hat Klemens in der Tat zu jener Zeit (Frühling 1266) einen Brief auch an den griechischen Kaiser geschrieben (s. unten p. 444[3]), wie Klemens selbst in einem späteren Briefe erwähnt, und es lag die Annahme nahe, dass der Brief, von dem Ducange spricht, identisch sei mit dem Briefe, auf den Klemens anspielt. Aber nach dem vorher gesagten scheint mir diese Identität ausgeschlossen.

[2]) Pachym., p. 215, sagt ausdrücklich, der Despot habe sich zum Frieden mit dem Paläologen verstanden ‚ἀφεὶς τὸ ἐπ' ἐκείνοις (die Staufer) θαρρεῖν‘.

Ebenso suchte der Paläologe die Lateiner Romaniens,
die noch gegen ihn im Felde standen, zu sich herüberzuziehen.
Er schlug dem Fürsten von Achaja eine Ehe von dessen Erb-
tochter Isabella mit seinem eigenen Sohne, dem Kronprinzen
Andronikos vor, wodurch dieser nach Villehardouins Tode das
Fürstentum geerbt haben würde. Aber die fränkischen Barone
widerstrebten diesem Ausgleich, der sie der griechischen
Herrschaft unterworfen haben würde, und so ging hier der
Kampf weiter.[1]

Besser schien dem Kaiser seine Friedenspolitik bei der
Republik Venedig glücken zu sollen. Den Grund für diese
Annäherung bildete die Konspiration des genuesischen Po-
destà mit Manfred.[2] Michael entzog daraufhin noch im
Laufe des Jahres 1264 den Genuesen seine Gunst: er verbannte sie aus der Hauptstadt und wies ihnen Sitze in
Eregli am Marmarameer an. Zugleich fasste er den wahrhaft genialen Gedanken, statt Genuas die Republik Venedig
zur Bundesgenossin zu gewinnen, ihr unter Verjagung der
Genuesen die allmächtige kommerzielle Stellung in seinem
Reiche einzuräumen.[3] Auf diese Weise dachte er Venedig
von der lateinischen Sache zu trennen und als feste Schutz-
wehr des Rhomäerreichs gegen abendländische Angriffe zu
gewinnen, so wie es die Republik im XII. Jahrhundert gewesen war.[4] Er knüpfte noch im Jahre 1264 mit ihr an
und es gelang ihm, die zwei Gesandten, die sie bei ihm bevollmächtigte, zum Abschluss eines Schutz- und Trutzbündnisses
zu bewegen (18. Juni 1265).[5]

Die Gesandten glaubten, indem sie auf die Anträge
des Paläologen eingingen, das Interesse ihrer Vaterstadt aufs

[1] Nach Sanudo, Istoria l. c. [263²] p. 118, vgl. Hopf, p. 290.
[2] S. oben p. 431.
[3] Taf. und Thom. l. c. [177⁴] Bd. XIV. p. 62 ff., Heyd l. c. p. 432/433, Caro p. 169/170.
[4] Die interessanten Bestimmungen bei Taf. und Thom. l. c. p. 67 ff.
[5] Taf. und Thom. l. c., vgl. Heyd, Caro l. c.

beste wahrzunehmen.[1]) Derselbe Zug der Zeit, der das Papsttum auf die Seite der Griechen trieb, schien auch Venedig eine Verständigung mit dem byzantinischen Kaiser nahe zu legen. Der geistlichen wie der Handels-Macht verschloss sich bei der damaligen Lage des Occidents die Möglichkeit, durch eine Herstellung des lateinischen Kaiserreichs ihre infolge der Restauration des griechischen Reichs verloren gegangene Position am Bosporus wieder zu erringen: beide aber konnten schliesslich ebensowohl in einem griechischen Konstantinopel, wie in einem lateinischen, die ihren Interessen entsprechenden Vorrechte geniessen.

Wenn der Doge trotzdem dem Vertrage die Ratifikation versagte, so war der Grund hierfür derselbe, der auch einer Einigung Urbans IV. mit den Griechen hindernd im Wege gestanden hatte: die Frage nach dem Schicksal des lateinischen Reichsrestes. Und sie fiel für Venedig weit schwerer ins Gewicht als für den Papst.

Was die Kurie betrifft, so sahen wir zwar, dass Urban IV. die Rekuperationsbestrebungen des Paläologen bekämpfte, sie jedenfalls nicht begünstigte: aber einen prinzipiellen Widerspruch konnte, seit Innocenz IV. das lateinische Konstantinopel dem Vatatzes hatte abtreten wollen, das Papsttum der Zurücknahme altbyzantinischen, von den Lateinern okkupierten Landes durch einen Griechenkaiser, der die Union vollzog nicht mehr entgegensetzen. Im letzten Grunde konnte es dem Papsttum gleichgültig sein, ob Romanien lateinisch oder griechisch war, wenn es nur katholisch blieb.

Viel enger war die Republik Venedig an das lateinische Griechenland gekettet: ihre eigenen Kolonieen machten einen Teil desselben aus, und sie besass in Romanien, soweit es lateinisch war, das unbestrittene Handelsmonopol. Der Kaiser erklärte sich nun zwar in dem Vertrage zur Garantierung

---

[1]) Es wird im folgenden der Versuch gemacht, die damals von Venedig verfolgte byzantinische Politik eingehender zu begründen, als es bisher geschehen (Heyd 432 3).

der venetianischen Besitzungen in Griechenland bereit,[1] um so weniger Hehl aber machte er — ebenfalls in der Vertragsurkunde — aus seiner Absicht, das übrige lateinische Romanien, vor allem den gesamten Archipel mit Euböa zu annektieren.[2] Und man zweifelte in Venedig, ob die politische Herrschaft der Republik auf Kreta, im Süden des Peloponnes, die Tributpflichtigkeit mancher Inseln ihr gegenüber innerhalb eines bis zum alten Umfange sich erneuernden byzantinischen Reichs auf die Dauer zu behaupten sein werde. Auf die im Entstehen begriffene Oberherrschaft über Euböa hätte man dem Vertrage gemäss von vornherein verzichten müssen.

Den von den Gesandten abgeschlossenen Vertrag ratifizieren hätte für die Republik bedeutet: die auf das Prinzip der kolonialen Expansionspolitik gegründete Handelsherrschaft im lateinischen Romanien aufgeben zu Gunsten der Handelsherrschaft in einem byzantinischen Gesamtreich zwar, die aber eines realen Substrats in Gestalt venetianischen Eigenbesitzes entbehrt und auf der schwanken Basis eines Vertrages mit dem griechischen Kaiser, dem alleinigen Herrn in Romanien, beruht haben würde.

Die venetianische Regierung entschied sich daher für die Kassierung des Vertrags, jedoch fuhr sie, da eine Aussicht auf Restitution des lateinischen Kaiserreichs bei den Wirren im Occident, die gerade im Jahre 1265 auf dem Höhe-

---

[1] Taf. und Thom. l. c. p. 68/9 (80).

[2] l. c.: die Venedig tributpflichtigen Inseln sollen den Tribut weiter zahlen, die übrigen lateinischen Inseln aber: ‚ἵνα θεοῦ εὐδοκοῦντος γίνωνται ὑπὸ τὴν βασιλείαν μου‘. Was Euböa betrifft, so ist folgende Vertragsbestimmung wichtig (p. 69). Der Kaiser verheisst Venedig in Halmyros (auf dem griechischen Festland, der Nordspitze von Euböa gegenüber) Land anzuweisen, behält sich aber zunächst den Hafenquai (σκάλαν) vor, damit die Venetianer nicht von dort aus die Lateiner Euböas verproviantieren, und zwar solange ‚μέχρις ἂν δώῃ θεὸς καὶ γένηται ἐγκρατὴς ἡ βασιλεία μου τοῦ Εὐρίπου‘ (= Euböas). Auch weiterhin ‚ἀφότου δὲ βοηθείᾳ θεοῦ ἐπιλάβηται ἡ βασιλεία μου τοῦ Εὐρίπου‘.

punkte waren, untunlich erschien, und man sich mit der Hoffnung schmeichelte, das byzantinische Romanien, womöglich auch beim Fortbestande eines fränkisch-venetianischen Griechenlands, dem venetianischen Kaufmann zu erschliessen, in den folgenden Jahren mit dem griechischen Kaiser zu verhandeln fort.

II. Die byzantinische Aggressivpolitik
Karls von Anjou.

Mittlerweile fiel nun aber im Abendlande bei Benevent die grosse Entscheidung, die den katholischen Anjou zum Herrn des Königreichs Sizilien machte. Damit schloss sich der grosse Riss, der bisher den Occident gespalten und seine Orientpolitik gelähmt hatte. Der Thron des Paläologen musste zusammenstürzen, wenn jetzt der König von Sizilien, vom Papste unterstützt, gegen ihn losbrach.

Kaum Herr des sizilischen Reichs geworden, griff Karl von Anjou auch schon nach Griechenland über.

Zunächst wusste er sich — am Anfang des Jahres 1267 — eines Teiles von des Staufers epirotischem Erbe, insbesondere Korfüs, zu bemächtigen, indem die Statthalter Manfreds, durch den Despoten von Epirus in dem Weiterbesitz ihrer Länder bedroht, an dem neuen König von Sizilien einen Rückhalt suchten.[1]

Zur selben Zeit schloss er Freundschaft mit dem Fürsten von Achaja, der damals selbst zu Karl hinübereilte.[2] Es gibt einen Mythos über die engen Beziehungen des Flusses Alpheios im Peloponnes zur Quelle Arethusa in Sizilien. Der griechische Schriftsteller Niketas hatte am Anfang des Jahr-

---

[1] Am 16. Januar 1267 ernennt Karl den Gazo Echinard (Chinardo), den Sohn von Manfreds Statthalter Philipp Echinard, zu seinem Generalkapitän von Korfù. Giudice, La Famiglia di Re Manfredi, Neapel 1880. p. 99 Anm. 1. Ferner die Darstellung des Vorganges l. c. p. 109 ff.

[2] C. Minieri Riccio, Alcuni Fatti riguardanti Carlo I. de Angiò, Neapel 1874 p. 23, Urkunde vom 17. Februar 1267. Vgl. Sternfeld. Ludwigs des Heiligen Kreuzzug nach Tunis 1270 etc., Berlin 1896, p. 38.

hunderts, trotz der Okkupation Moreas durch die Abendländer, noch nicht glauben wollen, dass unter lateinischer Herrschaft eine erneute Verbindung der Länder wie der Flüsse im Mythos zustande kommen werde.[1] Und wenn dies auch nicht, wie er hoffte, durch eine Regräzisierung des Peloponnes verhindert wurde: darin wenigstens behielt er Recht, dass ein engeres Verhältnis zwischen den Lateinern hier und in Sizilien sich zunächst nicht herstellte. Jetzt erst, wo hüben und drüben Franzosen herrschten, schmolzen die beiden Länder zusammen: in dem Freundschaftsbunde Karls von Anjou und Wilhelms von Achaja erlebte die alte Sage eine erneute historische Erfüllung.

Statt des alten Frankreichs, das einst aus der Ferne seine Kolonisten in Romanien unterstützt hatte, übernahm nunmehr das neue bis ans ionische Meer vorgeschobene diese Schutzrolle. Einst war Ludwig der Heilige der erklärte Protektor der Lateiner Romaniens:[2] jetzt wurde es sein Bruder auf dem sizilischen Königsthrone, und dessen Unterstützung war um so wirksamer, als sie aus nächster Nähe erteilt wurde.

Jener Sieg des Jahres 1264 über die Griechen[3] hatte dem Fürsten von Achaja doch nur vorübergehende Erleichterung verschafft: bald begann die Bedrängung durch diese aufs neue, und der päpstliche Schutz versagte damals völlig. Erst der Rückhalt, den sie an Karl von Anjou fanden, machte die Lateiner Achajas wirklich stark, den Griechen zu widerstehen.[4]

Schon im Jahre 1268 hat Karl mit der Sendung von Hilfstruppen und Geldsummen nach Achaja begonnen.[5] Aber

---

[1] Niketas ed. Bonn, p. 806/807.

[2] S. oben p. 271—273.

[3] S. oben p. 428.

[4] Sanudo, Istoria l. c. [263²] p. 118.

[5] Riccio l. c. p. 35: Aus einer Urkunde vom 15. Dezember 1268 geht hervor, dass Karl Wilhelm 1500 Goldunzen geliehen hat *per potere riparare la sua terra in Romania*, dass er ferner eine Kompagnie Söldner nach Morea sandte, die dann freilich statt dessen zu Konradin überging.

im selben Jahre hat auch der Fürst von Morea seinerseits
die Landsleute in Unteritalien unterstützt: bei der Abwehr
der Invasion Konradins hat er Karl die wichtigsten Dienste
geleistet.[1])

Die Okkupationen in Epirus, die Anknüpfung mit Achaja
waren für Karl nur vorbereitende Aktionen: seine letzten
Ziele traten erst hervor, als er am 27. Mai des Jahres 1267
mit dem Exkaiser Balduin, der sich nach Manfreds Tode in
seine Arme warf,[2]) den Vertrag von Viterbo abschloss, in dem
jener dem sizilischen König die Lehnsherrschaft über Achaja,
die ganze epirotische Erbschaft Manfreds, den Besitz aller
griechischen Inseln ausserhalb der Dardanellen mit Ausnahme
von vieren, und endlich den dritten Teil der gemeinsamen
Eroberungen auf dem Festlande Romaniens zusicherte,[3]) falls
Karl innerhalb von 6 oder 7 Jahren wenigstens 2000 Ritter
zur Wiedereroberung des lateinischen Kaiserreichs stellen
werde.   Balduin behielt sich nur die Oberlehnsherrschaft vor,
und ausserdem sollte, wenn er und sein Sohn Philipp ohne
legitime Erben sterben würden, auch Konstantinopel selbst und

---

[1]) Sternfeld l. c. p. 135.

[2]) Klemens lobt ihn, weil er in die allgemeine Freude über die
Erhöhung Karls mit einstimmt, während er vorher einen Freundesbund
mit Manfred geschlossen gehabt habe. Rayn. 1266 § 23 vom 16. Juni.

[3]) Karl behielt sich ausdrücklich vor, eventuell in dieses Drittel
auch das Königreich Thessalonich einzubegreifen: falls nämlich diejenigen
Herren, an die Balduin dieses Königreich schon versprochen hatte, ihrer
Verpflichtung, Hilfe zu leisten, nicht nachkommen würden. Giudice, p. 37,8.
Es waren das 1. ein Dreiherr von Euböa und 2. Herzog Hugo IV. von
Burgund; ersterem hatte Balduin bereits 1240 (s. o. p. 312), letzterem
am 25. Januar 1265 (s. o. p. 428[1]) das Königreich zugesagt. — Auch nach
dem Vertrage von Viterbo fuhr Balduin fort, aus der unerschöpflichen
Machtfülle seiner künftigen Kaiserherrlichkeit abendländischen Herren
Ansprüche und Titel zu verleihen, um sich dadurch ihrer Waffenhilfe zu
versichern. So schenkte er 1268 dem Grafen Thibaut von der Champagne
ein Viertel des wiederzuerobernden Reichs, das dieser sich in einem beliebigen
Teile desselben werde auswählen können, unter Respektierung jedoch der
früheren Verleihungen Balduins. Urkunde bei Ducange, p. 465,6.

der Rest des Reichs Karl und seinen Erben zufallen. Eine Ehe zwischen Philipp und Karls Tochter sollte das Bündnis besiegeln. Den Venetianern, auf deren Beistand man hoffte, wurde ihr alter Besitzstand in Romanien garantiert.[1]) Deutlich ist: kam der Vertrag zur Ausführung, so wurde Karl von Anjou Herr des byzantinischen Reichs.

Hinter dem Anjou aber stand der Papst, mit dessen Genehmigung und in dessen Beisein der Vertrag von Viterbo abgeschlossen wurde.[2]) Erklärte doch Karl, dass ihm nicht zum wenigsten das Streben, der Kirche ein vornehmes Glied wieder einzufügen, gegen das schismatische Byzanz in die Schranken treibe. Auch verfehlte er nicht, auf den Nutzen hinzuweisen, den die Wiedereroberung Byzanz' durch die Lateiner dem heiligen Lande bringen werde.[3])

III. Der Grundgedanke der byzantinischen Politik Klemens' IV.[4])

Der Paläologe hat nicht abgewartet, bis sich die Dinge soweit entwickelten: er sah ihren Verlauf bereits voraus, als er den Fall Manfreds vernahm. Alles kam jetzt für ihn darauf an, den Papst sich geneigt zu machen, und so wandte er sich denn auch noch im Frühjahr 1266 mit einer Gesandtschaft an Klemens IV.[5])

Aber konnte er denn jetzt noch hoffen, den Papst von der Sache der Lateiner zu trennen? Urban IV. war bereit

---

[1]) Giudice l. c. p. 30 ff., vgl. Kopp: Geschichte der eidgenössischen Bünde Bd. II, Abteilung II, 2. Hälfte, 3. Abschnitt, bearbeitet von Busson. (Berlin 1871) p. 226/227 (später zitiert als Busson-Kopp); Sternfeld, p. 57/58. Zu des letzteren Ergänzung: die geographische Bestimmung der Inseln Romaniens mit ‚extra Bucam Abidi‘ bedeutet „ausserhalb der Meerenge von Abydos".

[2]) Giudice l. c. p. 33. 44.

[3]) l. c. p. 33.

[4]) Es gibt über sie nur die wenigen Zeilen, die Pichler (p. 340/1) den Unionsverhandlungen zwischen Klemens IV. und Kaiser Michael widmet, und die Bemerkungen Sternfelds l. c. p. 36. 56.

[5]) S. folg. Seite, Anm. 3.

gewesen, auf die Wiedereroberung Konstantinopels zu verzichten, weil er, hauptsächlich mit der Bekämpfung Manfreds
beschäftigt, sich dazu zu schwach fühlte; er hatte dem Griechen
den Besitz der Hauptstadt garantieren wollen, um in ihm einen
Bundesgenossen gegen den Staufer zu gewinnen und diesem
den Weg nach Konstantinopel zu verlegen. Jetzt dagegen,
nach der Niederwerfung Manfreds, hatte das Papsttum die
Hände frei, vor allem verfügte es in den Kräften des Königreichs Sizilien über die Hauptwaffe des Abendlandes zum
Orientkampfe; wie durfte der Grieche erwarten, dass Klemens
seinen Paladin, den katholischen Anjou, von der Eroberung
Konstantinopels zurückhalten werde?

Hatte dieser Papst doch bis dahin der Welt unablässig
verkündet, dass eine Eroberung Siziliens durch den Anjou
eine neue Ära für das lateinische Kaiserreich heraufführen
werde![1] Und nachdem dann Karl seinen Gegner besiegt hatte,
betonte Klemens sofort den Nutzen, den insbesondere das
Fürstentum Achaja aus des Anjou Erhöhung ziehen werde.[2]

Trotz alledem ist nun aber Klemens IV. bereits auf die
erste Annäherung des Paläologen durch Absendung von
Legaten nach Konstantinopel eingegangen[3] und hat im

---

[1] Z. B. am 11. Juli 1265 (Martène, Thes. anecd. Bd. II. p. 196):
das sizilische Reich wird Karl übertragen in der Hoffnung, dass durch
ihn „. . . *imperii Romaniae status reformabitur*; vgl. Jordan, Reg.
Clem. IV. № 224 (28. März 1265) und sonst.

[2] Am 8. März 1266 an den Erzbischof von Narbonne: infolge von
Karls Sieg u. a.: „*levatur Achaia*‘. (Martène l. c. p. 287).

[3] Bisher ganz unbekannt. Weder Pichler noch Sternfeld (p. 36)
tut dieser Gesandtschaft Klemens' aus dem Jahre 1266 Erwähnung. Sie
resultiert aus einem späteren Briefe Klemens' IV. vom 4. März 1267, wo
er erwähnt „*nostros apocrisiarios . . . novissime ad te missos, qui apud
te moram diutius contraxerunt*‘. Wadding Ann. Min. Bd. IV. p. 272.
Aus dieser Gesandtschaft nun des Papstes vom Jahre 1266 habe ich auf
eine vorangehende des Paläologen geschlossen. Denn es ist nicht anzunehmen, dass Klemens sich an den Kaiser gewandt haben sollte, ohne
dass dieser vorher das Schweigen, in das er sich seit der letzten Gesandtschaft Urbans IV. (Sommer 1264) gehüllt, gebrochen hätte und den Papst

weiteren Verlaufe seines Pontifikats, obwohl er dann, wie wir sehen werden, auch Karls Angriffspläne gegen Byzanz begünstigte, die Verhandlungen mit dem Kaiser fortgesetzt.

Ein derartiges Verhalten Klemens' IV. erscheint widerspruchsvoll, und als solches ist es denn auch von einem neueren Forscher charakterisiert worden.[1]) In Wirklichkeit war diese seine Politik aufs feinste durchdacht. Ihr Grundgedanke war der folgende: „Die Errichtung einer starken katholischen Monarchie in Unteritalien darf das Papsttum nicht veranlassen, nun mit vollen Segeln in das Fahrwasser des Vierten Kreuzzugs zurückzusteuern, einseitig die Lateinerpolitik zu erneuern. Vielmehr ist auch jetzt noch genau so gut wie zur staufischen Zeit die Union mit den Griechen anzustreben. Einerseits nämlich erhebt sich, seit der Vierte Kreuzzug die Ziele, die er sich gesteckt, die Beseitigung des Schismas und die Befreiung des heiligen Landes, nicht erreicht hat, bei jedem neuen abendländischen Zug, der dieselben Aufgaben verfolgt, notwendigerweise der Zweifel, ob er sie denn nun besser erfüllen wird. Aber auch soweit die Aussicht hierzu gestiegen ist durch die Teilnahme des katholischen Königs von Sizilien, muss das Papsttum die Union der gewaltsamen Unterwerfung der Griechen vorziehen. Denn eine Eroberung Konstantinopels durch einen, sei es auch noch so kirchlich gesinnten Herrscher Unteritaliens und die dadurch bedingte Macht desselben würde das Papsttum in seiner Weltstellung kaum minder gefährden, als es die Herrschaft eines Staufers über Byzanz getan haben würde. Der Nutzen aber, den die Ersetzung Manfreds durch den Anjou für die byzantinische Politik der Kurie hat, ist der, dass diese jetzt, wo im sizilischen Königreich ein ihm getreuer Lehnsmann gebietet, die schneidigste Waffe des Abendlandes zum Orientkampfe in der Hand hält und durch die beständige

---

aufs neue angegangen wäre. — Die irrtümlichen Nachrichten Ducanges (s. oben p. 436[1]) lasse ich hier natürlich ganz beiseite.

[1]) Sternfeld l. c. [440[2]] p. 36, 56.

Drohung, sie aus der Scheide zu reissen, das einzig wirksame Mittel besitzt, die Griechen tatsächlich zur Union zu bringen."

Es ist eine Politik, deren Ansätze wir bereits bei Urban IV. erkannt haben. Zwar war es damals in erster Linie die byzantinische Aggressivpolitik Manfreds, der dieser Papst durch seine Verhandlungen mit dem Griechenkaiser entgegenarbeitete. Aber Urban lebte und webte bereits in dem Gedanken an die sich vorbereitende Umwälzung in der italienischen Staatenwelt, und wenn er dem Paläologen für den Fall der Unterwerfung seinen Thron garantierte, so wird er sich ohne Zweifel darüber klar gewesen sein, dass er damit auch Karl von Anjou für die Zukunft von ihm ausschloss.[1])

Dass Klemens IV. es dann war, der diese Politik recht eigentlich inaugurierte, ist erstaunlich und doch auch zugleich naturgemäss. Es ist erstaunlich, dass Klemens den Mut fand, durch seine Verhandlungen mit den Griechen die Orientpläne des Anjou zu durchkreuzen, da er doch diesem seine Erhebung verdankte, und da der Ghibellinenaufstand, der beim Nahen Konradins in ganz Italien emporloderte, und der die Kirche und Karl gemeinsam bedrohte, beide aufs engste aneinanderkettete.

Aber gerade diese Zwangslage, in der sich Klemens in Italien befand, erklärt auch wieder seine östliche Politik. Dort gab es kein Ausweichen, er musste in der Not des Augenblicks die Macht des Anjou vermehren. Vergebens hatte Urban IV. bei den Verhandlungen mit Karl einen festen Damm zwischen dem zu gründenden französischen Königreich Sizilien und dem übrigen Italien aufzurichten gesucht. Schon die Wahl Karls zum Senator von Rom im August 1263 hatte in ihm die erste Bresche gerissen und Urban den Angstschrei entlockt: das Papsttum scheine aus der Skylla in die Charyb-

---

[1]) S. oben p. 423 4.

dis, aus der staufischen in die angiovinische Umklammerung zu geraten.[1])

Freilich hatte Karl die Senatur beim Antritte seiner Herrschaft im Königreiche niedergelegt. Aber Klemens brach dann mit eigener Hand die Scheidewand aufs neue nieder, indem er Karl im Juni 1267 zum Friedensstifter, im Frühjahr 1268 zum Reichsvikar in Toskana ernannte,[2]) und ihm beim Abfall Heinrichs von Kastilien die Senatorwürde in Rom auf zehn Jahre zu übernehmen erlaubte.[3]) Hier gab es eben für ihn kein Zurück. In Karls Händen allein lag das Heil der Kirche, und Klemens durfte selbst die äussersten Mittel nicht scheuen, um seinem Schützling zum Siege über deren Feinde zu verhelfen.[4]) Da durften nicht ängstlich die Zukunft erwogen, die verderblichen Folgen in Betracht gezogen werden, die eine Konstituierung der Herrschaft des neuen Königs von Sizilien über einen grossen Teil von Italien für das Papsttum haben konnte. Erst wenn Konradin und die Ghibellinen niedergeworfen waren, musste sich zeigen, ob man diese Macht noch zügeln könne oder man, dem Zauberlehrling gleich, ausser stande sein werde, die Geister, die man gerufen, wieder los zu werden.

Anders standen die Dinge im Orient. Auch hier freilich schickte der Anjou sich an, Feinde der Kirche zu bekriegen, und wir sahen, dass der Papst seine Genehmigung

---

[1]) Martène Thes anecd. II p. 30, Gregorovius, l. c. [12] Bd. V⁴ d. 334/335.

[2]) Giudice, Cod. dipl. Angiov. Bd. II. p. 45, 118 (Gregorovius l. c. p. 395). Es ist recht bezeichnend, dass die Übertragung des Pazifikatoramts in Tuskien (Juni 1267) noch unter starker Verklausulierung, diejenige des Reichsvikariats im Frühjahr 1268 ohne eine solche stattfand.

[3]) Die Erlaubnis zur Übernahme der Senatorenwürde l. c. p. 142, Gregorovius, p. 142; die Wahl zum Senator nach der Schlacht bei Tagliacozzo p. 208, Gregorovius, p. 427.

[4]) Vgl. die Charakteristik dieser Zwangslage Klemens' IV. bei Giudice l. c. p. XVII, Sternfeld, p. 72—74.

auch dazu nicht versagen konnte.[1] Aber zur Bezwingung dieser Feinde, der schismatischen Griechen, gab es noch ein anderes Mittel als das Schwert Karls: ihre friedliche Unterwerfung unter die geistliche Herrschaft Roms, die der Kaiser selbst anbot und zwar gerade aus Furcht, sonst von dem Anjou seines Thrones beraubt zu werden.

Indem Klemens auf die von Michael wieder eröffneten Unionsverhandlungen einging, tat er das klügste und kühnste, was ein Papst in seiner Lage nur tun konnte. Bei der Notwendigkeit, in der er sich befand, Karl im Occident zu erhöhen, gedachte er wenigstens im Orient dessen Ehrgeiz zu zügeln und durch die friedliche Unterwerfung der Griechen unter Rom der mit dem Schwerte durch den Anjou zuvorzukommen. Er wagte das trotz seiner Abhängigkeit vom Anjou in den abendländischen Dingen. Und der Gipfel der Feinheit war es, dass er eben jene östlichen Projekte des Anjou als Mittel benutzte, um bei dem Griechen die Union durchzusetzen und damit zugleich Karl den Weg nach Konstantinopel zu verlegen.[2]

IV. Die Unionsverhandlungen unter Klemens IV.

Klemens IV. hat, wie schon erwähnt, gleich die erste Gesandtschaft des Kaisers durch Absendung von päpstlichen Legaten nach Konstantinopel erwidert.

---

[1] S. oben p. 443.

[2] Das Nähere s. im folgenden. Dieselbe Tendenz des Papstes trat schon im Jahre 1266 hervor bei einer anderen Angelegenheit. Er suchte die von Karl projektierte Okkupation der epirotischen Erbschaft Manfreds zu durchkreuzen, indem er dieselbe Heinrich von Kastilien zu verschaffen gedachte und zwar durch Vermählung Heinrichs mit Manfreds Gattin Helena, der Tochter des Despoten von Epirus. Aber diese befand sich in Karls Händen, und während der Anjou scheinbar sich mit der Vermittlung der Ehe befasste, ergriff er plötzlich im Januar 1267 selbst von Korfù Besitz: zur grossen Enttäuschung des Papstes. Diese Angelegenheit ist auf Grund einiger Briefe Klemens' IV. sehr gut auseinandergesetzt von Giudice, La Famiglia di Re Manfredi, p. 95 ff.

Jedoch sie kehrten alsbald ohne sonderliche Ergebnisse wieder zurück.[1] Dafür folgte ihnen aber Anfang des Jahres 1267 eine neue Gesandtschaft des Kaisers.

In dem Briefe, den sie zu überbringen hatte, begehrte der Paläologe, voll Besorgnis vor den Plänen des neuen Königs von Sizilien, vor allem vom Papste, er solle den Krieg zwischen Lateinern und Griechen verhindern: denn beide Völker seien christlich, auch die Rhomäer bekennten sich zu Christus, und wie die Occidentalen, verehrten auch sie in dem Papst ihren geistlichen Vater und den obersten aller Priester. Der Zwist beider Völker komme nur den Ungläubigen zu gute, die der vereinten Christenheit nimmer hätten schaden können.[2] Er erklärte sich zur Vollziehung der Kirchenunion bereit, der, seit Konstantinopel wieder den Rhomäern gehöre, nichts mehr im Wege stehe,[3] und zwar sollte über sie wie über die weltliche Einigung auf einem in eine griechische Stadt zu berufenden Konzile verhandelt werden.[4] Auch der griechische Patriarch hatte sich mit einem Schreiben an den Papst gewandt.[5]

Höchst seltsam und ganz ohne Zusammenhang mit dem Inhalt dieser Briefe war nun das Vorgehen der kaiserlichen Gesandten. Sie legten nämlich dem Papste jene Abmachung vor, über die vor etwa drei Jahren die Legaten Urbans IV. mit dem Kaiser übereingekommen waren,[6] und verlangten

---

[1] In Klemens' Brief vom 4. März 1267 (Wadding IV. p. 272) „. . . nec per nostros apocriscarios . . . novissime ad te missos . . . . nobis misisti aliquid verbo vel scripto'.

[2] Ersichtlich aus Pachymeres ed. Bonn p. 359 und dem Anfang der Antwort Klemens' IV. vom 4. März 1267 (Wadding l. c. p. 269). Vgl. auch das schon oben p. 435[1] erwähnte Konzept zu diesem Briefe, das der Professor Holobolos für den Kaiser verfasste. In vielen Punkten ist der Kaiser dieser Vorlage gefolgt.

[3] Pachym. l. c. „μηδὲ γὰρ εἶναι λοιπὸν ἐμποδὼν τοῦ ταῦτα γένεσθαι ἀποκατασταθείσης τοῖς ἐξορίστοις τῆς πόλεωςʹ.

[4] Aus Klemens' Antwort l. c. p. 274.

[5] Wadding l. c.

[6] Vgl. oben p. 432.

schlechtweg deren Bestätigung durch den Papst, ohne sich auf sonstige Erörterungen einlassen zu wollen. Dabei hatte der Kaiser weder früher etwas über diese Abmachung verlauten lassen, noch tat er ihrer in seinem jüngsten Briefe Erwähnung: ebensowenig, wie er in diesem letzteren die Gesandten zu Verhandlungen bevollmächtigte.[1]

Mussten schon all diese bedenklichen Umstände Klemens ein Eingehen auf die brüske Forderung der Gesandten widerraten, so stiess er sich hauptsächlich auch an den Inhalt des Schriftstücks, der ihm durchaus unannehmbar erschien. Vor allem erschien ihm das Programm, das hier, wie auch in dem Briefe des Kaisers, für ein Unionskonzil in Aussicht genommen war, durchaus verwerflich: danach sollten nämlich offenbar sowohl die weltlichen Streitfragen auf dem Konzil erledigt, als auch die Glaubenslehren einer allgemeinen Diskussion unterworfen werden.[2]

Demgegenüber stellte nun Klemens in seiner Antwort vom 4. März 1267 mit einer Klarheit und Präzision, die ihn als den ehemaligen Juristen zeigten, fest, wie die römische Kirche die Griechenunion vollzogen wissen wollte: keine Diskussion der altbewährten abendländischen Glaubenslehren, sondern einfache Annahme des römischen Dogmas und Beschwörung des päpstlichen Primats durch Kaiser, Klerus und Volk in den Formen, wie sie Klemens hier ausdrücklich vorschreibt. Und zwar sollten die Griechen, was den Glauben betrifft, vor allem den Ausgang des heiligen Geistes vom Vater und vom Sohne sowie die Wirksamkeit des Opfers mit ungesäuertem Brote bekennen; die Primatsformel aber enthielt

---

[1] l. c. p. 270—272. Klemens scheint von dem Schriftstück bisher keine Kenntnis gehabt, sondern es jetzt zum erstenmale gesehen zu haben: „. . . *cuiusdam scripturae series quam in nostra protulerunt praesentia*' (die griechischen Gesandten); „*nobis per ipsos exhibita*'.

[2] l. c. p. 271 (die Artikel enthielten „*nonnulla dispendiosa et damnosa*' für das Unionsgeschäft) und p. 274/5 wegen des Konzils: aus den Negierungen und Konzessionen Klemens' ist zu ersehen, was der Kaiser verlangt habe. Vgl. auch das Briefkonzept l. c. p. 54.

die Anerkennung des vollen päpstlichen Jurisdiktionsprimats,
d. h. der obersten Regierungsgewalt des Papstes über die
Kirche, sowie seiner obersten Lehrautorität.[1]) Beides sollte
beschworen werden vor den Legaten, die er bald nach Konstantinopel senden werde.

Klemens gestattete aber den Griechen wenigstens, dass,
wenn sie Bedenken hätten, auf alles einzugehen, sie sich nach
Rom wenden dürften, um vom Papste Belehrung zu empfangen.[2])

Erst nach einer bedingungslosen Anerkennung des
römischen Glaubens und Primats in der Form, wie Klemens
sie in diesem Briefe vorschreibt, dürfen die Griechen darauf
rechnen, dass der Papst eine politische Einigung und dauerndes
Bündnis zwischen den Lateinern und ihnen zustande bringen
wird. Hierzu wird dann auch ein Konzil stattfinden können:
Klemens verspricht ihnen, wenn sie sich nach ihrer Unterwerfung mit der Bitte darum an ihn wenden, ein solches an
einem ihm selbst genehmen Ort zu berufen.[3])

Aber den springenden Punkt des Schreibens enthält erst
der Schluss. Klemens schneidet hier dem Paläologen die
Möglichkeit weiterer Verhandlungen ab, indem er ihm erklärt,
dass die Verhandlung der Union allein ihn, den Papst,

---

[1]) l. c. p. 272/3. Genauer: Anerkennung des Primats der Päpste als der
Nachfolger Petri; des Rechtes, Glaubensstreitigkeiten zu entscheiden; der
obersten päpstlichen Gerichtsbarkeit (Appellation); endlich des Rechts auf
Gehorsam seitens aller Kleriker. — Die Grundlage für die Formel hat
das oben p. 420[4] erwähnte ‚opusculum' des Thomas von Aquino abgegeben: Reusch l. c. p. 712. Eben dies wurde auch die Formel der Union
von Lyon.

[2]) l. c. p. 274/275.

[3]) p. 274/275. ‚Quod si postquam taliter supra propositum tu
iidemque Clerus et populus veritatem fidei susceperitis et professi fueritis
et ad obedientiam, ut praemisimus, eiusdem veneritis matris vestre,
Concilium per sedem ipsam ad locum, qui ad hoc eidem sedi videatur
idoneus, convocari petieritis ad caritatis vinculum inter Latinos et
Graecos foedere perpetuo roborandum, Legatos super hoc ad nos poteris
destinare, quibus, faciente Dom., responsum dabitur, quo tuum desiderium
satiari poterit et debebit'.

nicht abhalten werde, denjenigen Gerechtigkeit angedeihen
zu lassen, die vom Kaiser in ihrem Rechte gekränkt zu sein
sich beklagten, und das grosse Werk der Beibringung der
Griechen auch auf anderen Wegen, die Gott ihm für das
Seelenheil der Menschheit eingebe, d. h. durch die Gewalt
der Waffen zu betreiben: nur durch die schleunige Vollziehung der Union gemäss den päpstlichen Vorschriften
könne er das Verderben von sich abwenden.[1]

Wir erinnern uns, wie einst Innocenz III. einem griechischen Kaiser in ähnlicher Weise mit der Vollziehung der
Justiz gedroht hatte, falls er sich nicht Rom unterwerfe.
Aber damals war weder die kirchliche Forderung in so
strenger und unabweisbarer Form gestellt worden, noch hatte
die Drohung Innocenz' III. mit einem Eintreten für die dynastischen Rechte des Staufers Philipp von Schwaben auf Byzanz
irgendwelche Wirkung auf Alexios III. hervorgebracht: sie
hatte den Stempel der Unglaubwürdigkeit an der Stirn getragen.[2]

Ganz anders jetzt. Klemens' Proposition enthielt ein
entschiedenes Entweder — Oder. Und während Innocenz' III.
Drohung der Zugkraft entbehrt hatte, weil derjenige, den er
erhöhen zu wollen vorgab, sein eigener Feind war, erschien
Klemens IV. zur Unterstützung der Ansprüche seines Freundes
Karl von Anjou auf Byzanz, für den Fall, dass der Paläologe
nicht nachgab, nur zu fest entschlossen. Die Okkupation von
Korfù durch Karl im Januar 1267, die Reise des Fürsten von
Achaja zu Karl und von da zu Klemens im Februar bildeten
die lebensvollen Illustrationen zu dem Brief des Papstes vom

---

[1] l. c. „ . . . *Et ut animarum et corporum discrimina, quae
ingerit inveterata dissensio, praecidantur, praemissa, quae paterna monitione requirimus, implere festinet. Scitura, quod occasione tractatus
huiusmodi nec iis qui a tua Magnificentia se gravatos esse
queruntur, sicut nec debemus, in sua iustitia deesse proponimus nec a prosecutione tanti negotii per alias vias, quas ad
animarum salutem Dominus ministraverit desistemus'.*

[2] S. oben p. 137 ff.

4. März desselben Jahres, den des Kaisers Boten heim-
brachten.

Wie gross aber immerhin auch nach der entgegengesetzten Richtung die Autorität des Papstes war, konnte dem
Paläologen die Tatsache beweisen, dass der Anjou auf Verlangen Klemens' IV. hin sich dazu verstand, die heimkehrenden
griechischen Boten durch sein Königreich geleiten zu lassen
und für ihre sichere Überfahrt nach Romanien Sorge zu
tragen.[1]) So sehr ihm auch diese Verhandlungen zuwider
waren: zu hindern wagte er sie doch nicht, weder damals
noch in späteren Jahren.[2])

Der Paläologe sah seinen Thron wanken. Er sah ein,
dass sofort etwas geschehen müsse, auch ehe die verheissene
päpstliche Gesandtschaft nach Konstantinopel gelange. Besonders besorgt machte ihn der Umstand, dass der Papst
den Vorsteher der griechischen Gesandtschaft bei sich zurück-
behalten hatte, worin er einen Akt der Feindseligkeit sah: in
Wirklichkeit sollte derselbe nach Klemens' Absicht in Begleitung der päpstlichen Legaten heimkehren.[3])
Jedoch der Kaiser dachte nun nicht, im Vertrauen auf den
Schutz Klemens' IV. die Union zu vollziehen. Denn einmal
wäre eine so schlichte Unterwerfung der Griechen unter Rom,
wie sie Klemens verlangte, bei dem Widerwillen vor allem
des griechische Klerus gegen eine solche überhaupt undurch-
führbar gewesen.[4])
Sodann aber schien bei Klemens IV. dem Wollen das
Können nicht zu entsprechen: dessen Position dem Anjou
gegenüber schien zu wenig Garantie für einen nachhaltigen
päpstlichen Schutz oder für die Unparteilichkeit eines päpst-

---

[1]) Giudice, cod. dipl. I p. 299—302, Urkunde vom 21. März 1267.
[2]) S. unten II. Abschn. dieses Buches, Kap. 2 № V.
[3]) Brief Klemens' an Michael vom 17. Mai 1267 bei Rayn. 1267.
§ 66, Martène, thes. anecd. II p. 469.
[4]) Nach Klemens' Brief l. c.

lichen Schiedsgerichts zu bieten,[1] als dass der Kaiser
daraufhin einen so folgenschweren Schritt, wie die Vollziehung
der Union in irgend einer Form, hätte wagen sollen.

Da er also dieses entscheidende Mittel, die Gunst der
Kurie zu gewinnen, bei deren damaliger Lage anzuwenden
Bedenken trug, wählte er ein anderes, das ihn weniger verpflichtete, ohne doch der Wirksamkeit zu entbehren. Er erklärte sich bereit, an der grossen Kreuzfahrt, die Klemens IV.
damals vorbereitete, teilzunehmen: dafür verlangte er aber
von diesem die Garantie seines Landes vor einem abendländischen Angriff, denn so lange er einen solchen fürchten
müsse, dürfte er nicht wagen, sein Reich unter Wegführung
seines Heeres schutzlos zurückzulassen.[2] Ein Bote überbrachte dem Papste noch im Frühjahr diesen neuen Brief.

Das Anerbieten des Kaisers verfehlte auf Klemens so
wenig wie auf frühere Päpste seine Wirkung. Michael hatte
besonders eine Unterstützung der seinem Reiche zunächst gelegenen Armenier versprochen, und der Papst stellte sich nun
vor, wie aussichtsreich es sein würde, wenn der Kaiser von
der einen, die Occidentalen von der andern Seite her den
ägyptischen Sultan angriffen: dessen Vernichtung schien dann
gewiss.[3]

Aber dem Papsttum war mit einer blossen Verfügung
über die staatlichen Potenzen des byzantinischen Reiches nicht
gedient, und Klemens IV. war weit davon entfernt, dem Kaiser
lediglich in dessen Eigenschaft als Kreuzfahrer seinen Schutz
angedeihen zu lassen.[4] Nur bei einer zugleich kirchlichen

---

[1] Was letzteres betrifft, so gab Klemens, wie wir oben p. 451 sahen,
nur die allgemeine Versicherung, es solle im Fall der Union auf dem
Konzil wegen des Friedens verhandelt werden. Nichts von den Versprechungen und verheissungsvollen Andeutungen Urbans IV. s. o. p. 421.

[2] In Klemens' Brief, zit. vor. Seite, Anm. 3.

[3] l. c. ,Si, ipsis (die Abendländer) ex uno latere impugnantibus
Agarenos, tu ex altero certare volueris contra ipsos e propinquo, iam
poterunt inimici crucis et fidei sectae suae pestiferae praestolari ruinam'.

[4] Ich erinnere an das Verhalten Innocenz III. zu dem ähnlichen
Anerbieten Theodors I. Laskaris von Nikäa, s. unten p. 224/5.

Unterwerfung des Kaisers und der Griechen unter Rom gedachte Klemens, das Protektorat des byzantinischen Reichs zu
übernehmen.

Dass die widerstrebende Haltung des griechischen Klerus
die Union verhindere, wie Michael schrieb, wollte der Papst
nicht glauben, da ja bekanntlich der Kaiser eine nur zu grosse
Gewalt über jene ausübe. „Bei Dir steht es also, rief Klemens
dem Paläologen zu, durch Rückkehr zur Kirche die Furcht
vor einem lateinischen Einfall in Dein Reich mit der Wurzel
abzuschneiden.[1]

Das schrieb er am 17. Mai 1267 von Viterbo aus. Zehn
Tage später erteilte er dort zu eben jenem lateinischen Ein-
fall, den Karl von Anjou und Balduin verabredeten, seine
Genehmigung.[2]

Es handelt sich nicht etwa um eine plötzliche Sinnes-
änderung, denn wir finden Klemens nach wie vor um die
Union bemüht. Er betrieb jetzt die Absendung der dem
Kaiser in Aussicht gestellten Legaten, die er aus dem Domini-
kanerorden zu entnehmen beschloss. Er wandte sich am
9. Juni an den Meister des Ordens mit der Bitte, ihm drei
Brüder zu schicken, die den Griechen das neulich übermittelte
römische Glaubensbekenntnis erläutern sollten.[3]

Der Widerspruch, den man bisher in diesen Handlungen
des Papstes fand,[4] hat sich uns gelöst. Die Förderung des
lateinischen Angriffs, die Bedrohung des griechischen Kaisers
mit einem solchen und die diesem gewährte Zusicherung, den
Angriff im Falle der Union zu hindern — es sind lauter Akte
einer einheitlichen, wohldurchdachten Politik, derselben, die

[1] l. c. ‚Quod si dicis te timere Latinorum incursum, si terram
quam possides, ducto tecum exercitu nudam relinqueres, et quasi pene
penitus immunitam: non est longe quaerenda responsio, nam in te est
timorem huiusmodi a radice praecidere, si ad Romanae Ecclesiae rediens
unitatem . . . obedire volueris'.

[2] S. oben p. 443.

[3] 9. Juni 1267, Ripolli, Bull. Praed. I. p. 485.

[4] Sternfeld, p. 56.

schon Urban IV. befolgt hatte, indem er auf der einen Seite
die Byzantiner bekämpfte, auf der anderen ihnen die Hand
zum Bunde reichte, wie sie Gregor X. dann glücklich zum
Ziele führen sollte. Nur war es weder vorher noch nachher
dem Papsttum so schwer gemacht, diese Richtlinie wahrhaft
typischer Papstpolitik einzuhalten.

Denn unter Urban gab es noch keine katholische Monarchie
in Unteritalien, unter Gregor X. war ihr Bestand gesichert:
der eine brauchte bei seiner byzantinischen Politik noch
nicht, der andere nicht mehr ängstliche Rücksicht auf sie zu
nehmen. Klemens IV. aber erlebte die Geburtswehen der
neuen Zustände Italiens, zu seiner Zeit stand und fiel das
Papsttum mit der Königsherrschaft des Anjou. Eine so
souveräne Behandlung der byzantinischen Frage war daher
für ihn gar nicht möglich: Karls Wille fiel hier entscheidend
in die Wagschale. Aber soweit es noch möglich war, selbst
bei der Willfährigkeit diesem gegenüber eine unabhängige
byzantinische Politik fortzuführen, hat Klemens es getan,
indem er zwar dem grossen Aggressivplan Karls seine Zustimmung nicht versagte, aber zugleich eifrig daran arbeitete,
noch vor einem solchen Angriff und gerade durch die Drohung
mit ihm die Union herbeizuführen, um sich, wenn das gelang,
mit seiner ganzen Autorität der angiovinischen Expansionspolitik zu widersetzen und die Bildung eines übermächtigen
italisch-byzantinischen Reiches zu verhindern.[1]

Auch vom Standpunkt seines apostolischen Hirtenamtes
aus fühlte er sich zu einem solchen letzten Versuch friedlicher Beibringung der Griechen verpflichtet. Er schreibt an
den Dominikanermeister (in dem Briefe vom 9. Juni): „entweder werden die Griechen durch den Eifer meiner Gesandten
den Weg der Wahrheit erkennen und, indem sie sich zu ihr
bekennen, zur Einheit der Kirche zurückkehren, oder aber

---

[1] Pachymeres, p. 360, sagt von Klemens einfach: er willfahrte der
Bitte des Kaisers und Karl wurde zurückgehalten. (Der Kaiser) „εὖοδα
τὰ τῆς πρὸς τὸν πάπαν ἐκετείας καθίστα καὶ ὁ Κάρουλος ἐκωλύετο‘.

ihr Lug und Trug wird offen aufgedeckt. Dann habe ich meine Pflicht getan und wasche meine Hände in Unschuld, und ihr Blut wird weder jetzt noch in Zukunft über mich kommen."[1] Eine Entscheidung schien unmittelbar bevorzustehen.

Jedoch sie wurde noch einmal vertagt: die ghibellinische Empörung in Italien und die konradinische Invasion nahmen bald Papst und Anjou völlig in Anspruch, und der Paläologe atmete erleichtert auf. Er durfte einen Augenblick hoffen, dass sich die eben noch geeinten Kräfte des Occidents aufs neue dauernd zersplittern würden.

Drittes Kapitel.

Die byzantinische Politik des Occidents zur Zeit der Sedisvakanz des römischen Stuhles (1268—1271).

I. Die Angriffspläne Karls von Sizilien und die Haltung Venedigs.

Nur zu bald verfinsterte sich der Horizont im Westen abermals, da der Anjou wiederum als Sieger aus dem Kampfe hervorging. Und weit verhängnisvoller war es für den Paläologen, dass kurze Zeit darauf der Papst starb (28. Nov. 1268). Denn niemals mehr als jetzt, wo der Anjou nach dem Fall des letzten Staufers fest im Sattel sass und seine Orientpläne wieder aufzunehmen sich anschickte, musste der Grieche die schützende Hand des Papstes vermissen. Und Klemens hätte eben jetzt, nach Bezwingung der Kirchenfeinde in Italien

---

[1] l. c. Er will die Brüder senden ‚ut per eorum industriam Graeci, dudum per viam aberrantes, viam modo veritatis agnoscant et, profitentes agnitam, ad sedis apostolicae redeant unitatem, vel, eorum detectis fraudibus et mendaciis, manus nostras servemus innoxias, ne a nobis nunc vel in posterum eorundem sanguis a Domino requiratur'.

nicht mehr von dem Anjou abhängig, diesem freier entgegentreten und seine Unionspolitik ihm gegenüber durchsetzen können.

Um so mehr kam aber König Karl von Sizilien dieser Todesfall gelegen, und sein Hauptstreben war nunmehr darauf gerichtet, eine schnelle Wiederbesetzung des päpstlichen Stuhles zu verhindern: denn gleichgültig ob ein Freund oder Feind ihn bestieg, von dem neuen Papst hatte er immerhin eine Beschränkung seiner Bewegungsfreiheit nach der einen oder anderen Richtung hin zu gewärtigen.[1]) Der Anjou schlug die Kurie mit ihren eigenen Waffen: wie diese das Interregnum beim römischen Kaisertum, so förderte er das Interregnum, welches die Sedisvakanz der römischen Kirche darstellte. Wahrlich, dieses dreijährige Interregnum in Rom bedeutete der Welt noch ganz etwas Anderes als das in Deutschland, von dem man gemeinhin nur spricht. Denn nicht mehr der Kaiser, sondern der Papst regierte damals die Christenheit. Sie war jetzt ohne Haupt.

So begann denn Karl, von keinem Papst gehindert, seinen Angriffskrieg gegen das griechische Reich vorzubereiten. Das Jahr 1269 war vornehmlich diplomatischen Verhandlungen gewidmet. Karl trat mit dem Ungarnkönig Stephan wegen eines Bündnisses in Verhandlung: bereits Ende 1269 war es dem Abschluss nahe, es sollte durch eine Familienverbindung der beiden Königshäuser gekräftigt werden.[2]) Die Anknüpfung dieser Beziehungen mit Ungarn war um so wichtiger, als auch die Dynastieen von Serbien und Bulgarien natürliche Verbündete des Anjou gegen den Paläologen waren: dort sass eine Tochter des lateinischen Kaisers Balduin, hier eine Schwester des von Michael entthronten Johannes Laskaris auf dem Throne. Auch diesen Exkaiser selbst, der damals aus dem Kerker, in dem ihn der Paläologe gefangen gehalten hatte, entronnen war, suchte Karl an seinen Hof zu

---

[1]) Sternfeld, p. 123—125.
[2]) Riccio l. c. p. 71 (14. September 1269), Sternfeld, p. 156 ff.

ziehen, um ihn gegen den Paläologen ausspielen zu können. [1]
Auch mit einem erwählten deutschen Kaiser trat er Ende
1269 in Verbindung: mit Alphons von Kastilien nämlich, der
sich verpflichtete, ein beträchtliches Kontingent zur Unterstützung Kaiser Balduins und dessen Sohnes Philipp zu
stellen. [2]

Vor allem aber machte er im Herbste 1269 den Versuch,
die Republik Venedig zu gewinnen.

Wir haben die Republik verlassen im Jahre 1265, wo
sie sich zur Ablehnung eines endgültigen Friedens mit dem
Kaiser nicht entschloss, doch weiter mit ihm verhandelte. [3]

Es ist nun wahrscheinlich, dass die vorübergehende
Konsolidierung der abendländischen Verhältnisse, die nach dem
Siege Karls von Anjou über Manfred (Febr. 1266) eintrat,
eine ebenso vorübergehende Schwenkung der venetianischen
Politik zu Gunsten einer bewaffneten Rekuperation ihrer
Rechte in Byzanz zur Folge gehabt hat. Es scheint, dass
sie im Frühjahr 1267 im Zusammenhang mit den griechischen
Projekten Karls und Balduins an eine Ablenkung der Kreuzfahrt, die Ludwig der Heilige vorbereitete und derentwegen
er sich eben damals an Venedig gewandt hatte, nach Byzanz
gedacht hat, an eine Wiederholung álso des Vierten Kreuzzugs. [4] Aber das Auftreten Konradins, die Erneuerung der
italienischen Wirren bewirkten, dass Venedig bereits gegen
Ende 1267 die Restaurationspolitik wieder aufgab und viel-

---

[1] Riccio, p. 87 (19. Dezember 1269), Sternfeld. p. 187/88.

[2] Riccio, p. 81 (16. November 1269), Sternfeld, p. 187.

[3] S. oben p. 440.

[4] Dies möchte ich als den Kern der Ausführungen Caros in der
Deutschen Vierteljahrsschrift 1. Jahrgang 1898 p. 238 ff. (vgl. Sternfeld,
p. 91/2), auf die ich im übrigen verweise, herausheben. Die Quellen sind
der Vertragsvorschlag, den Venedig Ludwig dem Heiligen wegen der Überfahrt des Kreuzheeres macht (ed. Belgrano, Doc. ined. rig. le due crociate
di S. Lud. IX. p. 378 ff.) und der Bericht Canales in seiner Chronik (l. c.
p. 536 ff.).

mehr in seinen Bemühungen, mit den Griechen ein Abkommen
zu treffen, fortfuhr.[1]

Da die Republik nun weder Krieg noch geradezu Bündnis
mit ihnen wollte, so fand sie als Mittelweg zur Regelung der
venetianisch-byzantinischen Beziehungen den Abschluss von
Waffenstillständen mit beschränkter Zeitdauer. Am 4. April
1268[2] wurde der erste dieser Art und zwar auf fünf Jahre
eingegangen, und, als bald darauf der alte Doge starb, von
dessen Nachfolger Lorenzo Tiepolo am 30. Juli bekräftigt.[3]

Was der venetianischen Regierung an dem Friedensver-
trag von 1265 vor allem missfallen hatte: die Überlassung
des gesamten Archipels, soweit er nicht venetianisch war,
sowie der Insel Euböa an den Kaiser, kam bei dem Vertrage
von 1268 in Wegfall.[4] Venedig garantierte dem Kaiser
lediglich den status quo seines Reichs,[5] behielt sich dagegen
eine Unterstützung der Inselherren, insbesondere der Dreiherren
von Euböa, falls der Kaiser sie angreifen sollte, vor.[6]

Entsprechend den venetianischen wurden auch die kaiserlichen Verpflichtungen herabgesetzt: der Paläologe brauchte
jetzt nicht die Genuesen aus seinem Reiche zu verjagen, er
brauchte ferner den Venetianern kein Terrain in dessen Haupt-
handelsplätzen für ihre Kolonieen einzuräumen.[7] Im übrigen
versprach er hier wie dort, die venetianischen Besitzungen in

---

[1] Am 1. November 1267 werden neue Gesandte zur Verhandlung
mit dem Paläologen bevollmächtigt. Taf. und Thomas, l. c. Bd. XIV. p. 89.
Dandolo, Mur. XII. p. 373 sagt: *Tunc dux videns, quod Balduinus a
Principibus Occidentis nihil favoris poterat obtinere, petitae treugae
consensum praebuit*.

[2] l. c. p. 94.

[3] l. c. p. 92 ff. und p. 101/2.

[4] S. die Bestimmungen im Vertrage von 1265 l. c. p. 81: im
Vertrag von 1268 fehlen sie.

[5] Es ist stets ausdrücklich von den *,terrae et insulae Imperio
subiugatae'* die Rede p. 94 ff.

[6] Von Negroponte heisst es: *,de insula Negropontis (imperator)
observabit pactum, quod tenemur principi Achaye'*, p. 96.

[7] l. c. p. 96 (vgl. im Vertrage von 1265 p. 81,2), vgl. Caro, p. 197.

Romanien nicht zu bekämpfen, und er sicherte der Republik 1268 mit denselben Ausdrücken die Handelsfreiheit in seinem Reiche zu wie 1265.[1])

Scheinbar hatte man sich auf einer ganz annehmbaren mittleren Linie geeinigt: in Wirklichkeit war diese Politik der Halbheit den Interessen der Republik äusserst schädlich. Da die Wiedergewinnung des gesamten byzantinischen Reichs in den Grenzen, die es vor 1204 hatte, das unverrückbare Ziel des Paläologen blieb, musste er jede Macht, die sich dem widersetzte, als Feindin betrachten, und mochte er auch mit der Republik Venedig, obwohl sie sich als zu diesen Mächten gehörig bekannte, einen Vertrag eingehen: die Privilegien, die er ihr erteilte, standen nur auf dem Papier. Keine Rede von Handelsfreiheit und persönlicher Sicherheit für die Venetianer im griechischen Romanien: Verletzungen der ersteren waren, besonders in Konstantinopel selbst, an der Tagesordnung. Aber auch seiner Habe und seines Lebens war kein venetianischer Bürger, der auf griechischem Territorium weilte, sicher.[2])

Wie sehr Theorie und Praxis auseinandergingen, zeigt der Fall eines vornehmen Venetianers, der im byzantinischen Morea gefangen genommen worden war und, vor den Gouverneur geführt, sein Recht auf Freilassung durch die Berufung auf seine Eigenschaft als Bürger Venedigs, d. h. eines Byzanz befreundeten Staates, zu erwirken dachte. Statt dessen schlug man ihn tot, gerade weil er Venetianer war. Und das geschah unter den Augen des kaiserlichen Statthalters.[3])

Handelte es sich hier stets um einzelne Fälle und um Geschehnisse innerhalb der griechischen Zone, so war ein

---

[1]) l. c. p. 97 ff. (vgl. in Verträge von 1265 p. 83 ff.), Caro l. c.

[2]) Eine ausgezeichnete Quelle für diese Verhältnisse ist der Bericht einer venetianischen Kommission vom März 1278 über die Schädigungen, die Venetianer von seiten der Griechen bis zu diesem Zeitpunkt während des Waffenstillstandes zwischen Venedig und Byzanz erlitten haben. Taf. und Thomas p. 159—281 (kurzes Resumée bei Hopf, p. 310).

[3]) p. 170/1. Der Venetianer war der Archidiacon Thomas von Modon.

viel weiter um sich greifendes Übel die Korsarenplage. Der
furchtbare Vortrab der byzantinischen Restaurationspolitik,
machten diese Freibeuter, die sich Lehnsleute des griechischen
Kaisers nannten, die Küsten des gesamten lateinischen
Romaniens unsicher und sie warfen sich mit Vorliebe auf die
reichbeladenen venetianischen Kauffahrteischiffe. Ungeheuer
war der materielle Schaden, den sie dem venetianischen Handel
zufügten.

Diese Unzuträglichkeiten traten schon gleich nach dem
Abschluss des Waffenstillstandes hervor.[1] Und da stellte
sich nun im Herbste 1269 eine Gesandtschaft des mächtigen
Königs von Sizilien in Venedig ein, welche die Republik zum
Bruch des im Jahre zuvor mit dem Paläologen eingegangenen
Waffenstillstandes und zur Teilnahme an einem Angriffskrieg
gegen den Paläologen überreden sollte; er wies die Venetianer
auf die Solidarität der Interessen aller Lateiner hin, die bei
diesem Kampfe mit vereinten Kräften für die Wiedergewinnung
ihrer verlorenen Rechte eintreten müssten.[2]

Man hätte meinen sollen, der Doge, noch dazu ein
persönlicher Freund des Anjou, hätte mit Freuden in die dar-
gebotene Rechte eingeschlagen und die verjüngte Sache der
Lateiner zu der seinigen gemacht. Hier bot sich ein Ausweg

---

[1] Z. B. l. c. p. 170: Beraubung venetianischer Kaufleute im saronischen
Meerbusen durch einen gew. Niketas von Rhodus ,hominem dom. Im-
peratoris‘, im Jahre 1268. — Bei dem Kriege gegen die Dreiherren von
Euböa nahm der Kaiser 1269/70 500 Venetianer, die auf den euböotischen
Galeeren gekämpft hatten, gefangen. Dandolo, Mur. XII. p. 379, 382.

[2] Giudice l. c. I p. 300,301 (7. September 1269): Karl macht allen
bekannt ,quod nos ad honorem Dei et sancte Romanae ecclesie et totius
fidei Christiane intendimus dare concilium et auxilium ipsi Romane
Ecclesie ac ... Balduino ... et duci Venetiarum ... et omnibus aliis
Christianis ad recuperandum omnia iura que habent et habere debent
in dicto Imperio, ita quod Rom. Ecclesia et fides catholica presint ibi‘.
Er und Venedig sollen sich verpflichten ,vivam guerram‘ zu führen
gegen den Schismatiker zur Wiedergewinnung ihrer Rechte. Ähnlich
p. 301 (15. September). Rückkehr von Karls Gesandten im Dezember:
Riccio l. c. p. 86. Vgl. Sternfeld, p. 162, 186.

aus der peinlichen Situation, die der faule Friede mit den Griechen für die Venetianer geschaffen hatte. Aber die Republik lehnte ein Bündnis mit dem Anjou ab, wie sie ein solches mit dem griechischen Kaiser verschmäht hatte.

Wiederum tritt hier eine merkwürdige Analogie der päpstlichen und venetianischen Politik zutage. Derselbe Grund, der Klemens IV. von einer rückhaltlosen Förderung der angiovinischen Politik abgehalten hatte, war jetzt auch für die Republik bei ihrer ablehnenden Haltung Karls Vorschlägen gegenüber massgebend: die Sorge vor völliger Umklammerung durch die Macht des sizilischen Königs.

Einst, in den Tagen des Vierten Kreuzzugs hatte sich der Doge Dandolo der Wahl Bonifaz' von Montferrat zum Kaiser von Konstantinopel widersetzt, weil dessen lombardisches Fürstentum in zu bedrohlicher Nähe Venedigs liege:[1] was wunder, dass man sich jetzt besann, den Anjou zum Kaiser oder Protektor von Byzanz zu erhöhen, der seine Macht über ganz Italien auszudehnen bemüht war, an der illyrischen Küste sich festsetzte und eben damals auch Ungarn seinem Einfluss zu erschliessen suchte! Dem Paläologen hatte Venedig nicht die Herrschaft über das gesamte byzantinische Reich zugestehen wollen, weil es für seine Kolonieen in Romanien fürchtete: eine Unterwerfung dieses Reichs durch den sizilischen König hätte die Selbständigkeit auch der Mutterstadt bedroht.

So sehr übrigens in den Maximen die venetianische und päpstliche Politik sich gleichen: bei der Umsetzung der Grundsätze in die Praxis zeichnet sich die kuriale Staatskunst vor derjenigen der Handelsrepublik durch ein grösseres Zielbewusstsein aus. Statt des ‚weder — noch‛ Venedigs war ein scharfes ‚entweder — oder‛ die Losung des Papsttums. Venedig wollte sich weder ganz auf die lateinische, noch ganz auf die griechische Seite stellen: obgleich es nur auf einem von beiden Wegen die Handelsvormacht im gesamten byzan-

---

[1] S. Hopf, p. 199.

tinischen Reiche hätte werden können; das Papsttum dagegen
war entschlossen, entweder durch eine Verständigung mit den
Griechen oder durch die Waffe der Lateiner Byzanz zu katholisieren; wir werden sehen, dass es sein Ziel erreichte. —

Obwohl also Venedig sich abseits hielt, konnte Karl
besonders durch seine balkanischen Beziehungen seine Unternehmung gegen Byzanz als genügend fundiert ansehen. Im
Frühjahr 1270 gedachte er, mit den militärischen Operationen
zu beginnen: und zwar war es bei ihnen auf das engste
Zusammenwirken mit dem Fürsten von Achaja abgesehen.
Wilhelm sandte wiederholt seine Beamten nach Neapel
zu Beratungen mit Karl und begab sich dann auch persönlich dorthin.[1] Am 31. März kreierte Karl den Hugo
de Conches zum Kapitän einer Flotte, die zunächst nach
Slavonien und dann „zur Ehre Gottes und zur Unterstützung
unseres lieben Verwandten Wilhelms von Achaja zu glücklichen Taten" nach Romanien segeln soll.[2] Am 11. Mai
fixierte er dann die Grösse der Flotte auf 25 Schiffe[3] und
betrieb in diesem und im folgenden Monat eifrigst ihre Abfahrt.[4] Ebendamals kam auch der Vertrag zwischen Karl
und Wilhelm von Achaja über die Ehe ihrer beiden Kinder
(Karls Sohn Philipp und Wilhelms Tochter Isabella) endgültig
zustande: nach ihm wurde beim Tode des Fürsten Achaja
eine angiovinische Provinz.[5]

Aber dann erfährt die bis dahin stetige byzantinische
Politik Karls eine Unterbrechung. Weder fand die Absendung
jener Flotte damals statt,[6] noch hören wir im Jahre 1270
von weiteren Unternehmungen Karls in dieser Richtung.

---

[1] Hopf, p. 291.

[2] Riccio, p. 188, vgl. Hopf l. c., Sternfeld, p. 202.

[3] Riccio, p. 117/118.

[4] Riccio, p. 120, 125.

[5] Riccio, Genealogia di Carlo 1. di Angiò, Neapel 1857, p. 206/207.
Hopf 291.

[6] Sternfeld, p. 297⁴ meint, sie sei schon im August 1270 abgefahren:
in Wirklichkeit war sie es noch nicht am 16. September, wo Karl der

II. Die Unionsverhandlungen Kaiser Michaels und Ludwigs des Heiligen.

Was war geschehen? Hatte etwa der Grieche durch neue Unionsverhandlungen sein Reich zu schützen gewusst?

In der Tat haben in den Jahren 1269 und 1270 solche stattgefunden. Es könnte das wundernehmen, da es ja doch damals keinen Papst gab. Aber es trat der merkwürdige Fall ein, dass das Papsttum in einem weltlichen Fürsten eine Art von Vertreter fand. Es war Ludwig der Heilige, der, geweiht durch das Kreuz, das er auf seiner Brust trug, die grossen Aufgaben des Papsttums: Frieden zu stiften unter den Völkern der Christenheit und sie hinauszuführen zur Bekämpfung der Ungläubigen, zu erfüllen trachtete. An ihn klammerte sich denn auch der Paläologe an, und ganz wie vorher den Päpsten, versicherte er jetzt dem König seine Bereitwilligkeit, die Kirchenunion herbeizuführen, in der Hoffnung, dass Ludwig daraufhin den Angriffskrieg seines Bruders auf dem sizilischen Throne gegen Byzanz verhindern werde. Schon am Anfang des Jahres 1269 langte eine griechische Gesandtschaft in Frankreich an.[1]

Und Ludwig nun war den byzantinischen Eroberungsplänen Karls durchaus abhold. Denn dass ein Zug gegen das griechische Reich dem heiligen Lande Rettung bringen werde — wie noch in der Vertragsurkunde von Viterbo aufs neue behauptet worden war — daran glaubte die Welt seit

---

25 *,vassellorum ad partes achaye profecturorum'* Erwähnung tut (Giudice: ,Dipl. ined. di Re Carlo I. di Angiò riguardanti cose maritime', Neapel 1871, p. 9 ff.); und aller Wahrscheinlichkeit nach sind sie 1270 überhaupt nicht mehr abgegangen, denn am 22. August 1271 legt Karl dem Protontin von Barletta und Monopoli den langen Aufenthalt der auf diesen Schiffen zu befördernden Truppen in Brindisi wegen der mangelhaften Ausrüstung der Schiffe zur Last. Das hätte dem königlichen Schatz grosse Unkosten verursacht ,*et etiam amisimus utilitatem dicti passagii in retinendo terram Principis Achaye vassalli nostri . . .'* (Riccio, Jl Regno di Carlo I. di Angiò negli anni 1271 e 2, Neapel 1875, p. 33/34).

[1] Ann. Jan. MG. SS. XVIII p. 264, Sternfeld 164.

dem Scheitern des Vierten Kreuzzuges nicht mehr. Hatte Ludwig schon zwei Jahrzehnte zuvor über seinem Kreuzzug nach Ägypten das lateinische Kaiserreich, als es noch bestand, vernachlässigt:[1]) wie hätte er nicht jetzt Karls Plan, dieses Reich wiederherzustellen, verwerfen sollen, da auf solche Weise die wichtigen Kräfte des sizilischen Reiches dem heiligen Lande entzogen worden wären.

So erwiderte er denn noch im selben Jahre die Gesandtschaft des Paläologen, und zwar nahm sie ihren Weg über Neapel, um den Versuch zu machen, die beiden Gegner auszusöhnen.[2]) Und bereits am Anfang des Jahres 1270 schickte der Grieche, den trotz der wohlwollenden Haltung Ludwigs der Gedanke ängstigte, letzterer könne sich von Karl zur Ablenkung seiner eigenen Kreuzfahrt gegen Konstantinopel verleiten lassen, eine neue Gesandtschaft nach Frankreich. Er erklärte sich bereit, sich in der Unionsfrage Ludwigs Schiedsgericht zu unterwerfen. Was dieser nur immer festsetzen werde, wolle er unverbrüchlich beobachten.[3])

Ludwig war hocherfreut über dies Entgegenkommen des Paläologen. Doch scheute er sich, als Laie die rein kirchliche Angelegenheit zu betreiben. Er wandte sich daher an die Kardinäle mit der Bitte, ihrerseits die Unionssache in die Hand zu nehmen und mit der Mission an den griechischen Kaiser den in Frankreich weilenden Kardinallegaten von Albano zu betrauen.[4])

Die Kardinäle willfahrten in der Tat diesem Wunsche des Königs und sandten am 15. Mai 1270 dem Legaten eine Instruktion über das, was er von den Griechen verlangen

---

[1]) S. oben p. 338/9.

[2]) Sternfeld, p. 183 nach Riccio, Alcuni fatti p. 86: Karl lässt am 17. Dezember 1269 ein Schiff rüsten für Gesandte Ludwigs, die nach Romania gehen *pro quibusdam serviliis*'.

[3]) Rayn. 1270 § 3: vgl. folgende Anmerkung.

[4]) Ersichtlich aus dem Briefe des Kardinalkollegs an den Legaten vom 15. Mai 1270 bei Rayn. 1270 § 3—5 (§ 3). Ergänzung dazu Sternfeld, Urk. XXII p. 334—337.)

solle. Es war im wesentlichen dasselbe, was schon Klemens IV.
in seinem Briefe vom März 1267 an Michael gefordert hatte:
Ablegung des römischen Glaubensbekenntnisses und Anerkennung des päpstlichen Primats durch Kaiser, Klerus und
Volk, nur fügten die Kardinäle noch eine Reihe von Bestimmungen hinzu, die die Bekehrung, insbesondere der griechischen Prälaten verbürgen und für die Zukunft sicherstellen
sollten.[1] Es stimmt das überein mit der Tatsache, dass sie
König Ludwig in einem Schreiben vom 15. Mai aufs nachdrücklichste vor der Heuchelei der Griechen warnten, welche
die bisherigen Bemühungen der Päpste unfruchtbar gemacht
hätte. Er solle daher mit dem Legaten ein umsichtiges Vorgehen verabreden und durch Forderung vieler Sicherheiten
von den Griechen einem Rückfall derselben in der Zukunft
vorbeugen.[2] Wahrscheinlich ist es die Partei Karls von Anjou
im Kardinalskolleg gewesen, die, wenn sie auch als Minorität[3]
die Verhandlungen nicht zu verhindern vermochte, doch ihren
Widerwillen gegen sie durch ein solches Misstrauensvotum
gegen die Griechen zum Ausdruck brachte. Diesen Bescheid
der Kardinäle sollte nach Ludwigs Absicht der Kardinallegat
von Albano nach Konstantinopel überbringen.

So reiht sich der heilige Ludwig den Päpsten ein, die
in den zwei Jahrzehnten von 1261—81 die Union betrieben
haben. Man möchte sie sich bildlich zusammen denken, diesen
Kreuzfahrerkönig in ihrer Mitte: so wie er in der Geschichte
die Lücke, die die Sedisvakanz gerade mitten in der Reihe dieser
Päpste riss, ausfüllte und ihrer Politik die Kontinuität wahrte.

III. Die Bedeutung der Kreuzfahrt Ludwigs des Heiligen nach Tunis für Byzanz.

Aber lediglich in seiner Eigenschaft als Protektor der
die Union verheissenden Griechen wäre es Ludwig nie und

---

[1] l. c. § 5.

[2] Brief der Kardinäle an Ludwig vom 15. Mai 1270. Rayn. 1270 § 2.

[3] Über die Zusammensetzung des Kardinalkollegs während der
Sedisvakanz s. Sternfeld, p. 127—130.

nimmermehr gelungen, seinen grimmen Bruder damals vom Angriff auf Byzanz zurückzuhalten: so wenig wie wahrscheinlich ein Papst an seiner Statt dazu imstande gewesen wäre.

Viel zu fest stand dessen Entschluss, zum Angriff vorzugehen, viel zu umfassend waren seine Vorbereitungen, als
dass er den Abmahnungen des Bruders hätte Gehör schenken
sollen.

Auf einem ganz anderen und zwar indirekten Wege ist
Ludwig der Anlass geworden, dass Karl damals von seinen
griechischen Plänen Abstand nehmen musste: durch die
Wendung seines Kreuzzugs gegen Tunis. Nicht Karl hat,
wie neuerdings unumstösslich nachgewiesen worden ist,[1] den
Kreuzzug Ludwigs in selbstischem Interesse nach Tunis abgelenkt, sondern der französische König hat ihn aus eigenem
Willen dorthin geführt in der Hoffnung, den Emir zum
Christentum zu bekehren und dadurch auch die Fahrt ins
heilige Land zu fördern. Karl dagegen kam diese Wendung
durchaus ungelegen, sofern sie seine griechischen Projekte
aufs empfindlichste durchkreuzte. Denn er musste jetzt seine
ganze Aufmerksamkeit dem tunesischen Unternehmen zu-
wenden, da auch hier grosse Interessen für ihn auf dem Spiele
standen, die er freilich bisher nie auf kriegerischem Wege
hatte durchsetzen wollen.[2]

So kam denn seine gegen die Byzantiner geplante Unternehmung zunächst zum Stehen[3] und er eilte selbst im Jahre
1270 nach Tunis hinüber. Da wenige Stunden vor seiner
Ankunft (25. August) Ludwig einer tückischen Krankheit
erlegen war,[4] so fiel Karl sofort die Leitung des Unter-
nehmens zu, das er nun nach Massgabe seiner Interessen,
zugleich unter Berücksichtigung der Stimmung im Kreuzheere,
zu Ende führte. Durch zwei glänzende Siege wusste er dem

[1] Sternfeld in dem zitierten Werk über Ludwigs Kreuzzug nach Tunis.
[2] l. c. p. 206/207, 234/235.
[3] Vgl. oben p. 464.
[4] l. c. p. 247, 9.

Emir einen Frieden abzunötigen, in dem dieser sich ausser zu einer hohen Kriegsentschädigung zu einem jährlichen Tribute an Karl verpflichten musste.[1]

Und nun gedachte der Unermüdliche sofort mit einem Teile der Kreuzfahrer, den er dafür zu gewinnen wusste, den unterbrochenen Kampf gegen Byzanz wieder aufzunehmen.[2] Nicht umsonst hatten griechische Gesandte, die Ludwig nach Tunis nachgereist waren, um von ihm nochmals die Vermittlung eines Friedens zwischen Karl und Michael zu erflehen, den Tod des Königs als ein Verhängnis für das byzantinische Reich angesehen.[3] Denn nun gab es vollends keine Macht im Abendlande mehr, die den Anjou von seinem Eroberungszuge hätte zurückhalten können. Auch der von Ludwig und den Kardinälen zum Unionsgesandten designierte Kardinallegat von Albano, der Ludwig zunächst nach Tunis begleitet hatte, war am 7. August gestorben.[4]

Da kamen die Elemente selbst dem wankenden Herrscherthrone von Byzanz zu Hilfe. Ein furchtbarer Sturm vernichtete auf der Rückkehr von Tunis einen grossen Teil der Flotte des Königs von Sizilien, und dieser musste zunächst auf ein griechisches Unternehmen im grossen Stile verzichten.[5]

---

[1] l. c. p. 251—276.

[2] l. c. p. 278/279.

[3] Pachymeres ed. Bonn Bd. I. p. 361—365; Primat, Chronicon, bei Bouquet, Recueil Bd. XXIII. p. 73: die griechischen Gesandten weinten, ‚car il doubtoient . . . que le roy de Secille, quant son frère . . . fut mort, ne meist aguès pour eulz prendre‘ u. s. w.

[4] Sternfeld, p. 245.

[5] l. c. p. 289, 99.

Zweiter Abschnitt.

Die Herstellung der Union unter Gregor X. 1271—1276.[1]

Eingang.

Im September des Jahres 1271 fand die Sedisvakanz des heiligen Stuhles ein Ende. Vergeblich hatte Karl von Anjou bei seiner Anwesenheit in Viterbo im Frühling desselben Jahres die Neuwahl zu beeinflussen gesucht: sie traf nicht abermals einen Franzosen, sondern es ging der Italiener Tedald Visconti von Piacenza aus ihr hervor, der sich Gregor X. nannte.[2]

Was Karl gefürchtet hatte, trat ein: der neue Papst zeigte sich von Anfang an aufs eifrigste bemüht, die Griechenunion herbeizuführen, und verwarf daher die Orientpläne des Anjou.

[1] Die Unionsverhandlungen Gregors X. mit dem Paläologen sind im Gegensatz zu denen der früheren Päpste auch ausser von Pichler ausführlicher besprochen worden von Hefele in seiner „Konziliengeschichte" Bd. VI.₂ p. 125 ff. und von Walter „Die Politik der Kurie unter Gregor X.", Berl. Diss. 1894. Hefele behandelt, seinem Zweck entsprechend, die rein kirchliche Seite der Angelegenheit: seine Ausführungen bedürfen aber gerade in manchen der wichtigsten Punkte der Korrektur und Ergänzung. Walter zieht auch die Politik Karls von Anjou mit in Betracht: doch sind ihm die entscheidenden Publikationen Riccios aus den Reg. Aug. (s. u.) nur bis zum Jahre 1272 inkl. bekannt. Der Grundfehler seiner Darstellung ist ausserdem die Überschätzung der politischen Fähigkeit seines Helden, Gregors X.

[2] Gregorovius, Gesch. der Stadt Rom, Bd. V. p. 436,7.

Wenn Gregor Unionspolitik trieb, so trat er damit in die Fussstapfen seiner Vorgänger: doch lohnt es sich wohl, die Motive aufzusuchen, die ihn auf diese Bahn trieben. Denn es hiesse den Reichtum der Papstgeschichte verkennen, wollte man sich bei der Betrachtung einer Richtlinie kurialer Politik damit begnügen, das zähe Festhalten an der Tradition zu konstatieren. Nirgends freilich spielt die Überlieferung eine grössere Rolle als hier, mit Jahrhundertschwere lastet sie auf den Individuen. Aber wie diese sie fortführen, welche besonderen Antriebe dabei für die einzelnen Päpste massgebend sind, die „bewegliche Ordnung" nach einem Goetheschen Worte, das ist das charakteristische.

Gregors Vorgänger nun hatten sich in erster Linie durch weltlich-politische Gründe zu den Unionsverhandlungen veranlasst gesehen: die Konstituierung ihrer weltlichen Herrschaft im Abendlande war dabei für sie der massgebende Gesichtspunkt gewesen. Der Kampf gegen die Staufer hatte Innocenz IV. und seine beiden Nachfolger, die Notwendigkeit einer Beschränkung des Anjou Klemens IV. zu einer Verständigung mit den Griechen getrieben.

Anders Gregor X. Gerade in ihm lebte nichts von dem Geiste des grossen Papstes, dessen Namen er trug. Dass die politische Aufgabe des Papsttums wie vorher in der Bekämpfung der deutschen Kaiser, jetzt in der Niederhaltung der Franzosen liege, davon hatte er keine deutliche Vorstellung. Und doch hatten bereits Urban IV. und Klemens IV., obgleich noch mit der ersten Aufgabe beschäftigt, bereits die zweite klar ins Auge gefasst, indem sie den Anjou, der eine vom übrigen Italien,[1] der andere wenigstens vom Orient auszuschliessen strebten. Gregor X. dagegen hat die imposante Machtstellung in Mittel- und Norditalien, die Karl unter Klemens IV. und während der Sedisvakanz errungen hatte, nicht angetastet;[2] und wenn er gegen die byzantinischen Pläne

---

[1] S. oben p. 424.

[2] Busson: „Die Idee des Deutschen Erbreichs und die ersten Habsburger", Sitzungsber. der Wiener Akad. 1877 p. 641 ff.

des Anjou Front gemacht und sich um die Griechenunion bemüht hat, so hat er das nicht getan, um dem Anjou den
Weg nach Konstantinopel zu verlegen.   Der Gedanke, der
ihn dabei leitete, war vielmehr derselbe, der Ludwig dem
Heiligen vorgeschwebt hatte, da er des Papsttums Stelle vertrat.

Wie dieser König, dem naturgemäss die politischen
Interessen der Kurie fremd waren, erstrebte auch Gregor X.
die friedliche Beibringung der Griechen vor allem derjenigen
Unternehmung halber, die im Mittelpunkt seines ganzen
Denkens stand: des grossen Kreuzzugs zur Befreiung des
heiligen Landes wegen.   In einem Kampf des sizilischen
Königs aber gegen Byzanz sah er das verderblichste Hindernis
einer Kreuzfahrt, da sein Ausgang immerhin nicht abzusehen
war,[1] und da man sich sagte, dass selbst mit einer Wiederaufrichtung des lateinischen Kaiserreichs durch den Anjou den
Lateinern Syriens noch nicht geholfen sein werde: nicht umsonst hatte man den Vierten Kreuzzug in Konstantinopel
scheitern sehen.

Vom heiligen Lande her war Gregor zur höchsten Würde
der Christenheit berufen worden: dorthin als Papst mit deren
gesamter Streitmacht zur Vertreibung der Ungläubigen zurückzukehren und so in gottseligem Kreislauf sein Dasein zu vollenden, war das letzte Ziel seiner Wünsche.[2]

Ist es zwar Gregor X. nicht gelungen, dieses sein
höchstes Ideal zur Wirklichkeit zu machen, so ist ihm doch
bekanntlich dasjenige geglückt, was er selbst nur als eine den

---

[1] In der Denkschrift Humberts de Romanis für das Konzil von
Lyon, die die Ideen Gregors X. enthält, heisst es bei der Diskussion über
das Imperium: zur Ausgleichung der Zwietracht, die seinetwegen zwischen
Lateinern und Griechen besteht *necessarius non est eventus belli et nunc
hunc, nunc illum consumit gladius'*. Martène, Ampl. coll. Bd. VII. p. 195.

[2] Gregor erklärte in der ersten Sitzung des Konzils von Lyon
(1274) diese seine Absicht, persönlich am Kreuzzuge teilzunehmen. Brief
Gregors an Philipp III. von Frankreich vom 31. Juli 1274 bei Langlois
,Le règne de Philippe le Hardi' p. 419/20. Vgl. Vita Gregorii X. bei
Murat. Rer. It. SS. Bd. III I. p. 602.

Kreuzzug vorbereitende Aktion auffasste, was aber in Wirklichkeit zugleich ein Ereignis von der weittragendsten selbständigen Bedeutung war: die Unterordnung der Byzantiner unter die römische Kirche.

Dass gerade ihm dieser grosse Wurf gelang, muss zunächst aufs höchste wundernehmen. Dieser ideal veranlagte, unpolitische Papst schien weniger als jeder andere dazu geeignet, die Verhandlungen mit einem nüchternen Realpolitiker, wie es der griechische Kaiser war, zu einem Abschluss zu bringen. Ein moderner Forscher glaubt ihm denn auch daraufhin staatsmännische Befähigung und diplomatisches Geschick zuerkennen zu müssen.[1]

In Wirklichkeit war der Anteil Gregors X. an dem Zustandekommen der Union des Jahres 1274 weit mehr ein passiver als ein aktiver, überhaupt war das eigentlich entscheidende Moment ein unpersönliches: die allgemeine politische Konstellation jener Jahre. Im besonderen kommt zunächst als treibender Faktor die antigriechische Politik des Königs Karl von Sizilien in Betracht.[2]

Klemens IV. hatte bewusst die Aggressivstellung des Anjous als Pression auf den Griechen ausgenutzt, um bei diesem die Union durchzusetzen: Gregor X. fehlte dazu der politische Scharfblick. Aber die Verhältnisse, zwingend wie sie waren, taten, auch ohne dass ein Papst sich ihrer bemeisterte, fast in mechanischer Weise ihre Wirkung. Die Angriffskraft des sizilischen Königs drückte nämlich sowohl direkt als auch durch das Medium des Papstes auf die Griechen und machte sie zur Union mürbe.

Auf der einen Seite hatte Karl gerade damals grössere Erfolge, als je vorher und nachher, im Kampfe gegen die Byzantiner zu verzeichnen: für den Paläologen ein Grund,

[1] Walter l. c. p. 112.

[2] Wegen dieser ihrer Bedeutung für die Union und weil es bisher an einer eingehenden Darstellung fehlte (s. u. p. 475[1]), wird sie im folgenden ausführlicher behandelt.

schleunigst beim Papsttum Zuflucht zu suchen. Andrerseits hatte Karls Bemühen, Gregor von den Unionsverhandlungen mit den Griechen zurückzuhalten und ihn vielmehr zum Kampfe gegen sie zu veranlassen, die Wirkung, dem Papst, wenn er gleich an seinem Vorhaben der friedlichen Beibringung der Griechen, festhielt, doch diesen gegenüber eine weit kräftigere, energischere Sprache zu verleihen, als es seiner sanften, friedeatmenden Natur sonst entsprochen hätte: was dann gerade der schnellen Herbeiführung der Union dienlich war.

Noch wichtiger aber fast als der Umstand, dass Gregor zur Ausnutzung der angiovinischen Aggressivpläne getrieben wurde, war die Tatsache, dass er zu ihrer Hinderung imstande war. Auch das war eine Folge der politischen Konstellation, unter der Gregor sein Pontifikat antrat. Für Klemens IV. war, wie wir sahen, Karl von Anjou noch viel zu sehr der Helfer in der abendländischen Not gewesen, als dass er dessen Orientprojekten mit Entschiedenheit hätte entgegentreten können. Gregor dem Zehnten war das möglich, weil er, nachdem einmal die Feinde der Kirche in Italien durch den Anjou zu Boden geworfen waren, diesem freier gegenüberstand. Erst das vertrauensvolle Bewusstsein aber, es mit einem zum Schutze der Griechen fähigen Papste zu tun zu haben, reifte in dem Paläologen den Entschluss zur Vollziehung der Union.

Erstes Kapitel.
Die Gefährdung des byzantinischen Reichs in den Jahren 1271—1273.

I. Fortschritte der angiovinischen Macht in Achaja und Albanien.

Nur zu vorübergehend war die ablenkende Wirkung gewesen, die Ludwigs des Heiligen afrikanische Unternehmung auf Karls griechische Pläne ausgeübt hatte. Im Mai 1271 fand zu Trani die längst geplante Vermählung von Karls zweitem Sohn mit Isabella, der Erbtochter Wilhelms von Achaja, statt[1]) und der König verdoppelte alsbald seine Bemühungen für dieses Land, das seinem Hause einst zufallen sollte.

Noch im Jahre 1271 sandte er ein Söldnerkontingent hinüber.[2]) Im Jahre darauf liess er ein stattliches Heer von Baronen und Lehnsträgern unter Führung des zum Generalkapitän dort ernannten Dreux de Beaumont nach Achaja abgehen.[3]) Unter diesem sowohl wie unter seinem Nachfolger Wilhelm de Barre, der jenen bereits im Juli desselben Jahres ablöste,[4]) kämpften die Mannschaften Karls, von den Lateinern Achajas nicht nur, sondern auch von Athen her kräftig unterstützt,[5]) glücklich gegen die Griechen und machten wertvolle Gefangene.[6])

---

[1]) Minieri Riccio ‚Il regno di Carlo I. di Angiò negli anni 1271 e 1272. Napoli 1875 p. 19/20. Dies Werk ist eine Fortsetzung des oben p. 440[2] zitierten anderen Buchs „Alcuni fatti etc.". Es sind die Regesten Karls von Anjou nach den im Archiv von Neapel aufbewahrten Registri Angioini. Auch für den Rest der Regierung Karls von 1272—1285 sind die Registri von Riccio ausgezogen worden in dem Werk ‚Il regno di Carlo I. di Angiò dal 2. gennaio 1273 al 7. gennaio 1285.' Dies letztere Werk ist auch im Archivio Storico Italiano III. Serie, Bd. 22—26, IV. Serie Bd. 1—7 erschienen, wonach ich zitiere. Von den Publikationen Riccios, die das grundlegende Material für eine Geschichte Karls von Anjou bieten, sind die letzten beiden, die die Jahre von 1270—85 umfassen, von der modernen Forschung für die occidentale Politik Karls nur beiläufig, für seine Orientpolitik überhaupt noch nicht herangezogen worden.

[2]) Riccio, Il Regno etc. 1271/2, p. 34: Erlass vom 29. August.

[3]) l. c. p. 46, 47, 49, 51: Erlass Karls, die Expedition nach Achaja betreffend, vom Januar und Februar 1272.

[4]) l. c. p. 72.

[5]) Riccio im Arch. Stor. It. III. Serie, Bd. XXII., p. 19: Befehl Karls vom 17. April 1273, Guido de Avileio, einem Lehnsmann des Herzogs Johann von Athen, eine Geldsumme zurückzuzahlen, die er Karls Generalkapitän in Achaja, Wilhelm de Barre, geliehen hat.

[6]) l. c. p. 15: Befehl Karls an Rao de Griffo, die Gefangenen, die dieser selbst von Achaja gebracht habe, nach Trani zu führen. (8. April

Noch grösser war die Armee, die im Mai des Jahres 1273 der Admiral Philipp de Toucy nach Morea zu verschiffen hatte.[1]) Ausser einem starken Aufgebot von Lehnsleuten aus dem Königreich befanden sich darunter zwei Kompagnieen sarazenischer Bogenschützen aus Luceria[2]) und ein Kontingent von französischen, provençalischen und neapolitanischen Söldnern unter Bertrand de Baux als Befehlshaber, der seinerseits Toucy als Höchstkommandierendem untergeordnet war.[3]) Dieses Heer hat im Verein mit dem Fürsten von Achaja die Griechen bekämpft und zwar nicht nur in Morea, sondern auch auf Euböa.

Auf dieser Insel, die, wie wir sahen, von Anfang an das Hauptziel der Rekuperationsbestrebungen des Paläologen in Romanien gebildet hatte,[4]) war es dem Griechen gegen Ende der sechziger Jahre gelungen, festen Fuss zu fassen und zwar durch seine Verbindung mit dem vicentinischen Ritter Licario, der sich mit den Herren Euböas, den ‚terzieri‘, verfeindet hatte.[5]) Jetzt dachte der Oberlehnsherr der Insel, Wilhelm von Achaja, mit Hilfe der angiovinischen Truppen die Griechen aus ihr zu vertreiben. Zwar ging es bei dem Feldzug nicht

1273). Hopf l. c. [114¹] p. 292 zieht, wohl mit Recht, für die Kampagne des Jahres 1272 den Bericht der Chron. von Morea ed. Hopf, chron. greco-rom. p. 452/3 heran.

[1]) Hopf l. c. p. 292 ist merkwürdigerweise dieser grösste aller bisherigen griechischen Feldzüge sizilianischer Truppen völlig entgangen. Er meint vielmehr, das Jahr 1273 sei im ganzen friedlich verlaufen. — Zahlreich sind die auf diese Expedition bezüglichen Erlasse Karls: Arch. stor. It. l. c. p. 13 (5. und 6. April), p. 15 (11. April), p. 18 (16. April), p. 20 (19. April), p. 23 (27. April) [vollst. Urkunde bei Forges-Davanzati, Dissertazione sulla seconda Moglie di Re Manfredi, Neap., p. XLVIII/XLIX]. p. 24 (28. April), p. 28 (5. Mai).

[2]) Unter Führung der Hauptleute Richard und Abraham, l. c. p. 13 (5. April), p. 21 (20. April), p. 28 (5. Mai).

[3]) Erlass Karls an Bertrand de Baux vom 22. April 1273: Urkunde bei Buchon, Recherches Nouvelles sur la Principauté française de la Morée, Paris 1843, p. 379/80.

[4]) S. oben p. 415/6, 438/9, 460.

[5]) Sanudo, chron. p. 120, vgl. Hopf, p. 304/305.

ohne Verluste ab, aber der Enderfolg war doch auf seiten der verbündeten Lateiner: die Kaiserlichen wurden aus wichtigen Positionen verdrängt.[1])

Und zur selben Zeit gelang es nun Karl, sich in demjenigen Teile der Balkanhalbinsel festzusetzen, der als ihr eigentliches Einfallstor von Westen her gelten muss. Es handelt sich um die illyrisch-epirotische Küstenlandschaft, die im Norden von Serbien, im Süden von dem Despotat Epirus begrenzt wurde, im Westen aber an das Reich des Paläologen stiess. Die Bewohner dieser Gegend waren schon damals, wie heute noch, die Albanesen, die sich in Stämme gliederten, mit Häuptlingen an der Spitze.

Ihre Beziehungen zum Westen waren zunächst solche zum Papsttum gewesen. Am Anfang des Jahrhunderts hatten sie unter dem Eindruck der grossen lateinischen Invasion Innocenz III. ihre Unterwerfung angetragen in der Hoffnung, sich so von der griechischen Herrschaft zu emanzipieren,[2])

---

[1]) Den glücklichen Ausgang des Feldzuges beweist die Bemerkung Karls in einem Erlass vom 6. Februar 1274 (Arch. Stor. It. Bd. XXIII. p. 39), wo er dem Kastellan Anweisungen über Kriegsmaterial gibt *(arma et res)*, *,que fuerunt felicis estolii nostri vassellorum nostrorum armatorum estate preterita, que ad partes Achaye navigaverunt'*. — Im übrigen scheint mir hierhergezogen werden zu müssen der Bericht der Chronik Sanudos (Hopf, chron. gréco-romanes p. 128), über einen gemeinsamen Feldzug eines Feldherrn Karls und des Fürsten von Achaja auf Euböa. Zwar errang danach nur letzterer einen Erfolg, indem er den Griechen das wichtige Kastell *,della Cuppa'* abnahm; von Karls Truppen dagegen berichtet Sanudo eine Niederlage. Doch wurde diese einerseits durch den Erfolg des Fürsten wieder aufgewogen, andererseits ist nicht ausser acht zu lassen, dass die Tendenz der Schrift Sanudos antiangiovinisch ist, dass er insbesondere die Unfruchtbarkeit der angiovinischen Orientbestrebungen zu kennzeichnen bestrebt ist, (wie schon bei dem hier besprochenen Ereignis ersichtlich, so besonders p. 130). Sanudo urteilt über diese Bestrebungen ab: einmal als leidenschaftlicher Freund der Griechenunion und andererseits, weil jene angiovinischen Bestrebungen zu der Zeit, da er dies Werk verfasste, im II. oder III. Jahrzehnt des XIV. Jahrhunderts, immer noch zu keinem Resultate geführt hatten.

[2]) Der Fürst Demetrius i. J. 1208. S. Innoc. ep. XI[7], XII[95], XII[97].

dann, nachdem die von diesem geknüpften Beziehungen sich
wieder gelockert, im Jahre 1250 Innocenz IV. gegenüber aufs
neue ihren Unionswunsch ausgesprochen, und letzterer hatte
den Erzbischof von Antivari, sowie ungarische Dominikaner
mit den zu ihrer Aufnahme in die Kirchengemeinschaft nötigen
Schritten beauftragt.[1])

Bald darauf (1257) hatte sich dann, während der Despot
von Epirus und der Kaiser von Nikäa sich hier befehdeten,
Manfred des Zentrums von Albanien bemächtigt, und es war
ihm gelungen, im Bunde mit seinem Schwiegervater, dem
Epiroten, diese Position gegen den Paläologen zu behaupten.[2])

Aber nach des Staufers Tode wurde Albanien der
Tummelplatz der verschiedensten Interessen und Bestrebungen:
Byzantiner, Epiroten, Serben, auch die Venetianer suchten
Terrain zu gewinnen; dazu hielten die Söhne von Manfreds
ehemaligem Statthalter Philippo Chinardo manche wichtigen
Festungen besetzt.   Karl von Anjou war es bis zum Jahre
1271 nur gelungen, die Insel Korfü und vielleicht einige
Plätze der Küste an sich zu reissen.[3])

Da starb im Jahre 1271 der Despot Michael II. von
Epirus, ihm folgte der schwache Nikephoros, und diese Gelegenheit ergriff nun Karl, um seinen Einfluss nach Osten
weiter zu tragen.[4])   Er knüpfte Verbindungen mit den Albanesen an, und noch im Jahre 1271 oder Anfang 1272 wählten
die geistlichen und weltlichen Grossen sowie die Städte und
Dörfer Albaniens, der langen Wirren müde, Karl und seine
Erben zu Königen ihres Landes.[5])   Im besonderen trug dann
auch die wichtigste Stadt Albaniens, Durazzo, ebendamals
Karl ihre Unterwerfung an.[6])

---

[1]) Rayn. § 1250, § 44/5.

[2]) S. oben p. 329/30.

[3]) S. oben p. 440.

[4]) Hopf, p. 299; zu vgl. auch für das folgende.

[5]) Riccio, Il Regno 1271/2, p. 52/3: Brief Karls vom 21. Februar
1272 an die Albanesen: „. . . . *nos et heredes nostras elegerunt in Reges
et dominos perpetuos dicti Regni . . .*‘

[6]) l. c. p. 52 (vom 20. Februar).

So hatte der Anjou gleichsam über Nacht zu seinem italischen ein Balkankönigreich gewonnen.[1]) Der Stern der Lateiner erglänzte aufs neue: nach so viel zunichte gewordener lateinischer Fürstenherrlichkeit endlich wieder ein neues Reich auf griechischem Boden; neben so viel Schattenherrschern, die im Abendlande vegetierten, ein König, der Land und Leute in Romanien regierte. Alsbald versicherte Karl die neuen Untertanen seines königlichen Schutzes und sandte — im Februar 1272 — als seinen Generalvikar Gazone Chinardo, einen Bruder jenes ehemaligen staufischen Statthalters, mit einem starken Heere unter dem Marschall Bernardo nach Durazzo.[2])

Chinardo befestigte und erweiterte nun bald die angiovinische Herrschaft in Albanien, entriss vor allem auch Berat seinen eigenen Neffen, die sich dort von Manfreds Zeit her noch gehalten hatten.[3])

Vergeblich suchte der Paläologe die Entwicklung der angiovinischen Macht rückgängig zu machen, indem er die Albanesen zum Abfall von dem Anjou aufrief: jene lieferten die Briefe an Karls Beamte aus und hörten vielmehr auf ihres neuen Königs Mahnung, die Byzantiner aufs nachhaltigste zu bekriegen,[4]) wobei er sie durch Truppennachschub — insbesondere von sarazenischen Bogenschützen aus Luceria —

---

[1]) In einer Akte vom 25. Februar 1272 nennt sich Karl: *,Dei gratia rex Sicilie et Albanie'*. Durrieu: ,Les Archives angevines de Naples', 2 Bände in ,Bibl. des Ec. franç. d'Athènes et de Rome', Bd. 46 u. 51. Bd. 46 p. 191.

[2]) Riccio l. c. p. 53 (25. Februar).

[3]) Arch. Stor. It. Bd. XXII p. 15 (8. April 1273): die Söhne Philipp Chinardos werden nach Trani als Gefangene gesandt. Vgl. Hopf p. 299.

[4]) Riccio l. c. p. 81: Brief Karls vom 1. September 1272 an die Grossen Albaniens. Nach dem Lob wegen Auslieferung der Briefe des Paläologen mahnte er sie, *,nostraque negotia contra hostes faciendo eis vivam guerram prosequimini viriliter et potenter'*.

eifrig unterstützte.[1] Er belohnte dann wohl treue Dienste
albanischer Häuptlinge durch Schenkung von Territorien, die
ausserhalb seines Königreichs auf bisher unabhängigem Boden
oder in der byzantinischen Interessensphäre lagen: so machte
er es im Mai 1273 mit Paul Kropa, der sich ein Gebiet nach
der Gegend von Achrida verleihen liess und so den angiovinischen Einfluss weiter trug.[2] Im Mai 1273 machte Karl
an Stelle Gazone Chinardos Anselm von Cayeux zum Generalvikar, der das Werk seines Vorgängers fortsetzte.[3]

Auch die kirchlichen Beziehungen zum Westen belebten
sich wieder, ein katholischer Bischof von Albanien wurde gewählt und der Papst musste die Konsekration erteilen.[4]

II. Die Bundesgenossenschaft Karls von Anjou auf der Balkanhalbinsel.

Der Tod des Despoten Michael II. von Epirus im Jahre
1271 hatte, wie er der Anlass zur Festsetzung Karls in
Albanien wurde, noch eine andere günstige Folge für die
Politik des Anjou. Das Despotat Epirus nämlich, so wie es
sich im Jahre 1237 von dem damals noch bestehenden Kaiserreich Thessalonich losgelöst hatte,[5] hatte nicht nur das Land,
nach dem es benannt war, umfasst, sondern auch das jenseit
des Pindus gelegene Thessalien.

Hier hatte bereits zu Lebzeiten Michaels II. dessen
unehelicher Sohn Johannes Angelos an des Vaters Stelle
regiert.[6] Neopaträ, am Fuss des Öta gelegen, war seine

--

[1] Forges Davanzati l. c. p. XLIX: Karl teilt (am 30. April 1273)
dem Leo von Luceria mit, dass er ihn zum Kapitän der neulich dort aus-
gehobenen und der bereits in Durazzo dienenden Sarazenen erhoben habe,
er solle hingehen und 'capitanie ipsius et guerre ipsarum partium ad
honorem et fidem nostram fideliter exerceas et devote'.

[2] Arch. Stor. It. Bd. XXII. p. 35 (18. Mai 1273), Hopf p. 299.

[3] l. c. p. 33 (13. Mai), Hopf l. c.

[4] l. c. p. 35 (18. Mai).

[5] vgl. oben p. 259[1].

[6] Hopf p. 281.

Hauptstadt. Jetzt, nach des Vaters Tode, gewann er Thessalien zu selbständigem Besitz. Er war ein ehrgeiziger, hochstrebender Mann, er fühlte das Blut der Angeli in seinen Adern wallen, die einst als Kaiser in Thessalonich geherrscht hatten. Er grollte dem jetzigen Besitzer dieser Stadt, dem Paläologen, und begann alsbald, Einfälle in das byzantinische Gebiet zu machen.[1]

Kaiser Michael beeilte sich, den kriegsgewandten Fürsten, dem er im Felde selbst einen so hervorragenden Feldherrn, wie sein eigener Bruder Johannes es war, nicht gewachsen glaubte, zum Stillsitzen zu bewegen, indem er einen seiner Neffen mit des Bastards Tochter vermählte und diesen selbst zum Sebastokrator erhob.[2] In der Tat stand nun der so geehrte Thessalier von der Befehdung des Kaisers ab: aber er knüpfte zur selben Zeit nach einer anderen Richtung hin Verbindungen an, die dem Paläologen höchst verderblich werden konnten. Er hat im April 1273 mit Karl von Anjou ein Freundschaftsbündnis geschlossen[3] und bereits im Oktober desselben Jahres diese Freundschaft dadurch betätigt, dass er dem Statthalter Karls in Achaja, Wilhelm de Barre, ein Darlehen von 500 Goldunzen gewährte. Und zwar fand diese Transaktion statt in Theben, also im Herzogtum Athen.[4] Wir sehen somit den griechischen Fürsten von Thessalien völlig in die lateinischen Interessen verstrickt.

---

[1] Pachym. ed. Bonn p. 301/9.

[2] l. c.

[3] Offiziell war der Bote, den Johannes Anfang 1273 an Karl sandte, mit Einkauf von Pferden und Seide beauftragt: in zwei Erlassen vom 13. April erteilt Karl dazu die Erlaubnis (Arch. Stor. It. l. c. p. 16/17). Aber dass er hier des Herzogs von Neopaträ als *carissimi amici nostri* Erwähnung tut, beweist die nahen Beziehungen zwischen beiden Fürsten. Der Bote mit seinem Gefolge und seinen Einkäufen kehrt auf einem Transportschiffe der Flotte Toucys heim: Erlass Karls vom 16. April 1273 (l. c. p. 18).

[4] Hervorgehend aus einem Akt Karls vom 8. August 1274 (Arch. Stor. It. Bd. XXIII. p. 237/8).

Dem Paläologen konnte das doppelte Spiel, das der Bastard spielte, nicht verborgen bleiben, und dessen Verbindung mit dem Anjou musste ihm eine nicht geringe Unruhe verursachen.

Und nicht genug mit dieser Bundesgenossenschaft: auch der König von Serbien und der Zar von Bulgarien knüpften in den Jahren 1271—73 mit Karl von Anjou Beziehungen an. Karl aber, gewitzigt durch die üblen Erfahrungen der Kreuzfahrer des Jahres 1204, die den Bulgaren hochmütig abgefertigt hatten, ging mit Freuden auf die Bündnisanträge der Slawenherrscher ein: es entwickelte sich bald ein reger Gesandtschaftsverkehr zwischen den Höfen von Neapel, Nisch und Tirnowo.[1])

Vergeblich waren die Versuche des Paläologen, dem Anjou bei diesen Fürsten den Rang abzulaufen. Nur bei dem ferner gelegenen Ungarn hatte er Glück: er brachte Anfang 1272 eine Ehe seines ältesten Sohnes Andronikos mit einer Schwester König Stephans zustande und brach auf diese Weise der angiovinisch-magyarischen Verbindung die gegen Konstantinopel gekehrte Spitze ab.[2])

Was Bulgarien betrifft, so hatte der Tod seiner Gemahlin aus dem Hause Laskaris (1270), der Feindin des Paläologen, den Zaren Konstantin nicht verhindert, auch weiterhin mit den Gegnern des Kaisers in Beziehung zu bleiben. Und selbst als er dann im Jahre 1272 Kaiser Michaels Nichte zur zweiten Gemahlin nahm, liess er nicht von der Verbindung mit Karl: der Paläologe selbst brachte sich um den Nutzen, den er aus dieser Familienverbindung hätte ziehen können, indem er dem Bulgaren das versprochene

---

[1]) Schon im Herbst 1271 erwartet Karl Gesandte aus Serbien und Bulgarien (Riccio, Il Regno, 1271/2 p. 37: 12. September); am 28. Juni 1272 beantwortet Karl eine bulgarische Gesandtschaft durch eine eigene (l. c. p. 70); am 12. Mai 1273 sind wieder bulgarische und auch serbische Gesandte bei Karl anwesend (Arch. Stor. It. Bd. XXII. p. 33).

[2]) Pachym., p. 317/8.

Heiratsgut, zwei wichtige Städte am Schwarzen Meere, Mesembria und Anchialos, unter nichtigen Scheingründen vorenthielt. Doch wusste er den Zaren durch ein Bündnis mit dem Chan der nördlichen Mongolen, Noga, in Schach zu halten.[1]

Noch weniger wie mit den Bulgaren glückte es dem Kaiser mit den Serben. Hier sass noch immer jene Helena, die Tochter Kaiser Balduins II., auf dem Throne, die ihren Gemahl, Stephan Urosch, gegen den Paläologen aufhetzte. Letzterer trug nun eine seiner Töchter dem Könige als Gemahlin für dessen zweiten Sohn an, der, wie man in Byzanz glaubte, der designierte Thronfolger in Serbien war wegen einer Krankheit des erstgeborenen Sohnes. Eine Gesandtschaft machte sich im Jahre 1273 auf den Weg, um die Prinzessin hinzugeleiten. Aber jene fand in dem Lande eine so üble Aufnahme, gewann auch von der Kultur des serbischen Volkes eine so ungünstige Vorstellung, dass sie unverrichteter Sache heimzukehren beschloss, zumal sich auch herausstellte, dass man wegen der Thronfolge falsch berichtet gewesen war.[2]

Dasjenige, was vor allen Dingen einem Anschluss dieser slawischen Völker an Byzanz im Wege stand, war der Plan einer Restauration des byzantinischen Reichs im alten Umfange, den, wie wir sahen, der Paläologe mit eisernem Willen verfolgte. Derselbe kehrte sich nicht nur gegen die lateinischen Staaten und die griechischen Partikularherrschaften in Romanien, sondern auch gegen Bulgarien und Serbien. Gerade damals trat das aufs deutlichste hervor durch einen kirchlichen Akt des Kaisers. Er dekretierte nämlich in einer Goldbulle vom August 1272, dass die serbische und bulgarische Kirche, die, jene im Jahre 1219, diese 1235[3] unter Zustimmung

[1] Pachym., p. 342 ff.
[2] l. c. p. 350 ff.
[3] S. oben p. 356[1].

31*

der damaligen Patriarchen und Kaiser von Nikäa,—sich
autonom konstituiert hätten, aufs neue der griechischen Kirche
von Achrida in Makedonien, zu der sie ursprünglich gehört
hatten, unterstehen sollten. Die Form, in der diese Bestimmung getroffen wurde, ist für die Prätensionen des
Paläologen recht bezeichnend: der Kaiser erneuert einfach
das Privileg, das einst Basilios II., der „Bulgaröktonos" im
Jahre 1020 nach der Wiedereroberung Bulgariens der Kirche
von Achrida ausgestellt hatte. Auch Michael VIII. sah eben
in der völligen Wiedervereinigung Bulgariens und Serbiens
mit dem byzantinischen Reiche sein letztes Ziel.[1]

Je unverhüllter der Paläologe so seine Absichten kundgab, um so mehr hüteten sich vor ihm naturgemäss der König
und der Zar, und suchten beide vor den Klauen des byzantinischen Löwen in den Armen der Lateiner Schutz.

Zu der Freundschaft regierender Herrscherhäuser gesellte
sich eben zu dieser Zeit für Karl noch die eines depossedierten
Fürsten. Der einst von dem Paläologen entthronte Kaiser
Johannes Laskaris, mit dem Karl schon 1269 in Verbindung
getreten war,[2] gab im Frühling dem sizilischen König von
seinem Entschluss, sich zu ihm zu begeben, Kunde. In seiner
Antwort vom 9. Mai gratuliert ihm Karl, dass er glücklich
den Verfolgungen des Paläologen entronnen sei, und heisst
ihn an seinen Hof kommen:[3] im Jahre darauf fand sich dann
auch dieser griechische Prätendent auf den Thron von Byzanz
dort ein, um gleich dem lateinischen Kaiser Pensionär des
Anjou zu werden.[4]

[1] Die Einleitung Michaels gedr. bei Rhallis und Potlis, Σύνταγμα
τῶν Κανόνων, Athen 1855 p. 266—8, die inserierte Urk. Basilios' II. in
Byz. Z. II. p. 42—46 von Gelzer nach Golubinsky. Aus der Einl.
geht hervor. dass Michael die Restaurationspolitik Basilios' II. in Bezug
auf Bulgarien sich zum Vorbild nimmt.

[2] S. oben p. 458.

[3] Buchon l. c. p. 321/2. Brief Karls an Johann Laskaris vom
9. Mai 1273.

[4] l. c. Erlass Karls vom 9. Dezember 1274.

So wurde der Anjou der Hort für alle, die sich von dem byzantinischen Kaiser in ihren Rechten gekränkt fühlten. Er summierte als kluger Rechner Anspruch zu Anspruch: je grösser die moralische Überlegenheit war, mit der man dem Paläologen entgegentreten konnte, um so besser, und in letzter Hinsicht waren ja jene Prätendenten nur Werkzeuge seines eigenen, des angiovinischen Ehrgeizes. Immerhin durfte das flandrische Kaiserhaus eine grössere Förderung von Karl erwarten, als das Haus Laskaris: am 15. Oktober 1273 fand in Foggia mit grossem Gepränge die Hochzeit von Balduins II. Sohn Philipp mit Karls Tochter Beatrice statt.[1]) Als Gemahl der Tochter des Anjou konnte Philipp, der, als Balduin gleich darauf starb, den Anspruch auf das lateinische Kaisertum erbte, hoffen, dereinst den Thron seiner Väter wieder zu besteigen.

Überblicken wir das System feindlicher Kräfte, das sich in der kurzen Spanne Zeit von 1271 bis gegen Ende 1273 im Westen des byzantinischen Reiches herausgebildet hatte, so wird es begreiflich, dass der Paläologe damals von der grössten Sorge um den Bestand seines Reiches erfüllt war.

Freilich waren ja die gegnerischen Kräfte schon ähnlich gelagert gewesen, als Manfreds Statthalter in Epirus walteten; aber einerseits war der Staufer durch seinen Kampf mit dem Papsttum am Vordringen gen Osten behindert worden, anderseits hatten zwischen Manfred und den Frankenfürsten Griechenlands, nachdem sie zwar bei Pelagonia (1259) gemeinsam gekämpft hatten, weiterhin keine näheren Beziehungen bestanden, da jene sich ganz dem Papsttum in die Arme warfen: Manfred mit dem Despoten von Epirus auf der einen, die Lateiner in Achaja, Athen und Euböa auf der anderen Seite hatten den Paläologen getrennt bekämpft.

Jetzt unter Karls Ägide waren diese bisher geschiedenen Angriffspositionen zu einem Ganzen zusammengeschweisst

---

[1]) Arch. Stor. It. Bd. XXII. p. 251.

worden, und versagte zwar zunächst noch der neue Despot
von Epirus, der in Arta residierte, dem Anjou seine Unterstützung,[1] so war um so gefährlicher die Verbindung des
tatkräftigen Fürsten von Thessalien mit den Franken Griechenlands und mit Karl selbst. Nur schmal war der Streifen
byzantinischen Gebiets, der gen Westen bis nach Janina
(dem alten Dodona) hin zwischen die angiovinischen Besitzungen in Epirus und das thessalische Fürstentum des
Bastards hineinragte: wie leicht konnte er durch eine gemeinsame Aktion von beiden Seiten her zerdrückt werden, konnten
sich der Anjou und der Angelos von Berat und Trikkala her
die Hand reichen. Nach Süden zu aber bildete das Herzogtum Thessalien zusammen mit den lateinischen Festlandstaaten
bereits eine kompakte Masse byzanzfeindlicher Mächte. Kam
es zu dem grossen Gesamtangriff, den der Anjou an der Spitze
dieser Mächte plante, wobei von Norden her die Serben und
Bulgaren über den Paläologen herfielen: dann war der aber-
malige Fall Konstantinopels sicher.

III. Die occidentale Bundesgenossenschaft
des Paläologen.

Sah sich nun aber der Paläologe nach Gegenkräften im
Abendlande um, die imstande gewesen wären, den Angriffskrieg des sizilischen Königs zu hindern, so musste er bald
genug erkennen, dass keine weltliche Macht in jener Zeit
hierzu imstande war. Fest stand des Anjou Herrschaft im
sizilischen Königreich, nachdem er in den Jahren 1269/70
den ghibellinischen Aufstand mit eiserner Faust bis auf die
letzten Reste unterdrückt hatte.[2] Auch in Mittelitalien übte
er als Senator von Rom und Reichsvikar von Tuscien eine
Macht aus, wie lange nicht mehr ein deutscher Kaiser.[3]
Nur in Oberitalien begann, besonders seit dem Jahre 1271,
sich ein Widerstand zu regen. Es war Alphons von Kastilien,

[1] Hopf, p. 301: bis 1276 blieb seine Haltung zweideutig
[2] Sternfeld l. c. p. 105—114.
[3] Busson-Kopp l. c. [443[1]] p. 97—121.

der mit oberitalischen Grossen und Gemeinden Verbindungen
anknüpfte, um von hieraus seine Rechte auf das römische
Imperium geltend zu machen.

Im Juli 1271 schlossen die spanischen Gesandten mit
dem Markgrafen von Montferrat und der alten Ghibellinen-
stadt Pavia einen Vertrag ab, nach dem Alphons bis zum
1. März 1272 2000 Ritter in die Lombardei schicken wollte,
um Karls von Anjou Stellung dort zu erschüttern. Ferner
wurde eine Verschwägerung des spanischen Königs mit einer
Reihe von Gegnern des sizilischen Königs in Betracht gezogen,
und unter ihnen findet sich auch der Paläologe, gegen den
Karl einen Angriff plante. Er soll eine Tochter Alphons' zur
Frau bekommen.[1] Es scheint auch, dass der Kastilier wirklich mit dem Kaiser in direkte Verbindung getreten ist.[2]
Ausserdem aber gewann der Kaiser eine gewisse Fühlung
mit dem kastilisch-lombardischen Bund durch seine Beziehungen
zu Genua.

Denn an diese Republik hat er sich im Frühling 1272
gewandt, um die Beziehungen, die sich seit dem Jahre 1264
gelockert hatten,[3] wieder fester zu knüpfen. Er richtete
an die Genuesen eine Reihe von Forderungen, die diese
bereitwilligst gewährten: sie versprachen unter anderem, sich
aller Feindseligkeiten gegen das byzantinische Reich zu enthalten, und stellten dem Kaiser frei, wenn er eine Flotte
rüste, die anwesenden genuesischen Schiffe dazu heranzuziehen.[4] Wenn freilich die Republik im Eingang der Vertragsurkunde die Beobachtung des älteren Abkommens von
Nymphäum (1261) zusicherte,[5] so stand das nur auf dem
Papier. Auf eine aktive Unterstützung aus Genua durch

---

[1] Ann. Plac. Ghib. in MG. SS. Bd. XVIII. p. 553, vgl. Caro l. c. p. 288.

[2] S. unten II. Kap. dieses Abschn. № V.

[3] S. oben p. 437.

[4] Caro, p. 302[1] nach wichtigen Urkunden des Staatsarchivs
von Genua.

[5] l. c.

grosse Flotten rechnete der Kaiser nicht mehr: sonst hätte
er nicht jene geringeren Forderungen gestellt.

Aber wenn zwar nicht in den griechischen Gewässern,
wie im Jahre 1263, so haben dafür die Genuesen in Italien
im Jahre 1273 wenigstens indirekt für die Sache des Paläologen
gekämpft: in diesem Jahre nämlich kam es zum offenen
Kriege zwischen den ghibellinischen Kapitanen der Republik
und dem Anjou,[1] und im Oktober desselben Jahres trat
Genua auch in die lombardisch-spanische Verbindung ein: es
schloss mit Pavia und Asti ein Bündnis und öffnete seinen
Hafen für die spanischen Hilfstruppen, denen erst dadurch
der Zutritt in die Lombardei möglich wurde.[2]

Klar ist, auch ohne direkte Beteiligung des Paläologen
an diesen Bestrebungen, dass der Kastilier und die nord-
italienischen Ghibellinen zu natürlichen Bundesgenossen des
griechischen Kaisers bestellt waren: wie dieser kämpften sie
gegen die Übermacht des Anjou. Die Analogie mit einer
späteren Epoche wird noch deutlicher, wenn wir die Genuesen
im Jahre 1274 den Sizilianern gegenüber Wohlwollen und
Interesse an der Bedrückung der Insel durch die angiovinische
Zwingherrschaft an den Tag legen sehen.[3]

Aber im Gegensatz zu der Zeit der sizilischen Vesper
und des Zuges Peters von Aragon, die einst den Paläologen
retten sollten, im Gegensatz auch zu dem Unternehmen
Konradins, das ihm vorher Rettung gebracht hatte, waren

---

[1] Caro, p. 329 ff.

[2] Caro, p. 351 ff.

[3] Das Wohlwollen dokumentierte sich in der Freilassung gefangener
sizilianischer Untertanen des Königs, Ann. Jan. MG. SS. XVIII p. 281, vgl.
Caro, p. 311 Anm. 3; die Leiden der Sizilianer teilte ein in Sizilien lebender
Genuese den Kapitanen von Genua mit: aber der Brief wurde aufgefangen.
der Absender arretiert. Erlass Karls vom 15. März 1274 bei Giudice, Dipl.
ined. di re Carlo I. di Angiò, rig. cose Maritime, Neapel 1871, p. 18.
Vgl. Giudice ,Del Cod. dipl. Angioino e delle altre mie opere, Apologia'.
Neapel 1872, p. 104: er sagt dort auf jenes vorher von ihm publ. Dokument
hin geradezu „I Genovesi .... tentavano di muovere i Siciliani alla
ribellione“. Vgl. auch Caro l. c.

diese Bestrebungen des kastilischen Königs in der Lombardei
und der Krieg der Genuesen gegen Karl viel zu wenig wirk-
sam, als dass der griechische Kaiser von ihnen allein eine
Hemmung des angiovinischen Angriffskrieges gegen Byzanz
hätte erwarten können.   Gerade im Jahre 1273, als der Krieg
mit Genua in vollem Gange war, hat Karl eine stärkere Flotte
als je zuvor nach Achaja hinübergesandt.[1]

Vielmehr hat der Paläologe, so wie die Dinge damals
lagen, von Papst Gregor X. allein sein Heil erwartet, der
seinerseits, wie gesagt, nicht sowohl aus Furcht vor der Machterweiterung des Anjou, als wegen seines Wunsches, den Frieden
in der Christenheit zu wahren, und seines Eifers für die Befreiung Jerusalems der kriegerischen Orientpolitik Karls widerstrebte.   Dass der Kaiser aber, um den Papst zu gewinnen,
über blosse Versprechungen hinaus bis zur wirklichen Vollziehung der Union gegangen ist: das hat seinen Grund nicht
nur in dem Druck, den der Anjou durch seine glücklichen
Aggressivoperationen auf den Paläologen selbst ausübte,
sondern hauptsächlich in der Pression, die der sizilische König
auf den Papst anwandte und die dessen nach Byzanz gerichtete Chamaden zu Fanfaren werden liess.

Zweites Kapitel.

Die Verhandlungen zwischen Papst und Kaiser bis zum Abschluss der Union 1274 und die Haltung Karls von Anjou.

I. Karl von Anjou und die Unionspolitik Gregors X.

Wir kennen heute den Charakter Karls von Anjou.
Nicht aus verblassten Zeichnungen mittelalterlicher Chronisten,
sondern aus seinen eigenen Erlassen,[2] frischen Produkten der
unmittelbaren Eingebung, tritt uns sein Bild mit einer Lebendig-

---

[1] S. oben p. 476 f.

[2] Über ihre Veröffentlichung s. p. 475[1].

keit entgegen wie das eines modernen Herrschers.[1]) Als der
Kern seines Wesens erscheint hiernach ein rastloser Tätig-
keitstrieb und eine unbändige Leidenschaftlichkeit, eine ver-
zehrende Ungeduld, die ihn die Umsetzung seiner Gedanken
in die Tat nicht erwarten, ihm die Zeit zwischen dem Befehl
und seiner Ausführung als eine Ewigkeit erscheinen lässt.
In den meisten seiner Mandate, wichtigen und unwichtigen,
wird den Beamten unter Erschöpfung der hierfür zu Gebote
stehenden Ausdrücke die sofortige, unverzügliche, unfehlbare
Ausführung des Befehls eingeschärft, das dringliche, bedeutungsvolle der Angelegenheit betont, mit den unbarm-
herzigsten Strafen im Falle einer Verzögerung gedroht.

Den Lieblingsplan nun dieses Mannes, das Unternehmen,
welches er mit grösserem Eifer als alles andere betrieb, da
es ihn an das Ziel seiner Wünsche bringen sollte, den Kampf
um die Kaiserkrone von Byzanz, machte jetzt ein Papst
Miene, durch Verhandlungen mit dem Griechen, der diese Krone
damals trug, zu durchkreuzen.

Schon Klemens IV. hatte ähnliches versucht. Aber
dieser Papst hatte sich in viel zu grosser Abhängigkeit von
Karl befunden, als dass seine griechenfreundlichen Bestrebungen
letzteren mit Sorge hätten erfüllen können. Von Gregor X.
dagegen, der die Feinde der Kirche im Abendlande niedergeworfen sah und den Anjou nicht mehr als Schützer gegen
solche zu hegen brauchte, musste dieser ernstlich befürchten,
dass ihm eine Verständigung mit dem Griechen über seinen,
Karls, Kopf hinweg gelingen werde.

Man kann sich vorstellen, mit welch leidenschaftlichem
Ungestüm der sizilische König den Papst von der Eröffnung,
später von der Fortsetzung der Unionsverhandlungen abzu-
bringen gesucht hat. Bei jedem Schritt, den Gregor in der
Unionssache vorwärts tun wollte, trat ihm der Anjou in den
Weg, um ihn zurückzuhalten und ihm die gewaltsame Unter-

---

[1]) Es ist auch eine äusserst charakteristische Porträtstatue Karls
als Senators von Rom auf uns gekommen; sie ist im Konservatorenpalast
auf dem Kapitol aufgestellt. Vgl. über sie Gregorov. V. p. 621.

werfung der Griechen durch das Schwert der Lateiner als
den einzig sichern Weg ihrer Beibringung anzupreisen.

Aber dieser Friedensfürst auf dem Stuhle Petri war
nicht für ein kriegerisches Vorgehen zu gewinnen, sondern
hielt unerschütterlich an seinem Vorsatz fest, die Griechen
auf gütlichem Wege zum römischen Glauben zu bekehren.

Da nun also dem Anjou eine endgültige Hinderung der
Verhandlungen des Papstes mit den Griechen nicht gelang,
so hat seine blosse Agitation gegen dieselben bei Gregor eine
der von Karl erstrebten genau entgegengesetzte Wirkung gehabt: sie hatte nur zur Folge, dass Gregor behutsamer vorging, als er es sonst getan hätte, sie verhinderte, dass der
ideal angelegte Papst bei dem Spiel mit dem berechnenden
Griechen zu schnell seine Trümpfe verspielte, und vor allem:
in die Manifeste Gregors an die Griechen drang ein Hauch
des Sturmes, den der Anjou über Byzanz heraufzubeschwören
gedachte: er aber machte den Paläologen erzittern.

II. Das Unionsprogramm Gregors X.

Gleich im Beginn der kirchlichen Verhandlungen zeigt sich,
wie die impulsive Natur des Papstes durch die hemmende Einwirkung seitens Karls und der französisch gesinnten Kardinäle in
einer der Realisierung der Union heilsamen Weise gezügelt wurde.

Bereits im Herbst 1271 auf seiner Reise von Palästina
nach Italien hatte Gregor, damals noch völlig frei in seinen
Entschlüssen, ein Schreiben nach Konstantinopel gesandt, in
dem er dem Kaiser seine Sehnsucht nach der Union bekannte.[1]
Als er dann im März 1272 sich abermals an den Griechen wenden
wollte, um ihn gleich den Fürsten des Abendlandes zu dem für
das Jahr 1274 angesetzten Konzil von Lyon einzuladen, obwohl
derselbe seit langem gar nichts von sich hatte hören lassen,
da setzte es Karl, der damals in Rom weilte, zusammen mit
der französischen Partei im Kardinalskolleg durch, dass der
Papst zunächst einmal ruhig einen Brief Michaels abwartete.[2]

---

[1] Pachymeres Buch V, c. 11, ed. Bonn p. 369.

[2] Karl weilte in Rom vom 29. März bis zum 4. Juni 1272: Durrieu
l. c. Bd. 51 p. 174. Seine Aktion beim Papste wird ersichtlich aus dem

Ein solcher traf nun in der Tat im Laufe des Sommers
1272 ein.   Er würde überbracht durch den vom Kaiser ausdrücklich bevollmächtigten Minoriten Johannes Parastron.
einen Griechen von Geburt, der beider Sprachen mächtig und
ein Eiferer für die Kirchenunion war.[1])   Der Paläologe sprach
sein Bedauern darüber aus, dass Gregor auf der Reise von
Palästina nach Italien nicht Konstantinopel berührt habe, er
versicherte dem Papst seine Bereitschaft zur Union und zum
Kampf gegen die Ungläubigen.[2])

Aber auch jetzt noch kostete es Gregor einen heissen
Kampf gegen den Einfluss Karls und seiner Parteigänger, die
Absendung einer feierlichen Gesandtschaft an den Paläologen
durchzusetzen.   Zumal hatte, was sie einwarfen, Hand und Fuss.
Sie wiesen Gregor darauf hin, dass die Unionsverhandlungen.
wie sie seit Jahrhunderten geführt worden, für die Päpste
nichts als eine fortlaufende Kette von Enttäuschungen gewesen seien, da die Griechen es niemals ernst gemeint hätten
mit ihren Anerbietungen.   Statt dessen drängten sie den Papst
zum Kriege gegen Byzanz, für dessen glückliches Gelingen
alle Aussicht vorhanden sei.[3])

Brief Gregors an Michael vom 24. Oktober 1272 Reg. Greg. X ed. Guiraud
№ 194 (p. 68 b).   „. . . licet ab exordio indictionis huius (concilii) ad
magnificentiam tuam litteras et nuntios disposuerimus destinare, ipsorum
(sc. fratrum nostrorum) tamen consultu suspendimus missionem‘, ängstlich eine Antwort Michaels erwartend. (Dieser Briefpassus auch herangezogen
von Hefele, l. c. [471¹] p. 125/6, Walter l. c. p. 39: aber beide Autoren
erkennen nicht, dass Karl hinter den Retardierungsbestrebungen steht).

[1]) Reg. Greg. l. c.   Pachym., p. 371; Hefele, p. 126.

[2]) Aus Gregors Antwort l. c.   vgl. Hefele l. c. p. 126, Walter l.
c. p. 39/40.

[3]) Ersichtlich aus einem späteren Brief Gregors an Michael vom
21. November 1273 (Guiraud reg. Greg. X № 315).   Es ist bereits der
zweite Brief Gregors an den Kaiser zu einer Zeit, wo die Unionsverhandlungen schon im Gange waren.   Rückblickend auf die Zeit vor dem
Beginn seiner Verhandlungen mit dem Kaiser setzt Gregor auseinander.
wie viele „magne condicionis et status‘ ihm schon den Eintritt in die
Verhandlungen, die Absendung der Gesandten an Michael widerraten hätten

Jedoch Gregor hielt nun eine kriegerische Lösung der Frage nicht für nötig, er vertraute darauf, die Griechen durch Verhandlungen unter Rom zu beugen, und schickte eine Gesandtschaft von vier Minoriten nach Konstantinopel, deren einer der Bruder Hieronymus, der spätere Papst Nikolaus IV., war; zugleich mit ihnen kehrte jener Johann Parastron heim.

Der Inhalt ihrer Mission zeigte dem Kaiser zweierlei: einmal, dass er im Falle der Union auf den Schutz dieses Papstes sicher werde bauen dürfen, sodann aber, dass wenn er nicht schleunigst mit der Unterwerfung unter Rom Ernst mache, Gregor gezwungen sein werde, dem Drängen des Anjou nachzugeben.

Gerade diese doppelte Aussicht: die Erkenntnis, dass in Gregors Händen sowohl sein Heil als sein Verderben ruhe, musste auf den Paläologen grossen Eindruck machen. Klemens IV. hatte zu sehr nach der einen Seite gravitiert: seine Drohung zwar mit dem Angriff bei Fortdauer des Schismas war nachdrücklich, seine Zusicherung dagegen des Schutzes im Falle der Union ungenügend gewesen; Gregor versprach mehr und drohte weniger. Klemens hatte dem Kaiser nichts weiter angetragen als dieses: wenn er die Union vollzogen habe und ihn, den Papst, um die Berufung eines Konzils zur Herstellung des weltlichen Friedens zwischen Griechen und Lateinern bitte, werde er, Klemens, diesem kaiserlichen Wunsche willfahren.[1] Gregor dagegen erklärte: wenn der Kaiser die kirchliche Union in der von Klemens IV. angeordneten Form,[2] d. h. durch Ablegung des Glaubensbekenntnisses und Anerkennung des päpstlichen Primats vor den nach Konstantinopel entsandten päpstlichen Legaten, voll-

---

Sie meinten ‚unionis praedictae tractatum ex Graecorum parte diutius in figmentis verborum et simulate deductum. Propter quod et nobis super apocrisiariorum nostrorum, qui ad tuam pervenere sententiam deliberantibus missione id dissuasere frequentius, viam aliam quae se videbatur offerre prae manibus potius suadentes'.

[1] S. oben p. 451.
[2] S. oben p. 450/1.

zogen haben werde, werde er, der Papst, bei den Verhandlungen .wegen der weltlichen Eintracht ✦zwischen Griechen
und Lateinern, die nicht auf einem erst zu berufenden, sondern
auf dem bereits für den Mai 1274 angesetzten Konzil[1]) zu
Lyon unter Teilnahme des Kaisers selbst oder seiner Gesandten stattfinden sollten, sich um so grössere Mühe geben
und sich dem Kaiser um so günstiger erweisen, je freier er
diesem als einem bereits Bekehrten seine Wünsche, soweit
sie rationell und ohne Gewissensbedenken zu gewähren seien,
werde erfüllen können.[2])

Ja Gregor kam dem Kaiser noch viel weiter entgegen.
Denn, so verkündete er diesem, Union und Frieden lägen ihm
so sehr am Herzen, dass er dafür nicht nur jede Mühe gern
aufwenden, sondern auch einen „Überaufwand" nicht scheue.[3])

Der bestand nun darin, dass er dem Kaiser neben dem
Klemensschen Unionsmodus noch einen anderen freistellte.[4])

- - - .

[1]) Auch den griechischen Patriarchen forderte Gregor in einem
Schreiben vom 1. November (Guiraud № 196) auf, persönlich mit seinem
Klerus auf dem Konzil zu erscheinen.

[2]) Brief Gregors an Michael vom 24. Oktober 1272, Guiraud № 194
(p. 72 a). Ich zitiere nur den auf die weltliche Einigung bezüglichen
Schlusssatz, der hinter dem Worte *vendicare* beginnt, wo der Herausgeber in sinnstörender Weise ein Kolon weggelassen hat. Gregor sagt
also: nachdem die Union vom Kaiser erfüllt ist (in der oben im Text angegebenen Weise): *,ad premissa solide roboranda commodius et ad trac-
tandam caritatis inter ipsos Latinos et Graecos, radicibus sizaniarum
evulsis omnibusque discordiis . . . sedatis, inviolabiliter solidande tanto
efficacius tantoque favorabilius intendemus, quanto liberius tibi de
regione dissimilitudinis iam reverso . . . . condescendere poterimus et
sine conscientie lesione rationabilibus acquiescere votis tuis'.*

[3]) l. c. (p. 72 b) *,ut pro eorum executione non solum labores impendere sed etiam superimpendi modicum reputemus':* nach einem Ausdruck, den Urban IV. in gleichem Zusammenhang gebraucht hatte (Wadding.
Ann. Min. Bd. IV. p. 208).

[4]) Diese äusserst wichtige und interessante Tatsache ist Hefele
bei seiner Skizzierung der Unionsverhandlungen unter Gregor völlig entgangen. Sie wirft auf Gregors X. wie Kaiser Michaels Politik und auf
die Kirchenunion des Jahres 1274 ein ganz neues Licht.

Freilich sei jener, d. h. die sofortige Unterwerfung von Kaiser, Klerus und Volk unter Rom in Gegenwart der nach Konstantinopel entsandten päpstlichen Legaten, der heilsamere und sachgemässere, da die Reinheit des Glaubens eine schlichte, bedingungslose Anerkennung erfordere. Für den Fall aber, dass zur Beschreitung dieses Weges der Kaiser und sein Volk nicht geneigt seien, gestattet Gregor X. dem Kaiser, die kirchliche Union erst dann zu vollziehen, und zwar durch Gesandte, wenn vor, auf oder nach dem Konzil ein weltlicher Friede zwischen Griechen und Lateinern durch päpstliche Vermittlung zustande gebracht worden ist. Jedoch hat der Kaiser in diesem Falle eine Bedingung zu erfüllen: Er sowohl als der Patriarch mit seinem gesamten Klerus oder einigen hohen Prälaten müssen durch die heimkehrenden päpstlichen Gesandten Gregor die schriftliche Versicherung abgeben, dass sie den Wunsch haben, den römischen Glauben und Primat zu bekennen, und dass sie, nachdem zuvor die weltliche Einigung hergestellt ist, die geistliche Union auch wirklich vollziehen werden.[1])

---

[1]) Die Quellen für diesen zweiten Modus, den Gregor dem Griechen freistellte, sind I. der mehrfach zitierte Brief an Michael (Guiraud *№* 194, p. 72ᵇ); II. die Instruktion Gregors an seine Gesandten (Guiraud *№* 195: nicht wie Potthast *№* 20810 ansetzt vom Januar bis März 1274. sondern vor der Absendung der Legaten geschrieben, d. h. Oktober 1272, denn Gregor sagt: ‚*in litteris ... quas Palaeologo per vos mittimus ... continetur*‘, bei Guiraud findet sich denn auch der 25. Oktober 1272 als Datum); III. die Rede Gregors auf dem Konzil (Mansi. Conc. Bd. XXIV. p. 65).

Gehen wir einmal von letzterer Quelle aus. In dem Bericht über Gregors Rede bei Mansi heisst es: ‚*dixit etiam, qualiter scripserat imperatori Graecorum quod, si non vellet spontanee venire ad obedientiam Romanae ecclesiae et fidem eius: quod mitteret nuntios sollemnes ad tractandum super hiis quae petere volebat*‘.

Hefele l. c. p. 138² erwähnt diese Worte, zögert aber sie als authentisch anzuerkennen, „weil sie sich in keinem der noch vorhandenen Papstbriefe finden“.

In Wirklichkeit rekapituliert der Papst in seiner Rede das, was er in dem Hefele sonst wohl bekannten Briefe vom 24. Oktober 1272 dem Kaiser als II. Modus anheimgestellt hatte. Es bedarf allerdings der

Endlich zeigte Gregor dem Kaiser auch darin sein Wohlwollen, dass er sich bereit erklärte, sogleich mit der Verhandlung der weltlichen Fragen den Anfang zu machen, damit auf dem Konzil das Friedenswerk um so leichter zustande komme.   Er instruierte seine Gesandten in diesem Sinne.[1]

schärfsten und peinlichsten Analyse der betr. Briefstelle, um in ihren Sinn und ihre Bedeutung einzudringen.   Ganz verständlich wird sie erst durch Heranziehung der Instruktion Gregors an seine Legaten (Martène, p. 227—229; s. am Schluss dieser Anm.).

In der betreffenden Stelle des Briefes Gregors an den Kaiser, die zur Wiedergabe in extenso zu ausführlich ist, steht folgendes: Statt gleich vor den päpstlichen Legaten die Union zu vollziehen, darfst Du Gesandte zum Konzil senden, damit erst dort Union sowohl als weltlicher Friede verhandelt werden.   In diesem Falle musst Du aber den päpstlichen Gesandten bei ihrer Rückkehr aus Kp. die schriftliche Versicherung mitgeben, dass Deine eigene nachfolgende Gesandtschaft nachträglich, *,Domino viam ad sedandas inter eosdem Latinos et Graecos discordias alias demonstrante',* eine Unionserklärung in Deinem Namen ablegen wird.   Dieselbe schriftliche Versicherung hat der Patriarch entweder gemeinsam mit dem gesamten griechischen Klerus oder wenigstens einigen vornehmen Prälaten abzugeben.

In der Instruktion, die Gregor den Minoriten mitgibt, erfahren wir nun, welchen Wortlaut die Erklärung haben soll, die der Kaiser und die griechische Geistlichkeit den Minoriten bei ihrer Rückkehr nach des Papstes Wunsch mitzugeben haben.   Für den Eingang sind drei Formeln erlaubt: 1. *recognoscimus veritatem*, 2. *convenimus in ... veritatem*, 3. *desideramus ... fidem agnoscere* etc.   Nach dieser Versicherung sollen der Kaiser und die Prälaten in dem Schreiben weiter erklären: *,et promittimus, quod postquam in gen. concilio sive ante sive post ipsum concilium inter nos clerum et populum nostrum ex parte una et Latinos ex altera super discordiis exortis hinc inde concordia fuerit reformata, eamdem fidem infallibiliter primo apud nos in curia vestra per apocrisiarios solemnes ...agnoscemus',* sowie den Primat, und wir werden es später persönlich beschwören, sowie durch Klerus und Volk beschwören lassen.

[1] p. 72 b: *,et nihilominus super sedatione discordiarum ipsarum tam per ipsos apocrisiarios, quos ad presens mittimus, quam per alios hinc inde mittendos poterit interim tractatus haberi, exquiri diverse vie ac modi, qui ad expeditionem faciliorem idem negotium ... preparabunt'.*

Betrachtet man soweit die päpstlichen Anträge, so wird man finden, dass Gregor hier dem Griechen so weit entgegenkam, wie es nur immer Innocenz IV., Alexander IV. und Urban IV. getan hatten. Der Satz, durch den er dem Paläologen im Falle einer vorangehenden geistlichen Union einen günstigen Ausgleich seines Streites mit den Lateinern verhiess,[1] glich genau der Wendung, deren sich jene Päpste den griechischen Kaisern gegenüber bedient hatten.[2] Und wenn zwar Gregor nicht wie sie die dem Kaiser zugedachte Konzession genau definierte, so liess er sie alle darin weit hinter sich zurück, dass er — durch den zweiten Unionsmodus, den er dem Kaiser freigab — das von jenen streng festgehaltene Prinzip: es müsse die geistliche Union der weltlichen vorangehen, seinerseits fallen liess. Das alles erscheint um so erstaunlicher, als jene Päpste sich den Griechen entgegenkommend erwiesen, weil damals das Papsttum zu ihrer Bekämpfung zu schwach war: Gregor hingegen eine ihnen so günstige Sprache führte, obwohl damals das unter seinem Regiment geeinte Abendland zur Offensive stark genug war. Er zeigte sich hier eben als der wahre Friedensfürst, der um jeden Preis einen Kampf vermieden zu sehen und eine Einigung zwischen den streitenden Mächten herbeizuführen wünschte.

Aber die Aggressivkraft des katholischen Occidents, wie sie sich seit den Tagen Urbans IV. herangebildet hatte und sich besonders in dem Reiche Karls von Anjou verkörperte, war nun doch von viel zu grosser Stärke, als dass ein Papst sich ihrer Wirkung gänzlich hätte entziehen können. Klemens IV. hatte zu sehr unter ihrem Einfluss gestanden: Gregor schenkte den Vorstellungen des Anjou wenigstens soweit Gehör, dass er in seinen Brief an den Paläologen die ernste Mahnung einflocht, er solle durch die Herbeiführung der Union sich und seinem Volke Ruhe verschaffen und unzähligen Gefahren für Seele und Körper sowie Verlusten

---

[1] S. oben p. 494[2].
[2] S. oben p. 373[3], 421[1].

vorbeugen, die die schreckliche Kriegsplage, die Gott verhüten möge, mit sich bringen werde,[1] dass er am Schlusse
nach dem Beispiele Klemens' IV. erklärte: er gedenke, wenn
der Kaiser die päpstlichen Boten nicht schnell mit einer bestimmten Antwort zurücksende, eine so nützliche Sache, wie
die Union, unverzüglich auf den Wegen, die Gott zum Seelenheil weisen werde, zu verfolgen. Indem er bei dieser letzten
Wendung einen direkten Hinweis auf die Prätensionen Karls
und Philipps vermied, nahm er ihr ein wenig von der Schärfe,
die sie bei Klemens gehabt hatte.[2]

So stellte das Vorgehen Gregors X. eine glückliche
Kombination der Politik Innocenz' IV. und seiner nächsten
Nachfolger mit derjenigen Klemens' IV. dar: die entgegen-
kommende Haltung jener Päpste, die drohende Klemens' IV.
verschmolzen bei Gregor X. zu einer Einheit: persönlich
neigte er zu jener, die Zeitumstände zwangen ihm zugleich
diese auf. Was aber Überredung und Drohung für sich allein
bei dem Griechen nicht durchgesetzt hatten, das musste ihre
Vereinigung im Munde eines und desselben Papstes bewirken.
Sie musste es ganz besonders deshalb, weil dieser Papst dem
Kaiser auch in dem schon fest angesetzten Konzil von Lyon
einen Termin nennen konnte, der, hielt ihn jener ein, das
päpstliche Versprechen, liess er ihn verstreichen, die päpstliche Drohung wahr machen sollte: nur bis zum Konzil galt
das freie Geleit, das Gregor den griechischen Gesandten zu-
sichern liess.[3]

---

[1] Guiraud *N.* 194 (p. 71 ª) „... *tibi et ipsis quietem tribuas, in-
numerabilibus periculis animarum et corporum rerumque dispendiis,
que guerrarum induceret, quam avertat altissimus, horrenda calamitas‘.*

[2] Am Schluss des Briefes Gregors an Michael vom 24. Oktober 1272
Reg. ed. Guiraud *N.* 194 (p. 73 ª) „... *nos de tua responsione incerti
tam utilis negotii prosecutionem per vias* (cf. ‚*viam aliam‘* in p. 492³.
die Karl vorschlug), *quas ad animarum salutem Dominus aperire dig-
nabitur, propterea nec omittere intendimus nec differre‘.* Vgl. oben
p. 452¹.

[3] Martène, ampl. coll. Bd. VII. p. 233 (— P. 20633, vom November
1272, obwohl Potth. unter diese Nummer Mart. p. 227 setzt, d. h. eine

III. Die Modifizierung des Gregorschen Unions-programms durch die Einwirkung Karls von Anjou.

Von grosser Bedeutung für die weitere Entwicklung ist die Tatsache gewesen, dass Gregor gerade diejenige der dem Paläologen gegebenen Zusicherungen, die sich auf die Gegenwart bezog, nicht in die Tat umgesetzt hat, resp. hat umsetzen können.

Wir sahen, dass er sich unter anderem dem Paläologen gegenüber bereit erklärt hatte, gleich von vornherein auch wegen des weltlichen Friedens zu verhandeln und einen solchen vorzubereiten. Er hatte dabei vor allem die Herstellung eines Waffenstillstands zwischen dem Kaiser und dem sizilischen König im Auge. Es war nämlich dem Papste zu Ohren gekommen, dass jener nur, wenn ein solcher zustande gekommen sein werde, sich auf die Unionsverhandlungen einlassen wolle.

Aber Gregor konnte nun nicht entfernt daran denken, dem mächtigen Anjou von vornherein eine Waffenruhe zu diktieren, so wie sie einst von Urban IV. dem isoliert kämpfenden Fürsten von Achaja auferlegt worden war.[1] Er hat von Karl, als etwa im September 1272 die Absendung von vier Minoriten an den Paläologen feststand, die Überführung dieser Legaten nach Romanien verlangt:[2] und der König hat diesen päpstlichen Wunsch im Oktober prompt erfüllt.[3] Was aber den Waffenstillstand anlangt, so hat Gregor, von Karl selbst im Frühjahr 1272 über das vorgeschrittene Stadium von dessen

---

zweite Instruktion Gregors an seine Legaten: diese letztere aber steht bei Potthast ein zweites Mal unter № 20810, zum Jahre 1274, fälschlich wie wir oben p. 495[1] zeigten. Es müsste also folgendermassen sein: P. 20633 — Mart. VII 233, P. 20633a — Mart. p. 227) ‚securitate huiusmodi tantummodo usque ad dictum concilium duraturo‘.

[1] S. oben p. 425/6.

[2] In dem Briefe Martène, p. 229/30, über den näheres s. folg. p.

[3] Riccio, Il Regno etc. 1271/2, p. 96/7: Erlass Karls an den Sekretarius von Apulien vom 26. Oktober 1272, Schiffe zur Überführung einiger Minoriten nach Romanien bereit zu halten.

byzantinischer Unternehmung aufgeklärt, diesem nur folgende
Massnahmen anheimgestellt.

Wenn der Paläologe auf einem Waffenstillstand bestehe.
so solle der König ihm einen solchen auf beschränkte Zeit
gewähren: er brauche aber während dieser Zeit seinen
Truppenbestand in Romanien in keiner Weise zu verringern.
Womöglich solle er dann, falls während dieses kurzen Waffenstillstandes die von den vier Minoriten in Konstantinopel geführten geistlichen Verhandlungen einen günstigen Verlauf
nähmen, auf Verlangen der Minoriten einen Waffenstillstand
längerer Dauer mit dem griechischen Kaiser abschliessen,
innerhalb dessen ein endgültiger Friede zwischen ihnen zustande gebracht werden könnte. Zu diesem Zwecke sollte
Karl insgeheim den päpstlichen Gesandten eigene Vertraute
nach Romanien hinterher schicken mit Vollmacht zum Abschluss eines solchen längeren Waffenstillstands: sie sollten
den Minoriten ihren Aufenthaltsort mitteilen, um von diesen
über den Stand der Unionsverhandlungen auf dem laufenden
gehalten zu werden und im entscheidenden Momente ihrerseits mit den Griechen anzuknüpfen.[1]

Diese Aktion ist durchaus im Sinne Karls gedacht und
trägt dessen Bedürfnissen und Anschauungen, wie er sie selbst
dem Papste entwickelt hatte, im weitesten Masse Rechnung.
War es dem Könige auch nicht gelungen, Gregor von dem
Eintritt in die Unionsverhandlungen zurückzuhalten, so hatte
er doch durch seinen im voraus bei Gregor eingelegten
Protest zu verhindern gewusst, dass der Papst aus Anlass

---

[1] Alles aus dem Briefe Martène p. 229/30, der nicht, wie Potthast
(№ 20811) will, Anfang 1274, sondern offenbar noch vor der Absendung
der päpstlichen Gesandtschaft, im September oder Oktober 1272, geschrieben
ist: Gregor benachrichtigt eben in diesem Briefe Karl von seinem Entschluss, mit dem griechischen Kaiser wegen der Union in Verhandlung zu
treten. In den oben wiedergegebenen Sinn des Briefes dringt man infolge
der falschen Interpunktion bei Martène nur schwer ein, Walter l. c., der
den Brief in den Anfang 1274 setzt, gibt (p. 49) eine ganz missverständ-
liche Analyse.

der geistlichen Annäherung an die Griechen ihm selbst eine Waffenruhe unbedingt auferlegte. Nicht einmal eine Abrüstung verlangte Gregor von ihm, und Karl gab dieser päpstlichen Erlaubnis, seine Angriffsposition in Epirus und Achaja aufrechtzuerhalten, eine so weite Deutung, dass er daraufhin im Frühjahr 1273 jenes starke Heer, von dem wir berichteten,[1] nach Achaja übersetzen liess.

Ja die angiovinische Politik hat noch einen anderen, zwar in der Sache geringeren, dafür aber im Prinzip um so bedeutsameren Triumph über die Friedenssehnsucht des Papstes davongetragen. Gregor zögerte nicht nur, Karl selbst zum Abschluss eines Waffenstillstandes mit den Griechen zu zwingen, sondern er verbot sogar, ebenfalls im Jahre 1272, einer anderen Macht, der Republik Venedig, die Erneuerung der zwischen ihr und dem Paläologen bereits bestehenden Waffenruhe, um die sich der Kaiser damals bemühte.[2] Dieses Vorgehen, bei dem Gregor X. geradezu einen Friedensbruch befahl, steht in so absolutem Widerspruch mit des Papstes gesamter Weltanschauung, dass es sich nur durch eine Beeinflussung von aussen her, eben durch den Anjou, erklärt.

Um dieselbe Zeit nämlich, wie der Paläologe, warb der König von Sizilien um Venedigs Bündnis:[3] es war ein heisser Wettbewerb um die Gunst der Republik, den die beiden Gegner durch ihre Gesandten an der Lagune selbst ausfochten. Um nun dem Griechen den Rang abzulaufen, steckte sich Karl hinter den Papst, indem er ihm vorstellte, dass er doch die

---

[1] S. oben p. 476.

[2] Von den hier in Betracht kommenden Briefen ist bisher nur einer bekannt gewesen, gedruckt bei Taf. und Thom. l. c. Bd. XIV. p. 124/5. Vier andere Briefe, die der Papst in derselben Angelegenheit an Venedig sandte, alle aus dem Jahre 1272 habe ich nach dem Ms. der Bibliothèque nationale zu Paris, lat. № 4311 fol. 98ᵛ ff., (Berardus-Sammlung) herangezogen. Die Waffenruhe lief am 4. April 1273 ab.

[3] Chronik Canales im Arch. Stor. It. Bd. VIII. p. 649, 51, Dandolo ed. Mur. XII p. 382, 386 Anm. Vgl. Caro l. c. p. 303, Walter l. c. p. 43/4.

Verbindung einer katholischen Macht mit dem Paläologen,
so lange dieser noch Schismatiker sei, unter keinen Umständen
dulden dürfe. Denn dessen Macht und Selbstvertrauen werde
dadurch ausserordentlich gestärkt werden, er werde, statt an
die Union zu denken, die katholischen Christen — Karl meinte
dabei in erster Linie sich selbst — bekriegen. Ja er werde
unter dem Scheine des Waffenstillstandes eben der Republik
Venedig den grössten Schaden tun.[1]) Es war dieses das
Hauptargument, dessen sich zweifellos Karl bei seinen eigenen
Verhandlungen mit Venedig bedient hat, um die Republik
dem Vertrage mit dem Paläologen abwendig zu machen. In
der Tat hatten, wie wir schon erwähnten, die Venetianer
trotz der Waffenruhe im griechischen Reich die ärgsten Miss-
bilden zu erdulden und wurde ihr Handel in Romanien durch
griechische Korsaren fast unterbunden.[2]) Karl erklärte schliesslich dem Papste rund heraus, dass er eine Erneuerung des
Waffenstillstandes zwischen Venedig und Byzanz nicht gutwillig hinnehmen werde.[3])

Und Gregor nun, auf den die Vorstellung Eindruck
machte, dass eine vorzeitige Stärkung des Paläologen dessen
Willen zur Union abschwächen werde, hat im Laufe des Jahres
1272 die Republik nicht weniger als fünfmal gemahnt, von

---

[1]) Alle diese Gründe bringt Gregor in seinem Briefe an Venedig
vor. Vgl. u. Anm. 3. Der zuletzt oben angeführte lautet (in Brief № 108
und in № 109 auf fol. 98 v, 99): *„ne vobis sub treugarum nomine
guerrarum ingerantur incommoda‘.*

[2]) S. oben p. 461 ff. Vgl. aus dem oben zitierten venetianischen Bericht, über Schädigung von Venetianern durch Griechen für das Jahr 1271
Taf. und Thom. l. c. p. 251/2, für das Jahr 1272: p. 168, 169, 274/5 etc.

[3]) Gregor an Venedig (№ 108 auf fol. 99): es soll den Waffenstillstand nicht erneuern, *„cum in non leve tocius eiusdem christianitatis
dispendium redundaret et ipsam christianitatem proinde contra
vos non leviter provocare possetis, et quantum nos hoc moleste
ferremus, vobis forsan facto pocius quam verbo pateret‘.* Und № 110
(fol. 99 v): *„quod si secus fieret, christianitatem ipsam, in cuius damp-
num urgeret, et sedem apostolicam contra vos non sine gravi vestro
periculo provocare possetis‘.*

der Erneuerung der Waffenstillstände mit Byzanz abzustehen.[1])
Ein solcher werde ihr selbst schädlich sein und ferner müsse
er die der Christenheit heilsamen Absichten, die er, der Papst,
verfolge, durchkreuzen.[2]) Gregor drohte den Venetianern im
Weigerungsfalle mit der päpstlichen Ungnade und mit der
Rache der beleidigten Christenheit.[3])

Während nun die Republik zunächst die päpstlichen
Mahnungen unbeantwortet liess und mit den griechischen Gesandten ruhig weiter verhandelte,[4]) verzichtete sie doch
schliesslich darauf, den Waffenstillstand zu erneuern. Wenn
freilich Karl von Anjou darauf gerechnet hatte, sie werde
sich statt dessen in seine Arme werfen, so hatte er sich getäuscht. Obwohl die Venetianer nun nicht einmal mehr die,
wenn auch noch so schwache, Garantie des Waffenstillstandes
mit dem Paläologen für ihre Position in Romanien hatten,
so zögerten sie dennoch, jetzt entschlossen auf die lateinische
Seite zu treten und sich auf das angiovinische Programm einzuschwören. Man könnte vielleicht meinen, sie hätten auf
das Zustandekommen der Union spekuliert und von einer
Unterwerfung der Griechen unter das Papsttum eine Sicherung
ihrer griechischen Stellung erwartet. Wir werden sehen, dass
sie auch von der Union nur Nachteile fürchteten.[5])

So gross Venedig zur Zeit des lateinischen Kaiserreichs
dastand, so schwächlich war die venetianische Politik seit der

---

[1]) Den ersten Brief gab er einer von der Kurie heimkehrenden
venetianischen Gesandtschaft mit (s. fol. 98 v in № 108), dann sandte er
noch drei Briefe (l. c. № 108, 109, 110) an die Republik, sowie je einen
an den Dogen (Taf. und Thomas l. c.) und an dessen Sohn Peter (№ 112).

[2]) Brief № 108 auf fol. 98 v: „ne vel vobis sub treugarum nomine
guerrarum ingerentur incommoda vel, christianitatis commoda, quorum
promotioni vacamus, contingeret proinde quomolibet impediri'; ganz
ähnlich im Brief № 109 auf fol. 99.

[3]) S. Anm. 3 vor. Seite.

[4]) Im Brief № 110 (fol. 99), also im dritten päpstlichen Briefe
„(treugae) de quibus inter vos et Palaeologum de novo contrahendis
seu prorogandis ulterius tractatus dicebatur haberi'.

[5]) S. unten IV. Kap. dieses Abschn. № II 1.

Restauration des byzantinischen Reichs: mühsam bahnte sich
die Handelsrepublik zwischen den grossen Mächten, dem
griechischen Kaisertum, dem angiovinischen Königstum und
der römischen Kurie, ihren Weg, von ihnen allen mit Misstrauen betrachtet, wenn nicht gar misshandelt und ihrerseits
jene beargwöhnend. —

Doch kehren wir zu dem Ausgangspunkt unserer Betrachtung zurück. Wir suchten zu zeigen, wie Gregor X.,
obwohl er seine Gesandten an den griechischen Kaiser ausdrücklich zur sofortigen Verhandlung auch des weltlichen
Friedens zwischen Griechen und Lateinern bevollmächtigt und
darüber den Kaiser in seinem Briefe verständigt hatte, dennoch unter dem Druck der angiovinischen Politik zunächst
eine mehr kriegerische Haltung der Lateiner zugab, ja sogar
befürwortete: ersteres bei Karl selbst, letzteres bei Venedig.

Nur eine entschiedene Forderung zu Gunsten der Union
hat damals (November 1272) Gregor an Karl gestellt: er verlangte bereits damals von ihm die Zusicherung freien Geleits
für die feierliche griechische Konzilsgesandtschaft, zu deren Absendung er den Paläologen einlud. Denn dieser möchte ohne
eine solche Garantie von seiten des Königs nicht wagen, die
Gesandtschaft abzuschicken.[1] Karl jedoch hat diese Bitte
zunächst völlig mit Stillschweigen übergangen, offenbar weil
sie ihm noch verfrüht erschien und er ein Eingehen des
Kaisers auf den päpstlichen Wunsch für sehr zweifelhaft hielt.

IV. Die Aktion des griechischen Kaisers bei seinem Klerus zu Gunsten der Union und seine Gesandtschaft an den Papst vom Mai 1273.

Der König von Sizilien täuschte sich, wenn er nach wie
vor an dem guten Willen des Griechen zweifelte. Gerade
die unversöhnliche Haltung Karls, seine Fortschritte in
Romanien, sein Einfluss auf den Papst bewirkten, dass der
Paläologe diesmal mit seiner Unterwerfung unter Rom Ernst
zu machen beschloss.

---

[1] Martène, p. 232 (P. 20639) Brief vom 7. November 1272.

Doch der griechische Kaiser hatte nun in seinem Reich einen nicht minder hartnäckigen Widerstand gegen die Union zu überwinden, wie der Papst im Abendlande. Wie hier die weltliche, so widerstrebte dort die geistliche Gewalt der Kircheneinigung. Aber wie der Kaiser vertraute, dass der Papst Karl von Anjou seinen Willen aufzwingen werde, so gedachte er selber bei seinem Klerus seine Absicht durchzusetzen. Gregor wirkte mit geistlichen Gründen auf den sizilischen König ein, der Paläologe mit politischen Argumenten auf seine Prälaten.

Er zeigte, wie eine erneute abendländische Invasion das griechische Reich bedrohe.[1] Das einzige Mittel, ihr zu entgehen, das Rhomäerblut zu schonen, sei, sich Rom zu unterwerfen: dann werde der Papst die Griechen schützen und einen Angriff der Lateiner auf ihre neuen Glaubensbrüder verhindern.[2] Er wies auf das Beispiel des Kaisers Vatatzes hin, der mitsamt seinem Klerus dem Papsttum Unterwerfung angetragen habe, um Konstantinopel, das damals noch lateinisch war, zu erwerben: um wie viel mehr könne man heute das gleiche tun, wo es gelte, sich im Besitze der Hauptstadt zu erhalten.[3] Er betonte vor allen Dingen aufs nachdrücklichste die Unverfänglichkeit der geistlichen Konzessionen, die er dem Papsttum zu machen gedenke.[4]

Es handle sich nur um drei Punkte: um die Anerkennung des päpstlichen Primats, die Freigabe der Appellation nach Rom und die Erwähnung des Papstes im Kirchengebet. Hiervon würden die ersten beiden Bewilligungen nur auf dem

---

[1] Pachym., p. 374: ‚φόβους παραπλέκων καὶ πολέμους καὶ γενησόμενα αἵματα‘, vgl. p. 384, 386 und sonst.

[2] Pachym., p. 367, 384.

[3] Pachym., p. 367: Bei dem Vergleich der Lage des Vatatzes und der eigenen ‚ἀναγκαστικώτερον εὑρίσκων τὸ νῦν ἢ τὸ πρότερον, ὅσῳ τότε μὲν προσλαβεῖν ἠπείγοντο τὸ μὴ παρ' αὐτοῖς ὄν, νῦν δ' ἀποβαλεῖν τὰ ἐν χερσὶ κινδυνεύουσι‘. Vgl. p. 374.

[4] l. c. p. 374 ‚οὐ μὴν δὲ ἀλλ' οὐδὲ πάμπαν ἐπισφαλὲς (gefährlich) ἐδείκνυ τὸ γενησόμενον‘, cf. p. 384.

Papier stehen, da nicht so leicht ein Papst nach Konstantinopel
kommen werde, um dort als Oberhaupt der Kirche aufzutreten,
da andrerseits die weite Entfernung von Rom keinem
Griechen eine Appellation an den Papst werde in den Sinn
kommen lassen; der dritte Punkt aber, die Kommemoration
des Papstes bei der Liturgie sei in Anbetracht der Gefahr,
die das Reich bedrohe, keine zu grosse Konzession und werde
von den ersten Geistern der Nation nicht als Sünde betrachtet,
sondern mit Freuden angenommen werden.[1]) Im übrigen
werde die griechische Kirche in ihrem alten Zustande bleiben,
an eine Aufdrängung der lateinischen Riten und Bräuche
denke er, der Kaiser, nicht.[2])

Die Geistlichkeit verkannte nun keineswegs die Gefahr,
die dem griechischen Reiche vom Abendlande drohte: aber
sie wollte sich nicht von der Notwendigkeit ihrer Abwehr
durch Preisgabe der griechischen Orthodoxie überzeugen.
Als ein solcher wäre nach der Ansicht eines Teils des Klerus
die Bewilligung aller drei Punkte, nach der Meinung der
Gesamtheit aber die des letzten erschienen.

Vielmehr empfahl man dem Kaiser, statt geistliches mit
weltlichem zu vermischen, solle er selbst dem feindlichen Angriff durch kriegerische Vorkehrungen die Spitze abbrechen
und die Geistlichkeit durch Fürbitten bei Gott wirken lassen.[3])
Ein greiser Prälat, der Grossökonom Xiphilinos, warf sich
während einer der Versammlungen, in denen diese Fragen
erörtert wurden, dem Kaiser zu Füssen und warnte ihn davor,
durch den Versuch, sich einen auswärtigen Krieg vom Halse
zu schaffen, einen Krieg innerhalb seines Reichs zu entfachen:

---

[1]) p. 374/5 und p. 386/7 ‚τρίσι δὲ κεφαλαίοις καὶ μόνοις τὸ πρὸς τὴν
τῶν Ῥωμαίων ἐκκλησίαν πραττόμενον περιστήσεσθαι, πρωτείῳ, ἐκκλήτῳ
καὶ μνημοσύνῳ‛, es folgt dann die Auslegung des Kaisers. Vgl. Pichler,
p. 344/5. Vgl. auch oben p. 96[1].

[2]) p. 386 ‚μένειν δὲ καὶ πάλιν τὴν ἐκκλησίαν ἀκαινοτόμητον . . .‛.
p. 388: wir werden nicht ‚προσβιασόμεθα ἐφ' ᾧ καὶ ἤδη ἀλλάττειν καὶ
ὁμολογεῖν ὡς ἐκεῖνοι λέγουσί‛.

[3]) p. 389/90.

denn es werde ihm nicht gelingen, die Gesamtheit seinem
Willen zu beugen.[1]

Nicht nur bei mündlicher Aussprache platzten die
Meinungen aufeinander, sondern auch durch die Feder suchte
die eine Partei die andere zu überzeugen. Der Kaiser liess von
den wenigen unionsfreundlichen Prälaten eine Schrift verfassen,
durch die er die übrigen zu seiner Auffassung von der Unverfänglichkeit der Konzession jener drei Punkte zu bekehren
hoffte. Aber in einer grossen Versammlung unter dem Vorsitz
des Patriarchen Joseph, an der auch des Kaisers Schwester
Eulogia teilnahm, wurde das kaiserliche Manifest Kapitel für
Kapitel vorgenommen und unter allgemeiner Beteiligung
widerlegt. Mit einer Zusammenfassung der vorgebrachten
Gründe und ihrer Redaktion zu einer Gegenschrift wurde der
Mönch des Jasitesklosters Hiob betraut, auch Pachymeres
arbeitete, wie er selbst erzählt, daran mit.[2]

Obwohl man sich bemühte, mit Rücksicht auf den Kaiser,
für den die Schrift bestimmt war, einen gemässigten Ton an-
zuschlagen, trat dennoch in ihr noch einmal recht deutlich
die tiefe Abneigung der Griechen gegen eine Unterwerfung
unter das Papsttum und gegen eine Annäherung an die abendländische Kirche hervor. Wenn der Papst, so erklärte man,
erst uns beherrschen und über uns Richter sein wird, dann
wird seine Tyrannei, die er jetzt schon wider alle göttliche
Ordnung ausübt, keine Grenzen mehr kennen.[3] Jede Gemein-

---

[1] „μὴ ζητῶν ἀναχαίζειν ἀλλότριον πόλεμον ἴδιον καθ᾽ ἡμᾶς αὐτοὺς
προσεπινοεῖν‘.

[2] Pachym., p. 379/80. Die Gegenschrift ist erhalten in einem
Münchener Ms., aus dem Demetrakopulos in seinem Ὀρθόδοξος Ἑλλὰς‘ etc.,
Leipzig 1872 auf p. 59/60 und in seiner Ἱστορία τοῦ σχίσματος τῆς
λατινικῆς ἐκκλησίας ἀπὸ τῆς ὀρθοδόξου Ἑλληνικῆς‘, Leipzig 1867, p. 61/2,
zwei charakteristische Stellen mitteilt. Vgl. den (griechischen) Nachdruck
bei Dräseke „Der Kircheneinigungsversuch des Kaisers Michael Paläologus"
(Zeitschrift für wiss. Theol., XXXIV. Jahrg. p. 383/4). Dräsekes Aufsatz
behandelt eben die polemische Literatur der Griechen.

[3] „. . . πῶς ἡμῶν κρατήσας καὶ ὑπερκαθίσας ὡς δικαστὴς καὶ τὸ
ἀντίπιπτον ὑποχείριον ποιησάμενος οὐκ ἀνομήσει . . .‘ Demetrak. l. c.
Vgl. auch oben p. 98/9.

schaft mit den Lateinern wird zurückgewiesen, denn sie
fehlten nicht nur gegen den heiligen Geist, sondern seien von
Grund aus gottlos,[1] seien der Verdammung würdige Häretiker.[2]   Trotzdem wolle man ihnen nicht fluchen, sondern
sie vielmehr bemitleiden und Gott bitten, dass er sie zu un-
tadelhaften Gliedern seiner heiligen und katholischen Kirche
mache.[3]   „Wenn aber der Aussatz der Gotteslästerung an
ihrer Seele frisst, dann weit weg mit ihnen von der Synagoge
der Söhne Israels: uns jedoch lasst rein und tugendhaft sein
und zum ewigen Leben streben."

Völlig eines Sinnes aber mit der zelotischen Geistlichkeit
war das griechische Volk.   Höher selbst als die Wahrung
seines staatlichen Daseins ging ihm die seiner Kirche, in der
es, weit mehr als im Staate, die eigentliche Inkarnation seiner
Nationalität sah.   An jener rütteln, hiess ihm diese bedrohen.

Man sieht, wie schwierig die Stellung des Paläologen
war, der, um die Union durchzusetzen, d. h. das einzige Mittel,
den griechischen Staat vor dem Untergange zu retten, den
Geist des griechischen Volkes selbst zu bekämpfen sich genötigt sah.   So auch die Lage des Papstes, der den Genius
des Occidents, das lateinische Nationalgefühl, das sich in Karl
von Anjou verkörperte, zu bändigen hatte, um die friedliche
Aufnahme des Griechentums unter die Herde Petri zu ermöglichen.

So wenig nun wie der Papst verzagte der Kaiser bei
seiner Aufgabe.   Da er aber stetig fürchtete, der Anjou möge
es, noch ehe die Union vollzogen sei, beim Papste völlig davontragen, so beschloss er bereits im Mai 1273, obwohl in
Konstantinopel noch alles in der Schwebe war, Gregor durch

---

[1] „πᾶσαν ἀσέβειαν κατεργάζονται‘.

[2] Die Bezeichnung der Lateiner als Häretiker in dieser Schrift
(„ὅτι γε ἦσαν ἀναθέματος ἄξιοι ὡς αἱρετίζοντες φανερῶς‘) nach dem Zitat
aus derselben bei Hergenröther. Photios, Bd. III. p. 819.

[3] „... καταστήσει αὐτοὺς μέλη ἄμωμα τῆς ἀγίας αὐτοῦ καὶ κα θ ο-
λ ι κ ῆ ς ἐκκλησίας.‘

zwei von dessen eigenen Legaten über den bisherigen Verlauf der Verhandlungen Bericht zu erstatten.[1]) Sie konnten wenigstens das eine tun: auf Grund persönlicher Beobachtung[2]) Gregor den Eifer des Kaisers für das Unionsgeschäft schildern, wie er hierüber alles andere: Schlaf, Mahlzeiten und Staatsangelegenheiten vernachlässige. So würde der Papst die Aufrichtigkeit der Absichten des Kaisers ersehen, und dem Anjou das Hauptagitationsmittel gegen diesen genommen werden.

Zugleich weihte aber der Paläologe in seinem Briefe, den er den beiden Minoriten mitgab, Gregor in die Schwierigkeiten ein, die ihm die Durchführung der Union mache. Er müsse, so sagte er in Anlehnung an jenes Wort, das man ihm selbst entgegengehalten hatte, darauf Bedacht nehmen, nicht, indem er das alte Schisma beizulegen suche, ein neues, nicht geringeres ins Leben zu rufen. Bald jedoch, erklärte er, würden diesen Minoriten, die nur brächten, „was zur Hand sei“,[3]) die beiden anderen zugleich mit einer griechischen Gesandtschaft folgen, denn schon sei das Werk der Vollendung nahe. Diese Versicherung, abgegeben zu einer Zeit, wo noch die Majorität des griechischen Klerus gegen die Union Front machte, zeigte, wie fest der Kaiser zur Durchführung seiner Absichten entschlossen war. Am Schlusse seines Briefes wies Michael, wie vorher Urban und Klemens, so auch Gregor X. auf die grossen Erfolge hin, die die in der Union vereinte Christenheit ohne Zweifel über die Ungläubigen davontragen werde: deren völlige Vernichtung sei dann gewiss.

Arbeitete der Paläologe durch diese Darlegung seines guten Willens zur Union indirekt dem Anjou bei Gregor entgegen, so verfehlte er nicht, den sizilischen König auch direkt beim Papste wegen seiner fortgesetzten Feindseligkeiten

---

[1]) Brief Michaels an Gregor vom Mai 1273 bei Guiraud, Reg. Greg. X № 313.

[2]) „... ipsi enim eorum oculis diligenter cernerunt et noverunt certissime (operationem nostram).‘

[3]) ‚quod ad manus est‘.

gegen die Griechen anzuklagen: dieser verhindere so zum
Schaden der Christenheit das Zustandekommen auch nur eines
vorläufigen Friedens innerhalb derselben,[1]) den doch Gregor
selbst in seinem Briefe an Michael als wünschenswert bezeichnet hatte.[2])

Mit dieser allgemeinen Beschwerde über die feindliche
Haltung des Anjou hing zusammen der Spezialauftrag, mit dem
der Kaiser eine in Begleitung der beiden Minoriten an den
Papst abgehende Gesandtschaft von zweien seiner Hofbeamten
betraute. Sie hatten dem Papst die Reiseroute mitzuteilen,
die die griechische Konzilsgesandtschaft zusammen mit den
in Konstantinopel zurückgebliebenen beiden Minoriten nehmen
werde, und ihn um die Beschaffung sicheren Geleits für dieselbe zu ersuchen. Der Kaiser bittet darum, dass die Gesandtschaft bei ihrer Ankunft in Italien durch päpstliche
Vertraute in Empfang genommen und mit einem Geleitsbrief
des Papstes versehen werde.[3]) Denn die Unionsgesandtschaft
werde von den Nachstellungen böser Menschen bedroht, die
der Teufel selbst zur Störung der Union angestiftet habe.
Der Papst möge diese zurückscheuchen und ihre Absicht zunichte machen. Sonst stehe zu befürchten, dass die in langer
Zeit mühsam geschmiedete Einigung durch das Eingreifen
feindlicher Gewalten offen zerbrochen und vernichtet werde.[4])

---

[1]) l. c. ‚*Quare et alias, cum debebimus ad invicem ad pacem
coniungi, existentes iam ad unionis consummationem, licet alio modo
tunc temporis ea que sunt pacis tractabuntur, aliter vero nunc dispensatur
gratia Christi* [das soll heissen: indem während der Verhandlungen der
Union wenigstens eine Waffenruhe eintreten müsste,] ‚*consideravimus
aliquos sequentes proprias voluntates et iniuste pacis executionem pro-
hibentes, qui iam perfecerunt propositum eorumdem et bonum christiane
gentis invidentes, inimicitiam ad communem interitum omnium intro-
duxerunt*‘ [ein deutlicher Hinweis auf das aggressive Vorgehen Karls in
Romanien], er, Michael, dagegen sei auf Frieden bedacht.

[2]) S. oben p. 496.

[3]) Ein zweiter Brief Michaels an Gregor bei Guiraud № 314.

[4]) Dies sagt Michael in dem ersten Brief an den Papst. ‚*Divinitas
vestra . . . repellat insidias assidui inimici*‘, indem er für sicheres Ge-

V. Die Aktion des Papstes bei Karl von Anjou zu Gunsten der Union Ende 1273.

Im Juni oder Juli 1273 langten die Minoriten und die griechischen Boten bei Gregor an.

Als dieser aus dem kaiserlichen Briefe ersah und nicht etwa bloss durch griechische Gesandte, sondern durch die Aussage seiner eigenen, der päpstlichen Legaten bestätigen hörte, wie eifrig sich der Kaiser um die Union bemühe:[1] da wäre er wohl geneigt gewesen, diesem ehrlichen Unionseifer des Paläologen ein uneingeschränktes Lob zu spenden: wenn nicht entgegengesetzte Einflüsse solch einen, auch jetzt noch verfrühten, Ausbruch der Freude verhindert hätten.[2]

Denn gerade damals weilten Karl von Anjou und Kaiser Philipp von Konstantinopel an der Kurie.[3] Er und seine Anhänger unter den Kardinälen begannen nun aufs neue einen Sturmlauf gegen die Unionsverhandlungen: das kaiserliche Schreiben wurde in gehässigster Weise interpretiert, das Zeugnis der Minoriten niedergeschrieen. Wieder kämen, so rief man dem Papst zu, die Griechen mit der Notwendigkeit des Aufschubs, die stets von jener Seite vorgehalten worden sei. Ihr einziger Zweck dabei sei, durch die Zeitflüchte und unerwarteten Zufälle, die oft bei den Verhandlungen von Ange-

---

leit sorge, ,*ut exinde verecundia malignitatis principi fiat et eorum* (bezüglich auf die vorher erwähnten ,*quosdam iniquos homines*‘) *cogitatione annullata vestre provisione sanctitatis bonum, quod labore est longo tempore acquisitum, perducatur ad finem, ne propter despectum, antequam confirmetur et radicetur, aperte rumpatur*‘.

[1] In seiner Antwort an den Kaiser (Guiraud № 315) sagt er ausdrücklich von des Kaisers Wirken für die Union: er habe es aus Michaels Brief ersehen ,*et nuntii nostri, qui ad nos rediere, testantur*‘.

[2] Gregor sagt in seiner Antwort an Michael vom 21. November 1273 (Guiraud № 315): ,*Hec quidem catholicos rei conscios in iubilum excitant animos, sed multorum circa hoc motus reprimit, quod* . . . folgen die Argumente der ,*quamplures magne condicionis et status*‘ gegen die Union.

[3] Durrieu l. c. p. 176: Karl ist vom 27. Mai bis 9. Juni 1273 in Orvieto, Juni und Juli dann in Florenz mit Gregor zusammen.

legenheiten einträten, die Union scheitern zu lassen. Statt
mit weiteren Verhandlungen die kostbare Zeit zu vertrödeln.
solle der Papst dem kampfbereiten Occident den Angriff auf
das byzantinische Reich freigeben.[1])

Aber viel zu weit war schon der Paläologe dem Papsttum entgegengekommen, als dass die Argumente seiner Gegner
Gregor zum Abbruch der Verhandlungen hätten veranlassen
können. Sie verhinderten nur eine zu enthusiastische Kundgebung des Papstes.

Früher, so lange die Päpste ohne hemmende fremde Einflüsse mit den Griechen wegen der Union verhandelten, war
stets ihre Freude über deren jeweilige Anerbietungen so gross
gewesen, dass sie darüber versäumt hatten, nachdrücklich deren
Erfüllung zu verlangen. Auch Gregor äusserte dem Paläologen seine persönliche Freude über das Gedeihen der Verhandlungen: aber indem er zugleich die Einwendungen der
Griechenfeinde „zum Ansporn gleichsam des kaiserlichen
Eifers"[2]) seinem Briefe einflocht, verlegte sich dessen Schwerpunkt auf die Mahnung zu schleunigem Abschluss der Union.

Wir sehen, es ist immer dasselbe Spiel: Gregor X. leitet
den Druck, den der Anjou auf ihn selbst ausübt, auf die
Griechen hinüber, er lässt die antigriechischen Argumente der
angiovinischen Partei nicht sowohl auf sich als auf den griechischen Kaiser einwirken.

Doch dieses Verfahren des Papstes nun sowie der Umstand, dass der Anjou, bisher vom Papste nicht gehindert.
seine griechischen Aggressivpläne ruhig hatte weiterverfolgen
können, hatten damals bereits ihre Wirkung getan. Der
Kaiser erklärte sich entschlossen, wirklich die Union zu vollziehen. Die päpstlichen Gesandten selbst legten Zeugnis da-

---

[1]) Gregor schildert zunächst die früheren Agitationen Karls und
seiner Partei: s. oben p. 491 f. Dann kommt er mit den Worten „Sed ed
nunc' auf die Gründe, die sie auch jetzt noch nach Michaels Gesandtschaft
gegen die Fortsetzung der Verhandlungen anführen.

[2]) ‚Hec tamen excellentie tue ad stimulum sollicitationis ex-
ponimus.'

von ab. Diesem gegenüber konnte die Anklage der Unaufrichtigkeit, die Karl und seine Partei gegen den Kaiser zu erheben auch jetzt nicht aufhörten, nicht mehr aufkommen. Dagegen war ernstlich begründet die Anklage, die der Grieche seinerseits gegen den Anjou schleuderte: er verhindere durch seine fortgesetzten Feindseligkeiten gegen die Griechen den Frieden in der Christenheit, und es stehe bei dieser seiner Gesinnung zu befürchten, dass er durch ein Attentat gegen die griechische Konzilsgesandtschaft die Union zunichte machen werde. Dem Papste stellte der Kaiser anheim, dem vorzubeugen und für ihre Sicherheit zu sorgen.[1]

Gregor X. hatte jetzt den Beweis zu liefern, dass er nicht nur die Drohungen, sondern auch die Versprechungen, die er dem Paläologen in seinem Briefe vom 24. Oktober 1272 gemacht, zu verwirklichen vermöge, dass er nicht nur ein leitendes Medium des angiovinischen Druckes, sondern auch ein hemmender Widerstand desselben zu sein vermöge. Er hatte zu zeigen, dass er nicht nur, wie es bisher hervorgetreten war, durch den Anjou stark sei, sondern auch gegen ihn stark sein könne, dass er nicht nur imstande sei, seinen Willen durchzusetzen, soweit er mit dem des Anjou identisch sei, sondern dass er dem sizilischen König auch einen entgegengesetzten päpstlichen Willen auferlegen könne.

Im Vordergrunde des Interesses stand zunächst die Frage des sicheren Geleits der erwarteten griechischen Konzilsgesandtschaft. Schon im November 1272 hatte, wie wir sahen, Gregor von Karl die Zusicherung eines solchen verlangt.[2] Doch der König hatte sich bisher nicht weiter darum gekümmert. Jetzt, Ende November 1273, wandte sich der Papst aufs neue an Karl und verlangte von ihm die Ausstellung eines Patents, in dem nicht nur den griechischen Gesandten für ihre Personen und ihre Habe volle Sicherheit erteilt

---

[1] S. oben p. 510.
[2] S. oben p. 504.

werde, sondern in dem der König sich auch verpflichte, sie
in allen ihm untertänigen Ländern unter seine Obhut zu
nehmen und sie überall in seinem Herrschaftsbereich durch
geeignete Männer geleiten zu lassen.[1]) Dieselbe Aufforderung
richtete der Papst an den lateinischen Kaiser Balduin und
den Fürsten von Achaja,[2]) sowie an viele geistliche und
weltliche Grosse und Kommunen Italiens. Bei Karl aber
begnügte sich Gregor nicht mit einer direkten Mahnung[3])
sondern er liess den König ausserdem noch durch den Erzbischof von Palermo[4]) und durch seinen Kapellan Nikolaus
Boucel[5]) zur Erfüllung des päpstlichen Verlangens antreiben.

Sie hatten Karl vorzuhalten, eine wie schwere Schuld
er vor Gott und den Menschen auf sich lade, wenn durch
ihn dem Paläologen die Gelegenheit gegeben werde, sich
den Verhandlungen zu entziehen. Auch riskiere er ja mit
der Konzession freien Geleits für die griechische Konzilsgesandtschaft weiter nichts.[6]) Genau so wie der griechische
Kaiser seine Geistlichkeit[7]), versicherte hier Gregor Karl von
Anjou der Unverfänglichkeit der Unionsverhandlungen: Kaiser
und Papst bedienten sich der gleichen Mittel, um den geistlichen und weltlichen Widerstand gegen die Union hüben
und drüben zu brechen. Aber so wenig wie der Klerus von
Byzanz, liess sich der sizilische König darüber hinwegtäuschen, dass die Kirchenunion seinen eigenen Ideen und
Interessen zuwiderlief.

Die Situation war der ernstesten eine. Der Abt von
Monte Cassino erhielt vom Papste den Auftrag, den griechischen

---

[1]) Reg. Greg. X. ed. Guiraud № 316 (20. November 1273).

[2]) Notiz hinter № 316.

[3]) l. c. № 319.

[4]) Martène, ampl. coll. Bd. VII. p. 237 (23. November).

[5]) Delisle in „Notices et Extraits de Manuscrits‘ Bd. XXVII. p. 139.

[6]) Martène l. c. „quantum esset ei apud Deum et homines onerosum,
si per ipsum memorato Palaeologo detur occasio eumdem subterfugiendi
tractatum ...‘ „... cum nullum sit in illarum („litterarum securitatis‘)
concessione periculum‘.

[7]) S. oben p. 505.

Gesandten, sobald er von ihrer Landung in einem Hafen des sizilischen Reiches höre, entgegenzugehen und sie zu ihm zu geleiten. Ihm ward Vollmacht gegeben, gegen jeden, welche Würde er auch bekleiden, welchen Stand er auch einnehmen möge, den Bannstrahl zu schleudern, der es wagen würde, die Sicherheit der griechischen Gesandtschaft zu gefährden.[1]

Aber hatte schon Karls grösserer Vorgänger auf dem sizilischen Königsthrone, Heinrich VI., der zugleich der allmächtige Herr des gesamten Occidents war, sich gescheut, gegen den ausdrücklichen Willen des römischen Priesters eine Heerfahrt gegen Byzanz zu unternehmen:[2] wie hätte es Karl von Anjou auf einen Bruch mit dem Papsttum ankommen lassen dürfen! Als Geschöpf der Kurie war er emporgekommen, ihr verdankte er die sizilische Königskrone, auf dem Bunde mit ihr allein ruhte seine Machtstellung in Mittel- und Oberitalien.

Gerade im Herbst 1273 aber wurde diese von allen Seiten gefährdet. Im September fand das Interregnum ein Ende, wurde Rudolf von Habsburg in Deutschland zum römischen König erwählt; im Oktober verstärkte sich der Bund der Ghibellinen Oberitaliens mit Alphons von Kastilien durch den Beitritt Genuas aufs furchtbarste: auch mit dem Paläologen standen, wie wir sahen, diese Mächte in Verbindung.[3] Ja, auf Grund seiner Beziehungen zu dem griechischen Kaiser machte eben damals (Oktober 1273) der Kastilier den Versuch, gerade in dem Punkte, sich das Wohlwollen des Papstes zu erwerben, in dem Karl von Anjou es zu verscherzen drohte: er bot Gregor X. seine guten Dienste zur Herbeiführung der Kirchenunion auf dem bevorstehenden Konzil von Lyon an: so wie vor einem Menschenalter, eben-

---

[1] Martène, p. 326 (25. November) „. . . *compescendo etiam per censuram ecclesiasticam omnes quos ad contrarium niti compereris, — non obstante, si aliquibus, cuiuscumque sint dignitatis conditionis et status, quod interdici*' etc.

[2] S. oben p. 124 ff.

[3] S. oben p. 487/8.

falls auf einem Konzil zu Lyon, Friedrich II. seinen Schwiegersohn Vatatzes zur römischen Kirche zurückzuführen verheissen
hatte.[1])

Dieses Anerbieten Alphons' stellt einen Versuch dar,
das Bündnis des Papstes mit Karl von Anjou gerade an
seiner verwundbarsten Stelle zu treffen. Es zeigt deutlicher
als alles andere, wie unumgänglich notwendig eine Nachgiebigkeit Karls dem Papste gegenüber im allgemeinen sowohl
als im besonderen gerade in der Unionsangelegenheit war.

Dass das Gehorchen dem nur an herrisches Befehlen
Gewöhnten schwer geworden ist, dass er ungern seinen starren
Nacken unter das päpstliche Joch gebeugt hat, wer möchte
daran zweifeln?

Auch finden sich in den Erlassen, die seine Nachgiebigkeit dokumentieren, deutliche Spuren der schweren Überwindung, die diese ihn kostete.

Das Rundschreiben freilich, durch das er am 7. Januar
1274 der griechischen Gesandtschaft das sichere Geleit ver-

---

[1]) Brief Gregors X. an Alphons vom 3. November 1273. Rayn. 1273
§ 38. Alph. hat geschrieben *,quod tamquam celator catholicae fidei
pro Terrae Sanctae utilitate Graecorumque reditu ad Ecclesiae Romanae
devotionem gerebas in desiderio personaliter nos videre'*. Gregor bittet
ihn um schriftliche Nachricht über diese Punkte, da ein persönliches
Zusammentreffen sich nicht arrangieren lasse. — Man hat bisher diese
Andeutungen des Kastiliers nicht ernst genommen (Hirsch-Gereuth:
Studien z. Gesch. der Kreuzzugsidee nach den Kreuzz., München 1894.
p. 95, Walter, p. 69): wenn man sie aber kombiniert mit dem oben p. 487
angeführten Bericht der Ann. Plac. Ghib. über die Absicht, die derselbe
König im Jahre 1271 gefasst hatte, sich mit dem Paläologen zu verschwägern: so wird man annehmen dürfen, dass jenes Anerbieten, die
Union zustande zu bringen, das Alphons dem Papste im Herbste 1273
machte, auf Grund von mittlerweile angeknüpften Beziehungen mit dem
griechischen Kaiser geschah. Friedrich II. hatte dies Anerbieten gemacht,
weil Vatatzes seine Tochter bereits zur Frau hatte (s. oben p. 364):
Alphons machte es, weil der Paläologe seine Tochter zur Frau bekommen
wollte. Dass bei den Verhandlungen nach dem Konzil nicht mehr von
Alphons' Vermittlung die Rede ist, ist doch nicht auffallend: die Union
war damals ja bereits vollzogen!

bürgte, war durchaus in der vom Papste selbst vorgeschriebenen Form gehalten, d. h. es gewährte darin das Geleit in ausgedehntestem Masse.[1]) In einem Ausführungsmandat jedoch, das am selben Tage an die Hafenbeamten von Brindisi erging, höhnte er diese „vor Olims Zeiten begonnenen" Unionsverhandlungen, auf die der Papst sich aufs neue eingelassen habe, und beschränkte das sichere Geleit für die griechische Gesandtschaft auf nur einen Monat.[2]) Und als er dann, nachdem sich deren Ankunft verzögert hatte, am 1. Mai sich dazu verstand, ihr ein sicheres Geleit für zwei Monate zu garantieren und sie sogar durch einen seiner Vertrauten, Johann de Brie, persönlich begleiten zu lassen, da erklärte er in dem Erlass, der diese Massnahmen seinen Beamten verkündete, feierlich: er gehorche damit den Mandaten des Papstes, obwohl dieselben in diesem Falle seinem Sinn zuwider seien.[3]) Er hat dann wirklich die Griechen aufs freundlichste behandelt und sich den warmen Dank des Papstes verdient.[4])

Aber er hat dem Papste noch eine andere grössere Konzession machen müssen. Im Mai 1274 lief der Vertrag von Viterbo ab, den Karl von Anjou mit Kaiser Balduin zur

---

[1]) Giudice, La Famiglia di Re Manfredi, p. 232 Anm. 1.

[2]) Arch. Stor. It. 3. Serie. Bd. XXIII. p. 35. Ich glaube wenigstens, dass die Wendung in der Einleitung dieses Mandats: Gregor habe an den Paläologen geschickt ‚super tractatu iniciato ab olim de reducendis grecis ad ecclesie unitatem' in obigem Sinne gemeint ist. Zumal, da die Beschränkung des sicheren Geleits für die griechischen Gesandten auf nur einen Monat, wie sie am Schluss des Mandats ausgesprochen wird, das Widerstreben Karls gegen die Unionsverhandlungen erkennen lässt.

[3]) Giudice l. c.: an seine Vikare in Tuscien, Rom etc.: ‚mandatis (des Papstes), quamquam in hac parte contrariis mentis nostre'.

[4]) Sbaral. Bull. Franc. Bd. III. p. 216 (Ende Juli 1274). Gregor schreibt an Karl: ‚ceterum serenitatem regiam super eo quod nuncios ipsos . . . . benique recipiens cum actionibus multa curialitate tractasti, condignis prosequentes gratiarum . . .' Ebenso an Kaiser Philipp von Kp.

Eroberung des byzantinischen Reiches geschlossen hatte.[1])
Gerade im Frühling 1274 also hätte die bis dahin aufge-
schobene grosse Expedition gegen Byzanz stattfinden müssen,
bei der Karl 2000 bewaffnete Reiter zu stellen hatte.

Es ist nun Gregor X. schon im Herbst 1273 gelungen,
Karl und Balduin zur Verlängerung des Vertrages um ein
Jahr zu bewegen. Die beiden Fürsten schoben auf Wunsch
des Papstes den Termin, innerhalb dessen der Feldzug gegen
Byzanz unternommen werden musste, vom 1. Mai 1274 auf
den 1. Mai 1275 hinaus;[2]) sie erklärten, damit das Gemein-
wohl und Seelenheil über ihre Begierden und weltlichen Vorteil zu stellen und sich als Eiferer für die Verbreitung des
katholischen Glaubens zu zeigen, d. h. sie spielten sich als
Förderer der Union auf.[3]) Doch hielten sie diese päpstliche

[1]) S. oben p. 442.

[2]) Wir erfahren die Tatsache der Vertragsverlängerung aus einem
Briefe Gregors an den Abt Bernard von Monte Cassino vom Juli 1274,
Mart. p. 242/3. (P. 20871). Was aber die Zeit betrifft, wo sie stattfand,
so muss sie vor dem Tode Balduins, der etwa im Dezember 1273 eintrat,
vereinbart worden sein: denn Gregor sagt in dem Briefe ausdrücklich,
dass die Verlängerung noch zwischen Balduin und Karl abgemacht worden
sei. (Balduin ist als schon geraume Zeit tot nachzuweisen am 8. Januar
1274: Giudice, cod. dipl. Angiov. Bd. II[1] p. 41, Anm.)
    Durch diese Erwägung ergibt sich die Notwendigkeit einer genaueren
Datierung eines ebenfalls hierher gehörigen Briefes, den Potthast in den
Januar—März 1274 setzt (№ 20812). Er muss vielmehr noch vor dem
Tode Balduins, also noch 1273 geschrieben sein. Gregor verlangt darin
nämlich von Karl nähere Nachricht über einen zwischen dem lateinischen
Kaiser (Balduin) und Karl existierenden Vertrag, der dem Unionsgeschäft
schaden könnte: es ist kein anderer als der Vertrag von Viterbo gemeint.
Um dieselbe Nachricht bittet Gregor Karls Kanzler, Simon von Paris (dieser
Brief von Potth. unter № 20778 richtiger 1273 fin. — 1274 ineunt ge-
setzt). Aus dem Brief Gregors an den Abt von Monte Cassino (Juli 1274)
erfahren wir dann, dass Gregor die gewünschte Nachricht über den zwischen
Balduin und Karl bestehenden Vertrag erhalten hat, und dass die beiden
Herrscher (also vor Balduins Tode) sich zur Verlängerung verstanden haben.

[3]) Mart. p. 242/3 „. . *rex et imperator praefati tamquam catholici principes et christianae fidei zelatores commune bonum et animarum
salutem suis praeponentes affectibus et dilatationem eiusdem fidei
affectantes*‘ verlängerten den Vertrag.

Methode der Ausdehnung der katholischen Kirche über Griechenland noch immer für so unsicher, dass sie auf die Verfolgung des Weges, von dem sie selbst ausgegangen waren, des kriegerischen, keineswegs für alle Zukunft verzichten wollten. Daher schoben sie den Termin ihres Angriffs nur um ein Jahr hinaus: und sie setzten es beim Papste durch, dass er ihnen feierlich verbriefte, es solle aus der Verlängerung ihren Verträgen kein Präjudiz erwachsen, sondern sie sollten in allen Punkten dieselbe Rechtskraft haben wie vorher, und beide Teile sollten zur Beobachtung der Abmachungen genau so gut nach wie vor der Verlängerung gehalten sein.[1]

Gregor erwies sich hierin dem Anjou willfährig, da es ihm zunächst darauf ankommen musste, in dem gegenwärtigen Augenblick den Boden für die Unionsverhandlungen zu glätten. Es konnte ihm nicht daran liegen, schon damals, wo die Union noch nicht einmal fertig war, einen Verzicht des Anjou auf seine griechischen Pläne für alle Zukunft zu verlangen.

Freilich war diese Hinausschiebung des Generalangriffs nur ein negatives Ergebnis der päpstlichen Friedensbemühungen: Gregor hoffte auch eine positive Waffenruhe in dem Kampfe, der in kleinerem Massstabe bereits überall zwischen Karl und dem Paläologen im Gange war, herbeizuführen, doch ist es dazu vor der Vollziehung der Union nicht gekommen. Zwar müssen Ende 1273 deswegen Verhandlungen zwischen dem griechischen Kaiser und dem sizilischen König stattgefunden haben. Zu Gregor gelangten in dieser Zeit Gerüchte darüber,[2] doch zu einem Resultate haben sie

---

[1] l. c. „*Nosque postmodum ipsorum regis ac imperatoris Balduini supplicationibus inclinate per nostras litteras statuendum duximus et etiam decernendum, nullum ex praerogatione praedicta eisdem conventionibus parari praeiudicium, sed ipsas . . remanere per omnia in suo robore firmitatis . . . et proinde utramque partem ad observationem teneri conventionum ipsarum, sicut ante prorogationem huiusmodi tenebantur*.

[2] Mart. p. 230/1. Es sind die Briefe Gregors an Karl und Karls Kanzler Simon von Paris, die, wie aus vor. Seite Anm. 2 hervorgeht,

nicht geführt. Aber dafür hat tatsächlich der Krieg in
Romanien während der ersten Hälfte des Jahres 1274 geruht.
Auch könnte man vielleicht darin, dass Karl am 4. April 1274
statt eines seiner eigenen Kapitäne den Fürsten Wilhelm
selbst zum Oberbefehlshaber des angiovinischen Kriegsvolks
in Achaja macht,[1]) das Streben erkennen, den direkten Gegensatz zwischen sich und den Griechen abzuschwächen.

— — —

Drittes Kapitel.

Die Vollziehung der Union auf dem Konzil zu Lyon 1274.

———

Wie dem Papst im Abendland, so gelang es dem Kaiser
in Byzanz, den Widerstand der Unionsgegner zu brechen.
Hatte jener das intransigente Lateinertum gebändigt, so be-
zwang dieser das orthodoxe Griechentum.

Von entscheidender Bedeutung ist es da gewesen, dass
einer der angesehensten griechischen Prälaten, den der Kaiser
schon wegen seiner Hartnäckigkeit in den Kerker geworfen
hatte, der Chartophylax Johannes Bekkos, sich dort durch
die Lektüre älterer Kirchenschriftsteller von der Unverfänglichkeit des lateinischen Dogmas überzeugte und von da an
zu einem eifrigen Befürworter des kirchlichen Friedens
wurde.[2]) Der Kaiser, sagt Pachymeres, schlug hieraus grosses

an das Ende 1273 gehören. In ersterem heisst es: ‚*occurrit inter alia, quod
inter . . . imperatorem Ctanum et te ipsum* (Karl) *necnon inter nos ex
una parte, et inter Palaeologum ex altera quaedam tractata dicuntur . .*‘;
und in dem Brief an den Kanzler: ‚*si quid inter mem. regem* (Karolum)
et Palaeologum hactenus sit tractatum‘, solle er es Gregor mitteilen.
Mit der Wendung ‚*Illud insuper mentem nostram consideratio anxiat*‘
etc. kommt er dann auf den zwischen Balduin und Karl **gegen den
griechischen Kaiser** geschlossenen Vertrag von Viterbo zu sprechen. Walter
l. c. p. 50 wirft beides zusammen und spricht nur von letzterem.

[1]) Arch. Stor. It. Bd. XXIII. p. 52.

[2]) Pachym., p. 380—4, vgl. Pichler, p. 344.

Kapital, indem er durch dieses Beispiel auch die übrigen
Prälaten zu gewinnen hoffte.[1]

Aber hierzu bedurfte es schliesslich der brutalen Gewalt. Erst als der Kaiser von den Unionsgegnern eine hohe
Häusersteuer unter gleichzeitiger Pfändung des Mobiliars eintreiben liess, andere aus der Hauptstadt zu verbannen drohte
und die gefährlichsten wirklich ins Exil schickte oder öffentlich züchtigen und beschimpfen liess, verstummte allmählich
die Opposition.

Auf die feierliche Versicherung des Kaisers hin, er gedenke niemanden zur Hinzusetzung auch nur eines Jota zum
Symbolum zu zwingen, verstand sich die gesamte Geistlichkeit zur Unterzeichnung einer Urkunde, in der sie sich
zur Bewilligung der drei Punkte: des Primats, der Appellation
und Kommemoration verpflichtete.[2] Übrigens konnte der
Kaiser jene Versicherung mit gutem Gewissen geben, da er
aus den Verhandlungen des Vatatzes mit Innocenz IV. wusste,
dass sich dieser Papst seinerzeit darauf eingelassen hatte,
keine Änderung des Symbols der Griechen zu dekretieren.[3]

Der einzige, der auch jetzt noch widerstand, war das
Haupt des griechischen Klerus, der Patriarch Joseph, der die

---

[1] l. c. p. 384, *καὶ ὁ βασιλεὺς πολλὴν ἐντεῦθεν ἐλάμβανε τὴν
ῥοπήν*, was mir in der lateinischen Übersetzung ungenau wiedergegeben
scheint.

[2] Vgl. oben p. 506. Pachym., p. 391, 395, der aber fälschlich diese
Vorgänge nach der Absendung der griechischen Gesandten zum Konzil
setzt, worin ihm Pichler, p. 345 folgt. Aus dem unten p. 526 f. zit. Schreiben
der griechischen Geistlichkeit an den Papst geht deutlich hervor, dass der
Kaiser bereits vor Absendung der Konzilsgesandtschaft den Klerus seinem
Willen gebeugt hatte. Auch Hefele, p. 136, nimmt dies an. In sehr
drastischer Weise gab der Kaiser dem Gelehrten Manuel Holobolos seinen
Unwillen über dessen unionsfeindliche Meinung zu erkennen: er liess ihn,
mit Schafsgedärmen behangen, durch Kp. führen und ihm zugleich mit
Schafslebern fortwährend auf den Mund schlagen. Pachym., p. 392 ff., vgl.
Treu, Manuel Holobolos, in Byz. Zt. V p. 544/5. Solche Exempel taten
ihre Wirkung.

[3] S. o. p. 375/6. Dafür dass Michael jene Verhandlungen kannte,
vgl. o. p. 505.

alte Rancune der Bischöfe von Neurom gegen die von Altrom
nicht verwinden konnte und diesen nicht den Vorrang in der
Kirche zugestehen wollte. Er erklärte sich für den Fall, dass
die Union zustande komme, zur Abdankung bereit. [1]

Zur Vollziehung der Union nun hatte, wie wir sahen,
Gregor X. dem Kaiser zwei Wege freigestellt: entweder
sollten er und der griechische Klerus direkt in Konstantinopel
vor den päpstlichen Legaten das römische Glaubensbekenntnis
ablegen und den päpstlichen Primat beschwören, oder aber,
wenn das nicht möglich, sollte der Kaiser durch eine Gesandtschaft die Union vollziehen lassen und zwar erst,
nachdem zuvor die weltlichen Streitigkeiten zwischen Lateinern
und Griechen eine Erledigung gefunden hätten. [2]

Zur Beschreitung des ersten Weges waren die Verhältnisse noch nicht reif genug: so schlug der Kaiser den zweiten
ein. Im März 1274 schickte er eine feierliche Gesandtschaft
zum Konzil von Lyon ab. An ihrer Spitze standen drei hervorragende Persönlichkeiten: der frühere Patriarch Germanos III., der Mentor und Jugendlehrer des Kaisers und sein
intimster Vertrauter, ferner der Kanzler Georgios Akropolita,
ein grosser Gelehrter und Staatsmann, endlich der durch
seinen Rang schon sich auszeichnende Metropolit von Nikäa. [3]

---

[1] Pachym., p. 385, Brief der griechischen Geistlichen an den Papst.
s. u. p. 528.

[2] S. oben p. 494/5.

[3] Pachym., p. 384 und das Empfehlungsschreiben des Kaisers an
den Papst bei Delisle (s. 514⁵) p. 160 (№ V): er sende nicht ‚quos-
cumque', sondern die und die. Über die Beziehungen des Kaisers zu
Germanos s. a. Nikephoros Gregoras, ed. Bonn, p. 95. Georg. Akr. ist der
Verfasser des bekannten Geschichtswerks. Ein Metropolit von Nikäa spielte
später auch auf dem Konzil von Florenz im Jahre 1439 eine hervorragende
Rolle: es war der berühmte Bessarion. S. u. Buch IV. Die Gesandtschaft
verteilte sich auf zwei Schiffe: eines derselben, auf dem sich auch kostbare Geschenke des Kaisers an den Papst befanden, ging beim Kap Malea
mitsamt den Passagieren unter; glücklicherweise befanden sich die drei
Hauptpersonen nicht auf ihm. Pachym., p. 396—8.

Die Mission dieser Gesandtschaft hätte nun, wenn sich der Paläologe streng an den zweiten, von Gregor X. konzedierten Unionsmodus gehalten hätte, sein müssen: Verhandlung zunächst des weltlichen und dann erst, wenn dieser zustande gekommen, Beschwörung des geistlichen Friedens. Wer hätte nicht glauben sollen, dass der Kaiser so vorgehen würde, da er ja von Anfang an die Einhaltung dieser Reihenfolge bei der Verhandlung der Union von den Päpsten gefordert hatte.[1]

Machte man sich doch sogar auf eine Diskussion auch der geistlichen Streitfragen mit den griechischen Gesandten gefasst: kein geringerer als Thomas von Aquino gedachte sie zu führen; doch ereilte ihn auf der Reise nach Lyon der Tod.[2] An seiner Stelle erschien dann ein nicht minder glänzender Vertreter der kirchlichen Wissenschaft des Abendlandes, der Kardinal Bonaventura, die Leuchte des Minoritenordens, auf dem Konzil.[3]

Aber der Kaiser glaubte sich am besten das Wohlwollen des Papstes, das ihm bei der drohenden Haltung Karls von Anjou unerlässlich schien, sichern zu können, wenn er zunächst einmal wirklich sich und sein Reich Rom unterwarf. Daher machte er von der Konzession Gregors, die weltlichen Fragen vor der Union erledigen zu können, keinen Gebrauch und sah ferner davon ab, die dogmatische Frage aufs neue anzuschneiden, die alle früheren Unionsversuche zunichte gemacht hatte.[4] Vielmehr gab er selbst nebst seinem ältesten Sohne, dem Kronprinzen Andronikos, und auf sein Betreiben

---

[1] S. oben p. 411.

[2] Hefele, Bd. VI. p. 132.

[3] Er starb während des Konzils am 15. Juni, Hefele, l. c. p. 143.

[4] Auf das Unterbleiben einer geistlichen Diskussion weist besonders hin Nik. Greg. V₂ (p. 125) [präzise lateinische Übersetzung in der Bonner Ausgabe]: *De appendice vero, quam ii sacro symbolo novantes adiiciunt, aut de alio quovis argumento nulla tum contentio incidit, quae vim faceret, sed quod ad eas quidem res attinebat, parata et tranquilla fuerunt omnia.*

die griechische Geistlichkeit ohne weiteres eine Unionserklärung ab, in Schreiben, welche von den Legaten bei ihrer
Ankunft in Lyon, am 24. Juni 1274, dem Papst überreicht
wurden.[1])

Kaiser Michael hat in seinem Schreiben wörtlich die Formel
wiederholt, die ihm Gregor X. für das Bekenntnis zum
römischen Glauben und zum päpstlichen Primat vorgeschrieben
hatte.[2]) Wir kennen sie bereits: es ist dieselbe, die im
Jahre 1267 von Klemens IV. aufgestellt worden war.[3]) Der
griechische Kaiser erkannte damit also den römischen Glauben
als den wahren an auch in den Punkten, in denen derselbe
von dem griechischen abwich: vornehmlich in Bezug auf das
filioque und die Azymen; und ferner erkannte er durch die
Wiederholung der Klementinischen Formel den Primat an in
einem Umfang, der noch weit über das Mass von Vorrechten
hinausging, das einst Vatatzes im Jahre 1254 Innocenz IV.
angetragen hatte.

Den Ehrenvorrang in der katholischen Kirche und das
Recht auf Gehorsam aller ihrer Geistlichen hatte zwar auch

---

[1]) Auch der entscheidende Akt der Unionsgeschichte des XIII. Jahrh..
die Vollziehung der Union auf dem Konzil von Lyon 1274, hat bisher
keine befriedigende Darstellung gefunden. Er erscheint in ganz neuem
Lichte durch die Heranziehung der bisher völlig unbenutzten, von Delisle
in der „Notices et Extraits de Manuscrits" Bd. XXVII. p. 150 ff. veröffentlichten Aktenstücke: aus einem in Bordeaux befindlichen Ms. der berühmten Briefsammlung des Berardus von Neapel. — Gleich die Tatsache.
dass die Gesandten ursprünglich nur die Schreiben an den Papst zu überbringen hatten und dass erst auf den ausdrücklichen Wunsch des
Papstes. wie wir später sehen werden, eine öffentliche Unionserklärung
auf dem Konzil stattfand. geht erst aus der Delisleschen Publikation
hervor.

[2]) Mansi, Conc., Bd. XXIV. p. 67—74. Gregors X. Vorschrift Martène
VII. p. 273. Vgl. Hefele l. c. p. 141, der aber nur allgemein von Anerkennung
des Glaubens und Primats spricht, während es doch gerade auf das einzelne ankommt.

[3]) S. oben p. 450/1.

Vatatzes dem Papsttum unumwunden zugestehen wollen: die Entscheidung des Papstes dagegen über kirchliche Streitigkeiten, die auf dem Wege der Appellation an ihn gelangten, sowie seine Urteile in Glaubensfragen hatten nach Vatatzes an den alten Konzilsentscheidungen, an den evangelischen und kanonischen Grundsätzen eine Schranke finden sollen.[1] Dass Michael Paläologos diese Punkte ohne eine solche Klausel beschwor,[2] bedeutete vom Standpunkt der Griechen aus eine ganz ausserordentliche Konzession, da hiermit ja dem päpstlichen Absolutismus Tür und Tor geöffnet wurde.[3] Ein nicht minder grosses Zugeständnis war es dann, wenn der Kaiser auch denjenigen Teil der päpstlichen Formel ohne Umschweife wiederholte, der den Satz enthielt, dass die Patriarchate dem Papsttum ihre Privilegien verdankten.[4] Der griechische Kaiser zeigte sich hier nicht weniger devot wie die lateinischen Patriarchen von Konstantinopel, die ebenfalls gegen diese päpstliche Geschichtskonstruktion keinen Einspruch erhoben hatten.[5]"

Doch richtete der Kaiser nun eine Bitte an den Papst: derselbe möge der griechischen Kirche in der Praxis die

---

[1] S. oben p. 369/70.

[2] Diese beiden Punkte der Erklärung (die wegen des „Prinzipats" und der Obödienz führe ich nicht weiter an) lauten bei Mansi, p. 72: *„Et sicut (Romana ecclesia) prae ceteris tenetur fidei veritatem defendere: sic et si quae de fide subortae fuerint quaestiones, suo debent iudicio definiri. Ad quam potest gravatus quilibet super negotiis ad ecclesiasticum forum pertinentibus appellare: et in omnibus causis ad examen ecclesiasticum spectantibus ad ipsius potest iudicium recuriri'.* Vgl. also die Anerbietungen des Vatatzes oben l. c.

[3] Über den griechischen Standpunkt siehe oben p. 508, auch weiter zurück die „Beschuldigungen der Griechen gegen die Lateiner" vom Anfang des XIII. Jahrhunderts p. 204[1]; endlich ein Zeugnis aus dem XII. Jahrhundert p. 98/99.

[4] Mansi l. c. *„Ad hanc (ecclesiam Romanam) sic potestatis plenitudo consistit, quod ecclesias ceteras ad sollicitudinis partem admittit: quarum multas et patriarchales praecipue diversis privilegiis eadem ecclesia Romana honoravit, sua tamen observata praerogativa'.*

[5] S. oben p. 249.

Beibehaltung des Symbolums beim Gottesdienst sowie aller
von dem römischem Brauch abweichenden Riten gestatten. [1]

Viel geringer als die Konzessionen des Kaisers waren
nun freilich die der griechischen Geistlichkeit. Gingen jene
weit über das hinaus, was zwanzig Jahre zuvor Vatatzes im
Verein mit seinem Klerus dem Papsttum angetragen hatte,
so blieben die Erklärungen von Michaels Geistlichkeit vielmehr beträchtlich hinter jenem Programm des Jahres 1254
zurück. Diese richtete ein Schreiben an den Papst, das von
sämtlichen höheren Prälaten des weiten byzantinischen Reichs
unterzeichnet war. [2] Sie erkannten nun hier dem Papst genau
jene drei Punkte zu, derentwegen sie mit dem Kaiser vorher übereingekommen waren: Primat, Kommemoration und
Appellation. Treten schon in ihrem eigenen Schreiben an
den Papst diese drei Punkte klar hervor, so wird der dritte
noch schärfer hervorgehoben in einem zweiten Briefe des
Kaisers an Gregor. „Wir haben, so erklärt der Kaiser
hier, alle, auch die hartnäckigen, unter Dein geistliches Joch
gebeugt. Wir haben ihnen befohlen, alle alten Privilegien,
die Dir von alters her zukamen und auch vor dem Schisma
zugestanden wurden, Dir wieder zuzustellen, nämlich dass
Du der erste und höchste Pontifex und das Haupt aller
Kirchen seist (Primat) und genannt werdest (Kommemoration),
und dass (kirchliche) Streitigkeiten vor Dich gebracht werden.
damit sie nämlich eine Entscheidung finden nach den kirchlichen und kanonischen Bestimmungen" (Appellation). [3]

---

[1] l. c. Er bittet, „*ut ecclesia nostra dicat symbolum prout dicebat
hoc ante schisma usque in hodiernum diem et quod permaneamus in
ritibus nostris.... Hoc igitur non grave est vestrae sanctitati nec inusi-
tatum et nobis nunc difficile propter infinitam multitudinem populi*".
Vgl. Hefele l. c.

[2] Der Brief ist ediert von Mansi l. c. p. 74—77 nach einer vatikan.
Hs. und von Delisle l. c. p. 150—4 nach dem Ms. von Bordeaux. Die
Analyse bei Hefele, p. 741 genügt in keiner Weise.

[3] Dieser zweite Brief des Kaisers, der mehr privater Natur ist im
Gegensatz zu dem ersten offiziellen, findet sich bei Delisle l. c. p. 154

Man sieht bei dem letzten Punkt, wie die griechische
Geistlichkeit im Gegensatz zum Kaiser den Papst an die
kanonischen Satzungen gebunden wissen wollte. An dieselbe
Schranke hatten ja auch Vatatzes und seine Geistlichkeit die
päpstlichen Rechte geknüpft. Aber wenn man dem Papste
damals — innerhalb dieser Schranken — ein Recht der Entscheidung auch über Glaubensfragen und sonstige Vollmachten
für ein Konzil hatte übertragen wollen, so verstand sich jetzt
der griechische Klerus nicht dazu: wie er sich auch nicht
zur Ablegung des kanonischen Obödienzeides gegenüber dem
Papst verpflichtete. Im Gegensatz ferner zu Michael Paläologos
unterliess er es, in seinem Schreiben das römische Glaubensbekenntnis abzulegen.

Auch machten die Prälaten ihre Unterwerfung unter
den römischen Primat noch davon abhängig, ob der Papst
die Bitten, die sie ihm durch ihre Legaten unterbreiteten,
bewilligen werde, das Verlangen nämlich, ihre alten Gewohnheiten, „die der Frömmigkeit keinen Eintrag tun", beibehalten
zu dürfen.[1]   Es ist dieselbe Bitte, die auch der Kaiser in

---

bis 158.   Michael schildert Gregor das Zustandekommen der Union und
weist noch einmal auf die Anstrengungen hin, die sie gekostet hat. Das
wichtigste darin ist der Passus, in dem er die Konzessionen der Geistlichkeit präzisiert: *,Omnes autem perogativas et privilegia, que antiquitus
pertinebant tue sanctitati, que et ante scisma ipsi dedicata fuerunt,
reddi huic omnibus precepimus, scilicet primum et summum pontificem et capud omnium ecclesiarum tuam sanctitatem esse apud omnes
et nominari, et lites ecclesiasticas ad ipsam referri, ut
utique accipiant hec directionem secundum ecclesiasticam
et canonicam ordinationem et constitutionem ...'*

Vgl. auch den Brief der Geistlichkeit selbst, wo — in der Fassung
bei Mansi (p. 76) — der letzte Punkt so ausgedrückt erscheint: *,Sed antiquam
internuntiorum confectionem agnovimus, quam et patres nostri semper
attenderunt toto praeterito tempore usque ad tempus hoc'.* Sonst heisst
es bei Mansi wie Delisle (p. 152): Wir erteilen Dir zu *,primum et summum
pontificem ecclesiarum omnium et esse et nominari'* etc.

[1] In dem vor. Anm. zit. Schreiben der Geistlichkeit heisst es weiter
(Delisle, p. 153): *,hec tibi proponimus ... Habes ex his brevibus,
qualiter iam, si solum tua magnitudo pie ea que sunt lega-*

seinem ersten Schreiben dem Papst vorgetragen hatte. Für
diesen Fall versprachen die Prälaten auch, den unionsfeindlichen Patriarchen Joseph zur Abdankung zu bewegen und
ihn durch einen romfreundlichen zu ersetzen.[1])

Am Schlusse ihres Briefes weist die Geistlichkeit endlich
auf eine politische Mission der griechischen Gesandten hin,
die sie speziell vom Kaiser empfangen hätten, und die also
zwischen Kaiser und Papst verhandelt werden müsse.[2])

Und nicht nur der byzantinische Reichsklerus unterwarf
sich so dem Papst, sondern die griechischen Gesandten konnten
diesem auch von seiten der orthodoxen Kirchen Serbiens und
Bulgariens Kundgebungen zu Gunsten der Union vorlegen:
es waren zunächst Briefe des Patriarchen von Bulgarien und des
Primas von Serbien an den Patriarchen Joseph von Konstantinopel. Dies ersehen wir aus den Akten der griechischen
Gesandtschaft.[3])

Dass man aber Gregor im Namen des bulgarischen
Patriarchen Joachim III. nicht nur dieses indirekte Zeugnis,
sondern auch eine unmittelbare Unionserklärung hat überbringen können, darüber belehrt uns ein Brief des späteren

---

tionis admittat, nihil est quod impediat, ut (statt *et*) *inclinamus nos
prompte et magnitudini tue altitudinis incumbamus et valde potenter
ea que sunt spiritualis totius subiectionis offerimus'.* Was mit der
Bitte gemeint ist, zeigt, wenn man es nicht schon so vermutete, deutlich
folgender Passus des II. kaiserlichen Briefes (Delisle l. c. p. 156): Das
und das, sagt er, haben die Geistlichen Dir zugestanden *‚a nobis compulsi
reddiderunt: que olim ab ipsis obtente consuetudines, que nichil corrum-
punt eusebiam, servare solum immutatas volentes, immutabiliter enim
habent in hiis voluntatem'.*

[1]) l. c. vgl. hierfür auch Hefele, p. 141.

[2]) *‚Sed in ceteris* (ausser dem geistlichen), *sicut specialiter ab
imperiali magnificentia mandatum acceperunt, ... quecumque videlicet
ad secularis principatus ferunt gubernationem tue sanctitati cura erit
et ... nostro Imperatori'.*

[3]) Nach der unter № VIII von Delisle veröffentlichten Urkunde (l. c.
p. 165), einer Denkschrift, die die Legaten aufsetzten, damit der Papst
nach ihr den Gesandten, den er nach Kp. abgehen liess, instruiere.

Papstes Nikolaus IV., der, damals noch Bruder Hieronymus und einer der nach Konstantinopel entsandten päpstlichen Legaten, zugleich mit den griechischen Boten nach Lyon kam.[1]) Nikolaus schreibt im Jahre 1291 an den „Erzbischof" von Bulgarien: „Du wirst Dich erinnern, dass Du seinerzeit vor dem Kaiser Michael Paläologos im Blachernenpalast in unserer Gegenwart mündlich erklärt hast, Du seist dem römischen Papst unmittelbar untergeben".[2]) Man hat bisher diesen Vorgang auf das Jahr 1277 bezogen:[3]) aber Nikolaus IV. ist während seines Lebens nur einmal in Konstantinopel gewesen, nämlich als Gesandter Gregors X. in den Jahren 1273 und 1274. Im Jahre 1277 dagegen weilte er im Auftrage Johanns XXI. in Frankreich.[4])

Es könnte auffällig erscheinen, dass die griechischen Gesandten nur den doch viel weniger beweiskräftigen Brief des bulgarischen Kirchenfürsten an den Patriarchen von Kon-

---

[1]) Dass die Brüder Hieronymus und Bonagratia zusammen mit der griechischen Gesandtschaft von Kp. heimkehrten, erwähnt Wadding IV p. 387. Sie hatten nach ihrer Ankunft auf italienischem Boden Briefe nach Lyon vorausgesandt, die dort zwischen der 1. und 2. Konzilssitzung (7. und 18. Mai) anlangten und als erste Kunde von dem Nahen der griechischen Unionsgesandtschaft grossen Jubel erweckten. Wadding l. c. Mansi Conc., Bd. XXIV. p. 63.

[2]) Rayn. 1291 § 39 in einem Brief Nikolaus' IV. an den Erzbischof von Bulgarien, wo er diesen mit Hinweis auf jene von ihm einst abgegebene Erklärung mahnt, den Bulgarenzaren im römischen Glauben zu stärken. *,Tenet enim probabiliter nostra credulitas quod in iis ... exhibebis te voluntarium facilem et promptum, cum tu (si tamen ille sis, qui tunc erat archiepiscopus Bulgarus:* was in der Tat der Fall war) *olim coram quondam magnifico viro Michaele Palaeologo ... eo tempore Cpi residente, professus fueris in palatio de Blachauria coram nobis, sicut a tua excidisse memoria non credimus, oraculo vivae vocis te papae Romano immediate subesse, tuncque ad hoc, ad quod te nunc inducimus, dispositus videbaris ...'*

[3]) Coletus: Illyricum sacrum Bd. VIII. p. 240, Lah, im Archiv für katholisches Kirchenrecht Bd. 44. p. 212.

[4]) S. die Nachrichten über sein Leben bei Potth. S. 1826, und die dort zitierten Briefstellen.

stantinopel dem Papste vorgezeigt haben, statt auf dessen mündliche Versicherung hinzuweisen. Ihr Schweigen erklärt sich, wenn wir die Bitte betrachten, die der Kaiser in Bezug auf die Kirchen von Serbien und Bulgarien dem Papste unterbreiten liess: da dieselben ohne päpstliche Genehmigung die Autonomie erlangt hätten, so sollte Gregor ihre Wiedereinfügung in den Verband der byzantinischen Kirche, die der Kaiser, wie wir sahen, bereits proklamiert hatte, nunmehr seinerseits dekretieren.[1]) Jene mündliche Kundgebung des Patriarchen von Bulgarien kehrte aber ihre Spitze gerade gegen eine erneute Unterstellung unter Byzanz, resp. Achrida: der bulgarische Patriarch war offenbar nach Konstantinopel gekommen, um dem Kaiser zwar sein Einverständnis mit der Union zu erklären, zugleich aber zu betonen, dass er seine Autonomie deswegen nicht angetastet wissen wolle: nur direkt wolle er Rom unterstehen.

Wenn nun aber auch die griechischen Gesandten von dieser Erklärung des bulgarischen Patriarchen nichts wissen mochten: um so mehr werden die heimkehrenden päpstlichen Legaten, die sie mit angehört, Gregor die Freudenbotschaft verkündet haben, dass mit der griechischen auch die bulgarische Kirche sich Rom unterworfen habe.

Noch erübrigt es, einen Blick auf die östlichen Kirchen: auf die Patriarchate von Antiochien und Jerusalem zu werfen. Vatatzes hatte einst von Innocenz IV. verlangt, dass hier im Falle der Union an die Stelle der lateinischen uniert-griechische Patriarchen treten sollten. Wir sahen, wie Innocenz IV. demgegenüber für uniert-griechisch-lateinische Doppelpatriarchate eingetreten war;[2]) auf eben diesen Standpunkt stellte sich jetzt der Paläologe. Er verzichtete darauf, in Antiochien und Jerusalem die Alleinherrschaft griechischer Kirchenfürsten zu etablieren: vielmehr sollten die lateinischen

---

[1]) In der oben p. 528[8] zitierten Urkunde l. c. Diese Tatsache erwähnt auch Jireček, Geschichte der Bulgaren, p. 274.

[2]) S. oben p. 373 ff.

Patriarchen von Jerusalem und Antiochien den innerhalb
dieser Patriarchate bestehenden lateinischen, die griechischen
Patriarchen dagegen den griechischen Kirchen dort vorstehen,
ebenso die Erzbischöfe des autokephalen Erzbistums Cypern.
Und auch in den einzelnen Kirchen und Klöstern sollte der
jeweilige Besitzstand der beiden Nationalitäten aufs strikteste
aufrechterhalten werden.[1]

Wie schon erwähnt, hatte der Paläologe auch eine Erörterung der weltlichen Fragen zwischen seinen Gesandten
und dem Papste vorgesehen, nicht freilich in der Weise, dass
er von ihrer Erledigung die Union erst abhängig machte,
sondern indem er nach seiner Unterwerfung unter die römische
Kirche, die er durch jene schriftlichen Erklärungen vollzogen
hatte, die Entscheidung über die politischen Dinge vertrauensvoll in die Hände des Papstes legte. Seine Gesandten sollten
diesen über seine Wünsche unterrichten, mit ihm beraten und
schliesslich dem Kaiser den päpstlichen Willen mitteilen.[2]

[1] Dieses neue Faktum ebenfalls in der Urkunde № VIII bei Delisle.
,Item de ecclesiis, scil. Anthiocie, Ciprensis et Jerosolimitane ut quilibet
in sua ecclesia pacifice regat suum ovile et non habeat Latinus facere
contra Graecum nec Graecus contra Latinum et sine lite dividant
ecclesiasticos redditus'. Beim Tode eines Griechen soll ein Grieche folgen
und umgekehrt.

[2] Diese bemerkenswerten Dinge ergeben sich aus dem von Delisle
unter № V veröffentlichten Aktenstück, der Akkreditierung der kaiserlichen Gesandten beim Papst. Der betreffende Passus lautet: ,Quoniam
enim nos Dominus . . . in pacificam ecclesie adduxit concordiam, . . .
amodo nostrum imperium nihil eorum, que ab ipso aguntur in hiis
mundanis negotiis tuam maximam sanctitatem dimittere [vult] quin
audiat, sed deliberare simul cum ipsa et cum consensu eius ea que
agenda sunt in talibus facere, et ut a vertice expectare ab ipsa con-
cessionem, ut utique prefati legati nostri, dicentes ad tuam maximam
sanctitatem de propositis mundanis negociis [et] expressas ab hac res-
ponsiones recipientes, reversi cum Deo, imperio nostro diligenter an-
nuncient, et sciemus ex ipsis inde voluntatem magne sanctitatis vestrae,
quomodo se habeat circa proposita mundana negocia'. Die hinzuge-
fügten Kommata und Einschübe zur Verdeutlichung des sonst dunklen
Sinnes.

Doch während vermutlich das Detail dieser weltlichen Fragen erst später nach der endgültigen Regelung der geistlichen Angelegenheit zwischen dem Papst und den Gesandten zur Erörterung gelangt ist,[1]) haben diese Gregor über einen Punkt gleich am Anfang verständigt. Derselbe stellte zugleich ein neues Versprechen und eine Forderung des Kaisers dar.

Es waren, wie wir wissen, von alters her stets zwei Bewilligungen, die die Päpste von den griechischen Kaisern forderten: die Union und die Teilnahme an den Kreuzzügen, jene im Sinne einer kirchlichen, diese als Zeichen der weltlichen Unterwerfung Byzanz' unter den Willen Roms. Der Paläologe liess jetzt in bestimmterer Form als je zuvor Gregor seiner Bereitwilligkeit zur Unterstützung des heiligen Landes durch ein Heer, durch Geld und Lebensmittel versichern: was nur immer der Papst in dieser Beziehung von ihm verlange, werde er erfüllen. Aber er knüpfte diese Bewilligung an eine Bedingung: es müsse zuvor der Friede mit den Lateinern hergestellt sein, damit er ohne Furcht vor einem Angriff von Westen her die Mittel seines Reichs im Osten verwenden könne. Die Gesandten hatten Befehl, sich dem Papste gegenüber zur Verkündigung der Teilnahme des griechischen Kaisers an dem Kreuzzuge auf den öffentlichen Plätzen und Kanzeln im Abendlande bereit zu erklären. Diese Botschaft schien besonders geeignet, den Griechen die Sympathie der Lateiner zu erwerben.[2])

---

[1]) Es ist davon im einzelnen die Rede in dem p. 528[8] zitierten, erst nach dem Schluss des Konzils abgefassten Memorandum (vgl. unten p. 542[2]). Die kirchlichen Punkte, die es enthält, haben wir schon hier behandelt, weil sie, wie z. B. die Überreichung des Briefes der serbischen und bulgarischen Kirchenfürsten, höchstwahrscheinlich gleich im Zusammenhang mit den übrigen Kirchenfragen verhandelt worden sind.

[2]) Auch von dieser Tatsache hat man bisher nichts gewusst. Es handelt sich um eine Erklärung der Gesandten (Delisle *№ VII*): *,De adiutorio, quod dicit dominus noster imperator facere in terra sancta, hoc dicimus nos et affirmamus, quod tota intentio sua et promptitudo*

Einen ähnlichen Antrag hatte er nun freilich seinerzeit Klemens IV. gemacht:[1]) der Unterschied aber war, dass er damals in dem Kreuzzugsversprechen ein Mittel gesucht hatte, das ihm an Stelle der Union den päpstlichen Schutz verschaffen sollte, er jetzt dagegen diesen Anspruch auf Schutz auf zwiefache Weise: durch Union und Kreuzzugsversprechen begründete.

— — — —

So sehr nun auch den Papst all diese Botschaften beglücken mussten: um seinen Triumph voll zu machen, fehlte noch, dass sie auch öffentlich vor versammeltem Konzil verlesen wurden, und dass die Gesandten das Unionsversprechen feierlich bekräftigten. Diese erklärten sich auch dazu auf das Verlangen Gregors bereit, da sie ausdrücklich hierfür vom Kaiser bevollmächtigt waren.[2])

Aber da sich wohl der Papst und die Gesandten bis zum 28. Juni, dem Termin der dritten Konzilssitzung, über diesen offiziellen Schritt noch nicht endgültig verständigt hatten, so kam es, dass die Union der Welt zuerst kund wurde nicht durch eine feierliche Proklamation, sondern als ein bereits vorhandenes Faktum. Beim Gottesdienste jener

---

est ad faciendum totaliter adiutorium in terra sancta et per exercitum et per pecuniam et per victualia et per omnimodam aliam providenciam: solummodo si habuerit pacem cum vicinis suis Latinis'. Er wird soviel Hilfe leisten, als der Papst will. *,Et hec parati sumus predicare in plateis et in civitatibus et super pulpitis cum a papa fuerit imperatum'.*

[1]) S. oben p. 453 f.

[2]) Erst auf diese Weise ist es also zu dem öffentlichen Aktus auf dem Konzil von Lyon gekommen. Dies geht hervor aus dem Dokument № VI bei Delisle. Die Gesandten erklären: als sie zum Papst gekommen seien *,et requisiti fuissemus de hiis, que pacta et conventa sunt et missa in scriptis a dom. nostro imperatore ad dom. papam, ut nos affirmaremus hec',* und zwar die Prälaten nach ihrer Gewohnheit durch blosse Unterschrift, die weltlichen Gesandten durch körperlichen Eid: *,cum nos habeamus mandatum ad hoc a domino .... imperatore per proprium os eius, parati sumus facere hoc, quando fuerit nobis preceptum ... a dom. papa'.* Es folgen, wie unter den früher angeführten Akten, die Unterschriften des Germanos, Georgios Akropolita und des Theophanes von Nikäa.

Sitzung nämlich wurden Epistel und Evangelium nach griechischem und lateinischem Ritus verlesen, und sang das geistliche Haupt der Gesandtschaft, der ehemalige byzantinische Patriarch Germanos III., gemeinsam mit den griechischen Bischöfen Kalabriens das Symbolum mit dem lateinischen Zusatz des filioque.[1]) Darauf hielt Bonaventura eine Predigt über die bevorstehende Union und die Reinheit des römischen Glaubens.[2]) Der Eindruck dieses Aktes war ein so grosser, dass man ihn vielfach im Abendlande als das eigentliche Kennzeichen der in Lyon vollzogenen Griecheneinigung angesehen hat.[3]) In Wirklichkeit handelte es sich hier um eine rein persönliche Handlung der Gesandten, folgte der entscheidende Akt, die förmliche Proklamierung der Griechenunion, erst in der vierten Konzilssitzung vom 6. Juli 1274.

Gregor X. eröffnete die denkwürdige Sitzung mit einer Rede. „Gegen die Meinung fast der gesamten katholischen Welt, verkündete er, sind die Griechen aus freien Stücken zum Gehorsam der römischen Kirche zurückgekehrt, und sie haben, was niemand für möglich hielt, ihre Unterwerfung von keiner weltlichen Bedingung abhängig gemacht." Um so erstaunlicher sei dies, als er, der Papst selbst, dem Kaiser anheimgestellt habe, wenn er nicht freiwillig dem Schisma entsagen wolle, zunächst durch Gesandte mit dem Papst über seine Forderungen zu verhandeln.[4]) Angesichts des Erreichten trug Gregor kein Bedenken, der Versammlung seine Schwäche einzugestehen, zumal sie das Verdienst des Kaisers nur noch steigerte.

---

[1]) Mansi, Bd. XXIV. p. 64. referiert von Pichler, p. 342.

[2]) Wadding, Bd. IV. p. 394.

[3]) So die Auffassung der Chronik des Wilhelm Nangis, Bouquet XX p. 565: das Konzil zu Lyon, ‚ubi Graeci redire ad unitatem ecclesiae promittentes in signum huius rei Spiritum sanctum procedere ex patre et Filio sunt confessi, symbolum cum aliis in praesenti concilio decantantes‘.

[4]) Hefele, p. 138, bezweifelt die Authentizität dieses Passus: wir haben oben (p. 495) gesehen, dass Gregor in der Tat derartiges dem Kaiser angeboten hat.

Nach dieser Einleitung liess nun der Papst die Schreiben des Kaisers, des Kronprinzen Andronikos und der griechischen Geistlichkeit verlesen. Nach der Übermittlung der schriftlichen Versicherungen aber trat der Grosslogothet Georgios Akropolita vor und beschwor durch einen persönlichen Eid im Namen des Kaisers den römischen Glauben und den päpstlichen Primat. Die geistlichen Häupter der Gesandtschaft bekräftigten statt durch einen Schwur durch ihre eigenhändige Unterschrift die kaiserliche Erklärung. Mit einem Gottesdienst, nach dem Muster des auf der vorigen Sitzung abgehaltenen, schloss die bedeutungsvolle Versammlung. [1])

Die Union war vollzogen: zum zweitenmale im XIII. Jahrhundert erkannte man in Byzanz dem Papsttum das Regiment über die griechische Kirche zu. 70 Jahre zuvor hatten lateinische Eroberer Papst Innocenz III. das Patriarchat Konstantinopel unterworfen. Hochberühmt war dadurch dieses Papstes Name geworden: in den Akten des Laterankonzils von 1215 stand verzeichnet, dass der Papst, der ihm vorsass, zwei Patriarchen von Konstantinopel abgesetzt und einen neuen kreiert hatte.

Aber sein Ruhm erblich vor dem neuen Glanze, der Gregor X. umgab. Was auf dem Konzil von 1274 geschah, stellte die Ereignisse desjenigen von 1215 in Schatten. Denn das lateinische Kaiserreich von Byzanz, das Innocenz' Herrlichkeit begründet hatte, war schnell wieder vom Erdboden verschwunden: aus seiner Leidensgeschichte und seinem kläglichen Untergang hatte man die Lehre gezogen, dass die gewaltsame Unterwerfung der Griechen nicht der richtige Weg zu ihrer Katholisierung sei. Glücklicher als Innocenz III. schätzte sich deshalb Gregor X., da er nicht unter Kampf und Waffengetöse, sondern in tiefstem Frieden, ohne grosse Schlachten, die Griechen der römischen Kirche geeint habe,

---

[1]) Mansi, p. 65, der Eid des Grosslogotheten, p. 73/4, vgl. Hefele, p. 140/1. Dass auch die geistlichen Gesandten die kaiserliche Erklärung bekräftigt haben, ist aus dem p. 533[2] zitierten Aktenstück zu schliessen.

und da ihm statt eines flandrischen Kreuzritters auf dem
Throne Konstantins ein wahrer Kaiser der Rhomäer und die
Geistlichkeit der Griechen verkündete, dass das Schisma
nunmehr zu Ende sei.[1]) Und jener erkannte dem Papsttum nicht
etwa nur den Ehrenprimat in der Kirche, sondern den vollen
Jurisdiktionsprimat, wie er sich erst nach dem Schisma im
Occident ausgebildet hatte, zu.

Während ferner über der einst von den Lateinern herbeigeführten Unterwerfung der byzantinischen Kirche unter Rom
die Bulgarenunion in die Brüche gegangen war, schien vielmehr die neue freiwillige Unterwerfung der Griechen unter
das Papsttum den erneuten Anschluss der bulgarischen, vielleicht auch der serbischen, Kirche an Rom im Gefolge zu haben.

Auch im weltlichen endlich blieb der Triumph Gregors X.
über Byzanz wenigstens nicht hinter dem Innocenz' III. zurück.
Wie einst das lateinische, so wurde jetzt das griechische
Kaiserreich zu einem römischen Schutzstaat. Nicht anders
als damals Kaiser Heinrich, erwartete jetzt der Paläologe
vom Papsttum alles Heil.

Und wenn der Grieche durch sein Kreuzzugsversprechen
die Kräfte seines Staates in den Dienst der päpstlichen
Interessen zu stellen verhiess, so mochte die Kurie hoffen,
dass er diese Verheissung besser erfüllen werde als einst die
lateinischen Eroberer, die ihren ursprünglichen Vorsatz, von
Konstantinopel aus Jerusalem zu befreien, niemals hatten ausführen können.

---

[1]) Im Brief Gregors X. an Michael, nach vollzogener Union, Martène,
ampl. coll. Bd. VII. p. 238, vom 28. Juli 1274: ‚sine stragis cuiuscumque periculo, solo pacis auctore praevio‘.

Viertes Kapitel.

Die Entwicklung der Griechenunion bis zu Gregors X. Tode (10. Januar 1276).

I. Die Befestigung der kirchlichen Union.

Die Griechenunion des Jahres 1274 war keineswegs über jedes Bedenken erhaben. Denn sie stellte nicht etwa eine Verbrüderung der christlichen Völker des Orients und Occidents dar, sondern es waren die Lenker dieser Völker, die sich im Widerspruch mit deren Tendenzen und Neigungen von einsamen Höhen her die Hand zum Bunde reichten: ein Papst, der die gegen Byzanz gezückten Waffen des Occidents, ein Kaiser, der die romfeindlichen Geister des Orients zu bändigen auf sich nahm. Und dabei handelte auch der Kaiser selbst, wenn er seinem Reiche die Union aufzwang, lediglich unter einem äusseren Drucke: nur aus Furcht vor eben jenem abendländischen Schwerte flüchtete er unter die Fittiche des Papsttums; im Jahre 1204 hatten die Lateiner es über dem Haupte der Griechen schwingen müssen, um sie unter Rom zu beugen: jetzt tat es auf sie ihre Wirkung, noch während es in der Scheide steckte.

Immerhin war doch die Einheitskirche, wenn auch erst im Rohbau, hergestellt. Und bereits am Anfang des Jahres 1275 fand der Akt von Lyon durch zwei hochbedeutsame Vorgänge in Konstantinopel selbst seine Bekräftigung.

Nachdem die griechischen Gesandten Ende des Herbstes 1274 in Begleitung des Abtes von Monte Cassino heimgekehrt waren, wurde am 16. Januar 1275, einem dem Apostel Petrus geweihten Festtage, in ihrer und des Kaisers Anwesenheit in der Kirche des kaiserlichen Palastes ein feierlicher Gottesdienst abgehalten, bei dem, wie in Lyon, Epistel und Evangelium auf griechisch und lateinisch gesungen wurden. Im Kirchengebet aber wurde an der ihm gebührenden Stelle der Name Gregors X. erwähnt, als des höchsten Oberpriesters der apostolischen Kirche und ökumenischen Papstes.

Schon vorher hatte man, da man den unionsfeindlichen Patriarchen Joseph nicht geradezu abzusetzen wagte, den Patriarchenstuhl von Konstantinopel in Vakanz erklärt, und einige Monate darauf, am 25. Mai, wurde das Haupt der römischen Partei, Johannes Bekkos, zum neuen Patriarchen von Konstantinopel erwählt.[1])

II. Die Frage des weltlichen Friedens zwischen Lateinern und Griechen.

Die Komnenen hatten darauf verzichtet, die griechische Kirche Rom zu unterwerfen, weil die Päpste des XII. Jahrhunderts ihnen nicht den Preis hatten zahlen wollen, den sie dafür verlangten, das Regiment über den Occident. Denn nach ihr strebten jene Päpste für sich.[2])

Der Paläologe hatte die Union vollzogen, weil er das Papsttum willens wusste, seine bescheidenere Forderung zu erfüllen. Nicht mehr die Ausweitung seines Staats über den Occident, sondern die Behütung seines Staats vor dem Occident war es, was dieser byzantinische Kaiser von der Kurie als Gegengabe für die Union erbeten, und was diese bereitwillig versprochen hatte. So war selbst der Preis, den er für die kirchliche Unterwerfung unter Rom von der Kurie verlangte, zugleich eine neue Konzession: das weltliche Protektorat Roms über Byzanz.

Für das Papsttum galt es jetzt, das Vertrauen des Paläologen zu rechtfertigen und das unierte Byzanz dem politischen System der katholischen Welt einzufügen, einen Ausgleich zwischen den christlichen Staaten des Occidents und Orients, die jetzt ohne Unterschied ihm gehorsamten, herbeizuführen.

Gregor X. hat sich redlich bemüht, dieser Aufgabe gerecht zu werden. Ehe wir jedoch diese seine Tätigkeit ins

---

[1]) Alles von Pachymeres berichtet p. 398/9 und p. 412 3. vgl. Pichler, p. 346.

[2]) S. oben p. 91 ff.

Auge fassen, gilt es, die Ziele der beiden Parteien, die es zu einigen galt, darzulegen.

1. Die Haltung der lateinischen Partei.

Karl von Anjou und Philipp, der Sohn Balduins II. und seit dessen Tode (Ende 1273) lateinischer Titularkaiser, sind ohne Zweifel aufs unangenehmste durch die Kunde von der Vollziehung der Union in Lyon überrascht worden. Wie alle Welt[1] hatten auch sie sich auf lange Verhandlungen gefasst gemacht, bei denen die Griechen unerfüllbare Forderungen gestellt hätten. Statt dessen schuf der überlegene Politiker am Bosporus durch seine bedingungslose Unterwerfung unter Rom ein fait accompli: er entheiligte so gleichsam die Sache seiner Gegner, indem er diese der Möglichkeit beraubte, hinfüro ihren Kampf gegen Byzanz zum Glaubenskrieg zu stempeln; der Konflikt zwischen Lateinern und Griechen wurde zu einer rein weltlichen Angelegenheit. Doch verlor er hierdurch nicht an Schärfe.

Karl und Philipp bestritten dem unierten Griechenkaiser, genau so gut wie vorher dem schismatischen, das Recht auf Konstantinopel, die Union sühnte nach ihrer Ansicht keineswegs die Usurpation. Ganz in ihrem Sinn hatten in Lyon anwesende venetianische Gesandte gehandelt, als sie vor Papst und Kardinälen feierlich erklärten, dass die Republik Venedig wegen der Rückkehr der Griechen zur römischen Kirche nicht etwa auf den Anteil am Kaiserreiche von Romanien, den sie einst im Dienste der Kirche mit dem Schwerte erobert habe, zu verzichten gedenke.[2]

Freilich liess es die Republik zunächst bei diesem platonischen Proteste bewenden und schloss nicht lange darauf, vermutlich schon im März 1275, einen neuen Waffen-

---

[1] S. oben p. 534.

[2] Chron. Canales, Arch. Stor. Ven. Bd. VIII. p. 671, 679, vgl. Dandolo, Mur. XII, p. 388.

stillstand mit dem Paläologen nach dem Muster desjenigen von 1261.[1])

So wenig nun aber wie Venedig wollten das der lateinische Kaiser und der, welcher von ihm mit einer Fülle von Anrechten auf Romanien ausgestattet war: Karl von Anjou. Auch ohne dass diese Fürsten sich dem Protest der Venetianer auf dem Konzil angeschlossen hätten, kannte Gregor ihre Ansichten sehr wohl, und er hat damit bei seinen Ausgleichsversuchen gerechnet.

Aber freilich: an eine Durchsetzung seiner Ansprüche auf Griechenland konnte der sizilische König damals schon deshalb nicht denken, weil eben in den Jahren 1274 und 1275 seine italienische Machtstellung durch die vereinigten Anstrengungen des Königs Alphons von Kastilien, der Republik Genua und der übrigen lombardischen Ghibellinen ganz bedenklich ins Wanken gebracht wurde.[2])

Die Anfänge dieser Entwicklung hatten es dem Papste erleichtert, Karl zur Duldung der kirchlichen Unionsverhandlungen zu bewegen.[3]) Jetzt, wo sie ihren Höhepunkt erreichte, musste sie den Anjou — wenigstens vorübergehend — auch zu weltlichen Verhandlungen mit dem Griechen geneigt machen: um so mehr als dieser nicht versäumte, aus den abendländischen Nöten Karls Nutzen zu ziehen.

---

[1]) Man hat bisher immer geglaubt, Venedig habe erst im Jahre 1277 den Waffenstillstand erneuert. (Urkunde bei Taf. und Thomas, Fontes rer. Austr. Bd. XIV. p. 134 ff.). Aber der Kaiser sagt in der Einleitung dieser Waffenstillstandsurkunde vom 19. März 1277 ganz deutlich (l. c. p. 134): ,evenit fieri et antea treuga (1268: s. o. p. 460) ,que conservata est Dei gratia et completa secundum pacti tempus (d. h. 5 Jahre, bis 1273) ,postea extensa fuit usque ad hodiernum diem...' Diese Verlängerung geschah, denke ich mir, im Jahre 1275 für die Dauer von zwei Jahren.

[2]) Über die glückliche Kriegführung zur See seitens Genuas und über die Fortschritte der Ghibellinen in der Lombardei, die durch spanische Truppen unterstützt wurden in den Jahren 1274 und 1275, s. bes. Caro l. c. p. 348 ff. Die Hauptquelle für die lombardischen Verhältnisse sind die Ann. Plac. Ghib. MG. SS. XVIII p. 559 ff.

[3]) S. oben p. 515/6.

2. Die Prätensionen des Paläologen.

In erster Linie ist die damalige Politik des griechischen Kaisers als eine Konsequenz, die er aus der Herstellung der Kirchenunion zog, anzusehen.

Man könnte meinen, er hätte als Preis der Union vom Papste lediglich die Garantie Konstantinopels und des byzantinischen Reichs in den Grenzen, die es damals hatte, erwartet. Aber wir wissen, dass sein Sinn vom Momente seines Einzugs in Konstantinopel auf die Wiedergewinnung des gesamten byzantinischen Reichs gerichtet war: trotz der beständigen Furcht, durch einen abendländischen Angriff auch das, was er in Romanien besass, wieder zu verlieren, hatte er unablässig daran gearbeitet, das, was er dort noch nicht besass, zu erwerben.[1]

Nicht ohne das Papsttum aber glaubte er, wie wir gesehen haben, dies Programm erfüllen zu können. Als er einst mit Urban IV. in Unionsverhandlungen trat, hatte er von diesem Papste zweierlei erwartet: dass er ihn der Furcht vor einem abendländischen Angriff überheben, und dass er seine Rekuperationen in Romanien dulden werde.[2] Indem der Paläologe sich dann durch Karl von Anjou mehr in die Defensive gedrängt gesehen hatte, war bei seinen Verhandlungen mit Klemens und Gregor naturgemäss das Streben nach Schutz vor dem Angriff des sizilischen Königs in den Vordergrund getreten.

In erster Linie, um dieses Schutzes teilhaftig zu werden, hatte er sich endlich sogar zur bedingungslosen Unterwerfung unter Rom entschlossen. Darüber hinaus aber hat er die Union als Freibrief zur Rekuperation des gesamten Romaniens aufgefasst, die er, während der Papst den sizilischen König von einem entscheidenden Angriff auf das byzantinische Reich zurückhalte, zu bewerkstelligen hoffte. Hatte nicht Innocenz IV. dem Vatatzes, wenn er

[1] S. oben p. 389 ff. und sonst.
[2] S. oben p. 416.

sich unierte, selbst die damals lateinische Hauptstadt des
Rhomäerreichs preisgeben wollen?

Vatatzes hatte seinerzeit aus dieser seiner Forderung
kein Hehl gemacht. Und nach der Vollziehung der Union
von Florenz im Jahre 1439 hat Kaiser Johannes VIII.
Paläologos dem Papsttum gegenüber ein ganz ähnliches Ansinnen, wie es Michael aus der Herstellung der Union von
Lyon herleitete, offen ausgesprochen. Jener verlangte nämlich
von Papst Eugen IV. schlechtweg die kirchliche Auslieferung
des lateinischen Romaniens an die Griechen, da die dort be-
legenen Metropolitansitze zum Patriarchat von Konstantinopel
gehörten.[1]

Kaiser Michael hat nun aber nicht gewagt, die analoge
politische Forderung, nämlich die Auslieferung des lateinischen
Romaniens an ihn, als den Besitzer der Hauptstadt des
byzantinischen Reichs, Gregor dem Zehnten gegenüber offen
auszusprechen. Er hat der Kurie vielmehr nur die eine Seite
seines Verhältnisses zu den Lateinern enthüllt: seine Furcht
vor einem übermächtigen abendländischen Angriff und sein
Verlangen, der Papst möge einen Ausgleich zwischen ihm
und jenen herbeiführen. Hierüber hatten sich die griechischen
Gesandten vor ihrer Abreise von Lyon noch einmal in einer
Denkschrift geäussert, in der sie dem Papste diejenigen Punkte
angaben, wegen deren er dem Abt Bernard von Monte Cassino
für seine Mission nach Konstantinopel Instruktion und Vollmachten erteilen sollte.[2]

---

[1] Syropulos, Vera hist. unionis etc. ed. Creygthon. Haag 1660.
p. 302/3. S. a. unten im Buch IV gegen Ende.

[2] Es ist das letzte der von Delisle veröffentlichten Aktenstücke
(.V. VIII) vgl. oben p. 528³. Die Bitte, der Papst möge einen Ausgleich
mit den Lateinern herbeiführen, wird hier, wie schon in einem anderen
Aktenstück (s. o. p. 532), mit der Kreuzfahrt des Kaisers begründet.
‚Et quia adiuvare debet totaliter dominus noster imperator sanctus
ad servicium terre sancte, petimus, quod habeat pacem cum omnibus
Latinis principibus et regibus, sicut videbitur discretioni pape, ita ut
non habeat suspicionem ... imperator in suis civitatibus et terris.‘

Die andere Seite seines Programms dagegen, die Restauration des byzantinischen Reichs im alten Umfange, hat er nicht durch Bitten beim Papst, sondern durch die Tat zu verwirklichen gesucht. Wenigstens soweit das lateinische Romanien in Betracht kommt. Für die Wiedergewinnung anderer Gebiete der Balkanhalbinsel hat er auch auf päpstliche Hilfe spekuliert. So handelte ein Paragraph jenes Memorandums über die gegen den Kaiser aufsässigen griechischen Territorialherren, womit besonders der Herzog Johannes Angelos von Thessalien gemeint war: der Papst sollte sie nicht aufnehmen und auch den lateinischen Fürsten ihre Unterstützung verbieten.[1]) Ferner nahm er, wie schon erwähnt, die päpstliche Autorität in Anspruch, um jenes pompöse Manifest, durch das er im August 1272 die Erneuerung des Patriarchats von Achrida in seiner alten, Serbien und Bulgarien umfassenden Ausdehnung dekretiert hatte, zur Wirklichkeit zu machen. Die Union sollte so für die zunächst kirchliche Wiedereinfügung dieser Slawenstaaten in den Reichsverband nutzbar gemacht werden.[2])

Das Recht hingegen zur Unterwerfung des lateinischen Griechenlands hat der Kaiser, ohne es mit dem Papste zu erörtern, aus der Union abgeleitet und es mit dem Schwerte durchzusetzen versucht.

Die italienischen Nöte Karls geschickt benutzend, sandte er in denselben Tagen, da er durch seine Legaten in Lyon die Union proklamieren liess, seine Soldaten gen Westen zur Wiedereroberung des von den Lateinern okkupierten byzan-

---

Als einen Weg des Ausgleichs lässt der Kaiser dem Papste die Vermittlung von Ehen zwischen seinen, des Kaisers, Kindern und abendländischen Grossen empfehlen.

[1]) l. c. ,*Item quod non recipiat ... papa hominem, qui fuerit infidelis imperio Grecorum et habeat terras et castra et quod non permittat dominus papa aliquem Latinorum principum suscipere eum*'. Über den Herzog von Thessalien vgl. oben p. 480 f.

[2]) S. oben p. 530.

tinischen Bodens: wenn diese wirklich, wie sie mit frommem Augenaufschlag behaupteten, den unterworfenen Griechen nur den katholischen Glauben hatten bringen wollen: dann wurde ihr Anspruch hinfällig mit dem Augenblicke, wo der legitime Herrscher des Landes sich zu diesem Glauben bekehrte.[1]

Nachdem seine Heere im Frühjahr 1274 zunächst den Herzog Johannes Angelos von Thessalien, der die Länder des Kaisers beunruhigte und besonders Janina bedrohte, gezügelt hatten,[2] drangen sie weiter nach Westen vor und eroberten in kurzer Zeit Berat, den Zentralpunkt von Albanien, sowie den Hafenplatz Buthrinto.[3] Die angiovinischen Truppen wurden im August unter grossen Verlusten auf Durazzo und Aulona zurückgeworfen.[4] Karl, den damals der Krieg mit Genua, bei dem sogar eine Flotte der Republik (im Juni) die

[1] Es sind die Registri Angioini (in der Publikation von Riccio im Arch. Stor. It.), die uns in Verbindung mit dem Bericht des Pachymeres die kriegerischen Aktionen des Paläologen enthüllen und uns damit seine Politik in ihrer Gesamtheit erst verstehen lehren.

[2] Ich nehme eine solche Diversion gegen den Fürsten von Thessalien im Frühling 1274 deshalb an, weil es durchaus unwahrscheinlich ist, dass der Paläologe ein Heer gegen die angiovinischen Besitzungen an der griechischen Westküste ausgesandt haben sollte, ohne den Thessalier, der. wie wir aus Pachymeres (p. 321/2) wissen, das kaiserliche Gebiet beunruhigte, vorher in Schranken gewiesen zu haben. Gerade Janina, der Ausgangspunkt der Operationen der Kaiserlichen gegen Albanien, war von dem Fürsten von Thessalien bedroht (Pachym. l. c.) und musste daher erst entsetzt werden.

[3] Die kaiserliche Herrschaft in diesen Plätzen ist zwar direkt bezeugt erst für die Jahre 1276 und 1277 (Taf. und Thomas l. c. Bd. XIV. p. 182, 226, 243, 273), trotzdem setzt Hopf, p. 300 wohl mit Recht die Eroberung schon in das Jahr 1274.

[4] Bereits am 14. August will Karl einen Vertrauten nach Durazzo und Aulona senden, um Information zu haben ‚de statu et conditione ipsius castri et partium earundem et de numero et nominibus illorum de gente nostra, qui mortui sunt et capti in conflictu nuper habito inter ipsam gentem nostram et inimicos nostros‘. Am 24. August sendet er dann einen anderen. Arch. Stor. It. l. c. p. 240. S. dann ferner l. c. p. 434, Urkunde vom 9. November 1274, wo Karl von Anjou von der Belagerung Durazzos durch Albanesen und Griechen berichtet.

sizilischen Küsten beunruhigen konnte, vollauf beschäftigte,[1] konnte nichts anderes tun, als sich auf die Defensive beschränken. Besonders im November 1274, als die Griechen den Gouverneur des angiovinischen Albaniens, Narjand de Toucy, in seiner Hauptstadt Durazzo belagerten, sandte Karl hierher und nach dem gleichfalls bedrohten Aulona unaufhörlich Hilfstruppen, Proviant und Munition,[2] womit er auch in den ersten Monaten des Jahres 1275 fortfuhr.[3]

Besonders bedenklich war, dass viele Albanesenhäuptlinge mit den Griechen gemeinsame Sache machten,[4] doch

[1] Hierüber siehe Caro l. c. p. 357 ff.

[2] Urkunden vom 1., 9., 11., 12., 14. 16. November 1274 im Arch. Stor. l. c. p. 433 ff. Da dieser höchst bedeutsame Versuch des griechischen Kaisers, die Lateiner aus Romanien zu vertreiben, bedeutsam an sich und besonders dadurch, dass er gleichzeitig mit der Vollziehung der Union stattfand, hier zum erstenmal eine eingehende historische Behandlung erfährt (Hopf, p. 300, tut ihn mit ein paar Worten ab), sei es erlaubt, einige Stellen aus den Briefen Karls von Anjou genauer zu zitieren. Am 9. November schreibt er z. B. an den Justitiar der Terra di Otranto: *cum, sicut intelleximus, Albanenses et Greci terram nostram Durachii obsederint vel obsidere proponant, nos temeritatem ipsorum obviari volentes'*, so habe er beschlossen, ihm sofort zwei Transportschiffe mit Reitern, Fusssoldaten und Schleuderern nach Durazzo zu senden, damit er *,terram nostram possit audaciter defendere, si videbitur expedire'.* Er solle von dort aus schreiben, ob die früheren Truppentransporte angekommen sind, und ob grössere Hilfe nötig ist *,cum nos gentem et succursum habundanter destinare illuc auctore Domino proponamus'.* — Am 16. November schreibt er dann demselben (p. 437): *,cum super Grecorum versutiis cautela diligens sit in merito adhibenda, volumus ... quatinus circa mittenda vasa guarnimenta et gentem in civitatem Duracii iuxta tenorem diversarum nostrarum litterarum non desistas, nisi certos claros et manifestos rumores per fide dignas personas habueris, quod Grecorum obsessio dissoluta consistat et ab obsidione civitatis discesserit supradicte'.* Er warnt ihn vor täuschenden Nachrichten über ihren Abzug, die die Griechen verbreiten lassen könnten.

[3] Arch. Stor. Bd. XXIV. p. 229 f. Erlass vom Februar 1275.

[4] Riccio im Arch. Stor. It. Bd. XXIII. p. 434. Urkunde vom 9. November 1274, wo Karl von Anjou von der Belagerung Durazzos durch die Albanesen und Griechen erfährt.

gelang es dem königlichen Vikar, manche von ihnen in der
Treue zu halten, die sie freilich, so oft sie mit den angio-
vinischen Truppen gegen die Griechen zu Felde zogen, durch
Stellung von Geiseln nach Durazzo gewährleisten mussten.[1]

Karl nun, selbst zu energischem Eingreifen zu schwach,
suchte seine slawischen und griechischen Freunde auf der
Balkanhalbinsel dem Paläologen auf den Hals zu schicken.
Eben im November wandte er sich deshalb an den Bulgarenzaren.[2] Dagegen erwartete sein thessalischer Bundesgenosse
vielmehr von Karl Hilfe; schon im August hatte er, als er
vor dem griechischen Heere weichen musste, an Karl eine
Gesandtschaft geschickt.[3] Auch der Serbe suchte angesichts
der grossen Machtentfaltung des Paläologen im September
aufs neue beim sizilischen König Anlehnung.[4]

Und die Besorgnis dieser Mächte war nicht unbegründet.
Denn im Jahre 1275 gedachte der Paläologe erst den Haupt-
schlag zu führen. Ein gewaltiges Heer unter Führung von
des Kaisers Bruder Johannes, der so gross als Feldherr war
wie Michael als Diplomat, warf sich mit unwiderstehlicher
Gewalt auf das Herzogtum Thessalien und belagerte den
Herzog in seiner Hauptstadt Neopaträ (an den Thermopylen).
Eine starke Flotte unter Philanthropenos operierte zugleich an
der griechischen Ostküste, um die Lateiner an einem Eingreifen zu Gunsten des Herzogs zu verhindern. Aber der
Bastard verliess heimlich Neopaträ und begab sich zum Herzog
von Athen: dieser eilte ihm an der Spitze seiner Ritterschaft

---

[1] l. c. p. 438. Karl approbiert den Vertrag seines Statthalters mit
einer Reihe von (nicht allen, wie Hopf, p. 300 meint) Albanesenhäuptlingen
am 1. Dezember 1274.

[2] l. c. Bd. XXIII. p. 435: Empfehlungsbrief für seine Gesandten, die
an den Kaiser der Bulgaren ‚carissimum amicum nostrum pro quibusdam arduis nostris et ipsius Imperatoris negociis‘ abgeben. (9. Nov.)

[3] l. c. p. 239, Urkunde Karls vom 11. August.

[4] l. c. p. 423. Urkunden Karls vom 2. und 3. September 1274.
In der letzten befiehlt er, den serbischen Gesandten mitsamt seinem Gefolge
auf königliche Kammerkosten nach Zara hinüberzuführen.

zu Hilfe und erfocht im ersten Ansturm über die verstörten Griechen einen glänzenden Sieg.

Doch wusste der byzantinische Feldherr diesen wettzumachen, indem er der griechischen Flotte, die bereits von einer euböotischen ins Wanken gebracht war, durch eine Verstärkung ihrer Mannschaft aus dem Reste des griechischen Landheeres zu einem glänzenden Triumph über die lateinische bei Demetrias verhalf.[1] Er wurde der Ausgangspunkt eines grossen Restaurationskrieges zur Regräzisierung der Insel Euböa und des gesamten Archipels: mit seiner Führung wurde der vicentinische Ritter Licario betraut, der bereits im Jahre 1276 die grössten Erfolge zeitigte.[2]

Aber mit diesen Kämpfen war die wahrhaft grossartige Aktion des Paläologen vom Jahre 1275 noch nicht erschöpft.[3] Wie gegen die Rebellen und Lateiner im Osten Griechenlands, hat er auch gegen die im Westen, insbesondere gegen die angiovinischen Besitzungen ein Landheer und Schiffe ausgeschickt: ersteres hat Durazzo abermals aufs äusserste bedrängt, in den Weinbergen vor den Mauern der Stadt lagerten im September 1275 die griechischen Truppen,[4] und zugleich be-

---

[1] Alles nach Pachymeres Buch IV c. 30 f., p. 322—36 und Sanudo. chron. (l. c.) p. 120/1. Vgl. auch Hopf, p. 305.

[2] Sanudo l. c. p. 122 ‚*Consequita ch'ebbe l'imperatore Paleologo questa Vittoria in Demetriada, si dispose scazzar al tutto li Latini della Grecia o con guerra o con patte, e rimmesso ogn' altro trattato ch'avesse e ogn' altra cura si mise a questa sola'.* Diese Kennzeichnung der Politik des Paläologen ist sehr treffend, nur fasste der Paläologe nicht erst nach dem Siege bei Demetrias diesen Plan, sondern die gesamte Operation des Jahres 1275 war bereits in dieser Idee erfolgt. Sanudo berichtet dann weiter, wie der Kaiser Licario zum Grossherzog machte und diesem, nachdem er Karystos genommen, die Insel als Lehen mit der Verpflichtung, 200 Ritter zu stellen, verlieh. Vgl. auch die Darstellung der Facta bei Hopf, p. 302/3 und 305.

[3] Das folgende wieder nach der Reg. Ang. ed. Riccio.

[4] Arch. Stor. It. Bd. XXII. p. 380/1, Brief vom 29. September 1275 an den am 23. September an Stelle Narjauds de Toucy zum Generalvikar von Albanien ernannten Wilhelm de Bernardo. — Vorher, am 17. August,

herrschten griechische Schiffe, wohl vornehmlich Korsaren in
kaiserlichen Diensten, das Meer und nahmen Karls Fahrzeuge
weg, so dass dieser seinem Generalvikar in Durazzo befehlen
musste, die sizilischen Schiffe zur Sicherheit vor den Angriffen
der Byzantiner aufs Land zu ziehen.[1]

3. Der Vermittlungsversuch Gregors X.

So war das tatsächliche Verhältnis zwischen Griechen
und Lateinern in der Zeit etwa von dem Konzil zu Lyon bis
zu Gregors X. Tode (Juni 1274 bis Januar 1276): offener
Krieg zwischen beiden Teilen, der Paläologe, gestärkt durch
die Union und im Vertrauen auf die päpstliche Gunst, in der
Offensive und im besten Zuge, die Lateiner aus Griechenland
zu vertreiben; der Anjou, durch die Union der Griechen in
seiner Aktionsfreiheit gegen diese gehemmt und ausserdem
durch abendländische Sorgen behindert, kaum imstande, seine
Position in Albanien zu behaupten.

Verwundert spähen wir in diesem Getriebe nach den
Spuren einer päpstlichen Friedensvermittlung. Und doch hat
eine solche nicht nur stattgefunden, sondern auch einen
wenigstens prinzipiellen Erfolg erzielt.

Noch im Juli 1274 hat Gregor dem Abt von Monte
Cassino den Auftrag erteilt, zwischen Karl und Kaiser Philipp

---

hatte er einen Vertrauten nach Aulona gesandt, *,ad confortandum homines
terrarum castrorum et bonorum ipsorum'* und um ihnen Hilfe in Aussicht zu stellen, sowie über die Fortschritte der Feinde ihm Bericht zu
erstatten (p. 240/1). Am 30. September schreibt er an Toucy, der damals
noch als Generalvikar in Durazzo weilte, er solle nicht die Stadt verlassen.
*,quousque exercitus Paleologi de partibus Durachii discesserit et se
abinde prolongaverit'*, und zwar soweit, dass es nicht plötzlich zurückkehren kann.

[1] In demselben Briefe: *,Intelleximus etiam per tuas litteras ...
quod per vasa Paleologi quinque Barce hominum Durachii et una de
Ydronto more piratico capta fuerunt, de qua es non immerito arguendus,
cum, scito per te adventu galearum Paleologi, debueris Barcas et alia
vasa fidelium nostrorum in terram duci facere, ita quod ab hostibus
offensionem non possent aliquam sustinere'*. Das soll er bei künftigem
Erscheinen kaiserlicher Schiffe tun.

von Konstantinopel einerseits und dem Paläologen andrerseits
einen Waffenstillstand herbeizuführen, damit er, der Papst,
während der Dauer desselben durch einen Legaten, den er
nach Byzanz zu senden gedenke, einen endgültigen Frieden
zwischen beiden Parteien herstellen könne.[1])

Als ein Hindernis der Waffenruhe erkannte Gregor den
Vertrag von Viterbo, der nach Balduins Tode (Ende 1273)
zwischen dessen Sohn Philipp und Karl erneuert worden war.[2])
Zwar hatten Karl und Balduin, wie wir sahen, den Termin,
bis zu welchem der Vertrag, d. h. der gemeinsame Angriff
gegen Byzanz ausgeführt werden sollte, auf Gregors Wunsch
um ein Jahr hinausgeschoben:[3]) aber auch so war er am
1. Mai 1275 fällig. Gregor hiess jetzt den Abt eine weitere
Hinausschiebung des Termins bei den beiden Kontrahenten
durchsetzen, und zwar machte er auch diesesmal das Zugeständnis, dass auch eine solche Verlängerung des Vertrages dessen Abmachungen in keiner Weise tangieren, sondern
dass letztere durchaus in Kraft bleiben sollten.[4])

Man sieht hier so recht, wie überaus behutsam der Papst
zu Werke ging, wie er keinen Schritt vor dem andern tat. Der
Vertrag von Viterbo lief seinen Friedensabsichten schnurstracks

---

[1]) Brief Gregors an Michael vom 28. Juli 1274, Martène, ampl.
coll. VII p. 242, und an den Abt von Mte. Cassino vom Juli 1274, l. c.
p. 242/3.

[2]) Nicht erst am 4. November 1274, wie Busson-Kopp l. c. [443[1]]
p. 233, behauptet. Die Urkunde, auf die hier bei Busson-K. Bezug genommen wird, und die von Ducange l. c. [164] Bd. II. p. 366—70
publiziert ist, enthält vielmehr lediglich eine Bestätigung des Vertrages
von Viterbo durch Karls ältesten Sohn, den späteren Karl II. (Diese
Bestätigungsurkunde ist hier erhalten als Inserat einer Urkunde König
Philipps IV. von Frankreich vom Jahre 1313). Karl von Anjou selbst dagegen muss schon früher, Anfang 1274, mit Philipp, dem Sohne Balduins,
den Vertrag von Viterbo erneuert haben: denn der Papst spricht in seinem
Briefe vom Juli 1274 von einem zwischen Karl von Anjou und Kaiser
Philipp bestehenden Vertrag. (Martène, p. 242/3.)

[3]) S. oben p. 518 f.

[4]) Martène l. c.

zuwider, seine Ausführung gedachte er nie und nimmer zu
dulden: trotzdem verlangte er nicht sofort seine Kassierung,
sondern nur eine Hinausschiebung seines Fälligkeitstermins.
Gegen jene hätte sich der Anjou aufs äusserste gesträubt,
und diese genügte Gregor vollkommen, da sie Karl und Philipp
ermöglichte, mit dem Paläologen eine Waffenruhe abzuschliessen, und Gregor während dieser Zeit einen endgültigen
Frieden zwischen beiden Parteien zu stande zu bringen hoffte.

In der Tat haben sich nun Karl und Philipp zur Pro-
longation des Vertrages von Viterbo um ein Jahr bereit finden
lassen und haben dem Abt Vollmacht zum Abschluss eines
Waffenstillstandes zwischen ihnen und dem Paläologen erteilt.

Auch ist das nicht weiter zu verwundern, da ja der
Anjou damals vom griechischen Kaiser in die Defensive gedrängt war. Aber auch dieser willigte, als der päpstliche
Gesandte von Neapel nach Konstantinopel kam, in die Waffenruhe ein: nach seiner Rückkehr aus Konstantinopel konnte
der Abt von Monte Cassino dem Papste melden, dass er
zwischen den beiden Parteien Anfang Mai 1275 einen einjährigen
Waffenstillstand herbeigeführt habe, der vom 1. Mai 1275 bis
zum 1. Mai 1276 dauern sollte. Er bezeichnete denselben
näher als *appassamento*, apaisement, das heisst etwa: als
ersten Schritt zur Ausgleichung der grossen Gegensätze.
Näheres versprach er Gregor durch einen Boten mitzuteilen.[1]

---

[1] Bisher ist man der Ansicht gewesen, dass der Waffenstillstand
für die Zeit vom 1. Mai 1274 bis zum 1. Mai 1275 gegolten habe. Man
meinte nämlich, dass der Brief, in dem Gregor seiner Erwähnung tut
(Martène, p. 244), vom Oktober 1274 sei. Wir wissen jetzt aber durch den
Nachweis, den Delisle p. 131, 134 aus dem in Bordeaux befindlichen Ms.
der Berardus-Sammlung erbracht hat, dass der Brief vom 15. Mai 1275 ist.
dass der letztvorhergegangene 1. Mai also, von dem, wie Gregor hier sagt.
der Waffenstillstand giltig war, nicht der 1. Mai 1274, sondern der 1. Mai
1275 ist. Aufs beste stimmt dazu eine Notiz in der von Tafel und Thomas
l. c. Bd. XIV. p. 159 ff. veröffentlichten Denkschrift venetianischer Sach-
verständiger über die von griechischen Untertanen geübte Piraterei (s. o.
p. 461[2]). Auf p. 182 wird ein Fall vom Januar 1276 berichtet. Dabei
sagt der kaiserliche Kapitän von Berat einem venetianischen Kaufmann,

Aber wir haben gesehen, wie wenig ernst es der Grieche mit diesem vom Papste herbeigeführten Waffenstillstand meinte: in ganz einseitiger Weise hat er ihn nur als Stillstand von Karls Waffen, als eine Garantie des Papstes gegen den angiovinischen Generalangriff betrachtet, die ihm selbst die Rekuperation Romaniens gestatten sollte.

In Wirklichkeit hat Gregor mit der Zurückhaltung des sizilischen Königs nichts weniger bezweckt, als dem Paläologen die Möglichkeit zu gewähren, sich des gesamten ehemals byzantinischen Reiches wieder zu bemeistern. So gewiss er den katholisch gewordenen Griechenkaiser im Besitze der Hauptstadt des Rhomäerreichs hat aufrechterhalten wollen,[1]) so wenig war er gemeint, diesen nun einseitig auf Kosten der Lateiner gross zu machen. Weigerte er sich doch sogar, auf

---

er dürfe ruhig, obwohl in griechischen Diensten, Korfù berühren, ‚quia erant in treugua dominus Imperator .... Rege Carolo‘ (verstümmelt).

[1]) In der Denkschrift des Humbert de Romanis für das Konzil von Lyon, die, wie Walter l. c. p. 77 für ihre allgemeine Tendenz richtig bemerkt, wahrscheinlich Gregors eigene Ansicht wiedergibt, wird auch die Frage der ‚discordia de imperio Ctano‘ zwischen Griechen und Lateinern erörtert. Als Heilmittel dagegen erscheint ihm: ‚quod vel per pecuniam a Latino principe acquiratur, sicut principatus de Morea et quidam alii, si tamen liceat, vel quod per pacta aut matrimonia imperator ille ad obedientiam reducatur ...‘ Letzteres war nun eben geschehen: der griechische Kaiser war durch einen Vertrag zum Gehorsam zurückgekehrt und damit war diesem Traktat zufolge die Zwietracht über das Imperium, die zwischen Griechen und Lateinern bestand, zu seinen Gunsten entschieden.

Eine direkte Äusserung Gregors über die Streitfrage berichtet uns Pachymeres l. c. p. 409/10: auch danach erkannte Gregor das Recht der nunmehr katholisierten Griechen auf Kp. an. Dem drängenden Karl erwidert er, ‚ἀντέπηγε γὰρ καὶ ὁ πάπας τὰ ὑπὲρ τῶν Γραικῶν δίκαια, ὡς ἐκείνων οὖσα ἡ μεγαλόπολις, ἐκείνοις πάλιν (1261) καὶ προσεγένετο, καὶ ὅτι νόμος ἀνθρώποις ταῦτα καὶ δῶρα πολέμου καὶ πόλεις καὶ χρήματα, τὸ δὲ μεῖζον τῆς ἐκκλησίας υἱοὶ καὶ χριστιανοί. Diese Äusserung kann sich nur auf Gregor, nicht auf den Karls Ansprüchen geneigten Innocenz V. beziehen, während dagegen der Vorgang, bei dem sie getan sein soll, nur auf Innocenz V. passt, s. unten.

das Verlangen des Paläologen gegen den von Byzanz abtrünnigen Griechenfürsten von Thessalien vorzugehen und
diesen durch eine Lösung des zwischen ihm und den Lateinern
bestehenden Bündnisses dem Kaiser auszuliefern.[1]

So weit also noch die Absichten der feindlichen Parteien
auseinander gingen, so hart sie in der Wirklichkeit aufeinander
stiessen: immer hatte Gregor durch die Arbeit des Abts von
Monte Cassino einen ersten Erfolg, ein „appassamento‘ erzielt.
und er durfte nach einem solchen Anfang hoffen, zu der
kirchlichen Union der Griechen mit dem Occident, die ja, wie
wir sahen, im Jahre 1275 einen günstigen Fortgang nahm.
das grosse Werk der Pazifizierung der lateinischen und
griechischen Welt auch in politischer Hinsicht endgültig zustande zu bringen.

4. Erneutes Kreuzzugsversprechen des Paläologen.

Und endlich langte nun auch noch kurz vor Gregors
Tode (10. Januar 1276) eine neue griechische Gesandtschaft
bei der Kurie an mit einem Schreiben des Kaisers, in dem
dieser abermals sein lebhaftes Interesse an dem Kreuzzuge.

---

[1] Zunächst äusserte der Paläologe diese Forderung durch die Konzilsgesandtschaft: s. o. p. 543. dann noch einmal durch die gleich zu er-
wähnende, kurz vor Gregors Tode eintreffende Gesandtschaft: (in Innocenz’ V. Antwort, Martène, p. 244). „Postmodum ... iidem nuntii
petierunt ut in recedentes et etiam recessuros a fidelitate tua, quos
apostatas appellarunt, excommunicationis sententia per sedem proferretur
eamdem, nec tales ab ipsa ecclesia vel Latinorum regibus aut Latinis
aliis quibuscumque recipiantur vel etiam defendantur‘.
  Innocenz V. antwortete dem Paläologen im Mai 1276 durchaus im
Sinne Gregors X., er könne die Bitte nicht gewähren, da gewisse lateinische
Fürsten genau das Gegenteil davon verlangten: deswegen „nos ne alterutri
partium ad tam diversas petitiones instantium fieri forsan putaretur
iniuria, consulto neutri earum supra illis duximus respondendum, non
irrationabiliter aestimantes, id pacis tractatibus inter te ac ipsos principes ineundis ... multipliciter expedire‘. Auch der spätere Nikolaus III.
urteilt (in der Gesandteninstruktion bei Martène, p. 267 ff.), dass diese
Antwort Innocenz’ V. durchaus mit der Auffassung, die Gregor X. gehabt
habe. identisch sei.

seine Absicht, in der Unterstützung des heiligen Landes nicht geringer befunden zu werden als die übrigen, an den Tag legte, sich nach den persönlich teilnehmenden Fürsten resp. nach der Grösse der einzelnen Kontingente, nach dem Termin der Fahrt und dem Kriegsplan der Kreuzfahrer erkundigte. [1]

Gregor starb wenige Tage nach der Ankunft dieser griechischen Gesandtschaft: ihre Botschaft hat seine letzte Stunde verklärt. Denn wir betonten schon am Anfang dieses Abschnitts, dass ihm die Griechenunion nicht Selbstzweck, sondern das Mittel zum Zwecke der Erschliessung des byzantinischen Reichs für die Kreuzzugsidee, der Gewinnung seiner Kräfte für die Befreiung Jerusalems gewesen war.

Auch die mächtigsten Fürsten des Occidents: der römische König Rudolf von Habsburg, Philipp III. von Frankreich, Karl von Sizilien, die Könige von England und Aragon, dazu der König von Armenien hatten entweder das Kreuz auf die Schulter geheftet oder eine Fahrt ins heilige Land gelobt, [2] und so mochte Gregor bei seinem Tode einen Kreuzzug der gesamten christlichen Welt als nahe bevorstehend betrachten.

III. Ausblick auf das weitere Schicksal der Union, der Pazifikation und des Kreuzzugs.

Das Jahr 1275 hatte die Erfüllung der Kirchenunion, die Keime eines weltlichen Friedens zwischen Griechen und Lateinern, ein erneutes Kreuzzugsversprechen des griechischen Kaisers gezeitigt. Es ist begreiflich, dass Gregor diese Entwicklung verheissungsvoll erschien. Betrachten wir, bevor

---

[1] Aus dem Briefe Innocenz' V. an den Paläologen ersichtlich, Martène, p. 224 ff. (№ 1 und 2). In diesem Schreiben trug der Kaiser dem Papste auch manche Bitte aufs neue vor, die er schon in Lyon durch seine Gesandten hatte vortragen lassen, wie z. B. die, der Papst möge den Herzog von Thessalien nicht aufnehmen und den Lateinern kein Bündnis mit ihm erlauben.

[2] S. Hirsch-Gereuth l. c. im ersten Teil seiner Arbeit. Vgl. Walter l. c. p. 105/6.

wir diesen Papst verlassen, wie weit damals für jeden dieser
Punkte seine Auffassung berechtigt war.

Was zunächst die kirchliche Union betrifft, so verdeckte
die glänzende Aussenseite, unter der sie dem Papste erschien,
ein düsteres Bild von Streit und Wirrnis. In dem Augenblicke, wo in Konstantinopel die entscheidenden Akte der
Unterwerfung unter Rom vollzogen worden waren, trat das
ein, was man dem Kaiser einst prophezeit hatte: ein Schisma,
schlimmer als das alte zwischen Rom und Byzanz, begann
nunmehr die griechische Kirche im Innern zu zerklüften.
Denn mit noch grösserem Hass, als man früher gemeinsam
die Lateiner verabscheut hatte, verfolgte man sich jetzt untereinander, und wie jede ernste religiöse Spaltung griff auch
diese in alle sozialen Verhältnisse ein.[1]) Ja wir werden noch
sehen, wie die unionsfeindliche Bewegung bald auch über
die politischen Grenzen des byzantinischen Reichs hinaus-
flutete und sich in weitem Kreise über alle Länder der
orthodoxen Kirche hin ergoss.

Trotz alledem ruhte die Union auf einer sicheren Basis:
auf dem wohlverstandenen Interesse des byzantinischen Staates,
wie es sein Herrscher vertrat. Die feste Überzeugung des
Kaisers, dass die Erhaltung sowohl wie die völlige Restauration
seines Reichs an dem guten Willen des römischen Papstes,
den Occident von einem Angriff auf Byzanz zurückzuhalten,
hänge, dessen Erkenntnis ferner, dass die Hilfe der Kurie
nur durch die geistliche Unterordnung der Griechen unter
Rom zu gewinnen sei, verbürgten die Fortdauer der Union
in dem Sinne, dass der Kaiser mit der ganzen weltlich-kirch-
lichen Autorität eines Imperators von Byzanz den Widerspruch
gegen sie im Klerus und Volke zu unterdrücken und sie zu
beseitigen entschlossen war. Und in dem Patriarchen Bekkos
besass der Paläologe einen treuen Mitarbeiter an diesem Werk.

Viel geringer waren zunächst die Aussichten auf die
weltliche Einigung der Griechen und Lateiner trotz jenes

---

[1]) Pachym., p. 399—402, vgl. Pichler, p. 346.

ersten Erfolges, der Gregor über die Schwierigkeit dieser
Aufgabe hinwegtäuschen konnte. Denn die Prätensionen des
byzantinischen Kaisers und diejenigen der Fürsten des Occidents
stellten zwei von Grund aus entgegengesetzte politische Systeme
dar, von denen das eine das andere im Prinzip ausschloss. Der
Paläologe wollte so gut wie der Anjou resp. der lateinische
Schattenkaiser das ganze byzantinische Reich mitsamt seiner
Hauptstadt beherrschen.

Und dennoch gab es auch hier ein Moment, das einen
Ausgleich in der Zukunft ermöglichen konnte. Hätte sich das
byzantinische Kaisertum in einem Zustande hilfloser Schwäche
befunden, so wäre jeder Gedanke eines Vergleiches deshalb
illusorisch gewesen, weil sich in diesem Falle seine abendländischen Feinde nie ernstlich auf einen solchen eingelassen
hätten und vernünftigerweise hätten einlassen können. Nun
habe ich aber schon im Eingang dieses Buches bemerkt[1])
und die weitere Darstellung hat dies Urteil bestätigt: das
Bild des auf seinem Throne zitternden Paläologen, unter dem
man diesen Herrscher gewöhnlich anschaut, muss ergänzt
werden durch das eines streitbaren Kaisers, der durch seine
Heere und Flotten mit aller Kraft sein Reich in altem Glanze
wiederherzustellen strebte. Auf die Waffen allein freilich
glaubte er sich nicht verlassen zu können: mochte er auch
die Restauration des griechischen Reichs, die Vertreibung des
Lateinertums aus Romanien, mit ihnen durchzusetzen hoffen,
so besorgte er doch, sie möchten nicht stark genug sein, ihn
vor einem abendländischen Generalangriff zu sichern;
aber er wusste diesen Mangel durch eine ausgezeichnete Diplomatie zu ergänzen, mit der er sich die Freundschaft der
römischen Kurie erwarb, die ihn gegen eine solche Gefahr
schützte.

Indem sich nun der Paläologe zugleich auf die militärischen Kräfte seines Reichs und die Bundesgenossenschaft
der Kurie stützen konnte, wuchs er zu einem dem Anjou eben-

----

[1]) S. oben p. 389 ff.

bürtigen Gegner heran, zumal diesen auch abendländische
Feinde bedrohten, und er konnte sogar wagen, innerhalb
Romaniens zur Offensive gegen ihn vorzugehen. Da sich
aber auf diese Weise die Parteien einigermassen die Wage
hielten, so war es nicht ausgeschlossen, dass in der Zukunft
ein über beiden stehender Pazifikator einmal einen Ausgleich
zwischen ihnen zustande brachte.

Es bleibt von den drei Wünschen, an deren Ziel, wie
wir sahen, Gregor X. bei seinem Tode sich glaubte, der letzte
zu erörtern übrig: die Hoffnung, den Paläologen an dem allgemeinen Kreuzzug teilnehmen zu sehen. Diese nun war
völlig illusorisch.

Auf einem Kreuzzuge, der die Befreiung des heiligen
Landes zum Ziele hatte, war Konstantinopel im Jahre 1204
erobert worden: ein griechischer Kaiser, der Konstantinopel
den Lateinern wieder entriss, musste notwendigerweise von
jedem abendländischen Zuge nach Jerusalem eine Wiederholung der Katastrophe von 1204 befürchten.[1] Das hatte
schon Innocenz III. im Jahre 1210 mit Seherblick erkannt.[2]
Und wenn der Paläologe zur Verhinderung des Kreuzzugs,
die Innocenz für den Fall einer Rekuperation Konstantinopels
durch die Griechen besorgt hatte, zu schwach war, so lag eine
Unterstützung desselben, wie er sie Gregor verhiess, gewiss
nicht in seinem Sinne. Vielmehr war es für ihn ein einfaches

---

[1] Besonders bezeichnend hierfür ist eine Bestimmung des mit
venetianischen Gesandten 1265 in Kp. abgeschlossenen, dann aber von der Republik nicht ratifizierten Friedensvertrages: Tafel und Thomas l. c. Bd. XIV.
p. 68 auf griechisch und p. 79 auf lateinisch: *,Et si aliqui Reges aut
Principes aut Comites vel Baroni cum exercitu peterent transitum
aut iter ad sanctum Sepulchrum vel alibi, quod primo dom. Dux
et commune Venetiarum debeant eos per sacramentum petere,
quod non debeant venire contra Imperium meum. Et si sic
affirmabunt, tunc eos permittant ire ad faciendum facta sua'.* Nur
bei 10 oder 25 Pilgern braucht die venetianische Regierung keinen Eid
zu verlangen.

[2] S. oben p. 290.

Gebot der Selbsterhaltung, bei einem abendländischen Kreuzzug nach Syrien alle Mittel seines Reichs zu dessen Schutz vor einem lateinischen Angriff zusammenzuhalten: hatten es doch schon die byzantinischen Kaiser des XII. Jahrhunderts so gemacht, obwohl damals noch kein Präzedenzfall wie der des Vierten Kreuzzuges existierte. Auch war der Paläologe aufs engste mit dem Mamelukensultan Bibars von Ägypten, dem ärgsten Feinde der Lateiner Syriens, verbündet,[1]) sowie es einst Kaiser Isaak mit Saladin gewesen war. Der Orient schloss sich gegen das kreuzfahrende Abendland zusammen.

Wenn der Kaiser trotzdem Gregor seine Teilnahme an dem Kreuzzuge wiederholt in Aussicht stellte, so geschah das, um den Papst noch mehr, als es durch die Union der Fall war, zum Schutz des byzantinischen Reichs im allgemeinen sowohl, als auch im besonderen zur Verhütung einer Wendung des gesamtabendländischen Kreuzzugs gegen dasselbe zu verpflichten, und ferner, um stets über die Kreuzzugsrüstungen im Abendlande auf dem laufenden zu bleiben.

Aber auch der Occident war damals für die gemeinsame Unternehmung gegen die Ungläubigen, die Gregor von ihm erwartete, keineswegs reif. Derselbe Grund, der dem griechischen Kaiser verbot, sein Land zu verlassen, verhinderte auch die bekreuzten Fürsten des Occidents an der Ausführung ihres Gelübdes: über die Grenzen aller Länder hin war ein ungeheurer Zündstoff der Feindseligkeit aufgehäuft, die christliche Staatenwelt war voll latenter Gegensätze, die sie in ihrer Aktionsfähigkeit nach aussen lähmten. Zwischen Ottokar von Böhmen und Rudolf von Habsburg, zwischen diesem und Karl

---

[1]) Der Paläologe selbst hat diese Tatsache Gregor X. mitgeteilt, indem er sie als hinderlich für seine Beteiligung am Kreuzzuge darstellte: ersichtlich aus Innocenz' V. Antwort, Martène, p. 245: *„Et ne in hoc impedimentum aliquod ex eo forsitan verearis, quod tu et Soldanus Babyloniae amicitiam simpliciter, sicut iidem nuntii retulerunt, ad invicem iuravistis, ut ipsum Soldanum cum aliis Christianis ... impugnare valeas, liberam tibi, non obstante iuramento praedicto, esse decernimus facultatem'.*

von Sizilien, wieder zwischen Karl und dem Griechenkaiser bestanden lauter Konflikte, die noch ihrer Lösung harrten, im Westen drohte ein neuer zwischen Frankreich und Kastilien auszubrechen. [1])

Und wäre es Gregor dennoch gelungen, den Kreuzzug wenigstens eines Teils jener Mächte zustande zu bringen, so hätte er damit eine andere grosse Errungenschaft seines Pontifikats, die friedliche Beibringung der Griechen, aufs äusserste gefährdet. Zwar ist kaum anzunehmen, dass Karl von Anjou gegen ein ausdrückliches Verbot des Papstes, zumal wenn dieser selbst an der Kreuzfahrt teilnahm, eine Ablenkung derselben zur Bekämpfung des bereits dem Papsttum gehorchenden Kaisertums von Konstantinopel gewagt hätte. [2]) Auch riefen ihn ja gewichtige Interessen in das Königreich Jerusalem, auf das er durch die Cession Marias von Antiochien ein Anrecht erhielt. [3]) Aber sehr gross würde die Gefahr von Verwicklungen zwischen Kreuzfahrern und Griechen auf der Hin- und Rückfahrt gewesen sein, die Stärkung der orientalischen Machtstellung des Anjou hätte den Konflikt zwischen ihm und dem Herrscher von Byzanz bis aufs äusserste verschärfen müssen.

Schluss.

Die Griechenunion von Lyon im Rahmen der päpstlichen Weltpolitik.

Das Urteil über die Unionspolitik Gregors X. und zugleich auch über seine gesamte pontifikale Tätigkeit wird verschieden ausfallen, je nachdem man sie mit dem Massstab misst, den er selbst an sie anlegte, oder sie vom rein historischen Standpunkt aus betrachtet. Schauen wir mit Gregors eigenen Augen die Union und das sonstige Tun des Papstes lediglich im Rahmen der Kreuzzugsidee, so erscheint alles

---

[1]) Vgl. Hirsch-Gereuth l. c.
[2]) Wie Hirsch-Gereuth, p. 72 meint.
[3]) Schon Gregor X. hat diese Angelegenheit vermittelt, Röhricht. Geschichte des Königreichs Jerusalem, p. 975/6.

als eitel Stückwerk. Als Basis des Kreuzzugs angesehen war die Griechenunion wertlos, denn der Kaiser dachte nicht an eine Teilnahme, ja, sie war geradezu unvereinbar mit dem Kreuzzugsgedanken, weil eine Kreuzfahrt des Occidents das griechische Reich und damit den Fortbestand der Union schwer gefährdet hätte. Auch die abendländische Wirksamkeit Gregors aber wäre, auf den Kreuzzug bezogen, als erfolglos zu bezeichnen: denn die Gegensätze, die die christliche Welt spalteten, waren viel zu gross, als dass an eine allgemeine Heerfahrt derselben zur Befreiung des heiligen Grabes zu denken gewesen wäre.

In ganz anderem Lichte erscheint das Bild der Griechenunion, erscheint auch das Bild der gesamten Wirksamkeit Gregors X., wenn wir es von dem phantastischen, entstellenden Rahmen der Kreuzzugsidee befreien.

Übrigens hat doch auch schon Gregor X. selbst neben dem Hauptzweck, den er der Union vindizierte, ihre immanente Bedeutung, wenigstens nach gewissen Richtungen hin, zu würdigen gewusst. Einmal in kirchlicher Hinsicht, sofern sie das Ende des Schismas bezeichnete: wie wir schon gelegentlich der Besprechung des Vollzuges der Union auf dem Konzil zu Lyon ausführten.

Sodann aber hat Gregor ohne Zweifel die Union von Lyon vor allem als ein kosmopolitisches Ereignis geschätzt, als ein völkerverbindendes Moment. Zwar wollte er ja die Völker zu einem ganz bestimmten Zweck zusammenschliessen: zur Wiedereroberung des heiligen Grabes. Jedoch viel zu grossartig war dieses sein Ideal, alle Gegensätze zwischen den christlichen Nationen aufzuheben und ihr Aufgehen in einer grossen katholischen Gemeinschaft zu bewirken, als dass er ihm nicht auch einen selbständigen Wert hätte beimessen sollen. Dann aber musste ihm der Ausgleich zwischen Griechen und Lateinern, den er durch die Union von Lyon als gesichert betrachtete, als der höchste Triumph auf dieser Bahn erscheinen. Denn hier hätte es sich um die Überwindung eines weit tieferen nationalen Gegensatzes, als er zwischen den Völkern des Abendlandes damals bestand, gehandelt, um den Zusammenschluss zweier grundverschiedener Welten.

Nur ein Gesichtspunkt zur Betrachtung der Griechenunion lag Gregor X. fern: der reale der päpstlichen Weltpolitik. Erst von hieraus angesehen tritt sie aber in ihrer wahren historischen Bedeutung hervor.

Wir gehen wieder am besten aus von einem Vergleich des Triumphes, den Gregor in Lyon über die Griechen feierte, mit dem Innocenz' III. am Anfang des Jahrhunderts. Wir stellten schon oben jenen über diesen, und die Betrachtung vom allgemeinen Standpunkt bestätigt ein solches Urteil. Den Schlussstein eines Weltbaues freilich hatte Byzanz damals sowohl gebildet wie jetzt: aber die Herrschaft des Papsttums über die abendländische Christenheit, die Innocenz III. begründet hatte, war nicht von Dauer gewesen, so wenig wie diejenige über den christlichen Orient. Das römische Kaisertum hatte sich im Westen, das griechische im Osten gegen das päpstliche Weltregiment erhoben. Die Breite des Jahrhunderts, die sich zwischen Innocenz und Gregor dehnte, war ausgefüllt worden von dem Ringen des Papsttums um die Wiedergewinnung der verlorenen Positionen. In furchtbarem Kampfe war das alte Kaisertum des Occidents entwurzelt, das Geschlecht, das seine Idee ruhmreich vertrat, ausgerottet worden. Die Herrschaft über Byzanz hatte die Kurie derweil durch Verhandlungen mit dem Griechenkaiser herzustellen gesucht.

Gregor X. erntete diese Saat seiner Vorgänger nicht ohne jegliche Schwierigkeit. Der Helfershelfer beim Vernichtungswerk der Päpste gegen die Staufer, Karl von Anjou, trat ihm in den Weg. Statt des Papsttums gedachte er selbst die Früchte des Sieges zu ernten und über dem byzantinischen wie dem deutschen Kaisertum seine eigene, eine weltliche Universalherrschaft aufzurichten. Wie er die Krone von

Byzanz seinem Werkzeug Balduin zu verschaffen suchte, haben wir gesehen: die deutsche Kaiserkrone sollte sein Neffe, König Philipp III. von Frankreich, tragen. Wie für das griechische so hoffte er auch für das deutsche Projekt den unpolitischen Gregor zu gewinnen (im Jahre 1273). Schien es dafür doch lediglich auf die Einreihung des Planes in die Kreuzzugsangelegenheit, den spiritus rector von Gregors X. Politik, anzukommen. So malte denn Karl dem Papste in leuchtenden Farben die Vorteile eines französischen Kaisertums des Occidents aus. Der König von Frankreich, ein Nachfolger der eifrigsten Kreuzfahrerfürsten, würde erst im Besitze des Kaisertums dem heiligen Lande von wahrhaftem Nutzen sein, wenn er nämlich an der Spitze der gesamten abendländischen Ritterschaft zu dessen Befreiung ausziehen könne.[1] So sollte ja auch die Eroberung Byzanz' dem heiligen Lande zu gute kommen.

Aber Gregor war vielmehr der Ansicht, dass das deutsche Projekt des Anjou gleich dem griechischen dem grossen Kreuzzug schädlich sei: denn die Durchsetzung dieses Planes hätte eine Umwälzung des europäischen Staatensystems bedeutet und den Frieden in der Christenheit schwer gefährdet. Auf dieselbe Weise nun wie den griechischen machte er den deutschen Plan des Anjou zunichte. Auch in dieser Angelegenheit konnte er sich dem Drucke, den der Gewaltige ausübte, nicht ganz entziehen: jedoch er gab ihm wie dort in einer Form nach, die ein den Zielen Karls genau entgegengesetztes Resultat herbeiführte. Er erklärte den deutschen Kurfürsten, dass er selbst den Thron besetzen werde, wenn sie nicht innerhalb einer bestimmten Frist die Wahl vollzögen.

Zitternd vor dem Schreckgespenst der Franzosenherrschaft, das sie hinter der Mahnung des Papstes erblickten, eilten die Deutschen, am 20. September 1273 in Rudolf von

---

[1] Alle Facta, die das französische Projekt, den deutschen Thron zu besetzen, angehen, nach Heller, Deutschland und Frankreich in ihren polit. Bez. vom Ende des Interregnums bis zum Tode Rudolfs von Habsburg.

Habsburg einen nationalen König zu wählen: sowie der Griechenkaiser in der gleichen Sorge durch Vollziehung der Union seinen Staat zu retten trachtete. Und auf demselben Konzil von Lyon, wo der byzantinische Kaiser sich dem Papsttum unterwarf, erklärte dieses neue römische Königtum seinen Verzicht auf die alte imperatorische Politik, von deren Traditionen es eine Welt trennte, auf das Königreich Sizilien auch, in dessen Besitz es Karl von Anjou anerkannte.

So gelang es diesem Papste, indem er die überragende finstere Gestalt des Anjou, die auf ihn selbst und durch ihn auf die Völker drückte, hinter sich hatte, die Welt in ein neues Geleise hinüberzuführen. Doch Gregor selbst schaute das Erreichte mit den Augen eines Übersichtigen, die nebelhafte Fernen erkennen, ohne das Nahe eines Blickes würdigen zu können. Indem er nach dem gelobten Lande der Bibel begehrte, hatte er, gleichsam ohne sich dessen bewusst zu werden, das gelobte Land betreten, nach dem sich die Päpste Jahrhunderte hindurch gesehnt hatten: unter seinem Pontifikat gelangte das Papsttum zur unbestrittenen weltlichen wie geistlichen Herrschaft über die Christenheit.

Dritter Abschnitt.

Die Griechenunion unter den Pontifikaten Innocenz' V., Johanns XXI., Nikolaus' III. 1276—1280.

Die Bedrohung der Griechenunion durch Karl von Anjou unter Innocenz V. und Johann XXI. 1276—1277.

Ein Papst ist gekommen, der das Regiment der Nachfolger Petri über die politischen Gewalten der Christenheit, das Gregor als Basis traumhafter Entwürfe begründet hatte, seiner selbst halber gewürdigt und befestigt hat. Aber ehe er die Tiara erlangte, schien dem eben geschaffenen System ein jäher Untergang bestimmt zu sein. Seine Achillesferse war die Macht Karls von Anjou. Auf dieses Herrschers Schultern war das Papsttum emporgestiegen. Es war die Gefahr, dass er, der undankbaren Rolle, fremdem Ruhm zur Folie zu dienen, satt, selbst die Lorbeern an sich zog, mit denen sich auf seine Kosten die Päpste geschmückt.

Eben mit Gregors X. Tode glaubte er die Zeit dazu gekommen. Wenige Tage nach diesem Ereignis (am 15. Januar 1276) schreibt er von Rom aus, wohin ihn noch Gregor gerufen hatte, an einen der Justiziare seines Königreichs, er solle Geld schicken: „denn ich bin in Rom und werde dort

36*

wegen der Wahl („*creatio*‘) eines neuen Pontifex längere Zeit
zu verweilen und grosse Ausgaben zu machen haben."[1])   In
der Tat war der Papst, den am 21. Januar die Kardinäle in
Arezzo wählten, recht eigentlich eine Kreatur Karls: Petrus
von Tarantaise in Savoyen, der sich Innocenz V. nannte.   Wie
der König sich von diesem seinem Landsmann auf dem Stuhle
Petri den Besitz der Senatur und des Reichsvikariats in Toskana, die Grundlagen seiner italienischen Machtstellung, bestätigen liess,[2]) so erwartete er von ihm auch eine rücksichts-
lose Begünstigung seiner griechischen Projekte.

Aber erst ein halbes Jahrzehnt später sollte Karl in
Papst Martin IV. ein willenloses Werkzeug auch seiner Orientpolitik finden.   Innocenz V.,[3]) der noch völlig im Banne der
Gregorschen Ideen vom europäischen Frieden und vom allgemeinen Kreuzzuge stand, scheute sich, durch die Los-
lassung der angiovinischen Heersäulen auf Byzanz das mühsam gesponnene Gewebe der Union mit roher Faust zu
zerstören und die erhoffte Teilnahme des griechischen Kaisers
am Kreuzzuge zu vereiteln.[4])

Freilich mussten in dem Widerstreit der idealen Aufgaben des Papsttums, denen Innocenz nicht untreu werden
mochte, und den realen Bestrebungen, die sich an ihn heran-
drängten, und die zu unterstützen ihn die Bande der Geburt
und der Dankbarkeit verpflichteten, die letzteren mit Notwendigkeit den Sieg davontragen.

---

[1]) Reg. Ang. ed. Riccio im Arch. Stor. It. Bd. XXV. p. 21.

[2]) Busson-Kopp l. c. p. 158.

[3]) Es gilt hier zum erstenmal, die byzantinische Politik dieses
Papstes darzulegen.   Sie stellt zugleich die Haupttätigkeit seines nur ein
halbes Jahr währenden Pontifikats dar.   Vgl. in seinem Brief an die
griechische Geistlichkeit (Martène, Ampl. Coll. Bd. VII. p. 249 f.): das
Unionsgeschäft ‚*quasi praecipuum praeelegimus prosequendum*‘.

[4]) S. in seinem II. Brief an den griechischen Kaiser, Martène, p. 246 ff.:
er will nicht, dass ‚*eidem unionis negotio ex dissensione, quam temporalium inducit occasio, detrahatur in aliquo*‘.   Vgl. auch andere Stellen
dieses Briefes.   Über seine Kreuzzugshoffnungen s. seinen ersten Brief
an den Paläologen vom 23. Mai, Martène l. c. p. 246 (№ 3, 4).

Gleich als ob er jetzt zum weltlichen Beirat der Kurie
bestellt worden sei, ist Karl während des ganzen Pontifikats
Innocenz' V. nicht von dessen Seite gewichen.[1]) Und als
sich herausstellte, dass auch ein Innocenz V. in der griechischen Frage ihm nicht unbedingt zu Willen war, da muss es
zwischen König und Papst zu den erregtesten Auftritten gekommen sein. Die griechischen Gesandten, die damals an
der Kurie weilten, wussten darüber bei ihrer Rückkehr zu
erzählen: täglich habe sich der König vor dem Papste niedergeworfen, das Scepter mit den Zähnen zerbeissend, um unter
Hinweis auf seine Rechte und Rüstungen die Erlaubnis zum
Zuge gegen Konstantinopel zu erlangen.[2])

Auch aus Innocenz' eigenem Munde wissen wir, wie
stürmisch der Anjou gedrängt haben muss. Gerade jetzt sei,
so erklärte er dem Papste, die Lage zur Ausführung seiner
Pläne besonders günstig, und er meine deshalb nicht einen
solchen Augenblick zu verlieren.[3]) Karl hatte dabei die friedliche Entwicklung im Auge, die damals (Frühjahr 1276) die
lateinischen Verhältnisse nahmen: vor allem stand ein Ende
seines Krieges mit Genua vor der Tür.

Kein anderer als Innocenz V., der ja auch sonst die
italienische Position Karls in jeder Hinsicht stärkte,[4]) vermittelte hier den dem Könige erwünschten Frieden.[5]) Er
selbst also war es, der in dieser Weise die Orientpolitik des
Anjou, die er doch an sich nicht billigte, auf indirektem Wege
förderte, und er setzte damit Karl in stand, zu ihren Gunsten
einen gesteigerten Druck auf ihn selbst auszuüben.

---

[1]) Itinerar Karls bei Durrieu l. c. [479¹] Bd. II. p. 179/80: Karl
hielt sich mit Ausnahme einiger Tage des Februar während des ganzen
Pontifikats Innocenz' V., also vom Januar—Juni 1276, gleich dem Papste
in Rom auf.

[2]) Pachym., ed. Bonn p. 409/410.

[3]) Zweiter Brief Innocenz' an den Paläologen. Martène l. c. p. 248.

[4]) S. vorige Seite.

[5]) Caro l. c. [400³] p. 371 ff.

Vor allem wird man endlich, um Karls Drängen zu verstehen, in Rechnung zu ziehen haben, dass auch am Anfang des Jahres 1276 noch die Heere des Paläologen im Verfolg jener oben geschilderten Aggressivbewegung des Jahres 1275 die angiovinischen Besitzungen in Epirus bedrohten:[1] kein besserer Entsatz aber konnte ihnen werden als durch die grosse Heerfahrt Karls gegen den Paläologen.

Unter diesen Umständen hat Innocenz V. den Anjou und den lateinischen Kaiser von einer kriegerischen Durchsetzung ihrer Interessen zurückhalten können nur durch die bündige Versicherung, den beiden Fürsten während der Dauer eines zwischen ihnen und dem Paläologen zu schliessenden Waffenstillstands auf friedlichem Wege kraft päpstlichen Schiedsspruchs ihre Rechte in Romanien verschaffen zu wollen.[2] Der Anjou erklärte sich schliesslich mit diesem Programm des Papstes einverstanden, und als Innocenz, um es beim Paläologen durchzusetzen, an diesen eine Gesandtschaft von vier Minoriten abgehen liess, erteilte Karl selbst am 28. Mai 1276 in Gemeinschaft mit Innocenz deren Haupt, dem Minoritengeneral Hieronymus, die Vollmacht, zwischen ihm und dem Kaiser einen Waffenstillstand herbeizuführen.[3]

Bereits eine Woche vorher hatte er den an der Kurie weilenden griechischen Gesandten, von denen sich ein Teil

---

[1] Arch. Stor. It. Bd. XXV. p. 29. Brief des Prinzen Karl von Salerno, den Karl während seiner Reise nach Rom als Stellvertreter im Königreich zurückgelassen hatte, an den Protontin von Trani vom 28. März 1276. Der Protontin soll nach Epirus fahren und Nachricht geben über die Lage in Durazzo und Aulona, da der Prinz sie gegen die ‚insolense‘ der Feinde schützen will. Falls Gefahr ist, soll er in Durazzo bleiben und sich mächtig den Feinden widersetzen.

[2] Das ergibt sich deutlich aus der Aktion Innocenz' V. bei dem griechischen Kaiser: s. weiter im Text.

[3] Arch. Stor. It. Bd. XXV. p. 38. Er verstand sich sogar auch dazu auf Bitten Innocenz', einem italienischen Arzt, der sich zur Heilung des erkrankten Andronikos nach Kp. begeben sollte, freies Geleit zu erteilen. l. c. p. 37.

zur Heimkehr anschickte, auf Innocenz' Bitten freies Geleit durch seine und seiner Freunde Staaten erteilt.[1]   Sie nahmen einen päpstlichen Brief mit, in dem Innocenz den Kaiser zunächst über die Kreuzzugsrüstungen orientierte und die Hoffnung aussprach, durch ein Zusammenwirken der Griechen mit den Abendländern werde dem heiligen Lande die Befreiung werden.[2]   Sodann erklärte er in Betreff der Bitte des Kaisers, die Kurie möge gegen die von ihm abtrünnigen griechischen Fürsten einschreiten: er könne diese Bitte des Kaisers nicht bewilligen, da einige lateinische Fürsten — nämlich vor allem der mit dem Herzog Johannes Angelos von Thessalien verbündete Karl von Anjou — sich dagegen verwahrten.   Er habe daher zunächst keiner von beiden Parteien geantwortet, um sie nachher desto leichter zu versöhnen.   Ebenso hatte, wie wir sahen, Gregor X. diesen Fall beurteilt.[3]

Die Mission aber, mit der die den heimkehrenden griechischen Boten auf dem Fusse folgende päpstliche Gesandtschaft betraut wurde, ist ein Wahrzeichen der hilflosen Schwäche und Ratlosigkeit, in der sich das Papsttum damals befand, sie zeigt seinen jähen Fall aus der Höhe, zu der es unter Gregor X. emporgestiegen war.   Freilich ist auch jetzt noch das Losungswort der weltliche Friede, auf den die Griechen durch die Vollziehung der geistlichen Union ein Anrecht erworben haben.   Aber aus Innocenz' V. Munde spricht nicht mehr der über den weltlichen Gewalten thronende und unparteiisch zwischen ihnen vermittelnde Oberpriester, sondern der, wenn auch gezwungene, Parteigänger Karls von Anjou.

[1] l. c. p. 37. Dass einige dieser Gesandten bis Ende 1278 in Rom blieben, geht aus Nikolaus' III. Brief, Martène l. c. p. 260 hervor.   Vgl. unten Zweites Kapitel dieses Abschnittes № III. am Anfang.

[2] Martène, p. 244 ff.   Das Datum des Briefes konstatiert Delisle in der oben zitierten Abhandlung p. 131.   Es ist der 23. Mai 1276.   Dass dieser Brief von den griechischen Gesandten mitgenommen wurde, geht aus einer Randnote zu ihm im Reg. Vat. Bd. 29A hervor, die Kaltenbrunner in MIÖG Bd. VII. p. 36 mitteilt.

[3] S. oben p. 551/2.

In den kraftlosen Händen dieses Papstes schrumpfte die Vermittlung des Friedens zwischen Lateinern und Griechen, die, seit der Vollziehung der Union durch den griechischen Kaiser eine Pflicht des Papsttums, von Gregor als eine Verhinderung des angiovinischen Angriffs auf das byzantinische Reich aufgefasst worden war, zu einer blossen Warnung des Paläologen vor einem solchen zusammen.[1]

Innocenz setzt diesem die Ansprüche des lateinischen Kaisers Philipp und des sizilischen Königs auseinander. Jener wolle nicht länger bloss dem Namen nach Kaiser von Konstantinopel sein, sondern beanspruche diese Stadt, deren sein Vater durch Gewalt beraubt worden sei, als Sitz seiner Kaiserherrschaft; Karl dagegen prätendiere auf einige Teile des Reiches. Und die beiden Fürsten gedächten nicht etwa, ihre Angelegenheit lässig zu betreiben, sondern seien auf ihr gutes Recht, wie sie versicherten, auf ihr vornehmes Blut, ihre Siegestitel und ihre Macht vertrauend, aufs eifrigste darauf bedacht, ihre Ansprüche mit ihren und ihrer Freunde Streitkräften durchzusetzen.[2]

Und diese Darlegung der lateinischen Politik mündet in die Mahnung aus, der Paläologe solle es nicht auf einen Krieg ankommen lassen, sondern einen Weg friedlicher Vereinbarung ausfindig machen und ihn dem Papste mitteilen; zur Vorbereitung aber dieses Friedens solle er mit den Lateinern eine Waffenruhe eingehen.[3] Falls der Kaiser nicht eine wirksame und schnelle Antwort sende, würden die lateinischen Fürsten sich auf keine Weise um die Gunst des Augenblicks

---

[1] Ebendies bezeichnete Innocenz als seine weltliche Aktion. In der Hauptinstruktion der päpstlichen Gesandten (Martène, p. 253—6) heisst Innocenz diese dem Kaiser auseinandersetzen, dass er, der Papst „ad tollendam etiam quoad temporalia omnem dissensionis et turbationis materiam aciem suae provisionis extendens, nihil eidem imperatori celat, nihil operit, sed omnia illi ... aperit, omnia manifestat", nämlich die Kriegspläne der Lateiner.

[2] Brief an Kaiser Michael, Martène, p. 247.

[3] l. c. p. 248, und in der Gesandteninstruktion l. c.

zu bewaffneter Durchsetzung ihrer Ansprüche betrügen lassen. „Und auch wir können ihnen nicht, ohne das Recht zu beugen, verbieten, ihr Recht mit erlaubten Mitteln zu verfolgen." [1]

Das also war es, was Innocenz V. dem griechischen Kaiser als Lohn seiner Unterwerfung unter Rom bot: die Enthüllung der Pläne der lateinischen Fürsten, die der Grieche nur zu genau kannte, eine Friedensmahnung, die einem drohenden Ultimatum im Sinne einer unbedingten Gewährung von Karls und Philipps Forderungen gleichkam.

Der Paläologe sah bittern Herzens die Politik der Kurie einen Zirkel beschreiben. Einst hatte diese ihm mit dem Angriff des sizilischen Königs gedroht, um ihm die kirchliche Union abzutrotzen. Er hatte sie vollzogen, um seinem Reiche den Schutz des Papsttums zu sichern. Was geschah jetzt statt dessen? Ein Papst bedrohte ihn aufs neue mit demselben Angriff, wenn er nicht auch in weltlichen Dingen nachgebe und zu Gunsten der lateinischen Prätendenten auf den besten Teil dieses Reichs verzichte.

– – – – –

Innocenz V. hat sich nun nicht auf die Erörterung der weltlichen Frage mit dem griechischen Kaiser beschränkt, sondern er hat zu gleicher Zeit eine vollständigere Durchführung der kirchlichen Union brieflich verlangt und durch seine Gesandten fordern lassen. In zwei Punkten schien ihm diese der Festigung zu bedürfen: der Kaiser sollte den Schwur auf Primat und Glaubensbekenntnis, den sein Gesandter auf dem Konzil nur in seinem Namen geleistet hatte, durch einen persönlichen Eid bekräftigen, und ferner sollte der griechische Klerus, von dem bisher nur jene schriftliche Anerkennung des

---

[1] Im Brief an den Kaiser l. c.: ‚*Revera expedit ut praemissa negligentiae non exponas. Nisi enim adeo efficaciter respondeatur et cito, praedicti principes sibi reputantes illudi, nullo modo paterentur, ut asserunt, se instantis temporis commoditate, quam procul dubio non modicum aestimant, defraudari. Nec nos ipsis ius suum permissis remediis prosequi sine iuris iniuria prohibere possumus*'.

Primats, die er zum Konzil gesandt hatte, vorlag, jetzt in seinen einzelnen Vertretern, Prälaten und Geistlichen, Primat und Symbolum mündlich beschwören, dabei sollten sie ausdrücklich versprechen, nicht öffentlich oder heimlich gegen dieses ihr Bekenntnis zu predigen, sondern den beschworenen römischen Glauben auch dem Volke zu verkünden und das Symbolum mit dem filioque zu singen. Doch erklärte sich Innocenz zunächst bereit, gemäss der kaiserlichen Bitte die griechische Kirche bei ihren Riten zu belassen, soweit sie nicht gegen den Glauben und die Kanones verstiessen. Die päpstlichen Gesandten erhielten den Auftrag, zur Entgegennahme der Versicherungen der Geistlichen die Hauptorte des byzantinischen Reichs zu bereisen. [1]

Während aber die Hauptinstruktion die päpstlichen Gesandten zur strikten Durchführung dieses Programms verpflichtete, wurden ihnen in einem Nachtragsmandat gewisse Milderungen desselben anheimgegeben, wie z. B. die, dass der Kaiser, statt den von seinen Gesandten auf dem Konzil geleisteten Eid persönlich neu zu beschwören, ihn nur zu ratifizieren brauche, und in einem letzten Mandat erhielten sie für den Fall, dass auch das so gemilderte Programm nicht durchzusetzen sei, den Auftrag, das, was eben erreicht werden könne, anzunehmen und darüber dem Papste Bericht zu er-

---

[1] Briefe Innocenz' V. an den Kaiser wegen der Festigung der Union (Martène, p. 248/9), an die griechische Geistlichkeit (p. 249—51), an den Kronprinzen (p. 251/2) und die Hauptinstruktion seiner Gesandten (p. 253—6). Mit dem, was er von den Prälaten verlangte, griff er übrigens auf das zurück, was das Kardinalskolleg während der Sedisvakanz im Jahre 1270 als Forderung aufgestellt hatte: Rayn. 1270 § 3/4 (vgl. o. p. 467). Vgl. für die einzelnen Bestimmungen auch Stapper, Papst Johannes XXI., Münster 1898 p. 82/3, der aber seinem Thema gemäss, alles erst zu Johannes XXI. berichtet.

Was die Forderung des *filioque* und die Duldung der Riten betrifft, so treten diese beiden Momente in der Instruktion getrennt auf (№ 18/19 und № 15), so dass es nicht ganz ausgeschlossen erschien, als ob der letztere Punkt den ersten wieder aufheben könnte. Wir werden unten sehen, wie Nikolaus III. sich deutlicher ausdrückte.

statten, zugleich aber die Griechen darauf hinzuweisen, dass diese Zugeständnisse in keiner Weise genügend sein würden.[1])

Gleichviel: wie konnte dieser Papst, so wird man verwundert fragen, an den Kaiser überhaupt neue kirchliche Forderungen stellen, wenn er ihm doch keine weltlichen Zugeständnisse dafür in Aussicht stellte? Denn jener Friede, von dem der politische Teil der päpstlichen Mission handelte, bezeichnete, wie wir sahen, nicht sowohl eine Belohnung für die Union, sondern eine neue schwere Konzession neben der Union.

Doch Innocenz hat nun in dem Briefe, den er an den Kaiser wegen der geistlichen Angelegenheit richtete, und in der hierauf bezüglichen Legateninstruktion durchblicken lassen, dass eine Bewilligung der kirchlichen Forderungen durch die Griechen eine günstigere Erledigung der weltlichen Angelegenheit zur Folge haben werde.[2]) In demselben Sinne geschah es, dass Innocenz in jenem zweiten Gesandtschaftsmandat, das die kirchlichen Forderungen milderte, für das weltliche als Maxime aufstellte: die Gesandten sollten nur dahin wirken, dass der Paläologe die politischen Angelegenheiten vertrauensvoll in die Hände des Papstes lege, damit dieser sie durch Schiedsspruch zum Austrag bringe.[3])

Einen unmittelbaren Beweis seiner Gunst gab der Papst ferner dem Kaiser dadurch, dass er den Gesandten Vollmacht erteilte, die Störer der Union, welcher Würde und welches Standes sie auch seien, zu bannen, ihre Länder mit dem Interdikt zu belegen und auch sonst, wie es ihnen gut scheine,

---

[1]) Martène, p. 257, cf. Stapper, p. 84.

[2]) Recht vorsichtig und versteckt in dem Briefe an den Kaiser (Martène, p. 249): Derselbe soll die Union festigen, *ut in illis, in quorum imminet morā periculum, efficacius et quoad tuam Magnificenciam favorabilius procedatur*; deutlicher in der Gesandteninstruktion (p. 253 ff., № 9): Sie sollen den Kaiser zur Abschwörung des Schismas bewegen, *quodque Romanam Ecclesiam magis favorabilem et gratiosam exinde sibi reddet*.

[3]) Martène. p. 257.

gegen deren Länder geistlich und weltlich vorzugehen.[1]) Der Paläologe hatte freilich von der Kurie die Bannung aller politischen Rebellen gegen seine Herrschaft verlangt,[2]) doch konnte er auch mit dieser Vollmacht der Legaten zufrieden sein, denn der Herzog von Neopaträ, den er hauptsächlich im Auge hatte, agitierte auch gegen die Union als ein persönliches Werk des Kaisers.[3])

Anfang Juni 1276 machte die Gesandtschaft Innocenz' V. an den Paläologen sich auf den Weg; ihr Führer war, wie schon erwähnt, der Minoritengeneral Hieronymus, der spätere Papst Nikolaus IV., der schon vor seiner Erhebung zum Ordensobersten als einfacher Bruder Legat Gregors X. in Konstantinopel gewesen war.[4]) Aber noch ehe er und die Seinen in Ankona das Schiff bestiegen hatten, das sie nach Griechenland hinüberführen sollte, erreichte sie die Kunde, dass ihr Auftraggeber am 22. Juni verschieden sei. Sie kehrten darauf nach Rom heim.[5])

— — —

Nach dem nur einen Monat währenden Pontifikat Hadrians V. wurde am 17. September 1276 der Portugiese Petrus Juliani zum Papst gewählt, der sich Johann XXI. nannte.

Wie die Wahl Hadrians V., so fand auch die Johanns XXI. unter der Einwirkung Karls von Anjou statt: beidemale war er persönlich in dem Wahlort anwesend: damals in Rom, jetzt in Viterbo.[6]) Und wenn er auch mit Johann XXI. so wenig wie mit Hadrian einen französischen Papst durchsetzte, so

— — — — —

[1]) In einem besonderen, oben noch nicht berührten Mandat: Martène. p. 252/3.

[2]) Erster Brief Innocenz' an den Kaiser, Martène, p. 244.

[3]) S. unten Zweites Kapitel dieses Abschnittes № II.

[4]) Potth., Seite 1826: er wurde eben, während er damals in Kp. weilte, auf dem Konzil zu Lyon zum Ordensmeister gewählt, am 20. Mai 1274.

[5]) Diese Tatsache nach einer Randnote zu der Hauptinstruktion der Gesandten in den Reg. Vat. Bd. 29 A: Kaltenbrunner im MIÖG Bd. VII. p. 37.

[6]) Nach dem Itinerar Karls bei Durrieu l. c.

war doch der neue Pontifex ihm kaum weniger zu Willen, wie es Karls Landsmann Innocenz V. gewesen war.

Den besten Beweis dafür liefert sein Verhalten in der griechischen Angelegenheit. Die kriegerischen Absichten, die Karl hier verfolgte, billigte er zwar ebensowenig wie Innocenz V., zumal sich der Paläologe durch eine Gesandtschaft, die er auf die Kunde vom Ableben Innocenz' V. an die Kurie abgeschickt hatte, dem neugewählten Pontifex empfehlen liess.[1]

Johann entschloss sich jedoch, einfach das politische Testament Innocenz' V. zu vollstrecken: er liess eine Gesandtschaft mit den von diesem seinem Vorgänger nach Konstantinopel bestimmten Briefschaften und Instruktionen, an denen er nichts wesentliches änderte, an den Paläologen abgehen. Nur die Personen waren andere: statt der vier Minoriten sandte Johann die Bischöfe von Turin und Ferentino nebst zwei Dominikanerbrüdern.[2] Zusammen mit ihnen reisten die Griechen heim. König Karl gewährte den päpstlichen wie griechischen Gesandten sicheres Geleit und freie Ausfahrt aus

---

[1] Diese Gesandtschaft des Paläologen, über die die päpstliche Korrespondenz nichts enthält, würden wir aus den Reg. Ang. kennen lernen, ed. Riccio, Arch. Stor. It. Bd. XXV. p. 411/12, wo Karl nicht nur der Gesandtschaft Johanns XXI., sondern auch heimkehrenden griechischen Gesandten, die mit Namen aufgeführt werden, freies Geleit gibt (26., 28. und 29. November 1276). Sie sind nicht etwa identisch mit den Gesandten, denen Karl im Mai bei ihrer Rückkehr freies Geleit gegeben hatte (l. c. p. 37, s. o. p. 566/7). Es ist jedoch auch möglich, dass sie, wie diese letzteren, zu der letzten von Kaiser Michael an Gregor X. geschickten Gesandtschaft gehörten (s. o p. 552) und keine neue Gesandtschaft darstellten. Einen Rest jener griechischen Gesandtschaft aus der Zeit Gregors X. fand noch Nikolaus III. vor, s. unten Zweites Kapitel № III am Anfang.

[2] S. die vor. Seite zitierte, von Kaltenbrunner gedruckte Randnote. Kaltenbrunner hat gründlich mit der Konfusion aufgeräumt, die bisher in der Zuweisung dieser Briefschaften an die einzelnen Päpste herrschte. Doch schwankt er noch, ob nicht eine oder die andere lediglich Johann XXI. zukommt. In Wirklichkeit sind sie, wie aus Delisle, p. 131 ff. hervorgeht, sämtlich unter Innocenz V. redigiert und von Johann nur abgeschickt worden. Richtig hat dies auch Stapper, p. 82, erkannt.

den apulischen Häfen, die letzteren liess er sogar durch einen
seiner Vertrauten geleiten.[1]

Welches war nun der Erfolg dieser Mission, in der sich
die byzantinische Politik zweier Päpste manifestierte? Es ist
da scharf ihre weltliche und ihre kirchliche Seite auseinander-
zuhalten. In politischer Hinsicht war ihr Resultat gleich
Null. Wie hätte der Paläologe auch daran denken sollen, ein
Schiedsgericht von Päpsten anzuerkennen, die ihm unverblümt
von einem Rechte des lateinischen Kaisers auf Konstantinopel
zu sprechen wagten?[2]

Statt sich daher dem politischen Urteil der Kurie zu
unterwerfen, das aller Voraussicht nach ungünstig für ihn
ausfallen musste, appellierte er lieber, einer Entscheidung der
weltlichen Angelegenheiten vorsichtig aus dem Wege gehend,
an den Papst als Kirchenfürsten und Völkerhirten: er dokumentierte sich durch die Erfüllung einiger der an ihn gestellten
geistlichen Forderungen als getreuen Sohn der römischen
Kirche und führte dem Papste damit aufs neue seine Pflicht
vor die Seele, einen Krieg zwischen katholischen Christen zu
verhüten, d. h. einen Angriff der Lateiner auf das griechische
Reich zu hindern.

Die Befestigung der Union nun, die durch die neue
päpstliche Gesandtschaft herbeigeführt wurde, bestand im
wesentlichen darin, dass Kaiser, Kronprinz und Klerus das,
was sie auf dem Konzil durch Gesandte oder Briefe erklärt
hatten, jetzt persönlich in Gegenwart der päpstlichen Legaten
bekräftigten resp. ergänzten: und zwar die beiden Herrscher
durch eine zugleich mündliche und schriftliche Eidesversicherung
die Geistlichkeit durch eine erneute schriftliche Kollektiverklärung an den Papst. Es war, wenigstens was jene betrifft,

---

[1] Arch. Stor. It. Bd. XXV. p. 411/12, Erlasse vom 26., 28. und
29. November 1276.

[2] Michael hat in seiner Antwort gar nicht auf diese Aufforderung
Johanns XXI. resp. Innocenz' V. reagiert: ersichtlich aus dem Briefe
Nikolaus' III. an den Kaiser vom 7. Oktober 1278, Martène VII, p. 261.

das, was der erste Papst, der bestimmte Forderungen aufstellte, Klemens IV., verlangt hatte.

Soweit er selbst und der Kronprinz Andronikos in Betracht kamen, war es dem Kaiser ein leichtes, den päpstlichen Anforderungen nachzukommen. Er und sein Sohn ratifizierten im April 1277 vor der damals in Konstantinopel tagenden Synode[1]) und den päpstlichen Legaten das, was Georgios Akropolita drei Jahre zuvor im Namen des Kaisers zu Lyon beschworen hatte, indem beide sich durch einen persönlichen Eid zu dem päpstlichen Primat und zum römischen Glauben bekannten und über diese ihre Erklärungen Urkunden aufsetzen liessen, die sie unterzeichneten.[2])

Unendlich viel schwieriger war es, die Geistlichkeit zu neuen Konzessionen zu bewegen. War auch der Patriarch Bekkos dazu bereit, so war doch das Gros der byzantinischen Prälaten nicht gewillt, über das hinaus, was sie im Jahre 1274 bewilligt hatten, Zugeständnisse zu machen. Dass sie sich, wie Innocenz V. resp. Johann XXI. verlangten, je dazu verstehen würden, sich ein jeder, gleich dem Kaiser, auf jene einst von Klemens IV. vorgeschriebene Primats- und Glaubensformel einzuschwören zugleich mit der Verpflichtung, diesen römischen Glauben öffentlich zu predigen und gar das Symbolum mit dem filioque zu singen[3]) — daran war nie und nimmermehr zu denken.

---

[1]) Jene Synode wurde nicht, wie Stapper p. 86 will, erst extra zum April nach Kp. berufen, sondern die päpstlichen Legaten fanden sie bei ihrer Ankunft in Kp. bereits versammelt, und zwar war es nicht mehr die ganze Versammlung, die sie antrafen, sondern nur einen Teil der Prälaten, der von der Gesamtsynode noch zurückgeblieben war. Dies geht hervor aus dem Schreiben des Patriarchen Bekkos an den Papst, Rayn. 1277 § 34: die päpstlichen Gesandten kamen ,ad eam quae apud nos inventa est sacram et sanctam synodum relictam ab universitate magnae Synodi, quae apud nos paulo ante fuerat celebrata'.

[2]) Rayn. 1277 § 27. Stapper, p. 86, Anm. 2 weist die betr. Originale als noch im Vat. Archiv vorhanden nach.

[3]) Vgl. oben p. 450/1.

Der Kaiser sah voraus, dass solche Forderungen, von den päpstlichen Gesandten vorgebracht, bei dem griechischen Klerus einen Sturm der Entrüstung entfachen würden. Um das zu verhüten, versicherte er im voraus die Prälaten, er werde keine der römischen Forderungen bewilligen: sie sollten deshalb die Gesandten ruhig anhören. Er halte es nämlich für geboten, diesen die Gelegenheit zu geben, sich öffentlich ihrer Mission zu entledigen, weil der neue Papst dem byzantinischen Staate nicht so günstig gesinnt sei wie Gregor X.[1]

---

[1] Pachym. 456—8. Diese seine Nachrichten sind bisher immer auf die Mission Nikolaus' III. bezogen worden (z. B. Pichler, p. 348, Hefele VI p. 158/9). Ich glaube, mit Bestimmtheit behaupten zu können, dass sie zu der Gesandtschaft Johanns XXI. gehören.

Zunächst: die geistlichen Forderungen die (nach den vatik. Dokumenten) dieser Papst an die Griechen stellte, waren dem Inhalt nach schon im wesentlichen dieselben, die später Nikolaus III. erhob. Man vergleiche die Punkte 16—22 in der Gesandteninstruktion Innocenz' V. resp. Johanns XXI. bei Martène p. 253—6 mit den Punkten 13—19 derjenigen Nikolaus' III. l. c. p. 267 ff. Das wichtigste ist, dass auch Johann XXI. schon die Absingung des Symbolum mit dem *filioque* von den griechischen Geistlichen verlangte (Joh. № 18 — Nik. № 16). Nikolaus geht nur darin über Johann hinaus, dass er diesem Punkt noch einen Extraparagraphen (№ 10) widmet und ihn so besonders heraushebt. Für die griechischen Prälaten waren also schon die Forderungen Johanns XXI. unannehmbar, und Pachymeres' Bericht kann sich ebenso gut auf letztere, als auf die Nikolaus' III. beziehen.

Dass er sich nun in der Tat auf jene bezieht, scheinen mir zwei Momente zu beweisen: 1. Der Kaiser weist die Prälaten auf die Feindseligkeit des betr. Papstes gegen die Rhomäer hin, weshalb man die Gesandten freundlich behandeln müsse: καὶ μᾶλλον πάπα γεγονότος νέου. καὶ οὐ κατὰ τὸν Γρηγόριον ὄντος εὐμενοῦς οὕτω τοῖς ἡμετέροις πράγμασι'. Das passt einmal schon an und für sich besser auf Johann XXI., den näheren Nachfolger Gregors, als auf Nikolaus III. Sodann aber: dem Papste Nikolaus III. ist später ein besonderer Absatz gewidmet (p. 475), der mit den Worten ‚ἀλλὰ καὶ αὖθις νέου γεγονότος πάπα τοῦ Νικολάου' beginnt, womit Nikolaus deutlich von jenem anderen, unmittelbarer auf Gregor folgenden Papst unterschieden wird. Und 2. Pachymeres berichtet an der betr. Stelle weiter von einer gleich oben zu besprechenden Schrift, die die griechische Geistlichkeit nach Rom gesandt habe. Wir wissen nun in der Tat auch aus anderen Dokumenten von einem solchen Aktenstück, und zwar ist dasselbe an Johann XXI. gerichtet gewesen. Es ist mehr als wahrscheinlich, dass auch Pachymeres letzteres, und nicht

In der Tat stiessen denn auch die Gesandten nicht auf den geringsten Widerspruch, als sie die weitgehenden päpstlichen Neuforderungen der griechischen Geistlichkeit vortrugen.

Doch es galt nun, auch ein positives Zeugnis der katholischen Gesinnung der griechischen Prälaten nach Rom zu entsenden. Und es ist dem Kaiser gelungen, wenigstens einen Teil von ihnen zu einer Kollektiverklärung zu bewegen, in der sie der römischen Kirche gehorsam zu bleiben versprachen und auch ein dem römischen sich annäherndes Glaubensbekenntnis ablegten. Da aber die Zahl der wirklichen Unterschriften viel zu gering erschien, so liess der Kaiser den Rest durch einen geschickten Notar hinzufälschen.[1])

Ohne Falsch war dagegen das Schreiben des Patriarchen Bekkos an den Papst, in dem er sowohl den päpstlichen Primat als auch das römische Dogma und die römischen Bräuche anerkannte, und zwar im wesentlichen nach der von

------- — —

ein von diesem verschiedenes, an Nikolaus III. gerichtetes, im Auge hat: zumal er dort, wo er über die Verhandlungen mit Nikolaus III. berichtet (p. 475) nichts dergleichen erwähnt.

[1]) Pachym., p. 461/2 und Rayn. 1277 § 35: nämlich in dem Schreiben des Patriarchen Bekkos findet sich ein Hinweis auf das ‚volumen synodale, quod sibi (dem Papste) ostendetur, quod humilitas nostra cum toto sacro ipsius conventu firmavit et roboravit subscriptionibus manualibus‘. Dass ein Teil davon gefälscht war, sagt uns Pachymeres. Er berichtet auch über den Inhalt, dass das ‚ἐκπορεύεσθαι‘ des heiligen Geistes künstlich umgangen und durch andere ähnliche Ausdrücke ersetzt worden sei. Am Schluss habe der Satz gestanden, dass man diejenigen, die sich nicht gutwillig unieren würden, bestrafen würde. — Aus einem anderen Dokument erfahren wir noch zweierlei: einmal, dass wirklich manche angesehene Prälaten persönlich unterschrieben hatten, und sodann dass man in dem Schreiben unter anderem eine Obödienzerklärung dem römischen Stuhle gegenüber abgegeben hat. Es ist die Aussage des Bischofs von Neopaträ, die uns in dem bei Rayn. 1278 § 14 gedruckten Aktenstück zufällig überliefert ist: ‚. . . ad concilium ivi Cpolim cum meo praelato (dem Erzbischof von Thessalonich) et dedi meam subscriptionem, quod debeam manere cum aliis ad oboedientiam sanctae Romanae ecclesiae‘. Über die fälschlich angenommene Anwesenheit des bulgarischen Patriarchen auf diesem Konzil s. o. p. 529.

den Päpsten vorgeschriebenen Formel: doch bat er, wie schon
der Kaiser auf dem Konzil, dass die griechische Kirche ihre
Riten beibehalten dürfe.[1]

Indem der Kaiser all diese Urkunden Ende April 1277
dem Papste Johann XXI. durch drei hohe Prälaten und vier
weltliche Vertraute übersandte, durfte er in einem Begleit-
schreiben wohl behaupten, dass erst dieser Papst recht eigentlich das vollendet habe, was Gregor begonnen.[2] Dafür
empfiehlt er sich nun aufs angelegentlichste dem Schutze des

---

[1] Schreiben des Patriarchen: lateinisch bei Rayn. 1277 § 34—9.
griechisch bei Stapper im Anhang p. 115 ff., vgl. St. im Text p. 86/7.
An zwei Punkten bleibt die Erklärung des Patriarchen hinter denen,
die der Kaiser im Jahre 1274 abgegeben hatte, zurück: 1. in Bezug auf
einen Punkt der Primatsformel. Der Kaiser hatte (s. o. p. 524/5) ohne
weiteres auch den Satz wiederholt: Rom habe den Patriarchaten erst ihre
Privilegien verliehen. Während nun der Patriarch Bekkos alle übrigen
Punkte in derselben Weise wie der Kaiser aufzählt, weicht er hier von
der päpstlichen Formel ab. indem er nur von einer Bestätigung der
Patriarchatsprivilegien durch Rom redet, nicht aber von einer Verleihung.
Rayn. 1277 § 35: *Apud hanc (Rom. eccl.) autem plenitudo potestatis
consistit, quod ea, quae ceterae Ecclesiae patriarchales specialiter diversis
temporibus privilegia obtinuerunt sanctionibus b. sanctorum imperatorum illorum et canonicis sanctionibus et reforma-
tionibus sacrorum et divinorum conciliorum, eadem Romana
ecclesia confirmavit et roboravit:* und diese Bestätigung war notwendig; 2. in Bezug auf einen Punkt des Glaubensbekenntnisses,
nämlich den Ausgang des heiligen Geistes, wo er, statt wie die Kaiser.
einfach das *filioque* zu bekennen, sich einer Umschreibung bedient. Er
gibt zwar zu. dass der Sohn ebenso gut die Quelle des Geistes ist, wie
der Vater. betont aber dabei, dass darum der Geist nicht etwa zwei verschiedene Quellen habe, sondern dass er „der einheitliche. Vater und Sohn
gemeinsame Geist" bleibe *(„communem Patris et filii spiritum')*. Es
war eine Erklärung. die in Rom als genügend angenommen werden konnte.
Bald verteidigte Bekkos auch geradezu das *„et ex filio'*, Pachym., p. 480/2.

[2] Rayn. 1277 § 21 ff., etwa vom April 1277. Es ist über dieses
Schreiben doch noch etwas mehr zu sagen, als dass es „von Ergebenheit
überfliesst" (Stapper, p. 88). Freilich ist es recht schwierig, in seinen
Sinn einzudringen und den Kerngedanken herauszufinden, besonders auch
infolge der verdrehten Interpunktion bei Rayn.

Papstes.[1]) Er fordert ihn auf, öffentlich die Sache der neu-
gefestigten Griechenunion gegenüber allen Widersachern und
Störern derselben zu vertreten.[2]) ‚Denn Dir sind die Schafe
Christi anvertraut an Stelle des Apostels Petrus, dem der
Herr dreimal vorschrieb „Weide meine Schafe".‘ Hatte zwar
der Paläologe, wenn er so dem Papste anlag, vor allem den
drohenden angiovinischen Angriff vor Augen, so meinte er mit
den Feinden der Union, auf die er hier hindeutet, in erster
Linie den Herzog von Thessalien, der mit allen Mitteln gegen
sie agitierte und sich dabei auf die Lateiner Griechenlands
stützte. Der Kaiser sah sich um so mehr veranlasst, von dem
Papst eine nachdrücklichere Unterstützung zu verlangen, als
dessen Gesandte sich trotz der kaiserlichen Bitten nicht zu
einem energischen Vorgehen gegen diesen Störer der Union,
in dem sie nur einen Rebellen gegen den Kaiser sahen, hatten
verstehen wollen.[3])

Ähnlich wie der Kaiser erbat auch der Kronprinz in
einem Schreiben den päpstlichen Schutz für das griechische
Reich,[4]) den er einem unüberwindlichen Heer gleichsetzt.[5])
Hatte sein Vater auf die auswärtigen Gefahren, die die Union
bedrohten, hingewiesen, so spielte Andronikos auf die Schwierigkeiten an, die sich ihrer Durchführung noch im Reiche selbst
entgegenstellten: unaufhörlich arbeite der böse Feind daran,
die Schwachen zu verführen und die Unwissenden und Un-
gelehrten zu verstricken, indem er sie durch sophistische

---

[1]) An vielen Stellen ist von der ‚consolatio‘, die er vom Papst erwartet, von der Protektion die Rede.

[2]) Das ist der Sinn von § 24 (Ende), 25. Der Passus ist infolge
des losen Satzgefüges nicht zu wörtlicher Zitierung geeignet. Der oben
gegebene Extrakt muss genügen.

[3]) Das geht aus der Instruktion hervor, die der folgende Papst
Nikolaus III. seinen Gesandten mitgab: Rayn. 1278 § 12. Vgl. Stapper, p. 88.

[4]) Rayn. 1277 l. c. 30—3.

[5]) Er erklärt, seinem Vater auseinandergesetzt zu haben ‚quod bona,
quae de perfectione ipsa (unionis) proveniebant, erant sibi inexpugna-
bilis exercitus ...‘

Gründe der Union abwendig zu machen suche. Aber er vertraut, dass das Papsttum die Einheit wird zu erhalten wissen.[1]

Zweites Kapitel.

Die Rettung der Griechenunion durch Nikolaus III. und sein Triumph über Karl von Anjou
1278—1280.

I. Die abendländische Politik Nikolaus' III. und die Ziele seiner byzantinischen Politik.

Noch ehe die kaiserliche Gesandtschaft, die all diese Schreiben zu überbringen hatte, in Rom anlangte, starb Papst Johann XXI. am 16. Mai 1277.

Zum viertenmal seit Gregors X. Tode fiel den Kardinälen die Entscheidung über die Zukunft des Papsttums zu: sie hatten es in der Hand, die Kurie endgültig zur Dienerin der angiovinischen Interessen herabzuwürdigen oder aber sie aufs neue zur Höhe des allgemeinen Standpunktes, den sie unter Gregor X. eingenommen, emporzuheben. An dem Ausfall der Neuwahl hing somit auch das Schicksal der Griechenunion.

Trotz der eifrigen Bemühungen Karls von Anjou nun triumphierte diesmal die antifranzösische Partei des Kardinalkollegs: indem sie die Wahl Johann Gaetanis Orsini durchsetzte, der am 25. November 1277 als Nikolaus III. den päpstlichen Stuhl bestieg,[2] gab sie dem Papsttum seine Unabhängigkeit wieder, oder besser gesagt, sie verschaffte ihm dieselbe überhaupt erst.

Denn erst diesem Papste ist es während der drei Jahre, die er die Tiara trug, recht eigentlich gelungen, des Anjou

---

[1] l. c. § 32: Der böse Feind arbeitet gegen die Union, „non dimittens seducere debiles et inermes et illaqueare inscios et indoctos et intendens eis sophisticare charitatem operis et operari opus araneae, cuius telam facilius aura dissolvit . . .'

[2] S. Gregorovius l. c. p. 456/7.

Herr zu werden und ihn auf die bescheidene Rolle zu beschränken, die ihm Urban IV., als er ihn gegen Manfred zu Hilfe rief, zugedacht hatte.

Vor allem galt es, die bis dahin von der Kurie nicht angetastete italienische Machtstellung des sizilischen Königs zu beseitigen.

Nikolaus III. vermochte in der Tat Karl im Jahre 1278 zum Verzicht auf die Statthalterschaft in Toskana und auf die römische Senatur, so dass er sich mit seinem unteritalischen Königreich begnügte.[1] Freilich stellte er dem Anjou ein Entschädigungsobjekt in Aussicht, aber dieses lag ausserhalb Italiens: es war das Königreich Arelat, das bisher zum deutschen Reiche gehört hatte, und das nun König Rudolf von Habsburg auf das Zureden des den Frieden zwischen Deutschland und Sizilien vermittelnden Papstes hin an die Anjous abzutreten sich bereit erklärte.[2] In Italien selbst war damit die angiovinische Übermacht gebrochen.

Und Nikolaus III. dachte nicht, etwa den deutschen König an Stelle des sizilischen in Mittel- und Oberitalien wieder mächtig werden zu lassen. Vielmehr sollte hier das Papsttum mittelbar oder unmittelbar herrschen. So liess er die Senatorengewalt in der ewigen Stadt, die Karl hatte niederlegen müssen, sich selbst übertragen.[3] Was Mittelitalien betrifft, so bedurfte es der Einwilligung Rudolfs von Habsburg in jenes päpstliche Programm: Nikolaus wusste sie dadurch zu erlangen, dass er dessen Plan, die deutsche Krone

---

[1] Nach den Ann. Plac. Ghib., MG. XVIII 571 verstand sich Karl zu diesen Verzichtleistungen ,volens observare pacta et conventiones, que sunt inter ecclesiam Romanam et dictum dom. regem facta per dom. papam Urbanum'. Vgl. auch Busson-Kopp, p. 165/6.

[2] Es sollte die Mitgift von Rudolfs Tochter Klementia, der designierten Braut von Karls Enkel, Karl Martell, werden. S. Busson-Kopp. p. 188—90, ferner Busson in den Sitzungsber. der Wiener Ak. 1877, Die Idee des deutschen Erbreichs und die ersten Habsburger, p. 657/8, 663.

[3] Gregorovius, Bd. V. p. 466. Man übertrug sie ihm nicht als Papst, sondern als dem römischen Nobile.

beim Hause Habsburg erblich zu machen, zu fördern verhiess.[1] So verzichtete denn Rudolf auf die Romagna, die
der Papst alsbald dem Kirchenstaate als kostbares Glied einverleibte,[2] und so liess er zu, dass Nikolaus III. Toskana in
eigene Verwaltung nahm und einen seiner Nepoten dort als
Vikar bestellte.[3] Auch die Lombardei hoffte Nikolaus III.
zu neutralisieren, sie dem deutschen wie dem sizilischen Einfluss zu entziehen. Jedenfalls brach er mit der Politik
Gregors X., der die Interessen des Anjou dort eifrig gefördert
hatte, indem er nämlich die Kirchenstrafen aufhob, mit denen
dieser sein Vorgänger die Widersacher Karls belegt hatte.[4]

Die abendländische Politik Nikolaus' III. bestand demnach in der Hauptsache darin, die angiovinische Macht, wenn
auch nicht an sich, so doch in Italien zu schwächen und
zugleich auch das deutsche Königtum von hier fernzuhalten.
Nikolaus erreichte dieses Ziel durch eine geschickte Vermittlung zwischen dem sizilischen und dem deutschen König,
eine Vermittlung, die dem Papsttum selbst einerseits die
Vorherrschaft in Reichs-Italien sicherte, aus dem der Franzose
wie der Deutsche wichen, und die ihm andererseits die Ober-

[1] S. Busson l. c. p. 66 ff. Negativ weist Busson nach, dass nicht
etwa die Kaiserkrönung den Lohn Rudolfs bilden sollte. Vgl. für diesen
Punkt auch die wichtigen Aktenstücke bei Kaltenbrunner, Mitteil. aus
dem Vat. Archiv I № 166, 167, 230.

[2] Gregorovius. p. 459/60, Busson l. c. p. 654.

[3] Busson-Kopp, p. 166, Busson, p. 664/5, wozu noch der sehr
wichtige Nachtrag zu vgl., den Busson im MIÖG. VII p. 156—9 bringt.
— Ptol. v. Lucca, Hist. Eccl. bei Muratori, SS. rer. It. XI p. 1183 berichtet
die Bestallung des Nepoten Latinus, den Innocenz nach Tuskien sendet.
mit den Worten *mittitur in Italiam in totam terram Imperii*.

[4] Vgl. Busson-Kopp, p. 170, Busson, p. 665. Ptol. von Lucca deutet
an der berühmten Stelle, wo er den Gesamtplan Nikolaus' III. kennzeichnet
(l. c. p. 1183, Buch XXIII c. 34) an, dass derselbe auch die Lombardei
einem Nepoten sichern wollte, so dass in Italien neben dem Königreich
Sizilien und dem Kirchenstaat zwei von päpstlichen Nepoten regierte
Königreiche: Toskana und die Lombardei bestanden hätten. Dabei Deutschland eine habsburgische Erbmonarchie und das Königreich Arelat eine
angiovinische Dependenz.

hoheit über die beiden Kontrahenten und damit über den Occident gewährleistete.[1])

Ganz ähnlich nun waren die Ziele der Orientpolitik Nikolaus' III. Auch bei ihr stand die Beschränkung des Anjou im Vordergrunde. Denn es würde dem Papsttum wenig genützt haben, dessen Macht im Abendlande unschädlich zu machen, wenn es ihr im Orient freien Spielraum gelassen hätte. Sie würde nur, statt im Westen selbst, mehr von Osten her auf das Papsttum gedrückt haben.

Wie nun Nikolaus III. im Abendlande die angiovinische Gefahr durch die Herbeiführung eines Ausgleichs zwischen Karl und dem römischen König zu beseitigen wusste, so liess er es im Orient sich angelegen sein, zwischen dem sizilischen König und dem Kaiser von Byzanz in der Weise zu vermitteln, dass die Macht des ersteren sich in angemessenen Grenzen hielte. Und wie dort, war es auch hier sein Streben, dem Papsttum einen reichlichen Maklerlohn zu sichern.

Nur lagen die Verhältnisse hier im Orient unendlich viel verwickelter als im Abendland: einmal wegen der hohen Prätensionen der beiden sich bekämpfenden Rivalen und sodann wegen des Hineinspielens der religiösen Frage.

II. Das byzantinische Problem unter Nikolaus III.

Johann XXI. war bereits gestorben, als jene an diesen Papst gerichtete Gesandtschaft des Paläologen in Rom anlangte, und Nikolaus III. blieb es somit vorbehalten, sie zu erledigen. In den Briefen, die sie überbrachte, verabsäumte zwar, wie wir sahen, der Kaiser, sich für seinen Streit mit dem Anjou dem ihm verdächtigen Schiedsspruch Johanns XXI. zu unterwerfen, wohl aber erneuerten hier er selbst,

---

[1]) Der deutsche und der sizilische König erklärten, sich bei ihren künftigen Streitigkeiten dem päpstlichen Schiedsgericht unterwerfen zu wollen. Auch verpflichtete sich ein jeder von ihnen, das Papsttum zu schützen, wenn der andere es angriffe. S. Lorenz, Deutsche Geschichte Bd. II. p. 299/300. Nach den Urkunden Rudolfs und Karls vom März und Mai 1280. Mon. Germ. IV Leges II p. 423—5.

der Kronprinz sowie die Geistlichkeit die Unionserklärungen zugleich mit der Bitte an den Papst, ihnen gegen die Störer der Union kräftig beizustehen.[1]

Wir betonten schon, dass sich jene Bitten besonders gegen Johann Angelos von Thessalien richteten. Diesen Punkt gilt es zunächst etwas genauer auseinanderzusetzen, ehe wir zur Betrachtung der byzantinischen Politik Nikolaus' III. übergehen.

Es bestanden damals immer noch, wie wir wissen, zwei unabhängige Griechenstaaten auf der Balkanhalbinsel: in gewisser Hinsicht der Rest jenes Kaiserreichs Thessalonich, dessen Herrscher am Anfang des Jahrhunderts in Konkurrenz mit den Kaisern von Nikäa das byzantinische Reich hatten wiederherstellen wollen.[2] Zwei Grossneffen des Kaisers Theodor von Thessalonich, Söhne des 1271 verstorbenen Despoten Michael von Epirus, waren es, die, der eine, Nikephoros, als Despot in Arta, der andere, Johannes, ein Bastard, als Herzog zu Neopaträ, in Thessalien regierten; zu letzterem, den wir bereits als gefährlichen Gegner Kaiser Michaels kennen, gesellte sich nunmehr auch sein Bruder, der Despot. Letzterer führte sich dadurch als Gegner des Paläologen ein, dass er ihm eine der Erwerbungen von 1274, die Hafenstadt Buthrinto, wegnahm (1277/8) und ihn damit von der Adria verdrängte. Er trat sie im Jahre 1279 sogar an Michaels Hauptgegner Karl von Anjou ab.[3] Durch nichts glaubten aber diese beiden griechischen Teilfürsten dem Paläologen mehr Abbruch tun, durch nichts sich besser gegen seine Rekuperationsgelüste schützen zu können, als wenn sie gegen den bei seinem Volke verhassten Unionskaiser das Banner der Orthodoxie erhöben.

[1] S. oben p. 574 ff.

[2] S. oben p. 300, 346 f.

[3] Buthrinto (Korfù gegenübergelegen) ist im Juni 1277 noch als im Besitz des Paläologen befindlich nachzuweisen: Taf. und Thomas l. c. Bd. XIV. p. 273. Am 12. April 1279 tritt der Despot es an Karl ab: Arch. Stor. It. IV. Serie. Bd. 2, p. 199. Verhandlungen schwebten aber schon seit Herbst 1277 zwischen Karl und dem Despoten (l. c. III. Serie. Bd. 25, 218; vielleicht hatte letzterer schon damals Buthrinto erobert.

Sie machten ihre Länder zur Zufluchtsstätte für alle diejenigen, die dem päpstlichen Joch in einem griechischen Reiche nicht minder widerstrebten, wie einst in dem lateinischen Kaiserreich. Vor allem waren die Mönche die geschworenen Feinde der Neuerungen und eilten in Scharen unter die Fittiche der Verfechter des alten Glaubens. Es half nichts, dass der Kaiser über sie im Namen der Kirche von Konstantinopel, ja auch im Namen der Gesandten Papst Johanns XXI. — freilich, wie es scheint, ohne der letzteren Wissen[1] — den Bann aussprach: der Herzog von Thessalien, der aktivere von den beiden Brüdern, versammelte im Jahre darauf, 1278, aus Mönchen und Äbten ein Gegenkonzil, das seinerseits Papst, Kaiser und Patriarchen als Häretiker verdammte! Und auch mit Waffengewalt war dem trotzigen Rebellen nicht beizukommen: er wusste die byzantinischen Heerführer von der Verwerflichkeit der Kirchenpolitik des Kaisers zu überzeugen, so dass sie mit ihm fraternisierten, und der Paläologe sie in Ketten nach Konstantinopel abführen lassen musste. Da dieser Vorgang sich wiederholt abspielte, so war der Kaiser ratlos, wem er noch das Kommando gegen die Aufrührer anvertrauen sollte.[2]

Dazu kam, dass der Herzog von Thessalien in Konstantinopel selbst mächtige Verbündete hatte. An der Spitze der

---

[1] Wir sahen oben, dass die päpstlichen Gesandten in Rom erklärten, sie hätten ein Einschreiten gegen die Rebellen abgelehnt. Doch hatten sie wohl in Kp. im allgemeinen alle Widersacher der Union gebannt, und war es dieser Bann, den der Kaiser auch über die Angeli verkünden liess. *Imperium misit expositam excommunicationem a nuntiis sanctae et Apostolicae Sedis, similiter et excommunicationem, quam exposuit sancta Ctana ecclesia contra illos, qui nolunt convenire ad obedientiam dom. summi pontificis*. Die Quelle s. in folg. Anm.

[2] Alles nach dem von dem Dolmetscher des Lateinischen am Hofe des Paläologen aufgesetzten Protokoll über eine Unterredung, die zwischen dem Kaiser und zwei päpstlichen Boten, Marcus und Marchetus, wahrscheinlich Anfang des Jahres 1279 stattgefunden hat. S. Raynald 1278 § 13/14. Über diese päpstlichen Boten s. weiter unten.

dortigen Unionsgegner standen die kaiserlichen Prinzessinnen, vor allem die Schwester des Kaisers, Eulogia. Über das Wohl des brüderlichen Reichs ging ihr die Reinheit des Glaubens, und sie wetteiferte mit dessen Erzfeind, dem Herzog Johannes, es zu Fall zu bringen. Wie dieser mit dem Kaiser von Trapezunt in Verbindung trat und ihn aufforderte, als wahrer Kaiser der Rhomäer gegen den in Häresie verfallenen, die jetzt in Konstantinopel herrsche, in die Schranken zu treten,[1] so liess die Schwester des Paläologen ihre Nichte Maria, die Gemahlin des Bulgarenzaren, durch zelotische Mönche so lange bearbeiten, bis auch sie eine geschworene Feindin ihres Oheims wurde, dem sie schon vorher wegen der Vorenthaltung des ihr versprochenen Heiratsguts gegrollt hatte.[2]

Sie fasste nun, ihn zu verderben, im Jahre 1276 einen Plan, den man wahrhaft grossartig nennen müsste, wäre er nicht phantastisch gewesen. Ihr Gemahl, der Bulgarenzar. sollte mit dem Sultan von Ägypten ein Bündnis gegen Byzanz eingehen, so dass die Bulgaren von Norden, die Mameluken von Süden her das häretische Reich ihres Oheims angriffen und vernichteten.[3] Den griechischen Patriarchen von Jerusalem ersah sie als Vermittler dieses Bündnisses aus. Ihre Boten überzeugten leicht den Patriarchen der heiligen Stadt von der Haltlosigkeit der kaiserlichen Unionsbestrebungen, die sie in den schwärzesten Farben schilderten, und er geleitete sie bereitwillig zu dem mächtigen Mamelukensultan Bibars. Aber dieser, ein Freund und Bundesgenosse des Paläologen,[4] zeigte sich über den seltsamen Antrag höchst verwundert. auch erkannte er überhaupt Bulgarien, das er wohl noch als eine Provinz des byzantinischen Reiches ansah, das Recht ab.

---

[1] l. c. vgl. auch Fallmerayer, Geschichte des Kaiserreichs Trapezunt. München 1829, p. 135 ff.

[2] S. oben p. 482/3.

[3] Pachym. ed. Bonn p. 427—9,' vgl. Jireçek, Geschichte der Bulgaren p. 275.

[4] S. oben p. 557.

eine selbständige Politik zu führen.[1]) Schweigend entliess
er die Gesandten.

Immerhin hatte diese Mission den Erfolg gehabt, den
Patriarchen von Jerusalem der schismatischen Partei zu gewinnen, was um so wichtiger war, als der von Antiochien
zum Kaiser hielt und der Alexandriner eine indifferente Haltung
bewahrte.[2]) Sie zeigt ferner, zusammengehalten mit den Beziehungen des Herzogs von Thessalien zum Kaiser von Trapezunt, wie die orthodoxe Propaganda über den ganzen weiten
Orient in die kreuz und quer hingetragen wurde, wie sie von
allen Seiten her das Unionskaisertum zu Fall zu bringen suchte.

Sehr viel wichtiger aber als diese fernen Verbindungen
war es für die Feinde der Union, besonders für ihr Haupt,
den Herzog von Neopaträ, dass sie sich auf die kompakte
Macht der Lateiner Griechenlands, ja indirekt auch auf die
des Königs von Sizilien stützen konnten. Es ist nicht anders:
die päpstlichen Lateiner machten mit den im Schisma ver-
harrenden Griechen gegen den Unionskaiser gemeinsame Sache.
Wie die Schismatiker aus religiösen, so waren die Lateiner
aus politischen Gründen Gegner der Union. Es trat ein Ereignis ein, dessen Keime wir schon oben erkannt haben: die
beiden grossen Parteien, die sich im Orient und Occident von
vornherein den Unionsbestrebungen von Papsttum und Kaisertum widersetzt hatten, wuchsen jetzt zu einer kompakten
Masse zusammen. Karl von Anjou, der gegen den Paläologen
kämpfte, und die Prinzessin Eulogia, die Bulgarien gegen
ihren kaiserlichen Bruder aufhetzte, verfolgten ein und dasselbe Ziel: die Zertrümmerung der Monarchie des Paläologen.

---

[1]) Das besagt m. E. die Wendung bei Pachym. p. 428 „προσέτι δὲ
καὶ τὸ ἔθνος τῶν Βουλγάρων μὴ περιφανὲς ὂν ὥστε καὶ εἰς ἀρχὴν ἀνά-
γεσθαι'.

[2]) l. c. p. 429. Der Patriarch Euthymios von Antiochien weilte
damals (c. 1276) in Kp., wohin er aus der Gefangenschaft des Königs von
Armenien entkommen war. Aus Pachym., p. 437/8 erfahren wir, dass er bald
darauf starb, und dass der Kaiser an seiner Stelle einen neuen, ebenfalls
unionsfreundlichen Patriarchen von Antiochien wählen liess.

Das Bindeglied aber zwischen der regierungsfeindlichen Partei im byzantinischen Reich und den lateinischen Reichsfeinden bildeten die Fürsten von Thessalien und Epirus, die sowohl aus religiösem als aus politischem Interesse den Paläologen bekämpften. Sie stellten das eigentliche Zentrum dieses ganzen Systems der byzanzfeindlichen Mächte dar, und daher war es gegen sie vornehmlich, dass der Kaiser eine wirksame Unterstützung vom Papsttum erbat.

Es geschah nicht nur schriftlich durch jene an Johann XXI. gerichteten und an Nikolaus III. gelangenden Briefe, sondern auch mündlich, und zwar durch die noch von Gregor X. her (seit Anfang 1276) an der Kurie weilenden griechischen Gesandten. Sie wiederholten, wahrscheinlich auf Veranlassung des Paläologen, Nikolaus III. die kaiserlichen Bitten, die sie vorher bereits Gregor X., Innocenz V. und Johann XXI. vorgetragen hatten.[1] In der Hauptsache gingen sie dahin, dass der Papst den Lateinern die Unterstützung der schismatischen Griechenfürsten verbieten sollte. Denn damit wäre jene ganze gefährliche Kombination recht eigentlich zerstört worden.

III. Provisorische Lösung des byzantinischen Problems durch Papst Nikolaus III.

Die Frage ist nunmehr: wie hat sich Papst Nikolaus III. zu diesem Anliegen des Kaisers verhalten?

[1] Am Schluss des Briefes, den Nikolaus am 7. Oktober 1278 an Kaiser Michael schreibt (P. 21465, Martène l. c. p. 260) heisst es: *ceterum moram apocrisiariorum tuarum apud sedem eamdem, quam ipsius sedis vacatio, tibi ut credimus non ignota, et nostrae promotionis novitas induxerunt, habeat tuae mansuetudinis circumspectio excusatam. Ad petitiones autem per eos coram Gregorio et Innocentio V. ... praedecessoribus nostris, nomine tuo propositas et novissime in nostra et fratrum nostrorum praesentia repetitas scimus* etc. Ein Teil dieser griechischen Gesandtschaft war schon im Jahre 1276 nach Kp. zurückgekehrt s. oben p. 566/7, vgl. 573[1]. Wir werden annehmen müssen, dass der Kaiser durch Boten, die er zugleich mit Johanns XXI. heimkehrenden Nuntien (1277) nach Rom sandte, jene seine alte Gesandtschaft zur Wiederholung der schon den früheren Päpsten vorgetragenen Bitten auffordern liess. Nach Pachym., p. 475 schickte der Paläologe ferner, sobald er von Nikolaus' III. Thronbesteigung gehört hatte, Boten an diesen.

Selten sah sich ein Papst vor ein schwierigeres religiös-
politisches Problem gestellt.

Vom kirchlichen Standpunkt aus, im Interesse der Union,
hätte er den Paläologen, wie dieser verlangte, auf alle mögliche Weise bei seinem Vorgehen gegen die Griechenfürsten
von Epirus und Thessalien, die, selbst im Schisma verharrend,
es im byzantinischen Reiche nach Kräften nährten, unterstützen
müssen, und zwar, da geistliche Zensuren offenbar nichts
fruchteten, durch politische Mittel, indem er nämlich den
Lateinern aufs strikteste die Unterstützung der Schismatiker
verbot und sie dem unierten Kaiser preisgab. Verdiente nicht
der katholische Griechenkaiser denselben päpstlichen Schutz
gegen die griechischen Schismatiker wie einst der lateinische
Kaiser von Konstantinopel? Hatten doch letztere sich sogar
erfrecht, den Papst als Häretiker zu verdammen.

Aber eine solche Massregel des Papstes hätte zugleich
eine weniger unbedenkliche politische Seite gehabt: sie hätte
einen ersten Schritt zur Entscheidung des weltlichen Schick-
sals Romaniens bedeutet, und zwar zu Ungunsten Karls von
Anjou, an den jene Griechenfürsten durch Vasallen- und
Freundschaftsbande gefesselt waren.

So sehr es nun in Nikolaus' III. Absicht lag, den Anjou
auch im Orient nicht zu mächtig werden zu lassen, so wenig
war er gemeint, sich ganz und gar auf die Seite des Paläologen zu stellen und diesem zur Belohnung für die Union das
gesamte Romanien hinzugeben, wie der Grieche wohl wünschte.
Nikolaus hätte damit seinen Standpunkt über den beiden
Parteien von vornherein aufgegeben und sich der Möglichkeit
beraubt, sie zu versöhnen.

Aus diesem politischen Grunde also lehnte der Papst,
dem Beispiel seiner Vorgänger, Gregors X. und Innocenz' V.,
folgend, es ab, dem Paläologen diejenige Unterstützung gegen
die schismatischen Westgriechen zu gewähren, die er ihm
vom rein kirchlichen Standpunkt nicht hätte verwehren können.
Er rüttelte nicht an dem Bündnis der Angeli mit den Lateinern

und verbot auch den Gesandten, die er an den Paläologen schickte, daran zu rühren; dagegen gab er ihnen anheim, mit geistlichen Mitteln gegen jene Griechenfürsten einzuschreiten, falls sie sich wirklich als Störer der Union erwiesen. [1)]

Wenn Nikolaus III. aber hierin dem Paläologen nicht zu Willen war und er die unierte griechische Kirche nicht so kräftig förderte, wie letzterer verlangen zu können glaubte, weil er dadurch den Anjou politisch geschädigt hätte, so ist dieser Papst dafür um so nachdrücklicher für den Unionsstaat von Byzanz in seinem status quo eingetreten, dadurch dass er den grossen Eroberungszug verhinderte, den der Anjou

---

[1)] Diese Haltung Nikolaus' III. geht aus drei Dokumenten hervor: 1. Aus seinem ersten Brief an Kaiser Michael, in dem es an der vor. Anm. zitierten Stelle weiter heisst: (was die Bitten betrifft): ‚*scimus, per speciales litteras eiusdem praedecessoris Innocentii plene, prout suavit pacti qualitas, fuisse responsum, quam, quia nulla postmodum novitas immutavit, nec nos ad eas responsionem putavimus immutandam'*. Die Antwort Innocenz' V. hatte aber gelautet: da einige lateinische Fürsten genau das Gegenteil von dem, was Michael forderte, verlangten, so wolle er zunächst keiner der beiden Parteien antworten, ‚*non irrationabiliter aestimantes, id pacis tractatibus inter te ac ipsos principes* (Karl von Anjou und dem lateinischen Kaiser Philipp) *ineundis ... multipliciter expedire'*. S. o. p. 567. Diesen Standpunkt nimmt also auch Nikolaus III. ein. 2. Aus der Instruktion an die Gesandten, denen er ausdrücklich einschärft: sie dürften gegen die betr. Griechenfürsten nicht etwa bloss aus dem Grunde vorgehen, weil sie gegen den Paläologen rebellierten und diesen im Bündnis mit dem lateinischen Kaiser und mit Karl von Anjou bekriegten. Martène, p. 273 (№ 28). 3. Aus dem Briefe Nikolaus' III. an den Paläologen vom 7. Oktober 1278, bei P. 21466, Martène, p. 261 ff., in dem der Papst den Kaiser mahnt, Gesandte wegen des Friedens mit dem Anjou innerhalb 5 Monaten nach Rom zu schicken und sich vorher auch zu einem Waffenstillstand zu verstehen. In Betreff dieses Waffenstillstandes fügt nun der Papst die bemerkenswerten Worte hinzu: ‚*pensans* (indem Du bedenkst) *consultius, quod, cum treugarum conventio ex utriusque partis consensu dependeat: non expedit alterutrum partium certam formam eligere, sed ad communem et aequalem decet eam animos inclinare nec aliquid petere, quod vel absurditatem sapiat vel a iustitia et ratione discordet'*. Unverkennbar ist die Anspielung auf die Forderungen des Paläologen, die zu erfüllen der Papst hier ablehnt.

gegen diesen Staat plante.   Beides: sein ablehnendes Verhalten
gegenüber den weitgehenden Forderungen des Paläologen
und seine Friedensaktion bei dem Anjou bedingte sich gegenseitig: nur dadurch, dass er vorerst die Angelegenheiten Romaniens in der Schwebe liess, ohne sie zu Ungunsten Karls zu
verschieben, konnte es ihm gelingen, diesem die Idee eines
päpstlichen Schiedsgerichts annehmbar zu machen. [1]

---

[1]) Vgl. № 1 vor. Anm.   Die Friedensaktion Nikolaus' III. bei Karl von
Anjou ersichtlich aus einem Brief an letzteren vom 18. Oktober 1278, P. 21478.
Martène, p. 275/6: die Friedensaktion Johanns XXI. sei gescheitert, er,
Nikolaus, erneuere sie nunmehr durch seine Gesandtschaft an den Paläologen.   Karl soll daher in Verbindung mit dem lateinischen Titularkaiser
wegen eines Waffenstillstands Fürsorge tragen *,ita quod ei vel tibi
sedationis ipsius impedimentum non valeat imputari: sed
et, cum apocrisiarios eiusdem Palaeologi ... venire contigerit, eiusdem
imperatoris Ctani et tuis nuntiis ad hoc concurrentibus coram nobis,
libere in negotio et efficaciter actore Domino procedatis'.* (Vgl.
ein Konzept zu einem Briefe ähnlichen Inhalts, der aber wahrscheinlich
nicht zur Ausfertigung gelangte, vom August 1278 bei Kaltenbrunner,
Mitt. aus dem Vat. Arch. I p. 141/2).

In weiteren Briefen Nikolaus' III. an Karl handelt es sich um das
freie Geleit der heimkehrenden und auch der künftig zu erwartenden
griechischen Gesandten.   Zunächst P. 21475 (Martène, p. 275) vom 9.
Oktober 1278.   Aber Karl sträubte sich aufs äusserste, für das Wohl der
Gesandten seines Feindes aufzukommen, ehe er noch die Garantie hatte,
dass dieser sich auf einen Waffenstillstand einlassen werde. Er fürchtete,
der Paläologe könne mit einem königlichen Geleitsbrief für seine Gesandten
Missbrauch treiben.

So wandte sich denn Nikolaus ein zweites Mal in dieser Angelegenheit an den König: P. 21479, Sbaralea, Bull. Franc. III. p. 360, 18. Oktober
1278, wo er diese Bedenken Karls widerlegt: derselbe werde schon verhüten können, *,ne per hoc durante ipso tractatu quiquid posset in tuum
vel tuorum dispendium machinari ...'* In der Tat fügte sich Karl dann
der Forderung (*,Quamvis ... postulemus'* sagt Nikolaus l. c.) des
Papstes und erteilte das freie Geleit: aber er sprach nur von den Personen
der Gesandten, nicht dagegen von ihrem Gefolge, und so musste Nikolaus
in einem neuen Briefe auch für letzteres freies Geleit verlangen. (P. 21480.
Sbaralea l. c. p. 361, 25. Oktober bis 8. November 1278).

Am 7. Januar 1279 erteilt dann Karl den Hafenbeamten des Königreichs den Befehl, die Gesandten des Papstes, die gemeinsam mit den

Der Paläologe aber konnte auch mit der blossen Hinderung des angiovinischen Angriffs durch den Papst vollauf zufrieden sein. Vor einem solchen sicher, trat er nunmehr Karl und dessen Bundesgenossen in Romanien selbst mit allem Nachdruck entgegen.

Denn so bedenklich auch dem Kaiser Michael das Bündnis Karls mit den lateinischen Fürsten Griechenlands und mit den Angeli von Epirus und Thessalien, die ihrerseits mit der Oppositionspartei im Reich sowie mit den Reichsfeinden in Bulgarien und Trapezunt in Verbindung standen, erscheinen mochte:[1] ernstlich anhaben konnte die Koalition aller dieser Mächte dem Reiche des Paläologen nichts, wenn nur nicht der König von Sizilien über die Verteidigung seiner griechischen Besitzungen und Bundesgenossen hinaus mit den Gesamtkräften seines Reichs einen Generalangriff gegen Byzanz unternahm, woran ihn eben der Papst hinderte. Auch Venedig hatte am 19. März 1277 noch einmal einen neuen Waffenstillstand mit dem Paläologen geschlossen, von dem jedoch die Insel Euböa ausdrücklich ausgenommen wurde.[2]

‚apocrisarii‘ des Paläologen nach Kp. gehen, freie Ausfahrt zu gewähren. Arch. Stor. It. Serie IV, Bd. II. p. 193.

Von einer späteren Aktion Nikolaus' III. bei Karl in der byzantinischen Angelegenheit erfahren wir durch Pachymeres p. 475/6. Gegen sein Versprechen, auch die künftigen Gesandten des Paläologen frei zu geleiten, nahm nämlich Karl einen der Gesandten, die dieser 1279 an Nikolaus sandte, den Domestikos der Kirche von Kp., gefangen. Aber auf Befehl Nikolaus' III. liess er ihn alsbald frei ‚καὶ προσταχθὲν αὐτίκα παρὰ τοῦ παπα φυλακῆς ἀπολύεται‘.

Die Hauptsache war, dass Karl seinen Eroberungszug zunächst nicht unternahm: er beschränkte sich in Romanien zunächst darauf, soviel Truppen hinüberzuschicken, wie zur Verteidigung und Konservierung seiner dortigen Besitzungen ausreichten. S. die Fortsetzung der Chronik des Saba Malaspina bei Gregorio, Bibliotheca Scriptorum qui res in Sicilia gestas sub Aragonum Imperio retulere, Palermo 1792, Bd. II. p. 336 7. Vgl. auch Ptol. von Lucca Muratori SS. rer. It. XI 1275.

[1] S. oben p. 585 ff.
[2] Taf. und Thomas l. c. p. 134 ff. Vgl. oben p. 540[1]. Noch ausdrücklicher wie 1268 wurde festgesetzt, dass Venedig die Dreiherren von

Wie vollkommen der griechische Kaiser unter diesen Umständen seinen Gegnern gewachsen war, zeigen besonders die kriegerischen Ereignisse von 1278, eben des Jahres, in welchem Papst Nikolaus III. seine Vermittlungsaktion begann. Die Lage wird schon zur Genüge dadurch gekennzeichnet, dass nicht etwa die verbündeten Lateiner und Griechen den Paläologen angreifen, sondern dass dieser vielmehr seinerseits zu einem grossen Schlage gegen jene ausholt. Er wiederholte die Operation des Jahres 1275, indem er zugleich ein Landheer von Thessalonich her gegen das griechische Fürstentum Thessalien und eine Flotte gegen die lateinischen Inseln des Ägäischen Meeres, gegen Euböa und das Herzogtum Athen aussandte.[1]) Auch in Achaja liess er den Kampf gegen den Fürsten Wilhelm erneuern.[2]) Ja, er plante sogar, die Küsten

Euböa unbeschadet des Waffenstillstandes verteidigen, der Kaiser sie befehden könne (p. 137/8). Vgl. Heyd, Hist. du comm. du Levant Bd. I. p. 435.

[1]) Pachymeres ed. Bonn, Bd. I. p. 410 ff., Sanudo bei Hopf, chron. greco-romanes, p. 122 ff. Vgl. Hopf, Geschichte Griechenlands l. c. p. 305. Pachymeres sagt ausdrücklich, dass das auf der Flotte nach Euböa übersetzende Heer speziell den Herzog von Athen bekämpfen sollte ‚τῷ μεγάλῳ Ἰωάννῃ συμμίξοντα'. Der Paläologe wollte so verhüten, dass der Herzog, wie 1275, dem Angelos in Thessalien zu Hilfe käme. Vortrefflich stimmt hiermit überein, was der Paläologe in dem Bericht sagt, den er über diese Ereignisse an den Papst sendet. Er erklärt, die Lateiner von Athen, Negroponte und Achaja hätten den Bastard von Thessalien unterstützt. So habe er gegen jene ‚(in ipsos) particularia ligna et particularem gentem' ausgeschickt. Rayn. 1278 § 14. Der Kaiser übersandte diesen Bericht durch zwei bei ihm weilende päpstliche Boten, Marcus und Marchetus: ich denke, sie gehörten zu der grossen Gesandtschaft Nikolaus' III., die Anfang 1279 nach Kp. kam. In einem Briefe vom 8. Oktober 1278 (P. 21472, Mart. p. 267) erlaubt Nikolaus diesen Gesandten, sprachkundige Männer und Personen, ‚alias ad commissa vobis negotia utiles' mitzunehmen. Vielleicht gehörten dazu jene Marcus und Marchetus.

[2]) Karl von Anjou schickt am 3. Mai 1278 Infanterie und Kavallerie unter dem Befehl des Egidio di S. Liceto nach Achaja, damit sie die Feinde nach Befehl und Rat des Fürsten Wilhelm bekämpfen. Arch. Stor. It. IV. Serie, Bd. I. p. 237.

Siziliens durch eine Flottille brandschatzen zu lassen, so dass Karl von Anjou sich zu Vorkehrungen genötigt sah.[1]

Deutlich ist, welchem Gesamtziel diese getrennten Operationen dienen sollten: der Wiedervereinigung ganz Griechenlands mit dem byzantinischen Reiche.

Der Erfolg war nun, genau wie im Jahre 1275, ein geteilter: glänzende Siege auf Euböa, wo Licario als kaiserlicher Feldherr den Herzog Johann von Athen und den Dreiherrn Ghiberto zu Gefangenen machte, ferner die Rekuperation der meisten lateinischen Inseln des Archipels, darunter auch des „Grossherzogtums" Lemnos,[2] dagegen eine völlige Niederlage des Landheeres bei Pharsalos, die diesem der Herzog Johannes Angelos, unterstützt durch lateinische Streitkräfte, unter denen sich vielleicht ein Hilfskontingent Karls von Anjou befand, beibrachte.[3]

So scheiterte Michaels Plan einer völligen Restauration des alten Rhomäerreichs abermals an dem zähen Widerstande nicht sowohl der Lateiner als eines griechischen Partikularfürsten.[4] Es ist das der beste Beweis dafür, dass das byzantinische Reich nicht, wie man gemeinhin behauptet, allein durch den Vierten Kreuzzug aufgelöst worden ist, sondern dass

---

[1] Karl von Anjou befiehlt am 22. Juni 1278, sechs Schiffe zur Verteidigung der Küsten Siziliens auszurüsten, da er erfahren habe, dass der Paläologe Schiffe mit griechischen Piraten in Romanien bemannen und sie zur Brandschatzung der Städte und Länder an der Küste Siziliens aussenden wolle. l. c. p. 247.

[2] Pachymeres l. c., Sanudo, p. 123—7. Vgl. Hopf. p. 306. In seinem Bericht an den Papst l. c. schreibt Kaiser Michael die Niederlage der Lateiner dem Umstande zu, dass sie die Schismatiker unterstützt haben. ,eo, quod auxiliabantur talibus excommunicatis et inobedientibus et blasphemantibus s. matrem ecclesiam' (!)

[3] Pachym., p. 411—13. Hopf l. c. ‚ό ύπ' έκείνῳ λαὸς Ἰταλός' spielt bei der Verfolgung eine Rolle. Im Frühjahr 1278 hatte der Herzog von Neopaträ eine Gesandtschaft an Karl von Anjou geschickt. Arch. Stor. It. l. c. p. 9, 236.

[4] ‚δόξαν εὐκλείας ἀποφέρεται τῆς μεγίστης' sagt Pachymeres von Johannes in Bezug auf dessen Sieg (p. 413).

auch in seinem Inneren selbst Kräfte der Zersetzung mächtig gewesen sind, die den alten Reichsbau, in Verbindung mit der auswärtigen Invasion, zunächst zerstört und dann seine Neuerrichtung verhindert haben.

Im übrigen vergessen wir nicht, dass nur eine Aggressive Kaiser Michaels Paläologos missglückt war, dass ferner dieser Echec reichlich aufgewogen wurde durch den Triumph über die Inseln des Archipels und über Euböa. Zwar gelang es hier dem zum Megadux erhobenen Licario nicht, die Hauptstadt Negroponte zu nehmen, die der venetianische Bail Morosini tapfer verteidigte.[1]) Aber sonst war er Herr der Insel, und er bedrängte von hier aus in den folgenden Jahren auch das Herzogtum Athen und dessen Dependenzen im Peloponnes, Argos und Nauplia. Es gelang ihm sogar, auch hier auf dem Festlande viele Kastelle zu erobern.[2])

Was endlich die Verhältnisse in Achaja betrifft, so trat hier ebenfalls noch im Jahre 1278 ein wichtiges Ereignis ein: der Tod des Fürsten Wilhelm II. von Villehardouin. Als Schwiegervater von dessen Erbtochter Isabella, deren Gemahl Philipp bereits gestorben war, nahm nunmehr Karl von Anjou selbst die Verwaltung des Fürstentums an sich und liess sich wie von dessen Baronen auch vom Herzog von Athen, von den Dreiherren Euböas, von den Sanudos auf Naxos, deren Oberherr ja der Fürst von Achaja gewesen, als ihrem Lehnsherrn huldigen.[3])

---

[1]) Auch vom Herzogtum Athen her kam Hilfe. S. Hopf, p. 306.

[2]) Sanudo l. c. p. 305 „*prendendo molti castelli in terra ferma*‘. Pachymeres, p. 413 berichtet zunächst, dass der Kaiser den gefangenen Herzog Johann von Athen freiliess, dass dieser aber bald nach seiner Heimkehr starb (1279): ihm folgte sein Bruder Wilhelm de la Roche, der als Schwiegersohn des Angelos von Neopaträ ein Feind des Paläologen war (vgl. Gregorovius, Geschichte d. St. Athen I p. 438, 441/2) καὶ ἦν πρὸς Ῥωμαίους ἀντιφερόμενος, εἰ καὶ κατ' ἔτος (Jahr für Jahr) ὁ στόλος ἐκεῖσε προσβάλλων ἐκάκου τἀκεῖνον, περιζωσαμένου τὴν τοῦ μεγάλου δουκὸς ἀξίαν τοῦ Ἰκαρίου καὶ τὸν στόλον ἄγοντος.

[3]) Arch. Stor. It. l. c. p. 433, vgl. Hopf, p. 294/7.

Für den Paläologen aber ist die Herstellung einer organischen Verbindung zwischen dem Fürstentum Achaja und dem Königreich Sizilien zunächst nicht nur nicht schädlich, sondern sogar vorteilhaft gewesen. Denn jener Staat, der, auf sich selbst gestellt, die blühendste und stärkste der lateinischen Herrschaften Romaniens gewesen war, ging, als angiovinische Dependenz, einem schnellen Verfall entgegen. Unter den ungeschickten Händen eines landfremden Verwaltungspersonals löste sich die in fast einem Jahrhundert sorgsam ausgebaute Ordnung, die diese lateinische Kolonie auf griechischem Boden zusammengehalten hatte, auf.[1]) Auch ihre militärische Kraft versiegte, und schon in den Jahren 1279 und 1280 gelang es den Griechen, von ihrer Besitzung im Südosten der Halbinsel, dem antiken Lakonien her, erhebliche Fortschritte auf Kosten der Lateiner nach Arkadien hin zu machen, indem sie den Kapitänen Karls von Anjou wiederholt empfindliche Niederlagen beibrachten.[2])

So hielten sich denn dank der geschickten Intervention Papst Nikolaus' III., der zwar den Generalangriff Karls von Anjou auf Byzanz verhinderte, im übrigen aber dem Spiel der feindlichen Kräfte in Romanien freien Lauf liess, die beiden Parteien: der Anjou und der Paläologe etwa das Gleichgewicht, und damit war die Basis für eine erfolgreiche päpstliche Vermittlung zwischen ihnen geschaffen. Die Tatsache, dass weder König Karl noch Kaiser Michael ohne die Unterstützung des Papstes: jener Konstantinopel zu erobern,

---

[1]) Vgl. Hopf, p. 316—18.

[2]) S. die Fortsetzung der Chronik des Saba Malaspina l. c. p. 336. Hier wird von der Niederlage einiger angiovinischer Heerführer berichtet. Dass sie beim Kampf in Achaja gefangen genommen wurden, geht aus einem Erlass Karls vom 2. November 1280 hervor (Arch. Stor. It. IV. Serie, Bd. III. p. 169; ausführlicher dasselbe Aktenstück in einem Regest des Hopfschen Nachlasses *in conflictu Achaie*), in dem der König befiehlt, wegen ihrer Auslieferung mit dem Paläologen zu verhandeln. Vgl. auch Hopf, p. 316.

dieser es zu behaupten hoffen konnte, musste den beiden
Rivalen einen päpstlichen Schiedsspruch als die natürliche
Lösung ihres Konfliktes erscheinen lassen. [1])

IV. Die kirchlichen Forderungen Nikolaus' III.
an die Griechen.

Aber Nikolaus III. hat nun, wie bei der Ordnung der
abendländischen Verhältnisse, so auch bei der Pazifizierung
der byzantinischen Welt dem Papsttum über das Prestige
hinaus, das demselben eine solche Friedensstiftung verschaffen
musste, einen realen Gewinn sichern wollen. Dort liess er
sich, wie wir sahen, als Preis für seine Vermittlung die
Herrschaft über Mittelitalien zugestehen: hier war es die
absolute Unterwerfung der griechischen Kirche unter den
Willen des Papsttums, die er von dem Paläologen als Lohn
des Schutzes, den er diesem Herrscher gewährte, forderte.

Nikolaus wollte in dem griechisch-byzantinischen Reiche
des Paläologen, das er in weltlichen Dingen bereits ebenso
vollständig beherrschte, wie einst die Kurie das lateinische
Kaiserreich, auch dasselbe päpstliche Kirchenregiment aufrichten, wie es zuvor in dem lateinischen Byzanz bestanden
hatte. Er hat diesen seinen Plan zwar nicht direkt ausgesprochen, aber derselbe tritt deutlich zu Tage in einem Wunsche,
den der Papst in der Instruktion für seine Gesandten an
Kaiser Michael äussert: dem Wunsche nämlich, einen Kardinallegaten nach Konstantinopel zu entsenden, der dort — ganz
wie seine Vorgänger aus der Zeit des lateinischen Kaiserreichs[2]) — als Stellvertreter des Papstes schalten und walten,
päpstliche Ehren geniessen und päpstliche Rechte in der

---

[1]) Nikeph. Gregoras Buch V c. 6 (ed. Bonn, p. 144) weist ausdrücklich darauf hin, dass sich König Karl und Kaiser Michael das Gleichgewicht
hielten. Er schreibt diese Balancierung der Kräfte, dieses ‚συνίστασϑαι'
zweier sich widerstrebender ‚ἐπαρχίαι' der Weisheit Gottes zu. Wenn er
an der Stelle Gottes den Papst genannt hätte, würde er den Nagel auf
den Kopf getroffen haben.

[2]) S. oben p. 212 ff.

griechischen Kirche ausüben sollte. Die Gesandten erhielten den Auftrag, den Paläologen dazu zu überreden, selbst von Rom sich einen solchen Kardinallegaten auszubitten. Sie sollten zu diesem Zwecke darauf hinweisen, dass derselbe nicht nur in geistlichen, sondern auch in weltlichen Angelegenheiten Rat und Abhilfe schaffen könne, und dass seine Anwesenheit in Konstantinopel wie nichts anderes geeignet sein werde, der Welt die Intimität der päpstlich-byzantinischen Beziehungen zu offenbaren.[1]

Hielt sich Nikolaus III. mit einem derartigen Ansinnen, das er ausserdem lediglich in Form einer äusserst behutsamen Anfrage beim Kaiser vorgebracht wissen wollte, noch innerhalb der Grenzen dessen, was die Kurie einst im lateinischen Kaiserreich durchgesetzt hatte, so schoss er mit anderen Forderungen weit über dieses Ziel hinaus.

Er verlangte, hierbei in Übereinstimmung mit seinen Vorgängern Innocenz V. und Johann XXI., dass die griechischen Prälaten einzeln den päpstlichen Primat und den römischen Glauben in der vorgeschriebenen Form beschwören, und dass sie sich zugleich verpflichten sollten, nicht gegen diesen Glauben zu predigen und auch, ihm entsprechend, das Symbolum mit dem filioque zu singen.[2] Während jedoch Innocenz V. und Johann XXI. diese Forderung dadurch wieder etwas abgeschwächt hatten, dass sie sich an einer anderen Stelle ihrer betreffenden Schreiben ganz im allgemeinen bereit erklärten, die griechischen Riten soweit wie möglich zu schonen,[3] drückte Nikolaus III. sich deutlicher aus, indem er erklärte, dass von einer Schonung nur bei den übrigen griechischen Riten die Rede sein könne.[4]

---

[1] Instruktion Nikolaus' III. an seine Gesandten vom 8. Oktober 1278. P. 21473, Martène, p. 267 ff. (p 272/3, № 23—6).

[2] Vgl. oben p. 570¹; № 16 der Instruktion Nikolaus' III. (Mart., p. 269) ist — № 18 der Instruktion Innocenz' V. (l. c. p. 256).

[3] Innocenz V. № 15.

[4] Nikolaus III. № 10/11 zu vergleichen mit Innocenz V. № 15 und 18/19, oben l. c. (№ 10 Forderung des filioque; № 11, *De caeteris autem Graecorum ritibus . . .'*).

Wie wenig er aber auch in Bezug auf letztere zu einem Entgegenkommen bereit war, lehrt ein weiterer Passus der Gesandteninstruktion, aus der wir dies alles erfahren. Auch diese Stelle bedeutet eine Verschärfung der Forderungen Innocenz' V. und Johanns XXI., wenn auch nicht in der Sache, so doch im Ton und in der Form. Nikolaus verwahrt sich dagegen, dass die Prälaten eine eidliche Anerkennung des Primats und des römischen Glaubens verweigern mit dem Hinweis auf ihre Gewohnheit, überhaupt nicht zu schwören. „Denn solche Gewohnheiten, die sie durch Anmassung gegenüber ihren Oberen und besonders gegenüber der römischen Kirche zur Zeit des Schismas im Widerspruch mit den Kanones usurpiert haben, sind unter keinen Umständen zu dulden: das sind einfach keine Bräuche, sondern Missbräuche."[1]

Endlich stellte er noch das Verlangen, dass die Prälaten sich von dem Banne, der auf ihnen noch von der Zeit des Schismas her laste, lösen lassen und sich ausserdem in ihrer Würde durch den Papst bestätigen lassen sollten.[2] Wir erinnern uns hier, dass Innocenz III. seinerzeit den Amtscharakter der sich unierenden griechischen Geistlichen des lateinischen Kaiserreichs ohne weiteres als giltig anerkannt hatte.[3]

An eine Durchsetzung so extremer, in der gesamten Unionsgeschichte unerhörter[4] Forderungen war nun nicht

---

[1] Nikolaus III. № 15 (Mart., p. 271) „nec huiusmodi consuetudines per usurpationem contra superiores ... et maxime adversus Romanam ecclesiam tali tempore, videlicet schismatis, contra canones usurpatae sunt aliquatenus observandae nec ducendae tam consuetudines quam abusus'.

[2] № 20, 21. Vgl. auch Hefele, Konziliengeschichte Bd. VI. p. 158/9, der die einzelnen Forderungen Nikolaus' III. ohne weiteren Kommentar aufzählt.

[3] S. oben p. 187.

[4] S. Hergenröther: Die Rechtsverhältnisse der verschiedenen Riten innerhalb der katholischen Kirche, in Archiv für katholisches Kirchenrecht Bd. VII. p. 179.

entfernt zu denken. Hatte doch der Kaiser schon die grösste Mühe, die Union in ihrem damaligen Umfang, d. h. als die äussere Gemeinschaft der griechischen Kirche mit Rom, als die „εἰρήνη‘ zu verwirklichen: nur durch harte Gewaltmassregeln, durch Blendung, Geisselung, Einkerkerung erreichte er dies Ziel.[1])

Zwar stand ihm jetzt als treuer Helfer der Patriarch Bekkos zur Seite: derselbe trat sogar, ganz im Sinne Nikolaus' III., für das ,filioque' ein und verfocht aufs eifrigste den Standpunkt, dass die Union mit Rom nicht nur ihres weltlichen Nutzens, der „Ökonomie" halber, schätzenswert, sondern auch in sich selbst, aus religiösen Gründen berechtigt sei, und dass die Trennung von Rom auf einem Irrtum beruht habe. Doch schadete er durch die Vertretung so radikaler Anschauungen der Unionssache mehr, als dass er ihr nützte: er trieb damit ihre gemässigten Anhänger, die ,εἰρηνεύοντες‘, in das Lager der Unionsgegner.[2])

---

[1]) Pachym., p. 484 ff.

[2]) l. c. 476—83. Eine grosse Partei in der griechischen Kirche, an deren Spitze der Metropolit von Ephesos stand, (p. 480) ,τῷ δοκεῖν εἰρήνευον‘ aber nicht auf Grund der Schriften, sondern aus Politik: ,θεραπεύοντες τὴν συνείδησιν οὐκ ἀπὸ γραφῶν μᾶλλον ... ἀλλὰ ἐκ τοῦ πολλὰ τοιαῦτα πολλάκις οἰκονομηθῆναι τῇ ἐκκλησίᾳ χάριν μειζόνων καλῶν‘.

Bekkos nun erklärt einen solchen Standpunkt als nicht befriedigend. Er zeigt, (p. 476/7) ,ὡς οὐκ ἔσφαλται σφίσιν ἐπὶ τοσοῦτον τὴν τῶν ἐκκλησιῶν καταπραξαμένοις εἰρήνην, ἀλλὰ καὶ χωρὶς τοῦ εἰς σύμφερον προβῆναι αὐτὴν καθ᾽ αὑτὴν ἀσφαλῶς ἔχειν ἐκείνοις πράξασ‘. Denn der römische Glaube sei der richtigste (p. 481/2).

Darüber empören sich nun jene Anhänger einer bloss äusserlichen Union: denn das, was Bekkos wolle, eine Verrückung der Dogmen, sei ein viel grösseres Unrecht, als dasjenige, welches sie selbst sich bisher — aus Ökonomie — hätten zu schulden kommen lassen: nämlich als die Wiederherstellung des Kirchenfriedens mit den ihrerseits in den Dogmen irrenden Lateinern. p. 483: ,μείζονος κακοῦ, τοῦ δοκεῖν παρακινεῖν δόγματα, ἔλαττον κακὸν τὸ ἡμαρτῆσθαι σφίσι ποιησαμένοις εἰρήνην μετὰ σφαλλόντων ἐν θείοις δόγμασιν (!) ἀνθαιρούμενοι‘.

Kaiser Michael hat nun im Laufe des Jahres 1279 eine Gesandtschaft an Nikolaus III. geschickt, zwei hohe Geistliche, deren einer, der Grossdomestikos der byzantinischen Kirche, durch Karl von Anjou eine Zeitlang festgehalten wurde, bis der Papst seine Befreiung erwirkte.[1] Über ihre Mission wissen wir weiter nichts: vermutlich hatten sie über des Kaisers und des Patriarchen Unionseifer Bericht zu erstatten. Etwas Positives, die Bewilligung einer von Nikolaus' Forderungen, brachten sie jedenfalls nicht: erst im September 1280, als Nikolaus bereits gestorben war, entschlossen sich der Kaiser und sein Sohn Andronikos, wenigstens eine der päpstlichen Forderungen, und zwar auch nur diejenige, die sie selbst anging, zu erfüllen: sie erneuerten urkundlich die Unionserklärungen, die sie bereits im Jahre 1277 persönlich beschworen hatten.[2]

V. Der Triumph Nikolaus' III. über Karl von Anjou. Die Verwirklichung der päpstlichen Universalmonarchie durch Nikolaus.

Man könnte vielleicht zweifeln, ob Papst Nikolaus III. den Byzantinern, trotz ihres geringen Entgegenkommens in kirchlicher Hinsicht, auf die Dauer sein Wohlwollen bewahrt und ihren Staat weiter gegen den Anjou geschützt haben würde.

Zunächst ist da zu bemerken, dass Nikolaus, als er jene Forderungen stellte, bereits selbst den Fall ins Auge gefasst hatte, dass die Griechen nicht alles bewilligen würden. Er hat nach dem Vorbild Innocenz' V. seinen Gesandten als Ergänzung der Generalinstruktion zwei fernere Weisungen mitgegeben, von denen die eine einzelne der in jener gestellten Forderungen abschwächte,[3] die zweite aber von letzteren

---

[1] Pachym., p. 475, vgl. oben p. 591[1]. Dass die Übersendung eines Synodalbeschlusses nicht hierher, sondern unter das Pontifikat Johanns XXI. gehört, suchte ich oben p. 576[1] nachzuweisen.

[2] Rayn. 1280 § 19—22.

[3] P. 21474, Mart. 274/5 (9. Oktober 1278). Vgl. P. 21144, Mart. 257 für Innocenz V. (s. a. o. p. 570/1).

überhaupt ganz absah, indem sie den Gesandten anheim gab,
sich gegebenenfalls mit den Zugeständnissen zu begnügen,
zu denen die Griechen eben bereit sein würden, und diese
zunächst einmal nach Rom zu referieren.[1])

Aber noch von einem anderen Gesichtspunkt aus ergibt
sich mit grosser Wahrscheinlichkeit, dass Nikolaus an seiner
byzanzfreundlichen Politik festgehalten haben würde. Gewiss,
er versuchte durch den Druck, den die Macht des Anjou auf
die Griechen ausübte, so viel kirchliche Konzessionen von diesen
zu erreichen, wie irgend möglich: aber dass er ein Minus
solcher kirchlichen Zugeständnisse seitens der Griechen jemals
zum Anlass genommen haben würde, um den Herrscher Siziliens
auf Byzanz loszulassen, das erscheint deshalb undenkbar, weil
er damit dem Grundgedanken, der seiner ganzen pontifikalen
Tätigkeit zum Leitstern diente, zuwidergehandelt haben würde.

Wir kennzeichneten bereits das Weltbild, das Nikolaus III.
zu verwirklichen strebte: ein Nebeneinander von sich die
Wage haltenden irdischen Mächten, über denen in erhabener
Höhe der Nachfolger Petri thronen sollte. Die Aufgabe, die
der Papst sich damit stellte, war · fast gleichbedeutend mit
derjenigen, die Macht Karls von Anjou auf das Niveau anderer,
kleinerer Mächte herabzudrücken. Denn dieser Anjou begehrte
selbst nach der Herrschaft über die Welt.

Was die Staufer im offenem Kampfe mit dem Papsttum
ertrachtet hatten, das suchte der Anjou, seit er jene nieder-
gerungen, in heimlichem, unausgesprochenem Wettbewerb mit
der Kurie zu erreichen. Es war — scheuen wir uns nicht.
es auszusprechen — eine letzte Phase im Kampfe des Kaisertums mit dem Papsttum. Denn in Deutschland war damals
die alte Kaisergewalt erloschen, und Karl von Anjou stand
als der wahre Erbe der staufischen Ideen dar.

---

[1]) Diese zweite weitgehendere *„mitigatio'*, die Nikolaus gleichlautend mit derjenigen Innocenz' V. den Gesandten anheimgab, fehlt bei
Potthast. Sie ist erwähnt von Martène, p. 266 unten, der sie als identisch
mit der betr. Anweisung Innocenz' V. kennzeichnet, ferner bei Delisle l. c.
p. 133, № 403 (nach dem Ms. von Bordeaux).

Schon unter Klemens IV. schien Karl der Sieg zu winken. Nur matt war der Widerstand, den dieser Papst, auf Karls Hilfe angewiesen, dessen Prätensionen entgegenzusetzen vermochte.[1]

Energischer hatte sich Gregor X., von der Stauferfurcht und damit von ängstlicher Rücksicht auf den Anjou befreit, dessen Plänen widersetzt. Es konnte dabei Karl ziemlich gleichgiltig sein, dass dieser Papst seinen Projekten nicht sowohl wegen ihrer Unvereinbarkeit mit den realen, als mit den idealen Interessen des Papsttums seine Förderung versagte: genug, dass er das abendländische Kaiserprojekt des Anjou zu verhindern und ihn von Byzanz fernzuhalten wusste. Doch liess Gregor dem sizilischen Könige wenigstens in Italien freien Spielraum.[2]

Nach Gregors X. Tode war es Karl dann gelungen, zweimal die Papstwahl in seinem Sinne zu lenken. Schon glaubte er, mit Innocenz V. und mit Johann XXI. als Päpsten, es über die Kurie davongetragen, sie zum Werkzeug seiner Weltherrschaftspläne erniedrigt zu haben: als, nach dem frühen Tode des letzteren, Nikolaus III. den päpstlichen Stuhl bestieg.

In ihm fand der Anjou seinen Meister. Gregor X. hatte den Franzosen auf dem sizilischen Throne bändigen, die Welt befriedigen wollen mit Rücksicht auf das ideale Ziel der Kreuzfahrt: die Ausgleichspolitik Nikolaus' III., die, wie die Gregorsche, im wesentlichen mit der Bezwingung Karls von Anjou identisch war, hat ihren Schwerpunkt in sich selbst gehabt.[3]   Er erfasste das Verhältnis des Papsttums zu diesem

---

[1] S. oben p. 456.

[2] S. oben p. 471.

[3] Die Vermittlung Nikolaus' zwischen Frankreich und Kastilien freilich sollte vor allem dem Kreuzzug zu gute kommen (s. Hirsch-Gereuth l. c. p. 106 ff.): das Zentrum von Nikolaus' III. Politik aber, die Vermittlungstätigkeit zwischen Karl und Rudolf kam, wie Hirsch-Gereuth selbst zugeben muss (p. 1119/20), de facto der Kreuzzugsidee nicht zu gute, und bei der Vermittlung zwischen Karl und dem Paläologen tut Nikolaus des heiligen Landes überhaupt keine Erwähnung. Gerade letztere Tatsache.

Herrscher in seiner wahren Bedeutung: als einen Wettstreit um die Weltherrschaft.

Und in wahrhaft staunenerregender Weise führte er das Papsttum in diesem Kampfe zum Siege. Durch die Gewalt seiner Persönlichkeit und durch souveräne Gebärde[1]) mehr noch als durch sein diplomatisches Geschick zwang dieser herrschgewaltige römische Pontifex in der kurzen Zeitspanne seiner Regierung·dem stolzen König von Neapel seinen Willen auf, so dass derselbe seinem Recht auf Rom und Mittelitalien entsagte und dasjenige auf das unter päpstlichem Protektorate stehende Byzanz mit Gewalt durchzusetzen Bedenken trug.

Der griechische Schriftsteller Nikephoros Gregoras sagt von dem Anjou, er habe die Monarchie des Cäsar und des Augustus unter seinem Scepter wieder aufzurichten geträumt:[2]) der Fortsetzer des Saba Malaspina erklärt, unter dem Regiment Papst Nikolaus' III. als des einen Herrschers und Hirten, der das geistliche und weltliche Schwert fest in seiner Hand gehalten, sei gleichsam das römische Weltreich und die pax

---

auf die H.-G. nicht zu sprechen kommt, zeigt besonders deutlich, wie sehr bei Nikolaus' Gesamtpolitik der Kreuzzug ins heilige Land auf dem zweiten Plane stand. Daran ändert auch der Umstand nichts, dass Nikolaus eifrig bemüht war, die Zehnten aus den europäischen Ländern dem heiligen Lande zu gute kommen zu lassen (H.-G., p. 131—53) und dass er mit den Mongolen Persiens, die die Bundesgenossenschaft des Abendlandes gegen die Mameluken, die Bedränger des heiligen Landes, suchten, in Beziehungen trat. S. Rémusat, in Mem. de l'Institut de l'Academie, Bd. VI. (1822) p. 350/1. vgl. auch H.-G. p. 129. Ranke, Weltgeschichte, Textausgabe Bd. IV. p. 319 sagt kurz: „Bei ihm (Nikolaus III.) war es nicht die Idee des heiligen Landes, wovon er ausging, sondern die der Selbständigkeit des heiligen Stuhls".

[1]) Ich erinnere z. B. daran, dass er von Karl Nachgiebigkeit in der byzantinischen Angelegenheit nicht nur erbat („rogare, obsecrare), sondern auch gelegentlich geradezu forderte („postulare). S. oben p. 591[1].

[2]) Buch V c. 1 (ed. Bonn, p. 123) ‚οὐδὲν ἔτι μικρὸν ὑπενόει περὶ τὸν ὅλον, ἀλλὰ τὴν ὅλην ὡς εἰπεῖν Ἰουλίου Καίσαρος καὶ Αὐγούστου μοναρχίαν ὠνορειπόλει, Κωνσταντινοπόλεως εἰ γένοιτο ἐγκρατής'. Vgl. Sanudo bei Hopf, chron. gréco-romanes, p. 138 ‚aspirava alla monarchia del mondo'.

Romana neu erstanden.[1]) In der Tat war das Ziel, das die beiden Männer verfolgten, ein und dasselbe: Nikolaus III. verwirklichte es zu Gunsten des Papsttums auf Kosten der weltlichen Gewalt, auf Kosten Karls von Anjou.

Von diesem Standpunkt aus betrachtet erscheint das Urteil von Gregorovius, „die ideale Grösse des Papsttums zeige sich in Nikolaus III. bereits in einer politisch-nationalen Verkleinerung",[2]) kaum weniger einseitig als das Verdikt Dantes, der den Papst wegen der Goldgier, die man ihm nachsagte, in das Inferno verweist.[3]) Gerade darin besteht seine Grösse, dass er das Nahe wie das Ferne mit gleich scharfem Blicke umfasste, dass er im kleinen wie im grossen den Vorteil des Papsttums wahrzunehmen wusste. Nur im Rahmen seiner Weltpolitik darf seine italienische Politik, sein Nepotismus, betrachtet werden.

Eher möchte ich auf ein anderes Interesse dieses Papst-kaisers hinweisen, das er mit den Papstkönigen der Renaissance teilte: gleich ihnen entfaltete er eine rege Bautätigkeit, schmückte er Rom mit Palästen und Kirchen und diese letzteren mit Prunkkapellen.[4]) Auch die Geschichte lag ihm am Herzen: er liess nach den in S. Peter, in der Paulsbasilika und im Lateran befindlichen Papstbildnissen eine Art biographischen

---

[1]) l. c. [591¹] p. 339/40. *„Tanta pax mundo maxime Italiae tempore Pontificatus dom. Nicolai quasi coelitus emissa donatur, ut nec temporibus Alexandri vel Caesaris ... nec etiam sub alicuius Principis Monarchia altioris seu maioris pacis tranquillitas potuerit reperiri ... Unus rex solus in mundo dominus universa regens esse conspicitur, unus pastor, unum tantum ovile fidelium .... Suum honorem Ecclesia usque resumit, ad dominium restituitur spiritualiter et temporaliter, utraque manu gladium capit tenet utrumque',* von denen sie keines zu ziehen braucht, da es keinen Ungehorsam mehr gibt. Vielmehr stecken, so wie einst im alten Rom die Waffen in Friedenszeiten im Tempel niedergelegt wurden, beide Schwerter fest in der Scheide.

[2]) Bd. V⁴ p. 468.

[3]) Buch XIX, Vers 31 ff.

[4]) Ptol. v. Lucca lib. XXIII c. 28—30, Murat. XI p. 1180/1.

Papstkatalogs zusammenstellen.[1]) Doch war Nikolaus zugleich
ein echt mittelalterlicher Papst, „einer der herrlichsten Kleriker
der Welt".[2]) Er weinte bei jeder Messe, die er las.[3])

Was aber vor allem seine Zeitgenossen an ihm rühmten,
das war seine hohe Weisheit und seine Urteilsreife, ohne dass
diese Eigenschaften die Frucht des Greisenalters gewesen
wären. Er stand vielmehr in den besten Mannesjahren. Das
Ruhige, Leidenschaftslose, Abgeklärte seines Wesens erschien
so sehr als dessen Kern, dass man ihn daraufhin ‚Niccolò
il composto' — Nikolaus den Weisen können wir wohl nur
übersetzen — genannt hat.[4])

Eben diese feste Fügung seines eigenen Charakters be-
fähigte ihn auch, die Dinge ausser sich zusammenzufügen, die
Welt mit Bezug auf sich und das Papsttum zu ordnen.

Schluss.
Allgemeine Würdigung der päpstlichen Unionspolitik von 1261—1280.

Ehe wir weitergehen und betrachten, wie dieser stolze
Bau der päpstlichen Universalherrschaft zu Fall kam, gilt es,
ihn, besonders mit Rücksicht auf seine Osthälfte, noch einmal
zu überblicken, und zwar nicht nur vom päpstlichen, sondern
auch vom allgemeinen Standpunkt aus.

Was zunächst den ersteren betrifft, so muss man bedenken,
dass die Griechenunion von Lyon das Produkt nicht nur einer
zwanzigjährigen, sondern einer zweihundertjährigen Papstpolitik darstellte. In ihr vereinten sich die idealen und realen
Interessen der Kurie in harmonischer Weise.

---

[1]) l. c. p. 1180.

[2]) l. c. p. 1179 (c. 26) ‚erat de pulchrioribus clericis mundi'.

[3]) p. 1182 (c. 30).

[4]) p. 1179: ‚Hic fuit multum compositus homo in moribus, unde
et apud multos ‚el composto' appellabatur, ... commendabatur etiam
de magno prudentia et matura responsione.' Und p. 1182 noch einmal:
‚De magna prudentia commendabatur ac in omnibus actibus suis
multum maturus'. Was sein Alter betrifft, so wird er genannt ‚satis
iuvenilis aetatis'.

Sie erfüllte den Traum, den seit Ausbruch des Schismas jeder Papst geträumt: die griechische Kirche auf friedlichem Wege wieder mit Rom zu vereinen, so dass eine Herde sei und ein Hirte. Sie entsprach zugleich dem nicht minder alten Grundprinzip der byzantinischen Politik des Papsttums: die Eroberung Konstantinopels durch einen starken weltlichen Herrn des Occidents zu verhüten.

War jenes das Ideal des Papsttums als einer kirchlichen, so war dieses die Maxime der Kurie als einer auf unmittelbare Herrschaft im weltlichen bedachten Macht gewesen. Sie hatte beruht auf einer tiefen Einsicht in die Entstehungsbedingungen der päpstlichen Macht. Denn das Papsttum hatte sich von der Herrschaft der byzantinischen Cäsaren emanzipieren müssen, ehe es diejenige der abendländischen Kaiser abschüttelte: so gut wie es die Wiederaufrichtung des deutsch-kaiserlichen Regiments über Italien und den Kirchenstaat bekämpfte, suchte es eine Wiederauferstehung des byzantinischen Regiments über Italien unter dem Scepter eines abendländischen Herrschers, der zum Eroberer Konstantinopels geworden wäre, zu verhindern: vor allem, wenn derselbe zugleich die deutsche Kaiserkrone trug, wie Heinrich VI., aber auch als Manfred und Karl von Anjou sich Byzanz' zu bemächtigen strebten.

Zwar hatten ja die Päpste die griechischen Pläne der normannischen Vorgänger Manfreds und Karls zeitweise begünstigt, in der Idee, das deutsche Kaiserreich durch ein griechisch-normannisches Reich zu balancieren: aber Manfred war selbst der Abkömmling eines deutschen Kaisergeschlechts und deshalb dem Papsttum verdächtig, und Karl von Anjou würde, nachdem durch Manfreds und Konradins Untergang die alte deutsche Kaiserpolitik zu Grabe getragen war, als Herrscher über Byzanz und Italien durch keine andere Macht mehr haben beschränkt werden können. Sein Reich würde die weltlichen Bestrebungen des Papsttums, die territorialen wie die imperialen, ertötet haben, so wie es früher eine endgültige Verbindung Italiens mit Deutschland unter dem Regiment der Staufer getan hätte.

Das Papsttum wusste dem vorzubeugen, indem es seine schützende Hand über dem griechischen Reiche hielt, nachdem es sich zuvor seiner kirchlichen Ergebenheit versichert hatte, und dieses Reich wurde damit zu einem päpstlichen Schutzstaat nicht anders, als es vorher das lateinische Kaiserreich gewesen war.

Durch die Herstellung der Griechenunion trat endlich das Papsttum — und hierin ruht neben der kirchlichen und politischen ihre völkergeschichtliche Bedeutung — aus den engen Schranken des Latinismus heraus, in die es seit seiner Lostrennung von Byzanz gebannt gewesen war, und wurde jetzt erst zu einer wahrhaften Universalgewalt, die ihre Schwingen über Romanen, Germanen und Griechen entfaltete. Mit starker Hand hielt es die partikularistisch-lateinischen Mächte nieder, die die internationale Gemeinschaft unter päpstlichem Scepter zu zerstören drohten: so wie der byzantinische Kaiser den griechischen Nationalismus in dieses System hineinzwang.

———

So folgerichtig und zweckentsprechend aber auch diese Unionspolitik, durch welche die Päpste Orient und Occident unter ihrer geistlich-weltlichen Herrschaft zu vereinigen wussten, vom kurialen Standpunkt erscheint und so grossartig auch vom universalen, so wenig wird ein allgemeines Urteil ihr vollen Beifall spenden können.

Vor allen Dingen kann diesem System der Vorwurf der Künstlichkeit nicht erspart bleiben. Denn es beruhte auf einer künstlichen Hemmung der auf eine Expansion nach Osten hindrängenden lebendigen Kräfte des Abendlandes. Indem die Kurie, wie einst Heinrich VI.,[1] so jetzt Karl von Anjou

———

[1] S. oben p. 122 ff.

den Angriff auf Byzanz verbot und dessen drohende Machtstellung nur zu einem Druck auf die Griechen benutzte, verhinderte sie gleichsam die in den Staaten dieses Herrschers
aufgespeicherte potentielle Energie, sich in aktuelle Energie
umzusetzen.

Wenn man nun freilich hieraus dem Papsttum selbst
ohne weiteres einen Vorwurf machen wollte, so würde man
fehlgehen.   Nur in zwei Fällen würde ein solcher Tadel Berechtigung haben.   Erstens, wenn die Kurie ausschliesslich
aus egoistischem Interesse Karl von Byzanz ferngehalten
hätte, und zweitens, wenn sie unter allen Umständen von
Rechts wegen lateinische Politik hätte treiben müssen.

Weder das eine noch das andere trifft aber zu, wie
schon die vorhergehenden Bemerkungen zeigen.   Die Fern-
haltung des übermächtigen Heinrich VI. von Byzanz zwar
hatte, wie wir oben sahen, im wesentlichen eine idealer Gesichtspunkte bare weltliche Interessenpolitik des Papsttums,
die Politik der Selbsterhaltung, bedeutet.[1]   Anders zu Karl
von Anjous Zeit.   Gegen diesen Herrscher Byzanz zu schützen,
war die Kurie nur dann gewillt, wenn es sich unierte; sie
verband sich mit dem Griechen nicht nur aus Furcht, Karl
von Anjou möge sonst ihr selbst durch die Eroberung Konstantinopels über den Kopf wachsen, sondern zugleich aus
idealeren Motiven: zur Herstellung einer wahren Kircheneinigung und zur Erhaltung des Friedens in der Christenheit.
Für einen Gregor X. trat dieser, für einen Nikolaus III.
jener Gesichtspunkt in den Vordergrund.

Und ferner: das Papsttum war zwar in erster Linie
eine lateinische Macht, das Haupt der germano-romanischen
Nationen, aber dieser Charakter war keineswegs ein aus-
schliesslicher, vielmehr fanden vor seinem Auge alle Völker
Gnade, die sich zum römischen Glauben zu bekehren und
seine Herrschaft anzuerkennen bereit waren.   Es lag den
Päpsten also nicht sowohl daran, Konstantinopel lateinisch,

---

[1] S. oben p. 131/2.

als katholisch zu sehen. Es kam hinzu, dass die Geschichte des lateinischen Kaiserreichs gezeigt hatte, wie durch eine Latinisierung des byzantinischen Reichs zwar glänzende äussere Erfolge erzielt werden konnten durch die Aufrichtung einer lateinischen Kirchenordnung in griechischen Landen, dass aber eine eigentliche Union auf diesem Wege nicht zu erwirken war.[1]) So viel nun auch die Union von Lyon im einzelnen zu wünschen übrig liess, so fesselte sie doch die Griechen sehr viel enger, vor allem unmittelbarer an Rom, als es einst das lateinische Regiment in Konstantinopel getan hatte.

Lediglich soweit sie von ihrer Unionspolitik für das heilige Land Vorteil erwarteten, könnte man die Päpste, wenn auch nicht tadeln, so doch einer Selbsttäuschung zeihen. Denn das Interesse des Paläologen an einer Kreuzfahrt war erheuchelt, seine Versprechungen, an einer solchen teilzunehmen, null und nichtig, weil, wie schon Innocenz III. richtig prophezeit hatte, ein griechischer Kaiser seit den Ereignissen von 1204 nichts mehr fürchten musste als einen abendländischen Kreuzzug.[2]) Nur von einem starken lateinischen Kaisertum in Konstantinopel, wie Karl von Anjou — im Gegensatz zu den Kreuzfahrern von 1204 — es aufzurichten verhiess, hätte das christliche Syrien Rettung hoffen können.

Weit verhängnisvoller aber erscheint der Konflikt zwischen der päpstlichen Unions- und der abendländischen Expansionspolitik von einem ganz anderen Gesichtspunkt aus, der freilich den Päpsten wie dem Abendlande überhaupt damals noch ganz fern lag.

Eben in dieser Zeit, in den siebziger Jahren des XIII. Jahrhunderts, begann für das byzantinische Reich die

---

[1]) Selbst in denjenigen Teilen des byzantinischen Reichs, die die Lateiner nach dem Fall Kp.s 1261 behaupteten, hielt die griechische Bevölkerung nach wie vor in der Mehrzahl an ihrem alten Glauben fest. Sanudo, Chron., l. c. p. 143.

[2]) S. oben p. 290.

Türkengefahr aufs neue akut zu werden.   Es waren nicht
mehr die alten Feinde, die 200 Jahre zuvor Byzanz bedroht
hatten, die Seldschuken, sondern frische Stämme aus dem
Inneren Asiens, die der Mongolensturm Dschingis Khans gen
Westen gefegt hatte und die nur in loser Abhängigkeit von
der im Niedergang begriffenen Dynastie der Seldschuken-
sultane von Ikonium standen.[1]

Der griechische Kaiser war nun ausser stande, den Türken
den nötigen Widerstand zu leisten, weil sein Hauptaugenmerk
auf die abendländischen Verhältnisse gerichtet war.   Er kämpfte
an der östlichen Reichsgrenze mit der linken Hand.   Die Front
des byzantinischen Staats war gen Westen gerichtet.

Das war schon seit dem Beginn der Kreuzzüge, besonders
seit der Mitte des XII. Jahrhunderts, so gewesen.   Seit dieser
Zeit hatte sich die byzantinische Politik mit Notwendigkeit
nach dem Occident orientiert, der sich nach dem Osten ausbreitete.   Eine Rückeroberung des von den Seldschuken okkupierten Kleinasiens war dabei nicht möglich gewesen.[2]

----

[1] S. Müller, der Islam im Morgen- und Abendland, Bd. II. p. 287.
So schlug der Mongoleneinfall, der dem griechischen Reiche direkt Vor
teil gebracht hatte, durch die Schwächung des seldschukischen Nachbar-
staats, indirekt Byzanz zum Verderben aus, durch die Versetzung neuer
türkischer Stämme an die byzantinische Grenze. Ich kann hier das recht
interessante Kapitel der griechisch-seldschukisch-mongolischen Beziehungen
zur Zeit des Kaiserreichs von Nikäa nicht näher behandeln.

[2] Kaiser Johannes (1118—43) war noch, wie sein Vater Alexios I.
neben der Rücksicht auf den Occident und seine syrischen Kolonieen der
Bekämpfung der Seldschuken Kleinasiens gerecht geworden (s. Hertzberg
l. c. p. 287, 290/1). Manuel aber vermochte erst gegen Ende seiner
Regierung, nachdem ihn bis dahin die occidentale Politik absorbiert hatte,
den Türkenkampf wieder aufzunehmen (s. o. p. 106[1]) aber dieser sein Versuch die Seldschuken aus Kleinasien zu verdrängen, scheiterte völlig mit
der Niederlage, die er bei Myriokephalon erlitt 1176 (s. Hertzberg, p. 315/16).
Nach der Darstellung, die ich weiter oben (p. 88 ff) von der komnenischen Politik gegeben habe, versteht sich von selbst, dass ich mich
dem Standpunkt Kuglers gegenüber, der Manuel schulmeistert, weil derselbe
statt abendländischer Politik ausschliesslich türkische Politik hätte treiben
sollen (l. c. bes. p. 178, aber auch sonst), durchaus ablehnend verhalte.

Während der Epoche von Nikäa sind dann freilich die griechischen Kaiser auch den östlichen Interessen wieder gerecht geworden: lag doch ihre Hauptstadt nahe der türkischen Grenze. Aber auch damals fasste man die Vorkehrungen zum Schutze dieser Grenze als Rückendeckung auf, das eigentliche Angriffsobjekt bildete naturgemäss das lateinische Kaiserreich. [1]

Die Wiederherstellung des byzantinischen Reichs durch Michael Paläologos wurde nun in doppelter Hinsicht den kleinasiatischen Provinzen verderblich. Einmal deshalb, weil sich von der stolzen festen Hauptstadt aus, von jenseit des Bosporus, die Türkengefahr weniger bedenklich ansah, als von Nikäa aus, das selbst eine östliche Provinzialstadt war. Die Vernachlässigung der Provinzen auf Kosten der Hauptstadt, ja der Gegensatz von Kapitale und Provinz, der im XI. Jahrhundert den Verlust Kleinasiens an die Seldschuken herbeigeführt hatte,[2] leistete jetzt den Turkomanen aufs neue Vorschub.

Sodann aber verhinderte die bedrohliche Lage im Westen den Kaiser, sich den östlichen Verhältnissen zu widmen. Die Furcht, die eben wiedergewonnene Hauptstadt aufs neue an die Lateiner zu verlieren, das Streben andrerseits, diese gänzlich vom alten Reichsboden zu verjagen, waren das A und O der Politik dieses Herrschers. [3]

---

[1] Pachymeres ed. Bonn Bd. I. p. 16.

[2] Vgl. darüber die lichtvollen Ausführungen Karl Neumanns in: „Die Weltstellung des byzant. Reichs vor den Kreuzzügen", Leipzig 1894.

[3] Pachymeres präzisiert p. 243/4 diese beiden Gründe sehr scharf: ‚ταῖς γὰρ ἀληθείαις ἀσχολουμένου τοῦ βασιλέως τοῖς δυσικοῖς ὡς δῆθεν ἀνακαλουμένου τῇ βασιλείᾳ τὸ λεῖπον, ἠσθένει τὰ καθ' ἕω δίχοθεν, τῷ τε τὰς ἐκεῖ δυνάμεις πρὸς τὴν δύσιν ἐκπέμπεσθαι καὶ τῷ καταμελεῖσθαι μάκροθεν‘ (von der Ferne her). Vgl. auch Sanudo, Chron., l. c. p. 144–6. Pachymeres urteilt freilich unrichtig, wenn er die westliche Politik des Kaisers aus seiner Vorliebe für das Ungewöhnliche erklärt, die diesen das naheliegende, den Osten, habe vernachlässigen lassen (p. 223). Hatte schon Niketas den Kaiser Manuel gegen ähnliche Vorwürfe damit verteidigt, dass er dessen auswärtige Politik durch die Furcht vor

Ich meine, aus alledem geht deutlich hervor, dass das byzantinische Reich als solches, infolge der Grundbedingungen seiner Existenz, unfähig zur Abwehr der neuen Türkengefahr war. Auch ohne den Vierten Kreuzzug, in dem man gewöhnlich — mit Unrecht, wie mir scheint — die Hauptursache für den Triumph der Türken sieht, weil er das griechische Reich seiner Widerstandsfähigkeit beraubt habe, würden diese Grundgebrechen, die Vernachlässigung der Provinzen über der Hauptstadt und die fatale Zwischenstellung zwischen West und Ost, jenem Reiche angehaftet und ihm erschwert haben, sich zum Wall gegen die Türken aufzuwerfen.[1])

---

dem Abendlande erklärte (ed. Bonn, p. 265 vgl. auch oben p. 106[1]), so wird man erst recht des Pachymeres Kritik von Michaels Politik mit demselben Argument als unberechtigt zurückweisen müssen.

Die Vernachlässigung des Ostens wegen der westlichen Politik betont Pachymeres auch p. 310/11. Der Kaiser selbst bezeichnete, als er kurz vor seinem Tode die verwüsteten Grenzlande am Sangarios durchzog, als die Hauptursache des Übels die Habgier und Härte der in die östlichen Provinzen entsandten Taxiarchen und ihre Lügenberichte nach Byzanz (p 312, vgl. p. 19/20, 221). p. 502 wird dieselbe Äusserung des Kaisers noch einmal berichtet, und zwar hier mit der interessanten Begründung: er, der Kaiser, sei nur durch die Opposition so vieler Griechen gegen seine Unionspolitik und die Notwendigkeit, diese zu bekämpfen, gezwungen worden, die östlichen Provinzen unzuverlässigen Statthaltern anzuvertrauen. Jene Nörgler hätten also an deren Verlust schuld. Was war aber die Unionspolitik anders als abendländische Politik?

Doch ist es auch die Furcht vor Aufständen und Usurpationen vom Osten her gewesen, die, wie einst im XI. Jahrhundert, so auch jetzt den Kaiser von sich aus die östlichen Provinzen hat schwächen lassen, sei es durch Begünstigung des Steuerdrucks (p. 221) oder durch Absetzung glücklicher und deshalb verdächtiger Strategen (p. 485). Dass Michaels Furcht nicht unbegründet war, zeigt die Geschichte des Generals Philantropenos, der im Jahre 1296 nahe daran war, sich als Haupt der kleinasiatischen Truppen zum Gegenkaiser gegen den Hof von Byzanz aufzuwerfen. Pachym. Bd. II. p. 210 ff.

[1]) Nach Pears l. c. p. 399 ff., Gregorovius, Geschichte der Stadt Athen Bd. I. p. 281/2 hätten nur die Folgen des Vierten Kreuzzugs das griechische Reich zur Abwehr der Türken unfähig gemacht. Sie rechnen dabei mit

Gegen diesen Zustand hätte es nur eine Abhilfe gegeben: die Okkupation des griechischen Reichs durch einen starken abendländischen Herrscher.   Das Zwischenreich musste fallen, das seine Aufmerksamkeit zwischen Orient und Occident zu teilen gezwungen gewesen war, und an seine Stelle musste ein kompaktes abendländisch-, vor allem ein italienisch-byzantinisches Staatswesen treten, das seine Front gegen Osten kehrte.

Unter den mannigfachen Gründen nun, die eine solche Entwicklung verhindert haben — ich weise besonders auf die asketische Grundidee der Kreuzzüge hin; hierher gehört auch der Vierte Kreuzzug als die Verfehlung eines abendländischen

---

einer Regeneration des byzantinischen Reichs, das zur Zeit des Vierten Kreuzzugs im vollsten Niedergange begriffen war, aus sich selbst heraus. Ich will eine solche Möglichkeit nicht gerade bestreiten, möchte aber bezweifeln, ob die Ablösung der westlichen Provinzen vom Reichskörper. die bereits kurz vor dem Vierten Kreuzzuge sich vom Peloponnes her vorbereitete, nicht auch ohne den Lateinerzug gegen die verwahrloste Zentralregierung siegreich durchgeführt worden wäre.   Wir wiesen schon oben darauf hin (p. 594/5) dass weit mehr die griechischen Partikularstaaten in Mittelgriechenland als die lateinischen Staaten eine Durchführung der Restauration unter Michael Paläologos verhindert haben.   Was aber diesen Aufschwung des griechischen Reichs betrifft, so war er lediglich eine Folge der Okkupation Byzanz' durch die Lateiner, der Verbannung der Byzantiner auf den rauhen Boden Kleinasiens gewesen!

Aber wenn wir selbst annehmen, das griechische Reich hätte ohne den Vierten Kreuzzug die Gefahr des Partikularismus überwunden und sich aus sich selbst erneuert, so scheint mir doch kein Zweifel zu sein, dass für ein solches nicht vom Vierten Kreuzzug betroffenes byzantinisches Reich die Rücksicht auf die vom Abendland her drohende Gefahr genau dieselbe wichtige Rolle gespielt haben würde. wie sie es für das Reich von Nikäa und das Byzanz der Paläologen tat.   Zu einer nachhaltigen Bekämpfung, sei es der Seldschuken oder der Turkomanenstämme. würde so gut wie einst den Komnenen, so auch jenem griechischen Reiche des XIV. Jahrhunderts die freie Hand gefehlt haben.   Ja von Nikäa aus sind die Kaiser den Seldschuken sicherlich energischer entgegengetreten, als sie es — ohne den Vierten Kreuzzug — von Kp. her getan haben würden.

Ein ganz anderer ist, meiner Ansicht nach, der Grund, weshalb man den Vierten Kreuzzug als verhängnisvoll betrachten muss. S. weiter im Text.

Eroberungszuges[1]) — nimmt die griechenfreundliche Politik der Kurie eine bedeutsame Stelle ein. So hat Cölestin III. sich gegen Heinrich VI. zum Beschützer Byzanz' aufgeworfen[2]) und so hat die kuriale Unionspolitik in den sechziger und siebziger Jahren des XIII. Jahrhunderts Karl von Anjou an der Errichtung eines zweiten vollkommeneren lateinischen Kaiserreichs gehindert. Noch wäre es damals Zeit gewesen, der Türken Herr zu werden.

Hierin also wird — und damit kehren wir zum Ausgangspunkt unserer Betrachtung zurück — der reflektierende Geschichtsschreiber eine verhängnisvolle Folge der antilateinischen päpstlichen Unionspolitik jener Jahre erblicken: eine Folge, die freilich die Vertreter dieser, ich wiederhole es, von ihrem Standpunkte durchaus gerechtfertigten Politik unmöglich vorhersehen konnten.

Als dann Martin IV., nicht aus Einsicht freilich, sondern aus Schwäche diese Politik aufgab und zum Fürsprech der lateinischen Expansionspolitik wurde, da war es die sizilianische Vesper, die die Absichten des Anjou vereitelte, ein Ereignis, das vielleicht nicht eingetreten wäre, wenn Karl schon in den siebziger Jahren, unbehindert von griechenfeindlichen Päpsten, gegen Byzanz hätte ausziehen können.

---

[1]) Vgl. oben p. 168 ff.
[2]) S. oben p. 124 ff.

—>>)•(<—

Viertes Buch.

Die Auflösung der Griechenunion von Lyon und die Aussichten auf eine Wiedervereinigung Byzanz' mit dem Papsttum bis zum Untergang des byzantinischen Reichs: im XIV. und XV. Jahrhundert.

Die Erneuerung der lateinischen Politik des Papsttums durch Martin IV. und ihr Ausgang unter dessen Nachfolgern 1281—c. 1327.

Erstes Kapitel.

Der Triumph Karls von Anjou über das Papsttum in der Person Martins IV. und dessen Rückkehr von der Unionspolitik zur antibyzantinischen Politik.

————

Kürzer als das lateinische Papstimperium Innocenz' III. dauerte das römisch-griechische Weltreich, zu dessen Herrin Nikolaus III. (nächst Gregor X.) die Kurie gemacht hatte. Schon am 22. August 1280, nach nur dreijähriger Regierung, starb dieser Papst vom Schlage getroffen, und mit ihm endete sein Reich.

Sein Zerstörer war Karl von Anjou, der zugleich sein Erbe zu werden hoffte.

Nach anderthalb Jahrzehnten unmutigen Harrens und durch immer neue Enttäuschungen getrübten Hoffens gelangte Karl von Anjou im Jahre 1281, indem er, gestützt auf die römischen Feinde der Orsini, den Einfluss dieser mächtigen Sippe des verstorbenen Papstes zu brechen und einem seiner besten Freunde unter den Kardinälen, dem Franzosen Simon von S. Cäcilia als Martin IV., die Tiara zu verschaffen vermochte (22. Februar 1281),[1] endlich an das nächste Ziel seiner Wünsche: die Beherrschung der Kurie.

Denn dieser Martin IV. scheute es nicht, sich völlig zum Werkzeug des Anjou zu erniedrigen und zu dessen Gunsten mit einer zwanzigjährigen Papstpolitik zu brechen.

Er durchkreuzte den politischen Plan seiner Vorgänger, wenn er Karl von Anjou, den Urban IV. und Klemens IV. nur widerwillig über sein Königreich hinaus in Italien hatten mächtig werden lassen und den dann Nikolaus III. auf jenes beschränkt hatte, ohne zwingenden Grund aufs neue zum Senator von Rom machte und den Kirchenstaat zu einer angiovinischen Dependenz werden liess.[2]   Auch in Toskana, dessen offizielle Statthalterschaft Martin IV. zwar Rudolf von Habsburg überliess als Tauschobjekt für das von diesem den Anjous zugesicherte Königreich Arelat, gelangte doch zugleich Karl wieder zu Macht, wie auch in der Lombardei. Die starke welfische Partei dieser Länder schloss sich aufs neue an ihn an und machte die angiovinische Sache zur ihrigen.[3]

---

[1] S. Gregorovius l. c. p. 469/70.

[2] Für die Ernennung Karls zum Senator und seine Stellung im Kirchenstaat s. Busson-Kopp l. c. p. 206—8, Gregorovius, p. 172/3.

[3] Wie Martin IV. Toskana Rudolf von Habsburg unterstellte (im Gegensatz zu Nikolaus III., der es für einen seiner Nepoten reklamierte) s. bei Busson-Kopp l. c. p. 187—94.   Toskana ward nunmehr der Preis. den der Papst und der Anjou Rudolf für die Hingabe des Arelats an Karls Enkel zahlten, während Nikolaus III., der Toskana für sich reklamierte. als einen solchen Preis Rudolf die Erblichmachung des deutschen Königtums im Hause Habsburg in Aussicht gestellt hatte.   Das grosse Projekt Nikolaus' III. wurde demnach nicht, wie Busson in den Sitzungsber. der Wiener Ak. l. c. p. 677/8 will, mit dem Tode dieses Papstes völlig begraben, sondern lebte zum Teil in veränderter Gestalt fort.   Vgl. eine Rezension des oben zit. Buches von Steller von Scheffer-Boichorst in der Jenaer Lit.-Ztg. von 1875 p. 205.   Dass aber dem Einfluss, den nunmehr Rudolf im Einverständnis mit Martin und König Karl durch seine Statthalter in Toskana ausübte, derjenige Karls die Wage hielt, zeigt Busson-Kopp, p. 243—50, über die Lombardei l. c. p. 250—59.

Und einen nicht minder radikalen Umschwung führte Martin in der traditionellen byzantinischen Politik der Kurie herbei. Wogegen sich ein Klemens IV. und Innocenz V., jener durch die Verhältnisse auf Karl angewiesen, dieser, wie Martin selbst, durch seine Erhebung auf den Stuhl Petri ihm verpflichtet, nach Kräften gewehrt hatten, dazu liess sich der kraftlose Martin IV. ohne weiteres bereit finden: er zerriss mit der Sklavenhand, die der Anjou führte, in einem Augenblick das Band der Union, durch das seine Vorgänger in jahrzehntelanger Arbeit Byzanz mit Rom verknüpft hatten. Er schleuderte gegen den Unionskaiser Michael den Bann,[1] indem er eine neue Gesandtschaft desselben, die Karl in Ketten vor ihn führen liess, mit Verachtung strafte,[2] und gab dem König von Sizilien freie Bahn nach Konstantinopel.

Noch herrschte damals in Romanien, infolge der bisherigen Haltung der Kurie, das Gleichgewicht der Kräfte. Wir sahen, wie der Paläologe, wenn er auch das griechische Herzogtum Thessalien nicht zu erobern vermochte, dafür über die Lateiner im Archipel, auf Euböa, im Herzogtum Athen und in Achaja triumphierte (1278—80).[3] Um diese Nieder-

---

[1] Bulle vom 18. Oktober 1281 (P. 21815), Rayn. 1281 § 25: *Michaelem Palaeologum, qui Graecorum imperator nominatur, tamquam eorundem Graecorum, antiquorum schismaticorum et in antiquo schismate constitutorum et per hoc haereticorum, necnon et haeresis ipsorum ac schismatis antiqui fautorem ... denuntiamus ... excommunicationem ... incurrisse.'* Es folgt das Verbot an alle Gewalten, ihn zu unterstützen. (Vgl. Rayn. 1282 § 8/9, P. 21896, 21948, Erneuerungen und Ergänzungen des Banns vom 7. Mai und 18. November 1282. S. a. Pachym. p. 505, Sanudo l. c. p. 138, Rayn. 1282 § 8—10 (7. Mai 1282).

[2] Pachym. l. c., danach waren die Führer der Gesandtschaft die Erzbischöfe von Nikäa und Heraklea. — Karl befiehlt am 9. Januar 1281 dem Magister Juratus von Barletta, dem Wilhelm von Avignon, seinem Vertrauten, Philipp und Konstantin, Gesandte des Paläologen, zu überweisen, die von Gerard von Marseille, dem Kapitän der kgl. Flotte, festgenommen seien, weil jener Vertraute sie zur römischen Kurie führen soll. Arch. Stor. It. IV. Serie, Bd. 4, p. 3.

[3] S. oben p. 592 ff.

lagen der lateinischen Sache wettzumachen, zugleich aber
auch, um eine feste Operationsbasis für einen Landfeldzug
gegen Konstantinopel zu schaffen, beschloss Karl im Frühling
1280, von seinem epirotischen Königreich aus einen Vorstoss
gegen die Länder des Paläologen unternehmen zu lassen.
Vor allem kam es ihm darauf an, das feste Berat, das Zentrum Albaniens, das jener im Jahre 1274 ihm entrissen hatte.
wieder zu gewinnen.[1]) Er betraute den Ritter de Sully, der
seit August 1279 sein Statthalter in Durazzo war, mit dieser
Aufgabe und sandte ihm vom April 1280 an unablässig Ver-
stärkungen, bis er ein Heer von etwa 8000 Mann unter sich
hatte.[2]) Und es gelang Sully auch, trotz des Abfalls mancher
albanesischen Häuptlinge, die im September 1280 sogar
Durazzo bedrohten,[3]) im November die Unterstadt Berat einzunehmen.[4])

[1]) Sanudo sagt oben p. 129 ‚intendendo acquistar l'impero di
Romania‘ habe Karl Sully gegen Berat gesandt, vgl. p. 131. Vgl. auch
Pachymeres, p. 509: Karls Truppen brachen so ungestüm los, ‚ὡς τῇ κατὰ
σφᾶς τόλμῃ οἴεσθαί τινας μάχῃ καὶ πόλεως Θεσσαλονίκης, ἔτι δὲ καὶ
πόλεως αὐτῆς, (Kp.) πεζῇ συμβαλεῖν‘. Doch darf man nicht vergessen, dass
es sich (s. o. p. 544) in erster Linie um die Verdrängung des Paläologen
aus einem früher angiovinischen Besitze, also aus einer vorgeschobenen
Position handelte.

[2]) Ernennung Sullys zum Generalvikar von Albanien am 13. August
1279 s. Arch Stor. It. IV. Serie, Bd. 2 p. 355. Vgl. Hopf, p. 301. —
Berat wird in den Erlassen Karls zuerst am 29. Juni 1280 erwähnt (Arch
Stor. It. IV. Serie, Bd. 3 p. 20), doch beginnen die Truppensendungen nach
Albanien schon im April (l. c. Bd. 2 p. 14; s. dann die weiteren Sendungen
ebenfalls in Bd. 2 und in Bd. 3, vgl. auch Hopf, p. 324/5). — Die Zahl
8000 nennt Sanudo l. c. p. 129.

[3]) Erlass Karls vom 14. September 1280 (im Nachlass von Karl
Hopf, auf dem Hss.zimmer der kgl. Bibl. zu Berlin): 50 Mann sollen
nach Romanien abgehen, (soweit auch im Arch. Stor. It. IV. Serie, Bd. 3
p. 169), weil ‚quidam Albanenses, temerario ausu ducti, nostri rebelles
effecti noviter ad offensionem gentium fidelium nostrorum Durachii
aspirabant‘.

[4]) Brief Karls an Sully vom 2. Dezember 1280 (im Hopfschen Nachlass): er sei froh ‚gentem nostram tuae capitaneae commissam sub-
urbium castri Bellegradi cepisse‘, vgl. Hopf, p. 325.

Schon begann der Paläologe für seine Hauptstadt zu
zittern, da er sich nicht sowohl auf einen Angriff zu Lande
als von der See her gefasst gemacht und vorbereitet hatte.[1]

Aber das Kastell von Berat hielt sich und wurde im April
1281 durch griechische Truppen entsetzt, die dem Heere
Sullys alsbald eine vernichtende Niederlage beibrachten. Der
Führer selbst wurde gefangen und im Triumph nach Konstantinopel geführt.[2]

Der Versuch Karls, sein Königreich Albanien zu restau-
rieren, war gescheitert; wieder, wie im Jahre 1274, streiften
die griechischen Soldaten bis an die Adria und bedrohten
ernstlich die angiovinischen Küstenplätze, besonders Aulona.[3] —

Auch zu Wasser war Karl im Jahre 1280 dem Paläologen
entgegengetreten, und zwar hatte er sich zu diesem Zwecke
mit der Republik Venedig ins Einvernehmen gesetzt. Schon
im Jahre 1279 war nämlich deren letzter Waffenstillstand mit
Byzanz abgelaufen. Ein Jahrzehnt bitterster Erfahrungen
hatte sie endlich darüber belehrt, dass bei dieser Waffen-
stillstandspolitik die venetianische Sache im griechischen Reiche
nicht gedeihe, weil der Kaiser den Venetianern, in denen
er seine Feinde von Morgen sah, ihre Privilegien schmälerte
und sie einem Zustande der Rechtlosigkeit preisgab.[4] Da
sich nun aber die Republik zu einem Frieden mit dem
Paläologen, bei dem sie auf die Selbständigkeit ihrer Kolonieen
in Romanien würde haben verzichten müssen, nach wie vor

---

[1] Pachym., p. 510. Vgl. auch die p. 622[1] aus ihm angeführte Stelle.

[2] Pachym. l. c. ff. Sanudo, p. 127. Vgl. Hopf, p. 325.

[3] Erlass Karls vom 24. Juli 1281 (Arch. Stor. It. IV. Serie, Bd. 4
p. 14): Karl lässt Aulona befestigen, um es vor dem Angriff des Heeres
des Paläologen zu schützen, welches die Stadt anzugreifen versucht.

[4] S. den Bericht einer venetianischen Kommission, (vom März 1278)
die im Zusammenhang mit dem Waffenstillstand von 1277 eingesetzt
wurde. ,de dampnis et derobationibus et iniuriis', die den Venetianern
von Seiten der Griechen während der Zeit des Waffenstillstandes zugefügt
worden waren, bei Taf. und Thomas l. c. Bd. XIV. p. 159—281. Vgl.
oben p. 462.

nicht verstehen mochte,[1]) so gab sie allmählich dem Gedanken einer Annäherung an Karl von Anjou Raum, wofür dieser sie schon Ende der sechziger Jahre — damals vergeblich — zu gewinnen gesucht hatte.[2])

Zwar stellte der Beschluss, eine gemeinsame Flottille in die Gewässer von Negroponte zu senden, auf den man sich nach längeren Vorverhandlungen im Frühjahr 1280 einigte,[3]) noch keineswegs einen Bruch Venedigs mit dem Paläologen dar: hatte doch die Republik auch zur Zeit des Waffenstillstandes 1277—1279 das Recht gehabt, die Insel Negroponte gegen den Kaiser zu verteidigen.[4]) Doch der Name des Anjou bedeutete ein System, und diesem näherte sich Venedig hier mit einem ersten Schritt, dem nur zu bald, bei veränderter Weltlage, der zweite folgen sollte.

Die maritime Operation des Anjou und Venedigs vom Jahre 1280 blieb nun aber ohne jeglichen Erfolg,[5]) zumal der Kaiser sich von Genua eine Hilfsflotte bestellte, von der Karl (am 16. August 1280) eine Brandschatzung der sizilischen Küste besorgte, und die er — wie es scheint vergeblich — abzufangen suchte.[6]) Nichts zeigt deutlicher das Scheitern

[1]) Vgl. oben l. c.

[2]) l. c.

[3]) Nachlass von Karl Hopf: Ven., Arch.. Busti Cpoli, März 1280, vgl. Hopf, Geschichte Griechenlands l. c. p. 324. Dass schon lange zwischen Venedig und Karl verhandelt worden war, sagt Sanudo l. c. p. 131: ,e per questo gli abitatori nostri Veneziani e trattatori stellero in Puglia, ben circa quatro anni trattenuti in Puglia con parole dal Rè . . .', um dann das Bündnis von 1281 zu schliessen. Vermutlich verhandelte man von 1279 an, dem Jahre, in dem der Waffenstillstand mit dem Paläologen abgelaufen war.

[4]) S. oben p. 592.

[5]) Mit dieser Aktion Karls muss eine jener Flottensendungen nach Romanien identisch sein, die Sanudo p. 129/30 berichtet. Sie werden sämtlich als vollkommen erfolglos gekennzeichnet.

[6]) Erlass Karls an den Vicar Siziliens vom 1. August 1280: er habe erfahren ,quod quedam vassella onerata gente, que vadit in auxilium Paliologi, puplici amici nostri, venerunt usque insulam Sardinie et per partes insule Sicilie transitum habere deberent'. Er gibt deshalb Befehl.

auch der Flottenaktion Karls, als dass der Paläologe im Juli 1281 seinerseits 8 Kriegsschiffe gegen die apulische Küste bei Manfredonia aussandte.[1])

Doch schon hatte der Paläologe damals die feste Stütze verloren, die allein ihn zu einem dem Anjou ebenbürtigen Gegner gemacht hatte. Indem die Kurie sich auf die angiovinische Seite stellte und die grosse Heerfahrt Karls gegen Byzanz, statt sie, wie bisher anderthalb Jahrzehnte hindurch (seit 1267), hintan zu halten, nach Kräften förderte, gab sie das griechische Reich dem sicheren Verderben preis.

Eben im Juli 1281 ward diese Schwenkung der Kurie der Welt kund durch den Vertrag, den am 3. dieses Monats Karl und der lateinische Titularkaiser Philipp mit der Republik Venedig zur Restauration des von dem Paläologen usurpierten lateinischen Kaiserreichs eingingen und den kein anderer als der päpstliche Notar Johann von Capua für die beiden Parteien aufsetzte und unterschrieb.[2]) Denn das ist das bemerkenswerte, dass jetzt, offenbar unter dem Eindruck des Frontwechsels, den die Kurie vollzog, auch Venedig endgültig den Weg ins angiovinische Lager fand. Es fasste jetzt die Hoffnung, seine alte Position am goldenen

---

die Küste mit Schiffen zu bewachen, nicht nur um die Insel vor Angriffen zu schützen, sondern auch um jene Schiffe festzuhalten. Arch. Stor. It. IV. Serie, Bd. 3 p. 165. — Es handelt sich offenbar um einen Sukkurs aus Genua, das also auch aktiv den Paläologen zu unterstützen fortfuhr, nicht nur indirekt, vgl. folg. p. Anm. 1.

[1]) Schon vom 11. Mai 1281 kennen wir einen Erlass Karls wegen des Schutzes der apulischen Küsten ‚*quia galee inimicorum per maritimas Apulie discurrunt*'. (Arch. Stor. It. l. c. Bd. 4 p. 9). Und dann besonders den Erlass vom 25. Juli an den Justitiar der Kapitanata (l. c. p. 14): derselbe soll persönlich nach Manfredonia gehen zur Verteidigung der Küsten dieser Provinz, da Karl erfahren habe, dass der Paläologe vier grosse und vier kleinere Kriegsschiffe zur Brandschatzung dieser Küste ausgesandt habe.

[2]) Der Vertrag bei Taf. und Thomas l. c. p. 287 ff. (p. 289): ‚*ad recuperationem ... Imperii Romaniae, quod detinetur per Palaeologum et alios occupatores ... occupatum*'. Die Rolle des päpstlichen Notars dabei: p. 295.

Horn, die es unter den lateinischen Kaisern eingenommen
hatte, und die der Vertrag mit Karl ihm ausdrücklich garantierte.
wiederzugewinnen. [1])

Im April 1283 sollte die Generalunternehmung ins Leben
treten: Karl wollte eine Armee von 8000 Berittenen und zahl-
loser Infanterie auf einer Transportflotte nach Konstantinopel
zur Belagerung der Stadt übersetzen, die Venetianer verpflichteten sich, eine eigentliche Kriegsflotte von mindestens
40 Galeeren aufzubringen, um die kaiserliche Marine nieder-
zukämpfen.   Im Jahre 1282 sollte zunächst eine kleinere
Bundesflotte von je 15 Kriegs- und 10 Transportschiffen den
Hauptangriff in wirksamer Weise vorbereiten. [2])

Obgleich nun gewisse vorläufige Operationen der Verbündeten noch von keinem Erfolge gekrönt waren, vielmehr
der kaiserliche Admiral Johannes dello Cavo, ein früherer
Pirat, an der Spitze von sechs Kriegsschiffen die Venetianer
in einer Seeschlacht besiegte und ihnen zwei Schiffe wegnahm. [3]) obwohl der Paläologe auch zu Lande sowohl in

[1]) Dagegen lehnte Genua die Aufforderung Karls, an der Eroberung
des griechischen Reichs teil zu nehmen, ab und zeigte vielmehr dem Paläologen die angiovinischen Pläne an.   Ann. Jan. l. c. (MG. XVIII) p. 293,
vgl. Heyd l. c. p. 439.

[2]) Der Termin ist ,*mensis Aprilis, secundo venturus*', also vom
Juli 1281 ab gerechnet, der April 1283, und nicht wie Heyd l. c. p. 435
und Hopf, p. 326 wollen, 1282.   Für letzteres Jahr galten vielmehr die
Zusatzakte (Taf. und Thomas, p. 296/7) ,*de galeis et teridis mittendis et
tenendis in mari per septem menses in anno usque ad illud tempus,
quo fiet passagium in Romaniam contra Palaeologum*'.   Venedig und
Karl sollen je 15 Galeeren stellen, Karl und der Titularkaiser ausserdem
noch 10 teride Transportschiffe.   Am 1. Mai 1282 (,*in Kalendis mensis
Maii primo futuri*', l. c. p. 297) sollen sie bei Korfù sein, ,*ad faciendam
guerram et dampnificandum Palaeologum et alios qui occupant et
detinent occupatum Imperium Romanie*'.   Wenige Tage nach Abschluss
des Vertrages sendet Karl Gesandte „in wichtiger Mission" nach Venedig:
Erlass vom 9. Juli (Arch. Stor. l. c. p. 10).

[3]) Sanudo, p. 130, 132, vgl. Hopf, p. 326.   Jedoch scheint diejenige
Operation, die recht eigentlich jener Zusatzakte entsprochen haben würde,
infolge der mittlerweile eingetretenen sizilianischen Vesper gar nicht zustande gekommen zu sein.   Zwar meint Hopf, p. 326, die 15 Schiffe, die

Epirus, wie in Achaja seine aggressive Position behauptete,[1]) so kann doch keine Frage sein, welches der endliche Ausgang des Kampfes gewesen wäre.

Zieht man die wahrhaft imposanten Rüstungen Karls selbst in Betracht, der die Kräfte aller seiner Länder: in Romanien, Italien und Frankreich bis aufs äusserste anzuspannen entschlossen war,[2]) rechnet man die venetianische Flotte hinzu, bedenkt man ferner die überaus mächtige Bundesgenossenschaft, über die Karl auf der Balkanhalbinsel verfügte:

Karl am 16. März 1282 habe rüsten lassen, um sie dem Oberbefehl Johann Chaudrons zu unterstellen (die Urkunde im Nachlass Hopfs), seien wirklich gegen den Paläologen ausgesegelt und hätten ihn bei Negroponte, freilich ohne Erfolg, bekämpft.

Nun findet sich in den im Arch. Stor. It. gedruckten Urkunden der Reg. Ang. ein Erlass Karls vom 7. April 1282, in dem er eine Flotte von 22 Gal. und 8 teride zu rüsten befiehlt für die Expedition nach Romanien gegen den Paläologen, deren Kommando er — ebenfalls Johann Chaudron anvertraut. IV. Serie, Bd. IV. p. 174. Es handelt sich also offenbar um dieselbe Flotte, wie die, welche Hopf im Auge hat.

Ebendiese Flotte nun aber dirigiert Karl durch einen Erlass vom 11. April (l. c.) statt nach Romanien gegen Sizilien.

[1]) Was Achaja betrifft, so befiehlt Karl am 25. September 1281 seinem dortigen Statthalter Lagonessa, er solle bis zu seinem, Karls, ‚Passagium' *circa diligentem custodiam commisse tibi provincie'* und dann freilich auch *,ac (ad) omnem quam contra Paliologum et suos inimicos nostros excogitare poteris, gravitatem studio tue curiositatis exerceris'*. (Arch. Stor. It. IV. Serie, Bd. 4. p. 17). — Für Epirus der Erlass Karls vom 25. Dezember 1281 (l. c. p. 18): Karl sendet an seinen Statthalter Scotto neue Truppen, da derselbe um solche gebeten hat, um zu verteidigen *,quello stato et quel castello* (Durazzo) vor den Angriffen der Feinde'.

[2]) Continuat. Sabae Malaspinae l. c. p. 349/50, Sanudo, p. 138, ferner besonders folgende Erlasse Karls nach den Reg. Ang.: vom 28. Okt. 1281, wo er die zur Belagerung (Kp.s selbst, wie wir aus Sanudo erfahren) nötigen Gerätschaften (Hacken, Spitzhämmer, Eisenschaufeln, Beile, Körbe zum Transport von Erde, Kessel zum Kochen von Pech etc.) bestellt (Arch. Stor. It. l. c. p. 17); vom 15. März, 26. März und 5. April 1282, ähnlichen Inhalts (l. c. p. 174). — Die Ankunft von Mannschaften aus Frankreich: 2 Rittern und 9 Berittenen zeigt ein Erlass vom 30. Dezember 1281 an (p. 18).

40*

die beiden Angeli von Epirus und Thessalien,[1] die Serben, deren König Stephan Uros II. im Einverständnis mit dem Anjou bereits die Angriffsaktion gegen den Paläologen eröffnet hatte, indem er sich des nördlichen Makedoniens bis Skopje hin bemächtigte (1281/82),[2] und die Bulgaren, deren neuer Zar Georg Tertery I. bald nach seiner Thronbesteigung sich aufs engste an Karl anschloss (1281):[3] so wird man zu dem Schluss kommen, dass das byzantinische Reich dem endgültigen Untergang geweiht erschien.

Karl von Anjou stand an der Schwelle der Weltherrschaft. Italien gehorchte ihm aufs neue. Er schickte sich an, zu seinem Erblande, der Provence, das Königreich Burgund, das Rudolf von Habsburg ihm überliess, an sich zu nehmen.[4] Sein Enkel Karl Martell, der zugleich Präsumptiverbe der ungarischen Krone war, sollte hier regieren. Er war der Herr der Reste des Königreichs Jerusalem,[5] der Protektor von

---

[1] Ersterer scheint auch offiziell dem Bündnis Karls mit Venedig beigetreten zu sein: s. den Brief Karls an seinen Statthalter in Achaja, ·Lagonessa (Arch. Stor. It. l. c. p. 17) vom 25. September 1281, wo er diesem mitteilt, er habe mit dem Despoten von Arta, dem lateinischen Kaiser Philipp und Venedig ein Bündnis zur Bekämpfung des Pal. geschlossen.

[2] Erlass Karls vom 4. Juni 1281 (Arch. Stor. It. l. c. Bd. 4 p. 10. vgl. Bd. 2 p. 14): ein Gesandter des Königs von Serbien, Graf Georg. will, nachdem er mit Karl konferiert hat, abreisen mit Maria de Chaurs. einer Verwandten Karls, die ihre Schwester, die Königin Helena von Serbien besuchen will. Helena war die Schwester des lateinischen Titularkaisers Philipp. Über die Eroberung des nördlichen Makedoniens durch Stephan Uros II. 1281/2, s. Jireček l. c. p. 280/1.

[3] Im Gegensatz zu seinem Vorgänger Johannes Asan III. (seit 1277), dem Geschöpf des Paläologen, dem er die Krone entriss. Urk. Karls vom 9. und 10. Juli 1281, er erwartet eine bulgarische Gesandtschaft (Arch. Stor. It. l. c. p. 10, vgl. Jireček l. c. p. 280).

[4] S. Scheffer-Boichorst in der Jenaer Lit.-Ztg. 1875 p. 205. Er verweist besonders auf Ptol. v. Lucca Mur. XI 1292: ,quando Sicilia rebellavit, erant paratae in fluvio Rhodano multae naves in terra regis ad occupandam Viennam'.

[5] 1277 hatte Maria von Antiochien ihm ihre Rechte auf die Krone von Jerusalem abgetreten: im Juni dieses Jahres nahm Roger von St. Severino

Tripolis und Armenien.[1]   Der Emir von Tunis war sein tribut-
pflichtiger Vasall.[2]   Bereits Oberherr eines grossen Teils von
Romanien, war er nunmehr im Begriff, an der Spitze der
waffenfähigen Mannschaft des lateinischen Europas, auf deren
weissen Lederschilden die Lilie, das Wappen der Kapetinger,
prangte,[3] zur Eroberung von Byzanz auszufahren, um in der
Stadt Konstantins, dem Zentrum von Orient und Occident,
seinen Herrschaftssitz aufzuschlagen.

Auch die Kurie nun sollte bei dieser Veränderung der
Weltlage keineswegs leer ausgehen.   Nahm doch die Urkunde
des Vertrags zwischen Karl von Anjou und Venedig von den
Interessen des Papsttums ihren Ausgang.   „Zur Erhöhung des
katholischen Glaubens und zur Wiederherstellung der Macht
des apostolischen Stuhles, die durch den Verlust des nun
schon seit langem dem Schisma verfallenen lateinischen Kaiser-

---

für Karl von Akkon Besitz und seit Juli 1277 zählte dieser seine Jahre
als König von Jerusalem, s. Röhricht, Geschichte des Königreichs Jerusalem,
p. 976. Truppen- und Proviantsendungen nach Akkon nach den Reg. Ang.:
13. Februar 1278, (Arch. Stor. It., IV. Serie, Bd. 1 p. 5), 1. April (l. c.
p. 225), 4. Mai (p. 238), 3., 6., 26. August (p. 417/9, 432), 5. April 1279
(l. c. Bd. 2, p. 197) etc.

[1] Im Februar 1278 sind Boten des Königs von Armenien am Hofe
von Neapel (Arch. Stor. It., Bd. 1 p. 2—4).   Am 1. April sendet Karl
einen seiner Räte, Nikolaus von St. Andemaire an den König von Armenien
(l. c. p. 225).   Derselbe soll vorher dem Fürsten von Tripolis dessen Schwester
zuführen.   Ein Bote des letzteren hatte im Februar bei Karl geweilt (l. c.
p. 6).   Auch im April 1279 weilte wieder ein Gesandter des Fürsten bei
Karl (l. c. Bd. 2 p. 199).   Und gegen Ende des Jahres kam ein neuer,
der im Januar 1280 heimkehrte (l. c. Bd. 3 p. 5).

Auch mit dem Khan der persischen Mongolen, mit Abagha, der an
ihn Gesandte geschickt hatte, trat Karl durch zwei vornehme Gesandte in
Verbindung (15. August 1278, l. c. Bd. 1, p. 430—433).   Es handelte sich
um eine gemeinsame Operation gegen die Mameluken. Vgl. Hirsch-Gereuth
l. c. p. 129.

[2] Sanudo, p. 137, der dort Karls Gesamtmacht beschreibt.

[3] Erlass Karls vom 26. März 1282, wo er 2500 solche Schilde bestellt (Arch. Stor. It. Bd. 4, p. 174).

reichs eine empfindliche Einbusse erlitten habe," erklärten die Verbündeten dieses Reich den Händen des Paläologen entreissen zu wollen.[1]) Auch dem heiligen Lande sollte Karls Unternehmung gegen Byzanz zugute kommen, offiziell sprach man überhaupt nur von einem Kreuzzug: ,in terrae sanctae subsidium', für einen solchen geschah es, dass Martin IV. Karl den Zehnten von Sardinien und Ungarn bewilligte.[2]) Freilich hatten der Vierte Kreuzzug und das erste lateinische Kaiserreich dem heiligen Lande mehr geschadet als genützt: aber war nicht zu erwarten, dass Karl seine Herrschaft in Byzanz fester begründen würde als die Kreuzfahrer von 1204 und dass er, den Plan jener verwirklichend, von dort aus die lateinischen Kolonieen in Syrien, vor allem sein Königreich Jerusalem, stärken und wiederherstellen werde?

In der Tat wird man nach dem, was oben über die Abneigung des griechischen Kaisers gegen die Kreuzzüge gesagt wurde,[3]) gegen letzteren Gedankengang wenig einwenden können. An diesem Punkte entbehrte Martins IV. Politik nicht der Rechtfertigung.

Und wie erst, wenn wir statt der Mameluken, die die Reste des fernen heiligen Landes bedrängten, die Türken ins

---

[1]) Taf. u. Thom. l. c. p. 289: ,Ad exaltationem fidei orthodoxae, reintegrationem potestatis Apostolice, que de subtractione Imperii Romanie, quod se ab ipsius obedientia scismate iam antiquato subtraxit, gravem in corpore mistico ecclesiastice unitatis tam nobilis membri mutilationem sensisse dignoscitur . . .'

[2]) Rayn. 1282 § 25/6, Brief Martins IV. an Karl vom 18. März 1282: ,cum, sicut ex parte vestra fuit propositum coram nobis, vos zelo fidei et devotionis accensi, vivificae crucis assumpto signaculo proponatis in terrae sanctae subsidium proficisci . . .' Vgl. Guil. Nangis bei Duchesne, Script., Bd. V. p. 539: ,Erat enim Christianissimus Rex Siciliae Carolus crucesignatus, magnumque apparatum praeparaverat in terrae sanctae subsidium profuturum et ad regnum Hierusalem, cuius ius emerat, conquirendum'. Von Byzanz kein Wort. Der Sizilier Bartholomeus de Neocastro nennt freilich in seiner Historia Sicula (Muratori XIII p. 1026) dieses Kreuz, unter dessen Zeichen Karl die Griechen bekämpfen wollte, ,latronis crucem'.

[3]) S. oben p. 556 ff.

Auge fassen, die damals, wie einst in der Zeit vor dem Ersten Kreuzzuge, aufs neue das dem Occident viel nähere byzantinische Reich in seinen kleinasiatischen Provinzen bedrohten! Wir wiesen schon darauf hin, wie gerade Karl von Anjou berufen erschien, dieser Gefahr, noch ehe sie weiter anwuchs, kräftig zu begegnen.[1]

Martin dem Vierten lag freilich letzterer Gesichtspunkt noch fern, und wenn wir von der Rücksicht auf das heilige Land absehen, so war, vom päpstlichen Interesse aus betrachtet, seine Politik eine durchaus verfehlte. Alles, was wir oben zu Gunsten der päpstlichen Unionspolitik gesagt haben, fällt zu Ungunsten dieses Papstes ins Gewicht, der mit ihr brach.

Was die Erhöhung des katholischen Glaubens, die Beilegung des Schismas, betrifft, die Karl ihm als Folge der Eroberung von Byzanz ausmalte, so durfte die Aussicht auf sie den Papst nicht zur Preisgabe der damals zu Rechte bestehenden Griechenunion veranlassen: denn das lateinische Kaiserreich hatte bewiesen, dass eine Latinisierung des byzantinischen Reichs noch durchaus nicht eine Katholisierung der Griechen bedeutete. Sie durfte es um so weniger, als die erneute Errichtung eines lateinischen Kaiserreichs nur um den Preis eines blutigen Bürgerkrieges in der Christenheit bewirkt werden konnte, während die Union auf friedlichem Wege zustande gekommen war und fortbestand.[2] Eine vollkommene Beibringung der Griechen stellte ja freilich auch die Union von Lyon nicht dar, und hierauf begründete denn auch Martin IV. mit Eifer den Griechen selbst und der Welt gegenüber den Bruch mit ihr;[3] aber ihre Bürgen waren doch der griechische

---

[1] S. oben p. 614/15.

[2] Barth. v. Neocastro (l. c. p. 1026) verdammt Karls Kriegszug unter anderem deshalb, weil auf ihm ‚contra amicos nostros Danaos videlicet Romaniae‘ gekämpft und unschuldiges Blut vergossen werden sollte.

[3] Nach Pachymeres, der wohl zum Teil die römische Begründung der Bannung Michaels wiedergibt, wäre letztere geschehen, weil der Papst die Nichtigkeit der Union erkannt habe: ,τὸ γὰρ καθ'ἡμᾶς, ὡς εἶχον, μαθόντες (die in Rom) καὶ, ὅπερ ἦν, ὑποτοπάσαντες χλεύην τὸ γέγονος

Kaiser und der griechische Patriarch, die echten Häupter der griechischen Nation, während der lateinische Kaiser und Patriarch doch in der Hauptsache nur die Lateiner Romaniens ehemals vertreten hatten und jetzt aufs neue würden vertreten haben. So war die Auflösung der Union durch Martin IV., vom geistlichen Standpunkte aus angesehen, nichts als ein Akt parteiischer Schwäche gegenüber Karl von Anjou.[1]

Und welches war sodann die politische Rolle, die der Kurie in dem zu gründenden lateinischen Kaiserreich, ja überhaupt in der Welt, wie sie sich gestalten sollte, zu spielen bestimmt war? Sprach nicht die Urkunde des Vertrages zwischen Karl und Venedig von der „Wiederherstellung der Gewalt des Papstes" im restaurierten Lateinerreich?

In Wirklichkeit verstiess Martin IV., indem er mit dem Griechenkaiser brach und Karls griechischen Plan förderte, gegen jenes Grundprinzip der byzantinischen Politik des Papsttums, keinen starken abendländischen Herrscher in Konstantinopel mächtig werden zu lassen.

Eben hatte Nikolaus III. diesen alten Grundsatz der Kurie siegreich gegenüber dem Anjou zu Ende durchgefochten, als Martins IV. Knechtssinn sein Werk vernichtete. An Stelle des geistlichen Regiments eines Nikolaus III. schien dem Orbis nunmehr das weltliche des Anjou beschieden zu sein. Letzterer triumphierte über diesen verstorbenen Papst, wie einst Innocenz III. über den toten Heinrich VI. Damals war

καὶ οὐκ ἀλήθειαν ἄντικρυς (παρὰ μόνον γὰρ βασιλέα καὶ πατριάρχην καὶ τινας τῶν περὶ αὐτοὺς πάντες ἐδυσμέναινον τῇ εἰρήνῃ καὶ μᾶλλον ὅτι καὶ ποινοῖς ἀλλοκότοις ἤθελον ἀσφαλίζεσθαι ταύτην ὁ βασιλεύς).

[1] Sanudo, p. 132 sagt, nachdem er die Bannung Kaiser Michaels durch Martin IV. berichtet hat: ‚il che, dico tuttavia, con emendatione e riverenza quanto posso esser stato mal fatto, perché, essandosi in via d'unir la chiesa Greca con la Romana, questa cosa di Rè Carlo la disturbò del tutto‘ vgl. p. 143. — Ptol. v. Lucca weist auf die verderblichen Folgen dieser päpstlichen Politik hin (Mur. XI 1186), s. u. p. 634 ff.

Gerade Kaiser Michael hatte den Bann am allerwenigsten verdient, denn er persönlich hatte alles erfüllt, was die Kurie nur immer von ihm verlangte.

auf den universalen Kaiser der universale Papst gefolgt: jetzt schien dem weltbeherrschenden Papst ein weltbeherrschender Cäsar folgen zu sollen.

Und endlich die allgemeinste, die kulturelle Bedeutung des Umschwungs. Als ein Triumph des Universalismus war uns die Union von Lyon erschienen, als eine Überwindung national-religiöser Antipathieen, als ein Sieg des Mittelalters über das Mittelalter.

Papst und Kaiser waren die Bändiger gewesen. Das Papsttum hatte den lateinischen, der Kaiser den griechischen Nationalhass zu zügeln auf sich genommen: dieser, um durch die Union den von den Lateinern bedrohten byzantinischen Staat zu retten, jener, um auf sie seine Universalherrschaft zu begründen.

Die Frage war gewesen, ob die beiden Machthaber von Rom und Byzanz imstande sein würden, den einander feindlichen Welten, an deren Spitze sie standen, ihren Friedenswillen aufzuzwingen? Es war eine Kraftprobe gewaltigster Art gewesen.

Nach sechsjährigem Ringen versagte jetzt die Kurie. Ein lateinischer Fürst, ihr Lehnsmann, trug es über sie davon. Er machte sie den grossen Pakt mit Byzanz brechen, er riss sie in der Person Martins IV. von der stolzen Weltenhöhe herab, auf die sie Gregor X. und Nikolaus III. gestellt hatten, und zwang sie wieder hinunter in die dämmerigen Niederungen national beschränkten Interesses. Das kosmopolitische Ideal einer Völkerverbrüderung zwischen christlichem Orient und Occident, das die Päpste und der Kaiser von Byzanz ihren Völkern zum Trotz zu verwirklichen getrachtet hatten, war in nichts zerronnen.

Zweites Kapitel.

Die sizilianische Vesper: ihre Bedeutung für die allgemeine Stellung des Papsttums und für dessen byzantinische Politik.

Eine französische Weltherrschaft schien bevorzustehen.

Da erhob sich aus den Tiefen der abendländischen Gesellschaft eine Macht, sie im Keime zu ersticken. Denn nichts Anderes als die Vorbereitung der grossen angiovinischen Heerfahrt gegen Byzanz ist es gewesen, was die sizilianische Vesper heraufbeschworen hat. Die Aussicht, mit ihrem Gut und Blut dem Zwingherrn, den ein langjähriges Gewaltregiment verhasst gemacht hatte, die Krone von Byzanz erkämpfen und so mit eigener Hand die Ketten der französischen Fremdherrschaft in Italien fester schmieden zu sollen, hat, in Verbindung mit den furchtbaren Lasten, die Karl ihnen zu Gunsten der griechischen Expedition auferlegte, nach dem Zeugnis der besten Quellen, die Sizilianer in jenen blutigen Freiheitskampf getrieben, der am 31. März 1282 mit dem grauenvollen Blutbad in Palermo begann und sich im Laufe des April über die ganze Insel ausbreitete.[1]

---

[1] Cont. Sabae Malasp. l. c. p. 350/1. Nach Schilderung der Rüstungen Karls heisst es: *„propter huiusmodi ad haec ordinamenta passagii, quibus omnes Regni terrae sollicitantur ad operas, multa gravia regnicolis imprimuntur et graviora prioribus inculcant(ur) ... Praeterea, pro quo Domino debent subagi nostris dispendiis et mortibus Romani* (die Griechen)? *Nonne acquiretur genero nostri regis* (dem lateinischen Kaiser Philipp)? *an Rex etiam Imperator Ctanus? an profecto, si Regi nostro Imperium aut haeredibus suis remanere deberet, forsitan, quicquid occasione ipsius passagii ultra debitum infertur, animos nostros efficeret ad servitia promptiores et fortiores ad onera humeris supportanda; sed ubi nec Domino nostro conquirimus, nec nobis prodesse valemus, ad quid facultates nostras et vitam nostram ponere volumus pro Regno alteri dimicando?"* Vgl. p. 352. S. ferner Sanudos Chronik p. 238. — Vgl. auch Amari, La Guerra del Vespro Siciliano Bd. I. p. 108/9, Ranke, Weltgeschichte, Textausgabe Bd. IV. p. 305/6.

Die Preussen konnten sich im Jahre 1812 der Teilnahme am Feldzuge Napoleons gegen das nordische Byzanz nicht entziehen, erst nach der Niederlage des Gewaltigen brachen sie los: dem Vorläufer Napoleons im XIII. Jahrhundert warf sich eines seiner Völker in den Arm, ehe er den Weg betrat, der ihn zum höchsten Triumph führen sollte: es verschmähte, den Siegeswagen der Tyrannen zu ziehen.

Aber erst durch den Bund mit einer anderen, dem Anjou feindlichen Gewalt gewann die sizilische Rebellion Halt und Dauer. Es war König Peter III. von Aragon, der Schwiegersohn Manfreds, der sich den Sizilianern als Protektor darbot.

Schon seit dem Jahre 1280 etwa beschäftigte er sich mit Rüstungen zu einem grossen maritimen Unternehmen. Karl von Anjou hatte sogleich das grösste Misstrauen gefasst, da er argwöhnte, Peter möchte es auf eines seiner Länder, wie die Provence, abgesehen haben.[1] Und darin wenigstens hatte er recht, dass die Furcht vor einer zu grossen Erweiterung seiner, des Anjou, Macht die Triebfeder zu Peters Vorkehrungen bildete. Doch dachte der Aragonese in erster Linie, nicht sowohl durch eine Schwächung des angiovinischen, als durch eine Stärkung seiner eigenen Position das Gleichgewicht der Kräfte im Mittelmeer herzustellen: er plante einen Angriff auf das maurische Afrika.[2]

Hatte nun aber Peter schon zu Lebzeiten Papst Nikolaus' III., der seinerseits den Ehrgeiz des Anjou zügelte, mit letzterem in die Schranken zu treten beschlossen: so mussten ihn erst recht der Triumph Karls über die Kurie und die damit akut gewordene Gefahr einer französischen Weltherrschaft zur Tat anspornen; er eilte, sich mit den offenen und geheimen Gegnern des Anjou ins Einvernehmen zu setzen. Die Mächte, mit denen er in Verbindung trat, waren eben

---

[1] Cont. Sabae Malasp. l. c. p. 340—5, danach fällt der Beginn von Peters Rüstungen noch unter Nikolaus' III. Pontifikat. p. 345 heisst es, der Papst sei ‚post haec‘ gestorben.

[2] Vgl. auch Ranke, p. 306.

dieselben, die wir bereits am Anfang der siebziger Jahre in
einem Bunde gegen König Karl vereint gesehen haben:[1]) die
Ghibellinen der Lombardei, König Alphons von Kastilien, vor
allem der am meisten bedrohte Paläologe.[2])   Auch mit sizilischen Grossen unterhielt er Beziehungen: wie ja die Insel
ebenfalls in jener früheren Kombination eine gewisse Rolle
gespielt hatte.

Immerhin handelte es sich hier zunächst nur um eine
allgemeine Verständigung jener Mächte untereinander, und es
fehlte viel daran, dass sie sich zu einer gemeinsamen Aktion
gegen den Anjou zusammengefunden hätten.

So gewiss die Sizilianer bei ihrer Erhebung sich der
Interessengemeinschaft mit jenen Mächten in West und Ost
bewusst gewesen sind,[3]) so gewiss ist es auch, dass sie nicht auf
Grund einer fein eingefädelten internationalen Verschwörung,
sondern aus freiem Entschlusse und allein aus nationalem
Interesse die Fahne des Aufruhrs entfaltet haben.[4])

Nun erst begann auch Peter von Aragon zu agieren.
Am 3. Juni 1282 stach er mit einer stattlichen Flotte in
See.[5])   Er begab sich zunächst an die afrikanische Küste,
nach dem kleinen Hafen Colla im heutigen Algier, gelockt
durch die Anerbietungen des Emirs von Constantine, der, im
Streit mit dem Herrn von Bugia (Bougie) begriffen, Peter
von Aragon zu Hilfe gerufen hatte, ihm Unterwerwerfung und
Bekehrung zum Christentum antragend.[6])   Peter konnte hoffen,
hier in nächster Nähe der angiovinischen Machtsphäre, zu der
ja auch das Emirat Tunis gehörte,[7]) festen Fuss zu fassen.

---

[1]) S. oben p. 486 ff.

[2]) S. Busson-Kopp l. c. p. 240.

[3]) S. Ranke, p. 306/7.

[4]) Wie Amari im Gegensatz zu den Berichten der Chronisten über
eine Verschwörung überzeugend dargetan hat.

[5]) Amari, p. 142—4, 175/6.

[6]) Ramon Muntaner l. c. [60²] p. 148 ff. (c. 44, 50, 51). Vgl. Amari l. c.

[7]) S. oben p. 629.

Zugleich aber konnte er von hier aus bequem den Gang der Dinge in Sizilien überschauen.

Es war nun ein harter Schlag für die Unternehmung, dass jener Emir von Konstantine, wohl auf das Gerücht der von ihm geplanten Umwälzung hin, von einigen seiner Grossen ermordet wurde. An einen schnellen Erfolg, wie ihn Peter erwartet hatte, war nun nicht mehr zu denken. Trotzdem beschloss er zu bleiben, gleichzeitig jedoch die Hilfe des Papstes anzurufen, der ihm durch Gewährung von Indulgenzen und Zehnten unterstützen sollte. Schon sei er, so liess er Martin IV. erklären, Herr der Küste von Djidjelli bis Bona: mit päpstlicher Hilfe hoffe er sich schnell des ganzen Berberlandes zu bemächtigen.[1]

Martin IV. verweigerte naturgemäss dem Schwiegersohne Manfreds, dessen Pläne er aufs äusserste beargwöhnte, die Mittel, sich auf Kosten des Anjou auszubreiten, und Peter, dem Papst gegenüber den Beleidigten spielend, folgte jetzt dem mittlerweile an ihn ergangenen Ruf der Sizilier, ihre Insel vor den Rekuperationsbestrebungen des Anjou zu schützen. Er landete dort Ende August und liess sich alsbald in Palermo mit der Krone Manfreds krönen.[2]

Hatte nun Karl von Anjou noch auf eine rasche Bezwingung der rebellischen Insel hoffen können, so lange sie isoliert kämpfte, so schwand durch das Zusammenwachsen Siziliens mit der Krone Aragon diese Aussicht dahin. Damit ward aber sein gesamter Weltherrschaftsplan zunichte. Auf die Begründung einer angiovinischen Sekundogenitur in Burgund musste er jetzt verzichten. Der römischen Senatur beraubte ihn im Jahre 1284 ein Aufstand, den die Orsini, die Verwandten des Papstes Nikolaus III., erregten, und auch mit der Vorherrschaft des Anjou im nördlichen Italien war es zunächst vorbei.[3]

[1] Muntaner l. c. Kap. 50/51. Vgl. Amari l. c. c. p. 314/5.
[2] Amari. p. 183.
[3] Busson-Kopp l. c. p. 241 ff.

Und erlebte Karl auch nicht mehr den Verlust von
Akkon, das die neapolitanische Besatzung erst ein Jahr nach
seinem Tode, 1286, zu räumen gezwungen wurde,[1]) so sah
er doch das Ideal der Kaiserherrschaft in Byzanz, das ihm
so nahe gewinkt, hinter den hochragenden Küstengebirgen
Trinakriens versinken.   Der Paläologe, den im selben Jahre
1282 der Tod hinwegraffte, starb befreit von dem angiovinischen Schreckgespenst, der Plage seiner Lebtage.   Nur
mit Mühe vermochte Karl seinen Besitzstand in Romanien
gegen die siegreich vordringenden Heere des Andronikos zu
behaupten.[2])

Beispiellos wie das Missgeschick des Anjou, den ein
eifersüchtiges Fatum mit Tantalusqualen strafte, war das
Glück dieses griechischen Reichs, das stets im Augenblicke
der höchsten Gefahr einen Retter im Occident hatte erstehen
sehen.   Erst war Konradin dem Anjou, den Papst Klemens IV.
von Byzanz kaum hätte fernhalten können, in den Arm gefallen.
Hoffnungsloser noch erschien die Lage des Paläologen, als
in der Zeit der Sedisvakanz der Anjou, des Bändigers ledig,
bereits mit einem Fusse jenseits der Adria stand.   Aber der
Zug Ludwigs des Heiligen nach Tunis lenkte Karl von Asien
nach Afrika ab.   Und dann hatte die durch die Union verpflichtete, aber auch durch eigenes Interesse geleitete Kurie
ein Jahrzehnt lang ihre schützende Hand über dem Griechen
gehalten.   Jetzt, in dem Augenblick, wo sie sie wegzog,
hemmten den Weg des siegesgewissen Franzosen seine eigenen
Untertanen, im Bunde mit dem Nachkommen der Staufer,
dieser wie jene, wenn auch nicht verschworene, so doch
natürliche Bundesgenossen des Paläologen.

---

[1]) Kugler l. c. [61[4]] p. 404.

[2]) Arch. Stor. It. IV. Serie, Bd. 5 p. 361: Karl an den Despoten
von Epirus vom 5. Dezember 1283 *de succursu petito contra Paleologum
schismaticum*, ferner an den Herzog von Athen und den Statthalter von
Achaja, dass sie dem Despoten helfen sollen *quia non in multitudine
gentium constat victoria, sed in experta bone milite probitate*.

Auch Venedig trat jetzt von dem eben erst betretenen Kampfesplatze wieder ab. Vergebens war das Bemühen König Karls, es zur Fortsetzung des Kampfes gegen Byzanz anzuhalten. Es eilte, sich aufs neue mit den Griechen zu vergleichen.[1] Nur nach langem Zögern hatte sich, wie wir sahen, die Republik entschlossen, die Sache des Anjou zur ihrigen zu machen. Zwar hatte ihr eigenes Interesse sie schliesslich zu einem solchen Bündnis bestimmt: noch weit mehr aber würde sie das des Königs von Sizilien gefördert haben, dem sie ein übermächtiges Imperium hätte schaffen helfen. Die Vesper brachte Venedig um die Früchte jenes Bündnisses, aber sie machte auch die Herstellung einer angiovinischen Universalherrschaft unmöglich: und ich denke, die Republik hat die letztere Folge der Vesper mehr geschätzt, als die erstere bedauert. Weigerte sie sich doch trotz päpstlicher Zensuren hartnäckig, dem Bundesgenossen von gestern gegen das rebellische Sizilien beizustehen. Sie trat sogar offen mit Peter von Aragon in Verbindung.[2]

—————

Schwer betroffen sah sich durch die sizilianische Vesper Papst Martin IV. Es war nicht nur die unerhörte Neuerung, dass „ein Volk sich im Widerspruch mit den Geboten Roms einen König zu setzen wagte",[3] die ihn verstörte. Der Aufstand der Insel vernichtete auch die byzantinischen Entwürfe dieses Papstes. Martin hatte, indem er die Union preisgab, eine lateinische Okkupation Konstantinopels an ihre Stelle setzen wollen. Die Vesper machte diese unmöglich, indem sie die abendländische Angriffsbasis gegen Byzanz, das unteritalische Königreich Karls von Anjou, zersplitterte.

Urban IV. hatte zwei Jahrzehnte zuvor den Verlust des lateinischen Konstantinopels durch die Hoffnung auf die Griechenunion verschmerzt. Dem vierten Martin war jetzt Byzanz als griechische wie lateinische Macht verloren.

[1] S. Hopf l. c. p. 327.
[2] Rayn. 1283 § 39/40. 1285 § 64/5.
[3] Ranke l. c. p. 308.

Auch das Papsttum als solches hat nun durch diesen Zusammenbruch von Martins IV. Politik, den die Vesper nach sich zog, ·unwiederbringlichen Schaden erlitten, und dessen nächste Nachfolger haben es so ihr beharrliches Streben sein lassen, die Dynastie Anjou wieder zur Gebieterin Siziliens zu machen.

Trotzdem geht man fehl, wenn man die sizilianische Vesper schlechtweg als eine empfindliche Schlappe des Papsttums hinstellt. Sie hat vielmehr, indem sie Martins IV. Pläne zunichte machte, auch die verderblichen Folgen abgewandt, die deren Durchsetzung für das Papsttum gezeitigt haben würde. Der Aufstand der Sizilianer gegen Karl von Anjou hat das Papsttum vor dem Aufgehen in einem angiovinisch-französischen Universalreich bewahrt. Und dieses Ereignis allein ist es gewesen, das ihm noch einmal seine Selbständigkeit zurückgegeben hat. Bonifaz VIII., die Bulle ‚Unam Sanctam‘ wären ohne die Vesper undenkbar.

So konnte es von 1285—1303 noch einmal eine Reihe von Päpsten geben, die wirklich frei über den weltlichen Gewalten regierten. In dem Römer Honorius III. (1285—87) lebte noch etwas vom Geiste des grossen Nikolaus: er dachte sein Regiment wie auf die Anjous im Süden, so auf das deutsche Königstum im Norden zu stützen. Er ging bereitwillig auf die Annäherung Rudolfs von Habsburg ein und suchte mit diesem zu einem Einvernehmen zu gelangen. Auch über eine Verselbständigung Toskanas scheint wieder verhandelt worden zu sein.[1]) Letztere erstrebte ebenfalls Nikolaus IV. (1288—92), doch trat er von dem engen Verhältnis zu Deutschland zurück.[2]) Auch Bonifaz VIII. hat bekanntlich gegen Ende seiner Regierung von Albrecht von Österreich die Abtretung Toskanas an das Papsttum gefordert, und er hat bei dem König schliesslich, wenn auch nicht diese

---

[1]) Vgl. Lorenz, Deutsche Geschichte, Bd. II. p. 552/3, Busson-Kopp, p. 262 ff., Busson l. c. in SB. W. AK. 1877 p. 682—9.

[2]) Lorenz. p. 554, Busson 690 ff.

selbst, so doch die Anerkennung eines gewissen Oberaufsichts-
rechts der Kurie über Toskana und die Lombardei durchgesetzt.[1])

Und wenn nun auch im übrigen die politische Tätigkeit
dieser Päpste einer Förderung der französischen Interessen
gleichgekommen ist:[2]) so geschah das nicht aus Zwang,
sondern aus freier Überzeugung. Nicht mehr als gehorchende
Knechte, wie Martin IV., sondern als viel umworbene Pro-
tektoren und wahre Lehnsherren unterstützten sie die Politik
der durch den Verlust Siziliens und ihrer Stellung in Mittelitalien geschwächten Anjous von Neapel.[3]) Und auch der
König von Frankreich konnte den Päpsten für die Förderung
seiner auswärtigen Politik nur dankbar sein.

Gerade die Tatsache dann, dass sich Sizilien in seiner
Unabhängigkeit behauptete, dass auch Aragon die Franzosen
abwehrte, hat den Päpsten die Aufrechterhaltung ihrer Selbstständigkeit ermöglicht: während ein Gelingen aller päpstlich-
französischen Projekte die Kurie aufs neue zu einem willen-
losen Werkzeug des Franzosentums zu machen gedroht hätte.

Ich meine also: die sizilianische Vesper und das aragonesische Sizilien, zwar von den einzelnen Päpsten bekämpft,
waren doch im Grunde genommen Bundesgenossen und Stützen
des Papsttums als weltlich-politischer Institution. Die Sizi-·

---

[1]) Albrecht verpflichtete sich 1303, in den nächsten fünf Jahren
nicht ohne ausdrücklichen Wunsch der Kurie Statthalter nach der Lombardei
und Toskana zu senden. S. Busson l. c. p. 710 ff.

[2]) Besonders in der sizilisch-aragonesischen Angelegenheit; aber auch
durch Begünstigung der Könige von Frankreich gegenüber dem deutschen
Reiche, durch das Eintreten für die angiovinische Nachfolge in Ungarn etc.

[3]) Bonifaz VIII. liess König Karl II. von Neapel seine Abhängig-
keit von Rom bitter empfinden. Wie ein Schulknabe muss der Sohn und
Nachfolger Karls von Anjou sich im Jahre 1300 von diesem Papste wegen
Ungehorsams gegen ein päpstliches Gebot abkanzeln lassen. Rayn. 1300
§ 15. vgl. Drumann. Papst Bonifaz VIII. Bd. I. p. 28. 46. 48, auch Fincke,
Aus den Tagen Bonifaz' VIII., Münster 1902, p. 292.

lianer befreiten, wie sich selbst, so auch die Kurie von der Franzosenherrschaft, sie erhöhten noch einmal das sacerdotium über das regnum.

Auch sind sie sich recht wohl bewusst gewesen, dass sie wie ihre eigene, so auch die Sache des unabhängigen Papsttums verfochten. „Dem grossen Drachen, so schrieben die aufständischen Palermitaner an Messina, gelte ihr Kampf, der den ganzen Orbis verführe und sich neuerdings auch in den Garten des heiligen Petrus und den erlesenen Weinberg der Kirche eingeschlichen habe."[1] Sie stellten das freie Gemeinwesen, das sie auf den Trümmern der angiovinischen Herrschaft errichteten, geradezu unter den Schutz der römischen Kirche, und sie wandten sich auch, nachdem sie an Peter von Aragon einen Herrscher ihrer Wahl gefunden hatten, abermals vertrauensvoll an Martin IV.[2] Aber sie hofften vergebens, dieser Papst würde mit ihnen gegen den Anjou gemeinsame Sache machen,[3] sie übersahen, dass dessen Knechtschaft eine selbstgewollte gewesen war. Auch die späteren Päpste traten dann, diese aus freien Stücken, für die Restitution des Hauses Anjou ein: aus Gründen, die wir noch kennen lernen werden.

Eine wie lebendige Vorstellung die Zeitgenossen von der Interessengemeinschaft der sizilischen Freiheitskämpfer und

---

[1] Amari, p. 302—4 (Dokument № V, geschrieben im April 1282). ‚Quid durius, quidve miserius plebs Israelitica sustulit temporibus Pharaonis, quam quod draco iste magnus fecit, qui seducit universum orbem et se in hortum b. Petri et electam Ecclesiae vineam intulit his diebus‘.

[2] S. Amari, p. 120/1, 147—9, 185/6.

[3] Schon vor Ausbruch der Vesper hatten die Sizilianer zwei Geistliche an Martin IV. gesandt mit der Bitte, er möge Karl zur Abstellung der Übelstände auf der Insel bewegen. Sie waren jedoch natürlich nicht erhört und noch dazu nach Vorbringung ihres Anliegens von Karls Leuten festgenommen worden. Nic. specialis, Hist. Sic. bei Gregorio l. c. Bd. I. p. 300, Amari, p. 110.

Für die Verhandlung mit Martin nach der Vesper s. Amari, p. 147 ff., 186/7.

eines auf seine Unabhängigkeit eifersüchtigen Papsttums hatten, zeigt der damals weit verbreitete Glaube, der in einem Papste, und zwar in Nikolaus III., einen der Hauptanstifter des sizilischen Aufstandes sehen wollte.

Nur unter diesem Pontifikate, dessen Charakteristikum die Beschränkung der angiovinischen Macht gewesen war, hatte, so schien es, der Gedanke entstehen können, den Anjou auch Siziliens zu berauben: Nikolaus als Mittelpunkt einer griechisch-sizilisch-aragonesischen Verschwörung sollte ihn aufs eifrigste vertreten haben. Sein Tod hätte den ganzen Plan in Frage gestellt, doch sei er dann auch ohne diesen Für- spruch ausgeführt worden.[1]) Man fasste also die Loslösung Siziliens von Neapel als einen integrierenden Bestandteil des politischen Programms Nikolaus' III. auf, d. h. desjenigen Papstes, der, wie kein anderer, auf die Machterhöhung des Papsttums bedacht gewesen war.

In Wirklichkeit war nun freilich die Vesper nicht so- wohl für das Pontifikat Nikolaus' III., der Karl zügelte, als für dasjenige Martins IV., der ihm freien Lauf liess, charak- teristisch; erst der Triumph des Anjou über die Kurie unter letzterem hat sie ausbrechen lassen. Nikolaus dagegen dürfte kaum die Absicht gehabt haben, Karls Macht noch weiter zu zerstückeln, als er getan hat.[2]) Immerhin wird man dieses zugeben können: dass Nikolaus sich wohl leichter mit einem sich befreienden Sizilien abgefunden haben würde, als die späteren Päpste, und zwar besonders dann, wenn er sich auf die Dauer nicht Manns genug gefühlt hätte, den Anjou zu

---

[1]) S. bes. Villani, Buch VII c. 56—59, Muratori, SS. rer. It. Bd. XII. p. 273 ff. Nikolaus soll durch das Gold des Paläologen bestochen worden sein (p. 274). Man nimmt an, dass die Stelle bei Dante, wo Nikolaus wegen übel erworbenen Goldes (Inferno XIX. Gesang) verdammt wird, sich eben auf diese Bestechung bezieht. Villani und Dante hätten aus derselben Florentiner Quelle geschöpft.

[2]) Vgl. Amari, p. 274, der ebenfalls die Ansicht zurückweist, als ob schon zu Nikolaus' III. Zeit oder gar unter seiner Beteiligung Ver- handlungen der Feinde des Anjou untereinander stattgefunden hätten.

bändigen, ihn von Byzanz fern zu halten.[1]) Für letzteren
Fall würde auch in dem Imperium Nikolaus' III. ein unab-
hängiges Sizilien geradezu zur Notwendigkeit geworden sein,
wobei freilich der orientalische Bestand dieses Reichs in Frage
gestellt worden wäre.

Nun trug es nach Nikolaus' Tode der Anjou wirklich
über die Kurie davon, indem sich ihm Nikolaus' Nachfolger
ganz zu eigen gab. Unter diesen Umständen war es nur die
ausbrechende sizilianische Revolution, die das Papsttum noch
einmal auf eigene Füsse stellte, die es, nach dem unwieder-
bringlichen Verlust der imposanten Machtstellung Nikolaus' III.,
eine Art Nachblüte erleben liess.

Man könnte nun fragen: wenn es wirklich die sizilianische
Vesper gewesen ist, die dem von Karl von Anjou in Fesseln
geschlagenen Papsttum seine Freiheit und eine unabhängige
Weltstellung zurückgegeben hat: wie kommt es dann, dass
diese Päpste vom Ende des XIII. Jahrhunderts, lauter Italiener.
so hartnäckig das aragonesische Sizilien bekämpft haben?
Weshalb machten sie es nicht wie die Republik Venedig, die
doch ebenfalls mit dem Anjou verbündet gewesen war, die
aber alsbald mit dem rebellischen Sizilien sympathisierte, weil
dieses die auch von Venedig stets im geheimen gefürchtete
Übermacht des Anjou brach?

Zwei Gründe waren es, die die Päpste bei der angiovinischen Sache festhielten. Auf der einen Seite mussten sie
sich gegen ein Paktieren mit den aufständischen Sizilianern
und ihren Königen aus dem Hause Aragon, wozu ein Nikolaus III.
sich wohl würde haben entschliessen können, deshalb nach
Kräften sträuben, weil nun einmal der Papst, unter dessen
Pontifikat die Insel aufgestanden war, sich vollkommen mit
dem Anjou identifiziert und die Rebellion gegen den angio-

---

[1]) Z. B. wenn Karl die Unternehmung gegen Berat, die er, wie
wir sahen (s. o. p. 622/3) im Frühling 1280, also noch zu Nikolaus' Lebzeiten
begann, geglückt und sich daran weitere Erfolge desselben geknüpft hätten.

vinischen König als eine solche gegen die Kirche gebrand-
markt hatte. Dadurch wurde Martins IV. Nachfolgern ein
Einlenken ungemein erschwert.

Sodann aber erkannten sie in der Wiederherstellung
eines starken unteritalischen Reiches das vornehmste Mittel
einer erfolgreichen Orientpolitik. Denn das angiovinische
Königreich beider Sizilien hatte nicht nur die Basis abgegeben
für die kriegerischen Pläne Karls und eines ihm willfährigen
Papstes gegen Byzanz, sondern auch die Griechenunion der
Jahre 1274—1280 hatte recht eigentlich auf ihm beruht.
Indem die Vesper diese Basis zerstörte, machte sie sowohl
eine Eroberung Byzanz' von Unteritalien her, als auch eine
Unionspolitik im Geiste Gregors X. und Nikolaus' III. für
die Zukunft unmöglich. In jedem Falle schloss sie das
Papsttum von Byzanz aus. Auch dem heiligen Lande wurde
sie verhängnisvoll.

Darin vor allem unterschied sich das päpstliche Imperium
Bonifaz' VIII. von demjenigen Nikolaus' III., dass in ihm der
Orient fehlte: Syrien sowohl als auch besonders Byzanz.
Bonifaz hatte gut die Aufsicht über die Wahl der orien-
talischen Patriarchen an sich reissen: es waren lauter Titu-
larprälaten.[1] In der Bulle *Unam Sanctam* werden die
Griechen als das Prototyp der dem heiligen Petrus Unge-
horsamen hingestellt.[2]

Hier haben wir somit den Schlüssel zum Verständnis
der kurialen Politik am Ausgang des XIII. Jahrhunderts. Um
den Orient sich aufs neue unterwerfen zu können, mussten
die Päpste in erster Linie auf die Wiederherstellung eines
einheitlichen Unteritaliens bedacht sein. Ihre Lage hat eine
gewisse Ähnlichkeit mit derjenigen der Päpste aus den

---

[1] Rayn. 1301 § 24 (23. Dezember 1301).

[2] Rayn. 1302 § 13. Mit dem „Weide meine Schafe" seien alle
Menschen gemeint. *Sive igitur Graeci sive alii* (womit König Philipp
der Schöne gemeint ist) *se dicant Petro eiusque successoribus non esse
commissos, fateantur necesse est, se de ovibus Christi non esse.*

sechziger Jahren, der Urbans IV. und Klemens IV. Wie diese Karl von Anjou gegen Manfred, so unterstützten jene Karls Thronerben gegen des Staufers Nachkommen: und wie damals so sollte auch jetzt die Erhöhung des Hauses Anjou besonders der Katholisierung des Orients zugute kommen.[1]) Das Papsttum wälzte den Stein des Sisyphos.

Daran freilich dachten diese Päpste nicht mehr, im Fall des Gelingens das Experiment Klemens' IV. erneuern und den angiovinischen Angriff nur als Drohmittel zur Herbeiführung der Griechenunion benutzen zu wollen. Sie waren Freunde der Anjous auch über Sizilien hinaus. Sie waren überhaupt, mochten sie sich auch wohl dagegen sträuben, auf eine lateinische Politik gegenüber Byzanz angewiesen, weil Martin IV. die Unionspolitik vereitelt hatte, so dass von dieser, wenigstens auf der alten Basis, kein Erfolg mehr zu erhoffen war.

Auch als die Päpste im Jahre 1302 den Versuch einer Restauration der Anjous in Sizilien aufgeben mussten, haben sie, nunmehr vor allem im Einverständnis mit dem französischen Königshause, jene lateinische Orientpolitik fortgesetzt, bis Ereignisse eintraten, die sie wiederum zu einer, freilich auf ganz veränderten Prämissen beruhenden, Unionspolitik hinführten.

So steht denn die byzantinische Politik des Papsttums bis in die zwanziger Jahre des XIV. Jahrhunderts hinein unter dem unheilvollen Zeichen Martins IV. In unheimlichem Bunde mit Mächten, deren Erhöhung über Byzanz die Weltstellung des Papsttums gefährden musste, unterstützte sie die

---

[1]) Wenn die Päpste bei ihren Aufrufen gegen Sizilien immer nur das Interesse des heiligen Landes betonen, so war darunter auch das der Katholisierung Byzanz' mitverstanden. So bezeichnete es schon Martin IV. als das Hauptverbrechen Peters von Aragon, Karls Kreuzzug ins heilige Land, den derselbe gerade habe antreten wollen, gehindert zu haben (Rayn. 1283 § 23/4 und sonst). Der Hinweis auf dieses wirkte natürlich stärker als alles andere. Schon in den Aufrufen Urbans IV. und Klemens' IV. für Karl von Anjou hatte das „heilige Land" diese umfassendere Bedeutung gehabt.

Pläne zu einer erneuten politischen Knechtung der Griechen, für sich selbst nur auf geistlichen Vorteil spekulierend. Aber all diese Pläne scheiterten, wie die grossen Projekte Karls von Anjou, deren klägliche Ausläufer sie waren, und so bewahrte ein gütiges Geschick die Päpste davor, die Totengräber ihrer eigenen Weltmacht zu sein.

Drittes Kapitel.

Die byzantinische Politik der Kurie am Ende des XIII. Jahrhunderts bis zum Frieden von Caltabellota (1302).

In den Jahren 1282—1302 ist die Orientpolitik der Päpste in der Hauptsache eine indirekte, vorbereitende gewesen: sie war im wesentlichen identisch mit den päpstlichen Bemühungen, Unteritalien aufs neue zu vereinheitlichen, und so der eigentlichen Orientpolitik zunächst die richtige Grundlage zu schaffen.

Doch haben sie nun ihr Interesse für den Orient nicht völlig in der Erhöhung der Anjous über Unteritalien aufgehen lassen. Vielmehr haben sie, wie sie nebenher dem heiligen Lande direkt fürsorgten, so auch naturgemäss mit Eifer eine Gelegenheit ergriffen, die ihnen, auch ehe ein einheitliches angiovinisches Unteritalien hergestellt war, wieder zur Herrschaft über Byzanz verhelfen zu können schien.

Kaiser Andronikos II. von Konstantinopel bot nämlich, nachdem er sich mehrere Jahre hindurch den geschwächten Anjous als überlegener Gegner gezeigt und sie aus mancher wichtigen Position in Romanien, wie z. B. aus dem zentralen Durazzo, verdrängt hatte, im Jahre 1288 diesem Herrscherhause die Hand zur Versöhnung.[1]) Durch eine Ehe zwischen

---

[1]) S. Hopf, p. 329—32, 336.

seinem Sohn Michael und der lateinischen Kaiserin Katharina
von Courtenay sollte, das war sein Plan, die alte Rivalität
zwischen den Paläologen und den Anjous, den Verwandten
und Beschützern des lateinischen Kaiserhauses, aus der Welt
geschafft werden. [1])

Nicht weniger als acht Jahre (1288—1296) [2]) ist wegen
dieses Projektes zwischen Byzanz und Neapel hin und her
verhandelt worden; auch König Philipp der Schöne hat sich
mit der Angelegenheit befasst: [3]) denn dieser Herrscher machte
Paris wieder zum Zentrum der Politik des Hauses Frankreich,
nachdem dieselbe unter Karl von Anjou ihren Schwerpunkt
in Neapel gehabt hatte. Die dritte unter den interessierten
Mächten des Occidents war endlich die Kurie. In der Hoffnung, dass die weltliche Annäherung zwischen Byzanz und
den Lateinern die Kirchenunion nach sich ziehen werde, hat
Nikolaus IV. (1288—92) jenes Eheprojekt gefördert. [4])

---

[1]) Ersichtlich aus einem Briefe Nikolaus' IV. an Robert von Artois.
den Verweser des Königreichs Neapel, vom 3. Juni 1288, Rayn. 1288 § 18.
Nikolaus hat gehört, dass Boten des Andronikos wegen der Ehe zu Robert
gelangt sind, ,asserentes, quod ex huiusmodi matrimonio inter eumdem
Palaeologum ac eius haeredes et successores ex parte una et haeredes
et successores ... Caroli regis Siciliae ex altera et utriusque partes
subditos pax perpetua poterit provenire'. Vgl. Ducange l. c. [164] Bd. II.
p. 28. Hopf, p. 334 lässt die Verhandlungen erst 1290 beginnen.

[2]) Hopf, p. 338;9.

[3]) Der Verweser Siziliens, Robert von Artois (sein Bruder Karl II.
war damals aragonischer Gefangener), machte sein Verhalten zu dem Antrag des Andronikos, wie vom Rat und von der Zustimmung der Kurie.
so auch von der des französischen Königs abhängig. In dem Anm. 1
zitierten Briefe Nikolaus' IV. an Robert heisst es: Du hast ,ut tamquam
honoris Ecclesiae Romanae et ... regis Franciae zelator praecipuus,
provide cogitans, quod huiusmodi negotium sine ipsorum Ecclesiae
ac regis consilio et consensu expediri commode non poterat nec debebat,
decrevisti, super hoc fore nostrum et eiusdem regis beneplacitum
requirendum'. — Später, im Jahre 1294 weiss Philipp IV. die Entscheidung über die lateinische Kaiserin an sich zu bringen, indem er
sie von Neapel nach Frankreich kommen lässt. S. unten p. 649².

[4]) S. ausser dem in vor. Anm. zitierten Brief Nikolaus' IV. aus
dem Jahre 1288 einen Brief desselben Papstes an Andronikos vom 13.
Januar 1290 in den Reg. Nic. IV. ed. Langlois № 7242.

In dieser Hoffnung täuschte sich der Papst nun freilich gründlich. Andronikos hatte, nachdem der Bann, den Martin IV. im Jahre 1281 gegen seinen Vater Michael geschleudert, die Haltlosigkeit von dessen romfreundlicher Politik dargetan hatte, sein Regiment gerade auf dem Gegensatz zu der väterlichen Unionspolitik begründet. Er war recht eigentlich der Schismatikerkaiser, wie Michael der Unionskaiser gewesen war.

So vermied er es geflissentlich, aus Anlass des Vermählungsplanes mit der Kurie in direkte Verbindung zu treten. Denn in einem Briefe würde er den Papst „den Heiligsten" haben nennen müssen, und damit würde er sich in den Augen der Orthodoxen des grössten Verbrechens schuldig gemacht haben.[1] Auch diente ihm, als die Kombination infolge der Schwierigkeiten, die man auf der lateinischen Seite stets aufs neue erhob, scheiterte, als Trost der Gedanke, dass er nunmehr wenigstens der Gefahr überhoben sei, sich vor dem römischen Papste demütigen zu müssen.[2]

Was die Gründe betrifft, die die Könige von Neapel und Frankreich einem Eingehen auf die griechischen Anträge abgeneigt machten,[3] so war wohl der vornehmste ganz ein-

---

[1] Pachym. ed. Bonn Bd. II. p. 203. Von dem Gesandten, den Andronikos nach Neapel sendet, heisst es: „ἐδέησε γὰρ καὶ εἰς πάππαν ἐκεῖνον γενέσθαι, κἂν οὐχὶ πρὸς ἐκεῖνον γράμμασιν ἱκανοῦτο τοῖς ἐκ βασιλέως, οἷς ἔδει ἁγιώτατον γράφειν τὸν πάππαν καὶ κρῖμα τὸ μέγιστον γίνεσθαι, ὡς τοῖς ἀσφαλέσι τὴν πίστιν ἐδόκει'. Damit stimmt überein der Brief Nikolaus' an Andronikos vom Jahre 1290 (s. vor. Anm.), wonach der Papst vergeblich eine an ihn direkt gerichtete Gesandtschaft des Andronikos erwartete.

[2] Pachym. l. c.: „καὶ ἄλλως τὴν ἀπὸ τοῦ πάπα τῆς Ῥώμης ὑπειδόμενος ὑπερηφανίαν, τῆς φροντίδος ἐκείνης ἀπαλλαγείς ...'

[3] Nach der Chronik von Morea hätte Karl II. von Neapel die Abtretung des Königreichs Thessalonich von Andronikos verlangt und wären an dieser Forderung die Verhandlungen gescheitert. Doch ersehen wir andererseits aus einem Briefe Karls II. von Neapel an Andronikos vom 14. Januar 1295 (Reg. Ang. № 65 (1294 C.) fol. 164, ausf. Regest im Nachlass Hopfs), dass man auf griechischer Seite zu weitem Entgegenkommen bereit war. Den Hauptgegner des Eheprojekts möchte ich in

fach der, dass sie nicht auf die Wiedererrichtung des lateinischen Kaiserreichs für alle Zukunft verzichten mochten. Es
galt, ein Blatt der Geschichte dem Ruhme des französischen
Namens freizuhalten.

Papst Bonifaz VIII., der im Dezember 1294 zur Regierung
kam, gab die unfruchtbare Unionspolitik Nikolaus' IV. auf
und machte die Restauration des lateinischen Kaiserreichs
wieder zum alleinigen Leitstern der byzantinischen Politik
der Kurie.

Er erkor im Jahre 1295 der lateinischen Kaiserin statt
des griechischen Prinzen einen abendländischen zum Gemahl:
Friedrich, den Bruder des Königs Jakob II. von Aragon, den
Statthalter Siziliens, der gegen die Aussicht auf die byzantinische Kaiserkrone der Herrschaft über die Insel zu Gunsten
der Anjous entsagen sollte: so wie es sein Bruder Jakob bereits getan hatte. Karl II. von Neapel und Jakob von Aragon
sowie der Papst verpflichteten sich, Friedrich beim Kriege
gegen Byzanz zu unterstützen.[1]

König Philipp IV. vermuten, der, wie aus p. 648 hervorgeht, ein ent-
scheidendes Wort in der Angelegenheit mitzusprechen hatte. Im Sommer
1294 liess er Katharina, die bis dahin in Neapel weilte, nach Frankreich
kommen, womit die Entscheidung über deren Schicksal vollends in seine
Hände überging. Karl schrieb (in dem eben angef. Briefe) an Andronikos,
er könne vorerst weiter nichts antworten, ehe nicht Katharina in seine
,potestas' zurückkehre. Dazu stimmt, dass er sich in der Urkunde vom 13.
Mai 1294, in der Katharina verspricht, nicht ohne Karls Einwilligung zu
heiraten, ausdrücklich der Rückkehr Katharinas aus Frankreich, wohin sie
sich damals begab, innerhalb eines Jahres versichert. ,Etiam volumus
et specialiter exprimimus imputari, non obstante termino ordinato cum
dom. rege Francorum, quod eadem neptis nostra infra annum rediret
in regnum nostrum'. (Ducange II p. 326 ff.) In Wirklichkeit behielt
Philipp sie in Frankreich zurück: s. Reg. Bonifac. VIII. ed. Thomas
№ 809 (4. August 1295), № 857 (2. Januar 1296).

[1] Am genauesten unterrichtet uns über das Projekt ein in einem
Briefsteller erhaltener Privatbrief, den ein französischer Kleriker am 28.
Juni 1295 von Anagni aus an die Gräfin von Rodez richtete. Ediert Langlois

Der Plan war fein ausgedacht: die Häuser Aragon und
Anjou würden mit vereinten Kräften die Schismatiker bekämpft
haben. Dabei hätte ein aragonesisches Konstantinopel der
weltlichen Gewalt des Papsttums freieren Spielraum gelassen,
als es ein angiovinisches getan haben würde.

Aber wenn zwar König Jakob von Aragon und Karl II.
von Neapel die Ehe Friedrichs mit Katharina billigten, so
verhielten sich diese und Friedrich selbst trotz der dringenden
Bitten des Papstes ablehnend.[1] Hinter Katharina, die damals am französischen Hofe weilte, stand dabei Philipp IV.,
der die aragonesische Heirat so wenig wie die griechische im
Interesse der Krone Frankreichs fand; Friedrich aber sah sich
durch die Abneigung der Sizilianer, unter das Joch der
Anjous zurückzukehren, in die Unmöglichkeit versetzt, auf
die päpstlichen Vorschläge, denen er anfangs Gehör geschenkt,
einzugehen. Er nahm Anfang 1296 die Krone an, die ihm
die Insulaner, dem Papste zum Trotz, anboten.[2]

Abermals wurde so die Insel Sizilien statt eines Sprung-
brettes zum Kampfe gegen Byzanz zu einer Barriere für
denselben, und das Papsttum setzte aufs neue alles daran,
dieses Hindernis wegzuräumen, den Anjous zum Siege zu verhelfen. Auch wusste es ihnen jetzt die Unterstützung Jakobs
von Aragon zu verschaffen, der seinen eigenen Bruder bekämpfen half.

Die enge Interessengemeinschaft zwischen Jakob und
dem Hause Anjou erklärt es, dass im Jahre 1298 der Gedanke

in Notices et Extraits de Ms. Bd. XXXIV[1]. p. 319; zitiert von J. Petit,
Charles de Valois, p. 54. Vgl. sonst Tosti, Storo di Bonifacio VIII. 1846,
p. 112 ff.

[1] Briefe Bonifaz' VIII. in dieser Angelegenheit: Reg. l. c. № 804
(vom 13. Juli 1295 an Philipp IV.), № 809 (vom 8. August 1295 an
Katharina), № 874 (vom 27. Juni an dieselbe), № 857 (vom 2. Januar 1296
an Friedrich), № 858 (vom selben Datum an dessen Mutter Konstanze).
In № 857 teilt Bonifaz Friedrich die ablehnende Haltung Katharinas mit,
als Grund führte sie an, dass Friedrich kein Land zu eigen besitzen werde.

[2] Tosti l. c.

auftauchen konnte, dessen ältesten Sohn, den König von Majorka, der lateinischen Kaiserin zum Gatten und Schützer zu bestellen. Auch Philipp der Schöne unterstützte dieses Projekt. Es zerschlug sich jedoch wie alle anderen, indem der spanische Prinz die Kutte nahm.[1]

Da trat zu Beginn des Jahres 1300 Karl von Valois. der Bruder König Philipps IV. von Frankreich, dem am 31. Dezember 1299 seine erste Gattin gestorben war,[2] als Bewerber um die Hand der lateinischen Kaiserin auf. Seine Kandidatur war der Ausfluss des französischen Imperialismus. der, von Karl von Anjou ins Leben gerufen, nunmehr in Philipp dem Schönen einen machtvollen Vertreter fand. Wie in der inneren Politik der Ausbau der Kriegsgewalt, so war nach aussen hin die Begründung der Hegemonie Frankreichs in Europa sein Ziel; und während er die erstere Aufgabe sich selbst vorbehielt, ersah er seinen Bruder zum Vorkämpfer der imperialen Idee.

Schon seit dem Jahre 1298 stand eine Heerfahrt Karls von Valois nach Italien in Aussicht zur Kräftigung des päpstlichen Ansehens in Mittelitalien und vor allem zur Unterstützung Karls II. von Neapel beim Kampfe gegen Sizilien. Glückte die Unternehmung, so musste sie zum Ruhme des französischen Königs, aus dessen Mitteln sie bestritten werden sollte, ausschlagen.[3]

Jetzt, im Jahre 1300, streckte derselbe Karl seine Hand nach der Krone Konstantinopels aus. Pierre Dubois, der

---

[1] Ducange l. c. p. 37.

[2] Petit l. c. p. 55.

[3] Brief Bonifaz' VIII. an Philipp IV. vom 29. Dezember 1298 ed. Boutaric in Not. et Extr. Bd. XX[2]. p. 130—2. Der Papst bittet Philipp. seinem Bruder Karl, der. wie er höre, mit 1000 Mann nach Italien kommen wolle, 100 000 Pfund zu leihen. Er solle bedenken *,quod huiusmodi negotium tanto tibi tuique regno ad honoris cumulum potioris accrescet, quanto solennius et honorabilius ad partes Italie comes adveniet memoratus'.*

phantasievolle publizistische Herold des französischen Imperialismus, empfahl in einer damals verfassten Abhandlung, in der er einen Plan zur Ausbreitung der Macht Philipps IV. über ganz Europa entwirft, die Ehe Karls von Valois mit der Erbin des lateinischen Kaiserreichs als das Mittel, auch dieses unter die Botmässigkeit des französischen Königtums zu bringen. Denn Karl schulde zum Entgelt für die Unterstützung, die Philipp IV. ihm zur Eroberung Konstantinopels werde angedeihen lassen, diesem die Huldigung.[1]

Auch Papst Bonifaz VIII. nun, dessen Zustimmung zu der Ehe wegen der Verwandtschaft Karls mit Katharina von nöten war, hatte gegen das Projekt nichts einzuwenden. Er trug nur Sorge, dass über dem Zuge Karls nach Konstantinopel nicht der nach Italien unterbliebe, und machte deshalb die italienische Unternehmung Karls zur Vorbedingung für den Ehedispens.[2] Ganz fern lag ihm dabei der Gedanke, dass er auf diese Weise einer das politische Papsttum gefährdenden französischen Universalherrschaft den Weg bahne. Soll er

---

[1] Bibl. Nat. in Paris, Ms. lat., № 6222, fol. 9. *,Impresenti cessante mora dispendiosa procurare placeat illam dominam, heredem imperii Ctanam* (sic) *illustrissimo dom. Karolo fratri suo* (Philipps) *aut alii suorum matrimonialiter copulari, qui conventione praecedente submittat eidem maiestati imperium praedictum pro subsidio gentis ad imperium recuperandum habendo'* etc. Eine Analyse dieser Schrift Dubois' im allgemeinen gab Wailly in Mem. de l'Inst., Ac. des Inscr. Bd. XVIII. p. 435 ff.

Man hat gemeint, dass Dubois in dieser Schrift aus der zweiten Hälfte des Jahres 1300 (Wailly, p. 471—76) die erste Anregung zu dem Eheprojekt gegeben habe (z. B. Delaville le Roulx l. c. [71 1] p. 48). In Wirklichkeit hat man sofort nach dem Tode der ersten Gattin Karls von Valois (31. Dezember 1299) in Paris den Gedanken an die Neuvermählung Karls mit Katharina gefasst: man trat sogleich mit Bonifaz VIII. wegen des erforderlichen Dispenses in Verhandlung. Die Antwort Bonifaz' ist vom 3. Februar 1300 (B. E. Ch. Bd. V. 1843/4, p. 168/9). Dubois mahnte nur zur wirklichen Vollziehung und zur Beschleunigung der Ehe, von der er wusste, dass sie bereits verhandelt wurde. *(,Cessante mora dispendiosa.')* Sie fand dann am 28. Januar 1301 statt.

[2] In dem vor. Anm. zitierten Briefe vom 3. Februar 1300.

doch sogar Karl von Valois zum Lohn für seinen Zug nach
Italien auch Aussicht auf die römische Kaiserkrone gemacht
haben, deren damaligen Träger, Albrecht von Österreich, er
nicht anerkannte.[1])

Gregor X. hatte einst den imperialen Gelüsten Karls
von Anjou mit Erfolg einen passiven Widerstand entgegengesetzt:[2]) Bonifaz trug kein Bedenken, demselben
Philipp IV., mit dem er morgen wegen des Regiments über
die französische Kirche in einen Kampf auf Leben und Tod
geraten sollte, zum politischen Übergewicht in Europa zu
verhelfen. Freilich blieb, was Byzanz betrifft, dem Papsttum
nach Martin IV. zunächst nichts Anderes übrig, als die
lateinischen Projekte zu dessen Wiedereroberung zu fördern.
Die Aussichtslosigkeit einer Unionspolitik bei der damaligen
Weltlage hatten Nikolaus' IV. dahingehende Versuche gezeigt.

Am 28. Januar 1301 ward die Hochzeit zwischen Karl
von Valois und Katharina von Courtenay gefeiert,[3]) und das
Ehepaar liess sich im weiteren Verlauf des Jahres von Karl II.
von Neapel sowie von Bonifaz die alten Rechte des lateinischen Kaiserhauses übertragen resp. erneuern.[4]) Gegenüber
Philipp IV. aber verpflichtete sich Karl, seine Heerfahrt gegen
Byzanz nur mit Willen und Rat seines königlichen Bruders
anzutreten.[5])

Zunächst eilte er dann im Frühling 1301, von Philipp
tatkräftig unterstützt,[6]) nach Italien. Wie einst des heiligen
Ludwig Bruder, so kam jetzt der Bruder Philipps des Schönen.

----

[1]) Villani, Buch VIII c. 42 und 62, Muratori Bd. XIII. p. 373—394:
doch liegt diesem Berichte möglicherweise nur das Faktum zu Grunde,
dass Bonifaz Karl mit der Ausübung von Reichsrechten in Toskana betraute.

[2]) S. oben p. 560 ff.

[3]) Petit l. c. p. 57.

[4]) Ducange l. c. p. 43/44.

[5]) l. c. p. 333. Urkunde vom 8. Februar 1301 „... et promettons
loyalement et en bonne foi, que nous n'emprendrons le voyage de Ctinoble
se ce n'est par la volonté et ó le conseil de nostre ... frère'.

[6]) Petit, p. 56, 58. 61.

Karl mit Namen dieser wie jener, als päpstlicher Feldherr nach Italien. Würde der Valois leisten, was der Anjou vollbracht, würde er Toskana bezwingen, Sizilien den Feinden der Kirche entreissen? Und würde er dann gar, vom Papste unterstützt statt gehemmt, den Orient sich und der römischen Kirche unterwerfen?[1]

So glänzend die Auspizien der Unternehmung waren, so kläglich war ihr Verlauf. Der französische Prinz verwirrte die Verhältnisse Toskanas und besiegelte, statt den Anjous Sizilien wiederzuerobern, durch den Frieden von Caltabellota (31. August 1302), den er mit Friedrich einging, die Selbstständigkeit der Insel unter dem Hause Aragon. Dann kehrte er nach Frankreich zurück, wo Philipp seiner bedurfte.[2] Auch Bonifaz VIII., durch den Streit mit Philipp dem Schönen in Anspruch genommen, bequemte sich, wenngleich widerstrebend und mit Vorbehalt, dem Frieden an.[3]

Viertes Kapitel.
Die byzantinische Politik der Kurie
von 1302—c. 1327.

Der Friede von Caltabellota machte Epoche, sowie zwanzig Jahre zuvor die sizilianische Vesper, deren Werk er

------

[1] In einer Bulle vom 21. Dezember 1300 (Tosti l. c. Bd. II. p. 292/3) setzt Bonifaz VIII. dem französischen Klerus auseinander, was er alles von Karl erwartet. Zu den und den Leistungen sei er berufen, „ut . . . . tranquillato statu Siciliae aliisque Italiae rebellibus subiugatis . . . de opportuno ipsius Terrae Sanctae succursu possit utilius et efficacius provideri . . .‘

[2] Vgl. Petit, p. 61 ff.

[3] Friedrich musste die Insel als „Königreich Trinakrien" vom Papste zu Lehen nehmen, während der Titel eines Königs von Sizilien dem in Neapel regierenden Anjou verbleiben sollte. Diesem sollte die Insel auch bei Friedrichs Tode wieder zufallen: Bestimmungen, die bald in Vergessenheit gerieten. S. Drumann l. c. p. 60/1.

für die Zukunft sicher stellte.   Vor allen Dingen hat er der Orientpolitik des Abendlandes seinen Stempel aufgedrückt.

Zwei Jahrzehnte hindurch hatten die Päpste sich bemüht, sie aufs neue zu vereinheitlichen, ihr in einem restaurierten angiovinischen Königreich beider Sizilien eine feste Grundlage zu geben.   Durch den Frieden von Caltabellota, der über den Fortbestand der aragonesischen Herrschaft in Sizilien entschied, erhielt die künftige byzantinische Politik des Occidents jenes Gepräge der Desorganisation, der Kräftezersplitterung, das ihr eignet.   Die Könige von Neapel und Palermo verfolgten ein jeder seine eigenen Pläne im Orient, die sich, wie es bei der zwischen den beiden Mächten fortdauernden Feindschaft erklärlich, in der Regel durchkreuzten. Und neben dieser angiovinischen und aragonesischen Orientpolitik läuft dann die französische her, deren Vertreter zunächst Karl von Valois war.

In ihrer Gesamtheit stellen diese Bestrebungen die Nachwehen der Politik Karls von Anjou dar, die letzten unmittelbaren Ausläufer der auf eine Okkupation des byzantinischen Reichs abzielenden abendländischen Politik, wie sie seit den Zeiten Robert Guiskards durch die Jahrhunderte fortgedauert hatte.   Das Papsttum hat an sie noch einmal die Hoffnung geknüpft, den Griechen durch die Schärfe des Schwertes das Gesetz Roms aufzuerlegen, und es hat seine Aufgabe darin gesehen, die auseinanderstrebenden Kräfte auf ein Ziel hinzulenken.

Diese griechische Politik Klemens' V. (1305—1314) und Johanns XXII. (1316—1334) war nun aber deshalb bedenklich, weil sie den nationalen Triumph, den Philipp IV. von Frankreich über das Papsttum davongetragen hatte, in einen imperialen zu verwandeln drohte.   Denn so furchtbar auch der Stoss war, den die Kurie durch ihr Unterliegen im Kampfe mit dem französischen Könige erduldet hatte, so erlitt doch gerade ihre allgemeine Bedeutung als europäische Zentralgewalt durch ihre Übersiedelung nach Avignon eine verhältnismässig geringe Einbusse.

Es scheint mir deshalb auch zweifellos, dass, wenn man die allgemeine Machtstellung der Kurie in den Mittelpunkt der Betrachtung stellt, das Pontifikat Martins IV. und nicht dasjenige Bonifaz' VIII. als der entscheidende Wendepunkt in der Geschichte des Papsttums angesehen werden muss. Denn die Aktion dieses Papstes, durch die er sich zum Werkzeug des Anjou erniedrigte, in Verbindung mit der Reaktion gegen diese seine Politik, die die sizilianische Vesper darstellte, beraubten die Kurie jener vollen Universalgewalt, die sie unter Nikolaus III. ausgeübt hatte. Philipp IV. dagegen traf die päpstliche Macht zunächst und unmittelbar, nur soweit sie sich innerhalb der Grenzen seines Königreichs übermässig geltend machte. Die allgemeine Stellung des Papsttums würde er erst dann gefährdet haben, wenn es ihm oder seinen Nachfolgern gelungen wäre, das französische Königtum zur Universalmacht zu erweitern.

Eben dahin ging nun freilich unter Bonifaz' Nachfolgern das beharrliche Streben dieses Königs. Nicht zufrieden, die Kurie ihres Einflusses auf den französischen Staat beraubt zu haben, strebte er danach, sie auch in ihrer Gewalt über die europäischen Staaten überhaupt zu ersetzen. Der Erbe der Ideen Karls von Anjou, nahm er dessen Pläne in Paris wieder auf und bedrohte das Papsttum mit demselben Schicksal, das dieser ihm vergebens zu bereiten gesucht hatte.[1]

---

[1] Schwemer, Papsttum und Kaisertum, universalhist. Skizzen. Stuttgart 1899 p. 121, erkennt sehr richtig, dass es sich bei dem Kampfe zwischen Philipp und der Kurie in letzter Linie auch um die Weltherrschaft handelte. (Ich sage „in letzter Linie auch" und nicht „eigentlich" wie Schw. Denn eigentlich und in erster Linie kam es Philipp dem Schönen darauf an, den kurialen Einfluss in Frankreich selbst zu beseitigen. Das nationale Programm hat Philipp, wie mir scheint, weit mehr am Herzen gelegen als seine Universalpläne, zumal die orientalischen. Jenes stand auch diesem nüchternen, mit scharfem Blick besonders für das Nahe und Erreichbare begabten Monarchen besser zu Gesicht, als der kühne Flug zur Universalmonarchie. Ganz ähnlich urteilt, wie ich nachträglich sehe, K. Hampe in einer Rezens. von Schwemers Buch, HZ. Bd. 87, p. 93.) Schwemer irrt aber, wenn er Philipp in diesem — übrigens

Klemens V. hat die tödliche Gefahr, die dem Papsttum drohte, erkannt und bekämpft, soweit die deutsche Kaiserkrone in Frage kam. Beidemale, wo Philipp IV. nach ihr die Hand ausstreckte: 1308 und 1313 ist ihm Klemens heimlich entgegengetreten und hat im Bunde mit den deutschen Fürsten dessen Projekte durchkreuzt.[1] Dagegen hat er kein Bedenken getragen, die griechische Politik Frankreichs zu unterstützen: mochte ein französischer Prinz den fernen Thron Justinians besteigen und ihn rekatholisieren, wenn er nur von

latenten — Kampfe den Sieg zuschreibt. Im Gegenteil scheiterten Philipps und seiner Nachfolger Universalpläne vollkommen: teils durch, teils auch wider den Willen des Papsttums, und dieses blieb in Wahrheit auch in Avignon die europäische Zentralgewalt. S. das im Text folgende.

[1] 1308 nach Albrechts von Österreich Tode betrieb bekanntlich Philipp IV. bei den Kurfürsten die Wahl seines Bruders Karl von Valois. Auch vom Papste verlangte er, dass er für diese Kandidatur eintreten solle. Aber Klemens V. hat sie den Kurfürsten erst dann empfohlen, als er wusste, dass sie einen anderen Kandidaten, Heinrich von Luxemburg, zu wählen entschlossen waren. S. Wenck, Klemens V. und Heinrich VII, 1882, p. 101 ff.

1313, bei der erneuten Vakanz des deutschen Thrones, hat der König von Klemens eine direkte Empfehlung seines Sohnes Philipp von Poitou an die deutschen Kurfürsten verlangt.

Von diesem Antrage Philipps IV. erfahren wir aus dem von Schwalm im N. A. 1900 p. 561 veröffentlichten Aktenstück. Philipp liess sie dem Papste durch seinen Vertrauten, Peter Barrerie, unterbreiten und zwar nach Sch's Vermutung im November 1313 (p. 569). Klemens hatte jedenfalls schon Kenntnis von den Vorschlägen Philipps, als er im Dezember 1313 den Brief an die rheinischen Kurfürsten schrieb, von dem wir aus der Antwort des Erzbischofs von Köln wissen (Theiner, Cod. dipl. dom. temp. ap. sedis p. 470, Schwalm, p. 469): aus dem Resumé, das der Kölner von dem päpstlichen Brief gibt, geht aber deutlich hervor, dass Klemens keinen bestimmten Kandidaten vorgeschlagen hat. Nur soweit hat der Papst sich der Argumente Philipps bedient, dass er den Kurfürsten ans Herz legte, nicht wieder einen Verfolger der Kirche zu wählen. Aber er exemplifizierte daraus nicht, wie Philipp gewünscht hatte, auf die Wahl eines französischen Prinzen! Auch Schwalm hält es für möglich, „dass Klemens, wie schon 1308, seinerseits nicht in genau gleichem Sinne an die Kurfürsten schrieb, als das König Philipp wünschte (p. 569)." Vgl. auch Wenck in HZ. ad 86, p. 261 ff.

dem Karls des Grossen fern blieb. Das Scheitern der Projekte Karls von Valois liess auch diese Kombination nicht ins Leben treten.

Weniger weitsichtig als Klemens V. hat Johann XXII. neben den griechischen auch die deutschen und dazu noch die italienischen Prätensionen der Söhne und Neffen Philipps IV. gefördert, ja geradezu provoziert. Er ist wiederholt nahe daran gewesen, an die Stelle eines epigonenhaften deutschen Imperialismus, dessen Schreckgespenst er selbst erst an die Wand malte, einen lebenskräftigen französischen zu setzen, der das Papsttum als politische Macht ausgelöscht haben würde.[1] Doch gehört seine griechische Politik nur zur Hälfte in diesen imperialen Zusammenhang: denn diese erfuhr, wie

---

[1] Ich denke hier natürlich in erster Linie an das Projekt der Erhöhung Karls IV. von Frankreich zum deutschen Kaiser, das in den Jahren 1323/4 zwischen Leopold von Österreich, Klemens V. und dem Könige ventiliert wurde. S. Leroux, Recherches critiques sur les relat. pol. de la France avec l'Allemagne, p. 163 ff., Lindner, Deutsche Geschichte unter den Habsburgern und Luxemburgern p. 339. — Aber ich habe nicht minder die italienische Politik Johanns XXII. im Auge, die besonders durch Preger in den Abh. der Münch. Ak. Bd. XVII₃. p. 501 ff. (und Bd. XV₂) aufgeklärt worden ist. Danach war ihr Grundprinzip: Bekämpfung der Ghibellinen und Ludwigs des Bayern, doch so, dass nicht die Guelfen und Robert von Neapel an deren Stelle mächtig würden. Zu diesem Zwecke hat Klemens den Kampf gegen die Ghibellinen mit Vorliebe durch auswärtige Fürsten führen lassen: durch Friedrich von Österreich (1322: l. c. p. 541 ff.), später, 1331—33, durch Johann von Böhmen (560 ff.), aber er hat sich auch französischer Hilfe bedient: nämlich im Jahre 1320 des französischen Prinzen Philipp von Valois (p. 520 ff.), und am Anfang der dreissiger Jahre hat geradezu eine Übertragung der Herrschaft über Reichsitalien an den König von Frankreich in Frage gestanden (l. c. p. 559 ff., vgl. Karl Müller, Der Kampf Ludwigs des Bayern mit der Kurie, Bd. I. p. 322 ff.). —

Benedikt XII. verliess dann sofort die dem französischen Imperialismus freundliche Politik Johanns XXII. (Müller II p. 5): doch blieb jener die ganze Regierungszeit Ludwigs des Bayern hindurch wach, erst die Erhöhung Karls von Böhmen zum deutschen König machte ihm ein Ende. (Vgl. Müller II, p. 173. 318/19).

die gesamte Orientpolitik des Abendlandes, noch während seines Pontifikats eine vollkommen veränderte Richtung.

I. Das Papsttum und die Politik Karls von Valois (bis c. 1311).

Gehen wir nunmehr zur besonderen Betrachtung dieser byzantinischen Politik der beiden ersten avignonesischen Päpste bis zum Eintreten jenes Umschwungs, d. h. bis in die Mitte der zwanziger Jahre des XIV. Jahrhunderts, über.

Den Mittelpunkt des Interesses bildete in dessen erstem Jahrzehnt die Heerfahrt, die Karl von Valois, auch nach dem Scheitern seines italienischen Zuges, zur Eroberung des griechischen Reichs vorbereitete.[1] Da diesem Fürsten ohne Land eigene Machtmittel nicht zu Gebote standen, und da ihm sein Bruder Philipp IV. nur einen moralischen, aber so gut wie keinen materiellen Rückhalt gewährte,[2] so hing die Durchführung seiner Projekte ausschliesslich von den Bündnissen ab, die ihm zu schliessen gelingen würden.

Einer Bundesgenossin war er von vornherein sicher: der Kurie. Schon Benedikt XI. (1303/4) gewährte Karl auf seine Bitte hin die von Franzosen fürs heilige Land bestimmten

---

[1] Die annalistische Darstellung von Karls Projekten bei Petit l. c. (p. 90 ff.) wird dem Gegenstande nicht gerecht.

[2] Die einzige reelle Unterstützung, die Philipp Karl angedeihen liess, war die, dass er im Jahre 1307 den französischen Zehnten, der von Klemens Philipp IV. sowohl wie Karl bewilligt worden war, auf den aber Philipp das Prioritätsrecht hatte, unter Verzicht auf letzteres zunächst Karl überliess. Brief Klemens' V. an die Geistlichkeit Frankreichs vom 3. Juni 1307, Regestum Clementis V. papae, ed. Rom 1884 ff. Auf diplomatischem Wege trat er im Jahre 1308 (23. September) für Karls Unternehmen bei König Friedrich von Sizilien ein, der, wie er gehört hatte, demselben entgegenarbeitete: Boutaric, l. c. p. 83/4. Dieser Akt Philipps entsprach folgender Bestimmung in dem zwischen Karl und Venedig im Jahre 1306 abgeschlossenen Vertrage: *Item dom. Carolus pred. procurabit suo posse erga dom. regem Franciae, fratrem suum, quod dom. rex pred. ... dicet, quod inimicabitur inimicis negotii*. (Diplomatarium Veneto-Levantinum, Venedig 1880 p. 51.)

Legate[1]) und mahnte die Gläubigen aller Länder, ihre Palästina geltenden Gelübde durch die Unterstützung Karls von Valois gegen Byzanz zu erfüllen.[2]) Doch verweigerte er Karl, mit Rücksicht auf die damalige Lage Frankreichs, den Zehnten, sowie eine allgemeine Kreuzpredigt zu seinen Gunsten, worum Karl ebenfalls gebeten hatte.[3])

In beidem war ihm dann Klemens V. zu Willen, der, wenigstens in Italien, auch solche Streiter, die noch nicht das Kreuz trugen, unter Verheissung von Indulgenz zur Nachfolge Karls aufrief,[4]) und der dessen Unternehmung den Zehnten der Geistlichkeit Frankreichs, Neapels und Siziliens zukommen liess.[5]) Auch schleuderte Klemens aufs neue gegen Androni-kos als Schismatiker den Bann.[6]) Endlich bemühte er sich auch, dem Valois weltliche Bundesgenossen zu ver-schaffen. Es glückte ihm bei der Republik Venedig, an die er sich im Januar 1306 gewandt hatte.[7]) Sie verbündete sich am 19. Dezember desselben Jahres mit Karl von Valois aufs engste gegen Byzanz und wandelte so noch ein letztes Mal die Bahnen des Vierten Kreuzzugs.[8]) Im Jahre 1308 gesellte sich dazu, nicht ohne dass auch hier der Papst vermittelt hätte, der König Milutin von Serbien, mit dessen Gesandten

---

[1]) Sowie Loskaufgelder und ähnliches. Brief Benedikts an den Bischof von Senlis vom 20. Juni 1304. Reg. Ben. XI. ed. Grandjean, № 1006.

[2]) l. c. № 1007 (vom selben Datum).

[3]) № 1008 vom 27. Juni 1304. Vgl. auch Petit, p. 90.

[4]) Rayn. 1307 § 6/7 und Dipl. Veneto-Levantinum l. c. p. 55: Brief Klemens' V. vom 10. März 1307 an die Geistlichkeit Venedigs, der Romagna etc.

[5]) Klemens erneuerte zunächst am 14. Januar 1306 die Bestimmungen Benedikts XI. über die Legate. Reg. № 243. Vom selben Datum Be-stimmungen über die Zehnten Siziliens, Frankreichs und Neapels (№ 244, 245, 246) und erneute Bullen darüber vom 3. Juni 1307 (№ 1755, 1757/8, 1756).

[6]) № 1759 3. Juni 1307.

[7]) Reg. Clem. № 248 vom 14. Januar 1306. Er hatte übrigens ein gleiches Schreiben an Genua gerichtet (l. c.), das aber nach wie vor zum griechischen Kaiser hielt. Vgl. Caro l. c. [400²] Bd. II. p. 379.

[8]) Dipl. Veneto-Lev. l. c. p. 49 ff. Vgl. Petit, p. 106/7.

Karl am 28. März dieses Jahres ebenfalls ein Bündnis zur Eroberung des griechischen Reichs abschloss.[1]

Der Hilfe des Königreichs Neapel war Karl zwar offiziell versichert: König Karl II. hatte sich im Jahre 1302 verpflichtet, Karl von Valois bei seiner Expedition gegen Byzanz dieselbe Unterstützung zu teil werden zu lassen, die einst sein Vater Karl von Anjou dem lateinischen Kaiser Balduin II. und dessen Sohn Philipp gelobt hatte.[2] In Wirklichkeit jedoch war zwischen Karl II. von Neapel und Karl von Valois von einer Interessengemeinschaft, wie sie zwischen Karl von Anjou und Balduin geherrscht hatte, vorerst wenigstens keine Rede.

Das Königreich Neapel hatte seinen byzantinischen Interessenkreis für sich. Es hatten hier, wie in Frankreich, die Brüder des regierenden Hauses die abendländische und die orientalische Politik unter sich verteilt.[3] Vertreter der letzteren war in Neapel seit 1294 Philipp von Tarent, auf den König Karl II. damals alle seine Rechte in Romanien, also die Herrschaft über Achaja und das angiovinische Epirus, sowie die Lehnsherrschaft über das gesamte lateinische Romanien übertragen hatte.[4] Durch seine Ehe mit Thamar. der Tochter des Despoten Nikephoros von Epirus (1294). hatte Philipp den Besitz der Anjous auf der Balkanhalbinsel wesentlich erweitert, besonders war ihm als Mitgift seiner Gattin das antike Ätolien (mit Vonitza und Lepanto) zugefallen.[5]

---

[1] Abgedruckt nur in der Folioausgabe des Ducange, Hist. des emp. de Cple, Recueil des Chartes p. 59—63. Der König trug dem Papste die Kirchenunion an: Rayn. 1308 § 26—9. Vgl. über die serbisch-französischen Beziehungen Quicherat in B. E. Ch. XXXIV p. 115—8.

[2] Urkunde vom 13. August (19. Oktober) 1294 bei Ducange Oktavausgabe Bd. II. p. 330—2. vgl. Hopf, p. 337. Es war eine regelrechte angiovinische Sekundogenitur, die Karl II. damit schuf. Denn es heisst ausdrücklich, dass Philipp und seine Erben die Könige von Sizilien (Neapel), ‚in superiores et dominos exinde recognoscant'.

[3] Vgl. oben p. 47 einen ähnlichen Fall aus der Normannenzeit.

[4] Ducange, Folioausgabe p. 43/4.

[5] Vgl. Hopf, p. 337 nach den Reg. Ang.

Sein Streben war dann, wie auf die Verteidigung dieses Besitzes gegen die Angeli von Thessalien, die, einst Freunde
Karls von Anjou, jetzt den Angiovinen vorwiegend feindlich
gesinnt waren,[1]) so auf die Wiedergewinnung Durazzos und
seines Territoriums gerichtet gewesen, das in den achtziger
Jahren des XIII. Jahrhunderts die Byzantiner an sich gerissen
hatten,[2]) und das dann 1296 von den Serben okkupiert worden
war.[3]) Im Jahre 1305 gelangte Philipp ans Ziel: die katholisch gesinnten Albanesen lieferten ihm die wichtige Stadt aus,
und das Königreich Albanien Karls von Anjou war wieder
eine Realität.[4])

Schon war Philipp aber damals in einen Konflikt mit
seiner Schwiegermutter, der Despotin Anna von Epirus (mit
der Hauptstadt Arta), geraten, da diese sich und ihren Sohn
Thomas dem angiovinischen Einfluss zu entziehen suchte.
Um hier sein Ansehen herzustellen, auch der Verhältnisse
Achajas halber, unternahm Philipp von Tarent im Jahre 1306
einen Zug nach Romanien.[5]) Gerade im Januar dieses Jahres
hatte Klemens V. der Geistlichkeit des Königreichs Neapel
einen zweijährigen Zehnten zu Gunsten der Expedition Karls
von Valois auferlegt mit der Bestimmung, ihn Philipp von
Tarent zuzuteilen, falls dieser seinerseits zur Wiedereroberung
Konstantinopels — natürlich im Interesse Karls von Valois —
ausziehen wolle.[6]) Ohne Zweifel hat Philipp jenen Zehnten
für seinen Zug vom Jahre 1306 in Anspruch genommen, und
auch wohl mit Willen des Papstes, da ja eine Stärkung der
angiovinischen Position in Romanien wenigstens indirekt auch
der Heerfahrt Karls von·Valois gegen Konstantinopel hätte
zu gute kommen müssen. Jedoch scheiterte der Feldzug, den
Philipp von Morea aus gegen die Despotin unternahm, voll-

---

[1]) Hopf, p. 355—8.
[2]) Vgl. oben p. 638.
[3]) Hopf, p. 355.
[4]) Vgl. Hopf, p. 359.
[5]) l. c. p. 366/7.
[6]) Reg. № 246 (14. Januar 1306).

kommen.[1])   Drei Jahre später, im Frühling 1309, sandte dann
der eben zur Regierung gelangte König Robert von Neapel
im Interesse seines Bruders Philipp von Tarent eine Expedition
nach Achaja.[2])

Von einem direkten Eintreten der Anjous für Karl von
Valois aber hören wir weiter nichts, und doch wäre ihre Unterstützung für Karl vor allem von Wichtigkeit gewesen: denn
ihr Reich war ein Teil jener alten Basis der abendländischen
Kämpfe gegen Byzanz.   Freilich eben nur mehr ein Teil.
Die Rücksicht auf das feindliche Sizilien war es vor allem,
die eine angiovinische Orientpolitik grossen Stils fortan unmöglich machte.[3])

Doch versuchte nun Klemens V., auch den König von
Sizilien in das Interesse Karls von Valois zu ziehen.   Denn
wie Karl II. von Neapel, so hatte auch König Friedrich 1302,
und zwar im Frieden von Caltabellota, dem Valois für dessen
byzantinische Unternehmung seine Unterstützung zugesagt.[4])
So hoffte denn der Papst im Jahre 1306 auf des Aragonesen
Teilnahme an dem Restaurationskrieg gegen Byzanz: er be-

[1]) Hopf l. c.

[2]) Regesten Roberts von Neapel ed. Riccio in Arch. stor. per le
prov. Napol. Bd. VII. (1882), p. 215.   Urk. vom 24. Mai 1309.

[3]) Dass übrigens auch Karl von Valois seinerseits sein Verhältnis
zu Neapel und zu Philipp von Tarent als kein besonders enges auffasste,
zeigt die Bestimmung seines Vertrages mit dem Serbenkönig, wonach Karl,
falls dieser Philipps epirotische Lande angriffe, die Neutralität zu bewahren
verhiess.   (S. die Urkunde des Vertrags l. c. p. 61 Ducange, Folioausg.)
Dazu bedeutete Philipp von Tarent für Karl viel zu wenig, als dass er
seinethalben das Bündnis mit dem Serbenkönig hätte aufs Spiel setzen
sollen.   Genug, dass er dem Serben Hilfe gegen Philipp zuzusagen sich
weigerte.

[4]) Urkunde bei Ducange, Folioausg. Rec. des Chartes p. 43.   Analyse auch in der Oktavausgabe Bd. II. p. 45.   Friedrich versprach 15 bis
20 Kriegsschiffe mit 200 Waffenleuten für vier Monate zu stellen, die Karl
event. noch weitere vier Monate auf eigene Kosten werde behalten können.
Auf Verlangen Karls wollte er auch zehn weitere Kriegsschiffe mit 400
Pferden stellen.

stimmte, dass der für Karls Zug zu erhebende sizilische
Zehnte in Friedrichs Tasche fliessen sollte, falls dieser
gemeinsam mit Karl seine Waffen gegen Byzanz wende.[1])

Aber das Interesse des Valois an der Haltung des sizilischen Königs konzentrierte sich auf etwas ganz Anderes als
auf dessen direkte Unterstützung. Die grosse Frage, eine der
wichtigsten für den Erfolg von Karls Expedition, war die, ob
es diesem gelingen würde, die „katalanische Kompagnie",
jenes Söldnerheer, das, einst in Friedrichs von Sizilien
Diensten, seit dem Frieden von 1302 ins griechische Reich
gezogen war und dort seitdem eine dominierende Rolle spielte,
für sich zu gewinnen.

Eben an diesem Punkte nun zeigte sich so recht die
Unvereinbarkeit der aragonesischen Interessen mit den vale-
sischen. Der Aragonier hat nämlich, wie es ja auch durchaus natürlich war, alles daran gesetzt, die Kompagnie, die,
seit ihrem Abzug aus Sizilien durchaus selbständig, erst mit
dem byzantinischen Kaiser paktiert und für denselben in Kleinasien gekämpft hatte, dann seit 1305 ihn in Thracien bekriegte,[2]) zu einem Werkzeug der sizilischen Orientpolitik zu
machen.

Nachdem er schon 1305 seinen natürlichen Sohn Alphons
Fadrique ihr nachgeschickt hatte,[3]) schloss er am 10. März
1307 einen Vertrag mit seinem Neffen Ferdinand von Majorka
ab, wonach dieser als des Königs Stellvertreter das Kommando
der Kompagnie übernehmen sollte. Er musste sich verpflichten, in jeglicher Hinsicht nach Friedrichs Willen zu

---

[1]) Reg. № 244 (14. Januar 1306) und № 1755 (3. Juni 1307).

[2]) Die beiden Hauptquellen für die Geschichte der katalanischen
Expedition sind die Chronik Ramon Muntaners, der selbst an ihr teilnahm,
gedruckt von Filippo Moisè l. c. [60²] Bd. I. p. 450 ff. (auch bei Buchon.
chron. étrangères etc.) und Pachymeres ed. Bonn Bd. II. p. 395 ff. Mod.
Darstellung bei Ducange II. p. 49 ff.; Hopf, p. 380 ff.; Gregorovius Bd. I.
p. 471 ff.; auch Heyd, Hist. du com. du Levant, Bd. I. p. 450—2 und Caro
l. c. p. 304 ff. kommen darauf zu sprechen.

[3]) S. Hopf. p. 383.

handeln.[1]) Friedrich mochte sich damals mit grossen Hoffnungen tragen, liess doch eben damals die Kompagnie durch Abgeordnete seinen Bruder, den König Jakob II. von Aragon, und wohl auch ihn selbst auffordern, sie zu unterstützen und ihre glänzende Position in Thracien zum Nutzen des Hauses Aragon auszubeuten. Es heisst sogar, diese Gesandten wären auch beim Papst gewesen und hätten diesen auf die günstige Gelegenheit hingewiesen, mit Hilfe der Katalanen das griechische Reich zum Gehorsam zu bringen: sie hätten ihm die Investierung Friedrichs von Sizilien mit der Krone von Konstantinopel vorgeschlagen und um die Predigt eines Kreuzzugs zu ihrer Unterstützung gebeten. Klemens hätte sich als Protektor Karls von Valois natürlich gegen diese Vorschläge ablehnend verhalten.[2])

Wie ihm auch sei, die Mission Ferdinands von Majorka. der sich im Jahre 1307 nach Romanien und zwar nach Galipoli zur Kompagnie begab, hatte nicht den gewünschten Erfolg: zwar huldigten ihm einige ihrer Führer, aber der mächtigste,

---

[1]) S. die Urkunde bei Moisè, Bd. II. p. 1163—5. In der Einleitung heisst es: da Ferdinand nach Romanien zu gehen sich anschicke ,ad gentem domini regis (Friedrich) in eisdem partibus existentem et idem dom. noster rex animadvertens sibi et infanti ad honorem cedere, quod ipse infans ... gereret in eisdem partibus locum et vicem dicti ... regis et predicte genti loco et vice regia presideret ...'. Es folgen dann die bindenden Verpflichtungen Ferdinands, die Friedrich sogar das Recht geben, dem Infanten eine Gattin zu wählen. — Nach Muntaner c. 230 (p. 507) machte König Friedrich dem Hauptführer der Kompagnie, Rocaforte, sowie ihrem Siegelbewahrer Muntaner von dem zwischen ihm und Ferdinand abgeschlossenen Vertrage Mitteilung. Vgl. auch Gregorovius l. c. p. 479/80. Das Jahr 1307 statt 1306 nach Caro „Die Chronologie der letzten drei Bücher des Pachymeres" in Byzant. Zt. VI p. 114 ff. (123). C. gibt dort eine Chronologie des Katalanenzuges.

[2]) So weiss Monçada, Expedicion de los Catalanes y Aragoneses contre Turcos y Griegos, Barcelona 1653, c. 46 zu erzählen. Ähnlich berichtet Muntaner c. 229 (l. c. p. 505). Der nächste Zweck der katalanischen Gesandtschaft war, für die Freilassung Berengars, eines Führers der Kompagnie, aus der genuesischen Gefangenschaft zu wirken, was ihr auch gelang. Vgl. Ducange p. 113.

Rocaforte, widerstrebte ihm und wusste ihm, des zwischen
Ferdinand und König Friedrich abgeschlossenen Vertrages
kundig, dadurch die Übernahme des Kommandos unmöglich
zu machen, dass er ihm wohl persönlich, nicht aber als dem
Statthalter Friedrichs von Sizilien huldigen zu wollen erklärte. [1])

So begnügte sich denn der Infant damit, die Kompagnie
aus dem verödeten Thracien nach der Chalcidice zu führen:
bei Kassandria verliess er sie, um selbst zu Schiff heimzukehren.

Da geriet er nun bei der Insel Euböa mit einer venetia-
nisch-valesischen Kriegsflotte aneinander, [2]) deren Kapitän,
Theobald von Cepoy, [3]) zu Gunsten Karls von Valois durchzusetzen trachtete, was Ferdinand soeben im Dienste Friedrichs
von Sizilien vergeblich erstrebt hatte: die Leitung der katalanischen Kompagnie an sich zu reissen.

Im Jahre 1308 trat nämlich der zwischen Karl und
Venedig abgeschlossene Bündnisvertrag von 1306 soweit in
Kraft, dass, wenn auch nicht das Hauptpassagium, so doch
die in jenem ebenfalls vorgesehene Vorunternehmung „zur
Bewachung der Länder und Gewässer Romaniens und zur
Schädigung der beiderseitigen Feinde dort" nach längerer Vor-
bereitung von statten ging. [4])

Cepoy, der im Frühjahr 1308 von Brindisi mit zehn
venetianischen Kriegsschiffen in See gestochen war, traf, wie
gesagt, zunächst mit dem von seiner Mission bei der Kompagnie heimkehrenden Ferdinand von Majorka zusammen. Er
bemächtigte sich dieses Agenten der aragonesischen Macht,
der seinem Herrn, Karl von Valois, entgegenzuarbeiten versucht hatte, und sandte ihn zunächst an den Herzog Walther

---

[1]) Muntaner c. 230 (p. 506 ff.).

[2]) l. c., c. 231—35.

[3]) Über ihn ein Aufsatz von Petit in Le Moyen âge 1897 p. 231 ff.

[4]) l. c. [661[8]] p. 51: ‚ad custodiam maris et terrarum necnon ad
nocendum inimicis communibus in Imperio'.

von Athen, dann an Karl II. von Anjou nach Neapel ins Ge-
wahrsam.[1])

Darauf trat er seinerseits mit der Kompagnie, die noch
in Kassandria lagerte, in Verbindung. Und woran der Aragonese gescheitert war, das gelang dem Franzosen: er be-
wog die Katalanen, ihm im Namen Karls Eid und Huldigung
zu leisten.[2])

Damals schien das Glück Karl von Valois zu lächeln.
Als Herr der katalanischen Kompagnie, der Bundesgenossenschaft Venedigs und Serbiens versichert, konnte er auf einen
Erfolg seines Zuges nach Romanien hoffen. Zumal die Griechen
selbst, die sich unter dem kraftlosen Regiment des Andronikos
den Reichsfeinden, besonders den Türken Kleinasiens, schutzlos preisgegeben sahen, sich bereit erklärten, Karl als ihren
rechtmässigen Herrn anzuerkennen. So hatte schon im Jahre
1306 der Statthalter von Thessalonich, Johannes Monomachos.
durch seinen Bruder Konstantin wissen lassen, und so schrieb
an ihn im Jahre 1308 der Statthalter von Lydien (Sardes),
Konstantin Dukas Limpidaris, im Namen der kleinasiatischen
Griechen, die vor allem von Karl Rettung erwarteten. Eben
die Kleinasiaten, so erklärte er, würden Karl auch zum Besitze Konstantinopels verhelfen, wo sie in grosser Anzahl sich
aufhielten.[3])

---

[1]) l. c. p. 234.

[2]) Muntaner c. 236 (p. 524 ff.). Vgl. Petit l. c. p. 235. Petit, Charles
de Valois, p. 114 weiss nach dem Archiv von Barcelona zu berichten, dass Karl
von Valois persönlich in der ersten Hälfte des Jahres 1308 mit dem König
Jakob II. von Aragon wegen des Übertritts der katalanischen Kompagnie
in seinen, Karls, Dienst verhandelt hat. Jakob sollte in diesem Sinne auf
seinen Bruder Friedrich und auf den Führer der Kompagnie, Rocaforte,
einwirken. Auch hätte sich Jakob unter Umständen dazu bereit erklärt.
Von Friedrich wissen wir jedoch, dass er damals dem Valois nach Kräften
entgegenarbeitete (Brief Philipps IV. an Friedrich l. c. [660[2]]) und so war
es denn für Karl das beste, dass, während er selbst deswegen mit Aragon
verhandelte, sein Kapitän sich durch die Tat und im Gegensatz zum
Hause Aragon des Kommandos über der Kompagnie bemächtigte.

[3]) Die interessanten Briefe sind gedruckt von Ducange, Folioausgabe p. 52 ff. S. a. Text der Oktavausgabe p. 103/4. Vgl. auch die

Und nun bedenke man noch, dass in denselben Sommer-
monaten des Jahres 1308, da die Kompagnie der Katalanen
auf sein Banner schwor, da die Griechen ihm huldigten, Karl
durch Philipp IV. als Kandidat für den deutschen Kaiserthron
vorgeschlagen wurde.[1]) Einen Augenblick schien dieser Valois,
von dem überlegenen Philipp IV. als Bannerträger des französischen Imperalismus lanciert, dazu bestimmt, die beiden
Kaiserkronen der mittelalterlichen Welt auf seinem Haupte
zu vereinigen.[2]) Von Deutschland aus hätte er auch zu Lande
durch Ungarn, wo im folgenden Jahre Karl Robert von Anjou
als König Anerkennung fand, und das befreundete Serbien
gegen Byzanz zu Felde ziehen können.[3])

Rechnungen Karls über seine Ausgaben für das griechische Projekt, gedruckt von Moranvillé in B. E. Ch. Bd. 51 (1891): p. 74, 76, 77, 79 Geschenke an die Gesandten der griechischen Archonten. 1309/10 weilte
auch der Erzbischof Theoktistos von Adrianopel in Paris.

Die Unternehmung gegen Rhodus, die damals der Johannitermeister
Fulco von Villaret im Abendlande vorbereitete, hing zwar nicht unmittelbar mit Karls Projekten zusammen, würde aber durch ihren erfolgreichen
Ausgang im Jahre 1309 denselben ausserordentlich förderlich gewesen sein.
S. über dieses Unternehmen besonders Hopf l. c. p. 393/4 (dazu Bosio in
der Ordensgeschichte Bd. II. p. 15/16). Endlich neuerdings die Urkunden,
die Delaville le Roulx in Bd. IV.[1] seines Cartulaire Général de l'ordre
des Hospitaliers de St. Jean, Paris 1901 publiziert hat. — Schon 1306
hatten die Johanniter auf der Insel festen Fuss gefasst (vgl. Hopf l. c.):
am 5. September 1307 belehnte sie Klemens V. mit ihr (Delaville № 4755),
,quam schismaticorum Grecorum infidelitas detinebat' sagt Klemens:
in Wirklichkeit hatten die Johanniter sie den Türken abnehmen müssen.
Völlig Herren wurden sie aber erst 1309 (Hopf l. c.). Ihr Ziel war gewesen eine freiere Existenz als sie im Königreich Cypern führten, wo sie seit
dem Falle Akkons ihren Sitz gehabt hatten. Vgl. auch unten unter № III.

[1]) S. besonders Wenck, Klemens V. und Heinrich VI., 1882, p. 101 ff.
Vgl. oben p. 658.

[2]) Vgl. auch Leroux l. c. [659[1]] p. 267—71.

[3]) Auf den Zusammenhang zwischen der deutschen und der griechischen Sache hatte bereits Dubois in seinem Traktat ,de recuperatione terrae
sanctae' im Jahre 1305 hingewiesen, ed. Bongars, G. D. p. Fr. Bd. II.
p. 353, auch ed. Langlois 1891 p. 104: nachdem von der Machterweiterung
Philipps IV. die Rede gewesen ist, heisst es weiter: praedictoque fratri suo

Aber die französische Weltmonarchie verwirklichte sich so wenig im Zeitalter Philipps des Schönen, wie in dem Karls von Anjou. Der Valois ward nicht deutscher König, weil die deutschen Fürsten von dem Bruder Philipps IV. um ihre Freiheiten gebracht zu werden fürchteten, und weil der Papst nicht entschieden genug für Karls Kandidatur eintrat. Klemens V., den der Sieger über Bonifaz VIII. den Kelch der Demütigungen bis auf die Neige schlürfen liess, wagte es, wenigstens in der Kaiserfrage Philipp dem Schönen zu trotzen. Er zeigte sich damit als würdiger Nachfolger Gregors X., der gleichfalls ein römisches Kaisertum französischer Nation zu verhüten gewusst hatte.[1])

Und auch die griechischen Pläne Karls wurden alsbald zunichte. Es zeigte sich in kurzem, dass mit der Huldigung der katalanischen Kompagnie wenig gewonnen war, da sich diese ungebärdige Söldnerbande als zur Verwendung für höhere politische Ziele unbrauchbar erwies. Cepoy überliess sie, wie vorher Ferdinand von Majorka, ihrem Schicksal, nachdem er

---

(Karl von Valois), *qui propter tantum conquestum Imperii Graecorum sine confusione regni Francorum guerram movere et persequi usque ad mortem non posset omittere'*, [die jetzt folgende Lücke bei Bongars hat Langlois durch einen Fund in der Vat. Bibl. zu ergänzen gewusst. s. Rev. Hist. von 1889. (№ 41) p. 85 Note 3, doch muss hinter *,omittere'* ein Komma statt eines Punktes stehen, da der Satz noch nicht zu Ende ist, Langlois lässt sogar einen Absatz eintreten] *multum erit proficuum, et honorabile domino regi Francorum, si regnum et imperium Alemanie possit suo fratri nepotibusque perpetuo procurare'*. Es folgen dann genauere Ratschläge für einen grossen Kriegszug gegen Byzanz, die resumiert sind aus einer anderen — verlorenen — Schrift Dubois' *,super abbreviatione guerrarum'*. Besonders tritt er auch für die Erlernung der griechischen Sprache seitens der Franzosen ein, damit das eroberte byzantinische Reich besser regiert werden könne und eine Verschmelzung mit den Einwohnern möglich sei. Vgl. übrigens auch ein weiteres Memoire Dubois', in dem er Philipp IV. empfiehlt, sich selbst zum Kaiser von Deutschland wählen zu lassen, ed Boutaric in Notices et Extr. Bd. XX₂. p. 188.

[1]) Wenck, p. 118—22. 131, vgl. o. p. 658.

sie aus der Chalcidice nach Thessalien weitergeführt hatte:
er kehrte von dort 1309/10 nach Frankreich heim.[1]

II. Die griechische Politik Philipps von Tarent (1313—31).

Nach dem Scheitern von Cepoys Unternehmung begab
sich Karl von Valois der führenden Rolle, die er bisher in
der griechischen Politik des Occidents gespielt hatte. Wie
unsicher er sich überhaupt in ihr gefühlt hatte, zeigt nichts
besser als die Tatsache, dass er noch nicht einmal den 1306
durch Gesandte mit der Republik Venedig abgeschlossenen
Vertrag beschworen hatte, und dass er auch trotz der unablässig wiederholten Mahnungen der Republik die Ratifizierung
stets hinausschob. Er berief sich zu seiner Entschuldigung
vornehmlich auf die Verhältnisse Frankreichs, die ihn in Anspruch nahmen und ihm eine solche Verpflichtung unmöglich
machten.[2] In der Tat wird man in der Unselbständigkeit
Karls von Valois, in seiner Abhängigkeit von der Krone
Frankreichs, in seiner Unfähigkeit, eine Politik auf eigene
Rechnung zu machen, den Hauptgrund für die Unfruchtbarkeit
seiner byzantinischen Bestrebungen sehen müssen. Venedig,
gründlich ernüchtert, und durch die Unterbrechung seiner
Handelsbeziehungen zum griechischen Reiche stark geschädigt,
ging am 11. November 1310 einen zwölfjährigen Waffenstillstand mit Byzanz ein.[3] Nachdem die Republik zweimal in
dem seit dem Untergang des lateinischen Kaiserreichs (1261)
verflossenen halben Jahrhundert die Politik des Vierten Kreuz-

---

[1] Petit im Moyen âge l. c. p. 235/6, Gregorovius l. c. Bd. II.
p. 7. 9.

[2] Brief Karls an Venedig vom 31. Mai 1307 in Dipl. Veneto-Lev.
p. 59/60. — Instruktion Karls an seinen Gesandten Pierre de Riche vom
März 1308. Libri Commemoriali (in Atti della R. deputazione di storia
patria, Venedig) Bd. I. p. 85. Brief Karls an Venedig vom 6. Juli 1309,
Dipl. p. 75/6. Brief des Dogen an Klemens V. vom 10. September 1309.
l. c. p. 76/7. Brief Klemens' V. an Philipp IV. vom 22. Oktober 1309.
l. c. p. 76.

[3] Dipl. Veneto-Lev. p. 82, 84.

zugs vergebens erneuert hatte, erst durch den Vertrag mit Karl von Anjou 1281, dann durch denjenigen mit Karl von Valois 1306, hielt sie sich in der Zukunft von den lateinischen Restaurationsbestrebungen fern.[1]

Diese aber gingen noch durch zwei Jahrzehnte fort, ehe auch sie erloschen. Wir werden weiterhin sehen, dass am Anfang der zwanziger Jahre noch einmal in Frankreich selbst eine „lateinische" Politik grossen Stils betrieben worden ist: ihre dauernde Signatur aber erhielt die byzantinische Politik des Occidents nach dem Scheitern der Projekte Karls von Valois durch eine Verschmelzung der griechischen Politik Frankreichs mit derjenigen Neapels. Der Träger dieser kombinierten Politik wurde Philipp von Tarent, der Bruder der Könige Karls II. und Roberts von Neapel, den wir schon vorher als den Vertreter der spezifisch neapolitanischen Orientpolitik kennen lernten. Ihm überliess nämlich Karl von Valois seit 1311 und besonders seit 1313, wo Philipp seine und Katharinas von Courtenay Tochter, ebenfalls Katharina mit Namen, heiratete, die weitere Fortführung der bis dahin von ihm selbst verfolgten Projekte.[2]

Die griechische Politik Philipps von Tarent hat nun darum ihren Charakter nicht verändert. Zwar steckte der Prinz ihr jetzt höhere Ziele, indem er die Eroberung Konstantinopels direkt in sein Programm aufnahm; in der Praxis aber blieb

---

[1] Marino Sanudo kritisiert in einem Briefe aus dem Jahre 1330 die gesamte angiovinische Orientpolitik und beklagt die Teilnahme Venedigs an ihr, die der Republik nur Schaden gebracht habe. Speziell von Karls von Valois Projekten sagt er: Karl gab sie schliesslich auf. „*quare non fuit inde secuta aliqua conquisitio, sed damnum de dispendiis factis pro utraque parte, et tantum plus, quod dom. dux et commune Venetorum recepit damnum magnum de eo quod non consueverunt mercari in contratis, quae erant subtus illud imperium Romaniae et etiam propter plures derobationes factas per homines imperii*. Ganz ähnlich hatte sich bereits der Doge Pietro Gradenigo in dem p. 671² zitierten Briefe an Klemens V. beklagt. Vgl. auch das Fragmentum der Chronik Sanudos in Hopf, chron. gréco-romanes.

[2] Vgl. Ducange Bd. II. p. 167/8, Petit, Charles de Valois, p. 121.

sie, was sie gewesen war: eine angiovinische Hauspolitik vorwiegend defensiver Natur.

Wurde doch der Besitzstand der Anjous in Romanien
damals von allen Seiten bedroht: durch die auf der ganzen
Linie von Durazzo bis zum Kap Matapan vordringenden
Byzantiner und die Despoten von Arta, durch die immer
mehr zu Macht gelangenden Serben und vor allem durch die
katalanische Kompagnie, die, seit 1311 Herrin des Herzogtums Athen und von dem aragonesischen Sizilien aus regiert,
in Verbindung mit den Türken die übrigen Lateiner Romaniens
nach Kräften befehdete. [1]

Dreimal sind in Verfolgung dieser Politik grössere Unternehmungen geplant oder auch ausgeführt worden. Philipp
von Tarent nahm eine solche gleich anfangs in den Jahren
1312/13 in Aussicht: in erster Linie zum Schutz seiner Länder,
besonders des Fürstentums Achaja, gegen die Griechen. [2]
Schon hatte er 2000 Reiter und 4000 Fusssoldaten aufgebracht, denen der Papst am 7. Mai 1312 dieselbe Indulgenz
erteilte wie den ins heilige Land ziehenden. [3] Auch gewährte
er Philipp den Zehnten im Königreich Neapel, auf Sardinien
und Korsika und im lateinischen Romanien, [4] und er suchte
auch jetzt wieder König Friedrich von Sizilien zur Teilnahme
an dem Zuge zu bewegen. [5] König Philipp IV. von Frankreich
aber bekundete in einer Urkunde vom 24. Oktober 1313 feierlich, dass er nunmehr in Philipp von Tarent, dem Gemahl
Katharinas von Valois, den Vertreter des *negotium Constan-
tinopolitanum* sehe und verpflichte sich zum Zeichen dafür,
ihn mit 500 Waffenleuten für ein Jahr zu unterstützen. [6]

---

[1] Nach der ausf. Darstellung bei Hopf, p. 402 ff.

[2] So Klemens V. in seinem Briefe an Philipp vom 30. April 1312.
Reg. Clem. № 7759.

[3] Reg. Clem. № 2893 vom 7. Mai 1312.

[4] № 7759 (30. April 1312).

[5] Ducange II p. 167.

[6] Ducange, Folioausgabe p. 79, s. auch Text der Oktavausgabe II
p. 168.

Im Jahre 1314 setzte Philipp der Schöne dann den Lehnsdienst fest, den Ludwig von Burgund, durch seine Ehe mit Mathilde von Achaja Fürst dieses Landes, Philipp von Tarent bei seinem Zuge gegen Byzanz zu leisten habe: zunächst sollten es 100 Waffenleute sein, darunter 25 Ritter.[1] Auch erneuerte Philipp IV. damals das Bündnis mit dem Serbenkönig.[2]

Aber die Expedition Philipps von Tarent fand weder damals statt, noch in den Jahren 1318—1320, wo sie abermals in Aussicht genommen wurde.[3] König Philipp V. von Frankreich erneuerte damals jenes Versprechen seines Vaters und erfüllte es auch durch Zahlung einer Geldsumme.[4]

Erst im Jahre 1325[5] unternahm Philipps von Tarent Bruder, Johann von Gravina, einen Zug nach Romanien. Wie

---

[1] Ducange II p. 170. Es wird in der Urkunde bereits mit der Eventualität einer Wiedereroberung des Königreichs Thessalonich gerechnet.

[2] Ducange, Folioausgabe p. 62.

[3] Hopf, p. 408/9, der besonders auf die Verhandlungen Philipps mit Venedig verweist. Nach den Reg. Joh. XXII, ed. Coulon, № 1170. wandte Philipp von Tar. sich damals auch an den Papst, und in № 1199 vom 11. April 1318 empfiehlt Papst Johann Philipp von Tarent an König Philipp V. von Frankreich und an Karl von Valois. Nach einer Anmerkung Coulons p. 862 weilte Philipp von Tarent von 1318—20 an der Kurie. Übrigens stand damals im Vordergrunde des Interesses die Bekämpfung der katalanischen Kompagnie, die den übrigen Lateinern Romaniens hart zusetzte. Besonders der Papst eiferte gegen sie. Hopf, p. 410 ff.

[4] Ducange, Folioausgabe p. 85/6.

[5] Im Jahre 1323 trug der Serbenkönig Stephan (V.) Urosch (III.) Philipp von Tarent ein Bündnis gegen Byzanz an: nach dem Muster des von seinem Vater Milutin († 1320) mit Karl von Valois abgeschlossen. Er begehrte Philipps Tochter Blanca zur Gemahlin und sprach den Wunsch aus, mit der Kurie in Beziehung zu treten. Johann XXII. schickte dann auch, von Philipp benachrichtigt, eine Unionsgesandtschaft nach Serbien: er machte die Ehe des Königs mit Philipps Tochter von der Vollziehung der Kircheneinigung mit Rom abhängig. Zu dieser aber kam es nicht, und so unterblieb auch das politische Bündnis. Raynald 1323 § 14—18. Vom 19. Juni 1323 ist die Antwort Johanns XXII. an Philipp, wo er erklärt: die Ehe sei davon abhängig, dass der Serbe die Union vollziehe. ,aliaque compleat, que tue magnitudini pro faciliori acquisitione Ctani Imperii obtulit' (§ 14).

weit noch immer die Aspirationen des Tarentiners gingen,
beweist eine Urkunde, durch die Philipp dem Martin Zaccaria
von Chios den Titel eines Despoten Kleinasiens und der kleinasiatischen Inseln verlieh gegen das Versprechen, ihm mit
500 Mann zur Wiedereroberung Konstantinopels zu helfen
(26. Mai 1325).[1] Doch war das eigentliche Ziel der Expedition
ein bescheideneres: die Bezwingung des Despotats Epirus,
das unter kriegerischen Fürsten die Anjous die einst gezollte
Botmässigkeit verweigerte.[2] So teilte Philipp am 21. Januar
1325 dem Papst durch einen Gesandten, den Johanniterbruder
Pontius, mit, indem er denselben zugleich um die ihm bereits vorher für seine Unternehmung zugesagten Subsidien
bitten liess.[3]

Obwohl nun diese ausblieben — der Papst erklärte sich
zu ihrer Erteilung bei seiner augenblicklichen Lage ausser
stande —, so errang Philipps Bruder Johann von Gravina
doch zunächst bei seinem Kampf gegen den Despoten
Giovanni Erfolge: Philipp von Tarent konnte im Mai 1325
dem Papst von der Rückeroberung eines Teils des Despotats
melden.[4] Aber es gelang dem Despoten, sich im Gros seiner
Besitzungen zu behaupten.

[1] Hopf, p. 408.

[2] 1318 hatte Graf Niccolò von Zante und Kephalenia seinen Oheim,
den Despoten Thomas Angelos ermordet und sich selbst zum Despoten
gemacht (bis 1323). Ihn beraubte dann sein Bruder Giovanni der Regierung
(bis 1335). Hopf, p. 420.

[3] Reg. Vat., ms., Bd. 113 fol. 56. Antwort Johanns XXII. an
Philipp von Tarent. Wir haben Deinen Brief empfangen und angehört
*que idem Poncius super recuperatione despotatus Romanie, nunc tibi,
sicut pretendis, accomoda, pro qua promissum per nos tibi petiisti subsidium, in conspectu nostro proposuit'.*

[4] l. c. fol. 59. Antwortschreiben Johanns XXII. vom 31. Mai 1325.
*,Nobilitatis tue litteras super recuperatione certe partis despo-
tatus Romanie rumores placidos leta manu recepimus nuntiantes.'*
Die Bitte Philipps um Hilfe könne er aber auch jetzt noch nicht wegen
der *,urgentes necessitates',* die die Kurie bedrängten, gewähren. Wenn
diese aufhörten, würde er Philipp gern beistehen. Hopf, p. 422.3 tut
dieses Erfolges Johanns von Gravina keine Erwähnung.

Ihn zur Botmässigkeit zu bringen, glückte auf der
Expedition, die Walther von Brienne, der Exherzog von Athen.
als Philipps von Tarent Generalkapitän, im Jahre 1331 nach
Romanien unternahm.   Arta ergab sich, und der Despot
Johannes huldigte den Anjous.   Weiter kam auch Walther
nicht: ein Feldzug gegen die katalanische Kompagnie, der er
das Herzogtum Athen wieder zu entreissen strebte, scheiterte.[1]

III. Die letzten Kreuzzugsprojekte gegen Byzanz (1323—1327).

Ich erwähnte bereits, dass die griechische Politik Karls
von Valois neben dieser kontinuierlichen angiovinischen auch
noch einmal eine französische Fortsetzung gehabt hat.

Um sie zu verstehen, bedarf es eines Blickes auf den
Rahmen, in dem sich die gesamte byzantinische Politik des
Occidents in den ersten Jahrzehnten des XIV. Jahrhunderts
abgespielt hat.   Es ist der säkulare Zusammenhang der Kreuzzüge, in dem sie auftrat.   Auch jetzt noch umgab das Abendland die lateinische Restaurationspolitik mit der Gloriole des
heiligen Grabes.   Ja, nie zuvor ist diese Beziehung mit mehr
Nachdruck betont worden als damals.

Denn einen grossen Kreuzzug zur Wiedereroberung des
seit 1291 der Christenheit verlorenen heiligen Landes zustande zu bringen: das steckten die Päpste dieser Epoche ihrer
pontifikalen Tätigkeit als äusserstes Ziel.   Die Könige von
Frankreich waren die erkorenen Führer dieses Kreuzzugs.

Je weniger letztere nun aber imstande oder auch willens
waren, eine grosse Heerfahrt ins heilige Land zu unternehmen,
um so mehr beeilten sie sich, die von ihnen protegierten
byzantinischen Expeditionen als Vorunternehmungen des
eigentlichen Kreuzzugs hinzustellen, da die Eroberung des
griechischen Reichs für das grosse *passagium* nützlich und
notwendig sei.[2]

[1] Hopf. 424 ff.

[2] Urkunde Philipps IV. vom Jahre 1313, in der er Philipp von
Tarent Unterstützung bei dessen griechischer Unternehmung verspricht:

Ebenso fassten auch die Päpste jene byzantinischen Projekte auf. Sie begründeten damit, wie ja auch in früherer Zeit, die Vertauschung von Gelübden, die dem heiligen Lande galten, in solche für Konstantinopel.[1])

Charakteristischer aber noch als diese offizielle Verknüpfung der byzantinischen Projekte mit der Kreuzzugssache ist die offiziöse, wie sie die Publizisten dieser Epoche verkünden.

- - - - - - -

nos, qui summis desideriis afficimur ad negotium terrae sanctae, ad negotium Ctanum tamquam praeparatorium necessarium pro passagio transmarino ... nostrae nuntiis oculos dirigentes ...' Und weiter: *,et ut dictum negotium Ctanum idem princeps viriliter persequatur et terram illam* (das griechische Reich), *multum utilem et necessariam pro passagio memorato, possit facilius ad obedientiam ... Ecclesiae suamque reducere ...'* Bei Ducange, Folioausgabe, Rec. des Chartes, p. 79. Vgl. oben p. 673.

[1]) Bulle Benedikts XI. vom 20. Juni 1304 (reg. № 1006) *,attendentes, quod ex eiusdem felici consummatione negotii* (des Zuges Karls von Valois) *Terrae Sanctae subsidium, quod ex causis diversis tamdiu fuit hactenus prepeditum, ... poterit provenire'* verwandle er die Gelübde. Aber er knüpft diese Vertauschung an die Bedingung: *,nisi prius generale passagium in Terrae Sanctae memoratae subsidium fieri contingat'.* Also ein vollgiltiger Ersatz für die Fahrt ins heilige Land ist ein Zug nach Kp. nicht: aber es ist eine indirekte Hilfe, die man jenem gewährt und die unter Umständen eine direkte geradezu ersetzen kann. Es ist die Auffassung, die sich, wie wir oben zeigten, in den zwanziger und dreissiger Jahren des dreizehnten Jahrhunderts herausgebildet hatte (s. oben p. 287 ff.). Klemens V. dagegen greift auf die Anschauung Innocenz' III. zurück, wenn er den fürs heilige Land Bekreuzten, die nach Kp. ziehen wollen, eine spätere Fortsetzung ihrer Kreuzfahrt nach Jerusalem zur Pflicht macht. Es ist kein Zweifel, dass dem Papst dabei das Ideal vorschwebte, das man auf dem Vierten Kreuzzug hatte verwirklichen wollen: eine unmittelbare Kombination des Zuges gegen Byzanz mit der Befreiung des heiligen Landes. Nur wenn die Betreffenden auf dem Zuge gegen Kp. stürben, sollten sie von dem Weiterzuge ins heilige Land entbunden sein. *,Quodsi forsan in prosecutione huiusmodi negotii dicti Imperii non decesserint, ad executionem voti eorum quod pro eiusdem Terrae Sanctae subsidio omiserint, nihilominus teneantur'* (Diplomata Veneto-Levantino, p. 55 vom 10. März 1307).

Denn der Verlust des heiligen Landes weckte in der Menschheit von damals mehr, als den Trieb zu spontaner Tat, den zu vorschauender Überlegung. Die Kreuzzugsidee flüchtete sich aus der Welt in die Studierstube. Gelehrte, weltliche und geistliche, aber auch Fürsten sannen über die Mittel, Palästina der Christenheit zurückzugewinnen, und legten ihre Resultate in kürzeren oder längeren Abhandlungen dar. [1])

----

[1]) S. über diese Denkschriften im allgemeinen Delaville le Roulx l. c. [71[1]] Bd. I. p. 16 f., 30 ff., 49 ff. Über die für das Vienner Konzil 1311 bestimmten Vorschläge handelt auch Heber in einer Dissertation. Leipzig 1896.

Schon König Karl II. von Neapel lieferte dem Papste Nikolaus IV. ein solches Gutachten: Delav., p. 16—18. Im Jahre 1305 verfasste der Johannitermeister Fulco von Villaret für Klemens V. ein Gutachten, (Delav. le Roulx in dem p. 668[8] zit. Werk p. 105—10), sowie Anfang der zwanziger Jahre des XIII. Jahrhunderts sein Nachfolger Helion de Villeneuve (Delav., La France en Or. p. 80/1). Wir finden auch den letzten Templermeister Jakob von Molay unter diesen Männern der Feder. Brief an Klemens V. vom Jahre 1307, (l. c. p. 55 ff.). Im selben Jahre verfasste der armenische Fürst Haython eine derartige Denkschrift (p. 65), 1311 der König von Cypern (p. 11/2).

Sonst sehen wir von weltlichen Personen als Ratgeber auftreten: vor allem den Venetianer Marino Sanudo mit seinem ,Secreta Fidelium Crucis‘ (Bongars, Gesta Dei Francorum, Bd. II.; s. darüber besonders die Ausf. Kunstmanns in Abh. der bayr. Ak. der Wiss. 1855, p. 705 ff.: danach wurde Buch I. vft. 1306/7, Buch II. 1312/13, Buch III. bald darauf; das Ganze wurde 1321 von Sanudo dem Papst Johann XXI. überreicht), ferner Dubois, den wir bereits oben p. 669[8] erwähnten, besonders in dem Traktat ,De Recuperatione Terrae Sanctae‘, ed. Bongars II p. 316, reed. von Langlois 1891, sowie in einem bei Baluze, Vitae papar. Avenionensium Bd. II. p. 186—95 gedruckten Traktat. Auch der berühmte Nogaret äusserte sich 1311 in einem Memoire (Delav. l. c. p. 60). Im Jahre 1295 hatte gar ein Arzt aus Genua, Galvano de Levanto dem Papst Bonifaz VIII. eine Abhandlung über die Wiedergewinnung des heiligen Landes eingereicht (veröffentlicht in der Revue de l'Or. Latin, Bd. VI. p. 343—69). Im Jahre 1333 holt König Philipp VI. von Frankreich für einen Kreuzzug den Rat der Stadt Marseille ein: Delav. Bd. II. p. 89 ff.

Zahlreich sind endlich auch die Geistlichen, die sich vernehmen lassen: an der Spitze der spanische Missionär Raymundus Lullus, der

Auch hier nun finden wir vielfach eine Eroberung Byzanz'
als integrierenden Bestandteil des Kreuzzugs der Zukunft
postuliert: das eigentliche Ziel des letzteren aber sahen die
genialsten dieser Publizisten viel weniger in der Befreiung
des heiligen Landes, als in der Eroberung des gesamten
muhamedanisch-griechischen Orients, Vorderasiens und Nord-
afrikas, durch die Abendländer.

Ein Pierre Dubois hat besonders die politische Eroberung
zu Gunsten des Königs von Frankreich im Auge; Marino
Sanudo die wirtschaftliche im Interesse Venedigs,[1] dem
Spanier Raymundus Lullus aber kommt es ausschliesslich auf
die Katholisierung des Orients an: und dieser kirchliche Gesichtspunkt wird auch von den anderen Autoren stark betont.[2]

In diesem Zusammenhang also war es, dass sie auch
die Restauration des lateinischen Kaiserreichs, die Bezwingung

zwar hauptsächlich für eine Bekehrung der Ungläubigen durch die Predigt,
daneben aber auch für eine grosse Heerfahrt gegen sie eintritt (s. über
ihn bes. Kunstmann l. c. p. 721 ff., und Hauréau in Hist. Lit. de France
Bd. XXIX. p. 1—386, vgl. Delav., p. 30/1). Er ist der geistige Vater
der Projekte Sanudos. Dem Papst Nikolaus IV. hatte schon eine Denkschrift gewidmet der Franziskaner Fidencius von Padua (Delav,
p. 19 ff.). Im Jahre 1311 liess sich der Dominikaner Wilhelm Adam
in einer sehr bemerkenswerten Abhandlung hören; dem König Karl IV.
(1322—1328) erteilten die Bischöfe von Mende und Léon Ratschläge,
und das c. 1331 geschriebene umfassende ‚Directorium' des Dominikaners
Brocard (ed. Reiffenberg in Monum. pour servir à l'hist. des prov. de
Namur etc. IV p. 227—312, vgl. Delav., p. 90—97) beschliesst in der
Hauptsache diese originelle Literatur.

[1] Er wollte bekanntlich durch eine grosse Kontinentalsperre im
Stile der napoleonischen Ägypten wirtschaftlich und damit auch politisch
entkräften, so dass es erobert werden und Venedig sich dort an der Quelle
des Orienthandels etablieren könnte.

[2] Überhaupt berührten sich die Ideen dieser Publizisten aufs engste.
So war z. B. auch Sanudo der französisch-imperialistische Standpunkt
Dubois' nicht fremd: in dem Schreiben, durch das er die ‚Secr. fid. crucis'
dem französischen König widmet, erklärt er: *,et dict, que ce seroit plus
legere chose a vostre haulte Maeste d'avoir la Seigneurie de monde et
gagner Paradis, que ne fu à Alexandre, qui fu Sire du monde'*: er
brauche nur seine Ratschläge zu befolgen. Bougars l. c. p. 5.

des schismatischen Byzanz stellten, und gerade hier entsprachen ihren Projekten ja bereits reelle Bestrebungen: die Karls von Valois, auf die sie auch direkt anspielten, und dann die Philipps von Tarent.[1])

----

[1]) Ausser den drei vorhin im Text genannten Autoren sind es noch der Dominikaner Wilhelm Adam in seiner für das Konzil von Vienne bestimmten Schrift von 1311 und ferner der Bischof von Léon (Anf. der zwanziger Jahre) und der Dom. Brocard (c. 1331; s. über sie p. 678[1]), die unter anderem für eine Eroberung des byzantinischen Reichs eintreten.

Über die beiden letzteren wird später noch zu handeln sein. Von den uns hier interessierenden Autoren raten Adam und Lullus geradezu, den Kreuzzug mit der Eroberung Kp.s zu beginnen und das byzantinische Reich dann zur Basis für den Kampf gegen die Ungläubigen zu nehmen. Den betr. Passus der Schrift Adams siehe analys. bei Delav. l. c. p. 73/4. Lullus macht den grandiosen Vorschlag, zugleich von Spanien her an der Nordküste von Afrika entlang, und von Kp. her gegen den Islam vorzugehen. So in der Schrift: ‚Petitio in concilio generali‘, Bibl. Nat. in Paris, ms. lat. *№* 15430. fol. 543: er rät zur Vereinigung aller Ritterorden in einem einzigen *‚et quod una pars eat ad acquirendum Cpolim; quod per hoc posset acqueri successive turquia et dari passagium per terram ad terram sanctam‘.* Der andere Teil soll Ceuta erobern *‚ipsa acquisita posset acqueri regnum marochi et etiam tota barbaria‘.* Den betr. Passus aus Lullus ‚liber de acquisitione terrae sanctae‘ vom Jahre 1309, s. hinten im Anhang *№* XIV. nach dem Ms. lat. 15450 der Bibl. nat. (Anspielung auf Karl von Valois).

Im Gegensatz zu Adam und Lullus treten Dubois und Sanudo für eine nachträgliche Eroberung des byzantinischen Reichs ein. Sanudo verwirft in den Secr. fid. crucis lib. II. pars II. c. 1 (l. c. p. 37) geradezu den Landweg ins heilige Land. indem er einer direkten Eroberung Ägyptens das Wort redet. Danach aber werden alle übrigen Länder der Ungläubigen den Katholiken anheim fallen (c. 7) *‚quod similiter Graecis schismaticis poterit evenire‘* (p. 47). Vgl. lib. II. pars IV. c. 27 (p. 90): dann werden *‚caeteri undique infideles atque schismatici procul dubio subiugabuntur dominio Christiano‘.* Auch im Widmungsschreiben an Johann XXI. bei Bongars l. c. p. 2: der Kreuzzug wird auch schliesslich herbeiführen *‚Graecorum quoque et aliorum Schismaticorum etiam obedientiam et reditum ad gremium piae matris‘.*

Allerdings empfiehlt Sanudo auch schon unter den den Kreuzzug vorbereitenden Unternehmungen die Belästigung der schismatischen Griechen (lib. II. pars IV., c. 23; p. 82). Die Folge wird sein: *‚Ast qui ob*

Immerhin lag bei den Plänen und Unternehmungen Karls von Valois und Philipps von Tarent die Sache so, dass eine eigenständige, in sich selbst gegründete byzantinische Politik nachträglich von offizieller wie offiziöser Seite in den Kreuzzugsrahmen eingespannt wurde.

Umgekehrt verhält es sich dagegen mit den byzantinischen Bestrebungen, wie sie in Frankreich am Anfang der zwanziger Jahre wieder hervortreten. Sie bilden einen integrierenden Bestandteil der allgemeinen Kreuzzugsbewegung, anstatt dass letztere, wie vorher, für jene nur den künstlichen Rahmen abgäbe. Eben in der Verknüpfung mit der Kreuzzugsidee erwachen jene Bestrebungen überhaupt zu neuem Leben. Die Expedition gegen Byzanz soll nichts Anderes sein als ein Vorpassagium, bestimmt, jener die Wege zu bahnen.[1])

— — — —

suum schisma a Sancta Romana Ecclesia recesserunt, ipsius potentia et virtute (des vorpassagium) *ac ipsius gladio persequente, schisma suum penitus derelinquent, semitam veritatis . . humiliter imitantes'.* Auch in seinen Briefen trat Sanudo weiterhin für diese antigriechische Aktion des Vorpassagiums ein, s. u. p. 686[1].

Dubois endlich empfiehlt in seiner Schrift ,de recup. t. s.' vom Jahre 1305 (ed. Bongars, p. 347, vgl. ed. Langlois. p. 89) ausdrücklich eine nachträgliche Eroberung des byzantinischen Reichs und zwar unter Anspielung auf die Prätensionen Karls von Valois. *,Et tunc* (nach Eroberung des heiligen Landes) *videtur optime facturos Principes si redirent . . . per Graeciam pro domino Karolo contra Peryalogum iniustum detentorem, nisi cedere vellet, cum consilio ecclesiae Romanae fortiter pugnare',* so dass im Falle des Sieges Karl als Kaiser von Kp. der berufene Schützer des heiligen Landes sein·werde. — Er empfiehlt übrigens, vor Beginn des Kreuzzuges ein Generalkonzil zu berufen, zu dem auch der Paläologe, der ,*detentor*' des byzantinischen Reichs, zu laden sei. (Bongars, p. 248, Langlois, p. 90). S. auch weiterhin p. 353/4 (Langlois, 106/7), wo er noch näher ,*super acquisitione Imperii Graecorum, post viam Terrae Sanctae facienda*' spricht. Vgl. o. p. 669[3].

[1]) Ein erstes Vorpassagium dieser Art, welches aber nur einen Teil des byzantinischen Reichs berührt hatte, war die Expedition gewesen, die der Johannitermeister Fulko von Villaret im Jahre 1309 vom Occident her gegen die Insel Rhodus unternommen hatte, die der Orden schon seit 1306 den Türken zu entreissen suchte, um sich dort ein neues Heim

Der Kreuzzug, um den es sich handelt, war schon von
Philipp IV. der Kurie angetragen worden: das Konzil von Vienne
hatte im Jahre 1312 einen sechsjährigen Zehnten für ihn proklamiert.[1]) Philipp V. (1316—22), der das Projekt von seinem Vater

zu gründen (s. o. p. 668[3]). Es war bei der Mission des Ordens nur
natürlich, dass Klemens V. die Heerfahrt des Johannitermeisters sofort
mit der Sache des heiligen Landes verknüpfte. Bemerkenswert erscheint
jedoch, dass er sie schlechthin als einen Kreuzzug zur Befreiung des
heiligen Landes im Occident zu lancieren für gut befand unter Vermeidung
des weniger zugkräftigen Namens der Insel, der der Zug doch zunächst
galt. Er stellte ihn speziell als Vorpassagium von Philipps IV. grossem
Kreuzzug hin. Die Belege für diese Tatsache in den Briefen Klemens' V.
bei Delaville, Cartulaire l. c. № 4807 ff. Das eigentliche Ziel deutet der
Papst immer nur versteckt an, so in einem Brief an den Johannitermeister
vom 11. August 1308 mit den Worten: *semitas quodammodo, pontes
et vias ad idem generale passagium preparando*. Bosio l. c. p. 16 bemerkt ebenfalls diese Verheimlichung des Ziels, weiss für sie aber nur
die Erklärung *perché l'Impresa più secretamente passasse*. Vgl. übr. o.
p. 646[1].

In der endgültigen Eroberung von Rhodus 1309 feiert Klemens
dann die nahe bevorstehende Befreiung des heiligen Landes: s. № 4863
vom 8. Juni 1309 (Gratulation an Philipp IV.). Wenn sie auch nicht
diese zur Folge hatte, so wurde die Insel doch zum Schutzwall sowohl
Cyperns und Armeniens gegen die ägyptischen Sultane, als auch Romaniens
gegen die Türken.

Übrigens war die Okkupation der Insel auch in einem Kreuzzug-
gutachten empfohlen worden: von Raymundus Lullus und zwar im selben
Jahre 1306, als die Johanniter ihr Unternehmen begannen. In seiner
Schrift 'De fine', analys. v. Kunstmann l. c. p. 722.

[1]) Rayn. 1312 § 22. Auch auf Kaiser Heinrich VII. hatte Klemens V.
eine Zeitlang seine Hoffnung gesetzt: s. Heidemann, die Königswahl
Heinrichs von Luxemburg im Jahre 1308, Fz. DG. Bd. XI., p. 74 ff. Im
Gegensatz zu Heinrich VII. geschah es dann, dass nach dessen Tode
im Jahre 1313 Philipp IV. aufs neue sich zum Kreuzzug bereit erklärte.
Indem er darauf hinwies, wie Heinrich VII. durch die Bekämpfung des
Vasallen der Kirche, des Königs Robert von Neapel, das Geschäft des
heiligen Landes gehindert habe, trat er beim Papste für die Wahl eines
französischen Prinzen, eines Sohnes Philipps, zum deutschen Kaiser ein.
(Vgl. o. p. 658[1]). Das werde der wahre Nutzen des heiligen Landes sein.
Ähnlich hatte sich auch Robert von Neapel in einer Denkschrift an den
Papst ausgesprochen. Auch kennen wir ja schon diese französische Politik

überkommen hatte, hatte im Jahre 1318 den Grafen Ludwig von Clermont, Herzog von Bourbon, zum Kapitän eines „Vorpassagiums" bestellt;[1] auch brachte man damals wirklich eine Flotte von zehn Schiffen auf, doch wurde sie in die italienischen Parteikämpfe verwickelt und ging so dem heiligen Lande verloren.[2]

Unter König Karl IV. (1322—28) nun aber nahm die Kreuzzugsbewegung einen grösseren Umfang an. Es waren besonders die Leiden des vom ägyptischen Sultan hart bedrängten Königreichs Armenien, die der abendländischen Christenheit zu Herzen gingen: ihm Unterstützung zu bringen, erscheint bei den eifrigen Verhandlungen, die König Karl IV. von Frankreich und sein Oheim Karl von Valois in den Jahren 1322—24 mit der Kurie pflogen, als das Hauptziel des künftigen Kreuzzugs oder auch einer Vorunternehmung zu ihm.[3]

In der Tat wurde (im Jahre 1323) aufs neue eine Flotte ausgerüstet, diesmal in der Stärke von zwanzig Kriegsschiffen, zu deren Führer Karl IV. den Vicomte Amalrich von Narbonne ausersah.[4] Der Oberbefehl sollte jedoch wohl dem Grafen

aus der Zeit Karls von Anjou (s. o. p. 561). Die betr. Erklärung Philipps IV. an den Papst ed. Schwalm im NA. Bd. XXV., p. 561 ff. bes. 554/5. Wie Philipps IV. Intentionen in Wirklichkeit nichts weniger als kreuzzugsfreundlich waren, zeigt Wenck in H.Z. Bd. 86, p. 259 f.

[1] A. de Boislisle, Annuaire Bulletin de la Soc. de l'Hist. de France 1872. p. 230/1. Vgl. Delav. l. c. p. 78.

[2] Bourel de la Roucière ‚une escadre franco-papale' in: Ecole franç. de Rome et d'Athènes, Mélanges d'Archéologie et d'histoire, XIII. Année (Dez. 1893), p. 397 ff.

[3] Die hierauf bezüglichen Schreiben füllen einen grossen Teil des 111. Bandes der Reg. Vat. S. auch Rayn. 1322 § 30 ff., 1323 § 4 ff., 1324 § 42/3, und Petit, Charles de Valois, p. 201—3.

[4] Ersichtlich aus zwei Briefen Marino Sanudos: № VIII und № IV der Edition von Bougars l. c. Bd. II. p. 299/300 und 294—7. Die Briefe dieses Venetianers aus dem Jahrzehnt 1320—30 sind eine unschätzbare historische Quelle. für die or. Vh. Eine Ergänzung zu den von Bougars edierten hat Kunstmann im Anhang seiner Abhandlung über Sanudo (l. c.) gegeben.

In Brief IV aus dem Jahre 1324, an den Gesandten des Kaisers Andronikus gerichtet, spricht er von der ‚armata' des Königs von Frank-

von Clermont zufallen, dem Karl IV. dieses Privileg erneuerte.[1]

Man möchte sich nun um ein Jahrhundert zurückversetzt glauben, wenn man findet, dass eine Ablenkung dieses Kreuzzugs, insbesondere jenes Vorpassagiums, gegen Byzanz stark in Erwägung gezogen worden ist. Durch ein Gutachten des Bischofs von Léon wurde sie warm befürwortet,[2] und von hohen Persönlichkeiten traten besonders Karl von Valois, den wir bei den Kreuzzugsverhandlungen eine hervorragende Rolle spielen sehen,[3] und der designierte Oberbefehlshaber des Geschwaders, der Graf von Clermont, für sie ein.

Denn wie Karl von Valois, so war auch Clermont seit 1320 stark in Romanien interessiert: damals hatte ihm nämlich der Herzog Eudo IV. von Burgund seine Ansprüche auf das Fürstentum Achaja und das Königreich Thessalonich abgetreten. Ersteren hatte dann freilich Philipp von Tarent an sich zu bringen gewusst, indem er seinen Sohn Philipp mit Ludwigs von Clermont Tochter vermählte: es blieb aber dem Grafen die Prätension auf das Königreich Thessalonich, für das er Philipp von Tarent den Lehnseid leistete.[4]

Noch einmal, zum letztenmal, bedrohte ein Kreuzzug alten Stils das byzantinische Reich. Abermals schien sich, wie es

---

reich ,*quam ordinaverat anno praeterito cum domino de Narbona et cum episcopo Mematensi,*' und im IV. (c. 1326) an eben diesem Bischof von Mende: . . . *quando apud vos eram in Francia, ipsi intendebant armare XX galeas ad maris custodium*'. Vgl. Delav. l. c. p. 79.

[1] De Boilisle l. c. p. 232.

[2] Delav., p. 83 nach einem Ms. der Bibl. Nat.

[3] Reg. Vat. ms., Bd. 111. fol. 199. 218, 231/2, Bd. 112 fol. 9. Vgl. auch Petit l. c. p. 201—3.

[4] Hopf, p. 403. Direkt werden wir über die antibyzantische Stimmung in Frankreich informiert durch die Briefe Sanudos, besonders Λ͂: VIII: im einzelnen werden die in Betracht kommenden Stellen weiterhin zitiert werden. Vgl. Raynald, § 39—41, wo auch der Brief Λ͂: VIII abgedruckt ist.

1204 geschehen war, wie dann besonders in den sechziger und siebziger Jahren des dreizehnten Jahrhunderts zu fürchten gewesen war, eine dem heiligen Lande bestimmte Heerfahrt des Occidents in einen Zug gegen Konstantinopel verwandeln zu sollen.

Aber wie Kaiser Michael Paläologos einer Ablenkung des Kreuzzugs Ludwigs des Heiligen und der grossen von Gregor X. geplanten Kreuzfahrt gegen Byzanz, die Karl von Anjou herbeizuführen drohte, durch Unionsverhandlungen vorzubeugen gewusst hatte, so bediente sich auch sein Sohn Andronikos II. dieses altbewährten Mittels, um die seinem Reiche feindlichen Einflüsse, die sich bei den Vorbereitungen zum Kreuzzuge Karls IV. geltend machten, zu paralysieren.

Er hat bereits im Jahre 1323 einige Ordensleute und vor allem den Bischof von Caffa in der Krim nach Frankreich geschickt, die dort an der Kurie und am Hofe des Königs Karls IV. von seinem guten Willen, die Kirchenunion herbeizuführen, Zeugnis ablegen sollten.[1]

Sie hatten einen schweren Stand gegenüber jener starken antigriechischen Strömung, von der wir sprachen.

Da fand nun aber die Unionspolitik einen begeisterten Fürsprecher in dem Venetianer Marino Sanudo, dem Verfasser der berühmten Kreuzzugsdenkschrift ‚Secreta fidelium crucis‘, der im Jahre 1321 dieses sein Werk dem Papst und dem

---

[1] Das geht hervor aus einem Briefe Sanudos an Andronikos vom Jahre 1324 (№ VII, p. 299), in dem er berichtet, er sei an der Kurie und am Hofe des Königs von Frankreich gewesen ‚et a viris religiosis qui venerant de vestro Imperio et praecipue a dom. Episcopo Caphensi intellexi de vestra Imperiali sapientia et fide ac voluntate bona, quam ad unionem ecclesiarum habetis ...‘ Ich führe hier gleich die übrigen auf die damaligen Unionsverhandlungen bezüglichen Briefe Sanudos auf: № VIII an den Bischof von Caffa, den Gesandten des Kaisers, 1324 (p. 929/300), № IX an Andronikos 1326 (p. 301), № X an den griechischen Nobile Stephan Syropulos, 1326 (p. 302), № XI an den neapolitanischen Kanzler, Erzbischof Ingram von Capua, 1326 (p. 302), № XII an Andronikos c. 1326 (302/3), № XIII an Syropulos c. 1326 (p. 303).

König von Frankreich zur Begutachtung vorgelegt hatte, und auch 1323 noch in Frankreich weilte.

Obwohl er in jener Schrift mit Nachdruck für eine gewaltsame Ausrottung des Schismas eingetreten war, machte er sich jetzt, angesichts der Unionsbereitschaft des griechischen Kaisers, zum eifrigen Anwalt einer friedlichen Kircheneinigung. in der er nunmehr das „Komplement des Kreuzzugs" sah, und suchte den Papst und die Kardinäle, den König Karl IV. und die französischen Grossen, darunter den Schwiegersohn Karls von Valois, den Grafen Wilhelm von Holland, und Ludwig von Clermont sowie auch den König Robert von Neapel einer friedlichen Auseinandersetzung mit den Byzantinern geneigt zu machen.[1]

Er warnte besonders vor dem Irrtum, die Okkupation des byzantinischen Reichs durch die Lateiner mit der Kirchenunion zu verwechseln. Er zeigte an der Geschichte des lateinischen Kaiserreichs, an den Zuständen in dem fränkischen

---

[1] *N:* VIII vom Jahre 1324 an den Bischof von Caffa: er sei in den ‚Secr. fid. crucis' für eine direkte Kreuzfahrt nach Ägypten eingetreten: *‚quae via est contra quorumdam opinionem dicentium quod primo est necesse, quod suum Imperium acquiratur per fideles Ecclesiae. Ego autem contra ipsos existens'* bin für die Union eingetreten. Aus dem oben p. 680[1] aus dem Secr. fid. crucis zitierten geht vielmehr hervor. dass Sanudo in diesem Werke sich als ein Feind der Griechen gezeigt hat. Ja, er scheint seinen Sinn auch in den Jahren 1324—26, wo er eifrig die Union befürwortete, keineswegs definitiv geändert zu haben: auch in dieser Zeit empfiehlt er noch in verschiedenen seiner Briefe (*N:* I Bong. p. 289/90, nach Kunstmann p. 737 schon vom Dezember 1323, *N:* II p. 290/1 von 1324, und *N:* IV. p. 294/7 von 1326) eine *‚custodia maris,* die ausser anderen Aufgaben *‚Graecos schismaticos reduceret ad oboedientiam sanctae matris Ecclesiae',* also genau so, wie er es in seiner Denkschrift geraten hatte. Jedenfalls zog er aber jetzt die Union der Okkupation unbedingt vor, wie sein eifriges Eintreten für jene, über das er in VII und VIII dem Kaiser Rechenschaft ablegt, beweist. S. auch in *N:* XI vom Jahre 1326 *‚quod unio Ecclesiae Graecae cum Latina ultima res esset in Ecclesia Dei';* vgl. auch ep. VI bei Kunstmann vom Jahre 1334 (p. 805/6).

Griechenland, dass man mit dem Schwerte zwar griechisches
Land, nicht aber die Herzen des Volkes erobern könne. [1]

So wenig sich nun hiergegen einwenden liess, so waren
doch die Griechenfeinde weit entfernt, sich damit zufrieden
zu geben. Was sie von dem byzantinischen Kaiser vor allem
als Entgelt für die Sicherung seines Reichs forderten, das
war die tatkräftige Unterstützung des Kreuzzugs. Eben um
Byzanz zur Basis der Kreuzfahrt zu gewinnen, wollte man
es erobern: nur wenn der Grieche aus freien Stücken sich der
Kreuzzugssache ergab, war man geneigt, ihm sein Reich zu
lassen. [2]

Und endlich verlangten die lateinischen Fürsten, die
Ansprüche auf das Reich oder Teile desselben erhoben, insbesondere Karl von Valois, von Andronikos, dass er sich mit
ihnen wegen diese Ansprüche auseinandersetze und sie dafür
gebührend entschädige. [3]

[1] ep. VIII l. c. *„Et ponamus quod haberemus terram Imperii
pro magna parte, non tamen haberemus cor populi ad oboedientiam
Ecclesiae Romanae. Sicut nos per exemplum videre possumus manifeste
de Insula Cypri et Cretae et de principatu Amoreae et ducata Athenarum,
de insula Nigroponti et de aliis insulis et terris, quae per Franchos
dominantur: quoniam fideles Ecclesiae dominium tenent, sed populus
non est ad oboedientiam Ecclesiae Romanae'.* Er weist auch daraufhin,
dass die Union nicht nur die Rückkehr der Griechen des byzantinischen
Reichs, sondern auch die Russlands, Serbiens, Bulgariens u. s. w. bedeuten würde.

[2] In den Anträgen, die König Karl IV. im Februar 1323 betreffs
seiner Kreuzfahrt dem Papste vorlegt, findet sich auch der folgende: der
Papst möge Boten an den Kaiser von Kp. senden, damit er Rat und Hilfe
beim Kreuzzug erteile: Reg. Vat., ms., Bd. 111, fol. 214 v, zweite Spalte.
In dem Briefe № VIII Sanudos heisst es: zur Herstellung der
Union *‚inter omnes alios, qui possent illud negotium perficere et com-
plere sunt Barones Franciae et rex Boemiae, qui intendunt ad passagium
ultramarinum'* und zwar besonders der Graf Wilhelm von Holland, der
Graf von Clermont u. a.: *‚et maxime si per Magnificam personam suam*
(durch den Kaiser) *promitteretur eisdem pro necessitate passagii certum
auxilium'.*

[3] l. c. *‚ad istud perficiendum est necesse, quod in isto negotio
habeatur voluntas domini Karoli,* (Karls von Valois) *dando heredibus
suis aliqua, propter quod dicunt se habere in Imperio suo'.*

So liess denn Sanudo dem Kaiser durch dessen Gesandten, den Bischof von Caffa, den Rat erteilen, er solle sich besonders in Bezug auf die beiden letzten Punkte entgegenkommend erweisen.[1] In demselben Briefe aus dem Jahre 1324 deutet er auf die Gefahr hin, die dem Reiche von dem Geschwader des Vicomte von Narbonne und des Bischofs von Mende drohe, das er im Jahre zuvor in Frankreich habe rüsten sehen. Er gibt seine Absicht kund, selbst mitzufahren und nach Kräften darauf hinzuwirken, dass die Kreuzfahrer sich ausschliesslich der Bekämpfung der ungläubigen Muhamedaner widmeten.[2]

Obwohl es nun zu dieser Expedition nicht kam,[3] so blieb die Stimmung in Frankreich, lauteten die Berichte Sanudos über sie, immer noch bedrohlich genug, um den Kaiser die Fortsetzung der Verhandlungen ratsam erscheinen zu lassen.[4]

[1] Im ep. VII gegen Ende bietet er sich dem Kaiser geradezu als Unterhändler bei Karl von Valois an.

[2] l. c. *„Item vellem tractare, quod ipsi scirent bono modo transire cum gentibus sui Imperii* (d. h. des Kaisers); *et quod ipsi non intenderent ad aliud quam ad consumptionem infidelium sectae Mahumeticae quae multum crevit'.*

[3] Der Graf von Clermont verkündete den Kreuzfahrern, die sich im Jahre 1325 zusammengefunden hatten, dass er die Expedition aufschieben müsse. Ebenso ging es 1326. De Boislisle l. c. p. 232. Sanudo bittet in diesem Jahre (in ep. № IV) den Bischof von Mende, er möge doch den Grafen von Clermont zur Tat antreiben. Dieser habe ihm, Sanudo, einst versprochen, er wolle sich nach seinem Rate richten bei der Expedition. *„Sed quomodo negotium est suppressum et penitus derelictum, sua dominatio* (der Graf) *bene novit . . .'*

[4] ep. XII (c. 1326) spricht Sanudo von der Hoffnung auf eine Reise nach Byzanz, die er bis dahin gehegt habe: *„adveniendi et loquendi vestrae excellentiae de quibusdam magnis et occultis, quae, sic stantibus negotiis, non parvum periculum secum trahunt et vestro Imperio et aliis,* (nämlich) *non plus promotis negotiis excellentis Imperii quam hactenus actum est'.* Da er aber selbst nicht kommen könne, habe er des Kaisers Boten Marcus Marioni instruiert. Vgl. auch ep. IX, einen früheren Brief an den Kaiser (ebenf. 1326): die Union sei nicht aufzuschieben, *„quia, quod, quandoque faciliter uno tempore*

Es scheint sogar auf eine direkte Pression von lateinischer Seite, auf eine gebieterische Forderung weltlicher und geistlicher Konzessionen hin geschehen zu sein, dass Andronikos sich im Jahre 1326 aufs neue an König Karl IV. wandte und diesem Herrscher seinen lebhaften Wunsch ausdrücken liess, mit allen Christen und insbesondere mit ihm, dem Könige von Frankreich, im Frieden zu leben.[1]

Genaueres erfahren wir aus dem päpstlichen Briefe, der allein von diesen Anträgen des Byzantiners berichtet, über sie nicht; wahrscheinlich haben sie auch, wenigstens in Betreff des weltlichen Friedens, gar keine weiteren Details enthalten.[2] In kirchlicher Hinsicht jedoch hat der Kaiser ohne Zweifel aufs neue seinen guten Willen zur Herbeiführung der Union beteuert.

---

acquiritur, succedente morae periculo, vix aut numquam postea obtinetur'.

[1] Die lateinische Pression schliesse ich aus einer Rückantwort des Andronikos auf ein Schreiben König Karls IV., das dieser auf den hier in Frage stehenden ersten Brief des Andronikos, geschrieben hat. Da stellt nämlich Andronikos die in seinem ersten Schreiben an Karl IV. gemachten Andeutungen als *,principaliter instanter requisitas'* hin: leider bricht das Ms. dieser Rückantwort des Kaisers gerade hier ab. Sie ist herausgegeben von Omont in B. E. Ch. Bd. 53 (1892) p. 256.

Im übrigen kennen wir jenen ersten Brief des Andronikos, in dem der Kaiser seinen Friedenswunsch erklärt, aus einem Schreiben Papst Johanns XXII. an König Robert von Neapel bei Raynald 1326 § 26. Der Papst teilt dem König mit: Andronikos habe an Karl IV. geschrieben *,institutionis et voluntatis esse sui imperii velle pacem et amorem cum omnibus et specialiter christianis. Et cum regem ipsum eiusque domum et predecessores super alios mundi principes ad hoc perciperet delectari'*, habe er deswegen an ihn einen Boten und Brief geschickt. Er ist datiert vom 20. August 1326.

[2] In seiner Antwort auf das Schreiben, welches Karl IV. auf diesen ersten Brief des Andronikos hin an den Kaiser schrieb, weist dieser letztere die positive Auslegung seiner Anträge seitens des Königs zurück: in Karls Brief seien nämlich enthalten gewesen *,monitiones atque indutiones, ut curare velemus fieri statum pacificum inter nos, prout suspicati fuistis, intimasse imperium nostrum'*. Omont l. c.

Mit ihrer Verhandlung hatte er insbesondere den Dominikaner Andreas beauftragt, der an der Kurie mit Eifer die
Sache der Kircheneinigung verfocht.[1])

Karl IV. beschloss nun, den Kaiser beim Worte zu nehmen.
Er schickte an ihn, im Einverständnisse mit dem Papste,
den Dominikaner Benedikt von Cumae mit der „Mahnung",
Andronikos solle seine Verheissungen, den Frieden betreffend,
erfüllen, und zwar so erfüllen, dass dabei die lateinischen Prätensionen auf das byzantinische Reich befriedigt würden.[2])
Welche Tonart der französische König dem Kaiser gegenüber
angeschlagen hat, beweist der Brief, den er zur Förderung
seiner Begehren an einen byzantinischen Hofbeamten schrieb.
In seiner Antwort erklärt dieser, der König habe ihm nicht
nur Andeutungen gemacht, sondern ihm vielmehr geradezu
Befehle erteilt.[3])

Johann XXII. nun, mit Karl IV. vollkommen im Einverständnis, hoffte, gestützt auf den französischen König, bei
dem Griechen die Kirchenunion durchzusetzen, und er gab dem
Gesandten Karls dahingehende Aufträge.   Er gewährte dem
Mönch am 23. August 1326 das Privileg, mit den Schismatikern Verkehr pflegen zu dürfen, „damit er sie zur Einheit
und zum Glauben der römischen Kirche zurückführe", sowie

---

[1]) Das erfahren wir aus einem Briefe Sanudos (№ XIII, 1326). Er
ist bald nach dem auf p. 688⁴ besprochenen Brief an Andronikos geschrieben und an den griechischen Adeligen Stephan Syropulos gericht⸱t.
Es heisst da: ‚*Intellexi, quod frater Andreas Doctor ord. fratr. Praed.
est in curia Romana et procurat negotia Domini nostri.   Sed certe
mihi videtur quod negotia quotidie maturantur et meliorantur, ut
prosperentur facta Imperii: ita quod, si dominus Imperator voluerit
tenere firmiter et continuare sollicite, negocia feliciter finientur*‘.

[2]) Vgl. hierzu die vorletzte Anm.   Andronikos sagt dann weiter
in seiner Antwort, er habe die Aufträge, die Benedikt im Namen des
Königs und des Papstes auseinandergesetzt habe, aufmerksam gehört ‚*ut
monitis nobis oblatis a talibus et tantis personis*‘.

[3]) ed. Omont l. c. p. 257 ‚*super eo vero quod significabat, immo
potius michi precipiebat regia dominatio vestra*‘.   Man wird

das andere, die sich bekehrenden Griechen vom Bann zu
lösen und von ihnen Eid und Glaubensbekenntnis entgegenzunehmen.[1]

Er sandte dann den Magister nach Neapel zu König
Robert und Philipp von Tarent, damit die beiden in dieser
Angelegenheit besonders interessierten Fürsten auch ihrerseits
dem Gesandten Instruktionen erteilten: er legte die endgültige
Entscheidung über dessen Mission und über die Art seines
Auftretens in Konstantinopel geradezu in die Hände der
Anjous.[2]

Benedikt von Cumae hat sich wirklich im Herbst 1326
nach Byzanz begeben, aber seine Mission scheiterte vollkommen und zwar, wie uns ein späterer Brief Sanudos lehrt,
vor allem deshalb, weil damals ein Bürgerkrieg das Reich
zerfleischte. Der jüngere Andronikos bekriegte seinen alten
Grossvater, der ihm allzulange den Weg zum Throne ver-

---

fast an das Auftreten Heinrichs VI. gegenüber den Byzantinern erinnert.
S. oben p. 125/6.

[1] S. Anhang № XV. Bei Raynald 1326 § 27 nur kurze Notiz.

[2] In dem Brief an Robert bei Raynald 1326 § 26. Karl sendet *de
nostro beneplacito* den Benedikt nach Kp. *Nos autem attendentes,
quod negotium huiusmodi tuam excellentiam necnon et ... Philippum
Principem Tarentinum germanum tuum inter ceteros catholicos principes
non mediocriter tangit, volumus quod idem magister, priusquam ad
dictum accedat Andronicum, ad tuam dictique Principes se conferret
presenciam auditurus utriusque intentionem ac informationem ... nobisque illas postmodum rescripturus. Quocirca regalem excellentiam
attentius excitamus, quatenus cum eodem principe, quid nos deceat vel
expediat in hac parte, provida deliberatione discernens, Magistrum
eundem reddere studeat super his plenius informatum'.* Er habe dem
Benedikt noch einen Kollegen mitgeben wollen, aber er habe es verschoben,
bis er von Roberts, Philipps und des Andronikos Absichten genauere
Kunde habe.

Wie sehr der Papst sich in der griechischen Angelegenheit mit den
Angiovinen und Franzosen identifizierte, geht auch daraus hervor, dass
er vom Andronikos in diesem Briefe spricht als demjenigen *qui se
Romeorum et imperatorem et moderatorem intitulat'.* Jo-
hann XXII. zeigt sich damit als entschiedener Gönner der französisch-angio-
vinischen Ansprüche auf Byzanz, oder zum mindesten auf Teile dieses Reichs.

sperrte. Die Furcht nun, durch die Bezeugung einer unions-
und lateinerfreundlichen Gesinnung ihre Popularität zu verscherzen, liess es einen jeden der beiden Herrscher ängstlich
vermeiden, sich näher mit den französisch-päpstlichen Gesandten einzulassen. [1])

Eben dieses Entschuldigungsgrundes bediente sich denn
auch der alte Kaiser gegenüber König Karl IV. und Johann XXII.
Er liess ihnen durch den Mönch Benedikt antworten und
schrieb ihnen auch direkt, dass er „wegen des Verdachtes,
den im allgemeinen sein Volk hege", den geistlichen Frieden
nicht herzustellen vermöge. [2]) Aber auch in Bezug auf weltliche Konzessionen machte er Ausflüchte. [3])

Der Papst schrieb nach Empfang des kaiserlichen Briefes
und nach Entgegennahme von Benedikts mündlichem Bericht
am 21. September 1327 an Karl IV.: eine Fortsetzung der
Verhandlungen erscheine ihm nach alledem als fruchtlos und
er überlasse das weitere dem König. Dass er diesem mit
den letzteren Worten ein kriegerisches Vorgehen anheimgegeben hat, macht die Bezeichnung des Andronikos als „desjenigen, der sich den Titel eines Kaisers der Griechen gibt,"
nur zu wahrscheinlich. [4])

So fanden jene durch den Druck abendländischer
Rüstungen verursachten Unionsverhandlungen, die das drei-

---

[1]) Brief Sanudos an König Philipp VI. vom Anfang der dreissiger
Jahre bei Kunstmann *№* VI p. 804. S. tritt da aufs neue für die
Union ein. Man solle nicht auf das Scheitern der Sendung Benedikts
von Cumae hinweisen: *‚respondeo quod tunc temporis erat divisio‘*
zwischen den beiden Kaisern *‚propter quam divisionem uterque ipsorum
non fuit ausus loqui palam de fide, ne contrarium aliquod reciperent
a populis suis‘.* Sanudo hatte das selbst in Kp., wo er kurz vorher geweilt, gehört. Ein Hinweis auf die Sendung Benedikts findet sich auch
im ep. II bei Kunstmann (vom 10. April 1330) auf p. 765.

[2]) Instruktion des Andronikos an Benedikt von Cumae, ed. Omont
l. c. p. 255. *‚Sed hoc invenimus difficiliter fieri posse propter suspicionem, quam haber(et) (gen)eraliter populus noster . . .‘* Vgl. p. 256.

[3]) Vgl. oben p. 689/90.

[4]) Brief vom 21. September 1327, s. d. Anhang *№* XVI. Für die
Titulierung vgl. p. 186.

zehnte Jahrhundert erfüllt hatten, zu Beginn des vierzehnten
ein spätes Nachspiel.

Was die Stellung der Kurie in ihnen betrifft, so waltete
ein tiefgreifender Unterschied zwischen damals und jetzt ob.

Einst hatte der griechische Kaiser mit dem Papsttum
gesondert verhandelt und von ihm gegen Versprechen und
Vollzug der Union Schutz gegen die Lateiner erlangt, weil
es selbst deren Übermacht fürchtete.

Jetzt bildeten die Kurie und die lateinischen Fürsten
eine geschlossene Phalanx. Das Papsttum, weit entfernt, den
französischen Einfluss von Byzanz unter allen Umständen fernhalten zu wollen, fühlte sich vielmehr in seiner griechischen
Politik, wie wir sahen, mit den Königen von Frankreich und
Neapel durchaus solidarisch. Hatten Gregor X. und Nikolaus III. Karl von Anjou ihre byzantinische Politik auferlegt,
so machte Johann XXII. dessen Enkel, König Robert und
Philipp von Tarent, vielmehr zu Richtern über die griechische
Politik der Kurie.

Ein trennender Markstein lag zwischen Johann und jenen
Päpsten, das Pontifikat Martins IV., der, indem er Karl von
Anjou zu Willen war, das universal gewordene Papsttum
gleichsam aufs neue occidentalisiert hatte. Seitdem hatte es
sich nicht wieder zu dem freien Standpunkt jener grossen
Päpste zu erheben vermocht. Nur im Einverständnis mit dem
Hause Frankreich dachten die Nachfolger Martins IV. die
Orientfrage zu lösen.

Andronikos aber sah sich, statt die weltlichen Prätensionen des Occidents durch die Befriedigung von dessen geistlichen Ansprüchen paralysieren zu können, genötigt, beiden
auf einmal gerecht zu werden oder dies wenigstens zu geloben. Da er nicht Ernst machte, so war es nur der Umstand, dass sich die Kreuzzugsprojekte eines Epigonenzeitalters
nicht mehr verwirklichten, der sein Reich vor dem Untergang
von dieser Seite rettete.

Zweiter Abschnitt.

Die Erneuerung der päpstlichen Unionspolitik angesichts der Bedrohung des byzantinischen Reichs durch die Türken; die Florentiner Kircheneinigung und der Untergang des byzantinischen Reichs. c. 1330—1453.[1]

Eingang.

So verliefen die abendländisch-byzantinischen Beziehungen, verlief die gesamte Orientpolitik des Occidents noch bis weit ins XIV. Jahrhundert hinein in alten, ausgetretenen Bahnen.

---

[1] Päpste: Johann XXII. 1316—1334. Benedikt XII. 1334—1342. Klemens VI. 1342—1352. Innocenz VI. 1352—1362. Urban VI. 1362 bis 1370. Gregor XI. 1370—1378. Urban VI. 1378—1389. Bonifaz IX. 1389—1404. Innocenz VII. 1404—1406. Gregor XII. 1406—1409 (1415) [seit Urban VI. zugleich Päpste in Avignon: Klemens VII. 1378—1394. Benedikt XIII. 1394—1409 (1417)]. Alexander V. 1409—1410. Johann XXIII. 1410—1415. Martin V. 1417—1431. Eugen IV. 1431—1447. Nikolaus V. 1447—1455.

Byzantinische Kaiser: Andronikos II. 1282—1328. Andronikos III. 1328—1341. Johannes V. 1341—1376 (Gegenkaiser Johannes VI. Kantakuzenos 1341—1355). Andronikos IV. 1376—1379. Johann V. nochmals 1379—1391. (Johannes VII. 1390). Manuel II. 1391—1425. Johannes VIII. 1425—1448. Konstantin XI. 1448—1453.

Und doch heischten die veränderten Verhältnisse bereits seit langem gebieterisch eine Neuorientierung dieser Politik. Nicht mehr die Wiedereroberung von Byzanz (oder gar Jerusalem), sondern der Schutz des byzantinischen Reichs gegen die kleinasiatischen Türken, welche die Griechen und Lateiner Romaniens gleicherweise aufs furchtbarste bedrängten, war jetzt die Aufgabe, die ihrer Lösung durch den Occident harrte.

Es ist nun nicht meine Absicht, die Stellung des Papsttums zu dieser Aufgabe, oder, was dasselbe bedeutet, die letzte Phase seiner Beziehungen zu Byzanz in gleicher Ausführlichkeit zu behandeln, wie die vorangehende, das XIII. Jahrhundert und den Anfang des XIV. umfassende Periode.

Nicht als ob diese Schlussphase bereits eine genügende Bearbeitung gefunden hätte. Der Grund, der mich davon abhält, sie eingehender zu behandeln, ist eher im Gegenteil die Befürchtung, bei der erdrückenden Masse des hier noch zu verarbeitenden Materials den stofflichen Schwerpunkt meines Buches auf eine Epoche zu verlegen, die ich nicht für seinen innerlichen Höhepunkt halten kann. Denn ich habe schon im Vorwort mich zu der Ansicht bekannt, dass die päpstlich-byzantinischen Beziehungen im XIII. Jahrhundert gipfeln, in der Epoche, die den Zenith der päpstlichen Machtstellung im Mittelalter überhaupt bedeutet.

So sehe ich denn vornehmlich aus Gründen der Komposition davon ab, die letzte, etwa von 1330—1453 zu rechnende Periode der Beziehungen des Papsttums im selben Stile zu behandeln wie die vorangehende, d. h. unter näherer Verfolgung der byzantinischen Politik sowohl der einzelnen Päpste als auch derjenigen des gesamten Occidents in ihren Hauptrichtlinien,[1] und begnüge mich vielmehr mit einer Kenn-

---

[1] Zwei treffliche Arbeiten über die Kreuzzüge und Kreuzzugsprojekte im XIV. Jahrhundert besitzen wir an dem schon mehrfach zitierten Buche von Delaville de Roulx „La France en Orient" (1886), wo zum erstenmal ein klarer sachlicher Überblick über diese ganzen, bis dahin wenig bekannten Verhältnisse gegeben wurde, und an dem Werke von N. Jorga, Philippe de Mezières, la croisade au XIV. siecle, 1900, das eine will-

zeichnung der Grundlagen, auf denen das Verhältnis des Papsttums, ja des Occidents zu Byzanz in dieser Epoche beruht hat. Gerade sie zunächst einmal herauszuheben, erscheint mir, bei den vielfach schwankenden Anschauungen, von besonderer Wichtigkeit, und zwar geschieht es unter genauer Begründung meiner Aufstellungen in den Anmerkungen.

Auch für dasjenige Ereignis, in welches diese Epoche ausmündet, für die Florentiner Union, ergaben sich, trotz der eingehenden Behandlung, die sie durch die moderne Geschichtsschreibung erfahren hat, noch wesentlich neue Gesichtspunkte, und zwar durch ihre konsequente Einreihung in den Zusammenhang der älteren Unionsgeschichte, woran es bisher gefehlt hat.

––– –––

Erstes Kapitel.

Der Grundcharakter der päpstlich-byzantinischen Beziehungen von c. 1330 bis zur Florentiner Union.

–––

Mit dem Wiederbeginn der Türkengefahr für Byzanz kehrte die „Orientfrage" des Mittelalters nach einem mehr als zweihundertjährigen Kreislauf zu ihrem Ursprung zurück. Wiederum pochten, wie einst am Ende des XI. Jahrhunderts, so jetzt am Anfang des XIV., asiatische Steppenreiter an die Tore Konstantinopels. Und abermals suchten byzantinische Kaiser,

–– – · –––

kommene Ergänzung zu Delav. bietet durch die Heranziehung eines reichen, auf denselben Gegenstand bezüglichen unveröffentlichten Materials. Für das XV. Jahrhundert veröffentlichte dann Jorga in der ‚Revue de l'Orient latin' Bd. IV ff. eine lange Reihe von Artikeln, unter dem ihren Inhalt genügend kennzeichnenden Titel ‚Notes et extraits pour servir à l'hist. des croisades au XV. siecle'. Eine zweite Abteilung erschien als besonderes Buch 1899 in Paris bei Leroux.

selbst zur Abwehr zu schwach, im Abendlande beim Papsttum um Hilfe nach.[1]

Wir erinnern uns hier an das Verhalten Urbans II. gegenüber den hilfsbedürftigen Griechen, wie er sie durch die Heerscharen des Occidents aus der Türkengefahr befreit hatte, ohne sich im voraus eines Entgelts in Gestalt der Kirchenunion versichert zu haben.[2] Der hierin sich bekundende Idealismus dieses Papstes hatte freilich eines opportunistischen Beigeschmacks nicht entbehrt, sofern Urban gehofft hatte, dass die Befreiung der Griechen durch ein päpstliches Heer nachträglich von selbst die Union als Frucht zeitigen werde. Aber wir haben gesehen, wie er sich in dieser Hoffnung getäuscht hatte.[3]

Während Urban II. im Occident vielfach gerade durch die weitherzigere Auffassung der Dinge, die ihm im Gegensatz zu Gregor VII. geeignet hatte, zum Ziele gelangt war,[4] war er mit diesem vertrauensvollen Opportunismus gescheitert auf dem schwankenden Boden des Orients, wo zu allen Zeiten nur diejenige abendländische Diplomatie durchgedrungen ist, die eine deutliche Sprache geredet hat, und wo damals nur die unerbittliche Logik gregorianischer Politik reale Erfolge hätte erzielen können. Einmal durch die Kreuzfahrer in den Sattel gehoben, hatte Alexios I. nicht mehr an Papsttum und Union gedacht, und so hatte der Erste Kreuzzug als verhängnisvolles Resultat die intakte Wiederaufrichtung des Schismatikerstaates von Byzanz gezeitigt: der hierdurch verewigte Gegensatz zwischen den beiden christlichen Welten war es dann, wie wir im früheren gesehen haben, schliesslich gewesen, der die Türkengefahr aufs neue heraufbeschworen hatte.[5]

---

[1] Zuerst tat es Andronikos III. (1328—1341) im Jahre 1333. S. Rayn. 1333 § 17. 9, 1334. Vgl. Pichler, p. 357.

[2] S. oben p. 49 ff.

[3] S. oben p. 66.

[4] Gut auseinandergesetzt von Martin Franz Stern, Zur Biographie des Papstes Urban II., Berlin 1883, besonders p. 54 ff.

[5] S. oben p. 610 ff.

Die Päpste des XIV. und XV. Jahrhunderts nun haben nach dieser Erfahrung gehandelt. Sie haben, über Urban II. auf Gregor VII. zurückgreifend, die Vollziehung der Kirchenunion zur Vorbedingung einer Hilfeleistung von der Art der durch Urban II. gewährten gemacht und haben den Standpunkt der griechischen Kaiser, die zwar zur Herstellung der Union bereit waren, aber erst nachdem sie eines wirksamen Schutzes teilhaftig geworden wären, verworfen.[1]

[1] Die Kurie hat bei diesem ihrem Verhalten direkt die böse Erfahrung Urbans II. im Auge gehabt, und die Betonung dieses Zusammenhanges ist nicht etwa eine blosse gelehrte Reflexion.

Dem griechischen Abte Barlaam, der im Jahre 1339 in Avignon wegen der Türkenhilfe und wegen der Kirchenunion verhandelte, und der die erstere vor der Union geleistet wissen wollte, liessen Papst Benedikt XII. (1334—42) und die Kardinäle in ablehnendem Sinne antworten mit folgender Begründung: ‚quia, si fortificati ditati, exaltati et confortati per sedem Apostolicam, reges, principes et populos Catholicos ante reunionem praedictam, postea terga et non faciem verterent Romanae ecclesiae memoratae, sicut alias, dum credebantur reuniri.., fecisse noscuntur: procul dubio idem dominus noster summus Pontifex, Ecclesia et fideles alii remanerent delusi: et dici posset opprobriose non modicum, quod suos fortificaverant inimicos et hostes et participassent scandalose cum eis‘. Rayn. 1339 § 30. Vgl. auch die Denkschrift, welche der Dominikaner Brocard dem französischen Könige Philipp VI. c. 1331 überreichte, ed. Reiffenberg, Monuments pour servir à l'histoire des provinces de Namur, de Hainaut et de Luxembourg, Bd. IV. p. 277—312. Hier werden auf p. 281/2 ganz ähnliche Argumente gegen die Unterstützung der Griechen vorgebracht. S. näher über die Denkschrift in übernächster Anm.

Der griechische Standpunkt, nach dem die Hilfe der Union voranzugehen hatte, ist am schärfsten präzisiert worden von eben jenem Barlaam bei seiner Mission in Avignon im Jahre 1339. (Rayn. § 22—24.) Das wichtigste seiner (und seines Auftraggebers, des Kaisers Andronikos III.) Argumente ist dieses, dass nur durch eine grosse Wohltat der Lateiner, wie sie eben die Befreiung der Griechen aus der Türkennot darstellen würde, der säkulare Hass der Griechen gegen die Lateiner getilgt und erstere zur Union bestimmt werden könnten. ‚Verumtamen nisi prius eis fiat a vobis magnum beneficium neque praedictum odium abiicietur, neque poterit aliquis audere loqui ad eos ea, quae sunt unionis‘. Vgl.

Jedenfalls sehen wir am Anfang der dreissiger Jahre des XIV. Jahrhunderts die päpstlich-byzantinischen Beziehungen in ein ganz neues Stadium treten. Zwar waren auch in dem vergangenen Jahrzehnt Unionsverhandlungen gepflogen worden: aber ihnen hatte noch die alte lateinische Politik des Occidents als Hintergrund gedient.[1] Über der Bedrohung des byzantinischen Reichs durch die Türken und der Aussicht, die Griechen durch diese neue ‚vexatio‘ unter Rom zu beugen, gab die Kurie alsbald jene ältere ‚vexatio‘ durch das Schwert der Lateiner, die Aggressivpolitik gegen Byzanz, endgültig auf.[2]

sonst Rayn. 1356 § 33—35 (Proposition Kaiser Johannes' V.). Rayn. 1422 § 15 (Proposition Johannes' VIII.).

[1] S. oben p. 685 ff.

[2] Bei Einleitung der ersten, auf der neuen Basis geführten, Unionsverhandlungen sagt Johann XXII. in der Instruktion an die zwei Dominikaner, die er nach Kp. sendet, er hoffe, dass Christus ‚per vexationem huiusmodi (nämlich die Türkennot) ... Graecis ... cognoscendi suam omnipotentiam et ad unitatem catholicae fidei ... redeundi rectum intellectum‘ habe geben wollen. Rayn. 1333 § 19. Genau so hatte einst Urban IV. dem Kaiser Michael Paläologos gegenüber die Unbilden begründet, die die Lateiner den Griechen zugefügt hatten: ‚Nam si Latini Graecos diversis temporibus impugnarunt, hoc proculdubio non fecerunt tantummodo causa acquirendi eorum terras et divitias temporales, sed ut per vexationem Graecis intellectus qui noluerunt intelligere, ut bene agerent, praestaretur‘. Rayn. 1263 § 35. Vgl. auch p. 235 dieses Buches.

Übrigens hörten die griechenfeindlichen Bestrebungen des Occidents keineswegs mit einem Schlage auf. Eben vom Anfang der dreissiger Jahre des XIV. Jahrhunderts, wo zum erstenmal eine Verständigung abendländischer Mächte mit den Griechen gegen die Türken sich anbahnte, ist das in voriger Anm. erwähnte Memoire Brocards, das mit allem Nachdruck noch einmal für eine Okkupation des byzantinischen Reichs eintritt. (Analyse der Denkschrift bei Delaville le Roulx l. c. [71¹] Bd. I. p. 234 ff.). Aber der Rat König Philipps VI. verwarf diesen Vorschlag: Delaville le Roulx l. c. Bd. II. p. 7 ff. ‚la quelle chose ne semble estre mie de l'intention du Roy‘.

Von ausgesprochenen Projekten abendländischer Mächte zur Eroberung des griechischen Reichs wüsste ich aus dem XIV. Jahrhundert nur noch

Was nun das neue Unionsprogramm der Päpste betrifft, ihre Absicht nämlich, die Unterstützung der Griechen durch das Abendland so lange hintanzuhalten, bis sie sich unierten, so gilt es dabei folgendes zu bedenken.

Angenommen, das von den Türken bedrohte „Romanien" wäre im XIV. Jahrhundert in ähnlicher Verfassung gewesen wie im XI., d. h. es hätte in seiner Gesamtheit das griechische Reich dargestellt, so würden die Päpste wohl in der

---

den Plan König Ludwigs I. von Ungarn zu nennen, der im Jahre 1366. nachdem er anfangs das byzantinische Reich von den Türken hatte befreien wollen, mit dem Gedanken an eine Eroberung Kp.s umging, ohne ihn aber auszuführen, da Venedig die erbetene Hilfe verweigerte. Nach der Chronik des Venetianers Caroldo, Ms. der Pariser Nationalbibl., Ital. 320. fol. 266ᵛ: die Stelle ist aber auch schon — nach einem Wiener Ms. — kommentiert worden von Steinherz „Die Beziehungen Ludwigs I. von Ungarn zu Karl IV." im MIÖG Bd. IX. p. 568.

Venedig hat übrigens auch bereits die ursprüngliche Absicht Ludwigs, dem griechischen Reich Hilfe zu bringen, beargwöhnt. Es liess den König, auf dessen Bitte um Galeeren zu dieser Hilfsaktion, darauf aufmerksam machen, dass es Waffenstillstand mit dem griechischen Kaiser habe, „rogantes Maiestatem suam, quatenus in omni casu honorem et iura nostra habere placeat favorabiliter reservata'. Wenzel. Mon. Hung. Hist. acta Extera II. p. 244.

Bei weitem grossartiger war die für mich ja weniger in Betracht kommende Politik des Serbenkönigs Stephan Duschan, der um die Mitte des XIV. Jahrhunderts ein grosses Balkanreich gründete und als „Kaiser der Serben und der Griechen", wie er sich seit 1346 nannte, nach der Krone von Byzanz seine Hand ausstreckte, um nach dem Muster der Bulgarenzaren früherer Jahrhunderte ein byzantinisches Reich slawischer Nation aufzurichten, ein Plan der mit seinem Tode (1355) und dem damit eintretenden Verfall seines Reichs so rasch scheiterte, wie er entstanden war. Vgl. Hertzberg l. c. p. 481 ff. Venedig verweigerte, wie später dem Ungarn, so im Jahre 1350 dem Serben die Unterstützung bei der Eroberung Kp.s. Stephan bot der Republik als Preis entweder das Despotat Epirus, das er erobert hatte. oder das den Genuesen abzunehmende Pera. Ljubic, Mon. ad hist. Slawor. merid. spect. Bd. III. p. 174 ff.

Für das Weiterleben der abendländischen Okkupationsbestrebungen vgl. im übrigen unten im dritten Kap. dieses Abschn. gegen Ende.

Lage gewesen sein, jenes ihr legitimistisches Prinzip[1]) unbeschränkt durchzusetzen und von den Griechen jegliche Hilfe fernzuhalten, bevor sie sich nicht Rom unterwarfen.

Nun war aber bekanntlich in jener Zeit das ehemalige Reichsgebiet, wenn wir von den slawischen Staaten absehen, zur Hälfte lateinisch, da die Restauration des byzantinischen Reichs durch Michael Paläologos nicht vollständig gelungen war. Die Türkeneinfälle betrafen also von vornherein die Lateiner so gut wie die Griechen, und beide Teile waren zur Abwehr aufeinander angewiesen.

Die grosse Losung der bedrohten Mächte wurde die „Union“, aber dies Wort in einer ganz anderen Bedeutung, als es bisher für die orientalischen Verhältnisse gehabt hatte. Man meinte damit nicht die kirchliche Einigung der Griechen mit Rom, sondern den politischen Zusammenschluss der Lateiner und Griechen zum Kampf gegen ihre gemeinsamen türkischen Feinde.[2])

So sehen wir gleich in der ersten derartigen „Union“, die zustande kommt, derjenigen von 1332, die Republik Venedig, den Johanniterorden von Rhodus und den byzantinischen Kaiser vereint,[3]) und auch weiterhin die lateinischen Interessen mit den griechischen unlöslich verflochten.

---

[1]) Siehe das höchst charakteristische Diktum Urbans V. in einem Briefe an den schismatischen Fürsten der Walachei Ladislaus bei Rayn. 1370 § 6: es sei zwar erfreulich, dass er tapfer gegen die Türken kämpfe, aber *,dolemus ab intimis, si non certas legitime‘*, d. h. als Nichtkatholik.

[2]) Anfangs heissen die Vereinigungen mehr *,societas‘* oder *,confoederatio‘*, seit den vierziger Jahren auch vielfach *,unio‘*.

[3]) Urkunde vom 6. September 1332, Diplomatarium Veneto-Levantinum p. 225 ff. Das Bedürfnis nach einem Zusammengehen mit den Griechen war jedoch schon seit 1325 in Venedig lebendig: schon damals beginnen die Verhandlungen wegen einer Liga gegen die Türken, die jedoch erst 1332 zum Ziel führten. Wir wissen das aus den Rubriken der verlorenen Bücher der *,Misti‘* (einer Sammlung venetianischer Staatsakten), die im Arch. Veneto Bd. XVII/XVIII. publiziert sind. Da heisst es im achten Buch (c. 1325) *,Sapientes electi super tractanda societate contra Turchos‘*. (Arch. Ven. Bd. XVIII. p. 66). Weiter im zehnten Buch (c. 1326): *,Scribatur*

Dem Papsttum wurde es unter diesen Umständen unmöglich gemacht, jenes Prinzip der Nichtintervention zu
Gunsten von Schismatikern streng durchzusetzen. Der Schutz
der Griechen liess sich nicht von dem der Lateiner Romaniens
trennen, bei welchem die Kurie alsbald eine führende Rolle
übernahm.

Schon im Jahre 1334 fand sich Johann XXII., ein Eiferer
gegen das Schisma, wie nur je ein Papst vor oder nach ihm,
mit dem schismatischen Griechenkaiser in einer Liga gegen
die Türken zusammen.[1])   Und auch Johanns nächste Nach-

- - ---------

*duche et consiliaris Crete, baiulo ... Negropontis et Cpolis, quod cum
dom. imperatori et hospitali et dom. Martino Zaccaria* (von Chios) *et
omnibus aliis praesentire debeant de faciendo societatem contra Turchos
et rescribant'.*   S. auch Bd. XX. p. 89, Bd. XVII. p. 271.   Vgl. Heyd
l. c. [335[1]] Bd. I. p. 538 Anm. 6.

[1]) Bereits in den Jahren 1328/9 hatte Johann XXII. zusammen mit
Venedig für das Zustandekommen einer Liga gewirkt: aber damals hatte
er sie nicht nur gegen die Türken, sondern auch gegen die Griechen gerichtet wissen wollen.   Brief des Papstes an König Robert von Neapel
vom 9. Dezember 1328 in Reg. Vat., ms., Bd. 115 fol. 144.   *,Quia dire
persecutiones et oppressiones varie, quas Greci scismatici, Bulgari,
Alani, Turchi aliique infideles, crucis hostes et nominis christiani blas-
phemi, christicolis Romanie ... inferre ... moliuntur, nos in amara
trahunt suspiria ...',* so sei er darauf bedacht, eine Konföderation zwischen
dem König Robert, Venedig und anderen Magnaten Romaniens *,ad resistendum eisdem inimicis fidei et defendendum fideles ab eorum persecutionibus',* zustande zu bringen, und habe damit den Bischof Isnard von
Theben beauftragt.   Vgl. sonst über diese Bemühungen Johanns XXII.
die Notiz bei Rayn. 1328 § 86.

Damals kam nun freilich nichts zustande (dies gegen die Bemerkung von Ducange l. c. [164]. Bd. II. p. 196): als dann aber im
Jahre 1332 jene oben im Text erwähnte Liga zwischen Venedig, Rhodus
und Andronikos geschlossen wurde und letzterer zugleich der Kurie
seinen guten Willen zur Herbeiführung der Kirchenunion kundgab,
da trat der Papst zusammen mit dem Könige von Frankreich und
Cypern jener Liga bei: diese erweiterte „Union", in der also der Papst
und der Kaiser von Kp. zusammen fungierten, wurde am 8. März 1334
zu Avignon abgeschlossen.   Rayn. 1334 § 7.   Über die ganz beträchtlichen Taten der Verbündeten im Jahre 1334, s. Bibl. de l'Ec. des Chartes,

folger haben es, mochten sie auch dessen antischismatische Gesinnung teilen, doch zum wenigsten nicht verhindern können, dass ihre Bemühungen gegen die Türken zu Gunsten der Lateiner auch den Griechen zu gute kamen: mehrfach haben sie sogar diesen direkt ihren Schutz angedeihen lassen oder zugedacht.

Geschah das bis zu Urban V. hin nur zögernd und mit Vorsicht,[1]) so dehnte das Papsttum seit Gregor XI. bei

Bd. 56. p. 24 ff. Der griechische Kaiser freilich nahm daran nicht teil, ihm verursachte die Liga sogar noch Schaden, sofern im Jahre 1335 einige Mitglieder derselben, die Johanniter, Naxier und der Genuese Cattaneo von Phokaea die griechische Insel Lesbos okkupierten, die dem letzteren allerdings im folgenden Jahre wieder abgenommen wurde. Nikephoros Gregoras, ed. Bonn, Bd. I. p. 523 ff.

[1]) Zunächst K l e m e n s VI. (1342—52) in den vierziger Jahren während des Bestehens der Liga zwischen der Kurie, Venedig, Rhodus und Cypern. (S. über dieselbe im einz. Delaville le Roulx l. c. p. 103 ff., Jorga l. c. p. 39 ff.: ihre Haupttat war die Eroberung von Smyrna). Für sein Verhalten zu den Griechen muss ich mich mit einem blossen Verweis auf die Quellen beschränken: Rayn. 1343 § 11 (über den Türkenzehnten, den Klemens damals dem deutschen Reiche auferlegte, s. die wicht. Nachw. bei Kirsch, die päpstl. Kollektorien in D. im XIV. Jahrh., Paderborn 1894, p. XIX/XX), 1344 § 2, 1345 § 1; sodann Valbonnais, Hist. des Dauphins de la III. raçe, Genf 1722, Bd. I. p. 532 ff., № 137, vgl. Delaville l. c. p. 107.

Für I n n o c e n z VI. (1352—62) verweise ich auf Rayn. 1353 § 20/1, 1356 § 33—35, sodann auf Jorga, p. 139—41, der dort einen regelrechten, von Innocenz VI. inszenierten Kreuzzug zu Gunsten Kp.s, an dessen Spitze der Legat Petrus Thomas stand (a. 1359), gewissermassen ausgegraben hat.

Ausführlicher dagegen gehe ich auf das besonders charakteristische Verhalten U r b a n s V. (1362—70) zu den Griechen ein.

U r b a n V. hat wohl daran gedacht, den Griechen ohne weiteres Hilfe zukommen zu lassen: s. Rayn. 1364 § 27 in einem Brief an Kaiser Johannes: „gerentes in votis, te ac populum tuum ab in-fidelium Turcorum incursibus et tyrannide liberari ac per beneficia nostra (vgl. p. 698[1]) et latinorum corpori ... Ecclesiae ... reuniri", wolle er das griechische Reich dem Führer und dem Legaten des sich vorbereitenden Kreuzzugs empfehlen, worum Kaiser Johannes gebeten hatte. Vgl. auch Jorga l. c. p. 205. An einen allgemeinen Kreuzzug war nun freilich, da inzwischen der designierte Kapitän, König Johann II. von Frankreich, gestorben war, nicht mehr zu denken. Nichtsdestoweniger

der wachsenden Türkengefahr seine Schutzaktionen prinzip-

blieb Urban um das Schicksal des griechischen Reichs besorgt. Im Jahre
1365 schrieb er dem Kaiser, er bemühe sich, da auf einen allgemeinen
Kreuzzug keine Aussicht sei, zum Schutz der ,inclyta civitas Ctana' und
des übrigen byzantinischen Reichs eine „Union" zustande zu bringen, und
zwar auf die Bitten der Johanniter, des Markgrafen von Montferrat (eines
Paläologen) und Genuas hin. So kann er sagen: zur Kircheneinigung
,(nos) non solum vos invitamus elogiis, sed et factis inducimus'.
Rayn. 1365 § 22/3. Vgl. über jenes Projekt sonst Jorga l. c. p. 271.
    Diese Unternehmung kam jedoch nicht zustande. Auch der Kreuz-
zug des Königs von Cypern berührte das griechische Reich nicht. (S. über
ihn Delaville le Roulx p. 118 ff. und bei Jorga die betr. Abschnitte).
Wohl aber ward demselben im Jahre 1366 eine namhafte Hilfe durch den
Grafen Amadeus von Savoyen, den Vetter des Kaisers Johannes V.,
zu teil.
    Urban V. machte dem Kaiser am 25. Januar 1366 von dieser in
Aussicht stehenden Hilfe sowie von einer durch die Könige von Ungarn
und Cypern geplanten Unterstützung Mitteilung, indem er jedoch angesichts solcher Hilfeleistung drohend die unmittelbare Vollziehung der
Union verlangte. Rayn. 1366 § 1—2. Und während nun Amadeus sich
wirklich im Frühling nach Kp. begab (s. über seinen Zug Delaville
p. 141 ff.). hat Urban dem König Ludwig von Ungarn durch ein Schreiben
vom 22. Juni die grosse Hilfsaktion, die dieser König dem griechischen
Kaiser umsomehr zudachte, als derselbe eben damals persönlich in Budapest
seine Sache vertreten hatte, kategorisch widerraten. Da die
Griechen sich bei früheren Unionsverhandlungen unzuverlässig erwiesen
hätten und deshalb grosse Vorsicht geboten sei, da es sich ausserdem bei
der Union um eine weitläufige und schwierig durchzuführende Angelegenheit
handle, so suspendiere er, Urban, falls Ludwig sich etwa dem griechischen
Kaiser gegenüber zu einer demnächst zu leistenden Hilfe verpflichtet hätte.
ein derartiges Gelübde oder einen solchen Eid des Königs hiermit für ein
Jahr. In der Zwischenzeit möge Ludwig dem Kaiser, falls dieser sich
für seine Person mit seinen Söhnen bekehre, ,de aliqua armigera gente,
fürsorgen. Rayn. 1366 § 3. Mit diesem Schreiben stimmt zusammen dasjenige an Kaiser Johannes vom 1. Juli 1366 (Rayn. § 4—6), in dem der
Papst letzteren auf die Kunde seiner Reise nach Budapest zur Union ermahnt
und ausruft: wie werden sich die Ungläubigen fürchten, ,post recon-
ciliationem praedictam dicto rege aliisque fidelibus in tuum adiutorium assurgentibus'. Und ebenfalls stimmt dazu das öffentliche
Schreiben, durch das er Ludwig am 1. Juli zum Kreuzzug gegen die
Türken aufruft. Denn dort ist immer ausdrücklich vom Schutz der fideles

mässig und ständig auch auf die schismatischen Griechen aus. [1])

_____

in unitate Ecclesie persistentes' die Rede, was hier die Bedeutung gewinnt: „soweit sie ... sich befinden"). S. Theiner l. c. [91[1]] Bd. II p. 74/5 (№ 142) vgl. 143, 145.

Ludwig wandte sich in der Tat statt gegen die Türken. gegen die übrigens mit diesen verbündeten Bulgaren. Es ist die Frage, ob er das lediglich auf die päpstliche Mahnung hin getan hat (vgl. Fessler, Geschichte Ungarns Bd. II. p. 153—5, Steinherz, l. c. p. 567/8): auf alle Fälle bleibt aber die Handlungsweise Urbans V. ausserordentlich charakteristisch und der vornehmste Fall, bei dem das Papsttum jenes oben gekennzeichnete Prinzip der Nichtintervention zu Gunsten von Schismatikern in die Praxis umsetzte.

Gegen Ende seines Pontifikats veränderte Urban V. seine Taktik infolge des persönlichen Übertritts des Kaisers Johannes V. zur römischen Kirche, den dieser im Jahre 1369 zu Rom vollzog. S. darüber unten p. 708/9.

[1]) Gregor XI. abstrahiert bei seinen Bemühungen in den Jahren 1372 und 1373, eine Liga („Union") zwischen dem Paläologen und den Lateinern zustande zu bringen, fast völlig von der Tatsache, dass die Griechen Schismatiker sind: s. im Schreiben vom 13. November 1372 an Kaiser Johannes V., Rayn. 1372 § 29, wo gar nicht von kirchlichen Dingen die Rede ist. In einem Schreiben vom selben Tage an Ludwig von Ungarn in ders. Angel. erwähnt er zwar die schismatische Gesinnung der Griechen, aber nur, um letztere als gleichgültig zu bezeichnen: die Türken bedrängten *,nonnullos populos dictar. partium christianos professione, licet scismatis scissione a cath. ecclesie unitate divisis'.* Theiner l. c. Bd. II. p. 130 (№ 262). Ähnlich schreibt er dann am 21. Juni 1273 direkt an den griechischen Kaiser: wegen der Türkengefahr habe er *,Catholicis, qui in illis sunt partibus, et etiam Graecorum seu Romaniae populis, licet a sancta ... Ecclesia ... separatis (spe tamen concepta, quod ad ... unitatem ... revertantur)'* fürgesorgt durch seine Bemühung um eine *,certam unionem galearum'.* S. auch den Brief Gregors an Ludwig von Ungarn vom 28. Januar 1375, in dem er diesen König auffordert, jene einst dem Griechen gelobte (und, wie wir wissen, von Urban V. hintangehaltene Hilfe) zu leisten: *,speramus siquidem ... quod ei clerus et cives iamdictae civitatis (Kp.s), humanitatem tuam pro ipsorum liberatione comprobantes, ... ad gremium eiusdem Ecclesiae promptius revertentur'.* Rayn. 1375 § 5. Vgl. in dem Briefe vom 27. Oktober desselben Jahres an Ludwig (l. c. § 7) *,et super obedientia et reconciliatione Graecorum tale habemus responsum, quod, si eis competens mittatur succursus, contentamur exinde'.*

Einen ähnlichen Standpunkt nahmen auch die Päpste aus der Zeit des abendländischen Schismas ein, welch letzteres sie zur Milde gegenüber

Jene wie diese Päpste motivierten den Griechen gegenüber ihre Handlungsweise mit der Hoffnung, sie durch solche
Wohltaten der Union geneigt zu machen.[1]

Sie alle aber vertraten zugleich aufs bestimmteste die
Ansicht, dass es sich vorerst immer um eine provisorische
Hilfe handele, während die wahre Unterstützung der Griechen
erst nach vorheriger Vollziehung der Kirchenunion harre.[2]

---

den griechischen Schismatikern stimmen musste. Im einzelnen s. für
Urban VI. Rayn. 1388 § 4, für Bonifaz IX. Rayn. 1398 § 40, wo
dieser Papst das Kreuz predigen lässt zu Gunsten des Kaisers Manuel
und seiner Untertanen, *„quia etsi non in plena obedientia et devotione
nostra ac sinceritate fidei et unitate Romae Ecclesiae persistant,
invocant tamen salutiferum nomen Christi'* ähnlich 1399 § 3,
wo es noch weiter heisst: *„et (quia) speramus, quod ... in processu
temporis ad Ecclesiae catholicae redeat unitatem'*. Vgl. auch einen Brief
Bonifaz' an Lucca bei Muller, *„Doc. sulle rel. delle città toscane coll' oriente'*
p. 146/7, ferner Jorga *„Notes et Extr. pour servir à l'hist. des croisades in
XV. siècle, II. Serie, Paris 1899 p. 81: Brief vom 27. Mai 1400 an die
Geistlichkeit der Christenheit; für Innocenz VII. Rayn. 1405 § 1 ff.,
für Gregor XII. Rayn. 1407 § 32 ff.; für den Papst des Pisaner Konzils,
Alexander V., einen geborenen Griechen (1409), und Johann XXIII. s. die
im nächsten Kap. zu zit. Werke von Fincke, p. 233 ff. und Beckmann,
p. 28 ff. Dann für Martin V. Rayn. 1422 § 2 etc.

[1] Vgl. in voriger und der vorletzten Anm.

[2] So sagt z. B. Gregor XI. in seinem Schreiben vom 21. Juni 1373
an Kaiser Johannes V., wo er diesem seine Bemühungen um den Schutz
der (noch schismatischen) Griechen mitteilt, aber zugleich betont, dass,
wenn die Griechen ernstlich auf die Union bedacht sein würden *„nos ac
principes Occidentis circa defensionem dictorum populorum Romaniae
essemus indubie promptiores'*. Ähnlich Martin V. in einem Brief an
Kaiser Manuel vom Jahre 1422 (Rayn. 1422 § 2). Der Papst berichtet
dem Kaiser seine eifrige Tätigkeit für die Griechen, fügt aber hinzu *„Sed
ut aliquando tibi ... demonstremus veram et certam rationem defen-
sionis et securitatis tuae, non ad tempus exiguum implorandae, sed
in perpetuum conservandae ...'* solle der Kaiser nicht nur dem Namen
nach, sondern auch de facto Christ sein, d. h. sich Rom unterwerfen.
Vgl. auch die Briefe Urbans V. Rayn. 1366 § 1—2, § 4—6, und besonders
1370 § 2—3.

War nun letztere Verheissung, der Refrain fast aller päpstlichen Schreiben an die Griechen, begründet? Sie klang so natürlich. Erst wenn die Byzantiner durch die geistliche Union Ein Herz und Eine Seele mit dem Occident geworden sein würden, würde dieser sich in seiner Gesamtheit zur Rettung der Glaubensbrüder aufraffen.[1]

In Wirklichkeit waren solche Verheissungen eitel, und es bezeichneten vielmehr eben jene Unterstützungen, die die Päpste als bloss vorläufige, erst im Fall der Union durch die eigentliche Hilfsaktion des Occidents zu ergänzende hinstellten, die Kraftaufwendung, deren letzterer und das Papsttum überhaupt fähig waren.

Dem rückschauenden Geschichtsschreiber fällt diese Erkenntnis leicht, da er weiss, dass auch nach der endlichen Vollziehung der Union durch die Griechen im Jahre 1439 jene umfassendere Hilfe des Occidents ausgeblieben ist.

Aber die Tatsache, dass die griechischen Kaiser ein volles Jahrhundert lang gewartet haben, ehe sie die Kircheneinigung herbeiführten, beweist zur genüge, dass sie selbst recht wohl die Unsicherheit des Lohnes erkannten, den die Päpste ihnen als deren Preis in Aussicht stellten.

Ihren Bedenken diente vor allem die zwingende Erwägung als Grundlage, dass die Kurie und der Occident ja auch die Lateiner Romaniens, sie, die rechtgläubigen Katholiken und Stammesgenossen der abendländischen Völker, nicht von der Türkenplage zu befreien vermochten. Wie wäre zu hoffen gewesen, dass das Abendland für die unierten Griechen

---

[1] Martin V. fährt in dem vor. Anm. zit. Briefe an Manuel fort: ‚*quantum enim putas nomen et imperium tuum venerabile et formidandum magis apud eos ipsos hostes fidei Christianae esse futurum, si te senserint cum reliqua Christianitate esse coniunctum, cum qua tota, si te unum invaserint, tibi esse pugnandum existimabunt, qui nunc imperium tuum velut vilissimam et postremam partem a catholicis derelictam . . . assiduis vexationibus et contumeliis inquietant‘.* Edler Wahn!

grössere Opfer bringen würde als für seine lateinischen Brüder?[1])

Das war um so weniger zu erwarten, als seit dem Ende des XIV. Jahrhunderts, wo die Türken ihre Einfälle auch auf das Königreich Ungarn auszudehnen begannen, katholische Occidentalen gegenüber den schismatischen Byzantinern die grosse Majorität der hilfsbedürftigen Christen darstellten. Indem der Griechenschutz für das Abendland nur mehr gleichsam als eine Enklave des Schutzes katholischer Mächte in Betracht kam, schwand die Aussicht vollends dahin, dass die Unierung der Byzantiner mit Rom eine Steigerung seiner Leistungen herbeiführen werde.

Abgesehen aber von diesen Schlussfolgerungen, die sich aus den allgemeinen Verhältnissen ergaben, sind die griechischen Kaiser noch durch zwei besondere Fälle über die voraussichtliche politische Wertlosigkeit der Kirchenunion belehrt worden.

Kaiser Johannes V. hat sich im Jahre 1369 nach Rom begeben und dort vor Papst Urban V. das römische Glaubensbekenntnis und den päpstlichen Primat beschworen.[2]) Es

---

[1]) So bediente sich schon Barlaam als byzantinischer Gesandter (vgl. o. p. 698[1]) vor Papst Benedikt XII. im Jahre 1339 des folgenden Argumentes gegen den päpstlichen Standpunkt, den Griechen erst nach Vollziehung der Union Hilfe gewähren zu wollen: ,*quia Turchi non solum nocent Graecis, sed etiam Armenis, et Cyprianis et Heracliis* (den Johannitern), *qui omnes sunt subditi vestri ..., unde quando propter Graecos non vultis mittere auxilium contra Turcos, ad minus propter miseros Armenos .... et propter alios Christianos subditos vestros debetis mittere ad partes illas vestrum auxilium‘*.

[2]) Es war die unmittelbare Frucht einer occidentalischen Hilfeleistung: der Heerfahrt des Amadeus von Savoyen im Jahre 1366 (vgl. über sie p. 703[1] unter „Urban V.“) Johannes V. hatte sofort dem Amadeus bei dessen Rückkehr eine Gesandtschaft an den Papst mitgegeben, die seinen Entschluss zur Vollziehung der Union kundgeben sollte (Rayn. 1367 § 7 ff.). Letztere erfolgte dann im Jahre 1369. Rayn. § 1—3. Vgl. Pichler, p. 378.

war das zunächst ein rein persönlicher Akt des Kaisers, dessen
Tragweite man in Rom aber nicht unterschätzen konnte, wenn
man bedachte, eine wie wichtige Rolle einst bei der Union
von Lyon gerade die persönliche Bekehrung Kaiser Michaels
gespielt hatte. Sie war recht eigentlich der Grund- und Eckstein jener Union gewesen und von der Kurie auch als solcher
aufgefasst worden.[1]

Auch würdigte nun Urban V. die Bedeutung des kaiserlichen Aktes, der sein Ansehen in der Welt gewaltig steigerte[2]
und in ihm die Hoffnung auf die Bekehrung der Griechen
selbst nährte, so sehr, dass er zu Beginn des Jahres 1370
die Gläubigen des Occidents zur Befreiung des nunmehr
katholischen und Rom gehorsamenden Kaisers von Byzanz
und seines Imperiums aufrief.[3]

Aber dieser Appell verklang wie in leerer Einöde.
Auch nicht ein einziger Lateiner hat ihm entsprochen, er hat
nicht das geringste an der Haltung der abendländischen
Mächte geändert, weder unter Urban V., der Ende 1370
starb, noch unter Gregor XI., obgleich dieser Papst den
Griechen ganz besonders wohlwollte.[4] Unter ihm folgten
sogar eine Anzahl von Byzantinern dem Beispiel Kaiser
Johanns V. und liessen sich durch römische Sendboten zum

---

[1] S. o. z. B. p. 554 und sonst.

[2] II. Vita Urbani, bei Muratori, SS. rer. It. Bd. III₂. p. 623, und
IV. Vita l. c. Der griechische Kaiser wurde damals ebenso zum Schützling Roms, wie es im XIII. die lateinischen Kaiser gewesen waren.

[3] Rayn. 1369 § 4, vgl. § 5 an den Dogen von Venedig, der zur
Hilfe aufgefordert wird, *quia idem imperator utpote princeps catholicus
a cunctis est Christifidelibus de caetero confovendus*. Was aber das
„katholisch" betrifft, so ist interessant, dass der Kaiser im Januar 1370
noch nachträglich versichern musste, er habe mit der „katholischen Kirche"
die römische Kirche gemeint, so wie unter den „katholischen Christen"
die im Occident wohnenden verstanden würden. Man fürchtete also, der
Grieche möge den Ausdruck „katholisch" in einem anderen als dem im
Occident gebräuchlichen aufgefasst haben. Rayn. 1368 § 20 nennt Urban
einen unierten Griechen, einen *Graecus catholicus*.

[4] S. o. p. 706.

Katholizismus bekehren: in der gleichen Hoffnung, dadurch ihrer Vaterstadt die abendländische Hilfe zu verschaffen, und mit dem gleichen Misserfolg.[1]

Und gewissermassen als Komplement dieser Erfahrung. welche den Griechen direkt die politische Bedeutungslosigkeit der Union zeigte, bot sich ihnen nicht lange nachher eine andere, die auf indirektem Wege denselben Beweis erbrachte.

Die bedeutendste Hilfsaktion, die der Occident in der ganzen Zeit bis zum Fall Konstantinopels zu Gunsten der unmittelbar von den Türken bedrängten Christen entnommen hat, ist der französische Kreuzzug des Jahres 1396 gewesen, der so kläglich bei Nikopolis scheiterte. Und diese Hilfeleistung, die nicht nur dem katholischen Ungarn, sondern auch dem schismatischen Byzanz zugedacht war,[2] ist an

---

[1] Rayn. 1375 § 1—5, z. B. § 4 in einem Briefe Gregors XI. an den Kaiser: „. . . *nonnulli Graeci tam clerici quam religiosi quam laici civitatis Ctanae, qui,* unter Aufgabe des Schismas, *sunt effecti catholici et magisterio s. R. ecclesiae volunt intendere*'. Gregor beklagt sich hier beim Kaiser darüber, dass diese unierten Griechen von den orthodoxen verfolgt, ihrer Güter und Würden beraubt werden: denn „*per ea datur nobis materia praefatae civitati contra Turcos minime succurrendi*'. Andrerseits gedachte er gerade durch die Leistung von Hilfe auch die übrigen noch nicht bekehrten Griechen zu Rom hinüberzuziehen und auf diese Weise am sichersten der üblen Behandlung der schon bekehrten ein Ende zu machen: dazu hatten letztere ihn ermahnt „*nobis super conservando statu eorum in dicto gremio humiles litteras destinarunt*' (Gregor in einem Brief an Ludwig von Ungarn vom 28. Januar 1375. Rayn. 1375 § 5).

[2] Zahlreiche Beweise lassen sich für diese Tatsache erbringen. Vor allem zeigen die von Ljubic in den Monumenta spect. ad hist. Slav. merid. Bd. IV. 338 ff. veröffentlichten venetianischen Staatsakten aus dem Jahre 1396, dass es auf einen Vorstoss des Ungarnkönigs und der Franzosen an das Ägäische Meer abgesehen war, wo ihnen dann der Kaiser Manuel und die Venetianer die Hand reichen sollten. Auch Froissard ed. Kervyn de Lettenhove Bd. XV. p. 220 nennt Kp. als eins der Ziele, die sich die französischen Kreuzfahrer steckten; vgl. p. 264. Besonders wichtig ist endlich das Zeugnis König Karls VI. von Frankreich, der am 7. Dezember 1396 (nach der Niederlage der Kreuzfahrer) an Venedig schreibt: die Kreuzfahrer „*qui . . . ad partes Hungariae et Ctanas pro fidei nostre*

keine religiöse Bedingung irgend welcher Art geknüpft worden, wie denn auch die damals durch das Schisma gespaltene Kurie an ihr so gut wie gar nicht beteiligt war.[1]

So waren im Laufe der Zeit die politische Nutzlosigkeit der Union sowohl als auch die Unschädlichkeit des Schismas offenbar geworden. Die partielle Vollziehung jener hatte den Occident nicht zu Gunsten Byzanz' entflammt, und der Fortbestand dieses hatte ihn nicht abgehalten, einen wahren Kreuzzug zur Befreiung des griechischen Reichs zu unternehmen.

Übrigens fiel auch schwer ins Gewicht, dass der Kreuzzug von Nikopolis missglückte. Seitdem wurde der Hinweis auf die absolute Unfähigkeit des Occidents zur nachhaltigen Bekämpfung der Türken eine scharfe Waffe in den Händen der eine Unterwerfung unter das Papsttum bekämpfenden orthodoxen Griechen.[2]

orthodoxe defensione et contra ipsius fidei et tocius professionis catholice inimicos se duxerunt transferandos. ed. in den ,Doc. inédits rel. à l'hist. de France. Mélanges Historiques', Bd. III. (1880) p. 159. Zur allgemeinen Orientierung über die Schlacht von Nikopolis sei auf Delaville le Roulx l. c. verwiesen, p. 211 ff.

[1] In unseren Quellen fehlt, soweit ich sehe, jegliche Hindeutung auf ein päpstliches Eingreifen bei dem Kreuzzug von Nikopolis. Dagegen hat an den vielfachen Hilfeleistungen, die um die Wende des Jahrhunderts dem Kaiser Manuel aus dem Occident zu teil wurden (der Kaiser begab sich 1399 persönlich dorthin und blieb dort bis 1403) Papst Bonifaz IX. einen grossen Anteil gehabt. Wir sahen schon p. 705[1], wie er für Byzanz eintrat, ohne religiöse Bedingungen zu stellen. Manuel bekannte sich sogar öffentlich zu seinem vom römischen abweichenden Glauben: er widerlegte in Paris die Schrift eines katholischen Theologen über den Ausgang des heiligen Geistes: s. das ,Mémoire sur la vie et les ouvrages de l'empereur Manuel Paléologue' von Berger de Xivrey in Mém. de l'Ac. des Inscr. Bd. XIX,2. p. 111/12. S. dort und ferner bei Delaville le Roulx l. c. p. 356 ff. näheres über die Hilfe, die besonders der König Karl VI. von Frankreich Manuel verschaffte (Haupts. die Expedition des Marschalls Boucicaut nach Kp. 1397 ff.).

[2] S. eine durch ihre Zitierung seitens Kalogeras (s. u. p. 712[2] und ferner im dritten Kap. dieses Abschnitts gegen Ende) mir bekannt gewordene Schrift des zu Ende des XIV. und zu Anfang des XV. Jahrhunderts lebenden Mönches Joseph Bryennios (opera ed. Eugenios Bulgaris, Leipzig 1768—84), περὶ τῆς ἑνώσεως τῶν Ἐκκλησιῶν, (l. c·

Kaiser Manuel II., der Sohn Johannes' V. (1391—1425),
zog aus alledem die richtige Konsequenz, und schied die Kirchenunion, zumal sie vom griechischen Volk nach wie vor verabscheut wurde, als wesentlichen Faktor aus seiner Politik aus.
Der Rat, ebenso zu handeln, war sein politisches Testament
an seinen Sohn Johannes VIII.[1]

Zweites Kapitel.

Die Wiedervereinigung Byzanz'
mit dem Papsttum durch die Florentiner Union
von 1439 (bis 1453) und das Verhältnis der letzteren
zur Union von Lyon.[2]

Es ist bekannt, wie Kaiser Johannes VIII., den Lehren
der Vergangenheit und der Warnung seines Vaters zum Trotz,
den Weg nach Rom betreten hat.

Bd. I., p. 469 ff.; geschrieben c. 1420, wie aus p. 472 ersichtlich). Es
heisst dort auf p. 477: „Gott ist mehr mit uns als mit den Lateinern".
Ὅτι ἡμεῖς μὲν τόσα ἔτη πολιορκούμενοι στέργομεν ἔτι. ὑμεῖς δὲ μετὰ
πάσης ὑμῶν τῆς παρατάξεως καὶ μεθ' ὅσης τῶν ὅπλων
παρασκευῆς ἅπαξ τοῖς Ἀγαρηνοῖς ἐπιόντες ἀνὰ κράτος ἡττή-
θητε'. „Und die Niederlage jenes Heeres erschreckte den Occident so
sehr, dass er zwar heftig nach Rache verlangte, aber sich lahm zeigte."
Wenn nicht wir, so ist der Sinn des weiteren, die wir gleich einer Mauer
zwischen Euch und jenen stehen, den Anprall der Türken aushielten, dann
würde es um Euch bald geschehen sein, indem Ihr dem Ansturm jener
weichen würdet, ‚ὡς μία συμβολὴ ἐκείνων παρέστησεν'.

[1] Phrantzes Buch II c. 13, vgl. Kalogeras, Die Verhandlungen
zwischen der orthodoxen Kirche und dem Konzil von Basel in Revue
internat. de Théologie Jahrgang 1893 p. 40.

[2] Zur allgemeinen Orientierung bemerke ich folgendes: Die Hauptquellen für die Florentiner Union bilden 1. zwei in den grossen Konzils-
sammlungen publizierte römisch-gesinnte Werke, über die zu vgl. Frommann in dem gleich zitierten Buche p. 44 ff.; 2. die vom griechischen
Standpunkt aus geschriebene Unionsgeschichte des Syropulos (‚Vera historia
unionis non verae' etc., ed. Creygthon, Haag 1660). Dazu noch Cecconi

Es war ein Akt der Verzweiflung. Den sicheren Untergang seines Staates vor Augen, griff er nach der Union als
nach dem letzten Mittel, ihn zu retten.

Über die vernunftgemässe Reflexion, die auf Grund einer
hundertjährigen Erfahrung den politischen Wert der Union
verneinte, siegte bei ihm die der Not des Augenblicks ent-
springende Hoffnung, durch die kirchliche Verschmelzung des
Griechentums mit dem Occident diesen zu einer grossen Be-
freiungstat für jenes fortzureissen.

So lange die Griechen im Schisma verharrten, blieb an
den Verheissungen der Päpste immer ein letzter Schein von
Wahrheit haften. Zu verführerisch klang deren ständig
wiederholte Argumentation: dass an Stelle der vorübergehenden mässigen Hilfe, wie sie vorläufig geleistet werde, erst
nach der Union die dauernde Unterstützung, die endgültige
Befreiung folgen würde.[1]

––––––––

„Il concilio di Firenze Rom 1869. — In der neueren Literatur gibt es vier
Hauptwerke: ein darstellendes von Hefele: Die temporäre Wiedervereinigung
der griechischen mit der lateinischen Kirche, in Tüb. theol. Quartalsschrift
1847, 1848; ein kritisch-grundlegendes von Frommann, krit. Beiträge zur
Geschichte der Florentiner Kirchenunion, Halle 1872; ferner das den Konflikt zwischen Eugen IV. und dem Baseler Konzil in Betreff der Griechenunion behandelnde, schwer lesbare Buch von Zishman: die Unionsverhandlungen zwischen der orient. und röm. Kirche seit dem Anfange des
XV. Jahrhunderts bis zum Konzil von Ferrara, Wien 1868; endlich das
treffliche, die verschiedenen in Byzanz herrschenden Strömungen scharı
kennzeichnende Buch von Kalogeras, ‚Μάρκος ὁ Εὐγενικὸς καὶ Βεσσαρίων
ὁ καρδινάλις‘, Athen 1893. Dazu kommen noch wichtige Beiträge von
Dräsecke in verschiedenen Zeitschriften. Zu vgl. auch Pichler, p. 383 ff.

[1] Vgl. oben p. 706/7. So argumentierte Eugen IV. auch während
der Unionsberatungen in Florenz. Harduin, Conc., Bd. IX p. 387 (aus
den ‚Acta Concilii‘) ‚si unio fiat, et reges occidentales et nos omnes
magnam capiemus voluntatem et magno vobis auxilio erimus‘ etc.
Ähnliches verhiessen die Baseler: s. z. B. Cecconi l. c. p. 77—9. In
diesem Sinne hatte sich auch schon Kaiser Sigismund einst (im Jahre
1411) ausgesprochen: s. die charakteristischen Stellen in seinem Briefe an
Kaiser Manuel vom Jahre 1411 bei Fincke, Acta Concilii Constantiensis,
Bd. I. (Münster 1896) p. 393; s. a. im allgemeinen für Sigism. Beckmann,

Die Päpste selbst glaubten daran, viele Occidentalen
täuschten sich es vor, und nicht nur der byzantinische Kaiser,
sondern auch ein beträchtlicher Teil der griechischen Staats-
männer und Gelehrten liess sich durch den Trugschluss be-
stechen.[1]

Und selbst wenn er sich als solchen herausstellen sollte,
so musste wenigstens das Augurenlächeln auf den Lippen der
Päpste ersterben, und es war Klarheit geschaffen — freilich,
eine Klarheit des letzten Augenblicks: denn die Herbeiziehung
der abendländischen Hilfe durch die Union war nicht nur der
Erlösungstraum für die Griechen, sondern auch das Schreckgespenst für die Türken gewesen: mit jenem musste sich auch
dieses als nichtig erweisen und musste dem Sultan der Mut
wachsen, dem byzantinischen Reich ein Ende zu machen.[2]

---

der in seinem Buche, Der Kampf Kaiser Sigismunds gegen die werdende
Weltmacht der Osmanen 1392—1437, Gotha 1902, die Rücksicht auf den
Türkenkampf als die Hauptrichtlinie der Politik Kaiser Sigismunds
charakterisiert, womit er im wesentlichen recht haben dürfte.

[1] S. besonders die Rede des Georgios Scholarios auf dem Konzil,
der die politischen Folgen der Union in den glänzendsten Farben schildert.
Bezeichnenderweise argumentiert er ganz wie die Päpste, wenn er die
vor der Union seitens der Lateiner geleistete Hilfe als blosses Vorspiel
der grossen Hilfeleistung des Occidents, die nach der Union erfolgen
werde, hinstellt: ‚qui (Latini), si saepe nobis opem tulerunt nondum
sibi reconciliatis, nunc multo magis et alacrius hoc praestare volent
et veluti quoddam solvere debitum societatem in bello‘ (Harduin l. c.
p. 451). Eine wichtige Arbeit über Scholarios' Stellung zur Florentiner
Union (derselbe änderte bald seine Gesinnung, wurde hochorthodox und
später auch, nach dem Fall Kp.s, als Mönch Gennadios Patriarch von Kp.)
veröffentlichte Dräsecke in Byz. Zt. Bd. IV. p. 561 ff. Wie Scholarios
trat besonders auch Bessarion wegen der vom Papsttum zu erwartenden
Hilfe für die Union ein, s. darüber ausf. Kalogeras l. c. besonders p. 17
bis 29. Vgl. auch Dräseke in Neue kirchl. Z. Bd. V. (1894) p. 1002 ff.
Zwei Abgesandte des Baseler Konzils wussten nach ihrer Rückkehr
aus Kp., am 9. Februar 1436 den Baselern zu berichten, dass unter den
Griechen allgemein eine sehr unionsfreundliche Gesinnung geherrscht habe:
Cecconi l. c. № 77 (p. cc II ff.).

[2] Aus ähnlichen Gründen hatte Kaiser Manuel seinem Sohn von der
Union abgeraten, zu vgl. die oben p. 712[1] zitierte Stelle aus Phrantzes.

Man sieht, wie schwank die politische Basis dieser Union war. Auf ihr allein aber ruhte sie. So gut wie die Union von Lyon 1274 war auch die Kircheneinigung von 1438/39 lediglich ein politischer Akt, wenn auch auf dem Konzil von Ferrara-Florenz Kaiser und Klerus nicht durch Boten und Briefe, sondern persönlich die Union vollzogen.

Denn diejenigen Griechen in der Begleitung des Kaisers, die von den Konzilsverhandlungen eine wahre, auf gegenseitige Überzeugung gegründete Einigung der beiden Kirchen erwartet hatten, wie vor allem Georgios Scholarios,[1] sahen sich bald getäuscht: das Papsttum, seinen alten Standpunkt festhaltend und die Zwangslage der Griechen ausnutzend, verlangte schlechthin eine Unterwerfung der Griechen unter das römische Gesetz, zu der sich diese, wenn sie sich dem nicht durch die Flucht entzogen, wie Scholarios,[2] schliesslich auch verstanden, Punkt für Punkt unter der Führung des Kaisers zurückweichend.

Aber mögen sie auch, darin über die Erklärungen von Lyon hinausgehend, den römischen Glauben schliesslich in allen Kontroverspunkten als den wahren anerkannt haben:[3] für den päpstlichen Primat hat sich die Kurie mit einer Formel begnügen müssen, durch die nach ihrer eigenen Auffassung zwar die Griechen ihr die unbeschränkte Regierungsgewalt in der Kirche, den ,primatus iurisdictionis', zuerkannten, in der aber diese nichts Anderes gesehen haben, als die Bekräftigung des alten vorschismatischen Ehrenprimats.[4]

---

[1] S. Frommann l. c. p. 93/4.

[2] Frommann l. c.   Er floh zusammen mit dem Philosophen Plethon, und dem Bruder des Kaisers Demetrios.

[3] Das Unionsdekret s. bei Harduin l. c. p. 985—7 und p. 419—24. Vgl. darüber Hefele l. c. (Jahrgang 1847) p. 249 ff.   Ihre besonderen kirchlichen Riten und Gebräuche wurden den Griechen garantiert l. c. p. 258.

[4] Harduin, p. 986 (423). ,Item diffinimus, s. apostolicam sedem et Rom. pontificem in universum orbem tenere primatum et ipsum Pont. Rom. successorem esse b. Petri, principis Apostolor. et verum Christi vicarium totiusque Ecclesiae caput et omnium Christianorum patrem et doctorem existere, et ipsi in b. Petro pascendi, regendi et gubernandi

Vergleicht man diese Primatsformel mit derjenigen, die Kaiser Michael auf dem Konzil von Lyon beschworen hatte, so bemerkt man mit Staunen, wie vage jene, wie präzis diese gehalten ist. Freilich wurde ja die Formel von Lyon nur vom Kaiser beschworen, aber später bekannte sich, wie wir sahen, doch auch der Patriarch Bekkos zu ihr.[1]) Und selbst der griechische Klerus in seiner Gesamtheit ist durch das Schreiben, das er nach Lyon sandte, insofern über die Primatsformel von Florenz hinausgegangen, als er dort ausdrücklich die Aufnahme des päpstlichen Namens ins Kirchengebet deklariert hat: und ferner hat er, wenn nicht im eigenen Namen, so doch durch den Mund des Kaisers die Kurie als Appellationsinstanz bei kirchlichen Streitigkeiten anerkannt, wenn er sie dabei auch freilich an die ominösen Kanones gebunden wissen wollte.[2]) Aber es war damit immerhin mehr erreicht worden als in Florenz, wo man sich über diesen Punkt überhaupt nicht einigen konnte[3]) und ihn, wie so manche andere Differenz über den Primat, in der allgemeinen Formel begrub.

universalem ecclesiam a Dom. nostro J. Christo plenam potestatem tradilam esse, quemadmodum etiam in gestis oecumenicorum conciliorum et in sacris canonibus continetur'. Die absolut beschränkende Bedeutung, die die Griechen letzterem Zusatz beimassen, haben wir schon gelegentlich der Unionsverhandlungen Innocenz' IV. mit Vatatzes und dann bei der Union von Lyon zur Genüge kennen lernen: s. p. 369 ff., 524 ff.; nicht minder fest war man auf römischer Seite von der bekräftigenden Bedeutung jener Worte überzeugt. Die eigentliche Differenz, wie sie bereits während der Verhandlungen zu Florenz zu Tage getreten war, drehte sich um die im Zusammenhang mit den alten ökumenischen Konzilien geschriebenen, einen reellen Primat proklamierenden, Papstbriefe. Auf römischer Seite sah man in ihnen einen integrierenden Bestandteil der Konzilsakten, auf griechischer Seite leugnete man diese Zugehörigkeit. Daher betrachtete Rom die Berufung auf jene Akten als eine Bekräftigung des Jurisdiktionsprimats, die Griechen dagegen als eine Beschränkung des vorhergesagten auf den blossen Ehrenprimat. Vgl. auch Frommann, p. 17—19.

[1]) S. oben p. 577 f.
[2]) S. oben p. 526 ff.
[3]) S. Harduin, p. 413/4.

Doch wie steht es mit dem geographischen Umfang der beiden Unionen?   Übertraf nicht in dieser Hinsicht die Florentiner Kircheneinigung diejenige von Lyon, da jene nicht nur von den Vikaren der drei orientalischen Patriarchate, sondern auch von Vertretern der orthodoxen Kirchen Iberiens, Trapezunts, Moldowlachiens und Russlands beschworen wurde?[1]

Nur scheinbar fällt der Vergleich zu Gunsten der Florentiner Union aus.   Denn einerseits ist zu bedenken, dass die Union in Russland überhaupt nicht ins Leben trat, da der russische Grossfürst den Metropoliten Isidor von Kiew, der ihr beigetreten war, bei dessen Rückkehr im Jahre 1441 desavouierte und absetzte, und dass im Jahre 1443 die drei orientalischen Patriarchen auf einer Synode zu Jerusalem die Florentiner Union verwarfen.[2]   Auf der anderen Seite wissen wir, dass bei der Union von Lyon der Beitritt des Metropoliten von Bulgarien in Frage gestanden hat, und dass sie, wenn auch der Patriarch von Jerusalem ihr Gegner war, so doch durch denjenigen von Antiochien unbedingt anerkannt und durch den Patriarchen von Alexandrien wenigstens nicht verworfen worden ist.[3]   So gut wie die Union von Florenz hatte also auch die von Lyon ihre Kreise über den Umfang des byzantinischen Reichs hinaus gezogen, und nur die gewaltsame Unterwerfung der griechischen Kirche unter Rom durch den Vierten Kreuzzug war strikt auf die Grenzen des lateinischen Kaiserreichs von Konstantinopel beschränkt geblieben.[4]

———

Was dann die Durchführung der Unionen betrifft, so ist eine solche nach 1274 und nach 1439 gleich schwierig ge-

[1] Syrop., p. 44 ff.   Vgl. Hefele l. c. p. 259.

[2] Die russische Angelegenheit ist ausführlich behandelt worden von Frommann l. c. p. 124 ff. (besonders p. 186 ff.).   Vgl. auch in Rev. des Quest. Hist. Bd. 52. — Über den Protest der drei Patriarchen s. Frommann, p. 199 ff.   Ihr Schreiben bei Leo Allat. l. c. [96¹] p. 142 ff.

[3] S. oben p. 528 ff., 586 f.

[4] S. oben p. (231) 236 ff.

wesen.[1])   Auch nach dem Konzil von Florenz stellten die überzeugten Unionisten doch nur die verschwindende Minderheit
des griechischen Klerus dar, der in seiner Majorität den Pakt
mit Rom verwarf und dabei das griechische Volk auf seiner
Seite hatte.[2])

Aber während nun Kaiser Michael seinerzeit, gestützt
auf jene Minderheit, aus der er den Patriarchen ernannte,
den rebellierenden Klerus unerbittlich zu äusserlicher Unterwerfung unter das Papsttum gezwungen hatte, wagte der
Paläologe des XV. Jahrhunderts nicht ein Gleiches.   Zwar
kreierte auch er einen Unionspatriarchen: den Metrophanes
von Cyzikos (1440—3).   Aber er identifizierte sich, im Gegensatz zu Michael, so wenig mit diesem, half ihm so wenig bei
seinem ehrlichen Bestreben, sich und seine Anschauung der
Orthodoxie gegenüber durchzusetzen,[3]) dass der Patriarch

---

[1]) Über die Durchführung der Florentiner Union s. besonders Frommann p. 186 ff. und Hefele l. c. (Jahrgang 1848) p. 179 ff., endlich Dräsecke
in Byz. Zt. Bd. V. p. 572 ff.   Nur der so lehrreiche Vergleich mit den
Verhältnissen zur Zeit der Union von Lyon ist nirgends gezogen worden.

[2]) Der wegen seines Widerstandes gegen die Union verfolgte Markos
Eugenikos verteidigt sich mit dem bezeichnenden Argument: wie könne
man ihm die Zerreissung der Einigung vorwerfen, da diese doch gar nicht
existiere. ‚Ποῦ νῦν ἔστι ἡ ἕνωσις αὕτη . . .; Οὐχὶ πάντες οἱ τῆς ἐκκλησίας
υἱοὶ πανταχοῦ, τῶν ἀποστατῶν τούτων ἀπερρωγότες πατριαρχῶν καὶ τῆς
αὐτῶν κοινωνίας (s. darüber weiter oben im Text) τοῦ πατρίου δόγματος
ἔχονται‘; S. Dräsecke in Byz. Zt. Bd. IV. p. 573.

Auch verdichtete sich abermals der Widerstand gegen die Union zu
einer politischen Opposition gegen das kaiserliche Regiment.   Doch nahm
sie nicht so gefährliche Formen an wie unter Michael Paläologos: s. oben bes.
p. 583 ff.   Unter Johannes VIII. war es des Kaisers eigener Bruder Demetrios,
der im Jahre 1443 gegen das unionsfreundliche Regime unter dem Zeichen
der Orthodoxie in die Schranken trat.   Syropulos, p. 348.   S. a. Hefele
l. c. [712²] p. 204, vgl. auch unten in Kap. 3 geg. Ende.

[3]) Methrophanes kommemorierte den Papst wirklich in den Diptychen,
s. sein Sendschreiben an die Einwohner von Modon im Peloponnes bei
Pitzipios, L'église Orientale, Rom 1855 Bd. II. p. 47/48. ‚Ἀναφέρομεν
δὲ καὶ τὸ ὄνομα τοῦ Μακαριωτάτου πάπα κυρίου Εὐγενίου ἐν τοῖς
διπτύχοις κατὰ τὴν Ἐκκλησιαστικὴν συνήθειαν‘.   Er verlangt hier auch

nahe daran war, abzudanken, als er starb.   Dann liess Kaiser
Johannes den Patriarchenstuhl überhaupt zwei Jahre lang un-
besetzt, um im Jahre 1445 den Protosynkellos Gregorios auf
ihn zu erheben, doch ohne dass er diesen besser unterstützt
hätte als den Metrophanes: und Johannes' VIII. Nachfolger
Konstantin XI. (1448—53) konnte, wenn er auch mehr als
sein Bruder dazu neigte, der Union Geltung zu verschaffen,
doch nicht verhindern, dass Gregor durch die Orthodoxen im
Jahre 1450 aus Konstantinopel vertrieben wurde.[1]

Welch kümmerliche Schattenexistenz führten doch diese
beiden Patriarchen der Florentiner Union, verglichen mit
Johannes Bekkos, dem mächtigen und gefürchteten Vorkämpfer
der Union von Lyon!

Nicht ein Patriarch, sondern ein römischer Kardinal ist
es gewesen, der, unter der Ägide des Kaisers Konstantin, der
Florentiner Union doch noch zu einem kurzen Scheinleben
verholfen hat.   Es war der zum Katholizismus übergetretene
Grieche Isidor, vormals Metropolit von Kiew, der als päpstlicher Abgeordneter Ende 1452 nach Konstantinopel kam und
dort am 12. Dezember in der Sophienkirche einen feierlichen
Gottesdienst abhielt, bei dem er der Namen sowohl des Papstes
als auch des zu Rom im Exil lebenden Unionspatriarchen
Gregor im Kirchengebet Erwähnung tat.

Aber dieser Akt, gegen den übrigens die Volksmassen
wütend protestierten, war nur dadurch möglich geworden,

---

von den Adressaten die Kommemorierung.   Ja, er ging bis zur Absetzung
der Unionsfeinde und deren Ersetzung durch ,λατινοφϱόνοι‘, und zwar
erstrecken sich diese seine Massregeln auch über Kleinasien: wir erfahren
das aus den Protestschreiben der drei orientalischen Patriarchen vom
Jahre 1443 (Leo Allat. l. c. [96[1]] p. 941 ff.).   Vgl. Frommann, p. 199—201.

[1] S. Frommann l. c. p. 201 ff., doch weist, was die Ereignisse des
Jahres 1450 betrifft, Papajohannu ,in der ,Ἐϰϰλησιαστιϰὴ Ἀλήϑεια‘ vom
Jahre 1896 (p. 237/8, 259/60 etc.) die Annahme, dass damals auf einer
grossen Synode zu Kp. die Florentiner Union widerrufen worden sei, als
einen Irrtum der bisherigen Forschung nach.   Offiziell verworfen wurde
sie vielmehr erst 1472.

dass sich der Vertreter des Papstes zu einer späteren Revision des Florentiner Unionsdekrets bereit erklärt hatte: womit die Basis der ganzen Einigung in Frage gestellt worden war.[1])

Der Grund nun für die schwächliche Durchführung der Florentiner Union seitens der Kaiser Johannes und Konstantin liegt darin, dass jener das feste politische Fundament fehlte, auf dem die Union von Lyon geruht hatte.

Kaiser Michael hatte letztere nach Kräften durchgeführt, weil sie das probate Mittel gewesen war, dem griechischen Reiche in kritischer Lage das Dasein zu fristen. Zum Lohn für die kirchliche Unterordnung der Griechen unter Rom hatte das Papsttum dem Kaiser seinen durch die Lateiner bedrohten Staat garantiert.

Kaiser Johannes liess die Union von Florenz verfallen, weil sie nicht das Rettungsmittel seines Staates wurde, wie er gehofft hatte. Denn im Gegensatz zu den Päpsten des XIII. Jahrhunderts sahen sich diejenigen des XV. ausser stande, den Griechen den zeitgemässen Preis für die Union zu zahlen: die Befreiung des byzantinischen Reichs aus der Türkennot.

Zwar mühte sich die Kurie, wie einst den Angriff des Occidents von dem unierten Byzanz fernzuhalten, so jetzt ihm dessen Gesamthilfe zu verschaffen. Aber während ihm jenes sechs kritische Jahre hindurch geglückt war, scheiterte es an dieser Aufgabe in der Hauptsache.[2]) Selbst die Aktion des Jahres 1444, wo es auf ein Zusammenwirken des Königs Wladislaw von Ungarn und Polen mit einer päpstlich-burgundischen Flotte abgesehen war, stellte doch nur eine schwächere Wiederholung des Kreuzzugs von 1396 dar und verunglückte bei Warna, wie jener bei Nikopolis.

[1]) Vgl. Frommann, p. 228, 245, Dräsecke in Byz. Zt. Bd. V. p. 580 ff.
[2]) Frommann, p. 189 ff., 204 ff., ferner Voigt in einem Aufsatz, Die Erob. Kp.s und das Abendland, Hist. Z. Bd. III. p. 29 ff., endlich im besonderen für Nikolaus V: Kayser, Papst Nik. V. und das Vordringen der Türken in Hist. Jb. Bd. VI. p. 208 ff.

Die grosse befreiende Heerfahrt des gesamten Abendlandes aber, die als Frucht der Union vom Papsttum verheissen, von den Griechen erhofft worden war, sie blieb ein
Phantom. Und so konnte denn die griechische Orthodoxie,
deren Gebaren im XIII. Jahrhundert politisch unklug gewesen
war, wo an der Union Wohl und Wehe des byzantinischen
Staates gehangen hatte, ihre Opposition gegen die Florentiner
Union auch mit politischen Argumenten stützen, weil sie ja
das griechische Reich doch nicht zu retten vermochte.[1]) Damals war der Staat berechtigt gewesen, sich wegen der
Unionsfrage in Gegensatz zu der Orthodoxie und der durch sie
vertretenen Nation zu stellen: jetzt entbehrte dieser Gegensatz der politischen Begründung. Deshalb liess auch Kaiser
Johannes VIII. dem Widerstande der Orthodoxie und des
Volkes gegen die Union freien Lauf, vermochte Konstantin
ihn nicht zu bändigen, während der beiden Kaiser Ahnherr
Michael ihn aus zwingenden Gründen der Staatsraison zu
Paaren getrieben hatte.[2])

Aber wir haben gesehen, wie die Union von Lyon ausser
ihrem Eigenwerte eine ganz eminente Bedeutung für die allgemeine Stellung des Papsttums gehabt hatte. Mit ihr und
durch sie hatten Gregor X. und Nikolaus III. über den Imperialismus Karls von Anjou triumphiert, der an Stelle des
Papsttums über Byzanz und damit zugleich über jenes hatte
herrschen wollen. Durch die sechsjährige Union von Lyon

---

[1]) S. vor allem die von Kalogeras l. c. [712²] p. 29/30 angeführten schlag-
kräftigen Deduktionen des Markos Eugenikos und besonders des Scholarios.
Einen weiteren Ausspruch des letzteren bei Dräseke in Byz. Z. IV p. 575
aus der zweiten Hälfte der vierziger Jahre: „βοήϑειαν δέ γε τὴν ἐκ
Λατίνων ἐκ τῶν παρεληλυϑότων χρόνων ἴσμεν καλῶς σκιᾶς οὐδὲν δια-
φέρουσαν‘. Syropulos ferner betont das Argument in seiner Unionsgeschichte
l. c. [712³] wiederholt.

[2]) Im übrigen lernten wir ja zur Zeit der Union von Lyon auch eine
Partei der ‚εἰρηνεύοντες‘, der aus Politik, aus „Ökonomie“ sich äusserlich
der Union anbequemenden, kennen (s. o. p. 600²): bei der politisch unfruchtbaren Florentiner Union hatte eine solche keinen Boden.

hatte das Papsttum den Cäsarismus, seinen tödlichen Feind im Hochmittelalter, im entscheidenden Augenblicke am Emporkommen gehindert.

Was der Cäsarismus im XIII. Jahrhundert gewesen war, war im XV. der Konziliarismus. Und wie über jenen durch die Union von Lyon, so siegte das Papsttum über diesen durch die Union von Florenz. Denn das Konzil von Basel hatte sich in Konkurrenz mit Eugen IV. bemüht, die Griechenunion zustande zu bringen.[1] Eine unabsehbare Gefahr hätte der Kurie gedroht, wenn es den Baselern gelungen wäre, mit den Griechen vereint sich als IX. ökumenisches Konzil zu konstituieren und aus den alten und neuen konziliaren Ideen ein kirchliches Gebäude aufzurichten, in welchem sich das Papsttum verloren haben würde.[2]

---

[1] Eine ausführliche Schilderung dieses Wettbewerbs bei Zishman l. c. [712²], auch Kalogeras in Revue internat. de Theol. Jg. 1893 p. 39 ff.

[2] Der Papst wusste ‚ὅτι πρὸς τὴν καταστροφὴν αὐτοῦ ἔσται, εἰ ἐπιδημήσει καὶ ἡ τῶν ἀνατολικῶν σύνοδος πρὸς τοῖς ἐν τῇ Βασιλεία‘. Syrop. l. c. p. 18. Die Baseler suchten die Griechen durch den Hinweis auf die Abwesenheit des Papstes zu locken ‚ἀπέσται γὰρ οὕτω καὶ ἡ τοῦ πάπα ὑπεροχὴ καὶ μετὰ πλείονος ἐλευθερίας πράξει ὁ βασιλεὺς τὰ λυσιτελοῦντα αὐτῷ‘ (p. 31); der Patriarch würde von den Baselern als der vornehmste Prälat geehrt werden (p. 44). Aber den konservativen Griechen erschien die Baseler Versammlung ohne Papst zu revolutionär, sie verlangten, dass jene sich zuvor mit dem Papste einigen sollten. Syrop., p. 36; ferner bes. ein Brief des Kaisers Johannes VIII. an die Baseler vom 26. November 1435 bei Cecconi l. c. № 68 „. . . eius praesentia est necessaria . . .‘ Vgl. № 69, 71, 106: letzteres Aktenstück ist eine Rede des griechischen Gesandten Dissipatos vor den Baselern, gehalten am 15. Februar 1437. „Sorgt, dass der Papst anwesend ist“, ruft er ihnen zu, „sonst würden alle Griechen wegbleiben“, ‚quia, cum veniant pro unione, nollent venire in vanum et esse causa divisionis Ecclesiae vestrae‘. Vor allem waren den Griechen auch Basel oder Avignon als Konzilsorte nicht genehm wegen ihrer weiten Entfernung. Von griechischer und altkatholischer Seite hat man naturgemäss Johannes VIII. wegen seiner Entscheidung zu Ungunsten der Baseler und zu Gunsten einer Einigung mit dem Papsttum verurteilt, z. B. Michaud, Études sur la Latinisation de l'Orient in Rev. internat. de Theol. Jg. 1895, p. 682.

Indem es Eugen IV. gelang, die Griechen auf seine Seite zu ziehen und sie zum Besuch des Gegenkonzils von Ferrara-Florenz zu vermögen, indem er sie dort zur Beschwörung des päpstlichen Primats zu bewegen wusste, stellte er das gesunkene Ansehen des Papsttums glänzend wieder her, überwand er den Konziliarismus.[1]

Und mehr als das. Eine direkte Linie führt vom Florentiner Unionskonzil des Jahres 1438 zum Vatikanischen von 1870, denn auf die Florentiner Primatsformel ist hier die päpstliche Unfehlbarkeit begründet worden,[2] d. h. die endgültige Ausschliessung der konziliaren Idee aus der katholischen Kirche und die Sanktionierung des päpstlichen Absolutismus in ihr.

Drittes Kapitel.

Die Union von Florenz und das „lateinische Problem".

Bei der „orientalischen Frage" im Mittelalter, wenn man das Verhältnis des Abendlandes zu Byzanz so nennen will, hat es sich ganz allgemein immer um drei Momente gehandelt, deren Verhältnis zueinander ihr Wesen ausgemacht hat: abendländische Okkupation, Griechenunion und Türkenschutz.

Wenn nun zwar bei der Union von Florenz, im Gegensatz besonders zum XIII. Jahrhundert, die durch den Occident zu leistende Türkenhilfe die Hauptrolle gespielt hat, so hat es doch auch zu dieser Zeit eine nicht unwichtige „lateinische Frage" gegeben. Alle ihre früheren Phasen sehen wir hier noch einmal zu Tage treten.

---

[1] Frommann l. c. p. 21, 23. Eine ganz ähnliche Gefahr, wie in den dreissiger Jahren des XV. Jh., hatte übrigens dem Papsttum schon einmal in der Mitte des IX. gedroht, als die gegen den Absolutismus Nikolaus' I. Front machende fränkische und italienische Geistlichkeit mit Photios in Verbindung trat. S. darüber Gasquet, L'empire byz. et la monarchie franque. Par. 1888, p. 372 ff.

[2] Frommann „Zur Kritik des Florentiner Unionsdekrets", Leipzig 1870, p. 56—58.

Tauchten doch selbst die Ansprüche der Kaiser von Byzanz auf die Herrschaft über den Occident, die einst die Basis für die Unionsverhandlungen der Komnenen mit den Päpsten gebildet hatten,[1] gelegentlich der Union von Florenz wieder auf. Noch Kaiser Manuel hatte darüber mit König Sigismund im Jahre 1412 eine Auseinandersetzung gehabt; jetzt im Jahre 1439 plaidierten Gesandte des sich in Ferrara befindlichen griechischen Kaisers bei dem Herzog von Mailand dafür, dass mit der Kirchenunion auch die Wiedervereinigung der beiden alten Reichshälften, und zwar zu Gunsten des byzantinischen Kaisers, bewerkstelligt werden müsse: der Herzog von Mailand solle dann der Vikar für den Westen des Reichs werden![2]

Das waren nun freilich nur romantische Träumereien. wichtiger erscheint vielmehr die Frage nach den Prätensionen

[1] S. oben p. 88 ff.

[2] S. für die Verhandlungen mit Sigismund Fincke l. c. [713[1]] p. 396—98 (№ 112: Brief Sigismunds an Manuel vom Frühjahr 1412). Bei den Verhandlungen mit Sigismund wegen der Kirchenunion und Türkenhilfe, die seit 1411 im Gange waren, hatte Manuel wegen der Kaiserfrage Bedenken geäussert, und Sigismund hatte sich für die altrömische Idee der Reichsteilung ausgesprochen: *‚quia plurimi imperatores ab antiquo adiunxerunt sibi cooperatores ut longe lateque diffusa imperii ditio et potestas* (also das Eine Reich) *possit maiori providentia moderari‘*, so wolle er Manuel im Besitz des griechischen Reichs anerkennen, *‚ita ut nos Romanorum imperator et vos Grecorum imperator intitularemur‘*.

Anders die byzantinische Reichsvorstellung, wie sie die Gesandten Kaiser Johannes' VIII. dem Visconti in Mailand vortrugen. In Byzanz der alleinige Imperator, und im Westen nur ein Verwalter, ein Vikar. Diese Nachricht ist erhalten in einer Aufzeichnung im Fürstl. Hohenloh. Archiv zu Öhringen und daraus mitgeteilt von Beckmann, Der Kampf Kaiser Sigmunds gegen die werdende Weltmacht der Osmanen, Gotha 1902, p. 62, Anm. 2.

Die Nachricht des Syropulos l. c. p. 36, Sigismund habe dem Kaiser Johannes VIII. bei dessen Besuch in Buda im Jahre 1424 versprochen, ihn im Fall der Union zu seinem Nachfolger in der abendländischen Kaiserwürde zu machen, erscheint zu wenig glaubwürdig, um hier ernstlich mit erörtert zu werden.

der lateinischen Kaiser auf Byzanz. Wir erinnern uns, welch wichtige Rolle sie in der Geschichte der Union von Lyon gespielt hatten. Aber sie waren damals längst erloschen. Im XV. Jahrhundert gab es weder einen lateinischen Schattenkaiser mehr noch einen mächtigen Förderer seiner Ansprüche.[1]) Es war eine, wenn auch bemerkenswerte, so doch billige Konzession, die Eugen IV. dem griechischen Kaiser im voraus machte, als er ihn, kurz vor der Abreise der Griechen zum Unionskonzil, statt als ‚imperator Graecorum‘ oder ‚Romeorum‘ als ‚imperator Constantinopolitanus‘ bezeichnete, ein Titel, der seit 1204 von den Päpsten den lateinischen Kaisern reserviert worden war.[2])

Nicht in den imperialen Ansprüchen, sei es der griechischen oder der lateinischen Kaiser, bestand die an die Union von Florenz sich knüpfende „lateinische Frage", sondern in dem Verhältnis des mit Rom unierten Byzanz zu den in Romanien noch bestehenden lateinischen Kolonieen.

[1]) 1383 war der letzte wirkliche lateinische Titularkaiser, Jakob von Baux, gestorben. Eine navarresische Söldnerkompagnie hatte im Jahre 1381 für ihn das französische Morea erobert. Nach seinem Tode machte sie sich selbständig unter ihrem Kapitän Peter von S. Superan. S. Hopf bei Ersch. und Gruber l. c. [114¹] Bd. 86. p. 10 ff., Ducange l. c. [164] Bd. II. p. 292 ff.

Bei der Reise des Kaisers Johannes V. nach Rom im Jahre 1369, wo dieser sich persönlich der Kurie unterwarf, (s. o. p. 709) hatte Papst Urban V. noch die Möglichkeit erwogen, dass der lateinische Titularkaiser diese Verbindung seines griechischen Konkurrenten mit Rom hindern möchte. Er hatte deshalb den damaligen Prätendenten (es war der jüngere Philipp von Tarent, 1364—73, s. Hopf l. c. p. 5 ff.) aufgefordert ‚ne optatissimam Graecorum coniunctionem disturbaret ob veteres simultates‘ nach Rayn. 1367 § 7; so hatten die Päpste einst vor und während der Union von Lyon ernstlicheren Hinderungsversuchen Karls von Anjou vorbeugen müssen. Bei der Union von Florenz aber war von dieser Seite überhaupt nichts mehr zu fürchten: der Salvokondukt Eugens IV. für die zum Konzil kommenden Griechen (Cecconi № 139 vom 6. Juli 1437) enthält keinerlei Anspielungen mehr auf die lateinischen Kaiseransprüche.

[2]) Cecconi 143: in einem Briefe an den päpstlichen Legaten in Kp., Garatoni. Soviel ich sehe, ist es das erste Mal seit 1204, dass der griechische Kaiser von einem Papste so tituliert wird.

Wir haben oben gesehen, wie Michael Paläologos aus der Union von Lyon für sich ein Recht zur Besitzergreifung des lateinischen Griechenlands hergeleitet hatte. Doch bemerkten wir, dass er diesen Anspruch, statt seinetwegen bei der Kurie zu prozessieren, lediglich de facto mit Waffengewalt durchzusetzen suchte, indem er dabei auf das stillschweigende Einverständnis des Papsttums hoffte. Denn nach der Unterwerfung der Griechen unter Rom schien die Kurie an der Aufrechterhaltung lateinischer Staaten und Kirchen in Romanien kein besonderes Interesse mehr haben zu können.[1]

Aber weder dem Unionskaiser noch seinen schismatischen Nachfolgern war eine vollständige Vertreibung der Lateiner aus Griechenland geglückt. Doch war es gerade wenige Jahre vor dem Abschluss der Union, in den Jahren 1430—1432, den Paläologen gelungen, eines der wichtigsten Ziele ihres Ahuherrn Michael, die Wiedereroberung des Peloponnes für das Griechentum, fast völlig zu verwirklichen. Eines der damals von den Byzantinern eroberten lateinischen Fürstentümer war das Erzbistum Patras gewesen.[2] Eugen IV. war darüber nicht weniger erbittert gewesen, wie einst Urban IV. über die Rekuperationen Michaels Paläologos, und er hatte anfangs Bedenken getragen, sich unter diesen Umständen überhaupt auf Unionsverhandlungen mit Kaiser Johannes VIII. einzulassen. Doch wussten die griechischen Gesandten ihn dann mit dem Argument zu beschwichtigen. dass solche Detailfragen erst nach der Erörterung der allgemeinen zu behandeln seien.[3]

---

[1] Hatte doch vorher Innocenz IV. das lateinische Kp. an Kaiser Vatatzes abtreten wollen, falls dieser sein Reich unierte. Über die Stellung der Päpste von 1274—80 zu Michaels Ansinnen s. o. p. 541 ff.

[2] 1430 hatten die beiden Brüder des Kaisers Johannes VIII. und Konstantin Patras erobert, Thomas aber den letzten Fürsten von Achaja. den Genuesen Centurione Zaccaria (den Nachfolger des in p. 725[1] erwähnten Superan: 1404—30 resp. 1432) depossediert. Hertzberg, p. 552,3

[3] Syropulos l. c. p. 15/16.

Die Frage war nun, ob Eugen, nach der Vollziehung
der Union, diesen Stand der Dinge anerkennen oder ob
er gar noch weitergehende Wünsche der Griechen gewähren
werde. Letzteren erschien nämlich auch damals als der
würdigste Preis für die Union die völlige Depossedierung der
Lateiner Romaniens durch ein päpstliches Machtwort. Wenn
der Papst, ihnen Hilfe aus dem Occident zu senden, doch nicht
imstande war, so mochte er wenigstens das byzantinische
Reich durch Rückgabe seiner von den Lateinern okkupierten
Gebietsteile zum Widerstand gegen die Türken stärken.[1]
Doch wagten die Byzantiner des XV. Jahrhunderts so wenig
wie einst Kaiser Michael VIII., dem Papsttume die Herbeiführung einer solchen Rechtsumwälzung zuzumuten: zumal
Eugen trotz der Union aufs neue die Herausgabe des Erzbistums Patras reklamiert zu haben scheint.[2] Die Paläologen
konnten daher schon froh sein, wenn der Papst nicht mit
dieser Forderung Ernst machte und ihnen ihr Reich in dem
Umfang beliess, den es beim Abschluss der Union hatte.

Dagegen hat nun aber Kaiser Johannes VIII. die kirchliche Auslieferung der lateinischen Länder Romaniens an
die Griechen, die Ersetzung der lateinischen Erzbischöfe und
Bischöfe in altgriechischen Diözesen durch uniert-griechische
Prälaten direkt zu fordern gewagt.[3]

---

[1] S. den von Kalogeras p. 32/3 mitgeteilten Brief des Scholarios
(längere Zeit nach 1439 geschrieben): Ὁρᾶτε δὴ καί, redet er die Griechen
an, τὰς βοηθείας, ἃς ἡμῖν ὁ πάπας παρέσχετο μετὰ τὸ κλῖναι τοὺς ἡμετέ-
ρους ἐπισκόπους ἐν Φλωρεντίᾳ, εἰ καὶ μὴ παρ' ἑαυτοῦ, ἔκ γε τῶν
ἡμῖν ποτε ἀνηκόντων, ἅπερ ἐπαναστρέφειν αὐτὸν ἐχρῆν εὐθύς,
λυθέντος τοῦ σχίσματος, ὡς εἶχεν ἐλπίζειν, καὶ εἰ μὴ τοὺς ἄλλους
ἔπεισεν ἀποδιδόναι τὰς Νήσους ἡμῖν καὶ τὰς πόλεις τὰς ἐν Ἑλλάδι', so
doch wenigstens die kirchlichen Stellen.

[2] l. c. heisst es weiter: statt das zu tun, habe der Papst „καὶ τοῦ
τὴν πόλιν τῶν Πατρέων ἀναληφθῆναι πάλιν ἡμῖν σφόδρα ἐμνησικάκει'.

[3] Syropulos, p. 302 „δέον ἐστιν, ἵνα ἑκάστη ἐκκλησία τὰς ὑποκει-
μένας αὐτῇ ἐνορίας καὶ μητροπόλεις ὅσας εἶχε καὶ ἐξ ἀρχῆς. δεῖ τοίνυν
ἵνα ἐπανακαλέσηται καὶ λάβῃ ἡ ἡμετέρα ἐκκλ. τῆς Κπόλεως τὴν Κρήτην,
τὴν Κερκύραν καὶ τὰς λοιπὰς νήσους καὶ μητροπόλεις, ὅσας ὑπέσπασαν

Wir erinnern uns, dass einst im Jahre 1253 Kaiser Vatatzes einen ähnlichen Vorschlag Innocenz IV. unterbreitet hatte, und dass dieser Papst die Frage durch Aufstellung des Prinzips der Personaldiözese zu lösen gedacht hatte, bei dem in ein und derselben Diözese ein griechisch - unierter und ein lateinischer Prälat nebeneinander administriert hätten. [1]

Anders das Verhalten Eugens IV. Auch er kam den Griechen auf halbem Wege entgegen, doch war seine Entscheidung auf das ältere Prinzip der räumlich fixierten, einheitlichen Diözese [2] begründet. Es wurde auf seinen Vorschlag noch in Florenz beschlossen, dass über die künftige Zugehörigkeit der zwischen Lateinern und Griechen streitigen Prälaturen, sei es zur uniert-griechischen oder zur lateinischen Kirche, der frühere oder spätere Tod des damaligen griechischen oder lateinischen Inhabers entscheiden sollte. Starb der Grieche zuerst, so sollte die betreffende Stelle dem Lateinertum verbleiben; starb der Lateiner zuerst, so sollte sie dem unierten Griechentum anheimfallen. [3] Ja diese Bestimmung wurde auch auf die Patriarchatskirche von Konstantinopel ausgedehnt. wo sich ja ebenfalls seit 1205 ein lateinischer und griechischer Patriarch gegenüberstanden. [4]

ἐξ αὐτῆς οἱ τῆς Ῥώμης ἀρχιερεῖς'. Vgl. die Fortsetzung des in vor. Anm. aus Kalogeras angeführten Scholariosbriefes.

[1] S. oben p. 373 f.

[2] l. c. p. 229.

[3] Syropulos. p. 302/3.

[4] Ersichtlich aus der übernächsten Anm. Übrigens hatte Eugen IV. schon vor der Union dem griechischen Patriarchen wenigstens den Titel eines „patriarcha Ctanus' (statt „Graecorum') zugestanden: Cecconi № 36 (1434), № 139 (1437); dagegen hatte er ihn im Jahre 1431 in einem Briefe an Sigismund noch bezeichnet „a Graecis patriarcham Ctanum nuncupatum': l. c. № 9. Nach Syropulos, p. 6 hatte diese Entwicklung zum Ausgleich schon unter Martin V. begonnen, der den griechischen Patriarchen „patriarcha Ctanorum' genannt hätte. Immerhin handelte es sich bei alledem nur um den Titel. während jetzt auch die Regierungsgewalt in Frage stand.

Über die Verhältnisse des lateinischen Patriarchats von Kp. am Anfang des XV. Jahrhunderts s. Miltenberger, „Zur Geschichte der

Und gerade in Bezug auf das Patriarchat von Konstantinopel ist die Bestimmung wörtlich durchgeführt worden: freilich zu einer Zeit, wo eine solche Massregel eine reelle Bedeutung nicht mehr hatte.

Wir sahen, dass der Unionspatriarch Gregorios im Jahre 1450 vor dem Ansturm der Orthodoxie aus Konstantinopel weichen und nach Rom flüchten musste, wo er seinen Wohnsitz behielt.[1] Er erlebte die Genugtuung, noch einmal in Konstantinopel als Patriarch anerkannt zu werden: damals, als der Kardinal Isidor dort die Union durchsetzte (Dezember 1452).[2] Aber nach dem Untergang des byzantinischen Reiches wählte man in Konstantinopel in Gennadios (= Scholarios) einen hochorthodoxen Patriarchen; die Griechenunion war ab und tot, und der in Rom lebende Unionspatriarch Gregor ohne Herde. Unter diesen Umständen geschah es, dass Papst Nikolaus V. beim Tode des lateinischen Patriarchen Johannes Contarenus (c. 1455) den katholischen Griechen Gregor unter Berufung auf jenen Kanon des Konzils von Florenz zum alleinigen Patriarchen von Konstantinopel kreierte, dem dann im Jahre 1459 der Kardinal Isidor in dieser Würde folgte.[3]

lateinischen Kirche im Orient im XV. Jahrhundert", in Röm. Quartalschrift Bd. VIII. p. 275 ff. Der lateinische Patriarch (‚patriarcha Ctanus catholicus') wurde damals durch einen Vikar in Kp. vertreten.

[1] S. oben p. 719.

[2] S. Frommann l. c. p. 228.

[3] S. die Ernennungsbulle Isidors durch Papst Pius II. bei Raynald 1459 § 84. Auf dem Florentiner Konzil sei beschlossen worden: ‚ut, quamprimum aliquam ipsarum duarum partium patriarchatus (d. h. der griechische oder lateinische Patriarch) per cessum vel decessum aut alia quavis dimissione illi tunc praesidentis vacare contingeret, patriarchatus ipse et ecclesia Ctana redintegraretur et deinceps unus tantum eidem ecclesiae tam Latinorum quam Graecorum patriarcha praeesset'. Als dann mit Joh. Contarenus ‚altera pars patriarchatus', nämlich der lateinische Teil, ausgeschieden sei, habe Nikolaus V. gemäss den Konzilsstatuten gewollt ‚quod Gregorius patriarcha Ctanus, qui alteri parti, videl. Graecorum, praefuerat et tunc praeerat, pro vero et unico patriarcha Ctano haberetur et reputaretur'.

Frommann, p. 234 hält diese Massregel für eine aktuelle, indem er annimmt, dass sie von Nikolaus V. getroffen worden sei, als Gregor noch

Da Gregor aber, wie gesagt, von den Griechen nicht mehr anerkannt wurde, so konnte dieser Akt in Wirklichkeit nicht mehr als eine Erfüllung jener Bestimmung gelten. Ebensowenig aber wie in Bezug auf den Patriarchenstuhl von Konstantinopel ist sie bei den Bistümern und Erzbistümern Romaniens zur Durchführung gelangt.[1])

Bei alledem ist nicht zu vergessen, dass, wie schon zu Anfang betont, in der Geschichte der Union von Florenz die lateinische Frage eine sekundäre Rolle gespielt hat. Sie wurde ganz in den Hintergrund gedrängt durch die damals vor allem anderen wichtige Frage des gemeinsamen Kampfes der Lateiner und Griechen gegen die Türken.

Erst wenn der Occident wirklich die Unterstützung geleistet hätte, würde die lateinische Frage ihr wahres Wesen enthüllt, würde sich gezeigt haben, dass sie nur vorläufig gegenüber der Türkenfrage zurückgetreten, in Wirklichkeit aber in ihrer alten Bedeutung fortbestanden hatte.

Wir wissen heute durch das Verdienst der neugriechischen Geschichtsschreibung, dass die orthodoxe nationalistische Partei unter den Byzantinern des XIV. und XV. Jahrhunderts die Union mit Rom nicht nur bekämpft hat, weil sie in ihr

---

in Kp. residierte. Aber schon die Worte „*qui alteri parti videl. Graecorum praefuerat et tunc praeerat*' (d. h. einst realiter vorgestanden hatte und auch damals, wenigstens nach römischer Auffassung, vorstand), zeigen, dass die Ernennung Gregors erst während seines Aufenthalts in Rom erfolgte. Auch ist nach Eubel Hierarchia cath., Bd. II. p. 150 der Tod jenes lateinischen Patriarchen Contarenus erst um 1455 erfolgt, so dass Gregor also zu einer Zeit alleiniger Patriarch von Kp. wurde, als er nicht mehr die griechische Kirche repräsentierte. Die Massregel war also eine rein platonische und bezeichnete keine Erfüllung des Konzilskanons mehr.

Übrigens erwähnt Fr. nicht des Zusammenhanges der Stelle bei Raynald mit derjenigen bei Syropulos über die allgemeine Kirchenfrage, wodurch jene erst in ihrer wahren Bedeutung hervortritt.

[1]) Syrop. sagt p. 303: jene Bestimmung sei getroffen worden „νῦλίς λέγω. πράγματι δὲ οὐδαμῶς'.

eine Gefährdung der griechischen Orthodoxie sah, sondern
auch deshalb, weil sie den Preis, den die Unionspartei vom
Occident erhoffte, die abendländische Hilfe gegen die Türken,
verschmäht hat, indem sie gerade in letzterer die grösste Gefahr für das Griechentum erkannte. War doch einst auf
einem, eigentlich gegen die Ungläubigen gerichteten, abendländischen Kreuzzuge Byzanz eine Beute der Lateiner geworden! Wer bürgte dafür, dass letztere nicht jetzt zwar
die Türken aus dem byzantinischen Reiche verjagen, dieses
selbst aber aufs neue in Besitz nehmen würden? Von diesem
Gesichtspunkt aus erschien die Union mit Rom, die Opferung
also der griechischen Orthodoxie, vollends als überflüssig und
verwerflich. Denn danach war selbst im günstigsten Falle
nicht die Erhaltung der staatlichen Unabhängigkeit des
Griechentums, sondern nur der Eintausch der lateinischen
Herrschaft für die türkische ihre Folge.[1])

Und die Männer, die so argumentierten, haben richtig
gerechnet. Gerade in jüngster Zeit sind uns durch einen
italienischen Gelehrten Urkunden zugänglich gemacht worden,
die aufs schlagendste beweisen, dass eine Befreiung Konstantinopels durch den Occident gleichbedeutend mit einer erneuten
Latinisierung des byzantinischen Reichs gewesen sein würde.
Es sind die Projekte Alfonsos des Grossen von Neapel, die
sich uns hier enthüllen. Wie er zum erstenmale seit der sizilia-

---

[1]) Vgl. Kalogeras l. c. p. 14, 69/70, 90/1. auch Bikelas, Die Griechen
im MA. etc., Gütersloh 1878 (Übers.), p. 43. Zur Begründung führt
Kalogeras auf p. 70 einen Ausspruch des Joseph Bryennios an, desselben,
den wir bereits oben, durch Kalogeras über die Bedeutsamkeit seiner
Urteile aufgeklärt, in anderem Zusammenhange zitierten. In der dort
herangezog. Schrift über die Kirchenunion (c. 1420) sagt nun Bryennios
(p. 482): „Glaubt nicht, dass die Abendländer helfen werden". Κἄν γὰρ
ποτε, fährt Bryennios fort, ,παρατάξονται ὑπὲρ ἡμῶν τὸ δοκοῦν,
ἐπὶ τῷ τὴν πόλιν καὶ τὸ Γένος καὶ τὸ ὄνομα ἡμῶν ἐκ μέσου
ποιῆσαι ὁπλίσονται'. Ein anderes Zeugnis aus den vierziger Jahren
des XV. Jahrhunderts bei Kalogeras p. 70/1. Ganz ähnlich urteilten schon
die griechischen Schriftsteller des XII. Jahrhunderts über die Kreuzzüge,
s. die oben p. 70² angeführten Stellen.

nischen Vesper Sizilien und Neapel unter seiner Herrschaft
wieder vereinigte, so erscheint er auch in seiner orientalischen
Politik als der wahre Nachfolger Karls von Anjou. Aus
welchem der europäischen Völkerstämme sich auch immer die
Herren Süditaliens rekrutierten, sie alle: Normannen, Deutsche,
Franzosen und Spanier haben in der Kaiserkrone von Byzanz
oder doch in der Verfügung über sie das Ziel ihres Macht-
strebens erblickt. [1])

Gleich die ersten bedeutenden erfolgreichen Waffentaten
des Occidents gegen die Türken, der Sieg, den König Wladis-
laus von Polen und Ungarn im Dezember 1443 über sie erfocht, dann sein Vormarsch nach Bulgarien im Jahre 1444
an der Spitze eines zahlreichen Kreuzheeres, mit dem man
schon das Ende der Türkenherrschaft in Europa gekommen
glaubte,[2]) liessen bei Alfonso, der eben damals in den unbestrittenen Besitz des Königreichs Neapel gelangt war,[3]) die
alten Prätensionen seiner Vorgänger auf verschiedene, schon
als „befreit" angesehene, griechische Gebietsteile wieder auf-
leben. Er verlangte von dem Despoten Konstantin von Misithra
die Herausgabe der Herzogtümer Athen und Neopaträ, über
die dieser damals als Oberherr gebot.[4]) Nur die furchtbare
Niederlage der Kreuzfahrer bei Warna am 10. November 1444

---

[1]) Cerone, dessen Verdienst es ist, uns die in Frage kommenden
Dokumente des Archivs zu Barcelona in den letzten Heften des Arch. Stor.
per le provincie Neapolitane (a. XXVII, 1902) in einem Aufsatz ‚La Po-
litica Orientale di Alfonso di Aragona' zugänglich gemacht zu haben,
beraubt sich dadurch der Möglichkeit, in den oben gekennzeichneten Zusammenhang einzudringen, dass er Alfonsos Politik schlechtweg als eine
edelmütige Befreiungspolitik gefeiert wissen will.

[2]) S. Hertzberg, p. 555 ff.

[3]) Anerkennung durch Eugen IV. am 6. Juli 1443, s. Gregorovius,
G. d. St. Rom Bd. VII. p. 85/6.

[4]) Cerone l. c. p. 430/1, Brief Alfonsos an den Despoten vom 27. November 1444; geschrieben ehe die Kunde von der Niederlage Hunyads
bei Warna (10. November 1444) nach Neapel gelangt war. ‚*Exacta, ut
accepimus, per regem Polonie Teucrorum manu, eisque . . . a Romania
pene tota expulsis, ducatus Athenarum et Neopatrie, qui nostris iun-*

und die Erneuerung der Türkengefahr verhinderten den Grafen
Alfonso daran, in Griechenland leichte Lorbeern zu pflücken.

Aber im Jahre 1451 hat er dann die orientalischen
Projekte in grossartigerem Stile wieder aufgenommen. Jetzt
wollte er selbst den Vorkampf gegen die Türken übernehmen.
Er schloss zu diesem Zwecke mit Demetrios, der an Stelle
seines zum Kaiser von Konstantinopel avancierten Bruders
Konstantin Despot von Misithra geworden war, ein Bündnis
ab. Das letzte Ziel dieses Bündnisses war aber, wie man
richtig bemerkt hat, nicht die Befreiung des europäischen
Griechenlands von den Türken, sondern die Okkupation aller
dieser Gebiete, insbesondere Konstantinopels. Und zwar dürfte
man irren, wenn man meint, Demetrios habe Alfonso nur für
seine persönlichen Zwecke ausnutzen wollen, diesem dagegen
sei es mit dem Vertrag gar nicht Ernst gewesen. Vielmehr
spricht alles dafür, dass Alfonso mit diesem Vertrage, der ihm,
sei es die Kaiserkrone von Konstantinopel selbst, oder doch
die Verfügung über sie zusicherte, die durch die Jahrhunderte
geweihte traditionelle Politik der Könige beider Sizilien fortzusetzen gedacht hat.[1]

Trat er doch im selben Jahre 1451 auch dadurch in
die Fusstapfen insbesondere Karls von Anjou, dass er die

*guntur titulis, ad dominium nostrum revocari posse equidem fuimus
arbitrati'.* Der Markgraf von Gerace sei dazu bestimmt, sie zu *,acquirere
pristinoque nostro dominio agregare'.* Da aber der Despot die Hauptstadt des Dukats, Athen, besetzt hielt (der eigentliche Herr war übrigens
sogar ein Lateiner aus dem Hause Acciajuoli), solle er sie herausgeben.

[1] Paktum zwischen Alfonso und dem Gesandten des Demetrios,
Athanasios Laskaris, vom 9. Februar 1451 bei Cerone l. c. p. 573 ff. Aus
einem Briefe Alfonsos an Demetrios vom 18. Januar 1451 (l. c. p. 571)
ersehen wir, dass die beiden Fürsten bereits vorher über eine Vermählung
ihrer Kinder übereingekommen waren. Die Tochter des D. sollte einen
Neffen oder Enkel Alfonsos zum Mann bekommen. Im Paktum wird nun
ausgemacht, dass im Fall eines endgiltigen Sieges über die Türken entweder Alfonso selbst Kaiser von Kp. werden solle (wo damals noch der
Bruder des Demetrios, Konstantin, regierte), in welchem Falle dem Demetrios
etwa das Gebiet des ehemaligen lateinischen Königreichs Thessalonich zufallen solle. Oder aber, falls Alfons nicht *,remanere omnino in lo imperio'*

Oberherrschaft über die Albanesen, die diese ihm damals in der Hoffnung auf Hilfe gegen die Türken antrugen, übernahm, und dass er im folgenden Jahre Leonardo III. Tocco mit den Inseln Leukadia und Zante sowie mit den Resten des Despotats von Romanien belehnte. [1]

Zur Ausführung jenes Vertrages und zur Realisierung all dieser Titel ist es freilich nicht gekommen, da Alfonso viel zu tief in die italienische Politik verstrickt war, ja, sich der Herrschaft im Königreich Neapel selbst noch nicht sicher fühlte und endlich auch deshalb, weil er keine genügende Flotte besass, um auf eigene Hand eine Orientpolitik grossen Stils treiben zu können. [2] So viel aber lernen wir aus diesen Verhandlungen, zumal wenn wir sie mit früheren ähnlichen Bestrebungen zusammenhalten, [3] dass die Unionsgegner im griechischen Reiche von ihrem Standpunkt aus recht hatten, wenn sie die abendländische Hilfe, auf die die Unions-

wolle, solle er den Despoten für dessen Lebzeiten *fare et creare imperatore e signore de lo dicto imperio*, nach dessen Tode solle dann das Imperium an den Schwiegersohn des Despoten, den Neffen oder Enkel Alfonsos übergehen. Auf alle Fälle aber solle es bleiben *sotto fidelitate e reverencia de la predicta Maestà e dei suoi successori*. Auch später, im Jahre 1453 sehen wir die beiden Fürsten noch in Beziehung: Demetrios teilt am 2. April dieses Jahres Alfonso einen von ihm über die Türken erfochtenen Sieg mit. l. c. p. 612/13. Dabei stand übrigens Alfonso die ganze Zeit auch mit Kaiser Konstantin in Verbindung, der ihn fortwährend um Hilfe bat (l. c. p. 447, 592/3, 611).

[1] Vgl. Cerone l. c. p. 582 ff., p. 593/5. Vgl. oben p. 477 ff. etc.

[2] Die Bedeutsamkeit des letzteren Moments zeigen die von Cerone p. 615 ff. angeführten Tatsachen.

[3] Ich erinnere besonders an die oben p. 699[2] gekennzeichneten Bestrebungen des Königs Ludwig von Ungarn, der ebenfalls mit dem Kampfe gegen die Türken Absichten auf Kp. verbunden hatte. Auch beim Kreuzzug von Nikopolis (1396) haben sich ähnliche Tendenzen geltend gemacht. Delaville le Roulx l. c. p. 378 führt einen Vertrag an, den im August 1397, nachdem der Kreuzzug längst gescheitert war, französische Adelige auf der Insel Lesbos mit Johannes VII., dem Nebenbuhler Kaiser Manuels, abschlossen, und wonach Johannes VII. gegen 25000 Florentiner seine Rechte auf das Reich an König Karl VI. von Frankreich abtrat. Auch der Kaiser Manuel selbst hatte sich vorübergehend mit Cessionsgedanken getragen. Delav. l. c.

freunde als die Frucht der Kircheneinigung hofften, verschmähten und als ein wahres Danaergeschenk fürchteten.

Hatte die Union von Lyon eine Garantierung des
griechischen Staatswesens gegen den Latinismus dargestellt,
so sicherte die Union von Florenz es weder gegen die Türki-
sierung noch gegen die Latinisierung, ganz abgesehen von
der kirchlichen Unterwerfung unter Rom, die sie unmittelbar
einschloss. Denn auch das Papsttum würde einer lateinischen
Okkupation selbst des unierten Byzanz kaum einen ernst-
lichen Widerstand entgegengesetzt haben, da sich die Union
von Florenz doch nicht als lebenskräftig erwies, und die
politischen Gründe, derentwegen die Päpste aus der Zeit
der Union von Lyon die Lateiner von Konstantinopel ferngehalten hatten, im XV. Jahrhundert nicht mehr die Rolle
spielten, wie ehedem.[1])

Der Partei des Markos Eugenikos und Scholarios
(Gennadios) ist denn auch das Türkenjoch geradezu leicht geworden durch das Bewusstsein, dass sie dadurch dem Papis-
mus und der Knechtung durch die Lateiner entgingen; wenn
aber die heutigen Griechen die Weisheit jener Ἡγέται preisen,
weil sie, im Gegensatz zu den ins Abendland geflüchteten
unierten Byzantinern, richtig erkannt hätten, dass die griechische Orthodoxie und der Hellenismus sich unter der
Türkenherrschaft reiner erhalten würden, als sie es unter
päpstlich-abendländischem Regiment getan hätten: so scheint
mir dieser Gesichtspunkt doch ein zu einseitig kirchlicher
und nationalistischer zu sein. Dem Fortschritt der europäischen
Gesamtkultur würde es ein unermesslicher Gewinn gewesen
sein, wenn damals das byzantinische Reich dem abendländischen Kulturkreis angegliedert worden wäre, statt dem
Orient zu verfallen.

---

[1]) Immerhin ist zu bemerken, dass sich Alfonso auch durch den
starken Einfluss, den er auf die Kurie ausübte (s. Pastor, Gesch. der Päpste,
Bd. I. p. 474/5), als Nachfolger Karls von Anjou darstellte.

Viertes Kapitel.

Der Occident und die Eroberung Konstantinopels durch die Türken 1453.

—

Wir sind durch die zuletzt erörterten Fragen über das eigentliche Unionsproblem hinausgeführt worden zu der allgemeinen Frage nach dem Verhältnis, das der Occident zu der immer näher rückenden Türkengefahr überhaupt einnahm. Wenn wir nun dazu gelangten, im Gegensatz zu dem Standpunkt des orthodoxen Griechentums von damals und heute, das Ausbleiben der Rettung Konstantinopels durch den Occident — in welcher Weise sich diese auch immer vollzogen haben würde — zu beklagen, so erhebt sich zugleich die Frage, ob dieses Versäumnis dem damaligen Abendland zur besonderen Schuld angerechnet werden muss, oder ob es sich nicht vielmehr aus tiefer liegenden, das mittelalterliche Europa überhaupt betreffenden Ursachen erklärt.

Zahlreich zwar waren die Gründe, die der abendländischen Welt im XV. Jahrhundert den Vorkampf gegen die Türken zur Pflicht machten: neben der Sorge um die Rettung der zunächst gefährdeten christlichen Völker und Staaten: der Griechen, der Lateiner Romaniens, der Balkanslawen und Ungarn, hätte sie schon der Gedanke an die Gefahr, mit der die Türken nach dem Fall dieser Länder den Occident selbst bedrohen würden, gegen jene in die Schranken treiben müssen. Wir sahen ferner schon, wie auch die Hoffnung auf Ausbreitung ihrer eigenen Macht den abendländischen Herrschern den Kampf gegen die Türken genehm machte. Und endlich riefen die Humanisten mit schwungvollen Worten in philhellenischem Sinne zur Rettung des altgriechischen Bodens vor der Barbarenherrschaft auf.[1]

---

[1] Schon seit der Wende des XIV. und XV. Jahrhunderts spielt dies Moment eine Rolle. S. ein Antwortschreiben, das im Namen von Florenz der humanistisch gebildete Staatskanzler Salutato im Jahre 1401 an Kaiser

Aber die Kirche war nicht mehr, der Humanismus seiner Natur nach überhaupt nicht imstande, in den Menschen den Trieb zu grossen Taten zu entfachen; auch wurde sein Interesse für den Hellenismus durch das weit überwiegende für den Latinismus stark beeinträchtigt und dazu hegte er gegen die modernen Griechen ein ausgesprochenes Übelwollen. Der Gedanke sodann an eine zum eigenen Nutzen gebotene Defensive gegen die Türken gewann im Abendlande recht eigentlich erst nach dem Fall Konstantinopels Gestalt. Selbst der auf die Kaiserkrone von Byzanz gerichtete Ehrgeiz eines Alfonso gelangte, wie wir sahen, nicht dazu, sich in Taten umzusetzen, da, wie er selbst sich ausdrückt, die „sich wie Ringe an einer Kette folgenden Wirren Italiens" seine ganze Aufmerksamkeit in Anspruch nähmen:[1] wie überhaupt der Tatendrang der abendländischen Gewalten sich in einer Fülle nachbarlicher Konflikte erschöpfte.

Vollends wird man aber erst das Verhalten des Occidents zu der Eroberung Konstantinopels durch die Türken begreiflich finden, wenn man bedenkt, dass sich das Abendland zwei Jahrhunderte zuvor unfähig gezeigt hatte, das lateinische Kaiserreich vor dem Heimfall an die Griechen zu bewahren. War nun der hierarchisch regierte und noch im Bann der Kreuzzugsidee stehende Occident des XIII. Jahr-

Manuel richtete, bei dessen Anwesenheit im Abendlande: Muller, doc. sulle relaz. delle città tosc. coll. Oriente p. 148. Es wird die Trauer über die Fortschritte der Türken ausgesprochen. *‚Ergo venit etas, que ... videt et patitur ... famosam illam Elladum potentiam, que Persarum domavit imperium totumque peragravit gloriosissimis victoriis orientem et ipsam Teucrie caput Troian bis cepit'* etc. Um die Mitte des Jahrhunderts, ganz besonders erst nach dem Fall Kp.s bemächtigte sich dann der Humanismus des Türkenkrieges als eines Lieblingsthemas der Rhetorik: s. Voigt l. c. [720²] p. 39, vgl. derselbe, Enea Sylvio Piccolomini als Papst Pius II. Bd. II. p. 91 ff. Näher vermag ich auf diesen Punkt hier nicht einzugehen.

[1] In einem Briefe an den griechischen Kaiser Konstantin vom 22. August 1448: die *‚incontinenter subsecute in modum catene Italie perturbationes'* hätten ihn bisher an der Hilfe gegen die Türken verhindert.

hunderts ausser stande gewesen, das lateinische Konstantinopel gegen die Griechen zu schützen, wie hätte das sich von der Hierarchie ermannende und in Sonderstaaten auseinanderstrebende Abendland des XIV. und XV. Jahrhunderts zu einer rettenden Tat für das griechische Konstantinopel, ja auch nur für das noch in den Händen der Lateiner befindliche Romanien und für Ungarn sich aufraffen sollen!

Man wird also den Occident des XV. Jahrhunderts milder beurteilen, wenn man ihn an dem des XIII. misst, der, wie jener, ein Reich von Konstantinopel untergehen sah. Auch wenn man die positiven Leistungen des Abendlandes zu Gunsten Konstantinopels in den beiden Epochen vergleicht, so wird man keineswegs diejenigen des späten Mittelalters minderwertig finden im Verhältnis zu denen des XIII. Jahrhunderts. Vielmehr halten sich die Hilfsaktionen des Occidents in dem früheren und späteren Zeitalter vollkommen die Wage: ja die abendländischen Unternehmungen des XIV. und XV. Jahrhunderts zu Gunsten des griechisch-lateinischen Romaniens ähneln ums Haar den Taten des Occidents für das lateinische Kaiserreich. Insbesondere gilt dies für die Politik Venedigs.[1]

---

[1] Die vornehmsten Hilfsmächte im XIII. Jahrhundert des lateinischen, im XIV. und XV. des griechischen Kaiserreichs von Kp. waren das Papsttum, Venedig, Frankreich und oberitalienische Dynasten. Was die einzelnen Unternehmungen betrifft, so entspricht z. B. dem Kreuzzuge von Nikopolis im Jahre 1396 derjenige, den Balduin II. von Frankreich her im Jahre 1239 mit einem Heer von 700 Rittern und 3000 Knappen unternommen hatte (s. o. p. 312/13); dem Zuge Wilhelms von Montferrat im Jahre 1225 (s. o. p. 270, 301—3) gleicht derjenige des Amadeus von Savoyen vom Jahre 1366 (s. o. p. 703[1]). So wie die Republik Venedig im Jahre 1224 daran gedacht hat, ihren Sitz nach Kp. zu verlegen (s. o. p. 267), hat ihr im Jahre 1397 Kaiser Manuel seinerseits die Abtretung Byzanz' angeboten (s. d. Urk. vom 7. April 1397 bei Ljubic l. c. [699[3]] p. 402.3. vgl. Delaville le Roulx l. c. p. 378). Und Thessalonich wenigstens hat Venedig im Jahre 1423 durch Kauf aus der Hand des Griechen erworben. um es allerdings schon 1430 an die Türken zu verlieren. S. Hertzberg l. c. p. 548 ff., genauer in den von Jorga in der Rev. de l'Or. lat. l. c. [695[1]] publiz. Akten. Man fürchtete im Jahre 1424 in Genua, der griechische Kaiser

Dass nun aber die abendländischen Hilfsaktionen weder dem lateinischen Kaiserreich des XIII. noch dem griechisch-lateinischen Romanien· des XV. Jahrhunderts das Dasein zu fristen vermocht haben, hat im einen und anderen Falle sehr verschiedene Ursachen gehabt. Wir wiesen schon darauf hin, dass in der späteren Epoche die Bildungswehen des modernen Westeuropas den Hauptgrund bildeten.[1] Für das XIII. Jahrhundert aber lernten wir bereits oben die entscheidenden Ursachen kennen,[2] sie hatten in dem Kampfe zwischen Kaisertum und Papsttum und in der Askese, d. h. in der Abziehung der abendländischen Streitkräfte von Konstantinopel durch das heilige Grab, bestanden. Es sind zwei Momente, die, wenn

möchte auch Kp. selbst an Venedig verkaufen *„qui, si videret suarum rerum desperationem, faciliter … posset de urbe Cpoli disponere, sicut pridie de Thessalonica fecit'*. Urk. vom 28. Februar 1424 bei Jorga im R.O.L. Bd. V., p. 111.

Doch ich muss hier abbrechen. Im allgemeinen sei nur gesagt, dass Venedig, wie es vormals die Schutzmacht des lateinischen Kp. gegen die Griechen gewesen war, so jetzt das griechische Kp.s gegen die Türken nach besten Kräften verteidigte: es war dabei nur naturgemäss, dass in beiden Epochen sein Schutz in erster Linie seinen eigenen Kolonieen in Romanien galt. (Vgl. oben p. 268). Zwischen diesen beiden Phasen der byzantinischen Politik Venedigs hatte jene andere gelegen, in der die Republik, nach dem Fall des lateinischen Kp.s, auf gespanntem Fusse mit den griechischen Kaisern stand und sich zu wiederholten Malen an den lateinischen Rekuperationsbestrebungen beteiligt hat. S. o. p. 459, 625 ff., 661 ff. Von dem Schutz des byzantin. Reichs gegen den Occident (XI. und XII. Jahrhundert) war die Republik also in der ersten Hälfte des XIII. Jahrhunderts zur Okkupation byzantinischen Gebiets übergegangen und zur Schutzmacht eines lateinischen Kp.s geworden, um nach dessen Heimfall an die Griechen ein halbes Jahrhundert auf halbem Kriegsfuss mit dem neubyzantinischen Kaisertum zu leben, um dann aber seit dem Beginn der Türkengefahr in den zwanziger Jahren des XIV. Jahrhunderts zur Schutzmacht auch des griechischen Kp.s zu werden.

[1] Einer der verhängnisvollsten Umstände war auch der beständige Konflikt zwischen den beiden berufensten Schutzmächten des byzantinischen Reichs: zwischen Ungarn und Venedig. S. für das XV. Jahrhundert darüber besonders Beckmann, l. c. [713¹].

[2] S. oben p. 316 ff.

auch in veränderter oder abgeschwächter Form, auch noch
im späteren Mittelalter zu Ungunsten Konstantinopels fortge-
wirkt haben. [1])

Als Gesamtresultat ergibt sich aus beiden Epochen, dass
gerade die innere Stärke des Abendlandes seine Schwäche
nach aussen hin bedingt hat. Der stete Bildungsprozess, in
dem es begriffen war, die gewaltigen Gegensätze, die es fortdauernd in sich schloss und an deren Ausgleich es arbeitete,
die Fülle der Interessen, die seine Glieder nach verschiedenen
Zielen auseinanderstreben liessen, haben es während des ganzen
Mittelalters zur Lösung einer Gesamtaufgabe, wie sie der
Schutz sei es des lateinischen oder des griechischen Konstantinopels darstellte, unfähig gemacht: so wie es heute nur
die inneren Gegensätze des christlichen Europas sind, die eine
Befreiung Konstantinopels von der Türkenherrschaft verhindern. Nur das heilige Grab ist imstande gewesen, die
abendländische Menschheit wiederholt ihre tausendfach ver-
zweigten Sonderinteressen einem gemeinsamen Ziel zuliebe
hintansetzen zu lassen, und nur die Sehnsucht des Occidents nach Jerusalem ist es gewesen, die die einzige Rettung
Konstantinopels durch den Occident, von der die Geschichte
weiss, gezeitigt hat: diejenige durch den Ersten Kreuzzug.

---

[1]) Es waren im späteren Mittelalter besonders die Königreiche
Cypern und Armenien, die das Interesse des Occidents an dem Ägäischen
Meere vorbei in das Ostbecken des Mittelmeers ablenkten. Ich vermag
jedoch hier nicht genauer auf diesen Punkt einzugehen.

Was die abendländische Politik des Papsttums betrifft, so meine ich
besonders seine Verwicklung in die italienischen Angelegenheiten. Als
einen Beweis für die direkte hemmende Einwirkung dieses Moments auf
die päpstliche Orientpolitik zitiere ich unter vielen den Fall Gregors XI.,
der im Jahre 1372 dem König Ludwig von Ungarn den ungarischen
Zehnten für den Türkenkrieg verweigerte, weil er denselben zum Kampfe
gegen Bernabo Visconti von Mailand, der den Kirchenstaat bedrohte,
nötig hatte, worauf Ludwig vom Türkenkrieg abstand. S. Theiner
l. c. [91[1]] Bd. II., p. 132/3, Brief Gregors XI. an Ludwig vom 18. Dez.
1373. Vgl. Fessler, Gesch. Ungarns Bd. II., p. 171/2, Steinherz „Die
Bez. Ludwigs I. v. Ung. zu Karl IV.", MIÖG. Bd. IX., p. 602.

Wir haben jedoch gesehen, wie der Papst, der diese Bewegung hervorrief, seinerseits frei von mystischer Befangenheit, dem Occident mit vollem Bewusstsein eben die Befreiung resp. den Schutz der orientalischen Christen in ihrer Gesamtheit ans Herz gelegt hatte. Zwar hat dann bei der späteren Fürsorge der Kurie für Konstantinopel das päpstliche Interesse durchweg eine weit grössere Rolle gespielt als bei der Aktion Urbans II., der, in seinem opportunistisch gefärbten Idealismus,[1] die Befriedigung dieses Interesses lediglich nachträglich von dem Dank der befreiten Griechen erwartet hatte. Denn der Schutz des lateinischen Kaiserreichs gegen die Griechen bedeutete von vornherein ein beschränkt lateinisches, d. h. spezifisch-römisches Interesse, den des griechischen Reichs gegen die Türken im XIV. und XV. Jahrhundert hat die Kurie aufs engste mit der Unionsfrage verschmolzen. Aber sie ist es doch gewesen, die durch die Jahrhunderte mit Konsequenz nach einer erneuten Zusammenfassung der Kräfte des Occidents zur Erfüllung einer Mission im Orient gestrebt hat. Dass ihr das nicht gelang, hat nicht zum wenigsten daran gelegen, dass sie selbst zu allen Zeiten aufs tiefste in jenes grosse, den mittelalterlichen Occident bewegende Kampfestreiben verstrickt gewesen ist, ja dass sie bei ihm zumeist im vordersten Treffen gestanden hat.

[1] S. oben p. 697.

Schluss.

Der Grundcharakter des Mittelalters scheint, ganz allgemein angesehen, darin zu bestehen, dass sich während dieser Epoche die durch das klassische und kirchliche Band zu einer Kultureinheit zusammengeschmiedete römische Weltmonarchie in drei Teile spaltete: die abendländische, die byzantinische und die islamische Welt, unter denen Byzanz einerseits als die unmittelbarste Fortsetzung des römischen Reichs und seiner gräco-römischen Kultur sich darstellt, andererseits durch die Kombination westlicher und östlicher Wesenselemente als das wahre Zwischenreich zwischen Occident und Orient erscheint.

Wenn nun zwar die abendländische Kultur auch unmittelbar mit der asiatisch-islamischen in Wettkampf getreten ist, so erscheint doch als das wichtigste allgemeine Problem der mittelalterlichen Geschichte das Ringen zwischen Europa und Asien um das byzantinische Zwischenreich.

Wir haben in diesen Untersuchungen verfolgt, wie die Bemühungen des Occidents, das byzantinische Reich, von dem er sich zunächst emanzipiert hatte, dann seinerseits, wenn auch nur mehr äusserlich, auf dem Wege der Eroberung oder einer politisch fundierten Kirchenunion, sich anzugliedern, in der Hauptsache scheiterten,[1] geschweige denn, dass die Ver-

---

[1] Es hat übrigens auf gewissen Gebieten der Kultur und Zivilisation nicht an Berührung und gegenseitiger Beeinflussung der beiden Kulturkreise gefehlt, so besonders auf denen des Handels und der Kunst. Vor allem Venedig und Unteritalien haben so eine abendländisch-byzantinische Mischkultur erhalten. Aber eine allseitige und vollkommene Verschmelzung der beiden Welten wäre nur durch Überwindung ihres kirchlichen Gegensatzes möglich gewesen, die nicht gelang.

suche zu einer innerlichen Überwindung des kirchlichen Gegensatzes geglückt wären, und wie deshalb Byzanz dem Islam anheimfiel.

Doch ist dabei von den drei Elementen der byzantinischen Kultur: dem Staat, der Kirche und dem klassischen Altertum kein einziges zu Grunde gegangen.

Der christliche Rhomäerstaat lebte einerseits an Ort und Stelle fort als byzantinisches Reich osmanischer Nation, fand andrerseits in dem russischen Zarentum eine christliche Fortsetzung, einer Macht, deren ausgesprochenes Ziel es seit langem ist, durch die Eroberung Konstantinopels sich auch unmittelbar als Nachfolgerin des byzantinischen Cäsarentums darzustellen.

Die orthodoxe Kirche ging, abgesehen davon, dass sie in Russland ein, immer weiter sich ausdehnendes, Herrschaftsgebiet besass, auch in dem ehemaligen byzantinischen Reiche nicht unter. Vielmehr war sie es, die, mehr noch als die nur einen Überbau darstellende türkische Staatsorganisation und das von der byzantinischen Staatsidee durchtränkte russische Zarentum, die eigentliche Erbin und Fortsetzung des byzantinischen Reichs wurde. Die orthodoxe Christenheit des osmanischen Reichs bildete, unter der geistlich-weltlichen Hoheit des Patriarchen von Konstantinopel und seiner priesterlichen Beamtenschaft zusammengefasst, gleichsam einen Staat zweiter Ordnung, über den sich in höherer Parallelschicht der Türkenstaat hinweglagerte.

Traten nun aber die bisher berührten Erben byzantinischer Kulturelemente in einen mehr oder weniger schroffen Gegensatz zum Occident und seiner Kultur, so gelang wenigstens an einem Punkte eine Verschmelzung des byzantinischen Wesens mit dem abendländischen. Das hellenische Altertum, von den Byzantinern sorgfältig durch das Mittelalter hindurch gepflegt, wurde zu einem Ferment der italienischen Renaissance.

Nachdem das kirchliche Band, das Byzanz und den Occident einst im römischen Reich umschlungen hatte, zerrissen

und nicht wieder neu zu knüpfen gewesen war, fanden sich
die beiden Welten auf ihrer älteren gemeinsamen Basis, der
des klassischen Altertums, wieder zusammen. Und zwar haben
gerade die wegen einer kirchlich-politischen Union zwischen
ihnen geführten Verhandlungen den Weg gebildet, auf dem
sich der humanistische Verschmelzungsprozess vollzog.

Das Papsttum hat wie bei den kirchlichen Einigungs-
versuchen, so auch beim Vollzuge der ideellen Union zwischen
dem Abendlande und Byzanz durch die Rezeption des
Hellenismus in der italienischen Renaissance, eine führende
Rolle gespielt. Von Nikolaus V., der Konstantinopel fallen
sah, konnte man mit Rücksicht auf seine griechische Bibliothek und die zahlreichen Übersetzungen, die er aus griechischen Schriftstellern anfertigen liess, sagen, er habe sich
Griechenland unterworfen und es sei in Wirklichkeit gar nicht
untergegangen.[1]

Während aber über das politische und kirchliche Vermächtnis des byzantinischen Reichs die sich immer verwickelter
gestaltende orientalische Frage entstanden ist, bildet sein
klassisches Erbe, das hellenische Altertum, in abgeklärter
Gestalt, einen sicheren Besitz und ein unausrottbares Element
der europäischen Gesamtkultur.

--- --- ---

[1] Vgl. Georg Voigt, Die Wiederbelebung des klassischen Altertums, Bd. II₃., p. 157, 202/3.

Nicht stimmende Textverweisungen:

p. 268[3] muss es heissen: .℥ XIII statt .℥ I; p. 311[4.5] VIII statt IX, und IX statt VIII; und p. 369 ff. XII statt XIII.

— · —

No. I.

Honorius III. trägt einem Geistlichen des Königreichs Thessalonich (?) auf, den Despoten Theodor von Epirus zur Freilassung des von diesem zum Gefangenen gemachten Legaten Johannes von S. Prassede zu bewegen.

1217, Juli 28. (?). Ferentino.

Reg. Vat., Bd. IX, fol. 140ʳ; ep. Hon. III. lib. II 548.

Regest bei Pressutti, Reg. Hon. III. papae, № 690.

Der Brief ist undatiert, das Datum ist jedoch als identisch anzunehmen mit dem der unmittelbar vorangehenden Eintragungen. Den Adressaten, dessen genauere Feststellung mir nicht gelang, glaube ich deshalb in das Königreich Thessalonich versetzen zu sollen, weil das folgende Schreiben ähnlichen Inhalts (ep. II, 549, Regest bei Pr., № 691) an den Erzdiakon von Thessalonich gerichtet ist.

Histor. Erläut. s. o. p. 298.

Archiepiscopo Epiphensi (?).

Detestabile facinus, quod nobilis vir Theodorus Cominianus improvide attemptavit, in dilectum filium nostrum Johannem de Columpna tituli sancte Praxedis presbyterum cardinalem, apostolice sedis legatum, manus temerarias extendendo eumque detinendo captivum, tue discretioni credimus displicere: tum propter gravem iniuriam Romane ecclesie matris tue, tum propter pressuram, quam idem Theodorus contra se ac totam terram suam concitat inconsulte, dando materiam et iustissimam causam, ut ad ulciscendum hoc facinus in ipsum ac suos crucesignatorum exercitus convertatur, et sic ultro se ac terram suam periculis exponendo. Qui licet erga nos non exhibuerit opera filii, nos tamen nolentes obmittere, quod est patris, ipsum per nostras monemus litteras et hortamus, ut recognoscens dominum creatorem suum et Romanam ecclesiam, que, nisi per ipsum steterit, sibi esse poterit plurimum fructuosa, dictum cardinalem liberum et illesum cum suis redire permittat, ne, si diutius ipsum detinere presumpserit, tales ac tantos contra ipsum excitari contingat, quod sit sera penitentia post ruinam. Ideoque fraternitatem tuam rogamus, monemus et exhortamus attente, per apostolica tibi scripta mandantes, quatenus dictum Nobilem ad id efficaciter moneas et inducas, quia sic et eius utilitatibus providebis et devotionis ac obsequii debitum exhibebis romane ecclesie matri tue, cuius per hoc promereri potest favorem et gratiam specialem.

Datum Ferentini (sine nota chronol.).

Ähnlich schreibt Honorius an den Erzdiakon von Thessalonich. ep. II, 549. (Press. № 691.)

- - - - -

No. II.

Honorius III. mahnt Venedig, sich bei Theodor von Epirus für die Freilassung des Kaisers Peter von Konstantinopel und des päpstlichen Legaten zu verwenden.

                                   1217, Juli 28.   Ferentino.

Reg. Vat., Bd. IX, fol. 139ᵛ; ep. Hon. III. lib. II 546.

Regest bei Pressutti, № 689.

Wegen des Datums vgl. die Bemerkung beim vor. Brief.

Den histor. Zusammenhang s. o. p. 298.

Nobili viro duci et populo Venetorum.

Der Anfang dieses Briefes ist gleichlautend mit demjenigen an den König Andreas von Ungarn bei Raynald, 1217, § 15/16, bis zu den Worten: ‚dicti casus tristitia tangit totum populum christianum, qui, cum communis et aliis, nobis ac tibi dignoscitur esse specialis'. Es heisst dann in unserem Briefe weiter: cum nec apostolice sedis legatus absque nostra iniuria nec dictus imperator, qui pugnabat pro vobis, sine vestra valeat detineri nec absque vestro gravi dampno et obprobrio perdi possit imperium memoratum, quod proculdubio retineri non poterit a Latinis nisi huic malo celeriter occurratur. Hortamus igitur univ. vestram . . . . . quatenus mora postposita sollempnes nuntios ad praefatum Theodorum cum festinatione mittatis et Imperatorem ac cardinalem predictos requiratis instantissime ab eodem blandis aspera, sicut in talibus expedit, admiscendo. Confidimus enim, quod eos consideratione vestra restituet libertati, vestre metuens potentie magnitudinem, quam ipsi nuntii vestri eidem poterunt insinuare, prudenter innuendo vos usuros viribus, si non potueritis proficere precibus apud eum. Denique ad eorum liberationem hiis et aliis modis omni cura et studio intendatis, certi quod nichil facere possetis ad presens, per quod honor et utilitas vestra certius susciperet incrementum vel per quod nobis et ecclesie Romane maius obsequium prestaretis.

Datum Ferentini (sine nota chronol.).

No. III.

Honorius III. erwidert eine Gesandtschaft Theodors von Epirus durch Absendung des Erzbischofs von Brindisi an diesen.

1218, April 27. Rom, S. Peter.

Reg. Vat., Bd. IX. fol. 247; ep. Hon. III. lib. II 1040.

Regest bei Press., № 1261.

Das Bistum von Theodors Gesandten vermochte ich nicht zu identifizieren.

Histor. Erläut. s. o. p. 300/1.

Nobili viro Theodoro Cominiano.

Venientem ad presentiam nostram ven. fratrem nostrum Gregorium, Trocen. (?) episcopum, pro tua honestate ac devotione tua benigne recepimus, et ea, que ex parte tua nobis prudenter proposuit sicut vir providus et fidelis, libenter audivimus et intelleximus diligenter. Quia vero ea, que nobis significasti per ipsum, tractatum tamquam ardua diligenter exposcunt: ven. fratrem nostrum archiepiscopum Brundisinum, de cuius fide ac prudentia plenam fiduciam obtinemus, quique tibi vicinus existit, ad te duximus destinandum, qui et tibi nostram aperiat voluntatem et tuam nobis responsionem exponat, ut omnibus contingentibus investigatis hinc inde in negotio ipso cum debita maturitate procedere valeamus. Monemus itaque nobilitatem tuam, quod eumdem archiepiscopum benigne recipiens fidem indubitatam adhibeas hiis, que tibi ex parte nostra duxerit proponenda et, que tibi suggeret, cura ipsum negotium adimpleas confidenter, ut nos, qui ad tuam utilitatem et honorem intendimus, utrumque promovere favente domino valeamus. Prefatum vero episcopum, quem tibi devotum comperimus et fidelem, habeas specialiter precum nostrarum intuitu propensius commendatum.

Datum Romae apud S. Petrum, V. Kal. Maii anno secundo.

No. IV.

Honorius III. erlaubt dem Fürsten Gottfried II. von Achaja, diejenigen seiner Unterlanen, die zu einem Zuge ins heilige Land entschlossen sind, zur Verteidigung Achajas selbst zurückzuhalten.

1218, Juli 4. Lateran.

Reg. Vat. Bd. IX. fol. 278; ep. Hon. III. lib. II 1242.

Regest bei Pressutti, № 1490.

Besprochen oben p. 291/2.

Nobili viro Gaufrido de Villa Arduini principi Achaie.

Fervor tue devotionis ac fidei, quam ad nos et sacrosanctam ecclesiam Romanam matrem tuam habere dinosceris, ut tuis annuamus precibus, nos invitat in hiis maxime, que ad defensionem terre tue, que valde utilis est terre sancte, credimus pertinere. Quapropter favorabiliter et benigne, dilecte in domino fili, tibi duximus concedendum, ut crucesignatos terre tue ad defensionem ipsius, que plurimum est utilis terre sancte, cum aliter manuteneri non possit, tibi liceat, quamdiu nobis placuerit, retinere.

Datum Laterani IV. Non. Jul. anno secundo.

— · —

No. V.

Honorius III. befiehlt auf Bitten des Fürsten Gottfried II. den Kreuzfahrern Achajas, sich der Verteidigung dieses ihres dem heiligen Lande nützlichen heimatlichen Fürstentums zu widmen.

1218, Juli 4. Lateran.

Reg. Vat. Bd. IX. fol. 278; ep. Hon. III. lib. II 1243.

Regest bei Press., № 1491.

Besprochen oben p. 291/2.

Universis crucesignatis per universam terram nobilis viri Gaufridi Principis Achaiae constitutis.

Fervor devotionis et fidei, quam dilectus filius, nobilis vir G. de Villa Arduini, Princeps Achaie, ad nos et sacrosanctam Romanam ecclesiam, matrem suam, habere dinoscitur, ut suis annuamus precibus nos invitat etc. ut supra usque pertinere. Quapropter ad petitionem ipsius devotionem vestram rogandam duximus et monendam in remissionem vobis peccaminum iniungentes, quod in defensionem terre sue, que cum valde sit utilis terre sancte, de facili sine vestre virtutis brachio manuteneri non potest, quamdiu nobis placuerit, potenter et viriliter assistatis eidem, ut in presenti laudem a populo et in futuro vobis eternam gloriam comparetis.

Datum Laterani, IV. Non. Jul. anno secundo.

· —

No. VI.

Gregor IX. befiehlt den Erzbischöfen von Gran und Coloça und ihren Suffraganen, den Bulgarenzaren Asan zu bannen, falls er weiter an der Seite des Vatatzes die Lateiner bekriegt.

1236, Mai 24., Interamna

Reg. Vat. Bd. XVIII., fol. 156; ep. Greg. IX. lib. X 84.
.Hist. Erläut. oben p. 308.

Strigonensi et Colocensi archiepiscopis et eorum suffraganis.

Cum nobilem virum Assanum litteris nostris moneruimus diligenter, ut a societate Vatacii excommunicati omnino recedens ab infestatione desisteret latinorum, mandamus, quatenus, si dictus nobilis
monitis nostris acquiescere non curaverit in hac parte, ipsum et
omnes in hoc adiutores ac fautores ipsius excommunicare curetis ac
eos excommunicatos publice nuntiantes faciatis usque ad satisfactionem
condignam, apellatione remota, ab omnibus artius evitari.

Dat. Interamni IX. Kal. Jun. Anno Decimo.

No. VII.

*Gregor IX. mahnt den Kaiser von Nikäa, Johannes Vatatzes,
sich der römischen Kirche zu unterwerfen und von der Bekämpfung
des lateinischen Kaiserreichs abzulassen, sich diesem vielmehr als
Freund zu erweisen. Sonst würde er den Lateinern ein grosses
Kreuzheer zu Hilfe senden, das auch dem Reich von Nikäa Verderben
bringen werde.*

1237, Mai 21., Viterbo.

Reg. Vat. Bd. XVIII. fol. 291; ep. Greg. IX. lib. XI 95.
Histor. Erläut. s. oben p. 355 ff.

Nobili viro Vatacio spiritum consilii sanioris.

Cum in grecis sapientia regnare credatur, a quibus ab olim
velut de fonte ad longe positos scientie rivuli manaverunt, illa te
credimus discretione vigere eaque uti maturitate consilii et providentia singula providere, ut, attendens sedis apostolice principatum,
quam non terrena potentia sed ille solus fundavit et super petram
fidei mox nascentis erexit, qui beato Petro eterne vite clavigero
terreni simul et celestis Imperii iura commisit, ipsam matrem debeas
recognoscere et tenere, ac ipsius tibi conservare favorem, que tibi
esse poterit si per te non steterit plurimum fructuosa. Cum igitur
pro subsidio terre sancte per universum mundum predicari manda-
verimus verbum crucis et, postquam clamor tube insonuit salutaris
per ora predicatorum clangentis et invitantis ad pugnam militie
christiane divina gratia inspirante, tot nobiles et potentes ac tot
strenui bellatores assumpserint signum crucis, quod pene illorum est

innumerabilis multitudo, per quos et alios christi fideles, quorum
fere infinitus est numerus, sic poterit Imperio Romanie in potenti
manu et extento brachio auctore domino in proximo subveniri, quod
omnis conatus adversantium destruetur et optata pace idem Imperium
respirabit: Nobilitatem tuam monendam duximus attente et hortandam,
mandantes, quatenus, utilitati tue prudenter consulens et saluti ac
indempnitati provide precavens in futurum, presertim propter animarum
pericula strages corporum locorum excidia et rerum dispendia, que
ob cladem bellorum quod avertet dominus sequerentur, nichil periculi,
nichil dispendii contra dictum Imperium machinetis nullamque karissimo
in christo filio nostro Johanni Imperatori Constantinopolitano illustri
et successoribus molestiam inferas vel gravamen, sed potius impendas
auxilium, consilium, auxilium et favorem, ita quod te Romane ecclesie
filium et devotum tam fide quam operum exhibitione demonstres,
nosque in benedictionibus dulcedinis et gratiarum actionibus te prosequi merito debeamus. Alioquin tibi habes quod imputes, si te
monitio non sine paterna comminatione premunit et proprii periculi
non provisor illum articulum difficultatis evites, de quo si in eum
incideris non poteris facile liberari.

Dat. Viterbis. XII. kal. Junii Anno Undecimo.

No. VIII.

*Gregor empfiehlt dem Grafen Richard von Cornwallis, das Geld,
welches derselbe für seine Jerusalemfahrt verwendet haben würde, dem
lateinischen Kaiserreich zukommen zu lassen.*

1238, November 24. Lateran.

Reg. Vat., Bd. XIX. fol. 59; ep. Greg. IX. lib. XII 311.
Notiz bei Rayn. 1238, § 22.

Mit dem ‚in eodem modo‘ wird auf einen unter derselben Nummer
(311) stehenden Brief Gregors an Ludwig den Heiligen verwiesen, der
bei Rayn. 1238, § 23/24 abgedruckt ist. Auch das Datum unseres Briefes
ist mit dem des Briefes an Ludwig identisch.

Besprochen oben p. 311 (Anm. 5 muss es statt № IX heissen
№ VIII) und p. 337.

In eodem modo Nobili viro R. Comiti Cornubie, fratri . .
Regis Anglie usque Licet enim in subsidium terre sancte, super quo
te digne preconio laudis attollimus, signum crucis acceperis, quia
tamen Regno Anglie persone tue absentia multipliciter posset esse

dampnosa, illius consilii te viam eligere cupimus, per quam saluti anime tue super emisso voto plene consulitur, persone laboribus parcitur et dispendium, quod eidem Regno te recedente posset accidere, precavetur. Quocirca nobilitatem tuam rogandam duximus attente et monendam, quatenus predictum votum in succursum Imperii prefati de licentia nostra commutans et expensas, quas esses in eundo ad terram sanctam morando ibidem et redeundo facturus, in subsidium Imperii prefati transmittens, indulgentiam consecuturus eandem quam haberes si in terram ipsam personaliter te transferres, nominato Regno, quod in tua providentia pro maiori parte subsistit, personam tuam minime subtrahas, quin immo conceptum recedendi de ipso propositum omnino deponas.

Datum ut supra.

No. IX.

Gregor IX. trägt dem Minoritenprovincial von England auf, die englische Geistlichkeit und das englische Volk zu Geldbeiträgen für das lateinische Kaiserreich zu veranlassen.

1238, November 26. Lateran.

Reg. Vat., Bd. XIX. fol. 60; ep. Greg. IX. lib. XII 313.

Mit dem ‚in eodem modo‘ wird auf den vorigen, unter № VIII hier abgedruckten Brief, resp. auf den Brief Gregors IX. an Ludwig den Heiligen, über den man unter der vorigen Nummer vergleiche, verwiesen.

Hist. Erläut. oben p. 311 (in Anm. 4 muss es statt № VIII heissen № IX).

Priori provinciali fratrum predicatorum in Anglia usque duximus invocandum. Quocirca mandamus, quatenus per te vel per alios fratres tui ordinis Venerabiles fratres nostros Archiepiscopos et Episcopos ac dilectos filios ecclesiarum prelatos ac eorum capitula et conventus necnon nobiles viros comites, Barones, milites et alios tam viros quam mulieres per Regnum anglie constitutos, ut de bonis suis in subsidium Imperii Romanie, illas et immunitates et indulgentiam habituri, que terre sancte subvenientibus in generali concilio sunt concesse, secundum facultates proprias et devotionis affectum transmittant, iuxta datam tibi a deo prudentiam efficaciter moneas et inducas.

Datum Laterani VI. Kal. Dec. Anno Duodecimo.

No. X.

Gregor IX. widerruft, da Richard von Cornwallis seinem Ge-
lübde einer Jerusalemfahrt treu bleibt, die für den Fall, dass Richard
dieses Gelübde in ein solches für das lateinische Kaiserreich verwandelt
hätte, zu Gunsten des letzteren in England getroffenen Dispositionen.

1239, November 24.   Lateran.

Reg. Vat., Bd. XIX. fol. 130; ep. Greg. IX. lib. XIII 151.

Vgl. *Ai* VIII und oben im Text p. 311, 338.

Ottoni sancti Nicolai in Carcere Tulliano Diacono Cardinali
apostolice sedis legato. Sollicitante nos olim necessitate Imperii
Romanie, ut tibi de magno et celeri providere subsidio curaremus,
et spe nobis proposita, quod dilectus filius Nobilis vir . . Comes
Cornubie crucesignatus votum suum in illius succursum ad nostras
preces et monita commutaret, Venerabilibus fratribus nostris Can-
tuariensi Eboracensi et . . Dublinensi Archiepiscopis nostris litteris
dedisse meminimus in mandatis, ut redemptiones votorum crucesignatorum necnon legata in terre sancte subsidium ad manus suas
reciperent et quartam partem ipsorum Nobili viro Balduino heredi
eiusdem Imperii pro apparatu militum in eiusdem succursum proficis-
centium sicut expedire cernerent concedentes, aliam quartam partem
per aliquos viros deum timentes in Romanie partibus dicto Nobili
facerent assignari, residuum dictarum redemptionum et legatorum
usque ad nostrum beneplacitum fideliter servaturi. Verum cum dictus
comes, sicut ex litteris suis et carissimi in christo filii nostri . .
Regis Anglorum illustris accepimus, fervens desiderium habeat dictum
votum exequendi magnifice sicut tanto negotio et honori suo cernitur
expedire, nos, ei gratiam quam sibi in hac parte fecimus conservare
volentes, discretioni tue mandamus, quatenus, non obstantibus litteris
ad eosdem Archiepiscopos seu quibuslibet aliis super hoc a sede
apostolica impetratis, in quibus de concessione prius facta dicto Comiti
aliqua mentio non fiebat, quam intentionis nostre non fuit in aliquo
revocare, legata in dicte terre sancte subsidium aut que de vicesima
seu tricesima vel pro redemptione votorum in Regno Anglie haberi
poterunt, per viros ad hoc idoneos colligi facias, sibi cum ad trans-
marinas partes domino duce pervenerit integre tribuenda iuxta
priorum ad te directarum super hoc continentiam litterarum. Ceterum
illos ex crucesignatis Regni eiusdem, quos impedimentum legitimum
reddit inhabiles ad pugnandum, ut tempore quo dictus comes duxerit
transfretandum vota sua redimant monitione premissa per censuram

ecclesiasticam appellatione remota compellas, concessa illis qui vota huiusmodi redimenda duxerint illa peccatorum venia que in generali concilio continetur.

Datum Laterani VIII Kal. Decembris. Anno Tertiodecimo.

No. XI.

Gregor IX. teilt gewissen lateinischen Klerikern in Griechenland die Entscheidung mit, die auf sein Mandat von zwei Kardinälen in der zwischen dem Patriarchen von Konstantinopel und dem Erzbischof von Korinth schwebenden Obödienzstreitigkeit gefällt worden ist.

1241, März 14. Lateran.

Reg. Vat., Bd. XX. fol. 39ᵛ; ep. Greg. lib. XIV 235.

Das Schreiben lässt auf das Verhältnis des Papsttums, der lateinischen Patriarchen von Konstantinopel und der Prälaten des fränkischen Griechenlands zueinander ein scharfes Licht fallen. Vgl. sonst oben p. 276².

Thebano et Nigropontensi Decanis . , : et Archidiacono Nigripontensi.

Cum in causa, que inter venerabilem fratrem nostrum patriarcham Ctanum et archiepiscopum Corinthiensem vertitur, utriusque partes procuratores ad sedem apostolicam accedentes coram dilectis filiis nostris Sinibaldo tituli sancti Laurentii in Lucino presbytero et Romano sancti Angeli diacono Cardinalibus diutius litigassent, proponente dicto procuratore ipsius patriarche, prefatum Archiepiscopum pro eo, quod pluries citatus venire ad obedientiam et reverentiam, qua tenetur eidem Patriarche et Ctane ecclesie, exhibendam contumaciter recusabat, post latam in ipsum interdicti sententiam vinculo ab eodem excommunicationis astrictum, ac petente quod huiusmodi excommunicationis et interdicti sententias mandaremus usque ad satisfactionem condignam inviolabiliter observari; predicti Archiepiscopi procurator ex adverso respondit, quod, antequam ipse patriarcha processisset in aliquo contra eum, ad nos legitime appellavit, appellationis sue causas probabiles assignando videlicet infirmitatem proprii corporis, discrimina viarum et guerrarum pericula, per que Cpolim ire volentibus erat iter penitus interclusum, propter quod dicebat huiusmodi sententias nullas esse: tandem pro bono pacis iam dicti procuratores dispositioni et ordinationi dictorum Sinibaldi tituli sancti Laurentii in Lucino presbyteri et Romani sancte Marie

48*

in Cosmedin diaconi cardinalium se super hoc voluntarie submiserunt.
Idem vero cardinales de speciali mandato nostro taliter ordinarunt,
ut idem Archiepiscopus de parendo mandatis ecclesie ac patriarche
predicti prestito inramento ad cautelam iuxta formam ecclesie absol-
vatur, ita tamen quod pretextu iuramenti huiusmodi dictus patriarcha
nichil possit ei precipere vel mandare absque mandato sedis apostolice
speciali. Quocirca mandamus, quatenus ipsi Archiepiscopo secundum
promissam formam absolutionis beneficium impendentes et denunti-
antes eum publice absolutum auctoritate nostra iniungatis eidem, ut,
cum domino faciente restitutus fuerit libertati et commode poterit,
eundem patriarcham infra sex menses post absolutionem suam cum
devotione ac reverentia visitabit. Ceterum cum dicto Archiepiscopo
super eo, quod post huiusmodi sententias celebravit de appellatione
confisus, eadem auctoritate dispensare curetis.

Datum Laterani II Id. Martii. Anno XIV.

— · —

No. XII.

Der Patriarch Manuel II. von Nikäa schreibt wegen der Kirchen-
union an Papst Innocens IV. Er preist diesen wegen seiner eifrigen
Bemühungen um die Union und weist auf das Ansehen hin, das der
päpstliche Stuhl durch ihre Herbeiführung erwerben werde. Er be-
richtet über seine Verhandlungen mit Innocens' Legaten und empfiehlt
die Gesandten, die nunmehr von griechischer Seite an die Kurie ab-
gehen, indem er die Kapitel, wegen deren sie verhandeln sollen, einzeln
aufzählt und ihnen absolute Vollmacht zum Abschluss der Verhand-
lungen gibt.

1253, gegen Ende (?) Nikäa.

Bibl. Bodleiana, Oxford, Cod. Baroccianus № 131, fol. 360, 361 v,
Beschreibung des Codex bei H. Coxe, Catalogi codd. ms. bibl. Bodleianae,
Bd. I. (Oxf. 1853) p. 211 ff., unser Brief erwähnt auf p. 227.

Hinweis auf den Brief bei Cuper l. c. [198[1]] p. 159/60.

Das Datum lässt sich nur ungefähr bestimmen. Aus den in den
Schreiben angeführten Verhandlungspunkten geht hervor, dass es gleichzeitig mit einem, ähnliche Anträge enthaltenden, Briefe des Kaisers Vatatzes
nach Rom abgegangen sein muss. Von diesem aber wissen wir, dass er
etwa Ende 1253 von Nikäa abgesandt sein muss, s. oben p. 367 ff.

Da die Druckerei nicht so viel griechische Schrift hat, um die ganze
Urkunde zu setzen, muss ich mich im wesentlichen mit einer, möglichst
wörtlichen, Übersetzung begnügen. Übrigens würde ich von der langen
phrasenhaften Einleitung in jedem Falle nur die Anfangs- und Schlussworte gegeben haben.

Auf den Brief, der auf fol. 361 v regelrecht abschliesst, folgt mit einem neuen Anfang („ό αἰτῶν ἐν οὐ καιρῷ') eine Schrift über den Ausgang des heiligen Geistes. Von Coxe wird sie überhaupt als mit dem Briefe eins angesehen (er gibt den Brief als auf fol. 360 v bis 363 v enthalten an). Jedenfalls wird die Schrift von dem Patriarchen mit seinem Briefe zugleich nach Rom gesandt worden sein. Ich gebe von ihr nur die ihrem Inhalt genügend kennzeichnenden Schlussworte.

Ich liess diese Urkunde in Oxford photographieren und verdanke ihre Entzifferung der Güte des Herrn Privatdozenten Dr. Hermann Schöne in Berlin.

Über den historischen Zusammenhang s. oben p. 369 ff., wo versehentlich auf diesen Brief als auf № XIII verwiesen ist.

An den Papst. Dem heiligsten und weisesten und selig zu preisenden Papst von Altrom, dem Herrn Innocenz, dem Vorsitzenden des höchsten apostolischen Thrones entbietet Manuel, durch Gottes Erbarmen Erzbischof von Kp., dem neuen Rom, und ökumenischer Patriarch mit den ihn umgebenden heiligsten Brüdern und Erzbischöfen seinen Gruss in dem Herrn.

Nichts ist begehrenswerter als der wahre Friede, nichts schätzbarer als die truglose Eintracht etc. etc. Daher ist der nach den göttlichen Gesetzen für den Frieden Kämpfende in Wahrheit selig als einer, der in sich selbst Gott, dem Wirker und Lehrer des Friedens, gleichkommt.

Wie grossen Lobes hast nun auch Du selbst, seligster und weisester Mann, Dich würdig gemacht, da Du die vor langer Zeit zwischen den Gliedern Christi, des einen Hauptes aller, eingetretene Zwietracht auf göttliche Eingebung hin zur Einheit und zum Zusammenhang zu bringen, die getrennten Glieder zusammenzuführen und zu einem Körper gleichsam in der Einheit des Geistes zu verschmelzen eilst, da Du hingegen die Nachlässigkeit und Säumigkeit als der grössten Strafe würdig verabscheust und das Nichtzusammenführen wie Christus zu geisseln weisst, und da Du deshalb von einem inneren Feuer entflammt und verzehrt wirst, bis die Schafe Christi zu einem und demselben Ziele zusammengeführt werden und miteinander dem einen und gemeinsamen Herrn gemäss dem Evangelium folgen, und wieder eine Herde wird, indem unter allen Hirten Einer richtet wegen der (dann bestehenden) Meinungsgleichheit. Auch scheidet die nunmehr bestehende Zwietracht nicht eine Stadt, auch nicht bloss ein Volk von dem anderen, sondern wenn nicht alle, so doch die meisten Gebiete der Ökumene.

Wenn nun diese alle zusammengefügt würden „πόσον ἂν
κατορθώσεις τὸ ἔργον, πόσον στήσεις τὸ τρόπαιον διὰ τοῦτο
θαυμάσιος‘. Wenn Du schon durch den Eifer für die grösste
Sache bewunderungswert bist, so wirst Du es, so Gott will, noch
mehr sein durch ihre Vollendung. Denn wie über die ganze Erde
die Kunde von dem Kampfe gedrungen ist, so wird auch bis zu den
Enden der Ökumene die Macht der Erhöhung reichen (ἡ τοῦ κατ-
ορθώματος δύναμις‘), „καὶ ἰσχυρὸς ὀφθήσῃ καὶ κραταιὸς πρὸς
πάντα τὸν ἀνθιστάμενον‘. Denn wenn schon der vom Bruder
unterstützte Bruder stark ist wie eine feste Stadt: „πῶς ὁ ὑπὸ
τοσούτων ἀνασπιζόμενος ἀδελφῶν οὐκ ἔσται ἀκαταγώνιστος;‘
denn die Festungen aller Häresien werden erschüttert und vernichtet
werden, und jeder Mund der Gesetzlosigkeit wird, um mit den Psalmen
zu reden, verstopft werden.

Deshalb loben und begehren auch wir, von dem gemeinsamen
Herrn mit Gesetzen begabt und erzogen, von denselben Sporen der
Natur angestachelt und gedrängt, dazu aber auch von Deiner Ehr-
würden angetrieben, aufs äusserste die Beilegung des bestehenden
Schismas, mehr aber noch die völlige Verschmelzung der einen Kirche
Christi und begehren ein Band der Gemeinschaft oder, genauer ge-
sagt, des Zusammenwachsens zwischen den Getrennten, das auf ewig
unzerreissbar sei.

Indem nun aber von seiten Deiner Heiligkeit Männer zu uns
kamen, die sich durch Gelehrsamkeit und Weisheit, durch Bedachtsamkeit und Ehrbarkeit auszeichneten, so wurden sie in gebührender
Weise von unserem gewaltigen und heiligen Kaiser und gottgekrönten
Selbstherrscher empfangen und auch von unserer Wenigkeit aufs
freudigste aufgenommen; und sie verhandelten mit uns getrost, un-
befangen und freimütig, wie ihr Wille war, indem sie sehr oft
Worte voll Verstand und mit der Friedenstendenz vorbrachten.

Deshalb sagen wir Deiner Heiligkeit den gebührenden Dank
und haben auch wir heilige und vom heiligen Geist erfüllte Männer
an Deine Heiligkeit als Gesandte des Friedens in Christo entboten
und gesandt, eines jeden Kapitels Untersuchung und Bestimmung ihnen übertragend „τοῦ περὶ τῆς θείας καὶ ἱερᾶς
οἰκουμένης συνόδου, τοῦ περὶ τῆς τιμῆς τῆς σῆς ἁγιότητος, τοῦ
περὶ τῶν καθ᾽ ἡμᾶς δικαίων ζητημάτων παρὰ τῆς σῆς πολλῆς
ἁγιότητός τε καὶ μεγαλειότητος‘.

Deshalb empfehle er sie dem päpstlichen Vertrauen (die Stelle scheint verderbt).

,ὃ γοῦν ἐπὶ τοῖς εἰρημένοις κεφαλαίοις ἡ σὴ ἁγιότης μετὰ τῶν ἡμετέρων πρεσβέων περατώσει καὶ κυρώσει δεχθήσεται παρ' αὐτῶν καὶ παρὰ πάντων ἡμῶν‘, und nimm auch Du das, was diese mit Deiner Heiligkeit abmachen werden, in gleicher Weise als von uns allen gebilligt entgegen.

Lebe wohl im Herrn, heiligster Meister und seligster Herr.

Folgt Schrift mit folgendem Anfang ,ὁ αἰτῶν ἐν οὐ καιρῷ‘. Sie endet folgendermassen auf fol. 363 v.

,Δέδεικται λοιπὸν, εἰ καὶ διὰ βραχέων, ἀλλ' οὖν ἱκανῶς τῷ δὲ (scrib. δὴ) κρίνειν ἐπισταμένῳ τὸ ἀληθὲς, ὡς οὐκ ἄλλως πέφυκεν ἐκπορεύεσθαι τὸ πνεῦμα τὸ ᾶ ἐκ πατρὸς εἰ μὴ δι' υἱοῦ, καθὼς ἐθεολόγησαν οἱ τοῦ πνεύματος‘.

No. XIII.

Venedig sucht die lateinischen Herren Romaniens für den Plan zu gewinnen, auf gemeinsame Kosten eine Garnison von tausend Söldnern in Konstantinopel zu halten zum Schutz des lateinischen Kaiserreichs.

1260, Mai (?). Venedig.

Venedig, Archivio di Stato, registrum „Pacta Ferrarie 1059 bis 1407" c. 62.

Zitiert von Hopf, Gesch. Griech. im Mittelalter l. c. [114[1]] p. 256/7.

Die Urkunde ist undatiert, ihr Datum ist jedoch wahrscheinlich mit dem des vorangehenden Aktenstückes (1260, ind. V., mai), identisch.

Über den historischen Zusammenhang s. o. p. 268.

In Christi nomine etc. Nos Rainerius Geno notum facimus universis presentem paginam inspecturis, quia nos et universum consilium nostrum minus et maius constituimus et facimus nobilem virum T. Justiniano, de nostro mandato baiulum Nigropontis, et nobiles viros Petrum Contareno et Marcum de Canali eius consiliarios, fideles nostros dilectos, nostros nuncios sindicos et procuratores et eisdem committimus et plenam virtutem et potestatem damus nomine nostri communis Veneciarum tractandi, faciendi et firmandi nomine nostro et comunis Veneciarum societatem cum nobilibus viris, illo videlicet qui pro domino fuerit in Morea et cum baronibus Moree, cum G. De Rochis, cum nobilibus viris G. et Narcoto dominatoribus in Nigroponte cum illis de Creta, cum Megaducha, cum Angelo

Sanuto, cum comite Cephalonie et cum ceteris aliis de Agio-
pelago, quod (qui?) eis videbuntur ad hoc factum requirendi pro manu-
tenimento totius imperii ad hoc, ut per nos et comune Veneciarum et
per predictos omnes de Morea et de Agioplego (= Archipelago) mille
homines ponantur in Constantinopoli et retineantur ibidem continuo per
totum tempus, qui pro nobis et ipsis solvantur annuatim secundum quod
idem noster baiulus et dicti consiliarii vel maior pars eorum cum
ipsis in concordia de solutione ipsa fuerint, et recipiendi promissionem
et securitatem a predictis et ab unoquoque eorum de ipsa solutione
facienda termino per eos statuto pro ipsis M hominibus in Constantinopoli retinendis, et faciendi promissionem et securitatem pro
nobis et comune Venetiarum de solutione facienda pro nobis et
nostro comuni de parte nobis contingente que per ipsum baiulum et
per dictos consiliarios fuerit stabilita, et generaliter omnia faciendi
que in predictis et circa predicta fuerint opportuna tamquam nos
ipsi facere valeremus. Promittentes nomine nostri comunis Veneciarum firmum et ratum habere et tenere per nos et nostros
successores quicquid idem baiulus et consiliarii vel maior pars eorum
in predictis duxerint faciendum.

Sine not. chron.

— ——

No. XIV.

*Aus dem liber de acquisitione terrae sanctae des Raymundus
Lullus.*

Anno 1309.

Bibl. nat., Paris, lat. 15 450 fol. 544.
Die Schrift zitiert von Kunstmann l. c. [678[1]] p. 524.
Besprochen oben p. 680[1].

Zweiter Teil. ‚de modo acquirendi terram sanctam cum civitate
Cpolensi. Figuratum est, quod civitas romana et Ctana se debent
habere contra infideles, quia olim imperator romanus cum civitate
Ctana habebat victoriam de inimicis et sic necesse est concordare
ambo imperia ad acquisitionem terrae sanctae, ita quod civitas
Cpolensis romane ecclesie submittatur sicut filia sue matri et quod
scismaya (= scisma) grecorum destruatur, que destructio est possibilis
causa scientie intellectus et fortitudinis ensis et venerabilis domini
Karoli et reverendi magistri hospitalis . . .

Per acquisitionem Cpolis potest terra sancta acquiri bono
modo et faciliter; sed sine ipsa graviter et tarde. Et facta acqui-

sitione Cpolis soldanus egypti habere non poterit mamelukos, qui
sunt homines, cum quibus ipse maxime possidet suam terram et per
ipsam possunt destrui, qui (?) et viam usque armeniam per terram
aperire et capere Antiochiam, quod est prope armeniam, et de grecis
et armenis principatum illum populare et civitatem de latinis
munire et hoc facto totum regnum surye poterit de facile conquestari.

Nam soldanus Egypti ab antiochia multum distat et galee ei
facerent magnum damnum in Alexandria et per totam maritimam
ultra Antiochiam in tanto, quod soldanus non posset finaliter in
principatu Antiochie atque in regno surye remanere.

Et acquisita surya populata et munita soldanus non posset
ipsam recuperare, nam fatigatus erit cum potestate Cpolis et surye
et sic finaliter Alexandria perderetur et damieta et insula, que raxet
nominatur (Rosette) et per consequens totum regnum Egypti. Latinos
ad hoc consentientes et venientes quis posset estimare!

––––––––

No. XV.

*Johannes XXII. erteilt dem Dominikaner Benedikt von Cumae,
den er in Unionsangelegenheiten nach Kp. sendet, die Erlaubnis, mit
den schismatischen Griechen Verkehr zu pflegen, und ferner in einem
zweiten Schreiben die Vollmacht, sie zu absolvieren und in den Schoss
der römischen Kirche aufzunehmen.*

1326, 23. August, Avignon.

Reg. Vat. Bd. 113, fol. 372, № 2185.

Kurze Notiz bei Rayn. 1326 § 27.

Histor. Erläut. s. oben p. 690—91.

Dilecto filio Benedicto de Cumis de ordine fratrum predicatorum
sacre theologie professori.

Cum pro certis deo gratis negociis de nostro beneplacito ad
partes Grecie habeas te conferre, nos attendentes quod gratiarum
distributor omnium tibi thesaurum scientie contulit teque sic virtutum
dotibus adornavit quod tibi per vite meritum et aliis potes proficere
per exemplum et ut maiorem et ampliorem fructum ex tuis laboribus
afferre gratia tibi suffragante divina valeas intensis desideriis affectantes: Quod, cessante metu anathematis et excommunicationis ac
irregularitatis et cuiusvis alterius pene spiritualis adversus partici-
pantes cum grecis scismaticis per sedem apostolicam vel alias tam
ab homine quam a iure inflicte, cum ipsis loqui participare tractare
ac eis predicare tam publice quam private si quando et quotiens tibi
videbitur pro ipsis ad unionem et fidem eiusdem Romane ecclesie

catholice reducendis valeas, specialem tibi licentiam auctoritate presentium elargimus.

Datum Avinione X. kal. Septembris anno Decimo.

Nr. 2186.

Eidem.

Cum pro certis etc. (wie im vor. Briefe) usque affectantes ut quotcumque Grecos scismaticos tam ecclesiasticos quam mundanos cuiuscumque preminencie status vel condicionis existant, qui cuiusvis scismatis abiuratis et abiectis erroribus ad unitatem eiusdem Romane ecclesie catholice extra quam salus esse non potest redire ac in ea perseverare constanter voluerint, a penis et sententiis, quibus ratione criminis scismatis innodati esse noscuntur, iuxta formam ecclesie absolvere auctoritate nostra ipsosque sic absolutos unitati eiusdem ecclesie reducere et incorporare ac (ab) ipsis iuramentum et professionem nostro et ipsius ecclesie nomine recipere, confectis super hoc nichilominus instrumentis publicis, valeas, plenam et liberam tibi concedimus tenere presentium facultatem. Adiecto tamen specialiter et expresse quod si ad scisma huiusmodi reverterentur quod absit, ipso facto in easdem penas et sententias relabantur.

Datum ut supra.

No. XVI.

Johann XXII. teilt König Karl IV. die Rückkehr des Dominikaners Benedikt von Cumae aus Konstantinopel mit, übersendet dem König den von diesem überbrachten Brief des griechischen Kaisers und tritt auf Grund des letzteren und der Berichte Benedikts für Aufgabe der Verhandlungen mit den Griechen ein.

1327, Oktober 21. Avignon.

Reg. Vat., Bd. 114, fol. 190v; № 1799.

Hist. Erl. s. o. p. 692.

Eidem Regi (Carolo).

Rediens pridem dilectus filius Benedictus de Cumis de ordine fratrum predicatorum sacre Theologie magister ab illius presencia, qui se intitulat Imperatorem Grecorum, litteras suas nobis exhibuit tenoris quem continet cedula presentibus interclusa, quibus attentis ac que magister ipse super negocio pro quo illuc accessit nobis retulit diligencius intellectis nichil prorsus inde collegimus quod ad processum suadeat pro parte nostra negocii memorati. Super quo videat regia providentia ulterius quod agendum.

Dat. Avinion. XI. Kal. Oktober, anno XII.

Nachträge und Berichtigungen.

4, Zeile 16 ff. Genauer vgl. über die Lostrennung des Papsttums von Byzanz während des VIII. Jahrhunderts in dem jüngst erschienenen Buche von A. Kleinclausz, L'empire Carolingien, ses origines et ses transformations, Paris 1902, auf p. 90 ff.

4, Zeile 7 v. u. Statt „das Papsttum identifizierte sich vollkommen mit den Interessen der Frankenkönige" muss es besser heissen „im allgemeinen", besonders mit Rücksicht auf die Politik Papst Hadrians II. (772—795), der zwischen den Franken und Byzantinern balanzierte. Trefflich auseinanderges. bei Kleinclausz l. c. p. 161 ff.

4, letzte Zeilen und Seite 5, Zeile 1 u. 2. Über den Akt des Jahres 800 dürfte nach den neueren Arbeiten von Sickel (bes. in MIÖG, Bd. XX. p. 1 ff.) und Kleinclausz (l. c. p. 172 ff., bes. 192 ff.) folgendes endgültig feststehen:

1. Die Kaiserkrönung Karls des Grossen durch Leo III. war nicht ein Akt raffinierter päpstlicher Politik, sondern die Kaiser-Proklamation und Krönung Karls stellten einen durch die allgemeine Lage des damaligen Occidents (d. h. die Machtstellung Karls des Grossen) und die spezielle des byzantinischen Reichs (d. h. das Kaisertum einer Frau, Irenes) bedingten generellen Willensakt der Occidentalen, der Franken wie der Römer, dar. Letztere traten kraft ihres alten Wahlrechts dabei in den Vordergrund. Die Krönungshandlung des Papstes war von untergeordneter, formeller Bedeutung. Sie erklärt sich durch das Bestreben der Handelnden, sich möglichst an das in Byzanz übliche Wahlritual zu halten, zu dem die Krönung des Kaisers durch den Patriarchen seit Jahrhunderten unbedingt gehörte.

2. Man wollte kein Imperium des Westens neben das Imperium des Ostens stellen, sondern vielmehr einen neuen Imperator für das Gesamtreich kreieren: wobei diesem die Auseinandersetzung mit dem damals in Byzanz regierenden Reichshaupt überlassen blieb. Der Weg, auf dem es zu einer solchen Auseinandersetzung gekommen ist, ist dann der der Reichsteilung zwischen dem in Rom kreierten Imperator und dem in Byzanz herrschenden gewesen. In welchem Geiste sie geschehen, darüber s. die feinsinnigen Bemerkungen bei Gasquet, L'empire byzantin et la monarchie franque, Paris 1888, p. 297 ff.

Seite 6 ff. Für die photianische Angel. auch zu vgl. Kattenbusch (zit. oben p. 202[1]) p. 119 ff. und Gasquet l. c. p. 349 ff.

„ 19, Zeile 2 v. u. lies XI. statt XII.

„ 81, letzte Zeile. König Roger II. liess sich um das Jahr 1143 wiederholt von Neilos Doxopatrios das bessere Recht des Patriarchats von Konstantinopel auf den allgemeinen Primat und insbes. auf die Kirchen Unteritaliens vortragen (Parthey, Hieroclis synec-demus etc., Berlin 1866, p. 255 ff.); er scheint damals an ihre Lossreissung vom Papsttum gedacht zu haben. Nach einem gütigen Hinweis des Herrn Dr. E. Caspar in Berlin.

„ 133, Zeile 9 lies Innocenz III. ohne Apostroph.

„ 163, „ 3 dasselbe.

„ 188, „ 2 ff. Nach einer gütigen Mitteilung des Herrn Prof. Tangl in Berlin hat das Muster sowohl für den Eid Robert Guiskards als auch für den Bischofseid der Eid der leitenden Beamten der päpstlichen Verwaltung abgegeben, und zwar dessen moderne, ausschliesslich den Gehorsam gegenüber dem Papsttum betonende Form. Bei dem älteren Beamteneid (Lib. diurnus Form. LXXV) war dagegen noch das Schwergewicht auf die Wahrung der Reinheit des Glaubens gelegt worden. Dass dann letztere Bestimmung bei dem neuen, für die Verpflichtung der Geistlichkeit gegenüber dem Papsttum als Urbild dienenden Eide in Wegfall kam, war für die Beziehung des Papsttums zu den Griechen von der allergrössten Wichtigkeit.

„ 188, Anm. 2. Zu der hier angeführten Formel vgl. die Formel im offiz. Kanzleibuch des XIII. Jahrhunderts bei Tangl l. c. [oben p. 247[3]] p. 50.

„ 188, Zeile 10 u. 11 und Seite 191 letzter Abs. Auch im Abendlande unterstanden, wie Herr Prof. Tangl meine auf Hinschius basierte Behauptung berichtigt, die Bischöfe bereits seit langem direkt dem Papste.

„ 240, Zeile 15. Installierung statt Weihung.

„ 255, Anm. 1. Die angeführte Urkunde ist, wie noch Herr Prof. Tangl bedeutet, aus dem in der folgenden Anm. besprochenen Liber censuum.

„ 297, Zeile 11. Sonderaktionen statt Sonderaktion.

„ 490, Anm. 1. Porträtstatue.

Druck von Friedrich Stollberg in Merseburg.